厦門大學年鉴 2022

Xiamen University Almanac

厦门大学出版社
XIAMEN UNIVERSITY PRESS
国家一级出版社
全国百佳图书出版单位

图书在版编目（CIP）数据

厦门大学年鉴. 2022 / 厦门大学年鉴编辑委员会编
. -- 厦门 ：厦门大学出版社，2022.12
ISBN 978-7-5615-8827-7

Ⅰ. ①厦… Ⅱ. ①厦… Ⅲ. ①厦门大学－2022－年鉴
Ⅳ. ①G649.285.73－54

中国版本图书馆CIP数据核字(2022)第189700号

出 版 人 郑文礼
责任编辑 李峰伟 施建岚 王洪春
封面设计 李夏凌
技术编辑 许克华

出版发行 厦门大学出版社
社 址 厦门市软件园二期望海路 39 号
邮政编码 361008
总 机 0592-2181111 0592-2181406(传真)
营销中心 0592-2184458 0592-2181365
网 址 http://www.xmupress.com
邮 箱 xmup@xmupress.com
印 刷 厦门集大印刷有限公司

开本 787 mm×1 092 mm 1/16
印张 37.5
插页 13
字数 1620 千字
版次 2022 年 12 月第 1 版
印次 2022 年 12 月第 1 次印刷
定价 188.00 元

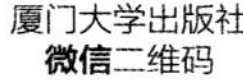

厦门大学出版社
微信二维码

厦门大学出版社
微博二维码

5 月 7 日，中央第五巡视组巡视厦门大学党委工作动员会议在科学艺术中心召开。

7 月 7 日，中共中央政治局委员、国务院副总理孙春兰到厦门大学调研。

3 月 15 日，厦门大学党史学习教育动员大会在科学艺术中心召开。

7 月 1 日，厦门大学学习习近平总书记“七一”重要讲话精神动员暨“两优一先”表彰大会在建南大会堂召开。

11 月 18 日，厦门大学学习贯彻党的十九届六中全会精神动员部署会在科学艺术中心召开。

4 月 6 日，庆祝厦门大学建校 100 周年大会在建南大会堂隆重举行。

4 月 7 日，厦门大学党委常委会会议专题学习习近平总书记致厦门大学建校 100 周年贺信精神。

4 月 3 日，厦门大学法学院扩建工程（法学图书馆）土地移交及开工活动举行。

4 月 11 日，厦门大学学习贯彻习近平总书记致厦门大学建校 100 周年贺信精神大会在科学艺术中心召开。

3 月 18 日，厦门市与厦门大学市校合作联席会议在科艺中心召开。

3 月 21 日，福建省委书记尹力、省长王宁来校调研。

4 月 3 日，献礼厦门大学建校 100 周年光影秀展映在思明校区拉开帷幕。

4 月 4—7 日，人文社会科学国际论坛在科学艺术中心举办。

4 月 5 日，“中外大学校长论坛”在科学艺术中心举办。

4 月 5 日，“重走嘉庚路 致敬新时代”主题展览在科学艺术中心揭幕。

4 月 5 日，厦门大学八闽园开园仪式在翔安校区举行。

4 月 5 日，厦门大学与福建省九市一区校地战略合作 2021 年工作会议在翔安校区召开。

4 月 6 日，《教育部、福建省人民政府、厦门市人民政府继续重点共建厦门大学协议书》签约仪式在建南大会堂举行。

4月6日，厦门大学海韵教学园区二期工程（德旺商学院、电影学院、综合文体中心）开工活动举行。

4月6日，厦门大学庆祝建校100周年文艺晚会在上弦场举行。

4 月 6 日，中国工程院院士、“共和国勋章”获得者钟南山教授受聘厦门大学杰出访问教授，并在建南大会堂举办南强学术讲座。

4月6日，中国建筑业协会发布2020年中国建设工程鲁班奖（境外工程）获奖名单，厦门大学马来西亚分校建设项目榜上有名。

4 月 7 日，厦门大学百年校庆全球校友招商大会在厦门国际会展中心举行。

4 月 10 日，2021 建发厦门马拉松赛厦门大学 100 周年校庆专项赛举行。

5 月 18 日，厦门大学促进隆德县乡村振兴工作站在隆德县六盘山工业园区挂牌成立。

6 月 11 日，厦门大学与航天东方红有限公司共同研制的海丝二号卫星在太原卫星发射中心发射升空。

6 月 19 日，厦门大学 2021 年赴西部、基层、国家重要行业就业毕业生出征仪式在科学艺术中心举行。

6 月 19 日，厦门大学男子篮球队夺得第 23 届中国大学生篮球一级联赛季军。

6 月 26 日，厦门大学 2021 届毕业典礼暨学位授予仪式在建南大会堂举行。

7 月 7 日，国家传染病医学中心主任、复旦大学附属华山医院感染科主任张文宏教授应邀做厦门大学群贤大讲堂首场讲座。

9 月 7 日，厦门大学 2021 年人才培养工作会议在科学艺术中心召开。

9 月 7 日，在“金砖国家新工业革命伙伴关系论坛”上，中俄数字经济研究中心揭牌成立。

9 月 13 日，厦门大学 2021 级新生开学典礼在上弦场举行。受新冠肺炎疫情影响，万余名新生在线观看典礼。

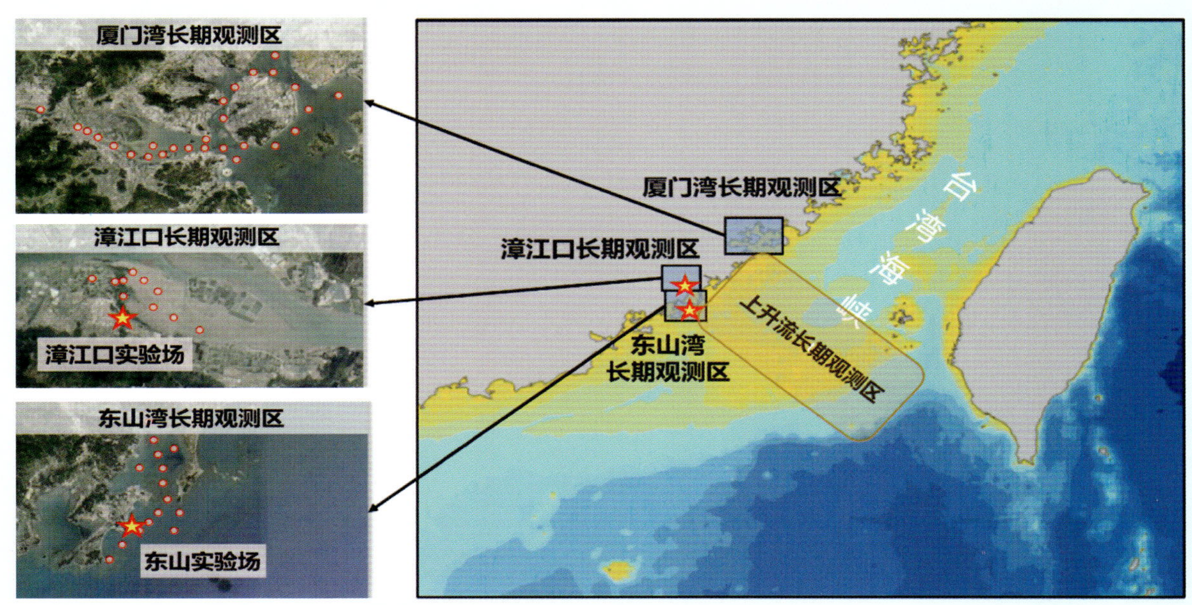

10 月 11 日，科技部公布国家野外科学观测研究站批准建设名单，厦门大学“福建台湾海峡海洋生态系统野外科学观测研究站”入选。

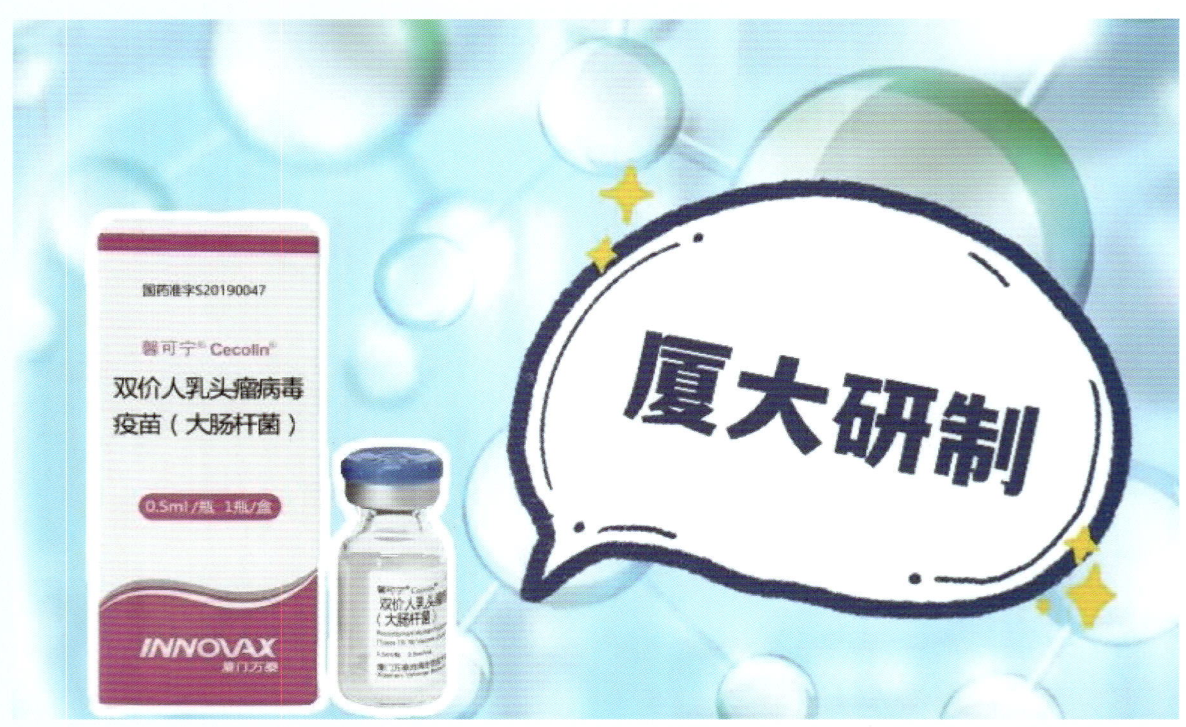

10 月 14 日，厦门大学和养生堂万泰生物旗下厦门万泰沧海生物技术有限公司联合研制的首个国产宫颈癌疫苗通过世界卫生组织 PQ 认证。

10 月 27 日，中共厦门大学第十一届委员会召开第 26 次全体会议，审定并通过《厦门大学“十四五”规划和 2035 年远景目标纲要》。

10 月 29 日，厦门大学美育与通识教育中心揭牌仪式暨“博雅茶座”首场讲座在翔安校区德旺图书馆举办。

11 月 3 日，2020 年度国家科学技术奖励大会在人民大会堂召开，厦门大学科研成果“碳链与金属的螯合化学”荣获国家自然科学奖二等奖。

11 月 6 日，厦门金砖新工业能力提升培训基地（厦门大学）揭牌。

11 月 8 日，厦门大学党委理论学习中心组开展 2021 年第 11 次学习，系统深入学习习近平同志在厦门大学 80 周年、90 周年、100 周年校庆时发表的重要讲话、重要贺信精神。

11 月 15 日，厦门大学本科生团队斩获第十一个国际遗传工程机器大赛（iGEM）金奖。

11 月 17 日，厦门大学党建工作暨全面从严治党警示教育大会在科学艺术中心召开。

11 月 18 日，中国科学院发布《关于公布 2021 年中国科学院院士增选当选院士名单的公告》，厦门大学林圣彩、谢素原教授当选中国科学院院士。

11 月 19 日，宁德时代与厦门大学携手共建的厦门时代新能源研究院成立仪式在科学艺术中心举行。

11 月 19 日，厦门大学 2021 年“我最喜爱的十位老师”评选活动颁奖典礼在科学艺术中心报告厅举行。

11 月 30 日，“2021 海上丝绸之路国际产学研用合作会议”在科学艺术中心召开。

12 月，由厦门大学海洋与地球学院牵头申报的国家自然科学基金委基础科学中心项目“海洋碳汇与生物地球化学过程”获批，成为海洋领域首个国家基金委基础科学中心。

12 月 25 日，福建省生物制品科学与技术创新实验室奠基仪式在厦门举行。

《厦门大学年鉴 2022》编辑委员会

《厦门大学年鉴 2022》编辑部

编纂说明

年鉴是全面记录一个单位事业发展情况的年度权威性资料工具书，具有资政、育人、存史、宣传的作用。《厦门大学年鉴》本着“对历史负责、供未来借鉴”的原则进行编纂，努力做到全面、系统、翔实地反映厦门大学改革发展事业的基本情况，特别是各领域的新进展、新成果。

《厦门大学年鉴2022》收编事项起自2021年1月1日，讫于2021年12月31日，由图片、特载、专文、学校概况、机构与干部、学院（研究院）及国家级科研平台、党建与思想政治工作、教育教学与学科建设、科学研究与社会服务、管理与后勤保障、嘉庚学院、马来西亚分校、附属医院与附属学校、人物名录、学校文件、表彰与奖励、毕业生名单、大事记、附录、索引等部分组成。全书以条目为主。全书主体内容分类排列采用“栏目—分目—条目”三级结构层次。

《厦门大学年鉴2022》在编纂过程中得到了校内相关单位和部门及厦门大学出版社的大力支持，谨此一并致谢。

《厦门大学年鉴2022》编辑部

2022年5月

目　录

·特　载·

习近平致厦门大学建校 100 周年的贺信

值此厦门大学建校 100 周年之际，我向全体师生员工和海内外校友，致以热烈的祝贺和诚挚的问候！

厦门大学是一所具有光荣传统的大学。100 年来，学校秉持爱国华侨领袖陈嘉庚先生的立校志向，形成了“爱国、革命、自强、科学”的优良校风，打造了鲜明的办学特色，培养了大批优秀人才，为国家富强、人民幸福和中华文化海外传播作出了积极贡献。

我国已开启全面建设社会主义现代化国家新征程。希望厦门大学全面贯彻党的教育方针，切实落实立德树人根本任务，为党育人、为国育才，与时俱进建设世界一流大学，全面提升服务区域发展和国家战略能力，为增强中华民族凝聚力和向心力，为全面建设社会主义现代化国家、实现中华民族伟大复兴的中国梦作出新的更大贡献。

习近平

2021 年 4 月 6 日

厦门大学学习习近平总书记“七一”重要讲话精神动员暨“两优一先”表彰大会隆重举行

7 月 1 日下午，学校党委在建南大会堂举行学习习近平总书记“七一”重要讲话精神动员暨“两优一先”表彰大会，重温光辉历史、砥砺初心使命，对党史学习教育进行再动员再部署，激励全校各级党组织和广大共产党员牢记嘱托、奋进一流，凝心聚力开启新百年新征程。校党委书记张彦出席并讲话。校党委副书记、校长张荣主持大会。

今年，我校有 292 名老同志获得党中央首次颁发的“光荣在党 50 年”纪念章。在“扬才班”学员的陪同下，10 名纪念章获得者代表走上主席台。张彦向他们颁发纪念章。全场报以热烈掌声，向老党员们致以崇高的敬意。

大会宣读了我校受福建省委和省委教育工委表彰的优秀个人和先进集体名单。公共卫生学院张军获“全省优秀共产党员”，化学化工学院党委获“全省先进基层党组织”荣誉称号。我校 5 人获评“全省高校优秀共产党员”，7 人获评“全省高校优秀党务工作者”，5 个基层党组织获评“全省高校先进基层党组织”。

“七一”前夕，学校党委表彰了 100 名“厦门大学优秀共产党员”、28 名“厦门大学优秀党务工作者”、30 个“厦门大学先进基层党组织”。会上，校领导为荣获校党委表彰的优秀个人代表和先进集体颁奖。

“光荣在党 50 年”纪念章获得者代表林湘玲，优秀共产党员代表张建波、丁颖洁，优秀党务工作者代表张琳，先进基层党组织代表徐鹏、许和山先后发言，结合工作经历，分享学习习近平总书记“七一”重要讲话精神的心得体会，表达在新时代永远跟党走的信念与决心。大家表示，面向新百年，要不忘初心、牢记使命，持之以恒抓好理论武装，充分发挥基层党组织战斗堡垒作用和共产党员先锋模范作用，在与时俱进建设世界一流大学、全面建设社会主义现代化国家新征程中作出更大贡献。

张彦代表校党委向为党的事业和学校发展作出贡献的老党员致以崇高敬意，向受到表彰的先进集体和个人表示热烈祝贺，向在全校各个岗位上辛勤工作、甘于奉献的共产党员致以节日问候。

张彦表示，百年的光辉历程充分证明，中国共产党不愧为中国工人阶级的先锋队，是中国人民和中华民族的先锋队，不愧为中国特色社会主义事业的坚强领导核心，不愧为伟大、光荣、正确的马克思主义政党；中国共产党是有着远大理想的党，是代表全民族根本利益、全心全意为人民服务、发展全过程人民民主的党，是富于独创精神、勇于开创新局面的党，是具有自我净化、自我完善、自我革新、自我提高能力的党，是中华民族走向复兴的中流砥柱，更是风雨来袭时中国人民最可靠、最坚强的主心骨；历史和人民选择马克思主义是完全正确的，中国共产党把马克思主义写在自己的旗帜上是完全正确的，坚持马克思主义基本原理同中国具体实际相结合、不断推进马克思主义中国化时代化是完全正确的。

张彦指出，建校100年来，厦门大学始终与党同向同行，浸润着华侨领袖陈嘉庚先生的爱国精神，烙下了鲜明的爱国底色和深厚的红色基因。进入新时代，校党委坚持以习近平新时代中国特色社会主义思想为指导，深入贯彻落实习近平总书记关于教育的重要论述，不断增强“四个意识”、坚定“四个自信”、做到“两个维护”，牢记“国之大者”，增强全面从严治党永远在路上的政治自觉，学校党建基础得以夯实，工作不断提质增效，品牌特色逐渐显现。全校各级党组织和广大党员在关键时刻经受考验、表现优异，学校各项事业蓬勃发展、亮点纷呈、成果丰硕，充分彰显了一流党建引领一流大学建设的政治优势。

张彦表示，厦门大学要以学习宣传贯彻习近平总书记“七一”重要讲话精神为契机，紧扣学校发展实际，全面推动党史学习教育取得新成效，坚定不移扎根中国大地建设一流大学，奋力开创学校党的建设和各项事业发展新局面。他强调，要提高政治站位，把认真学习重要讲话精神作为当前的重大政治任务，将学习宣传贯彻重要讲话精神与贯彻落实习近平总书记致厦门大学建校100周年重要贺信精神紧密结合，与推动“十四五”开好局、起好步紧密结合，与深化综合改革、推进“双一流”建设紧密结合，与认真抓好中央巡视整改工作紧密结合，原原本本学、全面系统学、深入思考学、联系实际学，学深悟透、融会贯通，不断提升政治判断力、政治领悟力、政治执行力。他指出，要强化一流标准，以重要讲话精神推动学校党建工作质量全面提升，毫不动摇坚持和加强党对学校的全面领导，牢牢把握社会主义办学方向，全面贯彻党的教育方针，确保党中央重大决策部署在学校有效贯彻落实，高质量抓好政治建设、思想建设、组织建设、作风建设、纪律建设以及制度建设，打造一流党建。他要求，要凝聚奋进力量，用重要讲话精神指引中国特色世界一流大学建设，以“钉钉子”精神将一张蓝图绘到底，抢抓机遇、乘势而上，立足新发展阶段，贯彻新发展理念，服务构建新发展格局，推动高质量发展。他希望，青年学生要增强做中国人的志气、骨气、底气，努力成为实现中华民族伟大复兴的先锋力量；广大党员要发挥带头引领作用，在弘扬建党精神中攻坚克难，在传承红色血脉中开拓前行，在新时代书写更大的荣光，在新征程上铸就新的历史伟业。

面向鲜红的中国共产党党旗，张彦举起右拳，带领新党员宣誓、老党员重温入党誓词。

大会在翔安校区和漳州校区设立分会场。教育部直属高校党建工作联络员陈子辰在线上指导。校领导班子成员、党委常委、校长助理、老领导、关工委负责人、基层党建工作联络员，校党委委员、纪委委员，学校党委部门、群团组织主要负责人，基层党委（党总支）书记、副书记、委员、党务秘书、专职组织员，团委书记、副书记、辅导员，受表彰代表，发言代表，党支部书记，部分新发展党员共2000余人在主会场参加大会。

厦门大学党史学习教育工作推进会召开

3月23日下午，厦门大学党史学习教育工作推进会在科学艺术中心召开。教育部党史学习教育高校第九指导组组长路钢讲话。我校党史学习教育领导小组组长、党委书记张彦做表态发言。校长、党委副书记张荣主持会议。我校党史学习教育领导小组办公室主任、党委副书记徐进功做党史学习教育开展情况汇报。

我校党委高度重视党史学习教育的开展，党中央、教育部党史学习教育动员大会召开后，学校精心谋划，尽早部署，召开了全校党史学习教育动员大会，成立了领导小组、工作组，研究制订了实施方案。学校坚持思想引领，立足高校优势，凝练厦大特色，把党史学习教育与立德树人紧密结合，努力在学史明理、学史增信、学史崇德、学史力行中走在前，做表率。目前，党史学习教育已在厦门大学铺开，一些院系基层单位结合实际组织了系列专题学习活动。

路钢传达上级党组织有关精神和教育部党组有关要求，对学校党委扎实推进党史学习教育予以肯定，并就落实好党史学习教育各项任务提出要求。他强调，开展党史学习教育，责任重大，使命光荣。希望厦门大学各级党组织提高政治站位，切实把思想统一到党中央决策部署和教育部党组工作安排上来；坚持目标导向，确保学习教育抓紧抓严；突出特色亮点，推动学习教育走深走实；强化主体责任，坚决防止形式主义官僚主义。

张彦代表学校党委表示，厦门大学将按照党中央决策部署和教育部党组要求，以强烈的政治责任感、历史使命感扎实推进党史学习教育，努力把学习成效转化为工作动力，以更加昂扬的姿态和一流的目标追求开启学校新百年征程，全力推进中国特色世界一流大学建设。

教育部党史学习教育高校第九指导组全体成员，校领导，校党委常委，校长助理，学校党史学习教育各巡回指导组组长，相关单位负责人，各基层党委（党总支）书记参加会议。

中央第五巡视组巡视厦门大学党委工作动员会召开

根据中央关于巡视工作的统一部署，近日，中央第五巡视组巡视厦门大学党委工作动员会召开。会前，中央第五巡视组组长杨正超主持召开与厦门大学党委书记张彦，党委副书记、校长张荣的见面沟通会，传达了习近平总书记关于巡视工作的重要指示精神，通报了有关工作安排。会上，杨正超做动员讲话，对做好巡视工作提出要求。张彦主持会议并讲话。

中央第五巡视组副组长及有关同志，中央巡视办有关同志，厦门大学领导班子成员出席会议。各院系、内设部门和直属单位党政主要负责同志，纪委、巡察办、巡视工作联络组、各专项工作组负责同志列席会议。

杨正超强调，教育事关国家发展、事关民族未来，是国之大计、党之大计。高校在党和国家事业发展全局中居于特殊重要地位，对中管高校开展巡视，充分体现了以习近平同志为核心的党中央对教育特别是高等教育工作的高度重视，是加强党对高校的全面领导、督促做到“两个维护”，推动高校坚持社会主义办学方向、履行为党育人为国育才职责使命，落实创新驱动发展战略，服务经济社会发展，加强高校党的建设，推进全面从严治党向纵深发展的重要举措。厦门大学党委要提高政治站位、强化政治责任，深刻认识巡视工作的重要意义，以对党的事业高度负责的态度，积极支持配合中央巡视组工作，自觉接受监督，坚决完成好党中央交给的巡视任务。

杨正超指出，巡视是重要的政治工作，是上级党组织对下级党组织履行党的领导职能责任的政治监督。中央巡视组将坚持以习近平新时代中国特色社会主义思想为指导，深入贯彻党的十九大和十九届二中、三中、四中、五中全会精神，全面贯彻巡视工作方针，精准落实政治巡视要求，准确把握中管高校在进入新发展阶段、贯彻新发展理念、构建新发展格局中承担的使命任务，聚焦党委职能责任和主责主业，紧盯“一把手”和领导班子，把督促增强“四个意识”、坚定“四个自信”、做到“两个维护”作为根本任务。重点是深入了解高校党委贯彻落实党的路线方针政策和党中央关于高等教育工作的重大决策部署情况，特别是贯彻落实习近平总书记关于教育的重要讲话和重要指示批示精神，坚持社会主义办学方向、落实立德树人根本任务、执行党委领导下的校长负责制、培养德智体美劳全面发展的社会主义建设者和接班人等情况，发现和推动解决制约影响新时代高等教育事业高质量发展的主要矛盾和深层次问题；了解落实全面从严治党战略部署情况，加强对主体责任和监督责任落实、高校重点领域廉洁风险防范、作风建设情况的监督；了解落实新时代党的组织路线情况，加强对高校领导班子建设、干部人才队伍建设、基层党建工作情况的监督；了解落实中央巡视、审计等监督发现问题和“不忘初心、牢记使命”主题教育检视问题整改情况，充分发挥监督保障执行、促进完善发展作用，为建设高质量教育体系、建设教育强国、办好人民满意的教育提供坚强政治保障。

张彦表示，中央巡视组对中管高校的巡视，充分体现了以习近平同志为核心的党中央推动教育系统全面从严治党向纵深发展的坚定决心和对高等教育事业的高度重视、亲切关怀。厦门大学党委坚决服从党中央决策部署，全力配合中央巡视组开展工作。全校各单位和全体党员干部要提高政治站位，强化责任担当，切实把思想和行动统一到党中央的决策部署上来；严格纪律规矩，积极支持配合，确保中央巡视工作有序高效开展；突出问题导向，抓好整改落实，把巡视成果转化为推动学校新百年发展的强大动力，不忘立德树人初心，牢记为党育人为国育才使命，与时俱进建设世界一流大学，全面提升服务区域发展和国家战略能力，为增强中华民族凝聚力和向心力，为全面建设社会主义现代化国家、实现中华民族伟大复兴的中国梦作出新的更大贡献。

中央巡视组将在厦门大学工作两个月左右。巡视期间设专门值班电话：0592-2181220；专门邮政信箱：福建省厦门市A00007号邮政信箱。巡视组每天受理电话的时间为8:00—18:00。巡视组受理信访时间截至2021年6月30日。根据巡视工作条例，中央巡视组主要受理反映厦门大学党委领导班子及其成员、下一级党组织领导班子主要负责人和重要岗位领导干部问题的来信来电来访，重点是关于违反政治纪律、组织纪律、廉洁纪律、群众纪律、工作纪律和生活纪律等方面的举报和反映。其他不属于巡视受理范围的信访问题，将按规定由厦门大学和有关部门认真处理。

厦门大学召开党委常委会 传达学习党的十九届六中全会精神

11月12日中午，校党委副书记、校长张荣主持召开党委常委会会议，传达学习党的十九届六中全会精神。

会上，与会人员收看《新闻联播》报道，研读全会公报，并结合学校实际与分管领域，就深入学习贯彻党的十九届六中全会精神谈体会和认识。

大家表示，党的十九届六中全会是在党百年华诞的重要时刻，在“两个一百年”奋斗目标历史交汇关键节点上召开的一次重要会议。全会全面总结党百年奋斗的重大成就和历史经验，审议通过了《中共中央关于党的百年奋斗重大成就和历史经验的决议》，充分体现了党重视和善于运用历史规律的高度政治自觉，体现了党牢记初心使命、继往开来的自信和担当。全会强调“两个确立”，对新时代党和国家事业发展、对推进中华民族伟大复兴历史进程具有决定性意义。《决议》以“十个坚持”总结了党百年奋斗的宝贵历史经验，深刻揭示了党和人民事业不断成功的根本保证，揭示了党始终立于不败之地的力量源泉，揭示了党始终掌握历史主动的根本原因，揭示了党永葆先进性和纯洁性、始终走在时代前列的根本途径，对我们党开启实现第二个百年奋斗目标新征程，朝着实现中华民族伟大复兴的宏伟目标继续前进具有十分重要的意义。

会议要求，深刻领会全会精神的丰富内涵和重大意义，切实抓好全会精神的学习贯彻落实。组织党员师生学习领悟党的百年奋斗重大成就和历史经验，深刻认识党的十八大以来取得的历史性成就、发生的历史性变革，坚定走中国特色社会主义发展道路的决心和信心；把学习宣传贯彻全会精神与加强党史、国史、改革开放史、社会主义发展史学习教育结合起来，分层分类开展专题学习，实现学习全覆盖。深入基层宣传，改进创新方式，全方位、多层次宣传解读全会精神，发挥学科优势，努力推出一批高质量、有深度、有厦大特色的理论研究成果。要立足学校发展、联系工作实际，把学习贯彻全会精神与贯彻落实习近平总书记致厦门大学建校 100 周年重要贺信精神结合起来，与深入开展党史学习教育、扎实抓好中央巡视整改结合起来，与推动“十四五”发展和学校“双一流”建设结合起来，做到学思践悟、深学笃用、融会贯通、知行合一，更好地把握新发展阶段，贯彻新发展理念，服务和融入新发展格局，着力提升管党治党、办学治校的能力水平，确保全会精神在学校落地生根。

会议强调，学习宣传和贯彻落实好全会精神是学校当前和今后一个时期的重要政治任务。全校各单位要加强组织领导、把握正确方向、密切联系实际，迅速掀起学习宣传贯彻全会精神的热潮，统筹做好改革发展稳定工作，集中精力狠抓落实，加快推进学校高质量内涵式发展，切实把全会精神转化为与时俱进建设世界一流大学的生动实践。

习近平总书记致信祝贺厦门大学建校 100 周年
庆祝厦门大学建校 100 周年大会隆重举行

弘扬嘉庚精神，奋进一流征程。4 月 6 日，厦门大学迎来百年华诞。中共中央总书记、国家主席、中央军委主席习近平致信祝贺厦门大学建校 100 周年，向全体师生员工和海内外校友致以热烈祝贺和诚挚问候。

习近平总书记在贺信中指出，厦门大学是一所具有光荣传统的大学。100 年来，学校秉持爱国华侨领袖陈嘉庚先生的立校志向，形成了“爱国、革命、自强、科学”的优良校风，打造了鲜明的办学特色，培养了大批优秀人才，为国家富强、人民幸福和中华文化海外传播作出了积极贡献。

习近平总书记强调，我国已开启全面建设社会主义现代化国家新征程。希望厦门大学全面贯彻党的教育方针，切实落实立德树人根本任务，为党育人、为国育才，与时俱进建设世界一流大学，全面提升服务区域发展和国家战略能力，为增强中华民族凝聚力和向心力，为全面建设社会主义现代化国家、实现中华民族伟大复兴的中国梦作出新的更大贡献。

中共中央政治局委员、国务院副总理孙春兰向厦门大学建校 100 周年表示祝贺，就学习贯彻习近平总书记贺信精神作出批示。

6 日的厦大校园，到处洋溢着节日的气氛。上午 8 时 30 分，庆祝厦门大学建校 100 周年大会在建南大会堂隆重举行。全校师生员工、海内外校友和关心厦大发展的各界人士相聚线下线上，共襄盛举，见证厦门大学百年荣光。

原国务委员、第十一届全国人大常委会副委员长陈至立，教育部党组书记、部长陈宝生，福建省委书记、省人大常委会主任尹力，省委副书记、省长王宁，省政协主席崔玉英，第十三届全国人大外事委员会副主任委员刘赐贵，中国社科院原党组副书记、常务副院长，厦门大学原党委书记王洛林，台盟中央常务副主席、第十三届全国人大常务委员会委员李钺锋，福建省委常委周联清，福建省委常委、厦门市委书记赵龙，福建省委常委、福州市委书记林宝金，北京大学校长郝平，陈嘉庚长孙陈立人，在主席台前排就座。校党委书记张彦主持庆祝大会。

大会在庄严的国歌声中开始。

陈宝生宣读习近平总书记贺信并致辞。陈宝生强调，习近平总书记的贺信充分肯定了厦门大学百年来的办学成就，对学校未来发展寄予殷切期望，提出明确要求，充分体现了以习近平同志为核心的党中央对厦门大学的高度重视和亲切关怀，为学校在新起点上实现高质量发展，指明了前进方向，提供了根本遵循。他指出，建校百年，厦大始终秉承“自强不息、止于至善”校训精神，与祖国同呼吸，与民族共命运，不忘初心，砥砺前行，为国家富强、民族复兴、社会进步作出了应有贡献。学校要深入贯彻落实习近平总书记贺信精神，坚定方向，扎根中国大地办大学，全面贯彻党的教育方针，坚持和加强党的全面领导，把党的政治建设摆在首位，通过开展党史学习教育，从党的百年历史中汲取前进智慧和力量，把学习成效转化为推动学校发展的强大动力。坚守初心，落实立德树人根本任务，坚守为党育人，为国育才，大思政课要善用之，加快构建高质量人才培养，努力提高落实立德树人根本任务的质量和成效。勇担使命，增强服务创新发展能力，聚焦国家战略需要，加快基础学科转型，努力破解“卡脖子”问题，深入融入新福建建设，更好服务国家和区域经济社会发展，奋力推进中国特色世界一流大学建设，为建设教育强国，全面建设社会主义现代化国家作出新的更大贡献。

校长张荣做题为《建世界之大学　为吾国放异彩》的致辞。他表示，厦门大学的百年史，就是一部兴学图强的爱国史、自强不息的奋斗史。百年的求索与开拓、苦难与辉煌，都深深内化为厦大人心中以“嘉庚精神”为源流，以“自强不息、止于至善”校训为精髓，以“爱国、革命、自强、科学”“四种精神”为内核，以“感恩、开放、创新、和谐”文化特质为品格的精神坐标。百年厦大，坚守的是志怀祖国、希图报效的家国情怀，是百折不挠、敢拼会赢的自强风骨，是致知无央、走向卓越的至真追求，是博集东西、造福世界的开放胸襟，是充爱无疆、衔环涌泉的感恩传承。回望百年的办学历程，我们更加深刻地认识到，无论时代如何变化，大学的成长壮大离不开国家民族的繁荣昌盛和文明进步，大学的常新长青离不开历久弥坚的文化根脉和精神追求，大学的提升超越离不开与时俱进的使命担当和开拓创新。百年厦大，得到了各方无微不至的关心和帮助。党和国家几代领导人先后莅校视察或接见我校师生代表，给予厦门大学亲切关怀；教育部和国家其他部委高度重视厦大建设发展，给予学校大力支持和悉心指导；福建省、厦门市始终对厦大厚爱有加，与教育部长期重点共建厦门大学，给予学校源源不断的投入；许许多多关心和爱护厦门大学的华侨华人、各界贤达慷慨解囊、捐资兴学，鼎力支持厦大建设与发展；千千万万厦大校友热心母校事业发展，成为厦大发展的重要参与者、推动者和建设者。

张荣表示，百年华诞，是厦门大学办学进程中的重要里程碑，更是学校迈向新百年的历史新起点。立足新时代，面向新百年，厦门大学必须以更高远的历史站位、以更深邃的战略眼光，仰望星空，脚踏实地，从中国的伟大实践中汲取前行的力量。他强调，胸怀“两个大局”，心系“国之大者”，增强“四个意识”、坚定“四个自信”、做到“两个维护”，坚守立德树人根本任务，强化人才培养第一责任，为党育人、为国育才，成为国家核心利益和民族长远利益的坚定维护者和积极贡献者；矢志世界一流，彰显“国之大学”，把服务国家战略和社会进步作为建设一流大学的高度自觉，在服务发展中创造更多一流成果，坚持问学东西、融通中外，积极在世界高等教育舞台上展现作为，与世界一流大学相颉颃；强化创新引领，锻造“国之大器”，坚持“四个面向”，聚焦关键核心技术和“卡脖子”问题，深化科教融合、产教融合，建设新型研究型大学，打造科技创新平台，建设高端智库，提升国家自主创新能力；坚守至善理想，弘扬“国之大道”，坚定文化自信，推动中华优秀传统文化创造性转化、创新性发展，当好文明交流的使者，架设文明互鉴的桥梁，为应对人类共同挑战、构建人类命运共同体作出厦大贡献。

兄弟高校代表、北京大学校长郝平在致辞中表示，一个世纪以来，厦门大学已经发展成为一所具有广泛国际影响力和崇高学术声誉的著名高校。自建校起，厦门大学就与北京大学结下了不解之缘，具有共通的精神基因和光荣传统。新中国成立后，两校继续携手奋进，共同助力国家建设和发展。近年来，两校以习近平新时代中国特色社会主义思想为指引，主动服务国家战略，携手组建“21世纪海上丝绸之路”大学联盟，在人才培养、科研攻关等领域全面深化合作，并取得了丰硕成果。相信北大和厦大一定会在全面建设社会主义现代化国家的新征程上继续砥砺同行，厦门大学一定能够传承百年荣光，与全国兄弟高校共同奋斗，为实现中华民族的伟大复兴谱写新的乐章。

境外友好高校代表、纽约大学校长安德鲁·汉密尔顿、香港大学校长张翔通过视频致辞，祝愿厦门大学明天会更好，期待与厦大开展更为紧密务实的合作，为学生开拓全球视野，走向国际舞台，成为具有责任感、公德心与国际竞争力的世界公民而努力。

陈立人在致辞中表示，厦门大学是祖父陈嘉庚先生倾注心血最多、寄托最大希望的一所学校。作为嘉庚先生的后裔，自己一直很关心关注厦大的发展。近几年，看到厦大迅速发展和取得的卓越成就，看到学校领导、师生、员工昂扬向上、奋力拼搏的精神面貌，看到厦大在海外华侨华人中和国际上更加广泛的影响力，看到马来西亚分校良好的发展势头，深感无比自豪。迈入新百年，相信厦门大学的各项事业会更上一层楼，必将在不久的将来成为一所世界著名一流大学，实现陈嘉庚先生立下的建设“世界之大学”的志向。

南强杰出贡献奖是厦门大学授予教师的最高荣誉，用以奖励为学校建设和发展作出巨大贡献的优秀教师，迄今为止已连续颁发9届，共有28位厦大教师获此殊荣。在全场热烈的掌声中，陈至立为田昭武、黄本立、陈孔立、吴宣恭、林祖赓、洪华生、张亦春、吴伯僖、潘维廉、赵玉芬、郑学檬、夏宁邵、郑兰荪、田中群等14位获奖代表颁授“厦门大学南强杰出贡献奖章”。

校友代表、清华大学文科资深教授、1978级哲学系谢维和在发言中说，在校友心里，母校校园永远难以忘怀，母校的师长们永远是最尊敬的恩人，大学同窗永远是难忘的兄弟姐妹。全体校友与母校荣辱与共、风雨同舟，期待与母校领导、老师和同学们一同为母校新百年更上一层楼、创造新辉煌贡献一份力量。

教师代表、中国科学院院士、厦门大学化学化工学院孙世刚表示，教师是太阳底下最光辉的职业，是值得我们终身奉献的事业，要充分珍惜这份信任和荣誉，当嘉庚精神的“诠释者”，做学生成长的“引路人”，强国之梦的“筑梦人”。新百年的奋进之篇已经展开，作为教师队伍的一员，将继续保持对教育的热情和激情，以学生为中心，实现“教育增值”最大化，以赤诚之心、奉献之心、仁爱之心投身学校的教育事业。

博伊特勒书院理事长、诺贝尔生理学或医学奖获得者布鲁斯·博伊特勒表示，厦门大学博伊特勒书院开办以来，自己越来越为厦大学生的能力和取得的成就感到骄傲自豪。成功不止需要丰富知识，更需要正确心态，培养学生并非简单指导，教师们需要作出榜样、形成合力、付出努力。相信未来厦大一定能够培养出更多优秀人才。

学生代表、管理学院2019级本科生彭派回忆自己在校期间两年的军旅生涯，向学校送上生日祝福。她说，年轻学子要永远听党话，坚定跟党走，将小我融入大我，把青春献给祖国，勇做走在时代前列的奋进者、开拓者、奉献者，在实现民族复兴、人类进步伟大征程中书写无愧于时代的青春华章。

赵龙代表厦门市委市政府向厦门大学全体师生员工致以热烈祝贺和诚挚问候。他指出，100年来，厦大与厦门相生共荣，相得益彰。厦门滋养了厦大，厦大反哺了厦门，厦大从厦门走向世界。这份校地情缘值得倍加珍惜。

赵龙表示，站在历史新起点上，希望厦门大学传承红色基因，不忘初心，牢记使命，始终高举立德树人旗帜，大力弘扬嘉庚精神，不忘“自强不息、止于至善”校训，持续加强新时代思想政治工作，持续加强基础研究和科技创新，持续发挥“侨、台、特、海”优势，持续深化部省市校合作，用学科优势赋能福建，赋能厦门重点产业的发展，助力福建、厦门推进金砖国家新工业革命伙伴关系创新基地等“五中心一基地”建设，更好地服务全国、服务全省大局。厦门市委市政府将一如既往支持厦门大学的发展，全面落实部省市共建机制，为学校建设、人才培养、科研成果转化落地等创造有利条件，尽最大努力与厦大一道，把学校办得更好，让百年的校地情缘历久弥新，结出更加丰硕成果。

尹力代表福建省委省政府向厦门大学百年校庆表示热烈祝贺。他指出，党中央高度重视厦门大学的发展建设，习近平总书记专门发来贺信，充分肯定了百年厦大作出的突出贡献，对厦大发展提出殷切希望，充分体现了对厦门大学的亲切关怀，对教育事业的高度重视，给我们巨大的鼓舞和鞭策。

尹力表示，厦门大学具有光荣的革命传统，是福建省第一个中共党支部的诞生地，有着丰富的历史积淀和宝贵的精神财富。厦大立足福建，服务全国，为国家，特别是福建的经济社会发展、文化繁荣进步作出了重要的贡献。厦大与福建水乳交融、风雨同舟、共荣共享，福建为有厦门大学倍感骄傲和自豪。希望厦门大学按照习近平总书记贺信要求，坚持党的教育方针，肩负起为党育人、为国育才的历史使命，坚持立德树人，把学校发展与国家发展、福建发展紧密结合起来，培养更多的高素质人才，推出更多的高质量科研成果，增强国际交流与合作，努力建设中国特色、世界一流的大学。福建省委、省政府将一如既往关心、支持学校建设发展，为广大师生创造更加良好的条件，让厦大的学子在八闽大地上施展才华、创造价值、实现梦想。

长期以来，教育部、福建省和厦门市始终高度重视、全力支持厦门大学的建设发展。进入21世纪以来，先后4次签署重点共建厦门大学协议书，为厦门大学全面建成世界知名高水平研究型大学，实现第一个百年奋斗目标提供了良好发展环境和强有力支撑。庆祝大会上，举行了《教育部、福建省人民政府、厦门市人民政府继续重点共建厦门大学协议书》签约仪式。

张彦在主持大会时表示，习近平总书记长期关心关怀厦门大学，党中央始终对厦门大学发展给予高度重视。令厦大人难以忘怀的是，习近平同志曾出席厦门大学建校80周年庆祝活动，勉励学校大力弘扬嘉庚精神，努力把厦大办得更好，不负先贤苦心；在建校90周年之际专门发来贺信，希望学校继续弘扬嘉庚精神，牢记办学使命，作出更大贡献。在建校100周年的重要时刻，习近平总书记再次发来贺信，充分体现了党中央对高等教育、对厦门大学的高度重视和殷切期望，为学校开启新百年征程指明了方向，提供了根本遵循，全体师生倍感振奋、倍受鼓舞。厦门大学将把学习贯彻总书记的贺信精神作为当前和今后一个时期的首要政治任务，同学习贯彻习近平新时代中国特色社会主义思想紧密结合起来，同融入国家“四点一线一面”教育现代化战略布局紧密结合起来，同服务福建全方位推动高质量发展超越紧密结合起来，抢抓机遇，乘势而上，书写高等教育“奋进之笔”的厦大篇章，努力开创建设中国特色世界一流大学的新局面。

国家部委、省市各级领导，兄弟高校、战略合作单位嘉宾，院士专家，海内外校友，捐赠嘉宾，社会各界人士，厦大师生代表等3000余人参加了大会。

孙春兰同志到厦门大学调研

中共中央政治局委员、国务院副总理孙春兰在福建调研医改工作期间，于7月7日来到厦门大学视察指导工作，前往厦门大学国家传染病诊断试剂与疫苗工程技术研究中心，深入了解新冠病毒疫苗和诊断试剂研发等情况。

在国家传染病诊断试剂与疫苗工程技术研究中心，厦门大学公共卫生学院院长、国家传染病诊断试剂与疫苗工程技术研究中心主任夏宁邵教授汇报了最新科研成果与工作进展。疫情发生以来，厦门大学及时设立“新型冠状病毒防治应急科研攻关专项基金”组织相关科研团队开展应急攻关。中心依靠多年的工作基础，迅速组织力量确定了攻关方向和技术路线。经过奋战，研制上市全球首个新冠总抗体检测试剂，广泛应用于国内外疫情防控；构建新冠肺炎传播动力学模型并开展疫情预测和评估，为防控决策提供参考；与相关单位合作研制的新型鼻喷新冠疫苗被纳入国务院联防联控机制重点关注的五条技术路线，已完成二期临床试验，正在筹备海外三期临床试验。孙春兰认真听取汇报，不时询问一些细节。

孙春兰走进实验室，与厦门大学"全国抗击新冠肺炎疫情先进集体"学生代表亲切交流，勉励同学们把握时代脉搏、珍惜青春时光，加强学习、潜心科研，在新的百年奋发有为，发挥青年力量。

孙春兰强调，要深入学习贯彻习近平总书记视察福建时的重要指示精神和致厦门大学建校100周年贺信精神，落实党中央、国务院决策部署，进一步提升科技创新能力和人才培养水平，不断破解关键核心技术"卡脖子"难题，加快推进新冠病毒疫苗研发等攻关，提升服务区域发展和国家战略能力，为全面建设社会主义现代化国家作出新的更大贡献。

调研期间，孙春兰还来到翔安校区图书馆，观看校区建设专题片和"新时代、新使命、新征程——站在新百年起点的厦门大学"展览。学校党委书记张彦、校长张荣做了简要介绍。

国家卫生健康委员会主任马晓伟，福建省委书记尹力，国务院副秘书长陆俊华，国家医疗保障局局长胡静林，福建省委常委、厦门市委书记赵龙，福建省委常委、秘书长、副省长崔永辉及副省长李德金等参加调研。

中共厦门大学委员会关于深入学习贯彻习近平总书记重要贺信精神，与时俱进建设世界一流大学的决定

（2021年7月6日中国共产党厦门大学第十一届委员会第二十二次全体会议通过）

2021年4月6日，习近平总书记致信祝贺厦门大学建校100周年，为我校奋进新百年征程指明前进方向、注入强大动力，在厦门大学发展历程中具有重大而深远的意义。为深入学习贯彻习近平总书记重要贺信精神，与时俱进建设世界一流大学，作出如下决定。

一、坚定不移以习近平总书记重要贺信精神领航，切实增强建设中国特色世界一流大学的责任感和使命感

1.充分认识重大意义。建校一百年来，厦门大学始终秉持爱国华侨领袖陈嘉庚先生的立校志向，紧跟中国共产党的前进步伐，与国家同呼吸、与民族共命运，经过一代代厦大人的接续奋斗，为国家富强、人民幸福和中华文化海外传播作出了积极贡献。厦门大学的改革、建设与发展，始终受到中央的高度重视和大力支持，特别是得到习近平总书记的长期关心关怀。习近平同志在福建工作期间，多次到学校考察调研、指导工作，擘画学校发展蓝图，出席了厦门大学建校80周年庆祝活动并致辞；到中央工作后仍然关注学校发展，厦门大学建校90周年时发来贺信，2019年农历新年前夕给我校外籍教师潘维廉教授亲切回信。在学校庆祝建校100周年、开启新百年征程的关键时刻，习近平总书记再次发来充满着深情厚爱的重要贺信。习近平总书记的重要贺信，对厦门大学新百年发展提出新要求、明确新任务，是我们建设中国特色世界一流大学的根本遵循和行动指南，必将指引我校在新征程上开创崭新未来。全校各级党组织和广大共产党员要深刻领会重大意义，把思想和行动统一到习近平总书记重要贺信精神上来，切实扛起政治责任，坚定发展自信，强化担当意识，务求工作实效，不断为全面建设社会主义现代化国家作出"厦大贡献"。

2.深刻把握精神内涵。习近平总书记的重要贺信情真意切、思想深邃，高度评价厦门大学百年光荣传统、办学成效、优良校风和鲜明特色，明确提出要全面贯彻党的教育方针，落实立德树人根本任务，为党育人、为国育才，并从全面建设社会主义现代化国家、实现中华民族伟大复兴中国梦的全局高度，在中国高等教育进入新的历史时期，对厦门大学新百年发展提出期许和要求：与时俱进建设世界一流大学。习近平总书记重要贺信使我们更加明确了厦大在国家实施科教兴国、人才强国、创新发展战略中的重要地位和在全面建设社会主义现代化国家历史新征程中肩负的使命责任，是我们坚定自信建设中国特色世界一流大学的动力源泉。我们要深入学习领会习近平总书记重要贺信的精神实质，并同学习领会习近平总书记在庆祝中国共产党成立100周年大会上的重要讲话精神和来闽考察重要讲话精神结合起来，同开展党史学习教育结合起来，做到全面把握、融会贯通、知行合一，不断提高政治判断力、政治领悟力、政治执行力，奋力谱写中国高等教育高质量发展的"厦大篇章"。

3.全面落实殷殷嘱托。我们要旗帜鲜明坚持马克思主义，以习近平新时代中国特色社会主义思想为指导，学深悟透习近平总书记重要贺信精神，胸怀"两个大局"，牢记"国之大者"，立足新发展阶段，完整、准确、全面贯彻新发展理念，服务构建新发展格局。全面贯彻党的教育方针，坚持社会主义办学方向，以立德树人为根本，以一流党建为引领，以改革创新为动力，以内涵式高质量发展为主题，扎根中国大地、矢志世界一流，弘扬嘉庚精神，赓续百年荣光，聚焦抓重点、补短板、强弱项，深化创新发展、特色发展、开放发展，着力构建支持增强学校核心竞争力的一流

体系，全面提升服务区域发展和国家战略能力，不断增强中华民族凝聚力和向心力，毫不动摇地走中国特色社会主义大学发展道路，努力探索中国特色世界一流大学建设的“厦大模式”。

二、全面贯彻党的教育方针，切实落实立德树人根本任务

4.强化思想导航和价值引领。用习近平新时代中国特色社会主义思想铸魂育人，把社会主义核心价值观融入教育教学全过程，融入思想道德教育、文化知识教育、社会实践教育各环节，体现到学科体系、教学体系、教材体系、管理体系建设各方面。构建高质量思想政治工作体系，巩固深化思政课“三位一体”教学模式改革，发挥“思政课程”与“课程思政”协同效应，提升思想政治教育的科学性、针对性、实效性。进一步提升教师队伍思想政治素质，建强思想政治理论课教师队伍。坚持“五育”并举，深化“三全育人”综合改革，推进“新时代 · 新青年”领航计划，实施“铸魂、立德、赋能、律身、润心、聚力”六大工程，建立健全全程贯通、空间联通、队伍互通、内容打通、评价融通的大思政格局，努力培养社会主义建设者和接班人。

5.培养全面发展的时代新人。深化人才培养模式改革，以提高质量为核心，推动从以教师为中心向以学生为中心转变、从以教为中心向以学为中心转变、从统一模式培养向个性需求培养转变，加快构建卓越人才培养体系，实现创新人才培养新突破。实施一流本科教育行动计划，启动南强优秀研究生培养计划，实施本硕博衔接贯通的培养模式改革，努力提高推免攻读研究生比例，进一步扩大博士、硕士生规模，增强优秀人才培养能力。发挥综合性大学优势，推进通识教育改革，加强体育、美育和劳动教育，深化创新创业教育，健全质量监控保障体系，提升学生创新实践能力，促进学生德智体美劳全面发展，着力培养堪当民族复兴大任的时代新人。

6.引导学生建功立业新时代。厚植爱国底色，用好校内红色资源，加强党史、新中国史、改革开放史、社会主义发展史教育，引导学生坚定“四个自信”，树立“四个正确认识”，积极投身社会主义现代化国家建设。增强实践育人的广度和深度，以博士生服务团、学生社会实践等形式，支持更多学生深入政府、企业、社会组织等机构了解国情社情民情，增强学生历史使命感和社会责任感，培养学生的家国情怀，不断增强做中国人的志气、骨气、底气。加强学生职业生涯规划与就业指导，建立具有厦大特色的就业引导工作体系，引导学生树立服务国家、造福人民的志向，鼓励和支持毕业生到西部、基层、国家重要行业和领域建功立业，不负时代、不负韶华。

三、深入贯彻新发展理念，持续推进一流大学内部体系建设

7.构建一流的学科体系。坚持以问题为牵引、以需求为导向，不断完善“双一流”建设体制机制，形成有利于孕育更多高峰学科的资源配置方式。健全学科分类发展机制，做强优势学科冲击世界一流水平，通过探索中外合作办学等新机制，加快推进发展中学科建设。进一步调整学科布局，推进学科共同体建设，促进学科交叉融合，夯实基础学科优势，谋划布局顶尖学科，大力发展新文科、新工科、新医科，推进战略性新兴学科建设，不断优化学科生态。

8.打造高层次的人才体系。坚持党管人才原则，实施“群贤毕至”战略，推进人才管理体制改革，打造高水平的教师队伍、技术支撑队伍和党政管理服务队伍。坚持把师德师风作为人才引进、聘任、考核、职称评聘、评优奖励的首要要求和第一标准，强化教师思想政治素质考察和师德考评，将考评结果作为教师人才项目推荐、出国研修等工作的重要依据。坚持引育并举，精准引才，深化人才体制机制改革，实现高层次人才和团队建设新突破。优化高端人才学科分布，完善以讲席教授、南强特聘教授、南强重点岗位教授、南强青年拔尖人才等为主体的人才架构，打造内外并轨、文理并重、梯次递进、全程激励的新时代卓越人才体系。科学配置编制岗位资源，探索人员总量管理、按需设岗、按岗聘任、以岗定酬的新机制。

9.建立现代化的治理体系。完善党的全面领导制度，健全党委领导下的校长负责制，完善和落实民主集中制，健全“三重一大”决策运行机制。以大学章程为统领，健全学校内部规章制度，完善现代大学制度体系，推进学校治理体系和治理能力现代化。完善校院二级管理体制机制，深化“放管服”改革，进一步激发学院办学活力。健全以学术委员会为核心的学术治理组织架构，完善学部委员会功能。加强校务委员会建设，完善多方参与的协商沟通决策咨询机制。完善教职工代表大会和学生代表大会制度，健全师生员工参与民主管理和监督的工作机制。

10.建设高水平的保障体系。多渠道开源增收，积极争取政府和社会各界支持，提升资金资源保障能力。进一步明晰校区功能定位，优化多校区治理，加强配套建设，持续提升校园品质，改善师生工作、学习和生活环境。持续改善民生，构建可持续增长的薪酬体系，增强教职工的获得感和幸福感；千方百计争取房源，着力改善教职工住房条件；支持附属中小学、幼儿园建设，继续解决好教职工的子女入学问题。打造健康校园、平安校园、智慧校园，加强文献资源和数字资源建设，构建一流的后勤服务体系，营造一流的发展环境。

11.探索科学有效的评价体系。打好评价改革落地“最硬的一仗”，贯彻落实新时代教育评价改革总体方案，坚持把立德树人成效作为评价的根本标准，强化“立德树人、问题导向、科学有效、系统推进、特色创新”原则，改进结果评价、强化过程评价、探索增值评价、健全综合评价。完善育人评价、人才评价、科研评价和干部队伍评价，引导树立科学的教育发展观、人才成长观、选人用人观，构建符合高质量发展要求和一流大学建设需求的教育评价体系。

四、积极服务构建新发展格局，全面提升服务区域发展和国家战略能力

12.支撑高水平科技自立自强。坚持“四个面向”，着力解决“卡脖子”问题，凝练重大方向、谋划重大选题，加强基础前沿探索和关键技术突破，实现更多“从 0 到 1”的创新。

主动融入国家创新体系和全球创新网络，彰显基础研究优势，大力发展应用研究和高新技术研发，完善基础研究、应用研究、成果转化为一体的全链条协同发展机制，促进科技创新与成果转化融通发展，着力改善创新生态，激发创新活力，不断提高解决重大问题的能力。

13.打造国家战略科技力量。瞄准国家在能源、海洋、健康等领域的重大战略需求，做好国家重点实验室优化重组工作，建设一批交叉集成大平台、大基地、大装置，主持国家重大科技基础设施建设和大型仪器装备研制，打造"国之重器"，提升承担重大项目和产出重大成果的能力。推动能源材料、海洋科学与技术领域创新实验室纳入国家实验室体系，建好国家集成电路产教融合创新平台，前瞻布局储能技术、人工智能产教融合创新平台和未来技术学院。推进疫苗与分子诊断集成攻关大平台和精准靶向药物国家工程研究中心建设，争取牵头组建体外诊断技术创新中心。推进海洋生态系统国家野外科学观测研究站、碳中和创新研究中心建设。在新材料、高超声速组合动力、智能传动、海洋观测等领域积极推进军民融合。

14.促进人文社会科学高质量发展。实施人文社会科学提升计划，繁荣发展哲学社会科学，巩固传统优势学科，促进人文社会科学与理工医科交叉融合，努力在若干重大研究领域推出具有国内外影响力的学术成果，打造具有中国特色、中国风格、中国气派的"厦大学派"。加强马克思主义理论等学科建设，不断推进马克思主义中国化时代化。建好人文与艺术高等研究院、中国高质量发展研究院，推进历史、考古等学科重组，促进学科优化提升。加强哲学社会科学期刊建设，打造更多品牌学术期刊，增强学术影响力。积极举办人文社会科学领域高水平学术会议，不断扩大国际学术话语权。

15.服务国家高端决策咨询。以国家高端智库（培育）、教育部及其他部委智库、福建省高校特色新型智库等为主体，建设一批在国内外有重要影响、具有中国特色的新型高校智库。加强战略研究与政策研究，力争使厦门大学台湾研究院认定为国家高端智库建设单位，厦门大学南洋研究院增列为国家高端智库建设培育单位，提升服务国家决策能力。聚焦经济管理、法学、公共治理、两岸融合、"一带一路"、高等教育、营商环境、海洋事务等领域，推进哲学社会科学研究范式转型，加强社科专题数据库和文科实验室建设，推动建设智能会计与财务管理决策教育部哲学社会科学实验室。

16.助力福建全方位推动高质量发展超越。深化与福建省九市一区战略合作，加快推进厦门大学福州研究生院建设，促进区域高等教育协同集群发展。在生物制品科学与技术、海洋科学与技术等领域建设省创新实验室，服务福建打造区域科技创新中心，推动创新成果在各地市落地转化。推动建设"海丝创谷"，探索政产学研合作新模式。推进与附属医院融合发展，提升附属医院医疗水平和学科竞争力，服务健康福建建设。瞄准厦门未来科技城、生物经济城建设，发挥厦门大学国家大学科技园作用，建设嘉庚高新技术研究院，加强科技成果转化和技术转移工作。打造金砖工业创新能力提升培训基地，服务厦门金砖国家新工业革命伙伴关系创新基地和"两高两化"建设。

17.探索两岸高等教育融合发展新路。按照国家教育"四点一线一面"整体布局，推进海峡西岸高等教育提质创新，牵头建设两岸高等教育合作先行示范区，通过联合培养人才、本硕博学分互认、组建联盟、共建平台、科研合作等方式，促进两岸高等教育融合发展。完善服务体系，打造台湾师生登陆"第一家园"，吸纳台湾高端人才和优秀学生来校工作学习创业。深化拓展高端平台，增进两岸学生交流，推动两岸青年共同创业，厚植国家认同、民族认同、文化认同，服务祖国和平统一大业。

五、大力推动更高水平开放，不断增强中华民族凝聚力和向心力

18.促进中华儿女大团结。培育和践行社会主义核心价值观，大力弘扬以爱国主义为核心的民族精神，深入开展中国特色社会主义和中国梦宣传教育，厚植师生爱国情怀，引领社会不断增强对伟大祖国、中华民族、中华文化、中国共产党、中国特色社会主义的认同。传承厦大百年文脉，持续开展"我们的节日"主题活动，传承弘扬中华优秀传统文化，努力构筑先进文化高地，引导师生增强文化自信。加强统战工作，广聚天下英才，凝聚发展合力，引导广大统战成员同心共筑中国梦、厦大梦。

19.打造教育对外开放新高地。服务国家教育对外开放新格局，深化拓展校际双多边平台，积极参与、深度融入国际高等教育发展。畅通学生国际交流渠道，加大力度支持学生出国出境进行学术交流，组织学生参加国际学科竞赛、国际学术论坛等，拓展学生全球视野，增强学生全球胜任力。鼓励教师与国外同行联合开展科学研究，主动参与或牵头组织全球性或区域性的重大科学计划和科学工程，全面提升教师国际竞争力。加大力度支持师生到国际重要学术机构、国际组织等任职、实习实践，着力培养全球治理人才。吸引高层次外籍教师和优秀留学生来校学习工作，努力培养更多知华友华人士。

20.服务共建"一带一路"高质量发展。发挥马来西亚分校支点作用，全面提升办学水平，推动教育教学改革和科研体制创新，汇聚海外优质资源，吸引国际一流师资，着力打造"一带一路"高端人才培养基地、科创合作前沿基地和中华文化海外传播基地。做实建强"21世纪海上丝绸之路"大学联盟，建设"一带一路"（金砖）数字经济学院和中俄数字经济研究中心，促进与"一带一路"沿线国家的高校和科研机构等开展全方位合作。

21.持续高水平推动中华文化海外传播。立足时代前沿，扎根中国大地，树立国际视野，提升文化国际传播能力，在交流互鉴中彰显中华文化的吸引力。推进国际中文教育内涵式发展，经营好孔子学院品牌，力争建设国际中文教育实践与科研基地。支持知华友华人士讲好中国故事。凝聚起广大海外校友的强大力量，发挥学校在海内外侨界的影响力，广泛推介中国主张、中国智慧、中国方案，为推动中华文化海外传播、服务构建人类命运共同体作出厦大新的贡献。

六、加强党的全面领导，以一流党建确保习近平总书记重要贺信精神贯彻落实

22.全面加强党的建设。坚持用习近平新时代中国特色社会主义思想武装头脑，不断增强“四个意识”、坚定“四个自信”、做到“两个维护”，始终在思想上政治上行动上同以习近平同志为核心的党中央保持高度一致。贯彻落实新时代党的建设总要求，以党的政治建设为统领，全面推进党的政治建设、思想建设、组织建设、作风建设、纪律建设，把制度建设贯穿其中。夯实全面从严治党工作体系，建设风清气正的校园政治生态。坚持党对学校工作的全面领导，充分发挥学校党委把方向、管大局、作决策、抓班子、带队伍、保落实的领导作用，做到“六个过硬”，不折不扣贯彻习近平总书记重要贺信精神。压紧压实意识形态工作主体责任，站稳守好意识形态工作前沿阵地。扎实开展党史学习教育，发挥我校作为福建省第一个党组织诞生地的独特优势，推进党史学习教育具体化、在地化、特色化，把学习成效转化为推进世界一流大学建设的动力。坚持大抓基层，完善基层党建工作机制，做到基层党委（党总支）“五个到位”和党支部“七个有力”，发挥党员先锋模范作用，全面提高基层党建质量。

23.锻造德才兼备的高素质干部队伍。建立以品德和能力为导向、以岗位需求为目标的人才使用机制，选优配强各级党政领导班子。构建优秀年轻干部日常发现培养选拔机制，注重选拔想干事、能干事、干成事的好干部。着眼学校事业发展全局培养使用干部，把优秀年轻干部放到关键岗位、重点领域锻炼，加快干部成长成才。推进建设职业化、专业化的干部队伍，形成能上能下的常态化干部管理体制，增强干部履职担当能力。紧盯“关键少数”，建立健全干部日常管理监督机制和担当作为激励保护机制。

24.营造干事创业的浓厚氛围。大力弘扬习近平总书记在福建工作期间倡导的“滴水穿石”精神和“四下基层”“马上就办”等优良作风，以钉钉子精神狠抓落实，力戒形式主义、官僚主义。贯彻党的群众路线，尊重师生首创精神，践行“一线规则”，广泛深入调研，凝聚师生员工的智慧和力量。推行挂图作战、责任到人，一个一个节点推进，一件一件事情落实。坚持党风校风学风“三风”齐抓，弘扬“爱国、革命、自强、科学”优良校风，教育引导广大干部增强责任感和紧迫感，履职尽责、担当作为，在全校营造牢记习近平总书记嘱托、又好又快干事创业的浓厚氛围。

习近平总书记在庆祝中国共产党成立 100 周年大会上向全体中国共产党党员发出了催人奋进的伟大号召。全校各级党组织和广大共产党员要积极响应伟大号召，用习近平总书记重要贺信精神领航，牢记初心使命，坚定理想信念，践行党的宗旨，更加紧密地团结在以习近平同志为核心的党中央周围，在教育部、福建省委省政府的正确领导和厦门市委市政府的大力支持下，认真学习贯彻习近平总书记关于教育的重要论述，弘扬伟大建党精神，传承红色基因，树立一流意识，坚持一流标准，真抓实干、奋发进取，以永不懈怠的精神状态和一往无前的奋斗姿态，与时俱进建设世界一流大学，为增强中华民族凝聚力和向心力，为全面建设社会主义现代化国家、实现中华民族伟大复兴的中国梦作出新的更大贡献！

厦门大学“十四五”规划和2035年远景目标纲要

“十四五”时期，是百年厦大继往开来、守正创新，全面开启创建中国特色世界一流大学新征程的关键阶段。厦门大学将以习近平新时代中国特色社会主义思想为指导，不忘初心、牢记使命，坚持为党育人、为国育才，以立德树人为根本，以推进高质量超越、创新性引领为重点，努力推进思想再解放、目标再聚焦、改革再发力、发展再提升、开放再扩大，与时俱进建设“中国特色、世界一流、厦大风格”的一流大学，全面提升服务区域发展和国家战略能力，为增强中华民族凝聚力和向心力，为全面建设社会主义现代化国家、实现中华民族伟大复兴的中国梦作出新的更大贡献。

一、百年厦大的光荣梦想

百年厦大，巍巍学府。1921 年，被毛泽东同志誉为“华侨旗帜、民族光辉”的陈嘉庚先生怀抱“教育为立国之本、兴学乃国民天职”的崇高理想，倾资创办了厦门大学。在一个世纪的办学历程中，一代代厦大人秉持“自强不息、止于至善”的校训精神，始终与祖国同呼吸、与民族共命运，形成了“爱国、革命、自强、科学”的四种精神，打造了鲜明的办学特色，培养了大批优秀人才，为国家富强、人民幸福和中华文化海外传播作出了积极贡献。

建设“世界之大学”，“与世界各大学相颉颃”是厦门大学的梦想和追求。1920 年《厦门大学校旨》开宗明义写道：“本大学之主要目的，在博集东西各国之学术及其精神，以研究一切现象之底蕴与功用；同时并阐发中国固有学艺之美质，使之融会贯通，成为一种最新最完善之文化。”20 世纪 30 年代抗日战争爆发，学校被迫内迁闽西长汀仍坚持办学，成绩斐然，赢得了“南方之强”的美誉。新中国成立后，学校坚持以教学改革为中心，积极探索教学与科研相结合、自然科学与社会科学相促进的办学道路，加快培养国家急需的建设人才，成为全国重点的综合性大学。党的十一届三中全会以来，学校紧跟时代步伐，围绕国家需求，融入特区建设，明确目标定位，紧紧抓住“211 工程”和“985 工程”建设等重大机遇，全面建设世界知名高水平研究型大学。

党的十八大以来，学校不断深化综合改革，加快“双一流”建设，推进内涵式发展，制定了“两个一百年”奋斗目标和“三步走”战略部署，开启了建设中国特色世界一流大学的新征程。在庆祝建校100周年之际，习近平总书记专门发来重要贺信，肯定了厦门大学百年来取得的突出成就、作出的积极贡献，对学校未来发展提出了明确目标要求，极大激发了全体师生员工的爱国之情、报国之志，极大增强了厦大人的自豪感、使命感、责任感，为学校开启新百年征程指明了前进方向、提供了根本遵循。迈进新百年，厦门大学将以习近平总书记重要贺信精神领航，进一步坚定建设世界一流大学的信心和决心，努力成为世界高等教育改革发展的推动者，早日实现世界一流大学的建设目标。

二、现实基础和环境形势

(一)发展基础

"十三五"以来，在党中央、国务院坚强领导下，在教育部和各级党委政府大力支持下，在全体师生员工共同努力下，学校各项事业发展取得新突破，综合实力和国际影响力不断提升，办学声誉日益提高，总体完成了"十三五"规划提出的目标任务，为创建世界一流大学奠定了坚实的基础。

整体办学质量显著提升。人才培养质量大幅提高，获教育部高等教育教学成果二等奖6项(第一单位)，在中国(国际)"互联网+"大学生创新创业大赛中共获13金6银10铜，两次夺得总决赛亚军，入选全国首批深化创新创业教育改革示范高校、全国大众创业万众创新示范基地。人才集聚效应逐步显现，新增国家各类高层次人才132人次。学科竞争力不断增强，5个学科入选国家公布的世界一流学科建设名单，7个一级学科在第四轮学科评估进入A类；新增7个学科进入ESI全球前1%，总数达到18个，居大陆高校第7位。科研创新能力不断提升，以第一作者单位累计在*Nature*、*Science*、*Cell*上发表学术论文12篇，自然指数居全球第57位。以第一完成人获得国家自然科学奖二等奖2项、国家技术发明奖二等奖1项，获何梁何利基金"科学与技术进步奖"1项、科学探索奖2项、全国创新争先奖6项、中国专利奖3项，教育部高等学校科学技术优秀成果奖4项、人文社科优秀成果奖18项，复旦管理学杰出贡献奖1项。新增国家级科研创新平台4个、国家高端智库培育单位1个。对外合作交流深化拓展，与51所世界排名前200名的高校开展实质性合作；马来西亚分校建设和办学成效得到广泛认可，被誉为"一带一路"上的璀璨明珠。

服务发展能力持续增强。立足福建，面向全国，服务国家和地方社会经济发展成效显著。连续五年召开与福建省九市一区校地战略合作会议，形成与地方政府共商共建共享的良好机制。大力推动成果转化，在新能源、新材料、生物医药、智能制造、航空航天、电子信息、人工智能、大数据、海洋与生态环境等领域产出了一批高显示度成果，有力支撑国家和区域产业转型升级。新冠肺炎疫情暴发后第一时间投入应急科研攻关，研制出全球首个双抗原夹心法新冠病毒总抗体检测试剂，为70多个国家和地区供应试剂超1200万人份。作为我国五条技术路线之一的鼻喷流感病毒载体新冠肺炎疫苗研制成功并进入临床试验。围绕"一带一路"、两岸关系、宏观经济、营商环境、能源经济、公共治理、高等教育等重大理论和现实问题，为中央和各级党委政府提供高质量决策咨询服务。融入闽宁协作大局，对口帮扶宁夏隆德县、福建诏安县实现高质量脱贫摘帽。继续教育转型升级，学历继续教育毕业学生5万多人，非学历继续教育培训学员40余万人次。

现代大学治理体系不断完善。推进依法治校，完成《厦门大学章程》修订工作。实施单位和教职工绩效考核评价体系改革，进一步激发人才创新活力；推进"放管服"改革，优化机关部门职能。成立厦门大学新一届校务委员会，完善科学决策、民主监督、社会参与的制度平台。成立教学委员会，发挥专家在教育教学事务中的研究、咨询、指导和监督作用。成立学校预算工作委员会，优化资源配置，推进预算绩效管理。成立审计委员会，建立审计重大事项共商、资源共享、成果互通的工作机制。创新运行模式，完善"双一流"建设管理体制。

党建和思政工作全面加强。坚持和加强党的全面领导，增强"四个意识"、坚定"四个自信"、做到"两个维护"，确保党中央重大决策部署落地落实。坚持和完善党委领导下的校长负责制，严格落实"三重一大"决策制度，学校党委的领导核心作用得到充分发挥。坚持全面从严治党，推进党风校风学风"三风"齐抓，党建工作质量显著提升，为学校各项事业发展提供坚强政治保证。坚持"五育"并举，推进"三全育人"，完善师德师风建设长效机制，把思想价值引领贯穿人才培养全过程，切实把立德树人根本任务落到实处。坚持以文化人、以文育人，打造《哥德巴赫猜想》等系列校园文艺精品，培育独具魅力的大学精神和大学文化。以迎接建校百年为契机，深入挖掘整理百年校史文化，举办迎百年校庆系列活动，传承弘扬学校优良办学传统。

(二)战略机遇

当今世界正经历百年未有之大变局，中华民族正处于伟大复兴的关键阶段。教育是国之大计、党之大计。面对复杂变化的发展环境，高等教育在国家发展中的战略地位和作用更加凸显，一流大学的使命和责任更加重大。百年厦大站在了新的历史交汇点。

全球大变局与国家大发展的交汇。全球治理格局加速调整，单边主义、贸易保护主义、逆全球化思潮持续涌动，国际环境日趋复杂，不稳定性不确定性明显增强。但危中有机，高等教育在全球治理新格局中必将大有可为，也必将大有作为。随着中国日益走近世界舞台中央，中国大学的舞台是世界舞台，中国大学的坐标是国际坐标，中国大学的格局是全球格局。更为重要的是，新一轮科技革命引致的市场、规则、资源、文化和人才竞争已日趋白热化，党和国家对高等教育的需要，对科学知识和优秀人才的需要，比以往任何时候都更为迫切。这些都为我校在新百年建成"中国特色、世界一流、厦大风格"的大学创造了历史机遇。

区域新发展与教育新使命的交汇。高等教育与区域发展更加紧密，深度融入区域发展是新发展阶段高等教育的应有之义，以"四点一线一面"为战略重点的教育现代化区域创新试验正在积极推进。福建正处在全方位推动高质量发展超越的战略关键期,机制活、产业优、百姓富、生态美的新福建建设迈出了坚实步伐,厦门市高素质高颜值现代化国际化城市建设正在全面展开。新福建在国家未来区域发展中的地位将进一步凸显,政策红利潜力巨大,急需世界一流大学作为支撑。我校作为福建省高等教育的"排头兵",势将成为高水平创新的"动力源"和高质量发展的"推进器"。

高等教育新形态与一流大学新格局的交汇。我国高等教育发展已经进入了普及化阶段,高质量教育供给是高等教育发展的必由之路。党和国家高度重视高等教育高质量内涵式发展,积极推进世界一流大学和一流学科建设,为学校未来发展提供了政策和资源保障。随着中国高等教育全面进入以人才培养为根本的提质新时代,一流大学的头部效应日趋明显,校际竞争日益激烈,格局相位逐步定型。我校发展历经百载风雨,弦歌不辍,已经具备了良好的办学基础和较好的比较优势,必将在更高起点、更高层次、更高目标上继往开来,再创辉煌。

"两个一百年"战略目标的交汇。"十四五"时期是我国全面建成小康社会、实现第一个百年奋斗目标之后,乘势而上开启全面建设社会主义现代化国家新征程、向第二个百年奋斗目标进军的第一个五年。随着以国内大循环为主体、国内国际双循环相互促进的新发展格局的形成,在创新、协调、绿色、开放、共享发展理念的引领下,科教兴国、人才强国、创新驱动、乡村振兴、区域协调发展、可持续发展、军民融合发展等战略给我国经济社会发展带来深刻变革。对标国家战略需求,以高等教育现代化支撑国家现代化,为我校在新百年续写"南方之强"华章提供了战略空间。

(三)困难挑战

经过"十三五"发展,学校各项事业发展取得了显著进步,但学校现阶段发展不充分不平衡的问题依然突出:一是落实立德树人根本任务不够到位,思想政治教育工作有不足,思政课教师队伍建设需要进一步加强,基层党建工作存在薄弱环节;二是人才培养模式以及教育教学方法还不能完全满足学生全面发展和个性需求,人才培养结构与社会需求契合度不够,教育支撑引领新发展格局和服务国家、地方发展的能力有待提升;三是高层次人才总量不足,学科间分布不均,具有国际影响力的战略科学家和学科带头人偏少,青年人才整体实力还不够强,博士后等专职科研人员体量偏小;四是高峰学科、世界一流学科偏少,学科竞争力不强,学科综合优势发挥不够,学科结构布局和学科生态尚需优化;五是标志性重大研究成果产出仍然偏少,面向国家重大需求和国民经济主战场的大科学平台、大科学装置数量不多,知识产权和成果转化质量仍需提高;六是教育评价改革和体制机制改革进展与学校发展需求有差距,学校治理体系和治理能力不能完全适应建设中国特色世界一流大学的要求;七是内涵发展与有限资源条件之间的矛盾仍然突出,资源可持续投入机制和资金筹措能力偏弱,各校区发展还不够协调,管理模式和功能布局还需进一步优化。

在危机中育新机,于变局中开新局。面对"四个历史性交汇",厦门大学必须坚定"四个自信",增强机遇意识和风险意识,保持战略定力,发扬斗争精神,树立底线思维,准确识变、科学应变、主动求变,抢抓机遇,应对挑战,蓄能冲高,争先进位,矢志成为扎根中国大地、面向世界未来的厦大。

三、与时俱进建设世界一流大学

(一)指导思想

高举中国特色社会主义伟大旗帜,以习近平新时代中国特色社会主义思想为指导,深入贯彻党的十九大和十九届二中、三中、四中、五中全会精神,弘扬伟大建党精神,以习近平总书记重要贺信精神领航,全面贯彻党的教育方针,贯彻落实全国高校思想政治工作会议精神、全国教育大会精神,按照"五位一体"总体布局和"四个全面"战略布局,增强"四个意识"、坚定"四个自信"、做到"两个维护",坚持社会主义办学方向,坚持"四个服务",立足新发展阶段,完整准确全面贯彻新发展理念,主动融入新发展格局,弘扬嘉庚精神,赓续百年荣光,以一流党建为引领,以改革创新为动力,扎根中国大地、矢志世界一流,推动高质量超越,实现创新性引领,积极探索"中国特色、世界一流、厦大风格"的一流大学建设之路,不断书写中国高等教育"奋进之笔"的厦大篇章。

(二)发展理念

立足新百年新征程,必须坚定不移贯彻新发展理念,着力破解发展瓶颈,增强发展动能,厚植发展优势,推动高质量发展,实现高效能治理。

深化内涵发展。回归育人初心,遵循教育规律,着力破"五唯",以立德树人成效作为检验学校一切工作的根本标准,不断优化办学结构,在提质增效中更加聚焦人才培养质量、更加聚焦师资队伍水平、更加聚焦学科发展效益、更加聚焦服务发展贡献。

深化创新发展。始终树立"先行先试、敢闯敢拼"的意识,大力推进观念创新、理论创新、教育创新、科技创新、文化创新和制度创新,持续深化综合改革,激发师生创新创业活力,实现创新驱动发展,推动各项事业蓬勃发展。

深化特色发展。始终扎根中国大地办大学,传承弘扬百年厦大优良传统,强化办学特色,毫不动摇地走中国特色社会主义大学发展道路,努力探索建设中国特色世界一流大学的"厦大模式"。

深化融合发展。坚持开放办学,立足福建、辐射全国、融通中外,既主动对接国家和区域发展,又积极融入世界、参与国际合作和全球高等教育治理,努力作出"厦大贡献",与世界一流大学相颉颃。

(三)发展原则

坚持党的领导。全面贯彻党的教育方针,坚持社会主义办学方向,坚持和完善党委领导下的校长负责制,不断提升管党治党、办学治校能力和水平,为实现高质量内涵式发展提供根本保证。

坚持立德树人。强化人才培养中心地位，把社会主义核心价值观融入教学育人全过程，育人为本、德育优先，培养德智体美劳全面发展的社会主义建设者和接班人，造就担当民族复兴大任的时代新人。

坚持以人为本。坚持发展为了师生员工、发展依靠师生员工、发展成果由师生员工共享，不断改善学习、工作和生活条件，提升发展温度，增加民生厚度，使全校师生员工在共建共享发展中有更多的获得感、奉献感、幸福感。

坚持深化改革。坚定不移推进改革，以评价改革为牵引，破除制约高质量发展的体制机制障碍，推动实施有利于优化资源配置、提高发展质量的重大改革举措，持续增强发展动力和活力。

坚持依法治校。牢固树立法治意识，把法治作为学校治理的基本理念和基本方式，以章程为统领构建系统完备的学校规章制度体系，完善学校法人治理结构和法律风险防控体系，全面推进依法治教、依法办学、依法治校。

坚持系统协调。强化全校一盘棋意识，加强前瞻性思考、全局性谋划、战略性布局、整体性推进，更好发挥校院两级和各方面积极性，统筹发展质量、结构、规模、速度、效益、安全的关系，实现更高质量、更有效率、更加公平、更可持续、更为安全的发展。

（四）发展愿景

“十四五”时期是厦门大学全面开启新百年征程的第一个五年。面向新百年，厦门大学要在全面建成世界知名高水平研究型大学的基础上，全力奋进第二个百年目标，建成具有厦大风格的中国特色世界一流大学。

彰显中国特色。扎根中国大地办大学，遵循教育规律，创造性地传承中华民族优秀传统文化，积极探索中国特色的世界一流大学建设之路，更好地为人民服务，为中国共产党治国理政服务，为巩固和发展中国特色社会主义制度服务，为改革开放和社会主义现代化建设服务。

矢志世界一流。秉承建设“世界之大学”的愿景，坚定“四个自信”，坚持对标世界一流，打造一流体系和一流能力，培育更多具备全球视野、担负社会责任、秉持科学精神的一流人才，创造更多引领未来、造福世界的一流成果，为国家富强、民族复兴乃至人类进步作出一流贡献。

厚植厦大风格。传承百年厦大优良传统，坚守“自强不息、止于至善”的校训精神，弘扬“爱国、革命、自强、科学”的优良校风，强化“爱校荣校、改革创新、团结合作、包容共享”的价值理念和“感恩、开放、创新、和谐”的文化品格，凸显“海峡、海丝、海洋”办学特色，不断凝聚成引领一代代厦大人追求卓越的精神内核，形成厦门大学的共同价值核心。

（五）“十四五”和中长期发展目标

“十四五”时期，加速迈向“双一流”建设大学方阵前列、加快迈向世界一流大学行列。主要表现为：人才培养质量和创新能力明显提高，产出一批高水平高显示度原创性成果，服务区域发展和国家战略能力全面提升，学校综合实力显著增强。

——人才培养取得新成效。为国家培养输送具有爱国情怀、社会责任感、国际视野、创新创业能力的拔尖创新人才；在校生规模45000～47000人，其中本科生19000～20000人，硕士研究生19000～20000人，博士研究生6000～7000人；毕业生实现更高质量和更充分就业，重点行业和关键领域签约率50%以上。

——队伍建设达到新水平。打造一支具有国际竞争力的高素质师资队伍；师资队伍规模5000人左右，其中全职教师3000人左右，博士后在内的专职科研人员800人左右，非全职教师1200人左右；新增入选各类国家级人才计划人数达150人左右，重点建设一批高水平教学、科研和社会服务团队。

——创新能力实现新突破。努力打造国家战略科技力量，支撑高水平科技自立自强；力争新增5个国家级创新平台，新增1～3个福建省创新实验室；培育建设3个以上国家级高端新型智库；科研经费年均增长10%左右，承担国家级重大项目和产出重大成果的能力显著提升。

——社会服务展示新作为。支撑服务国家和地方创新驱动发展、产业转型升级更加有力，决策咨询能力显著提高，打造厦大继续教育与终身教育品牌；新增专业学位研究生招生1000人以上；横向科研经费年均增长12%左右，高质量科研成果转化实现新发展。

——学科实力迈上新台阶。学科布局更加合理、特色优势更加鲜明，一批学科进入国内领先、世界一流行列。力争新增2～5个国家A类学科（前10%）。

——对外交流合作开创新局面。对外合作交流水平保持在国内高校前列，与更多世界高水平大学开展实质性合作，留学生质量进一步提升，学历留学生达1500～2000人，学生出国（境）交流比例稳步提高，教师与国际同行交流合作能力全面提升；马来西亚分校在校生规模力争达7000～8000人。

专栏1　厦门大学“十四五”时期事业发展主要指标

类别	指标	2025年	属性
人才培养[①]	1.在校生数（人）	45000～47000	预期性
	其中：本科生数（人）	19000～20000	约束性
	硕士研究生数（人）	19000～20000	约束性
	博士研究生数（人）	6000～7000	预期性
	2.重点行业和关键领域签约率（%）	≥50	预期性
队伍建设	3.师资队伍总规模（人）	5000左右	约束性
	4.全职教师数[②]（人）	3000左右	预期性
	5.新增入选各类国家级人才计划人数（人）*	150左右	预期性
	6.博士后在内的专职科研人员数（人）	800左右	预期性
	7.非全职教师数（人）	1200左右	预期性

续表

类别	指标	2025 年	属性
科学研究	8.新增国家级创新平台(个)*	5	预期性
	9.新增福建省创新实验室(个)*	1～3	约束性
	10.培育建设国家级高端新型智库(个)*	≥3	预期性
	11.科研经费年均增长率(%)*	10	预期性
社会服务	12.横向科研经费年均增长率(%)*	12	预期性
	13.专业学位研究生培养人数(人)*	＞1000	预期性
学科建设	14.新增国家 A 类学科(前 10%)数(个)*	2～5	预期性
合作交流	15.学历留学生数③(人)	1500～2000	预期性
	16.马来西亚分校在校生规模(人)	7000～8000	预期性

注:①此处学生规模不包括马来西亚分校学生;②全职教师包括专职辅导员;③学历留学生不包括马来西亚分校外籍生。表格中标 * 指标的目标值为"十四五"期间的预期目标值。

到 2035 年,跻身世界一流大学行列。主要表现为:学校综合实力进入世界一流大学行列,学科整体实力显著提升,若干学科进入世界一流前列。人才培养、科学研究、社会服务能力全面增强,学校办学声誉和办学水平获得国际公认,在区域乃至"一带一路"沿线国家高等教育中发挥更有力的引领带动作用,为我国社会主义现代化建设作出突出贡献。到 21 世纪中叶,即到新中国成立百年之际,学校综合实力跃居世界一流大学前列。

四、全方位高质量创新超越发展

以高质量发展、创新超越为主题,着力培养拔尖创新人才,提升自主创新能力,推进服务创新发展,引领文化传承创新,创新对外交流合作,全面提升学校办学水平。

(一)培养拔尖创新人才

坚持立德树人,实施"育人优先"战略。夯实人才培养中心地位,以提高质量为核心,深化人才培养模式改革,全面推进从以教师为中心向以学生为中心转变、以教为中心向以学为中心转变、以统一模式培养向以个性需求培养转变,加快构建高质量人才培养体系,实现创新人才培养新突破,着力造就堪当民族复兴大任的时代新人。到 2035 年,高素质创新人才培养质量显著提升。

1.创新思想政治教育。坚持德智体美劳"五育"并举,广泛开展"做奋斗者、创双一流"主题活动,深入实施"铸魂、立德、赋能、律身、润心、聚力"六大工程,构建"三全育人"工作格局。夯实以政治引领和价值引领为核心的思政教育体系,开展理想信念、国家安全、形势政策和法治宣传教育,提升学生思想政治工作质量。全面推进课程思政建设,打造课程思政示范课程,实现各类课程与思政课程同向同行,巩固深化"三位一体"思政课教学模式改革。实施"新时代·新青年"领航计划、青年马克思主义者培养工程,坚持不懈弘扬社会主义核心价值观,引导学生坚定"四个自信",树立"四个正确认识",培养学生的家国情怀和全心全意为人民服务的思想自觉,不断增强做中国人的志气、骨气、底气。加强思想政治工作队伍建设,进一步整体提升教师队伍思想政治素质。实施思政课教师队伍素质提升工程,建强思想政治理论课教师队伍。实施辅导员素质能力提升计划,建好班主任和导师队伍。

2.创新本科生教育模式。实施一流本科教育行动计划,以新工科、新文科、新医科、基础学科建设为引领,对标国家一流专业建设"双万计划",以需求为导向,以学科为依托,优化专业结构,促进交叉融合,打造一流本科专业体系。推进本研一体化教学改革,依托一流基础学科拔尖学生培养基地等,加强基础学科和紧缺专业人才培养,为国家重大战略领域输送后备人才。深入实施大类招生培养,深化科教融合、产教融合,促进学科协同。加强美育与通识教育中心建设,推进通识教育和美育教学改革,加强体育和劳动教育,促进学生身心健康,提高学生审美和人文素养。实施提质共享课改工程,提升课程质量,推进教学创新,加强教材建设,打造一流课程体系。

3.创新研究生培养模式。启动南强优秀博士生培育计划,实施本硕博有效衔接的人才培养模式改革;依托一流导师团队开拓优质生源,进一步扩大推免生招生规模;建设厦大特色的高质量研究生一级学科必修课程和高水平教材。强化学术型研究生的学术研究能力和创新思维训练,提升研究生学术视野与创新能力。优化专业学位研究生培养方案,扩大工程类专业研究生培养规模,强化专业学位研究生产学研融合教育,建设专业学位研究生培养实践基地,提高专业学位研究生培养质量。加强导师队伍建设,明确导师岗位职责,完善导师招生资格年审和动态调整制度。扎实做好国家公派出国留学、学校研究生国(境)外访学计划等选派工作,培养具有全球视野的高层次专业化人才。

4.提升学生创新创业能力。加强大众创业万众创新示范基地建设,充分发挥大学科技园、大学生创业园、创客空间等创新创业实践平台作用,推动科技成果转化与创新创业实践紧密结合,开展专业化孵化服务,促进创业带动就业;深入实施创业就业"校企行"专项行动,加强与企业示范基地深度合作,建立稳定合作关系。深化创新创业教育改革,将创新创业教育贯穿人才培养全过程,打造一批创新创业教育特色课程。实施大学生创新创业训练计划,加强学生创新创业培训。发挥中国国际"互联网+"大学生创新创业大赛、全国大学生创新创业年会、中国研究生创新实践大赛等引领作用,以赛促学、以赛促教、以赛促创,培养敢闯会创的创新创业创造人才。

5.健全质量监控保障体系。积极参加本科教育教学审核评估、教育部专业认证,夯实年度质量报告发布机制。着力提升教师教学能力,推进"课程评估、教学培训、教学竞赛"

三位一体教学能力提升计划，调整优化教师教学评价指标，完善本科课程教学评价制度，打造以追求卓越为导向的教师成长体系。完善教学内部质量保障机制，优化校院两级教学委员会制度、校院两级教学督导组制度，夯实教学课程组、集体备课、同行听课和“传帮带”等制度建设，完善以提升学习成效为标准的质量保障体系。实施智慧教学建设计划，建设本研一体化教务管理系统。进一步严格规范学位与研究生教育质量管理，切实发挥开题报告、中期考核、预答辩等关键环节的考核筛查作用，加强对研究生培养全流程以及各关键环节的质量控制和监督检查，加大论文的抽检力度，完善研究生学位论文质量保证和监督体系。

专栏2　人才培养重要工程和计划

1	“铸魂、立德、赋能、律身、润心、聚力”六大工程
2	一流本科教育行动计划
3	南强优秀博士生培育计划
4	“新时代·新青年”领航计划
5	青年马克思主义者培养工程
6	“三位一体”教学能力提升计划
7	智慧教学建设计划

（二）提升自主创新能力

坚持“四个面向”，实施“创新服务”战略。着力推进科技创新、理论创新、文化传承创新，改善创新生态，激发创新活力，进一步提升原始创新能力和解决重大问题能力，推动大平台、大项目、大成果实现新突破，服务国家和区域创新驱动发展。到2035年，在形成具有国际影响力的区域学术中心和创新高地上取得显著进展。

6.支撑高水平科技自立自强。加强顶层谋划和前瞻布局，主动融入国家创新体系和全球创新网络，凝练重大方向、谋划重大选题，力争在关键共性技术、前沿引领技术、现代工程技术、颠覆性技术创新方面实现更多突破，产出一流标志性成果。完善基础研究、应用研究、成果转化为一体的全链条协同机制，促进科技创新与成果转化融通发展，增强“从0到1”原始创新能力，实现关键领域产业基础研究和核心技术突破，不断提高解决重大问题的能力。

7.打造国家战略科技力量。瞄准国家重大需求和国际学术前沿，深化科研体制机制改革，推动科学研究向“指向型”发展，科研模式向“团队型”发展，科研管理向“组织型”发展。完善有利于跨学科交叉融合、跨院系整合的体制机制，推动与兄弟高校、科研院所、行业企业、地方政府以及国外一流大学、科研机构之间的协同创新。做好国家重点实验室重组建设工作，建设一批交叉融合、集中攻关的大平台、大基地、大装置，打造支撑国家和地方创新发展的战略科技力量，不断提升承担重大科研项目和产出重大成果的能力。推动能源材料、海洋科学与技术创新实验室纳入国家实验室体系。建设动物及生物安全三级实验室，推进疫苗与分子诊断集成攻关大平台、精准靶向药物国家工程研究中心和体外诊断技术创新中心建设。建好国家集成电路产教融合创新平台，前瞻布局储能技术、人工智能产教融合创新平台，加强柔性电子（未来技术）研究院建设。建好福建台湾海峡海洋生态系统国家野外科学观测研究站，推进碳中和创新研究中心建设，积极保障“海洋碳汇与生物地球化学过程”基础科学中心项目开展。主动承担国家重大科技基础设施和大型仪器装备建设，推动新光源实验室建设，推进“嘉庚”号海洋科考设施改造升级。

8.积极推动军民融合。在新材料、高超声速组合动力、智能传动、海洋观测、导航通信等领域承担一批军民融合重大项目，参与军民融合重大基础设施建设，推进军民科技成果的双向转化，服务国防科技创新体系建设。围绕区域临海、临空产业发展需求，汇聚创新资源和要素，助力区域高科技产业和临海临空产业升级与创新。

9.推进科技成果转化。建设嘉庚高新技术研究院，完善科技成果转移转化体制机制。实施知识产权强校行动，加强专利布局、专利导航和专利培育工作，设立科技成果转化运营基金，加强与知识产权服务机构、国有企业、校友企业联系，发起设立创投基金，助力科技成果转化。充分发挥国家大学科技园“创新资源集成、科技成果转化、科技创业孵化、创新人才培养、开放协同发展”五大功能，建成科技成果转化孵化聚集区，引育并举建立专业化知识产权管理运营队伍。

专栏3　科研平台重点推动项目

1	国家集成电路产教融合创新平台
2	能源材料科学与技术创新实验室
3	疫苗与分子诊断集成攻关大平台
4	动物及生物安全三级实验室
5	精准靶向药物工程研究中心
6	碳中和创新研究中心
7	嘉庚高新技术研究院

（三）推进服务创新发展

坚持“顶天立地”服务发展理念，主动融入新发展格局，探索新型高等教育合作利益共享机制，优化服务布局、拓展服务领域、深化服务内涵，不断提升服务国家战略和区域发展的能力和水平。到2035年，初步形成更为完善的支撑国家和区域经济社会发展的服务体系。

10.优化战略合作布局。围绕国家和区域重大战略需求，深入拓展与国家部委、地方政府、高校等战略合作，谋划新的合作领域，探索新的合作模式，进一步提升服务能力和成效。推进政产学研用深度融合，加强与大型国（央）企、龙头骨干企业、上市公司等大企业的科技合作，共建校企研发中心，联合攻关重大共性关键技术，加快培育创新型企业，服务企业转型升级及区域经济社会发展。积极落实国家和福建省对口支援工作部署，不断深化拓展合作领域，做好对口支援和定点帮扶工作，助力巩固拓展脱贫攻坚成果，全面推进乡村振兴战略落地见效。服务人民健康，推动附属医院与学校协同融合发展，提升附属医院科研质量和医疗服务水平。

11.服务福建高质量发展。实施服务福建全方位推动高质量发展超越行动计划，深化与福建省九市一区战略合作，探索政产学研合作新模式，形成产教城融合发展新机制，打造校地合作升级版，推动创新成果在各地市落地转化，促进闽东北、闽西南协同发展，服务福建全方位推动高质量发展超越。聚焦区域重大需求，推动建设厦门大学福州研究生院，增强区域高层次人才培养能力。在生物制品科学与技术、海洋科学与技术等领域建设省创新实验室，服务福建打造区域科技创新中心。推进厦门大学地方研究院建设，构建服务新发展格局的新业态。以厦门大学翔安校区为核心推动"海丝创谷"建设，融入福厦泉科技创新走廊建设和厦门未来科技城、生物经济城建设，汇聚国内外创新资源和要素，推进创新成果落地转化，打造以"世界科技＋福建智造＋全球市场＋海丝文化"为特色的创新引领高地和综合性国家科技创新转化高地。

12.深化台港澳交流合作。着眼祖国统一大业，主动融入国家"四点一线一面"教育战略布局，牵头福建高等教育积极探索新时代区域教育创新试验和两岸高等教育融合发展新路，推动建设两岸高等教育合作先行示范区，推进海峡西岸高等教育提质创新。精耕细作对台交流"前沿重镇"，通过联合培养、学分互认、联办二级学院、组建联盟、共建平台、科研合作等方式，提升对台合作层次。打造台湾师生登陆"第一家园"，完善服务体系，吸纳台湾优秀人才来校工作学习创业。提升对台研究高端智库决策咨询能力，为各级党委和政府提供高质量决策咨询服务。服务粤港澳大湾区建设，密切与港澳地区高校交流合作，推进与粤港澳高校联盟务实合作，推动与港澳高校、企业、科研机构联合设立伙伴实验室。

13.提升继续教育品牌实力。建好厦门金砖新工业能力提升培训基地(厦门大学)，打造继续教育升级版。加强全校继续教育资源统筹和规范管理，联合各地方研究院开展高端继续教育服务，完善以行业企业需求为导向的继续教育模式，增强具有厦大特色的继续教育品牌影响力、竞争力。提高信息化、智能化水平，加快推进终身教育学习平台建设，依托 5G、大数据、人工智能、融媒体等新型教育技术手段构建智慧学习环境，面向全社会提供多类型、个性化教学服务，服务学习型社会建设。

专栏 4　服务区域发展重点推动项目

1	生物制品科学与技术福建省创新实验室
2	海洋科学与技术福建省创新实验室
3	厦门大学福州研究生院
4	"海丝创谷"
5	厦门金砖新工业能力提升培训基地(厦门大学)

(四)引领文化传承创新

以社会主义核心价值观为统领，瞄准学术前沿，突出时代特色，树立国际视野，传承弘扬中华优秀传统文化，发扬百年厦大优良传统，努力构筑先进文化高地，不断增强文化自信，提升文化引领能力。到 2035 年，成为全国哲学社会科学研究和引领文化发展的重镇。

14.构建中国特色哲学社会科学理论体系。加强马克思主义理论学科建设，深化理论研究，把马克思主义的立场、观点、方法贯穿到学科和专业建设中，站稳政治立场，凝练研究方向，掌握科学方法，用马克思主义的最新成果指导哲学社会科学研究，推进建设厦门大学习近平新时代中国特色社会主义思想研究中心，不断推进马克思主义中国化时代化。整合全校相关学科的力量，加强习近平新时代中国特色社会主义思想研究，尤其是习近平新时代中国特色社会主义经济思想、习近平法治思想、习近平生态文明思想研究，从我国改革发展的实践中挖掘新材料、发现新问题、提出新观点，构建中国特色哲学社会科学学科体系、学术体系、话语体系。将习近平总书记关于教育的重要论述作为重要研究领域，加强理论研究和学理阐释，形成一批有深度有分量的研究成果，并推进理论体系向教材体系、教学体系转化。

15.全面提升人文社会科学发展水平。实施人文社会科学提升计划，建设人文与艺术高等研究院、中国高质量发展研究院，优化人文社会科学院系设置，促进学科优化提升。吸收借鉴国外有益的理论观点和学术成果，不断推进知识创新、理论创新、方法创新，提升学术原创能力和水平。推进和深化中国特色经济学与管理学、国际经济法与社会治理法治化、公共管理与国家治理现代化、海洋考古与社会经济史、社会政策与文化人类学、国际传播与马克思主义新闻观、闽台文化演进与东南亚区域发展等优势学科和特色领域的研究，努力在若干研究方向推出具有国内外影响力的学术成果，打造具有中国特色、中国风格、中国气派哲学社会科学的"厦大学派"。加强高水平人才队伍建设，培养造就一批经济学家、管理学家、历史学家、政治学家、法学家、哲学家和文学艺术家等各方面人才。适应计算社会科学转变，推动"互联网＋"、大数据、人工智能与人文社会科学的深度融合，推进哲学社会科学研究范式转型。加强社科专题数据库和案例库建设，推动建设智能会计与财务管理决策等社会科学实验室，建好计量建模与经济政策研究基础科学中心和闽台非遗文化数字化保护与智能处理文化和旅游部重点实验室。加强哲学社会科学期刊建设，打造更多品牌学术期刊，增强学术影响力。积极举办人文社会科学领域高水平学术会议，不断扩大国际学术话语权。

16.打造高端特色智库。以 2011 协同创新中心、国家高端智库(培育)、教育部及其他部委各类智库、福建省高校特色新型智库等为主体，重点建设一批具有中国特色、在国内外有重要影响的新型高端智库。重点推动台湾研究院建设国家高端智库，力争将南洋研究院纳入国家高端智库(培育)建设单位。深入研究关系党和国家发展的重大理论和现实问题，切实提升承接具有重大学术创新价值、应用对策价值和文化传承意义的科研项目的能力。聚焦宏观经济、数据科学、数字经济、会计审计、公共治理、两岸融合发展、“一带一路”、营商环境、能源政策、海洋事务与乡村振兴等领域，加强战略研究与政策研究，提升服务国家和区域决策能力。

17.构筑先进文化高地。实施“文化引领工程”，培育和践行社会主义核心价值观，大力弘扬以爱国主义为核心的民族精神，促进中华儿女大团结，不断增强中华民族凝聚力和向心力。深化中国特色社会主义和中国梦宣传教育，推动中华优秀传统文化融入教育教学，引导师生厚植爱国情怀，见贤思齐、立德修身，自觉成为中华传统美德的传承者、社会主义核心价值观的践行者。建好电影学院，助力新时代国家影视文化发展。实施校园文化建设重点工程，开展品味高雅的校园文化活动，让“爱校荣校、改革创新、团结合作、包容共享”的价值理念和“感恩、开放、创新、和谐”的文化品格融入血脉。讲好“榜样故事”，让全校师生学有榜样、行有示范，塑造向上向善的优良校风。

专栏5　文化传承创新重点推动项目

1	厦门大学习近平新时代中国特色社会主义思想研究中心
2	人文与艺术高等研究院
3	中国高质量发展研究院
4	智能会计与财务管理决策实验室
5	能源经济与能源政策协同创新中心
6	闽台非遗文化数字化保护与智能处理文化和旅游部重点实验室

（五）创新对外合作交流

深化开放办学，实施“协同万方”战略。不断增强汇聚国际优质教育资源的能力，全面提升学校的全球竞争力和影响力，实现对外高水平合作交流新突破，为中华文化海外传播和中外人文交流、服务构建人类命运共同体作出厦大新的贡献。到2035年，学校国际知名度显著提升，在世界高等教育体系中发挥更加重要作用。

18.推动更高水平开放。积极参与国家中外高级别人文交流，服务中国特色大国外交。发挥校际双多边平台的引领作用，参与国际性、区域性大学联盟，深度融入国际高等教育大环境。深入实施“G50战略伙伴计划”，与更多世界一流大学开展实质性合作。以建设“国际化示范学院2.0”为载体推动学院做好对外交流合作。举办人文社科国际论坛、“21世纪海上丝绸之路”大学联盟系列学术论坛等活动，提升国际影响力。吸引高层次外籍教师来校工作，支持他们讲好中国故事。建设好创意与创新学院，推进中外合作办学提质增量；办好国际中文教育学院，推动建设国际中文教育实践与科研基地，推进国际中文教育内涵式发展。服务国家教育对外开放格局，加强与世界主要大国、周边重点国家、金砖国家等的教育人文交流，提升中华文化海外传播力。

19.服务共建“一带一路”高质量发展。发挥马来西亚分校在“一带一路”建设中的特殊作用，全面提升办学水平，打造一流人才培养体系、一流国际化师资队伍、多元文化并存的和谐校园，提升适应全球化发展的管理和服务水平，努力成为“一带一路”沿线国家教育科学文化交流的支点。依托马来西亚分校，办好中国-东盟海洋学院。牵头建好“21世纪海上丝绸之路”大学联盟，在“一带一路”沿线国家高等教育交流合作中发挥引领示范作用。推进中俄数字经济研究中心建设，推动建设“一带一路”（金砖）数字经济学院，建好“一带一路”研究院，服务厦门金砖国家新工业革命伙伴关系创新基地建设，为“一带一路”建设和福建“海丝核心区”建设贡献力量。

20.增强学生全球胜任力和师资国际竞争力。采取互认学分、双导师制等形式，与世界一流大学开展高水平人才联合培养。提高公派留学生比例，加大力度支持学生出国出境进行学术交流。探索与世界顶尖大学联合开发高端定制项目。鼓励支持学生开展海外志愿服务，组织学生参加国际学科竞赛、国际学术论坛、高水平研讨会等，拓展学生全球视野。鼓励教师与国外同行联合开展科学研究，主动参与或牵头组织全球性或区域性的重大科学计划和科学工程，融入国际学术共同体。办好财政部、国家税务总局、厦门大学与经合组织联合开展的财税法学专业国际税法方向硕士研究生项目。加强海外引才，支持鼓励教师出国出境访学研修，形成可持续的国际化师资引育体系。鼓励教师在国际重要学术机构、学术学会、学术期刊等任职。加强与联合国教科文组织、世界卫生组织、国际奥委会、东盟秘书处等国际组织和机构的交流，积极参与全球治理。

21.建设优质留学目的地。打造一批精品留学项目，吸引国际优质生源。完善来华留学工作，加强国际学生的招生、培养、管理和服务。优化教学体系，推动一流学科核心课程全英文授课，设置符合国际人才培养规律和学科特色的培养方案，大力培养知华友华优秀人才，探索留学生教育培养的“厦大模式”。积极开展国际学生文体活动，创建特色国际学生活动品牌，促进中外学生沟通融合。

专栏6　彰显“海峡、海丝、海洋”特色

海峡：发挥学校地处海峡西岸区位优势，深化对台合作交流，打造成台湾师生登陆的“第一家园”；加强台湾研究，着力建设国家高端智库；当好“领头羊”引领福建高等教育提质创新，积极探索两岸高等教育融合发展新路，服务福建全方位推动高质量发展超越，服务祖国统一大业。

海丝：发挥学校地处“海丝”核心区（福建）和“一带一路”建设支点城市（厦门）的区位优势，建好马来西亚分校，重点推进中俄数字经济研究中心和“一带一路”（金砖）数字经济学院建设，强化“一带一路”研究院作用，增进与“一带一路”沿线国家和地区的人文、教育、科技交流合作，服务共建“一带一路”高质量发展。

续表

海洋:发挥面向海洋的天然优势,聚焦海洋强国建设,发挥多学科优势,加强涉海研究与人才培养,着力开展海洋文明、东南亚以及海外华人华侨等领域研究,重点推进海洋科学与技术创新实验室、碳中和创新研究中心建设,建好海洋生态系统国家野外科学观测研究站,推进“嘉庚”号海洋科考设施改造升级。

五、推进深层次体制机制改革

着力解决影响教育高质量发展的突出问题和短板,深化教育体制机制改革,破除制约一流大学建设的体制机制障碍,积聚发展新动能、培育发展新优势、释放发展新活力。

(一)深化评价体系改革

坚持立德树人、问题导向、科学有效、系统推进、特色创新,深入推进新时代教育评价体系改革,改进结果评价、强化过程评价、探索增值评价、健全综合评价,引导树立科学的教育发展观、人才成长观、选人用人观,构建符合高质量发展要求和一流大学建设需求的教育评价体系。到2035年,基本形成富有时代特征、彰显厦大特色、体现一流水平的教育评价体系。

22.改进育人评价。坚持把立德树人成效作为评价的根本标准,完善立德树人体制机制,引导全员树立科学的育人目标。改进学生评价,坚持以德为先、能力为重,创新德智体美劳过程性评价办法,完善德育评价、强化体育评价、改进美育评价、加强劳动教育评价,完善综合素质评价体系,构建德智体美劳全面培养的教育体系。突出教育教学实绩,强化一线学生工作。加大教师表彰力度,健全教师荣誉制度。坚持把师德师风作为第一标准,强化师德考评和师德考核结果运用,完善问题曝光机制,加大师德失范惩处力度。改革招生录取机制,探索基于统一高考和高中学业水平考试成绩、参考综合素质评价的多元录取机制。完善研究生复试考核体系,形成科学的研究生人才选拔评价标准。

23.改进人才评价。完善人才分类评价体系,构建突出创新、质量、业绩、贡献等关键绩效指标的考核评价体系。健全人才流动退出机制,真正做到动态调整、能上能下。探索推进团队考评制度,鼓励有条件的学部、学院(单位)试点建立科研团队与个人考核相结合的新机制。坚持政治标准和学术标准相统一的原则,完善人才引进入口的基层与职能部门的协同把关机制。优化薪酬体系,根据聘期考核和年度考核等结果,调整教职工薪酬档次,健全长中短期有机结合的绩效激励机制。

24.改进科研评价。探索建立基于各学科发展特点,以质量、绩效、贡献为导向的科研评价体系,重点评价学术贡献、社会贡献以及支撑人才培养情况,建立科学研究与人才培养、学科建设、社会服务相互促进的有效机制。推行代表性成果评价,完善同行专家评议机制,完善智库成果评价机制。遵循基础研究特点,实行基础学科长周期建设评价,着重评价其提出和解决重大前沿问题的原创能力、成果价值、学术影响等。坚持学术不端“零容忍”,在职称评审、项目申报、成果奖励等方面对学术不端行为从严设限,加大惩治力度。

25.改进干部队伍评价。建立以品德和能力为导向、以岗位需求为目标的人才使用机制,选优配强各级党政领导班子。增强干部本领能力,注重跟踪培养,推进素质培养体系建设,建立优秀年轻干部日常发现培养选拔机制。推进知事识人体系建设,实现科学考核评价干部。健全干部考核评价体系,改进考核评价方式方法。持续推进选拔任用体系建设,确保精准科学选人用人。突出政治标准,坚持事业为上,严格选任程序,提高选人用人质量和公信度。树立担当作为的鲜明导向,加快推进正向激励体系建设,全面推进从严管理体系建设,建立健全干部管理和监督机制。

(二)深化人才体系改革

强化人才第一资源的理念,实施“名师引育”战略。坚持党管人才,加强人才引育,深化人事聘任制度改革,完善人才管理和发展机制,营造有利于人才脱颖而出的制度环境,努力造就更多“大先生”,实现高层次人才和团队建设新突破。到2035年,对世界优秀人才的吸引力明显增强,汇聚一批具有全球影响力的领军人才。

26.推进人才管理体制改革。坚持党对人才工作的全面领导,完善人才工作联席会议机制,全方位培养、引进、用好人才,形成部门协同、校院联动、运转有序的人才工作格局。建立人才工作目标责任制,落实各学院(研究院)人才培育引进主体责任,加大人才引进学科自主权,明确各学院(研究院)党政领导班子积极担负起发掘、培引、凝聚优秀人才的职责。建立健全“一把手”抓“第一资源”机制,将人才培育引进指标作为党政领导班子考核评优的主要内容。完善人才管理制度,加强人才服务保障,健全、用好人才引进“绿色通道”,缩短人才引进“空窗期”,提高人才引进效率。

27.推进卓越人才引育机制改革。以新时代卓越人才体系为主线、以学术荣誉体系和学术激励体系为重点,优化高端人才学科分布,完善以讲席教授、南强特聘教授、南强重点岗位教授、南强青年拔尖人才等为主体的人才架构,打造内外并轨、文理并重、梯次递进、能上能下、全程激励的可持续人才体系。探索设立由第三方出资的冠名讲席教授岗位。在部分学院试点建立人才特区,赋予相关学院更大的人才引进自主权。实施精准引才计划,围绕学科发展战略布局,拓展引才渠道,搭建引才桥梁,优化引才支持,落实引才责任,提高引才效率,打造一流人才队伍。

28.推进聘任聘用制度改革。对照世界一流大学师资队伍标准,稳步推进准聘—长聘制度改革,做好做实人才引进质量跟踪评估,健全能进能出、流转顺畅的师资队伍建设机制。鼓励教师资源在全校范围内充分共享,支持相关学院(研究院)联合聘用教师,促进学科交叉融合。进一步加强学术假制度建设,完善研修考评机制和跟踪培养机制,为教师进入国际学术前沿和国家科技创新前沿创造良好条件。制定兼聘教师管理办法，聘请实务型、技能型专门人才担任兼聘教师，建设一支全职和非全职有机融合、互为补充、作用显著的高水平师资队伍。

29.推进人才资源配置机制改革。统筹用好编制岗位资源，探索人员总量管理、按需设岗、按岗聘任、以岗定酬的新机制。完善技术支撑队伍管理体制，优化绩效考核评价办法，推进新进工程、实验等系列专业技术人员预任制改革，推动技术支撑队伍回归技术支持与保障、仪器维护使用与开发、实验室建设与管理等本职本位，提升支撑服务的能力和水平。推动科研助理制度建设，选拔优秀人员充实专业技术队伍。推进研究员岗位建设。进一步完善博士后招收培养制度，着重培养高层次创新型青年科研人才。探索管理服务岗位分类管理机制，优化岗位设置，打造一流党政管理队伍。

（三）深化学科体系改革

坚持以问题为牵引、以需求为导向，完善“双一流”建设体制机制，进一步调整学科布局，谋划布局顶尖学科，促进交叉融合，优化学科生态，推进学科共同体建设，实现高峰学科建设新突破。到2035年，打造更多高峰学科，若干学科进入世界一流前列，部分学科领域和若干研究方向达到世界领先水平。

30.完善学科动态调整优化机制。按照“振文、强理、兴工、升医”的发展思路，大力发展新文科，探索科技考古、金融科技、数字治理与政策、数据科学与商业智能等领域的新文科建设，积极开展符合中国经济发展实践的理论创新和政策研究。夯实基础学科优势，给予基础学科长期稳定支持，加强基础学科国际交流合作，创造有利于前沿探索和原始创新的良好氛围，持续推出思想理论、前沿科学和未来技术的原创性突破。围绕集成电路、信息与通信、新能源新材料等领域，大力发展新工科，加强工科发展与行业、区域发展需求联动，推动传统工科转型升级，打造理工学科领域的“创新引擎”。创新医科建设和发展模式，大力发展新医科，支持医学与生命科学学部打通附属医院、学院和学科壁垒，促进医教研协同，建立“医学＋X”多学科交叉融合机制，使新医科成为学校创建一流大学的新增长点和重要支撑。运用自主审核、动态调整等学位授权点设置手段，推进学科布局动态调整优化，完善学科版图，精准服务国家和区域经济社会发展。

31.集中力量打造高峰学科。实施学科“筑峰计划”，落实国家“一流学科培优行动”，围绕国家战略重大需求和科学前沿，进一步聚焦优势学科和学科优势，重点支持若干优势学科冲击世界一流水平，引导支持潜力学科冲击领先方阵、勇攀学科高峰。打造以筑峰学科为核心的学科共同体，按照关联度和支撑度原则，构建“筑峰学科＋支撑学科”联动发展模式，增强学科综合优势。面向未来实施“扬优计划”，布局建设若干优势特色领域，打造新的学科增长点，推动形成学科建设的集群效应和协调生态。按照学科差异化发展策略，推进学科梯次发展。按照“强重点、重特色、上水平、创一流”的原则，实施学科分类管理、分层次建设，完善分类发展、分类评价、分类支持的学科建设机制。

32.交叉融合增强学科综合优势。建立以重大科学问题为牵引的科研组织模式，以重大项目为纽带的人才流动机制，以促进学科交叉融合为导向的资源配置方式，建立多学科支撑的科研大实验室、大平台，支撑新兴交叉学科发展，推进战略性新兴学科建设。设立跨学科研究发展基金，支持有基础有条件有实力的学科探索建立未来技术学院。完善学科交叉融合机制，打破学科发展壁垒，推进学科资源共建共享，选择若干领域进行新兴交叉学科培育，支撑新兴交叉学科发展，推动理工医科与人文社科交叉融合。探索设立交叉学部和交叉学科学位评定分委员会，编制交叉学科培养方案，建立健全有利于学科交叉的教师校内合聘、跨学科招收研究生、跨学科团队成果认定和日常管理等机制，强化对学科交叉成果的认可和奖励。打破学科发展壁垒，推进学科资源共建共享。

33.统筹协调构建学科联动机制。完善学科建设管理，加强学科建设顶层设计、组织领导、统筹协调和资源保障，聚焦学科发展，建立招生规模、教师编制、建设经费、用房设施等学科综合资源配置机制。发挥学院在学科建设中的主体作用，推进资源统筹权下移，激发学科发展内生动力。实施学科绩效评估管理，以质量和贡献为标准，完善学科监测与动态调整机制。建立学科建设专家咨询制度，定期开展学科咨询，提升学科可持续发展能力。

（四）深化管理体系改革

以教育评价改革为牵引，以“放管服”改革为切入点，以“一院一策”改革为载体，通过授权形式明确学校、学院的权责利，有效激发学院推动自我发展的创新活力。到2035年，学校治理效能显著提升，基本实现治理体系和治理能力现代化。

34.推进管理服务体系改革。加强机关效能建设，围绕编制权力清单、责任清单、负面清单“三张清单”，加快推进机关职能转变，强化监管优化服务。深化“最多跑一次”“一次不用跑”改革，推进办事流程再造和优化，提升机关作风和效能，加快形成分工协作、权责一致、运转高效、保障有力的管理服务体系。

35.推进“一院一策”改革。推进“一院一策”专项改革，厘清校院两级权责配置和实现方式，进一步向学院放权，给学院松绑减负，让学院拥有更大办学自主权，提高资金资源使用效益，激发广大教学科研人员教书育人、干事创业的积极性和主动性。促进学院自治，完善学院制度建设，推动学院自主管理、自我约束、规范运行，增强发展活力。

36.完善内控体系建设。健全内部控制体系，确保学校的决策、执行与监督相互分离。加强自我约束和管理，结合经济活动的变化以及管理要求的提升，修订完善校内各项管理制度，促进内控建设持续优化，使制度体系层次合理、简洁明确、协调一致，做到治理有方、管理到位、风清气正。进一步再造业务流程，将风险防范机制嵌入内部管理制度中，进一步提升学校管控效能。推进各单位完善内控建设，保障单位内控体系有效运行。

（五）深化保障体系改革

秉持共享发展理念，推进共建共治共享，深化保障体系改革，完善校区治理，加强校区配套，持续提升校园品质，改善师生员工的工作、学习和生活条件，营造一流的成长发展环境。到 2035 年，构建更为完备、支撑有力、全面可持续的一流保障体系。

37.优化多校区功能布局。坚持一体化特色发展的思路，加强多校区办学顶层设计，完善各校区功能定位和学科布局，优化功能组合，提高办学效能，完善面向未来新百年发展的办学空间格局。思明校区着力打造“文教重镇”，翔安校区着力建设“创新引擎”，漳州校区着力构建“合作高地”，马来西亚分校着力成为“建设支点”。改善各校区学习工作生活配套条件，围绕学校学科交叉、科研实验室、综合文体、公寓食堂等需求，推进一批精品基建项目，满足师生教学科研及生活需要。完善与各校区功能定位相匹配的管理体制，健全多校区办学管理运行机制。在教育部指导、福建省主导下，依法依规、积极稳妥做好嘉庚学院转设工作。

38.建设智慧校园。推进校园新基建，建设 5G 网络，提升校园信息化整体水平，推进以互联网、大数据、智能终端相融合的“互联网＋教育”系统应用。以服务为导向、以“一张表工程”为抓手、以数据交换平台为核心、以“一站式服务大厅”为平台，深入推进校园信息应用业务集中和流程再造，为广大师生提供便利化、个性化服务。加强文献资源和数字资源建设，建设具有时代气息和人文关怀的“智慧”图书馆、“智慧”课堂、“智慧”食堂，努力为师生创造智能化的工作学习生活环境。

39.强化开源节流。加强对学校筹资工作的领导、统筹和组织，千方百计争取政府和社会各界支持，提升资源保障能力，力争学校综合财务收入实现逐年稳步增长。办好教育发展基金会，鼓励和支持校友和社会各界设立助力学校事业发展的基金。加强国有资产管理，进一步盘活学校资产，确保国有资产保值增值。坚持厉行节约、反对铺张浪费。积极探索教学科研单位用房使用管理新模式。促进贵重仪器设备开放共享，提高使用效率。加强校办企业规范管理，稳步推进校属企业改革。提高科技成果转化收入，增加学校办学收益。

40.持续改善民生。逐步建立与属地党政机关事业单位同步、可持续增长的薪酬体系；千方百计争取房源，加强周转房管理，改善教职工住房条件；加强附属中小学、幼儿园建设，继续解决好教职工的子女入学问题；支持附属翔安医院创建三甲医院，发挥附属医院作用，关心师生员工身心健康，不断增强师生员工的获得感和幸福感，推动实现高品质生活。建立完善教职工荣休制度，发挥老同志在学校建设发展中的重要作用。配合政府积极做好养老服务工作，更好满足离退休教职工对美好生活的期待。优化学生成长发展支持体系，做好学生学业指导、创业就业、困难资助、心理健康等工作。推进后勤保障专业化、标准化、信息化发展，打造一流的后勤服务体系。

六、一流党建引领一流大学建设

建设中国特色世界一流大学，是新时代党和国家高等教育发展的战略部署。坚持党对学校工作的全面领导，是推进学校内涵式高质量发展的必然要求，是办好中国特色社会主义教育事业的根本保证。

（一）高质量推进党建工作

贯彻落实新时代党的建设总要求，以党的政治建设为统领，全面推进党的政治建设、思想建设、组织建设、作风建设、纪律建设，把制度建设贯穿其中，全面提高党的建设科学化水平，以一流党建引领一流大学建设，为学校发展提供坚强政治保证。

41.全面深化党的政治建设。坚决维护习近平总书记党中央的核心、全党的核心地位，坚决维护党中央权威和集中统一领导。推进传达学习制度化，建立健全第一时间通过党委常委会、全委会、党委专题会、中心组学习会、专题研讨会、座谈会等形式传达学习习近平总书记重要讲话、重要指示批示精神的机制。推进贯彻落实具体化，制定出台学校贯彻落实方案，确保有关精神和党中央决策部署特别是关涉高等教育的要求在学校落地见效。推进督促检查全程化，推进清单式管理，进一步完善问责追责机制，切实抓好会议决策和各项工作任务落实。坚持党管意识形态原则，压紧压实工作主体责任，站稳守好意识形态工作前沿阵地，维护学校政治安全与意识形态安全。

42.完善党的全面领导制度。认真执行党委领导下的校长负责制，完善和落实民主集中制，充分发挥学校党委把方向、管大局、作决策、抓班子、带队伍、保落实的领导作用，把党的路线方针政策和重大决策部署落实到位。健全议事决策制度，完善学校党委全委会、常委会和校长办公会议事规则，健全“三重一大”集体决策制度。优化协调运行机制，健全完善党委统一领导、党政分工合作的工作机制。完善学校领导班子沟通协调机制，党委书记、校长每周面对面沟通研商工作机制，校领导班子成员工作协调会制度。提升基层领导能力，推进部门碰头会工作落实，深化各单位间的协同配合。加强对学院党组织的领导，指导和督促学院党委会会议、党政联席会议等制度的执行落实，切实提升学院班子成员的履职能力。

43.持续抓好党的创新理论武装。巩固深化“不忘初心、牢记使命”主题教育成果，推动理论武装走深走实，并体现在办学治校各方面、全过程。全面推动习近平新时代中国特色社会主义思想进教材、进课堂、进师生头脑。深入开展党史、新中国史、改革开放史、社会主义发展史学习教育，加强爱国主义、集体主义、社会主义教育，加强革命文化研究阐释和宣传教育。充分挖掘厦门作为习近平新时代中国特色社会主义思想重要萌发地、孕育地和实践地的深厚资源，加强对习近平新时代中国特色社会主义思想的研究阐释。加强理论宣讲普及，推动理论宣讲由“单一灌输”向“互动参与”转变，不断扩大覆盖面、增强感染力。加大理论宣传队伍建设力度，完善党委中心组理论学习、双周政治理论学习制度，深化大学生马克思主义自主学习行动计划，搭建完善理论学习平台，健全理论学习资料库，推动理论学习常态长效。

44.完善基层党建工作机制。推进“两学一做”学习教育常态化制度化，提升基层党建质量。深化实施高校党组织“对标争先”建设计划，加强党支部标准化、规范化建设。优化学科导向的党支部设置方式，提升学生党支部组织力。加强基层党务工作队伍培训，深化实施“双带头人”培育工程和学生党支部书记培养“扬才计划”。做好基层党建工作补短板、强弱项等基础性工作。强化基层党建工作督导，完善学校基层党建工作联络机制。严格党员队伍教育管理，优化党支部“共建共创”机制，切实增强党内政治生活的政治性、时代性、原则性、战斗性。突出政治标准，加强过程管理，提升发展党员质量。深化党建“双创”工作机制，加强全国党建工作“标杆院系”培育布局，实现党建工作与学科建设、人才培养、科学研究同频共振、互融共进。

45.夯实全面从严治党工作体系。强化政治监督，持之以恒正风肃纪，完善党内监督体系，建立健全纪检监察机关与巡察、审计部门之间信息互通、监督互动，以及纪检监察专责监督与其他方面监督的联动工作机制。推动重点领域监督机制改革，破解对“关键少数”监督和同级监督难题。完善落实中央八项规定精神，综合运用监督执纪“四种形态”，坚持一体推进不敢腐、不能腐、不想腐的机制。强化巡察监督与其他监督贯通融合，完善巡视巡察上下联动和整改落实机制建设。压紧压实管党治党责任，推动各级党委主体责任、各部门各单位主要负责同志第一责任人责任和纪委监督责任一体落实，形成压力传导机制，切实解决基层党的领导和监督虚化、弱化问题，坚持以有效问责深化制度执行，把制度优势转化为治理效能。

(二)建设法治厦大

坚持党对全面依法治校的领导，贯彻习近平法治思想，加强法治宣传教育，强化领导干部法治思维，推进法治厦大建设，为建设中国特色世界一流大学提供法治保障。

46.贯彻落实《厦门大学章程》。落实办学自主权，推进依法治校。系统推进学校内部规章制度的“废、改、立”等工作，建立以大学章程为核心的制度体系，不断完善学校决策与执行机制，健全规范、统一的现代大学治理制度体系。

47.完善学术管理制度。党是高校学术管理的领导者。充分发挥学术委员会在学术事务的审议、评定和咨询等方面的作用，健全以学术委员会为核心的学术治理体系和组织架构，积极探索教授治学的有效途径。完善校院两级学术管理体制机制，规范学院学术组织运行。优化学部委员会功能，探索职能优化提升，更大程度发挥学部委员会在学科规划、教师评价、重点建设资源配置、学术咨询等方面的重要作用。加强教学委员会建设，发挥教学委员会对学校教育教学事务的研究、咨询、指导和监督功能。

48.健全民主决策监督制度。加强校务委员会建设，进一步完善校内充分沟通协商，政府、社会、校友参与的决策咨询制度。完善教职工代表大会和学生代表大会制度，进一步发挥工会、共青团、学生组织、民主党派和无党派代表人士等在学校民主决策和民主管理中的作用，健全师生员工参与民主管理和监督的工作机制。加大信息公开力度，保障师生员工和公众的知情权和监督权。完善法律风险防控体系，探索建立健全学校重大决策合法性审查机制，落实师生参与、专家论证、风险评估、合法性审查和集体讨论决定等程序要求，不断推进决策科学化、法治化。

(三)建设和谐厦大

坚持党风校风学风“三风”齐抓，以一流党风正校风促学风，营造奋发向上、崇德向善的浓厚氛围，建设弘扬时代新风、引领道德风尚的文明和谐校园。

49.建设文明校园。实施“文化润心工程”，深入研究“厦大历史”“厦大人物”“厦大贡献”，传承弘扬百年文脉。建设生态校园，加强绿色校园规划和建设，持续提升校园能源与资源利用效率。巩固宁静校园，完善校内交通运行和管理，完善访客入校秩序管理。缔造健康校园，强化食品安全管控，完善学校传染病联防联控、群防群控工作机制，加强应急管理能力建设；深入开展校园爱国卫生运动，推进垃圾分类与减量工作。打造平安校园，健全组织管理、风险评估工作运行机制，严格实验室安全管理，推进智慧校园安防建设；深化警校合作，提高校园及周边综合治理能力；守护网络阵地，加强网络文明建设，营造清朗网络文化。

50.凝聚发展合力。完善校院两级统战工作机制，加强民主党派、统战团体、无党派人士工作，引导广大统战成员同心共筑厦大梦。加强党对群团组织的领导，增强工会、共青团、妇委会的政治性、先进性、群众性，进一步发挥群团组织的桥梁纽带作用。充分发挥关工委和各涉老组织在学校建设和人才培养中的积极作用。进一步加强校友工作，凝聚校友力量，促进母校服务校友和校友回馈母校的双提升。广泛团结关心学校事业发展的各界人士和海内外朋友，汇聚推动学校发展的强大合力。

七、强化规划实施保障

(一)健全统一规划体系

“十四五”规划的组织实施是一项系统工程，必须加强对规划实施的组织领导和统筹协调。健全学校“十四五”规划体系，强化学校总体规划的统领作用，建立总体规划、专项规划、学部和学院(研究院)规划定位准确、相互衔接、有机统一的规划体系，形成规划合力。

(二)完善规划实施监测评估机制

突出规划引领作用，发挥学校教育学科优势力量，加强“十四五”规划组织实施、协调推进，完善多部门协同合作工作机制，提升规划执行力。强化对标对表，制订学校“十四五”规划分解实施方案，细化规划目标指标和重点任务，明确责任主体和实施进度要求。加强学校年度工作计划与学校规划相衔接，将学校规划确定的主要目标任务分解纳入年度工作计划任务。加强学校资源配置与学校规划相结合，以规划指引资源配置，提升规划完成效率。组织开展学校“十四五”规划实施年度监测、中期评估和周期评估工作，探索实行把规划监测评估结果作为改进学校工作和对各单位绩效考核的重要依据。各专项规划、学部和学院(研究院)规划要将规划实施情况作为信息公开的重要内容，公布实施进展。

（三）健全规划动态调整和修订机制

强化规划权威性、严肃性，坚持一张好的蓝图干到底，未经法定程序允许，不得随意调整更改各类规划。经评估确需对总体规划进行调整修订时，必须依据《厦门大学章程》，由校长办公会提出调整建议方案，提交学校党委常委会审议、党委全委会审定后，报教育部审核备案。各专项规划、学部和学院（研究院）规划必须经有关程序审定。

厦门大学 2021 年工作计划要点

2021 年是中国共产党建党 100 周年，是“十四五”规划开局之年，也是厦门大学建校 100 周年。学校工作的总体要求是：以习近平新时代中国特色社会主义思想为指导，贯彻落实党的十九大和十九届二中、三中、四中、五中全会精神，贯彻落实习近平总书记关于教育的重要论述精神，增强“四个意识”、坚定“四个自信”、做到“两个维护”，立足新发展阶段，贯彻新发展理念，构建新发展格局，以迎接建党百年和建校百年为契机，以深化综合改革为抓手，加强党对学校的全面领导，提升立德树人成效，坚持高质量内涵式发展，巩固拓展新冠肺炎疫情防控成果，团结凝聚最广泛的合力，以昂扬的状态、优异的成绩为学校新百年征程开好局。

一、加强党的全面领导，提升党的建设质量

1.开展党史学习教育。按照党中央统一部署深入开展党史学习教育，引导广大党员学党史、悟思想、办实事、开新局，学史明理、学史增信、学史崇德、学史力行。把党史学习教育与推动“不忘初心、牢记使命”主题教育常态化紧密结合，与开展“再学习、再调研、再落实”活动紧密结合，与落实“十四五”开局之年各项任务紧密结合，将学习教育激发出来的信念信心、热情激情转化为奋进学校新百年征程的具体行动。

2.加强思想理论武装。通过党委中心组学习、党校名家讲坛、理论宣讲等方式，以“三会一课”制度、“固定党日＋”活动等为载体，持续深入学习贯彻习近平总书记重要讲话重要指示批示精神。举办党员、干部学习班和党的基本知识学习班，出台《厦门大学党委党校学习班管理办法》。用好“学习强国”学习平台和《理论宣传月报》《厦大党政工作研究》等载体，不断提升理论学习成效。充分发挥学科和智库优势，推进习近平新时代中国特色社会主义思想原创性学理化学科化研究阐释。

3.举办庆祝建党百年系列活动。围绕迎接庆祝建党 100 周年、弘扬爱国主义精神开展全覆盖、全媒体、全方位的宣传，全力营造良好舆论氛围。召开庆祝中国共产党成立 100 周年会议和纪念福建省第一个党组织中共厦门大学支部建立 95 周年座谈会。组织开展 2020—2021 年优秀共产党员、优秀党务工作者和先进基层党组织评选表彰工作。

4.完善党的领导制度机制。完善学习、宣传、贯彻习近平总书记重要讲话重要指示批示精神的机制，健全学习、转化、贯彻、督查党中央重大决策部署的制度和责任链条。制定出台贯彻落实党委领导下的校长负责制的若干措施。完善“三重一大”决策制度。进一步规范校级议事协调机构的设立、调整、撤并和运行等工作。加强跨领域跨部门重要工作的领导和组织协调。制定出台学校党建和思想政治工作“十四五”规划。健全落实全面从严治党主体责任的制度体系。

5.建设高素质干部和人才队伍。贯彻执行《厦门大学中层领导班子和干部队伍建设规划 2019—2023 年》，出台干部政治素质考察、挂职干部管理、系级及科研平台干部选任管理办法等制度。创新干部育选管用措施，做好各级干部的选拔任用、常态化轮岗交流和挂职锻炼工作。继续举办中青年教师、干部能力提升班，培养锻炼优秀年轻干部。深入实施新时代卓越人才体系建设方案，推动《关于正确认识和规范使用高校人才称号的若干意见》落地落实。深化落实教师思想政治表现、师德师风和教学基本要求。

6.强化基层党组织政治功能。深入实施迎接建党 100 周年行动，开展学习、诊断、建设三大行动。巩固深化“不忘初心、牢记使命”主题教育成果，推进整改整治工作落细落实。抓好向省委述职指出问题的整改工作，不断提升学校基层党建科学化水平。落实基层党组织书记现场述职评议一年全覆盖，强化考核结果运用，办好党建能力强化班。推动党建工作创新，着力培育在全国具有引领性的党建工作成果。扎实开展党支部工作“立项活动”，推进党建工作理论研究和实践探索。修订发展党员工作实施细则，推进发展教师党员工作。

7.压实全面从严治党主体责任。深入学习贯彻十九届中央纪委五次全会精神，不断增强对全面从严治党全局性、政治性和引领性的认识把握。完善党内监督体系，健全纪检监察机关与巡察、审计部门之间信息互通、监督互动的工作机制。驰而不息加强作风建设，完善网上师生事务服务大厅，精简各类会议，减少文件数量。综合运用监督执纪“四种形态”，加强党规党纪和廉政宣传教育。梳理更新中央巡视整改台账，完善巡视巡察上下联动和整改落实机制建设。出台《中共厦门大学委员会加强巡察成果运用办法》。

8.扎实做好统战、群团、离退休和校友工作。以学习贯彻《中国共产党统一战线工作条例》为重点，进一步团结好、选拔好、培养好、使用好民主党派、统战团体代表人士。继续办好“全国高校示范老年大学”，支持关工委、老教授协会开展工作，召开全校离退休工作会议。召开七届八次教代会，修订《厦门大学教代会实施细则》，做好教代会换届工作。召开第三次妇女代表大会，完成基层妇委会换届，加大维护妇女权益力度。深化学生会组织、学生社团改革和建设，开展“一院一品”团支部品牌活动，提升共青团引领凝聚同学、服务同学成长成才的实效。推进俄罗斯、德国等地校友会筹建，完善校院两级校友工作机制，做好校友联络与服务工作。

9.做好百年校庆各项工作。举办建校100周年庆祝大会、文艺晚会等重大校庆活动。举办“世界大学校长论坛”“人文社会科学国际论坛”等重大学术活动和国际交流合作活动。举办百年校史展，出版《厦门大学百年校史》《为吾国放一异彩——厦门大学与伟大祖国》等百年校史系列丛书。排演“四种精神”文化精品剧目，与央视合作拍摄《陈嘉庚与百年厦大》纪录片。举行新工科研发大楼落成、“八闽园”开园及标志性建筑奠基活动。举办厦门大学百年校庆全球校友招商大会，开展“南强校友·相约百年”校友返校系列活动。

10.维护校园安全稳定。加强意识形态分析研判和风险防控，推动责任制落细落实。科学精准抓好常态化疫情防控，加大百年校庆重大活动的疫情防控力度，采取有效措施应对“疫后综合征”。开展新一轮“平安校园”等级创建活动，推进“智慧校园”护校行动，提升校园安防治理水平。建立健全学校应急预案体系，开展常态化安全隐患排查整治工作，坚决防范和遏制学校安全事故。修改完善信访制度、校领导接待日制度，依法依规、及时解决师生员工合理诉求。健全实验室安全管理体系，推进安全隐患整改通报机制。落实保密工作责任制，加强保密宣传教育培训，做好保密资格复查迎检工作。加强涉疫情防控数据保护和重点科研单位的网络安全防护，做好人工智能相关应用的个人信息安全管理。

二、落实立德树人根本任务，提升思想政治工作成效

11.加强思想和价值引领。全面贯彻《新时代爱国主义教育实施纲要》，持续开展“青春告白祖国”“奋斗的我　最美的国”“校园合唱节”等品牌活动。实施“满天星理论宣讲计划”，开展“百年·百人·百讲”理论宣讲活动，推进“青年大学习”行动。组建辅导员、学生骨干“四史”宣讲团，举办“四史”学习先锋班，深入推进“四史”学习教育。深化“学生马克思主义理论研修班”建设和“自强思源”优秀学生培养计划。深入实施教育部高校书记开局项目，高扬爱国主义旗帜，弘扬学校百年文化，打造育人讲台、搭建育人平台、拓展育人舞台。大力弘扬脱贫攻坚精神，教育引导广大师生积极投身乡村振兴战略。

12.完善思想政治工作体系。推进台账式落实《教育部等八部门关于加快构建高校思想政治工作体系的意见》。进一步完善“三全育人”工作协调机制，强化整合全校育人资源的能力。完善“一站式”学生社区综合管理模式，推动各类教育管理服务力量有效下沉学生社区。完善学生社团的党团组织建设，着力发挥社团兼合式党团组织的政治引领功能和思想教育功能。办好“大学生网络文化节”等活动，持续完善“五维一体”网络文化建设格局。充分发挥校内各类文化展馆作用，持续打造校园文化精品，进一步提升文化育人成效。多措并举加大引进和培育力度，实施思政课教师队伍素质提升工程，完善思政课教师评价和激励机制，着力打造高素质思政课教师队伍。推进落实新时代辅导员队伍建设工作会议精神，加快高校思想政治工作队伍培训研修中心建设。

13.发挥第一课堂育人主渠道作用。不断完善“三位一体”教学模式，加强思政课教学内容创新，邀请名师大师参与思政课讲授。成立课程思政工作领导小组，出台建设实施方案，成立研究中心，确保课程思政教学改革落到实处。开展“课程思政”示范课程建设计划，培育一批优秀课程思政名师和打造优秀示范课。出台《关于加强研究生课程思政教学体系建设的实施意见》，加强研究生全过程育人，在研究生课程教学体系中加强劳动教育、体育教育和美育教育。

14.健全师德师风建设长效机制。贯彻落实教育部等印发的《关于加强和改进新时代师德师风建设的意见》《关于加强新时代高校教师队伍建设改革的指导意见》，充分发挥学校教师工作委员会和师德师风建设委员会职能，完善学校党政部门“横向联动”和校院两级“纵向互动”工作机制。坚持教育者必先受教育，以党支部为抓手，开展形式多样的政治理论学习活动，持续推进学院（研究院）师德师风“三个一”提升计划。选树师德典型，开展各类评选表彰活动，弘扬优良师德师风。严把教师“入口关”，将师德表现进一步融入教师考核、职称评聘、推优评先等各方面，加大对违反师德师风行为的处理力度。

三、坚持改革创新，推动高质量内涵式发展

（一）加快“双一流”建设，完善内部治理体系

15.推进“双一流”建设。开展2020年“双一流”建设绩效自评总结和2021年“双一流”项目立项、预算安排工作。做好学科评估和专业学位水平评估分析总结，推动以评促建。开展学位授权自主审核新增学位授权点工作，试点设置一级交叉学科。推进新工科、新文科（新商科）、新医科建设，申报建设未来技术学院。

16.做好“十四五”规划编制和实施工作。完成编制并组织实施《厦门大学“十四五”规划和2035年远景目标》及专项规划、学部规划、学院（研究院）规划，加强对规划实施及各项目标指标完成情况的年度监测。

17.完善内部治理体系。推进“院为实体、一院一策”改革和试点工作。深入推进全面依法治校，完善法律风险防控体系，进一步规范合同管理，探索建立各职能部门、院系法治工作联络员制度。推进教育综合评价改革有关工作，出台学校贯彻落实总体方案。整合医疗卫生资源，推进厦门大学附属翔安医院与厦门大学医院一体化发展。

（二）深化人才培养机制改革，提升教育教学水平

18.完善招生培养联动机制。发布生源质量报告，建立招生计划动态调节机制。加强新高考综合改革研究，优化本科招生政策。完善校院两级研究生招生联动机制，吸引更多优质生源。

19.加快建设一流本科教育。探索双学位、辅修学位、跨学科人才培养项目,深入实施“交叉融通”大类培养模式,加快人才培养实验区改革和一流专业建设。推进课程共建共享和一流课程建设,打造以学生能力塑造为核心的课程体系。深化实验实践教学资源建设,强化实践能力培养。试行本科课程教学准入制。完善教师课程教学质量评价体系。做好新一轮本科教育教学审核评估相关工作。优化教学管理服务,推进本研教务一体化建设。制定学分制管理办法。

20.推动研究生教育高质量发展。加强课程建设,遴选并推广一批具有代表性、示范性的优秀研究生课程。打通本研课程体系,实现本研教育有机衔接和本研课程互通互选,建立核心课程补修机制。加强研究生培养全过程管理,出台严格规范学位与研究生教育质量管理相关制度,严抓培养关键性环节考核。加强导师队伍建设,强化导师组建设,全面落实研究生导师立德树人职责。

21.五育并举培养拔尖创新人才。进一步加强通识教育中心建设。深化体育教学改革,加强体育课与体育锻炼的结合,实现课内课外一体化。落实学校美育工作细则,建设美育精品课程,打造美育精品活动,构筑美育校园文化。落实学校新时代劳动教育行动计划,积极探索具有厦大特色的劳动教育模式。深化创新创业教育改革,构建“三创”融合育人体系。发挥“互联网+”大学生创新创业大赛等引领作用,深化培养敢闯会创的创新创业创造人才。

(三)加强新时代教师队伍建设,增强人才队伍竞争力

22.完善人才培育及遴选机制。修订完善教师职务聘任条例,稳步推进准聘—长聘制度改革;做好做实人才引进质量跟踪评估,健全能进能出、流转顺畅的师资队伍建设机制;支持联合聘用教师,促进学科交叉融合。优化教师岗位绩效考核评价体系,探索试点绩效总额“包干”制度。严格外派师资培养与储备计划选派管理,做好学成返校学生聘任工作。

23.激发人才队伍创新活力。做好新一轮定编定岗工作,建立事业编制岗位和流动性岗位互补的人力资源配置体系、保障性岗位总量和发展性岗位总量匹配的动态调整机制。推进技术支撑队伍改革提升,试行工程、实验系列专业技术人员分类管理。深化专职科研队伍制度改革,建立完善科研助理聘用制度。加强党政管理队伍建设,制定预任制党政管理人员管理办法,落实和完善能进能出的聘用机制。探索试点推行学院绩效工资总额核拨办法,完善高层次人才工资分配激励机制,推进绩效工资和养老保险制度改革。建立健全教师兼职和离岗创业管理制度。

(四)推进科研体制机制改革,提升自主创新能力

24.推进科研管理体制改革。深化科研管理改革,创新科研组织模式,健全合作共建机制,完善成果考核评价体系。优化项目管理流程,强化数据管理。召开全校科技工作会议。全面落实文科提升计划,进一步激发文科科研潜力。

25.加强科研平台建设。推进“生物制品科学与技术福建省创新实验室”建设和海洋科学技术创新实验室筹建,推动“疫苗与分子诊断集成攻关大平台”教育部认证,建设传染性疾病检测技术研究与评价国家药品监督管理局重点实验室、台湾海峡海洋生态系统野外科学观测研究站等。推进文科实验室培育工作,全面推进中国高质量发展研究院建设,建好文科大平台,探索建设人文艺术高等研究院。

(五)深化拓展战略合作,提升社会服务实效

26.优化战略合作布局。推进校地、校企、校校战略合作,推动四川研究院和苏州研究院落地,推动深圳研究院转型升级。深化拓展与福建省九市一区合作,建立常态化对接机制。加大与厦门、漳州市合作力度。服务金砖国家新工业革命伙伴关系创新基地建设。做好对口支援工作。签署部省市重点共建厦门大学合作协议。

27.推进创新服务发展。推进“科创梦工场”产教融合创新平台建设,建立“海上丝绸之路科技创新与转化合作联盟”。加强省市校合作,加快国家大学科技园发展。落实国家知识产权示范高校建设方案,推进厦门大学技术转移中心工作,建立专利导航工作机制,设立知识产权维权基金。创新智库管理与服务机制,提升服务能力与水平。打造继续教育升级版,加强发展网络教育,制定出台继续教育督查管理条例,上线运营非学历继续教育系统,加强非学历教育品牌化建设。规划建设金砖创新能力提升培训基地。

28.做好定点帮扶和挂钩帮扶工作。贯彻落实习近平总书记在全国脱贫攻坚总结表彰大会上的重要讲话精神,围绕全面推进乡村产业、人才、文化、生态、组织振兴,加大帮扶力度,帮助隆德县巩固拓展脱贫攻坚成果、全面实施乡村振兴战略。融入高校扶贫联盟并积极发挥作用,发挥组团帮扶优势,着力打造若干个典型项目。加强与诏安县、新罗区的沟通交流,推动更多科研成果转化落地。

(六)深化对外交流合作,提升国际化办学水平

29.推进马来西亚分校建设。加大马来西亚分校支持服务保障力度。完成一期工程结算工作,推进二期工程建设。理顺马来西亚分校治理体系。推进学科建设,申请新设课程并完成认证验收。创新招生举措,扩大招生规模,提高人才培养质量,加大科研产出。

30.构建教育对外开放新格局。落实对外交流与合作提升计划。全方位加强“21 世纪海上丝绸之路”大学联盟建设。持续推动“G50”战略伙伴计划,深化与世界顶尖大学务实合作。深化与台港澳地区合作院校的交流合作。

31.推动国际中文教育内涵发展。推进国际中文教育提升计划,拓展孔子学院服务功能。参与数字孔子学院建设,实施数字化线上项目,建设“互联网+孔子学院”。

(七)改善办学条件,强化资源配置与管理

32.加强财务管理和审计工作。推进预算绩效管理改革,加大经费统筹力度,优化资源配置。落实“过紧日子”要求,厉行节约勤俭办学。加快财政资金执行进度,提高预算执行管理能力。持续完善内部控制建设,进一步强化风险意识。推进审计信息化建设。建立审计整改分析机

制。做好主要领导经济责任审计整改工作。

33.加快推进基本建设项目和修缮项目。开展思明校区总体规划编制和翔安校区总体规划修订工作。优化漳州校区办学条件，加快基础设施改造提升。做好厦大医院周边地块、翔安校区 P3 实验室等建设项目的策划和预研究工作。推进海韵园二期、法学院扩建项目征地拆迁工作并办理前期手续。开工建设翔安校区学生公寓五期、翔安校区中部学生食堂。完成漳江口湿地生态系统野外科研基地、翔安校区新工科研发大楼建设。加快推进修缮项目，提升基础设施条件。

34.加强国有资产管理。出台固定资产管理办法、无形资产管理办法、国有资产绩效考评办法。加快推进实施学校所属企业体制改革，全面加强对全资、控股企业的财务监督和管控，规范有序推进企业经营管理工作。提升采购服务效能，制定印刷品采购管理办法，修订采购管理办法、材料管理办法、货物和服务采购工作实施细则、修缮工程采购工作实施细则，推进采购信息化建设。

35.加强实验室与设备管理。完善实验室安全责任制，健全安全隐患整改通报机制。优化调整翔安校区实验办服务职能，进一步加强翔安校区实验室及仪器设备保障服务能力。推进贵重仪器设备管理规定落地落实，坚持优先发展公共平台，扩大贵重仪器设备对社会开放和资源共享。

36.提升图书、网络信息服务水平。加强图书馆馆藏发展工作，加快特藏文献数字化及特色研究数据库建设，推进全校文献资源建设与管理。加快虚拟校园卡项目建设，推动审批事项实现在线服务，提升师生综合服务门户效能。推进现代教育技术运用，建立覆盖人才培养全过程的智慧教学支撑与服务管理平台。

（八）采取有效措施，进一步保障和改善民生

37.提升资助育人工作效益。加强资助规范管理，修订本科生国家助学金评审办法，提高精准资助工作水平。完善资助政策，落实疫情防控期间学生专项资助。开展“知无央”“爱无疆”资助育人系列活动。

38.营造良好工作学习生活环境。完成 AED 等应急救援设施布设工作。改善教职工住房及配套条件，完成海韵北区搬迁安置房及地下车位分户产权办理工作。推进翔安附属学校建设，做好与附属中小学合作共建工作，帮助解决教职工子女就学问题。按照“五个到位”标准深度推进“5D”建设，建设智慧后勤、一流后勤。出台垃圾分类考核办法，推进垃圾分类工作。加强节能减排，完善水电总量与强度双控机制。巩固“宁静校园”建设成果，理顺与访客中心的合作机制。围绕新时期漳州校区发展新使命，完善管理服务体系，优化校区育人环境，提升校区综合治理效能。

厦门大学 2021 年工作总结

2021 年，厦门大学坚持以习近平新时代中国特色社会主义思想为指导，深入学习贯彻党的十九大和十九届历次全会精神，坚定不移以习近平总书记致厦门大学建校 100 周年重要贺信精神领航，按照党中央决策部署和教育部党组、福建省委工作要求，不断加强党对学校的全面领导，切实落实立德树人根本任务，以建党百年和建校百年为契机，凝心聚力、奋勇争先，加快推进中国特色世界一流大学建设，努力以优异成绩迎接党的二十大胜利召开。

一、深刻领悟党的百年奋斗重大成就和历史经验，不断加强党的全面领导和提高党建工作质量

（一）深入学习宣传贯彻习近平新时代中国特色社会主义思想

一是抓牢学习主线。把学习贯彻习近平总书记重要讲话重要指示批示精神和党中央决策部署作为党委常委会首要议题，贯彻落实党的十九届六中全会精神和习近平总书记“七一”重要讲话、来闽考察重要讲话精神，在全校掀起学习宣传贯彻热潮。制定加强和改进理论学习中心组学习的实施意见，修订学习规则，进一步规范校院理论学习中心组学习。二是强化学习培训。紧密围绕党的创新理论，组织 16 场校党委理论学习中心组学习会，举办 13 期党员和干部学习班、10 场党校名家讲坛、3 期专题网络培训，累计培训 1 万余人次。推动“党员和干部教育培训管理系统”实现全覆盖，抓好精准管理。三是加强宣传阐释。成立“习近平新时代中国特色社会主义思想研究中心”，重点培育“习近平新时代中国特色社会主义经济思想在福建的孕育与实践进教材研究”基地。编印 10 期《理论宣传月报》，制作 12 期《南强微讲堂》视频。出版《厦门大学年鉴 2021》，编发 4 期《厦大党政工作研究》。官方微信获评“年度中国大学官微十强”，官方微博获“2021 最具影响力校园官微”称号。

（二）全面贯彻落实习近平总书记重要贺信精神

一是坚持不懈抓学习。第一时间召开党委常委会、理论学习中心组学习会，下发《通知》，编印并组织学习《习近平同志关心厦门大学发展纪事汇编》，贯通学习习近平同志在学校三次校庆时发表的重要讲话、重要贺信精神。参加教育部专题座谈会，和清华大学等 4 所高校联合发布《倡议书》。召开全校学习贯彻大会，推动抓好学习贯彻工作。二是强化责任抓落实。制定工作方案，编制任务清单，出台《中共厦门大学委员会关于深入学习贯彻习近平总书记重要贺信精神，与时俱进建设世界一流大学的决定》，明确牵头校领导和责任单位，开展专项督查。三是凝心聚力抓发展。举办“牢记殷殷嘱托奋进一流征程”暑期

研讨会，推出“行动方案”，明确“一流计划”“服务行动”“聚力工程”三大建设任务，向教育部等相关部委和福建省委省政府提出25项请求支持事项并得到积极答复。

（三）认真贯彻执行党委领导下的校长负责制

一是加强党的全面领导。召开党委全委会8次、常委会会议50次，以党委名义印发128份文件和报告。围绕各项重大决策部署确立督查任务395项，印发17期《督查工作动态》。二是加强制度建设。出台贯彻党委领导下的校长负责制的实施办法，建立健全领导沟通、议题协商、决策落实和督查问责等机制。细化学校“三重一大”决策事项并定期完善，进一步明确集体决策事项的范围和标准。三是完善工作机制。理顺党的建设和全面从严治党工作领导小组工作机制，建立党委常委会定期专题研究全面从严治党、思想政治、意识形态等重要工作的机制。完善党委常委会、校长办公会议题审批流程，进一步规范议题申报程序。

（四）从严从实抓好中央巡视整改任务落实

一是加强组织领导。全力保障中央巡视组为期两个月的巡视工作，针对指出的问题做到即知即改、立行立改。成立整改工作领导小组，强化巡视整改工作责任体系。召开全校动员部署会推进巡视整改工作，召开校级领导班子专题民主生活会深入检视剖析。召开10次党委常委会会议、15次“整改办”会议，推动巡视整改落实。二是科学制定方案。制定整改“一方案三清单”，形成包含6大类问题、57条问题清单、143条整改措施的整改台账，建立“四方联动”台账式的整改落实机制。三是狠抓整改落实。校领导牵头督促落实整改，建立“周报”制度，需在集中整改期内完成的85项举措已全部完成。出台制度80项、修订制度25项，做到以巡促改、以巡促建、以巡促治。

（五）推动党史学习教育走深走实

一是全面系统开展学习教育。成立领导小组、制定实施方案、召开动员部署会和总结会，开展校领导班子四个专题集中学习研讨，与基层党委进行联学导学，讲授专题党课，组织校院两级中心组学习、主题座谈会和专题报告会，校领导班子带头开好专题民主生活会，全校党支部认真开好专题组织生活会。二是形式多样赓续红色血脉。联合省委宣传部、莆田市、龙岩市举办“囊萤星火　扬才先锋”党史学习教育联学党课。举办“百年赤诚——校史中的共产党员和党组织剪影”主题展览。开展“永远跟党走　奋进新征程”教职工合唱比赛和“青春心向党·逐梦新百年”学生校园合唱节等活动。选送学生艺术团节目参与央视《今日中国》《青春之歌》等活动。排演情景舞台剧《南强红笺》、原创话剧《遥望海天月》，推出《毛泽东诗词》交响组歌等艺术党课，塑立高捷成烈士铜像。三是扎实开展“我为师生办实事”实践活动。广泛开展“与党员谈心，为群众办事”活动，聚焦师生员工“急难愁盼”问题，开展办实事项目1055个（校级重点项目111个），出台有关制度123项。我校党史学习教育在央视“新闻联播”“新闻直播间”等栏目亮相5次，并得到人民日报、新华社、光明日报等关注报道。

（六）成功举办百年校庆系列活动

一是强化价值引领。以“弘扬嘉庚精神，奋进一流征程”为主题，高扬爱国主义旗帜，办好校庆各项活动。推动在全国各地发表45篇校地情缘文章，举办相关主题展览、出版书籍。高质量举办庆祝大会、文艺晚会，得到社会各界的广泛关注和高度赞誉，中央、省、市等主流媒体共刊播相关报道3000余篇（条），全网总阅读量近6亿次。二是凸显校本特色。举办“重走嘉庚路　致敬新时代”主题展览和“华侨旗帜　民族光辉”——陈嘉庚生平事迹展，创作《陈嘉庚》歌剧，与央视合拍《陈嘉庚与百年厦大》纪录片，生动展示校主陈嘉庚先生光辉的一生。精心打造《哥德巴赫猜想》《长汀往事》《南强颂》等校园文化精品剧目，让优良校风入脑入心。三是打造精品项目。成功举办嘉庚论坛、人文社会科学国际论坛等84场高水平学术活动，精心组织近百场文体活动，出版近200种百年校庆系列出版物。四是联动校园内外。73个地方校友会组织了“厦大，我的爱为您点亮”祝福活动，9万多名校友在“校庆周”期间返校，全校师生员工积极投入校庆筹备活动，汇聚成强大的发展合力。

（七）加强干部和人才队伍建设

一是加强校领导班子建设。校领导班子认真参加中央党校举办的领导人员提高政治能力专题培训班，提升用党的创新理论指导办学实践的能力水平。班子成员落实“一岗双责”，带队开展全面从严治党主体责任落实情况检查。二是选优配齐中层领导人员。完成4个基层党委、16个学院行政班子换届工作。提任66位（含1位聘任）、交流51位中层领导人员，提拔27位、交流18位科级干部。选派77名教师干部挂职、外派及交流，推荐2位干部交流提任至省属高校担任领导职务。三是加强党管人才工作。定期召开学校人才工作领导小组会议，全方位培养、引进、用好人才。优化引才程序，提高引才效率。正确认识和规范使用高校人才称号。

（八）持续提升基层党建工作质量

一是强化基层党组织政治功能。福建疫情防控期间发动党员干部近1200人次驰援核酸检测第一线。强化发展党员工作考核，师生入党意愿明显增强。开展基层党建“大结对、大共建”，推动与村（社区）党支部结对共建32个。推进党政班子成员交叉任职。完成思明区第十八届人大换届选举厦门大学选区选举工作。二是完善党建工作体系。制定贯彻落实《中国共产党普通高等学校基层组织工作条例》责任清单，出台研究院、校办企业、公立医院等领域党建工作制度，编印党建工作文件选编、指导手册。聘任17名基层党建工作联络员。三是强化党建示范引领。深入推进新时代高校党建“双创”工作，新增全国和全省高校“双带头人”教师党支部书记工作室1个和3个，新增全国高校“百个研究生样板党支部”培育创建单位1个，入选全省党建工作示范高校。设立“厦门大学党建提升和管理创新奖”并授予4个工作团队年度奖项。

（九）落实意识形态工作责任制

一是履行意识形态主体责任。完善领导小组议事机制和工作联席会议制度，建立重点联系机制，定期通报有关动态及进行风险研判，有针对性地指导基层意识形态工作。二是强化意识形态阵地管理。举办福建省重要舆论阵地领导干部培训班和“提高政治能力　守好意识形态阵地”专题研修班。制定网络意识形态工作责任制实施细则，完善网络舆情分级预警及联动处置工作机制。强化新媒体、内部资料出版物、境外来源科研项目、出版工作等管理。三是防范化解宗教渗透风险。定期分析研判学校宗教工作形势，开展宗教理论政策法规学习宣传活动，将马克思主义宗教观内容融入思政课。深化校园联防联控机制建设，加强与地方相关部门的配合，做好抵御和防范校园宗教渗透工作。

(十)推动全面从严治党落细落实

一是强化责任落实。开展第六轮巡察和第四、五轮巡察“回头看”工作，基本实现一届党委任期内对二级基层党组织的巡察全覆盖。召开内控建设专题会暨内控体系维护项目启动会，制定、修订采购、科研外协、校名保护等规章制度105项。二是深化作风建设。践行“一线规则”，定期举办“书记走基层”“校长零距离”活动。出台会议管理办法，加强和规范会议组织管理。加强规范公文处理培训，优化公文周转流程。三是加强纪律建设。召开党建工作暨全面从严治党警示教育大会，编印警示教育案例，开设“以案说纪”专栏。配齐配强纪检监察队伍，新增8个单位设立二级纪委。受理群众来信213件、收到问题线索15件，给予党政纪处分7人次、诫勉谈话4人、提醒谈话7人，发出纪律检查建议书5份、工作建议书6份。

(十一)加强统战、工青妇、离退休、校友和基金会工作

一是做好新时代统战工作。深入学习贯彻《中国共产党统一战线工作条例》，开展“同心跟党走　共筑中国梦”系列活动。加强党外知识分子思想政治引领，举办无党派人士党外知识分子培训班和“四史”学习教育专题培训班。加强党外代表人士队伍建设，做好市、区政协的换届工作和新一届党派市委候选人的推荐工作。焦念志院士荣获“各民主党派、工商联、无党派人士为全面建成小康社会作贡献先进个人”荣誉称号。二是发挥工会、共青团和妇委会作用。完成工代会、教代会、妇委会换届工作。召开第二十三次工代会。召开七届八次教代会和八届一次教代会，修订教代会工作规程和二级教代会实施细则。召开第三次妇代会，出版《厦大巾帼好故事》，为女教职工担当奉献、爱岗敬业树立典范，举办“百年·性别·育人·创新”芙蓉湖畔对话活动。巩固深化共青团改革成果，推动学生会组织和社团依法依章运转，加强基层团组织标准化、规范化建设，推进社会实践、志愿服务、创新创业等育人平台建设。选树优秀典型，研究生支教团获评“福建青年五四奖章集体标兵”，王传超荣获“福建青年五四奖章”。三是精细化开展离退休工作。出台加强新时代关工委工作的意见，获评全国教育系统“关心下一代工作先进集体”称号。完成关工委换届工作。举办“敬老月”系列活动，弘扬孝亲敬老传统美德。建设并启用离退休教职工东区学习活动中心。为30多位高龄、空巢和病困老同志提供“一对一”的医疗问诊服务。四是积极凝聚校友力量。举办全球校友招商大会，启动“南强兴鹭”计划，入库校友招商项目总投资额近3000亿元。完成德国校友会、粤港澳大湾区化学化工校友会的成立工作，提升校友服务成效。五是做好教育发展基金工作。加强资金筹措，编制个性化捐赠推介方案，积极推动项目落实，2021年捐赠到位率和实际到账金额均为历年最高。

(十二)维护校园安全稳定

一是抓好常态化疫情防控工作。加强疫情防控指挥体系建设，召开领导小组会8次、工作布置会7次，全流程应急演练2次。及时修订应急处置预案，落实“每日健康报告”制度，提供9次校内全员核酸检测和7次疫苗专场接种，守住校园疫情输入关口。二是提升应急管理工作水平。修订应急管理、信访等工作办法，健全校园安全管理制度、预案。压紧压实安全稳定工作责任，制定专项维稳应急预案，加强防范和化解风险。及时受理师生、群众信访，按程序完成答复。做好总值班、节假日值班和应急值班工作，完善全校“一盘棋”值班值守体系。三是巩固平安校园建设成果。开展大排查大整治，推动整改安全隐患382项。完成对重要涉密单位、要害部位和计算机年度检查全覆盖，举办15场次的保密宣传教育培训。开展防钓鱼模拟攻击演练，帮助师生发现和消除网络安全风险。开展实验室辐射安全、生物安全等专项检查，排查整治安全隐患。成立“南太武派出所厦门大学漳州校区警务室”。

二、坚持用习近平新时代中国特色社会主义思想铸魂育人，守正创新做好新时代学校思想政治工作

(一)健全思想政治工作体系

一是加强政治引领和价值引领。书记、校长带头讲授开学“第一课”和毕业前“最后一课”。办好学生马克思主义理论研修班，出版《高校思想政治工作体系理论与实践》和《看万山红遍——中国共产党人的精神谱系》。组建“囊萤星火青年讲师团”，深入支部、青年开展183场理论宣讲。引导学生社团自觉读原著、学原文、悟原理。二是完善“三全育人”体制机制。成立“三全育人”综合改革领导小组及工作小组，完善组织架构，理顺工作机制。“八闽园”正式开园，着力打造实践、育人、科研、教学一体化平台。建设百年校史馆，修缮革命史展览馆，筹建王亚南纪念馆，统筹提升学校展馆群育人功能。三是打造“一站式”学生社区育人新阵地。结合疫情防控成立社区兼合式党支部37个，召开“一站式”学生社区兼职辅导员聘任暨表彰大会，新聘147名社区兼职辅导员，推进教师入住学生宿舍计划，建设一批社区学习共享空间、创客空间。

(二)强化育人主渠道作用

一是深化思政课改革创新。出台新时代学校思想政治理论课改革创新实施方案，开设“习近平新时代中国特色社会主义思想概论”“‘四史’专题研究”“国家安全教育”等特色课程。推出“思政对话·百年史光”主题活动，邀请近百位专家走进思政课堂专题教学。开展以“党史”“校史”为主题的思政课实践教学。二是提升思想政治理论课质量。加强思政课教师队伍建设，引进转聘7名、合聘31

名思政课教师。定期选派思政课教师参加业务培训，做好新入职教师教学指导。落实党政领导干部听课制度，开展集体备课 16 场次。三是推进“课程思政”建设。实施课程思政建设示范工程，立项 10 个示范专业，推出 188 门示范课程，设立 25 个教学研究项目。1 个中心、2 门课程入选教育部课程思政教学研究示范中心和示范课程。

（三）健全师德师风建设长效机制

一是加强教师思想引领。落实“双周政治理论学习”制度，强化以党史学习教育为重点的“四史”学习教育，聚焦重点人群，构建分层分类的教师常态化培训体系。二是压紧压实主体责任。持续推进师德师风“三个一”提升计划，组建“师德师风宣讲团”并做 49 场报告。开展学院（研究院）“院长谈准则，书记亮警示”活动 100 余场，参加教师 7700 余人次。三是弘扬优良师德师风。举办“我最喜爱的十位老师”评选活动，办好“师者”“身边好老师”等宣传专栏。郑兰荪院士领衔的团簇化学教师团队入选第二批“全国高校黄大年式教师团队”。陈孔立家庭入选全国首批教育世家，郑振满获评“福建省第六届杰出人民教师”，宋方青荣获“福建省五一劳动奖章”。

（四）加强学生思想政治工作

一是发挥“第二课堂”育人实效。组织 752 支团队、7949 名学生开展形式多样的暑期社会实践活动，获评全国大中专学生志愿者暑期“三下乡”社会实践活动优秀单位。数千名学生志愿者投身百年校庆、疫苗接种等志愿服务活动，获得第十三届中国青年志愿者优秀个人奖和项目奖。选派 22 名研究生赴宁夏接力开展教育扶贫，支教团亮相央视《开学第一课》。开展新年演出季舞蹈专场、器乐专场和文艺“三下乡”等 40 余场艺术与实践相结合活动。二是促进学生多元化个性化发展。深化“石榴籽”育人工程，建成“民族团结石榴园”，启动“石榴籽”少数民族学生骨干培养计划。出台国际学生、港澳台学生招收和培养管理办法，开设国情教育课程，加强港澳台学生爱国主义教育。三是优化学生成长服务体系。开通 24 小时心理援助热线，做好心理健康科普宣传。落实征兵优抚政策，37 人参军入伍。加强融媒体建设，推进网络素养提升“三大行动”，新增培育 73 个网络文化工作室。

三、以习近平总书记重要贺信精神领航，推动学校事业高质量内涵式发展

（一）高位谋划推动重大任务

一是首轮“双一流”建设成效显著。在拔尖创新人才培养、高水平师资队伍建设、科学研究与社会服务、文化传承创新、国际交流合作等方面形成一批亮点成果，整体建设成效得到教育部和专家组充分肯定。二是谋划新一轮“双一流”建设。编制学校整体建设方案和一流学科建设方案，明确“筑峰扬优、交叉创新”的学科建设总体思路，打造“高峰引领、梯次建设、分类发展、突出特色、增强协同”的学科建设发展模式。签订新一轮部省市共建协议，为学校发展提供强有力支撑。三是编制实施学校“十四五”规划。出台总体规划，明确任务分工，完善专项规划、学部规划和学院（研究院）规划，形成以总体规划为统领，专项规划和学部规划、学院（研究院）规划为支撑的规划体系。四是推进教育评价改革。编制学校深化新时代教育评价改革工作方案，制定清单，建立台账，在教师评价、学生评价、科研评价、用人评价等领域力破“五唯”痼疾，努力构建符合高质量发展要求的教育评价体系。五是加强学科内涵建设。制定新增学位授权点审核标准和 2020—2025 年学位授权点合格评估工作方案，做好第五轮学科评估、专业学位水平评估、学位授权点合格评估相关工作。自主审核新增 3 个博士学位授权点，1 个专业学位授权点，获批 1 个一级交叉学科博士学位授权点；获批 1 个博士、1 个硕士专业学位授权类别。成立电影学院。六是加强全面依法治校。启动《厦门大学章程》修订工作，健全规章制度体系，出台合同管理系列规定，全面规范合同管理工作。

（二）提高人才培养质量

一是生源质量稳中有升。内地本科生生源质量提高，研究生招生实现“质量型扩招”，内地研究生、推免生录取人数创历史新高。二是教育教学改革进一步深化。实施人才培养目标责任制，激发学院活力，优化教学生态，提高教育教学质量。本科生教育方面，推动新一轮大类招生培养改革，修订 2021 级本科培养方案，建立健全课程共建共享机制，完善“三个全面放开”机制，推进主辅修制度改革。研究生教育方面，实施南强优秀博士生培育计划，修订研究生导师岗位管理条例，出台研究生导师确认与变更管理办法，制定研究生结业管理办法，严肃研究生学籍管理。出台严格规范学位与研究生教育质量管理实施意见，完善全流程质量保障体系。推进研究生国际化教育，新增 1 个创新型人才国际合作培养项目。三是推进“五育并举”。构建体育与健康课程教学新模式，学校男篮夺得 CUBA 全国季军。组建美育与通识教育中心，构建课程体系，开设群贤大讲堂、博雅茶座。实施劳动教育行动计划。四是加强专业内涵建设。新增 4 个本科专业，20 个专业入选第二批国家级一流本科专业建设点，新增 4 个学科获教育部基础学科拔尖学生培养计划 2.0 基地立项，6 个项目入选教育部首批新文科研究与改革实践项目，60 个项目获教育部产学合作协同育人项目立项。五是加强创新创业教育。在第七届中国国际“互联网＋”大学生创新创业大赛全国总决赛中获 6 银 2 铜，获国际项目优秀组织奖。在“中国研究生创新实践系列大赛”总决赛中获得一等奖 3 项、二等奖 11 项、三等奖 17 项，优秀组织奖 4 项。中美青年创客交流中心顺利通过评估，学校获评“赛创协同示范校”。六是加强教材建设与管理。组建教材编写与选用审核专家库，出台教材管理办法。在首届全国教材建设奖评选中，1 人获“全国教材建设先进个人”称号、1 本教材获“全国优秀教材二等奖”。

（三）激发创新活力

一是深化体制机制改革。制定人文社会科学、理工医科科研绩效奖励系列制度文件，强化以实际贡献为导向的分类科研评价。修订科研经费管理办法，制定科研合同管理细则、纵向横向科研项目管理办法、科研外协管理办法、境外来源科研项目管理办法，进一步规范科研项目管理，防范各类风险。制定院级校企联合科研平台管理办法，强化平台建设管理。完善科技管理信息系统、社科管理信息系统，提升数据管理服务水平。二是加快科研平台和重大项目建设。疫苗与分子诊断集成攻关大平台获教育部正式发文批复建设，福建省生物制品科学与技术创新实验室奠基，福建台湾海峡海洋生态系统野外科学观测研究站获批建设为国家野外科学观测研究站，获批国家药品监督管理局、文化和旅游部两个重点实验室，“海洋碳汇与生物地球化学过程基础研究中心”成为海洋领域首个国家基金委基础科学中心，学校入选工业和信息化部“新一代人工智能产业创新重点任务揭榜优胜单位”榜单。三是科研成果质量提高。以我校为第一作者单位的或通讯作者单位的师生在《自然》正刊上发表论文2篇，在《科学》正刊上发表论文1篇，《细胞》正刊上发表论文1篇。获国家自然科学奖二等奖1项，中国专利优秀奖1项，何梁何利科学与技术青年创新奖1项。在第八届高等学校科学研究成果奖（人文社会科学）中获一等奖1项、二等奖11项、三等奖6项；理工医科成果奖获一等奖2项，二等奖2项。四是科研项目稳步增长。获国家社科基金年度项目68个，国家社科基金后期资助暨优秀博士论文出版项目21个，教育部人文社会科学研究一般项目35个，立项数均位列全国高校第一。理工医科获国家自然科学基金项目立项329个，其中基础科学中心项目1个、创新研究群体项目1个、杰出青年科学基金项目5个、优秀青年科学基金项目10个、重大科研仪器研制项目1个、重大项目1个、重大研究计划重点支持项目1个、重点项目9个、联合基金集成项目1个、联合基金重点支持项目11个；全年科研经费到账18.22亿元，其中文科1.82亿元，理工医科16.40亿元，创历史新高。国内授权专利总数804件，国际授权专利47件。

（四）加强人才队伍建设

一是加快建设卓越人才体系。召开南强青年学者“云论坛”和南强新睿讲坛，实施讲席教授、南强特聘教授、南强重点岗位教授、南强青年拔尖人才计划，加大人才引育力度。完善南强青年拔尖人才支持计划遴选方案。新增两院院士2人；新增国家高层次人才15人，其中“长江学者”特聘教授3人、国家杰出青年6人、国家特支计划领军人才2人；新增国家高层次青年人才29人，其中“长江学者”青年学者11人、国家特支计划青年拔尖人才3人、国家优青10人。1人获评第六届全国杰出专业技术人才；3人入选福建省第二批特级后备人才。二是健全完善人才引进制度。深化人才发展体制机制改革，在优势学科试点建立“人才特区”。增设南强青拔培育人选岗位。做好引才规划，调整评审方式，缩短评审周期。三是加强师资队伍建设。出台深化教师职务聘任制度改革实施方案，修订教师职务聘任条例，推进准聘—长聘制度，新聘专任教师156人（其中纳入准聘制管理98人）。出台思政课教师合聘延聘、实务型兼聘教师管理办法，修订非全职教师管理办法，拓宽引才渠道。出台博士后管理工作补充规定，进一步提高优秀博士后待遇。制定教师校外兼职和离岗创业管理规定，支持和鼓励教师有序开展创新创业活动。制定党政管理人员和专业技术人员预任制管理办法，修订专业技术人员聘任条例，提高队伍建设质量。优化专技岗位绩效考核评价办法，提高专技人员的支撑保障作用。四是完善机构编制岗位管理。成立机构编制委员会，出台机构编制管理办法，稳步推进新一轮定编定岗工作。

（五）提升社会服务实效

一是拓展战略合作的广度和深度。加强与地方政府、重点行业企业等单位的合作交流，推动与黑龙江省、昆山市、自然资源部第三海洋研究所、兴业银行等建立合作关系。二是全面融入和服务新福建建设。召开第六届厦门大学与福建九市一区校地战略合作年度工作会议，实施服务福建全方位推动高质量发展超越行动计划，推进厦门大学福州研究生院建设，建立厦门金砖新工业能力提升培训基地（厦门大学）。三是推动科技成果转移转化。出台科技成果转移转化组织实施管理办法，健全管理服务体系，提升转化效能。南海研究院、东南亚研究中心申报案例入选第二轮“中国智库综合评价研究项目”智库建设特色案例。全球首个鼻喷流感病毒载体新冠肺炎疫苗开展三期临床试验，首个国产宫颈癌疫苗通过世界卫生组织PQ认证。四是做好乡村振兴和对口支援工作。在中央单位定点扶贫成效分类考核评价中获最高等次“好”，工作案例获评2021年全国消费帮扶助力乡村振兴优秀典型案例，并在全国推介会做交流发言。扎实推进与光泽县挂钩帮扶工作。做好贵州师范大学、西藏民族大学、宁夏大学、青海民族大学、新疆大学和昌吉学院对口支援和福建省内高校的帮扶工作。五是提供优质医疗服务。附属翔安医院门诊约23万人次、急诊约6万人次、出院约1.2万人次、手术约5千例，完成人体肝脏移植手术49例、肾脏移植手术20例。将附属翔安医院整体腾空后改造成新冠肺炎定点救治及康复医院，完成243名本土新冠康复病人的入院治疗、171名境外入境隔离期就医患者的收治任务。六是进一步规范非学历继续教育全过程管理。出台督导管理办法等制度，严肃查处违规办学行为，规范办学活动。举办培训项目700多个，培训学员4万多人次。

（六）加强对外交流合作

一是推进马来西亚分校建设。2021届1114名学生顺利毕业，建设工程入选2020年中国建筑工程（境外工程）鲁班奖。二是拓展多边交流平台。举办中外大学校长论坛、2021海上丝绸之路国际产学研用合作会议、全球八校联盟校长联席会议、国际中文教育院长论坛等。加强“21世纪海上丝绸之路”大学联盟建设，召开联盟理事会，目前共20个国家和地区的66所高校加入联盟。三是深化校际双边合作。持续推动“G50”战略伙伴计划，深化与世界顶尖大学务实合作，境外合作院校259所（其中世界排名前200的院校52所）。四是深化与台港澳地区的交流合作。立足学科优势和文化特色精心设计交流项目，8个项目获教育部资助。五是推动国际中文教育内涵式发展。完善国际中文教育提升计划，加强孔子学院中方院长和骨干教师队伍建设，13所孔子学院顺利完成转隶。六是加强创意与创新学院建设。生源质量不断提高，“跨学科、跨文化”的人才培养机制逐步完善，发展势头良好。

（七）优化财务和审计工作

一是推进开源节流、增收节支。落实“厉行节约勤俭办学”的有关规定，严控公务接待、会议、差旅、印刷等支出。二是深化预算绩效管理。全面实施预算绩效管理，加强预算执行监管，提高资金使用效益。三是加强内控建设。编报内控报告，加大整改力度，完善内控建设报告制度。经“财政部统一报表系统”审核评价，我校内控总体运行情况为“优”。四是做好国家审计整改和内部审计工作。国家审计指出的 26 个问题全部按批准后计划进行整改，已完成整改 17 个，9 个问题部分完成整改。修订内部审计工作规定、领导人员经济责任审计实施办法等，提高内部审计工作规范性。完成各类审计项目 93 个，基本建成审计管理信息化平台。五是开展四个领域专项清理整顿。按照教育部统一部署，梳理学校在非学历教育、基础教育合作办学、校办企业、附属医院领域涉及制度建设、管理机制、内部控制、监督执行等方面问题，认真开展专项清理整顿，防范风险，堵塞漏洞。

（八）优化办学条件

一是征地和基建项目进展顺利。完成法学院扩建项目和海韵二期项目核心区域土地征收工作。翔安校区学生公寓五期和中部学生食堂建设稳步推进，新工科研发大楼进入收尾阶段。P3 实验室前期工作进展顺利。二是修缮改造项目稳步推进。完成百年校史馆、人类博物馆、校友馆、长汀旧址—萨本栋旧居、东区综合楼、翔安校区西部学生公寓等项目装修改造工程，大生里教职工住宅改造已进场施工。三是信息化建设水平提高。建成新一代身份认证中心与数字校园卡平台、生物信息库，推进网上办事大厅建设，实现办公自动化、流程引擎平台的移动化重构。推出数字校园卡、人脸安全识别、本研一体化新教务等关键应用。推进集约化信息基础设施建设，加强网络视频会议、活动直播技术平台建设，优化扩容云考试系统。获评国家互联网协议第六版（IPv6）规模部署和应用优秀案例、“福建省网络安全工作先进单位”称号。四是加强国有资产管理。出台固定资产、企业国有资产、无形资产、党政办公用房等管理制度，提高资产使用效益。稳步推进，分类施策，基本完成学校所属企业改革任务。五是加强实验室与设备管理。修订贵重实验仪器设备管理办法、实验室生物安全管理规定，出台拔尖学生贵重实验仪器设备开放创新基金管理办法。六是打造一流后勤。打造、输出厦大后勤标准，深度推进“5D”建设，水电服务中心维修部荣获“全国青年文明号”。七是完善漳州校区管理服务机制。围绕校区新定位新使命，加强沟通协调和工作联动，不断完善提升校区办学条件和服务保障水平。

（九）保障改善民生

一是做好学生资助工作。持续实施“知无央”“爱无疆”资助育人工程，落实各项奖助政策，累计发放各类奖助学金 4.24 亿元。二是加强学生就业工作。建立就业情况“月查周报”制度，基层就业定向选调生项目覆盖 26 个省（自治区、直辖市），学校入选教育部“宏志助航计划”全国高校毕业生就业能力提升培训基地。扩大用人单位联系邀请范围，加大招聘信息收集力度，推动毕业生留厦留闽就业。三是改善教职工生活条件。发放教职工住房货币化补贴 1749.28 万元，做好翔安东园保障性住房项目相关工作，加强周转房、博士后公寓、专家公寓等住房日常管理，推进思明南路 298 号危房加固改造。优化幼儿园白城部、大南部、翔安部功能布局，完成翔安部三、四楼装修改造工程。新增、扩建快递柜，加强快递场所管理。提升校园环境，落实校园日常巡查，推进垃圾分类工作。

·专　文·

在厦门大学学习习近平总书记“七一”重要讲话精神动员暨“两优一先”表彰大会上的讲话

（2021年7月1日）

张　彦

今天，在中国共产党历史上，在中华民族历史上，都是一个十分重大而庄严的日子。今天下午，我们在这里隆重集会，学习习近平总书记上午在庆祝中国共产党成立100周年大会上的重要讲话精神，表彰优秀共产党员、优秀党务工作者和先进基层党组织。

刚才，10位离退休党员，代表全校292名“光荣在党50年”纪念章获得者上台领取沉甸甸的荣誉。会议特意安排了10位“扬才班”的同学陪同上台，就是希望全校青年党员向前辈学习，继承光荣传统，让革命薪火代代相传。我们还表彰了一批我校在新时期涌现出来的优秀共产党员、优秀党务工作者和先进基层党组织。借此机会，我代表学校党委向为党的事业和学校发展作出贡献的老党员致以崇高的敬意，向受到表彰的先进集体和先进个人表示热烈的祝贺，向在全校各个岗位上辛勤工作、无私奉献的共产党员致以节日的问候！

参加大会的还有近千名上半年新发展的党员代表，我代表学校党委向新加入党组织的同志们表示诚挚的祝贺。一会儿我们还将举行党员集体宣誓仪式，通过宣读入党誓词，进一步增强党员意识，坚定理想信念，践行初心使命，争创一流业绩。无论是新党员，还是老党员，都要时刻牢记入党誓词，做到“一句誓言、一生作答”，用奋斗诠释初心，以实干笃定前行，为加快建设中国特色世界一流大学、谱写建设高等教育强国厦大篇章而不懈奋斗。

一

从1921年到2021年，从石库门到天安门，从兴业路到复兴路，从播下革命火种的小小红船，到领航复兴伟业的巍巍巨轮，中国共产党风雨兼程一百年，历经战争与和平、建设与改革、挫折与胜利。一百年来，中国共产党团结带领中国人民，书写了中华民族几千年历史上最恢宏的史诗。这一百年来开辟的伟大道路、创造的伟大事业、取得的伟大成就，必将载入中华民族发展史册、人类文明发展史册！

新民主主义革命时期，我们党对中国革命道路进行了艰辛的探索实践，坚持把马克思主义基本原理与中国革命具体实际相结合，以武装的革命反对武装的反革命，推翻帝国主义、封建主义、官僚资本主义三座大山，建立了人民当家作主的中华人民共和国，实现了中国从几千年封建专制政治向人民民主的伟大飞跃，艰难完成了救国大业。社会主义革命和建设时期，我们党确立社会主义基本制度，推进社会主义建设，为实现中华民族伟大复兴奠定了根本政治前提和制度基础，实现了一穷二白、人口众多的东方大国大步迈进社会主义社会的伟大飞跃，全力完成了兴国大业。改革开放和社会主义现代化建设新时期，我们党解放思想、锐意进取，把工作重心转移到经济建设上来，确立党在社会主义初级阶段的基本路线，开创、坚持、捍卫、发展中国特色社会主义，以改革开放的关键一招，创造了伟大成就，为实现中华民族伟大复兴提供了充满新的活力的体制保证和快速发展的物质条件，实现了中华民族从站起来到富起来的伟大飞跃，成功推进了富国大业。

进入新时代，以习近平同志为核心的党中央举旗定向、谋篇布局，团结带领全党全国各族人民，统筹推进“五位一体”总体布局、协调推进“四个全面”战略布局，坚持和完善中国特色社会主义制度、推进国家治理体系和治理能力现代化，解决了许多长期想解决而没有解决的难题，办成了许多过去想办而没有办成的大事，推动党和国家事业取得历史性成就、发生历史性变革，创造了中国式现代化新道路，创造了人类文明新形态，为实现中华民族伟大复兴提供了更为完善的制度保证、更为坚实的物质基础、更为主动的精神力量，中华民族迎来了从站起来、富起来到强起来的伟大飞跃，正在奋力实现强国大业！

百年的光辉历程，我们党向世界证明，中国共产党不愧为中国工人阶级的先锋队，同时是中国人民和中华民族的先锋队；不愧为中国特色社会主义事业的坚强领导核心；不愧为伟大、光荣、正确的马克思主义政党。没有中国共产党，就没有新中国，就没有中华民族伟大复兴。

百年的光辉历程，我们党向世界证明，中国共产党是有着远大理想的党，是代表全民族根本利益、全心全意为人民服务、发展全过程人民民主的党，是富于独创精神、勇于开创新局面的党，是具有自我净化、自我完善、自我革新、自我提高能力的党，是中华民族走向复兴的中流砥柱，更是风雨来袭时中国人民最可靠、最坚强的主心骨。

百年的光辉历程，我们党向世界证明，马克思主义是我们立党立国的根本指导思想，是我们党的灵魂和旗帜。中国共产党为什么能，中国特色社会主义为什么好，归根到底是因为马克思主义行！历史和人民选择马克思主义是完全正确的，中国共产党把马克思主义写在自己的旗帜上是完全正确的，坚持马克思主义基本原理同中国具体实际相结合、不断推进马克思主义中国化时代化是完全正确的。在科学真理和崇高理想的指引下，中国特色社会主义道路越走越宽广。今天，我们可以自豪地说："社会主义没有辜负中国，中国没有辜负社会主义！"

百年征程波澜壮阔，百年初心历久弥坚。历史在人民的探索和奋斗中造就了中国共产党，中国共产党领导人民又造就了新的历史辉煌。我们要弘扬坚持真理、坚守理想，践行初心、担当使命，不怕牺牲、英勇斗争，对党忠诚、不负人民的伟大建党精神，传承中国共产党人在长期奋斗中构建起的精神谱系，锤炼鲜明的政治品格。我们坚信，在开启全面建设社会主义现代化国家新征程、向第二个百年奋斗目标进军的道路上，更加坚强有力的中国共产党，必将带领人民实现中华民族伟大复兴的中国梦。

二

建校一百年来，厦门大学始终与党同向同行，浸润着华侨领袖陈嘉庚先生的爱国精神，烙下了鲜明的爱国底色和深厚的红色基因。厦门大学是福建省第一个党组织的诞生地。中共厦大支部的诞生和厦门党组织的发展，揭开了福建革命史的新篇章。革命战争年代，以罗扬才烈士为代表的革命志士，始终挺立于时代潮头，高举革命旗帜，投身革命事业，为争取国家独立、民族解放和人民自由进行不屈不挠的斗争。新中国成立后，特别是党的十一届三中全会以来，厦大历届党委带领全体师生员工，紧跟时代步伐，适应国家需求，勇于改革创新，坚持开放办学，抓住国家建设高水平大学的机遇，大力实施"211 工程"和"985 工程"，推进世界知名高水平研究型大学建设，首批入选国家"双一流"建设高校，学校各项事业取得了长足进步。

进入新时代，厦门大学党委坚持以习近平新时代中国特色社会主义思想为指导，深入贯彻落实习近平总书记关于教育的重要论述，不断增强"四个意识"、坚定"四个自信"、做到"两个维护"，牢记"国之大者"，增强全面从严治党永远在路上的政治自觉，学校党建基础得以夯实，工作不断提质增效，品牌特色逐渐显现。我们着力加强政治建设，认真贯彻落实新时代党的建设总要求，召开第十一次党代会、党建工作会议、全校思想政治工作会议，以党的政治建设为统领，不断提高党的建设科学化水平。我们着力加强思想建设，扎实推进"两学一做"学习教育常态化制度化，巩固深化"不忘初心、牢记使命"主题教育成果，深入开展党史学习教育，坚持不懈用习近平新时代中国特色社会主义思想武装师生头脑。我们着力加强队伍建设，坚持好干部标准，完善干部选任机制，着力建设具备有效贯彻党的教育方针、适应一流大学建设需要的干部队伍。我们着力加强组织建设，贯彻落实新时代党的组织路线，坚持大抓基层的鲜明导向，开展基层党委书记抓基层党建工作述职评议考核，推进全面从严治党向基层延伸，学校党委教师工作部、巡察办、党建办、人才办、政研室先后成立，党建工作力量不断加强。我们着力加强作风建设和党风廉政建设，坚持党风、校风、学风"三风"齐抓，弘扬"爱国、革命、自强、科学"的优良校风，先后召开深化作风建设推进会议、落实全面从严治党主体责任工作推进会、"厉行节约、勤俭办学"专题会议，认真接受中央巡视、抓好整改落实，有序推进校内巡察。我们着力加强制度建设，积极探索建立不忘初心、牢记使命的制度，坚持和完善党委领导下的校长负责制，建立健全学校党委常委会、全委会、校长办公会议事规则，规范学院党委会、党政联席会议事规则，推进依法治校、科学决策、按章办学、民主管理。我们坚决扛起疫情防控政治责任，有效守护师生身体健康和生命安全，建设平安校园、"宁静校园"，学校长期保持安定和谐的良好局面。

今年 4 月份，我们胜利庆祝了厦门大学建校 100 周年。一百年来，厦大党组织不断发展壮大。从建立之初仅有 1 个党支部、3 名党员，到新中国成立前 3 个总支部、1 个独立支部和 15 个支部、250 多名党员，再到今天 42 个基层党委(党总支)、774 个党支部、14844 名党员，组织队伍不断壮大，党的领导不断加强，展示出强大的凝聚力、向心力、战斗力。一段时间以来，学校各级党组织和广大党员在金砖会晤配套活动、"互联网＋"大赛等重大活动中，在脱贫攻坚、科技创新、"双一流"建设等重点任务中，在疫情防控、防台防汛、抗灾抢险等关键时刻经受考验、表现优异，党旗始终在基层一线高高飘扬。有全校共产党员的先锋引领，有全校师生的团结奋斗，学校各项事业蓬勃发展、亮点纷呈、成果丰硕，充分彰显了一流党建引领一流大学建设的政治优势。

百年赤诚，代代相传。最近，我们以党史学习教育和建党百年为契机，组织开展了一系列具有广泛影响的特色活动。我们举办了庆祝中国共产党成立 100 周年暨纪念福建省第一个党组织中共厦门大学支部建立 95 周年座谈会，追寻百年党史，缅怀革命先辈，激励全校各级党组织和广大师生党员牢记初心使命，奋进一流征程。我们策划了厦门大学庆祝建党百年主题展"百年赤诚——厦门大学校史中的共产党员和党组织剪影"，生动勾勒展现学校百年校史心中有大我、赤诚图报国的优秀共产党员和群体形象。我们组织了"囊萤星火，扬才先锋"校地联动党史学习教育，用好红色资源，赓续红色血脉，推动党史学习教育走深走实。日前我们得到了消息，中央有关方面已经批准厦门大学建设王亚南纪念馆。今天上午我们刚刚接受一笔校友捐赠，用于设立“厦门大学党建提升与管理创新奖”。这些工作和活动生动地展现了厦门大学始终紧跟中国共产党的前进步伐，在历史前进的逻辑中前进、在时代发展的潮流中发展，以昂扬向上的精神状态和一往无前的奋斗姿态，正行驶在阔步建设世界一流大学的新征程上。

三

根据统一部署，从今天开始，我们的党史学习教育进入了以学习习近平总书记“七一”重要讲话精神为主题的新阶段。今天大会既是第一时间对学习习近平总书记“七一”重要讲话精神进行动员，也是对党史学习教育的再动员、再部署。日前，教育部党史学习教育高校第九指导组来校指导工作，对我们学校的工作推进和落实情况给予了充分肯定。我们要把握关键节点，以学习宣传贯彻习近平总书记“七一”重要讲话精神为契机，紧扣学校发展实际，全面推动党史学习教育取得新成效。

一是提高政治站位，把认真学习重要讲话精神作为当前的重大政治任务。习近平总书记“七一”重要讲话高屋建瓴、思想深邃、激情满怀、内涵丰富，站在历史和全局的高度，精辟深刻地总结了党领导革命、建设和改革的历史经验，科学正确地分析了党在新的历史阶段面临的新形势、新挑战，是指引我们党奋力推进中国特色社会主义伟大事业的政治宣言，是推进新时代党的建设新的伟大工程的纲领性文献，是马克思主义中国化最新的理论成果。习近平总书记提出的“以史为鉴、开创未来”“九个必须”，是我们党迈上新百年新征程的行动指南，是我们做好下一阶段工作的根本遵循。学习领会重要讲话精神，必须坚持集中学习与个人学习相结合，原原本本学、全面系统学、深入思考学、联系实际学，力求学深悟透、融会贯通。要把学习宣传贯彻重要讲话精神与贯彻落实习近平总书记致厦门大学建校100周年重要贺信精神紧密结合，与推动“十四五”开好局、起好步紧密结合，与深化综合改革、推进“双一流”建设紧密结合，与认真抓好中央巡视整改工作紧密结合，不断提升政治判断力、政治领悟力、政治执行力，坚定不移地扎根中国大地建设一流大学，奋力开创学校党的建设和各项事业发展新局面。

二是强化一流标准，以重要讲话精神推动学校党建工作质量全面提升。习近平总书记指出：“加强党对高校的领导，加强和改进高校党的建设，是办好中国特色社会主义大学的根本保证。”要毫不动摇地坚持和加强党对学校的全面领导，使党的领导覆盖办学治校各领域、贯穿教育教学各环节、融入人才培养各方面，牢牢把握社会主义办学方向，全面贯彻党的教育方针，确保党中央重大决策部署在学校有效贯彻落实。要打造一流党建，高质量抓好政治建设，切实增强政治功能和组织功能，充分发挥推动学校事业发展的强大政治优势和组织优势；高质量抓好思想建设，有效发挥科学理论的实践伟力，使一流大学建设在正确的轨道上向前推进；高质量抓好组织建设，不断严密学校党的组织体系，着力建设德才兼备的高素质干部队伍，做到学校党委“六个过硬”、基层党委（党总支）“五个到位”和党支部“七个有力”；高质量抓好作风建设，贯彻党的群众路线，尊重师生首创精神，践行“一线规则”，广泛凝聚师生员工的智慧和力量；高质量抓好纪律建设，持之以恒推进全面从严治党向纵深发展，以全面从严治党新成效涵养一流大学建设良好的政治生态。

三是凝聚奋进力量，用重要讲话精神指引中国特色世界一流大学建设。习近平总书记的重要讲话全面回顾了我们党走过的百年辉煌历程，向全党发出了新百年新征程的总动员令，令我们倍感振奋、深受鼓舞。我们要切实把思想和行动统一到重要讲话精神上来，认真抓好贯彻落实，以“钉钉子”精神将一张蓝图绘到底，抢抓机遇、乘势而上，将学校建设成为一所具有中国特色、世界一流水平和厦大风格的高等学府。要坚持立足新发展阶段，完整、准确、全面贯彻新发展理念，服务构建新发展格局，推动高质量发展，培育更多高峰学科，创造一流科研成果，推进科技自立自强。要落实立德树人根本任务，为党育人、为国育才，引导教育青年学生把青春奋斗融入党和人民事业，努力成为实现中华民族伟大复兴的先锋力量，增强做中国人的志气、骨气、底气，不负时代，不负韶华，不负党和人民的殷切期望。广大党员要发挥带头引领作用，凝聚奋进一流征程的磅礴力量，以“为有牺牲多壮志，敢教日月换新天”的大无畏气概，在弘扬建党精神中攻坚克难，在传承红色血脉中开拓前行，全面提升服务区域发展和国家战略能力，推动中华文化海外传播，增强中华民族凝聚力和向心力，在新时代书写更大的荣光，在新征程上铸就新的历史伟业。

同志们！中国共产党立志于中华民族千秋伟业，百年恰是风华正茂！我们党团结带领中国人民踏上了实现第二个百年奋斗目标新的赶考之路。回顾中国共产党波澜壮阔的世纪征程，我们充满崇敬和豪情；总结厦门大学党组织奋斗前行的发展历程，我们充满光荣和感怀；展望厦门大学建设世界一流大学的美好前程，我们充满信心和力量。对历史最好的庆祝，就是创造新的历史。让我们响应习近平总书记代表党中央向全体共产党员发出的号召，牢记初心使命，坚定理想信念，践行党的宗旨，永远保持同人民群众的血肉联系，始终同人民想在一起、干在一起，风雨同舟、同甘共苦，继续为实现人民对美好生活的向往不懈努力，努力为党和人民争取更大光荣！

在学习贯彻习近平总书记致厦门大学建校 100 周年贺信精神大会上的讲话

（2021 年 4 月 11 日）

张　彦

4 月 6 日，习近平总书记致信祝贺厦门大学建校 100 周年，向全体师生员工和海内外校友致以热烈的祝贺和诚挚的问候，肯定了厦门大学百年来取得的突出成就、作出的积极贡献，对学校未来发展寄予殷切期望，提出明确要求。刚才，张荣校长带领我们再一次集体重温了总书记的贺信，我想在座的每一位师生都倍感温暖、备受鼓舞。今天我们在这里召开会议，就是要在前期学习的基础上，结合上级部署，扎实抓好总书记贺信精神的学习宣传贯彻工作。

习近平总书记的贺信充分体现了以习近平同志为核心的党中央对厦门大学的高度重视和对全校师生员工的亲切关怀，极大振奋了学校建设世界一流大学的信心和决心，为学校开启新百年征程指明了方向，提供了根本遵循。我们要以习近平总书记贺信精神武装头脑、领航学校发展，结合孙春兰副总理批示精神和校庆大会上宝生部长、尹力书记的讲话要求，抢抓机遇，乘势而上，积极探索"中国特色、世界一流、厦大风格"的一流大学建设之路，书写高等教育"奋进之笔"的厦大篇章。

下面，就进一步做好总书记贺信精神的学习宣传贯彻工作，我再强调三点意见。

一、理解重大意义、把握深刻内涵，切实把学习宣传贯彻习近平总书记贺信精神作为当前和今后一个时期的重大政治任务

4 月 6 日中午，校党委第一时间开展理论中心组学习，与会领导结合学校和分管领域工作实际，畅谈了学习总书记贺信精神的心得体会。4 月 7 日晚，校党委召开党委常委会会议深入学习和集中研讨总书记贺信精神，研究学习宣传贯彻的通知和具体方案，刚才徐进功副书记已经进行了具体布置，请全校各单位结合今天会议精神抓好贯彻落实。

一要以总书记贺信精神指引前行之路。总书记贺信立意深远、思想深邃、内容丰富、要求明确，站在开启全面建设社会主义现代化国家战略全局和时代高度，针对学校特点强调了人才培养、科学研究、社会服务、文化传承创新、对外交流合作等方面的新希望新目标，为学校在新起点上实现教育高质量发展、开启新百年奋斗征程指明了前进方向。我们要坚持用总书记贺信精神筑牢思想根基，把贺信精神体现在办学治校各方面、全过程，用"四个意识"导航，用"四个自信"强基，用"两个维护"铸魂，全面贯彻党的教育方针，坚持社会主义办学方向，坚持和加强党的全面领导，在更高水平上实现思想对标、政治对标、行动对标，坚持党风、校风、学风"三风"齐抓，用一流党建引领一流大学建设，确保总书记贺信精神和党中央重大决策部署落地落实，使学校成为坚持党的领导的坚强阵地。

二要以总书记贺信精神凝聚师生之力。习近平总书记长期以来一直关心厦门大学的建设和发展，关爱厦门大学的师生，在厦门市和福建省工作期间，多次到学校考察、调研。总书记曾出席厦门大学建校 80 周年庆祝活动并致辞，向建校 90 周年发贺信。在庆祝建校 100 周年的重要时刻，总书记再次发来贺信，站在我国开启全面建设社会主义现代化国家新征程的全局和时代高度，对学校建设和发展提出新的要求。我们要切实把全体师生的思想和行动统一到总书记贺信精神上来，并用以推动学校加强党建和思想政治工作，指导学校制定"十四五"规划和深入推进"双一流"建设；我们要结合党史学习教育在全校组织开展学习讨论，引导党员、干部在融会贯通、学深悟透中不断提升政治判断力、政治领悟力、政治执行力；我们要把学习总书记贺信精神与学习习近平同志对厦门大学建设发展的长期关心支持联系起来，深刻理解总书记贺信精神的时代意义和指导作用，充分发挥贺信精神的号召和凝聚作用，为开创学校新的发展局面汇集力量。

三要以总书记贺信精神鼓舞奋进之志。当今世界正经历百年未有之大变局，中华民族正处于伟大复兴的关键阶段。面对深刻复杂变化的发展环境，高等教育在国家发展中的战略地位和作用更加凸显，一流大学的使命和责任更加重大。厦门大学是国家重点建设的大学，肩负高等教育强国建设重任，在社会主义现代化强国建设中必须扮演"国家队员"角色。习近平总书记站在党和国家事业发展的全局视野对厦门大学提出了一系列明确的要求，希望厦门大学为全面建设社会主义现代化国家、实现中华民族伟大复兴的中国梦作出新的更大贡献。站在新百年起点，我们要以总书记贺信精神进一步激发广大师生的爱国之情、报国之志，进一步增强全体厦大人的自豪感、使命感、责任感，把学习总书记贺信精神同融入国家"四点一线一面"教育现代化战略布局紧密结合起来，同服务福建全方位推进高质量发展超越紧密结合起来，抢抓机遇，乘势而上，与时俱进建设世界一流大学，书写高等教育"奋进之笔"的厦大篇章，努力开创建设中国特色世界一流大学的新局面。

二、领会精神实质，强化使命担当，切实贯彻落实好总书记结合厦大特点所寄予的殷切期望

习近平总书记的贺信高屋建瓴、思想深邃、内涵丰富，饱含着对厦门大学的深情。我们要深刻领会贺信的重大意义和精神实质，深刻领会厦门大学在我国全面建设社会主义现代化国家伟大征程中的定位和方位，从做到"两个维护"的高度，全面抓好总书记贺信精神的学习宣传贯彻工作,真正做到学在深处、干在实处、走在前列。

一要牢记立德树人根本任务。习近平总书记在贺信中旗帜鲜明指出,“希望厦门大学全面贯彻党的教育方针,切实落实立德树人根本任务,为党育人、为国育才”。教育是国之大计、党之大计。习近平总书记围绕坚持立德树人这一教育的根本任务作出了许多重要论述,指出“培养什么人,是教育的首要问题”。党的十九大报告强调“要全面贯彻党的教育方针,落实立德树人根本任务”。在考察高校或给其他高校致信时,总书记都把立德树人的要求摆在首要位置。“养成专门人才”是百年厦大的办学宗旨之一,百年来厦门大学始终以培养有远见、敢担当、怀大爱、立大德的拔尖创新人才为己任,为国家培养了大批栋梁之材。面向新百年,踏上新征程,我们要按照总书记的指示,始终牢记为党育人、为国育才使命,始终把立德树人的成效作为检验学校一切工作的根本标准,大力弘扬学校百年传承的光荣传统,大力弘扬“爱国、革命、自强、科学”的优良校风,坚持面向未来、守正创新,把立德树人的使命担当贯彻到教育教学、管理服务的每一个环节,在青年学生中扎实开展以党史为重点的“四史”教育,通过改革不断提升思政课程和课程思政的育人成效,持续深化人才培养模式改革,全面推进个性化培养,促进学生全面发展,始终以培养担当民族复兴大任的时代新人为己任。

二要与时俱进建设一流大学。建设世界一流大学和一流学科,是党中央在新的历史起点上作出的重大战略决策。当前,面对世界百年未有之大变局和中华民族伟大复兴战略全局,面对深刻复杂变化的发展环境,一流大学的使命和责任更加重大,高质量内涵式发展成为世界一流大学发展的必由之路。习近平总书记在贺信中突出强调要“与时俱进建设世界一流大学”,这就要求我们要立足高等教育新发展阶段,深入贯彻新发展理念,以新发展格局引领高等教育高质量发展,加快建设具有厦大风格的中国特色世界一流大学。一是彰显中国特色。我们创办的大学是中国共产党领导下的社会主义大学。要始终坚持党的领导,不断增强“四个意识”、坚定“四个自信”、做到“两个维护”,坚持正确的政治方向、价值导向,落实“四个服务”。要牢牢扎根中国大地办大学,立足中国国情,坚定走中国特色世界一流大学建设之路,努力建成新时代中国特色社会主义标杆大学。二是矢志世界一流,要秉承建设“世界之大学”的愿景,坚定“四个自信”,树立全球视野,坚持对标世界一流,积极参与全球高等教育治理,努力成为全球高等教育改革发展的积极参与者甚至是有力推动者,展现中国大学的水平和担当。三是厚实厦大风格,要传承弘扬百年厦大优良传统,坚守“自强不息、止于至善”的校训精神,发扬“四种精神”,强化爱校荣校、改革创新、团结合作、包容共享的价值理念和感恩、开放、创新、和谐的文化品格,强化“海洋、海峡、海丝”办学特色,不断凝聚成引领一代代厦大人追求卓越的精神内核,形成厦门大学的共同价值核心。

三要聚焦重点作出厦大贡献。一流大学的根本性标志是一流的成果和一流的贡献。随着中国日益走近世界舞台中央,党和国家对高等教育的需要,对科学知识和优秀人才的需要,比以往任何时候都更为迫切。同时高等教育与区域发展也更加紧密,国家要求高等教育要更加深度融入区域发展战略,以“四点一线一面”为战略重点的教育现代化区域创新试验正在积极推进,新福建建设和厦门市“两高两化”建设需要有世界一流的大学作为支撑,服务闽台大开放、大交流、大融合需要厦门大学发挥更大作用。作为高等教育“国家队”一员,作为一流大学重点建设高校,习近平总书记对厦门大学寄予厚望,在贺信中殷切希望厦门大学“全面提升服务区域发展和国家战略能力”“增强中华民族凝聚力和向心力”。我们要按照习近平总书记的嘱托,坚持面向世界科技前沿、面向经济主战场、面向国家重大需求、面向人民生命健康,在大变局与新时代的相互激荡中主动担当作为,责无旁贷地肩负起为中华民族伟大复兴提供智力支持和人才保障的历史使命,着力培养一流人才、打造一流队伍、建设一流学科、产出一流成果,为实现祖国的完全统一、民族的复兴乃至人类的进步作出厦门大学应有的贡献。

三、提高政治站位、加强组织领导,推动总书记贺信精神在厦门大学落地生根

学习贯彻习近平总书记贺信精神关键在落实,核心在执行。全校各单位要把学习宣传贯彻习近平总书记贺信精神作为当前工作的重中之重,强化政治责任和政治担当,精心组织、周密部署,攻坚克难、真抓实干,在全校迅速形成学习宣传贯彻贺信精神的浓厚氛围,确保全面、准确、系统地把习近平总书记贺信精神部署落实到位。

一要加强组织领导。全校各级党组织和广大党员干部要充分认识学习贺信精神的重大意义,强化主体责任,严格落实要求。各单位主要负责同志作为第一责任人,要精心组织学习,系统科学规划,切实抓紧抓好,迅速掀起学习贯彻贺信精神的热潮。各级领导干部要充分发挥“头雁效应”,坚持以上率下,带头学习、带头辅导、带头调研、带头践行,结合党史学习教育和“再学习、再调研、再落实”活动,推动学习进基层、进学院、进支部。要统筹报刊、广播、网络等校园媒体的力量和资源,集中力量加强对贺信精神的宣传报道,引导全校师生员工统一思想,提高认识,激励师生员工以更加饱满的热情和更加坚定的信心,投身于学校新百年建设和发展。

二要注重学习成效。全校各单位要组织党员干部和师生员工深入学习研讨、准确把握习近平总书记贺信的精髓要义与要求,深刻领会总书记结合厦大特点所寄予的期望,找准贯彻落实的着力点和聚焦点。充分发挥学科优势,围绕总书记贺信精神的丰富内涵加强理论研究和阐释,努力形成高水平的理论成果。针对党员干部、广大教师、青年学生不同群体的特点,实事求是提出目标要求,作出周密安排,确保学习贯彻走心不走样、深入基层深入人心。聚焦学以致用、学用结合,要密切结合不同学科的实际情况研究贯彻落实贺信精神的举措,引导全校师生提振干事创业精气神,凝聚推动学校事业快速发展的蓬勃力量。

三要狠抓贯彻落实。全校各单位要迅速行动起来，要在深刻领会习近平总书记贺信精神的实质要义基础上，认真组织研究，全面系统梳理，结合本单位实际，拿出贯彻落实的具体意见和推进措施。要紧紧围绕“十四五”规划和本年度的重点工作，制定专门工作方案和详细任务清单，明确工作任务目标，对标对表，查找不足，以“钉钉子”精神把贺信精神贯彻落实到本单位的具体工作和推动学校高质量发展的具体实践中去。校党委也将加强督导检查，把学习贯彻总书记贺信精神纳入监督检查、校内巡察、述职考评等重要内容，确保责任落实到位。

老师们、同学们，厦门大学已经开启了新百年的奋斗征程。站在新的历史起点上，让我们继续深入学习贯彻习近平新时代中国特色社会主义思想，以总书记的贺信精神为指引，牢记总书记嘱托，落实贺信要求，不忘立德树人初心、牢记为党育人为国育才使命，弘扬嘉庚精神，奋进一流征程，为早日把厦门大学建设成为中国特色世界一流大学而不懈奋斗，为实现中华民族伟大复兴的中国梦作出新的更大贡献。

在中央第五巡视组巡视厦门大学党委工作动员会议上的表态讲话

（2021 年 5 月 7 日）

张 彦

刚才，杨正超同志代表中央第五巡视组做了进驻动员讲话，深刻阐述了我校开展巡视工作的重要意义，明确提出了巡视工作的总体要求和任务安排，为学校推进全面从严治党、配合中央巡视工作指明了方向、提供了遵循。杨正超同志讲话的内容充分体现了中央关于巡视工作的方针、政策，对我们准确理解巡视工作的性质、落实巡视工作各项要求具有重要的指导意义。我们要认真领会讲话精神，自觉、主动接受巡视，全力支持配合中央巡视组工作。我以我个人名义，并代表学校党委郑重表态：厦门大学党委坚决服从党中央决策部署，全力配合中央巡视组开展工作。

一、提高政治站位，强化责任担当，切实把思想和行动统一到党中央的决策部署上来

一要深刻认识巡视工作的重要意义。巡视是我们党和国家监督体系和治理体系的重要制度安排，是加强政治监督、促进政治建设的重要抓手，也是学校管党治党、办学治校的重要举措。党的十八大以来，以习近平同志为核心的党中央高度重视巡视工作，确立巡视工作方针，巡视利剑作用充分彰显，成为党之利器、国之利器。我们要认真学习领会习近平总书记关于巡视工作的重要论述，充分认识政治巡视对于加强党的领导和党的建设、推进全面从严治党的重大意义，把迎接中央巡视与学习习近平新时代中国特色社会主义思想紧密结合起来，与学习贯彻习近平总书记致厦门大学建校 100 周年贺信精神紧密结合起来，不断增强“四个意识”、坚定“四个自信”、做到“两个维护”，切实把思想行动统一到中央对全面从严治党和政治巡视的要求上来。

二要以巡视为契机，推动学校高质量发展。政治巡视巡察本质上是上级党组织对下级党组织履行党的领导职能责任的政治监督。今年 1 月 28 日，中央政治局召开会议审议《关于十九届中央第六轮巡视情况的综合报告》《关于 2020 年中央巡视工作领导小组重点工作情况的报告》，强调要坚持巡视工作的政治定位，深入贯彻巡视工作方针，精准落实政治巡视要求。我们接受中央巡视，一定要胸怀“两个大局”，不断提高政治判断力、政治领悟力、政治执行力，准确把握政治监督的内涵和范围，聚焦党的路线方针政策、党中央重大决策部署、习近平总书记的重要指示要求的贯彻落实，通过巡视发现问题，不断强化政治监督，完善学校内部治理体系，为学校深化教育综合改革、推进“双一流”建设提供坚强政治引领和政治保障。

三要以高度的政治责任感贯彻巡视工作要求。此次中央巡视是 2017 年 3 至 4 月十八届中央巡视厦门大学党委后，十九届中央对厦门大学开展的巡视，是对厦门大学党委一次“政治体检”，是对学校领导班子全体成员履职情况的一次监督检查，也是对学校各项工作的一次“全面检阅”，有助于我们更加全面、准确、深刻地理解和把握党的理论和路线方针政策以及党中央重大决策部署情况，有助于我们正视和改进工作中存在的问题不足和薄弱环节。当前，厦门大学已开启新百年奋斗征程，在这一重要历史时刻，中央对我校开展巡视工作，必将对学校党委和各级党组织进一步落实全面从严治党要求，进一步贯彻落实党的教育方针，更好地完成立德树人根本任务产生巨大的推动作用。我们要以高度的政治责任感和严肃认真的态度，把接受巡视检查作为加强党性教育、锤炼政治品格的过程，作为寻找工作差距、促进学校发展的过程，自觉把巡视工作各项要求落到实处。

二、严格纪律规矩，全力支持配合，确保中央巡视工作有序高效开展

厦门大学党委高度重视巡视工作，第一时间成立学校迎接巡视工作联络小组，并设立各专项工作组，多次召开会议进行专题研究，明确任务分工和工作责任，认真做好各项准备工作。今天的会议标志着本次巡视工作正式启动。我们要以对党的事业高度负责、对学校事业高度负责的精神，全力支持配合巡视组开展工作。

一要端正态度，实事求是。了解学校真实情况和找准问题是顺利开展巡视工作的重要基础。我们要根据巡视的任务要求，本着对党负责、对学校负责、对同志负责、对自己负责的态度，全面真实、及时准确地向巡视组提供材料，保证材料的全面性和准确性，实事求是、客观公正地反映问题，使巡视组能够全面了解学校各方面工作的情况。作为党委书记，我将坚决履行学校全面从严治党第一责任人的职责，和全体班子成员一道，全面客观地汇报学校党委工作情况，主动接受监督，自觉接受检查。

二要严守纪律，主动配合。巡视工作具有政治性、严肃性、权威性，全校上下必须高度重视。校党委将严格按照中央巡视组要求，认真准备并向巡视组提供各类汇报材料、工作资料和文件材料，统筹做好各项工作安排。全校各单位、各级干部要把坚决服从巡视工作安排、不折不扣落实巡视工作要求作为一条政治纪律和政治规矩严格遵守。对于巡视组要求提供的材料、要求了解的情况要认真准备、按时提供。对违反规定不支持巡视工作、不向巡视组提供情况、拒绝或不按照要求向巡视组提供资料、阻止师生员工向巡视组反映问题的单位和个人，将根据相关规定予以严肃处理、追究责任。

三要统筹协调，强化保障。积极配合和大力支持巡视组开展工作是当前学校一项重大政治任务。巡视期间，巡视组将通过听取汇报、召开会议、个别谈话、调阅资料、问卷调查、下沉调研等多种渠道广泛听取各方面的意见，深入检查了解情况，着力发现问题。各专项工作组和全校各单位要进一步强化责任意识、大局意识，提升综合协调能力，制定完善有关工作预案，以良好的作风配合巡视组安排好各项工作，畅通巡视组与广大师生员工的沟通反馈渠道，为巡视组真实了解情况、高效开展工作营造良好的工作环境、提供便利的条件。

三、突出问题导向，抓好整改落实，把巡视成果转化为推动学校新百年发展的强大动力

党的十八大以来，厦门大学党委深入学习贯彻习近平新时代中国特色社会主义思想，按照党中央决策部署，以党的政治建设为统领，落实立德树人根本任务，不断加强党对学校的全面领导，统筹推进新冠肺炎疫情防控与“双一流”建设，以更加奋发有为的精神状态推动学校各项事业持续健康发展。取得成绩的同时我们也清醒地看到，与中央的要求相比，与建设中国特色世界一流大学的目标相比，与师生员工的期待相比，学校在管党治党、办学治校方面还有一定差距，存在许多不足。我们要以接受巡视为契机，以发现整改问题为导向，推动我校改革发展稳定各项工作再上新台阶。

一要正视问题，找准短板。发现问题是解决问题、提升水平的前提。虽然近年来学校党的领导不断强化，治理体系和治理能力不断完善和提升，学校管理在制度化、科学化、规范化方面已经取得了长足的发展，但客观上还存在不少弱项和短板。领导班子成员和全体党员干部要把接受巡视的过程作为向巡视组各位领导、同志学习请教的过程，作为发现问题、自我提高、自我完善的过程，作为消除风险隐患、维护安全稳定的过程，正确地看待发现的问题，深入剖析产生问题的原因，以便对症下药。

二要主动认领，立行立改。对巡视过程中指出的问题，全体班子成员和各级干部都要牢固树立责任担当意识，做到主动认领、主动担责。对于能够马上整改的问题，要做到即知即改、立行立改，让广大师生感受到巡视的效果。对于需要逐步整改的事项，要深入分析存在问题的原因，认真制定和落实整改措施，明确整改目标和责任，明确时间表和任务书，坚决抓好落实，确保事事有回复、件件有回音，坚决维护巡视工作的权威。巡视情况反馈后，对巡视组提出的整改意见要扭住不放、真抓实改，同样确保事事有回复、件件有回音，坚决维护中央巡视的权威。

三要转化提升，推动发展。巡视工作一个重要目的是通过发现问题推动工作。我们要坚持举一反三、标本兼治，对照中央巡视组指出的问题，深挖问题根源，建立健全各项长效机制。我们要坚决落实学校党委管党治党的主体责任和纪委的监督责任，紧紧围绕立德树人根本任务，全面贯彻落实党的教育方针，全面提升学校党建和思想政治工作科学化水平。我们要自觉把这次巡视工作同推进学校重点工作结合起来，进一步提升全校各级干部的规矩意识、一流意识、规范意识，向标准要红利，向作风要发展，充分调动广大党员干部的积极性主动性，抢抓重大机遇，聚焦重点任务，推动学校事业迈上新台阶。

同志们，厦门大学已经开启了新百年的奋斗征程。站在新的历史起点上，我们真诚地欢迎巡视组的各位领导和同志们对学校工作多批评指导，多提宝贵意见，指导学校发现问题、纠正偏差、整改提高。我们将以接受巡视为契机，紧密结合工作实际深入查摆问题、剖析原因、抓好整改，把巡视的成果转化为推动学校发展的强大动力，不忘立德树人初心、牢记为党育人为国育才使命，弘扬嘉庚精神，奋进一流征程，积极探索“中国特色、世界一流、厦大风格”的一流大学建设之路，书写高等教育“奋进之笔”的厦大篇章，按照总书记重要贺信要求，努力为增强中华民族凝聚力和向心力，为全面建设社会主义现代化国家、实现中华民族伟大复兴的中国梦作出新的更大贡献！

在中央第五巡视组巡视厦门大学党委情况反馈会议上的表态讲话

（2021 年 9 月 4 日）

张　彦

根据中央巡视工作统一部署，今年 5 月 7 日至 7 月 5 日，中央第五巡视组对厦门大学党委进行了巡视。这次巡视，是对学校党委管党治党、办学治校的一次全面“政治体检”，也是对学校加快建设中国特色世界一流大学的一次有力推动。巡视期间，中央第五巡视组高度负责的政治担当、严谨细致的工作态度、求真务实的工作作风、全面过硬的能力素质，给我们留下了深刻的印象，值得我们好好学习。在此，我代表厦门大学党委、代表全校党员和广大师生员工，向中央第五巡视组的全体同志表示崇高的敬意和衷心的感谢！

9 月 2 日，学校班子成员集体参加了中央第七轮巡视集中反馈会议，认真学习领会习近平总书记听取中央第七轮巡视综合情况汇报时的重要讲话精神。刚才，杨正超同志代表中央第五巡视组反馈了对厦门大学党委的巡视情况，实事求是地评价了学校党委及领导班子的工作，肯定了学校在加强党的政治建设、推进全面从严治党、开展人才培养、加快“双一流”建设等方面所取得的成绩；同时，客观中肯地指出了学校党委工作中存在的问题、提出了整改意见建议。这些意见建议精准到位、切实可行，充分体现了以习近平同志为核心的党中央对厦门大学的关心和爱护，为我们扎根中国大地办一流大学进一步指明了前进方向、提供了重要遵循。在巡视过程中，我们接受了一次深刻的党性党风党纪教育。对巡视反馈问题和整改意见，学校党委完全拥护、诚恳接受，认真研究、迅速整改。作为学校党委书记，我将坚决履行好第一责任人的职责，领导班子其他成员履行“一岗双责”，正视存在问题，主动认领责任，团结带领全校党员、干部和师生员工，高标准严要求抓好整改落实，确保以良好的整改成效向党中央和全体师生交出一份满意的答卷。

一、提高政治站位，深刻领会巡视整改重要意义

一是在坚定政治立场上狠下功夫。要坚持不懈用习近平新时代中国特色社会主义思想武装头脑、指导实践、推动工作，切实加强党的政治建设，不断增强“四个意识”、坚定“四个自信”、做到“两个维护”，始终同以习近平同志为核心的党中央保持高度一致。要胸怀“两个大局”，牢记“国之大者”，不断提高政治判断力、政治领悟力、政治执行力，自觉把思想和行动统一到党中央决策部署上来，时刻关注党中央在关心什么、强调什么，确保党中央决策部署在学校得到不折不扣贯彻落实。要把习近平总书记关于高等教育工作重要讲话和指示批示精神作为根本办学遵循，全面贯彻落实习近平总书记致厦门大学建校 100 周年的重要贺信精神，办好让党放心、让人民满意的高等教育。

二是在加强党的领导上狠下功夫。要毫不动摇加强党对学校的全面领导，坚持马克思主义指导地位，全面贯彻党的教育方针，坚持社会主义办学方向，让党旗始终在学校高高飘扬。坚持和完善党委领导下的校长负责制，认真落实“三重一大”决策制度，充分发挥党委把方向、管大局、作决策、抓班子、带队伍、保落实的领导作用。切实落实立德树人根本任务，为党育人、为国育才，严格落实意识形态工作责任制，以改革创新精神抓好党建和思想政治工作，坚定不移地把“四个坚持不懈”“四个服务”要求贯彻到办学治校、教书育人的全过程，让一流大学建设有方向有灵魂。坚持党管干部、党管人才原则，始终把政治标准放在第一位，加快补齐干部人才队伍建设短板，着力增强干部干事创业活力，不断壮大高层次人才队伍，形成人尽其才、才尽其用、用当其时的生动局面。

三是在全面从严治党上狠下功夫。要坚定不移推进全面从严治党向纵深发展，坚持把纪律和规矩挺在前面，把坚决做到“两个维护”作为首要政治纪律，确保学校始终成为坚持党的领导的坚强阵地。不断完善党建工作体系，牢固树立大抓基层的鲜明导向，增强基层党组织政治功能，层层压实党建工作责任，着力增强党内政治生活的政治性、时代性、原则性、战斗性，推动全校各级党组织全面进步、全面过硬、全面创新。锲而不舍落实中央八项规定及其实施细则精神，驰而不息纠正“四风”特别是力戒形式主义、官僚主义，深入推进关键岗位和重点领域廉洁风险防控体系建设，运用监督执纪“四种形态”，持续推进党风廉政建设和反腐败工作，营造风清气正的良好氛围。

二、强化政治担当，高质量完成巡视整改重大任务

在接受巡视期间和前一阶段的工作中，校党委坚持边巡边改，持续推动立行立改，取得了一些初步成果。接下来，我们将严格按照巡视整改要求，以鲜明的态度、有力的措施、严明的纪律，严肃认真抓好整改，确保巡视利剑作用有力彰显。

一是强化思想引领。我们要认真贯彻落实习近平总书记关于巡视工作的重要讲话精神，切实增强整改的思想自觉、政治自觉和行动自觉，把抓好巡视整改工作作为学校当前和今后一段时间的重要政治任务，与学习贯彻习近平总书记关于教育的重要论述结合起来，与学习领会习近平总书记“七一”重要讲话精神结合起来，与贯彻落实习近平总书记重要贺信精神结合起来，与开展党史学习教育结合起来，做到全面把握、融会贯通、知行合一，以对党、对人民、对学校事业高度负责的态度，扎实有效做好巡视“后半篇文章”。

二是强化对标对表。要针对中央巡视组指出的问题，逐条逐项进行梳理分解，坚持对标对表、提质提速、问责问效，加快形成整改清单，抓紧建立整改台账，明确分管领导、牵头单位和责任人，明确整改时限与要求，尽快形成整改“路线图”和“时间表”，从严从实抓好整改，确保条条改到位、件件有着落、事事有回音。整改过程中，要深挖病根、找准症结、精准发力、综合施策，对条件成熟的任务做到马上就办、及时整改，对一些涉及体制机制调整的重大政策性问题，立即开展调查研究，拿出切实可行的解决办法，建立健全整改落实的长效机制。

三是强化组织领导。学校党委对巡视整改工作负总责，我将和班子成员一起带头抓整改、亲自抓落实，既督任务、督进度、督成效，又查认识、查责任、查作风，做到真认账、真反思、真整改，同时坚决支持纪委执纪问责，认真核查、严肃处理巡视移交的问题线索。校党委将第一时间成立整改领导小组和办公室，加强统筹协调，迅速开展工作，逐条抓整改、限时抓整改、合力抓整改，及时将整改情况在党内通报、向社会公布。巡视整改没有局外人、旁观者，我们都是责任人、落实者。全校各级党组织和广大党员干部要上下联动、一体整改，对整改不力的将严肃问责。校党委将召开巡视整改工作部署会，进一步统一思想、明确任务，将巡视反馈意见转化为解决问题、推动发展的实际行动。

三、增强政治定力，持续推动学校事业发展

习近平总书记在重要贺信中对学校发展提出希望、寄予厚望，勉励学校与时俱进建设世界一流大学。中央第五巡视组对厦门大学的巡视，既是对我们的监督、鞭策，更是对学校改革发展稳定各项工作的有力促进。学校将牢记习近平总书记殷殷嘱托，深入贯彻落实习近平总书记关于巡视工作的重要讲话精神，全面抓好巡视整改，以高质量整改实效推动高质量发展。

一是以巡视整改为驱动，加快一流大学建设。学校党委将把中央巡视成果转化为推动学校新百年发展的强大动力，以立德树人为根本，以一流党建为引领，以高质量内涵式发展为主题，以改革创新为动力，突出重点、统筹兼顾，深入实施“十四五”规划，深化教育评价改革，持续深入推进综合改革，加快推进“双一流”建设，努力将巡视成果体现为人才培养、科学研究、社会服务、文化传承创新和国际交流合作的新成效，不断开创学校改革发展新局面。

二是以巡视整改为抓手，构建一流治理体系。要按照“四个融入”整改要求，坚持举一反三、标本兼治，通过补短板、强弱项，加强制度建设，实现党的领导在学校治理体系中全面落实；坚持党风校风学风“三风”齐抓，规范党组织和党员干部日常管理，把全面从严治党要求贯穿到办学治校全过程，努力解决师生员工反映强烈的问题，涵养良好的校园政治生态，真正把党的建设优势转化为学校治理效能。扎实推进党史学习教育，做到学史明理、学史增信、学史崇德、学史力行，从党的光辉历程中汲取强大力量，发扬福建省第一个中共党组织的光荣传统，弘扬伟大建党精神，以一流党建引领一流大学建设，在新征程上把中国特色世界一流大学建设推向新阶段。

三是以巡视整改为牵引，打造一流服务能力。厦门大学是我国世界一流大学建设A类高校，已经启动“双一流”二期建设。我们要通过巡视整改，进一步提升学校的“国家队”意识，做到对“国之大者”心中有数，想国家之所想、急国家之所急、应国家之所需，立足新发展阶段、贯彻新发展理念、服务构建新发展格局，把发展科技第一生产力、培养人才第一资源、增强创新第一动力更好结合起来，着力推进科技自立自强，加快人文社科繁荣发展，不断提升服务区域发展和国家战略能力，更好为改革开放和社会主义现代化建设服务。

同志们！面向新百年，踏上新征程，我们要坚持以习近平新时代中国特色社会主义思想为指导，更加紧密地团结在以习近平同志为核心的党中央周围，深入贯彻落实“五位一体”总体布局和“四个全面”战略布局，主动加强与中央纪委国家监委、中央组织部、中央巡视办、教育部党组、福建省委、省纪委监委的沟通汇报，切实抓好中央巡视反馈意见整改，秉承“自强不息，止于至善”的校训精神，不忘初心、牢记使命，凝心聚力、乘势而上，以永不懈怠的精神状态和一往无前的奋斗姿态，与时俱进建设世界一流大学，为全面建设社会主义现代化国家、实现中华民族伟大复兴的中国梦作出新的更大贡献！

在厦门大学党史学习教育动员大会上的讲话

（2021年3月15日）

张　彦

今年是中国共产党成立100周年。在全党开展党史学习教育，是党中央立足党的百年历史新起点、统筹中华民族伟大复兴战略全局和世界百年未有之大变局、为动员全党全国满怀信心投身全面建设社会主义现代化国家而作出的重大决策。近期，教育部党组、福建省委都召开了党史学习教育动员大会，就深入学习贯彻习近平总书记重要讲话精神，推动党史学习教育取得扎实成效作出部署。今天，我们在这里召开厦门大学党史学习教育动员大会，主要任务是深入学习贯彻习近平总书记在党史学习教育动员大会上的重要讲话精神，按照党中央《通知》要求和教育部党组、福建省委部署，对全校开展党史学习教育进行动员部署。下面，我讲三点意见。

一、提高站位，统一思想，深刻认识党史学习教育的重大意义

习近平总书记在党史学习教育动员大会上的重要讲话，深刻阐述了党史学习教育的重要意义、工作重点和要求，为我们开展好党史学习教育指明了方向、提供了根本遵循。我们要切实把思想和行动统一到习近平总书记重要讲话精神上来，不断提高政治站位和思想认识，以高度的政治自觉、思想自觉和行动自觉开展党史学习教育。

（一）我们要深刻认识到，扎实开展党史学习教育，是牢记初心使命、推进中华民族伟大复兴历史伟业的必然要求

百年征程波澜壮阔，百年初心历久弥坚。中国共产党成立 100 年，从创立初始的 50 多名党员发展为 9100 多万名党员的世界第一大执政党，带领全国各族人民取得了举世瞩目的辉煌成就，留下了弥足珍贵的宝贵经验和精神财富。回顾百年征程，我们可以深刻地感受到，中国共产党人的初心和使命，就是为中国人民谋幸福，为中华民族谋复兴。这个初心和使命，无论在过去，还是在未来，都是激励中国共产党人不断前进的根本动力。厦门大学有幸与中国共产党同年创办，在百年征程中始终与国家民族同频共振、与党同向同行。我们要通过党史学习教育，引导广大党员干部从党的光辉历程中汲取强大力量，从学校的光荣历史中传承精神，坚守教育报国、立德树人的信念，更加自觉地把"个人梦""厦大梦"融入中华民族伟大复兴的"中国梦"。

（二）我们要深刻认识到，扎实开展党史学习教育，是坚定信仰信念、在新时代坚持和发展中国特色社会主义的必然要求

习近平总书记指出："坚定的理想信念，必须建立在对马克思主义的深刻理解之上，建立在对历史规律的深刻把握之上。"深入学习党史，能让我们更加深刻地认识马克思主义科学理论与中国革命和实践相结合所产生的历史伟力，更加深刻理解中国共产党为什么"能"、马克思主义为什么"行"、中国特色社会主义为什么"好"，从而在学思践悟中进一步统一思想、统一意志、统一行动，以更加昂扬的精神状态和奋斗姿态，在新的历史起点上奋力夺取新时代中国特色社会主义伟大胜利。厦门大学是福建第一个中共党支部的诞生地，具有光荣的革命传统，许多厦大的革命先烈为国家民族献出了宝贵的生命。我们要通过党史学习教育，引导广大党员干部从中国共产党波澜壮阔的发展历程中感悟伟大精神、坚定理想信念，更加自觉地增强"四个意识"、坚定"四个自信"、做到"两个维护"，更加坚定地坚持正确办学方向，更加主动地投身于建设中国特色世界一流大学的事业中，努力为建设高等教育强国贡献力量。

（三）我们要深刻认识到，扎实开展党史学习教育，是推进党的自我革命、永葆党的生机活力的必然要求

在一百年的奋斗征程中，中国共产党始终把自我革命作为保持自身先进性的重要法宝。习近平总书记指出："勇于自我革命，是我们党最鲜明的政治品格，也是我们党最大的优势。"正是有了这样的优良传统，中国共产党虽历经百年风雨，但始终能做到坚如磐石。面临实现中华民族伟大复兴的战略全局和世界百年未有之大变局，共产党人仍然要保持清醒的头脑，根据时代的变化进行自我调整、自我革命，推动全面从严治党向纵深发展，才能永葆生机活力，才能始终成为中华民族伟大复兴的主心骨。党的十八大以来，我们按照党中央统一部署，不断加强党的建设，以优良党风带校风促学风，推动全面从严治党向纵深发展，形成了风清气正、积极向上的校园生态。我们要通过党史学习教育，引导广大党员干部传承弘扬自我革命的精神，勇于自我净化、自我完善、自我革新、自我提高，用党的光荣传统和优良作风坚定信念、凝聚力量，不断巩固拓展"不忘初心、牢记使命"主题教育成果，进一步提高各级党组织的凝聚力、战斗力、号召力，持续加强党对学校的全面领导。

（四）我们要深刻认识到，扎实开展党史学习教育，是牢记总书记嘱托、加快推进中国特色世界一流大学建设的必然要求

党中央对于高等教育发展始终高度重视。新中国成立 70 余年来，在党中央的坚强领导下，中国高等教育发生了翻天覆地的变化，规模不断扩大、体系不断完善、质量不断提升，取得了中国教育史上从未有过的成就，走出了一条中国特色社会主义高等教育发展道路。进入新时代，以习近平同志为核心的党中央对高等教育发展作出了一系列重大决策部署。总书记指出，我们对高等教育的需要比以往任何时候都更加迫切，对科学知识和卓越人才的渴求比以往任何时候都更加强烈。党中央作出加快建设世界一流大学和一流学科的战略决策，就是要提高我国高等教育发展水平，增强国家核心竞争力。厦门大学的建设和发展一直得到党和国家的高度重视，习近平总书记对厦大的关心关怀和重要指示批示是学校宝贵的精神财富，是广大师生学习习近平新时代中国特色社会主义思想和党史的鲜活素材。我们要通过扎实开展党史学习教育，引导师生在提高思想素质上下功夫，厚植爱党爱国情怀，树立正确的世界观、人生观、价值观，自觉做共产主义远大理想、中国特色社会主义共同理想和中国梦的坚定信仰者、忠实实践者，更好地落实立德树人根本任务；把学习成效转化为促进学校事业发展的具体行动，牢固树立"国家队"意识，强化担当作为，勇于攻坚克难，不断提升办学质量和水平，努力创造更加优异的成绩，在新百年征程中把中国特色世界一流大学建设推向新的阶段，努力在中华民族伟大复兴的伟大进程中作出更大的贡献。

二、突出重点，明确目标，高质量高标准推进党史学习教育

按照党中央和教育部党组、福建省委部署，牢牢把握党史学习教育的重点内容，紧密围绕目标任务，把学习党史与学习新中国史、改革开放史、社会主义发展史相贯通，与深入学习贯彻习近平新时代中国特色社会主义思想、习近平总书记关于教育的重要论述相结合，把"再学习、再调

研、再落实”活动融入党史学习教育中，努力把学习成果转化为做好工作的动力和成效。

（一）把握工作重点

扎实开展党史学习教育，要准确把握、切实做到“六个进一步”：进一步感悟思想伟力，增强用党的创新理论武装全党的政治自觉；进一步把握历史发展规律和大势，始终掌握党和国家事业发展的历史主动；进一步深化对党的性质宗旨的认识，始终保持马克思主义政党的鲜明本色；进一步总结党的历史经验，不断提高应对风险挑战的能力水平；进一步发扬革命精神，始终保持艰苦奋斗的昂扬精神；进一步增强党的团结和集中统一，确保全党步调一致向前进。

提升党史学习教育成效，要始终聚焦六个方面的学习内容。一是深刻铭记中国共产党百年奋斗的光辉历程。党的百年历史，是党领导人民进行新民主主义革命、社会主义革命和建设、改革开放、奋进新时代并取得伟大胜利的历史。我们要深刻铭记党走过的光辉历程、付出的巨大牺牲、展现的巨大勇气、彰显的巨大力量，深刻认识中国共产党的领导、中国特色社会主义道路是历史的选择、人民的选择。二是深刻认识中国共产党对国家和民族作出的伟大贡献。牢牢铭记中国共产党是中国人民和中华民族的主心骨，没有中国共产党就没有新中国，就没有中国特色社会主义，就没有中华民族的伟大复兴，坚决维护党中央权威和集中统一领导。三是深刻感悟中国共产党始终不渝为人民的初心宗旨。始终牢记为了谁、依靠谁、我是谁，牢记人民是真正的英雄，是我们党执政的最大底气，自觉坚持人民立场、践行群众路线，永远和人民群众同呼吸、共命运、心连心。四是系统掌握中国共产党推进马克思主义中国化形成的重大理论成果。深刻认识马克思主义是我们立党立国之本，在当代中国坚持和发展习近平新时代中国特色社会主义思想，就是真正坚持和发展马克思主义，坚持不懈用党的创新理论武装头脑、指导实践、推动工作。五是学习传承中国共产党在长期奋斗中铸就的伟大精神。始终牢记革命理想高于天、崇高精神不过时，自觉继承革命传统、传承红色基因、补足精神之钙，在具有许多新的历史特点的伟大斗争中，不断书写中国共产党人新的精神史诗。六是深刻领会中国共产党成功推进革命、建设、改革的宝贵经验。深刻汲取我们党坚持真理、修正错误的经验教训，统筹中华民族伟大复兴战略全局和世界百年未有之大变局，为实现第二个百年奋斗目标而接续奋斗。

（二）明确目标要求

要从政治上领悟好、领悟透党中央关于党史学习教育的目标、任务和要求，紧紧围绕“学党史、悟思想、办实事、开新局”十二个字总体要求，真正做到学史明理、学史增信、学史崇德、学史力行。

一要突出学史明理，感悟思想伟力。学史明理，就是要通过学习教育，树牢唯物史观，强化理论思维、历史思维，深入理解把握马克思主义中国化成果特别是习近平新时代中国特色社会主义思想的科学性真理性，系统掌握贯穿其中的马克思主义立场观点方法，提高思想理论水平。

福建是思想建党的发源地，是习近平新时代中国特色社会主义思想的重要孕育地、萌发地、实践地。厦门大学是我国早期传播和研究马克思主义的重要阵地之一，涌现出以王亚南为代表的一大批优秀马克思主义理论家和研究者，为我们开展理论学习提供了十分有利的条件。我们要采取自主学习、专题学习、专题培训等形式，紧密结合学校和福建、厦门特点，认真学习研读习近平同志《论中国共产党历史》《习近平新时代中国特色社会主义思想学习问答》《中国共产党简史》等指定学习材料，用好《习近平在福建》《习近平在厦门》《习近平在宁德》《习近平在福州》等系列采访实录，深入学习习近平总书记对厦门大学的关心关怀和重要指示批示，学出理论上的清醒，学出政治上的坚定，大力推进习近平新时代中国特色社会主义思想进学术、进学科、进课程、进培训、进读本，把思想政治工作贯穿教育教学全过程。

二要突出学史增信，保持政治定力。学史增信，就是要通过学习教育，增强历史自觉，保持战略定力，筑牢信仰之基，深刻认识红色政权来之不易、新中国来之不易、中国特色社会主义来之不易，坚定对马克思主义的信仰，对社会主义、共产主义的信念，增强做到“两个维护”的政治自觉和行动自觉。

厦门大学有着光荣的革命传统和深厚的革命文化底蕴。自建校之初，追求光明的厦大师生就在救国追寻与五四精神的感召下，开始阅读学习马克思主义著作，宣讲马克思主义学说，这是福建省研习与传播马克思主义的开端。以罗扬才为代表的一批批革命先烈用勇于牺牲的伟大精神，生动诠释了共产党人奋斗一生的信仰信念。福建省委书记尹力同志指出，一部福建的革命史、建设史、改革史，就是一部党的奋斗史、奋进史的生动写照。厦门大学地处福建、扎根厦门，见证了改革开放所带来的翻天覆地的变化，也谱写了“南方之强”改革发展的时代篇章。这些革命先辈的故事，这些身边发展的成就，都蕴含着坚守信仰的崇高精神，是我们坚定信仰信念的生动教材，是我们不忘初心、接续奋斗的力量源泉。我们要在对马克思主义的深刻理解、在对历史规律的深刻把握的基础上不断坚定理想信念，永葆对党和人民事业的无限忠诚。要通过学习教育加强党性锻炼，砥砺政治品格，从党史中汲取正反两方面历史经验，坚定不移向党中央看齐，把对理想信念的追求与我们正在做的事情紧密联系在一起，坚定理想信念，练就过硬本领、锤炼高尚品格，不断提高政治判断力、政治领悟力、政治执行力，始终保持正确办学方向不动摇。

三是突出学史崇德，坚守育人初心。学史崇德，就是要通过学习教育，弘扬优良传统，传承红色基因，增强党的意识、党员意识、宗旨意识，永葆对党的忠诚之心、对人民的赤子之心，永葆党的先进性和纯洁性，始终坚守立德树人初心，全面贯彻党的教育方针，努力培养担当民族复兴大任的时代新人。

我们党干革命搞建设、抓改革谋复兴，归根到底都是为了让人民过上好日子。江山就是人民，人民就是江山。教育是国之大计、党之大计，也是最大的民生工程。党中央对教育高度重视，习近平总书记 3 月 6 日在全国两会看望参加政协会议的医药卫生界教育界委员时，再次对教育问题作出重要指示，他指出，“高等教育改革还要继续深入”，“办好思政课关键在教师。广大思想政治理论课教师，政治要强、情怀要深、思维要新、视野要广、自律要严、人格要正”，“对群众反映强烈的突出问题，对打着教育旗号侵害群众利益的行为，要紧盯不放，坚决改到位、改彻底”，体现了办好人民满意教育的深厚情怀。通过这次党史学习教育，我们要更加自觉地提升政治站位，弘扬党的光荣传统和优良作风，认真贯彻落实习近平总书记的重要讲话精神，以深化综合改革为抓手，以推进“十四五”规划实施为依托，不断提高办学质量和水平，强化为党育人、为国育才实效，为办好人民满意的教育作出更大的贡献。积极开展“我为群众办实事”实践活动，有针对性地列出问题清单、任务清单、责任清单，形成工作台账，逐项推进落实，集中破解一批师生关切的急难愁盼问题，进一步增强师生的获得感、幸福感、安全感。

四是突出学史力行，开创发展新局。学史力行，就是要通过学习教育，加强党性锤炼，砥砺政治品格，践履知行合一，不断提高把握大局大势、应对风险挑战、推进实际工作的能力水平，为奋进学校新百年征程、建设中国特色世界一流大学不断作出新的贡献。

以史为镜，可以知兴替。党的百年历程，就是一部解决问题、不惧困难、破解万难的奋斗历史。学习党史，就要从党史中找答案、找方案、找办法，中国共产党带领全国各族人民不断由胜利走向胜利、由辉煌驶入辉煌，正是盯着问题干、瞄准问题办，为我们解决当下的事提供了经验遵循。当前，世界面临百年未有之大变局，我国发展仍处于并将长期处于重要战略机遇期，厦门大学也即将迎来建校百年的重要里程碑。站在新百年发展起点上，我们要深入学习贯彻习近平总书记关于教育的重要论述精神，牢记“福建没有理由不把教育办好”“把厦门大学建设得更好”的重要嘱托，认真总结厦大百年办学经验，认真总结厦大党组织的建设史、奋斗史，认真总结厦大为科教兴国、人才强国所作的突出贡献，切实在现实上找差距、工作上找短板、措施上找弱项、落实上找问题，不断提高把握大局大势、应对风险挑战、推进实际工作的能力水平，不断推进教育治理体系和治理能力现代化，进一步推动学校实现高质量内涵式发展。

（三）落实工作安排

这次党史学习教育在时间安排上贯穿 2021 年全年。对象包括全体党员，以处级以上领导干部为主。时间安排上，从这次动员大会到庆祝中国共产党成立 100 周年大会，以全面学习党史为主题。从庆祝大会到总结大会，以学习习近平总书记在庆祝中国共产党成立 100 周年大会上的重要讲话精神为主题。具体安排把握五个方面。

一要扎实抓好专题学习。高质量组织好学习是开展好党史学习教育的前提。学习教育要围绕聚焦六方面内容，原原本本学习指定的学习材料，学习总书记关于教育的重要论述，及时跟进、学习习近平总书记最新重要讲话文章。在自学的基础上，采取导学、联学、研学等办法开展集中研讨学习、专题学习，重点围绕学史明理、学史增信、学史崇德、学史力行四个专题进行学习研讨。领导干部要以上率下原原本本学、全面系统学、融会贯通学，在学党史、讲党史、懂党史、用党史方面发挥示范带动作用。各基层党组织要以主题党日为主要载体，“三会一课”为主要形式，发挥理论报告员、群团组织、离退休老同志优势，广泛开展丰富多彩的学习教育。各基层党委（党总支）负责同志要讲授一次党史学习专题党课，检验学习成效，做好学习示范。

二要牢牢抓好政治引领。提高政治站位、加强政治引领是确保党史学习教育取得成效的重要保障。陈宝生部长在教育部党史学习教育动员大会上提出，深入开展党史学习教育要发挥好六个方面的作用，即发挥好课程教材的主渠道作用，思政工作的主阵地作用，网络空间的主平台作用，研学实践的大课堂作用，党史学科建设和研究队伍的支撑保障作用，哲学社会科学科研项目和研究平台的引领带动作用。我们要充分发挥学科专业、人才队伍、平台阵地等优势，依托习近平新时代中国特色社会主义思想研究院、马克思主义学院等平台，围绕中国共产党成立 100 周年深入开展研究阐释，推出更多高水平的学习研究成果。把握好教师和学生两个群体，把党史学习教育、“四史”专题教育作为全校师生员工开展中国特色社会主义教育的重要机遇切实抓好，做到两者同步推进、相互贯通。要贴近师生需求，创新工作载体、方式方法，讲述革命先烈、当代英雄、身边榜样的故事，做到“长流水不断线”，长期灌输滋润心灵，厚植师生爱党爱国爱校情怀。

三要精心抓好专题培训。从举办培训班、组织研学、开展线上培训三个层面积极推进。把党史学习教育作为 2021 年全校党员干部教育培训重点任务，开展专题培训，精心设计课程，丰富培训内容，提升培训实效。深挖厦门大学百年发展办学历程的红色基因，用好学校周边地区红色资源“鲜活教材”，组织党员师生瞻仰参观革命遗址遗迹、革命博物馆、纪念场馆，做好实地研学，增强党史学习教育的吸引力感染力。要依托网络资源，用好线上培训重要渠道，面向全校师生员工开展培训。

四要务实抓好“我为群众办实事”实践活动。结合党史学习教育，加大力度推进马克思主义理论学科、党史学科专业建设、教材建设、队伍建设、阵地建设，补齐学科、课程、人才短板，繁荣发展党史教育和研究，使红色基因渗进血液、沁入心肺。要立足学校百年发展新阶段，主动扛起责任，扎实推进育人方式、办学模式、管理体制等方面的改革，把学习成效体现在推动事业发展上。各基层单位要以“我为师生办实事”为主题，建立“学党史、助发展、开新局”工作台账，解决师生员工最关心、最直接、最现实的问题。组织党员师生广泛开展“学党史、践承诺、见行动”活动，推动每名党员立足岗位实际为师生办实事、为社会办好事，让师生群众感受到学习教育带来的新变化新气象。

五要认真抓好专题组织生活会。这是党史学习教育的关键工作，是检验学习教育成效的一项重要内容。要以党支部党小组为基本单位，严肃认真召开专题组织生活会，认真进行党性分析，开展批评和自我批评，检验"我为师生办实事"实践活动成效。党政领导干部要严格落实双重组织生活制度，以党员身份参加组织生活会，一起学习讨论，一起交流心得，一起深化思想教育。

三、加强组织，狠抓落实，确保党史学习教育落地见效

按照党中央统一部署扎实开展党史学习教育，是学校当前的一项重要政治任务。全校各基层党委（党总支）要落实主体责任，严格对标对表习近平总书记重要讲话和中央通知精神，深刻领会党史学习教育的目标要求，按照学校具体安排，努力把学习教育抓出特色、抓出实效。校党委成立党史学习教育领导小组，校党委主要领导担任组长。领导小组下设办公室，设在校党委宣传部，具体负责日常工作，校党委党史学习教育领导小组各成员单位要各司其职，形成工作合力。下面，我对推进工作提几点要求。

一要加强组织领导。把领导带头、以上率下贯穿党史学习教育始终，领导干部要学在先、做在前，标准更高、要求更严，层层立标杆、做示范，形成"头雁效应"。全校各基层党委（党总支）要高度重视、精心组织，主要负责同志要担负起第一责任，抓紧成立相应的领导机构和工作机构，结合实际制定具体的实施方案，明确具体任务和推进措施。要针对不同单位实际、不同师生群体的特点强化分类指导、统筹推进，在对象把握上要突出重点全面带动，在内容安排上要统分结合各有侧重，组织形式上要因地制宜分类施策，防止简单化、一刀切，坚决克服形式主义官僚主义，做到学习和工作两不误、双促进。

二要把握正确导向。党史学习教育是历史教育，更是政治教育，必须旗帜鲜明、立场坚定，始终突出思想引领。要坚持马克思主义历史观、民族观、国家观和文化观，准确把握党的历史发展的主题主线、主流本质，以党的两个历史决议等中央文件精神为依据，正确认识党史上的重大事件、重要任务、重要会议等，并从重大事件中正确认识历史、剖析历史，旗帜鲜明反对历史虚无主义，坚决抵制歪曲和丑化党的历史的错误倾向。要坚持辩证唯物主义和历史唯物主义的基本观点，正本清源、固本培元，筑牢意识形态工作前沿阵地。

三要创新方式方法。要把学习党史同总结经验、观照现实、推动工作结合起来，高标准、高质量抓实每个步骤，把学习成效转化为工作动力和成效。要充分发扬马克思主义优良学风，积极主动推进内容、形式、方法的创新，不断增强党史学习教育的针对性和实效性。要注重融入日常、抓在经常，坚持规定动作和自选动作相结合，贴近实际开展学习教育，增强党史学习教育的参与感、获得感和时代感，推动党史学习教育深入基层、深入师生、入脑入心入行，不断增强师生的政治认同、思想认同、理论认同和情感认同。

四要营造浓厚氛围。充分利用各类校内外宣传平台，大力宣传党史学习教育的重大意义，深入挖掘展示我校开展党史学习教育的好经验、好做法。要聚焦百年党史、百年校史，深入挖掘我校的红色资源，推出一批研究成果、专题专栏、优质网课、研究成果和党史主题文艺精品，刊发一批理论文章、创作一批文艺作品，生动展示我们党、我们学校走过的百年壮阔历程，让师生切身感受到艰辛历程、沧桑巨变、辉煌成就，凝聚力量鼓起迈进新征程、奋进新时代的精气神。

同志们！

我们在即将迎来厦门大学百年华诞的特殊时刻深入开展党史学习教育，具有特殊而重要的意义。全校各级党组织和党员干部要严格按照党中央和上级部署，紧密结合自身实际，把党史学习教育抓实、抓细、抓出成效，自觉从百年党史中汲取强大精神力量，以更加昂扬的状态投入百年校庆筹备和学校发展建设中去，以优异成绩迎接建党百年、建校百年。

坚持党建引领，聚精会神建设世界一流大学

——在厦门大学党委理论学习中心组2021年第8次学习会上的讲话

（2021年7月31日）

张 彦

习近平总书记在庆祝中国共产党成立一百周年大会上发表的重要讲话，是一篇光辉的马克思主义纲领性文献，体现了高远的战略思维、强烈的历史担当、真挚的为民情怀，是新时代中国共产党人不忘初心、牢记使命的政治宣言，是我们党团结带领人民以史为鉴、开创未来的行动指南，蕴含着深厚的政治分量、理论含量、精神能量。"七一"重要讲话贯通历史、现实、未来，贯通伟大斗争、伟大工程、伟大事业、伟大梦想，把我们党对共产党执政规律、社会主义建设规律、人类社会发展规律的认识提升到了新高度，为奋进新时代、走好新征程进一步指明了前进方向、提供了根本遵循。

学校党委高度重视理论学习工作，把学习贯彻"七一"

重要讲话精神作为重大政治任务，通过精心安排和周密组织，积极引导全校师生员工深刻领会和把握讲话的重大意义、丰富内涵、核心要义、实践要求。

就进一步贯彻落实“七一”重要讲话精神，结合深入开展党史学习教育和学校工作实际，我谈几点体会。

一、坚持以马克思主义为指导，全面贯彻党的教育方针

马克思主义是我们立党立国的根本指导思想，是我们党的灵魂和旗帜。习近平总书记深刻指出：“中国共产党为什么能，中国特色社会主义为什么好，归根到底是因为马克思主义行！”一百年来，我们党坚持解放思想和实事求是相统一、培元固本和守正创新相统一，从中国实际出发，洞察时代大势，把握历史主动，进行艰辛探索，不断推进马克思主义中国化时代化，不断推进理论创新、进行理论创造，产生了毛泽东思想、邓小平理论、“三个代表”重要思想、科学发展观，产生了习近平新时代中国特色社会主义思想，为党和人民事业发展提供了科学理论指导，不断开辟马克思主义新境界。

实践证明，历史和人民选择马克思主义是完全正确的，中国共产党把马克思主义写在自己的旗帜上是完全正确的，坚持马克思主义基本原理同中国具体实际相结合、不断推进马克思主义中国化时代化是完全正确的。马克思主义是我们认识世界、把握规律、追求真理、改造世界的强大思想武器，是我们党和国家必须始终遵循的指导思想。习近平新时代中国特色社会主义思想全面把握中华民族伟大复兴战略全局和世界百年未有之大变局，是新时代我们党坚持和发展马克思主义的最新理论成果，以一系列原创性战略性重大思想观点丰富和发展了马克思主义，是当代中国马克思主义、21 世纪马克思主义。在当代中国，坚持用习近平新时代中国特色社会主义思想武装头脑、指导实践，就是真正坚持和发展马克思主义。

习近平总书记指出，“办好我们的高校，必须坚持以马克思主义为指导，全面贯彻党的教育方针”。高校是学习、研究、宣传马克思主义的重要阵地。厦门大学具有马克思主义研究的光辉历史和优良传统，曾经涌现出以王亚南为代表的一大批优秀马克思主义理论家和研究者。迈入新百年，我们要充分发挥优势，坚持守正创新，大力推进马克思主义中国化最新成果特别是习近平新时代中国特色社会主义思想进学术、进学科、进课程、进培训、进读本，帮助学生学习科学理论，树立正确世界观、人生观、价值观。加强马克思主义学院建设，打造一支信仰坚定、理论功底扎实、数量充足、结构优化的教师队伍，加强马克思主义经典著作和基本原理研究，积极探索马克思主义理论教育教学规律、学科发展规律和人才培养规律，推动发展理念、体制机制、方式方法创新，找准理论研究切入点、聚焦点、结合点。拓宽研究视野，增长学术厚度，立足新时代中国特色社会主义鲜活实践，讲清楚“中国奇迹”背后的道理学理哲理，为推动党的理论创新、服务经济社会发展提供学理支撑和决策参考。牢固树立“四个意识”，坚定“四个自信”，坚持把马克思主义作为中国特色社会主义教育最鲜亮的底色，全面贯彻党的教育方针，坚持社会主义办学方向，落实立德树人根本任务，培养德智体美劳全面发展的社会主义建设者和接班人。今年 6 月底，根据党史学习教育安排，我为党政管理干部讲授专题党课，系统梳理党的教育方针演进的历史脉络，深入宣讲党的教育方针，就是要推动党员干部把握新时代全面贯彻党的教育方针重大意义，坚持社会主义办学方向不动摇，努力在自己的工作岗位上全面贯彻好党的教育方针。

二、坚持党对高校的全面领导，不断开创事业发展新局

习近平总书记强调：“中国共产党领导是中国特色社会主义最本质的特征，是中国特色社会主义制度的最大优势，是党和国家的根本所在、命脉所在，是全国各族人民的利益所系、命运所系。”一百年来，中国共产党坚持用先进理论武装，站在时代前沿，掌握历史主动，深刻洞察历史发展方向，切实观照人民价值追求，铸牢在社会历史发展中的领导地位。办好中国的事情，关键在党。坚持中国共产党的领导，是一百年来党领导人民进行革命、建设、改革最宝贵的经验。

实践证明，如果没有中国共产党领导，我们的国家、我们的民族不可能取得今天这样的成就，也不可能具有今天这样的国际地位。中华民族近代以来 180 多年的历史、中国共产党成立以来 100 年的历史、中华人民共和国成立以来 70 多年的历史都揭示出，没有中国共产党，就没有新中国，就没有中华民族伟大复兴！

建设高等教育强国、实现我国高等教育高质量内涵式发展，同样要坚持党的全面领导。要长期坚持并不断完善党委领导下的校长负责制，把党的领导贯彻和体现到办学治校各领域、贯穿教育教学各环节、融入人才培养各方面。7 月中下旬在中央党校参加培训期间，我专门就贯彻党委领导下的校长负责制与兄弟学校领导开展交流，总体上看，厦大执行这一高校根本制度的情况是好的，当然也需要在坚持中进行完善。学校党委要承担管党治党、办学治校主体责任，切实履行把方向、管大局、作决策、抓班子、带队伍、保落实的领导职责。要进一步用习近平新时代中国特色社会主义思想铸魂育人，培育传承“四种精神”、以实现中华民族伟大复兴为己任的新时代厦大青年，增强他们做中国人的志气、骨气、底气，努力成为实现中华民族伟大复兴的先锋力量。牢固树立“国家队”意识，把握历史机遇，完整、准确、全面贯彻新发展理念，服务构建新发展格局，推动高质量发展，坚定不移地将学校建设成为具有中国特色、世界一流水平和厦大风格的高等学府。

三、坚持传承好伟大建党精神，赓续共产党人精神血脉

中国共产党在长期奋斗中构建起中国共产党人的精神谱系。习近平总书记的话语铿锵有力：“中国共产党的先驱们创建了中国共产党，形成了坚持真理、坚守理想，践行初心、担当使命，不怕牺牲、英勇斗争，对党忠诚、不负人民的伟大建党精神，这是中国共产党的精神之源。”一百年来,内涵丰富、历久弥新的伟大建党精神充盈中国共产党人的政治灵魂、支撑中国共产党人的精神脊梁,始终激励我们朝着最终实现共产主义不断前进,鞭策我们在民族复兴伟业中不懈奋斗。

实践证明,作为马克思主义政党的中国共产党之所以历经百年而风华正茂、饱经磨难而生生不息,伟大建党精神正是辉煌背后的"源代码",积淀着我们党与生俱来的红色基因,揭示了中国共产党何以"伟大、光荣、正确"的根本原因,蕴含着极其深刻的历史启示和极其宝贵的时代价值,为我们立党兴党强党提供了丰厚滋养。

精神的力量是无穷的。我们要通过弘扬光荣传统、赓续红色血脉,永远把伟大建党精神继承下去、发扬光大。厦门大学是福建省第一个中共党组织的诞生地。一百年来,厦门大学始终与党同向同行,烙下了鲜明的爱国底色和深厚的革命基因。一百年来,"爱国、革命、自强、科学"的优良校风深深影响着一代又一代厦大人。我们要进一步挖掘校史中的红色资源,把伟大建党精神和光荣传统作为激励我们奋勇前进的强大精神力量,引导广大干部师生深刻理解中国共产党人精神谱系的丰富内涵,厚植爱党爱国爱社会主义的深厚情怀。在前阶段的党史学习教育中,学校积极用好校本教材,策划开展"百年赤诚——厦门大学百年校史中的共产党员和党组织剪影"主题展览、"囊萤星火　扬才先锋"校地联动党史学习教育等活动,极大地增强了学习教育的吸引力、感染力。我们要充分运用校史馆、陈嘉庚纪念馆、革命史展览馆等传统教育展馆,更好展示学校光辉革命历史,深入开展党史教学和党性教育,促进革命精神的传承。上级有关部门已经批准厦大建设王亚南纪念馆,我校要努力把纪念馆建设成学习王亚南革命思想和科学精神的重要基地,为宣传、弘扬马克思主义理论的当代价值作出更大贡献。

四、坚持全面从严治党不放松,努力营造良好政治生态

勇于自我革命、从严管党治党是我们党最鲜明的品格。习近平总书记深刻指出:"我们党历经千锤百炼而朝气蓬勃,一个很重要的原因就是我们始终坚持党要管党、全面从严治党,不断应对好自身在各个历史时期面临的风险考验,确保我们党在世界形势深刻变化的历史进程中始终走在时代前列,在应对国内外各种风险挑战的历史进程中始终成为全国人民的主心骨!"长期以来,我们党把加强党的建设作为推动事业发展的根本保证,使党和国家各项事业保持了正确发展方向和强大发展动力,不断从胜利走向胜利。

实践证明,什么时候我们党自身坚强有力,什么时候党和人民事业就能无往而不胜。党的十八大以来,以习近平同志为核心的党中央总结运用历史经验,顺应时代发展要求,把全面从严治党纳入"四个全面"战略布局;党的十九大突出强调党的建设新的伟大工程在"四个伟大"中具有决定性作用。一系列重大举措的提出,一系列重大工作的推进,使我们党解决了许多长期想解决而没有解决的难题,推动党和国家事业取得历史性成就、发生历史性变革,党的创造力凝聚力战斗力大大增强。

习近平总书记曾经指出:"我们现在对党员、干部的要求是不是过严了?答案是否定的。很多要求早就有了,是最基本的要求。现在的主要倾向不是严了,而是失之于宽、失之于软,不存在严过头的问题。"国务院主管教育领导同志在教育部直属高校工作咨询委员会全体会议上也指出,高等教育改革取得新的进展,也存在着一些问题,很多是因为管理不严造成的。中央巡视组同志在交流中指出我们学校存在对干部要求不够严格、处理不够到位的现象。今天,我们说,如果有同志觉得学校过严了,那是因为思想认识还停留在以前,对坚持严的主基调缺乏足够的理解。经过一段时间的学习和建设,我们对从严治党的感受已经非常强烈,下一步应该在增强自觉性和落实好主体责任上再下功夫。全面从严治党首先要从政治上看,把党的政治建设摆在首位,不断提高政治判断力、政治领悟力、政治执行力,特别要把好业务领域的政治关。要加强对干部特别是"一把手"和领导班子的监督,持续拧紧"螺丝扣"。还要坚持抓好作风建设,走群众路线,践行"一线规则",凝聚起师生员工的智慧力量。持之以恒推进全面从严治党向纵深发展,以全面从严治党新成效涵养一流大学建设良好政治生态。

学习贯彻习近平总书记"七一"重要讲话是当前和今后一个时期的重要政治任务,也是党史学习教育的主题主线,希望班子同志发挥好示范引领作用。一是在学深悟透上带好头,深入学习领会"七一"重要讲话精神的重大意义和丰富内涵,把学习成果转化为奋进新征程、建功新时代的实际行动。二是在贯彻落实上带好头,坚持用习近平总书记重要贺信精神领航,推动校党委《关于深入学习贯彻习近平总书记重要贺信精神,与时俱进建设世界一流大学的决定》落实落地,用为党育人、为国育才的工作成效检验高质量学习成果。三是在服务发展上带好头,深刻体会"国之大者",紧紧围绕"四个面向",持续提升学校原始创新能力、服务国家战略需求和区域发展能力,为实现经济社会高质量发展、全面建设社会主义现代化国家提供更加有力的支持。

在厦门大学百年校庆总结大会上的讲话

(2021 年 4 月 27 日)

张　彦

刚才,张荣校长代表学校对百年校庆工作进行了全面回顾,对成功经验进行了总结,对下一步要实施的"三大建设"任务进行了部署。徐进功副书记宣读了学校的表彰决定,大会为在校庆活动中涌现出来的先进集体和个人代表颁发了荣誉证书。几位发言代表分别从不同的角度畅谈体会,分享感悟,让我们又回想起了那一个个难忘的时刻,一幕幕温馨的场景,感受到了全体师生员工爱校荣校、甘于奉献的使命感和责任感。在这里,我代表学校,向为百年校庆成功举办付出辛勤汗水的全体师生员工致以崇高的敬意和衷心的感谢!向受到表彰的先进集体和个人表示热烈的祝贺!

高校的校庆文化各有特点,厦门大学的校庆是全体厦大人凝心聚力、共谋发展的重要平台,参加校庆是全体师生员工和海内外校友表达对母校的感恩之情、展现厦大人奉献精神的重要方式。精心筹备、认真组织好百年校庆,也是广大师生校友和所有关心支持厦门大学发展的社会各界人士的共同心愿。

在校庆筹备工作中,我们始终认为,百年校庆不只是一个个典礼、一场场仪式,更是一次赓续优良传统、抒发师生情谊、凝聚社会力量、共谋发展大计的盛会。我们深入思考百年校庆的内涵,从原则确定、主题设计、宗旨阐释、活动安排和庆祝形式等多方面进行系统谋划,努力把校庆办成一个全体师生和广大校友引以为豪的共同节日,办成一场社会各界人士广泛参与的文化盛会,办成一堂对学校、对社会具有引领性的思政大课,打造了具有厦大特色的校庆新模式。我们尤其注重挖掘典礼活动的丰富内涵,通过展示标志性发展成果、重要性历史记忆和未来发展蓝图,多维度传达和强化自身的教育理念,全方位表达对国家富强、人民幸福、人类文明进步作出更大贡献的崇高追求。

基于这样的思考和认识,我们紧紧围绕"弘扬嘉庚精神　奋进一流征程"的主题,秉承"少花钱、多办事,暖人心、利长远"的工作理念,遵循"强化价值引领、凸显思想内涵、凝聚发展共识、厉行勤俭节约"的工作原则,坚持将办好百年校庆与庆祝中国共产党成立 100 周年同谋划同部署同推动,使校庆活动的筹备更有方向、格局更加高远。此时此刻,我们不会忘记,全校师生员工"识大体、顾大局,舍小家、为大家",以主人翁的姿态,全力支持百年校庆;我们不会忘记,全体校庆工作人员勇于担当、甘于奉献、连续奋战,交出了优异答卷;我们不会忘记,"小木棉"志愿者们倾情投入,用微笑和汗水绘就了一道道靓丽的风景线;我们不会忘记,是大家的辛勤付出才有了校庆的圆满,才赢得了嘉宾、校友和社会各界的广泛认可与高度评价。厦门大学因你们而骄傲!我们为可爱可敬的厦大人点赞!"一分耕耘,一分收获。"在大家的辛勤努力下,"百年校庆周"各项活动取得圆满成功,具有鲜明的特点,我归纳为以下几个方面。

这是一次备受瞩目、鼓舞人心的校庆。4 月 6 日,习近平总书记来信祝贺厦门大学建校 100 周年,充分肯定了学校的办学成就,对学校未来的发展提出了殷切希望,充分体现了以习近平同志为核心的党中央对高等教育的高度重视和对厦门大学的亲切关怀。庆祝大会、文艺晚会等校庆活动得到了社会各界的广泛关注和高度赞誉,中央、省、市等主流媒体共刊播百年校庆相关报道 3000 余篇(条),全网总阅读量近 6 亿次,产生了"现象级"的传播效果。全校师生校友因总书记重要贺信而倍感振奋、倍增动力,在百年校庆活动中受到了深刻的教育和巨大的鼓舞。

这是一次主题鲜明、旗帜高扬的校庆。我们将"弘扬嘉庚精神　奋进一流征程"作为校庆主题,是对厦大百年初心的回望、百年文脉的传承,也是对党和国家关于高等教育新期待新要求的呼应。我们在清明节组织师生前往集美鳌园向陈嘉庚墓敬献花篮,到厦门大学开办故地集美大学即温楼参观学习,举办"重走嘉庚路　致敬新时代"主题展览,创作《陈嘉庚》歌剧,与央视合作拍摄《陈嘉庚与百年厦大》纪录片,深切缅怀校主陈嘉庚先生光辉的一生,就是要高扬爱国主义旗帜,在新百年征程中始终保持鲜亮的爱国底色。

这是一次奋进一流、追求卓越的校庆。在校庆筹备中,我们就多次强调要以一流标准、一流水平谋划校庆工作。令人欣慰的是,全校师生都能树立精品意识,以"止于至善"的精神投入各项工作中。我们精心组织了近百场"有内涵、有品格、有特色"的校庆文体活动,成功举办了嘉庚论坛、中外大学校长论坛、人文社会科学国际论坛等 84 场"高层次、高水平、高品位"的学术活动,展现了一流大学应有的姿态,回应了社会对一流大学的期待。

这是一次团结协作、内外联动的校庆。校庆筹备过程中,教育部、福建省、厦门市和其他部委、各级单位对学校关爱有加、鼎力支持,在校庆大会上签署了《教育部、福建省人民政府、厦门市人民政府继续重点共建厦门大学协议书》,为我们加快建设中国特色世界一流大学提供了强有力的支撑。全球各地校友会也给予学校大力支持,73 个校友会组织了"厦大,我的爱为您点亮"祝福活动,8 万多名校友在"校庆周"期间返校,众多校友积极襄助学校事业发展,为开启厦门大学新百年征程汇聚了磅礴力量。

这是一次简朴隆重、节俭务实的校庆。学校严格落实中央八项规定精神和教育部相关要求,传承校主陈嘉庚先生"无为之费,一文宜吝;正当之用,千金慷慨"的理念,专门成立了监督保障组,制定了校庆活动报销、物资捐赠等管理办法，坚持简朴隆重办校庆，厉行勤俭节约、反对铺张浪费，从严控制出席规格、参加人数、开支标准，做到既隆重热烈，又务实简朴。

近一段时间，有不少校外朋友问我"厦门大学百年校庆成功举办的经验是什么""感觉全网都在为厦门大学庆生，是什么原因促成了这样的'现象级'传播效果"，我一直也在思考"百年校庆最大的成功在哪儿"，我分析，有以下三个方面的原因。

一是坚持放大格局。厦门大学是一所党领导下的人民大学，在百年发展中始终与党同心、与国同行。我们在筹办百年校庆的过程中自觉提升工作站位，始终与迎接中国共产党成立100周年相结合，始终与开展党史学习教育相结合，把百年校庆办成激发爱党之情、报国之志、奋进之力的"大课堂"。撰写发表45篇史料翔实的校地情缘文章，以一个个真实的厦大人物、一个个生动的校地故事，有力回应陈嘉庚先生"为吾国放一异彩"的历史宏愿，精彩书写"扎根中国大地办大学"的长篇答卷。坚持融入新福建建设，校庆期间召开了学校与九市一区校地战略合作2021年工作会议，"八闽园"也正式开园。举办了百年校庆全球校友招商大会，为厦门市带来了400亿的投资，后续还有1647亿的意向投资，充分体现了融入厦门、服务厦门、贡献厦门的态度和能力。在百年校庆筹备过程中，我们始终秉承一颗谦恭之心，谦恭地对待师生，谦恭地对待厦门市，谦恭地对待福建省，谦恭地对待我们的党、国家和人民。我们把人民记在心里，人民自然会把掌声回馈给厦门大学。

二是弘扬优良传统。嘉庚精神的感召和百年办学的深厚底蕴、优良传统是校庆成功的基础。我们深刻认识当前所处的历史方位和时代坐标，结合百年校庆筹备全面总结校史，深入开展"四史"教育，引导师生知史爱党、知史爱国。将"嘉庚精神"纳入校庆主题，将弘扬"四种精神"作为贯穿百年校庆的主线，系统设计校庆项目，深入挖掘蕴含其中的深刻内涵，滋养每一位进入这个校园的莘莘学子，让百年厦大的优良传统得到传承和弘扬。在这个过程中，我们生动诠释了"自强不息、止于至善"的校训，全面展示了"四种精神"。在这个过程，我们纪念了历史、找回了青春记忆，也为学校开启了新百年征程。在这个过程中，我们凝聚了师生校友的力量，也获得了党、国家和人民对我们的肯定和大力支持。

三是科学统筹推进。厦门大学百年校庆幸逢中国共产党建党100周年和"十四五"规划的开局之年。在这个重要的历史交汇点上庆祝百年华诞，科学谋划和调度尤为重要。我们坚持统筹推进百年校庆筹备工作与迎接中国共产党成立100周年、常态化疫情防控、教学科研等中心工作，坚持以更高的站位、更大的气魄、更广的胸怀，将各项活动办出层次、办出水平、办出成效。全体同志也以高度的责任感和使命感全身心投入工作，真抓实干、精益求精，最终成就了"有高度、有温暖、有厚度、有精度"的百年校庆，同志们也在前行中实现自身的提高和进步，在奋进中推动学校迈上新台阶。我提议，让我们用热烈的掌声对所有参与校庆工作的师生员工和校友再次表示衷心的感谢！

同志们，百年校庆是学校继往开来、奋进一流的新起点。我们要以校庆的成功举办为契机，抓住机遇，乘势而上，把学校的各项工作推上一个新台阶。

一要以习近平总书记重要贺信精神指引前行之路。全校各单位要把学习宣传贯彻习近平总书记贺信精神作为当前和今后一个时期的首要政治任务，精心组织、周密部署，在全校形成学习宣传贯彻贺信精神的浓厚氛围。紧密结合学习领会习近平总书记在清华大学考察时发表的重要讲话和致其他高校的贺信精神，从更高的站位上准确把握总书记致厦门大学贺信的精髓要义，深刻领会党中央的殷切期望，牢记为党育人、为国育才使命，找准贯彻落实的着力点和聚焦点，以"钉钉子"的精神把贺信精神贯彻落实到本单位工作和推动学校高质量发展的具体实践中去，为加快建设具有厦大风格的中国特色世界一流大学贡献智慧力量。

二要始终保持奋进一流的昂扬姿态。结合疫情防控的需要，学校在三号公告中明确提出"校庆年"的安排，鼓励和欢迎校友、嘉宾选择"校庆年"其他时段分批来校。虽然现阶段校庆集中活动已经告一段落，但"校庆年"各项工作还在有条不紊地推进。一年多以来，围绕百年校庆筹备和组织工作，我们锤炼了一支能打硬仗、敢于担当的干部队伍，在师生和干部队伍中进一步形成了只争朝夕、精益求精的工作状态和爱校荣校、团结协作的良好氛围。行至半山不停步，船到中流当奋楫。面向新百年征程，我们不仅要能成功，更要会成功，要巩固已有的成果、成效，把这种良好的精神状态和工作作风继续保持下去，以优异的成绩向党和人民再交出一份满意答卷。

三要在赓续优良传统中汇聚强大合力。习近平总书记在重要贺信中充分肯定了学校的办学历程、优良校风和积极贡献。我们要持续深入挖掘办校历史中的宝贵精神财富，不忘初心、牢记使命，在弘扬精神中攻坚克难，在传承血脉中开拓前行，不断在师生中强化"爱校荣校、改革创新、团结合作、包容共享"的价值理念和"感恩、开放、创新、和谐"的文化品格，汇聚起新时代广大师生携手奋进的强大精神力量，扎实实施"三大建设"任务，为"十四五"建设起好步、开好局，不辜负时代赋予的使命与重托。

四要在戒骄戒躁中提高工作标准。百年校庆取得了圆满成功，各项工作也达到了比较高的层次，展现了厦门大学新的水平。我们在感到自豪的同时，也要时刻保持清醒的头脑。在校庆筹备过程中体现的工作层次和水平不会自然保持，需要靠持续的努力来巩固，决不能校庆一过就恢复原状。奋进新百年的征程，就好比大写字母"E"，左边"一竖"就是攀登的路径，我们要通过这条路径，努力向更高的层次提升。

老师们、同学们！新时代、新征程赋予了我们新的使命。站在新的历史起点上，让我们以习近平新时代中国特色社会主义思想为指引，深入贯彻习近平总书记重要贺信精神，牢记嘱托，奋发有为，把对学校的热爱转化为攻坚克难、刻苦学习的强大动力，不断开创学校事业发展新局面，为早日把厦门大学建设成为中国特色世界一流大学而不懈奋斗，为实现中华民族伟大复兴的中国梦作出新的更大贡献。

坚持社会主义办学方向　落实立德树人根本任务　全面推进人才培养高质量发展

——在厦门大学 2021 年人才培养工作会议上的讲话

（2021 年 9 月 7 日）

张　彦

一年之际，秋季对于大学很重要，意味着新一轮人才培养周期的开始。在新生入校之前，学校召开人才培养工作会议，十分及时。

今天，我们在这里召开 2021 年人才培养工作会议，认真贯彻习近平总书记“七一”重要讲话和致学校重要贺信精神，履行好新时代党中央赋予学校的职责使命，全面落实中央巡视整改要求，深入推进教育教学改革，推动学校人才培养工作打开新局面。

近年来，学校深入学习贯彻习近平总书记关于教育的重要论述，坚持党的全面领导和社会主义办学方向，牢记立德树人根本任务，人才培养理念持续深化，教学改革举措有效落实，教学质量保障体系逐步完善，教育教学改革有序推进，培育了一批专业、课程、教学综合改革项目、创新创业教育等方面成果。9 月 4 日，中央第五巡视组反馈了对我校巡视情况，肯定了学校“人才培养能力不断增强、培养质量有所提升”，同时也指出“落实立德树人根本任务不够到位，思想政治教育工作有不足，思政课教师队伍建设存在薄弱环节，教材体系建设有欠缺”等突出问题。对照党和国家对高等教育提出的新使命，对照新时代新形势对人才培养的新要求，对照建设中国特色世界一流大学的目标定位，结合中央巡视反馈意见，学校人才培养改革初见成效，但仍然任重道远。

我很高兴地看到，今天的会议安排紧凑，主题鲜明，内容丰富，希望大家共同努力把会议开出成效，推动人才培养质量得到显著提升。下面，我结合贯彻落实习近平总书记重要贺信精神，结合抓好巡视指出人才培养方面存在问题的整改，就加强学校人才培养工作谈几点意见。

一、提高思想认识，把人才培养摆在学校工作的更加突出位置

今年是中国共产党成立 100 周年，我国开启了全面建设社会主义现代化国家新征程。党和国家事业发展对高等教育的需要，对科学知识和优秀人才的需要，比以往任何时候都更为迫切。当前，学校也迈上了新百年征程，正朝着世界一流大学的目标奋勇前进。我们要建设的世界一流大学是中国特色社会主义的一流大学，根本任务是培养德智体美劳全面发展的社会主义建设者和接班人。

一是始终坚持立德树人根本任务。高校的中心工作是教书育人，根本任务是立德树人。党的十八大以来，习近平总书记围绕坚持立德树人根本任务作出一系列重要论述，强调“培养什么人，是教育的首要问题”。总书记每次深入高校考察、给高校师生致信回信都反复强调立德树人根本任务，今年在给厦门大学的贺信中，在考察清华大学、闽江学院时的讲话中也强调了这一点。这次在听取中央第七轮巡视汇报时，总书记再次着重对落实立德树人根本任务提出要求。我们要深入贯彻落实习近平总书记关于立德树人的重要论述，把“培养什么人、怎样培养人”始终作为办学治校的永恒主题和根本问题，把立德树人的成效作为检验学校一切工作的根本标准，将立德树人内化到大学建设和管理各领域、各方面、各环节。要做到以树人为核心，以立德为根本，持续在坚定理想信念、厚植爱国主义情怀、加强品德修养、增长知识见识、培养奋斗精神、增强综合素质上下功夫，不断提高学生的思想水平、政治觉悟、道德品质、文化素养。

二是把人才培养质量作为立校之本。习近平总书记指出，“当今世界的竞争说到底是人才竞争、教育竞争。要更加重视人才自主培养，更加重视科学精神、创新能力、批判性思维的培养培育”。高校是人才培养的主力军，人才培养质量不仅关乎党和国家事业发展，也直接决定了一所大学的办学成效。厦门大学是我国世界一流大学建设 A 类高校，是我国一流大学方阵的重要一员。要牢固树立“国家队”意识，始终以为国家培养一流人才为追求，全面深化“五育并举”，不断夯实本科教育的基础地位，充分发挥研究生教育在培养创新型人才中的重要作用，把促进学生健康成长、全面发展作为学校一切工作的出发点和落脚点。

三是以人才培养质量提升带动学校高质量发展。习近平总书记曾说，“只有培养出一流人才的高校，才能够成为世界一流大学”“办出世界一流大学，必须牢牢抓住全面提高人才培养能力这个核心点，并以此来带动高校其他工作”。要把发展科技第一生产力、培养人才第一资源、增强创新第一动力更好结合起来，把科学研究和培养人才更好结合起来，发挥基础研究深厚、学科交叉融合的优势，努力成为基础研究的主力军和重大科技突破的生力军。要聚焦“四个面向”，围绕科技革命和产业革命变革要求及国家重大战略需求，强化学科和专业建设，加快培养新技术新产业高质量人才。注重将优质科研资源、前沿科技成果融入课堂，提升将科研优势转化为育人优势的能力，完善将办学优势转化为育人优势的机制体制，培养国家亟须的各类高层次人才。

二、聚焦质量提升，牢牢抓住全面提高人才培养能力这个重点

建设一流大学，关键是要不断提高人才培养质量。我们要想国家之所想、急国家之所急、应国家之所需，全面提高人才培养能力，牢记为党育人、为国育才使命，着力培养担当民族复兴大任的时代新人。

一是加强党的领导，坚持社会主义办学方向。办学方向决定办学道路。习近平总书记强调，我国教育要培养的是社会主义建设者和接班人，而不是旁观者，更不是反对派和掘墓人。我们是中国共产党领导的社会主义国家，这就决定了我们必须把培养社会主义建设者和接班人作为根本任务，培养一代又一代拥护中国共产党领导和我国社会主义制度、立志为中国特色社会主义奋斗终身的有用人才。要毫不动摇坚持和加强党对高校的全面领导，全面贯彻党的教育方针，不断巩固马克思主义指导地位，坚持教育"四个服务"，不断加强和改进高校党的建设，坚持党风校风学风"三风"齐抓，牢牢扎根大地办人民满意的教育，确保党中央重大决策部署在高校有效贯彻落实。

二是坚持守正创新，提升思想政治工作质量。习近平总书记强调，思想政治工作是学校各项工作的生命线，必须紧紧抓在手上。要认真贯彻落实习近平总书记在全国高校思想政治工作会议的重要讲话精神，把思想政治工作贯穿教育教学全过程，因事而化、因时而进、因势而新，不断创新思想政治工作思路，提高学生思想水平、政治觉悟、道德品质、文化素养，让学生成为德才兼备、全面发展的人才。要突出特色亮点，策划更具有针对性、实效性的覆盖各层次主题教育活动，持续开展优秀大学生培养工作和青年马克思主义者培养工程。加强台港澳学生的国情教育，厚植台港澳学生爱国情怀，加大对少数民族学生骨干的培养力度，铸牢中华民族共同体意识，增强中华民族凝聚力和向心力。加强对国际学生的趋同化管理，贯彻落实"一带一路"倡议。推进网络思想政治教育，推动打造全国一流的"互联网＋思想政治工作"。加强网络阵地、内容、队伍、制度建设，推动形成具有厦大特色的"五维一体"校园网络文化建设总格局。学校党委、学院党委、教师党支部在全面贯彻党的教育方针、保证办学方向方面都负有政治责任，大家要履行职责、发挥好作用。

三是强化顶层设计，打造一流人才培养体系。牢牢把握新时代对人才培养的新要求，系统深入推动人才培养全过程、全要素的高质量发展。充分发挥好教师队伍"主力军"、课程教材"主阵地"、课堂教学"主渠道"作用，推进习近平新时代中国特色社会主义思想进教材、进课堂、进头脑，打造高质量思政课。抓好马克思主义理论教育，强化理想信念教育，充分发挥"思政课程"与"课程思政"协同效应。高度重视学生的成长增值，加强通识教育，将体育、美育、劳动教育融入人才培养全过程，着力提升学生的学习体验，促进学生德智体美劳全面发展与个性成长。建设高素质教师队伍，坚持将师德师风作为评价教师队伍的第一标准，全面提升教师队伍的整体素质和育人能力，教育引导广大教师做有理想信念、有道德情操、有扎实学识、有仁爱之心的"四有"好老师。加强教材编写、审查、选用、引导，牢牢把握住教材建设的政治方向和价值导向，着力提升教材建设与管理质量。

三、加强组织领导，加快构建高质量人才培养体系

一流人才培养体系是建设一流大学的基础，形成更高水平的人才培养体系是新时代的任务要求。当前，我校已经启动"双一流"新一轮建设，必须深入学习贯彻习近平总书记关于教育的重要论述，加快构建一流人才培养体系。

一是强化对标意识。要深入学习贯彻习近平总书记重要贺信精神，认真执行学校《中共厦门大学委员会关于深入学习贯彻习近平总书记重要贺信精神，与时俱进建设世界一流大学的决定》，准确把握新时代教育工作规律和高校发展规律，高起点、高标准推进学校人才培养质量提升。当前，要严格落实巡视整改要求，明确整改的重点任务和主攻方向，加快补齐人才培养体系短板，以抓好巡视整改为重点，以巡促改、以巡促建、以巡促治，扎实做好教书育人中心工作。学校已经着手对巡视整改进行任务分解，后续涉及人才培养的内容和措施，希望大家抓好落实。

二是强化育人意识。人才培养是一项涉及全校各项工作的基础工程、系统工程，全校各单位必须发挥积极性主动性，形成工作合力。创新方式方法，多措并举推进全员、全过程、全方位育人落地见效，抓好知识传授的基础环节、能力培养的关键环节、价值观塑造的根本环节，因材施教、深耕细作，切实肩负起培养德智体美劳全面发展的社会主义建设者和接班人的神圣使命。

三是强化改革意识。要以深化教育评价改革为抓手，加快推进人才培养模式改革创新，坚持问题导向，抓住推进高校人才培养改革发展的关键点，对制约甚至阻碍学校人才培养的体制机制予以梳理清除，向改革要动力，为创新增活力。一流的学校要培养一流的学生，要牢固树立质量观，从学生成才的角度来分析解决问题，创新人才培养机制，深化课程教学改革，健全教学质量保障体系，大力提升人才培养质量。学校在人才培养方面是舍得投入的，教学经费都能保障到位，各单位要用好经费，促进教育教学改革，争取推出优秀项目，多出教改成果。

同志们！"得天下英才而教育之，师之乐也。"我们的基本身份都是教育工作者，不管在什么单位、在什么岗位，都必须具有"培养人"的教育情怀。立足新百年，让我们坚持用习近平总书记重要贺信精神领航，全面贯彻党的教育方针，切实落实立德树人根本任务，为党育人、为国育才，结合抓好巡视整改，进一步补短板、强弱项、上水平，切实提升人才培养质量，为全面建设社会主义现代化国家源源不断输送高素质人才贡献厦大力量。

教师节要到了，向辛勤工作在人才培养第一线的全体老师问好！

育新人、开新局，建设世界一流大学

（发表于 2021 年 4 月 12 日《光明日报》）

张　彦

4 月 6 日，习近平总书记致信祝贺厦门大学建校 100 周年，充分体现了以习近平同志为核心的党中央对厦门大学的高度重视和亲切关怀，为学校在新百年、新起点上实现高质量发展指明了前进方向，提供了根本遵循，令厦门大学全体师生深感温暖、深受鼓舞。

1921 年，爱国华侨领袖陈嘉庚先生怀抱"教育为立国之本，兴学乃国民天职"的坚定信念，倾资创办厦门大学。一百年来，在陈嘉庚爱国精神的感召下，一代代厦大人始终与党同心、与国同行，形成了"爱国、革命、自强、科学"的优良校风。正是在这样的校风熏陶和滋养下，厦门大学百年来饱经风雨而弦歌不辍、英彦蔚起，形成了鲜明的办学特色。跨入新百年，厦门大学将继续秉持陈嘉庚先生立校志向，不忘教育报国初心，勇担教育强国使命，激发爱国之情、报国之志，强化爱校荣校、改革创新、团结合作、包容共享的价值理念和感恩、开放、创新、和谐的文化品格，发扬自强不息、止于至善的校训精神，进一步凝聚起引领全校师生携手前行、不懈奋斗的强大精神力量。

习近平总书记重要贺信站在我国开启全面建设社会主义现代化国家新征程的全局高度，对学校建设和发展提出新的要求。厦门大学深感使命光荣、责任重大，迅速以严肃认真的态度组织学习贺信精神，推动学校加强党建和思想政治工作，指导学校制定"十四五"规划，深入推进"双一流"建设。

学思践悟聚新力。结合党史学习教育在全校组织开展学习讨论，把学习贯彻贺信精神与贯彻落实习近平总书记关于教育的重要论述、在福建考察时的重要讲话紧密结合、一体推进，深刻领会其中蕴含的思想精髓、核心要义。把贺信精神作为校院党委理论学习中心组学习重点，深刻理解其时代意义和指导作用，发挥学科优势加强理论研究和阐释，努力形成高水平理论成果。通过主题宣讲、辅导报告、"三会一课"、"固定党日＋"等活动载体开展全面学习，充分发挥贺信精神的号召和凝聚作用，为开创学校新的发展局面汇集力量。

牢记使命育新人。全面贯彻落实党的教育方针，把立德树人成效作为检验一切工作的根本标准，为党育人、为国育才。深挖校本文化资源，用好福建革命教育和改革开放史教育资源，持续加强"四史"教育。打造校园文化精品，用高雅文化浸润、感染、塑造师生。深入开展"我最喜爱的十位教师""师德师风讲堂"等活动，弘扬优良师德师风。持续深化思政课程教学模式改革，加强以习近平新时代中国特色社会主义思想为核心内容的思政课课程群建设，着力打造思政"金课"。构建全面覆盖、类型丰富、特色鲜明、层次递进、相互支撑的课程思政体系。坚持德智体美劳"五育"并举，深入实施"铸魂、立德、赋能、律身、润心、聚力"工程，建立健全全程贯通、空间联通、队伍互通、内容打通、评价融通的大思政体系，完善"三全育人"工作格局，不断提高人才培养质量和工作水平。

乘势而上开新局。与时俱进建设世界一流大学，需要坚持世界一流水平标准，将满足国家战略需要、服务区域发展和发挥学校优势特色相统一。我们将以贺信精神为指引，明确努力方向和工作重点。

继续坚持以党的政治建设为统领，全面加强党的领导和党的建设，坚持党风、校风、学风"三风"齐抓，用一流党建引领一流大学建设；着眼高质量发展，以学科为基础、以人才为关键，深化教育评价改革，持续深入推进综合改革，破除制约世界一流大学建设的体制机制障碍；强化科技自立自强，建设新型研究型大学，夯实基础研究，加强应用研究，打造"国之重器"，建设高端智库，更好服务区域经济社会发展和国家重大战略。深化与福建省九市一区的合作，推动创新成果在各地转化。推动建设"两岸高等教育合作先行示范区"，建好马来西亚分校"建设支点"，打造教育对外开放新高地，推进中华文化海外传播，增强中华民族凝聚力和向心力。

牢记嘱托再出发
高质量推进世界一流大学建设

（发表于《中国高等教育》2021 年第 12 期）

张　彦

2021 年 4 月 6 日，习近平总书记致信祝贺厦门大学建校 100 周年，全校师生深受鼓舞、倍感振奋。贺信体现了以习近平同志为核心的党中央对高等教育、对厦门大学的高度重视和关心关怀，为学校开启新百年奋斗征程指明了前进方向，提供了根本遵循。“十四五”时期，教育工作重心进入整体抓质量的历史性战略转移，厦门大学将秉持高质量发展的理念和路径，牢记习近平总书记重要贺信的殷殷嘱托，学习贯彻习近平总书记视察清华大学时的重要讲话精神，立足新发展阶段，贯彻新发展理念，融入新发展格局，与时俱进建设世界一流大学。

坚持贺信领航，指引高质量发展方向

习近平总书记重要贺信精神是推动实现高质量发展的根本遵循。我们将以习近平总书记重要贺信精神筑牢思想根基，贯穿于办学治校各方面、全过程，增强“四个意识”、坚定“四个自信”、做到“两个维护”。制定落实贺信精神行动方案，实施“一流计划”“服务行动”“聚力工程”，策划重大项目，推动落实落细，在更高水平上实现思想对标、政治对标、行动对标。坚持党风校风学风“三风”齐抓，高质量推进党建工作，把学习贯彻贺信精神与迎接建党100周年、开展党史学习教育紧密结合起来，以一流党建引领一流大学建设。

坚持立德树人，树牢高质量发展根本

立德树人成效是检验高质量发展的根本标准。我们将紧紧围绕“培养什么人、怎样培养人、为谁培养人”这一根本问题，牢记为党育人、为国育才使命，用习近平新时代中国特色社会主义思想和重要贺信精神铸魂育人。坚持“五育”并举，深入实施“铸魂、立德、赋能、律身、润心、聚力”六大工程，完善全程贯通、空间联通、队伍互通、内容打通、评价融通的“三全育人”工作格局，充分发挥“思政课程”与“课程思政”协同效应，加快构建高质量思想政治工作体系和人才培养体系，为国家培养德才兼备的高素质创新型人才。

坚持改革开放，增强高质量发展动能

改革开放是推动实现高质量发展的动力源。我们将以深化教育评价改革为牵引，改进育人评价、人才评价和科研评价，推进“一院一策”，推动实施更有利于优化资源配置、提高发展质量的改革举措，着力破除制约高质量发展的体制机制障碍，不断激发创新活力。强化“对标对表、问责问效、提速提质”的意识，以一流的意识、一流的标准大力发展新文科、新工科、新医科，打造一流学科体系。坚持开放办学，发挥“海峡、海丝、海洋”特色，积极参与国际合作和全球高等教育治理，推动中华文化海外传播，发挥马来西亚分校支点作用，更好地服务“一带一路”建设。

坚持胸怀大局，展现高质量发展作为

服务国家战略和区域发展需求是高质量发展的重要落脚点。我们将牢记习近平总书记提出的“全面提升服务区域发展和国家战略能力”要求，心怀“国之大者”，想国家之所想、急国家之所急，坚持“四个面向”，结合学校学科特点，打造支撑国家创新发展的战略科技力量，建设经世致用的国家高端智库。深化与福建省九市一区合作，坚持“一地一重点，一院一特色”，推动合作走深走实，全面提升服务福建全方位推动高质量发展超越的能力和水平。积极探索两岸高等教育融合发展新路，推动建设两岸高等教育合作先行示范区，增强中华民族凝聚力和向心力，为祖国统一大业贡献教育力量。

新百年新征程，厦门大学将持续深入学习贯彻习近平新时代中国特色社会主义思想，用习近平总书记重要贺信精神指引前行之路、凝聚磅礴之力、鼓舞奋进之志，为高质量推进“十四五”改革发展不懈奋斗，努力为全面建设社会主义现代化国家、实现中华民族伟大复兴的中国梦作出新的更大贡献。

建世界之大学　为吾国放异彩

——在庆祝厦门大学建校100周年大会上的讲话

（2021年4月6日）

张　荣

南强巍巍，学海泱泱；春秋代序，世纪荣光。在举国欢庆中国共产党百年华诞之际，我们迎来了厦门大学百岁生日。刚才，我们一起聆听了习近平总书记发来的贺信。习近平总书记的贺信，对厦门大学的百年办学成就给予充分肯定，为厦门大学新百年新发展指明方向，充分体现习近平总书记和党中央对厦门大学的关怀和厚爱，让我们深受鼓舞，倍感振奋！今天，无数关心、爱护厦大的领导、嘉宾和师生校友通过线上线下的方式与我们如约相聚，共同见证这一激动人心的历史时刻。在此，请允许我代表厦门大学，对大家的莅临、参与表示热烈欢迎！向全校师生员工和海内外校友致以诚挚问候和美好祝愿！

千秋伟业，百年风华。一个世纪的孜孜以求，绘就了厦门大学熠熠生辉的历史长卷。厦门大学的百年史，就是一部兴学图强的爱国史、自强不息的奋斗史，每一页都记录着厦门大学不忘初心使命，为国家富强、民族复兴踔厉奋发的铿锵步履；每一页都书写着一代代厦大人屹立时代前沿，不断开拓进取、奋勇争先的壮志豪情。

百年前，中华民族内忧外患，灾难深重。面对危急国势，无数中华儿女挺起脊梁、奋起抗争，救亡图存浪潮骤起。1921年，中国共产党应运而生，中华民族伟大复兴从此有了正确的航向。也就是在这一年，陈嘉庚先生以“教育为立国之本，兴学乃国民天职”的信念，倾资创办厦门大学。此后的一百年，厦门大学始终紧跟中国共产党的前进步伐，开启了与国家民族同呼吸、共命运，矢志兴学强国的壮丽征程。

倡办厦大时，陈嘉庚先生怀抱创建“世界之大学”的宏愿，擘画学校发展蓝图。建校之初，在陈嘉庚、林文庆、陈敬贤等先贤的苦心经营下，很快在中国的南方矗立起一座中国人创办的现代大学，“设施完备、成绩斐然”，享誉学界。抗战时期，厦大内迁闽西长汀坚韧办学，在烽火中发展壮大，连续两次在全国大学生学业竞试中名列第一，为战时和战后的中国培育了一大批杰出英才。新中国成立后，厦大投身社会主义建设，配合支持全国高校院系调整，为国家经济恢复、社会发展特别是建立我国新的高等教育体系作出了重大贡献。改革开放浪潮中，厦大紧紧抓住历史性机遇，相继建成漳州和翔安校区，举办嘉庚学院，创办马来西亚分校，发挥“侨台特海”优势，服务国家和区域发展，掀开了世界知名高水平研究型大学的历史新篇。进入新时代，厦大成为国家“双一流”建设 A 类高校，在“211 工程”“985 工程”建设的基础上，以一流党建引领一流大学建设，打造一流办学体系和一流办学能力，奋力谱写中华民族伟大复兴“中国梦”的厦大篇章。

“惟其艰难，才更显勇毅，惟其笃行，才弥足珍贵。”不论是艰苦创业时的筚路蓝缕还是战火硝烟中的壮歌以行，不论是直面改革的惊涛骇浪还是投身新时代的波澜壮阔，百年的求索与开拓、苦难与辉煌，都深深内化为厦大人心中传承永续的热血记忆和引以为豪的精神坐标——以“嘉庚精神”为源流，以“自强不息、止于至善”的校训为精髓，以“爱国、革命、自强、科学”的“四种精神”为内核，以“感恩、开放、创新、和谐”的文化特质为品格。这些在历史长河里沉淀下来的宝贵精神财富，是我们穿越风雨、历久弥新的精神密码，也是我们劈波斩浪、赓续前行的不竭动力，流淌在厦大人的血脉中，激励着一代代厦大人前赴后继，一往无前，向一流征程奋进。

百年厦大，坚守的是志怀祖国、希图报效的家国情怀。“为公众服务，荷国家仔肩”是陈嘉庚的初心和夙愿。他将对国家民族的满腔赤诚融入教育救国的不懈探索，为厦门大学奠定爱国报国的精神基石。正是因为深怀着爱国之情，罗扬才学长等革命先驱在血雨腥风中创建福建省第一个党组织——中共厦大支部，囊萤之光照亮了八闽天空。正是因为砥砺着强国之志，王亚南校长率先提出“应以中国人的资格来研究政治经济学”，坚定执着地为传播和研究马克思主义而奋斗终身；陈景润学长挑战世界难题，摘取“哥德巴赫猜想”这颗明珠，在科学前沿为中华民族赢得了极大荣誉。正是因为澎湃着报国之心，百年来，一代代厦大人把清澈的爱献给祖国，始终用坚实的脚步践行使命，用不懈的奋斗铸就忠诚，为建设更加美好的世界奉献着青春和力量。

百年厦大，坚守的是百折不挠、敢拼会赢的自强风骨。嘉庚先生以“今日不达，尚有来日，及身不达，尚有子孙”的执着，“抱定宗旨、毅力进行”。建校初期的 16 年间，他独立担负几乎所有办学经费，即使是在经济窘迫、企业收盘的困境下，“宁可变卖大厦，也要支持厦大”，竭力支撑学校运转。长汀时期，萨本栋校长带领师生在艰难困苦中坚持办学，用“南方之强”的脊梁，撑起中国高等教育的东南半壁。在过去几十年中国高等教育大变革中，厦门大学勇立潮头、迎难而上，坚定不移地走“不求最大，但求最好”的发展道路，行进在中国一流大学方阵。百年来，厦大人始终以自立自强的奋斗精神和攻坚克难的坚韧意志，披荆斩棘、发愤图强，奏响了一曲荡气回肠的南强之歌。

百年厦大，坚守的是致知无央、走向卓越的至真追求。厦门大学始终坚持“研究高深学术”的办学宗旨，聚焦国家重大战略需求，敢为人先、锐意进取。无论是在中国教育史上首创海洋科学、高等教育学等学科，还是培养了多个学科的中国首位博士；无论是建校初期发现厦门文昌鱼、揭示无脊椎动物向脊椎动物转化的奥秘，还是近年来在化学化工、智能制造、先进材料等领域产出一批具有国际领先水平的原创性成果；无论是在经济、管理、法学、历史等学科以及台湾研究、南洋研究等领域提出产生重大影响的理论观点，还是针对新冠肺炎疫情防控开展应急科研攻关，第一时间拿出一批科研成果驰援国内外抗疫一线……百年来，厦门大学始终面向思想理论和科技创新前沿，不断产出先进成果，为科教强国贡献厦大智慧。

百年厦大，坚守的是博集东西、造福世界的开放胸襟。嘉庚先生把校址选在厦门海边的演武场上，就是希望厦大成为往来的外国轮船第一眼看到的中国大学，也希望厦大能够利用联通世界的厦门海港，与世界各大学交流互动。在百年发展的历程中，厦大秉承海纳百川、兼容并包的基因，将国际合作交流作为办学的重要战略，与世界上许多著名大学建立了紧密的伙伴关系，成为中国对外合作最为活跃的高校之一。我们以马来西亚分校作为服务“一带一路”、建设世界一流大学的支点，搭建中国与东南亚国家人文交流的重要平台；牵头组建“21 世纪海上丝绸之路”大学联盟，增进沿线国家和地区高校之间的交流合作。百年来，厦门大学以开放合作的自信，与来自不同地区、不同国度、不同文化的人们交流切磋、深化情谊，在构建人类命运共同体的伟大实践中展现了厦大作为。

百年厦大，坚守的是充爱无疆、衔环涌泉的感恩传承。育人重在育心，育心首在育爱。在嘉庚精神感召下，一代代师生员工和海内外校友以爱校、护校、荣校、强校的赤子深情，全心全意共筑厦大；一批批爱国华侨、社会贤达满怀对学校的深情厚谊，捐资兴学支持厦大。校园里的每一片砖瓦、每一寸草木、每一个故事，都传递着知恩报恩的感恩文化。这种浓郁的感恩文化绵延不绝，凝聚为厦大人灵魂深处的情感共鸣，激励全体厦大人饮水思源，知恩图报。无论是扎根于厦大这方热土辛勤耕耘、无私奉献的全体师生，还是从温暖有爱的厦大校园走向五湖四海的广大校友，都怀着至深至纯的大爱情怀，以自强不息的奋斗和止于至善的追求，在各自岗位上奋发进取，创造了一个又一个不凡业绩，为母校增光添彩，以各种方式回报母校、回馈社会，以实际行动传承、传播感恩文化。

“落其实者思其树，饮其流者怀其源。”百年厦大，从无到有、由小到大，得到了各方无微不至的关心和帮助。我们始终铭记，党和国家几代领导人先后莅校视察或接见我校师生代表，给予厦门大学亲切关怀。我们始终铭记，教育部和国家其他部委高度重视厦大建设发展，给予学校大力支持和悉心指导；福建省、厦门市始终对厦大厚爱有加，与教育部长期重点共建厦门大学，给予学校源源不断的投入。我们始终铭记，许许多多关心和爱护厦门大学的华侨华人、各界贤达慷慨解囊、捐资兴学，鼎力支持厦大建设与发展。我们始终铭记，母校事业发展所取得的每一项成就都凝聚了广大校友的心血和智慧，千千万万厦大校友永远是母校事业发展的重要参与者、推动者和建设者。在此，我谨代表厦门大学全体师生向长期以来给予厦门大学关心支持的各级领导、广大校友和社会各界朋友表示衷心的感谢！

各位嘉宾，老师们、同学们、校友们！百年基业，来之不易。穿越历史的沧桑巨变，回望百年的办学历程，我们更加深刻地认识到——

无论时代如何变化，一所大学的成长壮大都离不开国家民族的繁荣昌盛和文明进步。国家富强、民族振兴，既是我们锲而不舍的奋斗目标，也是我们建成世界一流大学的坚实基础。把厦大发展融入中国梦，在服务发展中实现厦大梦，是我们风雨无阻、高歌行进的力量源泉。

无论时代如何变化，一所大学的常新长青都离不开历久弥坚的文化根脉和精神追求。百年厦大历经风雨磨难、岁月洗礼，淬炼出生生不息的厦大精神和品格。这些精神品格，在每一个厦大人身上绽放出独特的光芒，是我们立德树人、培育栋梁的强大支撑，也是我们不惧艰险、接续奋斗的最大底气。

无论时代如何变化，一所大学的提升超越都离不开与时俱进的使命担当和开拓创新。百年厦大之所以能一次次地跨越社会发展的关节点，就在于能顺应历史潮流，积极应变，主动求变，革故鼎新，竭尽所能造福社会、引领未来。这样的大情怀大格局，是我们守正出新、行稳致远的强大动力。

百年华诞，是厦门大学办学进程中的重要里程碑，更是我们迈向新百年的历史新起点。今天，我们在这里缅怀先贤，重温历史，也在这里展望未来，憧憬梦想。立足新时代，面向新百年，厦门大学必须以更高远的历史站位、以更深邃的战略眼光，仰望星空，脚踏实地，从中国的伟大实践中汲取前行的力量。

我们要胸怀“两个大局”，心系“国之大者”。教育兴则国兴，教育强则国强，教育事关国家和民族未来。心系“国之大者”，就是要牢记初心使命，始终坚持党的领导，落实“四个服务”。我们要胸怀中华民族伟大复兴战略全局和世界百年未有之大变局，增强“四个意识”、坚定“四个自信”、做到“两个维护”，坚守立德树人根本任务，强化人才培养第一责任，为党育人、为国育才，成为国家核心利益和民族长远利益的坚定维护者和积极贡献者。

我们要矢志世界一流，彰显“国之大学”。世界一流大学无不根植于本国历史文化，服务国家发展战略。彰显“国之大学”，就是要扎根中国大地，强化中国特色，展现中国气派。我们要把服务国家战略和社会进步需求作为建设一流大学的高度自觉，在服务发展中创造更多一流成果；坚持问学东西、融通中外，积极在世界高等教育舞台上展现作为，与世界一流大学相颉颃。

我们要强化创新引领，锻造“国之大器”。一流大学是国家的核心竞争力。锻造“国之大器”，就是要成为支撑和引领国家创新发展的战略力量。我们要想国家之所想、急国家之所急，坚持“四个面向”，聚焦关键核心技术和“卡脖子”问题，深化科教融合、产教融合，建设新型研究型大学，打造科技创新平台，建设高端智库，提升国家自主创新能力。

我们要坚守至善理想，弘扬“国之大道”。大学是人类文明的灯塔。弘扬“国之大道”，就是要坚守人间正道，捍卫和平发展，促进人类文明进步。我们要坚定文化自信，推动中华优秀传统文化创造性转化、创新性发展，当好文明交流的使者，架设文明互鉴的桥梁，为应对人类共同挑战、构建人类命运共同体作出厦大贡献。

天宽海阔东风满，奋楫扬帆再出发！秉承着陈嘉庚先生的执着信念，我们经历了一个世纪的坚守和探索。今天，走进世界的厦门大学，英彦蔚起，校誉日隆，在国际上发挥着越来越重要的影响力，比以往任何时候都更接近建成世界一流大学的梦想。此时此刻，我们以百年的成长和跨越、以无愧于历史的骄傲与荣光，作为对嘉庚先生和历代先贤最好的告慰！此时此刻，我们满怀壮志奔赴新的百年，将以习近平新时代中国特色社会主义思想为指引，把学习贯彻习近平总书记贺信和重要指示批示精神，转化为奋战新征程、建功新百年的信心和决心，向着创建中国特色世界一流大学的光荣梦想勇往直前，向着实现中华民族伟大复兴的美好未来砥砺奋进，以矢志不渝的拼搏奋斗和热血担当，建世界之大学，为吾国放异彩，再创厦门大学新的辉煌！

牢记使命　不负重托
与时俱进建设世界一流大学

——在校党委理论学习中心组 2021 年第 11 次专题学习上的发言

（2021 年 11 月 8 日）

张　荣

一直以来，习近平总书记十分关心厦门大学建设和发展。在闽工作期间，习近平总书记对学校发展给予高度重视和大力支持，到中央工作后仍然关注学校发展、关心师生员工。最令厦大人难以忘怀的是，习近平同志曾出席厦门大学建校 80 周年庆祝活动，勉励学校大力弘扬嘉庚精神，努力把厦大办得更好，不负先贤苦心；在厦门大学建校 90 周年之际，又专门发来贺信，希望学校继续弘扬嘉庚精神，牢记办学使命，作出更大贡献；在厦门大学庆祝建校 100 周年的重要时刻，习近平总书记再次向学校发来贺信，高度肯定厦门大学 100 年来形成的办学特色和取得的巨大成就，对厦门大学的未来发展提出了殷切期望和明确要求。

习近平总书记重要讲话重要贺信精神深深寄托着习近平总书记对教育事业的高度重视。百年大计，教育为本。党的十八大以来，习近平总书记就教育事业发展发表一系列重要论述，系统回答了教育工作的方向性、根本性、全局性、战略性问题，为做好新时代教育工作指明了前进方向、提供了根本遵循。习近平总书记在党的十九大报告中指出："建设教育强国是中华民族伟大复兴的基础工程，必须把教育事业放在优先位置，加快教育现代化，办好人民满意的教育。"在全国教育大会上，习近平总书记特别提到要"坚持把优先发展教育事业作为推动党和国家各项事业发展的重要先手棋"。源浚者流长，根深者叶茂。从 1985 年 6 月到 2002 年 10 月，习近平同志在福建工作了 17 年有余，其间，他曾经担任闽江职业大学校长、集美大学校董会主席，多次深入厦门大学指导工作，作出重要指示批示。习近平总书记关于教育的重要理念和重大实践在八闽大地生根发芽，枝繁叶茂。在出席厦门大学建校 80 周年庆祝大会时，他明确指出，为了加快福建省的经济社会发展，实现福建经济腾飞，要切实把教育摆在优先发展的战略地位。习近平总书记关于教育的重要论述，关于优先发展教育事业的重大论断，与当年他对福建教育、对厦门大学发展作出的许多重要讲话和指示是一脉相承的，它们在实践中形成，在实践中得到运用，并在实践中不断发展完善。

习近平总书记重要讲话重要贺信精神深深寄托着习近平总书记对中国特色世界一流大学的殷切期待。推进一流大学和一流学科建设是党和国家作出的重大战略决策，是新时代党中央赋予我国高等教育的重大历史使命。2014 年 5 月 4 日，习近平总书记在北京大学师生座谈会上强调，"党中央作出了建设世界一流大学的战略决策，我们要朝着这个目标坚定不移前进"，吹响了建设世界一流大学的冲锋号。2021 年 4 月 19 日，习近平总书记在清华大学考察时强调，"一个国家的高等教育体系需要一流大学群体的有力支撑，一流大学群体的水平和质量决定了高等教育体系的水平和质量"，这为新时代高等教育发展勾画了新蓝图。早在 2000 年，习近平同志到厦门大学调研时就明确提出，争取把厦大建成国内一流，国际知名的大学。在致厦门大学建校 100 周年的贺信中，习近平总书记对厦门大学新百年发展提出新的期许和要求：与时俱进建设世界一流大学。这些无不蕴含着习近平总书记关于建设中国特色世界一流大学的系统思考和深切期望，为我们扎根中国大地办好人民满意的高等教育擘画了宏伟蓝图、提供了理论指引、指明了现实路径。

学习贯彻习近平总书记重要讲话重要贺信精神，与时俱进建设世界一流大学，我们就要旗帜鲜明坚持党的领导，全面贯彻党的教育方针，确保厦门大学始终成为坚持党的领导的坚强阵地。党的领导是办好中国特色、世界水平的现代教育的根本保证，是中国特色社会主义大学的必然选择和本质特征。习近平总书记多次强调："必须毫不动摇坚持和加强党对高校的全面领导""以政治建设为统领全面加强高校党建工作"。在致厦门大学的两次贺信中，他希望厦门大学全面贯彻党的教育方针。作为一所与党同龄、为国而生的大学，厦门大学始终紧跟中国共产党的前进步伐，用坚实的脚步践行使命，用不懈的奋斗铸就忠诚。面向新百年，踏上新征程，我们要深刻理解新时代全面贯彻党的教育方针重大意义，深刻把握教育工作的政治属性、宗旨方向、目标任务，以习近平新时代中国特色社会主义思想为指导，全面加强党的政治建设，不断提高政治判断力、政治领悟力、政治执行力，坚决贯彻落实党中央决策部署。我们要深入落实习近平总书记在全国教育大会上"九个坚持"和"九个要求"，把立德树人成效作为检验学校一切工作的根本标准；要认真执行党委领导下的校长负责制，健全党的领导体制机制，充分发挥学校党委把方向、管大局、作决策、抓班子、带队伍、保落实的领导作用；要加强和改进新形势下学校宣传思想工作，落实意识形态工作责任制并不断完善工作体系，引导广大师生不断增强"四个意识"、坚定"四个自信"、做到"两个维护"。

学习贯彻习近平总书记重要讲话重要贺信精神，与时俱进建设世界一流大学，我们就要始终坚持立德树人根本任务，培养德智体美劳全面发展的社会主义建设者和接班人。培养什么人、怎样培养人、为谁培养人，历来是党和国家教育的根本问题。习近平总书记在全国高校思想政治工作会议上强调,“高校立身之本在于立德树人。只有培养出一流人才的高校,才能够成为世界一流大学”。2019年,在学校思想政治理论课教师座谈会上,习近平总书记强调,我们党立志于中华民族千秋伟业,必须培养一代又一代拥护中国共产党领导和我国社会主义制度、立志为中国特色社会主义事业奋斗终身的有用人才。从“努力成为我国特别是东南部地区高水平创新人才培养的重要基地”,到“为实施人才强国战略作出新的更大贡献”,再到“切实落实立德树人根本任务,为党育人、为国育才”,三次重要讲话重要贺信跨越30年,始终不变的是习近平总书记对包括厦门大学在内的一流大学群体的根本任务和时代使命的深刻把握和殷切期许。作为“双一流”建设高校,我们一定要牢牢把握“培养什么人、怎样培养人、为谁培养人”这个根本问题,在培养立大志、明大德、成大才、能担当民族复兴大任的创新人才上,探索新路,引领示范,走在前列。我们要夯实以价值引领为核心的思政教育体系,深入推进思政课程与课程思政建设,“五育并举”促进学生全面发展。大力实施“育人优先”战略,深化人才培养模式改革,以提高质量为核心,推动“三个转变”,加快构建卓越人才培养体系,实现创新人才培养新突破。打造以能力塑造为核心的专业课程体系,提升专业建设质量,推动课程教学革命,加强高水平教材建设。构建以需求为中心的人才培养体系,实施一流本科教育行动计划,启动南强优秀研究生培养计划,大力推进创新创业教育,健全质量监控保障体系,服务国家高层次紧缺人才培养。

学习贯彻习近平总书记重要讲话重要贺信精神,与时俱进建设世界一流大学,我们就要始终坚持扎根中国大地办大学,坚持特色发展、内涵发展和高质量发展。习近平总书记强调,“要坚持扎根中国大地办教育”“办好中国的世界一流大学,必须有中国特色”。这是对教育事业规律性的深化认识,更是引领我国教育事业发展、办好中国特色社会主义教育的“指南针”和“定盘星”。不论是在2001年,对厦门大学“办学水平和办学效益明显增强”的评价,以及“牢记办学使命,不断开拓创新,突出办学特色,提高办学质量”的期许,还是2011年和2021年对学校“优良的办学传统”和“鲜明的办学特色”的高度肯定,总书记的重要讲话重要贺信精神无不在昭示着我们要始终坚持扎根中国大地建设世界一流大学,要坚持以马克思主义为指导,坚持社会主义办学方向,坚持立德树人,全面加强党对高校的领导,全面贯彻党的教育方针,传承和发扬优良文化传统和光荣革命传统,主动服务国家重大战略需求和经济社会发展,努力构建中国特色现代大学制度,真正实现扎根中国大地建设世界一流大学。对于厦门大学而言,我们还要牢记习近平总书记的殷切嘱托,坚持特色建设,强化办学特色,毫不动摇地走中国特色社会主义大学发展道路,努力探索建设中国特色世界一流大学的“厦大模式”;坚持内涵建设,回归育人初心,遵循教育规律,着力“破五唯”,不断优化办学结构,在提质增效中更加聚焦人才培养质量、更加聚焦师资队伍水平、更加聚焦学科发展效益、更加聚焦服务发展贡献;坚持高质量建设,以高质量发展、创新超越为主题,着力培养拔尖创新人才,提升自主创新能力,推进服务创新发展,引领文化传承创新,创新对外交流合作,全面提升学校办学水平。

学习贯彻习近平总书记重要讲话重要贺信精神,与时俱进建设世界一流大学,我们就要始终坚持将自身发展融入国家战略的责任和使命,服务于实现中华民族伟大复兴的中国梦。习近平总书记在清华大学考察时强调,我国高等教育要立足中华民族伟大复兴战略全局和世界百年未有之大变局,心怀“国之大者”,把握大势,敢于担当,善于作为,为服务国家富强、民族复兴、人民幸福贡献力量。在致厦门大学建校100周年贺信中,习近平总书记对厦门大学新百年发展提出期许和要求:与时俱进建设世界一流大学,全面提升服务区域发展和国家战略能力,为增强中华民族凝聚力和向心力,为全面建设社会主义现代化国家、实现中华民族伟大复兴的中国梦作出新的更大贡献。作为高等教育的“国家队”,我们要自觉肩负将自身发展融入国家战略的责任和使命,胸怀“两个大局”、心系“国之大者”,矢志世界一流、彰显“国之大学”,强化创新引领、锻造“国之大器”,坚守至善理想、弘扬“国之大道”,与国家发展同频共振,努力服务于实现中华民族伟大复兴的中国梦。坚持“四个面向”,紧抓创新机遇,瞄准国际科技前沿和重点行业领域发展方向,以产出重大创新成果为抓手,着力建设一批优势凸显的大平台、大基地,为实现高水平科技自立自强贡献厦大力量。坚持“顶天立地”,积极融入国家“四点一线一面”教育现代化战略布局,不断提高服务经济社会发展能力。坚定文化自信,深耕核心价值引领,繁荣发展中国特色哲学社会科学,构筑“厦大新百年”文化高地,提升文化引领能力。坚持把开放办学作为创建世界一流大学的必由之路,加强实质性国际交流合作,全面提升学校的国际竞争力和影响力,讲好中国故事,为中华文化海外传播和中外人文交流作出新的贡献。

学习贯彻习近平总书记重要讲话重要贺信精神,与时俱进建设世界一流大学,我们就要始终大力弘扬嘉庚精神,奋进一流征程。10月21日,是陈嘉庚先生诞辰147周年,今年也是陈嘉庚先生逝世60周年。习近平总书记始终对陈嘉庚先生充满敬仰,满怀深情。在陈嘉庚先生诞辰140周年之际,习近平总书记指出,陈嘉庚先生“艰苦创业、自强不息的精神,以国家为重、以民族为重的品格,关心祖国建设、倾心教育事业的诚心,永远值得学习”。无论是在会见80周年校庆的海内外嘉宾,还是在80周年贺信、90周年贺信中,都明确要求我们弘扬嘉庚精神。在百年校庆的贺信中,习近平总书记肯定我们“秉持爱国华侨领袖陈嘉庚先生的立校志向”。嘉庚精神是厦大文化的灵魂,是厦门大学最宝贵的精神财富,也是我们劈波斩浪、赓续前行的不竭动力。我们要继续打造以“嘉庚精神”为重要内容的校园文化,创新内容、创新形式、创新手段,广泛进行嘉庚事迹、嘉庚精神的宣传教育,精心策划各类主题活动,在校园营造学习宣传嘉庚精神的浓厚氛围,推动嘉庚精神代代传承下去。我们还要深入学习领会习近平总书记百年校庆重要贺信精神，站在增强中华民族凝聚力和向心力的高度，发挥厦门大学独特优势，大力弘扬嘉庚精神，为凝聚华人华侨华社力量，为维护民族大义、促进祖国统一等作出新的更大贡献。

新时代，新征程，新使命。在新百年发展的新起点上，我们要以习近平新时代中国特色社会主义思想为指导，认真学习贯彻习近平总书记关于教育的重要论述，深入学习贯彻习近平总书记在厦门大学校庆时发表的三次重要讲话重要贺信精神，牢记历史使命，勇担时代责任，扎根中国大地，与时俱进建设世界一流大学，全面提升服务区域发展和国家战略能力，为增强中华民族凝聚力和向心力，为全面建设社会主义现代化国家、实现中华民族伟大复兴的中国梦作出新的更大贡献。

在厦门大学学习贯彻党的十九届六中全会精神动员部署会上的讲话

（2021 年 11 月 18 日）

张　荣

11 月 8 日至 11 日，党的十九届六中全会在北京胜利召开。全会总结回顾了党的十九届五中全会以来中央政治局工作，审议通过了《中共中央关于党的百年奋斗重大成就和历史经验的决议》《关于召开党的第二十次全国代表大会的决议》。这是在重要历史关头召开的一次具有重大历史意义的会议，对于推动全党统一思想、统一意志、统一行动，团结带领全国人民奋进新征程、建功新时代，具有重大而深远的意义。

学习宣传贯彻党的十九届六中全会精神，是当前和今后一个时期学校重大政治任务。校党委高度重视、迅速行动，以强烈的政治责任感和使命感，努力当好深入学习贯彻全会精神的排头兵。11 月 12 日中午，在中央举行介绍全会精神新闻发布会后，校党委第一时间召开常委会会议，传达学习全会精神，研究部署学校学习贯彻事宜。11 月 15 日下午，校党委组织召开理论学习中心组专题学习，深入学习领会全会精神，交流研讨心得体会。昨天，中共中央办公厅正式印发《关于做好党的十九届六中全会精神学习宣传的通知》。今天，我们在这里召开学习贯彻全会精神动员部署会，主要目的是贯彻落实中央部署安排，进一步提高认识、统一思想，迅速在全校范围内掀起学习贯彻全会精神的热潮，推动全校各单位不断增强“四个意识”、坚定“四个自信”、做到“两个维护”，不折不扣把全会精神贯彻落实到各项工作中，奋力开创中国特色世界一流大学建设新局面。下面，就做好全会精神的学习贯彻工作，我强调几点意见。

一、提高政治站位，深刻把握全会精神的丰富内涵和实践要求

在百年华诞的重要时刻，在“两个一百年”奋斗目标历史交汇的关键节点上，党中央召开十九届六中全会，是郑重的历史性、战略性决策，体现了我们党重视和善于运用历史规律的高度政治自觉，彰显了我们党牢记初心使命、继往开来的自信和担当，吹响了全面建设社会主义现代化国家的冲锋号，具有重大而深远的政治意义、历史意义、现实意义和世界意义。我们要以更高的政治站位和更强的政治自觉，深入领会习近平总书记在全会上的重要讲话精神，深入领会党的百年奋斗的初心使命和重大成就，深入领会中国特色社会主义进入新时代的历史性成就和历史性变革，深入领会党的百年奋斗的历史意义和历史经验，深入领会以史为鉴、开创未来的重要要求，切实把学习成效转化为推进学校高质量内涵式发展的强大动力。

全会审议通过我们党历史上的第三个历史决议，全面系统地总结了我们党百年奋斗的历史意义、伟大成就和宝贵经验，特别是着重阐释了党的十八大以来党和国家事业取得的历史性成就、发生的历史性变革，凝练提出我们党百年奋斗的 5 个方面历史意义，深刻揭示百年来我们党积累的 10 个方面历史经验，通篇融汇了百年来中国共产党践行为中国人民谋幸福、为中华民族谋复兴的初心使命所进行的奋斗、牺牲和创造，深刻揭示了“过去我们为什么能够成功”“未来我们怎样才能继续成功”。《决议》实事求是、高屋建瓴、内涵丰富，是一篇极具历史穿透力、思想引领力、政治动员力、时代感召力的马克思主义纲领性文献，是新时代中国共产党人牢记初心使命、坚持和发展中国特色社会主义的政治宣言，是以史为鉴、开创未来、实现中华民族伟大复兴的行动指南。我们要认真学习领会《决议》全文，主动对标对表，更好地指引学校事业发展，加快推进中国特色世界一流大学建设。

全会确立习近平同志党中央的核心、全党的核心地位，确立习近平新时代中国特色社会主义思想的指导地位，反映了全党全国各族人民共同心愿，对新时代党和国家事业发展、对推进中华民族伟大复兴历史进程具有决定性意义。坚定拥护和维护习近平总书记的核心地位，全党就有定盘星，全国人民就有主心骨，中华“复兴”号巨轮就有掌舵者，面对惊涛骇浪我们就能够做到“任凭风浪起、稳坐钓鱼船”。习近平新时代中国特色社会主义思想，是把马克思主义基本原理同中国具体实际相结合、同中华优秀传统文化相结合的重大理论成果，是党的十八大以来历史性成就和历史性变革的重要理论结晶，是中华文化和中国精神的时代精华，实现了马克思主义中国化的历史性飞跃和创造性升华。我们要坚持和捍卫“两个确立”，坚定忠诚核心、拥戴核心、维护核心的政治自觉，在中华民族伟大复兴战略全局和世界百年未有之大变局深度演进互动的复杂条件下，坚持正确办学方向，把握教育发展规律，运用科学世界观和方法论谋划事业发展、应对风险挑战，推动学校在建设世界一流大学的道路上砥砺奋进、行稳致远。

二、强化思想引领，把认真学习贯彻全会精神作为当前重大政治任务抓紧抓实

全校各级党组织要掀起学习热潮，营造浓厚氛围，动员广大师生员工深入学习领会，切实把全会精神转化为做好工作的实际成效，推动全会精神在学校落地生根。

一要精心组织部署，迅速传达学习。全校各党委（党总支）要将全会精神作为党史学习教育的重要任务，作出专门安排，通过召开党委会、理论学习中心组会议等形式，及时跟进、层层传导，组织好传达学习，做到全覆盖、深学习、强运用。要切实加强领导，把牢正确方向，紧紧围绕党的历史发展的主题主线，抓住新时代这个重点，充分展示党的初心使命，全面、准确、深入学习宣传全会精神。要突出领导班子和领导干部这个重点，充分发挥表率示范作用，带头学习、带头调研、带头践行，教育引导广大师生党员原原本本学、融会贯通学，真正吃透精神实质，积极营造“头雁”引领、“雁阵”齐飞的良好局面。要把学习贯彻全会精神，与学习贯彻习近平新时代中国特色社会主义思想结合起来，与学习贯彻习近平总书记关于教育的重要论述结合起来，与学习贯彻习近平总书记致厦门大学建校 100 周年贺信精神结合起来，不断推动学习贯彻走深走心走实、推动全会精神落地落实落细。

二要创新载体形式，广泛开展宣传。要统筹各类校园媒体的力量和资源，以师生喜闻乐见的鲜活方式，及时报道学校各领域、各单位学习贯彻全会精神的生动实践，营造浓厚的学习氛围。要组建全会精神宣讲团，精心准备选题，组织专题宣讲，全方位、多层次宣传解读全会精神，多角度、高立意回答师生关注的热点问题。要创新方式方法，发挥融媒体优势，用好课程主渠道，不断增强宣传教育的吸引力和感染力，最大程度激发起师生的学习热情和兴趣。要发挥马克思主义理论研究相关学科的作用，紧紧围绕全会提出的新思想新观点新论断，组织专家学者深入开展研究阐释，为学习贯彻全会精神提供学理支撑，努力产出一批有水平、有深度、有厦大特色的高质量理论研究成果。

三要坚持学用结合，抓好贯彻落实。要坚持原原本本学、逐字逐句学、全面系统学，认真学习领会习近平总书记重要讲话、全会公报和《决议》原文，准确把握思想精髓与核心要义。要坚持联系实际学，把学习宣传全会精神与推动“十四五”开好局、起好步紧密结合，与深化综合改革、推进新一轮“双一流”建设紧密结合。要以学习全会精神为重点巩固党史学习教育成果，用全会精神统一思想、凝聚共识、坚定信心、增强斗志，从百年党史中汲取智慧和力量，不断提高政治判断力、政治领悟力、政治执行力，坚定信心、真抓实干，加快把学习成果转化为实践成果，努力把习近平总书记为厦门大学擘画的宏伟蓝图变成美好现实。

三、紧密联系实际，把全会精神贯彻落实到学校工作各方面全过程

全校各级党组织要强化政治引领和对标意识，认真贯彻落实全会精神，坚决扛起使命责任，着力提升管党治校的能力水平，奋力推动学校高质量内涵式发展。

一是坚持用党的创新理论武装头脑。百年来，我们党通过不断推进实践基础上的理论创新，推动马克思主义中国化，形成毛泽东思想、中国特色社会主义理论体系和习近平新时代中国特色社会主义思想，实现马克思主义中国化新的飞跃。我们必须坚持用马克思主义及其中国化创新理论成果武装头脑，在学懂弄通做实上下功夫，把系统掌握马克思主义基本原理作为看家本领，把党的创新理论转化为提升党性修养、思想境界、道德水平的精神营养，转化为推进学校“双一流”建设的智慧力量。坚持用习近平新时代中国特色社会主义思想铸魂育人，培养以实现中华民族伟大复兴为己任的新时代厦大青年，引导他们增强做中国人的志气、骨气、底气，努力成为实现中华民族伟大复兴的先锋力量。

二是加强党对学校工作的全面领导。一百年来，我们取得新民主主义革命时期、社会主义革命和建设时期、改革开放和社会主义现代化建设新时期和中国特色社会主义进入新时代的伟大成就，迎来了从站起来、富起来到强起来的伟大飞跃，归根结底在于党的领导。建设高等教育强国、实现高等教育高质量内涵式发展，同样离不开党的全面领导。我们要毫不动摇地坚持和加强党对学校的全面领导，充分发挥学校党委把方向、管大局、作决策、抓班子、带队伍、保落实的作用，使党的领导覆盖办学治校各领域、贯穿教育教学各环节、融入人才培养各方面，确保党中央重大决策部署在学校有效贯彻落实。

三是推进全面从严治党向纵深发展。《决议》指出：“勇于自我革命是中国共产党区别于其他政党的显著标志。自我革命精神是党永葆青春活力的强大支撑。先进的马克思主义政党不是天生的，而是在不断自我革命中淬炼而成的。”这一论断深刻揭示了我们党历经千锤百炼而朝气蓬勃，在世界形势深刻变化的历史进程中始终走在时代前列，在应对国内外各种风险挑战的历史进程中始终成为全国人民主心骨的重要原因。要认真落实全会精神，时刻牢记“中国共产党是什么、要干什么这个根本问题”，始终把党的政治建设摆在首位，以抓好中央巡视整改和审计整改为契机，深入贯彻全面从严治党方针，把整改成果转化为党建和思想政治工作新成效，转化为推动学校治理体系和治理能力现代化的新动力。要把严的主基调长期坚持下去，不断强化对权力运行的监督制约，驰而不息狠抓“四风”建设，以全面从严治党新成效涵养一流大学建设良好的政治生态。

四是高质量完成各项重大工作任务。今天距离 2021 年结束只有 40 多天，距离巡视集中整改截止日期也不到 20 天。时间不等人，形势更催人。要把贯彻全会精神体现到做好当前各项工作上，切实增强责任感和紧迫感，集中攻坚、奋力冲刺，紧盯各项重点工作和任务，确保完成年度目标。要切实抓好中央巡视整改，倒排工期工时、集中攻坚克难、盯紧关键环节、强化监督落实，确保高质量完成各项整改任务。要切实抓好党史学习教育，深入推进“我为师生办实事”实践活动，确保学习教育成果取得实效、经得起检验。要立足新发展阶段，贯彻新发展理念，服务新发展格局，更加自觉地把一流大学建设融入中华民族伟大复兴的进程中。要强化底线思维、筑牢安全防线，统筹疫情防控和事业发展，统筹发展和安全，积极防范化解各类风险隐患，确保“十四五”开好局、起好步，同时要着眼长远发展，科学谋划明年工作，把新百年良好的发展态势长期保持下去。

同志们！“装点此关山，今朝更好看”，中华民族伟大复兴的壮美画卷正徐徐铺展开来。让我们响应党中央号召，更加紧密地团结在以习近平同志为核心的党中央周围，全面贯彻习近平新时代中国特色社会主义思想，大力弘扬伟大建党精神，勿忘昨天的苦难辉煌，无愧今天的使命担当，不负明天的伟大梦想，以史为鉴、开创未来，埋头苦干、勇毅前行，在新时代新征程上奋力谱写高等教育强国梦的厦大篇章，以更加昂扬的状态、更加优异的成绩迎接党的二十大召开！

强化思想引领　健全工作体系　推动深度融合　努力开拓新时代学校党建工作新格局

——在厦门大学党建工作暨全面从严治党警示教育大会上的讲话

（2021 年 11 月 17 日）

张　荣

根据学校党委决定，今天我们在这里召开全校党建工作暨全面从严治党警示教育大会，这是继 2019 年召开全校党建工作会议后的又一次党建工作推进会。这次会议的主要任务是：深入学习贯彻党的十九届六中全会精神，深入学习贯彻习近平总书记“七一”重要讲话和关于加强高校党建工作的重要论述精神，贯彻落实《中国共产党普通高等学校基层组织工作条例》，认真落实第二十七次全国高校党的建设工作会议精神，总结工作、分析形势，研究部署加强学校党的建设工作，推动全面从严治党向纵深发展。

刚刚胜利闭幕的党的十九届六中全会是在我们党成立一百年的重要历史时刻，在向第二个百年奋斗目标迈进的重大历史关头召开的，具有重大现实意义和深远历史意义。全会强调必须继续推进新时代党的建设新的伟大工程，坚持全面从严治党，坚定不移推进党风廉政建设和反腐败斗争。昨天，新华社全文播发了这次全会通过的《中共中央关于党的百年奋斗重大成就和历史经验的决议》，在总结党的百年奋斗重大历史经验时特别强调要坚持自我革命，并在第七部分“新时代的中国共产党”中指出：“全党必须铭记生于忧患、死于安乐，常怀远虑、居安思危，继续推进新时代党的建设新的伟大工程，坚持全面从严治党，坚定不移推进党风廉政建设和反腐败斗争，勇敢面对党面临的长期执政考验、改革开放考验、市场经济考验、外部环境考验，坚决战胜精神懈怠的危险、能力不足的危险、脱离群众的危险、消极腐败的危险。必须保持越是艰险越向前的英雄气概，敢于斗争、善于斗争，逢山开道、遇水架桥，做到难不住、压不垮，推动中国特色社会主义事业航船劈波斩浪、一往无前。”

我们要全面系统学习领会全会精神的丰富内涵与核心要义，深入学习《中共中央关于党的百年奋斗重大成就和历史经验的决议》这一篇马克思主义的纲领性文献，认真落实全国、全省高校党的建设工作会议精神，努力开拓新时代学校党建工作新格局。今天，我讲四个方面内容：

一、充分认识加强新时代高校党建工作的重要意义

以一流党建引领一流大学建设，以改革创新精神全面加强党的建设和思想政治工作，是加快推进高校“双一流”建设、实现高质量内涵式发展的坚强政治保证。我们必须提高政治站位，深刻认识新时代高校党建工作的重要意义，把党建工作做好、做细、做扎实。

第一，加强高校党的建设，是新时代推进党的建设新的伟大工程的内在要求。高校党建是党的建设新的伟大工程的重要组成部分，加强高校党建是推进党的建设新的伟大工程的应有之义。习近平总书记在全国教育大会上指出，各级各类学校党组织要把抓好学校党建工作作为办学治校的基本功，把党的教育方针全面贯彻到学校工作各方面。党的全面领导，是教育事业发展的“定海神针”。党在高校的政治建设、思想建设、组织建设、作风建设、纪律建设和制度建设抓得如何，关系到高校能否坚持社会主义办学方向，关系到高校能否坚持扎根中国大地办教育，关系到高校能否坚持以人民为中心发展教育，关系到高校能否坚持把立德树人作为根本任务。因此，加强高校党的建设对于推进中国特色社会主义教育事业、实现教育强国梦至关重要。

第二，加强高校党的建设，是新时代教育服务中华民族伟大复兴使命的政治保障。实现“两个一百年”奋斗目标、实现中华民族伟大复兴的中国梦，归根到底靠教育、靠人才。习近平总书记在全国教育大会上强调，要坚持把服务中华民族伟大复兴作为教育的重要使命，在统筹推进

“五位一体”总体布局、协调推进“四个全面”战略布局的伟大实践中，进一步提升教育服务经济社会发展能力。高校要立足“两个大局”，推动党建和思想政治工作守正创新，引导广大师生员工心怀“国之大者”，把握大势，敢于担当，善于作为。领导干部心怀“国之大者”，方能在深刻把握国内外大势、时代特征的基础上更好谋划学校发展。广大教师心怀“国之大者”，方能深刻理解把握时代潮流和国家需要，敢为人先、敢于突破，以聪明才智贡献国家，以开拓进取服务社会。广大青年学生心怀“国之大者”，方能爱国爱民，不断增强做中国人的志气、骨气、底气，树立为祖国为人民永久奋斗、赤诚奉献的坚定理想。

第三，加强高校党的建设，是新时代建设中国特色世界一流大学的根本保证。习近平总书记明确指出，“我们要建设的世界一流大学是中国特色社会主义的一流大学”。这为我国方兴未艾的“双一流”建设确立了明晰的目标，也为新时代高等教育事业的发展指明了前行的方向。纵观世界一流大学发展的历史进程，任何一所一流大学，都是在服务自己国家发展中成长起来的。我国有独特的历史、独特的文化、独特的国情，决定了我国高等教育在瞄准世界一流目标的同时，必须走自己的发展道路，扎实办好中国特色社会主义高校。新中国成立以来，特别是改革开放以来，我国的高等教育事业实现跨越式发展，高等教育的规模和质量都得到不断提升。这正是“坚持扎根中国大地办教育”“坚持党对教育事业的全面领导”的有力证明。办好中国的事情关键在党，坚持党的领导是中国特色社会主义最本质的特征，也是发展中国特色社会主义教育事业的根本保证。高校在建设中国特色世界一流大学过程中要坚持党建引领，为建设世界一流大学指引方向、凝心聚力，源源不断提供战斗力、执行力和强劲支持。

第四，加强高校党的建设，是新时代落实高校立德树人根本任务的关键所在。教育的目的在于育人。习近平总书记指出，教育改革发展必须“坚持把立德树人作为根本任务”，而“加强党对教育工作的全面领导，是办好教育的根本保证”。一是高校党建为立德树人“正方向”。教育具有政治属性，我国教育的社会主义性质决定了教育“四个服务”的政治功能，这是立德树人的根本方向。因此，高等教育要旗帜鲜明讲政治，引导青年坚定听党话跟党走，鼓励青年把人生理想融入国家和民族的事业中，培养青年成为实现中华民族伟大复兴的重要生力军和中坚力量。二是高校党建为立德树人“开道路”。立德树人要出实效，必须坚持科学的方法。高校党建要以马克思主义为指导，坚持用习近平新时代中国特色社会主义思想铸魂育人，让爱党爱国融入青年的血脉基因，使教育事业的中国特色更加鲜明。三是高校党建为立德树人“定目标”。为党育人、为国育才是教育事业的根本导向，高校党建只有抓好思想政治教育工作，才能真正把青年培养成危急时刻豁得出、紧要关头扛得住的社会主义事业建设者和接班人。

二、准确把握学校党建工作面临的新形势新任务新要求

站在“两个一百年”历史交汇点，面对新形势新任务新要求，学校党建工作面临的机遇和挑战共存。从国际来看，世界百年未有之大变局正加速演进，全球范围内新一轮科技革命和产业变革蓬勃兴起，新冠肺炎疫情加速国际旧秩序瓦解。从国内来看，我国处于近代以来最好的发展时期，全面建设社会主义现代化国家的新征程已经开启。从高等教育的发展来看，国家、社会和人民对高等教育的期待不断提高，国内高校之间竞争愈加激烈，师生发展成才的诉求逐渐多元化。从自身发展来看，学校在培养时代新人、服务区域发展和国家战略、增强中华民族凝聚力和向心力方面，既责无旁贷，更大有可为。学校得到党中央和各级领导的高度重视和大力支持，各方面建设取得长足进步，综合实力和办学美誉度稳步提升。2021 年 4 月 6 日建校百年之际，习近平总书记发来贺信，赋予厦门大学与时俱进建设世界一流大学的历史使命和时代责任，并从全面建设社会主义现代化国家、实现中华民族伟大复兴中国梦的全局高度，对厦门大学新百年发展提出期许和要求，为我校全面建设中国特色世界一流大学指明了前进方向、提供了根本遵循、注入了强大动力。

近年来，在学校党委的坚强领导下，在全体党员、干部和师生员工的齐心努力下，党建工作得到了全面加强，学校各项事业发展呈现出新面貌。一是制度建设更加完善。学校党委将制度建设贯穿在党建各项工作中，完善了政治建设、思想建设、组织建设、作风建设、纪律建设等方面的工作制度，建立了较为完备的制度体系，细化了党建工作的具体要求，为党建工作落地落实提供了制度保障。二是基层党建工作不断夯实。优化基层党组织运行机制，出台基层党组织系列管理办法，以提升组织力为重点，加强标准化规范化建设，推进基层党建“对标争先”和“示范创建、质量创优”工程建设，扎实开展基层党组织书记抓基层党建述职评议考核，推动基层党组织全面进步全面过硬。三是一些困难问题得到解决。定期开展党建工作调查研究，完成一届党委巡察全覆盖任务，认真研究、着力破解学校党建工作中的困难和问题，针对重点难点工作进行系统谋划、顶层设计和整体部署，持续改革创新，成效不断显现。四是师生精神风貌昂扬向上。狠抓党风校风学风建设，“不忘初心、牢记使命”主题教育成果巩固拓展，党史学习教育扎实有效，“我为师生办实事”深入开展，建党百年、建校百年等重大活动成功举办，疫情防控、脱贫攻坚等重大任务彰显初心使命，各级党组织坚强有力、朝气蓬勃，广大党员干部冲锋在前、主动担当，全校师生员工迎难而上、忘我拼搏，谱写了厦大人真抓实干、奋力前行的动人篇章。这些成绩和进步是我们做好党建工作的重要基础，也为我们进一步加强党建工作、提升工作水平增强了信心。

在总结、肯定成绩的同时，我们也要看到，同新时代新使命新要求相比，我校党建工作还存在一些差距和不足。为开好这次会议，学校党委深入学习贯彻党的十九届六中全会精神，深入学习贯彻习近平总书记关于加强高校党建工作的重要论述，认真对标习近平总书记重要贺信精神，对照基层组织工作要求，对标中央第七轮巡视反馈意见，进行了广泛调研，全面、系统、深入梳理了当前学校党建工作存在的主要问题。

(一)党建工作体系不够健全

健全高校党建工作体系是第二十七次全国高校党的建设工作会议提出的一个重要命题。只有建立健全系统完备、运行有效的党建工作体系,党对学校的领导才会坚强有力,学校事业才能持续健康发展。目前我校党建工作体系还不够健全,主要体现在几个方面:一是党对学校工作全面领导的工作体系不够完善。对照中央要求,围绕坚持和加强党的全面领导,把党的领导贯穿办学治校的各方面各环节做得还不够,党建与业务深度融合尚有差距,对学校各级党组织的主要职责充实不够,有些单位党组织的延伸管理存在缺漏。比如有些研究院党组织对如何开展工作还不够明晰;党委各部门协作有待进一步加强,抓党建工作合力不够,大党建工作格局尚不健全。二是全面提升党建质量的工作体系不够完善。贯彻落实新时代党的组织路线不够有力,基层党建工作存在薄弱环节。基层党组织研究党建工作规划、制订实施党建工作计划、研究解决党建存在突出问题等方面不够有力,仍然存在党建制度落实不到位、责任清单执行不到位、党建工作规范化科学化水平不高等问题。三是党建指导监督的工作体系不够完善。学校党委对学院党组织如何发挥政治功能和保障作用检查指导不够,基层党组织尚不能将学校党委和纪委部署的各项工作完全落实到位,全面从严治党的压力层层传导,但仍存在递减现象。党内监督体系仍不完善,在党委部门行使职能监督职责、二级单位党组织行使日常监督职责、党员行使民主监督职责方面,工作机制还不健全,监督作用没有充分发挥。

(二)思想政治工作守正创新不够

学校结合建党百年、建校百年开展系列活动,大力弘扬伟大建党精神和学校“四种精神”,思想政治工作取得了良好成效,但依然存在不少问题、面临不少挑战。一是“三全育人”的工作格局不够完善。对标中央要求,我们系统构建“三全育人”体制机制推进不够,思政课教师队伍规模仍存在较大缺口,思政课程和课程思政建设质量仍不均衡,研究生导师主体作用发挥不够充分,等等。学校、职能部门、学院三个层级的长效机制还没有真正建成,各部门主动服务育人的自觉、各学院在构建育人链条的创新都还不够,全校各单位和全体教职工立德树人的协同意识和能力有待增强。二是教师思想政治工作有待加强。教师政治理论学习的成效仍显不足,教师思想政治教育方式创新不够,师德师风建设长效机制还不完善。对人才政治引领和政治吸纳的工作力度还不够大,在青年教师尤其是海归人才中发展党员工作仍需加强。三是学生思想政治工作仍须发力。各部门各学院对在学生思想引领、内容方式、阵地建设等方面如何真正贴近学生实际,开展灵便高效的思想政治工作探索还存在不足,标杆性、创新性的思想政治教育工作成果不够凸显,有深度、有价值的研究成果不多。

(三)落实全面从严治党战略部署不够深入

全面从严治党在学校的推进程度直接关乎落实立德树人根本任务的成效。与新要求新任务相比,学校全面从严治党工作还存在着制度执行力有待加强、落实“两个责任”有待压实等问题。一是全面从严治党压力传导不够。学校对全面从严治党主体责任意识的教育力度不够,压力传导不够到位。这次中央巡视意见反馈,有的部门和学院对全面从严治党工作重视不够。二是党风廉政建设严抓不够。近几年我们大力推进内控建设,扎紧制度笼子,但是一些单位内控制度浮于表面、执行不到位,有些党组织对党风廉政建设工作主动监督检查不足,警示教育效果不明显,导致有的违纪行为多次发生。三是作风建设务实不够。激励干部围绕学校综合改革和“双一流”建设的力度还不够,破解难题、勇于担当的良好氛围还要进一步营造。有的单位在开展“我为师生办实事”方面主动性不够,让师生看到实实在在变化的举措还不多。

三、贯彻落实当前和今后一段时期学校党的建设总要求,努力开拓新时代学校党建工作新格局

学校党建工作事关根本、事关全局、事关长远,我们一定要从战略和大局出发,充分认识加强学校党建工作的深刻意义,把学校党建摆在突出位置,以高质量的党建引领推动学校高质量发展。

当前和今后一段时间学校党建工作的基本思路是:高举中国特色社会主义伟大旗帜,以习近平新时代中国特色社会主义思想为指导,深入贯彻党的十九大和十九届二中、三中、四中、五中、六中全会精神,将习近平总书记重要贺信精神作为学校一切工作的根本遵循和行动指南,围绕立足新发展阶段、贯彻新发展理念、构建新发展格局,全面贯彻新时代党的建设总要求和新时代党的组织路线,坚定不移加强党的全面领导,坚定不移全面从严治党,坚持社会主义办学方向,落实立德树人根本任务,全面提高党的建设质量和水平,努力让厦门大学党的建设和思想政治工作走到全国高校前列。

在这个过程中,要把贯彻落实习近平总书记“七一”重要讲话精神和关于加强高校党建工作的重要论述、学习习近平总书记重要贺信精神作为主线,牢牢掌握党对学校的领导权,确保党的建设贯穿管党治党、办学治校全过程,让党的领导在推动改革发展中的优势更加彰显。下一步,学校各级党组织要重点抓紧抓好健全党建工作体系、守正创新开展思政工作、推进全面从严治党等三个方面的工作。

(一)健全党建工作体系,进一步提升党建工作质量

第二十七次全国高校党的建设工作会议强调,要着力健全高校党建工作体系,压实高校党建工作政治责任。所谓体系,是指若干有关事物或思想意识互相联系而构成的一个整体。党建工作是一项系统工程,必须有一套科学的推进机制,按照学校党委“六个过硬”、基层党委“五个到位”、党支部“七个有力”的要求,坚持以党的政治建设为统领,建立健全学校党委、基层党委和党支部“三线联动”的立体化工作格局,打造党的全面领导工作体系,确保党的领导“一线贯通”,将党建工作的最新信号和压力层层传导到组织体系的“神经末梢”,畅通学校党建的每一公里。

一是加强顶层设计,健全党对学校工作全面领导的体

制机制。我们党是按照民主集中制原则组织起来的马克思主义政党，具有严密的组织体系。新时代坚持和加强高校党的建设，必须完善党对校院两级的领导体制机制。高校党委全面领导学校工作，承担管党治党、办学治校主体责任，担负把方向、管大局、作决策、抓班子、带队伍、保落实的职责。基层党组织强化政治功能，履行政治责任，保证教学科研管理等各项任务完成。我们要全面贯彻党的教育方针，坚持和完善党委领导下的校长负责制，健全"三重一大"集体决策议事规则，切实把党的全面领导落实到学校办学的各方面和全过程。要把学院党委会会议和党政联席会议执行情况列为校内巡察重点内容，加强专项督导，确保执行到位。书记、院长要带领班子成员深入研判、规划制定党建和事业发展的新制度新举措，建立科学管理体系，实现党建工作科学化。

二是优化协调机制，加强党委部门间的协同配合和运行效度。要进一步优化学校党委部门之间的协调运行机制，指导督促学院党委（党总支）发挥好政治功能。学校成立党的建设和全面从严治党工作领导小组，加强党委对学校党建和全面从严治党工作的领导；成立党委教师工作部、巡察办、党的建设工作办公室、人才工作办公室、政策研究室；建立党委专题会制度，党委部门集体研究贯彻落实党中央决策部署，制定学校党建工作重点任务。这为建立全面从严治党制度体系、健全党建工作任务落实机制作出了持续努力，值得进一步总结提炼。

三是树立鲜明导向，激活党建工作"神经末梢"畅通党支部"毛细血管"。党支部是党的基础组织。高校党支部作为高校基层党组织的"神经末梢"，担负着直接教育党员、管理党员、监督党员和组织师生、宣传师生、凝聚师生、服务师生的职责。建立校院两级党员领导干部基层党支部工作联系点，是发挥党员领导干部在党支部建设中的示范带动作用，指导帮助支部解决突出问题的有效方式。要继续落实好校院两级党员领导干部联系师生党支部制度，优化完善基层党建工作联络机制；指导党支部加强自身建设，强化党员教育管理，切实提升党支部组织力；加强党支部书记年度述职评议考核，指导督促党支部问题整改到位；加大对样板支部的指导和监督力度，发挥样板支部示范引领作用。

（二）坚持立德树人守正创新，推动学校思想政治教育工作提质增效

思想政治工作是党的优良传统、鲜明特色和突出政治优势，是一切工作的生命线。我们要充分认识新时代加强和改进思想政治工作的重要性，紧紧抓住思想政治工作体系建设这一主线，全面推进"三全育人"综合改革，以高站位、高标准、高水平推进思想政治教育工作。

一是加强党的创新理论武装。要抓住理想信念这个根本，一以贯之地学习贯彻习近平新时代中国特色社会主义思想，精心组织党的十九届六中全会精神的宣传宣讲、理论阐释，坚持用习近平总书记重要贺信精神领航世界一流大学建设，落实好《中共厦门大学委员会关于深入学习贯彻习近平总书记重要贺信精神，与时俱进建设世界一流大学的决定》。要完善党委理论学习中心组制度，坚持党委常委会"第一议题"学习制度，健全学习贯彻落实闭环机制。完善党员干部教育培训规划，健全理论学习体系，深化党史学习教育和"四史"宣传教育。加强马克思主义学院基础性、战略性工程建设，推动实现马克思主义理论学科高质量发展。加大力度挖掘福建和厦门作为习近平新时代中国特色社会主义思想重要萌发地、孕育地和实践地的深厚资源，深化对习近平新时代中国特色社会主义思想的研究和阐释。要着力构建以马克思主义为指导的哲学社会科学学科体系、学术体系、话语体系，努力建设一批一流的哲学社会科学学科。加强教材编审选用和对课堂教学的建设管理，坚持学术研究无禁区、课堂讲授守纪律、行为言论有底线。

二是健全教师思想政治工作体系和工作机制。要把教师队伍思想政治工作摆到维护政治安全、政治稳定的高度来抓，健全科学有效的教师思想政治工作体系和工作机制。深入推进教师思想理论教育，不断强化教师的政治理论学习，构建分层分类的教师常态化培训体系；聚焦青年教师、海外留学归国教师和高层次人才这三类重点人群，加大在这些教师当中发展党员力度。要切实抓好师德师风建设，全方位立体化开展优秀教师团队和先进个人选树宣传，全面加强师德规范教育，将师德考核摆在教师考核的首要位置，建立教师思想政治和师德师风违规违纪典型案例通报机制，持续开展"院长谈准则　书记亮警示"活动，严格落实约谈、问责制度。在校内巡察工作中，要将教师思想政治和师德师风建设情况作为重点监督检查内容，督促党政主要负责人落实责任。

三是提高学生思想政治工作水平。要办好思想政治理论课，不断推进课程改革，切实发挥思政课在学生思想政治教育中的主渠道作用。校院党政负责人定期上思想政治教育课或做形势政策报告，落实校院领导听课制度。要强化学生思想引领，以社会主义核心价值观为指引，深入推进重要节点、重大事件、重大活动的主题教育，深入实施"扬才班""马研班"等青年马克思主义培养工程，强化通识教育，深化专业教育，充分发挥课程对学生的价值引导作用，进一步加强研究生学术道德和学风建设。要推动思想政治工作改革创新，进一步加强队伍建设，逐步实现专职思想政治理论课教师足额配备，促进提升育人实效。

（三）深入贯彻全面从严治党方针，充分发挥全面从严治党引领保障作用

全面从严治党永远在路上，高校没有例外。要胸怀"两个大局"，立足新发展阶段，把严的主基调长期坚持下去，做到态度不变、决心不减、尺度不松，推动全面从严治党取得新成果，切实发挥全面从严治党引领保障高质量发展的重要作用。

一是坚持推动全面从严治党向纵深发展。全校各级党组织要始终把政治建设摆在首位，从始终牢记"两个确立"、坚决做到"两个维护"的政治高度，坚定执行党的政治路线，严守党的政治纪律和政治规矩。要将加强和改进党的建设各方面新举措新成果通过制度建设固化下来，不断

完善学校各级党组织议事决策制度，确保党的全面领导落到实处。要强化党政同责，班子成员严格履行“一岗双责”，层层传导压力，推动全面从严治党向基层延伸、向纵深发展。基层党委（党总支）主要负责同志必须切实担负起管党治党政治责任，始终保持“赶考”的清醒，努力提高政治判断力、政治领悟力、政治执行力。

二是坚决落实全面从严治党“两个责任”。以抓好中央巡视和审计整改为契机，将整改成果转化为管党治党、办学治校的思想自觉和行动自觉，固化为推进工作、推动发展的长效机制，持续推进学校治理体系和治理能力现代化。夯实管党治党责任体系，落实学校党委主体责任和纪委监督责任，拉紧党建工作的责任链条，把纪律建设延伸到每一个支部、每一名党员，让“坚持高线、守住底线”成为共识。纪检监察机关要会同有关部门加强对基层党委（党总支）主体责任、基层党委（党总支）书记第一责任人责任和领导班子其他成员“一岗双责”落实情况的监督检查。要完善巡察制度体系和工作体系，不断提高巡察工作质量，切实发挥校内政治巡察的利剑作用，涵养风清气正的校园生态。

三是坚持推动正风肃纪常态化长效化。持续强化监督执纪问责，实施重点领域和关口廉政风险防控制度，创新方式方法，增强监督合力，强化对权力、资金、资源集中的重点部门和关键岗位的监督，加强对中层领导班子贯彻落实全面从严治党主体责任的监督检查，开展精准靶向的意识形态风险点排查，及时纠正偏差、堵塞漏洞。贯彻落实中央八项规定精神，推进管党治党不断迈向严实紧，丝毫不能有歇一歇、松一松、缓一缓的念头。要提高“四种形态”运用水平，切实加强警示教育，加强违纪违法典型案例通报，教育广大党员干部和教职员工知敬畏、存戒惧、守底线，推动以案释纪、以案释法，以案促建、以案促治。

四、全方位推动学校党建工作与事业发展深度融合

推动高校党建与高校事业发展深度融合是第二十七次全国高校党的建设工作会议对做好当前和今后一个时期高校党建工作的重要要求。当前，学校已经开启创建中国特色世界一流大学的新征程，我们要进一步推动学校党建与事业发展同向同行，将党建优势转化为最大的发展优势，以一流党建激发学校发展新动能，走出学校党建与事业发展相互促进、共同提升的厦大新路。

（一）以“党建＋立德树人”打造新亮点

作为党领导下的高校，我们必须始终把立德树人作为根本任务，紧紧围绕“立什么德、如何立德，树什么人、为谁树人”的重点问题，健全“三全育人”的体制机制，加强对广大青年的政治引领，努力培养担当民族复兴大任的时代新人。

一是落实立德树人根本任务。强化党建工作“立德树人”的目标导向，多维度观照学生成长需求，将“立德树人”当成一项长期的工程抓牢抓实。积极推进党建工作与教育教学深度融合，坚持将思政教育融入教学全过程，坚持把党的思想政治建设与教育教学中的立德树人有机结合起来，坚持以社会主义核心价值观引领专业知识教育，推动社会主义核心价值观贯穿到专业课、实践课等教育活动全过程，形成学校思想政治教育新格局。加强师德师风建设，引导教师在爱岗敬业、教书育人、为人师表、关爱学生、廉洁从教、遵规守纪等方面作出表率。

二是优化学生成长服务体系。推进大学生骨干培养，不断优化“自强思源”优秀学生培养计划，系统推进课程培训、社会实践等项目，引导学生成为引领时代发展的“社会栋梁、世界桥梁”。提升资助育人工作效益，提高精准资助工作水平，深挖资助育人内涵，增强资助育人实效。促进学生高质量就业创业，完善“就业思政”工作体系，立足国家经济社会发展需要，引导毕业生到重点地区、重大工程、重大项目、重要领域和新兴业态就业。推动各类创新创业项目成长发展、落地见效，带动更多毕业生实现高质量就业。持续开展国防教育，加强宣传动员，坚持拥军优抚，积极引导有志青年投身国防事业。

三是建设高素质学生工作队伍。落实学校新时代辅导员队伍建设工作会议精神，完善辅导员队伍管理、培养和发展机制，突出“高进”“严管”“精育”和“优出”，打造一支与世界一流大学发展相匹配的高素质辅导员队伍。推动高校思想政治工作队伍培训研修中心高质量发展，不断提升培训研修项目质量，充分发挥中心在全国及区域的辐射带动作用，将中心打造成全国思想政治教育工作创新、队伍建设、学科发展的重要平台。

（二）以“党建＋队伍建设”激发新活力

中央人才工作会议强调，要坚持党管人才，坚持“四个面向”，深入实施新时代人才强国战略，全方位培养、引进、用好人才，加快建设世界重要人才中心和创新高地。队伍和人才事关一流大学建设，是一项必须牢牢抓紧、不可松懈的基础性、战略性工作，是学校党建与事业发展的重要融合点。

一是坚持党管人才原则。坚持党对学校人才工作的领导，突出政治标准，统筹用好学校各类人才资源，推动党中央关于新时代人才工作各项决策部署落地生效。加强对人才的政治引领，办好以在岗的南强青年拔尖人才为主的国情研修班，加强高层次人才理想信念教育；推荐高层次人才参加国家、省市各级部门组织的国情省情研修班，不断提高各类人才的思想政治素质和业务素质。

二是建立健全人才双向流动机制。建立党务思政与业务岗位干部流动机制，推进党务思政干部与业务干部双向兼任、双向交流，有意识地从青年党员干部当中培养党务人才、将业务骨干安排在党务岗位上锻炼，积极参与学校改革发展，加强政治历练，增强提升行政业务能力、战略运筹能力、实务管理能力。引导更多辅导员到教学科研一线锻炼，促使他们熟悉学校改革发展一线情况，提升解决复杂问题和应急处突能力，努力打造既懂政治又懂教育、既精通党务和思想政治工作、又熟悉业务和管理工作的复合型人才队伍。

三是探索队伍建设新模式。以党建引领不同学科人才凝聚共识、共同奋斗，推动各领域人才发挥特长和优势，形成更有组织力、凝聚力和战斗力的人才团队。以新时代高校基层党建工作锻炼和培养学术带头人，加强对在专业领域具有影响力和知名度的学术带头人的思想引领，进而按照"党性强、作风正、业务强、有威望、能奉献"的要求，把符合条件的学术带头人培养成党支部书记，充分发挥"双带头人"头雁效应，实现党建工作与队伍建设有机衔接、相得益彰。

（三）以"党建＋学科建设"促进新提升

坚持党的领导是确保学科建设始终沿着正确方向发展的前提和基础。面对新的学科发展趋势、特点，要坚持马克思主义指导地位，创新"党建＋学科"工作模式，发挥党建的组织优势和思想政治工作优势，在推动学科建设中找到新的发展着力点。

一是坚持一流党建引领学科发展。以一流党建为学科发展指引方向，始终坚持用马克思主义的立场、观点和方法来指导学科建设，确保学科始终沿着正确的政治方向发展。以一流党建为学科发展凝心聚力，坚持将党建工作转化为学科发展的组织优势、人才优势，紧密依靠全体师生，凝聚集体智慧，依托各类党建工作新载体，切实增强学科建设的向心力。以一流党建促进学科形成新的增长点，创新党建工作机制和活动模式，促进知识迁移，实践新方法，产生新理论，为学科交叉和新兴学科建设提供思想基础和实践途径。

二是优化完善"双一流"建设评价。认真贯彻执行《"双一流"建设成效评价办法（试行）》，将"加强和改进党的全面领导"设置为评价"双一流"建设成效的前置性指标维度。把党的建设和思想政治工作成效贯穿成效评价各个方面，作为"双一流"整体建设和学科建设成效、考核评价的统领性、决定性评价。探索建立定量评价与定性评议相结合的成效评价方式，探索构建科学有效的"双一流"建设成效评价体系，保障学校"双一流"建设全面有序开展。

三是充分发挥党支部在学科建设中的作用。按照有利于党员参加、有利于开展活动、有利于发挥作用、有利于与中心工作深度融合的原则，按学科、课题组、实验室等优化设置党支部，使支部在学科建设等工作中发挥更为重要的战斗堡垒作用。鼓励各学院将专业特色、学科优势融入党建工作，培育一批具有自身特点和传统特色的党建工作"名片"。将基层党建工作与学科建设紧密结合，围绕学科建设发展不断丰富支部工作内容，在共同实践中寻找融合点。充分发挥基层党组织的沟通协调功能，为学科建设提供联动服务平台。

（四）以"党建＋科学研究"展现新作为

创新是引领发展的第一动力。党对实施创新驱动发展战略的领导为我国建设创新强国提供了坚强政治保证。一流大学为创新强国建设提供最为有力的智力支撑，是知识更新、科技迭代、技术升级的最重要引擎，要在提升创新能力和服务发展水平中深化党建融合，确保科研和服务方向正确、措施有力、成效突出。

一是坚持科学研究正确导向。落实哲学社会科学研究中的政治性要求，引导教师牢记初心使命，正确把握意识形态与学术研究的关系，正确理解"学术自由"和"研究中立"，确保哲学社会科学研究的正确政治方向。突出党建引领，强化学术阵地的管理和建设，强化网络和新媒体平台监督，把好意识形态关。把"四个面向"作为学校科技创新工作的着力点和关键点，增强大局观念和全局意识，推动学校科技创新的战略布局更好地融入国家发展大局，在适应国家发展和人民群众对美好生活的向往需求中提出重大科学"真问题"，破解"卡脖子"难题，产出高质量成果，实现高水平创新。

二是实现党建科研同频共振。把党组织的政治优势、组织优势转化到科技创新的制度安排中，推动党建工作与科技创新工作统一谋划、同向推进、同步考核，确保党的建设与科技创新融为一体、同频共振。加强党组织对科技创新重大决策事项的把关定向，发挥集智优势，增进党政合力的决策共识和决策执行，增强科研工作向心力，共同促进重大科技成果产出。强化党建引领，主动作为，从"有什么，做什么"转变为聚焦实现高水平科技自立自强责任使命的"要做什么，做成什么"，加快汇聚重要科研创新要素，在承担重大科技计划、产出重大科技成果、建设重大科研平台等核心领域实现新突破。

三是塑造健康积极创新文化。大力弘扬科学家精神，加强学风研风建设，强化责任使命驱动、价值引领和目标导向，营造追求卓越、敢于突破、勇闯创新"无人区"的环境和文化。通过开展主题党日等活动，激励师生牢记服务科技强国建设使命，提升科技创新自信，敢于提出新理论、开辟新领域、探索新路径、产出新成果。围绕科技价值观、战略规划等内容，打造一批与党的理论政策有机融合的优质特色党课，引导师生把个人成长融入国家和学校的发展中。

（五）以"党建＋社会服务"打开新局面

当前国际形势错综复杂，我们要坚持以习近平总书记重要贺信领航，将党的建设与服务党和国家事业发展、推动对外合作交流紧密结合，在作出一流贡献中展示厦大风采。

一是提升服务能力。积极回应国家和区域发展重大需求，优化战略合作布局，加强政府、高校、社会的资源良性流通与转化，探索社会服务新路径，构建资源共享、优势互补、互相促进、共同提高的服务发展新格局。以党建引领科技服务，推进科技自立自强，努力打造"国之重器"，加快构建中国特色新型高校智库，为党和国家科学决策、民主决策、依法决策提供强有力的理论支撑和智力支持。积极打造福建省创新驱动发展的重要引擎，大力推动成果转化，全面融入、全力支持福建省全方位推进高质量发展超越。推动建设"两岸高等教育合作先行示范区"，精耕细作对台交流"前沿重镇"，打造台籍师生登陆"第一家园"，持续做好在校台湾学生国情教育工作，提升文化认同、增强国家意识。

二是服务"一带一路"。坚持正确政治方向，促进学校与"一带一路"沿线国家开展全方位务实合作，培育发展新的合作伙伴高校，用好国际优质教育资源。继续办好"21世纪海上丝绸之路"大学联盟，打造"海丝精品讲座系列"

"海丝游学计划"等品牌项目，拓展更多联盟高校，扩大"朋友圈"。进一步强化党委对海外办学的领导，全面提升马来西亚分校办学水平，打造一流人才培养体系、一流国际化师资队伍和多元文化并存的和谐校园，使其成为"一带一路"沿线国家教育科学文化交流的前沿支点。办好中国-东盟海洋学院，为"一带一路"沿线国家培养更多优秀专业人才。

三是推动文化传播。坚持文化自信，切实增强传承弘扬中华优秀传统文化的责任感和使命感，加大对外交流合作力度，积极吸引高层次外籍教师和高素质优秀学生来校工作学习、交流访问，通过精心策划外籍师生厦大校史校情、中国国情社情的文化实践活动，不断增强他们对中华文化的认同感，着力培育更多知华友华人士，引导他们传播中国声音、讲好中国故事。

（六）以"党建＋制度保障"彰显新成效

新时代要推动高校党建与高等教育事业发展深度融合，就是要强化促进融合的决策部署、责任落实、考核激励机制，确保在更加规范的秩序框架内运行顺畅、实施有效。

一是完善党建与事业发展一体谋划的议事决策机制。不断健全党委统一领导、党政分工协作、协调运行的工作机制，进一步健全贯彻执行民主集中制的具体制度，完善重大事项决策前的沟通酝酿机制和沟通协调机制，促进班子成员从党的事业角度审视学校改革发展问题，以事业发展的视角研究推动党的建设工作，确保从议事决策层面实现党建与事业发展的充分融合。进一步健全二级单位领导班子工作机制，优化二级单位党委会、党政联席会议事规则和程序，党政共同讨论和决定人事、行政、教学、科研等重要事项。

二是完善党建与事业发展一体部署的贯彻落实机制。找准党建与业务工作的结合点，紧扣党建工作和事业推进重点制定工作计划，逐项分解任务，推进同步制定党建责任清单和业务工作责任清单，推动党建和业务工作全方位、多层次、全过程的"双融入"。党员干部应树立"双融入、双提升"的业绩观，积极探索工作规律，在党建和事业发展之间搭建起桥梁，在工作中坚持目标统筹设计、资源统筹使用、进度统筹安排，构建融合发展、整体联动的工作格局。切实履行"一岗双责"，落实"齐抓共管"的责任制度，充分发挥高质量党建与高质量发展的"叠加效应"，实现党建与事业发展的相互促进、深度融合。

三是完善党建与事业发展一体考核激励监督的检查评价机制。围绕"以考评促党建，以党建促发展"的目标，将党建工作和业务目标同时纳入各单位年度考核。各级领导班子和领导干部开展年度考核时要坚持党建和业务工作同总结、同述职、同考核，以党建工作推动本单位中心工作、促进各项任务完成情况作为考核的重要内容。强化党建和业务考评结果相互应用，不断完善检查和反馈改进的工作机制，优化工作流程、完善考核评价体系。构建考核激励机制，提升党员干部抓党建、促融合、谋发展的主观能动性。开展日常监督指导，加强过程管理，多渠道跟进了解融合工作进展和动态，聚焦融合的重点、难点和焦点，及时发现解决融合中出现的问题，提炼好经验好做法，不断增强融合的深度和广度，提高融合的力度和精度。

同志们！党建工作是建设中国特色世界一流大学的根本保障，做好新时代学校党建工作使命光荣、责任重大。我们要高举习近平新时代中国特色社会主义思想伟大旗帜，认真贯彻落实习近平总书记关于高校党建工作的重要论述，全面贯彻落实习近平总书记重要贺信精神，不断增强"四个意识"、坚定"四个自信"、做到"两个维护"，牢记"国之大者"，以追求卓越、只争朝夕的奋斗精神全面加强和改进新时代学校党的建设，以一流党建工作引领"双一流"建设，努力培养德智体美劳全面发展的社会主义建设者和接班人。学习宣传贯彻党的十九届六中全会精神是当前和今后一个时期的重要政治任务，全校各级党组织要迅速把思想和行动统一到全会精神上来，以鲜明态度、实际行动、工作成效抓好学习贯彻落实，将初心融进灵魂、把使命扛在肩上，撸起袖子加油干、一棒接着一棒干，以优异的成绩迎接党的二十大胜利召开。

致知无央　充爱无疆

——在厦门大学 2021 届毕业典礼上的讲话

（2021 年 6 月 26 日）

张　荣

巍巍厦大，风华百载；济济英才，扬帆起航。今天，我们相聚在建南大会堂，怀着无比激动、喜悦又不舍的心情，为即将奔赴远大前程的同学们举行盛大的毕业典礼。首先，我代表学校向圆满完成学业的各位同学表示衷心的祝贺！向一直呵护培养你们成长成才的父母、师长和亲友致以崇高的敬意和衷心的感谢！今天，还有一些因去年疫情未能参加上届毕业典礼的同学，专程回校参加此次毕业典礼。让我们用热烈的掌声欢迎大家的到来！

四年前，我和大家一起来到厦门大学，成为一名光荣的厦大人。这几年，我们一起度过了一段美好时光，经历了很多难忘时刻。2017 年金砖国家领导人在厦门会晤，学校承担了重要的配套活动，大家团结一心、全力保障，向世界展示了一个充盈着大爱大美大气、洋溢着青春活力的厦门大学；2018年第四届中国“互联网＋”大学生创新创业大赛由厦大承办，大家凝心聚力、团结协作，打造了一届惊艳非凡的全球双创盛会；2019年举国隆重庆祝中华人民共和国70华诞，大家组织参加了丰富多彩的活动，抒发爱国之情，坚定报国之志；2020年新冠肺炎疫情大考，大家积极参与志愿服务和科研攻关，为打赢疫情防控阻击战作出了厦大贡献；2021年百年党庆和百年校庆筹备工作中，大家以高度的主人翁精神，满怀对党、对学校的热爱，倾情投入、无私奉献，用微笑和汗水绘就了一道道靓丽的风景线。感谢你们在人生最美好的时光里，圆满完成与厦大初识的约定，经历着、收获着、成长着，用青春书写了无愧于自己、无愧于母校、无愧于时代的精彩画卷！

时光缱绻，草木有情。今年校园里盛开的凤凰花格外明艳，似乎以它独有的方式向这个特殊的年岁表达别样的深情。今年是中国共产党成立100周年，再过五天，我们就将迎来党的百岁生日。100年前，中国共产党从嘉兴南湖的一艘红船扬帆起航。此后的100年，我们党在广袤的中国大地上，激荡起翻天覆地的滚滚洪流，扭转了百年沉沦的民族命运，创造了彪炳史册的伟大功业，谱写了人类发展史上的壮丽史诗。今年也是厦门大学建校100周年，81天前，我们刚刚庆祝了厦大的百年华诞。100年来，厦门大学始终紧跟党的前进步伐，与国家同呼吸、与民族共命运，为国家富强、民族振兴、社会进步作出了应有的贡献。令全体厦大人倍感温暖、备受鼓舞的是，习近平总书记致信祝贺厦大建校100周年，充分肯定学校百年办学成就，寄予殷切期望。习近平总书记的重要贺信为我们与时俱进建设世界一流大学注入了无比强大的信心和力量，必将指引学校各项事业迈上新台阶、开创新局面，也必将鼓舞全体厦大人矢志为增强中华民族凝聚力和向心力，为全面建设社会主义现代化国家、实现中华民族伟大复兴的中国梦作出新的更大贡献。我衷心希望同学们深刻领会习近平总书记贺信精神，牢记殷切嘱托，在自己的岗位上把贺信精神贯彻落实好。

“学海何洋洋，致吾知于无央”，“人生何茫茫，充吾爱于无疆”。100年前开校当日公布的厦大校歌传唱至今，生动诠释了百年厦大的办学理念与精神追求。厦门大学是一所具有光荣传统的大学，在百年征程中涌现出许多可歌可泣的人物与事迹。陈嘉庚、罗扬才、萨本栋、王亚南、陈景润……这一个个光辉的名字和传奇的故事奏响了“知无央，爱无疆”的动人旋律。他们有着共同的特质，就是始终将国家和人民放在至高无上的位置，至真至诚、至善至美，为我们留下了宝贵的精神财富。非凡的2021年赋予了本届毕业生特殊的身份和意义。你们是我国开启全面建设社会主义现代化国家新征程上厦门大学输送的第一届毕业生，也是厦门大学新百年的第一届毕业生。希望你们珍惜亲历建党100周年、建校100周年的荣光，在深入学习百年党史、百年校史的过程中，从中国共产党筚路蓝缕的探索史、砥砺奋进的创业史中，从厦门大学兴学图强的爱国史、自强不息的奋斗史中启迪智慧、砥砺品格，汲取前行的力量，将个人命运深深融入国家命运和时代洪流之中，致知无央，充爱无疆，在广阔天地中增长才干，建功立业。

如何才能“致知无央”，我认为要做到“三个坚持”。

一是坚持对真理的不懈追求。著名教育家陶行知说，“千教万教，教人求真；千学万学，学做真人”。希望你们涵养科学精神，在追求真理的道路上，保持旺盛的求知欲和好奇心，不要将自己的知识边界局限在所学领域，大胆想象、敢于深究、踏实求证，不断提升科学素养，以求实求真的品格为人生赋能。巴尔扎克说，“一个能思想的人，才真正是一个力量无穷的人”。马克思主义为我们提供了强大的思想武器，展示出强大的生命力和真理力量。同学们走向社会，要自觉从马克思主义真理中寻求解决问题的有效途径，学会运用马克思主义立场观点方法，认识世界、分析世界、改造世界。

二是坚持对创新的持久热情。百年厦大始终傲立时代前沿，彰显创新本色。一代代具有创新精神的厦大人以勇攀科学高峰、问鼎学术殿堂的信心和勇气，提出了许多原创性的理论观点，产出了一批推动社会发展、文明进步的重大成果。厦大历史上第一号毕业文凭的持有者林惠祥先生，是我国人类学领域的拓荒者，在厦门大学创办了我国第一个人类博物馆，他的《文化人类学》一书确立了中国人类学研究体系，他的《中国民族史》专著一直都是中国民族学研究的经典。他也是我国首个对台湾高山族开展调查研究的学者。100年后的今天，厦门大学的新一代人类学家王传超教授，与哈佛医学院等全球43个单位共同完成了东亚人类种群的基因组研究，在全球第一次公开中国台湾古人类基因组数据，直接证明台湾少数民族所属的南岛语族起源于大陆东南沿海，福建更是南岛语族祖源，为中国民族研究作出了新的重大贡献。现在的你们正处于具有极强创新潜力和创新活力的时期，在校期间获得的知识、技能储备为创新提供了坚实基础。在未来的学习或工作中，希望你们继续保持创新活力、发扬批判精神，敢于打破常规和所谓的“不合理、不能够”，不断启迪智慧，激发灵感，破解难题。

三是坚持对学习的终身践行。“吾生也有涯，而知也无涯”，终身学习是中华民族的优良传统。待会儿，年过九旬的陈孔立教授将作为老党员代表讲话。他是一位优秀的共产党员，是我校台湾研究的主要奠基人之一。虽已年过九旬，仍然耕耘不辍，为我们树立了终身学习、终身奋斗的榜样。成长从无捷径也永无止境，没有一蹴而就，也不总是一帆风顺。你们要保持学习热情、珍惜大好光阴，不给松懈甚至放纵任何可乘之机，在自我鞭策中持续成长，创造一个充实饱满、富有意义的人生。

如何做到“充爱无疆”，关键是心怀大爱，爱党爱国、爱民敬民、爱己达人，担起时代使命，高扬理想风帆。

希望你们爱党爱国，做一个有情怀的人。大好河山、伟大时代，值得我们把奋斗写在神州大地，把清澈的爱献给伟大的党、伟大的祖国。我们的大学长卢嘉锡先生曾回忆，在他远赴伦敦留学途中拜见陈嘉庚先生时，陈嘉庚先生郑重嘱咐他:“学成之后不要忘本,要回来好好报效祖国。”希望你们心有烛火、勇当先锋,站在时代前沿,立足党和国家需要,用行动践行爱国情、强国志,在奋斗中不断提升人生格局和境界,成为可堪民族复兴大任的时代新人。

希望你们爱民敬民,做一个有作为的人。人民是成就事业的力量源泉,是创造历史的真正功臣。正是由于我们党始终坚持以人民为中心,才能历经苦难,铸就辉煌。对我们而言,人民不是一个抽象的概念,人民其实就是身边的人。去年以来,很多同学在当地社区积极投身抗疫工作,这就是服务人民。贴近人民、服务人民、依靠人民,是人生价值得以实现和升华的重要途径。希望同学们能够学习平凡之中的智慧,感悟烟火之下的力量,心里装着人民、做事为了人民,无论任何时候或身处何地,都要坚守初心、涵养为民情怀,以个人的成长成才回馈人民、回报社会。

希望你们爱己达人,做一个有梦想的人。坚持自爱、自尊、自强是我们走好人生道路的内生力。在成长过程中,随着经历阅历不断增加,你们将懂得,透彻识己、诚实待己、用心爱己是一个人成熟的标志。“爱人者,人恒爱之;敬人者,人恒敬之。”每个人的能力总是有限的,面对漫长的人生道路,只有在自我与他人之间彼此输出爱与善意、传递互助力量,在有限的生命里关怀他人、贡献社会,我们才会愈发理解生命的真谛,我们自身的梦想也会一步步实现。我高兴地看到,近年来越来越多的同学选择到西部、到基层就业,本届人数达到新高。乡村振兴战略是实现美丽中国梦的重要途径。我尤为高兴的是,一大批同学将直接服务于这个国家战略。希望你们脚踏实地,在乡村振兴一线经风雨、强筋骨,作出大贡献,谱写新荣光。

同学们,《周易》有言:“天下同归而殊途,一致而百虑。”这句话的意思是,世间之事可以经由不同的道路而抵达同一个目的地;一致的目标可能来自不同的想法。人生有巨大的不确定性,这种不确定既带来了未知变数,也意味着更多机遇和选择。伟大的时代赋予了你们创造未来的无限可能,提供了实现价值、拼搏人生的万千形态。无论毕业后你们做了什么选择、因为什么出发,都要铭记“大道殊途同归”。对我们来说,这个“大道”就是“实现中华民族伟大复兴的中国梦”,这个“大道”既是所有梦想开始的地方,也是最终实现的地方。“青春厚爱奔跑者,时光不负追梦人。”我们每一个人都要胸怀中华民族伟大复兴战略全局和世界百年未有之大变局,坚定听党话、跟党走,致知无央,充爱无疆,朝同一个终点奔跑,向同一个目标汇聚,共同创造出我们最期待的美好世界!

“骊歌悠扬,蝉声渐远,仿佛就那么一瞬间,已开始想念。”同学们,离别的笙箫即将奏响。请记住:一所大学的荣光,不仅源于她的校园,而且源于她的校友。你们永远是厦大人,你们在哪里,厦大就在哪里!再过一会儿,我们将为同学们拨拂成熟的帽穗,目送你们豪迈出征。请在转身之时阔步向前,迈向海阔天空、气象万千的人生新舞台!

筑梦新百年　奋进新征程

——在厦门大学 2021 级新生开学典礼上的讲话

(2021 年 9 月 13 日)

张　荣

在厦门大学建校 100 周年的特殊年份,2021 级的厦大新生跨越山海而来,奔赴百年之约,我们满怀期盼与喜悦迎接你们到来。首先,我代表学校,对在你们成长道路上默默陪伴、无私付出的亲友和师长致以诚挚的敬意与感谢!对 2021 级全体同学表示热烈的欢迎和祝贺!

建南巍巍,钟声悠悠。厦门大学的一砖一瓦都镌刻着百载风华,一草一木都见证着世纪绵延,这一切更在 2021 这个特殊之年而愈发熠熠生辉。今年是伟大的中国共产党成立 100 周年。100 年来,肩负着为中国人民谋幸福、为中华民族谋复兴的初心使命,我们党团结带领人民历经千难万险,付出巨大牺牲,攻克了一个又一个难关,创造了一个又一个彪炳史册的人间奇迹。今年也是与党同龄、为国而立的厦门大学百岁华诞,习近平总书记发来充满深情厚爱的贺信,高度评价学校百年光荣传统、办学成效、优良校风和鲜明特色,对厦门大学新百年发展提出殷切期许,为我校奋进新百年征程指明了前进方向、注入了强大动力。在座各位新同学,你们是厦门大学新百年的第一届新生,也是我国开启全面建设社会主义现代化国家新征程上的第一届新生,注定是光荣而不平凡的一届!“以实现中华民族伟大复兴为己任,增强做中国人的志气、骨气、底气”,是时代对青年的要求,是党和人民对你们的热望,也是百年来澎湃在一代代厦大人血脉中的光荣与梦想。

百年厦大,以中国人的强志气拥抱祖国、希图报效。20 世纪初叶,积贫积弱的中国内忧外患,饱受欺凌。在“存亡绝续迫于眉睫”之际,被毛泽东同志誉为“华侨旗帜,民族光辉”的陈嘉庚先生,感念华夏“门户洞开,强邻环伺”,忧虑社会积弊未除、教育未遍、实业未兴,毅然从海外回到故乡兴学救国。他以“四万万之民族,决无甘居人下之理”的志气,抱定“今日不达,尚有来日,及身不达,尚有子孙,如精卫之填海,愚公之移山,终有贯彻目的之日”的执着,倾资创办厦门大学。1921 年 5 月 9 日,陈嘉庚先生特别选择五九国耻纪念日,即北洋政府与日本签订丧权辱国的“二十一条”的日子，为厦大校舍奠基，以期厦大师生永远铭记“勿忘国耻，奋发图强”。彼时的厦大，到校学生仅98人，教职工不到20人，但学校立下了“养成专门人才、研究高深学术、阐扬世界文化”的办学宗旨，志在建成“世界之大学”，“为吾国放一异彩”。厦门大学的建立，使中国的南方矗立起一所中国人创办的现代大学，开创了中国近代教育史上华侨兴办大学之先河，也由此将兴学图强、矢志复兴的凌云壮志深深地植入厦门大学的精神血脉。100年来，厦门大学秉持陈嘉庚先生的立校志向，在实现中华民族伟大复兴的历史征程中踔厉奋发、踵事增华。

百年厦大，以中国人的硬骨气百折不挠、自强不息。建校之初，优秀的厦大师生心忧天下苍生，不甘国家沉沦，积极追求真理，探寻救国救民道路。1926年2月，中共厦大支部在厦门大学囊萤楼诞生，这是福建省第一个党组织，罗扬才学长担任第一任支部书记。以此为起点，厦大囊萤之光，化为燎原之火，在大时代滚滚洪流里，成为信仰之光、真理之光，照亮八闽大地。面对反动派制造的白色恐怖和血雨腥风，罗扬才烈士奋勇抗争，英勇就义时高呼“不必为我悲伤，应踏着我们的血迹前进”，展现了共产党员的铮铮铁骨，用生命铸造了信仰和忠诚的丰碑。抗战烽火里，为守住东南高等教育火种，使“一所中国的大学，屹立在敌人的面前”，萨本栋校长带领厦大师生，内迁闽西长汀艰苦办学，誓言“未到‘最后一课’仍要“加紧研究学术与培养技能”。八年励精图治、坚韧办学，厦门大学不但保持了原有科系，还从零开始发展了土木、机电、航空等国家急需的工科院系，为战后建设培育杰出英才。长汀办学，厦门大学在远离大后方的东南沿海，延续了文化血脉，保存了学术实力，留住了“读书种子”，创造了一段荡气回肠、可歌可泣的爱国史、创业史、图强史，成就了“南方之强”的伟业。这种自强精神，激励着厦大人在面对困境时永远保持一股劲头、一腔热情、一份担当，在为国奋进的道路上无畏无惧、永不言弃。

百年厦大，以中国人的厚底气致知无央、止于至善。不管岁月如何变迁、形势如何变化，厦门大学始终以对国家的赤胆忠诚、对民族的责任担当，用跋涉不停的脚步守护壮丽的事业，用永不懈怠的奋斗托举腾飞的中国。王亚南校长是著名的马克思主义经济学家，他与郭大力教授合译的《资本论》三大卷，有力地促进马克思主义在中国的传播，为中国革命、建设和改革提供了强大的理论武器。他提出“应以中国人的资格来研究政治经济学”，为促进马克思主义中国化和建立“中国经济学”作出具有里程碑意义的贡献。陈景润学长发表“1＋2”详细证明，被公认是对哥德巴赫猜想研究的重大贡献，是筛法理论的光辉顶点，在科学前沿为中华民族赢得了极大荣誉。他的先进事迹和奋斗精神，激励着一代代青年发愤图强，勇攀科学高峰。100年来，厦门大学在中国教育史上首创海洋科学、高等教育学等学科，培养出多个学科的中国首位博士，提出产生重大影响的理论观点，产出一批具有国际领先水平的原创性成果。习近平总书记高度肯定厦门大学“培养了大批优秀人才，为国家富强、人民幸福和中华文化海外传播作出了积极贡献”。

同学们，“志气、骨气、底气是新时代中国青年的根、魂、源”。你们是厦门大学最新鲜的血液，希望你们从迈入校门的这一刻起，就始终牢记作为一名中国大学生的使命，响应习近平总书记的号召，不负时代，不负韶华，不负党和人民的殷切期望；希望你们从迈入校门的这一刻起，就始终牢记作为一名厦大人的责任，继承厦门大学光荣传统，涵养爱国报国的志气、自强不息的骨气、止于至善的底气，以蓬勃的青春力量，自觉肩负起新时代赋予的历史重任。

希望你们以天下为己任，胸怀为人类谋福祉的宏大抱负。中华民族历来秉持“天下大同”的理念，中国人向来讲究“天下和合，共为一家”“怀柔远人，和谐万邦”，中国传统知识分子也有“修身齐家治国平天下”的追求。“随着世界多极化、经济全球化、社会信息化、文化多样化深入发展，人类社会正以前所未有的紧密方式联系在一起，越来越成为‘你中有我、我中有你’的命运共同体。”中国精神、中国力量正在强有力地推动着中华文化迈向世界，中国智慧、中国方案正在越来越多地在世界发挥作用。我们要传承中国人的“天下观”，以“为天地立心，为生民立命，为往圣继绝学，为万世开太平”的博大情怀，用全球视野、世界眼光，正确认识发展大势，深刻理解“人类命运共同体”大义，在当前国际环境与形势日益复杂的情况下，弘扬和平、发展、公平、正义、民主、自由的全人类共同价值，让世界更文明，让人类更幸福。生态环境问题是当今人类社会面临的共同挑战，提升海洋碳汇能力，对应对全球气候变化、保护生物多样性和实现可持续发展具有重要意义，是促进人类进步发展的一项重要工作。对此，厦门大学的科学家们倡议发起海洋负排放国际大科学计划，积极为应对全球气候变化提供中国方案。近年来，厦大越来越多的高水平科研成果在世界舞台展现，成为显示新时代中国发展和文明进步的重要力量。厦大学子要敢于思考和解决人类面临的共同难题，努力成为构建人类命运共同体的建设性力量，为世界的持久和平、普遍安全、共同繁荣、开放包容、清洁美丽贡献智慧和力量。

希望你们心系国之大者，砥砺强国有我的使命担当。“此生不悔入华夏，来世还做中国人。”无数人用这句话对伟大祖国深情告白，体现了对中国人身份的无比自豪，和对中国特色社会主义道路、理论、制度、文化的无比自信。前段时间，《觉醒年代》这部电视剧热播，相信在座很多同学都观看过。这部电视剧以艺术化的方式表现了马克思主义在中国的传播过程和中国共产党诞生的必然性，展现了以毛泽东为代表的一大批青年人对人生价值意义的探讨和对救国救民道路的探索。先辈们的光辉事迹也深刻说明，只有将个人成长与国家发展紧密结合起来，才能实现灿烂辉煌的人生价值。爱国报国是百年厦大最鲜亮的底色。百年厦大史，每一页都深刻记录着厦门大学不忘初心使命，与国家民族荣辱与共、同向同行的铿锵步履；每一页都浓墨书写着一代代厦大人始终屹立时代前沿，为民族复兴挺身而出、焚膏继晷的壮志豪情。新冠肺炎疫情发生后，学校组织师生日以继夜开展科研攻关，在疫情的诊断、治疗、防护、传播机制等领域产出了一系列重大成果。研制出全球首个双抗原夹心法新冠病毒总抗体检测试剂，被世界卫生组织优先推荐用于血清流调。同时，正牵头研制鼻喷流感病毒载体新冠肺炎疫苗，这是我国新冠肺炎疫苗应急研发的五条技术路线之一，也是目前全世界第一个利用鼻喷方式接种的疫苗。这无不体现了厦大人一脉相承的家国情怀。我们要传承弘扬爱国主义精神，胸怀中华民族伟大复兴战略全局和世界百年未有之大变局，把"请党放心，强国有我"的口号喊响做实，当好社会主义建设者和接班人，成为可堪大用能担重任的栋梁之材。

希望你们不负青春韶华，练就为国为民的过硬本领。习近平总书记指出：当前"我们对高等教育的需要比以往任何时候都更加迫切，对科学知识和卓越人才的渴求比以往任何时候都更加强烈"。第二个百年奋斗目标的实现，归根到底还要靠人才、靠教育。"盛年不重来，一日难再晨。及时当勉励，岁月不待人。"你们正值青春年少，处于学习的黄金时期。厦门大学不仅是一所诗意栖居的美丽学府，更是一座问学求真的知识殿堂。希望大家珍惜在厦大的宝贵时光，全面掌握基本知识和技能，构建自己的知识体系；不断提升个人素养，学会自主性学习、研究性学习；涵养人文情怀和科学精神，树立正确的价值观和方法论。在这里，我想特别强调同学们要注重培养创意思维。未来社会、人工智能时代，很可能最稀缺的就是创意。创意实质上是逻辑思维、形象思维、逆向思维、发散思维、系统思维等多种认知方式的综合运用。当今社会已经进入以大数据、云计算、虚拟现实、人工智能等为代表的万物智能互联时代，学科高度交叉渗透、跨界融合深度演进、知识迭代速度前所未有。这就需要我们通过培养创意思维，敢为人先、敢于突破，以独立思考、破旧立新的精神和勇气，以创造性的观察能力、学习能力和思维能力从容应对未来挑战。总之，希望大家练就面向未来所需的精深的专业造诣，用真本领解决"卡脖子"问题，凭真本事服务强国建设。

最近，福建局部地区出现了新的疫情，学校也加强了疫情防控措施。请同学们一方面积极落实学校的各项防疫要求，配合做好防控工作，不聚集、少流动，做好个人卫生与防护，切实履行一个新时代大学生的责任与担当。另一方面充分信任党和政府，在疫情面前保持必要的定力和理性，不信谣、不传谣，按照学校的安排有序做好防疫工作，不过度反应，不干扰大局，发现问题及时向辅导员老师报告。

同学们，"志之所趋，无远弗届，穷山距海，不能限也"。人生不必苛求事事完美，但应追求道德学问日臻完善。进入新百年，迈上新征程，开启新生活，迎面不只有绚丽风景，更有无限可能。希望你们致知于无央，充爱于无疆，在不断奋斗中积聚青春搏击的能量，在为国家、为民族的赤诚奉献中绽放绚丽的青春梦想！

心系国之大者　造就卓越人才

——在校党委理论学习中心组 2021 年第 10 次专题学习上的发言

（2021 年 10 月 3 日）

张　荣

党的十八大以来，以习近平同志为核心的党中央立足中华民族伟大复兴战略全局和世界百年未有之大变局，坚持把创新摆在国家发展核心位置，把人才作为支撑发展的第一资源，全面深入推进人才强国战略，推动新时代人才工作取得历史性成就。刚刚召开的中央人才工作会议，是继 2010 年全国人才工作会议之后，在人才工作领域举行的最高规格会议，习近平总书记在会上发表重要讲话，明确了新时代人才工作的指导思想、战略目标、重点任务、政策举措，发出了加快建设人才强国的动员令，为我们做好人才工作指明了前进方向，提供了根本遵循。

第一，一流大学要努力成为人才汇聚地和倍增器，勇当新时代人才强国的建设者，为建设世界重要人才中心和创新高地贡献力量。国以才立，政以才出，业以才兴。以习近平同志为核心的党中央高度重视高校人才工作，在全国教育大会、全国高校思想政治工作会议等一系列重要会议上作出了重要部署，提出了一系列新观点新要求。在谈到高校人才工作时，习近平总书记指出，要培养造就一大批具有国际水平的战略科技人才、科技领军人才、青年科技人才和高水平创新团队，力争实现前瞻性基础研究、引领性原创成果的重大突破。今年是中国共产党成立 100 周年。回望我们党百年光辉历程，可以说，中国共产党的奋斗史，就是一部集聚人才、团结人才、造就人才、壮大人才的历史。今年是我校建校 100 周年，回首学校百年办学史，无论是建校之初还是内迁长汀办学，无论是新中国成立伊始还是改革开放以来，我们始终秉承陈嘉庚先生"独是师资一项，最为无上第一要切"的思想，坚持人才是支撑学校发展第一资源的理念，形成人人皆可成才、人人尽展其才的生动局面，各类人才的创新活力竞相迸发。面向新百年，踏上新征程，我们要按照习近平总书记"八个坚持"要求，把人才资源作为最可依赖、最可持续、最具潜力的战略资源，把服务发展作为人才工作的出发点和落脚点，大力实施“名师引育”战略，进一步深化人才体制机制改革，全力打造内外并轨、文理并重、梯次递进、能上能下、全程激励的可持续人才体系。要搭建人才干事创业的广阔舞台，以新时代卓越人才体系为主线、以学术荣誉体系和学术激励体系为重点，以人才评价改革为关键，着力破除“五唯”顽瘴痼疾，完善人才服务保障体系，营造有利于人才脱颖而出的制度环境，努力造就更多“大先生”。要建立人才工作目标责任制，落实各学院(研究院)人才培育引进主体责任，健全“一把手”抓“第一资源”机制，凝聚和吸引更多更优秀人才，推动实现高层次人才和团队建设新突破。

第二，一流大学要努力担起人才发源地、孵育地的重任，发挥培养人才主力军作用，着力培养堪当民族复兴大任的时代新人。今年4月20日，习近平总书记在清华大学考察时就指出，“中国教育是能够培养出大师来的”。今年5月28日，习近平总书记在中国科学院第二十次院士大会、中国工程院第十五次院士大会、中国科协第十次全国代表大会上的讲话时再次指出：“我国教育是能够培养出大师来的，我们要有这个自信!”在此次中央人才工作会议上，习近平总书记第三次强调，“我国拥有世界上规模最大的高等教育体系，有各项事业发展的广阔舞台，完全能够源源不断培养造就大批优秀人才，完全能够培养出大师。我们要有这样的决心、这样的自信”。同时明确指出：“要走好人才自主培养之路，高校特别是‘双一流’大学要发挥培养基础研究人才主力军作用，全方位谋划基础学科人才培养，建设一批基础学科培养基地，培养高水平复合型人才。”这三次重要讲话，深刻说明习近平总书记对高校人才培养充满信心，也饱含期待。在致厦门大学建校100周年重要贺信中，习近平总书记希望我们全面贯彻党的教育方针，落实立德树人根本任务，为党育人、为国育才。我们要坚定不移以习近平总书记重要贺信精神领航，用习近平新时代中国特色社会主义思想铸魂育人，坚定培养大师的自信，锻造培养大师的能力，统筹培养大师的资源，构建培养大师的体系，大力实施“育人优先”战略。要坚持“五育”并举，落实“四个回归”，深化“三全育人”综合改革，以更大的力度从以教师为中心向以学生为中心转变、以教为中心向以学为中心转变、以统一模式培养向以个性需求培养转变，培养造就一大批具有国际水平的战略科技人才、科技领军人才、青年科技人才和高水平创新团队，引导广大青年自觉肩负历史使命，坚定前进信心，立大志、明大德、成大才、担大任，着力造就堪当民族复兴大任的时代新人。

第三，一流大学要努力用好人才，为优秀人才建功立业创造条件，当好高水平科技自立自强的排头兵，主动担负起时代赋予的使命责任，心怀“国之大者”，为国分忧、为国解难、为国尽责。习近平总书记指出，“实现我们的奋斗目标，高水平科技自立自强是关键”。习近平总书记强调，要打造大批一流科技领军人才和创新团队，发挥国家实验室、国家科研机构、高水平研究型大学、科技领军企业的国家队作用，围绕国家重点领域、重点产业，组织产学研协同攻关。习近平总书记重要贺信更加明确了厦门大学在国家实施科教兴国、人才强国、创新驱动战略中的重要地位和在全面建设社会主义现代化国家历史新征程中肩负的使命责任。我们要坚持“四个面向”，强化“国家队”意识，大力弘扬王亚南、陈景润、蔡启瑞等老一辈科学家精神，大力实施“创新服务”战略，不断向科学技术广度和深度进军，凝练重大方向、谋划重大选题，加强基础前沿探索和关键技术突破，实现更多“从0到1”的创新。瞄准国家在能源、海洋、健康等领域的重大战略需求，加快建设一批交叉集成大平台、大基地、大装置，主持国家重大科技基础设施建设和大型仪器装备研制，打造“国之重器”，提升承担重大项目和产出重大成果的能力着力，着力解决“卡脖子”问题。积极推动构建教育、人才与产业、创新有机衔接的新格局，通过校企、校地的深入合作，与地方政府共同推进产学研一体化建设，推进产业、科技、人才、教育的有效合作，形成更有效率、更具优势的产教融合发展模式，努力在重大科技领域不断取得新突破，在服务发展中不断增强支撑和引领经济社会发展的能力和水平。

人才是立校之基、兴校之源、强校之本。下一步，我们要深入学习领会中央人才工作会议精神，深刻把握习近平总书记关于新时代人才工作的新理念新战略新举措，树立科学的人才成长观、选人用人观，以人才评价体系改革为龙头，构建符合高质量发展要求和一流大学建设需求的人才评价体系，营造有利于人才脱颖而出的制度环境，持续不断激发各类人才的创新活力和创造热情，为与时俱进建设世界一流大学，为我国加快建设世界重要人才中心和创新高地作出厦门大学新的更大贡献。

坚守根本任务　强化第一责任 全面推进人才培养高质量发展

——在厦门大学2021年人才培养工作会议上的讲话

（2021年9月7日）

张　荣

经过大家的共同努力，特别是在周大旺副校长和教务处、研究生院的辛勤工作下，为期一天的人才培养工作会议顺利完成各项任务，即将结束了。这次工作会内容丰富，紧凑高效。一天的时间里，大旺副校长做了专题报告，兄弟高校的两位专家介绍了经验，机关、学院和学部汇报了工作情况，大家还进行了分组讨论，提出了很多建设性意见和建议。刚才，4位同志代表小组发言，讲得很好，听了很受启发。总之，本次会议取得了圆满成功，达到了预期的效果，对学校人才培养工作必将产生重要的推动作用。自去年务虚会以来，我们人才培养工作成效显著，主要表现在：一是五育并举促进学生全面发展，二是学生成长成才空间进一步拓展，三是教育教学成果取得新突破，四是高质量育人评价体系进一步完善，五是内部质量保障体系建设进入新阶段。今天早上大旺副校长的工作报告已进行了总结，我就不展开讲了。在这里，我代表学校向大家的无私奉献表示衷心的感谢！借这个机会，我也和大家交流几点意见。

一、提高站位，准确把握新时期、新形势下的人才培养目标定位

今年4月6日，习近平总书记致信祝贺厦门大学建校100周年，为我校奋进新百年征程指明前进方向、注入强大动力，在厦门大学发展历程中具有重大而深远的意义。习近平总书记的重要贺信情真意切、思想深邃，高度评价厦门大学百年光荣传统、办学成效、优良校风和鲜明特色，明确提出要全面贯彻党的教育方针，落实立德树人根本任务，为党育人、为国育才，并从全面建设社会主义现代化国家、实现中华民族伟大复兴中国梦的全局高度，在中国高等教育进入新的历史时期，对厦门大学新百年发展提出期许和要求：与时俱进建设世界一流大学。习近平总书记重要贺信使我们更加明确了厦大在国家实施科教兴国、人才强国、创新发展战略中的重要地位和在全面建设社会主义现代化国家历史新征程中肩负的使命责任，是我们坚定自信建设中国特色世界一流大学的动力源泉。

9月4日，中央第五巡视组向学校党委反馈了巡视情况。巡视组既实事求是地评价了学校的工作，肯定了学校取得的成绩，如特别指出：人才培养能力不断增强、培养质量有所提升，又客观中肯地指出了存在的突出问题，如：落实立德树人根本任务不够到位，思想政治教育工作有不足，思政课教师队伍建设存在薄弱环节，教材体系建设有欠缺等。这些问题定位准确、直奔关键、对我们接下来做好整改工作提出的意见具有很强的指导性、针对性。我们一定要深刻领会习近平总书记关于教育重要论述的科学内涵，准确把握习近平总书记致我校建校100周年重要贺信的精神实质，始终把立德树人作为根本任务，紧紧围绕“培养什么人、怎样培养人、为谁培养人”这一根本问题，以中央巡视反馈意见整改落实为契机，坚持人才培养的正确方向，不断提高人才培养质量，以实际行动做到“两个维护”。

第一，从党和国家对人才培养的要求来看，突出立德树人根本任务，强调培养德智体美劳全面发展的社会主义建设者和接班人。

自2010年以来，特别是党的十八大以来，高等教育发展取得了举世瞩目的成就，实现了历史性飞跃，高等教育正经历从教育大国走向教育强国的历史性转变。2019年，《中国教育现代化2035》，明确提出到2035年总体实现教育现代化，迈入教育强国行列的总体发展目标，及建设世界一流大学、加强创新人才培养等具体要求。近年来，国家和教育部的3个重大改革方案均对创新人才培养提出更高、更明确的要求。具体包括：(1)中央出台《深化新时代教育评价改革总体方案》，明确提出要改革学校评价，推进落实立德树人根本任务，坚决克服重智育轻德育、重分数轻素质等片面办学行为，促进学生身心健康、全面发展。(2)教育部公布新一轮“双一流”总体方案、指导意见等，将培养拔尖创新人才作为五大建设任务之一，提出要坚持立德树人，突出人才培养的核心地位，引导学生成长成才。(3)教育部发布新一轮本科教育教学审核评估实施方案，首要变化就是强化立德树人，要求牢牢把住习近平总书记反复强调的“两个根本”，把立德树人融入评估全过程、全方位，五育并举培养时代新人，并在评价指标上，将立德树人“软目标”变成“硬指标”。这些都表明，以人才培养为重心，坚持立德树人根本任务，促进学生德智体美劳全面发展，构建高质量教育体系已经成为中国高等教育发展，特别是一流大学发展的新使命、新特征和新要求。习近平同志指出，“高校只有抓住培养社会主义建设者和接班人这个根本才能办好，才能办出中国特色世界一流大学”。因此，要从促进学生全面发展的根本需求出发，认真思考如何帮助学生更有效地掌握知识技能、更快速地提升学习能力、更充分地涵养人文情怀、更深入地树立科学精神、更好地实现人生价值，使学生真正成长为德智体美劳全面发展的社会主义建设者和接班人。

第二，从未来社会发展形态对人才培养的要求来看，我们要培养学生的创意思维。

当前，我们已经进入以大数据、云计算、虚拟现实、人工智能等为代表的万物智能互联时代，有人称之为“后摩尔时代”，学科高度交叉融合、知识数量急剧增长、知识更新迭代速度前所未有，我们现在教给学生的知识不可避免会滞后于未来实际的发展需求。同时，我们所处的世界在不断加速变化，电脑、市场、潮流、产品周期等更新越来越快，新技术、新产业、新职业不断涌现，两位牛津大学教授共同撰写的《雇佣的未来》一文中，提出未来10到20年将有一半以上的职业会逐渐地消失。我们应该着重培养学生什么样的思维和能力，以帮助学生更好直面飞速发展的世界、应对变幻莫测的未来？

以前我们较多谈创新、创业、创造，今天我想强调创意思维培养。创意，顾名思义，就是头脑中创造性的构想，就是我们平时说的“点子”“主意”或“想法”，更准确地说是一个“引子”，是一切创造与发明的前奏。从这个意义上来说，创意实质上是逻辑思维、形象思维、逆向思维、发散思维、系统思维等多种认知方式综合运用的结果。可以说，没有创意，就没有创新和创造，它是一种现代性很强、未来性更强的能力。英国国会在1998年就指出人们的想象力是国家最大的资源。创意教育从根子上关系国家创新能力的建设，自主创新能力通过创意产业转化为生产力，才能推动中国制造转变为中国创造。可见，创意尤其重要。我们需要通过创意教育帮助学生建立这种新的学习方式和思维方式，鼓励学生在面向未来时，能够敢为人先、敢于突破，并具备独立思考、破旧立新的精神和勇气，以及创造性的观察能力、学习能力和思维能力。我校重视创意人才培养，与英国大学合作设立了创意与创新学院，主动与国际接轨培养具有全球视野的创意创作人才，创意教育取得了实际进展。

第三，从学校新百年发展要求来看，我们要培养能够引领未来的时代新人。

今年是厦门大学建校100周年，从人才培养使命看，一百年来，学校始终怀抱陈嘉庚先生“与世界各大学相颉颃”“为吾国放一异彩”的宏愿，立足厦门、扎根福建、面向世界，先后培养了40多万优秀人才，涌现出一大批优秀的科学家、教育家和企业家，他们成为社会主义现代化建设的中流砥柱和栋梁之材，为国家富强、民族复兴、社会进步作出了应有的贡献。今日之厦大，人才辈出，英彦蔚起，人才培养质量不断提高，毕业生成为社会最受欢迎的群体之一。

面向新百年，学校人才培养应该担起什么样的历史使命？厦门大学曾经历了从新中国成立前的“教育救国”到新中国成立后的“教育兴国”转变，当下正从“教育兴国”到“教育强国”的历史机遇转变。放眼全球，世界高等教育强国必须有一批世界一流的大学，这些一流大学不仅是一流科研的聚集地、一流人才的诞生地，更是一流学术思想的策源地和一流人才培养制度体系的输出地。习近平总书记指出，“努力构建中国特色、中国风格、中国气派的学科体系、学术体系、话语体系，为培养更多杰出人才作出贡献”。基于这样的历史使命，我们必须以更高的政治站位、更坚定的理想信念、更强烈的历史责任、更宽广的发展视野来定位我们的人才培养，厦门大学应当实现从走近世界到拥抱世界到引领世界的历史性转变，我们培养的人才应当是能够引领社会发展的拔尖创新人才。我经常强调人才培养的四个特征，其中首要特征就是引领性，要培养具有引领能力的民族精英，能够发展成为各行各业的领军人才，成为社会主义建设事业的骨干力量和栋梁之材，他们会越来越多地走到世界舞台中央去展示甚至去引领，他们能够自信地讲好中国故事、体现中国实力、展示中国风采。

第四，从学生自身发展需求来看，我们要着重培养学生面向未来的自主性学习能力。

在传统教学模式下，教师主宰课堂，学生在教师的掌控之中学习知识。随着现代信息技术飞速发展并深度融入教育教学领域，极大地扩充了学生知识获取的渠道，学习机会和空间被无限延伸，传统课堂不再是知识获得的唯一来源，学生通过多途径能随时、随地找到海量的学习资源。特别是随着大数据、学习分析、学习测量等技术在教育教学领域的运用，学习已经实现从“人找学习资源”向“学习资源找人”的智能化转变。这就要求学生必须具备较高的自主学习能力，从被动接受知识变为主动探索发现知识。与此同时，随着互联网环境成长起来的新一代大学生，他们思维活跃、个性多元，有着更高的自我学习的内在需求。

因此，要重视学生自主学习能力、终身学习意识的培养，引导学生通过自我规划、自主学习、自我发展提升主动获取知识、发现知识的能力，以自豪地面对世界、自信地面对未来。具体到人才培养环节，就是要强化学生的硬实力和软实力。硬实力，就是扎实的专业素养；软实力，既要会听、会说、会读、会写，具有科学的思辨能力和良好的沟通交流能力，还要具有人文艺术的鉴赏能力、自然和社科的丰富知识，以及具有社会责任感和使命担当，具有全球竞争力，能够胜任未来挑战。

二、全面提升人才培养能力，培养德智体美劳全面发展的拔尖创新人才

习近平总书记在清华大学考察时强调，“要培养一流人才方阵。建设一流大学，关键是要不断提高人才培养质量”。新的发展阶段，需要贯彻新发展理念，想国家之所想、急国家之所急、应国家之所需，把立德树人作为根本任务，改革人才培养模式，创新人才培养机制，全面提高人才培养能力。

第一，强化价值引领高度。

今年是中国共产党建党一百周年，党的百年奋斗历史，让我们感受到了中华民族从站起来、富起来到强起来的伟大飞跃，中国开启了全面建设社会主义现代化国家新征程，这是国家发展新的历史方位，也是高等教育发展的历史方位。与此同时，世界正经历百年未有之大变局，国际经济、科技、文化、政治等格局都在发生深刻变化，大国之间的博弈和竞争将越演越烈。顺应时代发展的洪流，需要强化理想信念教育和国情教育，向学生讲清讲透“中国梦”，使学生敢于担当、善于作为，肩负历史使命、坚定前进信心。

一是强化理想信念教育。抓好马克思主义理论教育，把马克思主义的立场、观点、方法贯穿到学科和专业建设中，引导学生形成正确的世界观、人生观、价值观以及科学的方法论。要加强“四史”学习教育，让学生在学思践悟中坚定理想信念，坚定“四个自信”，做到“两个维护”，不断增强做中国人的志气、骨气、底气。加强学校百年校史和精神教育，帮助学生汲取红色养分、传承红色基因、守好红色根脉，树立为祖国为人民永久奋斗、赤诚奉献的坚定理想。要深化思政课改革，将立德与树人、育人与育才有机结合，寓价值观引导于知识传授和能力培养之中，促进学生成为有爱有德有情怀的人。

二是深入推进课程思政建设。正确把握课程思政建设的意义，习近平总书记强调，“人才培养体系涉及学科体系、教学体系、教材体系、管理体系等，而贯通其中的是思想政治工作体系”。“学校思想政治工作不是单纯一条线的工作，而应该是全方位的。要完善课程体系，解决好各类课程和思政课相互配合的问题，推动思想政治工作贯通人才培养体系，发挥融入式、嵌入式、渗入式的立德树人协同效应。”要从人才培养体系顶层设计出发，将思政要求融入培养方案、教学大纲等人才培养各个环节；同时，课程思政要实现课程教学及科研、实践等十大育人环节全覆盖。课程思政可以说无处不在、无时不有，要以此为“抓手”，推动思政课程、课程思政与其他育人渠道协同配合，使不同渠道育人环节连成一条线，不同线条和阵地组成全员、全程、全方位的思政教育大格局，进而支撑和推动高水平人才培养体系建设。

要加强课程思政教学研究，夯实“教育部课程思政教学研究中心”建设，设立一批课程思政研究重点项目，提高课程思政育人水平，加快推动课程思政融入课程教学体系和教材体系。构建课程思政教学共同体，马克思主义学院、教育研究院及其他相关学科教师应积极与专业学院教师“结对子”，探索协同推进课程思政建设新机制。强化课程思政示范课程建设，加大宣传力度，以点带线、以点带面，在全校形成示范效应，引导广大教师守好讲台主阵地，努力实现“一院一品牌、一课一特色”，推动学校形成“三全育人”的新氛围和新格局。加强课程思政实施的组织领导，完善党委统一领导、党政齐抓共管、职能部门组织协调、学院落实推进的工作体系。

三是提升导师育人能力。导师是研究生培养的第一责任人，要充分发挥研究生导师在研究生培养中的主导作用，全面落实导师立德树人根本任务，提高研究生培养质量，使导师真正成为研究生成长成才的指导者和引路人。一方面，要在加强导师引领上下功夫。发挥导师言传身教作用，既做学业导师，也做人生导师，着力构建和谐共进的导学关系。另一方面，要在提升育人能力上下功夫。提升导师的育人能力是提升研究生教育发展质量和水平的关键。导师要不忘立德树人初心，牢记为党育人、为国育才使命，秉承先进教育理念，推动知识文化传承发展，重视课程前沿引领，创新教学模式，丰富教学手段。

第二，加大招生改革力度。

一是要推动大类招生改革。打破学院、学科壁垒，加强对专业和人才培养的统筹，从人才培养实际出发，进行更完善、更彻底的设计，推进培养、招生、管理三位一体的大类改革。加强部门联动。推动形成生源质量、培养质量、就业质量相挂钩的招生计划动态调节机制，促进专业良性竞争与协同发展，构建适应经济社会发展需要、匹配学校办学定位和特色、符合学生发展需求的学科专业体系与人才培养结构。

二是要完善分类考试、综合评价、多元录取、严格监管的研究生考试招生制度体系。深化研究生综合评价改革，优化初试科目和内容，强化复试考核，综合评价考生思想品德、考试成绩、专业素养、实践能力、创新精神和一贯学业表现等，择优录取。健全博士研究生“申请—考核”招生选拔机制，扩大直博生招生比例，研究探索在高精尖缺领域招收优秀本科毕业生直接攻读博士学位的办法。

三是完善境外学生录取选拔机制。优化境外学生录取选拔流程和国际奖学金学生遴选机制，充分发挥学院在学术审核和综合素质把关方面的重要作用，进一步扣紧招生培养衔接环节，提高国际学生和港澳台侨学生生源质量。

四是加大开拓优质生源力度。设立优秀博士生培养项目，依托一流学科、一流导师团队，充分调动导师招生与培养的积极性和主动性，进一步吸引优质生源报考我校研究生。

第三，拓展人才培养广度。

随着新一轮科技革命和产业变革深入发展，学科之间、科学和技术之间、技术与技术之间日益呈现交叉融合的趋势，学科边界正在加速被打破，交叉学科、学科交叉、跨学科等成为新常态。在获得诺贝尔奖学者中，有41.02%的获奖者属于交叉学科。尤其在 20 世纪最后 25 年，自然科学奖中交叉学科领域占 47.40%。现代产业和未来技术的发展对跨学科的需求越来越迫切，需要着力拓展育人维度和广度，提高学生跨学科融通的能力。

一是培养体系要突出跨、融、通。要深化大类培养改革，构建“交叉融通”的跨学科培养模式，为学生设计适应其成长成才需要的灵活课程体系、教学形式、保障制度等，尽可能破解专业学籍等“身份”对学生的束缚。在此基础上，要做好跨学科协同培养，帮助学生搭起相关学科的核心知识、能力、视野的“脚手架”，建立起可延伸、想延伸的一套认知体系，激发对学习更浓厚的好奇心和更自觉的内驱力。要全面强化通识教育，以培养学生健全心智、健康人格、严谨思维、博爱胸怀、全球视野、广博学识和终身学习能力为宗旨，整合不同学科的教育资源，疏理、建立一套科学合理的通识教育体系，跨越专业界限，打通学科壁垒，引导学生广泛涉猎不同学科领域，体验不同学科思维方法，推动人文社科类学生具备基本的科学知识、科学精神和科学素养，加强对理工医类学生在人文、社会科学、艺术等方面的教育，让学生成为“真正意义上完善的人”。要注重将体育、美育、劳育融入人才培养全过程。“兴于诗、立于礼、成于乐”，要把以美育人、以美化人、以美培元作为发展推力，融合课程育人、文化育人和环境育人，引导学生树立正确的审美观念、陶冶高尚的道德情操、塑造美好心灵、增强文化自觉和文化自信。要加强体育和心理健康教育，提高学生心理健康工作针对性和有效性，着力提升学生心理健康素养，让学生在体育运动中享受乐趣、增强体质、健全人格、锤炼意志。要加强劳动教育，构建具有厦大特色的劳动教育体系，将劳动教育有机融入思想政治教育、第一课堂教学、社会实践活动、创新创业创造、社会公益服务和校园环境建设，实现以劳树德、以劳增智、以劳健体、以劳育美。

二是学科专业要突出跨、融、通。要突出优势特色，积极探索设置新兴交叉学科。围绕国家重大战略需求和学科发展前沿方向，积极回应“卡脖子”问题和经济社会需求，按照“新文科”“新工科”“新医科”及基础学科的发展需要，探索新的学科发展方向和学科增长点，设立若干具有战略意义的新兴交叉学科，促进学科交叉融合发展。探索建立学科交叉培养长效机制，依托协同创新中心、研究基地、重大科研平台，鼓励和支持研究生参与前沿性、高水平科研工作；搭建各类学术交流平台，鼓励研究生参与学术活动和社会实践活动。用好学科交叉融合的“催化剂”，打破学科专业壁垒，以新工科、新文科、新医科建设为引领，促进专业交叉与融合、协同与共享。

三是课程体系要突出跨、融、通。要基于跨学科大类招生培养需求，优化大类课程体系，拓宽口径、夯实基础、促进交叉融合，开发跨学科课程、交叉学科课程，打破主修和辅修课程的界限，建设双学士学位项目、跨学科联合培养项目，支持学生自主构建交叉复合知识结构、自主选择个性化成长路径。加强通识课程体系建设，打破学科藩篱，在各学科之间搭建一座四通八达的大桥，尽可能实现不同学科之间的互联互通，打造具有厦大特色、在国内有重要影响的核心通识课程及特色通识课程。汇聚各类优质资源，建立课程共建共享机制，优质教育教学资源建设包括通识教育是所有学院的头等大事，只有每个学院、每个专业都致力于打造出一流的共享课程，我们的学生才能获取更多成长空间。

第四，提升能力培养厚度。

人才是实现民族振兴、赢得国际竞争主动权的战略资源。中国特色社会主义进入新时代，人才资源作为经济社会发展第一资源的特征和作用更加明显，这也对培养一流人才提出更为迫切的要求。我们要培养的是具有核心竞争力的引领性人才，必须扎根中国大地，不断提高人才培养的厚度与深度，为国家高质量发展和高水平自立自强提供强有力的一流人才支撑。

一是推动本研一体化培养。据统计，在“双一流”建设A类高校中，本科毕业生的平均升学率已达到55.32%，双一流大学正在把关注点聚焦到学生的学术背景、思辨能力和研究性学习上面。要贯通本研人才培养，将本科生和研究生培养方案、课程体系有机衔接起来，促进本科生和研究生课程一体化、培养一体化、能力塑造一体化，鼓励本科生早进课题、早进实验室、早进团队，培养其研究性学习和科研创新能力。推进本研一体化教学改革，完善研究生招生机制，加强与“强基计划”等重点人才培养项目的衔接，对于基础较好、对基础研究兴趣浓厚的研究生，打通从应用学科转向基础学科培养的桥梁，为国家重大战略领域输送后备人才。

二是推动教育模式创新。科技创新速度显著加快、新兴科技快速发展，人类正在进入一个“人机物”三元融合的万物智能互联时代，现代信息技术极大拓展了时间、空间和人们认知范围，并促进了大学教育资源开放共享。特别是当前各个大学广泛开展的在线教育，让我们看到，大学本身的教育形态在变化，未来大学可能变成移动设备中虚拟的大学，师生在哪里，课堂就可以延伸到哪里，这也为我们推动教育教学创新开拓了思路。要积极探索人工智能助推教师队伍建设新路径，推动理念更新，着重培养学生批判性思维、创新创意精神和自主学习能力，彻底改变T2S(teacher to student)、U2S(university to student)等传统培养范式，向S2T(student to teacher)、S2U(student to university)培养范式转变。推动模式变革，推进以发现和探索为中心的教学创新，推行以学生为主体、教师为主导、研究型学习为核心的教学模式，强化课程学习互动性，构建课堂学习共同体。推动体系重构，现代技术使知识传输阶段的内容在课前完成，知识内化以及探究、反思、讨论环节在课中进行，所谓学习革命的“革命”、翻转课堂的“翻转”内涵就在于此，实际上是一种学习过程的颠覆。

三是推动科研优势转化为教学优势。要以高水平科学研究反哺教学，同时也把前沿的科研成果及时纳入教育教学中，探索用科研引领创新人才特别是基础学科拔尖创新人才培养，引导学生依托科研项目开展深层次科研实践训练及研究性学习。建设高水平科研创新平台和实习实训基地，进一步建立创新平台向人才培养开放的长效机制，把科技资源广泛纳入教学活动中，帮助学生能较早地接触学术研究、接受学术训练，培养学生的科学精神、创新思维和学术研究能力。依托教学课程组广泛开展教学学术研究与教学改革，主动把学科优势、科研优势及时转化为人才培养优势、教学优势，实现“教研相长、教学相长”。

四是推动产教融合育人。有效利用科研平台、校外实践基地等资源，积极打造高校、企业、社会育人联合体，提升科教、产教协同育人实效。搭建产教融合育人联盟，培养行业急需紧缺人才。大力开展“产教融合研究生联合培养基地”建设，与知名企业、龙头企业共同制定研究生培养方案，共同开设实践课程，推进课程设置与专业技术能力考核的有机衔接。与企业合作设立“定制化人才培养项目”。探索实施“专业学位＋能力拓展”育人模式，积极拓展专业学位培养实践基地，提升专业学位研究生职业胜任能力。

三、全面深化机制体制改革，推动人才培养高质量发展

今年是学校继往开来、乘势而上，全面开启建设中国

特色世界一流大学新征程的一年。各学院、各职能部门要以习近平总书记贺信精神领航，进一步坚定建设世界一流大学的信心和决心，凝心聚力、同心同向，全面深化教育机制体制改革，推动人才培养高质量发展。

第一，强化大局意识，担当起人才培养主体责任。

习近平总书记强调："领导干部要胸怀两个大局，一个是中华民族伟大复兴的战略全局，一个是世界百年未有之大变局，这是我们谋划工作的基本出发点。"在奋进新百年的起点上，各人才培养单位比以往任何时候都更要提高大局意识、全局意识，担起大任、负起使命，坚定不移做好人才培养各项工作。

一是坚持"放管服"，准确把握学校与学院的关系。学校与学院是人才培养的"命运共同体"，共同目标都是促进学生德智体美劳全面发展。要以教育评价改革为牵引，以"放管服"改革为切入，以"一院一策"改革为载体，通过授权的形式明确学校、学院的权责利，进一步向学院放权，激发学院人才培养的创新活力和内生动力，让学院想干事、能干事、干成事。学校将依托人才培养目标责任制，探索建立多劳多得、优劳优得的绩效奖励制度，促进学院以更加积极的姿态参与并推动人才培养改革，实现人才培养高质量、有特色发展。

二是坚持协同育人，正确理解学院与学院的关系。学院和学院也是人才培养的"共同体"，协作可以发展更好、走得更远。要打破学院交叉融合的观念壁垒、组织壁垒和制度壁垒，实现师资、课程、各类平台资源等共建共享，协同推动人才培养工作。要构建有利于共建共享、交叉融合的工作机制，着力推动学院之间相互支持，内部联结紧密、联系通畅，以充分集聚各学院优质资源，实现最优发展。要积极探索建立师资、成果、项目等方面交叉共建评价改革体系，形成融合培养的健康生态。

三是坚持教书育人，营造尊师重教浓厚氛围。教师是立教之本、兴教之源，没有高水平的师资队伍，就很难培养出高水平的创新人才，也很难产出高水平的创新成果。大学教师对学生承担着传授知识、培养能力、塑造正确人生观、促进全面发展的职责。要充分尊重教师在教育教学中的主体地位，深化教师育人激励机制改革，畅通教师发展路径，提高教育教学业绩比重，加大奖励力度，让教学质量高、教学成绩突出的教师得到认可、获得尊重，让教书育人事业更富有成就感和荣誉感，真正让教师热心从教、潜心从教。

第二，以评价改革为牵引，全面深化教育教学改革。

着力解决破除制约高质量发展的体制机制障碍，推动实施有利于优化教育资源配置、提高人才培养质量的重大改革举措，加快构建充满活力、富有效率、更加开放的人才培养机制。

一是聚焦学习成效，完善教师综合评价。遵循教育规律，着力破"五唯"，坚持把师德师风作为第一标准，改进结果评价、强化过程评价、探索增值评价、健全综合评价，强化高水平教师投入评价。注重推动课程教学评价四个转变：在评价主体上，从学生单主体向学生、教师、同行、领导、督导、专家等多主体转变；在评价类型上，从终结性评价向形成性评价与终结性评价转变；在评价方式上，从课堂教学向教学听课看课、查阅档案、师生座谈会、问卷调查等教育教学全环节转变；在评价组织上，从学校主导向学院、教师主导转变。在此基础上，建立"评价—反馈—改进—提升"闭环机制，形成师生围绕学习和发展进行有效沟通的"学习共同体"，促使教师持续改进教学、提升学生学习志趣。

二是聚焦能力塑造，探索学生多维评价。坚持以德为先、能力为重，创新德智体美劳过程性评价办法，完善综合素质评价体系，促进学生全面发展。强化学生学习效果评价，积极探索学生课程学习多元立体化评价模式，引导学生摒弃 GPA 导向的学业成就观，淡化对分数或绩点的片面追求，提升学习内在动机，充分挖掘潜力和潜能。在研究生培养特别是博士生培养中，要严抓培养全过程监控与质量保证，加强学位论文与学位授予管理，破除"唯论文"导向，探索研究生学术创新成果综合评价机制，建立分类多维的评价体系，结合学科特点合理制定与学位授予相关的科研成果要求、合理设置学位授予的质量标准，促进研究生教育内涵式、高质量发展。

三是聚焦个性多元，打造自由教育生态。坚持量体裁衣的个性化培养，升级"两类型、三平台"人才培养体系，将转专业、双学士学位项目、辅修学位项目、跨学科课程模块等融入人才培养体系整体设计，为学生提供多样化的、高度开放的选择空间，让学生根据自身意愿主宰并设计自己的学业成长路径。进一步探索人才培养实验区改革，强化拔尖计划 2.0、卓越计划 2.0、国际化专业计划 2.0 建设等，探索科教融合、产教融合、国内外协同育人新机制，打造人才培养高地，最大程度激发拔尖学生的学习和研究潜能。

四是聚焦质保能力，构建质量保障文化。长期以来，我校内部质量保障体系是教育教学特色和优势，本科教学质量保障体系是联合国教科文组织的八大案例之一，也是东亚地区唯一入选的案例。2019 年，学校牵头成立了全国高校质量保障机构联盟，目标就是深入研究具有中国特色、世界水平的高校内部质量保障体系，推动建设质量文化。新时期，内部质量保障体系建设进入质量文化建设时代，要进一步强化质量保障理念，完善校院两级内部质量保障闭环机制，并将质量意识、质量标准、质量评价、质量管理等落实其中，从而将质量要求内化为师生的自觉意识、自觉追求和共同价值观念，形成自省、自律、自查、自纠的，自下而上、自觉自发的质量文化。

第三，以质量为引领，全力推进一流人才培养。

新百年、新起点，各学院、各职能部门要牢记为党育人、为国育才的初心使命，以立德树人为根本，以推进高质量超越、创新性引领为重点，推动观念再更新、目标再聚焦、改革再发力、质量再提升，全力推进人才培养高质量发展。坚持高质量发展，必须真正让优质教育教学资源覆盖到所有校区、所有学生，必须把交叉融通培养以及解决好专业教育与通识教育关系作为当下首要任务之一，必须重构一流学科、一流专业、一流课程、一流教育教学模式、一流质量文化，使得全面协同定格在一流人才培养的准绳上。

各学院要坚持内涵提升。回归育人初心，紧紧围绕内涵建设和质量提升的核心任务，更加聚焦人才培养质量，努力培养一流人才，产出重要教育教学成果。坚持创新突破。始终树立"先行先试、敢闯敢拼"的意识，大力推进理念创新、培养模式创新、教育教学创新和机制体制创新等，实现人才培养创新发展。坚持交叉融合。交叉融合是发展的趋势和要求，要进一步推动培养的交叉融合、各类教育资源的融合共建，达到资源的最有效集成和配置，实现人才培养最优效果。坚持彰显特色。要传承弘扬"百年厦大"优良传统，充分发挥学科优势，厚实学院教育教学风格，突出人才培养特色。高质量的人才培养是每个学院天大的事，既是继往开来进入第二个百年的使命要求，也是一流大学建设的第一要务，需要各个学院结合国内外形势、自身发展和人才培养的新要求，结合今天我所讲的要点，绘制高质量发展的路径图。

第四，压实整改落实责任，全面提升整改成效。

巡视是发现问题、指出问题，整改是认识问题、解决问题。今天的人才培养工作会议，在一定意义上也是我校人才培养业务领域的整改动员会、部署会。我们要在整改过程中正确认识中央巡视指出的问题，深刻反思，端正态度，形成共识，凝聚合力。

一要抓好整改责任落实。人才培养工作是学校最核心的业务，与各单位息息相关。各单位要切实担负起抓整改的主体责任，切实加强组织领导，领导班子特别是院长要对人才培养相关问题整改亲自部署、亲自过问、亲自协调、亲自督办，确保件件有着落、事事有回音。

二要推动标本兼治。巡视组反馈的问题，一些是多年存在、长期出现的问题。因此，在推进整改工作过程中，不仅要抓好巡视组反馈的具体问题整改，还要深刻反思问题产生的根源，触类旁通，举一反三，深入查找和解决相关领域问题和相同性质问题，建立长效机制。

三要确保按时完成。巡视整改是刚性任务，有严格的时限要求。理论上，巡视整改有 3 个月时间，但除去前期动员部署、制定方案和后期总结等时间，实际上集中整改的时间只有 2 个月多一点。我们要切实增强"时不我待"的紧迫感，把按时完成整改作为最基本的要求。希望各单位按照既定时间期限，倒排工期、日程管理，将具体整改工作精确到每一天，确保按时完成整改任务。

同志们，一百年来，学校坚守立德树人根本任务，强化人才培养第一责任，培养了大批可堪大任的杰出英才。这是一代代厦大人开拓进取、砥砺奋进的成果。新的百年，在更高起点、更高层次、更高目标上继往开来，我们要把初心落在行动上、把使命担在肩膀上，主动担当、积极作为，矢志世界一流，打造一流人才培养体系，培养更多引领未来社会发展的一流人才，为国家富强、民族复兴乃至人类进步作出新的一流贡献。

在厦门大学科技创新大会上的讲话

（2021 年 12 月 21 日）

张　荣

刚才，江云宝副校长做了我校理工医科科研工作专题报告，全面回顾我校"十三五"期间理工医科科研工作情况，充分肯定取得的成绩，深入分析存在的问题，并提出具体的改革思路和举措；3 名学院代表做了交流发言，分享了工作经验，提出了一些好的意见和建议，都讲得很好，听了很受启发。"十三五"期间，我校科研总量持续增长，科研水平不断提升，科研工作迈上了一个新台阶，全校广大教师和管理服务人员为此付出了辛勤的劳动。在此，我代表校党委、校行政向大家表示衷心的感谢！对获得表彰的科研工作先进单位和先进个人表示热烈的祝贺！下面，我结合这次会议的主题，就做好我校科技创新工作，再和大家交流几点意见。

一、提高站位，深入学习领会习近平总书记关于科技创新的重要思想，自觉肩负起实现高水平科技自立自强的时代重任

党的十八大后，以习近平同志为核心的党中央提出创新是第一动力、全面实施创新驱动发展战略、建设世界科技强国，推动我国科技事业取得新的历史性成就。党的十九大以来，以习近平同志为核心的党中央坚持把科技创新摆在国家发展全局的核心位置，全面谋划科技创新工作。党的十九届五中全会提出，"坚持创新在我国现代化建设全局中的核心地位，把科技自立自强作为国家发展的战略支撑"。在中国科学院第二十次院士大会、中国工程院第十五次院士大会和中国科协第十次全国代表大会上，习近平总书记强调，"加快建设科技强国，实现高水平科技自立自强"。在庆祝中国共产党成立 100 周年大会上发表的重要讲话中，习近平总书记强调，必须"立足新发展阶段，完整、准确、全面贯彻新发展理念，构建新发展格局，推动高质量发展，推进科技自立自强"。实现高水平科技自立自强，回应了我国应对世界百年未有之大变局的紧迫需要，反映了全面建设社会主义现代化国家、实现中华民族伟大复兴战略全局的客观要求，体现了以习近平同志为核心的党中央对错综复杂的国际环境和全球竞争格局的深刻认识，以及对新一轮科技革命与产业变革大势的科学研判，为我国科技创新指明了战略方向、提供了根本遵循。高校特别是高水平研究型大学，是培养高层次创新人才的重要基地，是基础研究和原始创新的重要源头，是国家战略科技力量的重要组成部分，是实现高水平科技自立自强的重要力量。迈向新百年征程的厦门大学和广大师生，要以习近平总书记关于大力推进科技创新的重要论述为根本遵循，以习近平总书记致厦门大学建校 100 周年贺信精神领航，胸怀两个大局，心系国之大者，进一步激发创新活力，不断提升原始创新和解决重大问题能力，以一流的人才和一流的成果服务国家和区域创新体系建设。

二、紧抓机遇，乘势而上，努力成为高水平创新的“动力源”和高质量发展的“推进器”

习近平总书记强调：“我国自主创新事业是大有可为的！我国广大科技工作者是大有作为的！”“我们完全有基础、有底气、有信心、有能力抓住新一轮科技革命和产业变革的机遇，乘势而上，大展宏图。”从国家层面看，《中华人民共和国国民经济和社会发展第十四个五年规划和 2035 年远景目标纲要》中，科技创新驱动发展被提升到前所未有的历史高度加以重视强调和安排部署。从区域发展看，福建正处在全方位推动高质量发展超越的战略关键期，机制活、产业优、百姓富、生态美的新福建建设迈出了坚实步伐，新福建在国家未来区域发展战略中的地位将进一步凸显。福建省第十一次党代会提出，要“强化以科技创新为核心的全面创新，不断增强发展的动力活力”。《福建省“十四五”科技创新发展专项规划》也于上个月出台，凝练 12 项科技创新重点行动（计划）、建立 10 个重点产业攻关技术目录。厦门市建设高素质高颜值现代化国际化城市的步履坚实，第十三次党代会明确提出要“加快打造具有国际影响力的区域创新中心”。福建省委常委、厦门市委书记崔永辉同志来校调研时，希望厦大充分发挥创新引领作用，带动厦门经济社会发展。新福建建设和厦门市“两高两化”建设需要有世界一流的大学作为支撑、需要有高水平科技创新成果作为“引擎”。这些都为我校在新百年推进科技创新、打造战略科技力量、服务高水平科技自立自强创造了历史机遇。我们要紧紧抓住这个战略机遇期，充分发挥发展科技第一生产力、培养人才第一资源、增强创新第一动力结合点的特殊作用，牢记习近平总书记的殷切嘱托，牢牢把握世界科技革命和产业变革的大趋势，坚持问题导向、需求导向、目标导向，积极服务构建新发展格局，努力在国家和区域经济社会发展中作出更大贡献、展现更大作为。

三、持续深化科研体制机制改革，不断激发创新创造新活力

习近平总书记强调，关键是要改善科技创新生态，激发创新创造活力，给广大科学家和科技工作者搭建施展才华的舞台，让科技创新成果源源不断涌现出来。我们要通过深化科技体制改革，把科技队伍蕴藏的巨大创新潜能有效释放出来。一是创新管理体制机制。进一步理顺院系行政组织与平台基地之间的关系，促进学科交叉融合，推进协同创新，形成科研合力，以构建跨学科平台、基地、团队为抓手，着力推进校内协同创新，推动院系之间、学科之间、教师之间的深度合作，着力提升人才、学科、科研三位一体的创新能力，力争承接大项目、产出大成果、作出大贡献。二是完善科研评价体系。积极探索建立基于学科发展特点，以质量、绩效、贡献为导向的科研评价体系，重点评价学术贡献、社会贡献以及支撑人才培养情况，建立科学研究与人才培养、学科建设、社会服务相互促进的有效机制。推行代表性成果评价，完善同行专家评议机制。遵循基础研究特点，实行基础学科长周期建设评价，着重评价其提出和解决重大前沿问题的原创能力、成果价值、学术影响等。三是优化科研资源配置。对科技创新来说，科技资源优化配置至关重要。在研究生招生和培养机制方面，要完善招生指标分配办法，使招生指标与科研需求相挂钩。在科技创新资源的分配与使用方面，加大资源调控力度，保证重大、重点项目的需要。用好用足博士后科研流动站的政策，加大力度招收博士后研究人员，使之成为科研力量的重要补充。

四、创新科技组织模式，培育形成科技创新竞争优势

科研组织模式作为一种多层次、多要素的复杂系统，在科技创新工作中起着非常重要的协调、组织作用。近年来，学校推动科研驱动模式由兴趣型向指向型发展、组织模式由自发型向团队型发展、管理模式由项目跟进型向前置服务型发展，建立和完善有利于跨学科交叉融合、跨院系整合的体制机制，有组织、有规模的跨学院跨学科协作攻关能力明显提升，科技创新水平再上新台阶。下一步，我们要进一步加强科研组织和管理，有效破解科技创新中资源不足、运行不畅、效率不高等问题，让科技创新引擎动力更加强劲。一是拓宽视野，把握大势、抢占先机。加强对国际国内科技创新形势的分析研究，做到视野宽广、胸怀天下、目及四海、落脚中国。要密切联系各种新发展、新态势，加强前瞻性和政策预案研究，主动融入国家创新体系和全球创新网络，努力形成具有国际影响力的区域学术中心和创新高地。二是善于凝练重大方向，谋划重大选题，组织重大攻关。重点围绕世界科技前沿和国家战略急需等领域，精心策划一批具有厦大优势和特色的重大项目，建设一批交叉融合、集中攻关的大平台、大基地、大装置，不断提升承担重大科研项目和产出重大成果的能力。推进高水平重大科技创新平台建设，围绕创新需求，把握重点方向，充分发挥领军人物的重要作用，有效整合校内学科与队伍，推动与兄弟高校、科研院所、行业企业、地方政府以及国外一流大学、科研机构之间的协同创新。三是加强科技组织作用，提供精细化服务。探索建立“项目组织立项＋项目过程管理＋成果平台孵化＋产业转移转化”的全链条全过程科研管理模式，不断完善基础研究、应用研究、成果转化为一体的全链条协同机制，优化科研管理部门架构，加强项目过程管理，构建符合科学规律的成果转化体系，推动科研工作将科学问题和市场需求相结合，从源头上提高成果转化的成功率。

同志们，习近平总书记指出：“我国广大科技工作者要以与时俱进的精神、革故鼎新的勇气、坚忍不拔的定力，面向世界科技前沿、面向经济主战场、面向国家重大需求、面向人民生命健康，把握大势、抢占先机，直面问题、迎难而上，肩负起时代赋予的重任，努力实现高水平科技自立自强!"面向新百年、踏上新征程，全校各级领导干部和广大教师要以习近平新时代中国特色社会主义思想为指导，与时俱进建设世界一流大学，时不我待推进科技创新，持之以恒创造原创成果，为建成世界科技强国、实现中华民族伟大复兴不断作出新的更大贡献。

"知无央，爱无疆"

——回望厦大百年历程 不忘初心砥砺前行

（发表于2021年4月2日《中国教育报》）

张 荣

百年逐梦，十秩辉煌。1921年，被誉为"华侨旗帜，民族光辉"的著名爱国华侨领袖陈嘉庚先生怀抱"教育为立国之本，兴学乃国民天职"的崇高理想创立了厦门大学。"学海何洋洋，致吾知于无央""人生何茫茫，充吾爱于无疆"，开校当天公布的厦大校歌传唱至今，生动诠释了百年学府的办学理念与精神追求。百年来，厦门大学始终坚守陈嘉庚先生的立校志向，弘扬"知无央"的科学精神，厚植"爱无疆"的人文情怀，牢记为党育人、为国育才的初心使命，为建设"中国特色、世界一流、厦大风格"的一流大学，孜孜以求，砥砺前行。

熏染育人文化，涵养人本底色

大学文化是经过长期积淀和凝练而形成的共同的追求、理想和信念，体现为大学的办学理念、治校传统和特有精神，是一所大学的灵魂，最能长久彰显一所学校的独特魅力。大学文化润物无声、成风化人，涵育宏大气度，熔铸崇高人格，启悟深邃思想，养成求真作风。

大学文化的形成受关键历史事件和标志性人物影响。回溯厦门大学百年历史，涌现出许多可歌可泣的人物与事迹。在百年历史图卷上镌刻着陈嘉庚先生志怀祖国、希图报效的家国情怀，罗扬才烈士忠于信仰、坚贞不屈的献身壮举，萨本栋校长艰苦办学、励精图治的光辉业绩，以王亚南、陈景润教授为代表的一代代厦大人追求真理、勇攀高峰的动人故事。这些标志性人物及其感人事迹已经化作厦门大学的人格化特征，深深烙印在每位厦大人心中。

优良文化滋养美好心灵。厦门大学背山临海，底蕴深厚。陈嘉庚先生留给我们的，不仅是一所花团锦簇、诗意栖居的美丽大学，更是一座崇德向善、问学求真的精神家园。在这里，"嘉庚精神"与"自强不息，止于至善"的校训根植人心，"爱国、革命、自强、科学"的精神代代传承，"感恩、开放、创新、和谐"的品格熠熠生辉。

育人重在育心，育心首在育爱。厦门大学始终以培养立大德、有大爱，能担当民族复兴大任的人才为使命。

坚持高质量育人。质量是大学发展的生命线。内迁长汀办学时期，厦门大学坚持"宁可放弃量的发展，以谋求质的改进"教育理念，连续两次夺得全国大学生学业竞试第一名。2014年，厦门大学入选联合国教科文组织"高等教育内部质量保障优秀原则和创新实践项目"（IQA），向世界推广人才培养质量保障的厦大模式。

坚持"三全育人"。"培养什么人、怎样培养人、为谁培养人"是办好中国特色社会主义大学的根本问题。厦门大学不断深化教育改革，坚持以德立人、以智慧人、以体健人、以美化人、以劳塑人，打造"宽口径、厚基础、跨学科、国际化、重实践、求创新、多元化"的人才培养模式，构建全程贯通、空间联通、队伍互通、内容打通、评价融通的育人格局，实现人人、时时、处处育人。

坚持个性化育人。推动从"以教师为中心"向"以学生为中心"转变，从"以教为中心"向"以学为中心"转变，从"统一模式培养"向"个性需求培养"转变，注重培养具有引领性、人文性、时代性和开放性的人才。大力实施卓越教育战略，推动全面放开转专业、全面放开选课程、全面放开选教师，推进本研课程互开互选，优化学生评价机制，为培养拔尖创新人才提供优质资源和制度保障。

引领时代前沿，彰显创新本色

创新是时代进步的必然要求，是引领发展的第一动力。大学作为创新源泉，要立时代之潮头、发思想之先声，注重基础研究，强化原始创新，不断提升解决重大问题能力，服务国家和区域创新体系建设。大学也要着力改善自身创新生态，推进观念创新、文化创新和体制机制创新，破除制约发展的桎梏，不断激发创新活力。

一百年来，厦门大学紧密围绕国家重大需求，聚焦国际学术前沿，不断优化学科布局，推进学科交叉融合，打造一流平台，产出一流成果。在我国高等教育史上首设海洋科学、高等教育学等学科，先后培养了我国第一个会计学、审计学、财政学、海洋学、高等教育学等领域的博士；提出"国家分配论"的财政本质观、"社会主义扩大再生产的资金运动理论"、"教育内外部关系规律"……产生重大影响并长期指导实践；在马克思主义政治经济学、人类学、专门史、国际经济法等领域留下了"厦大学派"的巍巍丰碑。无论是建校仅两年就通过对厦门文昌鱼的研究揭示无脊椎动物向脊椎动物转化的奥秘，还是近年来在海洋科学、化学化工、生物医药等领域产出一批具有国际领先水平的原创性科研成果，比如"微型生物碳泵"理论、壳层隔绝纳米粒子增强拉曼光谱方法、大肠杆菌类病毒颗粒表达技术……厦门大学不断增强勇攀科学高峰、问鼎学术殿堂的信心和勇气，力争成为中国高校走向世界知识体系中心和创新前沿的先锋。

2021 年 3 月 24 日，习近平总书记在福建考察时指出，“十四五”时期我们国家再往前走，必须靠创新，随大流老跟着人家是不行的。厦大矢志坚持问题导向、需求导向、目标导向，瞄准国家重大需求和国际学术前沿，直面“卡脖子”难题，加强科研顶层设计和前瞻布局，主动融入国家创新体系和全球创新网络。深化科研体制机制改革，推动驱动模式由兴趣型向指向型发展、组织模式由自发型向团队型发展、管理模式由项目跟进型向前置服务型发展。集聚发展新动能，培育发展新优势，建设一批交叉集成的大平台、大基地、大装置，打造支撑国家科技自立自强、服务地方创新发展的战略科技力量。

服务国家需求，凝练办学特色

服务国家和区域经济社会发展是大学的社会责任。面对日益复杂的国际局势和愈加激烈的竞争环境，大学要面向科技前沿、面向经济主战场、面向国家重大需求、面向人民生命健康，深化产教融合，不断提供优质知识资源、智力资源和人力资源，为建设创新型国家和世界科技强国提供重要支撑。

百年厦大按照陈嘉庚先生“上以谋国家之福利，下以造桑梓之庥祯”的教导，“勠力研究高深学术，理论与实用相系并重”，服务国家发展，推动社会进步，作出了重大贡献。抗战时期，厦大内迁闽西长汀艰苦办学，撑起祖国东南半壁高等教育。新中国成立之初，百废待兴，厦大作为“人民的大学”把国家发展与大学建设紧密结合在一起，培养了大批国家急需的建设人才。改革开放以来，厦大紧抓时代机遇，持续发挥“侨、台、特、海”区位优势和学科特色，不断提升服务国家现代化建设能力。进入新时代，厦门大学立足厦门，植根福建，面向全国，深化校地战略合作，形成了与地方政府共商共建共享的良好机制。大力推动成果转化，在新能源、新材料、生物医药、智能制造、航空航天、电子信息、人工智能、大数据、海洋与生态环境等领域产出了一批高显示度成果，有力支撑国家和区域产业转型升级。围绕宏观经济、公共治理、能源政策、营商环境、政府会计、高等教育、“一带一路”、台湾研究、南洋研究等重大理论和现实问题建言献策，为党和国家科学决策提供咨询服务。深度融入闽宁协作大局，对口帮扶宁夏隆德县、福建诏安县实现高质量脱贫摘帽。厦大研究生支教团扎根宁夏支教 22 年，作为“闽宁对口扶贫协作援宁群体”的一分子，被中宣部授予“时代楷模”称号。

面向未来，厦门大学将继续把论文写在祖国大地上，始终坚持服务发展理念，进一步优化服务布局，拓展服务领域，深化服务内涵。积极拓展与国家部委、地方政府、行业企业战略合作，探索新型合作模式，服务新发展格局，打造科技创新和成果转化高地。服务福建全方位推动高质量发展超越，积极在两岸高等教育融合发展中展现作为。服务厦门“两高两化”建设，源源不断输送高素质人才和高水平科技创新成果。

融入世界舞台，强化开放基色

习近平总书记指出，“文明因交流而多彩，文明因互鉴而丰富”。大学作为文明的灯塔，是传承、传播与创新人类文明的践行者，也是实现各国文明交流、互鉴的推动者。大学必须始终坚持开放办学战略，加强国际交流合作，努力培养具有国际视野和全球胜任力的人才，应对人类面临的共同挑战，解决全球发展进程中的现实难题。

厦门大学由“久客南洋”的陈嘉庚先生创办，从建校伊始就带有开放的基因，流淌着“博集东西”“兼容并包”的血液。早在创校之初，陈嘉庚先生就提出把厦门大学办成一所“能与世界各大学相颉颃”的一流大学，把校址选在厦门海边的演武场上，希望往来的外国轮船都能看到一所优秀的中国大学，同时也希望厦大能够利用联通世界的区位优势，与世界各大学交流互动。

近年来，厦门大学与世界著名大学建立伙伴关系，发起成立“全球八校联盟”，牵头组建“21 世纪海上丝绸之路”大学联盟。学校拥有外籍教师 300 多名，外籍学历生近 2000 名，校园充满了世界多元文化的交融与温暖。世界著名免疫学家和遗传学家、诺贝尔奖获得者布鲁斯 · 博伊特勒教授在厦大倡导设立并亲自执教博伊特勒书院，习近平总书记回信问候的“不见外”的管理学院潘维廉教授扎根厦大 30 多年，被评为“感动中国 2019 年度人物”。作为全球战略的重要一步，2016 年厦门大学创办了马来西亚分校。分校是我们促进中国与马来西亚及东南亚其他地区人文交流的重要平台、服务“一带一路”建设的支点、创建世界一流大学的关键举措，已经成为中国高等教育“走出去”的典范。

“十四五”期间，厦门大学将全面实施全球开放战略，加强与“一带一路”沿线国家和地区、金砖国家和我国台港澳地区高校之间的交流合作，汇聚全球优质教育和创新资源，构建强强合作、同台竞技的对外交流新格局。打造一批精品留学项目，吸引国际优质生源，建设成为优质留学目的地。全面提升马来西亚分校办学水平，并依托马来西亚分校，办好中国-东盟海洋学院。建设“一带一路”数字经济学院，为国家“一带一路”建设和福建“海丝核心区”建设贡献力量。我们坚信，开放办学是建设世界一流大学的必由之路。我们将以更加积极有为的行动推进更高水平的教育对外开放，为人类文明交流互鉴和人类命运共同体建设作出厦大贡献。

秉持知无央以求至真、爱无疆以求至善的信念，厦门大学走过了光辉的百年历程。立足新时代，面向新百年，我们要以习近平新时代中国特色社会主义思想为指引，坚持立德树人根本任务，以一流党建为引领，增强“四个意识”，坚定“四个自信”，做到“两个维护”。扎根中国大地，胸怀“两个大局”，锻造厦大风格，锚定世界一流，为把我国建设成为富强民主文明和谐美丽的社会主义现代化强国、实现中华民族伟大复兴的中国梦不懈奋斗。

·厦门大学概况·

学校简介

厦门大学(Xiamen University),简称厦大(XMU),由著名爱国华侨领袖陈嘉庚先生于1921年创办,是中国近代教育史上第一所华侨创办的大学。在建校100周年之际,中共中央总书记、国家主席、中央军委主席习近平向学校发来贺信。贺信指出,厦门大学是一所具有光荣传统的大学。100年来,学校秉持爱国华侨领袖陈嘉庚先生的立校志向,形成了"爱国、革命、自强、科学"的优良校风,打造了鲜明的办学特色,培养了大批优秀人才,为国家富强、人民幸福和中华文化海外传播作出了积极贡献。

学校建有思明校区、漳州校区、翔安校区和马来西亚分校,设有研究生院、6个学部以及33个学院(直属系)和15个研究院,形成了覆盖哲学、经济学、法学、教育学、文学、历史学、理学、工学、医学、管理学、艺术学、交叉学科12个学科门类的学科体系。学校拥有5个一级学科国家重点学科、9个二级学科国家重点学科,设有32个博士后流动站,37个博士学位授权一级学科、46个硕士学位授权一级学科,8个自主设置二级交叉学科,2个博士专业学位授权类别、29个硕士专业学位授权类别。2017年,化学、海洋科学、生物学、生态学、统计学5个学科入选国家公布的世界一流学科建设名单。

学校现有专任教师近3000人,其中,教授、副教授占比72.5%;共有两院院士32人(含双聘18人),文科资深教授2人,发展中国家科学院院士4人,中国医学科学院学部委员2人,国家重点研发计划项目负责人30人,"长江学者奖励计划"特聘教授29人、特岗学者2人、青年学者23人,国家杰出青年科学基金获得者58人,国家高层次人才特殊支持计划领军人才37人、青年拔尖人才17人,国家优秀青年科学基金获得者58人;国家创新研究群体11个、国家自然科学基金基础科学中心项目2个、教育部创新团队9个,国家级教学名师6人。

学校现有在校学生44000余人,其中本科生20000余人、硕士研究生18000余人、博士研究生5000余人。学校内部质量保障体系入选联合国教科文组织"高等教育内部质量保障优秀原则和创新实践研究典型案例",学校是中国也是东亚地区唯一入选高校。学校获第六、第七、第八届国家级高等教育教学成果一等奖1项、二等奖15项。8个学科入选教育部基础学科拔尖学生培养计划2.0基地,11个专业(13个项目)入选教育部卓越人才教育培养计划;44个专业入选国家级一流专业建设点;44门课程入选国家首批一流本科课程。学校入选教育部课程思政教学研究示范中心,2门课程入选教育部课程思政示范课程。现有6个国家级实验教学示范中心、3个国家级虚拟仿真实验教学中心、1个国家临床教学培训示范中心、3个国家级大学生校外实践教育基地。46名教师入选2018—2022年教育部高等学校教学指导委员会。

学校设有300多个研究机构。其中,国家级协同创新中心2个(牵头单位),国家重点实验室4个,国家工程技术研究中心1个,国家工程实验室1个,国家地方联合工程研究中心2个,国家地方联合工程实验室3个,国家产教融合创新平台1个,国家野外科学观测研究站1个,国家高端智库(培育)1个,教育部重点实验室5个,教育部工程研究中心3个,教育部野外科学观测研究站1个,教育部人文社科重点研究基地5个。

学校对外交流与合作深入开展,已与境外259所高校签署了校际合作协议,与52所世界知名高校开展实质性交流合作。学校积极参与国际中文教育工作,已在五大洲的12个国家建设14所孔子学院和48个孔子课堂,是"双一流"建设高校中承建数量最多、孔子学院分布最广的中方合作院校之一。在对台交流方面,学校已成为台湾研究的重镇和两岸学术、文化交流的前沿。2014年7月,厦门大学马来西亚分校奠基,成为中国首个在海外建设独立校园的大学,被中央媒体誉为镶嵌在"一带一路"上的一颗明珠;已开设22个本科专业、7个硕士专业、4个博士专业,在校生6000余人、教职员工500余人,生源主要来自"一带一路"沿线的33个国家和地区。

面向新百年,厦门大学坚持以习近平总书记重要贺信精神领航,在全面建成世界知名高水平研究型大学的基础上,全力奋进第二个百年目标:建成具有厦大风格的中国特色世界一流大学;到2035年跻身世界一流大学行列;到21世纪中叶,即到新中国成立百年之际,跃居世界一流大学前列。(以上数据截至2021年12月31日)

2021 年学校基本数据

（统计截止日期：2021 年 9 月 30 日）

一、基本数据	
校园面积（学校产权）	4907974.53 平方米
校舍建筑面积（学校产权）	2227381.38 平方米
图书馆藏书	
一般藏书	4573998 册
电子图书	2881957 册
电子期刊	1179458 册
固定资产总额	1290368 万元
其中：教学科研仪器设备资产值	464357 万元
二、教职工人数（单位：人）	
（一）在职教职工	5531
其中：	
两院院士	
中国科学院院士	11
中国工程院院士	
“长江学者奖励计划”特聘教授	27
共产党员	3381
专任教师	2961
其中：	
正高级	979
副高级	1072
中级	769
初级	141
博士学历	2427
硕士学历	451
本科学历	82
专科及以下	1
行政人员	970
教辅人员	1109
工勤人员	20
专职科研人员	471
其他附设机构人员	
（二）其他人员	
校外教师	1052

行业导师	
外籍教师	156
离退休人员	2514
附属中小学幼儿园教职工	17

三、在校学生人数(单位:人)

(一)全日制学生

本科学生	20465
组成如下:	
一年级	5041
二年级	5015
三年级	4778
四年级	5254
五年级及以上	377
其中:	
女生	10588
共产党员	1236
华侨、港澳台	646
硕士研究生	18208
组成如下:	
一年级	5938
二年级	5988
三年级及以上	6282
其中:	
女生	9850
共产党员	6184
华侨、港澳台	131
博士研究生	5037
组成如下:	
一年级	1163
二年级	1065
三年级	1003
四年级及以上	1806
其中:	
女生	2134
共产党员	2462
华侨、港澳台	158

（二）成人本科学生	12
组成如下：	
一年级	
二年级	
三年级及以上	12
（三）网络本专科生	23233
其中：	
本科	21529
专科	1704
（四）外国留学生	1073
其中：	
博士生	201
硕士生	223
本科生	583
培训生	66
四、博士后人数（单位：人）	
在站人数	471
五、专业情况	
本科专业	103
硕士学位授权一级学科点	45
硕士学位授权二级学科点（不含一级学科覆盖点）	
博士学位授权一级学科点	36
博士学位授权二级学科点（不含一级学科覆盖点）	
国家一流学科数量	5
省级一流学科数量	
博士后科研流动站	32
六、教学科研机构	
国家实验室	
国家重点实验室	4
国家工程实验室	4
国家工程研究中心	3
国家工程技术研究中心	
附属医院（所）	10

·机构与干部·

中共厦门大学委员会

（2021年12月31日在任）

委　员（按姓氏笔画排序）：

王炳华　邓朝晖　叶鹏飞　全　海　刘国深
江云宝　孙　理　苏清伟　李智勇　杨　斌
吴立武　邱伟杰　张　荣　张建霖　陈　光
周大旺　徐进功　黄鸿德　梁卫中　谢银辉
赖虹凯　谭　忠　黎永强　戴民汉

常务委员会委员（按姓氏笔画排序）：

邓朝晖　全　海　江云宝　孙　理　杨　斌
邱伟杰　张　荣　徐进功

党委书记：

党委副书记：张　荣　全　海　徐进功

厦门大学行政领导

（2021年12月31日在任）

校　长：张　荣

副校长：杨　斌　邓朝晖　邱伟杰　江云宝　周大旺

校长助理：陈　光　方　颖

中共厦门大学纪律检查委员会

（2021年12月31日在任）

委　员（按姓氏笔画为序）：

毛通文　全　海　李　峰　邱七星　宋　毅
张必华　陈东军　陈怀锋　陈雪玲　林金枝
郑建华　郑树东　高和荣　蒋　月　蔡郑伟

书　记：全　海

副书记：林金枝　陈雪玲

厦门大学校务委员会

（2021年10月27日在任）

委　员（按姓氏笔画排序）：

王瑞芳　王炳华　尤延铖　计国君　方陶陶
叶鹏飞　田中群　白锡能　朱　菁　朱崇实
全　海　邬大光　庄国土　刘国深　刘祖国
刘海峰　孙世刚　苏　力　李庆顺　李建发
李美华　李智勇　杨　灿　张　彦　张建霖
张国君　张晓坤　陈　忠　陈支平　陈振明
林圣彩　林亚南　林伯强　郑兰荪　赵玉芬
胡　荣　洪海松　夏宁邵　徐梦秋　翁君奕
凌世德　黄新华　彭栋梁　蒋　月　韩家淮
焦念志　舒继武　赖虹凯　廖明宏　廖益新
谭绍滨　戴民汉

主　任：张　彦

副主任：田中群　戴民汉　邬大光　赖虹凯　王瑞芳
谭绍滨　张建霖　计国君

秘书长：李智勇

厦门大学学术委员会

（2021年12月31日在任）

主　任：万惠霖

副主任：陈支平　田中群　翁君奕　韩家淮　戴民汉

委　员（按姓氏笔画排序）：

万惠霖　王绍森　田中群　白锡能　邬大光
刘祖国　刘震宇　孙世刚　苏　力　李　军
杨信彰　张立平　张晓坤　张铭清　张　馨
陈支平　陈金灿　陈振明　林亚南　周　宁
柳清伙　洪永淼　夏宁邵　徐梦秋　翁君奕
黄邦钦　韩家淮　焦念志　廖益新　戴民汉

厦门大学学位评定委员会

（2021 年 12 月 31 日在任）

主　席：张　荣

副主席：周大旺

委　员（按姓氏笔画排序）：

王克坚　王绍森　王　程　尤延铖　方陶陶　方　颖　计国君　田中群　朱仁显　朱　菁　江云宝　李庆顺　李建发　杨　斌　别敦荣　余清楚　宋方青　张　荣　张晓坤　陈　忠　陈　菁　陈舒华　林　鹿　周大旺　胡　荣　洪永淼　夏宁邵　徐进功　彭栋梁　韩家淮　谢兆雄　谭绍滨

秘书长：欧阳高亮

副秘书长：范丽娟　陈雪芬　许美霞

厦门大学学部委员会

（2021 年 12 月 31 日在任）

一、人文与艺术学部

主　任：陈支平

委　员（按姓氏笔画排序）：

朱　菁　庄国土　苏　力　杨信彰　张立平　张龙海　张铭清　陈支平　郑通涛　徐梦秋

二、社会科学学部

主　任：翁君奕

委　员（按姓氏笔画排序）：

龙小宁　叶建明　白锡能　曲晓辉　邬大光　刘国深　刘海峰　刘震宇　张　馨　陈振明　林伯强　洪永淼　胡　荣　徐崇利　翁君奕　廖益新

三、自然科学学部

主　任：万惠霖

委　员（按姓氏笔画排序）：

万惠霖　江云宝　孙世刚　吴晨旭　沈　捷　陈金灿　林亚南　谢素原

四、工程技术学部

主　任：田中群

副主任：尤延铖

委　员（按姓氏笔画排序）：

王东东　王绍森　王　程　尤延铖　石江宏　田中群　纪荣嵘　陈　忠　陈焕阳　林　鹿　周　伟　周涵韬　赵金保　洪文晶　卿新林　彭栋梁　舒继武　解荣军

五、医学与生命科学学部

主　任：韩家淮

副主任：彭志海

委　员（按姓氏笔画排序）：

王　焱　付　国　任建林　李　炜　张云武　张国君　张晓坤　陈学勤　林圣彩　周大旺　莫　玮　夏宁邵　黄　烯　彭志海　韩家淮

六、地球科学与技术学部

主　任：戴民汉

委　员（按姓氏笔画排序）：

王克坚　白敏冬　严晓海　李庆顺　林森杰　高树基　黄邦钦　焦念志　戴民汉

厦门大学工会委员会

（2021 年 12 月 31 日在任）

委　员（按姓氏笔画排序）：

王　鹏　王艺宏　王智兰　邓　斌　邓泽君　邓朝晖　叶鹏飞　白沚凡　朱　铉　李明哲　李骁麟　肖宁遥　吴　翀　吴旭莉　余炳建　沈桂平　迟月利　陈　文　陈　芃　陈　伟　陈　玲　陈小芬　林庆同　茹晓燕　侯　旭　黄宇霞　楼红英　蔡伟毅　廖晓波

民主党派、团体负责人

（2021 年 12 月 31 日在任）

民革厦门大学总支主委：缪朝炜

民盟厦门大学基层委员会主委：吴光辉

民建厦门大学总支主委：陈善昂

民进厦门大学总支主委：陈能汪

农工党厦门大学总支主委：曹泽星

致公党厦门大学总支主委：李美华

九三学社厦门大学委员会主委：任　斌

台盟厦门大学支部主委：刘　臻

厦门大学侨联主席：程　璇

厦门大学台联会会长：蔡师仁

厦门大学台属联会长：王光国

厦门大学欧美同学会（原厦门大学留学生同学会）：李晓红

厦门大学党政部门主要负责人

（2021年12月31日在任）

单　位	职　务	负责人
学校办公室	主　任	李智勇
纪律检查委员会	书　记	全　海
	副书记	林金枝
	副书记	陈雪玲
纪律检查委员会办公室/巡察领导小组办公室	主　任	林金枝
组织部/党的建设工作办公室	部　长	孙　理
	主　任	廖志丹
宣传部/教师工作部	部　长	高和荣
统战部	部　长	孙　理
学生工作部(处)/人民武装部	部(处)长	李　峰
离退休工作部(处)	部(处)长	曾坤瑜
离休干部党总支	书　记	卞守耆
保卫部(处)	部(处)长	徐跃进
党　校	校　长	—
	副校长	何丽新
机关党委	书　记	王炳华
党委人才工作办公室/人事处	主　任	江云宝
	处　长	李　军
党委政策研究室/发展规划办公室	主　任	黄新华
研究生院	院　长	张　荣
	常务副院长	方　颖
教务处	处　长	王　程
科学技术处	处　长	—
社会科学研究处	处　长	高和荣
招生办公室	主　任	刘艳杰
考试中心	主　任	蔡郑伟
国际合作与交流处/台港澳事务办公室/海外办学事务办公室	处长/主任	蔡　舜
监察处	处　长	陈雪玲

续表

单　位	职　务	负责人
审计处	处　长	陈　芃
财务处	处　长	廖　青
资产与后勤事务管理处	处　长	苏清伟
实验室与设备管理处	处　长	施芝元
基建处	处　长	—
医科建设与管理办公室	主　任	张建安
继续教育管理处	处　长	孙梓光
国内合作办公室	主　任	林奋强

厦门大学派出机构主要负责人

（2021 年 12 月 31 日在任）

单　位	职　务	负责人
漳州校区管委会	主　任	黎永强
翔安校区管委会	主　任	陈　光
深圳研究院	院　长	谭　忠

厦门大学直属单位主要负责人

（2021 年 12 月 31 日在任）

单　位	职　务	负责人
图书馆	党委书记	侯利标
	馆　长	钞晓鸿
档案馆	馆　长	石慧霞
信息与网络中心	主　任	许卓斌
学报（哲学社会科学版）编辑部	主　任	陈武元
学报（自然科学版）编辑部	主　任	—
出版社	党总支书记	洪秋霞
	社　长	郑文礼
	总编辑	施高翔
继续教育学院	党总支书记	邱旺土
	院　长	朱孟楠

续表

单　　位	职　　务	负责人
教师发展中心	主　任	计国君
现代教育技术与实践训练中心	主　任	王　程
实验动物中心	主　任	韩家淮
校医院	院　长	张国君
招投标中心	主　任	王沈扬
美育与通识教育中心	主　任	周大旺

厦门大学产业与后勤单位主要负责人

（2021年12月31日在任）

单位名称	职　　务	负责人
资产经营有限公司	党委书记	黄宇霞
	总经理	沈小平
产业技术研究院	院　长	沈小平
后勤集团	党委书记	杨云良
	总经理	林公明
国际学术交流中心	党总支书记	陈东军
	总经理	黄　镭

厦门大学群众团体主要负责人

（2021年12月31日在任）

单　　位	职　　务	负责人
工会委员会	主　席	邓朝晖
	常务副主席	叶鹏飞
共青团厦门大学委员会	书　记	曾　铮
妇女委员会	主　任	陈小芬
校友总会秘书处	秘书长	张　伟
教育发展基金会秘书处	秘书长	曾国斌

厦门大学教学科研单位主要负责人

（2021 年 12 月 31 日在任）

单位名称	职　务	负责人
人文学院	书　记	高忠华
	院　长	朱　菁
新闻传播学院	党委书记	曾　铮
	院　长	余清楚
外文学院	党委书记	徐　琪
	院　长	陈　菁
经济学院	党委书记	黄鸿德
	副院长（主持工作）	周颖刚
管理学院	党委书记	邱七星
	院　长	李建发
	常务副院长	吴超鹏
法学院	党委书记	许和山
	院　长	宋方青
公共事务学院	党委书记	宋友良
	院　长	朱仁显
社会与人类学院	党委书记	王晓丽
	院　长	胡　荣
艺术学院	党委书记	张必华
	院　长	刘　赦
	常务副院长	吴荣华
马克思主义学院	党委书记	石红梅
	院　长	徐进功
	常务副院长	张有奎
国际中文教育学院/海外教育学院	党委书记	范　丽
	院　长	陈志伟
国际学院	党委书记	何元赟
	院　长	陶　涛
国际关系学院/南洋研究院	党委书记	毛通文
	院　长	李一平
创意与创新学院	党委书记	王　艺
	院　长	秦　俭

续表

单位名称	职　　务	负责人
数学科学学院	党委书记	黄宝秋
	院　长	谭绍滨
物理科学与技术学院	党委书记	李书平
	院　长	方陶陶
航空航天学院	党委书记	王康平
	院　长	尹泽勇
	常务副院长	尤延铖
化学化工学院	党委书记	宋　毅
	院　长	谢兆雄
材料学院	党委书记	刘立荣
	院　长	解荣军
生命科学学院	党委书记	左正宏
	院　长	—
海洋与地球学院	党委书记	吴立武
	院　长	史大林
环境与生态学院	党委书记	张明智
	院　长	吕永龙
信息学院	党委书记	刘　弢
	院　长	舒继武
电子科学与技术学院（国家示范性微电子学院）	党委书记	吴国瑛
	院　长	陈　忠
建筑与土木工程学院	党委书记	王绍森
	院　长	张建霖
医学院	党委书记	陈怀锋
	院　长	韩家淮
药学院	党委书记	陈怀锋
	院　长	张晓坤
公共卫生学院	党委书记	张　琥
	院　长	张　军
能源学院	党委书记	张军奎
	院　长	—
体育教学部	党委书记	郑树东
	主　任	林致诚
台湾研究院	党委书记	曾云声
	院　长	李　鹏

续表

单位名称	职　　务	负责人
教育研究院	党委书记	刘振天
	院　长	别敦荣
国学研究院	院　长	陈支平
王亚南经济研究院	副院长(主持工作)	周颖刚
财务管理与会计研究院	院　长	—
知识产权研究院	院　长	林秀芹
公共政策研究院	院　长	陈振明
电影学院	党委书记	林公明
	院　长	—
柔性电子(未来技术)研究院	党委书记	—
	院　长	—
萨本栋微米纳米科学技术研究院	院　长	谢兆雄
海洋与海岸带发展研究院	院　长	—
石墨烯工程与产业研究院	院　长	—
	常务副院长	周涵韬
人工智能研究院	院　长	—

厦门大学嘉庚学院负责人

(2021 年 12 月 31 日在任)

单位名称	职　　务	负责人
嘉庚学院	党委书记	邱伟杰
	常务副书记	黎永强
	院　长	王瑞芳

厦门大学附属机构负责人

(2021 年 12 月 31 日在任)

单位名称	职　　务	负责人
附属中山医院	党委书记	牛建军
	院　长	蔡建春
附属东南医院	政　委	李昱星
	院　长	莫　群
附属厦门眼科中心	党委书记	刘旭阳
	执行总经理	姚郑玲玲

续表

单位名称	职　务	负责人
附属东方医院	政　委	杨洪良
	院　长	徐晓莉
附属第一医院	党委书记	李卫华
	院　长	王占祥
附属成功医院	政　委	陈明花
	院　长	樊　伟
附属福州第二医院	党委书记	张　帆
	院　长	林凤飞
附属心血管病医院	党委书记	白鹏飞
	院　长	王　焱
附属翔安医院	党委书记	张建安
	院　长	陈洪铎
	执行院长	张国君
附属妇女儿童医院	党委书记	倪宏英
	院　长	苏志英
附属实验中学(漳州)	校　长	姚跃林
附属科技中学	校　长	詹功祚
附属第二中学	校　长	王守琼
附属演武小学	校　长	王志勤
附属音乐学校	校　长	谭筱英
附属实验小学(漳州)	校　长	邱桂华

·学院(研究院)及国家级科研平台·

人文学院

【概况】 人文学院包括中文、历史、哲学3个系,拥有2个教育部批准成立的研究所——中国语言文学研究所、历史研究所;1个教育部语信司与厦门大学共建的国家语委科研机构——国家语言监测与研究教育教材中心;1个以马克思主义为指导的哲学社会科学学科基础理论研究基地;2个福建省高等学校文科研究基地:厦门大学哲学与社会当代研究中心、厦门大学中国社会经济史研究中心;1个福建省教学示范中心——厦门大学考古人类学教学实验中心;还设有美国史研究所、知识论与认知科学研究中心等16个校批研究机构。2个国家一级学会(朱子学会、百越民族史学会),厦门大学国学研究院挂靠学院。学院协助管理鲁迅纪念馆、中国近现代文学展览馆、校史馆、陈嘉庚纪念馆等,出版有《中国社会经济史研究》《道学研究》《厦大中文学报》《朱子学年鉴》等学术刊物。

学院现设汉语言文学、汉语言、戏剧影视文学、历史学、考古学、哲学共6个本科专业。历史学和哲学入选教育部首批"强基计划"基础学科招生改革试点,中国语言文学和历史学入选教育部第三批基础学科拔尖学生培养计划2.0基地名单。学院拥有1个国家重点学科;1个国家文科基础学科人才培养和科学研究基地;1个国家特色专业和1个国家教学团队;3个国家级一流本科专业和3个省级一流本科专业建设点;1门国家级一流本科课程和2门省级一流本科课程,2门国家级精品课程,4门教育部精品视频公开课,1门国家级精品资源共享课;6个省级重点学科和5个省级特色专业;6个校级以上实践教学基地和2个校级虚拟仿真实验教学中心。

学院拥有中国语言文学、戏剧与影视学、考古学、中国史、世界史、哲学6个一级学科博士学位授权点,中国语言文学、戏剧与影视学、考古学、中国史、世界史、哲学6个学科具有博士学位授予权;中国语言文学、戏剧与影视学、考古学、中国史、世界史、文物与博物馆学、哲学7个学科具有硕士学位授予权。学院建有中国语言文学、考古学、中国史、世界史、哲学共5个博士后流动站。

学院现有专任教师152名,其中国务院学科评议组成员2人,国家级有突出贡献专家2人,教育部"长江学者奖励计划"特聘教授2人,"国家特支计划"领军人才1人,"闽江学者"特聘教授11人,教育部人文社科跨世纪优秀人才培养工程2人,教育部新世纪优秀人才支持计划入选者7人,厦门大学特聘教授(南强重点岗位教授)8人,教育部教学指导委员会成员5人。高级职称人员占全院专任教师总数的75.0%,具有博士学位者占全院专任教师总数的99.3%。本年度共有12名教师调入新成立的电影学院。

学院现有在校学生1518人,其中本科生811人、硕士生415人、博士生286人,学历留学生76人。2021年,学院招收博士研究生52人(含外国留学生4人),硕士研究生141人(含外国留学生3人),本科生213人。毕业博士研究生28人(含外国留学生7人),硕士研究生117人(含外国留学生4人),本科生210人。

2021年,学院新立项国家社科基金重大项目6个,研究阐释党的十九届五中全会精神国家社科基金重大项目1个,国家社科基金艺术学重大项目1个,国家社科基金冷门绝学研究专项学术团队项目(参照国家社科基金重大项目标准)1个,国家社科基金重点项目4个,国家社科基金一般(青年)项目14个,国家社科基金后期资助项目4个,国家社科基金艺术学项目1个,国家社科基金高校思政课研究专项1个,教育部人文社会科学研究项目4个,福建省社会科学基金项目6个,厦门市社会科学调研课题重点项目1个,其他类纵向项目5个。截至2021年12月30日,学院科研经费总量4351.01万元,其中纵向课题经费到账1501.66万元,横向课题经费到账2849.35万元。学院1名教师获"福建省第六届杰出人民教师"称号;24名教师获福建省第十四届社会科学优秀成果奖,其中一等奖5项、二等奖7项、三等奖12项。

2021年,学院教师5人次赴英国、加拿大和马来西亚进行合作研究、访问考察和进修,2人次参加线上国际会议;学生12人次通过CSC、校院际交流项目、研究生国(境)外交流访学和自费的形式赴国(境)外学习交流,3人次参加线上交流。学究共签订院级国际合作协议17项,无新增协议;有长期外籍教师2人,正在引进外籍长期教师1名;主办国际会议1场;涉外科研项目2个;邀请国外专家开设讲座(线上)10场。年内,学院与港澳台高校签订院级协议3项,无新增协议,1项协议正在审批中;有长期台港澳教师4人;与台湾地区合作开展线上夏令营活动1个,云端暑期学校1个;邀请台港澳专家学者开设讲座5场。受疫情影响,教育部2021年香港与内地高等学校师生交流计划项目2个中止。

2021 年度人文学院基本情况

统计项目	数量
本科生数(人)	811
硕士研究生数(人)	415
其中:专业学位硕士研究生数(人)	60
博士研究生数(人)	286
其中:专业学位博士研究生数(人)	
其中:学历留学生数(人)	76
本科毕业生毕业去向落实率(%)	81.7
硕士毕业生毕业去向落实率(%)	92.0
博士毕业生毕业去向落实率(%)	85.7
本科毕业生升学、出国(境)率(%)	48.2
专任教师数(人)	152
博士后数(人)	23
教授数/正高级数(人)	60
副教授数/副高级数(人)	54
具有博士学位专任教师数(人)	151
具有海外学习交流一年(或 10 个月)以上经历教师数(人)	90
45 岁以下(含)专任教师数(人)	84
文科资深教授(人)	
发展中国家科学院院士(人)	
教育部"长江学者奖励计划"特聘教授(人)	2
教育部"长江学者奖励计划"青年学者(人)	
国家杰出青年科学基金获得者(人)	
"国家特支计划"领军人才(人)	1
"国家特支计划"青年拔尖人才(人)	
国家百千万人才工程入选者(人)	
国家级教学名师(人)	
国家优秀青年科学基金获得者(人)	
教育部新(跨)世纪优秀人才(人)	9
福建省"闽江学者"特聘教授(人)	11
国家教学成果奖(项)	
国家级一流本科专业(含建设点)(个)	3
中国"互联网+"大学生创新创业大赛获奖数(项)	
国家"2011 协同创新中心"(个)	
国家高端智库(含培育)(个)	
教育部重点实验室(个)	
教育部人文社会科学重点研究基地(个)	
教育部国别和区域研究中心(个)	

统计项目	数量
其他部委研究基地(个)	2
福建省"2011 协同创新中心"(个)	
福建省重点实验室(个)	
福建省高等学校文科研究基地(个)	2
福建省社科研究基地(含马工程)(个)	1
福建省高校特色新型智库(个)	
福建省重点智库建设(培育)单位(个)	
其他部省级平台(闽台非遗文化数字化保护与智能处理文化和旅游部重点实验室)(个)	0.33
国家自然科学基金项目(个)	
国家社会科学基金项目(个)	30
国家社会科学基金重大项目(个)	6
教育部人文社会科学研究重大课题攻关项目(个)	
教育部人文社会科学重点研究基地重大项目(个)	
教育部人文社会科学研究一般项目(个)	4
其他部委项目(个)	
福建省社会科学基金重大项目(个)	3
纵向科研经费(到位)(万元)	1501.66
横向科研经费(到位)(万元)	2849.35
高校科学研究优秀成果奖(人文社会科学)(项)	
福建省社会科学优秀成果奖(项)	24
其他部省级奖项(请注明)(项)	
发表文章总数(篇)	159
其中:《中国社会科学》发文数(篇)	1
《新华文摘》转载数(篇)	3
国际代表性刊物发文数(篇)	
出版专著(部)	4
决策咨询报告(获采纳/批示)(篇)	
学生出国(境)交流(人次)	12
教师出国(境)交流(人次)	5
主办国际学术会议(次数)	1
主办两岸学术会议(次数)	
境外合作高校或机构(所)	13
签订境外合作协议(份)	17
邀请国外学者数(人)	8
邀请台港澳地区学者数(人)	10
国(境)外学生来校数(人)	3

学院发挥专业学科优势，以建党百年和建校百年为主题，打造校园活动精品。1月，启动"大学阅读·阅读大学"第十三届"书香校园读书节"系列活动。4月，举办厦门大学第十八届校园辞典大赛和"人文音韵，百年心声"人文学院十佳歌手大赛。5月，代表学校参加由福建中烟与学习强国厦门学习平台联合举办的"红土情，蓝海梦"党史学习教育；承办厦门大学"讲好中国故事，迎接建党百年"英语演讲比赛。6月，承办厦门大学"我们的节日·端午"系列民俗体验活动；协办"向上向善　青春偕行"第六届中国微电影短视频征集展示(厦大站)活动；举办厦门大学"讲好红色故事，迎接建党百年"红色影视作品配音大赛。7月，"中文有戏"之原创音乐话剧《萨本栋在长汀》在建南大会堂首演。9月，代表厦门大学参加海峡两岸青少年中华姓氏源流知识竞赛，获大学生组团体二等奖。10月，承办厦门大学"我们的节日·重阳"主题活动。11月，举办厦门大学第九届逻辑思维能力竞赛。年内，《烽火岁月中的南强玫瑰》获厦门大学"百年奋进　学史铸魂"党史故事汇活动决赛三等奖。台湾籍硕士生陈雅芳、林芸分获厦门大学"回首百年奋斗路　迈向复兴新征程"港澳台学生主题征文一等奖和二等奖，学院获优秀组织奖。心理剧《走出时间的困境》获厦门大学心理剧大赛第五名(三等奖)。学院获校第56届学生田径运动会体育道德风尚奖、八段锦课间操集体展示评比三等奖，获得厦门大学"校庆杯"啦啦操锦标赛团体二等奖和"校庆杯"足球赛殿军，连续九年获得厦门大学学生体育先进学院。

2021年，学院完成百年校庆各项工作。编撰出版《厦门大学百年校史(1921—2021年)》和学院院史及各系系史，举办"中文系百年华诞庆典"，举行"厦门大学人文社会科学国际论坛"之"铸造人类命运共同体的人文精神"的分论坛等校庆学术活动。校庆期间，接待返校校友800余人次。

2021年，国学研究院完成国家出版基金资助项目《中国海上丝绸之路通史》丛书三辑21卷的编著工作，举办《(新编)中国通史·中国经济史卷》开题论证会、第十二届海峡两岸国学论坛、"朱子学与当代文化振兴"学术研讨会暨朱子学会换届大会等，签订共建协议1份，新建教学实践基地1个。(哈飞飞)

【立足专业开展党史学习教育】 推出17门党史学习教育特色党课，举办4场专题讲座，协助学校党委宣传部编撰"党史中的厦大"。开展党史学习进宿舍、进企业、进社区、进中学、进比赛，完成19个"我为师生办实事"重点实践项目，获评厦门大学"学生党史学习教育"重点单位。

(谢　媛)

【抓好政治理论学习】 编印"人文学院学习活页"11期，作为各系教职工、各党支部的学习材料。11月19日，学院党委召开理论学习中心组(扩大)学习会，深入学习贯彻党的十九届六中全会精神。12月6日，举办"《历史决议》与中国共产党总结历史经验的政治自觉"专题报告。

(谢　媛)

【举办庆祝建党100周年系列活动】 承办"讲好中国故事，共庆建党百年"英语演讲比赛和"讲好红色故事，迎接建党百年"红色影视作品配音大赛。6月29日，召开颁发"光荣在党50年"纪念章暨"两优一先"表彰大会。19名老党员同志获得纪念章，1名同志获得省级表彰，4名同志获得校级表彰，39名同志和5个支部获得院级表彰。(谢　媛)

【加强师德师风建设】 通过"院长谈准则""书记亮警示"抓好师德教育。举办人文学院师德师风讲堂，组织编印厦门大学人文学院师德师风案例警示教育材料专项教育。挖掘院史名师，深度报道6名学院名师并推送至学校主页，为广大师生立榜样、树典型。(谢　媛)

【组织抗疫志愿服务先锋队】 10月，响应学校志愿者招募令，火速集结二十多名教职工核酸检测志愿者，支援厦门大学全员核酸检测，组建疫情防控先锋队，共同战"疫"。9—10月，在南光楼、联兴楼及建南大会堂设置疫情防控志愿服务点，组织志愿者负责来访人员登记、身份查验、体温检测、健康码和行程码查验工作，共计41名学生党员和积极分子参加。

(谢　媛　田苗瑞)

【团学工作成绩突出】 辅导员周钧庭获2020年度厦门大学优秀共青团干部，5个团支部获评"厦门大学五四红旗团支部"，7名学生获评"厦门大学优秀团总支(团支部)书记"，34名学生获得"厦门大学优秀共青团员"荣誉称号。人文学院学生会获评"厦门大学优秀院学生会"，研究生会获评"厦门大学优秀院研究生会"。

(蔡振磊)

【举办人文社科专场学生就业暨实习见习招聘会】 4月29日，在三家村学生活动广场举办"厦门大学人文社科专场学生就业暨实习见习招聘会"，共计30家单位提供934个就业岗位。(王旖旎)

【举办"讲好中国故事，共庆建党百年"英语演讲比赛】 5月17日—6月19日，承办"讲好中国故事，共庆建党百年"英语演讲比赛。作为中国教育电视台主办的第二届"用英语讲中国故事"厦门大学分赛区，比赛吸引500多名厦大学生参赛，16名选手晋级东南片区决赛，1名选手参加全国赛并获得优秀奖。(周钧庭)

【举办"我的红色家乡"视频征集活动】 6月26日—8月31日，主办"我的红色家乡"视频征集活动，推荐优秀视频参加学校"百年奋进　学史铸魂"党史故事汇活动，本科生第二、第三党支部联合创作作品《她说》闯入决赛，获得学校三等奖，学院获"优秀组织奖"。(周钧庭)

【持续开展"树人计划"学生志愿服务】 年内，开展伯湖支教项目15次，来自13个学院的85人次志愿者参与支教。7月2—17日，开展为期16天的"列宁小学"红色夏令营，其间组织留守儿童赴瑞金市红色研学。开展演武社区阅读分享会20次，来自6个学院的40人次志愿者参与，引寻社区儿童通过阅读分享增强阅读能力。以线上形式开展城乡云端阅读交流会，加强城乡间儿童的阅读交流。

(周钧庭)

【《英雄学府——记海防前线上的厦门大学民兵师》获第十七届“挑战杯”全国大学生课外学术科技作品竞赛红色专项活动一等奖】 5月9日,《英雄学府——记海防前线上的厦门大学民兵师》获第十五届“挑战杯”福建省大学生课外学术科技作品竞赛红色专项活动特等奖。作为福建省唯一入围全国线下终审环节的作品,5月15日参加全国大学生课外学术科技作品竞赛红色专项活动,获全国一等奖。(王旖旎)

【《漂书看世界——构建城乡少儿阅读新生态》获第七届福建省“互联网+”大学生创新创业大赛“青年红色筑梦之旅”赛道网评第一名】 7月2日,《漂书看世界——构建城乡少儿阅读新生态》获“宝太杯”第七届厦门大学“互联网+”大学生创新创业大赛“青年红色筑梦之旅”赛道金奖。9月14日,获第七届福建省“互联网+”大学生创新创业大赛“青年红色筑梦之旅”赛道网评第一名、决赛银奖及十佳人气奖。(张晗)

【举办第十三届书香校园读书节】 6月6日,举办第十三届书香校园读书节,组织“诗忆百年,文悟四史”原创诗文大赛与“百年南强,书香未央”读书报告大赛,吸引了2个校区25个学院本硕博近400名学生参加,征集80份读书报告与285份原创诗文。(周钧庭)

【中国语言文学和历史学入选教育部第三批基础学科拔尖学生培养计划2.0基地名单】 11月29日,教育部发布基础学科拔尖学生培养计划2.0(2021年度)名单,中国语言文学和历史学双双入选。(韩璟)

【承担多个省校教学改革研究项目】 “历史学强基计划下高中拔尖创新人才选拔模式探索与实践”立项省重大教改项目(教育考试招生制度改革研究),“新高考环境下世界史命题机制建设”立项省一般教改项目(教育考试招生制度改革研究)。“‘逻辑与思维’教学研究”“‘强基计划’哲学本科专业自主学习课程探索”“儿童哲学的创新创业”等立项校级教改项目。“民间历史文献与数字人文学研究”“东南地区田野考古与多学科合作研究”项目入选厦门大学新文科研究与改革实践项目推荐名单。(韩璟)

【三门课程预立项校级一流本科课程】 5月28日,“科技考古概论”预立项校级线上线下混合式一流本科课程;“知识论”预立项校级线上一流本科课程;“西方马克思主义”预立项校级线下一流本科课程。(韩璟)

【开展重点中学优质生源基地挂牌工作】 4—12月,学院走进重点中学,开展招生宣讲,并相继在厦门六中、仙游一中、龙岩一中、福安一中、尤溪一中、重庆八中、重庆市南开中学、重庆市永川中学、四川省成都市石室中学、四川省成都市第七中学(高新)等重点中学完成优质生源基地授牌工作。(韩璟)

【举办“全球汉语儿童哲学理论与实践(第三期)”云端暑期学校】 7月4—10日,厦门大学举办“全球汉语儿童哲学理论与实践(第三期)”云端暑期学校。活动由厦门大学研究生院主办,厦门大学哲学系、台湾辅仁大学哲学系、江苏宏德文化出版基金会承办,采用线上直播教学模式,邀请国内外知名儿童哲学研究专家开展专题讲座13场,儿童哲学观摩课3场,学员展示课14场,正式学员153人。(李文娟)

【首次举办“知识论”暑期学校】 7月5—17日,首次举办“知识论”暑期学校,中国社会科学院哲学所詹文杰、南京大学哲学系胡星铭(国家级青年人才计划入选者)做专题授课,厦门大学知识论学者开设9场系列讲座。活动收到来自国内外109所高校近500名学生的申请,择优遴选来自北京大学、南京大学等高校17名学生参与线下学习,另有452名学生参与线上的同步学习(腾讯会议)。统计显示,线上线下学习参与人次近八千人。(郑伟平)

【举办线上“民间历史文献与数字人文学研究生暑期学校”】 8月30—31日,举办线上“民间历史文献与数字人文学研究生暑期学校”,厦门大学郑振满、哈佛大学宋怡明做主旨报告,来自台湾大学、台湾师范大学、德国柏林国立图书馆、德国马普研究院科学史研究所等国内外高校的专家进行授课,30多名来自加州大学洛杉矶分校、新加坡国立大学、香港科技大学、上海交通大学、复旦大学、南京大学、南开大学、厦门大学马来亚分校学生参加。(李文娟)

【多项科研成果获奖】 3月31日,陈明光、毛蕾与集美大学何世鼎合著的文章《中国古代财税史的概念与史实探讨》获《厦门大学学报(哲学社会科学版)》首届年度优秀论文奖。7月29日,吴在庆主编的《唐五代文编年史》(全5册)获第五届中国出版政府奖图书奖提名奖。10月11日,张闻捷著的《东周礼乐制度的考古学研究》获“发现中国李济考古学奖学金”十周年特别奖综合成果奖。12月,朱人求、和溪主编的《苏颂全集》获2020全国百佳图书奖、全国古籍图书二等奖。(冯璐)

【获福建省第十四届社会科学优秀成果奖一等奖五项、二等奖七项、三等奖十二项】 12月,福建省第十四届社会科学优秀成果奖公布,《福建宗教碑铭汇编·漳州府分册》(郑振满)、《中国现代美学思潮史》(杨春时)、《日本近现代汉语语法学史》(李无未)、《苏颂全集》(朱人求、和溪)、《科幻电影创意研究系列(三卷本)》(黄鸣奋)获一等奖,《道德理由与正确行动》(张曦)、《为他心辩护——处理他心问题的一种复合方案》(王晓阳)、《“大元”国号新考——兼论元代蒙汉政治文化交流》(李春圆)、《从西方文论到马列文论:文化身份挪移与中国主体建构》(代迅)、《功能语言学视野下的现代汉语传信范畴研究》(乐耀)、《基于古文字材料的上古汉语清鼻流音之历史考察》(叶玉英)、《戏剧大三角:斯坦尼—梅耶荷德—梅兰芳》(陈世雄)获二等奖,谢晓东、曹剑波、杨仕健、唐瑭、杜树海、付琳、刘诗古、陈博翼、刘婷玉、任智勇、曾玲、苏新春12名教师获三等奖。(冯璐)

【国家社科基金重大项目立项数再创新高】 4月9日,王波担任首席专家的“到二○三五年建成社会主义文化强国的总体逻辑与战略路径研究”项目获研究阐释党的十九届五中全会精神国家社科基金重大项目立项。7月

5 日，黄鸣奋担任首席专家的“比较视野下中国科幻电影工业与美学研究”项目获国家社科基金艺术学重大项目立项。11 月 2 日，李无未担任首席专家的厦门大学东亚汉语音韵学史文献研究团队“东亚汉语音韵学史文献发掘与研究”项目获国家社科基金冷门绝学研究专项学术团队项目立项。12 月 6 日，戴一峰担任首席专家的“中国海关通史”项目、李智君担任首席专家的“《中国历史海洋地图集》编绘研究”项目、谢晓东担任首席专家的“明清朱子学通史”项目获国家社科基金重大项目立项。　（冯　璐）

【国家社科基金项目立项成绩突出】 8 月 23 日，陈世雄获国家社科基金艺术学一般项目立项。9 月 24 日，董建辉、李莉、黄永锋、李焱获国家社科基金重点项目立项；陈玲、和溪、张会永、朱圣明、吴海兰、林观潮、黄向春、钱建状、杨惠玲、洪迎华、钱奠香、叶玉英获国家社科基金一般项目立项；申祖胜、张超获国家社科基金青年项目立项。9 月 26 日，王烨获国家社科基金高校思政课研究专项一般项目立项。10 月 27 日，杨春时、孙飞燕、刘荣平、蔡淑美获国家社科基金后期资助一般项目立项。　（冯　璐）

【两项国家社科基金年度项目结项鉴定为优秀】 “清至民国长江中游木帆船航运业研究”（陈瑶）与“第二十六王朝时期埃及外交与战争文献整理与研究”（马一舟）2 项国家社科基金年度项目结项鉴定为优秀。

（冯　璐）

【杨际平在《中国社会科学》发表论文】 杨际平的学术成果《论北朝隋唐的土地法规与土地制度》发表在《中国社会科学》（2021 年第 2 期）上。4 月 18 日，该文荣获“韩国磐史学基金”首届优秀论文奖。　（冯　璐）

【杨国桢、郑学檬获南强杰出贡献者奖章】 4 月 6 日，在厦门大学建校 100 周年庆祝大会上，杨国桢、郑学檬获南强杰出贡献者奖章。　（靳小龙）

【郑振满当选中国史学会第十届理事会理事】 7 月 29—31 日，在中国史学界第十次代表大会上，郑振满当选中国史学会第十届理事会理事。

（朱艺楚）

【郑振满获“福建省第六届杰出人民教师”称号】 9 月 10 日，郑振满获“福建省第六届杰出人民教师”称号并赴福州接受表彰，全省共 31 名教师获此殊荣。　（冯　璐）

【陈支平连任中国明史学会会长】 10 月 23—25 日，由中国明史学会和中共江西省赣州市委员会、赣州市人民政府联合主办的第三届阳明文化国际论坛暨第二十一届明史国际学术研讨会在江西赣州陇南市召开。会议期间中国明史学会进行换届选举，陈支平再次当选会长。（庄婉婷）

【历史系多名教师在中国经济史学会中兼任学术职务】 10 月 16—17 日，中国经济史学会第八届年会召开，会上进行换届选举，组成第八届理事会。郑学檬当选名誉会长，陈支平当选学会顾问，林枫当选副会长兼中国古代经济史专业委员会主任，钞晓鸿当选中国古代经济史专业委员会副主任，王日根、张侃、徐东升、水海刚当选理事。　（朱艺楚）

【朱展云受邀为 *Heritage Science* 编委会成员】 文化遗产保护领域国际权威期刊 *Heritage Science* 邀请朱展云担任该刊编委会成员。朱展云同时还担任 *Mediterranean Archaeology and Archaeometry* 和 *Scientific Culture* 的编委。　（朱艺楚）

【四名教师获评福建省“闽江学者奖励计划”特聘教授】 梁勇、任智勇、王波、林育川 4 名教师获评 2020 年福建省“闽江学者奖励计划”特聘教授。

（江丽陈）

【二十八名教师入选“福建省高层次人才”项目】 28 名教师入选“福建省高层次人才”项目，其中，10 名教师入选 A 类人才，3 名教师入选 B 类人才，15 名教师入选 C 类人才。

（江丽陈）

【中文系百年华诞庆典隆重举行】 4 月 5 日，厦门大学中文系建系百年庆祝大会在思明校区克立楼报告厅举行。厦门大学党委副书记、纪委书记全海，人文学院院长朱菁，中文系系主任代迅出席系庆大会并致辞，杨春时作为教师代表发言，约 250 名嘉宾、各届系友代表和师生代表共襄盛典。会上，刘平山、宋斌、赵越刚等系友倡议捐资设立中文系学术发展基金。截至 8 月底，各届系友、社会爱心人士向中文系学术发展基金、中文系百年系庆、中文系百年系庆纪念文集及相关活动捐资共计 371.26 万元。

（陈磊明　苏永延）

【《厦门大学中文系百年学术文选 1921—2021》正式发行】 4 月 5 日，《厦门大学中文系百年学术文选 1921—2021》正式发行。文选汇集 1921—2021 年厦门大学中文系教师论文 182 篇，分上下两卷，200 余万字，涵盖文艺学、语言学及应用语言学、汉语言文字学、中国古代文学、中国古典文献学、中国现当代文学、比较文学与世界文学、艺术学、戏剧与影视学等学科。　（李　焱）

【历史系举办系友座谈会】 4 月 6 日，历史系举办系友座谈会，郑学檬、杨际平、颜章炮、黄顺力、黄福才、王旭、戴一峰、郑振满等教师代表与系友代表参加，会上成立厦门大学历史学科发展基金，首批募集捐赠基金 750556 元。　（朱艺楚）

【历史系举办百年厦大与历史学学科建设座谈会】 4 月 7 日，举办百年厦大与历史学学科建设座谈会，东北师范大学梁茂信、福建师范大学王晓德、北京大学李伯重、北京师范大学李帆等知名学者与历史系教授代表莅会，就历史学科的发展优势、面临的机遇与困难深入探讨。　（朱艺楚）

【举办第二届南强哲学杰出系友论坛】 4 月 7 日，举办第二届厦门大学南强哲学杰出系友论坛，谢维和、廖晓华、秦晓林、丁四新等做报告。

（陈　玲）

【举办“明德自强”奖学奖教金颁发仪式】 6 月 29 日，举行“明德自强”奖学奖教金颁发仪式。该项基金由江苏宏德文化出版基金会捐赠 50 万元设立，为哲学系年内募集的单笔最多捐赠基金。　（陈　玲）

【举办第二届东南考古发展论坛】 5 月 22—23 日，第二届东南考古发展论坛在厦门大学举行，论坛共 5 场，就东南区田野考古新发现、沉船考古工作成果、探索中华文明多元一体化进程、文化遗产保护和利用、敦煌莫高窟研究与西北考古、科技考古等议题展开研讨。福建省文物局相关领导及毕业于厦门大学考古学专业,现在国内各高校、考古机构、文物博物馆等单位任职的60多名校友参加论坛。
(朱艺楚　冯　璐)

【举办第十届社会理论工作坊】 6月5日,由《社会》编辑部、CJS编辑部主办的第十届社会理论工作坊线上举行,论坛由厦门大学历史系杜树海教授担任召集人,主题为"中国区域社会、历史研究范式的回顾与反思"。
(朱艺楚　冯　璐)

【举办世界史一级学科成立十周年回顾与展望研讨会】 6月18—20日,世界史一级学科成立十周年回顾与展望研讨会在厦门大学逸夫楼举行。会议由厦门大学历史系主办,韩宇主持开幕式,王日根、王旭为大会致辞。复旦大学李剑鸣、吉林大学刘德斌、首都师范大学晏绍祥、云南大学戴超武、四川大学原祖杰、北京大学王立新、南开大学赵学功、上海师范大学陈恒等出席研讨会,并为世界史学科建设和教学科研方面提出意见与建议。
(朱艺楚　冯　璐)

【联合举办首届中国海关史青年学者论坛】 6月25—27日,首届中国海关史青年学者论坛在厦门宾馆举行。论坛由厦门大学历史系、中国海关史研究中心联合主办,共设6场主题报告,来自复旦大学、上海交通大学、山东大学、华中师范大学、苏州大学等高校青年学者参加论坛,就海关史研究的队伍建设、档案整理、学术脉络等议题展开研讨。
(朱艺楚　冯　璐)

【举办中国社会经济史研究的跨学科与国际化暨纪念傅衣凌先生诞辰110周年学术研讨会】 7月9—11日,中国社会经济史研究的跨学科与国际化暨纪念傅衣凌先生诞辰110周年学术研讨会在厦门大学举行。会议由厦门大学历史系、厦门大学历史研究所、《中国社会经济史研究》编辑部联合主办。来自中国社会科学院、北京大学、清华大学、中国人民大学、复旦大学、南京大学、浙江大学、中山大学、武汉大学、华东师范大学、华中师范大学、上海交通大学等40余所高校和科研机构的80余名专家学者齐聚鹭岛,共同追思傅先生的治学理念与学术贡献。
(朱艺楚　冯　璐)

【举办陈嘉庚与厦大百年学术论坛】 10月23—24日,陈嘉庚与厦大百年学术论坛线上线下同步举行。论坛由厦门大学主办,厦门大学陈嘉庚研究中心与厦门大学历史系承办,研讨内容涵盖陈嘉庚与私立时代的厦门大学、陈嘉庚的教育兴国理念、陈嘉庚与南洋华侨社会、陈嘉庚与殖民地时代南洋华文教育、陈嘉庚与中国抗战、陈嘉庚与中国共产党、陈嘉庚与中国现代化、陈嘉庚与中华民族振兴等议题。
(朱艺楚　冯　璐)

【举办中国世界中世纪史学会2021年学术年会暨第一届研究生论坛】 10月29—31日,中国世界中世纪史学会2021年学术年会暨第一届研究生论坛在厦门举行。会议由中国世界中世纪史学会主办,厦门大学人文学院历史系承办,共设2场主题报告和6场分组讨论,以线上线下结合的方式进行。议题内容的时间跨度自中世纪早期至近代早期,地域范围涉及西欧、北欧、东欧至中东及东亚,研究领域包括政治史、经济史、宗教史、文化史、军事史、情感史、法律史、艺术史及古文书学等。
(朱艺楚　冯　璐)

【举办第三届元史研究青年论坛】 10月16—17日,第三届元史研究青年论坛以视频会议的形式举行。会议由厦门大学历史系、中国社会科学院元史研究室和中国元史研究会联合主办,共设6场学术报告,议题内容涉及草原、帝国、文献、社会、法律、权力等。
(朱艺楚　冯　璐)

【举办超越与融合:戏剧新趋势国际学术研讨会暨2021年中国话剧理论与历史研究会年会】 10月22—25日,超越与融合:戏剧新趋势国际学术研讨会暨2021年中国话剧理论与历史研究会年会在厦门大学举办。大会召集人中文系副主任苏琼主持开幕式,厦门大学党委常委、副校长邱伟杰,人文学院院长朱菁,中国话剧理论与历史研究会会长胡志毅,中文系主任代迅出席并致辞。会议采用线上线下相结合的方式进行,海内外96名戏剧专家学者参会。
(吴志友　苏　琼)

【举办哲学发展创新与百年中国共产党研讨会暨福建省哲学学会2021年学术年会】 11月12—14日,哲学发展创新与百年中国共产党研讨会暨福建省哲学学会2021年学术年会在莆田举行。会议由福建省哲学学会、福建省历史唯物主义研究会、福建省辩证唯物主义研究会、福建省伦理学会主办,厦门大学哲学系、莆田学院马克思主义学院、厦门大学马克思主义学院、厦门大学马克思主义的规范与认知理论研究中心承办,共收到论文124篇,来自厦门大学、福建省委党校、福建师范大学、莆田学院、福州大学、华侨大学、闽南师范大学、泉州师范学院等高校的近200名专家学者及研究生代表参加会议。
(冯　璐)

【举办"朱子学与当代文化振兴"学术研讨会暨朱子学会换届大会】 11月27—28日,由厦门大学、朱子学会主办,国家社科基金社团活动资助的"朱子学与当代文化振兴"学术研讨会暨朱子学会换届大会在厦门大学举办。大会线上线下同步进行,近150名学界专家学者及师生代表参加会议。厦门大学原校长朱崇实当选新一届朱子学会会长,陈支平担任常务副会长。大会成立朱子学会第三届顾问委员会,由陈来、高令印担任顾问委员会主任。
(庄婉婷)

【举办"哲学之道"第十三届博士生学术论坛】 12月4日,"哲学之道"第十三届博士生学术论坛在厦门大学、华东师范大学线上线下同时举行。论坛由厦门大学研究生院、华东师范大学研究生院主办,厦门大学哲学系、华东师范大学哲学系承办,《华东师范大学学报(哲社版)》编辑部、《思想与文化》编辑部协办,共收到来自厦门大学、华东师范大学、复旦大学、南京大学、中山大学、南开大学、山东大学等近30所高校的116篇研究生论文,经专家评审,最终共16篇优秀论文和5篇特邀论文进入论坛宣读和专家点评环节。
(冯　璐)

【举办2021年人文学院科研活动月】 12月,举办2021年人文学院科研活动月,共召开8场学术讲座、1场科研成果展、2 场项目预评审会、2 场科研总结会。科研月期间表彰 3 个年度科研工作先进集体和 38 名先进个人。

（冯　璐）

新闻传播学院

【概况】 新闻传播学院设有新闻学系、广告学系、传播学系 3 个系，新闻学、广播电视学、广告学、传播学 4 个本科专业。拥有新闻传播学一级学科博士学位授予权，新闻传播学一级学科硕士学位授予权，新闻传播学硕士专业学位授予权。拥有传播学省级重点学科，新闻传播学博士后流动站。设有新闻传播学省级实验教学示范中心。设有校级科研机构：传播研究所、海峡媒体研究中心、品牌与广告研究中心、舆论研究中心，2021 年增设马克思主义新闻观研究与教育中心。设有与福建省委宣传部共建的科研平台：厦门大学福建媒体发展研究院和厦门大学福建媒体发展与对外传播协同创新中心。拥有福建省高等学校人文社会科学研究基地——中华文化传播研究中心。

学院现有在职教职工 67 人，包括专任教师 45 人，其中 2021 年新聘 1 人；党政管理人员 15 人，其中 2021 年新聘学校党政人员 1 人任职辅导员岗位一年；实验室专业技术人员 6 人，其中 2021 年新聘 1 人。专任教师中教授 12 人，副教授 22 人，高级职称人员占全院专任教师总数 75.56%，专任教师中具有博士学位者占全院专任教师总数 97.8%。有“国家特支计划”领军人才 1 人，中宣部文化名家暨“四个一批”人才 1 人，享受国务院政府特殊津贴 1 人，教育部新世纪优秀人才支持计划入选者 1 人，教育部教学指导委员会成员 1 人，福建省新世纪优秀人才支持计划入选者 3 人，福建省特殊支持“双百计划”哲学社会科学领军人才 1 人，福建省“百人计划”（台湾人才）2 人，厦门市台湾特聘专家 2 人，厦门大学特聘教授 1 人，南强青年拔尖人才支持计划培育人选 1 人。现有博士研究生指导教师 14 人，其中 2021 年新增 2 人；硕士研究生指导教师 44 人，其中 2021 年新增 5 人。新闻传播学博士后流动站在站 4 人，其中 2021 年新增 2 人。

截至 2021 年 12 月 31 日，学院有在校学生 1035 人，其中本科生 603 人、硕士研究生 362 人、博士研究生 70 人，学历留学生 49 人。2021 年，共招收博士研究生 17 人，硕士研究生 136 人（含外国留学生 4 人），本科生 124 人（含外国留学生 4 人，台港澳学生 20 人）。2021 年共毕业博士研究生 10 人，硕士研究生 95 人，本科生 175 人。2021 年，学院继续探索人才培养模式改革，加强创新创业实践能力培养，获省级课程思政示范项目立项 1 个，大学生创新创业计划立项 75 个，学生参加各类学业竞赛获省级以上奖项 170 项。

2021 年，全院科研经费到账 331.61 万元。科研项目立项 28 个，其中国家社科一般项目 4 个（殷琦、王霏、李德霞、宣长春主持的项目），教育部人文社科一般项目 1 个（周雨主持的项目），省社科重点项目 1 个，省社科青年项目 1 个，省科技厅创新战略项目 3 个，其他纵向项目 3 个，横向科研项目 15 个。发表学术论文 69 篇，其中 SSCI 收录论文 9 篇，最优刊物 9 篇，一类核心期刊论文 14 篇，二类核心期刊论文 11 篇。共出版专著 10 部，编著 8 部，14 篇调研决策咨询报告获相关部门采纳。获福建省第十四届人文社科优秀成果奖一等奖 1 项，二等奖 1 项，三等奖 1 项。学院获评“2020 年度厦门大学人文社科科研进步奖”，2 人获评“2020 年度厦门大学人文社科科研业绩突出个人”，1 人获评“2020 年度厦门大学人文社科科研管理先进工作者”。2021 年，在厦门大学庆祝建校 100 周年之际，学院举办系列活动共迎百年校庆。主要有举办 5 场高质量的校庆系列学术论坛，其中“传播视野中的百年厦大与人类命运共同体构建”分论坛被《光明日报》、人民网、凤凰网等主流媒体报道；举办院友欢迎会和系友座谈会等系列活动；发挥学科优势，创新百年校庆宣传方式，在学校多项重大宣传任务中勇挑重担——集体创作“百年校庆百部视频”，得到新华社等主流媒体和抖音、快手和视频号等新兴媒体转发，与人民网、厦门广电合作短视频《百年厦大，向总书记报告》获全网置顶。

（郭婉玲）

【承办厦门大学“百年赤诚”主题展览】 6 月 30 日，为庆祝中国共产党成立 100 周年，新闻传播学院党委承办“百年赤诚——厦门大学校史中的共产党员和党组织剪影”主题展览，精选 268 幅图片，分 4 个篇章，讲述厦大共产党人和党组织的百年奋斗故事，打造校园党史学习教育新基地，获中央党史学习教育指导组高度评价，并获《光明日报》报道。

（黄　文）

【承办厦门大学“百年奋进，薪火相传”党史校史知识竞赛】 5 月 21 日，新闻传播学院党委承办的厦门大学“百年奋进，薪火相传”党史校史知识竞赛总决赛落下帷幕。竞赛由党委组织部、党建办、学生工作部、校团委主办。竞赛结合党史学习教育，通过学习、宣传和竞赛，深化学生对党史、校史的认识和理解，以实际行动和优异成绩献礼建党百年和建校百年。自 4 月份开赛以来，共有 5010 人参加初赛，114 支队伍进入复赛，最终有 12 支参赛队伍闯入总决赛。学院在本次比赛中获优胜奖和优秀组织奖。

（胡长占）

【黄裕峯入选福建省人才计划】 1 月 4 日，共青团福建省委发布《关于确认入选福建省第三批引进台湾高层次人才“百人计划”人选的通知》，学院黄裕峯副教授入选福建省第三批台湾高层次人选“百人计划”。

（胡泽红）

【广告学专业入选国家级一流本科专业】 2 月 10 日，《教育部办公厅关于公布 2020 年度国家级和省级一流本科专业建设点名单的通知》（教高厅函〔2021〕7 号）发布，广告学专业入选国家级本科专业建设点，广播电视学专业入选省级本科专业建设点。

（郭婉玲）

2021年度新闻传播学院基本情况

统计项目	数量	统计项目	数量
本科生数(人)	603	其他部委研究基地(个)	
硕士研究生数(人)	362	福建省“2011协同创新中心”(个)	
其中:专业学位硕士研究生数(人)	238	福建省重点实验室(个)	
博士研究生数(人)	70	福建省高等学校文科研究基地(个)	1
其中:专业学位博士研究生数(人)		福建省社科研究基地(含马工程)(个)	
其中:学历留学生数(人)	49	福建省高校特色新型智库(个)	
本科毕业生毕业去向落实率(%)	94.7	福建省重点智库建设(培育)单位(个)	
硕士毕业生毕业去向落实率(%)	94.4	其他部省级平台(福建省实验教学示范中心)(个)	1
博士毕业生毕业去向落实率(%)	57.1	国家自然科学基金项目(个)	
本科毕业生升学、出国(境)率(%)	40.4	国家社会科学基金项目(个)	4
专任教师数(人)	45	国家社会科学基金重大项目(个)	
博士后数(人)	4	教育部人文社会科学研究重大课题攻关项目(个)	
教授数/正高级数(人)	12	教育部人文社会科学重点研究基地重大项目(个)	
副教授数/副高级数(人)	22	教育部人文社会科学研究一般项目(个)	1
具有博士学位专任教师数(人)	44	其他部委项目(个)	
具有海外学习交流一年(或10个月)以上经历教师数(人)	35	福建省社会科学基金重大项目(个)	
45岁以下(含)专任教师数(人)	21	纵向科研经费(到位)(万元)	187.8
文科资深教授(人)		横向科研经费(到位)(万元)	143.81
发展中国家科学院院士(人)		高校科学研究优秀成果奖(人文社会科学)(项)	
教育部“长江学者奖励计划”特聘教授(人)		福建省社会科学优秀成果奖(项)	3
教育部“长江学者奖励计划”青年学者(人)		其他部省级奖项(福建省第十四届人文社科优秀成果奖)(项)	3
国家杰出青年科学基金获得者(人)		发表文章总数(篇)	69
“国家特支计划”领军人才(人)	1	其中:《中国社会科学》发文数(篇)	
“国家特支计划”青年拔尖人才(人)		《新华文摘》转载数(篇)	
国家百千万人才工程入选者(人)		国际代表性刊物发文数(篇)	
国家级教学名师(人)		出版专著(部)	10
国家优秀青年科学基金获得者(人)		决策咨询报告(获采纳/批示)(篇)	14
教育部新(跨)世纪优秀人才(人)	1	学生出国(境)交流(人次)	5
福建省“闽江学者”特聘教授(人)		教师出国(境)交流(人次)	3
国家教学成果奖(项)		主办国际学术会议(次数)	
国家级一流本科专业(含建设点)(个)	1	主办两岸学术会议(次数)	
中国“互联网+”大学生创新创业大赛获奖数(项)		境外合作高校或机构(所)	6
国家“2011协同创新中心”(个)		签订境外合作协议(份)	7
国家高端智库(含培育)(个)		邀请国外学者数(人)	6
教育部重点实验室(个)		邀请台港澳地区学者数(人)	
教育部人文社会科学重点研究基地(个)		国(境)外学生来校数(人)	
教育部国别和区域研究中心(个)			

【获 ONE SHOW 中华青年创意奖】 2月18日，2017级广告学系学生刘若岩、林忆凡、陈禹漾、赖以晨、单亚楠组成的 topYs 团队的广告创新作品 *EXCHANGE SEPARATION TIME AND DISTANCE*《兑换分隔时距》获2020中华青年创意竞赛联合国抗疫命题最具年轻洞察奖和金奖。

（郭婉玲）

【获中国大学生广告艺术节学院奖奖项】 4月26日，2019级硕士研究生杨霖、蒋骞、邓以归、杨兰创作的微电影作品《薛定谔的快乐》在中国广告协会举办的中国大学生广告艺术节学院奖2020秋季征集赛中，获全国影视类金奖，快克创意实战奖二等奖。

（郭婉玲）

【获第三十一届中国新闻奖】 11月7日，第三十一届中国新闻奖揭晓，陈小岑鸟、黄勇主创的作品《新冠肺炎疫情期间网络风险传播的特点及启示》获三等奖。（郭婉玲）

【获2020年度福建新闻奖】 7月19日，2020年度福建新闻奖作品系列评选结果公布，陈小岑鸟、黄勇主创的作品《新冠肺炎疫情期间网络风险传播的特点及启示》获"新闻论文类"一等奖，曹立新、余清楚的作品《主流媒体深度报道的价值与本质——由两篇非虚构报道引发的思考》获2020年度福建新闻奖"新闻论文类"三等奖。

（郭婉玲）

【主办第七届两岸大学生影像联展暨凤凰花季毕业影展】 6月6日，由新闻传播学院主办的第七届两岸大学生影像联展暨凤凰花季毕业影展在厦门大学成功举办。本届影展共收到34所高校、114部影片的投稿，最终入围放映34部作品，其中5部台湾作品入围放映。由于疫情，本届影展采用线上线下相结合的方式，并在《人民日报》客户端福建频道以《两岸大学生齐聚厦门：用光影讲述故事，用镜头分享感动》为题进行专门报道。

（迟月利）

【举办第六届战略传播与公共关系工作坊】 7月14—16日，由中国新闻史学会公共关系分会（PRSC）与厦门大学新闻传播学院联合主办的第六届战略传播与公共关系工作坊在厦门大学成功举办。工作坊共设4个分论坛，来自各高校与业界80余名与会专家学者围绕"国际传播与公共关系""战略传播与公共关系的中国实践与理论创新""公关与战略传播理论的本土化建设""中国故事与国际传播的话语体系建设""国家形象传播与公共关系"议题进行分享和学术探讨。（林光杰）

【获第13届全国大学生广告艺术大赛奖】 9月17日，第13届全国大学生广告艺术大赛国赛获奖作品公布，新闻传播学院郑潇可、何幸棋、王泓鑫、徐云泽、薛晟韬组成的团队，张景岚、古越、郑冰妍、李儒青组成的团队，思泱、陈雨童、陈筱翊、王玖玲、张婧祺组成的团队分别斩获视频类影视广告组全国一等奖、优秀奖，视频类微电影广告组全国二等奖，此次获奖团队均由王晶副教授担任指导教师。

（郭婉玲）

【邹振东教授应邀做"博雅茶座"首场讲座】 10月29日，邹振东应邀在厦门大学翔安校区德旺图书馆报告厅以"电影里的传播学——从电影《长津湖》讲起"为题，作为厦门大学"博雅茶座"首场讲座。"博雅茶座"是厦门大学美育与通识教育高端系列活动之一，本次讲座也是厦门大学成立美育与通识教育中心揭牌成立仪式的首场活动。（李　鑫）

【与龙岩市共建"闽西中央苏区红色文化教育基地"】 11月14日，新闻传播学院与龙岩市共建"闽西中央苏区红色文化教育基地"签约仪式在龙岩市融媒体中心举行。龙岩市委宣传部副部长，闽西日报社党委书记、社长王传龙，龙岩电视台台长沈庆城，龙岩人民广播电台副台长林朝岩以及相关新闻媒体人员，学院党委书记曾铮，党委副书记黄辉、李芬芬，学院全媒体中心指导教师、学生记者团成员出席仪式。仪式由闽西日报社党委副书记、总编辑高营光主持。

（郭婉玲）

【获全国高校"活力团支部"荣誉称号】 6月30日，由团中央基层建设部指导，《中国青年报》开展的"活力团支部炼成记"2020—2021学年全国高校"活力团支部"遴选及展示活动结果揭晓，经校级申报、省级初评、展示点赞、全国终审等环节，学院"马克思主义新闻观理论研修班"先锋团支部获全国高校"活力团支部"荣誉称号。

（胡长占）

【获"全省高校先进基层党组织"荣誉称号】 6月10日，中共福建省委教育工委公布《关于表彰全省高校优秀共产党员、优秀党务工作者和先进基层党组织的决定》（闽委教组〔2021〕45号），学院"马克思主义新闻观理论研修班"党支部获"全省高校先进基层党组织"荣誉称号。

【共同主办"一带一路"国际传播能力建设论坛】 12月4日，由中国公共关系协会、陕西省委宣传部指导，陕西省社会科学界联合会、西安交通大学新闻与新媒体学院和厦门大学新闻传播学院共同主办的新时代·新传播·新路径"一带一路"国际传播能力建设论坛在西安举行。本次论坛分为主论坛、院长论坛、学术论坛、研究生论坛4个板块，来自政府机关、高等院校、主流媒体、大型互联网企业和智库单位的相关专家，围绕人类命运共同体、国家传播能力建设以及"一带一路"相关议题进行分享交流和深入讨论。学院余清楚院长出席论坛并致辞，苏俊斌副院长、谢清果副院长参加学术论坛并做嘉宾点评，胡悦、王霏、苏文、宣长春4名教师分别以线下或线上的形式在学术论坛上宣读论文。（郭婉玲）

【承办福建省重要舆论阵地领导干部培训班】 12月29—30日，福建省重要舆论阵地领导干部培训班在厦门大学开班，省委常委、宣传部部长张彦做开班动员讲话，厦门大学校长张荣致辞。本次培训班由省委宣传部、省新闻工作者协会主办，厦门大学新闻传播学院承办。福建省九市一区宣传部门分管领导及全省各新闻单位主要负责人、业务骨干近百人参加培训。学院余清楚院长、邹振东教授受邀做专题讲座。（郭婉玲）

【获"2021高校影视作品交流展映"多项奖项】 7月20日，教育部所属国家一级协会——中国教育电视协会主办，中国教育电视协会高校电视专业委员会承办的"2021高校影视作品交流展映”颁奖大会在中国石油大学(华东)举行。学院张扬等学生创作的作品《点亮》被评为学校形象宣传片类一等奖,林心怡等学生创作的作品《韶华》被评为二等奖,卢昱宏等学生创作的作品《厦门大学思明校区航拍》被评为短视频类一等奖。　(迟月利)

【获第十届国际大学生微电影盛典二等奖】 12 月 2 日,第十届国际大学生微电影盛典顺利落幕,《一苇以航》在 2021 第十届国际大学生微电影盛典上获剧情片单元二等奖,并入围丝绸之路国际电影节。　(迟月利)

外文学院

【概况】 外文学院下设英语语言文学系、外语教学部、日语语言文学系、欧洲语言文学系、法语语言文学系 5 个系部。设有 1 个一级学科博士点和博士后科研流动站(外国语言文学),4 个二级学科博士招生专业(英语语言文学、外国语言学及应用语言学、日语语言文学和德语语言文学);设有 1 个一级学科硕士点(下设英语语言文学、外国语言学及应用语言学、日语语言文学、法语语言文学、俄语语言文学、德语语言文学等学科点)和英语、日语 2 个翻译硕士专业学位点;设有英语、日语、法语、俄语、德语、西班牙语 6 个本科专业。另外,学院还设有厦门大学外国语言文学研究所、日本语教育研究中心、口译学研究所、双语词典与双语语言文化研究中心、中东研究中心、比较文学与跨文化研究中心等研究机构及外语实验教学中心。

学院现有在职教职工 196 人,其中专任教师 160 人,语言为主型外籍教师 14 人,党政管理人员 12 人,辅导员 5 人,专业技术人员 5 人。专任教师中含有教授 21 人,副教授 57 人;博士生导师 10 人,硕士生导师 70 人。此外,学院还聘有讲座教授 7 人,教育部新(跨)世纪优秀人才 1 人。学院 2021 年引进 1 名教授(南强青年拔尖培育人才),有 1 名教师晋升教授、5 名晋升副教授。学院 2021 年招收学生 375 人(含国际学生 1 人),其中本科生 240 人、硕士研究生 123 人、博士研究生 12 人。现有本科生 880 人,硕士研究生 312 人,博士研究生 58 人,其中学历留学生 27 人。

深化外语教学改革。学院 1 个项目获省级新文科研究与改革实践项目立项,1 个项目获厦门大学教学改革研究项目(本科),9 门课程获厦门大学一流本科课程建设计划立项。

加强外语科学研究。学院获 4 个国家社科基金项目、5 个教育部人文社科项目、6 个福建省社会科学规划项目,6 项福建省第十四届社会科学优秀成果奖。截至 12 月,学院教师累计发表学术论文 115 篇(含 SSCI、A&HCI 杂志收录论文 23 篇),出版各类学术著作 14 部。

学生工作再创佳绩。外文学生在各类国家、省市级比赛中取得 50 余项荣誉。2019 级本科生王露获“外研社 · 国才杯”全国大学生英语写作大赛二等奖;2018 级本科生杨菲、2019 级本科生游芷琪获第四届“《人民中国》杯”日语国际翻译大赛二等奖;2018 级本科生赵润洲、罗涵雨获“外研社 · 国才杯”全国大学生英语辩论赛三等奖;2018 级本科生杨洁获“韩素音国际翻译大赛”三等奖;2018 级本科生罗涵雨获第 26 届中国日报社“21 世纪 · 可口可乐杯”全国大学生英语演讲比赛福建赛区决赛冠军;2018 级本科生黄凯琪在第十六届中华全国日语演讲比赛华南赛区获二等奖。鼓励学生参与校园合唱节、百年校庆文艺活动等,获“我们的节日 · 元宵”花灯设计大赛二等奖、厦门大学第十四届校园心理剧大赛二等奖;学院获 2020—2021 年度厦门大学“体育组织进步奖”,2021 厦门大学“校庆杯”啦啦操锦标赛三等奖,“百年校庆杯”2021 厦门大学第十届棒球大赛季军,2021“新生杯”排球联赛亚军,2021 年厦门大学“趣店杯”足球联赛第四名;2019 级本科生李泽颖获厦门大学 2021 年“舞林大会”女子单人单项拉丁舞(R)第一名、单项组拉丁舞(伦巴)第一名,钱思程、李泽颖获单项组双人摩登舞(慢三)第二名。学院 25 名教师、624 名学生组成 72 支暑期社会实践队,围绕“依法治国”普及宣讲、“历史成就”国情调研、“乡村振兴”帮扶行动、“教育关爱”志愿公益等主题,积极投身实践活动;6 名教师、49 名学生、8 支团队获校级表彰。全年开展志愿活动 44 余次,累计志愿服务人次逾 1189 次,累计志愿服务时长 10089.5 小时,组织新增注册志愿者 351 人。在助老助残、教育扶贫、百年校庆、社区服务和大型赛事等方面策划开展了一系列志愿服务活动,新增“学习帮帮团”困境儿童青少年课业辅导活动,组织优秀志愿者承担思明区双职工子女困境儿童暑期夏令营英语课堂教学任务,开展“多彩一戏”英语戏剧课堂活动和“学行并举,助力进步”外语趣味游园会。外文学院青年志愿者行动指导中心获评“厦门大学志愿服务优秀组织”,教师戴晓燕、学生戴冰枝被评为“厦门大学志愿服务先进工作者”,学生贺尹获“厦门大学十佳志愿者”提名,安雪莹、戴冰枝、彭靖 3 名学生获“厦门大学优秀志愿者”称号。　(张　彬)

【深入学习贯彻习近平总书记致厦门大学建校 100 周年重要贺信精神】 4 月,外文学院党委以理论学习中心组专题学习、党支部专题学习、教职工大会等形式深入学习贯彻习近平总书记致厦门大学建校 100 周年重要贺信精神,勉励全院师生以贺信精神为引领,凝心聚力书写外文学科奋进“十四五”、争创“双一流”、共筑“中国梦”的新篇章。　(余晓芳)

【百年校庆系列高端学术论坛举办】 4—5 月,学院举办“口笔译教育与评价国际论坛”、“人类命运共同体话语体系建构研究国际论坛”、“美美与共:比较文学与跨文化研究国际论坛”、第十四届全国英语类专业院长/系主任高级论坛、第十五届全国俄语语言与文化学术研讨会 5 个高端学术论坛及“近现代中德交往:人—历史—文献”论坛、“关于人性的想象:比较的视野”全国研讨会 2 场高水平学术交流活动。　(朱清坤)

2021 年度外文学院基本情况

统计项目	数量
本科生数(人)	880
硕士研究生数(人)	312
其中:专业学位硕士研究生数(人)	186
博士研究生数(人)	58
其中:专业学位博士研究生数(人)	
其中:学历留学生数(人)	27
本科毕业生毕业去向落实率(%)	94.2
硕士毕业生毕业去向落实率(%)	91.6
博士毕业生毕业去向落实率(%)	80
本科毕业生升学、出国(境)率(%)	45
专任教师数(人)	160
博士后数(人)	1
教授数/正高级数(人)	21
副教授数/副高级数(人)	57
具有博士学位专任教师数(人)	102
具有海外学习交流一年(或 10 个月)以上经历教师数(人)	111
45 岁以下(含)专任教师数(人)	87
文科资深教授(人)	
发展中国家科学院院士(人)	
教育部“长江学者奖励计划”特聘教授(人)	
教育部“长江学者奖励计划”青年学者(人)	
国家杰出青年科学基金获得者(人)	
“国家特支计划”领军人才(人)	
“国家特支计划”青年拔尖人才(人)	
国家百千万人才工程入选者(人)	
国家级教学名师(人)	
国家优秀青年科学基金获得者(人)	
教育部新(跨)世纪优秀人才(人)	1
福建省“闽江学者”特聘教授(人)	
国家教学成果奖(项)	
国家级一流本科专业(含建设点)(个)	2
中国“互联网+”大学生创新创业大赛获奖数(项)	
国家“2011 协同创新中心”(个)	
国家高端智库(含培育)(个)	
教育部重点实验室(个)	
教育部人文社会科学重点研究基地(个)	
教育部国别和区域研究中心(个)	

统计项目	数量
其他部委研究基地(个)	
福建省“2011 协同创新中心”(个)	
福建省重点实验室(个)	
福建省高等学校文科研究基地(个)	
福建省社科研究基地(含马工程)(个)	
福建省高校特色新型智库(个)	
福建省重点智库建设(培育)单位(个)	
其他部省级平台(请注明)(个)	
国家自然科学基金项目(个)	
国家社会科学基金项目(个)	4
国家社会科学基金重大项目(个)	
教育部人文社会科学研究重大课题攻关项目(个)	
教育部人文社会科学重点研究基地重大项目(个)	
教育部人文社会科学研究一般项目(个)	5
其他部委项目(个)	
福建省社会科学基金重大项目(个)	
纵向科研经费(到位)(万元)	316.11
横向科研经费(到位)(万元)	50.91
高校科学研究优秀成果奖(人文社会科学)(项)	
福建省社会科学优秀成果奖(项)	6
其他部省级奖项(请注明)(项)	
发表文章总数(篇)	115
其中:《中国社会科学》发文数(篇)	
《新华文摘》转载数(篇)	
国际代表性刊物发文数(篇)	
出版专著(部)	14
决策咨询报告(获采纳/批示)(篇)	
学生出国(境)交流(人次)	31
教师出国(境)交流(人次)	2
主办国际学术会议(次数)	3
主办两岸学术会议(次数)	
境外合作高校或机构(所)	3
签订境外合作协议(份)	3
邀请国外学者数(人)	29
邀请台港澳地区学者数(人)	3
国(境)外学生来校数(人)	

【外文学院院石、博学亭揭幕】 4月2日，外文学院院石、博学亭揭幕仪式在德贞楼前举行。校友总会副理事长詹心丽，校资产处副处长崔庆炜，校基层党建工作联络员黄定基，院党委书记陈志伟、院长陈菁、原院长杨信彰，外文学院全球院友会会长、德屹资本董事长、77级院友朱德贞，84级、85级返校院友，学院党政领导及在校师生代表出席仪式。（张　欣）

【百年校庆院友捐赠仪式举办】 4月6日，百年校庆外文学院院友捐赠启动仪式在德贞楼112报告厅举行。启动仪式由副院长徐琪主持，厦门大学党委副书记、纪委书记全海，各级捐赠院友及代表参加本次仪式。百年校庆期间外文学院院友捐赠项目持续新增，包括孙小荔人才引进基金、84级"囊萤"基金、85级"博学"基金、89级芙蓉湖畔教育基金，此外，院友还为学院最高奖"辨明"奖学金增资，为"华腾助学基金"继续增资。（张　欣）

【扎实开展党史学习教育及庆祝中国共产党成立100周年系列活动】 学院党委落实"学党史、悟思想、办实事、开新局"总要求，组织包括红歌展演、视频演讲比赛、朗诵比赛、毕业生主题党日等在内的"重温百年党史　传承红色基因"党史学习教育系列活动。党委班子成员带头开展4次专题学习研讨，党支部以专题研讨、观影教学、实地参访、专题党课等多种形式掀起党史学习热潮，弘扬伟大建党精神。6月30日，学院党委举行庆祝中国共产党成立100周年暨"七一"表彰大会，并首次举行"光荣在党50年"纪念章颁发仪式。师生党员将爱国爱党之情融入"我为师生办实事"活动，翻译硕士党支部党员和英语系多名教师共同参与翻译、校对的《同一个梦想——厦大扶贫故事》(中英文版)于2月出版；党员领导干部、教师党员争做核酸检测志愿先锋，师生党员争当芙蓉餐厅志愿者，9月起连续4个月坚守岗位，助力校园疫情防控。（余晓芳）

【17名党员荣获"光荣在党50年"纪念章】 外文学院退休党员孙淑英、孙谦、杨仁敬、杨新平、连淑能、邱建良、陈升法、林湘玲、周盛德、黄子明、黄训经、黄炎林、曾炳辉、詹树魁、潘幼仲以及党组织关系隶属离休干部党总支的刘珍馨、曾淑萍17名同志荣获"光荣在党50年"纪念章。（余晓芳）

【举办"警译求精"警务翻译实践项目外语助理聘任暨临时党支部成立仪式】 5月15日，"青春向党　实践报国"外文学院"警译求精"警务翻译实践项目外语助理聘任暨临时党支部成立仪式举办。厦门市公安局副局长邓海鹰、团委书记吕春杭，出入境管理局局长戴伟荣、副局长蒋安海，厦门大学副校长邱伟杰参加本次活动。项目共聘任33名学生作为首批外语助理，涵盖英、日、法、俄、德、西等多个语种。截至12月，该党支部累计提供口译服务29次，时长超90小时。（余晓芳　杨盛澜）

【为厦门外国语学校优质生源基地授牌】 5月26日，院长陈菁教授、副院长徐琪教授一行5人赴厦门外国语学校(高中)参加厦门大学优质生源基地授牌仪式。双方回顾两校长久以来在人才培养、学术交流及教师培训等方面的合作，并就新高考改革背景下如何加强高中高校衔接，加强外语学科人才选拔与人才培养等话题进行交流。（陈雯娜）

【师生共同庆祝中国共产党成立100周年】 为贯彻落实习近平总书记在党史学习教育动员大会上的重要讲话精神，庆祝中国共产党成立100周年，引导广大师生学党史、强信念、跟党走，5月17—29日，学院举办"重温百年党史，传承红色基因"系列活动之"学党史　唱红歌"风采展演、文艺汇演，此次活动参演班级33个，覆盖80%的学生，现场观众约1000人。6月，学院工会组织百名教职工参加厦门大学教职工庆祝建党100周年合唱比赛，并获三等奖。11月23日—12月12日，学院举办"诗情厦绎·颂百年潮起"厦门大学多语种诗歌诵读大赛暨中英文原创诗歌大赛，共有百余名来自14个不同学院的同学提交朗诵片段或原创作品。（戴晓燕　潘　宁）

【成立外文学院重庆院友会】 6月5日，外文学院重庆院友会成立大会在渝举行。厦门大学原党委副书记、校友总会副理事长赖虹凯，外文学院党委书记陈志伟、副院长徐琪，宁夏回族自治区隆德县委常委、副县长(挂职)刘君彬，教育发展基金会秘书长特别助理张朝晖，以及来自深圳、内蒙古、贵州、四川、重庆、福州、北京、浙江、上海、厦门等地院友和校友代表一同参加本次活动。会议选举产生重庆院友会首届理事会，冯多俊任会长，邹柳任执行会长，耿立任副会长，邵帅任副会长兼秘书长，黄坤、陈序、龙云、党军、龙美洁任理事。（张　欣）

【一批党支部和党员获各级表彰】 6月，一批优秀共产党员、优秀党务工作者、先进党支部获省、校、院级表彰。余晓芳获"全省高校优秀党务工作者"称号。杨信彰、王力平(学生)获"厦门大学优秀共产党员"称号，杨盛澜获"厦门大学优秀党务工作者"称号，欧语系教工党支部获"厦门大学先进基层党组织"称号。3个先进党支部、3名优秀党支部书记、3名优秀党务工作者、25名优秀共产党员获表彰。（余晓芳）

【选举产生厦门大学第八届教职工代表大会代表、第三次妇女代表大会代表，徐琪当选厦门大学妇女委员会副主任】 7月30日，学院召开厦门大学第八届教职工代表大会代表选举大会和厦门大学第三次妇女代表大会代表选举大会，刘岩、杜开怀、杨秐硕、辛志英、张彬、张淑芬、徐琪、高镝、黄妍艳、潘宁10人当选厦门大学第八届教职工代表大会代表，王文毓、王岚、沈丽秀、林斌、徐琪、高云端、黄莜笛、程诗婷8人当选厦门大学第三次妇女代表大会代表。12月，厦门大学妇女委员会第三届委员会选举结果公布，徐琪同志当选校妇委会副主任。（余晓芳）

【学院党政领导顺利完成交接】 10月6日，外文学院干部任免宣布大会召开，校党委常务副书记李建发宣读学校关于外文学院干部任免的决定，任命陈菁为外文学院院长，辛志英、江桂英、戴鸿斌、刘悦为外文学院副院长，免去李美华、徐琪、吴光辉外文学院副院长职务，副校长杨斌向新一届行政领导班子提出“四个全面提升”的工作要求，会议由校党委常委、组织部部长、统战部部长孙理主持。12 月 27 日，外文学院干部任免宣布大会召开，校党委副书记、纪委书记全海宣读学校关于外文学院干部任免的决定，任命徐琪为中共厦门大学外文学院委员会书记，免去陈志伟中共厦门大学外文学院委员会书记职务，会议由校党委常委、组织部部长、统战部部长孙理主持。（余晓芳）

【签署金砖创新基地语言服务框架合作协议】 11 月 24 日，金砖创新基地语言服务框架合作协议签约仪式举行。厦门市金砖创新基地建设领导小组办公室常务副主任黄峰与厦门大学外文学院院长陈菁共同签署《厦门市金砖创新基地建设领导小组办公室与厦门大学外文学院框架合作协议》。（汪 怡）

【学院招生工作取得新进展】 为进一步提升生源质量，学院成立招生宣传调研小组，于 6 月、11 月前往全国 20 多所知名院校进行线上线下招生宣讲和调研座谈。7 月 9—12 日，举办“2021 年全国外语专业优秀大学生暑期夏令营”。本次夏令营共计收到报名 809 人次，筛选 144 名学生入营，实际录取 52 人。本年度共招收推荐免试研究生 73 人，占全日制总计划数的 79%，为近年来最高比例，排名全校第一。在外语类保送生报名工作中，共收到全国 13 所外国语中学 249 名考生报名。

（邹柳新 陈雯娜）

【举办研究生学术活动】 7 月 26—30 日，学院举办“2021 年厦门大学翻译硕士暑期学校”，邀请不同院校或行业的专家开设课程或工作坊，58 名学生报名参加。12 月 10—12 日，举办第十四届研究生学术研讨会、第四届外国语言文学博士论坛，共计收到校内外投稿论文 114 篇（接近去年总数的两倍），设立 17 个答辩小组。学院自 2008 年以来，已成功举办十四届学术研讨会，共收到论文 1344 篇。

（邹柳新 蔡 宇）

【高水平建设“第二课堂”】 11 月 27 日—12 月 4 日，学院举办第五届厦门大学“译经杯”中华典籍翻译大赛，校内外共 1000 多名学生积极报名参赛。12 月 12 日、19 日，第五届“外文好戏”系列演出先后在建南大会堂展演。12 月 13—19 日，成功举行厦门大学第三届国际组织体验周暨第二届“外国语言文学创新实验班”开班仪式以及国际组织大学生创新大赛等活动，邀请中国联合国协会原副会长兼总干事刘志贤，国际劳工组织原泰国、柬埔寨、老挝国家局局长王纪元，国际交流研究院（Institute of International Exchange，IIE）副主席等专家学者参加本次活动。（陈雯娜）

【七名教师入选省、市级人才项目】 陈菁入选福建省高层次人才 B 类人才，刘浩然、刘悦入选福建省引进高层次人才 B 类人才，黄若泽、王凡柯、吴巳英入选福建省高层次人才 C 类人才，张雅惠入选厦门市台湾特聘专家（专才）。（魏小静）

【首获国家留学基金管理委员会创新型人才国际合作培养项目资助】 根据国家留学基金管理委员会 2021 年度创新型人才国际合作培养项目资助项目发文，刘悦教授担任项目主持人的“联合研究导向新型外语学科国际人才培养及交流”项目获得立项，资助周期为 2021—2023 年，合作学校为德国柏林工业大学。在项目合作框架内，外文学院可向柏林工业大学派出联合培养博士研究生 1 人/年、访问学者 1 人/年、博士后 1 人/年。这是学院首次获批此类项目。（汪 怡）

【首获国家博士后国际交流计划引进项目资助】 从全国博士后管委会办公室反馈的 2021 年博士后国际交流项目引进计划（第二批）获选人员名单获悉，刘悦教授招收的意大利籍博士后 Ludovica LENA 获资助，这是学院博士后入选国家级人才项目的首次突破。Ludovica LENA 博士从罗马大学/法国国立东方语言文化学院获语言学与教学法博士学位，是学院外国语言文学博士后科研流动站自 2014 年成立以来招收的第一位外籍博士后。（陈孝炎）

【获福建省第十届高等教育教学成果奖】 江桂英教授领衔，李素英、杨琨、刘岩、张坤坤、丁燕蓉、陈冬兵、黄妍艳共同参与的“高校英语写作系列慕课建设与应用”获福建省第十届高等教育教学成果奖一等奖。该成果涉及的系列课程在 2020 年新冠肺炎疫情防控期间为各高校大学英语教学发挥辅助作用，满足疫情防控期间学生线上学习需求，共计 4.5 万余名高校学生受益。（陈雯娜）

【科研成果奖、科研项目创新高】 学院获评“2020 年度厦门大学人文社科科研进步奖”，科研成果取得新突破，获 1 个国家社科基金后期资助项目，3 个国家社科基金项目一般项目，4 个国家社科基金中华学术外译项目，5 个教育部人文社科项目，6 个福建省社会科学规划项目，6 项福建省第十四届社会科学优秀成果奖，其中，教育部人文社科项目立项数位居全校第二。退休教授杨仁敬获国家社科基金项目后期资助项目立项，并获评教育部第八届高等学校科学研究优秀成果奖三等奖；退休教授冯寿农获福建省第十四届社会科学优秀成果奖一等奖。（朱清坤）

艺术学院

【概况】 艺术学院拥有美术学、艺术硕士一级学科硕士授权点，设有美术系和音乐系，美术系设有艺术教育专业（美术教育方向）、绘画专业（含中国画、油画、漆画、雕塑方向），音乐系设有音乐学专业（音乐教育、音乐学理论）、音乐表演专业（声乐、键盘、民族器乐、西洋管弦乐方向）、舞蹈表演专业。

学院现有专任教师 74 人，其中教授 16 人，副教授 23 人，助理教授 31 人，助教 4 人；讲座教授 2 人，驻校名家 3 人，全聘教授 2 人，全聘副教授 1 人，兼职教授 6 人，业界专家 2 人，业界名家 1 人。学院各专业同时面向海外招收外国留学生和台、港、澳、侨学生。目前在校本科生 929 名，在校硕士研究生 202 名。学院现有教学楼 1.6 万平方米，配备标准化的美术展览馆、音乐厅、合唱厅、画室、琴房、录音棚和艺术图书资料室等设施。

2021年度艺术学院基本情况

统计项目	数量
本科生数(人)	929
硕士研究生数(人)	202
其中:专业学位硕士研究生数(人)	85
博士研究生数(人)	
其中:专业学位博士研究生数(人)	
其中:学历留学生数(人)	2
本科毕业生毕业去向落实率(%)	98.1
硕士毕业生毕业去向落实率(%)	89.7
博士毕业生毕业去向落实率(%)	
本科毕业生升学、出国(境)率(%)	29.1
专任教师数(人)	74
博士后数(人)	
教授数/正高级数(人)	16
副教授数/副高级数(人)	23
具有博士学位专任教师数(人)	12
具有海外学习交流一年(或10个月)以上经历教师数(人)	28
45岁以下(含)专任教师数(人)	41
文科资深教授(人)	
发展中国家科学院院士(人)	
教育部"长江学者奖励计划"特聘教授(人)	
教育部"长江学者奖励计划"青年学者(人)	
国家杰出青年科学基金获得者(人)	
"国家特支计划"领军人才(人)	
"国家特支计划"青年拔尖人才(人)	
国家百千万人才工程入选者(人)	
国家级教学名师(人)	
国家优秀青年科学基金获得者(人)	
教育部新(跨)世纪优秀人才(人)	
福建省"闽江学者"特聘教授(人)	
国家教学成果奖(项)	
国家级一流本科专业(含建设点)(个)	
中国"互联网+"大学生创新创业大赛获奖数(项)	
国家"2011协同创新中心"(个)	
国家高端智库(含培育)(个)	
教育部重点实验室(个)	
教育部人文社会科学重点研究基地(个)	
教育部国别和区域研究中心(个)	
其他部委研究基地(个)	
福建省"2011协同创新中心"(个)	
福建省重点实验室(个)	
福建省高等学校文科研究基地(个)	
福建省社科研究基地(含马工程)(个)	
福建省高校特色新型智库(个)	
福建省重点智库建设(培育)单位(个)	
其他部省级平台(请注明)(个)	
国家自然科学基金项目(个)	
国家社会科学基金项目(个)	
国家社会科学基金重大项目(个)	
教育部人文社会科学研究重大课题攻关项目(个)	
教育部人文社会科学重点研究基地重大项目(个)	
教育部人文社会科学研究一般项目(个)	1
其他部委项目(个)	
福建省社会科学基金重大项目(个)	
纵向科研经费(到位)(万元)	25.5
横向科研经费(到位)(万元)	72
高校科学研究优秀成果奖(人文社会科学)(项)	
福建省社会科学优秀成果奖(项)	
其他部省级奖项(请注明)(项)	
发表文章总数(篇)	9
其中:《中国社会科学》发文数(篇)	
《新华文摘》转载数(篇)	
国际代表性刊物发文数(篇)	
出版专著(部)	4
决策咨询报告(获采纳/批示)(篇)	
学生出国(境)交流(人次)	
教师出国(境)交流(人次)	1
主办国际学术会议(次数)	
主办两岸学术会议(次数)	
境外合作高校或机构(所)	1
签订境外合作协议(份)	1
邀请国外学者数(人)	
邀请台港澳地区学者数(人)	
国(境)外学生来校数(人)	3

2021 年，学院共获各类奖项 91 项，其中，美术系师生参加国家级展览获奖入选 41 项，音乐系师生参加各类音乐比赛获奖 50 项。

2021 年，学院科研立项经费 196 万元，其中横向经费 185 万元，纵向经费 11 万元。

学院以立德树人为根本，以全员育人为导向，遵循艺术学科规律，深化办学特色，不忘初心、牢记使命、凝心聚力、求真务实、改革创新，为建设知名高水平艺术学院而不懈奋斗。

（李新元）

【深入开展党史学习教育】 2021 年，学院把学习宣传贯彻党的十九届六中全会和习近平新时代中国特色社会主义思想作为首要政治任务，深入开展党史学习教育，突出学党史、悟思想、办实事、开新局，把学习教育成果转化为推动事业发展的实际成效。抓好党委理论中心组学习，邀请校党委党建办主任、组织部副部长廖志丹，校宣讲团成员黄顺力、张艳涛、张侃、石红梅等理论专家到学院开展 7 场理论宣讲，以提高讲座专业水平，提高师生参与热情。（杨　琳）

【创新开展“艺术党课”】 学院师生发挥专业优势，突出红色主题，创新开展“艺术党课”，打造党史学习的别样课堂。教师把红色元素融入教学和展演中，开设音乐党课“心中的歌献给党”“党的光辉照我心”“学史‘忆’初心”，美术党课“厦大旧址里的党史故事”“时代印记”等 7 门，参与备课和现场教学的师生 300 余人，把音乐会和美术展变成生动课堂。音乐党课“毛泽东诗词大型交响组歌”视频点击量 210 万余，得到央视频专题报道。（杨　琳）

【加强师德师风建设】 成立师德师风建设工作小组，院长、书记担任双组长，落实师德师风“三个一”（议一次专题，办一次讲堂，树一个典型）。开展“院长谈准则”“书记亮警示”“新教师谈心谈话”等活动，把好入口关，引导教师知准则、守底线。修订《艺术学院教师师德师风考评办法（暂行）》等，落实师德师风第一标准，执行师德师风一票否决。（杨　琳）

【加强学科建设】 为迎接第五轮学科评估工作，学院在 2021 年初完成评估材料的各项填报工作；启动学位授权点周期性合格评估工作，学院带队到研究生院交流讨论艺术硕士学位授权点整改工作，认真推动整改提升，争取艺术硕士学位授权点整改获得通过，尽早恢复招生；10—11 月，全国艺术专业学位研究生教指委开展艺术硕士专业学位授权点质量专项巡查工作，学院组织美术系、音乐系分别对照《艺术硕士指导性培养方案》开展自查，认真准备实践类项目的汇报展演工作；10 月，福建省教育厅对福建省高校艺术类专业建设情况开展摸底调查，美术系、音乐系在规定时间内完成填报工作；11 月，学院组织骨干力量，积极申报美术学、音乐表演国家一流专业，已顺利通过学校答辩评审。（王延斌）

【科研项目取得新突破】 2021 年，学院组织 11 场课题申报动员及经验分享会，调动全体教师的积极性，学院整体科研水平有所提高。2021 年科研经费总数近 196 万元，出版 4 本专著及教材，发表 5 篇一类核心论文，获批国家艺术基金项目 1 个，教育部人文社科项目 1 个，福建省社科项目 4 个。（林梅清）

【开设美育课程】 2021 年 6—7 月，学院召开多场美育工作专题会议，就高校美育重要意义、学院美育课程定位、课程建设等统一思想、明确任务。在前期调研的基础上，学院提出实施“艺术学院美育课程建设计划”，建设“有声有色”的美育课堂，重点建设“走进博物馆”“走进美术馆”“走进音乐厅”“走进厦大”“走进大漆世界”“专家教授谈美育”“5＋1”美育系列课程群，打造艺术金课、美育精品。9 月，开设“中国传统美术文化简史”“走进博物馆——印象派之旅”“走进音乐厅——音乐世界中的中国民歌”“走进舞蹈——感受中国古典舞文化魅力”等 6 门艺术史论和艺术鉴赏类课程。（陈丽筠）

【为建校百年、建党百年活动贡献力量】 在庆祝厦门大学建校 100 周年系列活动中，学院创排音乐会版歌剧《陈嘉庚》，举办“百年校庆百幅美术作品展”，参演厦门大学百年校庆文艺晚会《南方之强》。学院组织动员 200 名师生亲历其中，在艺术创排过程中深受教育，在艺术展演中传递感动。

在庆祝建党 100 周年活动中，学院举办“心中的歌献给党”师生专场音乐会。6 月 30 日—7 月 9 日，音乐党课“毛泽东诗词交响组歌”唱响两个校区，网上视频点击量 210 万余；11 月底，学院与漳州校友会联合举办“毛泽东诗意图卷”艺术党课，得到中央广电总台国际在线报道；12 月美术系创作的《厦大旧址里的红色记忆》美术作品在翔安校区展览。

（王延斌）

【在校第十四届心理剧大赛中获三等奖】 厦门大学第十四届心理剧大赛总决赛于 2021 年 12 月 11 日晚在建南大会堂举行，共有 9 支队伍进入，经过角逐，最终艺术学院选送的作品《寻人启事》获三等奖。2018—2020 年，艺术学院连续三年获得厦门大学心理剧大赛一等奖，以此工作为基础申报的 2021 年大创项目“厦门大学大学生心理健康提升实践——基于心理剧的编创和展示（编号：S202110384903）”获省级立项。（张秀丽）

【爱乐园情暖厦大】 2021 年爱乐园第九期顺利举行，受疫情影响，本期招募的是有一定基础的精英班学员，共招募教员 23 人、学员 28 人参加学习，并于 2021 年 7 月 23 日在艺术学院小音乐厅举行“艺心向党　党耀我心”爱乐园汇报音乐会。（张秀丽）

【艺起画画助力教职工子女美术素养养成】 2021 年 7 月 6—27 日，厦门大学工会和艺术学院工会联合组织美术系学生面向厦门大学教职工子女开展美术课程教学，共教授学生 60 名，参与教学的美术系学生 15 人，授课 30 课时，并在 7 月 27 日于艺术学院教工之家举办结课画展。

（张秀丽）

【艺术学院荣获百年校庆先进单位】 为做好校庆大型晚会的服装道具工作，从春节后到校庆晚会结束，学院先后组织 500 名志愿者无偿投入服装道具组的接力保障工作。3 月 14 日—4 月 5 日，学院组织师生志愿者对 30 个晚会节目的两千余套演出服装以及上千件道具进行物流收取、搬运保存、整理分类、演员试装和统一管理。志愿者总工时约4600小时,部分骨干志愿者单日工作时长超16小时。（王延斌）

【学生科创工作新突破】 2021年,艺玖捌叁网络文化工作室获得省级大创立项;在本科生创新创业年会上,学院有5个项目获厦门大学德贞社会课堂基金学生学业竞赛奖项目,1个项目获品牌校级学业竞赛项目。

（林轶凡）

【厦门大学第56届学生田径运动会再获殊荣】 学院获厦门大学第56届学生田径运动会体育道德风尚奖、厦门大学第56届学生田径运动会开幕式健身气功八段锦课间操集体展示二等奖、女子本科生组100米第一名、女子本科生组200米第二名、女子跳高第一名。（王延斌）

【师生在国内外赛事中多次获奖】 音乐系教师刘涛和阮春黎获2021年教育部第二批产学合作协同育人项目立项和教育部人文社科项目青年基金;全年有11名教师获优秀指导教师奖、76余名学生获省级以上各类比赛奖项,音乐学组建教师团队指导学生参加2021年全省普通高等院校音乐教育专业学生基本功展示大赛,获团体第二名。（段永纯）

【音乐系举办并参演多场演出】 2021年音乐系积极组织全体师生参加活动,完成歌剧《陈嘉庚》、音乐党课"毛泽东诗词合唱"及"心中的歌献给党"师生专场音乐会等几场重大演出;声乐教研室阮春黎教师主持2021年教育部人文社科项目青年基金"'二战'后大陆迁台音乐家群体与文化共同体意识建构研究",刘涛教师主持教育部第二批产学合作协同育人项目立项"声乐教学虚拟现实技术应用师资培训";管弦乐教研室张乔希教师带队参加艺术学院与闽南大剧院实习实践基地的签约演出活动;舞蹈教研室李鑫教师组织学生参加庆祝厦门经济特区建设40周年的大型演出活动。（段永纯）

【美术系师生创作成果丰硕】 喜迎学校百年华诞之际,由校友捐资、艺术学院张立平教授油画师生团队创作的《文明之光》,漆画陈金华教授师生团队创作的《世纪南强》壁画顺利完成,落户翔安校区德旺图书馆;吴荣华常务副院长创作的雕塑作品《高捷成》《王亚南》《蔡启瑞》在厦门大学落成。12月,"厦大校园里的红色记忆,精神谱系中的党史力量"厦门大学2021艺术党课绘画与设计作品展在翔安校区德旺图书馆开展,由杨寒松教授带领油画教研室师生团队制作的10幅作品展出并捐赠;厦门大学百年校庆艺术学院美术系百幅作品展,共展出美术系教师精品作品近百幅;2021年美术系师生共有21件作品入选国家级美术作品展览。

（陈金华）

【美术系出版教材三部】 2021年,美术系共出版教材3部:汤志义教授主编的《当代漆画技法教程》(2版,修订本),童焱副教授的专著《艺术漫话》,钱陈翔副教授主编的《艺术家视野下的台湾当代美术四十年》。

（黄建芳）

【美术系两名教师参加中国文联第十一次全国代表大会】 陈金华教授、张玉惠副教授作为中国美术家协会代表团成员参加中国文联第十一次全国代表大会,张玉惠代表"80"后新人发言。（黄建芳）

国际中文教育学院/海外教育学院

【概况】 国际中文教育学院/海外教育学院现设有华文系、中外语言交流合作中心、汉语国际推广南方基地、港澳台侨先修部等机构,是国家语委汉语口语水平考试和汉语水平考试考点;拥有语言学及应用语言学、对外汉语教学、国际汉语教育、汉语国际教育硕士(专业学位)4个硕士点。为满足世界汉语教学发展的需求,学院在招收来华长短期汉语进修生和开展国外汉语教师培训的同时,开设汉语言专业(经贸方向、文化方向、汉语言教育)本专科和汉语言文学专业(函授远程教育)本专科。

学院现有在职教职工97人,其中专任教师65人,党政管理人员13人,辅导员1人,专业技术人员3人,自聘人员15人。专任教师中含有教授5人,副教授18人;硕士生导师22人。此外,学院还聘有兼职教授1人。学院2021年引进1名助理教授。

2021年在读留学生共299人,其中本科生153人,语言生146人(其中国际中文教师奖学金线上项目49人)。2021年本科生开课59门,语言生63门,公共课7门,少数民族预科班1门,MBBS汉语课2门。2021年全日制汉语言专业本科毕业50人,远程教育本科毕业9人,获成人教育学士学位8人。

2021年招收新生207人(国际学生144人,国内生63人),其中语言生95人,本科生36人,硕士研究生76人。2021年,学院各类科研项目均有突破,立项数创历史新高。2021年度学院科研成果取得历史性突破,各类科研项目特别是省部级以上项目取得可喜成果:共承担获批1个国家社科基金项目,3个教育部人文社科项目,3个福建省社会科学规划项目,10个教育部语言交流合作中心项目,1个世界汉语教学学会资助项目;立项科研经费共205万。至2021年12月底,学院教师累计发表学术论文20篇(含SSCI、A&HC、CSSCI杂志收录论文3篇),出版学术著作1部。耿虎教授入选全国汉语国际教育专业学位研究生教育指导委员会委员。

学院学生工作再创佳绩。学院学生在多层次比赛中获得多项荣誉。2018级研究生蒋文静获2020年中国电信奖学金·飞Young奖;2018级研究生戴萌获厦门大学"十佳志愿者"称号;学院获厦门大学第十四届心理剧大赛最佳组织奖;2019级硕士团支部获评2020年度厦门大学"五四红旗团支部标兵";学院荣获2020年度厦门大学"读懂中国"活动征文类二等奖、视频类三等奖;"瀚宇之花炫彩队"荣获厦门大学"百年奋进　薪火相传"党史校史知识竞赛总决赛三等奖。2020级研究生姜立恒的《百年红船赋》、

2021 年度国际中文教育学院/海外教育学院基本情况

统计项目	数量	统计项目	数量
本科生数(人)		其他部委研究基地(个)	
硕士研究生数(人)	216	福建省"2011 协同创新中心"(个)	
其中:专业学位硕士研究生数(人)	190	福建省重点实验室(个)	
博士研究生数(人)	3	福建省高等学校文科研究基地(个)	
其中:专业学位博士研究生数(人)		福建省社科研究基地(含马工程)(个)	
其中:学历留学生数(人)	198	福建省高校特色新型智库(个)	
本科毕业生毕业去向落实率(%)		福建省重点智库建设(培育)单位(个)	
硕士毕业生毕业去向落实率(%)	96.2	其他部省级平台(请注明)(个)	
博士毕业生毕业去向落实率(%)		国家自然科学基金项目(个)	
本科毕业生升学、出国(境)率(%)		国家社会科学基金项目(个)	1
专任教师数(人)	65	国家社会科学基金重大项目(个)	
博士后数(人)		教育部人文社会科学研究重大课题攻关项目(个)	
教授数/正高级数(人)	5	教育部人文社会科学重点研究基地重大项目(个)	
副教授数/副高级数(人)	18	教育部人文社会科学研究一般项目(个)	3
具有博士学位专任教师数(人)	32	其他部委项目(个)	
具有海外学习交流一年(或 10 个月)以上经历教师数(人)	44	福建省社会科学基金重大项目(个)	
45 岁以下(含)专任教师数(人)	41	纵向科研经费(到位)(万元)	129.7
文科资深教授(人)		横向科研经费(到位)(万元)	1.6
发展中国家科学院院士(人)		高校科学研究优秀成果奖(人文社会科学)(项)	
教育部"长江学者奖励计划"特聘教授(人)		福建省社会科学优秀成果奖(项)	
教育部"长江学者奖励计划"青年学者(人)		其他部省级奖项(请注明)(项)	
国家杰出青年科学基金获得者(人)		发表文章总数(篇)	20
"国家特支计划"领军人才(人)		其中:《中国社会科学》发文数(篇)	
"国家特支计划"青年拔尖人才(人)		《新华文摘》转载数(篇)	
国家百千万人才工程入选者(人)		国际代表性刊物发文数(篇)	
国家级教学名师(人)		出版专著(部)	1
国家优秀青年科学基金获得者(人)		决策咨询报告(获采纳/批示)(篇)	
教育部新(跨)世纪优秀人才(人)		学生出国(境)交流(人次)	9
福建省"闽江学者"特聘教授(人)		教师出国(境)交流(人次)	6
国家教学成果奖(项)		主办国际学术会议(次数)	
国家级一流本科专业(含建设点)(个)		主办两岸学术会议(次数)	
中国"互联网+"大学生创新创业大赛获奖数(项)		境外合作高校或机构(所)	14
国家"2011 协同创新中心"(个)		签订境外合作协议(份)	
国家高端智库(含培育)(个)		邀请国外学者数(人)	
教育部重点实验室(个)		邀请台港澳地区学者数(人)	
教育部人文社会科学重点研究基地(个)		国(境)外学生来校数(人)	
教育部国别和区域研究中心(个)			

2021 级研究生王惠芳的《风雨中的七十年》分别获厦门大学 2021 年汉语言文学写作大赛二等奖；2021 级研究生桑移凡的《千里生命线》获厦门大学 2021 年汉语经典诗文诵读大赛二等奖；2021 级研究生肖靖阳获厦门大学翔安校区“清澈的爱　只为中国”主题演讲比赛二等奖。

2021 年，面对复杂国际形势和多变海外疫情形势，学院积极作为、履职尽责，迅速适应新形势新常态，圆满承担学校共建孔子学院和孔子课堂的管理任务。学校已在五大洲的 12 个国家建设 14 所孔子学院和 48 所附属孔子课堂，是“双一流”建设高校中承建数量最多、孔子学院分布最广的中方合作院校之一。2021 年，已完成 13 所共建孔子学院转隶工作，推动德国特里尔大学孔子学院转型升级；与法国蔚蓝海岸大学商谈新建“非物质遗产保护、推广和传播领域”的特色孔子学院。作为首批单位发起成立“非洲国际中文教育联盟”，成功申报组建东亚东南亚区域研究专门委员会。

2021 年，共建孔子学院及附属孔子课堂注册学员 16153 人；全年举办文化活动 344 场，受众达 47287 人；获奖学金人数 78 人；参加各类汉语考试 2590 人次；孔子学院专用办学场所面积 10885 平方米，藏书 60830 册。目前孔子学院工作人员共计 51 人，其中中方院长 11 人，国际中文教师 35 人，国际中文教师志愿者 4 人，为孔子学院行政及教学工作的平稳开展提供人员支持。（李　珑）

【实现学院融合发展】 2021 年是学院调整合并后的第一年，学院党政领导班子充分发挥作用，快速进入工作状态，保证各项工作交接到位、保障到位，为推动学院发展打下良好基础。10 月 19 日，院长陈志伟到任；11 月 29 日，组织部宣布副院长潘超青任命。学院通过勤调研、搭平台、办沙龙、组织文体活动等多方式促进党政管理、教师队伍快速融合发展。（杨晓燕　洪　伟）

【规范 5 类非学历教育管理】 根据教育部关于非学历教育专项清理整顿的要求，学院积极整改，初步完成长期汉语进修项目、短期汉语进修项目、团体短期项目、港澳台侨联考培训项目和其他各类委托培训项目共 5 类非学历教育项目的归口管理工作，进一步完善健全非学历教育相关制度，并继续做好各类非学历教育项目的学生培养及管理工作。（洪　伟）

【扎实推进党史学习教育】 扎实开展党史学习教育，把学习习近平新时代中国特色社会主义思想贯穿始终，把学史明理、学史增信、学史崇德、学史力行贯穿始终，把学党史、悟思想、办实事、开新局贯穿始终。活动分为 3 个阶段，每个阶段按学院、党支部和党员个人 3 个层面展开，实行多层次、全方位、全员覆盖。全年支部开展“三会一课”149 次，“固定党日＋”活动 58 次。（杨晓燕）

【成立学院二级党校】 5 月 13 日，国际中文教育学院/海外教育学院二级党校成立。全年二级党校组织各类培训 34 次，开展教师业务培训讲座或学术沙龙 25 场。（杨晓燕）

【一批党支部和党员获校院“七一”表彰】 建党百年之际开展党内评优活动，其中获评校优秀共产党员 1 人（邓军）、校优秀党务工作者 1 人（杨晓燕），评出院优秀共产党员 8 人（何宏耀、林炯、林丽丽、付志晨、吴浩楠、漆苏平、胡青、耿旭琛），院优秀党务工作者 1 人（秦晶晶）和先进基层党组织 2 个（研究生 2019 级党支部、研究生 2020 级党支部），并于 6 月 25 日在院内进行表彰。离退休党支部林去病、陈月英和林自和 3 名同志荣获“光荣在党 50 年”纪念章。（杨晓燕）

【首次教育类教育教学能力考核工作顺利完成】 4 月 9 日，首次教育类教育教学能力考核工作顺利完成，共有 35 名汉语国际教育硕士研究生参加笔试和面试，最终均通过考核并获得“师范生教师职业能力证书”。（王碧华）

【成功举办优秀大学生夏令营活动】 7 月 12—14 日，学院成功举办 2021 年优秀大学生夏令营活动，共有 180 多名来自全国“双一流”高校/学科学生报名参加，申请人数创历史新高。（王碧华）

【参与首轮全国专业学位水平评估等评估工作】 年内，学院精心组织参与首轮全国专业学位水平的评估工作，以评促建，不断提升研究生教育质量。认真组织和筹备 2020—2025 年学位授权点周期性合格评估，制定并完成 2021 年学位授权点建设年度报告，对建设水平与人才培养质量进行全面检查。（王碧华）

【成功申办“国际中文教师证书”考点】 2021 年，学院获批成立“国际中文教师证书”考点。（洪　玲）

【举办第九届“中国日”文化节】 12 月 6 日，由厦门大学翔安校区管委会、研究生院主办，学院承办的厦门大学第九届“中国日”文化节顺利举行。（陈艺新）

【举办国际中文教育论坛】 4 月，举办国际中文教育论坛（院长论坛）。作为百年校庆重要学术活动的分论坛，论坛吸引孔子学院中外方院长、国际中文教育领域的专家学者、中外大学校长论坛嘉宾共襄盛举，深入研讨后疫情时代的国际中文教育以及国际中文教育发展的机遇与挑战等相关议题。论坛充分发挥“21 世纪海上丝绸之路”大学联盟以及孔子学院平台的作用，密切各高校间在国际中文教育相关领域的交流与合作。（许婕婕）

【推动成立马耳他国别化中文教育研究中心】 学院推动申报的马耳他国别化中文教育研究中心项目顺利获批，首年资助经费 8 万元。（边舒雨）

【完善孔子学院管理体制机制】 孔子学院转隶后，为理顺管理体制，优化管理职能，学院建立健全以“育、培、选、派、管”为主旨的孔子学院外派人员管理体系，今年共出台相关管理条例和制度文件 6 个，规范包括孔子学院中方院长、骨干教师、公派教师、专职教师队伍建设和中方院长生活待遇管理、志愿者项目管理等工作。通过中方院长工作例会制度，外派人员双月汇报制度和行前、任中、离任谈话机制，集中讨论解决实际困难，加强对孔院的指导、管理。（边舒雨）

【共建孔子学院创新发展】 2021 年，在疫情常态化下，部分孔子学院恢复线下教学为主、线上教学为辅的模式。泰国皇太后大学孔子学院承担全校必修课程，参与皇太后大学中泰医学研究中心建设，支持中医学历和职业教育。尼日利亚纳姆迪阿齐克韦大学孔子学院支持外方合作院校招收42名中文专业本科生，促成学校与尼日利亚永星钢铁有限公司签订合作框架协议，推动国际中文教育与职业教育融合发展。多个孔院聘用专兼职本土汉语教师、海外志愿者，实现疫情下孔院可持续发展。（边舒雨）

【建设孔子学院综合管理平台】 学院搭建并不断完善孔子学院综合管理平台。该平台将孔子学院年度预决算审批、人员外派管理和薪酬发放、孔子学院绩效评估等纳入统一管理，加强国内管理部门与孔子学院及外派人员的沟通交流，形成多层次、全方位的一体化交互机制。

（边舒雨）

【参与拓展国际中文教育合作联盟】 学校于2020年参与联合发起国际文化交流学术联盟，学院参与成功申报组建东亚东南亚区域研究专门委员会；参与共同商议《关于合作开展对美国国际中文教育工作的协议》，计划成立"国际中文教育高校联盟（美国）"；参加非洲国际中文教育研讨会暨非洲国际中文教育联盟启动仪式，与中非高等院校、职业院校、企业和行业协会等64家单位共同发起成立非洲国际中文教育联盟。（边舒雨）

【一批共建孔子学院中外方院长和孔子学院荣获表彰】 2021年，6名历任及现任学校共建孔子学院中外方院长荣获中国国际中文教育基金会颁发的"孔子学院纪念奖章"。共建的美国圣地亚哥孔子学院和新西兰惠灵顿维多利亚大学孔子学院荣获"汉语桥"二十周年突出贡献组织机构奖。（边舒雨）

【孔子学院在多项比赛中取得佳绩】 在第十四届"汉语桥"世界中学生中文比赛中，学校孔子学院及其下属孔子课堂和教学点的5名学员入围全球30强，并取得佳绩。在"最·孔院"短视频征集大赛中，共建孔院获得1项二等奖和3项优秀奖，2人获评"孔院达人"称号。（边舒雨）

国际学院

【概况】 国际学院作为学校专门从事出国留学教育的学院，是学校国际化办学的重要组成部分。年内，学院共有本科及硕士层次留学项目7个。

学院现有校聘党政管理人员11人（含兼职副院长一人），自聘教师40人，自聘行政人员35人。教师中副教授4人，讲师13人，助教8人；具有博士学位5人，硕士学位37人；台籍教师3人，有海外留学背景的36人。

年内，国际学院在校生共1547人，其中都柏林本科项目359人，自主留学项目1188人。各类毕业生去向：都柏林项目2021届毕业生总数181人，毕业率99%，总体就业率85.1%。出国（境）深造人数82人，占毕业生总数的45.3%，其中78人进入世界前100强的国（境）外高校深造（参照2022年QS世界综合大学排名）。境内升学人数24人，占毕业生总数的13.26%，其中推免研究生17人，比2020届增长21.4%，推免成功率100%。签约就业48人，占毕业生总数的26.52%，就职单位包含中核、华为、中国烟草、厦门国贸等知名企业。

自主留学项目毕业生425人，毕业生中有350人获得至少1所以上海外预录取通知书，留学申请录取率82.4%；受疫情影响，海外录取学生中有305人选择英国、美国、澳大利亚、新加坡、日本等国的合作院校进行续本深造，101人赴海外院校进行线下学习，204人选择在国内线上学习。其他学生中有81人暂缓出国，8人选择通过其他方式在国内进行深造，30人选择直接就业。（林志国）

【"三全育人"成果丰硕】 年内，学院创新创业工作捷报频传，近10名学生在国家级、省级、校级创新创业大赛中获得金银铜奖共10项，优秀大创项目3个。其中，5名学生参与的项目"博复康——肿瘤类器官个性化药敏检测"获第七届中国国际"互联网＋"大学生创新创业大赛全国总决赛高教主赛道成长组银奖；1名学生参与的项目"氢未来——车载供氢系统开拓者"，2名学生参与的项目"细谷——全球首创免疫性皮肤病精准干细胞疗法"荣获第七届福建省"互联网＋"大学生创新创业大赛金奖；1名学生负责的项目"'红'树林乡村教育筑梦公益行动"获第七届厦门大学"互联网＋"大学生创新创业大赛决赛金奖。

学院荣获学校五人制足球赛翔安赛区冠军，"超级杯"男排、女排翔安校区冠军及第二十二届羽毛球混合团体赛（翔安校区）冠军；1名2021级学生在第56届学生田径运动会上获男子本科组铅球第1名，以11.65米的成绩打破校运会纪录。（钟氏栋）

【人才培养质量持续提升】 学院继续整合经济学院、管理学院、财务管理与会计研究院、法学院的学科资源，都柏林项目办学质量进一步提升，学生就业率、出国深造率维持新高，连续三年研究生推免成功率100%，学生分别被北京大学、中国人民大学、复旦大学等高水平大学录取。

年内，自主留学项目学生培养质量大幅提升，艺术设计及时尚管理本科项目有18名学生入读世界百强名校英国南安普顿大学，4名学生入读英国专业排名第一的伯明翰城市大学珠宝设计专业，其中3名学生被该专业二年级录取，实现学院办学以来的突破。在2021年"全球最佳酒店接待冠军杯"中国赛区中，2020级酒店管理专业学生林子昂获大赛冠军，2019级酒店管理专业学生郑远峰获三等奖。根据赛程设置，学生林子昂将是唯一一名代表中国赛区出战2022年德国总决赛的选手。

（王赵远　陈寒梅）

【实践育人取得新成效】 年内，学院积极组建"自强"新青年党史宣讲实践队，149名实践队员奔赴祖国七省九市，探寻红色记忆，将所学所思录制成宣讲微视频，已累计推出100个党史宣讲微视频，以青年的视角、青年之声，提升百年党史在广大青年群体中的影响力、传播力。

2021 年度国际学院基本情况

统计项目	数量	统计项目	数量
本科生数(人)	359	其他部委研究基地(个)	
硕士研究生数(人)		福建省“2011 协同创新中心”(个)	
其中:专业学位硕士研究生数(人)		福建省重点实验室(个)	
博士研究生数(人)		福建省高等学校文科研究基地(个)	
其中:专业学位博士研究生数(人)		福建省社科研究基地(含马工程)(个)	
其中:学历留学生数(人)	1	福建省高校特色新型智库(个)	
本科毕业生毕业去向落实率(%)	85.1	福建省重点智库建设(培育)单位(个)	
硕士毕业生毕业去向落实率(%)		其他部省级平台(请注明)(个)	
博士毕业生毕业去向落实率(%)		国家自然科学基金项目(个)	
本科毕业生升学、出国(境)率(%)	58.6	国家社会科学基金项目(个)	
专任教师数(人)	40	国家社会科学基金重大项目(个)	
博士后数(人)		教育部人文社会科学研究重大课题攻关项目(个)	
教授数/正高级数(人)		教育部人文社会科学重点研究基地重大项目(个)	
副教授数/副高级数(人)		教育部人文社会科学研究一般项目(个)	
具有博士学位专任教师数(人)	5	其他部委项目(个)	
具有海外学习交流一年(或 10 个月)以上经历教师数(人)	34	福建省社会科学基金重大项目(个)	
45 岁以下(含)专任教师数(人)	33	纵向科研经费(到位)(万元)	
文科资深教授(人)		横向科研经费(到位)(万元)	
发展中国家科学院院士(人)		高校科学研究优秀成果奖(人文社会科学)(项)	
教育部“长江学者奖励计划”特聘教授(人)		福建省社会科学优秀成果奖(项)	
教育部“长江学者奖励计划”青年学者(人)		其他部省级奖项(请注明)(项)	
国家杰出青年科学基金获得者(人)		发表文章总数(篇)	
“国家特支计划”领军人才(人)		其中:《中国社会科学》发文数(篇)	
“国家特支计划”青年拔尖人才(人)		《新华文摘》转载数(篇)	
国家百千万人才工程入选者(人)		国际代表性刊物发文数(篇)	
国家级教学名师(人)		出版专著(部)	
国家优秀青年科学基金获得者(人)		决策咨询报告(获采纳/批示)(篇)	
教育部新(跨)世纪优秀人才(人)		学生出国(境)交流(人次)	2
福建省“闽江学者”特聘教授(人)		教师出国(境)交流(人次)	
国家教学成果奖(项)		主办国际学术会议(次数)	
国家级一流本科专业(含建设点)(个)		主办两岸学术会议(次数)	
中国“互联网+”大学生创新创业大赛获奖数(项)		境外合作高校或机构(所)	3
国家“2011 协同创新中心”(个)		签订境外合作协议(份)	3
国家高端智库(含培育)(个)		邀请国外学者数(人)	
教育部重点实验室(个)		邀请台港澳地区学者数(人)	
教育部人文社会科学重点研究基地(个)		国(境)外学生来校数(人)	
教育部国别和区域研究中心(个)			

党史系列微视频推出以来，浏览量23万余，2个微视频荣获厦门市“学党史·i分享”网络人气奖；1个微视频荣获“厦门大学党史故事汇”三等奖。“自强”新青年党史宣讲实践队获评省级、校级优秀团队，多个党史宣讲实践活动被《中国青年报》、新浪网、东南网、《三明日报》等媒体平台报道。

年内，红树林公益教育团队招募76名厦大学生参与线上“云支教”，帮助福建、内蒙古等地28名中小学生，累计辅导428次。团队开展的漂流阅读活动已累计捐赠图书662本至各贫困县学校，为乡村孩子提供更多的教育资源。　（钟民栋）

【为学生提供更多优质深造选择】 年内，学院新增英国埃塞克斯大学、肯特大学、基尔大学、巴斯斯巴大学、布莱顿大学、格鲁斯特大学、曼彻斯特城市大学、索伦特大学，澳大利亚南昆士兰大学，美国海湾州立大学，加拿大加西大学、劳伦森大学等合作院校。受疫情影响，出国留学规划指导采用“线上＋线下”的方式，举办留学宣讲会30多场。　（尚　颖）

【凝聚校友力量】 年内，学院领导带队先后走访7家校友企业，与校友们深入交流，沟通校友工作及百年校庆筹备情况，于3月1日成立百年校庆·国际学院教育发展基金，国际学院厦门、泉州、南通等各校友会及校友个人纷纷捐资，先后收到校友捐赠30余万元。发展基金成立后，国际学院教职工100%参与捐款，共捐赠160812元。截至目前，发展基金共收到捐赠50余万元。

学院按照学校百年校庆工作安排，跨翔安、漳州两个校区积极融入学校开展青春环校跑、清明祭扫、陈嘉庚生平事迹展开展仪式、八闽园开园活动等系列校庆活动。

学院专门成立校友接待工作组，精心筹划，营造温馨的校庆氛围，特别设置校友联络小组，提前摸排确认每位校友返校日期、行程安排。校庆当天，学院跨思明、翔安、漳州三大校区分别设立校区集中接待点及学院接待点，先后迎来558名校友回家。

年内，学院按照学校要求，根据编写组、审稿专家意见多次修改完善《海外教育学院/国际学院院史》，院史于12月由厦门大学出版社正式出版。　（颜彩蓉）

【学院各项活动屡获佳绩】 年内，学院荣获“永远跟党走　奋进新征程”厦门大学教职工庆祝中国共产党成立100周年合唱比赛三等奖、厦门大学第20届教职工运动会“体育道德风尚奖”；在校工会举办的“知史爱党　知史爱国”四史竞赛中，学院荣获集体三等奖；在厦门大学第十六届教学比赛中，学院荣获“最佳组织奖”。　（戴　玉）

【在漳州校区步入正常办学阶段】 年内，学院按照学校分批搬迁至漳州校区办学的既定计划，持续优化漳州校区主楼群4号楼的办学环境。学院精心规划，完成一系列改造项目，包括楼内设备资产清点、网络综合布线工程、饮水机安装、门禁系统安装、教学设备更新等，全面改造教师工作室、行政办公室、辅导员办公室、学院会议室等办学空间，根据教学需求完善楼内空间功能优化。完成楼内加装电梯设计方案，启动后续工程申报审批工作，努力为师生打造平安、温馨、国际化的工作学习环境。　（蒋贞星）

创意与创新学院

【概况】 创意与创新学院是厦门大学与英国创意艺术大学在艺术设计领域开展合作，经教育部2019年批准成立的厦门大学首个中外合作办学机构。学院目前开设视觉传达设计、环境设计、数字媒体艺术3个本科专业，学制均为4年，学业全部在国内完成。学生完成规定的学业并成绩合格后，达到毕业要求的将获得厦门大学本科毕业证书；符合学位授予条件的，将获得厦门大学学士学位证书和英国创意艺术大学颁发的学士学位证书。

学院现有教职工57人。中方教职工46人，其中教授2人，副教授10人，助理教授、助教15人；英方教职工11人，其中专任教师10人，行政管理人员1人。

学院现有本科生533人，其中视觉传达设计专业265人，环境设计专业169人，数字媒体艺术专业99人。

学院2021年新立项福建省社科一般项目1个，横向项目10个，横向到账经费101.71万元。

2021年，学院始终坚持党的全面领导，深入推进党史学习教育，落实立德树人根本任务，坚持以人才培养为中心，积极组织学生参与各类高水平学业竞赛。学院获米兰设计周优秀组织奖。部分学生已开始在学业竞赛中崭露头角，获第七届两岸新锐设计竞赛“华灿奖”一等奖、2021海峡两岸汉字文化创意大赛优秀奖等。学院持续深化中外合作办学机制建设，在人才培养、师资队伍建设、办学条件建设、沟通机制、专业建设等方面创新举措，积极探索，为新学院的良好开局和长远发展打下坚实的基础。　（陈　稳）

【举办“跨学科　创意　未来”学术论坛】 2021年4月10—11日，在厦门大学庆祝建校100周年之际，学院在漳州校区举办“跨学科　创意　未来”学术论坛，邀请江南大学副校长张凌浩、清华大学美术学院可持续设计研究所所长周浩明、中央美术学院城市设计学院院长马浚诚、武汉大学社会科学院驻院研究员陈望衡、华东师范大学政治学系系主任吴冠军、中国美术学院中国国际设计博物馆执行馆长袁由敏、华东师范大学哲学系姜宇辉和四川大学哲学系余玥8名国内知名专家学者做学术讲座。这是学院首次举办的学术活动，引起学院以及其他兄弟学院师生的热烈反响。　（周可馨）

【获批数字媒体艺术专业】 2021年4月30日，根据《关于厦门大学创意与创新学院变更办学事项的批复》（教外司办学2021〔585〕号），学院增设数字媒体艺术（130508H）专业，撤销数字媒体技术、广告学本科专业。　（陈　稳）

2021年度创意与创新学院基本情况

统计项目	数量	统计项目	数量
本科生数(人)	533	其他部委研究基地(个)	
硕士研究生数(人)		福建省"2011协同创新中心"(个)	
其中:专业学位硕士研究生数(人)		福建省重点实验室(个)	
博士研究生数(人)		福建省高等学校文科研究基地(个)	
其中:专业学位博士研究生数(人)		福建省社科研究基地(含马工程)(个)	
其中:学历留学生数(人)		福建省高校特色新型智库(个)	
本科毕业生毕业去向落实率(%)		福建省重点智库建设(培育)单位(个)	
硕士毕业生毕业去向落实率(%)		其他部省级平台(请注明)(个)	
博士毕业生毕业去向落实率(%)		国家自然科学基金项目(个)	
本科毕业生升学、出国(境)率(%)		国家社会科学基金项目(个)	
专任教师数(人)	21	国家社会科学基金重大项目(个)	
博士后数(人)		教育部人文社会科学研究重大课题攻关项目(个)	
教授数/正高级数(人)	2	教育部人文社会科学重点研究基地重大项目(个)	
副教授数/副高级数(人)	10	教育部人文社会科学研究一般项目(个)	
具有博士学位专任教师数(人)	2	其他部委项目(个)	
具有海外学习交流一年(或10个月)以上经历教师数(人)	8	福建省社会科学基金重大项目(个)	
45岁以下(含)专任教师数(人)	12	纵向科研经费(到位)(万元)	4
文科资深教授(人)		横向科研经费(到位)(万元)	101.71
发展中国家科学院院士(人)		高校科学研究优秀成果奖(人文社会科学)(项)	
教育部"长江学者奖励计划"特聘教授(人)		福建省社会科学优秀成果奖(项)	
教育部"长江学者奖励计划"青年学者(人)		其他部省级奖项(请注明)(项)	
国家杰出青年科学基金获得者(人)		发表文章总数(篇)	10
"国家特支计划"领军人才(人)		其中:《中国社会科学》发文数(篇)	
"国家特支计划"青年拔尖人才(人)		《新华文摘》转载数(篇)	
国家百千万人才工程入选者(人)		国际代表性刊物发文数(篇)	
国家级教学名师(人)		出版专著(部)	1
国家优秀青年科学基金获得者(人)		决策咨询报告(获采纳/批示)(篇)	
教育部新(跨)世纪优秀人才(人)		学生出国(境)交流(人次)	
福建省"闽江学者"特聘教授(人)		教师出国(境)交流(人次)	
国家教学成果奖(项)		主办国际学术会议(次数)	
国家级一流本科专业(含建设点)(个)		主办两岸学术会议(次数)	
中国"互联网+"大学生创新创业大赛获奖数(项)		境外合作高校或机构(所)	
国家"2011协同创新中心"(个)		签订境外合作协议(份)	
国家高端智库(含培育)(个)		邀请国外学者数(人)	4
教育部重点实验室(个)		邀请台港澳地区学者数(人)	2
教育部人文社会科学重点研究基地(个)		国(境)外学生来校数(人)	
教育部国别和区域研究中心(个)			

【"致敬中国共产党人的精神谱系"原创插画展】 学院第一党支部"用设计的力量传承百年党史"获党支部工作"立项活动"校级重点项目，学院教师党员带领学生入党积极分子、青年团员进行"致敬中国共产党人的精神谱系"原创插画设计，4月启动创作，10月成稿设展。2021年11月8日，教育部党史学习教育高校第九指导组一行来院指导时参访主题展览，高度评价"致敬中国共产党人的精神谱系"插画展览体现马克思主义基本原理同中国具体实际相结合、同中华优秀传统文化相结合的精神，很有特色，成效很好。 （李怡佳）

【召开联合管理委员会2021年会议】 11月25日，学院联合管理委员会2021年会议在思明校区科学艺术中心4号会议室召开。会议由校长张荣主持。会议审议通过学院联合管理委员会成员调整名单。经调整，学院联合管理委员会委员为：厦门大学校长张荣，英国创意艺术大学校长Bashir Makhoul，厦门大学副校长杨斌，英国创意艺术大学副校长Catherine Harper、Simon Macklin，联合管理委员高级顾问陆懋祖，厦门大学学生工作处处长李峰，教务处处长计国君，漳州校区管理委员会主任黎永强，海外办学办公室执行主任、国际合作与交流处副处长余宏波，创意与创新学院院长秦俭，英方副院长Philip Lambert，英国创意艺术大学项目主任于沛沛。会议还审议通过教育教学管理委员会成员名单，确认创意与创新学院中英方相关领导人员，审议通过创意与创新学院2021年度报告和2022年度工作计划。

（陈　稳）

【获学生田径运动会思明赛区本科生组团体总分第七名】 11月5—7日，在厦门大学第56届学生田径运动会中，学院荣获思明赛区本科生组团体总分第七名、厦门大学第20届教职工运动会道德风尚奖、2020—2021年厦门大学体育组织进步奖。这是学院首次本科生组团体总分进入前八。

（廖　炜）

经济学院

【概况】 经济学院源于1921年建校初期的商学部。1981年经教育部批准，原厦门大学经济系升格为厦门大学经济学院。

学院现有经济学系、统计学与数据科学系、财政系、金融系、国际经济与贸易系、经济研究所、宏观经济研究中心、中国能源经济研究中心8个教学科研单位，并设有教学实验中心。拥有多个国家级、省部级重点研究平台和校级研究中心，其中计量经济学教育部重点实验室（厦门大学）是教育部首个文理交叉重点实验室，厦门大学宏观经济研究中心是教育部人文社会科学重点研究基地，计量经济理论与应用创新引智基地是教育部和国家外国专家局联合批准的高等学校学科创新引智计划建设项目（"111"计划），经济与管理教学实验中心是国家级实验教学示范中心，经济学科虚拟仿真实验教学中心是国家级虚拟仿真实验教学中心，福建省统计科学重点实验室（厦门大学）是福建省文理交叉重点实验室，公共财政研究中心、世界经济研究中心、金融研究中心是福建省人文社科重点研究基地，社会经济政策量化评估中心是福建省高校特色新型智库，厦门大学中国（福建）自贸区研究院是第一批福建省重点智库建设试点单位。

学院拥有理论经济学、应用经济学和统计学3个一级学科、3个博士后流动站。2007年，理论经济学和应用经济学双双获评为一级学科国家重点学科，覆盖经济学门类所有学科。2017年12月，教育部公布第四轮学科评估结果，应用经济学、统计学两个一级学科进入A类，应用经济学并列第4、统计学并列第3，理论经济学为B+，并列第10；2019年11月15日，根据基本科学指标数据库（Essential Science Indicators，ESI）最新数据显示，厦门大学新增经济学与商学（Economics & Business）进入ESI全球前1%；2020年3月，全球高等教育研究机构Quacquarelli Symonds（QS）正式发布2020年QS世界大学学科排名，厦门大学经济学和计量经济学科首次进入全球150强。经济学科6个本科专业入选2021年软科中国大学专业排名A+专业，其余5个专业全部入选A类专业。

学院出版《中国经济问题》（CSSCI来源期刊）、《经济资料译丛》2种学术期刊。

学院设有11个本科专业，30个硕士专业，22个博士专业，其中，经济学、金融学、统计学、财政学、国际经济与贸易、经济统计学、金融工程7个本科专业入选国家级一流本科专业建设点，"王亚南经济学拔尖学生培养基地"入选教育部首批基础学科拔尖学生培养计划2.0基地，"国际金融学"课程入选教育部课程思政示范项目，"王亚南经济学拔尖学生培养基地"入选教育部首批新文科研究与改革实践项目。现有全日制在校学生4599人，其中本科生2316人，硕士生1481，博士生266人，另有在读经济学本科双学位学生536人。2021届毕业生就业率91.53%，其中本科毕业生就业率88.0%，硕士研究生就业率96.4%，博士研究生就业率86.5%。

学院现有专任教师191人，其中教授66人、副教授60人、助理教授64人，具有博士学位的教师183人，占95.81%，其中国内博士123人，占67.21%；海外（含境外）博士58人，占31.69%。2021年新进教师10人（均为双聘），其中海归博士6人。

学院现有（含与王亚南经济研究院双聘）"长江学者"青年学者6人，国务院学位委员会学科评议组成员2人，"国家特支计划"领军人才1人，"国家特支计划"青年拔尖人才4人，国家优秀青年基金入选者1人，教育部新世纪优秀人才11人（含跨世纪人才1人），"闽江学者"特聘教授3人，福建省高校领军人才——领军人才3人，福建省百人计划——创新长期2人、青年人才1人、台湾人才1人。福建省特支计划"双百计划"——哲学社会科学领军人才3人、

2021 年度经济学院基本情况

统计项目	数量
本科生数(人)	2316
硕士研究生数(人)	1481
其中:专业学位硕士研究生数(人)	849
博士研究生数(人)	266
其中:专业学位博士研究生数(人)	
其中:学历留学生数(人)	34
本科毕业生毕业去向落实率(%)	88.0
硕士毕业生毕业去向落实率(%)	96.4
博士毕业生毕业去向落实率(%)	86.5
本科毕业生升学、出国(境)率(%)	53.2
专任教师数(人)	191
博士后数(人)	11
教授数/正高级数(人)	66
副教授数/副高级数(人)	60
具有博士学位专任教师数(人)	183
具有海外学习交流一年(或10个月)以上经历教师数(人)	146
45岁以下(含)专任教师数(人)	111
文科资深教授(人)	
发展中国家科学院院士(人)	
教育部"长江学者奖励计划"特聘教授(人)	
教育部"长江学者奖励计划"青年学者(人)	6
国家杰出青年科学基金获得者(人)	
"国家特支计划"领军人才(人)	1
"国家特支计划"青年拔尖人才(人)	4
国家百千万人才工程入选者(人)	
国家级教学名师(人)	1
国家优秀青年科学基金获得者(人)	1
教育部新(跨)世纪优秀人才(人)	11
福建省"闽江学者"特聘教授(人)	3
国家教学成果奖(项)	
国家级一流本科专业(含建设点)(个)	7
中国"互联网+"大学生创新创业大赛获奖数(项)	
国家"2011协同创新中心"(个)	
国家高端智库(含培育)(个)	
教育部重点实验室(个)	1
教育部人文社会科学重点研究基地(个)	1
教育部国别和区域研究中心(个)	

统计项目	数量
其他部委研究基地(个)	
福建省"2011协同创新中心"(个)	
福建省重点实验室(个)	1
福建省高等学校文科研究基地(个)	3
福建省社科研究基地(含马工程)(个)	
福建省高校特色新型智库(个)	1
福建省重点智库建设(培育)单位(个)	1
其他部省级平台(福建省统计科学重点实验室)(个)	1
高等学校学科创新引智基地("111计划")(个)	1
国家自然科学基金项目(个)	12
国家社会科学基金项目(个)	12
国家社会科学基金重大项目(个)	2
教育部人文社会科学研究重大课题攻关项目(个)	
教育部人文社会科学重点研究基地重大项目(个)	
教育部人文社会科学研究一般项目(个)	7
其他部委项目(个)	
福建省社会科学基金重大项目(个)	
纵向科研经费(到位)(万元)	1508.7
横向科研经费(到位)(万元)	717.81
高校科学研究优秀成果奖(人文社会科学)(项)	
福建省社会科学优秀成果奖(项)	30
其他部省级奖项(请注明)(项)	
发表文章总数(篇)	242
其中:《中国社会科学》发文数(篇)	
《新华文摘》转载数(篇)	1
国际代表性刊物发文数(篇)	1
出版专著(部)	5
决策咨询报告(获采纳/批示)(篇)	13
学生出国(境)交流(人次)	30
教师出国(境)交流(人次)	23
主办国际学术会议(次数)	
主办两岸学术会议(次数)	
境外合作高校或机构(所)	49
签订境外合作协议(份)	64
邀请国外学者数(人)	44
邀请台港澳地区学者数(人)	1
国(境)外学生来校数(人)	18

青年拔尖人才 4 人，福建省百千万人才 3 人，福建省新世纪优秀人才 21 人，福建省高层次人才 A 类人才 5 人。

2021 年，学院教师在学院认定的国内中文最优期刊发表论文 61 篇，即《经济研究》发表 7 篇、《经济学（季刊）》发表 6 篇、《管理世界》1 篇、《世界经济》6 篇、《中国工业经济》7 篇、《金融研究》12 篇、《财政研究》8 篇、《统计研究》5 篇、《经济学动态》5 篇、《管理科学学报（中英文版）》4 篇；在学院认定的国际期刊发表论文 63 篇，其中国际一类 23 篇（1 篇 A+、8 篇 A、14 篇 A-）、国际二类 40 篇；获 31 个国家级科研项目立项（含教育部项目），其中国家自然科学基金项目 12 个、国家社科基金项目 12 个（含重大项目 2 个）、教育部社科项目 7 个；到位科研经费 2226.51 万元（纵向经费 1508.7 万、横向经费 717.81 万）；出版专著 5 部；获福建省第十四届社科优秀成果奖 30 项，其中一等奖 4 项、二等奖 11 项、三等奖 15 项。

2021 年度，学院有 22 人次参加线上国际会议；30 名学生参与国（境）外交流学习（含线上线下）、23 人次教师参与国（境）外交流学习（含线上线下）；接收 10 名来自国外大学的学生在线上进行学期交流学习，大部分来自意大利巴里大学，通过“经济全球化与欧盟一体化（EGEI）”联合硕士项目协议参与学院交流。本年度没有接收国外学校学生到学院进行暑期短期参访交流；接收来经济学院攻读学位的国际学历生 8 人（本科国际学历生 6 人、国际硕士 2 人），接收的国际学历生大多来自东南亚国家如马来西亚、泰国、孟加拉国。　（林秋泉）

【经济学科讲座教授周文出版多部政治经济学相关著作】　1 月初，厦门大学讲座教授、《中国经济问题》联合主编周文出版《中国特色社会主义政治经济学研究》《当代中国马克思主义政治经济学研究》等多本政治经济学相关著作。　（潘小佳）

【举行 2020 年度“鸿儒奖学金”颁奖仪式】　1 月 5 日下午，2020 年度“鸿儒奖学金”颁奖仪式在经济楼举行。获得本次鸿儒奖学金的本科生为陈慧娴、龚燕萍、李嘉欣、刘禹嫣、赵梓彤，硕士生为纪欣婷、彭钦，博士生为张勤勤。　（巫启明）

【举行邓子基资深教授追思会】　1 月 8 日上午，著名马克思主义经济学家、财政学家、教育家邓子基资深教授追思会在经济学院 N501 召开。本次追思会由厦门大学经济学院党委主办，厦门大学经济学院财政系、财政系教工党支部承办，经济学院党委书记黄鸿德，王亚南经济研究院副院长王艺明，财政系主任童锦治，财政系教工党支部书记、财政系副主任刘晔及其他师生代表出席并参加。刘晔教授主持追思会。　（王　华）

【学院党委召开 2020 年度教工党支部书记工作述职汇报会】　1 月 11 日上午，学院党委在经济楼 N501 召开 2020 年度教工党支部书记工作述职汇报会。学校基层党建工作联络员郑保东，经济学院党委书记黄鸿德、副书记周蕾和杜海林，学院党委委员、教工党支部书记、党务秘书、党委组织员等参加会议。12 名教工党支部书记围绕履行党建责任情况、落实党建重点任务情况、思想政治工作情况、突出问题及思路措施 4 个方面，依次进行述职，黄鸿德对述职情况逐一点评。　（王婉琮）

【部门工会举行离退休教职工新春茶话会】　新年伊始，财政学系、经济学系、经济研究所、统计系等单位先后召开本单位离退休教职工迎新年茶话会。久未谋面的离退休教师和院系在任教师们齐聚一堂，促膝交谈，共话一年来的收获和心得，展望新年新愿景，共贺新春佳节。　（朱国清）

【学院学工组走访慰问寒假留校学生】　1 月 22 日，经济学院党委副书记周蕾、杜海林带领学院辅导员一起走访学生宿舍，向留校学生送上学院的关怀与慰问，同时开展宿舍安全隐患排查。　（蔡庆淞）

【召开 2020 年度中层党员领导干部民主生活会】　1 月 25 日下午，经济学院和王亚南经济研究院（以下简称“两院”）2020 年度中层党员领导干部民主生活会在经济楼 N501 召开。学校第三督导组副组长杨蕾同志莅会，两院领导班子成员参加会议，各系（所、中心）正副主任（所长）列席会议。本次会议由学院党委书记黄鸿德主持。　（王婉琮）

【统计系更名为统计学与数据科学系】　2 月，经厦门大学校长办公会议决定，同意厦门大学经济学院“统计系”更名为“统计学与数据科学系”，以服务国家大数据战略，全面推进厦大统计学科“双一流”建设。　（何永芳）

【王艺明合作政治经济学论文在《世界经济》发表】　2 月，经济学科王艺明教授和山东大学经济学院刘一鸣博士合作的马克思主义政治经济学论文《劳动力质量与民营企业劳动生产率：马克思主义视角的研究》在《世界经济》2021 年第 1 期刊出。　（潘小佳）

【蔡伟毅、孙传旺等合作论文在《世界经济》发表】　2 月，厦门大学经济学院金融系副教授蔡伟毅、中国人民大学汉青经济与金融高级研究院博士生陈珉昊与厦门大学经济学院中国能源经济研究中心教授孙传旺合作完成的论文《恐怖活动、交通运输与中国对外直接投资》在《世界经济》2021 年第 2 期正式刊出。蔡伟毅是该文第一作者。　（刘晨宇）

【经济学科经济统计学、金融工程专业入选 2020 年度国家级一流本科专业建设点，国际商务专业入选省级一流本科专业建设点】　3 月初，教育部公布 2020 年度国家级和省级一流本科专业建设点名单，厦门大学经济学科推荐的经济统计学、金融工程 2 个专业入选国家级一流本科专业建设点，国际商务专业入选省级一流本科专业建设点。　（周梦娜）

【郭晔合作论文在《经济研究》发表】　3 月，厦门大学经济学院金融系郭晔教授与暨南大学金融系黄振副教授（第一作者）合作完成的论文《央行担保品框架、债券信用利差与企业融资成本》在《经济研究》2021 年第 1 期正式刊出。　（刘晨宇）

【沈小波合作论文在《经济研究》发表】　3 月，厦门大学经济学院中国能源经济研究中心沈小波副教授与管理学院博士研究生陈语、林伯强教授合作完成的论文《技术进步和产业结构扭曲对中国能源强度的影响》在《经济研究》2021 年第 2 期正式刊出。

该文是沈小波副教授第二篇在《经济研究》发表的文章。（刘晨宇）

【经济学院党委中心组(扩大)传达学习全国“两会”精神】 3月18日下午，经济学院党委召开中心组(扩大)会议，以线上线下相结合的方式，传达学习全国“两会”精神。十三届全国人大代表、厦门大学经济学院金融系教授、博士生导师潘越应邀做专题报告。报告会由学院党委副书记杜海林主持。（陈秋虹）

【中国人民大学谢富胜教授做客现代政治经济学系列讲座】 3月22日下午，中国人民大学经济学院副院长谢富胜教授受厦门大学经济学科邀请，带来一场题为《转型增长的中国奇迹——基于政治经济学的解释》的线上学术讲座。（沈小源）

【《光明日报》刊登厦大经济学院本科生张荀受访文章】 3月25日，光明日报第05版刊登厦门大学经济学院本科生张荀受访文章:《我要把特区精神“打包”带走》。（何永芳）

【联合举办ITG中国经济发展新格局高端研讨会暨厦大百年校庆经济学科校友论坛】 4月5日，厦门大学经济学科携手国贸控股集团在厦大经济楼成功举办ITG中国经济发展新格局高端研讨会暨厦大百年校庆经济学科校友论坛。四百余名经济学科各领域校友汇聚于此，深入探讨中国经济新发展格局的理论与实践，为中国经济高质量发展献计献策。

（周梦娜）

【中国人民大学刘守英南强学术讲座开讲《中国经济双奇迹的经济解释——体制秩序与经济绩效视角》】 中国人民大学经济学院党委书记兼院长刘守英教授于4月5日上午带来题为《中国经济双奇迹的经济解释——体制秩序与经济绩效视角》的讲座。（王晓涵）

【举办经济科学前沿与教育高端论坛】 4月6日，正值厦门大学建校100周年，厦大经济学科举办经济科学前沿与教育高端论坛，共庆母校百年华诞。来自国内外30余所高校的专家学者齐聚厦大，围绕“经济科学前沿与教育”这一主题共同探讨中国经济科学在理论创新、新时代应用、新文科建设与经济学科人才培养等方面的发展思路和发展目标，展望和规划未来发展、合作方向。

（何永芳　潘小佳）

【经济学科24名教职人员获2021年厦门大学奖教金】 4月初，学校发文公布2021年厦门大学奖教金评选结果，经济学院、王亚南经济研究院共有24名教职工获个人奖项。（邵培泽）

【经济学院党委召开师生院友学习贯彻习近平总书记致厦门大学建校100周年贺信精神座谈会】 4月7日上午，经济学院党委在经济楼N501会议室召开师生院友学习贯彻习近平总书记致厦门大学建校100周年贺信精神座谈会。经济学院1983级院友、昆仑投资公司总经理张宏樑，经济学院1983级院友、河北省委党校河北发展战略研究所所长庞立平教授，经济学系1927级院友、红军会计制度的创始人、中国共产党金融事业的奠基人之一高捷成烈士的孙子高庆麟先生，两院领导班子成员和师生代表参加座谈。座谈会由经济学院党委书记黄鸿德主持。（陈秋虹）

【师生清明祭扫缅怀已故校长王亚南先生】 4月4日上午，厦大经济学科在传统节日清明节举行祭扫活动，于经济楼王亚南先生铜像前缅怀先贤。校党委常委、副校长杨斌，校长助理方颖，校社科处处长高和荣，经济学院党委书记黄鸿德，以及校友代表、师生代表等50余人参加此次祭扫活动。（陆炳煌）

【举办2020年度国家社科基金重大项目开题会】 4月11日，2020年度国家社科基金重大项目“罕见灾难冲击、宏观经济下行与宏观经济政策调控研究”和“重大突发公共卫生事件冲击与系统性金融风险防控研究”课题组在厦门鹭江宾馆三楼英华厅举行开题会，邀请20余名国内高校和研究机构知名专家学者莅临现场，分享宝贵的意见或建议，为后续课题的开展提供专业咨询。

（黄梦琪　巫启明）

【中国人民大学陈彦斌做客南强学术讲座】 4月12日上午，中国人民大学陈彦斌教授为经济学科师生带来题为《宏观经济评价的重要意义与基本框架》的南强学术讲座。（王子奇）

【东北师范大学郭建华做客南强学术讲座】 4月16日上午，东北师范大学副校长郭建华教授做客厦门大学南强学术系列讲座，带来一场题为《矩阵型时间序列数据分析》的学术讲座。（徐卫超）

【云南大学唐年胜做客南强学术讲座】 4月16日上午，云南大学数学与统计学院院长、教授唐年胜教授莅临厦门大学经济学科并带来题为“Quantile Correlation-Based Variable Selection”的学术讲座。（武亚倩）

【举办中国世界经济学会国际贸易论坛(2021)】 4月18日上午，中国世界经济学会国际贸易论坛(2021)在厦大经济楼开幕。本次论坛是厦门大学百年校庆学术系列活动之一，由中国世界经济学会、厦门大学经济学院、王亚南经济研究院主办，厦门大学经济学院国际经济与贸易系承办。《世界经济》、《国际经济评论》、*China & World Economy* 杂志社、福建省对外经济贸易学会参与协办。国内多所兄弟高校和科研院所的世界经济与国际贸易学科带头人与专家学者、《世界经济》与 *China & World Economy* 杂志社的领导、全国各地高校返回母校的厦大校友和经济学科师生等与会。（潘小佳）

【举办国家社科基金重大项目“中国主动扩大进口问题研究”开题会】 4月17日，国家社科基金重大项目“中国主动扩大进口问题研究”的开题报告会在厦门大学经济楼举行。校内外特邀专家、项目首席专家陈勇兵教授及各子课题负责人、主要课题组成员参加本次报告会。

（李　辉　刘晨宇）

【举办党委党校第81期(学生)党的基本知识学习班(经济学院)】 4月17日上午，厦门大学党委党校第81期(学生)党的基本知识学习班(经济学院)在经济楼N302开班。本期学习班由经济学院与王亚南经济研究院98名学员、台湾研究院9名学员组成。（赵晨曦）

【学院党委召开党史学习教育动员大会】 4月19日下午，学院党委在经济楼N303召开党史学习教育动员大会，深入学习贯彻习近平总书记在党史学习教育动员大会上的重要讲话精神，按照中央和校党委工作部署，紧密结合学院实际对开展党史学习教育进行动员部署。

（陈秋虹　黄慧宇）

【陈勇兵教授合作论文在《经济研究》发表】 学院国际经济与贸易系陈勇兵教授和国际贸易学 2017 届硕士毕业生刘佳祺、广东外语外贸大学广东国际战略研究院副教授徐丽鹤合作完成的论文《房价与出口：不可贸易部门对可贸易部门的挤出效应》在《经济研究》2021 年第 3 期正式刊出。该成果是陈勇兵教授主持的国家社科基金重大项目阶段性成果之一。

（刘晨宇）

【经济学科师生合作的两篇论文在《世界经济》同时发表】 4 月，经济学科师生合作的两篇学术论文（郑挺国、龚金金、宋涛，《中国城市房价泡沫测度及其时变传染效应研究》；石光、岳阳、张过，《政府换届周期对城市空间扩张的影响》）在《世界经济》2021 年第 4 期同时刊出。

（刘晨宇）

【中国人民大学张成思做客南强学术讲座】 4 月 20 日下午，中国人民大学财政金融学院的副院长兼系主任张成思教授莅临厦门大学经济学科，并带来一场题为《信用货币体系下的流动性不足之谜》的南强学术讲座。

（徐云娇）

【举办 2021 年厦门大学统计学与数据科学学科建设研讨会暨统计系更名仪式】 4 月 24 日，2021 年厦门大学统计学与数据科学学科建设研讨会暨统计系更名仪式在厦大经济楼举行，来自国内外 30 余所知名高校和相关机构的专家学者莅临参会。围绕统计学与数据科学学科建设，参会者共同交流学科发展经验，旨在明确学科发展方向，提升专业人才培养质量，推动学科高质量发展。

（何永芳）

【举行厦门大学经济学科 2021 年学生就业暨实习专场招聘会】 4 月 28 日，厦门大学经济学院、王亚南经济研究院于三家村广场举行 2021 年学生就业暨实习专场招聘会。招聘会由学生处、经济学院和王亚南经济研究院主办，参展企业涉及银行、证券、期货、保险、财经、房地产、制造业等诸多领域，中国工商银行有限公司、厦门建发有限公司、厦门象屿集团有限公司、厦门航空有限公司、中国人寿保险股份有限公司、瑞达期货有限公司厦门分公司、海通证券股份有限公司福建分公司、厦门姚明集团有限公司等 41 家知名优质企业参与招聘会。（郑淑真　王梓祺　赵烯宇）

【孙传旺教授入选全球前 2%顶尖科学家（环境科学领域）榜单】 4 月下旬，由斯坦福大学 John P.A. Ioannidis 教授团队与 Elsevier 旗下 Mendeley Data 联合发布全球前 2%顶尖科学家榜单（World's TOP 2% Scientists 2020），经济学院中国能源经济研究中心孙传旺教授入选“2019 年度科学影响力排行榜（环境科学领域）”榜单。

（潘小佳）

【傅十和教授论文在经济学顶级期刊 *The Economic Journal* 在线发表】 4 月下旬，厦门大学经济学院经济研究所与邹至庄经济研究中心傅十和教授以第一作者身份完成的学术论文“Air Pollution and Manufacturing Firm Productivity: Nationwide Estimates for China”在经济学顶级期刊之一 *The Economic Journal* 正式刊出。合作者分别为长江商学院的 V. Brian Viard 副教授和香港中文大学（深圳）的张鹏助理教授。该成果是国家自然科学基金基础科学中心项目重要阶段性成果之一。

（潘小佳）

【经济学院工会组织离退休教工赴翔安区大帽山寨仔尾春游】 4 月 30 日上午，经济学院工会组织全院离退休教工赴翔安区大帽山举行主题为“我是山乡巨变的见证人”——从贫困的山乡到宜人的桃源的春游活动。

（朱国清）

【举办中国宏观经济预测与政策论坛】 5 月 8 日，中国宏观经济预测与政策论坛在经济楼举行。论坛由厦门大学经济学院、王亚南经济研究院、厦门大学宏观经济研究中心以及《经济研究》杂志社联合主办。来自国内知名高校、科研机构和期刊社专家学者莅临参会，围绕宏观经济预测与政策的研究展开研讨。（何永芳）

【经济学院党委举办党史学习教育专题辅导讲座暨双周政治理论学习】 5 月 10 日下午，经济学院党委邀请赖小琼教授做题为“中国社会主义革命和建设时期的历史及启示”的党史学习教育专题辅导报告。本次学习以线上线下相结合的方式开展，以经济学院 D136 会议室为线下主会场，通过腾讯会议同步直播。经济学院和王亚南经济学院党委理论学习中心组成员和全体师生参加学习。

（陈秋虹）

【与深圳市龙岗区财政局举行教学科研实践基地签约仪式】 5 月 11 日上午，厦门大学经济学科与深圳市龙岗区财政局共建教学科研实践基地签约仪式在经济楼 N501 会议室举行。深圳市龙岗区财政局局长陈周、党组成员曾威，经济学院党委书记黄鸿德、副书记周雷，财政系主任童锦治、副主任刘晔参加签约仪式。

（刘长青　潘小佳）

【卢盛荣教授等合作论文在《经济学（季刊）》发表】 5 月，厦门大学经济学院宏观经济研究中心卢盛荣教授（通讯作者）、李文溥教授与厦门大学宏观经济研究中心 2013 级博士生、现云南财经大学金融研究院田友春副教授（第一作者）合作完成的论文《中国全要素生产率增长率的变化及提升途径——基于产业视角》在《经济学（季刊）》2021 年第 2 期（总第 21 卷）正式发表。（刘晨宇）

【梁若冰教授合作论文在《经济研究》正式发表】 5 月，经济学院财政系梁若冰教授与经济学院财政系 2018 级博士生王群群合作完成的论文《地方债管理体制改革与企业融资困境缓解》在《经济研究》2021 年第 4 期正式发表。（刘晨宇）

【举办“传承红色文化　弘扬革命精神”系列讲座第六讲暨党史学习教育专题辅导报告】 5 月 11 日晚，经济学院党委在经济楼 N303 举办“传承红色文化　弘扬革命精神”专题系列讲座暨党史学习教育专题辅导报告。厦门大学经济学院 1983 级院友、河北省委党校河北发展战略研究所所长庞立平教授做题为《吃苦塑魂》专题讲座。经济学院党委书记黄鸿德、副书记杜海林，自找苦吃融媒体卫俊红以及师生代表参与本次讲座。
(陈秋虹　刘　慧)

【中国人民大学朱青教授做客第七十四期财税名家论坛】 5月14日上午，由厦门大学经济学院财政系主办的“财税名家论坛第七十四讲”学术讲座在经济学院D336顺利举行。中国人民大学朱青教授应邀做题为“十四五规划中的税制改革问题研究”的学术报告。　(薛涧坡)

【联合举办中国国际金融学会青年论坛】 5月14日，中国国际金融学会青年论坛在厦大经济楼举行，该论坛是厦门大学百年校庆学术系列活动、国家社会科学基金社科学术社团主题学术活动资助项目，由中国国际金融学会和厦门大学主办，中国银行研究院、厦门大学经济学院、厦门大学王亚南经济研究院共同承办，论坛主题为“后疫情时代的国际金融理论探索”。　(潘小佳)

【联合举办第六届全国高校国际贸易学科协作组青年论坛暨2021年国际经贸博士生论坛】 5月15日上午，全国高校国际贸易学科协作组青年论坛暨2021年国际经贸博士生论坛在厦门大学开幕，会议由全国高校国际贸易学科协作组青年论坛秘书处、厦门大学经济学院、厦门大学王亚南经济研究院主办，厦门大学经济学院国际经济与贸易系、厦门大学中国高质量发展研究院承办，福建省对外经济贸易学会协办。　(何永芳)

【经济学科师生五篇论文在《经济学(季刊)》同期发表】 5月下旬，经济学科师生合作完成的5篇论文在《经济学(季刊)》2021年第3期(总第82期)发表，分别为纪洋、葛婷婷、边文龙、黄益平合作的《杠杆增速、部门差异与金融危机——“结构性去杠杆”的实证分析与我国杠杆政策的讨论》；牛霖琳、夏红玉、许秀合作的《中国地方债务的省级风险度量和网络外溢风险》；林友宏的《“瘴气”的退却：我国疟疾防治对母婴健康影响的实证研究》；梁若冰的《自然灾害与文化形成——基于黄泛区的研究》；孙程九、焦建华、代谦、李嘉楠合作的《灾异、天人感应与政治权力——来自东汉的证据》。　(刘晨宇)

【浙江财经大学李永友教授做客第七十五期财税名家论坛】 5月28日下午，由厦门大学经济学院财政系主办的“财税名家论坛第七十五讲”学术讲座在经济楼举行。浙江财经大学李永友教授应邀做题为“财政治理的内在逻辑”的学术报告。　(谢贞发)

【举办与南风窗调研中国实践基地签约仪式暨2021南风窗调研中国宣讲会】 5月28日晚，经济学科与南风窗调研中国实践基地签约仪式暨2021南风窗调研中国宣讲会在经济楼N402举行。南风窗总编辑李桂文，南风窗传媒总经理郑嘉璐，经济学院党委副书记杜海林、团委书记刘莉颖、辅导员徐惠聪参加签约仪式。
(谢雨晴　徐惠聪)

【青年教师徐春华发表、出版马克思主义政治经济学相关论文及专著】 6月初，徐春华助理教授在《财政研究》2021年第4期发表《资本技术构成、政府财政支出与贫困县域经济增长》一文。同时，作为独立作者，徐春华近期将由社会科学文献出版社出版专著《产能过剩、行业垄断与国际产业转移：基于一般利润率的透视》。
(潘小佳)

【副校长杨斌深入经济学院开展党史学习教育联学导学】 5月31日下午，副校长杨斌深入经济学院开展党史学习教育联学导学，与经济学科2020级博士生党支部共同学习改革开放新时期历史。
(苗　雨　赵　海)

【联合举办“数字经济推动新时代革命老区振兴发展高峰论坛”】 5月29日，由中国西部研究与发展促进会数字经济专业委员会、厦门大学经济学院和王亚南经济研究院联合主办，厦门大学龙岩产教融合研究院承办，厦门大学智慧与绿色发展研究中心和龙岩新时代革命老区振兴发展研究院联合协办的“数字经济推动新时代革命老区振兴发展高峰论坛暨中国西部研究与发展促进会数字经济专业委员会成立大会”在福建省长汀县举办。　(何永芳)

【“经世济邦”实践队赴沪杭开展党史学习和企业参访活动】 6月2—5日，经济学院“经世济邦”实践队赴杭州、上海开展党史学习教育和企业参访活动。经济学院党委副书记周蕾、辅导员刘长青带队参加，实践队成员由经济学院本科生团总支、学生会学生骨干、学生马克思主义理论社团党支部成员组成。
(高文博　刘长青)

【举办第二期“师说·生语”师生共建党支部理论学习示范观摩点评暨马克思主义政治经济学和党史读书会】 6月7日下午，经济学院党委以“为什么历史选择了中国共产党”为主题，举办第二期“师说·生语”师生共建党支部理论学习示范观摩点评暨马克思主义政治经济学和党史读书会，推动全院师生知史爱党、知史爱国。活动同时面向全院师生开通现场直播。经济学系教师党支部书记张兴祥教授主持学习，厦门大学基层党建工作联络员郑保东、经济学院党委理论学习中心组成员，两院师生共同参加学习。　(陈秋虹)

【获评2020年度福建省十大金融创新项目】 6月18日，厦门市“中小微企业融资增信基金”项目入选2020年度福建省十大金融创新项目，这是厦门大学两岸金融发展研究中心研究项目付诸实践的成果，也是厦门大学经济学科社会服务的成果。
(陈亚建　何永芳)

【举行“光荣在党50年”纪念章颁发仪式】 6月17日上午，经济学系离退休教工党支部“光荣在党50年”纪念章颁发仪式在校离退休处二楼会议室举行。今年获得“光荣在党50年”纪念章的离退休老同志有(以党龄为序)：蒋绍进、李圭璋、周妙群、方成族、陈光汉、黄其昌、黄美莺、许经勇、李绪蔼等，其中年龄最长蒋绍进教授94岁，党龄73年。　(刘连支)

【举行第十四届“魏嵩寿奖学金”颁奖仪式】 6月17日下午，经济学院国际经济与贸易系第十四届“魏嵩寿奖学金”颁奖仪式在经济学院A318举行。经济学院党委书记黄鸿德，国际经贸系主任彭水军、副主任林季红等以及获奖学生代表出席颁奖仪式。

（叶　芝　徐惠聪）

【六个本科专业入选 2021 年软科中国大学专业排名 A＋专业】 6 月 22 日，高等教育评价专业机构软科正式发布 2021“软科中国大学专业排名”。排名包括 509 个本科专业，每个专业榜单发布的是所有开设该专业的高校中排名位列前 50％的高校，共有 925 所高校的 28550 个专业上榜。厦门大学经济学科 6 个本科专业入选本次评选的 A＋专业，占厦门大学本次入选 A＋专业总数的 1/3，入选专业分别为：经济统计学（排名 2/87）、统计学（排名 4/117）、金融学（排名 7/201）、金融工程（排名 4/136）、国际经济与贸易（排名 4/384）、国际商务（排名 2/79）。此外，厦门大学经济学科其余 5 个专业全部入选 A 类专业，分别为：经济学（排名 9/200）、数据科学与大数据技术（排名 18/309）、财政学（排名 4/49）、税收学（排名 7/46）、保险学（排名 11/66）。　（何永芳）

【副校长杨斌做党史学习教育专题党课】 6 月 22 日下午，校党委常委、副校长杨斌在经济学院 D235 教室做“党的三大法宝及其现实意义”专题党课。经济学院和王亚南经济研究院党政领导班子、财政系教师党支部成员、学院 2020 级博士生党支部成员、财政系 2020 级博士生、各党支部书记以及师生代表参加。（王婉琼）

【举办张亦春教授“光荣在党 50 年”纪念章颁发仪式】 6 月 23 日中午，经济学院金融系教师党支部在经济学院 C208 会议室举行张亦春教授“光荣在党 50 年”纪念章颁发仪式。经济学院党委书记黄鸿德、副书记杜海林，副院长朱孟楠教授，金融系教师党支部，金融系 2019 级、2020 级硕士研究生各党支部的党员参加纪念章颁发仪式。　（陈秋虹）

【举办第一期“师说百年·红色引航”师生共建党支部示范党课观摩点评会】 6 月 23 日中午，经济学院党委在 C208 教室举办第一期“师说百年·红色引航”师生共建党支部示范党课观摩点评会。著名金融学家、教育家，金融系退休教师党员张亦春教授，经济学院党委书记黄鸿德、副书记杜海林，副院长朱孟楠教授与承办本次党课的金融系教师党支部，金融系 2019 级、2020 级硕士研究生各党支部共同学习这堂音乐党课，党课同时面向全院师生直播。　（陈秋虹）

【举行厦门大学经济学科 2021 届毕业典礼】 6 月 23 日，厦门大学经济学科 2021 届毕业典礼在建南大会堂举行。校长助理、研究生院常务副院长、经济学院教授方颖，经济学院党委书记黄鸿德，党委副书记周蕾、杜海林，经济学院副院长朱孟楠，王亚南经济研究院副院长牛霖琳、周颖刚，两院教师代表、行政后勤物业人员代表、全体辅导员及毕业生参加典礼。　（赵怡婷　黄燕钦）

【举办第一届“历史视野下的经济发展与思想演进”学术研讨会】 6 月 26 日上午，第一届“历史视野下的经济发展与思想演进”学术研讨会在经济楼举办，该研讨会由厦门大学经济学院、王亚南经济研究院、邹至庄经济研究中心主办，经济学系承办。　（潘小佳）

【获“百年校庆杯”厦门大学第 28 届教工游泳运动会团体第一名】 6 月 27 日，“百年校庆杯”厦门大学第 28 届教工游泳运动会在王清明游泳馆落下帷幕。王璐航、李祥分别打破 100 米自由泳和 50 米蛙泳的记录；钟威获得 100 米蛙泳冠军，蒋冠宏获得 50 米蝶泳冠军；蒋冠宏、钟威、王璐航、李祥组成的接力队获得 4×50 自由泳接力赛团体冠军。经济学科教工游泳队在本届游泳比赛中获得教工团体总分第一名。　（李　祥）

【在厦门大学庆祝建党 100 周年合唱比赛中再创佳绩】 6 月 27 日晚上，经济学院、王亚南经济研究院代表队在“永远跟党走　奋进新征程”厦门大学教职工庆祝中国共产党成立 100 周年合唱比赛中，获得比赛二等奖，并获组委会颁发的最佳组织奖。

（朱国清）

【组织观看庆祝中国共产党成立 100 周年大会】 2021 年 7 月 1 日，庆祝中国共产党成立 100 周年大会在北京隆重举行，中共中央总书记、国家主席、中央军委主席习近平在大会上发表重要讲话。厦门大学经济学科师生通过电视、网络、广播等渠道认真收听收看大会，部分师生齐聚经济楼 N402 共同收看。　（王婉琼）

【举行庆祝中国共产党成立 100 周年暨“两优一先”表彰大会】 7 月 2 日上午，经济学院党委庆祝中国共产党成立 100 周年暨“两优一先”表彰大会在经济楼 N402 报告厅举行。本次大会学习习近平总书记“七一”重要讲话精神，表彰一批优秀个人和先进党支部，激励党支部和师生党员不忘立德树人初心，牢记为党育人、为国育才使命，立足百年新起点，砥砺奋进新征程。学校基层党建工作联络员郑保东，经济学院和王亚南经济研究院师生党员参加大会。

（王婉琼　陈秋虹　王　喆）

【承办第五届中国金融教育发展论坛】 7 月 3 日，第五届中国金融教育发展论坛在厦门海沧举行。论坛由全国金融专业学位研究生教指委主办，厦门大学研究生院、经济学院、王亚南经济研究院、邹至庄经济研究中心承办，厦门国际银行股份有限公司、闽都中小银行教育发展基金会、厦门市兴屿投资服务有限公司、厦门市地方金融协会联合承办，厦门市地方金融监督管理局支持举办。本届论坛主题为“新发展格局下的产业升级与金融服务”，会议以线上线下相结合的方式举行，来自全国金融专业学位研究生教指委、国内高校、金融行业、互联网科技公司、地方金融监管单位等的 300 余名嘉宾到场参会。

（何永芳）

【柏培文教授与博士生张云合作论文在《经济研究》发表】 7 月初，经济研究所柏培文教授与经济学院政治经济学专业 2018 级博士生张云合作完成的论文《数字经济、人口红利下降与中低技能劳动者权益》在《经济研究》2021 年第 5 期正式刊出。

（刘晨宇）

【举办厦门大学经济学科 2021 年全国优秀大学生暑期夏令营】 7 月 17 日上午，厦门大学经济学科 2021 年全国优秀大学生暑期夏令营正式开营。来自全国各知名高校的优秀学生共聚“云”端，他们将在接下来的一周内通过丰富的学科讲座和精彩的师生

互动,感受厦大经济学科鲜明的学科特色和浓厚的学术氛围。（何永芳）

【举办2021年厦门大学经济学科优秀中学生夏令营】 7月23日,2021年厦门大学经济学科优秀中学生夏令营正式开营。作为厦大经济学科夏季的丰富活动之一,优秀中学生夏令营旨在增强优秀高中学生对经济学、金融学、统计学等学科的了解,激发高中生对经济、金融、财政、统计、国际经济与贸易等学科的兴趣,同时借此形式构建一个全国优秀中学生沟通交流和展现风采的平台。（何永芳）

【举办第六届国际经济学前沿论坛】 7月24日,第六届国际经济学前沿论坛在经济楼举办,会议由《经济研究》杂志社、厦门大学经济学院、王亚南经济研究院主办,经济学院国际经济与贸易系承办,福建省对外经济贸易学会参与协办。本届论坛主题为"新发展格局与建设更高水平开放型经济新体制"。（潘小佳）

【承办"国际银行杯"第八届厦门大学税务精英挑战赛】 7月25日下午,"国际银行杯"第八届厦门大学税务精英挑战赛决赛暨颁奖仪式在经济楼N303举行。"税税平安"队获专业组一等奖,"太绝了对不"队获得非专业组一等奖,"裸考的都对"队获得专业组二等奖,"三强争霸"队获得非专业组二等奖,其余团队获得三等奖。大赛由厦门大学教务处、共青团厦门大学委员会、厦门大学经济学院主办,经济学院财政系、经济学院团委承办,厦门国际银行赞助支持。（王春宇　刘长青）

【举办2021年马克思主义政治经济学暑期学校】 7月26日,由厦门大学经济学院、王亚南经济研究院主办,厦大经济学科现代政治经济学研究中心承办的2021年马克思主义政治经济学暑期学校正式开讲,这是自2017年以来厦大经济学科连续举办的第五次马克思主义政治经济学暑期学校。本次暑期学校以"党领导经济工作的政治经济学"为主题,共吸引来自全国各高校、单位的近260名学员报名,受当前疫情影响,实际共有150余名学员于线下参与课程学习。（周梦娜）

【举办2021年马克思主义政治经济学高端论坛】 7月28日,由厦大经济学科主办的2021年马克思主义政治经济学高端论坛在经济楼举行。本次论坛是2021年马克思主义政治经济学暑期学校的重要组成部分,主题为"21世纪的马克思主义政治经济学",共邀请15名专家学者演讲。（周梦娜）

【青年教师李嘉楠合作论文在《经济学(季刊)》发表】 8月初,经济学院经济学系、王亚南经济研究院李嘉楠副教授与知识产权研究院龙小宁教授、经济学系2019届硕士毕业生姜琪合作完成的论文《援助与冲突——基于中国对外援助的证据》在《经济学(季刊)》第21卷第4期正式刊出。（刘晨宇）

【经济学科讲座教授陈少华合作论文在JDE发表】 8月初,邹至庄经济研究中心与经济学院经济学系讲座教授陈少华与美国乔治敦大学经济学教授Martin Ravallion(马丁·拉瓦雷)合作完成的论文"Reconciling the conflicting narratives on poverty in China"在发展经济学顶级期刊*Journal of Development Economics*第153卷正式刊出。（刘晨宇）

【举办2021年暑期行政技术人员集中培训】 8月2—6日,厦大经济学科举办一年一度的暑期行政技术人员集中培训。本次培训是经济学科连续举办的第七次暑期行政技术人员培训活动。培训以讲座为主要形式,也安排一定时间进行学院制度学习以及部门内部、部门之间的工作交流。（何永芳　潘小佳）

【获15个国家自然科学基金项目资助】 8月中旬,国家自然科学基金委员会公布2021年度国家自然科学基金申请项目评审结果,经济学科共有15个项目获得基金资助项目立项,其中重点项目1个,面上项目10个,青年科学基金项目4个,获资助直接经费总额为775万元。（刘晨宇）

【杨曦、徐扬合作论文在《经济研究》发表】 9月初,经济学院国际经济与贸易系副教授杨曦,国际经济与贸易系、王亚南经济研究院双聘助理教授徐扬合作完成的论文《行业间要素错配、对外贸易与中国实际GDP变动》在《经济研究》2021年第6期正式刊出。（刘晨宇）

【获七项2021年教育部人文社会科学研究一般项目立项】 9月初,教育部社科司公布2021年度教育部人文社会科学研究一般项目立项的最终结果,厦门大学经济学科共有7名教师获得立项,其中规划基金项目4个,青年基金项目3个。厦门大学此次共35个项目获立项,位列全国高校立项数第一位,经济学科的项目立项数亦位居全校第一。（刘晨宇）

【举行经济学科2021级新生开学典礼】 9月11日上午,厦门大学经济学科新生开学典礼在建南大会堂举行。经济学院党委书记黄鸿德,副书记周蕾、杜海林,经济学院副院长朱孟楠,王亚南经济研究院副院长牛霖琳、王艺明,经济学院和王亚南经济研究院各系所、中心的领导和教师代表,2021级本科生班主任代表,全体辅导员,教学秘书代表,行政后勤工作人员,2021级本硕博新生参加典礼。（李嘉琪　黄燕钦）

【徐扬、杨曦合作论文在*Journal of Urban Economics*在线发表】 9月中旬,经济学院国际经济与贸易系与王亚南经济研究院双聘助理教授徐扬,国际经济与贸易系副教授杨曦合作完成的论文"Access to Ports and the Welfare Gains from Domestic Transportation Infrastructure"在城市经济学研究国际顶尖学术期刊*Journal of Urban Economics*正式在线发表。（刘晨宇）

【张钧南在*Journal of Economic Theory*发表合作论文】 9月下旬,经济学院宏观经济研究中心与王亚南经济研究院2021年双聘助理教授张钧南与早稻田大学Tomoo Kikuchi、神户大学Kazuo Nishimura、澳大利亚国立大学John Stachurski合作完成的论文"Coase Meets Bellman: Dynamic Programming for Production Networks"在经济理论国际顶级期刊*Journal of Economic Theory*(2021,Vol. 196,105287)正式发表。（刘晨宇）

【经济学科战"疫"进行时:"九个一"筑牢师生"疫情防护墙"】 经济学科

全体师生积极响应号召，主动作为，勇担责任，携手抗疫，共克时艰，用“九个一”（一封党委倡议书、一支抗疫志愿队、一个高效行政技术团队、一支驻楼辅导员队伍、一份防疫重要提示、一个健康打卡新规定、一场“云间”晚会、一封中秋节家书、一次线上“云博饼”）筑牢师生“疫情防护墙”，守护我们共同的美丽厦园！

（张　浩　潘小佳）

【青年教师包郑扬合作论文在 *Journal of Financial and Quantitative Analysis* 在线发表】 9月下旬，经济学院金融系与王亚南经济研究院2021年新聘助理教授包郑扬和澳大利亚莫纳什大学黄棣芳合作完成的论文“Shadow Banking in a Crisis: Evidence from Fintech During COVID-19”在线发表于国际金融学顶级期刊 *Journal of Financial and Quantitative Analysis* (JFQA)。（刘晨宇）

【获七项2021年国家社科基金年度项目立项】 10月初，全国哲学社会科学工作办公室公布2021年国家社科基金年度项目和青年项目立项结果，厦门大学经济学科此次共有7个项目获得立项，其中重点项目1个，一般项目6个。7个项目中应用经济3个、理论经济2个、统计学2个。

（刘晨宇）

【青年教师刘婧媛合作论文在 *Journal of Business & Economic Statistics* 发表】 10月初，经济学院统计学与数据科学系刘婧媛教授与宾夕法尼亚州立大学廖予婕博士（厦大经济学科本科毕业）、天普大学 Donna L. Coffman 副教授以及宾夕法尼亚州立大学 Runze Li 教授合作的论文“Varying Coefficient Mediation Model and Application to Analysis of Behavioral Economics Data”在统计学与计量经济学国际权威期刊 *Journal of Business & Economic Statistics* 在线发表。

（刘晨宇）

【潘越与博士生等合作论文在《经济研究》发表】 10月中旬，经济学院金融系潘越教授与经济学院2019级博士生林淑萍、中山大学管理学院助理教授张鹏东、厦门大学管理学院戴亦一教授合作完成的论文《语言将来时态标记特征与公司股利政策——基于投资者语言认知效应的跨国研究》在《经济研究》2021年第7期正式发表。（刘晨宇）

【举办党委党校第83期（学生）党的基本知识学习班（经济学院）】 10月16日上午，厦门大学党委党校第83期（学生）党的基本知识学习班（经济学院）开班仪式在经济学院N203举行。本期学习班由经济学院与王亚南经济研究院62名学员、台湾研究院4名学员组成。（孔子怡）

【召开2021年新教师入职欢迎会】 10月22日，一年一度的新教师欢迎会在经济楼召开，2021年新入职厦大经济学科的10余名新教师参加。

（潘小佳）

【赵正堂获评2021年全国高校金融实验教学“智盛奖”十佳教师】 10月25日，2021年高等学校国家级实验教学示范中心经管学科组公布全国高校经济与管理实验教学“智盛奖”和“联奕奖”优秀实验教师的获奖名单。厦门大学经济学科赵正堂副教授获2021年全国高校金融实验教学“智盛奖”十佳教师。（周红刚）

【与化学化工学院联合举办“我为师生办实事”主题交流会暨办公室党支部共建学习活动】 10月27日，经济学科与化学化工学院在经济学院N501会议室联合开展“我为师生办实事”主题交流会暨办公室党支部共建学习活动，活动主题为“‘经’益求精干事业、‘化’龙点睛建一流”。

（林秋泉）

【陈坚合作论文在 *Journal of Financial and Quantitative Analysis* 在线发表】 11月初，经济学院金融系陈坚教授与湖南大学金融与统计学院唐国豪副教授、暨南大学管理学院姚加权教授以及圣路易斯华盛顿大学奥林商学院 Guofu Zhou 教授合作完成的论文“Investor Attention and Stock Returns”在国际金融学顶级期刊 *Journal of Financial and Quantitative Analysis* (JFQA)在线发表。（刘晨宇）

【获第十七次校运会冠军】 11月5—7日，厦门大学第56届学生田径运动会暨第20届教职工运动会、第30届老年人体育健身大会在思明校区演武场和上弦场举行。经济学院、王亚南经济研究院以团体总分第一的成绩（本科生总分第二、研究生总分第二），勇夺第十七次校运会桂冠，学院获2020—2021年度厦门大学体育总竞赛（思明赛区）冠军及体育先进学院荣誉称号。（黄燕欣）

【厦门国家会计学院郑涌博士做客第七十六期财税名家论坛】 11月8日下午，由经济学院财政系承办的“财税名家论坛第七十六讲”学术讲座在经济楼举行。厦门国家会计学院郑涌博士应邀在线做题为“预算绩效管理改革最新进展”的学术报告。

（李丽蓉）

【李智合作论文在 *Journal of Environmental Economics and Management* 在线发表】 11月初，经济学院财政系与王亚南经济研究院助理教授李智作为第一作者，与美国罗德岛大学助理教授刘鹏飞、美国康涅狄格大学教授 Stephen K. Swallow 合作的学术论文“The Performance of Multi-Type Environmental Credit Trading Markets: Lab Experiment Evidence”在资源环境经济学领域顶级国际期刊 *Journal of Environmental Economics and Management* 在线发表。该文也是李智依托计量经济学教育部重点实验室（厦门大学）——实验经济金融实验室(FEEL)完成的重要学术成果。

（刘晨宇）

【彭水军当选中国世界经济学会副会长】 11月初，中国世界经济学会2021年年会暨第十二次会员代表大会在浙江大学举行。该年会由浙江大学经济学院承办，主题为“世界经济新发展趋势与‘双循环’新发展格局”。中国世界经济学会第十二次会员代表大会暨换届大会选举产生第十二届中国世界经济学会的会长、副会长、秘书长、副秘书长、常务理事、理事等。中国社会科学院世界经济与政治研究所所长张宇燕继续当选中国世界经济学会会长，经济学院国际经济与贸易系主任彭水军教授当选中国世界经济学会副会长，前副会长庄宗明教授当选学会学术顾问，陈雯教授当选学会副秘书长，林季红教授、杨权教授、武力超副教授当选学会理事。（李丽蓉）

【召开理论学习中心组会议传达学习党的十九届六中全会精神】 11月15日上午，经济学院党委召开理论学习中心组学习会议，传达学习党的十九届六中全会精神。院党委理论学习中心组成员参加会议。

（陈秋虹　王　俊）

【黄娟娟获厦门大学2021年"我最喜爱的十位老师"称号】 11月19日晚，由厦门大学学生会、厦门大学研究生会共同举办的2021年"我最喜爱的十位老师"颁奖典礼于科学艺术中心举行。经济学院副教授黄娟娟在31名候选人中脱颖而出，成功当选。

（黄燕欣）

【举办2021年黄良文讲坛(第九讲)暨"良文奖学金"颁奖典礼】 11月20日，黄良文讲坛(第九讲)暨"良文奖学金"颁奖典礼在经济楼举行。本次讲坛由厦门大学经济学院、王亚南经济研究院主办，经济学院统计学与数据科学系、黄良文统计学教育发展基金会共同承办。（林安语）

【金圆统一证券总裁蔡奕做客厦大富邦金融与产业论坛】 11月12日下午，金圆统一证券总裁蔡奕博士在经济楼带来一场题为《上市公司市值管理的"红与黑"》的精彩讲座。该讲座是厦门大学经济学科富邦金融与产业论坛系列讲座。（陈依宁）

【组织离退休教工开展秋游活动】

经济学院部门工会于11月18日组织两院50多名离退休教工赴同安区汀溪镇"顶上人家"开展秋游活动。

（朱国清）

【获厦门大学第十五届啦啦操锦标赛一等奖】 11月21日下午，厦门大学第十五届啦啦操锦标赛于明培体育馆拉开帷幕，经济学科啦啦操队以469分的优秀成绩获一等奖。（黄燕欣）

【中国银行研究院陈卫东做客厦大富邦论坛】 11月19日下午，中国银行研究院院长陈卫东研究员为学生们带来一场题为《全球金融新变化与政策挑战》的精彩线上讲座，本讲座是厦门大学富邦金融与产业论坛系列讲座之一。（范茵子）

【联合举办"国际银行杯"第九届厦门大学公共经济与政策论文大赛】

11月26日晚，"国际银行杯"第九届厦门大学公共经济与政策论文大赛决赛在经济楼N302举行。大赛由厦门大学教务处、共青团厦门大学委员会、厦门大学经济学院主办，厦门大学经济学院财政系、共青团厦门大学经济学院委员会、厦门大学经济学院科创中心承办，厦门国际银行赞助支持。"经世济民队"荣获特等奖；"嘟嘟二队""浑元形意太极队"获得一等奖；"知一闻二队""鸡丝油泼面队""玉堂钉子户队"获得二等奖；"山姆大林队""三生三世队""塑料姐妹花队""昨天的月亮是圆的队"获得三等奖。此外，在决赛前单设的网络投票环节中，"三生三世队"获得最佳人气奖。（程　原）

【举办经济学院第二十一届"学经济"论文大赛】 11月25日中午，经济学院第二十一届"学经济"论文大赛颁奖仪式在经济楼N302举行。大赛由厦门大学经济学院、厦门大学国家经济学基础人才培养基地主办，厦门大学经济学院习近平新时代中国特色社会主义思想读书社、厦门大学马克思主义政治经济学学习社、厦门大学《资本论》研习社承办。

（黄佳敏）

【联合举办第三届鹭岛—香山财政学双边论坛】 11月28日，第三届鹭岛—香山财政学双边论坛在经济楼举行，论坛由厦门大学经济学院、王亚南经济研究院和中国人民大学财政金融学院财政系联合主办，厦门大学经济学院财政系承办，中国人民大学财税研究所协办。（潘小佳）

【举行辅修项目第十一届优秀学生、优秀班干部暨院长提名奖颁奖典礼】

12月3日中午，经济学院经济学辅修项目第十一届优秀学生、优秀班干部暨院长提名奖颁奖仪式在经济楼举行。此次共有46名学生获得优秀学生奖(一等奖10名、二等奖14名、三等奖22名)、优秀学生班干部4名以及51名学生获得院长提名奖。

（陈　烽）

【举办福建省民营企业家学习贯彻党的十九届六中全会精神培训班】

12月6日，福建省民营企业家学习贯彻党的十九届六中全会精神培训班在厦门大学开班，福建省委统战部副部长、省工商联党组书记李家荣，厦门大学经济学院党委书记黄鸿德，省工商联第十一届企业家常委、执委等60余名企业家参加。（何永芳）

【举办首届全国宏观经济学博士生学术论坛】 12月3日，首届全国宏观经济学博士生学术论坛在经济楼开幕，来自各兄弟院校的近30名博士生以线上线下形式在论坛上做报告，10余名国内一流高校的资深学者参与点评。（潘小佳）

【举办"数字减贫与共同富裕"报告发布会】 12月8日晚，由厦门大学经济学科联合蚂蚁集团研究院共同主办的"数字减贫与共同富裕"报告发布会在经济楼举行，发布会获学界、业界高度关注，采用线上线下结合的方式，邀请来自世界银行、蚂蚁集团研究院、网商银行、北京大学、厦门大学等机构和高校的多名专家学者参与点评和圆桌讨论，70余名经济学科师生现场参会。（林安语）

【经济学科三篇合作论文在首届《统计研究》优秀论文评选中获奖】

12月中旬，由中国统计学会《统计研究》编辑部主办的首届《统计研究》优秀论文评选活动公布获奖结果，厦大经济学科有3篇合作论文获奖，其中方匡南、范新妍、马双鸽合作的论文《基于网络结构Logistic模型的企业信用风险预警》(2016年第4期)获一等奖；张兴祥、钟威、洪永淼合作的论文《国民幸福感的指标体系构建与影响因素分析：基于LASSO的筛选方法》(2018年第11期)获二等奖；马双鸽、刘蒙阕、周峙利、方匡南、朱建平、谢邦昌合作的论文《大数据时代统计学发展的若干问题》(2017年第1期)获三等奖。（潘小佳）

【经济学院党委举办学习贯彻党的十九届六中全会精神专题讲座】 12月13日下午，经济学院党委邀请厦门大学学习宣传贯彻党的十九届六中全会精神宣讲团成员、经济学系李嘉楠副教授做《中国共产党百年征程与中国经济社会建设伟大成就》专题讲座。经济学院和王亚南经济研究院师生以线上线下相结合的方式参加学习。（陈秋虹）

【举办 2021 年厦门大学经济学科“经院好声音”歌手赛暨文艺汇演】 12 月 15 日晚，“唱响青春新时代　百年风华正当时”厦门大学经济学科 2021 年“经院好声音”歌手赛暨文艺汇演在建南大会堂举行。本次“经院好声音”的三等奖获得者是叶杨艾华、李勉、石岱与曾畅；二等奖获得者是麦家美、曾祈华与吴钰榕；“最佳人气奖”与“最佳舞台奖”得主分别是石岱和曾祈华；冠、亚、季军分别是周星、席翼驰、陈艳鹭。　（黄燕欣）

【陈德麟独立作者论文在 *The RAND Journal of Economics* 发表】 12 月中旬，厦门大学邹至庄经济研究中心与经济学院经济学系陈德麟助理教授，独立撰写的论文“Divide and Conquer in Two-Sided Markets: A Potential-Game Approach”在国际一流期刊 *The RAND Journal of Economics* 在线发表。　（刘晨宇）

【再获三个 2021 年国家社科基金后期资助项目】 12 月中旬，全国哲学社会科学工作办公室正式公布 2021 年国家社科基金后期资助暨优秀博士论文出版项目立项名单，经济学院共有 3 名教师获得立项，其中重点项目 1 个，一般项目 2 个。厦门大学此次共有 22 个项目获立项。其中，重点项目 1 个，一般项目 21 个，立项总数位列全国高校第 1 位，创该类项目历史最好成绩。　（刘晨宇）

【获两个 2021 年国家社科基金重大项目立项】 12 月中旬，全国哲学社会科学工作办公室正式公布 2021 年度国家社科基金重大项目立项清单，厦大经济学科共有 2 个项目获得立项，分别由孙传旺教授、方匡南教授主持。厦门大学此次共获批 8 个国家社科重大项目，获批数量位居全国并列第 7 位。　（刘晨宇）

【五名教师在厦门大学第十六届教学比赛中获奖】 12 月中旬，厦门大学第十六届教学比赛公布获奖名单，经济学科 5 名教师在比赛中获奖。在理论文科组中，王燕武、倪骁然获一等奖，王燕武获最佳教案奖；在英语文科组中，李东旭获一等奖，张希睿获二等奖，李东旭获最佳教案奖；在教学创新比赛组中，杨子砚获一等奖。　（潘小佳）

【举办 2021 年厦门大学国际商务硕士校外导师圆桌会议暨 2020 级国商专硕开题答辩】 12 月 18 日，2021 年厦门大学国际商务硕士校外导师圆桌会议暨 2020 级国商专硕开题答辩在厦门国贸中心大厦和经济楼举办。活动由厦门大学经济学院、王亚南经济研究院主办，经济学院国际经济与贸易系、厦门国贸集团股份有限公司承办。本次圆桌会议主题为“疫情冲击下供应链创新与国际商务人才培养”。国际商务硕士校外导师代表、校内导师代表，2020 级国际商务硕士全体学生，国际经济与贸易系本科生代表参加。　（巫玉婷）

【举行 2021 年经济学科暑期实践总结表彰大会暨寒假社会实践出征仪式】 12 月 17 日中午，经济学院、王亚南经济研究院 2021 年暑期实践总结表彰大会暨寒假社会实践出征仪式在经济楼 N402 报告厅举行。　（徐惠聪）

【举行经济学系第十六届系友助学金颁发仪式】 12 月 22 日中午，经济学系第十六届系友助学金颁发仪式在经济楼 N501 举行。　（蔡庆淞）

【经济学院一行参加郭大力纪念馆揭牌仪式】 12 月 20 日，《资本论》中文全译本首译者之一、红色翻译家、厦门大学杰出校友郭大力故居揭牌仪式在赣州经济技术开发区三江乡斜角村举行，厦门大学、华东师范大学、赣州经开区、赣州市南康区、赣州第一中学等单位相关负责人以及郭大力先生的亲属等参加。　（潘小佳）

【召开行政领导班子换届干部任免宣布大会】 12 月 23 日下午，经济学院、王亚南经济研究院行政领导班子换届干部任免宣布大会在经济楼 N402 报告厅召开。校党委副书记、纪委书记全海，校党委常委、组织部部长、统战部部长孙理，经济学院和王亚南经济研究院党政领导班子、全体教职工出席会议。　（陈秋虹）

【举行 2021 年经济学科优秀助教与学术服务志愿者表彰大会】 经济学科于 12 月 28 日中午在经济楼 N302 召开 2019 级优秀学术服务志愿者及 2020—2021 学年优秀助教表彰大会。2021 年两院共评选出 76 名优秀学术服务志愿者，并从各教学项目中评选出 120 名优秀助教。　（孔馨妍）

【举行 2021 年退休教师荣休仪式】 12 月 27 日下午，经济学院在 N501 会议室为 2021 年退休的黄华教师举行光荣退休仪式。　（朱国清）

【傅十和教授合作论文在 *Journal of Development Economics* 发表】 12 月下旬，经济学院经济研究所与邹至庄经济研究中心傅十和教授，与长江商学院 V. Brian Viard 教授、香港中文大学和深圳高等金融研究院张鹏助理教授合作的题为“Trans-Boundary Air Pollution Spillovers: Physical Transport and Economic Costs by Distance”的论文发表在发展经济学顶级期刊 *Journal of Development Economics* 2022 年第 155 卷上。　（许有淑）

【举行第 25 届邓子基奖教奖学金颁奖仪式】 12 月 30 日中午，经济学院财政系第 25 届邓子基奖教奖学金颁奖仪式在经济楼 N302 举行。　（刘长青）

【经济学科团队合作成果获第十六届建言献策论坛优秀论文评审一等奖】【经济学科与中国科学院大学、清华大学联合项目“经济科学发展战略研究”阶段性成果在《管理世界》发表】【钟威及其团队获厦门大学首届教师教学创新大赛一等奖】【钟威合作论文于 *Journal of Business & Economic Statistics* 在线发表】【国家自然科学基金委员会基础科学中心项目“计量建模与经济政策研究”年度报告交流会在厦门举行】【青年教师马超独立作者论文在 *International Economic Review* 在线刊出】【经济学科与中国科学院大学、清华大学联合项目“经济科学发展战略研究”阶段性成果在《管理科学学报》发表】【经济学科调研组赴贵州省惠水县开展乡村振兴实地调研】【经济学科与新华指数联合编制的《全球汇率传导指数报告(2021)》发布】【陈力合作论文于 *Journal of Econometrics* 在线发表】【中山大学国际金融名誉院长、高级金融研究院名誉院长陈云贤教授首次于厦大经济

学科开设“国家金融学”课程】【举办2021年厦门大学计量经济和大数据研讨会】【举办环境经济学研讨会】【WISE院友捐资设立“华抚教育基金”以资后学】【《美国科学院院刊》(*PNAS*)刊发厦大经济学科韩晓祎合作成果】【WISE博士生肖潇合作论文于国际一类期刊JREFE发表】【青年教师童晨合作论文在*Journal of Futures Markets*发表】【青年教师冷旋合作论文于*Journal of Econometrics*在线发表】【长江证券首席经济学家伍戈做客厦大富邦金融与产业论坛】【方颖合作论文在《经济学(季刊)》发表】【获教育部首批新文科研究与改革实践项目立项】【经济学科调研组赴长汀县开展乡村振兴调研活动】【举办2021现代劳动经济学研讨会】【联合举办厦门大学交叉学科研讨会第二期】【举办新时代经济统计发展论坛】【中大雅润(天津)梁旋做客富邦论坛】【经济学科博士毕业生洪智武、张晨与其指导教师合作论文于*Journal of Econometrics*在线发表】【举办经济波动与增长学术研讨会2021年会】【陈琬祎独立作者论文于*Journal of Economic Theory*发表】

具体内容见王亚南经济研究院有关条目。

管理学院

【概况】 管理学院现有会计学系、企业管理系、管理科学系、旅游与酒店管理系、财务学系、市场学系共6个系;现有工商管理教育中心(MBA中心)、高级经理教育中心(EMBA中心)、高层管理培训中心(EDP中心)3个教学和培训中心;现有会计发展研究中心、能源经济与能源政策协同创新中心、企业发展战略研究中心等26个科研机构;现有中科创业学院、中国能源政策研究院、金圆研究院3个研究院。

学院拥有工商管理和管理科学与工程2个一级学科,其中工商管理一级学科为国家重点学科,管理科学与工程一级学科为福建省重点学科。在全国第四轮学科评估中,工商管理学科获评A类学科,管理科学与工程学科获评B类学科。学院现有会计学、审计学、工商管理、人力资源管理、管理科学、电子商务、旅游管理、财务管理、市场营销、酒店管理10个本科专业;按工商管理类、会计学类、管理科学与工程类三大类进行本科招生和培养;有会计学、企业管理、技术经济及管理、管理科学与工程、旅游管理、财务学、市场营销学、创业学8个学术型硕士研究生和博士研究生专业;有工商管理、会计、审计、项目管理、物流工程与管理、工程管理、旅游管理7个专业硕士研究生专业,在全国首次专业学位水平评估中工商管理专业学位获评A类;设有工商管理和管理科学与工程2个博士后流动站。

学院现有在校本科生1708人、硕士研究生4387人(其中专业硕士研究生3940人)、博士研究生251人,其中学历留学生65人。2021年学院招收本科生404人、硕士研究生1103人(其中专业硕士研究生971人)、博士研究生46人;毕业本科生429人、辅修专业69人、硕士研究生701人(其中专业硕士研究生580人)、博士研究生25人。2021年共培训公开研修课程高管学员540人次,培训定制研修课程学员4346人次。

学院2021届本科毕业生初次就业率89.9%,硕士毕业生98.2%,博士毕业生96.3%,应届本科毕业生升学、出国(境)率37.6%。2021年,学院同百威东南事业部、公诚咨询管理有限公司、安踏体育用品集团有限公司、佳兆业商业集团有限公司、厦门亿联网络技术股份有限公司、蓝月亮(中国)有限公司、天阳宏业科技股份有限公司、德信盛全服务有限公司、九牧集团有限公司、厦门ABB工业中心、北京字节跳动网络技术有限公司、正荣地产厦门区域公司、厦门市万科企业有限公司、建发股份有限公司14家企业共建学生就业实习实践基地。截至12月,学院已签约63家实习基地,合作单位中有12家世界五百强企业,18家中国五百强企业。

学院现有专任教师171人,其中教授75人、副教授57人;博士研究生指导教师66人、硕士研究生指导教师114人;拥有博士学位教师160人,占93.6%。学院现有国务院学位委员会学科评议组成员2人,“长江学者奖励计划”特聘教授2人,“国家特支计划”领军人才3人,国家百千万人才工程入选者2人,“长江学者奖励计划”青年学者1人,国家优秀青年科学基金获得者2人,“国家特支计划”青年拔尖人才2人,国务院政府特殊津贴专家12人,教育部新(跨)世纪优秀人才15人,“闽江学者”特聘教授5人,福建省特支计划“双百计划”入选者6人,福建省百千万人才工程入选者4人,福建省引进高层次创新人才1人,福建省高校领军人才3人,厦门大学特聘教授1人,厦门大学南强重点岗位教授3人,厦门大学讲座教授8人。现有在站博士后工作人员24人,其中2021年入站11人。

2021年学院获批教育部首批新文科研究与改革实践项目1个、教育部产学合作协同育人项目6个、福建省级教学改革研究项目2个、校级教学改革研究项目3个、校级虚拟仿真实验教学项目1个,另新增3门省级一流本科课程、3门校级一流本科课程。

2021年,学院科研经费累计到账2373.11万元。新立项课题78个,国家社科基金项目7个,其中国家社会科学基金重大项目1个、国家社会科学基金重点项目1个、国家社会科学基金一般项目5个;国家自然科学基金项目13个,国家自科科学基金重点项目1个、国家自然科学基金一般及青年项目12个;教育部人文社科项目5个、省社会科学规划项目9个、省自然科学基金项目3个、省创新战略研究项目2个、厦门市社科项目1个、横向课题38个等。学院共发表高质量学术论文216篇,其中国际A+类刊物论文2篇、国际A类刊物论文20篇、国际B类刊物论文62篇、管理学院中文最优刊物论文7篇。出版著作12部,包括专著2部、教材5部、译著1部、编著4部。

2021 年度管理学院基本情况

统计项目	数量
本科生数(人)	1708
硕士研究生数(人)	4387
其中:专业学位硕士研究生数(人)	3940
博士研究生数(人)	251
其中:专业学位博士研究生数(人)	
其中:学历留学生数(人)	65
本科毕业生毕业去向落实率(%)	89.9
硕士毕业生毕业去向落实率(%)	98.2
博士毕业生毕业去向落实率(%)	96.3
本科毕业生升学、出国(境)率(%)	37.6
专任教师数(人)	171
博士后数(人)	24
教授数/正高级数(人)	75
副教授数/副高级数(人)	57
具有博士学位专任教师数(人)	160
具有海外学习交流一年(或 10 个月)以上经历教师数(人)	107
45 岁以下(含)专任教师数(人)	91
文科资深教授(人)	
发展中国家科学院院士(人)	
教育部"长江学者奖励计划"特聘教授(人)	2
教育部"长江学者奖励计划"青年学者(人)	1
国家杰出青年科学基金获得者(人)	
"国家特支计划"领军人才(人)	3
"国家特支计划"青年拔尖人才(人)	2
国家百千万人才工程入选者(人)	2
国家级教学名师(人)	
国家优秀青年科学基金获得者(人)	2
教育部新(跨)世纪优秀人才(人)	15
福建省"闽江学者"特聘教授(人)	5
国家教学成果奖(项)	
国家级一流本科专业(含建设点)(个)	7
中国"互联网+"大学生创新创业大赛获奖数(项)	
国家"2011 协同创新中心"(个)	
国家高端智库(含培育)(个)	
教育部重点实验室(个)	
教育部人文社会科学重点研究基地(个)	1
教育部国别和区域研究中心(个)	
其他部委研究基地(个)	2
福建省"2011 协同创新中心"(个)	1
福建省重点实验室(个)	
福建省高等学校文科研究基地(个)	2
福建省社科研究基地(含马工程)(个)	
福建省高校特色新型智库(个)	1
福建省重点智库建设(培育)单位(个)	1
其他部省级平台(请注明)(个)	
国家自然科学基金项目(个)	13
国家社会科学基金项目(个)	7
国家社会科学基金重大项目(个)	1
教育部人文社会科学研究重大课题攻关项目(个)	
教育部人文社会科学重点研究基地重大项目(个)	
教育部人文社会科学研究一般项目(个)	5
其他部委项目(个)	
福建省社会科学基金重大项目(个)	
纵向科研经费(到位)(万元)	1265.7
横向科研经费(到位)(万元)	2235.03
高校科学研究优秀成果奖(人文社会科学)(项)	
福建省社会科学优秀成果奖(项)	14
其他部省级奖项(请注明)(项)	
发表文章总数(篇)	216
其中:《中国社会科学》发文数(篇)	
《新华文摘》转载数(篇)	
国际代表性刊物发文数(篇)	1
出版专著(部)	12
决策咨询报告(获采纳/批示)(篇)	
学生出国(境)交流(人次)	51
教师出国(境)交流(人次)	41
主办国际学术会议(次数)	
主办两岸学术会议(次数)	
境外合作高校或机构(所)	25
签订境外合作协议(份)	4
邀请国外学者数(人)	18
邀请台港澳地区学者数(人)	8
国(境)外学生来校数(人)	2

学院通过英国工商管理硕士协会(Association of MBAs,AMBA)的AMBA五年期认证、欧洲管理发展基金会(European Foundation for Management Development,EFMD)的EQUIS五年期认证,以及国际商学院协会(The Association to Advance Collegiate Schools of Business International,简称AACSB)的AACSB商学院认证和AACSB会计认证。目前学院与美国乔治城大学等65所国际知名大学商学院签订国际交流项目协议,加入ACE联盟(中国—欧洲商校联盟)、QTEM全球硕士网络等国际合作联盟,与英国CIMA皇家特许管理会计师公会、ACCA特许公认会计师公会、美国特许金融分析师协会(CFA)签约成为战略合作伙伴。2021年,学院顺利组织开展AMBA和EQUIS再认证工作,新增利兹大学、苏黎世大学、安特卫普大学工商管理学院、澳门科技大学酒店与旅游管理学院、彰化师范大学管理学院5所境外院校的合作关系,与英国利兹大学、比利时安特卫普大学联合举办五期中欧三校在线联合博士论坛Joint Doctoral Seminar(JDS),并正式加入联合国全球契约组织"责任管理教育原则"(PRME)。2021年,学院教师申报受邀因公出国(境)交流访问共计7人次,因私出国报备13人次,申报线上参加国(境)外学术活动42人次,申报线上参加学院层面的国(境)外培训项目19人次。学生申报受邀因公出国(境)交流访问共计45人次,线上参加国(境)外学术活动55人次,计划派出交换生4人,由于疫情,实际派出2人;计划接收海外交流生18人,由于疫情,实际接收2人。

截至12月,学院已累计培养各类校友14余万人,现有1个院级地方校友会,89个各类校友组织。2021年,学院举办校友联络员敦聘仪式、第九届校友羽毛球比赛以及第八届校友组织会长秘书长联谊会。百年校庆周期间,学院累计接待返校校友6000余人次。此外,学院设立"管理学院发展基金",2021年度全院师生校友累计800余人次向学校教育发展基金会捐款超5亿元,其中定向捐赠学院并到账4.29亿元。管理学院师生校友用实际行动助力厦门大学和管理学院发展建设,情系南强,传续嘉庚精神。 (吴光锡)

【学科排名稳步前进】 根据高等教育评价专业机构软科发布的"2021软科中国最好学科排名",学院工商管理学科位列全国第5,系入选全国前2%的顶尖学科。工商管理、会计学、人力资源管理、财务管理、酒店管理、旅游管理、电子商务7个本科专业入选2021年软科中国大学专业排名A+专业。 (刘小阳)

【获颁首家"福建省会计名家工作室"】 1月14日,会计学系成为首批、唯一获准设立"福建省会计名家工作室"的单位。省财政厅党组书记、厅长余军向会计学系主任杜兴强教授颁发"福建省会计名家工作室"牌匾。 (刘银燕)

【复办审计学本科专业】 2月10日,根据教育部《关于公布2020年度普通高等学校本科专业备案和审批结果的通知》,会计学系申报的本科专业审计学获批。 (刘银燕)

【三个专业入选国家级一流本科专业建设点】 2月10日,根据教育部《关于公布2020年度国家级和省级一流本科专业建设点名单的通知》,人力资源管理、管理科学以及旅游管理3个专业入选国家级一流本科专业建设点。 (付博 汤晓玲 陈菲)

【校友设立"冠亚厦门大学会计(系)发展基金"】 3月22日,1990届(1986级)系友、冠亚投资控股集团创始人崔立澜/徐华东伉俪和CEO朱益民向会计学系捐赠1亿元,设立"冠亚厦门大学会计(系)发展基金"。 (刘银燕)

【举行葛家澍教授、余绪缨教授铜像落成仪式】 3月22日,学院在成枫楼举行"葛家澍教授、余绪缨教授铜像落成仪式"。副校长邱伟杰,葛家澍、余绪缨家属代表、学生代表以及学院师生代表、新闻媒体等出席活动。 (高瑜聪)

【举行葛家澍教授百年诞辰纪念活动】 3月22日,以"厦大家澍,百年辉映"为主题的葛家澍百年诞辰纪念活动,葛家澍教授学术思想讨论会暨《葛家澍文集》《葛家澍学术思想研究》《澍雨杏风》等系列图书首发式在学校科艺中心举行。 (高瑜聪 刘银燕)

【组织学习习近平总书记致厦门大学建校100周年贺信精神】 4月6日,在厦门大学建校100周年当日,中共中央总书记、国家主席、中央军委主席习近平给厦门大学发来贺信。管理学院师生通过线上线下共同观看庆祝厦门大学建校100周年大会,并组织召开师生座谈会,认真学习宣传领会习近平总书记贺信精神。 (吴光锡)

【召开党史学习教育动员大会】 4月19日,学院召开党史学习教育动员大会。管理学院党委书记邱七星做动员报告,学校党史学习教育第五指导组组长、校基层党建联络员、原软件学院党委书记杨敬达做指导讲话,学院党政班子成员、党委委员、全体师生党支部书记、支部委员、上一年度"两优一先"获奖代表、退休老同志代表参加动员大会。 (高瑜聪)

【四名教师入选爱思唯尔2020年中国高被引学者】 4月22日,杜兴强、林伯强、吴隆增和百事利(Presley Kaybe Wesseh Jr)4名教师入选爱思唯尔(Elsevier)2020年中国高被引学者榜单(工商管理)。 (吴琼)

【召开2021年气候与能源金融国际会议】 4月24—25日,学院承办的2021年气候与能源金融国际会议(ICEF 2021)召开,会议邀请到国内外多所高校及科研院所的专家学者和期刊编辑,围绕碳中和目标下全球能源治理和气候金融带来的机遇与挑战展开深度研讨。 (李佳)

【入选福建省重点智库培育单位】 4月25日,厦门大学中国营商环境研究中心入选福建省重点智库培育单位(培育期三年)。 (卢萧)

【教师团队获省首届高校教师教学创新大赛奖】 5月,会计学系杨绮教师团队(主讲教师——杨绮副教授,团队成员——曲晓辉教授、肖华教授)以"高级财务会计"课程教学创新改革的出色表现斩获首届高校教师教学创新大赛的副高组二等奖和"教学

活动创新奖”专项奖。（林爱珍）

【召开管理会计教育高峰论坛】 5月15—16日，美国管理会计师协会(IMA)与学院共同主办第七届IMA“新会计、新技术”管理会计教育高峰论坛。论坛围绕信息化背景下的新会计人才需求与新技术实施的主题，结合当前管理会计教育的实践，借鉴国际先进管理会计知识体系的发展经验，对高校人才培养设计与实施、企业财务数字化、互联网商业模式、人工智能技术等对管理会计研究及实践的影响，以及新会计人才能力需求等多方面问题展开充分探讨。

（刘银燕）

【举办党史学习教育主题节目展演】 5月30日，举办“追忆百年峥嵘、传承红色基因”党史学习教育主题节目展演活动。校领导、机关部处领导及学院师生党员200余人参加活动。活动同时开通现场直播，通过线上观看展演的学院师生达2160人次。

（高瑜聪）

【举办“学党史、话初心、传薪火”党建沙龙】 5月31日，举办“学党史、话初心、传薪火”党建沙龙，校特邀党建组织员黄定基，省青年五四奖章获得者魏敏教授，全国高等学校创业教育先进个人揭上锋，退伍女兵、2019级旅游管理专业本科生彭派与师生分享入党初心和奋斗故事。（高瑜聪）

【第三届中国会计学者论坛召开】 6月19—20日，由学院承办的第三届中国会计学者论坛召开，20余所国内知名高等院校和科研机构的专家学者围绕“中国经济发展与中国会计改革”的相关议题展开讨论。（刘银燕）

【校领导赴学院讲授党史学习教育专题党课】 6月21日，校党委常委、副校长邱伟杰为学院教工党员代表，毕业班学生党支部支委、学生党员等开展党史学习教育专题党课。

（高瑜聪）

【学生在福建省微课大赛中获奖】 6月21日，2019级硕士生丁颖洁在福建省高校思政微课决赛中夺得特等奖并入选“十佳微课”，2019级本科生彭派荣获大赛三等奖。（高瑜聪）

【第二届鹭江营销学者论坛召开】 6月26—27日，学院承办的第二届鹭江营销学者论坛召开。论坛以营销战略、消费者行为为主题分别设立平行论坛，共吸引来自35余所国内外知名高校的46名专家学者参加，并有300余名线上线下参会人员。

（沈阿平）

【教育部党史学习教育高校第九巡回指导组观摩军英先锋支部党史学习教育】 6月27日，军英先锋党支部举行“逐梦新征程，建功新时代”党史学习教育暨毕业生欢送会，教育部党史学习教育高校第九巡回指导组副组长周学东、副组长刘永章、联络员龙志等到现场观摩。（高瑜聪）

【加入联合国全球契约组织“责任管理教育原则”】 8月11日，联合国全球契约(United Nations Global Compact)官方发布：管理学院正式加入联合国全球契约组织“责任管理教育原则”(The Principles for Responsible Management Education，PRME)。

（黄小明）

【党支部获评第二批“全国研究生样板党支部”创建单位】 8月20日，企业管理系2019级硕士党支部入选全国“百个研究生样板党支部”，也是全校唯一入选“双百”创建的单位。

（高瑜聪）

【召开2021年暑期工作务虚会】 8月25—27日，围绕学科建设和“十四五”发展规划任务推进，管理学院、财务管理与会计研究院召开暑期工作务虚会，学院、研究院领导班子，系/中心主任参加。（吴光锡）

【辅导员获评首届福建省“最美高校辅导员”】 10月20日，辅导员揭上锋获评首届福建省“最美高校辅导员”。（高瑜聪）

【举办第十八届中国金融学年会】 10月30—31日，由学院承办的第十八届中国金融学年会召开。会议就公司金融、资产定价、金融工程、行为金融、绿色金融、科技金融、风险管理、数理金融、固定收益证券、对冲基金与量化投资、金融市场微观结构、货币理论与政策、金融市场与机构、国际金融、金融改革与开放等相关领域问题展开深入研讨。（彭梅香）

【新增教育部首批新文科研究与改革实践项目】 11月10日，李建发教授的“‘引理入商’——新文科复合型人才培养创新与实践模式探索”项目获教育部首批新文科研究与改革实践项目立项。（林爱珍）

【举办中国企业管理案例与质性研究论坛】 11月12—14日，学院承办的中国企业管理案例与质性研究论坛(2021)在线上召开。本届论坛以“数字经济时代的变革与创新管理”为主题，涵盖5场主题报告、4场工作坊、11场分论坛、10场圆桌讨论。海内外170余所院校的800多名专家学者参加这一大型学术活动。（付博）

【林伯强入选科睿唯安2021年度高被引科学家】 11月16日，中国能源政策研究院林伯强教授入选科睿唯安(Clarivate Analytics)2021年度社会科学、经济与商业两个领域高被引科学家榜单。（李佳）

【严晖获评校2021年“我最喜爱的十位老师”】 11月19日，会计学系严晖副教授荣获厦门大学2021年“我最喜欢的十位教师”称号，成为学院第8名获此殊荣的教师。（高瑜聪）

【第四届旅游三十人论坛举行】 11月20—21日，第四届旅游三十人论坛举行。本届论坛的主题为“旅游·传播力、引导力”，分论坛主题分别为“旅游消费者行为与大数据”“旅游营销新模式、新方法”，圆桌论坛则围绕“消费迭代和旅游供给”议题进行讨论。（陈菲）

【项目荣获第五届中国青年志愿服务公益创业赛银奖】 11月25—26日，学院“青选至乡村振兴”志愿服务团队的“一村一茶一味道——青选至乡村茶农增收帮扶项目”获第五届中国青年志愿服务公益创业赛银奖。

（周颖）

【MBA、EMBA项目获多个奖项】 12月，MBA在第九届腾讯商学院发展论坛上荣获“2021年度综合影响力MBA项目”，在《经理人》与MBAChina联合发布的“2021年度中国商学院暨MBA项目系列榜单”中荣获“中国商学院最佳MBA项目TOP7”“中国商学院最佳金融MBA项目TOP4”“中国商学院最佳中外合作项目TOP3”。学院荣获央广网MBA教育峰会“2021年度MBA卓越商学院”奖项。

EMBA 入选《经理人》杂志“中国最佳EMBA 排行榜”,综合排名全国第五。（庄慧颖）

【项目荣获第十三届中国青年志愿者优秀项目奖】 12月5日,学院“全球联动,战‘疫’有‘我’——厦大学子防疫物资驰援湖北志愿项目”荣获第十三届中国青年志愿者优秀项目奖。（周　颖）

【举办第四届全国大学生旅游设计大赛】 12月5日,学院承办的第四届全国大学生旅游设计大赛决赛顺利举行,来自厦门大学、南开大学、中山大学、北京第二外国语学院等高校的11支队伍围绕“旅游——乡村振兴”主题进行激烈角逐。（陈　菲）

【魏敏获2021年度国家社科基金重大项目立项】 12月6日,魏敏教授作为首席专家主持申报的课题“文化和旅游融合发展成效评估与推进机制研究”获得2021年度国家社科基金重大项目立项。（吴　琼）

【厦门大学神经管理学与人工智能实验室正式成立】 12月6日,厦门大学文科实验室正式授牌,陈亚盛教授主导发起的“厦门大学神经管理学与人工智能实验室”成立。（吴　琼）

【学院党委与厦门建发股份有限公司党委签约共建】 12月9日,为深入学习贯彻党的十九届六中全会精神,进一步落实新时代党建工作的新要求,拓展校企合作新领域,学院党委与厦门建发股份有限公司党委举行签约共建活动并开展第一次共建学习。（高瑜聪）

【举行思明区第十八届人大代表厦门大学第107选区(管理学院分会场)选举大会】 12月10日,思明区第十八届人大代表厦门大学第107选区(管理学院分会场)选举大会顺利举行,2944名师生选民参加选举大会并投票,管理科学系傅馨教授当选思明区第十八届人大代表。（吴光锡）

【潘维廉获颁“厦门经济特区建设40周年先进模范人物”】 12月21日,MBA中心外籍教师潘维廉教授在厦门经济特区建设40周年庆祝大会上获颁“厦门经济特区建设40周年先进模范人物”。（庄慧颖）

【举办厦门大学交叉学科午餐会】 12月26日,学院承办第三期厦门大学交叉学科午餐会,本期会议主题为“新商科建设与学科交叉”。会议邀请9名学界和业界的专家结合自身或团队的最新研究成果和企业需求做报告分享新商科人才培养、商科与其他学科交叉融合的心得体会。（吴　琼）

法学院

【概况】 2021年,法学院教师共发表论文135篇,其中《中国法学》1篇,《法学研究》1篇,SSCI刊物论文4篇,一类核心刊物29篇,二类核心刊物13篇;共出版著作16部。法学院的国家社科基金年度项目立项数位列全国综合类大学法学学科第一。2021年度共获得国家社科基金重大项目1个、重点项目2个、一般项目5个、特别委托项目1个、后期资助一般项目2个。另有教育部规划项目1个、青年项目1个,福建省软科项目1个,福建省社会科学基金省人大理论研究项目2个。教师获各类奖项16项,其中福建省第十四届社会科学优秀成果奖一等奖1人、二等奖6人、三等奖4人。

成功举办包括教育部高校法学类专业教学指导委员会、中国法学会法学教育研究会会员大会暨2021年年会,国际法治的理论与实践研究国际研讨会在内的学术活动超30场。举办第二期至善法学大讲堂,邀请全国知名法学家、实务专家授课,累计线上观众30余万人次。

2021年,法学院新聘助理教授1人,讲座教授1人,业界专家2人。宋方青、李兰英、廖益新和施余兵入选福建省高层次人才A类人才,郭春镇、刘志云入选B类人才,周赟、陈鹏入选C类人才。廖益新入选财政部税政管理人才库,郑永宽入选财政部法律人才库。宋方青当选福建省第四届“十大法治人物”并获福建省“五一劳动奖章”。

法学院(含知识产权研究院)共有专任教师93人,其中教授36人,副教授32人。非全职教师26人,其中名誉教授5人,讲座教授4人,客座教授3人,兼职教授12人,业界专家2人。

法学院(含知识产权研究院)现有“国家特支计划”领军人才1人,教育部“长江学者奖励计划”特聘教授1人,“国家特支计划”青年拔尖人才1人,教育部“长江学者奖励计划”青年学者1人,教育部新世纪优秀人才7人,中宣部文化名家暨“四个一批”人才1人,福建省新世纪优秀人才支持计划9人,国家知识产权局“百千万知识产权人才工程百名高层次人才培养计划”2人,国家知识产权局“全国知识产权领军人才”2人,中国法学会资深法学家1人,福建省特殊支持“双百计划”人选——哲学社会科学领军人才1人,“闽江学者”特聘教授1人,福建省高校领军人才2人,福建省高层次人才(A类)4人、(B类)2人、(C类)2人,福建省青年拔尖创新人才1人,福建省高校杰出青年科研人才培育计划人选1人,福建省法学英才7人,互聘“双千计划”人选7人,国务院政府特殊津贴3人,省级教学名师2人,入选财政部人才库2人,全国法学学术研究会会长副会长12人次,全国三八红旗手1人。法学院现有在校本科生557人,硕士研究生975人,博士研究生194人。

国际交流合作稳步推进。法学院全年派出3名硕士生赴荷兰马斯特里赫特大学交流,1名博士生赴美国加州大学伯克利分校参加国家公派联合培养博士项目,1名博士生赴联合国国际法院实习,15名学生线上参加牛津大学、神户大学等短期交流项目;接收2名马斯特里赫特大学本科生来法学院交流。

法学院共立项国家级新文科建设项目1个,省级教改项目1个,校级一流本科课程2个,虚拟教研室1个,创新创业项目(本科生)60个,其中国家级10个、省级25个,获批厦门大学研究生创新实践系列竞赛项目1个;出版法律硕士专业学位教材《刑事法典型案例实务运用与法律研判》;根据《法学类教学质量国家标准(2021年版)》修订2021级培养方案,及时高

2021 年度法学院基本情况

统计项目	数量
本科生数(人)	557
硕士研究生数(人)	975
其中:专业学位硕士研究生数(人)	724
博士研究生数(人)	194
其中:专业学位博士研究生数(人)	
其中:学历留学生数(人)	44
本科毕业生毕业去向落实率(%)	86
硕士毕业生毕业去向落实率(%)	97.8
博士毕业生毕业去向落实率(%)	100
本科毕业生升学、出国(境)率(%)	41.9
专任教师数(人)	93
博士后数(人)	1
教授数/正高级数(人)	36
副教授数/副高级数(人)	32
具有博士学位专任教师数(人)	86
具有海外学习交流一年(或 10 个月)以上经历教师数(人)	53
45 岁以下(含)专任教师数(人)	51
文科资深教授(人)	
发展中国家科学院院士(人)	
教育部“长江学者奖励计划”特聘教授(人)	1
教育部“长江学者奖励计划”青年学者(人)	1
国家杰出青年科学基金获得者(人)	
“国家特支计划”领军人才(人)	1
“国家特支计划”青年拔尖人才(人)	1
国家百千万人才工程入选者(人)	2
国家级教学名师(人)	
国家优秀青年科学基金获得者(人)	
教育部新(跨)世纪优秀人才(人)	7
福建省“闽江学者”特聘教授(人)	1
国家教学成果奖(项)	
国家级一流本科专业(含建设点)(个)	1
中国“互联网+”大学生创新创业大赛获奖数(项)	
国家“2011 协同创新中心”(个)	
国家高端智库(含培育)(个)	
教育部重点实验室(个)	
教育部人文社会科学重点研究基地(个)	
教育部国别和区域研究中心(个)	

统计项目	数量
其他部委研究基地(个)	2
福建省“2011 协同创新中心”(个)	
福建省重点实验室(个)	
福建省高等学校文科研究基地(个)	3
福建省社科研究基地(含马工程)(个)	1
福建省高校特色新型智库(个)	2
福建省重点智库建设(培育)单位(个)	
其他部省级平台(请注明)(个)	
国家自然科学基金项目(个)	
国家社会科学基金项目(个)	11
国家社会科学基金重大项目(个)	1
教育部人文社会科学研究重大课题攻关项目(个)	
教育部人文社会科学重点研究基地重大项目(个)	
教育部人文社会科学研究一般项目(个)	2
其他部委项目(个)	
福建省社会科学基金重大项目(个)	
纵向科研经费(到位)(万元)	505.51
横向科研经费(到位)(万元)	680.19
高校科学研究优秀成果奖(人文社会科学)(项)	
福建省社会科学优秀成果奖(项)	11
其他部省级奖项(请注明)(项)	
发表文章总数(篇)	135
其中:《中国社会科学》发文数(篇)	
《新华文摘》转载数(篇)	1
国际代表性刊物发文数(篇)	
出版专著(部)	16
决策咨询报告(获采纳/批示)(篇)	11
学生出国(境)交流(人次)	17
教师出国(境)交流(人次)	4
主办国际学术会议(次数)	1
主办两岸学术会议(次数)	2
境外合作高校或机构(所)	11
签订境外合作协议(份)	11
邀请国外学者数(人)	
邀请台港澳地区学者数(人)	
国(境)外学生来校数(人)	12

效增设"习近平法治思想概论"课程;《案例研析》课程作为厦门大学研究生优秀示范课程验收通过。法学理论团队2021年荣获"厦门大学黄大年式教师团队"称号。（林旭荣）

【最高人民法院党组书记、院长周强到法学院调研】 10月28日上午,最高人民法院党组书记、院长周强莅临法学院调研考察。最高人民法院党组成员、副院长杨万明,福建省委常委、政法委书记罗东川,省高级人民法院党组书记、院长吴偕林,厦门市委常委、政法委书记李伟华,市中级人民法院党组书记、院长谢开红参加调研。厦门大学校长张荣陪同调研。法学院院长宋方青向周强一行介绍法学院办学历史和一流学科建设的具体情况。周强高度评价法学院的办学成就,充分肯定法学院在推进一流学科创新发展、培养高素质法治人才、服务国家高端决策咨询等方面取得的成绩。（上官仪）

【扎实推进党史学习教育走深走实】 4—12月,法学院紧紧围绕"学史明理、学史增信、学史崇德、学史力行"总要求,坚持"点线面"结合、"全过程"贯通,以热的氛围、活的形式、实的举措,努力推动党史学习教育走深走实、入脑入心,突出关键少数"带头学",召开7次党委理论学习中心组、4次专题学习会,举办5期主题读书班。打造"行知学堂""理论学堂""指尖学堂",结合"三会一课""固定党日+""双周政治理论学习"等形式,举办"党员开讲了"等党史学习教育专题活动超160场,扎实推进"我为师生办实事""与党员谈心、为群众办事"等活动,为师生办理实事36件。法学院党史学习教育经验做法被全国高校思想政治工作网"战线联播"刊载(全校仅2篇,另1篇为学生处供稿),入选《厦门大学院系发展动态》"典型案例"专栏。（刘群鑫）

【举办学习贯彻习近平总书记"七一"重要讲话精神动员暨"两优一先"表彰大会】 7月1日,法学院党委在模拟法庭举行学习贯彻习近平总书记"七一"重要讲话精神动员暨"两优一先"表彰大会,法学院法理法史宪行党支部等9个党支部获"先进基层党组织"称号,张向宇等50名同志获"优秀共产党员"称号,王云清等14名同志获"优秀党务工作者"称号。2019级法律硕士(非法学)党支部书记李达强作为先进基层党组织代表在会上发言,2017级本科生谢炜静作为优秀共产党员代表发言,法学院刑法诉讼法教工党支部书记吕英杰作为优秀党务工作者代表发言。法学院党委许和山书记讲话,强调要深入学习宣传贯彻习近平总书记在庆祝中国共产党成立100周年大会上的重要讲话精神,建功新百年,共筑新伟业。（刘群鑫）

【多名师生获庆祝中国共产党成立100周年各级表彰】 7月,法学院党委荣获厦门大学"先进基层党组织",法学院党委书记许和山荣获"福建省高校优秀党务工作者",党委副书记张伟荣获厦门大学"优秀党务工作者",施余兵、刘群鑫、陈慕杭、徐瑞祥4名同志荣获"优秀共产党员"。（刘群鑫）

【完成七个教工党支部换届】 12月,法学院完成法理法史宪行教工党支部、刑法诉讼法教工党支部、民商南海教工党支部、经环财税教工党支部、国际法教工党支部、知产院教工党支部、离退休教工党支部7个教工党支部换届,分别选任吴旭阳、刘炯、魏磊杰、王宗涛、陈欣、董慧娟、陈文彬7名教师担任支部书记。（刘群鑫）

【成功举办国际法治的理论与实践研究国际研讨会】 4月6日下午,国际法治的理论与实践研究国际研讨会在厦门大学法学院模拟法庭报告厅举行。本次研讨会由厦门大学法学院主办,采用线上线下相结合的形式,邀请来自联合国、国际海底管理局、联合国国际法院、国际海洋法法庭、世界银行集团解决投资争端国际中心、世界知识产权组织、英国伦敦大学、德国立法协会、德国马克斯·普朗克创新与竞争研究所、美国德克萨斯农工大学、英国国际法与比较法研究所、世界法哲学大会比利时分会、澳大利亚伍伦贡大学、全国人大常委会、中国外交部、中国法学会知识产权法学研究会、自然资源部、复旦大学、中国人民大学、浙江大学、中国政法大学、清华大学、江苏省高级人民法院、中国社会科学院、华东政法大学、厦门大学等国内外知名研究机构的专家学者,共同运用中国法治话语,构建学术交流平台,推动国际法治研究,献礼百年校庆。（上官仪）

【举办"海洋法的发展、挑战与前瞻"国际研讨会】 4月6日,由厦门大学南海研究院主办的"海洋法的发展、挑战与前瞻"国际研讨会举办。本次研讨会作为法学院国际法治的理论与实践研究国际研讨会的分论坛,献礼厦门大学建校100周年,旨在运用中国法治话语,构建学术交流平台,推动全球海洋治理和共建海洋命运共同体。研讨会采用线上线下相结合的形式进行,来自联合国海洋事务与海洋法办公室、国际海底管理局、国际海洋法法庭、外交部、自然资源部海洋发展战略研究所、自然资源部第二海洋研究所、澳大利亚伍伦贡大学、清华大学、中国政法大学、中国南海研究院、厦门大学等超100名国内外官员和专家学者参加。（黄宇欣）

【召开"全球治理下的知识产权法治发展论坛"】 4月6日,"全球治理下的知识产权法治发展论坛"召开。本次论坛作为法学院国际法治的理论与实践研究国际研讨会的分论坛,值厦门大学百年校庆之际,国内外知识产权领域的资深学者、实务专家应邀共聚厦门大学,探讨知识产权法治发展的前沿问题。世界知识产权组织驻中国办事处主任刘华,德国马克斯·普朗克创新与竞争研究所所长瑞托·赫尔提(Reto M. Hilty)教授,中国法学会知识产权法学研究会刘春田会长、李明德副会长、郭禾副会长等参加论坛。（曹　琳）

【成功举办第二期至善法学大讲堂】 5—6月,法学院举办第二期至善法学大讲堂,邀请中国法学会学术委员会主任张文显、第十三届全国人民代表大会宪法和法律委员会副主任委员江必新等全国知名法学家授课,累计线上观众30万人次。（上官仪）

【南海研究院获评中国智库综合评价研究项目参考案例】 9月，厦门大学南海研究院在中国社会科学评价研究院第二轮“中国智库综合评价研究项目”智库建设案例评价中获评“2021年中国智库参考案例”。本次研究共有454家智库的621份申报书参评，全国计63个案例入选参考案例。（上官仪）

【顺利召开教育部高校法学类专业教学指导委员会、中国法学会法学教育研究会会员大会暨2021年年会】 11月5—6日，教育部高校法学类专业教学指导委员会、中国法学会法学教育研究会会员大会暨2021年年会“中国共产党百年与中国法学教育”论坛（以下简称年会）召开。本次年会由教育部高校法学类专业教学指导委员会和中国法学会法学教育研究会共同主办，由厦门大学法学院具体承办。600余名专家学者共聚云端，共同研讨新百年的中国法学教育工作。年会圆满成功，中国法学会法学教育研究会专函感谢。

（上官仪）

【宋方青教授获省五一劳动奖章等荣誉】 2021年5月，福建省总工会作出关于表彰2021年福建省五一劳动奖和福建省工人（五一）先锋号的决定（闽工〔2021〕43号），宋方青教授荣获福建省五一劳动奖章荣誉称号。12月4日下午，福建省第四届“十大法治人物（集体）”和首届“十大法治事件”暨“致敬英雄奖”颁奖典礼在福建会堂国际厅举行，法学院宋方青教授当选福建省第四届“十大法治人物”。（吴智庆）

【《刑事法典型案例实务运用与法理研判》出版】 3月，由厦门大学法学院刘学敏教授主编、法律实务专家合作编写的法律硕士专业学位教材《刑事法典型案例实务运用与法理研判》（2021年，厦门大学出版社）正式出版。该教材高度契合国务院学位委员会2020年9月发布的《专业学位研究生教育发展方案（2020—2025）》提出的“推进培养单位与行业产业共同制定培养方案，共同开设实践课程，共同编写精品教材”新要求，是厦门大学法学院法律硕士专业学位实务课程系列教材的又一力作。（康小宁）

【四名法律硕士专业校友获“全国优秀律师”称号】 9月，司法部下发《关于表彰全国优秀律师事务所和全国优秀律师的决定》（司发通〔2021〕57号），授予289名律师“全国优秀律师”称号。其中，厦门大学法学院法律硕士专业毕业生王哲、陈昱、杜国长、蔡雨安4名校友获此殊荣。（康小宁）

【开设“习近平法治思想概论”必修课】 为贯彻落实《教育部办公厅关于推进习近平法治思想纳入高校法治理论教学体系的通知》的文件精神，扎实推进习近平法治思想进学术、进学科、进课堂、进培训、进读本，法学院组建课程授课专班人才，组织授课教师集体备课，于2021年秋季学期面向法学本科专业学生开设“习近平法治思想概论”课程，并纳入法学专业核心必修课。（苏晓君）

【修订2021级培养方案】 根据《法学类教学质量国家标准（2021年版）》修订培养方案，明确培养目标和毕业要求，增设“习近平法治思想概论”课程，并纳入法学专业核心必修课。增加思政类选修课，把体育、美育、劳育融入人才培养全过程，延长毕业实习和社会实践时长，加强应用型法治人才培养。（苏晓君）

【《民法典》社会认知度调查报告获全国政协肯定】 5月28日，在《民法典》颁布一周年之际，厦门大学法学院法律传播研究中心与法智融媒联合发布全国首份《民法典》社会认知度调查报告。截至6月8日0点，《人民日报》客户端、新华网、中国新闻网、中国经济网、光明网、学习强国、央广网、南方周末、《南方都市报》、澎湃新闻、凤凰网、网易新闻、《人民法院报》微博等超过30家主流媒体报道这份报告，全网传播量超400万，获全国政协社会和法制委员会主任沈德咏同志肯定批示。（苏晓君）

【法学理论教研室立项校级虚拟教研室建设试点】 9月，学校发布《关于公布2021年厦门大学虚拟教研室建设试点立项名单的通知》（厦大教〔2021〕92号），宋方青教授作为带头人的法学理论教研室获2021年厦门大学虚拟教研室建设试点立项。（苏晓君）

【获首批新文科研究与改革实践项目立项】 11月，《教育部办公厅关于公布首批新文科研究与改革实践项目的通知》（教高厅函〔2021〕31号）公布，郭春镇教授负责的“人工智能＋实践型法治人才培养研究”项目获教育部首批新文科研究与改革实践项目立项。（苏晓君）

【获福建省本科高校教育教学改革研究一般项目立项】 11月，《福建省教育科学规划领导小组办公室关于公布2021年本科高校教育教学改革研究项目立项名单的通知》（闽教科规〔2021〕43号）发布，李国安教授负责的“全面依法治国背景下法学本科教育应用型法治人才培养机制的转型”项目获2021年福建省本科高校教育教学改革研究一般项目立项。

（苏晓君）

【学生在学校党史学习教育活动中荣获佳绩】 为热烈庆祝中国共产党成立100周年，推动党史学习教育入脑入心，法学院积极组织学生参加厦门大学“百年奋进　薪火相传”党史校史知识竞赛、“讲好红色故事，庆祝建党百年”红色影视作品配音大赛、“书香校园读书节”系列活动、“马克思能够给予我们什么”主题征文和微演讲活动、“百年党史 · 百年厦大”主题理论征文比赛、“百年奋进　学史铸魂”党史故事汇、“学宪法　讲宪法”法治宣传教育系列活动等校级党史学习教育主题活动，法学院均获得优秀组织奖，41名学生在活动中分获一、二、三等奖及优秀奖。（周晓牧）

【法学院模拟法庭辩论队在各类竞赛中再创佳绩】 国际法“贸仲杯”辩论队在“贸仲杯”国际商事仲裁模拟仲裁庭辩论赛中获一等奖；Jessup辩论队获Philip C. Jessup国际法模拟法庭比赛中国赛区选拔赛二等奖；国际法辩论队部分成员在第二届模拟国际投资仲裁深圳杯竞赛中获三等奖；本科生代表队获得第十九届“理律杯”全国高校模拟法庭竞赛最佳书状奖、第十二届“联合信实”全国大学生模拟法庭辩论赛亚军。（吴　维）

【学生科创成果显著】 在“挑战杯”

大学生课外学术科技作品竞赛中,法学院学生获校赛一等奖、二等奖、三等奖共3项,获省赛一等奖1项,其中1项作品获推荐参加国赛。在第七届厦门大学"互联网+"大学生创新创业大赛中获铜奖3项,法学院获评优秀组织奖。（吴　维）

【积极开展"青春法宝"系列普法活动】 为贯彻落实"八五"普法规划,进一步加强青少年对新修订的《中华人民共和国未成年人保护法》《中华人民共和国预防未成年人犯罪法》的认识,法学院青年志愿者协会联合思明区青少年权益中心、启福社会工作服务中心开展"青春法宝,伴我成长"系列普法活动,以趣味互动方式使法治观念在青少年心中生根发芽。2021年度法学院青年志愿者协会共计开展7次"青春法宝"系列志愿服务活动,包括2次普法教育进社区游园会,1次普法剧本杀活动,1次"守护少年的你"青春法宝系列微课拍摄,1次"听书声,换书了"台阶诗会暨普法教育进社区活动,1次"演武二小法治课堂"活动,1次普法微漫画征集赛,实现普法宣传进社区、进学校,提高青少年学法、知法、守法、用法意识,加强青少年法治教育。（陈萌艳）

【荣获2020—2021学年厦门大学"体育先进学院"称号】 法学院积极组织学生参与学校各项体育赛事,精心策划各项学院赛事,获评学校2020—2021学年"体育先进学院"、健身气功·八段锦专项赛(线上个人赛)优秀组织奖。在学校体育运动赛事中频获佳绩,荣获厦门大学第56届学生田径运动会思明校区团体总分第七名、研究生组总分第五名,厦门大学"百年校庆杯"篮球比赛本科生组冠军,厦门大学"校庆杯"啦啦操锦标赛季军,厦门大学第29届学生游泳运动会团体第三名,厦门大学"舞林大会"暨体育舞蹈比赛第三名,厦门大学"校庆杯"学生气排球比赛第四名,厦门大学百年校庆水上舟艇运动会研究生团体第六名等。在综合调研学生体育运动需求的基础上,学院面向各年级学生广泛开展趣味运动会、篮球赛、排球赛等,组建羽球队、篮球队、足球队等学院运动队和兴趣组,引导学生注重健康,热爱生活,进一步增强学生综合素质。（宋磊华）

【承办全国法律文书写作大赛】 5月28—30日,2021年全国法律专业学位研究生法律文书写作大赛决赛在厦门大学法学院举行。该项赛事由全国法律专业学位研究生教育指导委员会主办,自2017年至今已举办四届。2021年,赛事初赛阶段收到来自全国203所法律专业学位研究生培养单位的3358份参赛作品;经专家组评审,遴选出来自66所参赛高校的80名选手进入复赛阶段;来自30所高校的31名选手进入决赛阶段,最终决出一等奖2名、二等奖5名、三等奖7名、优秀奖17名,中南财经政法大学、厦门大学等5个培养单位荣获最佳组织奖。（宋磊华）

【党规党纪学生研习社及其骨干获国家级荣誉】 6月,在由中国管理现代化研究会廉政建设与治理研究专业委员会、全国大学生廉洁社团网络主办,湖南大学廉政研究中心、北京航空航天大学廉洁研究与教育中心承办的全国廉洁大使评选活动中,厦门大学法学院学生徐瑞祥荣获2021年"廉洁大使"荣誉称号。7月,在由全国学联秘书处指导、中国青年报社主办的"寻找全国高校百强学生社团"活动中,经过社团申报、学校推荐、风采展示、网络投票、专家评审等环节,厦门大学党规党纪学生研习社获评"全国高校百强学生社团"。（周晓牧）

【学生在福建省"学宪法　讲宪法"活动中获佳绩】 10月23—24日,第六届全国学生"学宪法　讲宪法"活动福建赛区总决赛在福州市举行。法学院2020级硕士研究生刘通成荣获演讲比赛高校组三等奖,2020级本科生周雨桐荣获知识竞赛高校组二等奖。（吴　维）

【开展毒品预防教育系列活动】 10月25日—11月15日,法学院开展以"珍爱生命　远离毒品"为主题的毒品预防教育系列活动。法学院全体新生参观厦门大学禁毒主题展览并参与禁毒知识竞赛,充分了解毒品相关知识,认清毒品的危害,消除认知误区,在一定程度上提高对毒品的防范能力。本、研共计36个班级相继开展禁毒主题班会,学生们通过PPT、科普视频、毒品预防教育电影等多种形式进一步学习毒品的特征、吸毒的危害、毒瘾的迹象、戒毒的方式等。法学院学生积极参与厦门大学和厦门市思明区禁毒办联合举办的"青春有梦　无毒前行"禁毒作品征集大赛,通过设计、绘画、音视频等形式传递禁毒理念,呈现"远离毒品　健康生活"的活动主旋律,共有14名法学学生在大赛中脱颖而出,分别获得一、二、三等奖及幸运奖。通过本次毒品预防教育系列活动,法学院全体学生增强自身识毒、防毒、拒毒的意识和能力,进一步提升积极参与毒品预防教育活动的社会责任感。（陈萌艳）

【举办2021年"国家宪法日"主题宣传教育活动】 为认真学习贯彻习近平法治思想,深入贯彻落实党的十九大和十九届六中全会精神,弘扬宪法精神,传播法治理念,12月4日上午,厦门大学2021年"国家宪法日"主题宣传教育活动在厦门大学三家村学生活动广场举行。本次活动由厦门大学依法治校工作办公室、党委宣传部、党委学生工作部、共青团厦门大学委员会和法学院主办。副校长邓朝晖,校党委常委、组织部部长、统战部部长孙理参加活动。现场举行"学宪法　讲宪法"法治宣传教育系列活动颁奖仪式,"学宪法　讲宪法"演讲比赛一等奖获得者刘通成、车晓轩分别以《宪法与人民》《宪法的温度》为题进行演讲展示。"学宪法　讲宪法"海报设计大赛优秀作品成果展在现场展出。（周晓牧）

【学生获"全国大学生网络文化节"一等奖】 12月15日,教育部思想政治工作司公布第五届"全国大学生网络文化节"遴选结果,厦门大学法学院2018级本科生何泽琳创作的网文作品《炬火明旧路,曙红绘新图——马克思主义之于中国红》荣获一等奖,厦门大学法学院2019级硕士研究生黄泽南创作的网文作品《无我之中,方见真我——对马克思主义关于人的价值理论的思考》荣获优秀奖。（周晓牧）

【法学院学生首次入选联合国国际法院实习项目】 4月8日，厦门大学法学院2018级国际法学专业博士研究生王一斐正式入选2021—2022年度联合国国际法院司法助理项目，成为厦门大学首名入选该项目的学生。此项目是由国际法院设立的实习项目，仅对全球20余所法学院开放，每年最多招收15人。厦门大学法学院在2019年经过国际法院遴选，成为有资格参与该项目的法学院之一。

（李宏伟）

【法学院与广州知识产权法院签署合作协议】 4月19日，厦门大学法学院与广州知识产权法院签署合作协议，正式共建院校合作基地。广州知识产权法院是全国首批三家知识产权专门法院之一。（李宏伟）

【法学院与侯马市人民政府签署合作协议】 11月2日，厦门大学法学院与侯马市人民政府签署合作协议，共建"厦门大学法学教学实践基地"与"法治侯马研究智库合作基地"。

（李宏伟）

【法学院与中共厦门市委政法委签署合作协议】 11月19日，厦门大学法学院与中共厦门市委政法委员会签署"共建海丝中央法务区战略合作框架协议"。（李宏伟）

【举行厦门大学首届国际法校友论坛】 4月4日，为庆祝厦门大学百年校庆，由厦门大学国际经济法研究所、厦门大学陈安国际法学发展基金会联合主办的厦门大学首届国际法校友论坛在法学院模拟法庭举行。厦门大学法学院1992级博士生、环球律师事务所合伙人赵德铭校友，厦门大学法学院1993级博士生、瓴德律师事务所暨"瓴德全球专业机构平台(筹)"创始人林忠校友，厦门大学法学院1996级博士生、中国东方航空集团公司总法律顾问、中国东方航空股份有限公司法务总监、数据保护官、中国法学会航空法学研究会会长郭俊秀校友，厦门大学法学院2009级国际法硕士生、君合律师事务所合伙人袁屹峰校友应邀做论坛主旨报告，返校参加百年校庆的部分校友、国际法学科的部分教师以及来自厦门大学不同专业的在校学生参加此次论坛。（肖彬）

【厦门大学陈安国际法学发展基金会举行换届选举】 10月11日，厦门大学陈安国际法学发展基金会在厦门大学法学院召开第三届理事会会议，会议采用线上线下相结合的形式。会议听取基金会理事长报告及第三届理事会的选举说明，根据章程规定，经全体理事认真讨论和表决，产生第三届理事会名单并选举产生第三届理事会理事长徐崇利，秘书长肖彬。（肖彬）

【百年校庆筹备工作获学校表彰】 经过前期充分的准备和不懈的努力，法学院获"厦门大学100周年校庆筹备工作先进集体"荣誉称号。张伟、刘群鑫、周晓牧、林旭荣、翁炎英5人获评"厦门大学100周年校庆筹备工作先进个人"，陈国渊、林少婷2人获"厦门大学100周年校庆筹备工作通报表扬"，于梦璐等41名学生获评"厦门大学100周年校庆优秀志愿者"。百年校庆期间，超过3000人次法学院院友预约返校。法学院完成1个扩建工程(法学图书馆)交地及开工仪式、1个捐赠仪式、1个院友座谈会、1个学院开放日、1首歌，最后汇成校友捐赠的1.12亿元。截至今日，捐款人次超700人次。（翁炎英）

【与校友黄毅签订5000万元捐赠合同】 厦门大学1979级外贸系校友、中升集团有限公司董事长黄毅献礼母校百年华诞，捐资5000万元支持法学图书馆建设，助力厦门大学高素质法学人才培养。1月10日下午，捐赠仪式在厦门大学科学艺术中心4号会议室举行。捐赠资金5000万元已于12月21日到款。（翁炎英）

【设立法学人才引培基金】 恒申慈善基金会捐赠1500万元设立恒申法学基金；漆勇等4名院友捐赠1500万元设立世纪群贤法学教育发展基金。这两项基金均用于法学院人才引进和培养。（翁炎英）

【举办嘉润中学生夏令营】 7月17—21日，法学院举办专门面向法学院院友子女的嘉润中学生夏令营。本次夏令营结合德、智、体、美、劳5个要素，以嘉庚精神传承教育为主线，以中学生学业发展规划为切入点，依托厦门大学思明、翔安校区各单位，厦门市思明区人民法院等平台，开展一系列沉浸式、体验感十足的活动。35名法学院院友子女参与其中，深入感受厦门大学百年来悠久的历史文化和"四种精神"。本次夏令营得到法学院院友们的高度评价，进一步密切院友之间以及院友与厦门大学及法学院之间的关系，提升法学院院友的凝聚力和向心力，书写厦法精神传承的新篇章。（翁炎英）

【申请捐赠教育部配套】 8月，法学院向教育部提交26个捐赠项目，共计1677万元的捐赠配套申请。

（翁炎英）

【主办"最后一公里"学术研讨会】 11月13日上午，国家社科基金"新时代海洋强国建设"重大研究专项开题报告会暨BBNJ(Biodiversity Beyond National Jurisdiction，国家管辖范围以外区域海洋生物多样性)谈判"最后一公里"学术研讨会在厦门大学成功举行。本次会议由厦门大学南海研究院、《中华海洋法学评论》编辑部主办。来自复旦大学、武汉大学、南开大学、厦门大学、福州大学、自然资源部第三海洋研究所等单位的超过20名嘉宾参加此次会议。（黄宇欣）

【主办"海法杯"征文大赛】 11月13日下午，由《中华海洋法学评论》编辑部主办的第二届"海法杯"征文大赛评审研讨会在厦门大学成功举行。组委会共收到中国政法大学、华东政法大学、西南政法大学、武汉大学、厦门大学、复旦大学、中国海洋大学、山东大学、东北大学、重庆大学、华南理工大学、大连海事大学、海南大学、福州大学、上海海事大学、上海对外经贸大学、南京师范大学、安徽师范大学、大连海洋大学等高校投稿超过70篇。9名国际海洋法领域专家学者组成评审委员会，对来稿进行两轮匿名评审，入围选手受邀参加评审会现场报告答辩。最终评选出12篇获奖作品，包括一等奖1名、二等奖2名、三等奖3名、优秀奖6名。

（黄宇欣）

【主办刊物年度联席工作会议】 11月23日下午，《中华海洋法学评论》2021年度五校联席工作会议在线举行。本次会议由厦门大学南海研究院主办、大连海事大学海法研究院承办,来自厦门大学、大连海事大学、香港理工大学、台湾师范大学以及澳门大学的代表参加此次会议。

(黄宇欣)

【知识产权研究院与广州知识产权法院签订院校合作协议】 4月19日,知识产权研究院正式成为广州知识产权法院的院校合作基地,院校之间将在互访交流、专家互聘、人才培养等方面展开更为深入的合作。

(曹　琳)

【举行国家知识产权战略实施(厦门大学)研究基地揭牌仪式暨2021年国家知识产权战略实施研究基地工作会】 4月22—23日,国家知识产权战略实施(厦门大学)研究基地(以下简称基地)揭牌仪式暨2021年国家知识产权战略实施研究基地工作会在厦门大学隆重举行。国家知识产权战略实施工作部际联席会议办公室副主任龚亚麟、福建省知识产权局局长颡志煌、校党委副书记徐进功共同为基地揭牌。其间还开展2020年工作总结及专项研究结题评审工作,知识产权研究院的一个研究项目成果被评为"优秀"。基地将聚合全国知识产权战略研究优势资源,开展国家层面的知识产权战略研究,加强对国际知识产权发展动态研究,培养高层次知识产权人才,为中国知识产权战略实施工作提供有效的政策建议和决策支撑。　(曹　琳)

【主办2021厦门大学知识产权宣传周系列活动】 为深入贯彻落实习近平总书记关于知识产权工作的重要论述精神,大力倡导创新文化,庆祝第21个世界知识产权日,知识产权研究院于4月20—26日期间主办厦门大学知识产权宣传周系列活动。组委会围绕"全面加强知识产权保护,推动构建新发展格局"主题,开展知识产权庭审旁听、学术沙龙、园游会等多项活动,大力传播以"尊重知识,崇尚创新,诚信守法"为核心理念的知识产权文化,切实贯彻落实党的十九大关于提升全社会知识产权意识的精神。　(曹　琳)

【主办"平台经济反垄断前沿问题"学术研讨会】 5月15日,由厦门大学知识产权研究院主办的"平台经济反垄断前沿问题"学术研讨会在厦门大学举行。国务院反垄断委员会专家咨询组成员黄勇教授、王先林教授、宁立志教授等著名高校教授及宋健等知识产权审判机构专家等32人参加本次研讨会,共同探讨平台经济反垄断这一前沿问题。　(曹　琳)

【承办2021年海峡两岸检察制度研讨会"知识产权之检察保护与比较"分论坛】 5月29日,由福建省检察官协会、厦门大学法学院及海峡两岸检察制度研究中心主办的2021年海峡两岸检察制度研讨会在厦门大学成功举行,来自海峡两岸知名高校的教师以及检察机构等业界人士参加本次研讨会。其间,知识产权研究院承办"知识产权之检察保护与比较"分论坛,嘉宾围绕"知识产权与检察制度"这一前沿话题展开深入探讨。

(曹　琳)

【主办"2021闽台知识产权圆桌会议"】 11月12日,在福建省知识产权局支持下,知识产权研究院召开"2021闽台知识产权圆桌会议"。会议围绕"新时代知识产权保护与运用的机遇和挑战"主题,62名与会嘉宾通过线上或线下形式参会,分享海峡两岸在知识产权保护运用方面的先进经验,共同谋划开创海峡两岸知识产权融合发展新局面。　(曹　琳)

【资产管理工作进展顺利】 法学院固定资产管理工作在2021年进展顺利。1—12月法学院完成新增固定资产365台(件),金额达176万元(其中包括A、B栋教室的设备更新),完成新增材料298笔,金额超61万元。这些固定资产在一定程度上改善和提高了法学院的教学、科研条件。法学院完成6个批次的设备报废和设备调拨工作。4—5月法学院完成学校布置的2020年度新增固定资产盘点的工作任务,并提交学校资产处审核通过。　(何　萍)

【法学院户口管理工作顺利完成】 5—7月,完成法学院(含知识产权研究院)毕业生户籍信息采集超300人,户口迁移近100人。9—11月,完成新生户籍信息采集超300人,新生落户近100人。　(何　萍)

公共事务学院/公共政策研究院

【概况】 公共事务学院/公共政策研究院现有公共管理系、政治学系、心理学研究所、MPA教育中心4个教学单位;1个教育部国别和区域研究中心(备案)——新西兰研究中心;1个福建省高校特色新型智库——厦门大学人才战略研究所;1个省级协创中心——"公共政策与地方治理"协同创新中心;公共服务质量研究中心、公共政策与政府创新研究中心、县域社会治理能力建设研究中心、国家治理能力研究中心4个省级研究基地;政治学与行政学研究所、政府绩效管理研究中心、区域发展政策研究所、社会管理创新研究中心、中国残障事业发展研究中心5个校级研究机构。

学院拥有公共管理、政治学2个一级学科博士点,公共政策、认知与公共服务2个二级学科博士点,公共管理、政治学2个博士后科研流动站,公共管理、政治学2个一级学科硕士点,公共管理硕士(MPA)专业硕士学位点,行政管理(国家级特色专业、首批国家级一流本科专业)、政治学与行政学(国家级一流本科专业)2个本科专业;拥有行政管理、社会保障、政治学理论3个福建省重点学科及多个国家级、省部级学科建设与教学科研平台。学院为全国MPA专业学位的发起认证和首批试点单位之一,在公共事务和公共管理教育领域享有盛誉。在教育部第三轮全国学科评估中,公共管理学科名列前十;在教育部第四轮全国学科评估中,公共管理、政治学学科进入B+。

学院共有在职教职工74人,专任教师57人,教授15人,副教授28人,助理教授14人,教师平均年龄43岁。2021年,已入职政治学系副教授1人、助理教授2人,公共管理系助理教授2人,心理学研究所助理

2021 年度公共事务学院/公共政策研究院基本情况

统计项目	数量
本科生数(人)	458
硕士研究生数(人)	1205
其中:专业学位硕士研究生数(人)	1038
博士研究生数(人)	94
其中:专业学位博士研究生数(人)	
其中:学历留学生数(人)	10
本科毕业生毕业去向落实率(%)	83.3
硕士毕业生毕业去向落实率(%)	98.8
博士毕业生毕业去向落实率(%)	75
本科毕业生升学、出国(境)率(%)	40.6
专任教师数(人)	57
博士后数(人)	2
教授数/正高级数(人)	15
副教授数/副高级数(人)	28
具有博士学位专任教师数(人)	55
具有海外学习交流一年(或 10 个月)以上经历教师数(人)	39
45 岁以下(含)专任教师数(人)	37
文科资深教授(人)	
发展中国家科学院院士(人)	
教育部“长江学者奖励计划”特聘教授(人)	1
教育部“长江学者奖励计划”青年学者(人)	
国家杰出青年科学基金获得者(人)	
“国家特支计划”领军人才(人)	1
“国家特支计划”青年拔尖人才(人)	
国家百千万人才工程入选者(人)	
国家级教学名师(人)	
国家优秀青年科学基金获得者(人)	
教育部新(跨)世纪优秀人才(人)	3
福建省“闽江学者”特聘教授(人)	1
国家教学成果奖(项)	
国家级一流本科专业(含建设点)(个)	2
中国“互联网＋”大学生创新创业大赛获奖数(项)	
国家“2011 协同创新中心”(个)	
国家高端智库(含培育)(个)	
教育部重点实验室(个)	
教育部人文社会科学重点研究基地(个)	
教育部国别和区域研究中心(个)	1

统计项目	数量
其他部委研究基地(个)	1
福建省“2011 协同创新中心”(个)	1
福建省重点实验室(个)	
福建省高等学校文科研究基地(个)	2
福建省社科研究基地(含马工程)(个)	2
福建省高校特色新型智库(个)	1
福建省重点智库建设(培育)单位(个)	
其他部省级平台(请注明)(个)	
国家自然科学基金项目(个)	3
国家社会科学基金项目(个)	8
国家社会科学基金重大项目(个)	1
教育部人文社会科学研究重大课题攻关项目(个)	
教育部人文社会科学重点研究基地重大项目(个)	
教育部人文社会科学研究一般项目(个)	1
其他部委项目(个)	
福建省社会科学基金重大项目(个)	2
纵向科研经费(到位)(万元)	389.41
横向科研经费(到位)(万元)	424.5
高校科学研究优秀成果奖(人文社会科学)(项)	
福建省社会科学优秀成果奖(项)	7
其他部省级奖项(请注明)(项)	
发表文章总数(篇)	85
其中:《中国社会科学》发文数(篇)	
《新华文摘》转载数(篇)	1
国际代表性刊物发文数(篇)	
出版专著(部)	3
决策咨询报告(获采纳/批示)(篇)	12
学生出国(境)交流(人次)	1
教师出国(境)交流(人次)	2
主办国际学术会议(次数)	1
主办两岸学术会议(次数)	
境外合作高校或机构(所)	10
签订境外合作协议(份)	10
邀请国外学者数(人)	6
邀请台港澳地区学者数(人)	2
国(境)外学生来校数(人)	

教授1人。2021年有3名教师高聘教授,1名教师高聘副教授。公共管理博士后流动站2人,政治学流动站4人。学院已建成多个省、校级的创新人才团队或教学团队,形成一支知识结构合理、素质过硬、充满活力的教师队伍。

2021年,学院招收博士生26人,硕士生344人,本科生105人;学院毕业博士生5人,硕士生178人,本科生100人。2021届研究生毕业生就业率98.8%,重点单位就业率达到62%;本科毕业生就业率83.3%,本科生毕业升学、出国(境)率40.6%。2021年学院共发展学生党员62人,共举办76场支部学习活动,遴选3名优秀学生骨干参加学校"囊萤星火青年讲师团",2018级博士生党支部被评为"厦门大学先进基层党组织",1名学生党员获"厦门大学优秀党员"荣誉称号。2019级公共管理硕士第二团支部获"五四红旗团支部标兵"称号。在党史学习教育中,"红色故事会""清风讲堂学党史,永葆本色话廉洁"廉洁自律主题学习教育相继在国家级媒体、学校网站、"厦大公事"等各类平台宣传报道。

2021年全院科研到账经费813.91万元,共承担48个科研项目,其中国家社科基金重大项目1个、国家自然科学基金项目3个、国家社科年度项目4个、国家社科后期资助项目3个、教育部项目1个、省部级重大项目1个、厦门市社科课题3个、横向课题32个。全院共发表论文85篇,其中最优及一类核心论文27篇,二类核心论文18篇,其他刊物40篇,被SSCI/SCI等收录10篇。出版著作3部,提交研究报告12篇,其中6篇获国家级、省部级以上部门采纳。

2021年,学院教师2人次在尼日利亚、新加坡等国家合作研究、访问考察和交流讲学,全年外出交流学生1人次。4月5日,学院举办厦门大学人文社会科学国际论坛暨"全球风险社会下的公共治理:挑战与应对"国际学术研讨会;11月1日,学院与荷兰鹿特丹伊拉斯姆斯大学住房与城市发展研究院签订《厦门大学公共事务学院与荷兰伊拉斯姆斯大学住房与城市发展研究院教育合作协议》,主要内容为"4+1"本硕联合培养,"1+1+1"硕士生联合培养和教职人员培训与交换。2021年度共提交105个培训班立项,顺利办结68个,累计参训学员4088人次,培训费总计727.17万元。　(王　寒)

【召开庆祝中国共产党成立100周年暨"两优一先"表彰座谈会】 6月25日,学院党委召开庆祝中国共产党成立100周年暨"两优一先"表彰座谈会。党委书记宋友良、院长朱仁显、学院领导班子其他成员、离退休党员代表、师生党员代表出席座谈会。离退休教师党员代表吴仲平、陈正国、陈炳辉,教师党员代表吕志奎,学生党员代表盛艳梅、赖丽琴先后发言。会上举行"光荣在党50年"纪念章颁发仪式,学院荣获纪念章的老党员为刘宝树、方贻岩、吴仲平、陈章干、陈正国、陈炳辉。会上,10名优秀共产党员、4名优秀党务工作者和3个基层党组织获表彰。　(谭　超)

【政治学与行政学专业入选国家级一流本科专业建设点】 2月10日,教育部办公厅公布2020年度国家级和省级一流本科专业建设点名单,学院政治学与行政学专业入选国家级一流本科专业建设点。2019年,学院行政管理专业入选首批国家级一流本科专业建设点。此次政治学与行政学专业的入选标志着学院两个本科专业全部进入国家级一流本科专业建设计划。　(蔡妮妮)

【陈振明教授入选"厦门经济特区建设40周年先进模范人物"】 12月21日,厦门经济特区建设40周年庆祝大会在厦门国际会议中心海峡厅隆重举行,中共厦门市委、厦门市政府在大会上对为厦门经济特区建设作出突出贡献的60名先进模范人物和创新创业人物进行表扬。经层层推荐、征求意见、综合评审、统筹考虑,确定60名先进模范人物和创新创业人物人选。学院陈振明教授入选"厦门经济特区建设40周年先进模范人物"。　(王　寒)

【朱仁显教授再获国家社科基金重大立项】 12月6日,全国哲学社会科学工作办公室公布2021年度国家社科基金重大项目立项名单。学院朱仁显教授"社会组织推动共同富裕的体制机制与政策体系研究"项目获立项。同年9月,朱仁显教授申请的"习近平总书记以人民为中心发展思想的政治学研究"项目也获国家社科基金重点项目立项。　(陈素蜜)

【公共服务质量研究中心考核评估获评"优秀"】 7月27日,福建省社科规划办公布第一批福建省社科研究基地第二轮建设考核评估结果,厦门大学公共服务质量研究中心获评"优秀"等次,福建省社科联党组书记、副主席林蔚芬等为优秀基地颁发获奖证书。　(李德国)

【获福建省社会科学优秀成果奖】 12月30日,福建省人民政府公布《关于颁发福建省第十四届社会科学优秀成果奖的决定》(闽政文〔2021〕612号),学院共有7项科研成果获奖励。其中,高和荣教授的专著《底线公平:基础普惠型事业单位养老保险的建设》获一等奖,陈振明、于文轩、夏路3名教授的论文获二等奖,严金海教授的专著和黄新华、李丹教授的论文获三等奖。　(陈素蜜)

【科研工作获学校多项表彰】 12月6日,学校召开2021年文科科研工作推进会,学院获"2020年度厦门大学人文社科科研进步奖",国家治理能力建设研究中心获"2020年度厦门大学人文社科基地建设绩效奖",陈振明、陈炳辉、吕志奎、黄新华、高和荣、王荣宇等多名教师获"2020年度厦门大学人文社科科研业绩突出个人",陈素蜜获"2020年度厦门大学人文社科科研管理先进工作者"等多项表彰。　(陈素蜜)

【入选教育部首批新文科研究与改革实践项目】 10月28日,教育部办公厅印发《关于公布首批新文科研究与改革实践项目的通知》(教高厅函〔2021〕31号),学院陈振明教授主持的"作为新文科跨学科领域的公共治理专业方案设计与实践探索"入选教育部首批新文科研究与改革实践项目。　(李艳霞)

【举办"全球风险社会下的公共治理:挑战与应对"国际学术研讨会】 4月5日,由厦门大学主办、厦门大学公共事务学院和公共政策研究院承办的厦门大学人文社会科学国际论坛暨“全球风险社会下的公共治理：挑战与应对”国际学术研讨会在厦门宾馆举行。来自清华大学、中国社会科学院、香港大学等14所国内高校和哈佛大学、英国南安普敦大学等4所国外高校的专家学者，《光明日报》理论部、《博览群书》杂志社、《中国社会科学》杂志社、《中国行政管理》杂志社、《管理世界》杂志社和《公共管理学报》杂志社的主编或编辑以及厦门市应急管理局、福州市应急管理协会的实务专家就全球风险社会下的公共治理学科发展、理论进展、实践创新和机遇挑战等相关问题进行研讨，凝练对未来具有指导价值的公共治理经验、公共治理智慧和公共治理方案，为全面建设社会主义现代化国家开好局起好步提供公共治理智力支持，为人类命运共同体中的美好生活贡献中国方案。《光明日报》、新华网、人民论坛网、中国社会科学网、《中国社会科学报》、《福建日报》、《东南网报》等权威网站和报纸杂志均第一时间报道本次会议的举办情况。

（陈素蜜）

【举办“现代化国家建设新征程中的高效能治理、高质量发展和高品质生活”学术研讨会】 11月20日，由厦门大学“公共治理”双一流学科建设项目、国家社科基金重大项目“强化制度执行力研究”支持，厦门大学公共事务学院、公共政策研究院主办的“现代化国家建设新征程中的高效能治理、高质量发展和高品质生活”学术研讨会在厦门大学召开。本次会议采用线上线下相结合的形式，来自清华大学、中国人民大学、浙江大学、上海交通大学、四川大学、兰州大学、重庆大学、中南大学、西北大学、华中师范大学、华侨大学和厦门大学等高校的专家学者，以及中国人民大学出版社、《新华文摘》杂志社、《中国社会科学》杂志社、《中国行政管理》杂志社、《中国人民大学学报》杂志社、《中国高校社会科学》杂志社、《行政论坛》杂志社、《学术研究》杂志社、《东南学术》杂志社和《福建日报社》等单位的主编、编审或编辑近百人参加此次研讨会，线上观看人数近两千人。与会专家学者在本次研讨会上深入探讨新征程、新时期和新发展阶段公共治理学科及其理论发展面临的机遇、挑战和发展方向，拓展公共治理研究视野，丰富中国公共治理的理论内容，有助于推动作为治国理政之学的中国特色公共管理学科的创新发展，对于全面推进国家治理体系现代化和全面实现社会主义现代化具有重要的理论与现实意义。

（吕志奎）

【举办“中国特色治理创新与高质量发展”学术研讨会】 12月11—12日，由厦门大学“公共治理”双一流学科建设项目、国家社科基金重大项目“强化制度执行力研究”、厦门大学公共事务学院繁荣计划项目支持，厦门大学公共事务学院、公共政策研究院主办的“中国特色治理创新与高质量发展”学术研讨会在厦门大学召开。会议采用线上线下相结合的形式，来自清华大学、北京大学、中国人民大学、浙江大学、上海交通大学、复旦大学、武汉大学、中山大学、南开大学、兰州大学、山东大学、重庆大学、湖南大学、华南理工大学、南京审计大学、中共湖南省委党校、广东财经大学和厦门大学等机构的80多名专家学者和学生以及《管理世界》《中国行政管理》《中国高校社会科学》《浙江社会科学》《探索与争鸣》《江苏行政学院学报》《理论学刊》等杂志社的多名编辑参与会议。当今世界正处在大发展、大变革、大调整之中，世界百年未有之大变局和新冠疫情，使得我国发展的外部环境日趋复杂严峻。在这种背景之下，以高效能治理引领高质量发展，以高质量发展保障高品质生活和共同富裕，是公共治理的时代命题，也对包括公共管理学在内的中国特色哲学社会科学发展提出新要求、新任务。本次会议列举的治理工具、数字治理、城市治理、基层治理、社会治理、规划治理6个主题，是对这些新要求、新任务的一种回应。（李德国）

【与厦门市自然资源和规划局开展校地合作共建】 6月22日，学院与厦门市自然资源和规划局举行校地合作签约揭牌仪式。校党委常委、副校长邱伟杰，学院党委书记宋友良、院长朱仁显，党委副书记林盛铨，副院长吕志奎，厦门市自然资源和规划局党组书记、局长柯玉宗，党组成员、副局长陈勇，党组成员、总工程师胡仕汉，党组成员、副局长黄铭典，党组成员、副局长、机关党委书记张盛生，党组成员高悦尔，厦门市资源规划局机关处室、事业单位主要负责人，公共事务学院部分师生代表等出席仪式。邱伟杰、柯玉宗、朱仁显分别致辞，朱仁显和黄铭典代表双方签署合作备忘录，邱伟杰和柯玉宗共同为“资源环境与公共政策研究中心”和“厦门大学公共事务学院校外实践教育基地”揭牌。（严金海）

【与泉州市消防支队共建“火焰蓝”人才培养基地】 5月25日，学院与泉州市消防救援支队举行共建“火焰蓝”人才培养基地签约仪式。通过共建，双方在干部领导力提升、队伍师资培育、线上课程学习等方面开展深度合作，创新探索消防与高校融合发展的新模式、新路子。（王　寒）

【成立福州院友会】 3月6日，厦门大学福州校友会公共事务分会暨厦门大学公共事务学院福州院友会成立大会在福州融侨皇冠假日酒店召开。学校校友总会理事长、原校长朱崇实，校党委政研室主任、发展规划办主任黄新华，学院党委书记宋友良、院长朱仁显、副院长罗思东等校院领导，公共事务学院的教师代表，厦门大学校友总会、厦门院友会代表、福州校友会和兄弟分会代表、在榕以及周边地区工作的近120名院友代表欢聚一堂，共同见证福州院友会的成立。（林如琦）

【成立北京院友会】 6月6日，厦门大学北京校友会公共事务学院分会暨公共事务学院北京院友会成立大会在北京厦门大厦颐豪酒店召开。学校校友总会副理事长詹心丽，学院院长朱仁显、副院长罗思东，校友、海峡两岸关系协会副会长、厦门大学台湾研究中心主任、第十二届全国政协港澳台侨委员会委员孙亚夫，校友、北京大学讲席教授、北京大学中国政治学研究中心主任、北京大学城市治理研究院院长俞可平，校友、中国著名书画家、全国人大正司长级干部、中央国家机关书法家协会副主席朱守道,厦门大学北京校友会会长周五一等嘉宾,以及在京工作的近90名院友代表欢聚一堂,共同见证北京院友会的成立。　(林如琦)

【李明欢参加庆祝中国共产党成立100周年大会现场观礼】 7月1日,庆祝中国共产党成立100周年大会在天安门广场隆重举行,习近平总书记发表重要讲话,各界代表7万余人以盛大仪式欢庆中国共产党百年华诞。学院离退休教师李明欢教授作为优秀留学归国人员代表受邀到现场观礼。　(谭　超)

【教育部党史学习教育高校第九巡回指导组观摩爱廉社活动】 6月27日,由学院党委主办、学生廉政文化理论研究社团爱廉社承办的“清风讲堂学党史,永葆本色话廉洁”廉洁自律主题学习教育在成智楼举行,教育部党史学习教育高校第九巡回指导组组长路钢和副组长周学东、刘永章一行莅临活动现场观摩指导。校党委副书记徐进功,校党委常委、组织部部长、统战部部长孙理,校纪委副书记林金枝、校团委书记曾铮,校党史学习教育第三指导组组长游泽民,校党建办副主任葛郝锐等出席活动。学院党委书记宋友良、院长朱仁显,院党委副书记林盛铨、魏丽艳,副院长吕志奎,学院学工组全体成员,爱廉社社团成员、毕业班学生代表、MPA学生代表、党员和入党积极分子代表参与活动。　(蒋慧琼)

【举办迎接建党百年“红色故事会”】 5月21日,学院党委举办“学党史、讲故事、谈感悟、话担当”校地合作共学党史“红色故事会”。活动由校团委和学院党委联合主办,学院本科生党支部承办,三明市“风展红旗如画”红色三明故事宣讲团、厦门市思明区莲前街道党工委、前埔北社区党委共同协办。厦门市莲前街道党工委、前埔北社区党委领导、老党员代表,红色三明故事宣讲团成员,校党委组织部、校团委及党史学习教育指导组领导,学院党委、关工委领导,老教授、老党员代表,“囊萤星火”青年宣讲团”成员以及学院师生党员、入党积极分子代表参加活动。活动得到《中国共青团杂志》、学习强国平台等宣传报道。　(徐　莹)

马克思主义学院

【概况】 马克思主义学院设有马克思主义基本原理、马克思主义中国化、中国近现代史、思想政治教育、形势与政策、军事6个教研部(室),拥有福建省社会科学研究基地“中国特色社会主义研究中心”、福建省高校人文社会科学研究基地“马克思主义基础理论研究中心”、福建省马克思主义理论研究生教育创新基地、厦门大学与原国家林业局林改司共建的“中国农村林业改革发展研究基地”、厦门大学马克思主义与中国发展研究所、中国农村改革发展研究中心、国外马克思主义社会政治理论研究中心、新时代党建工作研究中心、池田大作思想研究中心、思想政治理论课实践教学中心、思想政治理论课教学改革研究中心等研究机构和教学科研平台。

学院拥有马克思主义理论一级学科博士学位授权点,首批入选福建省重点马克思主义学院,马克思主义理论学科先后被列为“211工程”“985工程”等重点建设学科,现又被列为国家“双一流”建设A类高校“一流学科”及福建省“双一流”高峰学科建设“A类学科”。

学院现有在职教职工79人,其中专任教师70人。专任教师中,教授9人,副教授44人,博士生导师9人(另有兼职博导3人),拥有博士学位的教师比例达到74.3%。近年来,教师入选“教育部思想政治教育中青年杰出人才支持计划”1人,“全国高校优秀中青年思想政治理论课教师择优资助计划”1人,“全国高校思想政治理论课教师影响力人物”2人,“福建省宣传文化系统‘四个一批’理论人才”1人;荣获“全国高校思想政治理论课教学标兵”称号1人,“宝钢优秀教师”称号2人,“福建省优秀教师”称号2人,福建省高层次A类人才1人、B类人才1人、C类人才4人(学校已完成公示)。学院现有全国高校思政课名师工作室1个,教育部思政理论课分教学指导委员会委员1人。9个教学科研团队入选省部级优秀教学科研团队(培育项目),2个省级思政理论课教学名师工作室。学院现有校聘讲座教授和兼职教授12人。

(王筱辉)

【扎实开展党史学习教育】 紧扣党史学习教育主题,依托“囊萤星火”多层次立体化政治理论学习体系,组织师生深入学习贯彻十九届六中全会精神、习近平总书记“七一”重要讲话精神、习近平总书记在福建考察时的重要讲话精神和致厦门大学建校100周年重要贺信精神。举办“学党史·强党建·育新人”系列党史学习专题讲座21讲,开展理论学习中心组学习15次,开展“我为师生办实事”项目23个。教师在《人民日报》等主流媒体发表党史宣传文章10余篇,为社会各界进行党史宣讲上百场,持续推进党史学习教育走深走实。　(江春萍)

【举办建院十周年庆祝活动】 2021年恰逢学院成立十周年,学院以“弘扬嘉庚精神　争创一流马院”为主题举办十周年院庆活动。出版《厦门大学马克思主义学院院史》,在囊萤楼布置院史文化长廊,发布十周年纪念视频和印制学院宣传画册,并邀请一批厦大马院建设发展的亲历者、见证者和重要贡献者,以及来自全国高校的知名专家学者座谈,共庆学院成就、共商学院发展、共谋学院未来。学院师生在回顾学院发展历程、学科发展历史中,进一步凝聚思想共识、集聚奋进力量。　(江春萍)

【落实中央巡视整改举措】 发挥巡视利剑作用,切实解决影响全面从严治党的突出问题。配合中央巡视有关要求,全面、如实提供学院党委政治建设、马克思主义理论学科建设、思想政治理论课建设等材料。根据中央巡视反馈意见,进一步落实管党治党主体责任,制定整改方案,细化整改措施,切实推进整改落实。新制定或修订制度近10项,以制度的刚性巩固巡视整改成果。　(江春萍)

2021 年度马克思主义学院基本情况

统计项目	数量	统计项目	数量
本科生数(人)		其他部委研究基地(个)	1
硕士研究生数(人)	157	福建省"2011 协同创新中心"(个)	
其中:专业学位硕士研究生数(人)		福建省重点实验室(个)	
博士研究生数(人)	56	福建省高等学校文科研究基地(个)	1
其中:专业学位博士研究生数(人)		福建省社科研究基地(含马工程)(个)	1
其中:学历留学生数(人)		福建省高校特色新型智库(个)	
本科毕业生毕业去向落实率(%)		福建省重点智库建设(培育)单位(个)	
硕士毕业生毕业去向落实率(%)	88.6%	其他部省级平台(请注明)(个)	
博士毕业生毕业去向落实率(%)	88.9%	国家自然科学基金项目(个)	
本科毕业生升学、出国(境)率(%)		国家社会科学基金项目(个)	6
专任教师数(人)	70	国家社会科学基金重大项目(个)	
博士后数(人)	2	教育部人文社会科学研究重大课题攻关项目(个)	
教授数/正高级数(人)	9	教育部人文社会科学重点研究基地重大项目(个)	
副教授数/副高级数(人)	44	教育部人文社会科学研究一般项目(个)	1
具有博士学位专任教师数(人)	52	其他部委项目(个)	
具有海外学习交流一年(或 10 个月)以上经历教师数(人)	20	福建省社会科学基金重大项目(个)	
45 岁以下(含)专任教师数(人)	38	纵向科研经费(到位)(万元)	243.2
文科资深教授(人)		横向科研经费(到位)(万元)	46.6
发展中国家科学院院士(人)		高校科学研究优秀成果奖(人文社会科学)(项)	
教育部"长江学者奖励计划"特聘教授(人)		福建省社会科学优秀成果奖(项)	7
教育部"长江学者奖励计划"青年学者(人)		其他部省级奖项(请注明)(项)	
国家杰出青年科学基金获得者(人)		发表文章总数(篇)	50
"国家特支计划"领军人才(人)		其中:《中国社会科学》发文数(篇)	
"国家特支计划"青年拔尖人才(人)		《新华文摘》转载数(篇)	
国家百千万人才工程入选者(人)		国际代表性刊物发文数(篇)	
国家级教学名师(人)		出版专著(部)	7
国家优秀青年科学基金获得者(人)		决策咨询报告(获采纳/批示)(篇)	
教育部新(跨)世纪优秀人才(人)		学生出国(境)交流(人次)	2
福建省"闽江学者"特聘教授(人)		教师出国(境)交流(人次)	1
国家教学成果奖(项)		主办国际学术会议(次数)	
国家级一流本科专业(含建设点)(个)		主办两岸学术会议(次数)	
中国"互联网+"大学生创新创业大赛获奖数(项)		境外合作高校或机构(所)	
国家"2011 协同创新中心"(个)		签订境外合作协议(份)	
国家高端智库(含培育)(个)		邀请国外学者数(人)	
教育部重点实验室(个)		邀请台港澳地区学者数(人)	1
教育部人文社会科学重点研究基地(个)		国(境)外学生来校数(人)	
教育部国别和区域研究中心(个)			

【党建"双创"工作成效显现】 正值中国共产党成立100周年之际,马克思主义学院党委被中共福建省委教育工委授予"福建省高校先进基层党组织"荣誉称号。学习强国网络平台以《擦亮马克思主义底色,让党旗在铸魂育人一线高高飘扬》为题,推送有关学院党委先进事迹的新闻通讯。同时,学院党委培育创建全国党建工作标杆院系的成效不断显现,人民网以《厦门大学马克思主义学院党委以四项工程提升党建核心力、示范力》为题,推广创建经验做法。马克思主义基本原理教工党支部顺利通过"全国党建工作样板支部"验收。

(江春萍)

【师资队伍力量不断壮大】 新聘副教授1名、助理教授4名;新聘兼职教授1名;合聘思政课教师31名。1月,第二批2名校内辅导员转聘思政课教师正式到岗。根据学校要求和学院实际,不断完善教职工职称聘任、年度考核、聘期考核等工作细则。

(邹慧芳)

【教师科研工作成果喜人】 教师承担重要课题的能力不断提升,获批国家社科基金项目6个(含1个重点课题、2个后期资助项目),立项数在全校文科单位中名列前茅。教师发表CSSCI期刊学术论文36篇,其中一类期刊学术论文14篇、最优刊物论文3篇;出版学术专著7部、编著4部。

(胡艳婷)

【积极拓展学术交流 营造浓厚科研氛围】 学院主办多场国内学术会议,邀请国内学界专家通过线上线下方式共同研讨,并被国内多家主流媒体宣传报道,在学界赢得良好反响:主办或承办4次大型全国性学术会议,组织举办27场"马克思主义论坛"。

(胡艳婷)

【举办"马克思主义哲学与中国共产党一百年"全国学术研讨会】 10月23—24日,"马克思主义哲学与中国共产党一百年"学术研讨会暨中国马克思主义哲学史学会2021年年会在厦门大学召开。此次会议由中国马克思主义哲学史学会、厦门大学和中国社会科学院哲学研究所共同主办,厦门大学马克思主义学院、厦门大学哲学系和厦门大学马克思主义与中国发展研究所共同承办,中国马克思主义研究基金会和《教学与研究》杂志社共同协办。来自全国各高校和科研院所的180余名专家学者,通过线上线下同步进行的方式参会。

(胡艳婷)

【扎实推进厦门大学"双一流"建设马克思主义理论学科建设工作】 加强顶层设计,借鉴有益经验,优化项目管理,推进"马克思主义理论"一流学科建设取得预期成效。开展2020年"双一流"建设项目总结工作,顺利完成厦门大学"双一流"重点建设2021年任务书的编制工作及2021年中央高校建设世界一流大学(学科)和特色发展引导专项资金项目申报工作。

(熊　欢)

【圆满完成"十四五"规划编制工作】 科学谋划"十四五"规划,历经前期调研、起草文本、论证咨询、审议备案、务虚研讨、党政联席会和党委会深入讨论等多个阶段,圆满完成学院"十四五"规划的编制工作。(熊　欢)

【修订完善2021级研究生培养方案】 为进一步规范研究生培养管理,提高研究生培养质量,学院召集学科带头人、教研部负责人、相关教师代表等认真研究探讨,在充分总结原有培养方案实施情况、存在问题的基础上,在硕博贯通的原则下,按一级学科修订完善2021级研究生培养方案,增设"中国共产党与中国社会伟大历史变革专题研究""马克思主义经典著作导读""马克思主义经典著作研读"等一级学科课程。(张夏彤)

【研究生招生工作取得突破性进展】 2021年,招生规模和生源质量均取得突破性进展。录取硕士研究生59人,博士研究生14人,硕博招生人数为历年最高。生源质量不断提高,推免生人数占比稳步提升,已完成2022年的推免生招生工作,共拟录取29人,占比达50.88%,创历史新高。

(张夏彤)

【成功举办2021年全国优秀大学生"云"夏令营活动】 7月14—16日,成功举办2021年厦门大学马克思主义学院全国优秀大学生夏令营活动。因受疫情影响,本次夏令营采取线上方式进行。来自厦门大学、兰州大学、山东大学等90所高校的253名学生提交申请,最终参营学生42人。2021年招收的29名推免生中有11人来自夏令营活动,约占总推免生人数的40%,夏令营工作成效显著。

(张夏彤)

【为闽南佛学院研究生开设思政课】 自2021—2022年秋季学期起,马克思主义学院思政课教师为闽南佛学院博士和硕士研究生分别开设"中国马克思主义与当代""新时代中国特色社会主义理论与实践""马克思主义与社会科学方法论"3门研究生思政课。(张夏彤)

【加强马克思主义理论学科文献资源建设】 12月,为进一步推动学院学科建设、人才培养和科学研究等工作的顺利开展,学院完成"中国历史文献总库·近代报纸数据库(4—6辑)、爱如生红色历史文献库、马克思恩格斯专辑电子书(De Gruyter)"采购工作,充实马克思主义理论学科的文献资源。(王筱辉)

【服务党和国家战略需要 加强智库建设】 学院教师主动服务党和国家战略需要,积极承接校级以上各类课题立项19个;结合思政课实践教学,组织师生开展服务国家和地方改革发展需求的课题调研项目。(胡艳婷)

【完善思政课课程体系建设】 出台《厦门大学新时代学校思想政治理论课改革创新实施方案》,面向2021年秋季学期及以后入学学生开设"'四史'专题研究"(2学分)。继续开好"习近平新时代中国特色社会主义思想概论"(2学分)课程。完善"新时代中国特色社会主义劳动教育"开课方案,采取"线上讲座式理论教学+线下实践教学"相结合的教学方式,由教务处、学生工作部(处)、校团委、马克思主义学院统筹管理,学生所在学院具体负责。(吴院琴)

【思政课"三位一体"教学改革深入推进】 思政课"三位一体"教学模式改革继续推进。专题教学方面,持续开展"校内外专家进思政课堂",共邀请校内外专家18人次进本科思政课堂讲授专题19场次;网络教学方面,积极使用网络教学平台,并不断充实网络平台教学资源；实践教学方面，全校共计约1万名学生参与思政课实践教学。学院开展以“四史”为主题的思政课暑期社会实践，在做好疫情防控的前提下，共组织100多名本科生和研究生组成的26个团队，赴省内外红色教育基地通过实地考察、走访调研、参观寻访等形式开展社会实践。组织开展2021年思政课实践教学成果评比，共有186项优秀成果获得表彰。（吴院琴　郑炳辉　李斯倩）

【强化思政课集体备课制度】 推动思政课教师集体备课常态化。2021年，学院共组织开展思政课程集体备课16场次。6月2日，校党委书记张彦、副书记徐进功，校长张荣分别参加并指导“毛泽东思想和中国特色社会主义理论体系概论”和“马克思主义基本原理概论”课程集体备课会；10月6日，周大旺副校长参加并指导“中国近现代史纲要”课程集体备课会。（吴院琴）

【积极推进大中小学思政课一体化建设】 2021年，学院分别与厦门二中、厦门六中、集美中学、故宫小学签订教育合作协议，推进实施大中小学思政课一体化建设工作，共建大中小学思政课一体化建设实训基地。学院积极采用院校层面一体化、以名师工作室为纽带、推动党支部共建、寻找同源切入点等多种共建形式，立足思政课堂，开展思政课示范课程宣讲，在教学改革、师资培养、实践教学方面同中小学深化合作。人民网、党建网、全国高校思想政治工作网、中国教育新闻网、厦门电视台、学习强国、厦门卫视等媒体报道共建情况。（李斯倩）

【思政课程获批省级一流课程】 “中国近现代史纲要”课程获批2021年福建省线下一流课程。目前，思政课程获批国家级、省级一流课程共计4门，5门本科思政课已全部获批厦门大学一流本科课程。（李斯倩）

【思政课教育教学取得新成果】 石红梅名师工作室获全国高校思政课名师工作室立项；13个教育教学项目入选福建省“三个百堂”高校思政课精品课项目；1个研究生教学项目获批校级教学改革研究项目（思政类专项）立项；8个院级教改教法项目全部提升为校级思政专项教改项目；2021年院级教改教法项目共计立项6个。（李斯倩　张夏彤）

【学院教师在各级教学技能比赛中取得可喜成绩】 2021年学院有2名教师入选第二届全国高校思想政治理论课教学展示暨优秀课程观摩活动；在福建省举办的“三个百堂”高校思政课精品课竞赛中，共有9名教师荣获一等奖、二等奖等佳绩；1名教师荣获厦门大学第十六届青年教师教学技能比赛一等奖、最佳课件奖，1名教师荣获厦门大学第二届教学创新比赛一等奖。学院获2021年度厦门大学教学比赛组织奖。（李斯倩）

【“思政对话·百年史光”系列活动获广泛关注】 推出“思政对话·百年史光”系列课程，深入探索将“四史”教育与思政课堂相结合，将“四史”教育、劳动教育、百年党史、百年校史，特别是习近平总书记致厦门大学建校100周年重要贺信精神等内容有机融入思政课教学，获《光明日报》客户端、人民网、新华社、*China Daily*、东南网、中国新闻网、中国教育新闻网等媒体广泛关注。（吴院琴）

【研究生科研产出呈良好势头】 学院继续推动研究生在广泛深入研读经典、积极开展社会调查、实证调研的基础上，加强科研训练，撰写科研论文，提高科研能力和水平。2021年度，研究生发表高水平论文41篇。（张夏彤）

【学院团委获评“厦门市五四红旗团委”】 学院团委坚持落实立德树人根本任务，切实做好团的组织工作，积极创建“有温度共青团”，规范开展团员教育，团结带领团员青年勇立时代潮头，展现青春风采。5月，在共青团厦门市委员会的表彰中，学院团委喜获“厦门市五四红旗团委”荣誉称号。（毛敏倩）

【研究生在省级及以上思政类比赛中喜获佳绩】 学院2018级硕士生苏心怡在福建省高校思政微课大赛中获得特等奖，其参赛作品被确定为“十佳微课”，此外，该学生还获得第四届福建省高校大学生讲思政课公开课展示活动一等奖；2018级硕士生黄丹丹获得第四届全国高校大学生讲思政课公开课展示活动三等奖；2019级硕士生严春飞和2020级硕士生杨雨岚均获得第四届福建省“马克思主义能够给予我们什么”主题征文和微演讲比赛优秀奖。（毛敏倩）

【研究生获校级先进个人和先进集体表彰】 学院研究生在校庆奖学金的评选中，5名学生受到校级表彰；在吴宣恭科研奖学金的评选中，16名学生获奖；在福建省“向上向善育人工程基金”项目奖学金评选中，2名学生获奖；在五四先进个人和集体评选中，6名学生受到校级表彰，2019级硕士生团支部被评为厦门大学五四红旗团支部；在厦门大学优秀心理委员评选中，1名学生获评厦门大学优秀心理委员；在2021届毕业班个人荣誉称号的评选中，10名毕业生受到校级表彰；在2021年下半年荣誉称号评选中，17名学生受到校级表彰；在2021年厦门大学学生暑期社会实践活动表彰中，11名学生获得荣誉称号。（毛敏倩）

【研究生在学校举办的竞赛中取得佳绩】 在厦门大学举办的“一‘马’当先”知识竞赛活动中，学院共4名学生获奖。在厦门大学第五届“马克思主义能给予我们什么”主题征文活动中，2名学生分别获得研究生组三等奖，2名教师荣获“优秀指导老师”。在厦门大学2021年“国家宪法日”主题宣传教育活动中，1名学生获得学校“宪法与法治知识竞赛”二等奖，1名学生获得“学宪法，讲宪法”演讲比赛三等奖。在厦门大学2021年“读懂中国”活动中，3名学生共同撰写的征文获三等奖。1名学生获厦门大学学生就业创业故事征文暨演讲大赛三等奖。在“百年党史·百年厦大”主题理论征文比赛中，2名学生获得一等奖，2名学生获得二等奖，4名学生获得三等奖，4名学生获得优秀奖。在“讲好红色故事，庆祝建党百年”红色影视作品配音大赛中，1名学生获得二等奖。在“百年奋进　薪火相传”党史校史知识竞赛中，3名学生共同获团体三等奖。（毛敏倩）

【学院师生踊跃参加校运会】 2021年11月5—7日，厦门大学第56届学生田径运动会暨第20届教职工运动会在思明校区举行。学院师生不畏强手,奋勇拼搏,师生代表队均获得"体育道德风尚奖",并在多项赛事上取得突破。（毛敏倩）

【积极开展学党史现场教学实践活动】 为深入开展党史学习教育,3月23日,学院组织学生党员、入党积极分子50人前往厦门经济特区纪念馆、大宅村、马塘村等地开展主题学习教育活动,回顾厦门经济特区建设的奋斗历程和辉煌成就,深入农村实地了解乡村振兴战略实施状况;11月13—14日,学院组织师生党员、入党积极分子、学生骨干赴福建省龙岩上杭古田和长汀两地开展"百年党史·百年厦大"党史教育实践活动,回顾党的历史,踏寻先辈足迹,弘扬革命精神,进一步感悟使命担当,涵养家国情怀。（毛敏倩）

【打造"百年党史·百年厦大"系列品牌活动】 学院依托自身优势,结合党史学习教育,先后举办"百年党史·百年厦大"理论征文比赛、微党课比赛、主题教育实践等品牌活动,引导学生在百年党史中汲取奋进力量,在百年校史中传承红色基因。其中,理论征文比赛共收到来自全校25个学院的163篇参赛论文。学院学生参与热情更是高涨,投稿篇数高达40%,12人凭借过硬专业本事捧走荣誉证书,占获奖总数的60%。（毛敏倩）

【有效保障师生员工的健康安全】 面对突如其来的新冠肺炎疫情,学院按照学校疫情防控工作要求,坚决做好政策传达、人员排查、后勤保障等工作,将疫情防控工作抓紧抓实抓细抓到位,切实保障师生员工的生命安全和身体健康,确保学院各项工作平稳有序运行。（王筱辉）

国际关系学院/南洋研究院

【概况】 国际关系学院现设国际关系系、侨务与外交系2个系。南洋研究院下设东南亚经济研究所、亚太国际关系研究所、中外关系史与华侨华人研究所3个研究所,拥有1个国家"211工程"建设子项目,1个国家"985工程"哲学社会科学创新基地,1个教育部人文社会科学重点研究基地——厦门大学东南亚研究中心,1个教育部国别和区域研究培育基地——厦门大学东盟研究中心,3个教育部国别和区域研究备案中心——厦门大学马来西亚研究所、厦门大学印度尼西亚研究中心和厦门大学新加坡研究中心,1个福建省高校特色智库"一带一路"与东南亚研究院,《南洋问题研究》和《南洋资料译丛》编辑部。此外,南洋研究院还是中国东南亚研究会、教育部社会科学委员会综合研究学部(含国际问题、港澳侨台、交叉学科)、福建省东南亚学会的秘书处单位。

学院现有2个本科专业(国际政治、外交学),研究院现有3个硕士点(国际关系、世界经济、中国史)和4个博士点(国际关系、政治学理论、世界经济、世界史);研究院与公共事务学院、台湾研究院共同设立政治学博士后科研流动站,与人文学院共同设立世界历史博士后科研流动站,与经济学院共同设立理论经济学博士后科研流动站。此外,研究院还拥有1个福建省重点学科——"东南亚研究"。

学院/研究院现有在职教职工43人,其中正高高级职称人员7人,副高高级职称人员13人。

学院/研究院现有在校本科生163人(含国际生12人)、硕士研究生80人(含国际生21人)、博士研究生55人(含国际生18人,港澳台生1人),在校学生共298人。2021年招收博士研究生6名(含国际生1名)、硕士研究生28名(含国际生7名)、本科生44名;毕业博士研究生10人(含国际生2名)、硕士研究生21人(含国际生3名)、本科生50人(含澳门1名)。2021年本科生就业率85.7%、硕士研究生就业率94.4%,应届本科毕业生升学、出国(境)率30.6%。

学院/研究院研究经费到款264.66万元;新立项人文社科类科研项目14个,其中国家社科基金项目6个,其中1个为重大项目子课题,教育部项目3个,其中2个为外交部特别委托项目。

在建党百年和建校百年以及"十四五"的开局之年,学院/研究院认真学习贯彻习近平新时代中国特色社会主义思想、习近平总书记在庆祝中国共产党成立100周年大会上的重要讲话精神、习近平致厦门大学建校100周年贺信精神,增强"四个意识",坚定"四个自信",始终不渝坚持"两个确立",做到"两个维护",围绕国家"一带一路"倡议,以服务国家重大需求为总目标,立足学院办学东南亚和华侨华人传统与优势,在做细党建工作,做全疫情防控,做精科学研究和做实人才培养4个方面积极探索"中国特色、世界一流、厦大风格"建设之路,深化"外""侨"育人体系,以"爱国·关天下"精神坐标引领奋进征程。（朱鸿婕）

【接受校党委第四轮巡察"回头看"第二巡察组巡察】 5—6月,校党委第四轮巡察"回头看"第二巡察组开展"回头看"工作。6月22日,巡察组听取学院/研究院党委书记毛通文做"国际关系学院/南洋研究院第四轮巡察反馈意见整改'回头看'报告",并查阅巡察整改工作台账,巡察组充分肯定学院/研究院针对巡察问题进行的整改和落实情况,并指出学院/研究院接下来需要进一步完善的工作及要求。学院/研究院将以巡察整改和"回头看"为契机,进一步完善各项工作制度和提高工作要求,巩固扩大巡察整改成果,坚持标本兼治,着力建立健全长效机制,确保巡察整改工作始终落到实处、取得实效。

（龙羽西）

【学习习近平总书记贺信】 4月6日,中共中央总书记、国家主席、中央军委主席习近平致信祝贺厦门大学建校100周年,向学校师生员工和校友致以热烈的祝贺和诚挚的问候。习近平总书记的贺信在学院师生中引起热烈反响,纷纷表示要牢记总书记的嘱托,弘扬嘉庚精神,奋进新百年、展现新作为,为构建人类命运共同体贡献自己的青春和力量。学院/研究院以自学和集中学习相结合的形式开展活动,掀起学习习近平总书记贺信热潮。

（龙羽西）

2021 年度国际关系学院/南洋研究院基本情况

统计项目	数量
本科生数(人)	163
硕士研究生数(人)	80
其中:专业学位硕士研究生数(人)	
博士研究生数(人)	55
其中:专业学位博士研究生数(人)	
其中:学历留学生数(人)	53
本科毕业生毕业去向落实率(%)	85.7
硕士毕业生毕业去向落实率(%)	94.4
博士毕业生毕业去向落实率(%)	88.9
本科毕业生升学、出国(境)率(%)	30.6
专任教师数(人)	28
博士后数(人)	5
教授数/正高级数(人)	7
副教授数/副高级数(人)	13
具有博士学位专任教师数(人)	27
具有海外学习交流一年(或 10 个月)以上经历教师数(人)	15
45 岁以下(含)专任教师数(人)	10
文科资深教授(人)	
发展中国家科学院院士(人)	
教育部"长江学者奖励计划"特聘教授(人)	
教育部"长江学者奖励计划"青年学者(人)	
国家杰出青年科学基金获得者(人)	
"国家特支计划"领军人才(人)	
"国家特支计划"青年拔尖人才(人)	
国家百千万人才工程入选者(人)	
国家级教学名师(人)	
国家优秀青年科学基金获得者(人)	
教育部新(跨)世纪优秀人才(人)	
福建省"闽江学者"聘教授(人)	
国家教学成果奖(项)	
国家级一流本科专业(含建设点)(个)	
中国"互联网＋"大学生创新创业大赛获奖数(项)	
国家"2011 协同创新中心"(个)	
国家高端智库(含培育)(个)	
教育部重点实验室(个)	
教育部人文社会科学重点研究基地(个)	1
教育部国别和区域研究中心(个)	4

统计项目	数量
其他部委研究基地(个)	
福建省"2011 协同创新中心"(个)	
福建省重点实验室(个)	
福建省高等学校文科研究基地(个)	
福建省社科研究基地(含马工程)(个)	
福建省高校特色新型智库(个)	1
福建省重点智库建设(培育)单位(个)	
其他部省级平台(请注明)(个)	
国家自然科学基金项目(个)	
国家社会科学基金项目(个)	6
国家社会科学基金重大项目(个)	
教育部人文社会科学研究重大课题攻关项目(个)	
教育部人文社会科学重点研究基地重大项目(个)	
教育部人文社会科学研究一般项目(个)	1
其他部委项目(个)	
福建省社会科学基金重大项目(个)	1
纵向科研经费(到位)(万元)	218.7
横向科研经费(到位)(万元)	45.96
高校科学研究优秀成果奖(人文社会科学)(项)	
福建省社会科学优秀成果奖(项)	2
其他部省级奖项(请注明)(项)	
发表文章总数(篇)	54
其中:《中国社会科学》发文数(篇)	
《新华文摘》转载数(篇)	
国际代表性刊物发文数(篇)	
出版专著(部)	4
决策咨询报告(获采纳/批示)(篇)	113
学生出国(境)交流(人次)	3
教师出国(境)交流(人次)	6
主办国际学术会议(次数)	1
主办两岸学术会议(次数)	
境外合作高校或机构(所)	11
签订境外合作协议(份)	24
邀请国外学者数(人)	10
邀请台港澳地区学者数(人)	2
国(境)外学生来校数(人)	

【党史学习教育动员部署会】 4月19日，学院/研究院召开党史学习教育动员部署会，认真学习贯彻习近平总书记关于开展党史学习教育的重要讲话精神，传达党中央和校党委决策部署，对学院/研究院开展党史学习教育进行动员部署。厦门大学党史学习教育第一指导组副组长张秀丽、学院/研究院党建联络员潘宝柱参加会议，学院/研究院党委副书记陈伟主持会议。（龙羽西）

【召开全体党员大会进行党委换届选举工作】 6月17日下午，学院/研究院召开全体党员大会。大会听取和审议党委工作报告，选举产生新一届党委委员。全体师生党员参加会议。全体党员以高度的政治意识和大局意识，认真行使党员权利，以无记名投票方式差额选举毛通文、冯立军、李一平、张长虹、张旭东、陈伟、曾祥轩7名同志当选学院新一届党委委员。大会一致通过《中共厦门大学国际关系学院/南洋研究院党员大会关于批准学院党委工作报告的决议》。新一届厦门大学国际关系学院/南洋研究院党委召开第一次全体会议，选举毛通文为党委书记，李一平、陈伟为党委副书记。（龙羽西）

【党史学习教育专题党课】 5月31日，校党委常委、副校长邓朝晖以"从百年光辉党史中深刻领悟当代大学生的使命与担当"为题，为学院/研究院学生党员讲授了一堂生动的党史学习教育专题党课。邓朝晖号召学生要立足中华民族伟大复兴战略全局和世界百年未有之大变局，心怀'国之大者"，肩负历史使命，坚定前进信心，立大志、明大德、成大才、担大任，努力成为堪当民族复兴重任的时代新人，让青春在为祖国、为民族、为人民、为人类的不懈奋斗中绽放绚丽之花。（龙羽西）

【师生热议党的十九届六中全会精神】 学院/研究院第一时间组织党委班子、支部书记等开展党的十九届六中全会精神学习讨论。学院/研究院党委将把学习贯彻全会精神与贯彻落实习近平总书记致厦门大学建校100周年重要贺信精神结合起来，与深入开展党史学习教育和学院"双一流"建设结合起来，做到学思践悟、深学笃用、融会贯通、知行合一，确保全会精神在学校落地生根。（龙羽西）

【赓续红色血脉，共建实践基地】 12月3—5日，学院/研究院党委组织行政教工支部、在职教师支部全体党员及入党积极分子赴三明明溪开展"赓续红色血脉，共建实践基地"集中党性培训。与明溪县统战部合作协议签署仪式暨实习实践基地挂牌仪式在明溪举行，同志们参观明溪县"归化正当红"主题展馆、御帘村爱国主义教育展馆、东方军司令部、明溪县革命纪念园、沙溪乡等地。学院/研究院将立足学科特色，搭建实践平台，与地方侨务部门共同推动福建新移民、侨乡文化与闽西老区红色文化的研究。（龙羽西）

【校党委第五检查组到学院开展全面从严治党主体责任落实情况检查】 校党委第五检查组到学院开展全面从严治党主体责任落实情况检查。副校长、第五检查组组长邓朝晖，副组长郑建华以及组员林金宝、洪春生、邹海燕、赖斯炜（兼联络员）等参加检查工作。学院/研究院党委书记毛通文、院长李一平以及全体党政领导班子成员、党委委员、党支部书记代表参加会议。检查组听取自查报告并作出整改工作要求。毛通文代表学院党委做表态，表示将根据检查组的反馈意见制定整改方案，做到立行立改、举一反三，以此为契机进一步压实全面从严治党主体责任，促进基层党建质量全面提升。（龙羽西）

【百年校庆国际会议召开】 4月5—6日，回望南洋："百年未有之变局"下的中国与东南亚关系国际学术研讨会在厦门市帝元维多利亚酒店举行。本次研讨会是厦门大学人文社会科学国际论坛分论坛之一，由厦门大学国际关系学院/南洋研究院承办，是献礼厦大百年校庆的重要活动之一。此次研讨会共有来自7个国家、30余所高校和科研机构的80余名嘉宾参与，会议期间嘉宾通过线上线下相结合的方式围绕"百年未有之变局下的中国与东南亚关系"展开热烈的学术讨论。（朱鸿婕）

【侨与厦大百年高峰论坛顺利召开】 2021年4月7日上午，在厦门大学百年华诞之际，为深入学习习近平总书记关于侨务工作的重要论述，学习贯彻习近平总书记致厦门大学建校100周年的贺信精神，进一步凝聚侨心、汇聚侨力、发挥侨智，学院/研究院与厦门大学归国华侨联合会、闽侨智库厦门大学研究中心在科学艺术中心共同主办"侨与厦大百年——海内外侨界高峰论坛"。中国侨联党组成员、副主席隋军出席并讲话。侨界专家、侨友与侨务工作者共聚本次高峰论坛，以习近平侨务思想为指导，"弘扬嘉庚精神，共创厦大辉煌"为主题，强化思想政治引领，共同就厦大百年历史中的侨的作用与贡献、在新时代中如何进一步弘扬嘉庚精神发挥侨的作用等进行深入研讨，不断推动侨联在服务社会经济发展、维护和促进祖国统一、拓展高校对外联系和交流、发挥引智作用，促进产学研合作等方面发挥更大的作用，为新时代党和国家事业发展做贡献，以更大的成绩献礼建校百年、建党百年。（洪小荣）

【百年校庆期间连续举办三场南强讲座，反响热烈】 2021年4月4—6日，学院/研究院主办3场南强讲座，讲座主讲嘉宾皆为国际关系研究领域权威专家和国内国别研究一流学者。讲座主题紧跟国际时局，分别是《美国对华战略演变与中美关系》《缅甸2.1事件评析》《拜登政府对华态势考察：侧重军事战略》。按照疫情防控要求，现场座无虚席，师生互动热烈，与大师近距离、高密度进行思想上"碰撞"，不仅提高学生对于国际问题的思考站位，激发学生专业热情，同时讲座主题的延伸讨论在一定程度上提升高校学生国家安全意识与共同承担的使命担当。（朱鸿婕）

【厦门大学东南亚研究中心入选"2021年中国智库参考案例"】 中国社会科学评价研究院以四年为周期，以定性评价与定量评价相结合的方法，构建智库综合评价指标体系，组织开展2021年中国智库综合评价。

此次评估，有454家智库参与，共提交621份《中国智库综合评价研究项目2021年智库特色指标申报书》，经过多轮专家评审，63份申报书入选参考案例。其中，厦门大学共有2家智库入选，系学院的东南亚研究中心和南海研究院。东南亚研究中心提交的特色案例是"聚焦东南亚建言献策"。（朱鸿婕）

【发挥智库咨政建言功能，咨询报告连获批示】 学院/研究院精准把握国家战略需求，紧密跟踪东南亚重大政经变化，及时向有关部门上报咨询报告，其中2篇受到国家最高领导人批示，2篇受到国家领导人批示，35篇被省部级以上部门采纳，不断增强智库参与决策的制度化、规范化、程序化建设，构建有利于发挥智库人才积极性的组织形式和管理模式。（张倩倩）

【持续打造"南洋问题与全球视野"系列讲座品牌】 学院/研究院共举办8场"南洋问题与全球视野"系列讲座，邀请领域知名专家学者，成为学院东南亚研究的一张极具辨识度的学术名片。（张倩倩）

【举办系列活动纪念学术先辈韩振华先生百年诞辰】 学院/研究院筹办纪念韩振华先生诞辰百年活动，通过举办纪念展览、出版纪念文集、开办纪念讲座等形式深刻追思缅怀韩先生。（张倩倩）

【"厦门大学优质生源基地"授牌】 为积极应对新高考更聚焦学科专业的新形势和新挑战，加强考生咨询服务工作，更好地展现学院学科专业和本科人才培养优势特色，学院/研究院主动作为进中学，开启招生宣传新模式，学院教学工作组和学生代表赴南安一中进行"厦门大学优质生源基地"授牌仪式并开展国际关系科普讲座，反响热烈。此外，还前往侨中诗山中学参访调研并就充分发挥厦大研究专长和诗山侨务资源优势，推动侨乡资源整合，开展侨校研究等内容进行讨论。（朱鸿婕）

【目标导向推进本科教学】 为完成建设一流本科专业体系，构建一流教育教学体系，建立一流课程教材体系，打造一流教书育人队伍；为培养一流科研储备人才的学院教学主要任务，强化本院国际关系区域国别和"侨""外"特色，学院根据学校本科教学主体责任制工作精神，以课程组为单位就如何落实本科教学主体责任进行热烈讨论并确定本科教学近1年及之后3年在优化人才培养、淘汰"水课""水师"、课程共建共享、实践教学平台搭建、创新人才培养模式5个模块的工作内容、工作重点和未来安排。学院党委就本科教学目标责任制提出3点要求：把好专业基本盘、做好内外联通事、走好拓宽发展路径。（朱鸿婕）

【继续教育培训工作有序开展】 2021年，厦门面临多次新型冠状病毒肺炎考验，学院/研究院全面落实疫情防控举措，在符合疫情防控要求的前提下，逐步有序开展高层次继续教育培训工作，完善以行业企业为导向的继续教育模式，增加学院的继续教育品牌影响力、竞争力，面向全社会提供多类型、个性化教学服务，服务学习型社会建设。本年度共举办76个班级，实际参训人数4374人，学员分别来自16个省、36个城市，包括14个省级单位班级。（洪小荣）

【在校党史校史知识系列竞赛中斩获佳绩】 5月，学院/研究院硕士生党员代表组成的"爱国关天下队"从12支强队中脱颖而出，在厦门大学"百年奋进　薪火相传"党史校史知识竞赛总决赛中斩获冠军，叶文铨荣膺全场唯一的"学习之星"。12月，学院2020级本科生王崧屹在厦门大学"百年奋进　学史铸魂"党史故事汇活动决赛中表现优异，荣获三等奖。（曾祥轩）

【学院学生会荣获厦门大学"优秀院学生会"荣誉称号】 学院/研究院学生会紧密结合学院实际情况，务实基础，突破创新，开展一系列卓有成效的工作，荣获厦门大学2020—2021学年"优秀院学生会"荣誉称号。（曾祥轩）

【加强学风建设，推进育人工作】 学院/研究院积极组织学生参加各类科创赛事，育人效果突出。2支学生队伍作品入围第十七届"挑战杯"学生课外学术科技作品竞赛校赛决赛。其中，《"一带一路"从"大写意"到"工笔画"：中国—马来西亚三个合作投资项目的风险成因分析与建设管理启示》获校赛、省赛一等奖，国赛三等奖。学院荣获第七届国际"互联网＋"大学生创新创业大赛厦门大学优秀组织奖荣誉称号。（郭晓玲）

【打造特色品牌弘扬"爱国关天下"情怀】 学院/研究院指导厦门大学国际组织人才发展协会举办"博睿杯"第十二届"我是外交官"全国大学生外交风采大赛，共12所国内高校2000余人参赛。新华网、中新网、央广网、学习强国等12家媒体公开报道。学院/研究院公众号相关推文点击量高达9252次。学生团队在比赛中荣获亚军，学生肖越荣获"最佳新闻官"荣誉称号。（郭晓玲）

【立足社会实践，紧扣百年主题】 在厦门大学"永远跟党走　奋进新时代"主题暑期社会实践活动中，学院/研究院组建9个社会实践队共计50多名学生在福建各地开展实践活动，累计产出实践报告9篇；推文11篇，累计阅读量6365人次；校级报道累计11篇次。高艳杰、王付兵等2名教师荣获"社会实践优秀带队老师"荣誉称号，"侨厦有人家"暑期社会实践队荣获"社会实践优秀团队"荣誉称号，张雨微等7名学生荣获"社会实践积极分子"荣誉称号。（郭晓玲）

【打造网络宣传阵地创佳绩】 学院/研究院微信平台"厦大国关南洋"关注用户增加至1667人，一年来共发布300余篇推文，阅读量达22万人次。在2021年厦门大学第五届全国大学生网络文化节中，由苏沿霖等5名学生共同创作的微视频作品荣获一等奖，梁倩玉创作的漫画作品和校园歌曲作品分别获得二等奖和三等奖。在2021厦门大学读懂中国活动中，学生团队创作的征文《西沙群岛和南沙群岛自古以来就是中国的领土——厦门大学林金枝教授专访》获校级三等奖。（郭晓玲）

【多角度开拓就业渠道，提升就业成果】 2021年，学院/研究院依托校友资源，积极举办模拟面试、简历指导、企业专场经验分享会、公务员选调生专场经验分享会、考研经验分享会等就业指导类型活动，参与人数达到全院学生的50%。本年度，学院/研究院总就业率达88.16%，10%的毕业生任职于各级国家安全部门、乡镇基层等党政机关单位，25%的毕业生任职于重点单位。　（郭晓玲）

【发挥学生模范带头作用落实疫情防控】　2021年，学院/研究院引领学生筑牢疫情防线，树立学生抗疫典型。2021年，中共江苏省姜堰经济开发区工作委员会向学校发来感谢信，表彰学院2020级本科生薛雅文在社区疫情防控工作中的积极表现，经学院研究决定，给予薛雅文学院内通令嘉奖。　（郭晓玲）

【做好文献保障工作】　2021年，学院/研究院图书馆订购中外文书1116册，中外文报刊79种；接受捐赠书刊166册。采购 Archives Unbound（Gale）16个子库，参与总馆采购3.88万元。加强自建数据库建设，继续完成1种菲律宾华文报数字化，约5000幅图片。新增东南亚与华侨华人研究论文索引315条。　（张长虹）

【核心期刊推出“厦门大学百年校庆”专栏】　学院/研究院主办期刊《南洋问题研究》已于2021年第一期策划推出《厦门大学百年校庆专栏》，特邀2名东南亚研究领域的知名校友撰文。1名是1984年本科毕业于厦门大学历史系的韩孝荣，现为香港理工大学中国文化学系教授、系主任，文章题目为《国际冷战初期的一个地方热点——1945至1950年间的中越边境跨国革命区》。另1名是2019年博士毕业于厦门大学南洋研究院世界史专业的阿迪亚·埃杜亚尔德·耶里米亚，现为印度尼西亚大学国际关系学院教师，文章题目为《印度尼西亚对中国崛起的观感初步调查》。　（许丽丽）

【学术期刊办刊质量获学界和主管部门认可】　2021年初，中宣部通过福建省新闻出版局反馈：在2020年8月中宣部出版局对社科学术期刊内容质量抽查工作中，《南洋问题研究》被评为“优秀”，这是福建省被抽查期刊中唯一的“优秀”。2021年3月，《南洋问题研究》入编北大《中文核心期刊要目总览》2020年版（即第9版）政治学（含马列）类的核心期刊。　（许丽丽）

继续教育学院

【概况】　继续教育学院现有在职教职工49人，其中校编21人，院聘28人，硕士及以上学历26人。学院党总支下设3个党支部，有党员39人（含预备党员），其中在职教职工党支部2个，有党员29人；退休教工党支部1个，有党员10人。

2021年，围绕建党百年、建校百年，坚持以习近平新时代中国特色社会主义思想为指导，学习贯彻党的十九届六中全会精神、习近平总书记“七一”重要讲话和来闽考察重要讲话精神、习近平总书记致厦门大学建校100周年贺信精神，扎实推进党史学习教育，加强“四史”教育，切实把“两个确立”转化为做到“两个维护”的思想自觉、政治自觉、行动自觉，引领学院事业发展。

围绕国家社会发展需要、把握继续教育事业大局，努力克服新冠肺炎疫情带来的各种困难，2021年网络学历教育全年招生7333人，培养网络学历教育毕（结）业学生7323人，授予学位275人。截至2021年12月31日，共有网络教育在籍生27026人。学院非学历继续教育（含在线项目）共举办培训班84个，培训人数12875人次。学院各项收入达8012.34万元，较去年提升18.04%。

持续扩大继续教育影响力，学院荣获“2021中国最具社会影响力院校”称号，《厦门大学聚焦立德树人　探索建立继续教育思政教育新模式》入选中国高校远程与继续教育优秀案例库，厦门直属学习中心、衡阳誉英培训学校学习中心荣获“2021年全国高校现代远程教育优秀校外学习中心”称号。共推出继续教育理论研究文章3篇，其中2篇在《高等继续教育学报》上发表。

（李舟洁　苏玉梅　郭曾擎）

【开展党史学习教育】　广泛深入开展党史学习教育，组织读书班，推动党员上讲台、人人讲党课，开展剪纸、竞答、电影、红歌、党课等主题活动，切实提升党员教育成效。围绕“办实事”重点，做好涵盖提升办公舒适度、薪酬调整、提高办公效率、开辟文体场所、加强女职工关怀、便利教师授课、解决校友虚拟校园卡申领难题、送教进军营、助力乡村振兴、开辟终身教育平台强化社会服务等好事、实事，有力推动“开新局”。　（李舟洁）

【推进全面从严治党】　接受校内第四轮巡察“回头看”，整改率达96.15%。做好接受全面从严治党主体责任落实情况检查各项工作。配合学校做好接受中央巡视有关工作。　（李舟洁）

【举办“七一”表彰暨“光荣在党50年”纪念章颁发仪式】　7月1日，学院召开“七一”表彰会暨“光荣在党50年”纪念章颁发仪式，会上共表彰4名优秀共产党员、2名优秀党务工作者，授予陈彦威、黄远不、林振福、王立祥4名党龄50年以上的老党员“光荣在党50年”纪念章，并邀请92岁高龄老党员陈彦威分享心得，言传身教，弘扬优良党风。　（李舟洁）

【完成百年校庆工作】　编撰院史，将学院历史从1960年代追溯至1926年。自制办学历程宣传纪录片《弦歌永继　赓续华章》，并举办发行仪式。征集院友先进事迹，刊印《院友风采录》，并举办赠阅仪式。设计制作展板，线上线下同步举办学院办学成果展，印制宣传册，展示办学成就。组织院友座谈，开展文章、视频征集活动。做好校友返校接待工作。学院卢幼平、厉旭光、李舟洁、肖佳等4人获校庆筹备工作表彰。　（李舟洁）

【加快国家级专业技术人员继续教育基地建设】　完善专业技术人员继续教育网络培训平台建设，完成与福建省继续教育公共服务平台的数据对接工作。完成国家专业技术人才知识更新工程项目“大数据人才综合能力提升”高级研修班的承办工作。积极申报数字技术工程师培育项目首批培训机构资质，完成大数据工程技术人员、区块链工程技术人员及智能制造工程技术人员全部3个职业的申报工作。　（施当波）

【服务国家乡村振兴战略】 围绕定点支援隆德县干部重点任务，设计、录制52门共288学时网络课程，为隆德县举办中小学教师、校园长全员线上培训班，培训人数2251人。

（孙锦水　施当波）

【服务军地人才建设】 继续做好"送教进军营"项目和福建省退役士兵继续教育项目，现有现役士兵在籍学员248人，退役士兵在籍学员708人。4月，《军地合作举办远程学历教育模式探索——以厦门大学与厦门警备区合作办学项目为例》作为继续教育特色案例报送教育部职业教育与成人教育司。（李金水）

【开展网络教育试点总结性评估自查自评工作】 根据《教育部办公厅关于开展现代远程教育（网络教育）试点总结性评估的通知》（教职成厅函〔2021〕22号）的要求，学院开展7轮调研摸底、自查自评，5轮自查自评报告审稿，全面梳理学校2001年以来开展现代远程教育（网络教育）试点工作情况，做好迎接教育部网络教育试点总结性评估准备工作。

（李金水）

【增加成人高等教育学士学位英语考试认定种类】 4月18日，学校学位评定委员会经过审议，通过学院提交的关于增加成人高等教育学士学位英语认定种类的议题，发布《关于增加成人高等教育学士学位英语考试认定种类及成绩认定标准的通知》，于2021年6月1日正式实行。

（李金水）

【完成夜大学办学收尾工作】 2018年，根据学校战略布局调整，夜大学停止招生，启动收尾工作。2021年12月，最后12名夜大学学生完成学习过程后，结束自1981年复办以来，历时40年的夜大学办学历史。据统计，夜大学共为社会培养毕业生11276名。

（李金水）

【非学历继续教育紧扣时代主题，创新办学模式】 在全国开展党史学习教育的形势下，学院结合党史学习教育热点，开发24门专题课程，及时推出"党史教育专案"。用好龙岩继续教育基地，推进红色教育现场教学，全年共开展8期、452人次培训。深化"走出去"战略，安排授课教师分别到广东塔牌集团、安徽九华山旅游集团进行现场授课，共计安排13人，完成144个学时。探索线上培训新模式，举办"云南省文山监狱干警综合素质提升研修班""庆阳市西峰区中小学教师成长系列培训班（两期）""隆德县中小学教师及校园长全员培训"3个线上培训班，建设62门线上培训课程。

（孙锦水　施当波）

【推进网络资源建设、整合与共享】 制作完成并上线网络课程12门，建设2个工种的职业技能培训课程，提供网络课程资源支撑。完成第三批福建省继续教育网络课程建设项目3个。在"9·28终身教育日"活动中，免费向社会开放党史教育等8个专题优质网络教学资源。提供资源建设技术服务，助力学校有关单位与教师顺利完成国家级一流课程申报、福建省研究生教育精品示范课程申报、2021年福建省军事课教师微课教学视频竞赛参赛、研究生创新教育大讲堂系列讲座直播等工作。（施当波）

【加强校友工作】 多方协调，整理10万余名毕业生信息，解决早期继续教育毕业生因档案信息不完整无法申办虚拟校园卡的问题。截至12月28日，经申请、审核，3288名毕业生办理了虚拟校园卡。组织校友返校座谈、争取校友捐赠，共募集物资、款项近80万元，为建院以来最好成绩。

（李金水）

【织牢织密疫情防控安全网】 坚决克服麻痹思想和厌战情绪，慎终如始，严格按照学校要求，做好新冠肺炎疫情防控工作。在落实学校每日健康日报基础上，坚持每日两次体温上报、行程报备，自2020年以来已连续坚持696天。先后2次派出共计31人次支持学校核酸检测志愿服务，近乎全员上阵。发动党员提供"无接触快递收发""无接触送餐""专人专送慰问品""结对子搭便车"等服务，推动关怀暖心见细节。

（李舟洁　李怡雄）

台湾研究院

【概况】 台湾研究院是教育部人文社科重点研究基地、国家"985"工程台湾研究哲学社会科学创新基地、教育部国别和区域研究培育基地、高等学校创新能力提升计划（简称国家级"2011计划"）两岸关系和平发展协同创新中心的核心依托单位，下设政治、经济、历史、文学、法律和两岸关系6个研究所，文献信息中心、《台湾研究集刊》编辑部、院办公室，以及大数据与民意调查研究中心、民进党研究中心、两岸青年研究中心、涉台外交研究中心、两岸融合发展与国家统一政策模拟实验室等机构。拥有政治学理论、国际关系、区域经济学、中国现当代文学、中国史、经济法学和台湾研究7个博士点，中外政治制度、区域经济学、中国现当代文学、中国史、宪法与行政法学和台湾研究6个硕士点。

研究院现有教职工48人，其中教师34人，具有正高职称人员13人，副高职称人员12人，助理教授9人，博士后2人，另有讲座教授2人，兼职教授6人。博士研究生指导教师18人（含兼职10人），硕士研究生指导教师32人。具有博士学位专任教师32人，具有海外学习交流一年以上经历者11人，45岁以下专任教师19人。

2021年研究院新增科研项目58个，其中，纵向项目12个232.99万元，包括国家社科基金重大项目2个、年度项目3个，教育部人文社会科学研究项目1个，教育部高校国别区域研究规划课题1个，国家民委民族研究年度项目1个，福建省新型智库重大研究课题1个，福建省社科基金重大项目2个；其他各级委托项目共41个295万元。2021年到账科研经费1130.41万元，其中纵向到位科研经费815万元，横向到位科研经费315.41万元。

2021年度台湾研究院基本情况

统计项目	数量
本科生数(人)	
硕士研究生数(人)	68
其中:专业学位硕士研究生数(人)	
博士研究生数(人)	108
其中:专业学位博士研究生数(人)	
其中:学历留学生数(人)	
本科毕业生毕业去向落实率(%)	
硕士毕业生毕业去向落实率(%)	100
博士毕业生毕业去向落实率(%)	100
本科毕业生升学、出国(境)率(%)	
专任教师数(人)	34
博士后数(人)	2
教授数/正高级数(人)	13
副教授数/副高级数(人)	12
具有博士学位专任教师数(人)	32
具有海外学习交流一年(或10个月)以上经历教师数(人)	11
45岁以下(含)专任教师数(人)	19
文科资深教授(人)	
发展中国家科学院院士(人)	
教育部“长江学者奖励计划”特聘教授(人)	
教育部“长江学者奖励计划”青年学者(人)	
国家杰出青年科学基金获得者(人)	
“国家特支计划”领军人才(人)	1
“国家特支计划”青年拔尖人才(人)	
国家百千万人才工程入选者(人)	1
国家级教学名师(人)	
国家优秀青年科学基金获得者(人)	
教育部新(跨)世纪优秀人才(人)	
福建省“闽江学者”特聘教授(人)	2
国家教学成果奖(项)	
国家级一流本科专业(含建设点)(个)	
中国“互联网+”大学生创新创业大赛获奖数(项)	
国家“2011协同创新中心”(个)	1
国家高端智库(含培育)(个)	1
教育部重点实验室(个)	
教育部人文社会科学重点研究基地(个)	1
教育部国别和区域研究中心(个)	1

统计项目	数量
其他部委研究基地(个)	1
福建省“2011协同创新中心”(个)	
福建省重点实验室(个)	
福建省高等学校文科研究基地(个)	
福建省社科研究基地(含马工程)(个)	
福建省高校特色新型智库(个)	
福建省重点智库建设(培育)单位(个)	1
其他部省级平台(请注明)(个)	
国家自然科学基金项目(个)	
国家社会科学基金项目(个)	5
国家社会科学基金重大项目(个)	2
教育部人文社会科学研究重大课题攻关项目(个)	
教育部人文社会科学重点研究基地重大项目(个)	
教育部人文社会科学研究一般项目(个)	1
其他部委项目(个)	1
福建省社会科学基金重大项目(个)	2
纵向科研经费(到位)(万元)	815
横向科研经费(到位)(万元)	315.41
高校科学研究优秀成果奖(人文社会科学)(项)	
福建省社会科学优秀成果奖(项)	2
其他部省级奖项(请注明)(项)	
发表文章总数(篇)	106
其中:《中国社会科学》发文数(篇)	
《新华文摘》转载数(篇)	
国际代表性刊物发文数(篇)	
出版专著(部)	6
决策咨询报告(获采纳/批示)(篇)	60
学生出国(境)交流(人次)	1
教师出国(境)交流(人次)	5
主办国际学术会议(次数)	
主办两岸学术会议(次数)	3
境外合作高校或机构(所)	1
签订境外合作协议(份)	1
邀请国外学者数(人)	2
邀请台港澳地区学者数(人)	4
国(境)外学生来校数(人)	

2021年出版《台湾研究集刊》6期，刊载论文58篇；出版学术著作6部，分别是陈孔立著的《两岸的文化认同》《台湾民意与群体认同》《台湾史事解读》《心系两岸》，杨芳著的《台湾能源转型与两岸能源合作》，唐桦主编的《青年研究与融合发展》。2021年全院教师发表学术论文106篇，其中，一类核心27篇，二类核心14篇。

2021年研究院师生获得各类奖项23项，其中，全国台湾研究会优秀成果特别奖1项、三等奖3项，福建省社会科学优秀成果奖2项，9人获得厦门大学人文社科科研业绩突出个人称号，1人获得厦门大学人文社科科研管理先进工作者称号，获评厦门大学人文社科科研组织奖和厦门大学人文社科基地建设绩效奖。

受新冠疫情影响，2021年研究院的境内外学术交流主要采取线上讲座、线上会议和境内会议等形式，并成功接待新加坡等国驻华使领馆人员来访。在台港澳交流与合作方面，研究院成功举办"新时代两岸关系发展论坛暨第七届文厦论坛""第七届两岸学子论坛""台湾地区文学研究的两岸拓展"3场两岸会议。2021年，研究院共开设研究生课程42门，本科生课程40门；在读博士生108人、硕士生68人，毕业博士生15人、硕士生20人；录取推免硕士生16人、直博生3人；1名博士生获得国家留学基金委联合培养博士研究生项目资助赴德国访学交流；开设台湾研究交叉学科政治学与行政学辅修专业，顺利完成招生14人。

2021年，研究院向有关部门常态化报送内参76期，获得有关部门高度肯定。研究院学者在海外知名媒体上发表文章或接受采访超过142次(篇)，其中在《人民日报》和新华社发表评论员文章4篇。

2021年研究院新增图书962册，投入经费36.1万元人民币，过刊报纸装订近350册，更新全文数据近4万篇(条)。（江诗琪）

【福建省委书记尹力、省长王宁来台湾研究院调研】 3月26日，在厦门大学即将迎来百年校庆之际，福建省委书记尹力、省长王宁来到厦门大学调研，并专程到台湾研究院，听取研究院在人才培养、智库建设、学术活动、交流合作等方面的情况，并察看文献信息中心。尹力要求，要进一步落实习近平总书记重要指示精神，坚持正确政治方向，注重以问题为导向加强研究，积极开展国际交流和两岸学术交流合作，为促进祖国统一大业贡献智慧和力量。（江诗琪）

【海协会原会长陈德铭一行莅临台湾研究院调研】 9月8日，商务部原部长、海协会原会长、中国外商投资企业协会会长、清华大学台湾研究院院长陈德铭一行莅临台湾研究院调研，就当前台海形势与两岸关系发展等议题与学者交换意见。厦门市政协原主席张健、中国外商投资企业协会常务副会长曹宏瑛、厦门市台港澳办主任刘金柱、厦门市外资企业协会会长朱奖思等陪同调研。台湾研究院院长李鹏教授、两岸关系和平发展协同创新中心主任刘国深教授、政治所所长陈先才教授、法律所所长季烨副教授、两岸所副所长肖日葵副教授、民进党研究中心副主任王贞威助理教授等参加调研。（江诗琪）

【曾云声任中共厦门大学台湾研究院委员会委员、书记】 4月25日，校党委决定，曾云声任中共厦门大学台湾研究院委员会委员、书记职务。曾坤瑜不再担任中共厦门大学台湾研究院委员会委员、书记职务，另有任用。校党委常务副书记李建发，校党委常委、组织部部长孙理到台湾研究院宣布学校任免决定。（江诗琪）

【召开行政领导班子换届干部任免宣布大会】 12月27日，台湾研究院行政领导班子换届干部任免宣布大会召开。厦门大学党委副书记、纪委书记全海，校党委常委、组织部部长、统战部部长孙理，台湾研究院党政领导班子、全体教职工出席会议。全海代表校党委、校行政宣布任免决定：李鹏任厦门大学台湾研究院院长，张羽、张文生、季烨任厦门大学台湾研究院副院长；因任期届满，免去彭莉厦门大学台湾研究院副院长职务。

（江诗琪）

【新加坡驻华大使吕德耀一行与台湾研究院学者座谈】 1月12日，新加坡驻华大使吕德耀一行访问厦门大学，并与台湾研究院学者进行座谈。厦门大学海外办学办执行主任兼国际处副处长余宏波，台湾研究院院长李鹏教授，副院长张文生教授、彭莉教授、张羽教授等出席座谈会。双方就当前台海形势、两岸关系及经贸往来等议题进行交流。（江诗琪）

【李鹏院长应邀参加澳门科技大学两岸关系研究中心成立仪式】 2月25日，为加强两岸及澳台学术交流、民间交流，促进澳台关系稳步发展，推动两岸关系和平发展，澳门科技大学两岸关系研究中心举行成立仪式。中央政府驻澳门联络办公室副主任严植婵，澳门特别行政区行政长官办公室顾问余文峰，全国政协常委、澳门科技大学校监廖泽云、澳门科技大学校长李行伟等嘉宾出席仪式。在成立仪式上，厦门大学台湾研究院院长李鹏教授与澳门科技大学两岸关系研究中心主任胡根代表两单位签署合作框架协定。成立仪式结束后，李鹏院长应邀就当前两岸关系形势发表专题演讲。（江诗琪）

【李非教授担任首席专家的国家社科基金重大项目正式立项】 4月14日，全国哲学社会科学工作办公室正式公布研究阐释党的十九届五中全会精神国家社科基金重大项目立项名单。教育部国别和区域研究基地——厦门大学港澳台研究中心主任、闽江学者特聘教授、台湾研究院经济研究所博士生导师李非教授担任首席专家并领衔申报的"打造两岸共同市场、壮大中华民族经济研究"项目名列其中。这是本次立项的130个重大课题中唯一涉台研究项目，也是近年来台湾研究院获批的第7个国家社科基金重大项目。（江诗琪）

【张宝蓉担任首席专家的国家社科基金重大项目正式立项】 7月19日，全国哲学社会科学工作办公室正式公布2021年度全国教育科学"十四五"规划重大项目立项名单。台湾研究院两岸关系研究所教授张宝蓉担任首席专家申报的"中国台湾地区教育历史、现状与未来策略研究"项目名列其中。这是本次立项的452个课题中唯一涉台研究项目,也是近年来台湾研究院获批的第8个重大项目。

(江诗琪)

【八名学者受聘新一届国台办海峡两岸关系研究中心特约研究员】 5月12日,国务院台湾事务办公室海峡两岸关系研究中心公布新一届特约研究员的聘任名单。台湾研究院刘国深、李鹏、张文生、彭莉、张羽、唐永红、陈先才、张宝蓉8名学者应邀担任特约研究员,是本次获聘特约研究员数量最多的涉台研究机构之一。

(江诗琪)

【台湾研究院与厦门中院共建福建法院涉台司法交流研究中心】 5月19日,福建法院涉台司法交流研究(厦门)中心在厦门市中级人民法院正式成立。台湾研究院院长李鹏教授、法律所所长季烨副教授和薛永慧副教授应邀出席。在成立大会上,福建省高级人民法院台办主任张锦萍、厦门市委台港澳办主任刘金柱、厦门市委政法委副书记杜刚和李鹏院长共同为中心揭牌。厦门中院与台湾研究院签订关于深化涉台司法交流研究合作的协议。双方共建的台湾地区有关规定查明平台即日起将通过"福建法院涉台司法服务网"对外开放。台湾研究院副院长彭莉教授、法律所所长季烨副教授受聘福建法院涉台司法交流研究(厦门)中心特邀研究员。季烨副教授应邀做"台湾居民在大陆的同等待遇法律问题"的主题报告。

(江诗琪)

【"两岸命运共同体:认知与建设"学术研讨会召开】 4月7日,厦门大学人文社会科学国际论坛分论坛——"两岸命运共同体:认知与建设"召开。本次研讨会由厦门大学主办,厦门大学台湾研究院承办。来自全国各地的专家代表及各高校的学者结合自身研究领域,就"两岸命运共同体的认知与建设"议题做精彩发言。台湾研究院博士生从政治、经济、法律、历史、文学、教育等领域出发围绕"两岸命运共同体"做主题发言。

(江诗琪)

【教育部人文社科重点研究基地暨厦门大学台湾研究中心学术年会召开】 12月5日,由厦门大学台湾研究中心联合厦门大学台湾研究院、两岸关系和平发展协同创新中心共同主办的教育部人文社科重点研究基地学术年会在厦门召开。此次年会的主题是"一国两制"台湾方案的理论和实践。根据新冠肺炎疫情防控要求,本次学术研讨会采取线下线上同步进行的方式进行,来自吉林、北京、天津、上海、广州等地的台湾研究领域专家学者共聚一堂,共同探讨"一国两制"台湾方案的理论建设及推进路径。

(江诗琪)

【"固始与闽台渊源关系"座谈会暨"固始根亲博物馆策展项目"推进会举办】 12月13日,"固始与闽台渊源关系"座谈会暨"固始根亲博物馆策展项目"推进会在厦门大学科艺中心举办。固始县委书记王治学一行莅临厦门大学台湾研究院,就固始根亲博物馆策展项目进度、规划和豫闽台三地文化交流前景与专家学者交换意见。全国台湾研究会会长汪毅夫、中国闽台缘博物馆研究员杨彦杰等出席本次会议。台湾研究院历史所、文学所教师就项目成果进行汇报。

(江诗琪)

【"学四史　促融合"莆田涉台服务实践团获厦门大学暑期社会实践"优秀团队奖"】 12月9日,厦门大学纪念"一二·九"运动86周年暨2021年暑期社会实践表彰与分享大会举行。以台湾研究院师生为主体组成的"学四史　促融合"莆田涉台服务实践团获本次暑期社会实践评比"优秀团队奖",并在大会中代表全校博士生实践团汇报发言。服务实践团于7月赴福建莆田开展实践活动,就惠台政策在莆田的落实情况、莆田与台湾社会经贸往来交流情况、台企在当地的经营、台胞融入等议题进行深入考察。调研报告总结莆田台情及两岸融合现状特点,并结合多学科背景提出理论与实践相结合的政策建议。

(江诗琪)

教育研究院

【概况】 教育研究院与教育部人文社科重点研究基地——厦门大学高等教育发展研究中心一体运行,下设教育理论研究所、教育史研究所、教育发展与治理研究所、比较教育研究所、教育心理研究所、民办高教研究中心、国际高等教育研究中心、大学教学研究中心、研究生教育研究中心、闽台高等教育研究中心10个研究所(中心)。另挂靠有厦门大学考试研究中心、厦门大学高教质量与评估研究所、厦门大学中外合作办学研究中心。

研究院着力加强人才队伍建设。本年度新聘助理教授1名、副教授2名,高聘副教授2名。专任教师数28人,其中,教授13人,副教授9人,助理教授6人;博士研究生导师11人,硕士研究生导师28人;专任教师中有教育部"长江学者奖励计划"特聘教授1人,教育部新(跨)世纪优秀人才计划入选者5人,教育部高校青年教师奖获得者2人,国务院政府特殊津贴专家2人,"闽江学者"特聘教授1人,福建省百千万人才工程1人,福建省哲学社会科学创新领军人才3人,福建省高校领军人才3人,福建省新世纪人才4人,福建省高校杰出青年科研人才3人。现有在站博士后工作人员8人。

研究院扎实推进人才培养工作。本年度开设研究生课程44门次,本科生课程67门次。毕业博士生22人,毕业硕士生29人。招收博士生43人,其中,PhD 14人,EdD 29人;硕士生32人。在学研究生共310人,包括博士生208人,硕士生102人。博士生访学基地招收访学博士生7名。1名博士生入选中国高等教育学会学术创新计划——高等教育学博士学位论文文库,3名博士生和1名硕士生获得福建省优秀研究生学位论文奖。1名博士生获福建省教育厅课题资助。

2021 年度教育研究院基本情况

统计项目	数量
本科生数(人)	
硕士研究生数(人)	102
其中:专业学位硕士研究生数(人)	
博士研究生数(人)	208
其中:专业学位博士研究生数(人)	141
其中:学历留学生数(人)	6
本科毕业生毕业去向落实率(%)	
硕士毕业生毕业去向落实率(%)	100
博士毕业生毕业去向落实率(%)	100
本科毕业生升学、出国(境)率(%)	
专任教师数(人)	28
博士后数(人)	8
教授数/正高级数(人)	13
副教授数/副高级数(人)	9
具有博士学位专任教师数(人)	26
具有海外学习交流一年(或 10 个月)以上经历教师数(人)	14
45 岁以下(含)专任教师数(人)	13
文科资深教授(人)	
发展中国家科学院院士(人)	
教育部“长江学者奖励计划”特聘教授(人)	1
教育部“长江学者奖励计划”青年学者(人)	
国家杰出青年科学基金获得者(人)	
“国家特支计划”领军人才(人)	
“国家特支计划”青年拔尖人才(人)	
国家百千万人才工程入选者(人)	
国家级教学名师(人)	
国家优秀青年科学基金获得者(人)	
教育部新(跨)世纪优秀人才(人)	5
福建省“闽江学者”特聘教授(人)	1
国家教学成果奖(项)	
国家级一流本科专业(含建设点)(个)	
中国“互联网+”大学生创新创业大赛获奖数(项)	1
国家“2011 协同创新中心”(个)	
国家高端智库(含培育)(个)	
教育部重点实验室(个)	
教育部人文社会科学重点研究基地(个)	1
教育部国别和区域研究中心(个)	

统计项目	数量
其他部委研究基地(个)	
福建省“2011 协同创新中心”(个)	
福建省重点实验室(个)	
福建省高等学校文科研究基地(个)	
福建省社科研究基地(含马工程)(个)	
福建省高校特色新型智库(个)	
福建省重点智库建设(培育)单位(个)	
其他部省级平台(数字福建高等教育大数据研究所)(个)	1
国家自然科学基金项目(个)	
国家社会科学基金项目(个)	3
国家社会科学基金重大项目(个)	
教育部人文社会科学研究重大课题攻关项目(个)	
教育部人文社会科学重点研究基地重大项目(个)	
教育部人文社会科学研究一般项目(个)	1
其他部委项目(个)	
福建省社会科学基金重大项目(个)	
纵向科研经费(到位)(万元)	256.89
横向科研经费(到位)(万元)	280.6
高校科学研究优秀成果奖(人文社会科学)(项)	
福建省社会科学优秀成果奖(项)	9
其他部省级奖项(请注明)(项)	
发表文章总数(篇)	98
其中:《中国社会科学》发文数(篇)	
《新华文摘》转载数(篇)	4
国际代表性刊物发文数(篇)	
出版专著(部)	16
决策咨询报告(获采纳/批示)(篇)	7
学生出国(境)交流(人次)	
教师出国(境)交流(人次)	1
主办国际学术会议(次数)	1
主办两岸学术会议(次数)	
境外合作高校或机构(所)	9
签订境外合作协议(份)	9
邀请国外学者数(人)	15
邀请台港澳地区学者数(人)	
国(境)外学生来校数(人)	

研究院科研工作开创新局面。本年度共发表文章98篇，其中SSCI论文3篇，二类核心以上论文66篇，《新华文摘》全文转载4篇，出版著作16部。新增纵向科研项目12个，其中，国家社科基金项目3个、教育部人文社会科学研究项目1个、全国教育科学规划教育部青年项目1个、福建省社会科学规划项目5个。承担横向课题10个，编撰研究报告2份，1份咨询报告获教育部综合改革司采纳，2份研究报告被福建省教育厅采纳。科研经费到账537.49万元，包括纵向经费256.89万元和横向经费280.6万元。14项科研成果获省部级以上奖励，其中，6项成果获第六届全国教育科学研究优秀成果奖，包括二等奖2项和三等奖4项；9项成果获福建省第十四届社会科学优秀成果奖，其中一等奖1项、二等奖6项、三等奖2项。

本年度主办或协办7场学术研讨会，持续组织周一学术例会，主办南强学术讲座1场，厦大高教讲座12场，其他学术报告13场。

研究院积极发挥智库作用，为国家决策服务、为地方发展服务、为高校发展战略服务。受教育部高等教育教学评估中心委托，继续领衔编撰完成《全国普通高校本科教育教学质量报告(2020年度)》。受福建省教育厅委托，主持编写完成《福建省教育经费发展报告(2019)》。本年度共举办培训班4期，主要为高校管理培训，培训228人次。此外，研究院主动担当作为，为本校的建设发展提供智力支持。　　(吴晓君)

【接受齐齐哈尔工程学院捐赠300万元】 1月11日，齐齐哈尔工程学院向教育研究院捐赠300万元人民币的签约仪式在厦门大学科艺中心举行。齐齐哈尔工程学院理事长曹勇安，厦门大学副校长叶世满、原常务副校长潘世墨、原副校长邬大光，以及教育研究院师生代表参加捐赠仪式。

(肖娟群)

【组织评选教育研究院“懋元奖”奖教奖学金】 3月，教育研究院“懋元奖”奖教奖学金结果揭晓，5人获“懋元奖”奖教金，12人获“懋元奖”奖学金。　　(魏　艳　吕　铖)

【举办教师学术著作展揭幕仪式暨学术精品文丛发布会】 3月31日，迎接百年校庆系列活动之教师学术著作展揭幕仪式暨学术精品文丛发布会在厦门大学海外楼开幕，展出图书200余册，涵盖高等教育学的各主要领域，是教育研究院建院40余年所取得学术成就的集中展示。　　(冯　波)

【承办厦门大学百年校庆系列国际论坛之“大学促进人类命运共同体的发展学术研讨会”】 4月6—7日，与联合国教科文组织亚太地区教育局(曼谷)等单位共同举办厦门大学百年校庆系列国际论坛之“大学促进人类命运共同体的发展学术研讨会”，来自10多个国家和地区近300名专家学者通过线上线下形式参会。　　(王玉梅)

【召开厦门大学高等教育发展研究中心新一届学术委员会成立暨发展战略研讨会】 4月6日，厦门大学高等教育发展研究中心新一届学术委员会成立暨发展战略研讨会在厦门举行。厦门大学党委副书记徐进功参会并致辞，校社科处处长高和荣宣读关于成立中心新一届学术委员会的决定。会议专家围绕如何建设新时代教育智库、促进中心进一步发展、发挥好智库引领作用等提出意见和建议。　　(王玉梅)

【召开党史学习教育动员会】 4月19日，教育研究院在海外楼201会议室召开党史学习教育动员会。厦门大学党史学习教育第三指导组组长游泽民参加会议并讲话，院党政领导班子成员及全体师生参加大会。

(吕　铖)

【联合举办第三届全国高校高等教育学研究生学术论坛】 5月7—9日，与南京大学教育研究院、华中科技大学教育科学研究院联合主办的第三届全国高校高等教育学研究生学术论坛暨高等教育普及化阶段教育高质量发展与科学评价学术研讨会在南京大学召开，国内外高等教育研究专家与青年学子共计450余人参会。在615篇投稿论文中，教育研究院投稿66篇，占10.7%，在获奖的114篇论文中，教育研究院16篇论文入选，占14%。　　(陈若凝)

【举行黄宜弘楼提升工程捐赠仪式】 5月10日，黄宜弘楼提升工程捐赠签约仪式在厦门大学科艺中心举行，香港著名财经小说作家、企业家、慈善家梁凤仪博士代黄宜弘博士慷慨捐赠1000万元用于黄宜弘楼提升工程。捐赠人代表招慧霞，厦门大学副校长邱伟杰，以及教育研究院师生代表出席捐赠仪式。　　(肖娟群)

【吕铖荣获“福建省脱贫攻坚先进个人”荣誉称号】 5月14日，福建省脱贫攻坚总结表彰大会在福州福建会堂举行，教育研究院吕铖同志荣获“福建省脱贫攻坚先进个人”荣誉称号。　　(吴晓君)

【举办厦门大学教育研究院43周年院庆学术周活动】 5月17—21日，43周年院庆学术周活动在黄宜弘楼报告厅举行。开幕式上，副校长邱伟杰致辞并代表学校向潘懋元先生颁授厦门大学“南强杰出贡献奖”奖章。本届学术周活动包括教师、院友和研究生三类论坛，院全体师生和各地校友通过线上线下方式参会，兰州大学高等教育研究院师生来访参会。

(王玉梅)

【学术集刊《中国高等教育评论》编辑部重组】 6月16日，学术集刊《中国高等教育评论》编辑部重组，刘振天任主编，连进军任常务副主编，郭建鹏任副主编。　　(冯　波)

【联合举办首届大学转型发展学术研讨会】 6月18日，厦门大学教育研究院与兰州大学高等教育研究院、北京大学未来教育管理研究中心联合主办的首届大学转型发展研讨会在兰州大学成功举行，来自全国各地近60名专家学者参会。　　(王玉梅)

【举行教育研究院2021届毕业典礼】 6月25日，教育研究院2021届毕业典礼在黄宜弘楼报告厅隆重举行。101岁高龄的名誉院长潘懋元先生、全体教职工、2021届全体毕业生以及部分在读研究生出席典礼。　　(魏　艳)

【参加厦门大学庆祝建党100周年合唱活动】 6月，教育研究院与台湾研究院教职工联队参加“永远跟党走、奋进新征程”厦门大学教职工庆祝建党100周年合唱比赛，获优秀奖。教育研究院研究生参加“青春心向党，

逐梦新百年”第八届校园合唱节文艺展演与文艺汇演活动。（冯 波 魏 艳）

【在厦门大学“两优一先”表彰大会上获褒奖】 7月1日，教育研究院教工党支部获“厦门大学先进基层党组织”表彰，徐岚、魏艳分别获得“厦门大学优秀共产党员”“厦门大学优秀党务工作者”荣誉称号。（吕 铖）

【三篇研究生学位论文获省奖】 7月1日，博士生凌磊、阙明坤和硕士生韦骅峰的学位论文获福建省优秀研究生学位论文奖。（郑雯倩）

【线上开设短学期国际化课程】 7月2—30日，美国加州大学总校校长办公室院校与学术规划处常桐善教授为教育研究院师生开设线上课程“院校研究理论与方法”。（陈若凝）

【师生调研团赴齐齐哈尔工程学院开展应用型课程专题调研】 教育研究院持续开展博士生实践教学和专题调研，7月3—9日，院党委书记刘振天、副院长覃红霞带队，以2019级博士生为主的师生调研团22人赴齐齐哈尔工程学院，围绕应用型课程开展专题调研，形成调研报告4篇，学术论文10篇。（陈若凝）

【举办教育研究院第九届优秀大学生学术夏令营】 7月12—14日，教育研究院成功举办第九届优秀大学生学术夏令营，持续扩大学科影响力和招生吸引力，来自全国31所高校的54名优秀本科生参加，20人获得厦门大学2022年硕士研究生推荐免试资格。（陈若凝）

【学生团队获厦门大学社科论文研究生组三等奖】 7月23日，由胡小平、贾文军、郭玉婷组成的教育研究院学生团队参加厦门大学第八届社会科学学术论文大赛总决赛，获社科论文研究生组三等奖。（陈若凝）

【“读懂中国”作品获奖】 8月，教育研究院硕士生2020级党支部创作的微视频《挖掘传承红色基因的不老松》获教育部关工委2021年“读懂中国”活动优秀微视频。该作品也获得厦门大学2021年“读懂中国”微视频组一等奖。另有《读懂你：读懂你背后的中国》（毕昊杰）和《他从囊萤楼中来》（唐蜜）两篇征文获厦门大学2021年“读懂中国”征文三等奖。教育研究院获优秀组织奖。（魏 艳）

【编撰和论证《厦门大学教育学一流学科建设方案》】 8月，教育研究院开展《厦门大学教育学一流学科建设方案》编撰工作，并于9月12日在北京顺利召开专家论证会。（王玉梅）

【师生党员志愿参与校园疫情防控工作】 9月，教育研究院党委组织师生党员成立疫情防控先锋队，积极投入厦门大学新型冠状病毒肺炎防控攻坚工作，多次参与核酸检测和防控秩序维护等志愿服务，维护校园安全稳定。（吕 铖）

【举行2021级新生云上开学典礼】 受新型冠状病毒肺炎疫情影响，9月13日，教育研究院举行2021级新生云上开学典礼。潘懋元先生，院党政领导班子成员、全体教职工和2021级新生参加典礼。（魏 艳）

【联合主办的首届大学迁徙历史与文化研讨会线上举行】 9月25日，厦门大学教育研究院与兰州大学高等教育研究院、厦门大学教师发展中心联合主办的首届大学迁徙历史与文化研讨会通过视频会议的形式顺利举行。（王玉梅）

【“情系山河：劳动教育振兴‘空心村’的探索者”项目获第七届中国国际“互联网+”大学生创新创业大赛全国铜奖】 10月，由凌鹊（队长）、俞兆达、季玟希、王怡倩、刘亚西、唐舟赢、王君仪、黄蒙、周润姿9名研究生组成的“情系山河：劳动教育振兴‘空心村’的探索者”项目获第七届中国国际“互联网+”大学生创新创业大赛全国铜奖、福建省金奖，实现教育研究院在此类比赛中“零”的突破。（魏 艳）

【主持第七届全国教育实证研究论坛之实证方法分论坛】 10月30日，教育研究院组织并主持第七届全国教育实证研究论坛之实证方法分论坛，论坛通过线上方式开展，主题为教育量化研究反思与前瞻。（王玉梅）

【四人获福建省“向上向善育人工程基金”项目奖教奖学金】 11月，教育研究院师生4人获2021年福建省“向上向善·青马之光”领航工程之“向上向善育人工程基金”项目奖教奖学金，魏艳获奖教金，郭静、田吉、谢奕芳获奖学金。（魏 艳）

【与闽江学院商讨合作办学】 11月8日，闽江学院领导一行来院商讨合作办学，共建“习近平教育重要论述学习教育培训基地”。（吴晓君）

【黄宜弘楼提升工程开工】 11月12日，教育研究院在厦门大学黄宜弘楼前广场举办黄宜弘楼提升工程开工仪式。厦门大学原副校长邬大光，教育发展基金会秘书处、资产与后勤事务管理处、招投标中心代表，教育研究院党政领导班子成员、师生代表，以及工程设计、施工单位代表共同出席开工仪式。（吴晓君）

【博士学位论文获一级学会奖】 12月1日，博士生凌磊博士学位论文《韩国高校考试招生制度研究》入选中国高等教育学会学术创新计划——高等教育学博士学位论文文库。（郑雯倩）

【举办“厦大高教论坛2021”】 12月4—5日，教育研究院成功举办“厦大高教论坛2021”，来自国内外多所高校和研究机构的高等教育领域著名专家学者以及师生代表近万人通过线上线下方式参会，近50名专家学者围绕“普及化背景下大学高质量发展与课程教学创新”做专题报告。（王玉梅）

【暑期社会实践队师生获厦门大学表彰】 12月，教育研究院“榕树厦”暑期社会实践队获得校级优秀团队表彰，王润青、李文婷、李雨涛获评社会实践“积极分子”，陈兴德、魏艳获“优秀带队教师”荣誉称号。（魏 艳）

【荣获厦门大学科研表彰】 12月6日，教育研究院荣获“2020年度厦门大学人文社科科研组织奖”，8名教师获“2020年度厦门大学人文社科科研业绩突出个人”荣誉称号。（王玉梅）

【夏令营工作获厦门大学表彰】 12月14日，教育研究院获评2021年“厦门大学全国优秀大中学生夏令营先进单位”，陈若凝获2021年“厦门大学全国优秀大中学生夏令营优秀工作者”荣誉称号。（陈若凝）

【科研团队牵头参与研制的《全国普通高校本科教育教学质量报告(2020年度)》发布】 12月17日,受教育部高等教育教学评估中心委托,厦门大学教育研究院科研团队牵头参与研制的《全国普通高校本科教育教学质量报告(2020年度)》发布。

(吕 铖)

【与厦门大学教务处共商本科教育教学改革】 12月28日,厦门大学教务处处长王程一行11人到教育研究院座谈。双方就本科教育教学相关主题进行交流研讨,明确双方由合作共同体到命运共同体的发展愿景和工作机制。 (陈若凝)

王亚南经济研究院

【概况】 王亚南经济研究院(Wang Yanan Institute for Studies in Economics,以下简称"研究院"或 WISE)成立于2005年,是厦门大学为加强和提升经济学科的优势研究水平,促进经济学教学研究的规范化和国际化而建立的一个与国际紧密接轨的新型学术研究与教育的实体性机构。

依托研究院建设的项目和独立研究机构包括国家自然科学基金"计量建模与经济政策研究"基础科学中心项目、"计量经济学"教育部重点实验室(厦门大学)和福建省统计科学重点实验室。研究院设有"计量经济理论与应用创新引智基地"(高等学校学科创新引智计划,简称"111计划"),2个校级研究中心——"企业社会责任与企业文化研究中心"和"企业并购研究中心"。

WISE现有理论经济学、应用经济学和统计学3个一级学科、3个博士后流动站。学院设有8个硕士专业,6个博士专业。2020年3月,全球高等教育研究机构 Quacquarelli Symonds(QS)正式发布2020年QS世界大学学科排名,厦门大学经济学和计量经济学科首次进入全球前150强。

研究院现有全日制在校生505名,其中本科生100名、硕士研究生232名、博士研究生135名。另有双学位(本科)在读学生522名(注:其他学院学生修读)。另,2021届本科毕业生就业率100%,硕士研究生就业率98.5%,博士研究生就业率50%。其中,本科国际化试点班升学率58%,出国深造人数占45%。

WISE现有95名专任教师(含56名双聘编制在经济学院或者邹至庄经济研究中心的教师),均具有博士学位。其中,具有海外名校博士学位80人(含双聘),占84.21%(含双聘)。2021年,WISE新增教师13人(含11名双聘编制在经济学院或者邹至庄经济研究中心的教师),新增长江学者青年学者1人,南强青年拔尖人才支持计划A类人才2人,福建省"雏鹰计划"青年拔尖人才1人,福建省引进高层次人才A类2人、B类6人、C类4人,厦门市高层次留学人员9人,厦门市拔尖人才1人。现有教育部"长江学者"3人(其中青年学者2人),国务院学科评议组成员1人,国务院政府特殊津贴1人,国家杰出青年科学基金获得者1人,国家优秀青年科学基金获得者2人,教育部新世纪优秀人才支持计划1人,"闽江学者"特聘教授2人。(数据均含双聘教师)

2021年,WISE编制教师共发表英文论文42篇,其中,SSCI收录27篇,SCI收录23篇,有11篇同时被SSCI和SCI收录;国际一类14篇,国际二类19篇。发表中文论文13篇,其中最优期刊5篇,一类核心3篇。

2021年,WISE共获得国家自然科学基金项目3个,含面上项目1个,青年项目2个。纵向科研项目立项经费合计96万元。本年度到位科研经费共1670.16万元,其中纵向科研经费1665.66万元,横向科研费4.5万元。

2021年,经济学科共举办31场学术会议。2021年,举办"金融经济学""高级经济学""高级计量经济学与统计学""现代政治经济学与制度经济学系列讲座""传统文化中心系列讲座""富邦金融与产业论坛""学科入门指导""实务和职业规划系列讲座"等系列讲座,合计讲座115场,其中,邀请校外专家共计106名。

2021年,受全球疫情影响,WISE未派出教师赴境外参加长短期学术交流,派出各类学生5人出国(境)进行交流(其中赴国外3人,赴港澳台2人),另有29人在线上参与国外大学的交流学习。WISE教师线上参与国际学术会议26人次;共有79人次的境外籍和(或)来自境外高校的专家学者以参会做主旨演讲、开设讲座、开设短期课程等形式与WISE师生交流,其中国外70人次,台港澳9人次(其中线上74人次,线下5人次)。接收来自国外大学线上学习WISE课程的学生19人,接收在WISE攻读学位的外籍学历生4人(国际硕士和国际博士各2人,均为线上学习)。

(余安祷 邓晶晶)

【经济学科团队合作成果获第十六届建言献策论坛优秀论文评审一等奖】 经统一战线建言献策论坛评审小组评定,由厦大经济学科团队合作的《关于"十四五"期间福建积极融入粤港澳大湾区的建议》由福建省党外知识分子联谊会推荐,获第十六届建言献策论坛优秀论文评审一等奖。

(周梦娜)

【联合项目"经济科学发展战略研究"阶段性成果在《管理世界》发表】 3月初,《管理世界》2021年第3期公布目录,《新时代经济科学的学科布局与顶层设计——国家自然科学基金经济科学学科申请代码调整的逻辑和内容》一文作为首篇发表。该文是由洪永淼教授为主持人,厦门大学、中国科学院大学和清华大学联合承担的国家自然科学基金专项项目"经济科学发展战略研究"(项目批准号7194004)的一个阶段性成果。

(潘小佳)

【钟威及其团队获厦门大学首届教师教学创新大赛一等奖】 3月3日,厦门大学正式公布首届教师教学创新大赛获奖名单,由厦大经济学科选拔推荐、钟威教授担任主讲的"数理统计"本科教学创新团队获一等奖,并获学校推荐省赛资格。 (林安语)

2021 年度王亚南经济研究院基本情况

统计项目	数量	统计项目	数量
本科生数(人)	100	福建省“2011 协同创新中心”(个)	
硕士研究生数(人)	232	福建省重点实验室(个)	1
其中:专业学位硕士研究生数(人)	143	福建省高等学校文科研究基地(个)	
博士研究生数(人)	135	福建省社科研究基地(含马工程)(个)	
其中:专业学位博士研究生数(人)		福建省高校特色新型智库(个)	
其中:学历留学生数(人)	31	福建省重点智库建设(培育)单位(个)	
本科毕业生毕业去向落实率(%)	100	其他部省级平台(福建省统计科学重点实验室)(个)	1
硕士毕业生毕业去向落实率(%)	98.5	国家自然科学基金委基础科学中心(个)	1
博士毕业生毕业去向落实率(%)	50	国家自然科学基金委创新研究群体(个)	
本科毕业生升学、出国(境)率(%)	70.6	高等学校学科创新引智基地(“111 计划”)(个)	1
专任教师数(人)	39	国家自然科学基金项目(个)	3
博士后数(人)	1	国家社会科学基金项目(个)	
教授数/正高级数(人)	8	国家社会科学基金重大项目(个)	
副教授数/副高级数(人)	13	教育部人文社会科学研究重大课题攻关项目(个)	
具有博士学位专任教师数(人)	39	教育部人文社会科学重点研究基地重大项目(个)	
具有海外学习交流一年(或 10 个月)以上经历教师数(人)	37	教育部人文社会科学研究一般项目(个)	
45 岁以下(含)专任教师数(人)	35	其他部委项目(个)	
文科资深教授(人)	1	福建省社会科学基金重大项目(个)	
发展中国家科学院院士(人)		纵向科研经费(到位)(万元)	1665.66
教育部“长江学者奖励计划”特聘教授(人)	1	横向科研经费(到位)(万元)	4.5
教育部“长江学者奖励计划”青年学者(人)	2	高校科学研究优秀成果奖(人文社会科学)(项)	
国家杰出青年科学基金获得者(人)	1	福建省社会科学优秀成果奖(项)	3
“国家特支计划”领军人才(人)		其他部省级奖项(请注明)(项)	
“国家特支计划”青年拔尖人才(人)		发表文章总数(篇)	55
国家百千万人才工程入选者(人)		其中:《中国社会科学》发文数(篇)	
国家级教学名师(人)		《新华文摘》转载数(篇)	
国家优秀青年科学基金获得者(人)	1	国际代表性刊物发文数(篇)	2
教育部新(跨)世纪优秀人才(人)	1	出版专著(部)	
福建省“闽江学者”特聘教授(人)	1	决策咨询报告(获采纳/批示)(篇)	
国家教学成果奖(项)		学生出国(境)交流(人次)	5
国家级一流本科专业(含建设点)(个)		教师出国(境)交流(人次)	
中国“互联网+”大学生创新创业大赛获奖数(项)		主办国际学术会议(次数)	
国家“2011 协同创新中心”(个)		主办两岸学术会议(次数)	
国家高端智库(含培育)(个)		境外合作高校或机构(所)	42
教育部重点实验室(个)	1	签订境外合作协议(份)	53
教育部人文社会科学重点研究基地(个)		邀请国外学者数(人)	70
教育部国别和区域研究中心(个)		邀请台港澳地区学者数(人)	9
其他部委研究基地(个)		国(境)外学生来校数(人)	23

【钟威合作论文于 *Journal of Business & Economic Statistics* 在线发表】 3 月，WISE 和经济学院统计学与数据科学系钟威教授、邹至庄经济研究中心 2018 级博士生万闯，与英国约克大学张文扬教授合作的题为“Estimation and Inference for Multi-kink Quantile Regression”的学术论文在统计学与计量经济学国际权威期刊 *Journal of Business & Economic Statistics* 在线发表。（许有淑）

【“计量建模与经济政策研究”年度报告交流会在厦门举行】 3 月 30 日，由洪永淼教授牵头的国家自然科学基金委员会基础科学中心项目“计量建模与经济政策研究”年度报告交流会在厦门召开，7 名中国经济科学领域的著名学者作为本次报告交流会的评议专家出席会议，国家自然科学基金委员会管理科学部领导，厦门大学相关领导，“计量建模与经济政策研究”基础科学中心项目 5 名核心成员，厦门大学经济学科、中国科学院预测科学研究中心部分青年教师参加会议。会议由厦门大学王亚南经济研究院（WISE）、中国科学院预测科学研究中心主办，“计量建模与经济政策研究”基础科学中心项目组承办。（潘小佳）

【青年教师马超独立作者论文在 *International Economic Review* 在线刊出】 4 月初，WISE 和经济学院金融系助理教授马超以独立作者撰写的题为“Be Cautious in the Last Month: The Sunk Cost Fallacy Held by Car Insurance Policyholders”的论文在经济学顶级期刊 *International Economic Review* 在线刊出。（许有淑）

【联合项目“经济科学发展战略研究”阶段性成果在《管理科学学报》发表】 4 月，由洪永淼教授为主持人，厦门大学、中国科学院大学和清华大学联合承担的国家自然科学基金专项项目“经济科学发展战略研究”（项目批准号 7194004）的阶段性成果《“十四五”经济科学发展战略研究背景与论证思路》一文作为首篇文章，发表在《管理科学学报》2021 年第 2 期。（潘小佳）

【赴贵州省惠水县开展乡村振兴实地调研】 5 月 1—3 日，研究院副院长周颖刚教授携调研组在贵州省惠水县开展乡村振兴实地调研活动，深入考察惠水县从贫困县摘帽到实现基本小康的脱贫经验，以期在经济学科的后续研究中，将中国的脱贫经验同发展经济学理论相结合，讲好“中国故事”，为世界其他国家的减贫治理提供中国经验。（潘小佳）

【经济学科与新华指数联合编制的《全球汇率传导指数报告（2021）》发布】 5 月 14 日，在中国国际金融学会青年论坛上，由厦门大学经济学科与新华指数联合编制的《全球汇率传导指数报告（2021）》发布。报告由厦门大学王亚南经济研究院副院长周颖刚、王艺明牵头编撰，中国经济信息社新华指数事业部总经理曹占忠作为课题组顾问牵头对报告内容及质量做审慎性评估。（何永芳）

【陈力合作论文于 *Journal of Econometrics* 在线发表】 6 月，WISE 和经济学院金融系陈力助理教授，与莫纳什大学 Jiti Gao 教授、Farshid Vahid 教授合作的题为“Global Temperatures and Greenhouse Gases: A Common Features Approach”的论文在计量经济学权威刊物 *Journal of Econometrics* 在线发表。（许有淑）

【陈云贤教授首次于厦大经济学科开设“国家金融学”课程】 6 月 26—30 日，北京大学客座教授、中山大学国际金融名誉院长、高级金融研究院名誉院长陈云贤教授首次于厦大经济学科开设“国家金融学”课程，为师生们提供学习国家金融学前沿知识的宝贵机会。（姚剑青　陈海强）

【举办 2021 年厦门大学计量经济和大数据研讨会】 7 月 10—11 日，2021 年厦门大学计量经济和大数据研讨会在经济楼举行。本次研讨会由厦门大学经济学院、王亚南经济研究院、邹至庄经济研究中心主办，厦门大学经济学院统计学与数据科学系、“计量经济学”教育部重点实验室（厦门大学）、福建省统计科学重点实验室（厦门大学）承办，来自国内外 20 余所知名高校和相关机构的专家学者莅临参会。（林安语）

【举办环境经济学研讨会】 7 月 15 日，由厦门大学王亚南经济研究院、经济学院、邹至庄经济研究中心主办的环境经济学研讨会在经济楼举行。本会主要由国家自然科学基金杰出青年科学基金项目“计量经济学方法及其在经济管理中的应用”资助，来自校内外 40 余名师生到场参会。围绕“环境规制”“气候变化及农业”“环境污染规避行为”3 个议题，张俊杰、王学斌等 15 名学者通过线上线下结合的形式为与会师生做精彩演讲。（徐　鹏）

【WISE 院友捐资设立“华抚教育基金”】 7 月 18 日，厦门大学经济学科与猎鹰投资“华抚教育基金”捐赠协议签署仪式在厦门举行。根据协议，猎鹰投资每年向厦门大学经济学科捐赠 50000 元人民币，设立“华抚教育基金”。该奖学金设立期限 10 年，专用于奖励和资助经济学院及王亚南经济研究院优秀学生，每年资助 5 人。“华抚教育基金”由猎鹰投资股东谢建华女士、法定代表人林思抚先生二人姓名各取最后一字命名。（林安语）

【《美国科学院院刊》（*PNAS*）刊发厦大经济学科韩晓祎合作成果】 8 月初，经济学科韩晓祎副教授与伊利诺伊大学香槟分校许亦岚副教授，宾夕法尼亚州立大学樊琳琳助理教授，南京审计大学黄怡、徐旻鸿助理教授及威斯康星大学麦迪逊分校高松助理教授合作的题为“Quantifying COVID-19 Importation Risk in A Dynamic Network of Domestic Cities and International Countries”的论文在国际科学界权威期刊《美国科学院院刊》（*Proceedings of the National Academy of Sciences of the United States of America*）正式发表。《美国科学院院刊》（*PNAS*）是与《细胞》（*Cell*）、《自然》（*Nature*）、《科学》（*Science*）齐名的国际四大顶级科学名刊之一。此成果也是国家自然科学基金基础科学中心项目——“计量建模与经济政策研究”的阶段性研究成果之一。（许有淑）

【WISE 博士生肖潇合作论文于国际一类期刊 JREFE 发表】 8 月初，

WISE 2017 级博士生肖潇和经济学科蒙莉娜副教授(第一作者)、周颖刚教授(通讯作者)合作的论文"Housing Boom and Household Migration Decision: New Evidence from China"在国际一类期刊 *Journal of Real Estate Finance and Economics* 在线发表。 (潘小佳)

【青年教师童晨合作论文在 *Journal of Futures Markets* 发表】 9 月初,WISE 与经济学院金融系童晨助理教授、北京大学黄卓副教授合作的学术论文"Pricing VIX Options with Realized Volatility"在金融衍生品国际权威期刊 *Journal of Futures Markets* 的 2021 年 8 月刊(第 41 卷第 8 期)正式发表。 (许有淑)

【青年教师冷旋合作论文于 *Journal of Econometrics* 在线发表】 10 月初,WISE 和经济学院统计系冷旋助理教授,与荷兰鹿特丹 Erasmus 大学王文敦副教授、加拿大中央银行陈恒研究员合作的题为"Multi-dimensional Latent Group Structures with Heterogeneous Distributions"的论文在计量经济学权威刊物 *Journal of Econometrics* 在线发表。 (许有淑)

【长江证券首席经济学家伍戈做客厦大富邦金融与产业论坛】 10 月 8 日下午,长江证券首席经济学家伍戈博士为学生们带来一场题为《逆周期?顺周期?对中国经济与宏观调控的理解》的精彩线上讲座。该讲座是厦门大学经济学科富邦金融与产业论坛系列讲座。 (岳 帅)

【方颖合作论文在《经济学(季刊)》发表】 10 月中旬,经济学科方颖教授和华侨大学经济与金融学院蓝嘉俊(WISE 2019 届博士毕业生)、美国加利福尼亚大学圣迭戈分校政治科学系杨阳(WISE 2014 届硕士毕业生)合作的题为《性别身份认同对女性劳动供给和家庭收入结构的影响——教育与城乡差异的视角》的论文发表在《经济学(季刊)》2021 年第 21 卷第 5 期。 (许有淑)

【获教育部首批新文科研究与改革实践项目立项】 11 月初,根据《教育部办公厅关于推荐新文科研究与改革实践项目的通知》(教高厅函〔2021〕10 号),教育部办公厅对认定的 1011 个新文科研究与改革实践项目予以公布,牛霖琳教授领衔负责的项目"王亚南经济学拔尖学生培养基地"获首批新文科研究与改革实践项目立项。 (林安语)

【赴长汀县开展乡村振兴调研活动】 11 月 6—7 日,在教育部"长江学者"青年学者、厦大王亚南经济研究院副院长周颖刚教授和世界银行发展研究局前首席统计学家、厦大邹至庄经济研究中心执行主任陈少华教授的带领下,经济学科师生一行 39 人赴龙岩市长汀县开展乡村振兴实地调研活动。 (黎子超 张 明)

【举办 2021 现代劳动经济学研讨会】 11 月 13 日,2021 现代劳动经济学研讨会在厦门大学开幕。来自北京大学、中国人民大学、复旦大学、上海交通大学、上海财经大学、中央财经大学、南开大学、浙江大学、暨南大学、厦门大学、香港中文大学、英国伦敦政治经济学院、美国威斯康星大学麦迪逊分校、美国宾夕法尼亚大学等 28 所高校和科研机构的 90 余名劳动经济领域知名专家学者参会,受疫情影响,会议以线上形式开展。 (何永芳)

【联合举办厦门大学交叉学科研讨会第二期】 11 月 20 日,厦门大学交叉学科研讨会第二期在经济楼 C208 举办,由厦门大学经济学院、王亚南经济研究院和厦大科技处联合主办,来自厦门大学多个学科的 27 名报告者围绕"大数据"主题展开研讨。 (潘小佳)

【举办新时代经济统计发展论坛】 11 月 27 日,新时代经济统计发展论坛在经济楼举行。论坛由厦门大学经济学院、王亚南经济研究院、邹至庄经济研究中心、"计量经济学"教育部重点实验室(厦门大学)、福建省统计科学重点实验室(厦门大学)联合主办,经济学院统计学与数据科学系承办。来自国家统计局、清华大学、中国人民大学、江西财经大学、厦门大学等政府和高校经济统计学相关的 100 余名专家学者、学生等通过线上和线下会场参会。另有 400 余人次通过网络直播平台收看本次论坛。 (何永芳)

【中大雅润(天津)梁旋做客富邦论坛】 11 月 26 日下午,中大雅润(天津)供应链管理公司常务副总裁梁旋为经济学科师生带来一场题为《供应链金融与科技助力城投行业转型实务》的精彩讲座。本讲座是厦门大学富邦金融与产业论坛系列讲座之一。 (黄梦琪)

【经济学科博士毕业生洪智武、张晨与其指导教师合作论文于 *Journal of Econometrics* 在线发表】 12 月初,王亚南经济研究院 2017 届博士毕业生洪智武、经济学院金融系 2021 届博士毕业生张晨与其指导教师牛霖琳教授合作撰写的论文"Affine Arbitrage-free Yield Net Models with Application to The Euro Debt Crisis"在计量经济学世界顶级期刊 *Journal of Econometrics* 在线发表。 (刘晨宇)

【举办经济波动与增长学术研讨会 2021 年会】 12 月 4 日,经济波动与增长学术研讨会 2021 年会在经济楼举行。年会由厦门大学王亚南经济研究院、厦门大学宏观经济研究中心、厦门大学经济学院主办,北京大学汇丰商学院、武汉大学金融发展与政策研究中心、厦门大学富邦金融与产业研究中心、中国人民大学财税研究所、中央财经大学丝路金融研究中心、《中国经济问题》杂志社、《经济研究参考》杂志社协办。来自国内多所高校的 70 余名学者,就数字货币与货币政策、宏观金融、金融危机、收入分配等相关议题进行成果分享与探讨。 (何永芳)

【陈琬祎独立作者论文于 *Journal of Economic Theory* 发表】 12 月中旬,WISE 和经济学院经济学系陈琬祎助理教授,独立撰写的题为"Dynamic Survival Bias in Optimal Stopping Problems"的论文发表在经济理论国际顶级期刊 *Journal of Economic Theory* 2021 年第 196 卷。 (许有淑)

【建言献策被采用】 经济学科教师关注国家战略发展,积极建言献策,其中有 8 篇研究报告、政策建议被国务院办公厅采纳。 (何永芳)

【经济学科讲座教授周文出版多部政治经济学相关著作】【经济学院举行 2020 年度"鸿儒奖学金"颁奖仪式】

【经济学院举行邓子基资深教授追思会】【经济学院党委召开2020年度教工党支部书记工作述职汇报会】【经济学院学工组走访慰问寒假留校学生】【经济学院和王亚南经济研究院召开2020年度中层党员领导干部民主生活会】【王艺明合作政治经济学论文在《世界经济》发表】【经济学科经济统计学、金融工程专业入选2020年度国家级一流本科专业建设点，国际商务专业入选省级一流本科专业建设点】【经济学院党委中心组(扩大)传达学习全国“两会”精神】【中国人民大学谢富胜教授做客现代政治经济学系列讲座】【联合举办ITG中国经济发展新格局高端研讨会暨厦大百年校庆经济学科校友论坛】【中国人民大学刘守英南强学术讲座开讲“中国经济双奇迹的经济解释——体制秩序与经济绩效视角”】【举办经济科学前沿与教育高端论坛】【经济学科24名教职人员荣获2021年厦门大学奖教金】【经济学院党委召开师生院友学习贯彻习近平总书记致厦门大学建校100周年贺信精神座谈会】【师生清明祭扫缅怀故校长王亚南先生】【举办2020年度国家社科基金重大项目开题会】【中国人民大学陈彦斌做客南强学术讲座，开讲“宏观经济评价的重要意义与基本框架”】【东北师范大学郭建华做客南强学术讲座】【云南大学唐年胜做客南强学术讲座】【举办中国世界经济学会国际贸易论坛(2021)】【举办党委党校第81期党的基本知识学习班(经济学院)】【经济学院党委召开党史学习教育动员大会】【经济学科师生合作的两篇论文在《世界经济》同时发表】【中国人民大学张成思做客南强学术讲座】【举行厦门大学经济学科2021年学生就业暨实习专场招聘会】【傅十和教授论文在经济学顶级期刊*The Economic Journal*在线发表】【举办中国宏观经济预测与政策论坛】【经济学院党委举办党史学习教育专题辅导讲座暨双周政治理论学习】【与深圳市龙岗区财政局举行教学科研实践基地签约仪式】【举办“传承红色文化　弘扬革命精神”系列讲座第六讲暨党史学习教育专题辅导报告】【联合举办中国国际金融学会青年论坛】【联合举办第六届全国高校国际贸易学科协作组青年论坛暨2021年国际经贸博士生论坛】【经济学科师生五篇论文在《经济学(季刊)》同期发表】【举办与南风窗调研中国实践基地签约仪式暨2021南风窗调研中国宣讲会】【青年教师徐春华发表出版马克思主义政治经济学相关论文及专著】【副校长杨斌深入经济学院开展党史学习教育联学导学】【联合举办“数字经济推动新时代革命老区振兴发展高峰论坛”】【“经世济邦”实践队赴沪杭开展党史学习和企业参访活动】【经济学院党委举办第二期“师说·生语”师生共建党支部理论学习示范观摩点评暨马克思主义政治经济学和党史读书会】【“中小微企业融资增信基金”获评“2020年度福建省十大金融创新项目”】【举行第十四届“魏嵩寿奖学金”颁奖仪式】【六个本科专业入选2021年软科中国大学专业排名A+专业】【副校长杨斌做党史学习教育专题党课】【经济学院党委举办第一期“师说百年·红色引航”师生共建党支部示范党课观摩点评会】【举行厦门大学经济学科2021届毕业典礼】【举办第一届“历史视野下的经济发展与思想演进”学术研讨会】【经济学科教工在“百年校庆杯”厦门大学第28届教工游泳运动会中获得团体第一名】【经济学科合唱队在厦门大学庆祝建党100周年合唱比赛中再创佳绩】【经济学科师生观看庆祝中国共产党成立100周年大会】【经济学院党委举行庆祝中国共产党成立100周年暨“两优一先”表彰大会】【承办第五届中国金融教育发展论坛】【举办厦门大学经济学科2021年全国优秀大学生暑期夏令营】【举办2021年厦门大学经济学科优秀中学生夏令营】【举办第六届国际经济学前沿论坛】【承办“国际银行杯”第八届厦门大学税务精英挑战赛】【举办2021马克思主义政治经济学暑期学校】【举办2021年马克思主义政治经济学高端论坛】【青年教师李嘉楠合作论文在《经济学(季刊)》发表】【经济学科讲座教授陈少华合作论文在JDE发表】【举办2021年暑期行政技术人员集中培训】【获15个国家自然科学基金项目资助】【杨曦、徐扬合作论文在《经济研究》发表】【获七项2021年教育部人文社会科学研究一般项目立项】【举行经济学科2021级新生开学典礼】【徐扬、杨曦合作论文在*Journal of Urban Economics*在线发表】【张钧南合作论文在*Journal of Economic Theory*发表】【经济学科战“疫”进行时:“九个一”筑牢师生“疫情防护墙”】【青年教师包郑扬论文在*Journal of Financial and Quantitative Analysis*在线发表】【获七个2021年国家社科基金年度项目立项】【青年教师刘婧媛合作论文在*Journal of Business & Economic Statistics*发表】【举办党委党校第83期党的基本知识学习班(经济学院)】【召开2021年新教师入职欢迎会】【赵正堂获评2021年全国高校金融实验教学“智盛奖”十佳教师】【与化学化工学院联合举办“我为师生办实事”主题交流会暨办公室党支部共建学习活动】【获第十七次校运会冠军】【李智合作论文在*Journal of Environmental Economics and Management*在线发表】【经济学院党委召开理论学习中心组会议传达学习党的十九届六中全会精神】【举办2021黄良文讲坛(第九讲)暨“良文奖学金”颁奖典礼】【金圆统一证券总裁蔡奕做客厦大富邦金融与产业论坛】【经济学科啦啦操队获厦门大学第十五届啦啦操锦标赛一等奖】【中国银行研究院陈卫东做客厦大富邦论坛】【联合举办“国际银行杯”第九届厦门大学公共经济与政策论文大赛】【举办经济学院第二十一届“学经济”论文大赛】【联合举办第三届鹭岛—香山财政学双边论坛】【举行辅修项目第十一届优秀学生、优秀班干部暨院长提名奖颁奖典礼】【举办福建省民营企业家学习贯彻党的十九届六中全会精神培训班】【举办首届全国宏观经济学博士生学术论坛】【举办《数字减贫与共同富裕》报告发布会】【经济学科三篇合作论文在首届《统计研究》优秀论文评选中获奖】【经济学院党委举办学习贯彻党的十九届六中全会精神专题讲座】【举办2021年厦门大学经济学科“经院好声音”歌手赛暨文艺汇演】

【陈德麟独立作者论文在 *The RAND Journal of Economics* 发表】【再获三个 2021 年国家社科基金后期资助项目】【获两个 2021 年国家社科基金重大项目立项】【五名教师在厦门大学第十六届教学比赛中获奖】【举行 2021 年经济学科暑期实践总结表彰大会暨寒假社会实践出征仪式】【举行经济学系第十六届系友助学金颁发仪式】【经济学院一行参加郭大力纪念馆揭牌仪式】【召开行政领导班子换届干部任免宣布大会】【举行 2021 年经济学科优秀助教与学术服务志愿者表彰大会】【傅十和教授合作论文在 *Journal of Development Economics* 发表】 具体内容见经济学院有关条目。

财务管理与会计研究院

【概况】 财务管理与会计研究院(The Institute for Financial & Accounting Studies, IFAS)成立于 2005 年,是国家"985 工程"全国唯一的财务与会计创新基地。

研究院下设厦门大学中国资本市场研究中心,中心成立于 2008 年 4 月 6 日,是经厦门大学批准成立的校级科研机构。

研究院设有财务与会计创新实验中心(CAFI),中心于 2014 年由厦门大学哲学社会科学繁荣计划资助成立,主要目的是为财务与会计的教学和研究工作提供平台和支持。中心在硬件配备和软件设置方面都已达到国内实验室的领先水平,丰富的历史与实时国内外专业数据库资源和数据分析软件资源,极大地方便了研究生、教师和来访学者开展最前沿的实证财务与会计的教学和科研。

研究院以全球视野广纳贤能,从美国、英国、日本、澳大利亚、比利时、法国、新加坡及中国香港和内地著名高校陆续引进优秀青年学者。现有专任教师 14 人,兼职教授 2 人,与管理学院两院双聘教师 5 人。其中,专任教师中高级职称人员 5 人,具有海外学习交流一年(或 10 个月)以上经历教师 14 人(100%)。研究院博士研究生指导教师 4 人(含管理学院博士生指导教师 2 人在研究院招生),硕士研究生指导教师 14 人(含管理学院硕士生指导教师 1 人在研究院招生)。

研究院现有在读硕士研究生 45 人(含学历硕士留学生 23 人)、博士研究生 22 人(含学历博士留学生 8 人)。2021 年,招收博士研究生 5 人、硕士研究生 16 人(其中,学历硕士留学生 3 人)。2021 届毕业博士研究生 5 人、硕士研究生 24 人(含学历硕士留学生 12 人),学生就业率 100%。

2021 年,研究院在国际知名学术期刊发表论文 14 篇(1 篇国际一类,6 篇国际二类,12 篇被 SSCI 收录)。其中 1 篇国际一类论文发表于 *Review of Accounting Studies*(RAST);RAST 是会计学领域公认的国际顶尖期刊、全球前五(TOP 5),被 Financial Times 列为全球最有影响力的 50 本商科学术期刊(FT 50),SSCI 收录为 JCR 一区,近 5 年期刊影响因子为 5.005。此外,有 8 篇论文进入国际知名期刊再审(3 篇国际一类,5 篇国际二类)。

2021 年因疫情影响,研究院教师出国交流访学,接待国内外高校专家学者来访、讲学、讲座数量有所减少。累计参加国际学术会议 6 人次。

2021 年研究院新立项国家社科、教育部、省社科重点、省创新战略项目各 1 个,新立项项目的总经费 38 万元。在研项目 4 个,在研项目的总经费 86.55 万元,其中 3 个国家自然科学基金重大项目子课题,1 个国家社科基金项目。

研究院的办学特色是学术化和国际化,全英文课程受到研究院学生欢迎,也是管理学院国际交流生选课的重要补充。 (胡金帅 叶 玲)

【举办线上"全国优秀大学生暑期夏令营"】 7 月 12—14 日,研究院举办线上"全国优秀大学生暑期夏令营"。此次夏令营共收到来自全国众多知名院校的 165 份申请,经过综合评定、层层选拔确定来自四川大学、重庆大学、暨南大学、哈尔滨工业大学、南方科技大学、东北大学、中南财经政法大学、中央民族大学、兰州大学等全国重点高校的 45 名优秀学生入营。夏令营活动为期 3 天,主要包括开营仪式、专家讲座、选拔考试等活动,旨在荟萃英才,选拔具有学术热情、学术潜力的出色人才,为营员提供切磋成长、互动交流的平台。活动取得预期的效果,9 名营员获得学校全国优秀大学生暑期夏令营推免硕士(学术型)拟录取资格,1 名营员获得直博生拟录取,推免名额零流失。

(胡金帅 叶 玲)

【举办"财务管理与会计系列学术论坛"】 2021 年,研究院共举办 13 期面向全校师生的"财务管理与会计学术论坛"。因新冠疫情影响,第 272 期论坛邀请副教授周高光主讲(香港浸会大学会计与法律学系博士项目协调人,博士生导师,MBA 项目副主任),其他期论坛主要由本院师生主讲。该论坛对学校财会师生接触国际学术和实务前沿,提高科研水平和能力起到积极的促进作用。

(胡金帅 叶 玲)

【优化硕士留学项目】 由于疫情影响和内部管理优化等,2021 年研究院硕士留学项目未开展招生工作。但是,经过努力,合作项目续约和内部管理优化进展顺利,原有在读项目生共 9 人顺利获得新加坡管理大学的录取通知书,其中商务信息技术项目 6 人,会计项目 3 人。 (胡金帅 叶 玲)

【开展"外国语言文学类+会计学/财务管理"项目】 2021 年,研究院与外文学院继续开展"外国语言文学类+会计学/财务管理"跨学科人才培养项目,于去年定向招收的 39 名学生在执行外文学院相应主修专业培养方案的同时,辅修研究院财务管理、会计学两大专业,符合条件后最终获得管理学辅修学士学位证书。此外,研究院本科辅修双学位面向全校招生,2021 年辅修本科双学位入读学生 60 余人。 (胡金帅 叶 玲)

2021 年度财务管理与会计研究院基本情况

统计项目	数量
本科生数(人)	
硕士研究生数(人)	45
其中:专业学位硕士研究生数(人)	
博士研究生数(人)	22
其中:专业学位博士研究生数(人)	
其中:学历留学生数(人)	31
本科毕业生毕业去向落实率(%)	
硕士毕业生毕业去向落实率(%)	100
博士毕业生毕业去向落实率(%)	100
本科毕业生升学、出国(境)率(%)	
专任教师数(人)	14
博士后数(人)	
教授数/正高级数(人)	1
副教授数/副高级数(人)	4
具有博士学位专任教师数(人)	14
具有海外学习交流一年(或 10 个月)以上经历教师数(人)	14
45 岁以下(含)专任教师数(人)	12
文科资深教授(人)	
发展中国家科学院院士(人)	
教育部"长江学者奖励计划"特聘教授(人)	
教育部"长江学者奖励计划"青年学者(人)	
国家杰出青年科学基金获得者(人)	
"国家特支计划"领军人才(人)	
"国家特支计划"青年拔尖人才(人)	
国家百千万人才工程入选者(人)	
国家级教学名师(人)	
国家优秀青年科学基金获得者(人)	
教育部新(跨)世纪优秀人才(人)	
福建省"闽江学者"特聘教授(人)	
国家教学成果奖(项)	
国家级一流本科专业(含建设点)(个)	
中国"互联网+"大学生创新创业大赛获奖数(项)	
国家"2011 协同创新中心"(个)	
国家高端智库(含培育)(个)	
教育部重点实验室(个)	
教育部人文社会科学重点研究基地(个)	
教育部国别和区域研究中心(个)	

统计项目	数量
其他部委研究基地(个)	
福建省"2011 协同创新中心"(个)	
福建省重点实验室(个)	
福建省高等学校文科研究基地(个)	
福建省社科研究基地(含马工程)(个)	
福建省高校特色新型智库(个)	
福建省重点智库建设(培育)单位(个)	
其他部省级平台(请注明)(个)	
国家自然科学基金项目(个)	
国家社会科学基金项目(个)	1
国家社会科学基金重大项目(个)	
教育部人文社会科学研究重大课题攻关项目(个)	
教育部人文社会科学重点研究基地重大项目(个)	
教育部人文社会科学研究一般项目(个)	1
其他部委项目(个)	
福建省社会科学基金重大项目(个)	
纵向科研经费(到位)(万元)	40
横向科研经费(到位)(万元)	
高校科学研究优秀成果奖(人文社会科学)(项)	
福建省社会科学优秀成果奖(项)	1
其他部省级奖项(请注明)(项)	
发表文章总数(篇)	14
其中:《中国社会科学》发文数(篇)	
《新华文摘》转载数(篇)	
国际代表性刊物发文数(篇)	
出版专著(部)	
决策咨询报告(获采纳/批示)(篇)	
学生出国(境)交流(人次)	
教师出国(境)交流(人次)	
主办国际学术会议(次数)	
主办两岸学术会议(次数)	
境外合作高校或机构(所)	
签订境外合作协议(份)	
邀请国外学者数(人)	
邀请台港澳地区学者数(人)	1
国(境)外学生来校数(人)	

体育教学部

【概况】 体育教学部现设球类Ⅰ教研室、球类Ⅱ教研室、体操教研室、武术教研室、户外运动教研室5个教研室，设有厦门大学国家体质健康测试中心、厦门大学体医融合师生健康促进中心。2021年，到账科研经费71.3万元。新立项人文社科类科研项目7个，其中福建省社科规划项目2个，中央高校基本科研业务费项目4个，企事业单位委托项目1个。教师发表论文共24篇。获得校级教学改革研究项目立项3个，校级一流本科课程建设1个。

体育教学部现有在职教职工62人(本年度退休2人)，租赁制用工2人，外聘教练4人。专任教师53人，其中正高高级职称人员4人，副高高级职称人员23人，硕士研究生指导教师8人；具有博士学位教师10人，具有硕士学位教师43人(其中在读博士4人)。现有在读体育学硕士研究生8名，截至12月，已有15届共115名毕业生在全国各类学校及企事业单位体育教学、科研、管理等岗位任职。

体育教学部负责全校本科生的体育课程教学工作，同时承担全校师生的群体竞赛、校运动队训练管理工作。近5年来，相继开设"赛艇""皮划艇""击剑""三边足球""攀岩""桨板""动感单车"7门新的课程，全校体育课程达到52门，居全国同类高校前列。2021年为全校本科生开课579门次，涉及48个体育项目，其中作为必修学分的游泳课程占89门次。2020—2021学年短学期首次试行"研究生体育"课程"俱乐部制＋走课制"两种组合模式授课。课程涉及桨板、皮划艇、潜水、游泳、羽毛球、动感单车、花样跳绳、高尔夫球、网球9个体育项目，共12门次，近200人选课。该授课模式已覆盖所有学期，实现全年常态化开设。

体育教学部以"我为群众办实事"实践活动为契机，本学年短学期针对校区师生体育锻炼需求与缺少指导训练矛盾的情况，尝试开展师生课外体育锻炼指导工作。体育教学部各教研室派出专业教师赴翔安校区为师生提供每日1小时课外体育锻炼指导训练，开展涵盖球类、长跑类、操舞类、健身类、武术类、休闲体育类等项目。

学校现有篮球、武术、足球、健美操、棒垒球5个项目的高水平运动队，另有其他校级普通运动队17个，包括橄榄球、啦啦操、舟艇、帆船、羽毛球、足球(普通生队)、田径、游泳、跳绳、跆拳道、定向越野、高尔夫球、网球、排球(含沙滩排球)、女子篮球、健身气功、男子篮球(普通生队)。现有体育类社团33个，2021年开展全校性体育竞赛48项(在翔安校区开展赛事31项)，参与学生超过3万人次，其中参与单位超过15个的比赛有校运会、啦啦操锦标赛、篮足排球赛事、厦门马拉松赛厦大百年校庆专项赛、迎冬奥环校跑、健身气功比赛等30余项。

(许敏娟)

【首次开设"极限飞盘"课程】 3月，学校开设"极限飞盘"选修课。极限飞盘运动是一项严格要求无身体碰撞的团队竞技运动，正式比赛时主要为7人制。近年来，学校陆续开设"攀树课""桨板课""动感单车""皮划艇""马拉松""中华射弈"等54门形式多样的体育课程。(徐登攀)

【召开党史学习教育工作布置会】 3月23日，部党委在王清明游泳馆三楼会议室召开党史学习教育工作布置会，传达校党委党史学习教育动员大会精神，布置体育教学部党史学习教育工作。会议指出，要以政治建设为统领，提高政治站位，加强政治引领；认真学习贯彻习近平总书记在党史学习教育动员大会上的重要讲话精神；按照党中央、教育部、学校党委统一部署，充分运用工作载体，深化思想教育，扎实开展党史学习教育。

(付正超)

【举行佛山校友会龙舟捐赠仪式】 4月7日，广东佛山校友会龙舟捐赠仪式在翔安校区举行。体育教学部党委书记郑树东，佛山校友会会长张为民、秘书长苗晓松以及佛山校友会代表、体育教学部师生代表参加仪式，体育教学部副主任何元春教授主持捐赠仪式。郑树东代表体育教学部在捐赠仪式上致辞并授予佛山校友会捐赠证书，对佛山校友传承"感恩、责任、奉献"校友文化，慷慨支持母校体育事业的义举表示感谢。

(徐登攀)

【校男篮勇夺第23届CUBA全国季军】 6月18—20日，第23届中国大学生篮球联赛(CUBA)巅峰四强赛在苏州湾体育中心拉开战幕。在6月19日晚的季军争夺战中，厦门大学以93∶84击败北京化工大学，获得第23届CUBA男子一级联赛全国季军，这也是厦门大学第二次拿下CUBA全国季军。(付正超)

【教职工赴军营村开展党史学习教育移动课堂】 6月23—24日，部党委组织全体教职工赴同安区军营村开展党史学习教育移动课堂，并举行教师荣退仪式和百年校庆先进表彰。此次活动不仅是体育教学部党委党史学习教育的重要内容，也是体育教学部党委党校党员干部、教师党员培训教育的内容。(徐登攀)

【召开学习习近平总书记"七一"重要讲话精神座谈会】 7月1日，庆祝中国共产党成立100周年大会在北京举行。体育教学部师生代表共同收看大会盛况。直播结束后，部党委郑树东书记主持召开学习习近平总书记"七一"重要讲话精神座谈会。部党委委员、民主党派代表、师生党员代表、普通教师代表参加座谈会。

(付正超)

【校帆船队学运会获佳绩】 7月17日，第十四届全国学生运动会帆船项目赛事在青岛奥帆中心落下帷幕。福建省大学生帆船队经过6个比赛日的激烈角逐，由厦门大学与厦门海洋职业技术学院联合组队的大学组混合团体J80级别以1分之差憾负东道主山东队获得银牌。本次比赛福建省大学生帆船队全体参赛队员在各项目比赛中均取得前六名的佳绩。

(付正超)

2021 年度体育教学部基本情况

统计项目	数量
本科生数(人)	
硕士研究生数(人)	8
其中:专业学位硕士研究生数(人)	
博士研究生数(人)	
其中:专业学位博士研究生数(人)	
其中:学历留学生数(人)	
本科毕业生毕业去向落实率(%)	
硕士毕业生毕业去向落实率(%)	85.7
博士毕业生毕业去向落实率(%)	
本科毕业生升学、出国(境)率(%)	
专任教师数(人)	53
博士后数(人)	
教授数/正高级数(人)	4
副教授数/副高级数(人)	23
具有博士学位专任教师数(人)	10
具有海外学习交流一年(或 10 个月)以上经历教师数(人)	8
45 岁以下(含)专任教师数(人)	32
文科资深教授(人)	
发展中国家科学院院士(人)	
教育部“长江学者奖励计划”特聘教授(人)	
教育部“长江学者奖励计划”青年学者(人)	
国家杰出青年科学基金获得者(人)	
“国家特支计划”领军人才(人)	
“国家特支计划”青年拔尖人才(人)	
国家百千万人才工程入选者(人)	
国家级教学名师(人)	
国家优秀青年科学基金获得者(人)	
教育部新(跨)世纪优秀人才(人)	
福建省“闽江学者”特聘教授(人)	
国家教学成果奖(项)	
国家级一流本科专业(含建设点)(个)	
中国“互联网+”大学生创新创业大赛获奖数(项)	
国家“2011 协同创新中心”(个)	
国家高端智库(含培育)(个)	
教育部重点实验室(个)	
教育部人文社会科学重点研究基地(个)	
教育部国别和区域研究中心(个)	
其他部委研究基地(个)	
福建省“2011 协同创新中心”(个)	
福建省重点实验室(个)	
福建省高等学校文科研究基地(个)	
福建省社科研究基地(含马工程)(个)	
福建省高校特色新型智库(个)	
福建省重点智库建设(培育)单位(个)	
其他部省级平台(请注明)(个)	
国家自然科学基金项目(个)	
国家社会科学基金项目(个)	
国家社会科学基金重大项目(个)	
教育部人文社会科学研究重大课题攻关项目(个)	
教育部人文社会科学重点研究基地重大项目(个)	
教育部人文社会科学研究一般项目(个)	
其他部委项目(个)	
福建省社会科学基金重大项目(个)	
纵向科研经费(到位)(万元)	54.3
横向科研经费(到位)(万元)	17
高校科学研究优秀成果奖(人文社会科学)(项)	
福建省社会科学优秀成果奖(项)	
其他部省级奖项(请注明)(项)	
发表文章总数(篇)	24
其中:《中国社会科学》发文数(篇)	
《新华文摘》转载数(篇)	
国际代表性刊物发文数(篇)	
出版专著(部)	3
决策咨询报告(获采纳/批示)(篇)	2
学生出国(境)交流(人次)	
教师出国(境)交流(人次)	2
主办国际学术会议(次数)	
主办两岸学术会议(次数)	
境外合作高校或机构(所)	
签订境外合作协议(份)	
邀请国外学者数(人)	
邀请台港澳地区学者数(人)	
国(境)外学生来校数(人)	

【校篮球队三名队员参加 CBA 选秀】 7 月 18 日，2021 年 CBA 选秀大会在青岛国信体育馆进行，厦门大学篮球队黎伊扬、齐浩彤、庄战 3 名队员参加选秀，分别被福建浔兴男篮（第六顺位）、广州龙狮男篮（第八顺位）、福建浔兴男篮（次轮第五顺位）选中。厦门大学也成为自 2015 年 CBA 举办选秀大会以来单次入选球员数量最多、单一年度为 CBA 输送职业篮球运动员数量最多的高校。（付正超）

【全校推广健身气功八段锦课间操】 体育教学部响应中共中央办公厅、国务院办公厅印发的《关于全面加强和改进新时代学校体育工作的意见》，将健身气功八段锦作为学校传统体育课间操项目在全校推广。9 月，厦门疫情突发，厦门大学全部课程转为线上进行，体育教学部将八段锦列为全校所有体育课每天教学内容之一；10 月恢复线下上课，全校所有体育课以准备活动的形式继续教授推广八段锦，全校 300 多个体育课教学班级近万学生人次受益。（徐登攀）

【校舟艇队在第五届中国大学生皮划艇锦标赛中获佳绩】 10 月 21—25 日，第 5 届中国大学生皮划艇锦标赛于浙江省海宁市鹃湖举办。本次赛事由中国大学生体育协会主办，共有来自北京大学、浙江大学、中山大学、厦门大学等 18 所高校的 130 多名运动员参赛。最终，学校共获得 3 个冠军、2 个季军、2 个第四名、1 个第五名的佳绩，厦门大学参赛队获评道德风尚奖。（徐登攀）

【召开学习党的十九届六中全会精神会议】 11 月 15 日，部党委在王清明游泳馆三楼会议室组织理论中心组学习会议，深入学习中国共产党第十九届中央委员会第六次全体会议精神。会议要求，全体师生党员要深入学习贯彻党的十九届六中全会精神，深刻领会党百年奋斗的重大成就和历史经验，全面贯彻习近平新时代中国特色社会主义思想，扎实开展理论学习。（付正超）

【召开部行政领导班子换届干部任免大会】 12 月 23 日，体育教学部行政领导班子换届干部任免大会在体育教学部会议室召开，校党委副书记、纪委书记全海，校党委常委、组织部部长、统战部部长孙理，体育教学部党政领导班子成员、工青妇负责人、各中心负责人、教工党支部书记、教研室主任、全体教职工参加会议。全海代表校党委、校行政宣读干部任免决定：林致诚任厦门大学体育教学部主任、厦门大学体育教学部党委副书记，吴飞腾、翁兴和任厦门大学体育教学部副主任，免去陈志伟厦门大学体育教学部主任职务，免去何元春厦门大学体育教学部副主任职务。（付正超）

社会与人类学院

【概况】 社会与人类学院现有社会学和考古学（与历史系共建）2 个博士后流动站，社会学、人类学、人口学 3 个博士点，社会学、人类学、民族学、社会工作（专业学位）4 个硕士点以及社会学、人类学、社会工作 3 个本科专业。

学院现有专任教师 42 人，其中教授 10 人，副教授 22 人，助理教授 10 人。具有高级职称的专任教师 32 人（占专任教师总数的 76.2%），具有博士学位的专任教师 40 人（占专任教师总数的 95.2%）。学院共有教育部“长江学者”特聘教授 1 人，教育部“长江学者”青年学者 1 人，教育部新（跨）世纪优秀人才支持计划 3 人，教育部社会学教学指导委员会副主任委员 1 人，民族学教学指导委员会委员 1 人，社会工作专业学位教育指导委员会委员 1 人，“闽江学者”特聘教授 2 人，南强青年拔尖人才 A 类 4 人、B 类 1 人、培育类 1 人。2021 年共引进南强青拔 A 类 1 人、培育类 1 人，专任教师 3 人，兼职教授 1 人，招募博士后 4 名。

学院现有在校学生 603 人，其中本科生 307 人，硕士研究生 217 人，博士研究生 79 人。2021 年，学院招收博士研究生 17 人，硕士研究生 81 人（其中学术型硕士 35 名，专业硕士 46 名），本科生 80 人。

2021 年学院新增国家社会科学基金重大项目 1 个，国家社会科学基金年度项目 6 个，国家社科基金后期资助项目 1 个，全国教育规划课题 1 个，福建省社会科学规划项目 2 个，其他纵向项目 1 个，其余横向课题 29 个，累计到账科研经费超 400 万元。5 项科研成果获得第十四届省社科优秀成果奖；多篇高水平研究成果在国内外高水平刊物发表；科研平台建设取得新突破，获批一个校级实验室。学院办公用房面积增加 89.47 平方米，在海韵园科研 2 号楼 116，用途为实验室。（王雅琳）

【举办“七一”表彰大会】 6 月 30 日，学院举行庆祝中国共产党成立 100 周年暨学院“七一”表彰大会。会上，学院党委书记谢银辉为人类学与民族学系教工党支部党员江炳荣同志颁发“光荣在党 50 年”纪念章。江炳荣同志、杨敬达同志和学院党员领导为获表彰的 13 名优秀共产党员、6 名优秀党务工作者和 2 个先进基层党组织颁奖。（刘美君）

【学党史办实事】 针对学院办学空间不足、编制偏少、教师工作室分散缺乏凝聚力等问题，结合党史学习教育“为师生办实事”活动，努力解决师生需求和学院发展需求。在空间和硬件方面，经多方努力，争取到曾呈奎楼 B 栋 5 楼和海韵校区实验室空间，并完成装修投入使用；利用学院走廊等公共空间，新增小型研讨区、公共打印区，配备公共打印设备，安装淋浴设备，满足师生来院工作学习运动需要；提升会议室/教室硬件设备，满足线上教学需求；制定学院办学空间需求方案，并提交学校资产处，目前学校已将学院办学过渡用房和未来院址事宜列入议事日程。在编制需求方面，就学院学科特点、发展现状与发展规划向学校有关部门进行专题汇报，增进学校对学院队伍建设资源需求的了解，努力达成共识。在学院凝聚力建设方面，通过倡导学院气排球、羽毛球等兴趣小组建设，组织开展党史学习教育主题秋游活动等，带动师生积极参与，促进新学院来自不同院系师生的交流与融合。（刘美君）

2021年度社会与人类学院基本情况

统计项目	数量
本科生数(人)	307
硕士研究生数(人)	217
其中:专业学位硕士研究生数(人)	132
博士研究生数(人)	79
其中:专业学位博士研究生数(人)	
其中:学历留学生数(人)	5
本科毕业生毕业去向落实率(%)	82.5
硕士毕业生毕业去向落实率(%)	91.9
博士毕业生毕业去向落实率(%)	80
本科毕业生升学、出国(境)率(%)	42.9
专任教师数(人)	42
博士后数(人)	7
教授数/正高级数(人)	10
副教授数/副高级数(人)	22
具有博士学位专任教师数(人)	40
具有海外学习交流一年(或10个月)以上经历教师数(人)	31
45岁以下(含)专任教师数(人)	27
文科资深教授(人)	
发展中国家科学院院士(人)	
教育部“长江学者奖励计划”特聘教授(人)	1
教育部“长江学者奖励计划”青年学者(人)	1
国家杰出青年科学基金获得者(人)	
“国家特支计划”领军人才(人)	
“国家特支计划”青年拔尖人才(人)	
国家百千万人才工程入选者(人)	
国家级教学名师(人)	
国家优秀青年科学基金获得者(人)	
教育部新(跨)世纪优秀人才(人)	3
福建省“闽江学者”特聘教授(人)	2
国家教学成果奖(项)	
国家级一流本科专业(含建设点)(个)	1
中国“互联网+”大学生创新创业大赛获奖数(项)	
国家“2011协同创新中心”(个)	
国家高端智库(含培育)(个)	
教育部重点实验室(个)	
教育部人文社会科学重点研究基地(个)	
教育部国别和区域研究中心(个)	

统计项目	数量
其他部委研究基地(个)	
福建省“2011协同创新中心”(个)	
福建省重点实验室(个)	
福建省高等学校文科研究基地(个)	1
福建省社科研究基地(含马工程)(个)	
福建省高校特色新型智库(个)	
福建省重点智库建设(培育)单位(个)	
其他部省级平台(请注明)(个)	
国家自然科学基金项目(个)	
国家社会科学基金项目(个)	9
国家社会科学基金重大项目(个)	1
教育部人文社会科学研究重大课题攻关项目(个)	
教育部人文社会科学重点研究基地重大项目(个)	
教育部人文社会科学研究一般项目(个)	
其他部委项目(个)	
福建省社会科学基金重大项目(个)	
纵向科研经费(到位)(万元)	325.35
横向科研经费(到位)(万元)	172.31
高校科学研究优秀成果奖(人文社会科学)(项)	
福建省社会科学优秀成果奖(项)	5
其他部省级奖项(请注明)(项)	
发表文章总数(篇)	111
其中:《中国社会科学》发文数(篇)	
《新华文摘》转载数(篇)	
国际代表性刊物发文数(篇)	1
出版专著(部)	2
决策咨询报告(获采纳/批示)(篇)	13
学生出国(境)交流(人次)	3
教师出国(境)交流(人次)	4
主办国际学术会议(次数)	
主办两岸学术会议(次数)	
境外合作高校或机构(所)	
签订境外合作协议(份)	
邀请国外学者数(人)	
邀请台港澳地区学者数(人)	1
国(境)外学生来校数(人)	

【举办百年校庆相关活动】 为庆祝厦门大学建校 100 周年，总结学科百年奋斗历史，学院于 3 月 13 日举办“喜迎百年、共话发展”校内院友座谈会；4 月 6 日出版《厦门大学社会与人类学院院史》；4 月 6—7 日举办“厦门大学人文社会科学国际论坛”之“全球化背景下的多元文化与社会”分论坛；4 月 25 日，举行 2021 年社会与人类学院“陈荣理自强奖学金”“圣能至善奖教金”颁奖仪式等校庆相关活动。（王雅琳）

【学院选举产生新一届学院党的委员会】 12 月 27 日下午，中国共产党厦门大学社会与人类学院第一次党员大会在化学报告厅召开。学院 139 名师生党员参加大会。校党委基层党建联络员杨敬达同志列席会议。会议由学院党委副书记陈夷主持。会上，学院党委书记王晓丽代表学院党委做题为“坚定不移举旗帜　凝心聚力创一流”的工作报告，回顾学院党委成立以来开展工作情况和推动学院事业发展取得的成就，同时提出学院党委未来的工作目标与展望。大会以无记名投票的方式差额选举产生新一届中共厦门大学社会与人类学院委员会委员：王晓丽、毛毛、冯文晖、陈夷、徐延辉、常青松、蓝达居。新一届中共厦门大学社会与人类学院委员会召开第一次全体会议，选举产生学院党委书记王晓丽，学院党委副书记陈夷、毛毛。（刘美君）

【党建引领选树先进典型】 培养和选树一批身边可敬、可信、可鉴、可学的优秀典型，为莘莘学子领航。社会学系与社会工作系教工联合党支部在疫情防控、社会治理等方面发挥师生党员先锋模范作用，获福建省“全省高校先进基层党组织”称号；青年教师王传超获第十八届“福建五四青年奖章”；教师童敏获厦门大学 2021 年“我最喜爱的十位老师”；2018 级本科生杨郡获厦门大学 2021 年“十佳共青团员”。拍摄视频《自强守初心　无私担使命——记江炳荣老师》、撰写征文《自强忠诚守初心　无私奉献担使命——记江炳荣老师》，获 2021 年厦门大学“读懂中国”视频类三等奖、征文类三等奖。（学院学工组）

【全面落实师德师风建设】 11 月 15 日，组织召开“鉴往知来守初心，立德树人开新局：2020—2021 学年师德师风建设专题会”，邀请厦门大学师德师风宣讲团成员、社科处处长高和荣教授做专题报告。12 月 16 日，举办“学为人师、行为世范，争做‘四有’好老师”2021 年青年教师沙龙，邀请厦门大学 2021 年“我最喜爱的十位老师”获得者、社会工作系主任童敏教授分享从教心得，以优秀教师典范带领新教师走好教书育人第一步。（邱　莹）

【出台 16 项制度完善内控体系】 2021 年共制定、修订《厦门大学社会与人类学院党委会议事规则》《厦门大学社会与人类学院党政联席会议事规则》《厦门大学社会与人类学院学术专著出版资助计划实施办法》《厦门大学社会与人类学院教学绩效奖励实施细则》《厦门大学社会与人类学院“南强优秀博士生培育计划”实施细则》等 16 项制度，内容涉及党务、教学、科研、人事等各方面。（王雅琳）

【社会学学科入选“中国一流学科”】 社会学学科入选软科“2021 软科中国最好学科排名”，位列第九，首次进入社会学学科前 10%。（张　灵）

【开设宣传专栏扩大学科影响】 胡荣教授在“今日头条”上开设《我们学院的年轻人》专栏，推介学院科研突出的年轻学者 22 人，累计点击阅读量 27 万次；在“今日头条”、南强群学视频号等媒体上推出“我们学院的教授们”系列宣传短文和视频，推介学院教授 13 人，在学术界和社会各界产生广泛影响。（王雅琳）

【人才引培效果初显】 积极塑造人才成长好环境，王传超入选 2021 年教育部“青年长江学者”、龚浩群入选“闽江学者”特聘教授，常青松等 5 名入选福建省高层次人才项目。（邱　莹）

【开展“社会学走进中学”线下活动】 学院开展“社会学走进中学”线下活动。2021 年 1—9 月，胡荣分别赴福建省寿宁县犀溪中学、浙江省泰顺中学、福建省平和第一中学、福建省福鼎第一中学宣讲社会学和他的治学之路；4 月 12 日，童敏赴福州格致中学宣讲社会工作。该活动向中学生及家长和社会公众普及社会学相关学科知识，在社会上产生很大反响，对提升社会学专业知名度起到很好的作用。（王雅琳）

【本科教学改革成果显著】 刘家军“‘闽台节庆习俗’的教研”项目获 2021 年第二批产学合作协同育人项目立项。魏爱棠团队“‘实务为本，成长导向’的社会工作本科实务实践教学模式改革”项目获 2021 年福建省高等教育教学改革研究项目立项。（尹梦琴）

【研究生科研成果显著】 2021 年获研究生院资助邀请 7 名校外专家开设 11 场专题讲座，获校级田野基金项目 9 个。研究生科研成果显著，2021 年研究生发表高水平研究论文 11 篇，出版专著 1 部。在 2021 年“2020 年福建省研究生优秀学位论文”评选中，学院获评 5 篇优秀学位论文，其中优秀博士学位论文 2 篇、优秀学术硕士学位论文 2 篇、优秀专业硕士学位论文 1 篇。（张　灵）

【学业竞赛斩获佳绩】 5 月 29 日，选派优秀学生参加“强东杯”第十二届高校社会学知识竞赛全国邀请赛，获二等奖。学生作品《乡村扶贫治理的“福建经验”与“中国智慧”——基于福建省六村扶贫治理模式的考察》获第十五届“挑战杯”福建省大学生课外学术科技作品竞赛二等奖、校赛特等奖。2021 年 11—12 月，推动社会学系举办“厦门大学第一届‘镜头下的社会与生活’大赛”、社会工作系举办“厦门大学第一届社会工作案例分析大赛”、人类学与民族学系举办“厦门大学第八届‘美美与共：中国传统村落文化景观保护与发展方案’大赛”。（学院学工组）

【“厦门大学社会工作实践研究基地”挂牌】 3 月 21 日，学院与泰康之家·鹭园举行“厦门大学社会工作实践研究基地”授牌仪式，在社会工作实习实践、养老服务产学研方面与泰康开展合作。（学院学工组）

【发挥团学组织自我教育功能】 5月,“学史增信做实事,助力百年新征程”第二届学生骨干培训班开班。7月,学院召开第二次学生代表大会、第二次研究生代表大会,选举产生第三届学生会主席团、第三届研究生会主席团。7月,厦门大学人类学社完成换届。9月,成立社会与人类学院宣传中心。（学院学工组）

【构建沉浸式文化育人模式】 学院将党史教育、传统文化、学科历史融入学院文化育人过程。1月,首次举办“迎新春　庆百年”寒假留校学生新年联欢会;4月,举办“回望百年　砥砺奋进”趣味运动会、“尽展芳华　喜迎百年”献礼百年校庆文艺汇演;9月,建立师生合唱团;10月,举办“中秋遇国庆”抗疫下的云端双节联欢会;11—12月,组织学生参加厦门大学“校庆杯”啦啦操锦标赛获团体二等奖和最佳口号奖、厦门大学第十四届校园心理剧大赛获二等奖、厦门大学“足协杯”足球联赛获季军、厦门大学“新生杯”排球联赛获第八名、厦门大学第56届学生田径运动会获体育道德风尚奖。12月,学院原创校史剧目《你好,林惠祥》获“致敬历史,献礼百年”厦门大学党史学习教育“我要上建南”活动决赛第二名;12月,首次举办“青春留声　献礼百年”红色影视作品配音大赛。（学院学工组）

【斩获国家社科重大项目和七个年度项目】 王传超主持的课题“多学科视角下的汉藏语系的起源和演化研究”获国家社科基金重大项目立项,这是学院2018年成立以来的第四个重大立项。杨凌燕获全国教育规划课题一般项目立项。全年获7个国家社科基金立项,其中重点项目1个(陈福平),一般项目3个(张亚辉、魏爱棠、刘家军),青年项目2个(常青松、赵斑健),后期资助1个(张群),立项数在学校并列第四名。（戴　欢）

【《社会工作督导指南》由民政部正式出台】 3月31日,由学院社会工作系童敏领衔编制的《社会工作督导指南》,通过民政部的审核和公示,正式公开发布(民政部公告【第506号】),成为国家社会工作机构督导的全国行业标准,为高质量的社会工作服务提供强有力的技术支持和制度保障,展现国家社会工作的专业化水平。（戴　欢）

【王传超教授在 *Nature* 在线发表长文】 2月22日,学院王传超教授作为第一作者和通讯作者在 *Nature* 上以长文(Article)形式在线发表题为“Genomic Insights into the Formation of Human Populations in East Asia”的研究论文,通过古DNA精细解析东亚人群8000年来的起源、迁徙和混合历史。这是目前国内开展的东亚地区最大规模的考古基因组学研究,改变东亚地区尤其是中国境内考古基因组学研究长期滞后的局面。（戴　欢）

【生物人类学实验室获多项校级荣誉】 12月6日,学院王传超主持的生物人类学实验室获批学校第一批校级文科实验室。12月22日,学院党委书记王晓丽、院长胡荣、副院长冯文晖、人类学研究所所长王传超共同为生物人类学实验室揭牌。作为全校唯一的古DNA超净实验室,生物人类学实验室在“2021年教育部高等学校实验室安全现场检查”中无整改项,获评厦门大学“2021年度安全卫生先进实验室”。（戴　欢　吴　慧）

【举办七场高水平学术论坛】 举办“厦门大学人文社会科学国际论坛”之“全球化背景下的多元文化与社会”分论坛、“首届全国社会学院长论坛”、“多面的田野:人类学研究方法的新思考”、“首届人类学与国别区域研究论坛”、“海洋遗产与文旅融合发展论坛”、“上海音乐学院第二届华语音乐影像志展映·厦门大学分会论坛:‘音乐影像志学学科建设研讨会’”等7场学术会议,极大提高学院学科影响力和知名度,为促进社会学的学科发展、社会学学科共同体的建设提供良好的平台。（戴　欢）

【举办多场高水平学术讲座】 学院举办2场“南强学术”讲座、1场“至善大讲堂”、10场“南强群学”系列讲座,邀请北京大学、中山大学、浙江大学、华东师范大学、香港中文大学、上海大学、西安交通大学、中国农业大学等高校专家学者,通过线上线下相结合的形式,与学院师生交流学术前沿。（戴　欢）

【教职工积极参加学校文体活动彰显学院风采】 3月20日,参加“当好主人翁,奋进新百年”2021厦门大学第九届女教职工气排球比赛获第七名;6月26日,参加厦门大学庆祝中国共产党成立100周年“永远跟党走,奋进新征程”主题教职工合唱比赛获三等奖;11月5—7日,组织学院教职工参加第20届教职工运动会,戴欢获得女子青年组跳远第2名、女子青年组800米第8名;12月28日,尹梦琴参加“学‘四史’跟党走　牢记嘱托担使命”教职工演讲比赛决赛获二等奖。（戴　欢）

一带一路研究院

【概况】 一带一路研究院设立于2017年7月。研究院聚焦国家“一带一路”建设所涉及的政治、经济、文化、法律、人才培养和国际问题等领域,以“国家急需、世界一流、制度先进、贡献突出”为总体要求,以服务国家和区域重大需求为导向,整合学校政治学、经济学、管理学、法学、教育学、历史学、信息科学、海洋科学等传统优势学科力量,开展具有针对性、前瞻性、综合性的政策研究,致力于打造集学术研究、决策咨询、人才培养、国际交流、舆论引导五大功能于一体,在“一带一路”相关研究领域位居国内一流、国际知名的中国特色新型高校智库。

根据国家顶层战略部署,围绕如何实现政策沟通、设施联通、贸易畅通、资金融通、民心相通“五通”,研究院凝练8个研究方向:“一带一路”倡议下的“创造性介入”:中国与东南亚关系的新发展,“一带一路”营商环境研究,“一带一路”知识产权交易与反侵权的创新机制研究,中国企业在“一带一路”沿线国家投资与风险管控研究,“一带一路”中国能源政策研究,海洋文明与“一带一路”沿线国家海洋合作发展策略研究,“一带一路”倡议下的教育“走出去”研究,全球化视野下的“一带一路”：华侨华人、文化传承与民心相通。

研究院组建 8 个研究团队，分别是：“一带一路”沿线国别政治、安全、外交与舆情研究团队，“一带一路”沿线国家贸易投资、产能合作及区域一体化研究团队，“一带一路”沿线国家营商环境研究团队，“一带一路”沿线国家法律研究团队，海上丝绸之路海洋合作与资源开发研究团队，“一带一路”沿线国家历史、文化、社会、宗教、语言、华侨及各国与中国的关系研究团队，“一带一路”沿线国家教育合作研究团队，“一带一路”人才战略研究团队。

研究院现有研究人员 55 名，其中专兼职教师 25 名，博士研究生 30 名。年内，研究院有 11 个课题获批立项，师生完成学术专著 7 部，发表论文 59 篇，包括一类核心论文 14 篇，SCI/SSCI 论文 11 篇。撰写咨询报告 73 篇，被国家部委、福建省教育厅、厦门市政协常委会等部门采纳，其中 1 篇获中央核心领导批示。

2021 年，研究院共举办“一带一路”学术讲座 29 场，其中 7 场学术讲座线上同步直播，讲座话题覆盖华人华侨文化、知识产权保护、戏剧与文学、文化创新与传承、全球产业链发展等多学科领域。

2021 年，研究院在已达成的与丝路国家战略（厦门）研究中心、国家发展改革委一带一路建设促进中心、厦门国家会计学院合作协议的基础上，与厦门市金砖国家新工业革命伙伴关系创新基地建设领导小组办公室签订合作协议，与厦门大学马来西亚分校新闻传播系签订科研项目委托协议。

2021 年，研究院围绕“一带一路”研究热点话题，邀请各领域专家供稿，打造“一带一路研究智库专报”，目前已形成以“一带一路研究智库专报”“‘碳中和’前沿观点摘要”“世界主要媒体对‘一带一路’建设性意见的观点摘要”为主线的 3 种专报形式，完成智库专报 20 期，“碳中和”前沿观点摘要 4 期，世界主要媒体对“一带一路”建设性意见的观点摘要 1 期，内容涉及“一带一路”国别建设、后疫情时代的全球政治经济格局变化、中国在沿线国家的产业链竞合、碳边界税和“双碳”目标建设等。

研究院一带一路数据库中心负责的“一带一路”研究院大数据平台（B&RI-BD）建设初具规模，形成涵盖专题、文本和即时信息三大数据模块的基础框架，可从经济与政治、宏观与微观、制度与民情多个角度切入，完成从数据采集到信息提取再到知识生成的闭环，服务于“一带一路”相关科研需求。（宋　阳）

【参与厦门市政协十三届二十九次常委会会议】 5 月 27 日，研究院作为高校代表参与厦门市政协召开的十三届二十九次常委会会议，围绕“高标准建设金砖国家新工业革命伙伴关系创新基地”开展专题协商议政。会上，厦门市政协委员、厦门大学一带一路研究院副院长蔡庆丰教授做题为“优化职业人才教育　助力金砖创新基地建设”的重点发言。本次会议，研究院提交的 4 篇研究报告被全面采纳。（蔡庆丰）

【举办 2021 第三届厦门大学“一带一路”发展论坛】 9 月 25 日，研究院和马来亚大学中国研究所联合主办第三届厦门大学“一带一路”发展论坛，论坛以“‘一带一路’与东南亚”为主题，来自马来西亚、新加坡、菲律宾、文莱、缅甸、印度尼西亚、泰国等国家和地区的学者 15 人，与中国各高校的学者、各界嘉宾“云”聚厦大，就我国与东南亚国家之间的经济、政治、文化、教育、科技合作等方面的课题进行深度探讨、交流互鉴。论坛共包含 7 个主旨演讲、1 个“一带一路”数据库建设成果发布会和 5 个平行分论坛，51 名学者和业界精英做专题报告，18 名主持人或点评人参与讨论，近 200 名学界、科研界、政界、企业界代表线上参会。（宋　阳）

【与厦门市金砖国家新工业革命伙伴关系创新基地建设领导小组办公室签订合作协议】 11 月 22 日，研究院与厦门市金砖国家新工业革命伙伴关系创新基地建设领导小组办公室（以下简称“市金砖办”）签订合作协议。双方将针对助力金砖创新基地建设工作中的重点、难点、热点问题，发挥各自资源和专业技能优势，联合申报课题、开展研究，支持和参与合作方主导的课题研究。此外，双方将进行信息资源共享，开展交流研讨活动、联合培养人才、举办学术会议。研究院于 12 月 10 日派出 2 名博士生李龙龙、姚祥翔到市金砖办实习，参与并协助金砖创新基地建设工作。（宋　阳）

【承办 2021 年东南科技论坛并启动“数字丝路创新服务平台”】 11 月 28 日，由中国系统工程学会、福建省科学技术协会主办，福建省系统工程学会、厦门大学航空航天学院、厦门大学一带一路研究院承办的 2021 年东南科技论坛在厦门海峡新岸数字经济创新中心（人民网内容科技产业园）举办。论坛上，“数字丝路创新服务平台”发布上线。该平台由厦门大学航空航天学院、厦门大学一带一路研究院、福建兆翔临港置业有限公司共同策划、运营，平台的建设目标是聚焦“‘一带一路’数字经济产业生态”，推进“一带一路”沿线国家和地区在数字经济领域新技术、新业务、新业态的协同创新和聚合发展。（洪文兴）

数学科学学院

【概况】 数学科学学院现有数学与应用数学系、信息与计算数学系、概率与数理统计系和公共数学教学部。设有福建省数学建模与高性能科学计算重点实验室。2018 年获批建设国家天元数学东南中心。现有数学、统计学一级博士学位授予权和数学、统计学博士后流动站，涵盖基础数学、计算数学、概率论和数理统计、应用数学和运筹学与控制论 5 个二级学科博士点和硕士点，其中基础数学为国家重点学科，数学为福建省一级重点学科。拥有数学与应用数学、信息与计算科学、统计学 3 个本科招生专业。数学与应用数学专业、信息与计算科学专业和统计学专业入选国家级一流本科专业建设点，数学与应用数学

2021 年度数学科学学院基本情况

统计项目	数量	统计项目	数量
本科生数(人)	456	福建省"2011 协同创新中心"(个)	
硕士研究生数(人)	162	福建省重点实验室(个)	1
其中:专业学位硕士研究生数(人)		福建省工程技术研究中心(个)	
博士研究生数(人)	128	福建省工程实验室(个)	
其中:专业学位博士研究生数(人)		福建省工程研究中心(个)	
其中:学历留学生数(人)	1	其他(国家天元数学中心)	1
本科毕业生毕业去向落实率(%)	83.8	其他部省级平台(福建省应用数学中心、数字福建大数据基础技术厦门研究院)(个)	2
硕士毕业生毕业去向落实率(%)	94.6	国家自然科学基金委基础科学中心(个)	
博士毕业生毕业去向落实率(%)	95.7	国家自然科学基金委创新研究群体(个)	
本科毕业生升学、出国(境)率(%)	49.5	高等学校学科创新引智基地("111 计划")(个)	
专任教师数(人)	95	国家自然科学基金项目(个)	13
博士后数(人)	8	国家重点研发计划(项目牵头)(个)	
教授数/正高级数(人)	43	其他部省级重大专项(个)	
副教授数/副高级数(人)	31	企业和社会各界委托项目(理工医科 100 万元以上)(个)	
具有博士学位专任教师数(人)	93	纵向科研经费(到位)(万元)	1740.57
具有海外学习交流一年(或 10 个月)以上经历教师数(人)	65	横向科研经费(到位)(万元)	87.51
45 岁以下(含)专任教师数(人)	63	国家自然科学奖(项)	
全职两院院士(人)		国家技术发明奖(项)	
发展中国家科学院院士(人)		国家科技进步奖(项)	
教育部"长江学者奖励计划"特聘教授(人)		高校科学研究优秀成果奖(科学技术)(项)	1
教育部"长江学者奖励计划"特岗学者(人)		福建省科学技术奖(项)	
教育部"长江学者奖励计划"青年学者(人)	2	其他重要科技奖励(请注明)(项)	
国家杰出青年科学基金获得者(人)		发表文章总数(篇)	115
"国家特支计划"领军人才(人)	1	其中:*Science*、*Nature*、*Cell*(含子刊)(篇)	
"国家特支计划"青年拔尖人才(人)		其他(请注明)(篇)	
国家百千万人才工程入选者(人)		国内授权专利情况(项)	
国家级教学名师(人)	1	国外授权专利情况(项)	
国家优秀青年科学基金获得者(人)	2	科技成果转化(项目数)(项)	
教育部新(跨)世纪优秀人才(人)	5	科技成果转化(转让金额)(万元)	
福建省"闽江学者"特聘教授(人)	9	学生出国(境)交流(人次)	15
福建省特级后备人才(人)		教师出国(境)交流(人次)	36
国家教学成果奖(项)		主办国际学术会议(次数)	1
国家级一流本科专业(含建设点)(个)	2	主办两岸学术会议(次数)	
中国"互联网+"大学生创新创业大赛获奖数(项)		境外合作高校或机构(所)	7
国家(地方联合)工程研究中心(个)		签订境外合作协议(份)	12
国家"2011 协同创新中心"(个)		邀请国外学者数(人)	32
教育部重点实验室(个)		邀请台港澳地区学者数(人)	5
教育部工程研究中心(个)		国(境)外学生来校数(人)	

为国家级特色专业，信息与计算科学为福建省特色专业。数学类本科专业入选教育部“强基计划”，是国家“理科基础科学研究和教学人才培养基地”。数学学科入选教育部“拔尖计划 2.0”。“高等代数（上、下）”、“数学建模”和“偏微分方程”入选国家级一流本科课程，“离散数学”（线上、线下）、“数学分析（Ⅲ）”入选省级一流本科课程。“高等代数”和“数学建模”为国家精品课程和国家级资源共享立项课程，“数学建模”和“偏微分方程”为国家精品在线开放课程。主办期刊 *Journal of Mathematical Study* 被国际著名数据库收录。

现有专任教师 95 人，其中教授 43 人，副教授 31 人，博士生导师 38 人，具有博士学位的教师占专任教师总数的 98%。国务院学位委员会学科评议组成员 1 人，国家“特支计划”领军人才 1 人，国家级教学名师 1 人，国家高层次人才 2 人，国务院政府特殊津贴获得者 5 人，教育部教指委成员 2 人，国家高层次青年人才 11 人，省部级人才 69 人（次）。

现有在校博士研究生 128 人，硕士研究生 162 人，本科生 456 人。2021 年，招收博士研究生 28 人，硕士研究生 65 人，本科生 112 人；毕业博士研究生 21 人，硕士研究生 37 人，本科生 104 人。2021 届本科毕业生升学、出国（境）率 49.5%，14 名出国（境）留学，38 名境内读研。

杜妮教学案例入选全国高校在线开放课程联盟联席会“慕课与线上线下混合式典型教学案例”并获福建省高校在线教育联盟教学案例一等奖。吴聪敏获福建省首届数学创新课程交流活动二等奖。杜妮牵头团队获学校首届教师教学创新大赛一等奖。周达获校第十届英语教学比赛特等奖，聂嘉明获校第十六届青年教师教学技能比赛一等奖。获福建省本科高校教育教学改革研究项目立项 2 个、校级教改项目立项 1 个。2 篇博士学位论文、1 篇硕士学位论文分别入选 2020 年福建省优秀博、硕士学位论文。获全国大学生数学竞赛决赛一等奖 4 项、二等奖 9 项、三等奖 6 项。获全国大学生数学建模竞赛本科组一等奖 4 支、二等奖 8 支，研究生组一等奖 1 支、二等奖 8 支、三等奖 12 支。获第五届中国青年志愿服务项目大赛金奖 1 项。10 名博士生通过国家留学基金委选拔获得国家公派留学机会。

邱建贤获 2020 年教育部高等学校科学研究优秀成果（科学技术）二等奖、第七届“福建省优秀科技工作者”。夏超获第十六届福建青年科技奖。全院总获批科研经费 2398 万元，获批国家自然科学基金项目 13 个，其中，国家天元数学东南中心项目 1 个 1200 万元、重点项目 1 个 252 万元、优青项目 1 个 200 万元、国际（地区）合作与交流项目 1 个 200 万元、面上项目 7 个、青年项目 2 个。在国内外学术刊物上累计发表学术论文 115 篇，其中关于李理论中 Vogan 轨道方法猜测取得重大进展，成果发表在 *Duke Mathematical Journal*，关于几何分析中斜平均曲率流局部适定性问题取得突破，成果发表在 *Journal für die Reine und Angewandte Mathematik*（*Crelle's Journal*）。

学院举办 14 场专题学术研讨会，共计 198 场学术报告；开设系列短课程 15 门；举办大师讲座、名家讲堂 4 场、Colloquium 系列讲座 9 场、专题学术讲座 120 余场；组织访问合作研究项目 8 个。举办国际会议 1 场，邀请国（境）外专家学者做学术报告 26 场（含线上线下）。6 人次研究生出国（境）访问交流、9 人次本科生（线上）参加境外交流项目。与厦门一中共建陈景润数学创新班，选派 2 名教师（线上）为马校授课。 （吴纲民）

【接受校党委第四轮巡察“回头看”】 5 月，学院接受校党委第四轮巡察“回头看”。学院党委提高政治站位，加强统筹推进，聚焦立德树人，及时建章立制，推动整改举措取得突出成效，充分释放巡察整改“红利”，带动学院各项事业再上新台阶。截至巡察“回头看”时，学院已完成巡察反馈意见 32 个问题中 28 个问题的整改，但其中指导督促教师党支部发挥作用的机制还需进一步健全，邀请非党员教工参加党内组织生活和教育活动，深化与国际一流机构合作交流以及办公条件环境提升、设施修缮、争取办学空间等问题需持续关注并推进整改。 （曹　璐）

【扎实开展党史学习教育】 3 月，学院召开党史学习教育部署推进会，学校基层党建联络员、党建巡察员、党史学习教育第四指导组组长郑冰冰到会指导。会上，院党委书记黄宝秋做党史学习教育动员讲话，推出《数学科学学院党史学习教育方案计划表》，率先启动党史学习教育。围绕党史学习教育主题，学院共开展党委中心组学习 7 次，党员领导讲专题党课 11 人次，举办理论辅导报告会 4 场，举行双周政治理论学习 32 次，党支部开展三会一课 60 次，“固定党日＋”活动 88 场，完成谈心谈话 261 人次，落实“我为师生办实事”项目 31 个，切实做到学党史、悟思想、办实事、开新局。 （曹　璐）

【发展党员工作呈现亮点】 7 月，国家高层次青年人才熊涛教授光荣入党。学院发展海归青年教师入党的做法在 10 月召开的学校发展党员工作推进会上做典型经验交流，11 月学校《院系发展动态》也将此作为典型案例刊发。学生入党申请比例大幅提高，本科、研究生入党申请比例分别达到 65%、75%，位于学校前列。学院全年发展党员 69 名，比往年平均发展量增长 130%。 （曹　璐）

【推进师德教育成效显著】 学院着眼前沿基础研究国家战略和人才培养需求，按照秉传统、重引领、树典型、强支撑的思路，深入开展师德教育取得突出成效。今年“七一”，林亚南被学校庆祝建党 100 周年《百年赤诚》主题宣传列为典型人物，并在教育部庆祝建党百年高校示范微党课中讲述陈景润院士勇攀科学高峰，为国争光的事迹。11 月，学院涵养良师生态、锻造“四有”之师的师德师风建设做法在学校师德专题教育交流推进会上做典型经验交流，相关内容刊发在《厦门大学党政工作研究》师德教育专栏。 （曹　璐）

【顺利迎接全省高校党建工作标杆院系、样板支部验收】 6 月，院党委、教师第一党支部、本科生党支部，顺利通过全省高校党建工作标杆院系、样板支部验收。在此基础上形成《党建“四个融”引领学院事业高质量发展》《公寓党员服务站——打造学生党员教育的试验田》党建工作案例，分别参与全省优秀党建工作案例征集和学校党员教育工作案例汇编。（曹　璐）

【院党委和三名党员获学校“两优一先”表彰】 7月，学校召开庆祝中国共产党成立100周年暨“两优一先”表彰大会，学院党委获学校先进基层党组织称号，陈李媛、叶淑敏获学校优秀共产党员称号，曹璐获学校优秀党务工作者称号。（曹　璐）

【学生思政工作取得佳绩】 学院团委荣获2021年厦门大学“五四红旗团委”称号。学院学工组获评厦门大学2021年学生工作先进单位。“数往知来”志愿服务队在百年校庆期间受厦门大学2021年通报表扬。参加第七届中国“互联网+”大学生创新创业大赛，斩获校级1金1银2铜，获得优秀组织奖，并在学校颁奖仪式上进行现场路演。红旅赛道项目“‘1+2’景润学堂：乡村中小学课外辅导探索者”获得省级银奖。（于正伟）

【国家天元数学东南中心2021年学术委员会扩大会议在厦门召开】 4月17日，国家天元数学东南中心2021年学术委员会扩大会议在厦门召开。国家自然科学基金委数理科学部主任江松院士、数学科学处处长何成教授，国家自然科学基金委数学天元基金学术领导小组张伟平院士，国家天元数学东南中心学术委员会主任田刚院士、副主任励建书院士和汤涛院士，学术委员会成员席南华院士等，以及国家天元数学东南中心执行委员会委员，国家天元数学其他中心负责人等专家出席本次会议。校长张荣亲切会见与会专家，校党委副书记、纪委书记全海出席会议并致辞。国家天元数学东南中心执行委员会主任、厦门大学数学科学学院院长谭绍滨教授汇报2020年工作总结与2021年工作计划。（魏　佳）

【2021年国家天元数学东南中心高校青年教师公共数学课程暑期培训班举办】 7月9—14日，2021年国家天元数学东南中心高校青年教师公共数学课程暑期培训班在海南大学成功举办。来自福建、江西、广东、青海、海南等省份15所高校64名青年教师参加培训。培训班由国家天元数学东南中心主办，海南大学承办，教学效果显著，切实提高东南地区高校青年教师公共数学课程的教学与研究能力。（魏　佳）

【国家天元数学东南中心获国家自然科学基金连续资助】 12月17日，国家自然科学基金委公布数学天元基金2021年度第二批项目评审结果。国家天元数学东南中心获国家自然科学基金资助，直接经费1200万(2022年1月—2025年12月)。国家天元数学东南中心自2018年11月成立以来，针对若干数学及其交叉领域或专题，通过多种形式的学术交流研讨活动，深化国内外多领域专家间合作，促进数学与其他学科、数学各分支间的交叉融合，形成优势研究方向，有力推动数学学科发展。2019—2021年已连续3年获得国家自然科学基金委建设经费900万。（魏　佳）

【信息与计算科学专业入选国家级一流本科专业建设点】 2月10日，教育部发布《教育部办公厅关于公布2020年度国家级和省级一流本科专业建设点名单的通知》(教高厅函〔2021〕7号)，公布第二批国家级一流本科专业建设点名单，学院信息与计算科学专业入选国家级一流本科专业建设点名单。（黄晨龙）

【数学类“强基计划”招生录取工作顺利完成】 7月2—3日，按照学校“强基计划”招生简章及学科专业考核调整方案，数学类“强基计划”采取网络远程笔试、面试方式进行选拔，共录取学生18人。（郑丽萍）

【学院在科研项目上取得重大突破】 2021年，全院总获批科研经费2398万元，获批国家自然科学基金项目13个。谭绍滨教授主持的项目“李理论及其相关问题的研究”获国家自然科学基金重点项目资助，直接经费252万元。陈黄鑫教授主持的项目“有限元方法及其应用”获国家自然科学基金优秀青年科学基金项目资助，项目经费200万元。王清教授主持的项目“李理论和代数表示论”获国家自然科学基金国际(地区)合作与交流项目资助，项目直接经费200万元。国家天元数学东南中心获国家自然科学基金资助，直接经费1200万元。（高春玲）

【师资队伍建设成效明显】 2021年，学院师资队伍建设成效明显，金贤安获宝钢优秀教师奖；陈黄鑫获中国自然科学基金优秀青年基金项目；周达进入中国自然科学基金优秀青年基金项目答辩评审环节；宋翀入选厦门市先进教师；周达获第十届英语教学比赛特等奖、聂嘉明获厦门大学第十六届青年教师教学技能比赛一等奖。学院新引进陈继勇、李彦、吴伟胜、马家骏、欧剑宇、李思泰、靳宇、詹伟城8名优秀青年教师。博士后王昕晟、廖梦兰、卢安晞获中国博士后科学基金面上项目资助。（郭淑敏）

【学院与厦门一中共建陈景润数学创新班】 为深入贯彻落实国家关于全面加强基础科学研究总体部署，推进大学、中学数学教育一体化衔接，培养数学英才后备力量，7月10日，数学科学学院和厦门一中举行共建陈景润数学创新班签约仪式并为创新班揭牌。学院党委书记黄宝秋、副书记丁昌利、副院长金贤安及谭忠、周达、陈淑铌等，陈景润院士的儿子陈由伟，厦门一中党委书记、校长陈文强，厦门市教育局原巡视员、厦门一中原校长任勇，厦门一中校友会会长、厦门大学1988届校友曾通，厦门一中数学正高级教师、特级教师王森生为创新班揭牌。9月10日，厦门一中高中2021级陈景润数学创新班举行授牌仪式。校党委副书记全海，学院党委书记黄宝秋，厦门市委教育工委原委员、市教育局原巡视员、厦门一中原校长任勇，厦门一中党委书记、校长陈文强等参加仪式，黄宝秋代表厦门大学致辞，全海和陈文强为陈景润数学创新班授牌。12月4日，厦门一中初中2021级陈景润数学创新衔接班开班仪式举行，学院副院长金贤安参加并做题为《纽结与化学》的专题讲座。《中国教育报》《厦门晚报》等媒体做专门报道。（吴纲民）

物理科学与技术学院

【概况】 物理科学与技术学院设有物理学系、天文学系 2 个系，拥有国家集成电路产教融合创新平台、教育部微纳光电子材料与器件工程研究中心、柔性物质研究及应用创新引智基地 3 个国家级、部级平台及 14 个省、市、校级平台。学院现有物理学和天文学 2 个一级学科，1 个博士后流动站。学院已形成统计物理及其交叉学科、低维凝聚态物理、半导体光电材料与器件、软物质介观结构学与应用、多信使天体物理 5 个"双一流"建设学科方向。

学院现有 95 名专任教师，其中具有高级职称的教师 84 人(占专任教师人数的 88.4%，正高占 46.3%，副高占 42.1%)，45 名工程技术人员，其中具有高级职称的 15 人。学院 2021 年新增国家杰出青年科学基金项目获得者 1 名，南强青拔人才 5 名。本年度人才引进工作注重高水平人才队伍的建设，基本完成学院师资队伍建设计划。

学院设有 2 个本科专业，9 个硕士专业，7 个博士专业。在校学生有 1008 人，其中本科生 555 人、硕士生 303 人、博士生 150 人。学院不断健全完善学生就业促进工作，努力开拓就业市场，2021 届毕业硕士生就业率 100%，博士毕业生就业率 100%；本科毕业生就业率 91.3%，本科生升学、出国(境)率 54.8%。学院积极开展各类学业竞赛，成绩斐然，获得国家级以上奖项 17 项、省级奖项 26 项。

学院科研经费到位 4796.99 万元。立项各类纵向课题 28 个，总立项金额 3951 万元，横向课题 16 个，合同经费 923.75 万元。以学院为第一署名单位发表的学术研究论文被 JCR 一区以上刊物收录 42 篇，其中学院规定的 TOP 期刊 3 篇；学院共获得授权中国专利 37 项。

学院继续与 12 个国外科研机构保持合作交流。与英国卡迪夫大学签订"2＋2"本科生联合培养协议。共做 9 场外国专家学术报告。举办"2021 厦门软物质论坛暨中国复杂自适应物质学会秋季研讨会"国际会议。与英国卡迪夫大学开展线上联合讲座 10 场。与美国佛罗里达州立大学物理系举办线上交流会。3 名学生获 CSC 攻博项目资格出国深造(新加坡)。3 名学生参加校级境外(美国)高校线上交流项目，1 名学生参加澳门大学 40 周年校庆暨纪念五四运动一百零二周年青年领袖峰会。5 人次教职工参加线上国际会议(美国、西班牙、新加坡)，1 名教职工赴美国交流。受新冠疫情影响，总出境交流人数减少。　(刘俊希)

【深入学习贯彻习近平新时代中国特色社会主义思想】 学院党委召开理论中心组学习 12 次，学院党委会和党政联席会把学习和贯彻习近平新时代中国特色社会主义思想和上级重要批示指示精神作为第一议题，深入学习习近平总书记在庆祝中国共产党成立 100 周年大会上的重要讲话精神、习近平总书记重要贺信精神、十九届六中全会精神、各项党内法规。　(黄　涵)

【健全完善党委会和党政联席会的议事决策机制】 制定《厦门大学物理科学与技术学院党政联席会议议事规则》《厦门大学物理科学与技术学院党委会议议事规则(暂行)》《厦门大学物理科学与技术学院党委落实全面从严治党主体责任清单》。建立每月至少一次党委会、一至两次党政联席会议制度，每学期至少一至两次支部书记联席会议，确保党委会履行政治责任以及对各项决策的指导保障作用。不断提升党政联席会的议事决策水平。　(黄　涵)

【积极推动思政教育与学科建设有效融合】 加强师德师风建设，突出课堂育德，课程思政建设，创建教学示范岗，典型树德，守好讲台主阵地，学院党委邀请朱水涌教授开展题为《厦大好老师》师德专题讲座，李书平书记亮警示、陈理想副院长讲准则。物理学系苏国珍教授获"我最喜爱的十位老师"。　(黄　涵)

【做好常态化新冠肺炎疫情防控工作】 根据学校疫情防控要求，修订完善学院防控工作方案和应急预案，加强疫情防控管理，做好各类防控信息报送工作。

通过 QQ、微信等多种形式加强宣传教育，普及新冠肺炎防治相关知识和技能。及时向师生发送校防控办有关摸排信息、温馨提示、健康注意事项，提高师生员工的自我防护能力。

严格落实疫情"日报告、零报告"制度，督促师生员工坚持做好每日健康信息填报工作，每日对师生健康情况进行全面排查并如实上报。做好师生员工新冠疫苗接种动员工作，教职工新冠病毒疫苗接种率达 94%。严格执行师生员工因公因私外出审批和备案管理制度，建立出行教职工"一人一档"信息台账(全年有 1102 人次出行)，掌握其行程轨迹，做到底数清、情况明。有序做好会议、学术交流、培训班等活动的疫情防控工作。　(刘俊希)

【物理学入选教育部拔尖 2.0 计划】 萨本栋物理学拔尖学生培养基地入选教育部基础学科拔尖学生培养计划 2.0 基地。　(沈晓红)

【天文学入选省级一流本科专业建设点】 深入贯彻"以本为本""四个回归""六卓越一拔尖"等本科教育方针和精神，积极响应教育部"双万计划"，推进学院一流专业。继物理学专业入学国家级一流本科专业建设点后，天文学专业成功入选省级一流专业。　(沈晓红)

【"量子力学"入选省级课程思政示范课程】 2021 年，陈理想教授主持建设的"量子力学"入选省级课程思政示范课程，"新华思政"平台对该课程思政案例进行报道。　(沈晓红)

【教学比赛成果颇丰】 在厦门大学第十六届教学比赛中，学院获得 2 项一等奖、2 项二等奖及组织奖。　(戴朝晖)

【方陶陶获国家自然科学基金重点项目资助】 天文学系教授方陶陶申请 2021 年度国家自然科学基金重点项目获得立项。　(秦　岭)

2021年度物理科学与技术学院基本情况

统计项目	数量	统计项目	数量
本科生数(人)	555	福建省"2011协同创新中心"(个)	1
硕士研究生数(人)	303	福建省重点实验室(个)	3
其中:专业学位硕士研究生数(人)	164	福建省工程技术研究中心(个)	
博士研究生数(人)	150	福建省工程实验室(个)	
其中:专业学位博士研究生数(人)		福建省工程研究中心(个)	
其中:学历留学生数(人)		其他(国家集成电路产教融合创新平台)	1
本科毕业生毕业去向落实率(%)	91.3	其他部省级平台(低维凝聚态物理福建省高校重点实验室、天体物理与天文仪器福建省高校重点实验室)(个)	2
硕士毕业生毕业去向落实率(%)	100	国家自然科学基金委基础科学中心(个)	
博士毕业生毕业去向落实率(%)	100	国家自然科学基金委创新研究群体(个)	
本科毕业生升学、出国(境)率(%)	54.8	高等学校学科创新引智基地("111计划")(个)	1
专任教师数(人)	95	国家自然科学基金项目(个)	19
博士后数(人)	38	国家重点研发计划(项目牵头)(个)	1
教授数/正高级数(人)	44	其他部省级重大专项(个)	
副教授数/副高级数(人)	40	企业和社会各界委托项目(理工医科100万元以上)(个)	3
具有博士学位专任教师数(人)	93	纵向科研经费(到位)(万元)	4314.38
具有海外学习交流一年(或10个月)以上经历教师数(人)	62	横向科研经费(到位)(万元)	482.61
45岁以下(含)专任教师数(人)	61	国家自然科学奖(项)	
全职两院院士(人)		国家技术发明奖(项)	
发展中国家科学院院士(人)		国家科技进步奖(项)	
教育部"长江学者奖励计划"特聘教授(人)		高校科学研究优秀成果奖(科学技术)(项)	
教育部"长江学者奖励计划"特岗学者(人)		福建省科学技术奖(项)	
教育部"长江学者奖励计划"青年学者(人)	2	其他重要科技奖励(请注明)(项)	
国家杰出青年科学基金获得者(人)	7	发表文章总数(篇)	121
"国家特支计划"领军人才(人)	3	其中:*Science*、*Nature*、*Cell*(含子刊)(篇)	
"国家特支计划"青年拔尖人才(人)	1	其他(请注明)(篇)	
国家百千万人才工程入选者(人)		国内授权专利情况(项)	37
国家级教学名师(人)		国外授权专利情况(项)	
国家优秀青年科学基金获得者(人)	5	科技成果转化(项目数)(项)	
教育部新(跨)世纪优秀人才(人)	6	科技成果转化(转让金额)(万元)	
福建省"闽江学者"特聘教授(人)	11	学生出国(境)交流(人次)	7
福建省特级后备人才(人)		教师出国(境)交流(人次)	6
国家教学成果奖(项)		主办国际学术会议(次数)	1
国家级一流本科专业(含建设点)(个)	1	主办两岸学术会议(次数)	
中国"互联网+"大学生创新创业大赛获奖数(项)		境外合作高校或机构(所)	1
国家(地方联合)工程研究中心(个)		签订境外合作协议(份)	1
国家"2011协同创新中心"(个)		邀请国外学者数(人)	17
教育部重点实验室(个)		邀请台港澳地区学者数(人)	
教育部工程研究中心(个)	1	国(境)外学生来校数(人)	

【厦门大学天文台获批福建省优秀科普教育基地建设项目】 厦门大学天文台获批福建省优秀科普教育基地建设项目，立项经费支持40万元。

（秦　岭）

【陈理想荣获第十六届福建青年科技奖】 陈理想教授荣获第十六届福建青年科技奖。福建青年科技奖由省委组织部、省科协、省人社厅、省科技厅共同主办，旨在培养造就进入世界科技前沿的青年学术和技术带头人。该奖项每两年评选一次，每届获奖人选不超过30名。（秦　岭）

【举办纪念谢希德先生百年诞辰座谈会】 3月19日，学院举办纪念谢希德先生诞辰100周年座谈会，深切缅怀她为中国半导体物理学科和表面物理学科以及高等教育事业的发展作出的突出贡献。（刘俊希）

【与英国卡迪夫大学签订本科生"2＋2"联合培养协议】 12月，学院与英国卡迪夫大学线上签署本科生"2＋2"联合培养协议，开拓本科生国际化培养新途径。同时本学期与英国卡迪夫大学共开设10场线上联合讲座。在疫情期间拓展师生国际化视野。

（林明超）

【开展各类社会活动】 学院持续拓宽社会服务范围，并取得丰硕成果。为响应教育部等11个部委提出的推进中小学生研学旅行的意见，提升中学生的科学素质和实践能力，于7月31日—8月9日承办中学生科普拓展营，共421名优秀中学生参加活动；成功开展2021年度物理学科中学生英才计划工作，由陈理想、吴雅苹、吴顺情、陈松岩、王俊峰和武剑锋6名教授导师，指导来自福建13所中学的19名品学兼优的中学生；承办6期企业培训项目，实现学科的教学科研与产业化应用，并为社会培养创新型、应用型人才。（张文生　许雯雯）

【多个学生科创竞赛项目获奖】
学院学生在校内外各级各类高水平学术科创竞赛中，表现卓越，成绩优异：2021年，学院学生科创竞赛表现卓越、再创佳绩，在各类学术科技类竞赛中揽获多个奖项，取得包括全国大学生物理实验竞赛一等奖4项、二等奖4项，全国大学数学建模竞赛国家级一等奖，中国大学生物理学术竞赛二等奖，华东地区大学生物理学术竞赛一等奖，美国大学生数学建模竞赛（MCM）H奖5项等在内的国家级以上奖项共计17项，省级以上奖项共计26项。在第七届"互联网＋"大学生创新创业大赛中，学院团队取得校赛3金3银5铜，省赛1银的好成绩。4月，学院获得厦门大学2020年度本科生科创竞赛工作先进集体。

（陈　洪　戴朝晖）

【学生志愿服务和社会实践成果丰硕】 学院充分发挥志愿服务特色基地优势，策划和组织各类志愿服务活动，吸引学生广泛参与，并把志愿服务品牌做大做强。芙蓉隧道"格物致理"科普科创空间志愿者在做好防疫工作的同时，依旧为参观者展现出物理的魅力。4月，学院选派93名学生志愿者参与厦门大学2021年校庆各项工作，为母校百年校庆的圆满成功贡献力量。7月31日—8月9日，第六届全国中学生科普拓展营志愿活动面向全校各个学院招募89名学生志愿者，为来自全国各地的431名中学生安全、舒适、贴心的学习生活保驾护航，并在拓展营期间带领拓展营营员前往厦大天文台进行天文观测与科普讲解，获得参与者的一致好评。与此同时，学院老牌志愿服务项目——"小绿"高校公益自行车志愿服务项目已持续10年，为全校师生提供自行车维修服务，累计有1300多名志愿者参与其中，累计产出小绿超过8000辆；9月厦门疫情防控期间，厦大小绿临时上线芙蓉隧道摆渡车，在封校的两周间为在校师生往返校本部与海韵学生公寓提供便利，共有50名志愿者参与隧道车辆管理的志愿服务当中。学院志愿者还积极参与学校、社区组织的"抗疫"活动，加入抗疫志愿者大军，在战"疫"中献出自己的一份力量。此外，厦门"九八"国际投资贸易洽谈会、金鸡百花电影节等校内外众多大型赛会也充满着学院志愿者工作的身影，展现出学院青年志愿者的积极形象和青春风采。学院获评2021年志愿服务先进组织单位，学院团委副书记陈洪教师获评厦门大学志愿服务先进工作者。

2021年，学院积极组织大学生参加寒暑期社会实践活动，通过线上加线下相结合的方式，组织多支实践队完成思政调研、就业创业、疫情防控等密切关联当下时事热点三题的活动。在2021年暑期社会实践表彰会上，呼殷泽等10名学生被评为校级社会实践积极分子，邱丹文教师获评优秀带队教师，"格物致理"实践队被评为校级优秀社会实践团队。此外，学院继续开展"大学生实践强能计划"，组织学生到厦门市承威自动化有限公司等企业参观学习，还于12月组织全体强基计划和拔尖班本科生到龙岩考察学习。丰富的社会实践活动让学生们在学好物理知识的同时，能够将所学知识与其他领域进行融合，拓展学生知识视野，提升自身综合素质。（陈　洪）

【开展学生文体活动工作成效显著】
在2021年校田径运动会上，学院获得本科生组思明校区团体总分第三，研究生组思明校区团体总分第七，总成绩思明校区第五，学院获评2021年体育组织进步奖；在2021年厦门大学第十四届心理剧大赛中，学院获评三等奖；在2021年厦门大学学生职业生涯规划大赛中，学院获评优秀组织奖。2018级物理系本科生一班团支部获评厦门大学2021年五四红旗团支部，院学生会获评厦门大学2020—2021学年校优秀学生会。2018级博士生党员刘国振获评2021年"福建省向上向善好青年"；"中国大学生自强之星"获得者2021级硕士生党员律明龙于2020—2021年赴宁夏隆德县支教，相关事迹多次被各官方主流媒体报道；2017级本科生党员周博语为现任厦门大学第23届研究生支教队队长，并代表支教队登上央视《开学第一课》，讲述"志智双扶"的接力故事；2018级本科生党员方瑞妍获评2021年度福建省"向上向善育人工程基金"奖学金，并入选厦门大学2022年研究生支教团、囊萤星火青年讲师团、第三期"扬才计划"学生党支部书记培训班。

（陈　洪）

【加强落实校友工作成果显著】在百年校庆年内,编撰并出版百年校庆院系史,并通过举办物理系友座谈会、开展厦门大学物理校友会筹备工作、联合海内外校友参与萨本栋之子萨支唐院士90岁庆生活动、发布院刊通讯、发起"厦大物理百年学科·我的好老师"征文活动等一系列工作,与校友建立更紧密的联系与沟通。2021年募集100万元及以上大额捐赠相关项目4个,设立的各项基金共收到1300多万元。

(张文生　许雯雯)

航空航天学院

【概况】航空航天学院现设飞行器系、动力工程系、机电工程系、仪器与电气系、自动化系5个系,以及工程技术中心、教育培训中心2个中心。拥有厦门大学-中航工业国家级工程实践教育中心、国家级机电类虚拟仿真实验教学中心、全国示范性全日制工程硕士专业学位研究生联合培养实践基地(机械工程)3个国家级教学平台,另有12个省级教学科研平台、1个厦门市工程技术研究中心、2个厦门市重点实验室和5个校级科研平台。

学院拥有航空宇航科学与技术、机械工程、仪器科学与技术、控制科学与工程4个一级学科,拥有航空航天工程、机械工程、仪器科学与技术、控制科学与工程、智能仪器与装备、电子信息6个博士学位授权点,拥有航空宇航科学与技术、机械工程、仪器科学与技术、控制科学与工程、智能仪器与装备、机械、能源动力、电子信息8个硕士学位授权点和飞行器动力工程、飞行器设计与工程、机械设计制造及其自动化、自动化、测控技术与仪器、电气工程及其自动化6个本科专业,建有仪器科学与技术、控制科学与工程2个博士后流动站。

学院现为先进航空发动机2011协同创新中心理事单位、某理事单位,设有某"高速推进分中心",先进动力学科创新引智基地列入"111"引智基地培育,为福建省高端机械装备协同创新中心的第一协同单位。

学院现有在职教职工219人,其中专任教师146人、工程技术人员52人、党政管理支撑队伍21人。在高层次人才方面,现有中国工程院院士1人、国家高层次人才3人、"长江学者"特聘教授1人、卓越青年人才基金获得者1人、国家优秀青年科学基金获得者1人、"长江学者"青年学者1人、教育部新世纪优秀人才支持计划2人、省级各类人才计划入选者25人次、市级各类人才计划入选者38人次。2021年学院新聘教师14人(含2名待入职),其中南强特聘教授1名,教授级高级工程师1名,副教授(南强青年拔尖人才支持计划B类)4人,助理教授5人,助理工程师1人,党政及辅导员2人;新增高端非全职教师6名。

截至2021年12月31日,学院在校学生总人数2382人,其中本科生1437人,硕士生765人,博士生180人。2021年学院新招收博士研究生45人,硕士研究生277人,本科生377人(含第二学士学位2人);毕业博士研究生28人,硕士研究生188人,本科生325人。

在本科教学方面,学院以"双万计划"为牵引,全面落实"以本为本""四个回归",积极推进新工科建设和工程教育专业认证,不断完善协同育人和实践教学机制,努力培育以人才培养为中心的质量文化。新增1个国家级一流本科专业、2个省级一流本科专业,现拥有2个国家级一流本科专业建设点(测控技术与仪器、机械设计制造及其自动化)、4个省级一流本科专业建设点(飞行器动力工程、飞行器设计与工程、自动化、电气工程及其自动化),实现省级一流本科专业建设全覆盖。新增省级一流本科课程3门、教改项目1个、省高校教师教学创新大赛三等奖1项,校级教学比赛一等奖2项、二等奖3项、最佳课件奖2项。

在研究生培养方面,学院围绕学科评估和研究生培养模式改革,坚持问题导向,着力完善适应国家及区域经济发展需要、健康有序且高质量的研究生培养机制,厚植研究生培养沃土,切实提高研究生培养和学位授予质量。新增"厦门大学-新松机器人自动化股份有限公司校外实践教育基地",与厦门扬森数控设备有限公司共建数控机床校外实践教育中心,与厦门中莘光电科技有限公司签订实习基地协议。3篇论文被评为福建省优秀博士学位论文,6篇论文被评为福建省优秀硕士学位论文。学生积极参与科创竞赛,共获得国家级奖项21项,省部级奖项49项。

学院到位科研经费11794.28万元,相比去年同期到账同比增长1.43%,其中纵向经费4983.53万元,横向经费6810.75万元。申请专利197项,其中发明专利145项,获国外(美国)授权专利2项;获批软件著作权56项。获批17个国家自然科学基金,其中包括1个国家自然科学基金集成项目(1100万元),2个联合基金重点项目。与厦门市南兴工业互联网研究院有限公司、广东车卫士信息科技有限公司联合成立院级校企共建研发中心。

学院通过线上线下相结合的形式进行学术交流合作,时刻保持与世界高水平大学、研究机构的合作与交流。国家建设高水平大学公派研究生项目获批2人,国家留学基金委创新型人才国际合作培养项目获批3人;学院教师线上线下出国(境)交流6人次。积极邀请国内外著名学者来访学校,做客南强学术讲座或凌云讲坛。2021年,举办南强学术讲座3场,凌云讲坛16场。疫情防控期间,学院通过多种形式积极承办各类学术会议,展现学院在各研究领域的最新成果,推动促进学科发展,扩大学院国内外影响力。承办第三届中国空天推进技术论坛、第十三届全国高超声速科技学术会议、第16届纳米/微米工程与分子系统国际会议、第七届爆震与新型推进学术研讨会、厦门大学微纳制造与智能制造前沿论坛、iCANX Talks第49期厦门大学百年专场、2021全国结构动力学暨冲击及防护工程学术研讨会、第五届全国自主导航学术会议(CCAN'21)、2021年中国飞行力学学术年会、首届福建省

2021 年度航空航天学院基本情况

统计项目	数量
本科生数(人)	1437
硕士研究生数(人)	765
其中:专业学位硕士研究生数(人)	550
博士研究生数(人)	180
其中:专业学位博士研究生数(人)	
其中:学历留学生数(人)	1
本科毕业生毕业去向落实率(%)	92.2
硕士毕业生毕业去向落实率(%)	99.5
博士毕业生毕业去向落实率(%)	100
本科毕业生升学、出国(境)率(%)	52.8
专任教师数(人)	146
博士后数(人)	11
教授数/正高级数(人)	38
副教授数/副高级数(人)	70
具有博士学位专任教师数(人)	140
具有海外学习交流一年(或 10 个月)以上经历教师数(人)	83
45 岁以下(含)专任教师数(人)	102
全职两院院士(人)	
发展中国家科学院院士(人)	
教育部"长江学者奖励计划"特聘教授(人)	1
教育部"长江学者奖励计划"特岗学者(人)	
教育部"长江学者奖励计划"青年学者(人)	1
国家杰出青年科学基金获得者(人)	
"国家特支计划"领军人才(人)	
"国家特支计划"青年拔尖人才(人)	
国家百千万人才工程入选者(人)	
国家级教学名师(人)	
国家优秀青年科学基金获得者(人)	1
教育部新(跨)世纪优秀人才(人)	2
福建省"闽江学者"特聘教授(人)	1
福建省特级后备人才(人)	
国家教学成果奖(项)	
国家级一流本科专业(含建设点)(个)	2
中国"互联网+"大学生创新创业大赛获奖数(项)	3
国家(地方联合)工程研究中心(个)	
国家"2011 协同创新中心"(个)	
教育部重点实验室(个)	
教育部工程研究中心(个)	

统计项目	数量
福建省"2011 协同创新中心"(个)	1
福建省重点实验室(个)	
福建省工程技术研究中心(个)	1
福建省工程实验室(个)	
福建省工程研究中心(个)	2
福建省高校重点实验室(个)	3
其他部省级平台(厦门大学省机电装备行业服务型制造公共服务平台、福建省精密制造业技术开发基地)(个)	2
国家自然科学基金委基础科学中心(个)	
国家自然科学基金委创新研究群体(个)	
高等学校学科创新引智基地("111 计划")(个)	
国家自然科学基金项目(个)	17
国家重点研发计划(项目牵头)(个)	
其他部省级重大专项(个)	
企业和社会各界委托项目(理工医科 100 万元以上)(个)	13
纵向科研经费(到位)(万元)	4983.53
横向科研经费(到位)(万元)	6810.75
国家自然科学奖(项)	
国家技术发明奖(项)	
国家科技进步奖(项)	
高校科学研究优秀成果奖(科学技术)(项)	2
福建省科学技术奖(项)	2
其他重要科技奖励(请注明)(项)	
发表文章总数(篇)	332
其中:*Science*、*Nature*、*Cell*(含子刊)(篇)	
其他(请注明)(篇)	
国内授权专利情况(项)	197
国外授权专利情况(项)	2
科技成果转化(项目数)(项)	6
科技成果转化(转让金额)(万元)	53
学生出国(境)交流(人次)	19
教师出国(境)交流(人次)	5
主办国际学术会议(次数)	1
主办两岸学术会议(次数)	
境外合作高校或机构(所)	
签订境外合作协议(份)	
邀请国外学者数(人)	1
邀请台港澳地区学者数(人)	
国(境)外学生来校数(人)	

机械学院院长/系主任会议、第五届航空宇航科学与技术学科高峰论坛等各类高规格会议。

(蔡鹏程　陈燕君　赖　媛　张瑞凡　赵艳媛　游璐茜　欧阳智贤)

【"院名石"落成揭幕】 1月18日,航空航天学院"院名石"落成揭幕仪式在航空航天学院大楼前举行。该"院名石"由厦门宇拓进出口有限公司总经理、2002级飞动专业院友李佳佳,航空航天学院仪器与电气系助理教授、2002级飞动专业院友薛文东共同捐赠。(欧阳智贤)

【新增一个国家级一流本科专业、两个省级一流本科专业】 2月,教育部办公厅公布2020年度国家级和省级一流本科专业建设点名单,学院机械设计制造及其自动化专业入选国家级一流本科专业,电气工程及其自动化、飞行器设计与工程入选省级一流本科专业。(蔡鹏程)

【厦门大学教学比赛获得优异成绩】 3月3日,祝青园(团队成员:王少杰、胡天林、卜祥建)获厦门大学首届教师教学创新大赛个人(团队)奖一等奖;12月21日,学校公布第十六届教学比赛获奖名单,蔡志钦获得理工组一等奖、最佳课件奖;陈腾鹏、罗涛获得理工组二等奖;陈云获得英语理工组二等奖、最佳课件奖。(蔡鹏程)

【博士生凌伟淞获第十届"上银优秀机械博士论文奖"】 3月21日,第十届"上银优秀机械博士论文奖"颁奖典礼在武汉华中科技大学召开,周伟教授指导的2019届毕业生凌伟淞博士的博士学位论文获评此次论文奖的优秀奖。"上银优秀机械博士论文奖"是我国机械工程学术研究的最高奖项,被誉为中国机械业的诺贝尔奖。该奖由台湾上银科技股份有限公司(HIWIN)于2011年出资设立,由中国机械工程学会组织每年评选一次。(蔡鹏程)

【周伟团队获2020年度厦门市科学技术奖一等奖】 4月18日,厦门市人民政府发布《厦门市人民政府关于2020年度厦门市科学技术进步奖的通报》,周伟团队"高安全氢燃料电池客车关键技术及产业化"项目获2020年度厦门市科学技术进步奖一等奖。(张瑞凡)

【举办"启航思政讲坛"计划】 4月28日,学院举办"启航思政讲坛"第三期活动,该活动由辅导员主讲,适时邀请学院、外院、外校专家、同仁与会讲授指导,以深入开展思想政治教育工作研究、切实加强学生工作队伍建设。启航思政讲坛已经开展10期,主要内容涵盖辅导员队伍建设、创新创业工作、基层就业培训、心理健康教育、宣传工作、党史学习教育等。(倪建超)

【尤延铖团队、周伟团队分别获2020年度教育部技术发明奖】 4月,教育部办公厅颁发《教育部关于2020年度高等学校科学研究优秀成果奖(科学技术)奖励的决定》,尤延铖团队项目"某设计方法及应用"、周伟团队项目"切削纤维多孔金属制造关键技术及应用"分别获2020年度教育部高等学校科学研究优秀成果奖(科学技术)技术发明奖一等奖、二等奖。(张瑞凡)

【举办"逐梦九天"职业能力提升培训系列讲座】 5月19日,学院行政支撑中心启动"逐梦九天"职业能力提升培训系列讲座第三期培训。该系列讲座以提高行政队伍管理能力,提升行政服务水平为目标,已为学院师生举办PPT制作、公文写作、新闻撰写、OA公文管理等职业能力培训讲座,为学院教学科研提供更好的服务保障。(欧阳智贤)

【第十五届"挑战杯"福建省大学生课外学术科技作品竞赛获特等奖一项、一等奖两项】 5月11日,第十五届"挑战杯"福建省大学生课外学术科技作品竞赛中,学院获特等奖1项、一等奖2项。其中,"城市轨道交通粒子阻尼减振降噪装置"获得特等奖,"基于电液动力耦合喷印的多材料3D打印设备"和"X射线吸收光谱结合神经网络算法的肝硬化无创检测新方法"获得一等奖。总成绩位居厦门大学各院首位。(王　坤)

【启动"领航·青年教师成长沙龙"计划】 5月26日,学院举办首期"领航·青年教师成长沙龙"。该沙龙以"立德树人,思政先行;助研促教,平台护航"为指导精神,以促进青年教师的快速成长发展为活动目的,在学术上大家互帮互助,在生活上学院尽能力解决后顾之忧,使青年教师尽快得到成长。(曾　涛)

【博士生姜佳昕获"叶声华奖学金"】 6月4日,经教育部高等学校仪器类专业教学指导委员会专家评选,郑高峰副教授指导的博士生姜佳昕获2021年度"叶声华奖学金"。"叶声华奖学金"是教育部高等学校仪器类专业教学指导委员会为推进仪器科学与技术学科创新型人才培养,以天津大学教授、中国工程院院士叶声华的名字冠名而设立的奖学金,每年全国共10名仪器学科优秀学生获得该奖项。(倪建超)

【尤延铖、何良宗入选福建省"雏鹰计划"青年拔尖人才】 6月8日,福建省人力资源和社会保障厅公布第二批省"雏鹰计划"青年拔尖人才入选名单,尤延铖、何良宗入选"雏鹰计划"青年拔尖人才。雏鹰计划青年拔尖人才培养期内,青年拔尖人才培养对象在享受高层次人才相应待遇基础上,每人可享200万元资金支持。

【肖望强获"福建省高校优秀共产党员"称号】 6月15日,在庆祝建党100周年之际,中共福建省委教育工作委员会决定表彰一批全省高校优秀共产党员、全省高校优秀党务工作者和全省高校先进基层党组织。学院肖望强教授获"福建省高校优秀共产党员"称号。(张　琳)

【硕士生刘宗阳获"全国大学生党史知识竞答大会"个人"优秀选手"荣誉称号】 6月,2020级硕士生刘宗阳参加中央广播电视总台、教育部、国家语委联合主办的"全国大学生党史知识竞答大会",获个人"优秀选手"荣誉称号。(倪建超)

【尤延铖获评第十六届福建青年科技奖】 7月28日,福建省科协九届三次全委会议在福州举行,学院常务副院长尤延铖获评福建省第十六届福建青年科技奖。福建青年科技奖由省委组织部、省科协、省人社厅、省科技厅共同主办,旨在培养造就进入世界科技前沿的青年学术和技术带头人。该奖项每两年评选一次,每届获奖名额不超过30名。(董　芬)

【开展2021"防疫领航"活动】 9月,

学院开展实施 2021“防疫领航”第一季工作，根据疫情防控形势，制定常态化疫情防控工作制度，包括《航空航天学院常态化疫情防控工作方案》《航空航天学院常态化疫情防控期间学生离返校管理办法》《航空航天学院防疫工作指南和学生管理规定》等。该系列活动推出相关新闻报道 11 篇，得到央广网、国际在线、学习强国、全国高校思政网等国家级媒体报道。（董　芬）

【启动“术业领航”计划】 10 月 5 日，为扎实推进“我为师生办实事”实践活动，学院启动“术业领航”计划。计划由工科试验大类培养、专业分流体验实践、保研考研经验传授、学业学术综合管理、研究思维方法训练、科研生涯引导规划等项目组成，2021 年已举办 4 次活动。（董　芬）

【第七届中国国际“互联网＋”大学生创新创业大赛获两银一铜】 10 月 14 日，在第七届中国国际“互联网＋”大学生创新创业大赛全国总决赛中，学院参赛项目“无人垂起自转旋翼机：低成本空中交通服务全球领航者”“氢未来——车载燃料电池在线供氢系统开拓者”获全国银奖，“鹭水科技：水健康智能监测管家”获全国铜奖。（王　坤）

【第十七届“挑战杯”中国大学生课外学术科技作品竞赛获黑科技专项赛星系级奖（特等奖）一项】 10 月 25 日，第十七届“挑战杯”中国大学生课外学术科技作品竞赛黑科技专项赛中，学院参赛项目“城市轨道交通粒子阻尼减振降噪装置”获星系级奖（特等奖）。（王　坤）

【连续五年获得年度学生体育总分第一名】 11 月 15 日，厦门大学第 56 届学生田径运动会落下帷幕。学院获翔安校区年度学生体育总分冠军、体育总竞赛冠军、体育工作先进学院、第 56 届学生田径运动会（翔安校区）团体总分第二名。（王　坤）

【讲座教授李得天研究员当选中国工程院院士】 11 月 18 日，中国工程院公布 2021 年院士增选结果，航空航天学院讲座教授李得天研究员当选中国工程院信息与电子工程学部院士。（张瑞凡）

【教代会表决通过新版教职工年度考核条例】 11 月 22 日，学院教代会表决通过新版教职工年度考核条例，新条例于 2022 年正式开始执行。（赖　媛）

【召开新一届行政领导班子任命大会】 11 月 29 日，学院召开全院教职工大会，校党委副书记、纪委书记全海代表厦门大学宣读关于航空航天学院新一届行政领导班子的任命决定：尤延铖任厦门大学航空航天学院常务副院长，周伟、王颖任厦门大学航空航天学院副院长，免去兰维瑶、侯亮的厦门大学航空航天学院副院长职务。（张　琳）

【尤延铖、李卫彬入选“长江学者奖励计划”】 12 月 15 日，接教育部通知，学院 2 人入选 2021 年度“长江学者奖励计划”，其中尤延铖入选“长江学者”特聘教授，李卫彬入选“长江学者”青年学者。（赖　媛）

【取得 2021 年度厦门大学学生工作考评好成绩】 12 月 28 日，根据学生处发布的 2021 年度厦门大学学生工作考评公告，学院获学生工作先进单位（连续 4 年获评），“学生社区工作”获评学生工作特色单位，“校园疫情防控工作”获评学生工作奋进单位（获奖数全校第一，也是唯一囊括先进单位、特色单位、奋进单位 3 个奖项的学院）。（游璐茜）

【新增三门省级一流本科课程】 12 月 31 日，福建省教育厅公布 2021 年省级一流本科课程名单，“运筹学”“电子技术实验（电工学实验下）”“机电一体化系统”获批省级一流本科课程。（蔡鹏程）

化学化工学院

【概况】 化学化工学院现设化学系、化学工程与生物工程系、化学生物学系 3 个系。现有能源材料化学协同创新中心、固体表面物理化学国家重点实验室、醇醚酯化工清洁生产国家工程实验室、新能源汽车动力电源技术国家地方联合工程实验室、纳米材料制备技术国家地方联合工程研究中心 5 个国家级平台以及谱学分析与仪器教育部重点实验室、电化学技术教育部工程研究中心、福建省化学生物学重点实验室、福建省理论与计算化学重点实验室、福建省纳米制备技术工程研究中心、福建省电化学工程技术研究中心、福建省新能源汽车动力电池及储能关键材料工程实验室等省部级科研平台；主导建设以国家实验室或其网络成员为目标的福建能源材料科学与技术创新实验室（嘉庚创新实验室）；福建省高校化石能源化学与化工重点实验室、福建省高校无机化学与功能材料重点实验室、福建省电镀及表面处理行业技术开发基地、福建省精细化工产业技术开发基地、厦门市分子纳米技术与分析科学重点实验室、厦门市合成生物技术重点实验室、厦门大学古雷石化研究院等依托学院建设；全国高等学校教学指导委员会化学类专业分委会、中国化学会《电化学》编辑部、中国空间学会生命起源与进化专业委员会、福建省化学会、福建省化工学会等学术组织挂靠于学院。

学院拥有化学一级国家重点学科，化学、化学工程与技术一级学科博士与硕士学位授予点；化学学科入选国家首批“双一流”建设学科；现有化学、化学生物学、能源化学、化学测量学与技术、化学工程与工艺和生物工程 6 个本科专业，化学、化学工程与工艺、化学生物学是国家级一流本科专业建设点，拥有首批“国家理科基础科学研究和教学人才培养基地”、首批“国家级实验教学示范中心”、首批“国家级教学团队”，入选国家“基础学科拔尖学生培养试验计划”，是教育部“卓越工程师教育培养计划”实施单位，科技部“创新人才培养示范基地”。

学院现有在职教职工 344 人，189 名专任教师中教授 110 人，副教授 76 人，博士研究生指导教师 124 人，硕士研究生指导教师 186 人。现有中国科学院院士 8 人，国家特聘专家 3 人（长期 1 人，短期 2 人），“长江学者”特聘教授 9 人，国家杰出青年科学基金获

2021 年度化学化工学院基本情况

统计项目	数量	统计项目	数量
本科生数(人)	938	福建省创新实验室(个)	1
硕士研究生数(人)	1171	福建省“2011 协同创新中心”(个)	1
其中:专业学位硕士研究生数(人)	658	福建省重点实验室(个)	2
博士研究生数(人)	745	福建省工程技术研究中心(个)	1
其中:专业学位博士研究生数(人)		福建省工程实验室(个)	1
其中:学历留学生数(人)	20	福建省工程研究中心(个)	1
本科毕业生毕业去向落实率(%)	91.8	福建省高校重点实验室(个)	2
硕士毕业生毕业去向落实率(%)	93.2	其他部省级平台(福建省电镀及表面处理行业技术开发基地、福建省精细化工产业技术开发基地)(个)	2
博士毕业生毕业去向落实率(%)	90.3		
本科毕业生升学、出国(境)率(%)	52.8	国家自然科学基金委基础科学中心(个)	
专任教师数(人)	189	国家自然科学基金委创新研究群体(个)	1
博士后数(人)	162	高等学校学科创新引智基地(“111 计划”)(个)	2
教授数/正高级数(人)	110	国家自然科学基金项目(个)	56
副教授数/副高级数(人)	76	国家重点研发计划(项目牵头)(个)	1
具有博士学位专任教师数(人)	184	其他部省级重大专项(个)	
具有海外学习交流一年(或 10 个月)以上经历教师数(人)	154	企业和社会各界委托项目(理工医科 100 万元以上)(个)	27
45 岁以下(含)专任教师数(人)	85	纵向科研经费(到位)(万元)	30163.59
全职两院院士(人)	8	横向科研经费(到位)(万元)	3338.68
发展中国家科学院院士(人)	2	国家自然科学奖(项)	1
教育部“长江学者奖励计划”特聘教授(人)	9	国家技术发明奖(项)	
教育部“长江学者奖励计划”特岗学者(人)		国家科技进步奖(项)	
教育部“长江学者奖励计划”青年学者(人)	3	高校科学研究优秀成果奖(科学技术)(项)	1
国家杰出青年科学基金获得者(人)	23	福建省科学技术奖(项)	
“国家特支计划”领军人才(人)	6	其他重要科技奖励(中国专利奖优秀奖、何梁何利基金科学与技术创新奖)(项)	2
“国家特支计划”青年拔尖人才(人)	5	发表文章总数(篇)	620
国家百千万人才工程入选者(人)	8	其中:*Science*、*Nature*、*Cell*(含子刊)(篇)	34
国家级教学名师(人)	2	其他(请注明)(篇)	
国家优秀青年科学基金获得者(人)	14	国内授权专利情况(项)	157
教育部新(跨)世纪优秀人才(人)	21	国外授权专利情况(项)	8
福建省“闽江学者”特聘教授(人)	36	科技成果转化(项目数)(项)	9
福建省特级后备人才(人)	2	科技成果转化(转让金额)(万元)	192
国家教学成果奖(项)		学生出国(境)交流(人次)	25
国家级一流本科专业(含建设点)(个)	3	教师出国(境)交流(人次)	37
中国“互联网+”大学生创新创业大赛获奖数(项)		主办国际学术会议(次数)	3
国家重点实验室(个)	1	主办两岸学术会议(次数)	
国家(地方联合)工程实验室(个)	2	境外合作高校或机构(所)	13
国家(地方联合)工程研究中心(个)	1	签订境外合作协议(份)	16
国家“2011 协同创新中心”(个)	1	邀请国外学者数(人)	141
教育部重点实验室(个)	1	邀请台港澳地区学者数(人)	8
教育部工程研究中心(个)	1	国(境)外学生来校数(人)	

得者 23 人，国家高层次青年人才 35 人，“长江学者”青年学者 3 人，国家优秀青年科学基金获得者 14 人，“国家特支计划”领军人才 6 人，“国家特支计划”青年拔尖人才 5 人，国家百千万人才工程入选者 8 人，国家级教学名师 2 人，教育部跨世纪优秀人才计划入选者 4 人，教育部新世纪优秀人才支持计划 17 人。2021 年，新增中国科学院院士 1 人（谢素原），“长江学者”特聘教授 2 人（傅钢、方宁），国家杰出青年科学基金获得者 3 人（高锦豪、叶龙武、汪骋），国家高层次青年人才项目入选者 3 人[陆钊洪、德拉尔（Pavlo O. Dral）、魏现奎]，国家特支计划青年拔尖人才 1 人（张力），国家自然科学基金优秀青年科学基金获得者 1 人（王斌举）；1 人入选福建省“雏鹰计划”青年拔尖人才（张秋根），7 人入选厦门大学“南强青年拔尖人才支持计划”（谢顺吉、陈嘉嘉、林海昕、乔羽、宋彦龄、龚磊、杨阳）；13 人被认定为福建省高层次人才（陈曦、朱军、谢素原、袁友珠、杨晔、龙腊生、王野、洪文晶、刘庆林、贾立山、高锦豪、朱志、颜晓梅），2 人被认定为福建省高层次引进人才（范凤茹、成康）。

学院建有化学、化学工程与技术 2 个博士后流动站。在站博士后共 162 人，2021 年共招收博士后 60 人，其中流动站和工作站或博士后创新实践基地联合招收 10 人，国（境）外博士学位获得者 4 人，外籍博士后 1 人。

全院在校生人数 2844 人，其中本科生 938 人、硕士研究生 1171 人和博士研究生 745 人，其中，学历留学生 20 人。学院 2021 届本科毕业生 234 人，授予学士学位 226 人；硕士毕业生 272 人，博士毕业生 126 人；授予学术型硕士学位 132 人，工程硕士专业学位 143 人，博士学位 130 人。2021 届本科毕业生就业率 91.8%，硕士毕业生就业率 93.2%，博士毕业生就业率 90.3%。

学院党委组织师生认真学习习近平总书记“七一”重要讲话精神和致厦门大学建校 100 周年贺信精神以及党的十九大和十九届历次全会精神，扎实推进党史学习教育。高标准提升党建工作质量，持续实施“雁阵工程”，并获评首届“厦门大学党建提升和管理创新奖”。2021 年发展 152 名党员，其中 1 名教职工党员，另有 1 名高层次人才递交入党申请书，2 名高层次人才确定为发展对象。获批创建 1 个全国和 1 个校级“双带头人”教师党支部书记工作室。郑兰荪院士领衔的团簇化学创新群体获评第二批全国高校“黄大年式”教师团队。学院党委获“福建省先进基层党组织”称号，获评校级先进基层党组织 1 个，优秀共产党员、党务工作者 8 人次。

学院系列研究成果获科技奖励和认可。“碳链与金属的螯合化学”项目获得国家自然科学奖二等奖（主要完成人：夏海平、张弘、朱军、朱从青、王铜道），“高核稀土团簇的合成与磁热效应”项目获得高等学校科学研究优秀成果（科学技术）奖自然科学奖一等奖（主要完成人：龙腊生、孔祥建、彭军波、郑秀英、郑兰荪），“电解电容器用低压阳极铝箔阶梯非正弦波变频腐蚀方法（ZL201510270191.8）”专利获得第二十二届中国专利奖优秀奖（主要完成人：林昌健等）；获何梁何利基金科学与技术创新奖——青年创新奖 1 人（郑南峰），福建省“最美科技工作者”1 人（王野），第十五届药明康德生命化学研究奖学者奖 1 人（叶龙武）。截至 12 月 31 日，学院以第一单位发表 SCI 论文 618 篇，其中中科院分区一区 277 篇，影响因子大于 10 的论文 176，包括 *Nature* 1 篇、*Science*（*Perspective*）1 篇、*Nature*/*Science*/*Cell* 子刊 32 篇、*Angewandte Chemie* 和 *Journal of the American Chemical Society* 35 篇。化学学科继续保持在 ESI 全球前 1‰。

学院精心组织项目申报和实施管理，2021 年学院年度科研到位经费逾 3.3 亿元，其中纵向到位经费逾 3 亿元，横向到位经费逾 3300 万元。新增国家自然科学基金项目 56 个，包括创新研究群体 1 个，杰出青年科学基金项目 3 个，优秀青年科学基金项目 1 个，重点/重点支持项目 4 个，重大项目课题 1 个，国际合作 2 个，培育项目 4 个，面上项目 33 个，青年基金 9 个；新增国家重点研发计划青年项目 1 个，课题 4 个；新增其他部委、省市项目 14 个。

学院深入开展政校企科研合作，加强平台建设，着力推进成果转化和社会服务。对接国家地方需求，主导嘉庚创新实验室建设，加快培育国家战略科技力量，打造创新高地；根据国家战略急需，致力高起点进入新的国家工程研究中心序列，稳步推进醇醚酯化工清洁生产国家工程实验室向高端电子化学品国家工程研究中心重组转型；新能源汽车动力电源技术国家地方联合工程实验室、纳米材料制备技术国家地方联合工程研究中心、福建省高校无机化学与功能材料重点实验室在本轮评估中获评优秀。嘉庚创新实验室硅碳负极中试线竣工并与杰瑞股份签署战略合作协议，共同打造负极材料的领军企业；助力厦门市未来显示技术研究院成立，力争实现“市场导向、技术突破、产线融合”的全链条协同创新；积极参与宁德时代与厦门大学共建厦门时代新能源研究院，促进优势互补和资源共享；全力推进校企平台建设，新增华为-厦大化院基础电化学联合创新中心等 10 个校企合作平台，推动产学研深度融合。其中，厦门大学化学化工学院-江西和润宇电源科技有限公司联合研发中心揭牌成立，助力服务乡村振兴、履行科技帮扶职责。高标准建设现有科研平台，厦门大学胜泽泰多肽制药工程与智能设备研发中心成果“抗新型冠状病毒感染肺炎的多肽融合抑制剂研发”荣登 2020 年“科创中国”先导技术榜单。2021 年，学院获授权专利 157 个，其中发明专利 144 个，实用新型专利 10 个；签署横向合同逾 90 个，合同经费逾 8200 万，合同经费百万以上项目 26 个，科技成果转化 9 项。

疫情常态化背景下，学院立足学科优势，坚持高水平学术交流，取得突出的成果。本年度，学院与英国爱丁堡大学、英国布里斯托尔大学、荷兰莱顿大学、丹麦哥本哈根大学、德国马普学会弗里茨·哈伯研究所 5 所世界知名高校和科研机构签订实质性的合作协议，为学生提供更多的国际访学与交流机会。依托与国外顶尖高校的合作基础，积极申报国家留学基金委“创新型人才国际合作培养项目”。2021年，学院共主办或承办32场高水平学术会议，其中包括国际电池学会2021年度会议(IBA 2021)等具有重要学科影响力的国际学术会议4场，第四届世界一流化学学科建设暨全国知名高校化学院长论坛等国内学术会议28场。邀请包括诺贝尔奖获得者在内的国内外顶尖科学家做客“南强学术讲座”“百年校庆系列学术讲座”等高层次学术讲座逾100场。2021年度共9名优秀研究生取得国家公派留学资格，赴英国卡迪夫大学等高水平院校攻读博士学位或进行博士生联合培养。受全球新冠疫情对国际旅行的实际影响，在出国(境)遇阻的情况下，学院积极选派优秀的研究生参加国内外学术会议(含线上会议)，以及通过参与所在课题组与国外导师国际合作项目开展科研训练。2021年度共86名研究生在国内外高水平学术会议上做报告或进行墙报展示。 (林清育 黄瑞芸 曹京柱 黄桂玉 洪 炜 吴丽晶 刘春英 蔡建法 陈沁芳)

【获评福建省教育系统关心下一代工作先进集体荣誉称号】 12月19日，福建省教育系统关工委发布《关于表扬全省教育系统关心下一代工作先进集体和先进工作者的通报》(闽教关委〔2021〕34号)，化学化工学院关心下一代工作委员会获评福建省教育系统关心下一代工作先进集体荣誉称号。 (辛晓丹)

【完成新一轮化学一流学科建设方案编制】 8月10日—10月20日，在学校统一组织和安排部署下，学院全面总结“双一流”首轮建设周期成效及学科建设成效，瞄准世界科技前沿、国家战略、地方经济社会发展和产业科技前沿的关键领域，集思广益，科学谋划，以化学学科为主干学科，化学工程与技术、仪器科学与技术、电子科学与技术为支撑学科，吸收物理、材料、信息等学科的相关优势团队力量，创新机制体制，充分凝练学科方向，科学制定建设目标，完成化学第二轮“双一流”建设学科建设方案编制。 (林清育 黄瑞芸)

【“化学测量学与技术”专业获教育部审批通过】 2月10日，《教育部关于公布2020年度普通高等学校本科专业备案和审批结果的通知》(教高函〔2021〕1号)发布，学院申请的“化学测量学与技术”专业(专业代码070306T)获批设置。 (洪 炜)

【两专业分获国家级、福建省级一流本科专业建设点】 2月10日，《教育部办公厅关于公布2020年度国家级和省级一流本科专业建设点名单的通知》(教高厅函〔2021〕7号)发布，继2019年化学、化学工程与工艺专业获首批国家级一流本科专业建设点之后，学院化学生物学、生物工程专业分别获国家级一流本科专业建设点、福建省级一流本科专业建设点。 (洪 炜)

【科研成果“碳链与金属的螯合化学”荣获国家自然科学奖二等奖】 11月3日，2020年度国家科学技术奖励大会在人民大会堂正式召开。学院科研成果“碳链与金属的螯合化学”荣获国家自然科学奖二等奖，该成果主要完成人夏海平、张弘、朱军、朱从青、王铜道参加奖励大会。这是近年来学院科研成果连续3年荣获国家自然科学奖二等奖。 (刘春英)

【孙世刚院士荣获首届全国教材建设先进个人】 10月9日，教育部发布《国家教材委员会关于首届全国教材建设奖奖励的决定》(国教材〔2021〕6号)，学院孙世刚院士荣获“全国教材建设先进个人”称号。 (洪 炜)

【杨勇担任国际电池材料协会(IBA)副主席】 11月2日，国际电池材料协会(International Battery Materials Association，IBA)发布通知，学院杨勇教授将从2021年11月起担任国际电池材料学会第一副主席，按照理事会的计划，他还将于2024—2025年接任主席。 (刘春英)

【毛秉伟、任斌当选国际电化学会会士】 4月23日，国际电化学会(International Society of Electrochemistry，ISE)公布2021年度新入选国际电化学会会士(ISE Fellow 2021)名单，学院毛秉伟教授、任斌教授入选。截至目前，学院有4名教授入选ISE Fellow，分别为田中群教授、孙世刚教授、毛秉伟教授、任斌教授。 (刘春英 黄瑞芸)

【徐海超入选 *Angewandte Chemie* 国际顾问委员会】 7月15日，Wiley旗下期刊 *Angewandte Chemie* 重新定义其国际顾问委员会(International Advisory Board，IAB)，并宣布新增的37名成员，学院徐海超教授入选该委员会。 (刘春英 黄瑞芸)

【李剑锋课题组在 *Nature* 期刊上发文揭示界面水分子结构】 12月2日，学院李剑锋教授课题组与北京大学深圳研究生院潘锋教授团队合作，在 *Nature* 期刊上发表题为“In Situ Raman Spectroscopy Reveals the Structure and Dissociation of Interfacial Water”的学术论文，通过电化学原位拉曼光谱技术揭示界面水分子结构。该研究从单晶模型体系出发，深入认识界面水分子结构对电催化反应过程的调控机制，解决困扰电化学领域的长期难题，为提升电催化反应速率提供一种新的策略。 (刘春英)

【三项目获教育部产学合作协同育人项目立项】 12月14日，《教育部高等教育司关于公布2021年产学合作协同育人项目立项名单的通知》发布，学院叶李艺“‘化工分离工程’课程配套数字化资源的建设”项目、邵文尧“精酿啤酒虚拟仿真实验软件的开发”“‘互联网+’创新创业教育融合化学化工专业教育师资的构建与优化”项目获批立项。 (吴丽晶)

【学院举办2021年全国中学生“中心科学”云上夏令营】 8月11—15日，学院成功举办2021年全国中学生“中心科学”云上夏令营，来自全国29个省、市、自治区的782名营员在云端相聚。此外，还有7000余名学生通过观看直播的方式，与营员们共同完成本次“中心科学”的探索之旅。 (雷 越)

【学院积极举办夏令营“走出去”系列宣讲活动】 5月14—23日，学院组织9支招生宣传小分队，奔赴全国12个城市开展优秀大学生暑期夏令营专题宣讲会。其中，南京、福州、武汉、北京、西安、青岛、长沙、长春、成都、重庆采取线下宣讲模式，大连与哈尔滨因疫情影响调整为线上宣讲。 (吴丽晶)

【获国际遗传工程机器大赛(iGEM)金奖】 11月15日,2021年国际遗传工程机器大赛(简称iGEM)落下帷幕。由化学化工学院、生命科学学院、材料学院、药学院、公共卫生学院、能源学院、艺术学院、信息学院等不同院系的10余名本科生组成,化学化工学院方柏山教授负责指导的厦门大学参赛团队(XMU-China),凭借"核电站冷却循环系统污损生物治理"项目,在来自世界各国高校参赛的352支队伍中脱颖而出,收获建队以来的第十一个金奖,并斩获5项提名奖。

(吴丽晶)

【厦门大学"电化学研究范式"暑期学校2021成功举办】 7月25—31日,由化学化工学院、固体表面物理化学国家重点实验室、嘉庚创新实验室和厦门大学研究生院共同主办的厦门大学"电化学研究范式"暑期学校2021成功举办。自2009年举办第一届至今,厦门大学电化学暑期学校已在12年间成功举办7届。本届暑期学校共吸引国内外127所高等院校和科研院所的青年教师、博士后及研究生共计197名学员参加课程学习。

(林　晖)

材料学院

【概况】 材料学院现辖材料科学与工程系和生物材料系。拥有25个各级各类教学科研平台,包括材料科学与工程实验教学国家级示范中心、高性能陶瓷纤维教育部重点实验室、福建省特种先进材料重点实验室、福建省防火阻燃材料重点实验室、福建省材料基因工程重点实验室、福建省固体表面涂层材料技术开发基地、福建省阻燃与防火材料重大研发平台、福建省高分子新材料企业服务型制造公共服务平台、数字福建材料基因大数据研究所、福建省高分子阻燃与防火材料产业技术创新研究院等国家级、省部级重点教学科研平台。

学院拥有材料科学与工程博士后流动工作站,有材料科学与工程1个本科专业,材料科学与工程1个一级学科博士点,材料学、材料物理与化学、材料加工工程、生物材料、核工程与材料、高分子材料与工程、能效工程、高分子化学与物理8个二级学科博士授权点;拥有材料科学与工程一级学科硕士授权点,材料学、材料物理与化学、材料加工工程、生物材料、核工程与材料、高分子材料与工程、能效工程、高分子化学与物理8个二级学科硕士学位授权点,材料与化工专业硕士学位授权点;材料物理与化学、生物医学工程被评为福建省重点学科;材料科学与工程被列入国家级特色专业建设点、教育部卓越工程师教育培养计划、国家级一流本科专业。厦门大学材料学科已经成为进入全球材料科学ESI前1‰的研究机构,在US NEWS大学学科排名中位列全球第52位。

学院现有专任教师68人,其中教授30人、副教授23人、助理教授15人,工程技术人员43人,党政管理人员(含辅导员)15人。教师队伍中有中国工程院院士1人(双聘),国家杰出青年科学基金获得者1人,国家级高层次人才7人,福建省"闽江学者"特聘教授6人,教育部新世纪优秀人才支持计划获得者4人,福建省新世纪优秀人才支持计划获得者8人。

学院现有在校博士研究生124人,硕士研究生403人,本科生362人。截至2021年12月,2021届本科毕业生就业率82.8%,硕士毕业生就业率99.2%,博士研究生就业率93.8%,2020届本科毕业生升学、出国(境)共38人,占比48.4%。

截至2021年12月30日,学院到账科研经费11334.15万元,其中横向项目到账1784.57万元,纵向项目到账9549.58万元。共获批纵向项目33个,其中国家级项目17个,省级项目12个,专项项目3个,平台开放课题1个,立项经费2541.577万元。立项横向项目56个,立项经费1874.96万元。获国内授权专利72项,其中发明专利53项,国内实用新型专利12项,国际专利3项。获得2020年度福建省科技进步奖一等奖1项、2020年度厦门市科技进步奖一等奖1项,2020年度厦门市科技进步奖二等奖1项,第七届福建省优秀科技工作者1人,中国新锐科技人物知社特别奖1人。以厦门大学为第一单位共发表SCI论文218篇,其中CNS子刊3篇。现有国家级一流线上课程1门,福建省级线下一流课程2门。

(肖祖法　林明华　郭　艳　朱成丽　张　冉　吴妍艳)

【学院新一届行政领导班子任命大会召开】 12月27日,学院新一届行政领导班子任命大会在圣诺楼201会议室召开。校党委副书记、纪委书记全海,校党委常委、组织部部长、统战部部长孙理出席会议,全院教职员工参加会议。会议由孙理部长主持。会上,全海书记代表学校宣布任命决定。解荣军教授任材料学院院长,石巍教授、白华教授任材料学院副院长。

(肖祖法)

【王鸣生课题组在碳基锂金属负极材料领域取得系列进展】 12月,学院王鸣生教授课题组借助原位透射电镜技术,以无定形碳纳米管作为宿主模型,探究锂金属在一维封闭空间内的封装机理和限域生长动力学,并发现一些锂的特殊形态,如二维锂晶体。该工作为研究限域环境中锂金属的特性提供重要实验依据,对于设计安全高效的锂金属负极也十分关键。相关工作以"Mechanistic Probing of Encapsulation and Confined Growth of Lithium Crystals in Carbonaceous Nanotubes"为题发表于*Advanced Materials*,并被选为封面论文。

(朱成丽)

【厦门大学第九届材料知识竞赛顺利举行】 12月18日晚,厦门大学第九届材料知识竞赛决赛在圣諾楼201拉开帷幕。本次比赛由厦门大学教务处、校团委、材料学院主办,厦门大学材料学院团委承办。决赛评委由材料学院姚荣迁教授、孙莉萍教授、张金宝教授和陈江溪副教授担任,院党委书记刘立荣、副书记马兆海、副院长石巍,生物材料系副主任林乃波和辅导员林锦昊、张重阳到场观看比赛。本届材料知识竞赛面向全校本科生,分初赛、决赛两个阶段,初赛为

2021年度材料学院基本情况

统计项目	数量
本科生数(人)	362
硕士研究生数(人)	403
其中:专业学位硕士研究生数(人)	264
博士研究生数(人)	124
其中:专业学位博士研究生数(人)	
其中:学历留学生数(人)	
本科毕业生毕业去向落实率(%)	82.8
硕士毕业生毕业去向落实率(%)	99.2
博士毕业生毕业去向落实率(%)	93.8
本科毕业生升学、出国(境)率(%)	48.4
专任教师数(人)	68
博士后数(人)	12
教授数/正高级数(人)	30
副教授数/副高级数(人)	23
具有博士学位专任教师数(人)	67
具有海外学习交流一年(或10个月)以上经历教师数(人)	52
45岁以下(含)专任教师数(人)	42
全职两院院士(人)	
发展中国家科学院院士(人)	
教育部"长江学者奖励计划"特聘教授(人)	
教育部"长江学者奖励计划"特岗学者(人)	
教育部"长江学者奖励计划"青年学者(人)	
国家杰出青年科学基金获得者(人)	1
"国家特支计划"领军人才(人)	
"国家特支计划"青年拔尖人才(人)	
国家百千万人才工程入选者(人)	
国家级教学名师(人)	
国家优秀青年科学基金获得者(人)	3
教育部新(跨)世纪优秀人才(人)	4
福建省"闽江学者"特聘教授(人)	6
福建省特级后备人才(人)	
国家教学成果奖(项)	
国家级一流本科专业(含建设点)(个)	1
中国"互联网+"大学生创新创业大赛获奖数(项)	
国家(地方联合)工程研究中心(个)	
国家"2011协同创新中心"(个)	
教育部重点实验室(个)	1
教育部工程研究中心(个)	

统计项目	数量
福建省"2011协同创新中心"(个)	1
福建省重点实验室(个)	3
福建省工程技术研究中心(个)	1
福建省工程实验室(个)	
福建省工程研究中心(个)	
福建省高校重点实验室(个)	1
其他部省级平台(数字福建材料基因大数据研究所、6·18协同创新院涂层材料产业技术研究分院、厦门大学高分子新材料服务型制造公共服务平台、福建省固体表面涂层材料技术开发基地)(个)	4
国家自然科学基金委基础科学中心(个)	
国家自然科学基金委创新研究群体(个)	
高等学校学科创新引智基地("111计划")(个)	
国家自然科学基金项目(个)	15
国家重点研发计划(项目牵头)(个)	
其他部省级重大专项(个)	
企业和社会各界委托项目(理工医科100万元以上)(个)	8
纵向科研经费(到位)(万元)	9549.58
横向科研经费(到位)(万元)	1784.57
国家自然科学奖(项)	
国家技术发明奖(项)	
国家科技进步奖(项)	
高校科学研究优秀成果奖(科学技术)(项)	
福建省科学技术奖(项)	1
其他重要科技奖励(请注明)(项)	
发表文章总数(篇)	227
其中:*Science*、*Nature*、*Cell*(含子刊)(篇)	3
其他(请注明)(篇)	
国内授权专利情况(项)	72
国外授权专利情况(项)	3
科技成果转化(项目数)(项)	3
科技成果转化(转让金额)(万元)	77
学生出国(境)交流(人次)	2
教师出国(境)交流(人次)	1
主办国际学术会议(次数)	
主办两岸学术会议(次数)	
境外合作高校或机构(所)	
签订境外合作协议(份)	
邀请国外学者数(人)	
邀请台港澳地区学者数(人)	
国(境)外学生来校数(人)	

线下笔试，决赛为现场答题。初赛共收到来自 20 个学院的 297 份报名表，经过激烈的比拼，由材料学院、管理学院、公共事务学院、法学院的 24 名学生组成的 8 支队伍成功进入决赛，其中专业与非专业队各 4 支。“没有下下次了”队、“苟富贵勿相忘”队分获专业组和非专业组一等奖，“得过且过”队、“火龙”队分获两组的二等奖，剩余队伍一同获得三等奖。

（林明华）

【举办第二十期“党支部沙龙”】 12 月 17 日，学院第二十期党支部沙龙暨“中国共产党人的精神谱系”主题微党课大赛在材料学院新楼 201 报告厅举行。校组织部/党的建设工作办公室、党委宣传部/教师工作部、学生工作部（处）相关负责人、学院领导、教工党支部党员代表和全体学生党员参加活动。本次大赛分“革命斗争篇”“艰苦创业篇”“新时代伟大奋斗篇”3 个篇章，学院 17 个师生党支部以朗诵、情景剧、讲授的方式，结合专业特点，融入身边事例，为大家献上一堂精彩纷呈的党课。（苏　婵）

【第九届全国高校材料学科研究生凌峰论坛召开】 由福建省学位委员会、厦门大学研究生院、厦门大学材料学院主办，厦门大学材料学院研究生会承办的第九届高校材料学科研究生凌峰论坛于 12 月 4—5 日在学校思明校区举行。本届凌峰论坛以“新百年、新材料、新征程”为主题，为国内各高校材料学科研究生交流学习、增进友谊、分享经验搭建平台，共有来自浙江大学、北京航空航天大学、天津大学、四川大学、重庆大学、中科院上海硅酸盐研究所等 26 所知名高校和科研机构 62 名材料学科优秀研究生代表参会。论坛采用“线上＋线下”相结合的方式进行，厦门地区以外高校的研究生以线上形式参加论坛。（林明华）

【获批创建“黄大年式教师团队”】 8 月 13 日，学院高分子材料设计与创新应用教师团队获批为厦门大学第二批“黄大年式教师团队”。学校对认定的团队按照精神奖励、典型宣传与发展支持相结合的方式给予支持。

（苏　婵）

【材料学科发展战略咨询会举办】 7 月 9 日，厦门大学召开材料学科发展战略咨询会，中国科学院院士邹志刚、张统一、刘云圻、成会明、张锦、俞书宏和中国工程院院士王玉忠 7 名专家受邀参会。会议由校长张荣主持，学校工学部主任、中科院院士田中群教授，材料学院、化学化工学院党政领导、教师代表参会。与会专家充分肯定厦门大学材料学科建设取得的成绩。对于厦门大学材料学科的发展，专家认为，在发展方向上，要依托厦大化学、物理和生命科学等优势基础学科，结合福建省自然资源禀赋和支柱企业，确定重点发展方向，特别要在陶瓷纤维、能源材料、海洋腐蚀材料等优势领域进行突破，形成自己的特色，要围绕这些领域加强大装置、大设备和大平台的建设，形成镇院之宝。在发展模式上，厦大材料学科发展要在顶天立地上做好定位，要注重基础研究和应用研究的有机结合，要深入企业、深入一线去寻找问题和国家战略需求的关键技术，进而探究这些需求背后的科学问题，取得原始创新成果。在师资队伍上，要建立“大师＋团队”的教学科研队伍，聚焦学院确定的重点研究领域，加强师资队伍整合，建立大团队。在考核评价方面，要改变唯论文倾向，加强同行专家评价，形成具有工科特色的分类评价体系。（肖祖法）

【中国科学院院士张锦教授做客南强学术讲座】 7 月 9 日上午，中国科学院院士、北京大学张锦教授应邀做客南强学术讲座，在圣诺楼 308 报告厅为师生带来一场题为“纳米碳材料——主导未来高科技产业的新兴战略材料”的精彩报告。学院院长彭栋梁教授主持讲座，并为张锦院士颁发南强学术讲座纪念牌。（朱成丽）

【获第十九届中国·海峡创新项目成果交易会优秀组织奖】 6 月 18 日，第十九届中国·海峡创新项目成果交易会（以下简称“海创会”）在福州开幕。会议聚焦新产业、新技术、新平台、新业态、新模式，围绕“项目、技术、资本、人才”等创新要素开展一系列展览、洽谈、对接活动。福建省协同创新院涂层材料分院（以下简称涂层材料分院）在本届“海创会”上展示涉及工程装备高性能涂层材料、海洋功能涂层材料、绿色建筑功能材料、功能环保材料、高性能轮胎等 25 项创新成果与产品。6 月 19 日，涂层材料分院协调组织厦门大学专场项目签约仪式。学校与信和新材料股份有限公司、厦门百安兴新材料有限公司、漳州鑫展旺化工有限公司、福建南烽防火科技有限公司、福建好优新材料有限公司 5 家企业就防腐、防火、环保新材料项目进行现场签约。涂层材料分院在“海创会”上表现突出，被中国·海峡创新项目成果交易会组委会授予“优秀组织奖”。

（朱成丽）

【举办第十九期党支部沙龙】 6 月 15 日，材料学院第十九期党支部沙龙——“百年潮起共读史　砥砺奋进新征程”在思明校区自钦楼二楼多功能厅举办。校党委党建办主任、组织部副部长廖志丹，校团委副书记梁振伟，校党委宣传部秘书欧阳桂莲，校党委学生工作部教育科科长王志煌，校团委组织部部长王心君，材料学院党委书记刘立荣，党委副书记马兆海、黄兆君，党委委员、工会主席侯振清，材料科学与工程系副主任姚荣迁与全院师生党员共同参加活动。沙龙以“百年潮起共读史　砥砺奋进新征程”为主题，生动展现中国共产党成立 100 年来的奋斗历程，热情歌颂在党的坚强领导下我们国家取得的历史性成就、发生的历史性变革，展示全面建设社会主义现代化国家的光明前景，号召广大师生深入学习党史，凝聚发展力量，写好奋进之笔。

（苏　婵）

【“潮州三环杯”第五届全国大学生材料设计邀请赛在学校举办】 5 月 15—16 日，“潮州三环杯”第五届全国大学生材料设计邀请赛在学校顺利举行。大赛以“创新材料与材料未来”为主题，由彭栋梁教授担任评委会主席，来自潮州三环（集团）股份有限公司、东南大学、长春应用化学研究所、华侨大学等知名国内企业、高校的行业专家担任评委。本次大赛设有分方向决赛和总决赛两部分。

分方向决赛设有实物展示和现场答辩两个环节，共有10支队伍进入总决赛。最终，厦门大学“灶除挽硅队”获特等奖。（林明华）

【戴李宗教授团队在 *Science Robotics* 发表最新研究成果】 戴李宗教授团队在机器人领域顶级刊物 *Science Robotics* 发表研究论文“Electrically Programmable Adhesive Hydrogels for Climbing Robots”(DOI：10.1126/scirobotics.abe1858)。戴李宗教授团队立足高分子与电化学融合，材料和机械工程的跨学科交叉，提出电化学策略程控聚合物黏附性能的新思路，解决聚合物在固体表面程控黏附/脱黏的科学技术难题，实现步行、轮式机器人在垂直、倒置不锈钢和铜表面的程控运动。这是继“高压静电吸附、磁性吸附、真空吸附、仿生设计”之后，机器人攀爬模式的一次重要革新，使攀爬型机器人的设计可摆脱“高工程技术门槛”的限制。材料学院硕士研究生黄俊文为论文第一作者，主要完成水凝胶合成、测试以及机器人攀爬研究；航空航天学院刘宇副教授为论文第二作者，主要完成机器人设计和组装；戴李宗教授和袁丛辉副教授为论文共同通讯作者。该研究获得国家自然科学基金重点项目、面上项目以及福建省自然科学基金杰出青年基金项目的资助。（朱成丽）

【首届柔性光电材料暨应用前沿研讨会举办】 4月16日，在厦门大学百年校庆之际，由材料学院承办的首届柔性光电材料暨应用前沿研讨会在科学艺术中心多功能报告厅召开，解荣军副院长为会议召集人。会议邀请领域内知名专家共聚一堂，为“柔性光电材料与器件”青年人才创新团队的建设和发展问诊把脉。彭栋梁院长和解荣军副院长为会议开幕致辞。与会专家围绕柔性发光、柔性光伏、柔性变色及柔性传感等议题进行深入讨论，交流和分享柔性光电材料领域近年来的科研成果和发展趋势，分析当前柔性光电材料在基础研究和产业应用中存在的关键问题，讨论多学科交叉的可行性，为学术与产业的深度融合提供多项建议。（朱成丽）

【第二届先进能源材料前沿论坛成功举办】 4月16—18日，厦门大学百年校庆系列学术活动之六十六“第二届先进能源材料前沿论坛”在圣诺楼201会议室隆重举行。本次论坛由厦门大学材料学院主办，这既是厦大百年校庆系列重要学术活动之一，也是自2018年学院成功举办“第一届先进能源材料前沿论坛”之后又一次围绕能源材料的重要学术交流活动。开幕式由材料学院院长彭栋梁主持。近30名专家分别围绕先进电池关键材料、热电材料、光热材料等多个领域的发展和现状做主题报告。（朱成丽）

【开展党史学习教育】 4—12月，学院党委以“学党史、悟思想、办实事、开新局”为指导思想，制定党史学习教育实施方案及推进计划表，召开全院党史学习教育动员大会和分阶段党史学习教育推进会，组织开展“再学习、再调研、再落实”活动和“我为师生办实事”实践活动。召开党史学习教育推进会3场，组织党委理论学习中心组学习10场，专题宣讲活动6场，专题党课37次，组织师生专场调研会7场，确定“我为师生办实事”重点项目12个，举办“党支部沙龙”2期。各党支部结合“固定党日＋”、双周政治理论学习活动，组织完成“学史明理，领悟思想伟力”“弘扬嘉庚精神　奋进一流征程”“学党史　听党话　跟党走”“学史增信，筑牢思想根基”“重温入党誓词　践行初心使命”“学史崇德　弘扬优良传统”“学史力行　矢志强国报国”“知行合一　开创发展新局”8个主题的集中学习和召开党史学习教育专题组织生活会。（苏　婵）

【学院首届院友论坛举办】 4月5日，材料学院百年校庆系列活动之“院友论坛”在学院新楼201会议室举行。学院党委书记刘立荣、院长彭栋梁、副院长解荣军、工会主席侯振清、特聘教授戴李宗等领导和教师出席，返校院友、学生代表等100多人参加，论坛由解荣军教授主持。来自高校、科研院所、企业的11名院友代表王锦山、陈昌禧、赖跃坤、罗雪方、许一婷、张其清、李贻甫、李甜、陈凯武、祁正兵、涂少波在本次论坛上先后进行交流汇报。（林明华）

【材料、化学、化工及其相关专业2021届专场招聘会成功举办】 3月19日上午，由校学生就业创业指导中心、材料学院和化学化工学院共同主办的厦门大学首场春季招聘会——材料、化学、化工及其相关专业2021届毕业生就业暨2022届实习见习专场招聘会在三家村广场举行，共吸引潮州三环股份有限公司、中国科学院长春应用化学研究所、厦门钨业股份有限公司、厦门天马显示科技有限公司、广东海大集团股份有限公司等70家线下企业与15家线上企业参加，专业对口度高、行业覆盖面广、招聘岗位多样。（林明华）

【材料科学与工程专业入选国家级一流本科专业建设点】 2月10日，根据《教育部办公厅关于公布2020年度国家级和省级一流本科专业建设点名单的通知》(教高厅函〔2021〕7号)，学院材料科学与工程专业成功入选国家级一流本科专业建设点。（吴妍艳）

海洋与地球学院

【概况】 海洋与地球学院现设海洋生物科学与技术系、海洋化学与地球化学系、物理海洋学系、应用海洋物理与工程系、地质海洋学系5个系，拥有近海海洋环境科学国家重点实验室、海洋生物制备技术国家地方联合工程实验室、水声通信与海洋信息技术教育部重点实验室、福建省海洋生物资源开发利用协同创新中心、福建省海洋碳汇重点实验室、福建省海洋经济生物遗传育种重点实验室、海洋化学与应用技术福建省高校重点实验室、厦门市海湾生态保护与修复重点实验室等科研机构。新增国家野外科学观测研究站“台湾海峡海洋生态系统野外科学观测研究站”及科技经济融合平台“福建省海洋生物科技融合服务平台”。

2021 年度海洋与地球学院基本情况

统计项目	数量
本科生数(人)	515
硕士研究生数(人)	377
其中:专业学位硕士研究生数(人)	
博士研究生数(人)	310
其中:专业学位博士研究生数(人)	
其中:学历留学生数(人)	14
本科毕业生毕业去向落实率(%)	95.7
硕士毕业生毕业去向落实率(%)	97.8
博士毕业生毕业去向落实率(%)	100
本科毕业生升学、出国(境)率(%)	55.6
专任教师数(人)	110
博士后数(人)	27
教授数/正高级数(人)	56
副教授数/副高级数(人)	44
具有博士学位专任教师数(人)	106
具有海外学习交流一年(或 10 个月)以上经历教师数(人)	82
45 岁以下(含)专任教师数(人)	56
全职两院院士(人)	2
发展中国家科学院院士(人)	1
教育部"长江学者奖励计划"特聘教授(人)	3
教育部"长江学者奖励计划"特岗学者(人)	
教育部"长江学者奖励计划"青年学者(人)	
国家杰出青年科学基金获得者(人)	6
"国家特支计划"领军人才(人)	7
"国家特支计划"青年拔尖人才(人)	1
国家百千万人才工程人选者(人)	2
国家级教学名师(人)	
国家优秀青年科学基金获得者(人)	6
教育部新(跨)世纪优秀人才(人)	8
福建省"闽江学者"特聘教授(人)	6
福建省特级后备人才(人)	
国家教学成果奖(项)	
国家级一流本科专业(含建设点)(个)	1
中国"互联网+"大学生创新创业大赛获奖数(项)	
国家重点实验室(个)	1
国家(地方联合)工程实验室(个)	1
国家"2011 协同创新中心"(个)	
教育部重点实验室(个)	0.5
教育部工程研究中心(个)	
福建省"2011 协同创新中心"(个)	1

统计项目	数量
福建省重点实验室(个)	2
福建省工程技术研究中心(个)	
福建省工程实验室(个)	1
福建省工程研究中心(个)	
福建省高校重点实验室	1
福建省高校工程研究中心	1
其他国家级平台(福建台湾海峡海洋生态系统野外科学观测研究站)(个)	0.5
其他部省级平台(东山海洋福建省野外科学观测研究站、福建省特色水产品种种质资源保护利用与共享平台、福建海洋可持续发展研究院)(个)	3
国家自然科学基金委基础科学中心(个)	1
国家自然科学基金委创新研究群体(个)	
高等学校学科创新引智基地("111 计划")(个)	1
国家自然科学基金项目(个)	18
国家重点研发计划(项目牵头)(个)	1
其他部省级重大专项(个)	2
企业和社会各界委托项目(理工医科 100 万元以上)(个)	11
纵向科研经费(到位)(万元)	9208
横向科研经费(到位)(万元)	4882.79
国家自然科学奖(项)	
国家技术发明奖(项)	
国家科技进步奖(项)	
高校科学研究优秀成果奖(科学技术)(项)	
福建省科学技术奖(项)	1
其他重要科技奖励(请注明)(项)	
发表文章总数(篇)	200
其中:*Science*、*Nature*、*Cell*(含子刊)(篇)	2
其他(请注明)(篇)	
国内授权专利情况(项)	50
国外授权专利情况(项)	2
科技成果转化(项目数)(项)	1
科技成果转化(转让金额)(万元)	50
学生出国(境)交流(人次)	33
教师出国(境)交流(人次)	4
主办国际学术会议(次数)	1
主办两岸学术会议(次数)	
境外合作高校或机构(所)	1
签订境外合作协议(份)	1
邀请国外学者数(人)	17
邀请台港澳地区学者数(人)	1
国(境)外学生来校数(人)	

现有国家“海洋科学理科基础科学研究和教学人才培养基地”(基地班)、国家“海洋环境科学实验教学示范中心”、海洋科学特色专业点、福建省海洋科学研究生教育创新基地等人才培养基地以及福建省虚拟仿真实验平台。拥有海洋科学国家级一流本科专业、海洋科学国家一级重点学科,以及海洋科学博士学位一级学科授权点和博士后流动站。

学院设海洋科学、海洋技术2个本科专业,海洋生物、海洋生物技术、海洋化学、海洋物理、海洋地质、物理海洋学6个硕士、博士专业。现有专任教师110人,工程、实验系列专业技术人员219人(含单位、课题组全时聘用124人),专职党政管理人员41人(含单位、课题组全时聘用24人),辅导员4人,在站博士后研究人员27人,离退休人员87人。专任教师中,教授56人、副教授44人,占90.9%;具有博士学位的106人,占96.4%,具有国(境)外博士学位的40人,占37.7%。

学院现有中科院院士2人,国家高层次人才4人、青年人才3人,教育部“长江学者奖励计划”特聘教授3人,国家杰出青年科学基金获得者6人,“国家特支计划”领军人才7人、青年拔尖人才1人,国家百千万人才工程入选者2人,国家优秀青年科学基金获得者6人,南强青年拔尖人才A类10人、B类10人。

新聘专任教师14人,其中教授11人、副教授3人;新聘工程、实验系列专业技术人员27人(含单位、课题组全时聘用26人);新聘专职党政管理人员及工勤7人(含单位、课题组全时聘用6人)。

学院现有在读本科生515人、硕士研究生377人、博士研究生310人;新增博士研究生69人(含外籍生2人),硕士研究生140人、本科生134人;共计116名本科生、94名硕士生和45名博士生顺利毕业,走上工作岗位或进一步深造。本科生就业率95.7%,硕士生就业率97.8%,博士生就业率100%,家庭经济困难学生就业率100%。研究生毕业生重点单位就业率36.9%,本科生升学率55.6%。研究生以第一作者发表论文140篇,论文第一作者贡献率70%。

2021年出版本科教材2部,完成2021级本科新修培养方案改革并投入执行。任敏荣获厦门大学第十六届教学比赛一等奖,“海洋环境化学”入选“教育部课程思政示范课程”建设名单,“面向科创—科研—科普的海洋仿生机器人创新人才培养”获福建省教育教学成果奖二等奖。

海洋生物技术教工党支部书记工作室入选福建省第三批高校“双带头人”教师党支部书记工作室、海洋生物技术教工党支部获福建省高校先进基层党组织。焦念志院士获评“各民主党派、工商联、无党派人士为全面建成小康社会作贡献先进个人”,张瑶教授当选厦门市翔安区人大代表,孙圣垚当选福建省漳州市东山县政协委员。

2021年到位经费14090.79万元,其中纵向经费9208万元,横向经费4882.79万元。获批各类科研项目166个(含横向118个),包含国家重点研发计划全球变化及应对专项项目1个、国家基金项目13个、农业农村部岗位科学家项目2个,重大横向项目1个(合同金额1634万元)。2021年学院教师发表高水平论文200篇,其中在国际顶级期刊上发表论文86篇(中科院分区TOP)。获批国际专利2项、国内专利50项。

社会服务方面,助力实现首宗海洋碳汇交易;推动与自然资源部第三海洋研究所、福建省地震局签订战略合作协议;服务地方海洋产业发展,转移转化新品种应用成果2项,协助地方部门完成2021—2030年鲍鱼产业发展规划。在育种、养殖和加工等方面对渔民予以技术指导,受益人数3000人以上。成功举办海洋开放日活动;海洋科技博物馆入选“2021年度福建省十佳科普教育基地”;70.8海洋媒体实验室持续推出原创科普专题,承担国家自然基金委专项海洋科学传播项目,全年海洋科普传播量超1500万次。

2021年,共派出4人次教职工、33人次学生出国(境)交流,其中7人次学生赴太平洋、南大洋执行科学考察。与香港大学理学院签订博士后/博士生联合培养计划协议。参与中国-挪威海洋大学联盟,加强与挪威知名高校的合作。承办“金砖国家‘海洋与极地科学’专题领域工作组第四届会议”“海上丝绸之路国际产学研用合作会议——海洋科技与工程分论坛”。(陈丽丹　何文涛　苏　颖　陈　奔　戴立欣　侯淑娜　邹良荣)

【疫情防控期间组织开展线上教学】 疫情防控期间组织开展线上授课工作,45门本科生课程、21门研究生课程开展线上教学,80余名教师利用腾讯会议、腾讯课堂、QQ直播等平台,以直播或录播形式,开展线上授课,全院500多名学生参加线上学习。(侯淑娜)

【任敏荣获厦门大学第十六届教学比赛一等奖】 10月,任敏在厦门大学举办的第十六届教学比赛中荣获英语理工医组一等奖。(侯淑娜)

【“海洋环境化学”入选教育部课程思政示范课程建设名单】 2021年5月,蔡明刚、柯宏伟、曾隆隆、陈敏、郑爱榕、王春卉负责的“海洋环境化学”入选课程思政示范课程,授课教师入选课程思政教学名师和教学团队。(侯淑娜)

【张宇团队荣获福建省教育教学成果奖二等奖】 7月,张宇牵头,杨武夷、陈东升、徐晓辉等共同参与的项目“面向科创—科研—科普的海洋仿生机器人创新人才培养”荣获福建省教育教学成果奖二等奖。该项目结合海洋各学科、各专业的优势,与信息学科、航空航天学院课题组合作,现已建设校级“跨学院”“交叉学科”特色鲜明的本科生水下仿生机器人创新俱乐部。(侯淑娜)

【学院牵头申报的国家自然科学基金委基础科学中心项目正式获批】 12月,学院牵头申报的国家自然科学基金委基础科学中心项目“海洋碳汇与生物地球化学过程”正式获批,资助期限5年,资助总经费6000万元。该项目是国家自然科学基金委在海洋领域资助的首个基础科学中心项目。(苏　颖)

【张瑶获基金委“国家杰出青年科学基金”项目资助】 8月,学院张瑶教授获批国家自然科学基金委“国家杰

出青年科学基金”项目，资助期限5年，资助总经费400万元。（苏　颖）

【张瑶团队研究成果入选“2020年度中国十大海洋科技进展”“2020年度中国海洋与湖沼十大科技进展”】 2月，中国海洋学会联合中国太平洋学会、中国海洋湖沼学会、中国造船工程学会、中国航海学会、中国指挥与控制学会评选出“2020年度中国十大海洋科技进展”；中国海洋湖沼学会组织分支机构及相关单位推荐评选出“2020年度中国海洋与湖沼十大科技进展”，学院张瑶教授团队的研究成果“深海微生物驱动的碳氮循环耦合机制及通量研究”荣登以上双份榜单。（苏　颖）

【焦念志在 *Science Advances* 发表学术论文】 4月14日，焦念志院士在 *Science Advances* 上发表题为“Correcting a Major Error in Assessing Organic Carbon Pollution in Natural Waters”的研究论文，阐述天然水体碳汇研究领域的新方法和新标准，将以往被错判的“迷失碳汇”从天然水环境污染物中区分出来，为准确评判水体碳汇和实现碳中和目标提供技术支撑。（苏　颖）

【李非栗团队在 *Nature Communications* 发表学术论文】 5月24日，*Nature Communications* 在线刊登学院李非栗教授及合作者题为“Subpolar North Atlantic Western Boundary Density Anomalies and the Meridional Overturning Circulation”的学术论文。该文章揭示了大西洋副极地深海西边界流和经向翻转环流变化特征。

（苏　颖）

【童峰团队在 *IEEE Internet of Things Journal* 发表学术论文】 7月6日，物联网领域顶级期刊 *IEEE Internet of Things Journal* 在线发表学院童峰教授课题组最新研究成果“Exploiting Sparsity for Underwater Acoustic Sensor Network under Time Varying Channels”，从利用信道时变稀疏特性的角度为提高水下物联网性能提供新的思路。（苏　颖）

【徐鹏团队在 *Reviews in Aquaculture* 上发表鲤鱼遗传育种研究综述论文】 11月26日，学院徐鹏教授课题组以“Research Advances and Future Perspectives of Genomics and Genetic Improvement in Allotetraploid Common Carp”为题在 *Reviews in Aquaculture* 在线发表。该论文首次从基因组学、遗传学及遗传改良等方面对鲤鱼近几十年来的研究广度和深度及应用前景进行较为全面的阐述。（苏　颖）

【第八届生物-有机地球化学研讨会在厦召开】 11月26—27日，由厦门大学主办的第八届生物-有机地球化学研讨会在厦门召开。研讨会采用线上线下相结合的方式，来自国内外63所高校和科研院所的科研人员、学生等200余人参加现场研讨，累计1000余人在线参会。（苏　颖）

【助力实现首宗海洋碳汇交易】 9月，2000吨海洋碳汇于全国首个海洋碳汇交易服务平台顺利成交。厦门大学蓝碳交易产学研团队作为碳汇交易主要科技支撑力量，成功助力厦门产权交易中心（厦门市碳和排污权交易中心）完成福建省首宗海洋碳汇交易——泉州洛阳江红树林生态修复项目。（陈　奔）

【海丝二号卫星成功发射】 6月11日11时03分，由厦门大学与航天东方红有限公司共同研制的海丝二号卫星搭载长征2号丁运载火箭在太原卫星发射中心发射升空。卫星进入预定轨道于11时15分星箭分离，于11时16分太阳翼展开到位，卫星发射任务圆满成功。（陈　奔）

【福建台湾海峡海洋生态系统野外科学观测研究站正式入列国家野外科学观测研究站】 10月11日，科技部公布国家野外科学观测研究站批准建设名单，厦门大学“福建台湾海峡海洋生态系统国家野外科学观测研究站”正式入选。（陈　奔）

【新增“福建省海洋生物科技融合服务平台”】 11月26日，福建省科协公布福建省科技经济融合服务平台批准建设名单，厦门大学“福建省海洋生物科技融合服务平台”正式入选。（陈　奔）

【2021海上丝绸之路国际产学研用合作会议之海洋科技与工程分论坛顺利召开】 11月30日，2021海上丝绸之路国际产学研用合作会议之海洋科技与工程分论坛在厦门大学举行，3700人观看会议直播。

（陈　奔）

【中国-东盟海洋学院学生实习实践项目顺利开展】 2021年，学院持续支持厦门大学马来西亚分校中国-东盟海洋学院建设，派驻学院教师任副院长，全面负责包括组织构架、师资招聘、专业建设、学生管理、日常行政工作等，同时选派优秀教师赴马分校进行授课，在中国-东盟海洋学院学生毕业论文、实习上提供支持。2021年共有30名中国-东盟海洋学院本科生来学院完成毕业论文或实习。

（邹良荣）

【新增7名国家级高层次人才】 2021年，学院张瑶教授获得国家杰出青年科学基金；引进国家高层次人才刘向阳、薛惠洁，国家杰出青年科学基金获得者段安民教授，均聘任南强特聘教授；引进国家“万人计划”科技创新领军人才刘涛教授，聘任南强重点岗位教授；引进国家高层次人才青年人才王为磊，聘任教授。9月，国家高层次人才 Steven Alan Kuehl 来校全职工作。（何文涛）

【新增7名南强青年拔尖人才】 2021年，学院引进南强青年拔尖人才A类2人（李非栗、王为磊）、B类5人（周跃海、邹斯嘉、李姜辉、胡俊、陈笔澄）。（何文涛）

【举办2021学院荣休仪式和迎新仪式】 11月，学院举办2021年退休教职工荣休仪式和欢迎新教工入职仪式。王克坚院长做题为“传承厦大精神　建设一流学科”的报告，退休教职工和新教工代表分别发表荣休和入职感言，吴立武书记做总结发言。

（何文涛）

【焦念志院士荣获“各民主党派、工商联、无党派人士为全面建成小康社会作贡献先进个人”荣誉称号】 12月17日，各民主党派、工商联、无党派人士为全面建成小康社会作贡献评选表彰大会在北京召开。中共中央政治局常委、全国政协主席汪洋出席并讲话。大会表彰党的十八大以来，在积极投身服务全面建成小康社会实践，尽心尽力履行参政议政、民主监督、社会服务各项职责，助力打赢脱贫攻坚战和疫情防控阻击战中涌现出的各民主党派、工商联和无党派人士先进集体、先进个人和优秀成果。焦念志院士获评“先进个人”。

（曾隆隆）

【海洋生物技术教工党支部获评“全省高校先进基层党组织”】 6月，中共福建省委教育工委表彰全省高校优秀共产党员、优秀党务工作者和先进基层党组织，学院海洋生物技术教工党支部获评“全省高校先进基层党组织”。

（曾隆隆）

【海洋生物技术教工党支部书记工作室入选全省第三批高校“双带头人”教师党支部书记工作室培育建设名单】 7月，中共福建省委教育工委遴选产生第三批高校“双带头人”教师党支部书记工作室培育建设名单，学院海洋生物技术教工党支部入选。

（曾隆隆）

【张瑶教授当选翔安区人大代表】 12月，翔安区开展人大代表换届选举工作，张瑶教授当选翔安区人大代表。（曾隆隆）

【唐腾凤任学院党委副书记】 2月5日，校党委常委会研究决定：唐腾凤同志任中共厦门大学海洋与地球学院委员会委员、副书记（试用期一年），并于3月11日正式宣布任命决定。（曾隆隆）

【吴立武任学院党委书记】 4月21日，校党委常委会研究决定：吴立武同志任中共厦门大学海洋与地球学院委员会委员、书记，并于4月22日正式宣布任命决定。（曾隆隆）

【刘志宇、张宇、徐鹏、李骁麟任学院副院长】 7月31日，校党委常委会研究决定：刘志宇任厦门大学海洋与地球学院副院长；张宇、徐鹏、李骁麟任厦门大学海洋与地球学院副院长（试用期一年），并于11月29日正式宣布任命决定。（曾隆隆）

【史大林任学院院长】 8月1日，校党委常委会研究决定：史大林任厦门大学海洋与地球学院院长（试用期一年），并于11月29日正式宣布任命决定。（曾隆隆）

环境与生态学院

【概况】 环境与生态学院下设环境科学系、生态科学系、环境与生态工程系3个系，有环境科学、生态学、环境生态工程3个本科专业，环境科学、环境工程、环境管理、生态学、海洋事务5个硕、博士研究生专业，环境科学与工程、生态学两个一级学科博士点和博士后流动站。2017年，生态学入选国家“双一流”建设学科；2020年，生态学和环境科学专业入选国家级一流本科专业建设点，环境生态工程专业入选福建省一流本科专业建设点。2021年，环境与生态学科位居ESI全球前0.342%。

2021年，学院在职教职工117人，其中正高级职称42人、副高级职称30人。新入职教师6人，新增福建省高层次人才特级人才1人、福建省特级后备人才1人、国家优秀青年科学基金获得者1人、福建省“雏鹰计划”青年拔尖人才1人。新增博士后创新人才支持计划入选者1人，目前在站博士后研究人员35人，2021年进站15人，出站8人。

学院现有在读本科生401人，在读研究生507人，其中博士生198人（含外籍生13人）、硕士生309人（含外籍生13人）。学院紧紧围绕立德树人根本任务，形成“交叉大融合、实践大课堂、国际大舞台、个性大展示”的人才培养特色，创新实施“国际化班、菁英班、卓越班”并行的人才培养模式。设立访学资助金、开办研究生学术交流论坛，强化研究生科研能力培养。《动物生物学》（第5版）获首届全国优秀教材奖二等奖（全校唯一）；《海洋生态学》（第4版）入选“科学出版社‘十四五’普通高等教育本科规划教材”；“环境科学导论”获批省级一流课程。1名本科生获第十五届“挑战杯”福建省大学生课外学术科技作品一等奖。

2021年，学院平台建设取得重要突破。福建台湾海峡海洋生态系统野外科学观测研究站正式获批国家野外观测站；漳江口湿地生态系统野外科研与教学基地正式启用。学院继续着力提升科研水平和能力，努力发挥学院多学科交叉特色，大力拓宽经费筹措渠道，2021年，到位科研经费5797.82万元，其中纵向3795.23万元，横向2002.59万元；新增纵向项目23个（含国家自然科学基金重大科研仪器研制项目、优秀青年科学基金项目、重点项目、碳中和专项项目各1个）、横向项目90个（含院企共建平台1个）；发表SCI、EI论文244篇，其中JCR一区48篇，二区115篇，TOP期刊129篇，IF≥2的218篇；发表*Science Advances*封面论文并被*Science*专题报道。

2021年受新冠肺炎疫情影响，学院派出师生赴境外交流与邀请境外专家来校交流基本暂停。通过线上线下方式，全年累计学生出国（境）交流12人次，教师出国（境）交流6人次，主办国际学术会议3次。本年度学院持续提升学术影响力，推动与瑞典隆德大学工学院、宜兰大学工学院续签学生交流协议；举办“海岸带生态系统与全球变化国际研讨会”、“2021年海峡两岸环境与生态研讨会”及以国际化人才培养为主题的“凌峰暑期科研论坛”；与瑞典隆德大学等单位合作举办暑期学校“第十五届凌峰暑期科研训练”；吕永龙教授被联合国秘书长任命为“可持续发展目标技术促进机制10人组”成员，与其他国际专家共同牵头撰写的《海岸带资源管治：对可持续蓝色经济的影响》报告由联合国秘书长海洋特使对外发布。

2021年，学院持续深耕，服务国家战略与地方发展。承担福建省河流与河口岸线变化调查评估服务项目，提出科学治理建议；帮扶云南省马关县建设农产品深加工工厂，建立食品安全全程追溯体系；提交“海洋强省”“蓝碳经济”等相关政策建议9项，2项获立案、2项获批示；举办环保、生态知识宣讲活动5次，受众750人次。（潘　燕　王新丽　李　岚　吴晓倩　何鸿鸣　郑陈娟　陈韬澜　柯晓林　诸　姮　王安胜　蔡群飞）

2021 年度环境与生态学院基本情况

统计项目	数量	统计项目	数量
本科生数(人)	401	福建省“2011 协同创新中心”(个)	1
硕士研究生数(人)	309	福建省重点实验室(个)	2
其中:专业学位硕士研究生数(人)		福建省工程技术研究中心(个)	1
博士研究生数(人)	198	福建省工程实验室(个)	
其中:专业学位博士研究生数(人)		福建省工程研究中心(个)	
其中:学历留学生数(人)	26	其他国家级平台(福建台湾海峡海洋生态系统国家野外科学观测研究站)(个)	0.5
本科毕业生毕业去向落实率(%)	90.1	其他部省级平台(漳江口红树林湿地生态系统福建省野外科学观测研究站、福建海洋可持续发展研究院)(个)	2
硕士毕业生毕业去向落实率(%)	92.5		
博士毕业生毕业去向落实率(%)	96		
本科毕业生升学、出国(境)率(%)	64.4	国家自然科学基金委基础科学中心(个)	
专任教师数(人)	77	国家自然科学基金委创新研究群体(个)	
博士后数(人)	35	高等学校学科创新引智基地(“111 计划”)(个)	1
教授数/正高级数(人)	42	国家自然科学基金项目(个)	15
副教授数/副高级数(人)	30	国家重点研发计划(项目牵头)(个)	
具有博士学位专任教师数(人)	75	其他部省级重大专项(个)	
具有海外学习交流一年(或 10 个月)以上经历教师数(人)	58	企业和社会各界委托项目(理工医科 100 万元以上)(个)	9
45 岁以下(含)专任教师数(人)	33	纵向科研经费(到位)(万元)	3795.23
全职两院院士(人)		横向科研经费(到位)(万元)	2002.59
发展中国家科学院院士(人)	1	国家自然科学奖(项)	
教育部“长江学者奖励计划”特聘教授(人)	1	国家技术发明奖(项)	
教育部“长江学者奖励计划”特岗学者(人)		国家科技进步奖(项)	
教育部“长江学者奖励计划”青年学者(人)		高校科学研究优秀成果奖(科学技术)(项)	
国家杰出青年科学基金获得者(人)	5	福建省科学技术奖(项)	
“国家特支计划”领军人才(人)	3	其他重要科技奖励(请注明)(项)	
“国家特支计划”青年拔尖人才(人)		发表文章总数(篇)	89
国家百千万人才工程入选者(人)	3	其中:*Science*、*Nature*、*Cell*(含子刊)(篇)	1
国家级教学名师(人)	1	其他(请注明)(篇)	
国家优秀青年科学基金获得者(人)	3	国内授权专利情况(项)	17
教育部新(跨)世纪优秀人才(人)	5	国外授权专利情况(项)	
福建省“闽江学者”特聘教授(人)	2	科技成果转化(项目数)(项)	
福建省特级后备人才(人)	1	科技成果转化(转让金额)(万元)	
国家教学成果奖(项)		学生出国(境)交流(人次)	12
国家级一流本科专业(含建设点)(个)	2	教师出国(境)交流(人次)	6
中国“互联网+”大学生创新创业大赛获奖数(项)		主办国际学术会议(次数)	3
国家(地方联合)工程研究中心(个)		主办两岸学术会议(次数)	1
国家“2011 协同创新中心”(个)		境外合作高校或机构(所)	21
国家野外观测站(个)	1	签订境外合作协议(份)	20
教育部重点实验室(个)	1	邀请国外学者数(人)	55
教育部工程研究中心(个)		邀请台港澳地区学者数(人)	12
		国(境)外学生来校数(人)	

【学院三个专业入选一流本科专业建设点】 3月,教育部办公厅公布2020年度国家级和省级一流本科专业建设点名单,学院三个本科专业全部入选。其中,环境科学、生态学专业入选国家级一流本科专业建设点,环境生态工程专业入选省级一流本科专业建设点。11月,环境生态工程专业入围学校25个推荐申报国家级一流专业建设点。 (吴晓倩)

【学习习近平总书记致厦门大学建校100周年贺信精神】 4月6日上午,学院组织党政领导、师生代表、部分院友齐聚金泉楼A226会议室观看校庆大会视频,会后学习习近平总书记致厦门大学建校100周年贺信并展开座谈交流。4月12日下午,学院党委召开理论学习中心组学习(扩大)会,深入学习传达习近平总书记致厦门大学建校100周年贺信精神并对学习要求进行具体部署。各师生党支部将学习贯彻总书记贺信精神和自身学习工作以及推进学院发展相结合,开展内容丰富的学习庆祝活动,并以多种方式为百年校庆送上祝福。

(张璐婧)

【举办国际与地区学术交流会议】 为深入推动疫情防控期间的合作交流,搭建高水平学术交流平台,学院于2021年期间以线上线下相结合的方式举办2场国际学术会议与1场地区会议,包括厦门大学百年校庆系列活动之一的"海岸带生态系统与全球变化国际研讨会"(4月16—19日),探讨国际化人才培养的"凌峰暑期科研论坛"(7月24—25日)和以"携手两岸,共享生态家园"为主题的"2021年海峡两岸环境与生态研讨会"(12月29日)。会议共计吸引330余人次专家学者进行交流讨论,其中台湾地区专家20余人次,来自德国、美国、日本、意大利、英国等16个国家的外国专家60余人次。 (柯晓琳)

【漳江口湿地生态系统野外科研基地落成】 4月9日,漳江口湿地生态系统野外科研与教学基地大楼落成活动在漳州市云霄县举行。云霄县各级政府及相关部门的代表,厦门大学相关部处、海洋与地球学院、生命科学学院及学院师生代表参加活动。

(郑陈娟)

【举办"四史"专题教育】 寒假期间,围绕"英雄、复兴、创新、信念、奋斗"主题,学院以团支部为单位开展寻访家乡红色印记的"四史"专题教育活动。近750名学生党员、团员在自己的家乡或者居住地,通过"观看一部红色电影、阅读一本红色小说、开展一次主题团课、参观一个红色教育基地、重走一段网上长征路"等,自主学习党史、新中国史、改革开放史、社会主义发展史,共形成729份图文、视频等多种形式的活动成果。4月20日,学院寒假"四史"专题教育总结表彰大会在金泉楼B103报告厅举行。2020级硕士生第二团支部、2020级博士生团支部、2017级本科生第三团支部及2018级本科生第三团支部获评优秀团支部,2017级本科生第三团支部荣获最佳创意奖,2018级本科生第三团支部荣获最佳展示奖。黄海婷等8名本科生、田长庆等6名研究生荣获优秀个人称号。

(王安胜 蔡群飞)

【吕永龙教授被任命为"可持续发展目标技术促进机制10人组"】 5月4日,学院吕永龙教授被联合国秘书长任命为"可持续发展目标技术促进机制10人组"成员。 (诸 姮)

【召开学院建院十周年庆祝大会】 6月5日,学院召开建院十周年庆祝大会。学校领导、学院历任院领导及来自全国各地的专家、学者,合作企业代表,厦门大学机关部处,兄弟学院的领导,学院退休教职工代表、院友、师生代表等200多人参加庆祝大会。大会以"奋进新征程 十年再出发"为主题,总结10年来的办学经验,为新一轮发展凝聚力量。 (诸 姮)

【举办"面向新时代的生态学研讨会"】 6月4—6日,"面向新时代的生态学研讨会"在翔安校区顺利召开,来自东北师范大学、中国农业大学、兰州大学、华东师范大学、浙江大学、复旦大学、四川大学、重庆大学等国内近60所院校150名生态学领域的专家学者齐聚厦门大学,探讨交流我国当代生态学学科建设思路与途径。本次会议是学院建院十周年的重要学术活动之一。研讨会紧密结合国家生态文明建设对生态学人才需求、习近平总书记提出的科技创新"四个面向"以及高等教育"立德树人"根本任务,围绕生态文明建设与生态学人才培养、生态学科技创新与"四个面向"、生态学社会服务与"两山理论"、生态学学科建设与国际交流合作4个主题开展研讨,紧扣人才培养、科技创新、社会服务、国际交流合作等方面做深入研讨,对推动生态学科发展和"双一流"建设具有重要意义。 (何鸿鸣)

【联合国环境署发布吕永龙教授共同牵头撰写的《海岸带资源管治》报告】 6月23日,联合国秘书长海洋特使Peter Thomson博士正式对外发布联合国环境规划署(UNEP)国际资源专家委员会(IRP)的研究报告《海岸带资源管治:对可持续蓝色经济的影响》(*Governing Coastal Resources: Implications for a Sustainable Blue Economy*)。该报告由学院吕永龙教授与其他国际专家共同牵头撰写。报告提出海陆整合的海岸带资源综合管治问题,为将于2022年在葡萄牙里斯本召开的联合国海洋大会奠定坚实的科学基础,将对促进全球绿色经济可持续发展产生重大影响。

(诸 姮)

【学习习近平总书记"七一"重要讲话精神】 7月1日,学院组织师生党员、教职工集体收看庆祝中国共产党成立100周年大会现场直播,一同见证伟大时刻,并认真聆听学习习近平总书记的重要讲话。会后召开庆祝中国共产党成立100周年座谈会,重点学习习近平总书记在庆祝中国共产党成立100周年大会上的重要讲话精神。同时,层层推进支部学习,结合组织开展学习习近平总书记在庆祝中国共产党成立100周年大会上的讲话精神的相关活动,将理论学习、时政学习与实践学习相结合,做到党员全覆盖,强化教育效果。 (张璐婧)

【漳江口湿地生态系统野外科研基地正式启用】 7月,漳江口基地完成基础实验条件和科研、教学、住宿、办公用房的一期配置,正式启用。基地大楼实现无线网络覆盖,可满足约100

人的科研教学需求，以及日常办公需求。漳江口基地正式启用以来至12月，承担厦门大学生态学、海洋科学、生命科学等6个专业学生的生产实习300余人次，科研活动近100人次，并先后接待来自中山大学、集美大学、闽南师范大学等高校近200人次的实习实践和科研考察活动。（郑陈娟）

【吕永龙教授应约在 *Science Advances* 发表社论】 8月25日，学院吕永龙教授团队应国际顶级期刊 *Science Advances* 编辑部之约，与英国生态与水文中心 James Bullock 教授合作发表的《2020后变化环境中的生物多样性保护》的社论文章，*Science Advances* 将其以封面论文形式发表，Science 做专题报道。（诸 姮）

【编制完成新一轮生态学一流学科建设方案】 8—10月，根据教育部和学校部署，启动新一轮生态学一流学科建设方案编制。经过7次院内专题研讨，并邀请生态学领域12名知名专家对方案进行论证，最终形成生态学一流学科建设方案。（诸 姮）

【获批福建台湾海峡海洋生态系统国家野外科学观测研究站】 10月9日，厦门大学获得中华人民共和国科学技术部批准建设"福建台湾海峡海洋生态系统国家野外科学观测研究站"。该站由"漳江口红树林湿地生态系统福建省野外科学观测研究站"（依托环境与生态学院建设）和"东山海洋福建省野外科学观测研究站"（依托近海海洋环境国家重点实验室建设）联合组建而成，整合厦门大学在台湾海峡上升流生态系统、红树林等滨海湿地生态系统近30年的综合观测和定位研究成果，依托海洋科学、生态学等国家"双一流"学科和海洋科学、环境科学等国家重点学科建设。（郑陈娟）

【召开第九届"海峡两岸海洋环境监测及预报技术研讨会"】 10月22日，校庆系列学术活动之一——第九届"海峡两岸海洋环境监测及预报技术研讨会"在厦门大学召开。研讨会由福建台湾海峡海洋生态系统国家野外科学观测研究站（厦门大学）、台湾"中央"大学水文与海洋科学研究所、国家海洋环境预报中心等联合主办，福建省海陆界面生态环境重点实验室和厦门大学东山太古海洋观测与实验站共同承办。两岸海洋高校、科研院所、实务部门、企业再度携手，畅谈海洋科技的研究与应用，继续带动海峡两岸展开海洋科学、海洋产业、海洋服务的多方合作，为两岸海洋灾害预警防治作出贡献。（黄水英）

【《动物生物学》（第5版）荣获首届全国优秀教材奖二等奖】 10月，教育部公布首届全国优秀教材奖名单，学院国家级教学名师陈小麟教授和方文珍教授合编的《动物生物学》（第5版）获二等奖，也是学校唯一获奖的教材。（吴晓倩）

【提亮各党支部党建品牌】 学院党委认真开展支部立项工作，坚持"一支部一立项"，不断提升党建质量。在2021年度党支部工作"立项活动"中，学院获校级重点项目支持，成为全校十个重点项目之一。2个党支部获学校推荐参评福建省新时代党建品牌、优秀案例项目。今年，学院完成全院17个党支部党建品牌的凝练工作，各支部立足各自实际，结合专业特点，总结凝练各具特色的党建品牌标识，并设计完成党建品牌展示墙，进一步激发党建活力、凝聚力和号召力，形成环生党建品牌矩阵效应。（张璐婧）

【贯彻落实党的十九届六中全会精神】 党的十九届六中全会召开以来，学院党委第一时间编写以《中国共产党第十九届中央委员会第六次全体会议公报》及十九届六中全会相关解读等文章为主要内容的学习期刊发放给全体教职工进行自学。11月15日，学院召集全体党委委员、各党支部书记召开党委扩大会议，专题学习贯彻党的十九届六中全会精神，并部署学习贯彻工作。11月24日，学院党委理论学习中心组召开专题学习（扩大）会，进一步深入学习党的十九届六中全会精神，交流学习心得，畅谈学习体会。12月9日，邀请校内专家做学习专题讲座，引导广大师生回眸历史，不忘初心，进一步从党的百年历史中汲取继续前行的智慧和力量。支部层面积极开展全会精神学习，通过多种形式组织广大党员学深悟透全会精神的丰富内涵和核心要义，切实把思想和行动统一到中央决策部署上来。（张璐婧）

【扎实开展党史学习教育】 在今年的党史学习教育中，学院党委创新形式开展党史学习教育，紧扣"实、常、活、微"4个字，变被动接受为主动学习，变单一形式为多样载体，不断推动党史学习教育入脑入心。特别是七一前开展的庆祝中国共产党成立100周年"灯光摆党徽＋歌声颂党恩"主题快闪活动，得到新华社、人民网、《光明日报》、央广网等多家主流媒体报道。"跨越时空 见字如面——《南强红笺》情景诵读""影像中的党史"红剧配音大赛、听史惜今——党史故事会、学院首届教职工"学党史 迎新春"环湖跑等一个个形式新颖、内容活泼的活动，在学院不断掀起党史学习教育的热潮和高潮。同时，学院党委扎实开展"我为师生办实事"实践活动，制定详细方案，逐步推进，重点督办，不仅通过漳江口的建设促进人才培养建设和科学研究发展，同时，在学生成长、疫情防控、安全稳定和学院发展等方面采取有针对性的措施，统筹推进"我为师生办实事"取得实效。（张璐婧）

【推进"质量工程"建设，提升本科教学质量】 学院持续推进本科"课程思政"示范课程、一流课程、优秀教材等"质量工程"建设。"环境科学导论"获批省级一流课程，"城市生态规划与管理"入选校级一流课程，"生态之美大讲堂"入选校级首批美育与通识教育一流课程建设计划。"环境科学导论""基础生态学"这两门"课程思政"示范课程以优秀等次结题验收。《海洋生态学》（第4版）入选"科学出版社'十四五'普通高等教育本科规划教材"；《植物生物学实验教程》出版，《可持续流域治理》《环境生态工程计算机辅助绘图基础》签订出版合同。获批校级教学改革项目2个，发表教学论文3篇。1名本科生获第十五届"挑战杯"福建省大学生课外学术科技作品一等奖。（吴晓倩）

【海洋与海岸带发展研究院承办2021 PNLG-PNLC联合研讨会】 11月18日，首次PNLG-PNLC联合研讨会在线上召开。研讨会由东亚海环境管理伙伴关系组织(PEMSEA)主办，厦门大学海洋与海岸带发展研究院、厦门市海洋国际合作中心和东亚海岸带可持续发展地方政府网络(PNLG)秘书处共同承办。PNLG和PEMSEA学习中心网络(PNLC)是PEMSEA的两大区域性合作网络。本次会议为呼应2021厦门国际海洋周“人海和谐”主旋律，以“推动未来十年新一代海岸带综合管理实施”为主题，分海岸带综合管理的应用推广、工具方法、地方经验3个环节进行交流研讨，来自中国、日本、菲律宾、新加坡、印度尼西亚、马来西亚、越南、柬埔寨、泰国、东帝汶等国家的近百名PNLG和PNLC成员代表线上参会。各方代表分别就海洋垃圾管理、气候变化应对、生物多样性保护等热点议题进行分享，以促进新一代海岸带管理者提升海岸带综合管理能力，推进东亚海区域海岸带可持续发展2030议程的实施。（陈昕韡）

【柳欣教授获国家优秀青年科学基金资助】 11月19日，国家自然科学基金委员会发布2021年国家优青建议资助项目申请人名单，学院柳欣教授入选。（陈韬澜）

【学院召开新一届行政领导班子任命大会】 11月29日下午，学院召开新一届行政领导班子任命大会。会上，校党委副书记、纪委书记全海代表学校宣布任命决定：经校党委、校行政研究决定，吕永龙同志任学院院长，王新红、黄凌风、于鑫、马剑同志任学院副院长。（张璐婧）

【海洋与海岸带发展研究院教授受聘为21世纪海上合作委员会顾问】 11月，厦门大学海洋与海岸带发展研究院洪华生、卢昌义、方秦华等教授受聘为21世纪海上合作委员会顾问。21世纪海上合作委员会(简称委员会)是由中国人民对外友好协会与福州市人民政府在世界城市和地方政府联合组织(简称城地组织)亚太区框架内共同发起的专业委员会，于2017年4月在菲律宾卡巴洛甘市举办的城地组织亚太区执行局会议上获得通过后成立，是由城地组织会员、愿意接受委员会章程的其他城市和组织组成的非营利性国际组织。委员会会址及秘书处永久设于中国福建省福州市。自成立至今，已有5大洲27个国家的62个城市和组织加入委员会。（陈昕韡）

【海洋与海岸带发展研究院参加东亚海大会并做工作报告】 12月1日，2021东亚海岸带可持续发展地方政府网络(PNLG)年会召开，厦门大学海洋与海岸带发展研究院(简称海发院)作为秘书处副秘书长单位参加会议，PNLG秘书处副秘书长、海发院副院长方秦华教授向成员大会做2021年工作总结及2022年工作计划。会议由柬埔寨西哈努克省政府主办，PNLG秘书处、东亚海环境管理伙伴关系组织(PEMSEA)秘书处承办，采用线上线下相结合的方式召开，线下会场设在柬埔寨西哈努克省。本次年会以“携手建设充满希望的海洋新十年”为主题，共有来自中国、柬埔寨、印尼、日本、马来西亚、菲律宾、韩国、东帝汶、越南9个国家的30多个PNLG成员单位100多名代表线上线下参会。PNLG是PEMSEA为推动各成员国地方政府在实施海岸带综合管理方面实践经验、技术手段和管理方法的交流合作而成立的。2011年，海发院成为PNLG协作成员，次年PNLG秘书处副秘书长单位落户海发院。（陈昕韡）

【举办党史故事汇暨党团活动月总结大会】 为弘扬革命精神，传承红色基因，12月17日晚，学院在金泉楼B103举办“忆史惜今”党史故事汇暨党团活动月总结大会。会上，2021级本科生第一团支部、2021级本科生第二团支部、2021级本科生第三团支部、2020级本科生第二团支部和修复与可持续生态学研究生党支部被评为本次党团活动月的优秀支部。2021级本科生第二团支部获最佳创意奖，修复与可持续生态学研究生党支部获最佳展示奖。（王安胜）

信息学院

【概况】 信息学院下设人工智能系、计算机科学与技术系、软件工程系、信息与通信工程系以及电子信息国家级实验教学示范中心等教学科研单位。

学院目前拥有导航与位置服务技术国家地方联合工程研究中心1个国家级科研平台；水声通信与海洋信息技术教育部重点实验室、闽台非遗文化数字化保护与智能处理文化和旅游部重点实验室2个部级科研平台；海西卫星导航定位技术协同创新中心、福建省智慧城市感知与计算重点实验室、福建省无线通信接入工程中心、福建省智能化无线通信制造业创新中心、数字福建物联网通信和体系架构安全技术实验室、数字福建城市交通大数据研究所、数字福建健康医疗大数据研究所、数字福建城市公共安全大数据研究所、福建省数字媒体创意与设计行业技术开发基地、福建省可信人工智能分析与应用工程研究中心、闽台文化数字化传承与智能计算福建省高校工程中心共计11个省级科研平台等。目前学院的主要研究方向包括智能计算与存储系统、计算机视觉、空间感知与计算、文化与认知计算、软件工程与理论、健康医疗大数据、水声通信与网络、宽带无线通信、无线与移动网络、卫星导航及信息处理、遥感数据和雷达信号处理、智能数据分析与处理等。

学院拥有计算机科学与技术、信息与通信工程2个一级学科博士学位授权点，电子信息专业1个工程博士专业学位授权点；智能科学与技术1个二级学科博士学位授权点；计算机科学与技术、信息与通信工程2个一级学科硕士学位授权点；电子信息专业1个工程硕士专业学位授权点；计算机科学与技术、通信工程、软件工程、智能科学与技术(暂停招生)、数字媒体技术、网络空间安全、人工智能、数据科学与大数据技术(暂未招生)8个本科专业；信息与通信工程、计算机科学与技术2个一级学科博士后流动站。其中计算机科学与技术、信息与通信工程2个一级学科为福建省重点学科。

2021 年度信息学院基本情况

统计项目	数量	统计项目	数量
本科生数(人)	2005	福建省"2011 协同创新中心"(个)	1
硕士研究生数(人)	1042	福建省重点实验室(个)	1
其中:专业学位硕士研究生数(人)	782	福建省工程技术研究中心(个)	2
博士研究生数(人)	212	福建省工程实验室(个)	
其中:专业学位博士研究生数(人)		福建省工程研究中心(个)	1
其中:学历留学生数(人)	56	其他部省级平台(个)	7.63
本科毕业生毕业去向落实率(%)	92.9	国家自然科学基金委基础科学中心(个)	
硕士毕业生毕业去向落实率(%)	99.6	国家自然科学基金委创新研究群体(个)	
博士毕业生毕业去向落实率(%)	95.5	高等学校学科创新引智基地("111 计划")(个)	
本科毕业生升学、出国(境)率(%)	42.6	国家自然科学基金项目(个)	15
专任教师数(人)	144	国家重点研发计划(项目牵头)(个)	
博士后数(人)	9	其他部省级重大专项(个)	
教授数/正高级数(人)	40	企业和社会各界委托项目(理工医科 100 万元以上)(个)	19
副教授数/副高级数(人)	69	纵向科研经费(到位)(万元)	5106.4
具有博士学位专任教师数(人)	138	横向科研经费(到位)(万元)	3698.6
具有海外学习交流一年(或 10 个月)以上经历教师数(人)	97	国家自然科学奖(项)	
45 岁以下(含)专任教师数(人)	103	国家技术发明奖(项)	
全职两院院士(人)		国家科技进步奖(项)	
发展中国家科学院院士(人)		高校科学研究优秀成果奖(科学技术)(项)	
教育部"长江学者奖励计划"特聘教授(人)		福建省科学技术奖(项)	4
教育部"长江学者奖励计划"特岗学者(人)		其他重要科技奖励(请注明)(项)	
教育部"长江学者奖励计划"青年学者(人)	1	发表文章总数(篇)	377
国家杰出青年科学基金获得者(人)	1	其中:*Science*、*Nature*、*Cell*(含子刊)(篇)	2
"国家特支计划"领军人才(人)		其他(请注明)(篇)	
"国家特支计划"青年拔尖人才(人)	2	国内授权专利情况(项)	97
国家百千万人才工程入选者(人)		国外授权专利情况(项)	1
国家级教学名师(人)		科技成果转化(项目数)(项)	6
国家优秀青年科学基金获得者(人)	1	科技成果转化(转让金额)(万元)	87
教育部新(跨)世纪优秀人才(人)	1	学生出国(境)交流(人次)	11
福建省"闽江学者"特聘教授(人)	4	教师出国(境)交流(人次)	
福建省特级后备人才(人)		主办国际学术会议(次数)	3
国家教学成果奖(项)		主办两岸学术会议(次数)	
国家级一流本科专业(含建设点)(个)	2	境外合作高校或机构(所)	10
中国"互联网+"大学生创新创业大赛获奖数(项)		签订境外合作协议(份)	13
国家(地方联合)工程研究中心(个)	1	邀请国外学者数(人)	14
国家"2011 协同创新中心"(个)		邀请台港澳地区学者数(人)	
教育部重点实验室(个)	0.5	国(境)外学生来校数(人)	
教育部工程研究中心(个)			

学院现有全日制在籍本科生2005人,硕士研究生1042人,博士研究生212人,其中,学历留学生56人。

全院有专任教师144人,其中全职教授40人,副教授69人,助理教授35人,博士生导师43人。工程技术系列人员47人,党政管理人员30人。专任教师中,138名教师具有博士学位,45周岁以下(含)教师103人。年内,选派9名教师远程为马来西亚校区授课。

师资队伍中,有IEEE Fellow 1人、国家杰出青年基金获得者1人、"长江学者"青年学者1人、"国家特支计划"青年拔尖人才2人、国家优秀青年基金获得者1人、教育部新世纪优秀人才计划入选者1人、福建省"百人计划"入选者5人(含青年项目1人)、福建省特支人才"双百计划"入选者2人、福建省"闽江学者"特聘教授4人、福建省百千万人才工程入选者2人、福建省高校新世纪优秀人才支持计划入选者8人、福建省高校杰出青年科研人才培育计划入选者2人、厦门市"双百计划"入选者7人、厦门市优秀教师1人。

年内,学院有1人入选国家"万人计划"青年拔尖人才,1人入选"福建省百千万人才工程省级人选",31人获"福建省引进高层次人才"认定(其中A类2人、B类13人、C类16人);引进全职教师6人,包括教授1人、副教授2人(南强青拔B类人才)、助理教授3人。

年内,学院获批国家自然科学基金项目15个,获批总金额1434万元。共计发表学术论文377篇,其中SCI收录83篇,发表在*Nature*子刊1篇,被国际顶级学术会议收录17篇;申请发明专利116项、软件著作权41项,新增国内外授权专利98项。

年内,新增校级以上教改、课程建设、教材资助40个,其中教育部产学合作协同育人项目17个,省级一流本科课程3门,校级教学改革研究项目4个,校级一流本科课程预立项12门,校级本科教材立项资助4本。2门厦门大学研究生优秀示范建设课程通过验收,其中1门为雷蕴奇教授的"计算理论基础"课程入选"特别优秀"示范建设课程建设。2门厦门大学研究生"课程思政"示范建设课程立项通过验收。软件工程系列课程群教研室获批校级虚拟教研室建设试点。

年内,学院在大学生创新创业训练计划中总计立项160个,其中获得国家级立项35个、省级立项65个、校级立项27个,2021年厦门大学国家级大学生创新创业训练重点项目评审,学院有3个项目入围(全校仅6个)。学生在美国大学生数学建模大赛、ICPC国际大学生程序设计竞赛、全国大学生数学建模比赛、全国大学生信息安全竞赛等国内国际多项重要竞赛中共获得国家(际)级奖项80多项,省级奖项70多项。其中,在2021年第45届国际大学生程序设计竞赛EC-Final(ICPC Asia-East Continental Final Contest)(ICPC国际大学生程序设计竞赛)中斩获金奖1个,银奖1个,本次获奖实现南强学生多年来在该竞赛中零的突破;在2021年度美国大学生数学建模大赛中,荣获特等奖1项,特等奖提名1项,一等奖5项,其他奖项多项;还获得第十四届全国大学生信息安全竞赛一等奖、全国大学生数学建模比赛一等奖等。依托学院创建的中美创客中心连续2年获评教育部颁发的优秀创客中心。全年校院合计投入各类学生创新创业竞赛经费100余万元。

年内,学院共有6篇学位论文获评2020年福建省优秀学位论文,其中,2篇博士学位论文(导师分别为纪荣嵘、李军)获得福建省优秀博士学位论文;2篇学术硕士学位论文(导师分别为黄绍辉、肖亮)获得福建省优秀学术硕士学位论文;2篇专业硕士学位论文(导师分别为李翠华、丁兴号)获得福建省优秀专业硕士学位论文。

年内,学院持续加深与国内外高校的交流合作。学院邀请包括中国科学院院士、国外院士、国家万人计划领军人才、IEEE Fellow等专家来校开展学术讲座,全年举办南强讲座1场,院级启智大讲堂1场,海韵讲座49场,派出11名学生参加境外交流项目。与新西兰奥克兰大学理学院签订本科3+1双学位项目协议。学院主办第15届IEEE国际医疗信息通信技术研讨会、第五届国际未来智能计算会议高端论坛暨ACM中国厦门分会成立大会、第十届中国国际通信大会(CIC/ICCC)3场国际学术会议。组成"金砖国家高校合作对接"工作小组,在学生互访、科研合作、联合培养等方面争取与金砖国家高校建立联系,开展务实合作。

(林　珏　刘　茜　郑晖阁　佟瑞琪　冯东溟　黄娟娟　吴佳雯　李　静)

【工程教育专业认证工作稳步推进】 计算机科学与技术专业接受工程教育认证专家组进校现场考察,软件工程专业提交工程教育认证持续改进情况报告和2021年度报备材料。

(冯东溟　黄娟娟　吴佳雯)

【启动各专业培养方案修订工作】 上半年,由学院牵头组织,联合电子科学与技术学院、航空航天学院及物理科学与技术学院,共同完成电子信息专业学位的领域设置工作。11月,经过前期充分调研,学院正式启动电子信息各领域专业学位研究生培养方案的制定工作,该工作拟于2022年6月前完成。　(郑晖阁)

【获批电子信息专业博士学位点】 10月,国务院学位委员会批准学校增列电子信息专业博士学位授权点。该学位点由学院牵头,电子学院、航空航天学院、物理学院共同在2020年申报,是学校首个专业博士学位点,于2022年正式开始招生,学院在5个招生领域中的4个领域开展招生。

(郑晖阁)

【举办学院首届研究生培养工作会议】 11月25日,学院举办首届研究生培养工作会议暨研究生导师培训会,通过讲座、经验分享、小组讨论等形式,学习先进,查找自身差距和不足,探讨下一阶段如何创新方式方法,有效提升研究生培养质量。本次会议的召开,进一步加强导师责任意识和师德师风教育,凝聚共识,为下一阶段研究生培养工作指明努力方向和行动理念。　(郑晖阁)

【成功入选首批国家级"特色化示范性软件学院"】 12月,教育部公示首批国家级"特色化示范性软件学院"

名单，学院在众多参评单位（包括原国家示范性软件学院37家）中脱颖而出，成功入选，成为首批33家之一（原国家示范性软件学院进入29家），为下一阶段学院学科建设更好发展、产教融合的高层次人才培养提供很好的创新平台。（郑晖阁）

【科研平台建设取得新进展】 5月，根据《文化和旅游部关于公布第三批文化和旅游部重点实验室名单的通知》（文旅科教发〔2021〕55号），学院史晓东教授领衔申报的“闽台非遗文化数字化保护与智能处理文化和旅游部重点实验室”获批建设。

年内，学院共建9个院级平台。1月，与广东用安科技有限公司共建智慧物联（AIoT）联合研发中心；4月，与睿云联（厦门）网络通讯技术有限公司共建人工智能联合实验室，与上海潜蕴智能科技有限公司共建智慧金融科技联合实验室，与厦门深度赋智科技有限公司共建联合实验室；5月，与江苏省高邮高新技术产业开发区管理委员会共建机器人乐队创新中心；6月，与厦门市公安局、南强智视（厦门）科技有限公司共建智能视频分析实验室；7月，与厦门云在科技有限公司共建Dante信息安全与数据科学联合实验室，与蚂蚁特工（厦门）科技有限公司共建增强现实联合实验室；11月，与厦门银江智慧城市技术股份有限公司共建智慧城市联合研究中心。（佟瑞琪）

【获批多个国家级重点项目】 年内，学院获批国家自然科学基金联合基金项目（重点支持项目）3个。其中，曹刘娟副教授获批企业创新发展联合基金，获批金额255万元；王菡子教授、肖亮教授获批区域创新发展联合基金，获批金额分别为258万元、260万元。沈志荣副教授参与申报的重大科学仪器设备开发项目获批，沈志荣副教授担任课题负责人，获批金额250万元；曾鸣副教授参与申报的社会治理与智慧社会科技支撑项目获批，曾鸣副教授担任课题负责人，获批金额1605万元。（佟瑞琪）

【学院承担项目的质量与数量明显提高】 2021年，学院总立项经费达13180.28万元，同比增幅29%（2020年为10197.94万元）；学院到账经费8805.00万元（2022年1月12日校科技处数据，不含间接费和成果转化费），相比2020年的6910.05万元，增长超25%。同时，2021年超百万的项目28个（其中包括超千万的项目1个），承担项目的质量与数量有明显提高。（佟瑞琪）

【首获中国计算机学会“CCF科学技术奖”】 10月，张一鸣教授主导的项目“虚拟存储环境关键技术与应用”荣获2021年度“CCF科学技术奖科技进步卓越奖”，这是学院教师首次获得中国计算机学会“CCF科学技术奖”。“科技进步卓越奖”是“科技进步奖”中的最高奖，本年度全国只有3个项目获得该奖项。（佟瑞琪）

【福建省科学技术奖成果丰硕】 学院教师团队以厦门大学作为第一完成单位获福建省科技进步奖一等奖2项、自然科学奖三等奖2项；作为参与单位获福建省科技进步奖二等奖3项、三等奖1项。其中，肖亮教授团队“基于机器学习的物联网攻击轻量级检测技术及应用”项目、曹刘娟副教授团队“紧致化视觉计算关键技术及其产业化”项目获福建省科技进步奖一等奖。（佟瑞琪）

【举办厦门大学2021年青年学者云论坛信息学院分论坛】 举办厦门大学2021年青年学者云论坛信息学院分论坛。18名海内外青年学者应邀参加线上会议。2017年以来，学院通过论坛累计引进8名青年教师，其中包括厦门大学南强青年拔尖人才B类计划入选者6名。（林　珏）

【举办第五届国际未来智能计算会议高端论坛暨ACM中国厦门分会成立大会】 4月，举办第五届国际未来智能计算会议高端论坛暨ACM中国厦门分会成立大会。会议由ACM中国主办，厦门大学和福建省引进高层次创业创新人才协会承办，得到厦门市工信局、华为技术有限公司、百度、快手、南威软件集团、美亚柏科、厦门芯力量、福建云晓科技等企业的鼎力赞助，特别是厦门市工信局将本次会议纳入厦门市金砖国家新工业创新基地建设内容，给予大会资助。参加大会的中国科学院和工程院院士、ACM/IEEE Fellow及计算机相关学院院长共30余人，并有200余名ACM China会员、省内外50多所高校的教师和研究生，以及60多名企业代表等参加大会，举办20余场大会特邀报告，参会人员460余人。（陈　晨）

【举办第十届中国国际通信大会】 7月，举办第十届中国国际通信大会[10th IEEE/CIC International Conference on Communications in China (ICCC)]。会议由中国通信学会、IEEE通信学会（IEEE ComSoc）与厦门大学共同主办，是IEEE通信学会在中国规格最高、影响最广的常设会议之一，是中国通信学会规模最大的国际学术会议，吸引近300名国内外著名专家参会。会议涵盖多个新兴科研主题，作为百年校庆系列学术活动之一，为信息通信领域的发展产生积极的促进作用。（李　静）

【与新西兰奥克兰大学理学院签订本科生培养协议】 学院与新西兰奥克兰大学理学院签订本科3+1双学位项目协议。新西兰奥克兰大学综合排名新西兰第一，是一所世界顶尖的综合研究型大学，以各类基础学科研究闻名于世，享有极高的国际声誉。与奥克兰大学的合作将拓展本科生国际交流渠道，促进本科生人才培养。（李　静）

【金砖国家合作交流】 9月，金砖国家新工业革命伙伴关系论坛在厦开幕，金砖国家新工业革命伙伴关系创新基地在厦门正式揭牌。创新基地由工业和信息化部、福建省、厦门市三方共建，开展政策协调、人才培养、项目开发等领域合作。2021年，学院成立金砖国家高校合作对接工作小组，争取在学生互访、科研合作、联合培养等方面与金砖国家高校建立联系，开展务实合作。（李　静）

【举办两期全国高校大数据师资培训班】 1月22—29日、7月24—31日，分别举办第16期、第17期全国高校大数据师资培训班，累计40余所高校的62名教师参加培训，为推进大数据课程在全国高校的普及起到较好的示范推动作用。

（林子雨　陈　磊）

【举办华为全球开发者大会2021(Cloud)厦门大学分会】 4月24日,华为开发者大会2021(Cloud)厦门大学分会顺利召开。本次活动是厦门大学-华为"智能基座"校园行的系列活动之一。活动由信息学院实验教学中心、团委、人工智能社团和华为公司共同举办,共有来自信息学院、电子科学与技术学院、航空航天学院及海洋、医学等学院约200名学生报名参加此次活动。会上,学院多名教师、华为昇腾技术专家等各界产学研精英,围绕人工智能发展、华为昇腾技术创新与应用等议题,发表精彩演讲,并与厦门大学学生进行深入讨论和实操训练。在本次活动中,华为还启动昇腾CANN训练营和MindSpore训练营。

(谢作生 陈磊)

【举办第四届全国高校大数据与人工智能教学研讨会】 5月14—15日,第四届全国高校大数据与人工智能教学研讨会在厦门亚洲海湾大酒店举行。本届研讨会由教育部高等学校计算机类专业教育指导委员会主办,厦门大学、山东大学、华东师范大学、重庆交通大学、华侨大学、集美大学、闽南师范大学、人民邮电出版社联合承办,旨在搭建专业的大数据与人工智能教学交流平台,汇聚全国高校大数据与人工智能教学精英力量,共同探讨大数据与人工智能专业和课程体系建设,为加快推进全国高校大数据与人工智能教学发展贡献力量。来自全国300多所院校的460余名教师参加本次研讨会。

(林子雨 陈磊)

【承办2021百度全国高校飞桨暑期师资培训】 8月14日,百度飞桨暑期师资培训高校行·厦门大学站如期举行。"2021全国人工智能师资培训·飞桨暑期高校行"由教育部高等学校计算机类专业教学指导委员会和全国高等学校计算机教育研究会共同主办,厦门大学站作为本次活动的第七站,由厦门大学信息学院实验教学中心承办。本站活动以线上形式举行,来自全国各地73名教师相聚云端,展开为期两天的AI学习之旅。本次系列培训采用"本校教师+百度工程师"的教学方式,从理论和实操两方面更好地提升高校教师们的AI水平。课程内容设计由浅至深,并将当前热门的产业实践技术经验融入教学,让人才和企业需求实现对接。

(林颖 陈磊)

【举办2021年厦门大学暑期在线小程序云开发训练营】 8月16日—9月2日,举办厦门大学小程序云开发线上训练营。本次训练营采用线上授课、课后布置实战项目、线上答疑的方式进行。视频课约10节课,长达300余分钟,理论与实战并重,干货满满。

(赵江声 陈磊)

【翔安新院址建设稳步推进】 学院于2021年年初完成新院址5栋楼方案设计和预算编制,并报学校各相关部门审查通过。4号楼9月启动各项目招标,11月1日正式开工,12月23日项目通过初步验收,将在新学期投入使用;1号楼和3号楼各项目11月启动招标程序,年底完成招标工作,将于寒假结束后启动建设;5号楼和6号楼的结构改造方案已由基建处完成深化设计,正在报相关部门审批,装修方案正在同步细化。(郝明)

【喜获2020年度"学生工作先进单位"称号】 1月10日,厦门大学2020年度学生工作总结表彰大会在科学艺术中心音乐厅举行。学院以总分第三名喜获"学生工作先进单位"称号,同时"团的组织工作"和"公寓学生工作"两个专项工作年度考评全校第一,获评"学生工作特色单位"。

(刘茜)

【举办"歌百年荣光·颂南方之强"母校颂活动】 3月28日晚,"歌百年荣光·颂南方之强"母校颂活动在翔安校区学生活动中心B207报告厅举行。活动分为"忆往昔峥嵘岁月"、"颂当今百年盛事""追来者蓬勃潮头"3幕,展示厦大百年成就,歌颂厦大百年荣光,深入挖掘嘉庚精神蕴含的深刻内涵,展现当代厦大学生的风采,为母校献上最美好的生日祝福。

(刘茜)

【举办厦门大学第十八届"数字校园行"系列竞赛】 5—9月,由学校教务处、现代教育技术与实践训练中心、校团委、信息学院主办的厦门大学第十八届"数字校园行"系列竞赛顺利举行。本届"数字校园行"系列竞赛设置"联迪杯"智能互联创新大赛、程序设计竞赛、数字媒体创意作品大赛、机器人足球竞赛、信息安全竞赛、创客大赛等子赛事,立足工科学业特点,旨在通过打造立足专业的品牌赛事,以赛促教、以赛促学、以赛促创,培养学生敢闯会创精神,提升创新实践能力。(刘茜)

【举行教师节表彰大会暨"奇妙奖教金"颁奖仪式】 9月10日,在翔安校区图书馆报告厅举行"赓续百年初心,担当育人使命"教师节表彰大会,同时举行"奇妙奖教金"颁奖仪式。人工智能系陈毅东,计算机科学与技术系雷蕴奇、郑炜,软件工程系廖明宏、邱明,信息与通信工程系刘思聪,实验教学中心谢作生,党政管理干部吴爱仙8名教师获奖。党委书记刘弢宣读表彰决定,希望受表彰的教师珍惜荣誉、再接再厉,在新时代教育事业发展的新征程上继续做表率、立新功,希望全院教师对标先进,争创一流,以德润身,以行立教,刻苦钻研,无私奉献。(刘茜)

【举办"科研有约"系列学科沙龙活动】 11—12月,先后举办4场"科研有约"学科沙龙,引导本科生走进科研前沿。学科沙龙分别围绕智能存储系统、通信工程、人工智能以及软件工程等方向展开交流。开展"科研有约"学科沙龙系列活动,是信息学院在跨校区办学背景下,保证人才培养质量的积极探索,也是深化"三全育人"综合改革试点,引导青年教师资源、优质科研资源向本科生培养汇聚,更直接服务学生成长成才的有益尝试,是提升学院本科人才培养质量和培养水平的重要举措。学院将通过这个平台,把优质的教学资源配置到本科教育,把优秀的教师队伍用到本科教育,把雄厚的科研力量倾斜到本科教育,着力培养一流本科人才。

(刘茜)

【开展"师德师风教育周"系列活动】 11—12月,开展"师德师风教育周"系列活动。11月22日下午,举行"师德师风教育周"开幕式,通过"院长谈准则 书记亮警示"的方式,面向全院教职工开展师德警示教育。11月25

日，召开研究生培养工作会，邀请清华大学牛志升教授、南京大学陈贵海教授、南京大学计算机科学与技术系研究生办公室曹迎春等做报告，学院党委副书记龙坚毅、副院长洪学敏做主题发言，6 名研究生导师进行经验交流，各系围绕主题分组研讨。12 月 8 日，举行新型生导关系构建与青年教师发展专题座谈会，教育研究院徐岚教授、学院党委书记刘弢与青年教师深入交流。此外，各教工党支部还先后召开师德师风主题党日活动，引导广大教师不忘立德树人初心，牢记为党育人、为国育才使命。（刘　茜）

【举办迎新暨新年晚会】　12 月 4 日，在翔安校区小巨蛋举办“青春耀百年，新岁谱‘信’篇”2021 年迎新暨新年晚会。晚会由“青春拂晓，相遇百年”“青衿之志，‘信’存高远”“青云万里，生生不‘息’”3 个篇章构成，通过歌舞、器乐、语言艺术、武术表演、话剧等形式展现学院学生朝气蓬勃的精神风貌。（刘　茜）

【学院学生在多项竞赛中获得佳绩】　4 月 18 日，在第 45 届国际大学生程序设计竞赛 EC-Final（ICPC Asia-East Continental Final Contest）中，由林文水、卢伟清、蔡炳跃 3 名教师指导，2018 级本科生刘久一、赖睿朗等组成的团队斩获金奖，2018 级本科生吴朱冠宇、常少哲、王环组成的团队获得银奖，实现学院学生在该项竞赛中金奖零的突破。4 月 23 日，在 2021 年美国大学生数学建模竞赛和交叉学科建模竞赛（MCM/ICM）中，由吴云峰教师指导，2018 级本科生谢沛辰等组成的团队斩获特等奖（Outstanding Winner），成为全球 36 支特等奖获奖队伍之一；2019 级本科生高艺桐等组成的团队获特等提名奖。7 月，在第十四届全国大学生信息安全竞赛创新实践能力赛全国总决赛中，由冯超教师指导，2018 级本科生张浩然、白松原、陈潇泉、林紫涵组成的团队 XMU-Seasonic 获得一等奖，实现学院学生在该项竞赛中奖项零的突破。8 月 27 日，在 2021 年全国大学生物联网设计竞赛（华为杯）全国线上决赛中，2018 级本科生陈德钊、邹健、雷靖薏等组成的团队斩获一等奖。9 月 9—12 日，在 2021 高教社杯全国大学生数学建模竞赛 CUMCM（Contemporary Undergraduate Mathematical Contest in Modeling）中，2019 级本科生佟浡、张永存等组成的团队以及 2019 级本科生林泽、刘灿艺、刘京辉组成的团队斩获本科组一等奖。（郑一鸣）

【学院在各项体育赛事中获佳绩】　2021 年，学院获思明校区全年体育竞赛总分第三名、“体育工作先进学院”荣誉称号和“健康厦大　跑进百年”环校跑“云”接力团体组第六名。在学生田径运动会中，获健身气功八段锦展示三等奖，本科生团体总分第六名，研究生团体总分第二名，学院团体总分第四名的优异成绩。学生啦啦操队斩获 2021 厦门大学“校庆杯”啦啦操锦标赛一等奖。此外，学院在各项球类项目比赛中成绩显著，足球队斩获思明校区五人制足球赛冠军；男子篮球队、女子篮球队在“百年校庆杯”篮球联赛中分别取得第四名和第三名，在翔安校区“新生杯”篮球联赛中分别取得第二名和第三名；男子排球队获“新生杯”排球联赛第三名；首次参加“2021 厦门大学天度杯高尔夫球对抗赛”，荣获团体总分第六名；学生简子皓获“厦门大学 2021 新生杯乒乓球赛”男子单打冠军。

（刘　茜　戴海波）

【计算机科学与技术系教工党支部荣获“全省高校先进基层党组织”称号】　6 月，中共福建省委教育工委公布表彰一批全省高校党员和党组织，计算机科学与技术系教工党支部被授予“全省高校先进基层党组织”称号。

（蔡婧蓉）

【学院党委召开庆祝中国共产党成立 100 周年暨“两优一先”表彰大会】　7 月，学院党委隆重召开庆祝中国共产党成立 100 周年暨“两优一先”表彰大会，学习习近平总书记在庆祝中国共产党成立 100 周年大会上的重要讲话精神，为党龄在 50 年以上、表现优秀的老党员代表颁发纪念章，表彰学院一批优秀共产党员、优秀党支部书记和先进党组织。5 名老党员获“光荣在党 50 年”纪念章，31 名共产党员、5 名党支部书记和 3 个党支部分别被授予“信息学院优秀共产党员”、“信息学院优秀党支部书记”和“信息学院先进党支部”称号。

（蔡婧蓉）

【中共厦门大学信息学院第一次代表大会胜利召开】　10 月，中共厦门大学信息学院第一次代表大会在海韵园行政楼 A201 会议室召开。大会以无记名投票方式差额选举产生新一届中共厦门大学信息学院委员会委员：王程、龙坚毅（女）、刘弢、刘茜（女）、江敏、吴爱仙（女）、郑镇锋、洪学敏、舒继武。随后，中共厦门大学信息学院第一届委员会第一次全体会议选举产生党委书记、副书记。刘弢当选党委书记，舒继武、郑镇锋、龙坚毅当选党委副书记。

（蔡婧蓉）

【学院党委与国网福建省电力有限公司及其子公司开展“党建＋科技创新”校企联建活动】　学院党委先后与国网福建省电力有限公司建设分公司党委、国网福建检修公司党委开展“党建＋科技创新”校企联建活动，签署联建协议，旨在党建工作、科技合作、人才培养和业务培训等方面形成良好的合作交流机制。一直以来，学院致力于提升服务区域发展和国家战略能力，构建“党建＋科技创新”共建模式，通过党建引领，推动“人工智能赋能企业”创新校企全方位多领域的深度交流合作，目前已走进宁波、重庆、泉州等多个地区以及紫金矿业集团股份有限公司、佳都新太科技股份有限公司等多家领军企业，为人才培养、科研成果转化落地以及服务地方经济奠定良好基础。

（蔡婧蓉）

【扎实开展党史学习教育】　学院党委成立学院党史学习教育领导小组，研究制定党史学习教育实施方案和工作推进计划，召开学院党史学习教育动员大会和工作推进会，抓顶层、抓基层，做实功、重实效，深化推动党史学习教育走深走实。抓好理论学习，打造专家论坛，开展“启智大讲堂”9 期，邀请专家做理论辅导报告。创新学习形式，丰富学习内容，举办“永远跟党走，奋进新百年”专题学习教育活动，赴古田、长汀实践教学；开展"百舸争流,奋楫前行"党史知识竞答广场活动,以赛促学,寓教于乐;召开"鉴史思前路,颂恩歌党心"主题党团月终期汇报会,检验学习成效。聚焦重点内容,扎实推进办实事项目,制定学院党委"我为师生办实事"重点项目12个,师生党支部实践活动29个(其中重点项目5个),开展书记院长面对面、师德师风教育周系列活动等,将党史学习教育与学院改革发展深度融合。　　(蔡婧蓉)

【持续完善干部队伍建设】 加强院系班子建设,推动干部人才培养。5月,完成计算机科学与技术系、软件工程系、信息与通信工程系领导班子、系主任助理考察和选任工作。积极组织、推荐、选派优秀教师、干部到教育部直属单位、群团组织、政府部门、校级机关等单位部门科室挂职,其中,到教育部直属单位挂职1人,西部地区本科高校挂职1人,共青团福建省委挂职1人,市级机关挂职3人,市级国有企业挂职1人,校级机关借调1人、挂职5人,校级单位、科研中心、附属学校挂职兼职3人;推荐4人到校级机关或兄弟学院任职,其中,正职1人,副职3人;选派1人赴马来西亚分校从事行政管理工作,支持分校教育事业建设和发展。

(蔡婧蓉)

【学院五地校友会成立】 年内,学院持续开展地方校友会的组建工作,先后成立上海、温州、北京、深圳、杭州五地校友会,组织筹备厦门校友会,走访北京、上海、深圳、杭州、温州等地部分校友,参观部分杰出校友企业,联系新疆、贵州、广州等地校友。

(蔡婧蓉)

【举办"奋斗致敬百年"校庆系列活动】 以"奋斗致敬百年,信息引领未来"为主题,开展返校校友座谈会7场,"我的信息之路"优秀校友沙龙4场,举行"麦斯特"学科发展基金、奇妙奖教(学)金、星皓奖学金等捐赠仪式4场,获赠捐款340万元,"奇妙奖教金"颁奖仪式1场,毕业班年级联络员聘任仪式1场,"活力信息、跃动百年"篮球友谊赛1场,超过1300人次师生、校友参与各项活动,取得良好反响。　　(蔡婧蓉)

建筑与土木工程学院

【概况】 建筑与土木工程学院现有建筑系、土木工程系、城市规划系3个系,建筑学、土木工程、城乡规划、工程管理4个本科专业,建筑学(含城乡规划)、土木工程2个一级学科硕士点及建筑学硕士专业学位授权点、土木水利工程硕士专业学位授权点,文化遗产与城市建设、建筑环境监测及防护2个二级学科博士点。

建筑学专业为国家级一流本科专业建设点,建筑学被福建省学位办公示为博士学位授权一级学科。建筑学、土木工程为福建省省级重点学科。建筑学专业为福建省省级第三批本科教育特色专业,并入选教育部第三批卓越工程师教育培养计划,"基于数字技术的建筑师培养体系研究与实践"入选教育部"国家级新工科研究与实践项目",建筑学研究生教育创新基地为福建省研究生教育创新基地。土木工程实验教学中心为福建省实验教学示范中心,BIM虚拟仿真实验教学中心为福建省省级虚拟仿真实验教学中心。

与信息学院联合申报的"闽台非遗文化数字化保护与智能处理文化和旅游部重点实验室"为部级科研机构。厦门市交通基础设施智能管养工程技术研究中心和厦门市文化遗产数字化保护与应用重点实验室为依托学院建设的市级科研机构。

学院设有实验教学中心,下设数字化设计实验室、地理信息系统与遥感实验室、建筑造型实验室、建筑物理实验室、建筑材料与构造实验室、建筑人工气候实验室、材料力学实验室、建筑材料实验室、工程测量实验室、岩土工程实验室和结构工程实验室共11个实验室,总建筑面积约2000平方米。配备专业教室、美术教室、制图教室等教学场所,设有专业图书资料室,藏有专业中外文图书资料52224册、中外文期刊126种及相关声像资料。

学院现有在职教职工115人,退休教职工18人,其中在职专任教师75人,教授20人(占专任教师数27%),副教授27人(占专任教师数36%),具有博士学位专任教师61人(占专任教师数81.3%)。拥有国家自然科学基金优秀青年基金获得者1人,福建省"闽江学者"特聘教授1人,教育部新(跨)世纪优秀人才2人,当代中国百名建筑师1人,中国建筑学会青年建筑师奖(青年建筑师最高奖)获得者1人,中国建筑设计奖·建筑教育奖获得者1人,福建省杰出青年科学基金获得者1人,福建省高等学校新世纪优秀人才4人,福建省高等学校教学名师1人,福建省高校省级教学团队1个,福建省省级研究生导师团队3个,福建省工程勘察设计大师1人,福建省科技创新领军人才2人,福建省高校青年教学新秀1人。

学院现有在校本科生549人,硕士生312人,博士生25人。2021年,学院招收博士生5人,硕士生111人,本科生132人(含转专业)。2021年,毕业博士生3人,硕士生88人,本科生98人。2021届毕业博士生就业率100%,硕士生就业率96.6%,本科生就业率89.8%,本科生升学、出国(境)率35.6%。

2021年,学院获得纵向经费335.82万元,横向经费1751.27万元,合计2087.09万元。获国家基金立项5个,省基金5个,发表文章21篇,其中SCI论文13篇,EI论文3篇。

2021年,学院主办、承办、协办5场学术会议,包括厦门大学百年校庆建筑教育与建筑创作学术论坛、第二届全国车桥耦合振动及其应用学术研讨会、第十一届全球建筑大师论坛、2021高质量向海发展论坛海洋经济发展与海岸带开发探索分论坛、第七届厦门大学乡村振兴论坛。

(王荣华)

【建筑学入选国家级一流本科专业建设点】 2月28日,教育部公布2020年度国家级一流本科专业建设点名单,厦门大学共有20个专业入选,学院建筑学专业入选2020年度国家级一流本科专业建设点名单。

(王荣华)

2021 年度建筑与土木工程学院基本情况

统计项目	数量
本科生数(人)	549
硕士研究生数(人)	312
其中:专业学位硕士研究生数(人)	204
博士研究生数(人)	25
其中:专业学位博士研究生数(人)	
其中:学历留学生数(人)	11
本科毕业生毕业去向落实率(%)	89.8
硕士毕业生毕业去向落实率(%)	96.6
博士毕业生毕业去向落实率(%)	100
本科毕业生升学、出国(境)率(%)	35.6
专任教师数(人)	75
博士后数(人)	
教授数/正高级数(人)	20
副教授数/副高级数(人)	27
具有博士学位专任教师数(人)	61
具有海外学习交流一年(或 10 个月)以上经历教师数(人)	41
45 岁以下(含)专任教师数(人)	38
全职两院院士(人)	
发展中国家科学院院士(人)	
教育部“长江学者奖励计划”特聘教授(人)	
教育部“长江学者奖励计划”特岗学者(人)	
教育部“长江学者奖励计划”青年学者(人)	
国家杰出青年科学基金获得者(人)	
“国家特支计划”领军人才(人)	
“国家特支计划”青年拔尖人才(人)	
国家百千万人才工程入选者(人)	
国家级教学名师(人)	
国家优秀青年科学基金获得者(人)	1
教育部新(跨)世纪优秀人才(人)	2
福建省“闽江学者”特聘教授(人)	1
福建省特级后备人才(人)	
国家教学成果奖(项)	
国家级一流本科专业(含建设点)(个)	1
中国“互联网+”大学生创新创业大赛获奖数(项)	1
国家(地方联合)工程研究中心(个)	
国家“2011 协同创新中心”(个)	
教育部重点实验室(个)	
教育部工程研究中心(个)	

统计项目	数量
福建省“2011 协同创新中心”(个)	
福建省重点实验室(个)	1
福建省工程技术研究中心(个)	
福建省工程实验室(个)	
福建省工程研究中心(个)	
福建省高校工程研究中心(个)	0.66
其他部省级平台(闽台非遗文化数字化保护与智能处理文化和旅游部重点实验室)(个)	0.33
国家自然科学基金委基础科学中心(个)	
国家自然科学基金委创新研究群体(个)	
高等学校学科创新引智基地(“111 计划”)(个)	
国家自然科学基金项目(个)	5
国家重点研发计划(项目牵头)(个)	
其他部省级重大专项(个)	
企业和社会各界委托项目(理工医科 100 万元以上)(个)	4
纵向科研经费(到位)(万元)	335.82
横向科研经费(到位)(万元)	1751.27
国家自然科学奖(项)	
国家技术发明奖(项)	
国家科技进步奖(项)	
高校科学研究优秀成果奖(科学技术)(项)	
福建省科学技术奖(项)	
其他重要科技奖励(请注明)(项)	
发表文章总数(篇)	21
其中:*Science*、*Nature*、*Cell*(含子刊)(篇)	
其他(请注明)(篇)	
国内授权专利情况(项)	19
国外授权专利情况(项)	
科技成果转化(项目数)(项)	1
科技成果转化(转让金额)(万元)	
学生出国(境)交流(人次)	1
教师出国(境)交流(人次)	
主办国际学术会议(次数)	
主办两岸学术会议(次数)	
境外合作高校或机构(所)	10
签订境外合作协议(份)	10
邀请国外学者数(人)	
邀请台港澳地区学者数(人)	
国(境)外学生来校数(人)	

【城乡规划专业通过住建部评估委复评】 5月12—14日，住房和城乡建设部高等教育城乡规划专业评估委员会(以下简称住建部评估委)赴厦门大学考察组对城乡规划专业进行实地考察。组长是华南理工大学周剑云教授，组员为陕西省城乡规划设计研究院史怀昱教授级高级工程师、清华大学张悦教授、上海市城市规划设计研究院金忠民教授级高级工程师。6月15日，住建部评估委发布《关于厦门大学城乡规划专业本科教育评估结论的通知》，决定通过学校城乡规划专业本科教育评估，合格有效期为4年，自2021年5月起至2025年5月止。（王荣华）

【六个项目入选教育部第二批产学合作协同育人项目】 12月15日，《教育部高等教育司关于公布2021年第二批产学合作协同育人项目立项名单的通知》发布，石峰的"基于碳中和目标的闽南绿色建筑环境分析与虚拟仿真实践教学基地"、邱鲤鲤的"基于BIM+CIM等技术的新工科校企合作培养体系的研究与实践"、周红的"研究型大学工程管理专业BIM教研团队建设"、周红的"'工程概算'课程改革"、邓建勋的"基于智能建造的土木工程学科创新人才培养BIM科创实践基地建设研究"、邱鲤鲤的"基于虚拟仿真实验的线上线下混合教学改革"等6个项目入选。（王荣华）

【十门课程入选校一流本科课程】 5月28日，学校发布《关于公布2021年厦门大学一流本科课程建设计划预立项名单的通知》，学院10门课程入选，分别是曹春平的"古建筑测绘与调查"，孙明宇的"计算设计实验(一)"，邱鲤鲤的"国土空间规划数字技术实践(一)"，雷鹰的"结构力学(下)——双语"，周红的"工程概预算"，吴新烨的"工程制图"，邱鲤鲤的"面向景观空间的视觉行为教学虚拟仿真实验"，张建国的"建筑结构减隔震技术虚拟仿真实验"，王波的"厦大系列音乐厅吸声、扩散围护结构及隔降噪可视化虚拟仿真实验"，许旺土的"面向应急状态的轨道交通枢纽管控方案实施应用虚拟仿真实验"。

（王荣华）

【入选住建部"十四五"规划教材选题四个】 9月8日，《住房和城乡建设部关于印发高等教育职业教育住房和城乡建设领域学科专业"十四五"规划教材选题的通知》发布，王绍森的《建筑创作理论与方法》、李渊的《GIS技术应用教程》、朱建民的《速写基础》(第2版)、杨哲的《建筑通史》4个项目入选。（王荣华）

【教学比赛获省赛一项，校赛八项】 3月2日，在厦门大学首届教师教学创新大赛暨福建省首届高校教师教学创新大赛选拔赛中，李芝也团队获一等奖，李渊团队获二等奖、教学活动奖，吴新烨团队获三等奖。4月27日，李芝也团队获福建省首届高校教师教学创新大赛二等奖。12月21日，李翔获厦门大学教学比赛理论理工医组二等奖，李彦豪获实验组二等奖、最佳教案奖，石峰获教学创新比赛组二等奖。（王荣华）

【第一届全国建设类院校BIM数字工程技能创新大赛一等奖】 5月22—23日，在第一届全国建设类院校BIM数字工程技能创新大赛中，潘悦、郑欣悦、王菲组成的队伍"凤凰花2.0"获一等奖；林丽君、白世超、黄民焕、李鑫茹组成的队伍"厦笔有神"获优秀奖；指导教师周红教授、张苏娟助理教授获最佳指导教师奖。

（王荣华）

【获首届全国大学生工业化建筑与智慧建造竞赛三等奖】 9月10日，在首届全国大学生工业化建筑与智慧建造竞赛中，由石峰、孙明宇、海南省建设标准定额站副站长刘威及华建集团上海建筑科创中心建筑工业化技术研究学科中心主任李进军共同指导，学院8名研究生与本科生(郭东波、郑赟、颜涛、武云杰、夏彦文、吴晓龙、刘文强、冯宇良)完成的作品《多元之家——新青年公寓设计》获首届全国大学生工业化建筑与智慧建造竞赛三等奖。（王荣华）

【获第十九届亚洲设计学年奖优秀奖】 10月16日，第十九届亚洲设计学年奖名单公布，王绍森、林育欣指导戴建、陆嘉杰、车冉完成的作品《土楼新话——永定南江村文化中心》荣获更新/改造与转型组优秀奖；林育欣指导范梦凡、秦若楠、吴佳雯、王思涵、张佳昕完成的作品《屋檐之下——乡村客厅设计》荣获文化建筑与空间组优秀奖；王量量、郁珊珊指导尚小钰、梅婕完成的作品《超级聚落(广东省佛山市三龙湾会展北区城市设计)》荣获城市设计组优秀奖。

（王荣华）

【获第七届中国国际"互联网+"大学生创新创业大赛银奖】 10月14—15日，在"建行杯"第七届中国国际"互联网+"大学生创新创业大赛中，学院参赛项目"悟通——未来博物馆集成服务提供商"荣获高教主赛道本科生创意组银奖。该项目8月在第七届福建省"互联网+"大学生创新创业大赛中获得金奖。（王荣华）

【获全国信息技术服务业应用技能大赛建筑信息模型(BIM)赛二等奖】 11月，在2021年全国信息技术服务业应用技能大赛建筑信息模型(BIM)赛中，李渊、饶金通、王绍森指导张可寒、陈瑶、郭晶、张娜完成的参赛作品《建筑遗产BIM(HBIM)工程管理平台设计研究——以鼓浪屿八卦楼为例》夺得全国二等奖。（王荣华）

【百年校庆献礼：主办建筑教育与建筑创作学术论坛】 3月27—28日，学院主办厦门大学百年校庆建筑教育与建筑创作学术论坛。根据疫情防控要求，本论坛采取线上线下方式进行，线下为本校师生，线上为校外嘉宾。学院党委书记、院长、教授王绍森主持开幕式，天津大学建筑学院教授、院长孔宇航致辞，中国工程院院士、清华大学建筑学院教授庄惟敏，同济大学建筑与城市规划学院教授、前院长李振宇，东南大学建筑学院教授、院长张彤等在会上发表演讲。（王荣华）

【百年校庆献礼：出版院史】 3月，由学院编撰的《厦门大学建筑与土木工程学院院史》由厦门大学出版社出版。主编王绍森，副主编王瑛慧，编委王东东、王荣华、文超祥、李立新、黄俊清，执笔王荣华。

【百年校庆献礼：举办100年校庆书画摄影展】 3月31日，学院举办"文心筑雅　百年芳华　建院教工庆祝厦大100年校庆书画摄影展"。党委书记、院长王绍森，党委副书记黄俊清，杨哲、朱建民、赵九杰、王明非、王波、王峥、邓建勋等绘画、书法和摄影作品近 30 幅参展。（王荣华）

【百年校庆献礼：萨本栋旧居完成修缮】 3 月，萨本栋旧居基本完成修缮工作，项目由建筑设计研究院和学院师生共同负责。团队于 2019 年 12 月开始对萨本栋旧居多次实地勘察，在此基础上提出建筑修缮设计和环境整治提升方案。2020 年 5 月完成修缮设计，设计人员：吴晓雯，韩洁，蔡坤阳，刘小溪，石珍珍，黄佳鸿，杨燕卿，何梓婷。修缮工程主要针对建筑本体的现状修整以及庭院环境的治理提升，包括规整歪闪、坍塌、错乱和修补残损部分，清除经评估为不当的添加物等措施，对有损文物本体的自然、社会、景观因素进行综合治理。（王荣华）

【百年校庆献礼：举办第二届全国车桥耦合振动及其应用学术研讨会】 4 月 10—11 日，学院与厦门垒知控股集团股份有限公司共同主办第二届全国车桥耦合振动及其应用学术研讨会，总结交流近年来我国车桥耦合振动及其应用领域的最新成果及研究进展，深入讨论该领域的发展前沿、关键技术和热点问题。会议邀请重庆大学原校长、中国工程院周绪红院士，杨永斌院士，翟婉明院士，杜彦良院士等行业著名专家做大会报告。会议聚集了包括长江学者、杰出青年基金获得者及优秀青年基金获得者等国家高层次青年人才 20 余人，全国工程勘察设计大师及行业领军人才等 10 余人。共有 300 多人线下参会，网上云直播观众超过 9.8 万人次。（王荣华）

【百年校庆献礼：徐恭义做“百年校庆，走近大师”学术报告】 4 月 11—13 日，全国工程勘察设计大师、厦门大学讲座教授徐恭义莅临学院做“百年校庆，走近大师”系列学术报告“我国两座新建悬索桥的技术突破与设计历程”，并指导土木工程专业 2017 级本科生毕业设计。报告中，徐恭义介绍他作为总设计师的武汉杨泗港长江大桥与镇江五峰山长江大桥的设计历程。（王荣华）

【获庆祝中国共产党成立 100 周年合唱比赛一等奖】 6 月 27 日，学院荣获“永远跟党走　奋进新征程”厦门大学教职工庆祝中国共产党成立 100 周年合唱比赛一等奖和组织奖。歌曲改编林婕、郑重，伴奏徐琳，领唱林婕、刘建元，伴舞郁珊珊、刘丽君、柯桢楠、邱鲤鲤、吴晓欧、阮驭申、苏娜冰、詹丽娜，指挥李芝也。（王荣华）

【张建霖担任学院院长】 4 月 22 日，学院召开干部任免宣布大会，校党委常务副书记李建发宣读校党委的任免决定：张建霖任厦门大学建筑与土木工程学院院长，王绍森不再担任厦门大学建筑与土木工程学院院长职务；张建霖任中共厦门大学建筑与土木工程学院委员会委员、副书记。会议由校党委常委、组织部部长、统战部部长孙理主持。（王荣华）

【学院行政领导班子换届】 10 月 6 日，学院召开干部任免宣布大会，校党委常务副书记李建发，副校长江云宝，校党委常委、组织部部长孙理出席会议。学校宣布学院新一届行政领导班子：院长张建霖，副院长王东东、张燕来、张若曦。李立新、文超祥不再担任副院长职务。（王荣华）

【队伍建设】 5 月 5 日，王东东教授入选 2020 爱思唯尔高被引学者榜单，这是王东东第二次入选爱思唯尔高被引学者榜单。11 月 13 日，张灿辉副教授荣获 2021 年中国力学学会全国徐芝纶力学优秀教师奖。（王荣华）

【新增一个文旅部重点实验室】 5 月 31 日，根据《文化和旅游部关于公布第三批文化和旅游部重点实验室名单的通知》，学院与信息学院联合申报的“闽台非遗文化数字化保护与智能处理文化和旅游部重点实验室”入选第三批文化和旅游部重点实验室。（王荣华）

【获中国建筑学会 2019—2020 建筑设计奖三等奖】 12 月 4 日，在北京举办 2019—2020 建筑设计奖第一届“历史文化保护传承创新专项”优秀获奖项目学术讨论会。由学院、建筑设计研究院和漳州市城市规划设计研究院建筑分院联合申报的“福建漳州古城宋河街岸更新设计”项目获历史环境类三等奖。（王荣华）

【获建筑学一级学科博士学位授权点】 7 月 24 日，学院举行建筑学一级学科博士学位授权点专家论证。天津大学孔宇航教授、同济大学李振宇教授、华南理工大学孙一民教授、东南大学张彤教授、华侨大学刘塨教授、华中科技大学李晓峰教授、西南交通大学沈中伟教授、哈尔滨工业大学邵郁教授、研究生院副院长欧阳高亮教授莅临会议。校长助理、院长张建霖教授主持论证会。院党委书记王绍森在会上做学科介绍、汇报论证报告。专家组一致同意优先推荐申报建筑学一级学科博士点。11 月 19 日，《福建省学位委员会办公室关于 2021 年博士硕士学位授权点动态调整结果的公示》发布，建筑学专业增列为博士学位授权一级学科，授权点代码 0813。（王荣华）

【抗疫志愿服务突击队支援全员核酸检测工作】 9 月 25 日，学院 18 名教职工党员组成的抗疫志愿服务突击队经过培训后，穿上防护服，参加厦门市第五轮新冠病毒核酸检测志愿服务工作。突击队员包括党员领导干部、专任教师、实验工程技术人员和党政后勤人员。具体名单如下（排名不分先后）：王瑛慧、黄文灿、王荣华、郁珊珊、杨哲、杨明伟、邱鲤鲤、吴晓雯、张乐敏、吴新烨、张鹏程、林小如、康开贵、高婧、郑建斌、张小丽、吴晓欧、赵晴晴。（王荣华）

【学院相关工作多次获有关部门表彰】 学院有关工作突出，先后荣获 2016—2019 年度厦门大学工会工作先进集体、学生工作特色单位“学生就业创业工作”奖、“宝太杯”第七届厦门大学“互联网＋”大学生创新创业大赛“先进集体”、“永远跟党走　奋进新征程”厦门大学教职工庆祝中国共产党成立 100 周年合唱比赛一等奖和组织奖、厦门大学 2021 年全国优秀大中学生夏令营先进单位、2021 年第十五届“谷雨杯”全国大学生可持续建筑设计竞赛“学校组织二等奖”、厦门大学先进基层党组织、2015—2021 年厦门大学先进基层妇女委员会、学生道德风尚奖、厦门大学体育组织进步奖、厦门大学 2021 年“青春

有梦　无毒前行”禁毒知识竞赛优秀组织奖等。（王荣华）

能源学院

【概况】　能源学院现设核能研究所、能源化工研究所、能源材料与器件研究所、能效工程与能源装备研究所4个研究所。

学院拥有能源工程与技术交叉学科，下设核能工程、能源化工、能源材料、能效工程4个方向，均具有博士学位和硕士学位授予权。2021年，共录取研究生75名，其中，硕士研究生65名，博士研究生10名，在校研究生总计228名。

学院设有新能源科学与工程、储能科学与工程2个本科专业，2021年招收学生72名(第二学士学位学生2名)。本科在校生共计240名(新能源科学与工程、储能科学与工程)，累计本科生毕业人数250名。学院拥有3个校级、10个院级校外实习实践教育基地。

学院在职教职工60人，其中，正高职称人员14人，高级职称人员28人(2021年新增2人)，博士研究生指导教师18人(含兼职导师3人)，硕士研究生指导教师31人。2021年新增教职工2人。曾宪海教授入选教育部“长江学者”青年项目。

2021年，学院到账科研经费5013.62万元，连续4年同比增长，经费完成率113%，其中，横向科研经费1570.74万元，纵向科研经费3442.88万元，人均到账经费151.93万元。以能源学院第一完成单位发表SCI、EI收录论文118篇，其中一区39篇(影响因子>10的高水平论文16篇，影响因子>30的高水平论文2篇)，二区30篇，三区31篇，四区13篇，EI收录论文6篇。授权国内专利37项，其中发明专利30项，实用新型2项；授权美国专利1项。赵英汝教授获福建省杰出青年基金项目资助。（张正泓　廖秀珍　陆雪英　方晨亮　郑成竹　王淑君　杨婷婷　孙悦琦　施　珩）

【敦聘名誉院长】　6月6日，学校敦聘中国工程院院士陈勇为厦门大学能源学院名誉院长。（郑成竹）

【学院党委换届】　4月22日，学院召开干部任免宣布大会，张军奎就任能源学院党委书记，孙梓光不再担任能源学院党委书记一职。（郑成竹）

【扎实开展党史学习教育】　自党史学习教育启动起，学院党委周密部署，精心组织，围绕“学党史、悟思想、办实事、开新局”，扎实开展党史学习教育，推动学院各项事业高质量发展。以“我为师生办实事”为抓手，学院党委聚焦“改革发展出实招”“立德树人见实效”“科技研发创实绩”“服务师生重实际”4个重点领域精准发力，确定党委重点项目9条，党支部重点项目7条，明确解决问题的时间节点和具体措施，用心用情做好服务工作，努力营造服务师生的良好氛围，让师生切实感受到党史学习教育带来的新变化、新气象。

（方晨亮　王淑君　施　珩）

【召开全面从严治党主体责任落实情况专题报告会】　11月24日下午，副校长周大旺率校党委2021年全面从严治党主体责任落实情况第八检查组到能源学院，开展全面从严治党主体责任落实情况检查工作。学院党政领导班子成员参加会议。（王淑君）

【制定学院“十四五”发展规划】　根据学校领导和相关职能部门的指导意见，在广泛征求全院师生员工意见和建议的基础上，学院党政领导班子多次召开专题会议深入研究，反复修订完善，制定并通过《能源学院“十四五”发展规划》。（张正泓）

【林鹿入选国际木材科学院院士(Fellow)】　6月，国际木材科学院(International Academy of Wood Science，IAWS)公布2020年院士(Fellow)增选名单，林鹿教授被推荐入选，是厦门大学首个入选的科研人员。（廖秀珍）

【曾宪海获侯德榜科学技术奖“青年奖”】　在2021年中国化工学会年会上，第十三届侯德榜化工科学技术奖颁发。厦门大学生物能源研发中心主任、能源学院曾宪海教授荣获侯德榜化工科学技术奖“青年奖”。曾宪海教授是厦门大学首个侯德榜化工科学技术奖获得者，也是该奖项设立以来福建省第三位获得者。（廖秀珍）

【科研成果转化取得重大突破】　郑志锋教授团队专利作价2000万元、占股20%与安徽天富环保科技材料有限公司等发起成立宿州天尚安能碳材料科技有限公司。（廖秀珍）

【参与制定国家行业标准】　厦门大学作为主要完成单位、能源学院孟超作为主要起草人参与制定的《低压并联切换型电压暂降治理装置技术规范》(T/CPSS 1006—2021)，于2021年8月27日由中国电源学会正式发布。（廖秀珍）

【举办百年校庆高水平学术论坛】　4月6日，主办生物质能源与碳中和专题论坛；7月23—25日，承办2021第六届超级电容器及关键材料学术会议暨储能学科专业人才培养与产教融合高峰论坛。（廖秀珍）

【举办储能科学与工程本科专业培养方案讨论会】　8月6日，厦门大学储能科学与工程本科专业培养方案讨论会召开，会议由能源学院主办，专业学术带头人孙世刚院士，教务处、化学化工学院、材料学院、航空航天学院、物理科学与技术学院、信息学院、电子科学与技术学院领导、骨干教师和教学秘书参会。

（孙悦琦）

【新增交叉学科博士学位授权点通过学校评审】　经过4月28日和7月22日两轮以院士为主的专家论证，新增先进能源一级交叉学科博士学位授权点申报方案通过学校自主设置一级学科评审，上报教育部批准。

（张正泓）

【学生创新实践成绩突出】　学院学生获得第八届中国研究生能源装备创新设计大赛总决赛、第七届福建省“互联网+”大学生创新创业大赛、美国大学生数学建模大赛等国内外大赛奖项，本科生发表高水平论文4篇(SCI一区一作1篇)，专利2项。

（方晨亮　孙悦琦　施　珩）

【储能科学与工程本科新专业招生】　教育部下发《教育部关于公布2020年度普通高等学校本科专业备案和审批结果的通知》(教高函〔2021〕1号)，公布2020年度普通高等学校本科专业备案和审批结果，厦门大学能源学院

2021 年度能源学院基本情况

统计项目	数量	统计项目	数量
本科生数(人)	240	教育部工程研究中心(个)	
硕士研究生数(人)	183	福建省"2011 协同创新中心"(个)	
其中:专业学位硕士研究生数(人)	105	福建省重点实验室(个)	
博士研究生数(人)	45	福建省工程技术研究中心(个)	1
其中:专业学位博士研究生数(人)		福建省工程实验室(个)	
其中:学历留学生数(人)	2	福建省工程研究中心(个)	1
本科毕业生毕业去向落实率(%)	90.4	其他部省级平台(福建省新能源产业技术开发基地)(个)	1
硕士毕业生毕业去向落实率(%)	97.8	国家自然科学基金委基础科学中心(个)	
博士毕业生毕业去向落实率(%)	80	国家自然科学基金委创新研究群体(个)	
本科毕业生升学、出国(境)率(%)	57.7	高等学校学科创新引智基地("111 计划")(个)	
专任教师数(人)	34	国家自然科学基金项目(个)	5
博士后数(人)	4	国家重点研发计划(项目牵头)(个)	
教授数/正高级数(人)	10	其他部省级重大专项(个)	
副教授数/副高级数(人)	18	企业和社会各界委托项目(理工医科 100 万元以上)(个)	3
具有博士学位专任教师数(人)	34	纵向科研经费(到位)(万元)	3442.88
具有海外学习交流一年(或 10 个月)以上经历教师数(人)	19	横向科研经费(到位)(万元)	1570.74
45 岁以下(含)专任教师数(人)	30	国家自然科学奖(项)	
全职两院院士(人)		国家技术发明奖(项)	
发展中国家科学院院士(人)		国家科技进步奖(项)	
教育部"长江学者奖励计划"特聘教授(人)		高校科学研究优秀成果奖(科学技术)(项)	
教育部"长江学者奖励计划"特岗学者(人)		福建省科学技术奖(项)	
教育部"长江学者奖励计划"青年学者(人)	1	其他重要科技奖励(请注明)(项)	
国家杰出青年科学基金获得者(人)		发表文章总数(篇)	118
"国家特支计划"领军人才(人)		其中:*Science*、*Nature*、*Cell*(含子刊)(篇)	1
"国家特支计划"青年拔尖人才(人)		其他(请注明)(篇)	
国家百千万人才工程入选者(人)		国内授权专利情况(项)	37
国家级教学名师(人)		国外授权专利情况(项)	1
国家优秀青年科学基金获得者(人)		科技成果转化(项目数)(项)	
教育部新(跨)世纪优秀人才(人)	3	科技成果转化(转让金额)(万元)	
福建省"闽江学者"特聘教授(人)	2	学生出国(境)交流(人次)	4
福建省特级后备人才(人)		教师出国(境)交流(人次)	
国家教学成果奖(项)		主办国际学术会议(次数)	
国家级一流本科专业(含建设点)(个)		主办两岸学术会议(次数)	
中国"互联网+"大学生创新创业大赛获奖数(项)		境外合作高校或机构(所)	2
国家(地方联合)工程研究中心(个)		签订境外合作协议(份)	2
国家"2011 协同创新中心"(个)		邀请国外学者数(人)	
教育部重点实验室(个)		邀请台港澳地区学者数(人)	
		国(境)外学生来校数(人)	

储能科学与工程本科专业成功获批。2021年9月,能源学院新能源科学与工程、储能科学与工程2个本科专业同时招生。　(孙悦琦)

【全力做好疫情防控工作】 学院党委深入贯彻落实各级政府和学校的部署要求,压实防控责任,切实做好疫情防控各项工作,全年无疫情相关事故发生。　(郑成竹　王淑君)

【《能源学院院史》出版】 经过十几轮反复校稿、修订、完善,《能源学院院史》在百年校庆前如期定稿并交付正式出版。　(张正泓)

电子科学与技术学院(国家示范性微电子学院)

【概况】 电子科学与技术学院(国家示范性微电子学院)现下设电子工程系、电子科学系、微电子与集成电路系、电磁声学研究院、实验教学中心。

学院目前建设、共建的科研教学平台主要包括:国家集成电路产教融合创新平台、电子信息国家级实验教学示范中心、福建省半导体照明工程技术研究中心、福建省集成电路设计工程技术研究中心、福建省电子设计自动化工程研究中心、福建省等离子体与磁共振研究重点实验室、福建省LED照明与显示行业技术开发基地、福建省光电照明与显示服务型制造公共服务平台、电磁波科学与探测技术福建省高校重点实验室。

学院拥有电子科学与技术一级学科博士学位点和博士后流动站、集成电路科学与工程一级学科博士学位点,可招收电子科学与技术和集成电路科学与工程一级学科学术型硕士生、博士生,电子科学与技术一级学科博士后;拥有电子信息领域专业型博士学位授权点,可招收电子信息领域工程类专业型硕士生、博士生。开设有5个本科生专业,分别是电子信息工程、电子信息科学与技术、微电子科学与工程、集成电路设计与集成系统、电磁场与无线技术。

学院到位科研经费4790.82万元,其中纵向科研经费3781.76万元、横向科研经费1009.06万元。新增国家重点研发计划课题1个(参与),获批经费92万元;国家自然科学基金16个,获批直接经费1261万元;省市及其他项目11个,立项经费219万元。学院获福建省科学技术奖2项(第一完成单位),其中自然科学奖一等奖1项、科技进步奖二等奖1项;发表SCI论文153篇(第一完成单位),其中一区15篇、二区53篇;获授权专利71项,其中发明专利62项、实用新型专利20项。

学院现有教职工144人,其中教授26人,副教授44人,博士生导师27人,硕士生导师77人。教师队伍现有全职外籍院士1人,国务院特殊津贴专家3人,国家百千万人才工程入选者1人,国家级四青人才2人,教育部新世纪优秀人才培养计划入选者4人;"闽江学者"特聘教授7人,福建省百千万人才工程入选者2人,福建省"双百计划"人才4人,福建省杰出青年基金获得者3人,福建省高校新世纪优秀人才支持计划入选者5人;厦门大学南强青年拔尖人才11人。

学院现有学生1648人,其中本科生793人,硕士研究生657人,博士研究生192人。2021届本科生就业率95.1%,硕士研究生就业率98%,博士生就业率为100%;本科生升学、出国(境)率55%。学生在各类创新创业赛事中共获奖项108项,其中国家级奖项37项、省部级奖项71项。

(蔡励元　陈精锋　王凤松　王清爽　郑毓玲　韩海雄)

【学院召开年度教职工大会】 1月,学院召开2020年度教职工大会。会议围绕学院"十四五"建设目标,以一流党建为引领,以立德树人为根本,以改革创新为动力,以内涵发展、产教融合为主线,凝心聚力,加快推进学院人才培养、科学研究、学科建设等各项工作。　(陈精锋)

【获批教育部第二批新工科研究与实践项目】 1月,施芝元教授主持的"新工科背景下电子信息工程专业多元协同人才培养模式的改革与实践"获批教育部第二批新工科研究与实践项目。该项目以电子信息工程专业升级建设为出发点,围绕"知识体系""社会价值""可持续发展"3个基本问题,对"多元协同人才培养"的内涵和具体措施展开探索。　(郑毓玲)

【组织校庆系列活动】 4月,学院以"传百年荣光、展电子风采"为主题,举行学习习近平总书记致厦门大学建校100周年贺信精神暨院友座谈会、校友创新创业论坛、奖学金颁奖仪式、考察国家集成电路产教融合创新平台海沧分平台等校庆活动。厦门龙胜达董事长李希龙,Intematix/深圳格亮光电董事长、总经理刘晓,厦门优迅董事长柯炳粦,奥谱天成(厦门)总经理刘鸿飞等校友以现金捐赠、设立奖学奖教金、实物捐赠等形式助力学院学科建设和人才培养。　(陈精锋)

【承担集成电路人才培养专项】 4月,教育部、工信部部署学校承担集成电路人才培养专项(全国共18所)。专项聚焦创新型国家建设对集成电路高层次紧缺人才的迫切需求,通过校企合作力争培养和储备一批具备引领科技创新能力和国际视野的跨学科复合型集成电路高端领军人才。

(王清爽)

【举办第五届中国液晶青年学者论坛】 5月,学院举办第五届中国液晶青年学者论坛。来自中国科学院、浙江大学等全国30多家单位的近百名专家学者应邀参会。　(肖舒文)

【召开学科建设发展咨询会】 7月,学校召开集成电路科学与工程学科规划和电子科学与技术学科建设发展咨询会。专家组由中国工程院院士许居衍,中国科学院院士刘明、杨德仁、田中群,国务院学位委员会电子科学与技术学科评议组成员罗毅、徐坤、施毅、王业亮,北京大学张兴教授,华中科技大学缪向水教授,东南大学孙立涛教授,西安电子科技大学马晓华教授12名专家学者组成。专家组听取集成电路科学与工程学科规划和电子科学与技术学科建设的工作汇报,经质询讨论和诊断把脉,提出学科下一阶段建设发展的意见和建议。　(严　威)

【入选福建省高校"双带头人"教师党支部书记工作室】 7月,微电子与集成电路系师生联合党支部入选福建省第三批高校"双带头人"教师党支部书记工作室。　(刘锦锗)

2021 年度电子科学与技术学院(国家示范性微电子学院)基本情况

统计项目	数量	统计项目	数量
本科生数(人)	793	福建省重点实验室(个)	1
硕士研究生数(人)	657	福建省工程技术研究中心(个)	1
其中:专业学位硕士研究生数(人)	470	福建省工程实验室(个)	
博士研究生数(人)	192	福建省工程研究中心(个)	1
其中:专业学位博士研究生数(人)		福建省高校重点实验室(个)	1
其中:学历留学生数(人)	4	其他国家级平台(国家集成电路产教融合创新平台)(个)	1
本科毕业生毕业去向落实率(%)	95.1	其他部省级平台(福建省光电照明与显示企业服务型制造公共服务平台、福建省 LED 照明与显示行业技术开发基地)(个)	2
硕士毕业生毕业去向落实率(%)	98		
博士毕业生毕业去向落实率(%)	100		
本科毕业生升学、出国(境)率(%)	55	国家自然科学基金委基础科学中心(个)	
专任教师数(人)	87	国家自然科学基金委创新研究群体(个)	
博士后数(人)	12	高等学校学科创新引智基地("111 计划")(个)	
教授数/正高级数(人)	26	国家自然科学基金项目(个)	16
副教授数/副高级数(人)	44	国家重点研发计划(项目牵头)(个)	
具有博士学位专任教师数(人)	81	其他部省级重大专项(个)	
具有海外学习交流一年(或 10 个月)以上经历教师数(人)	56	企业和社会各界委托项目(理工医科 100 万元以上)(个)	7
45 岁以下(含)专任教师数(人)	59	纵向科研经费(到位)(万元)	3781.76
全职两院院士(人)		横向科研经费(到位)(万元)	1009.06
发展中国家科学院院士(人)		国家自然科学奖(项)	
教育部"长江学者奖励计划"特聘教授(人)		国家技术发明奖(项)	
教育部"长江学者奖励计划"特岗学者(人)		国家科技进步奖(项)	
教育部"长江学者奖励计划"青年学者(人)		高校科学研究优秀成果奖(科学技术)(项)	
国家杰出青年科学基金获得者(人)		福建省科学技术奖(项)	2
"国家特支计划"领军人才(人)		其他重要科技奖励(请注明)(项)	
"国家特支计划"青年拔尖人才(人)		发表文章总数(篇)	176
国家百千万人才工程入选者(人)	1	其中:*Science*、*Nature*、*Cell*(含子刊)(篇)	
国家级教学名师(人)		其他(请注明)(篇)	
国家优秀青年科学基金获得者(人)	2	国内授权专利情况(项)	70
教育部新(跨)世纪优秀人才(人)	4	国外授权专利情况(项)	1
福建省"闽江学者"特聘教授(人)	7	科技成果转化(项目数)(项)	1
福建省特级后备人才(人)		科技成果转化(转让金额)(万元)	12
国家教学成果奖(项)		学生出国(境)交流(人次)	5
国家级一流本科专业(含建设点)(个)	1	教师出国(境)交流(人次)	
中国"互联网+"大学生创新创业大赛获奖数(项)		主办国际学术会议(次数)	2
国家(地方联合)工程研究中心(个)		主办两岸学术会议(次数)	
国家"2011 协同创新中心"(个)		境外合作高校或机构(所)	
教育部重点实验室(个)		签订境外合作协议(份)	
教育部工程研究中心(个)		邀请国外学者数(人)	
		邀请台港澳地区学者数(人)	
福建省"2011 协同创新中心"(个)		国(境)外学生来校数(人)	8

【获批国家自然科学基金优秀青年基金项目】 8月,屈小波教授申报的"计算磁共振波谱成像"项目获得国家自然科学基金优秀青年科学基金资助,经费200万元。 (王凤松)

【获批国家自然科学基金区域创新项目】 8月,张保平教授申报的"GaN基绿光VCSEL研究"项目获得国家自然科学基金区域创新发展联合基金资助,直接经费260万元。 (王凤松)

【获批国家自然科学基金NSFC-ISF(中以)合作基金项目】 8月,陈忠教授申报的"超高场磁共振成像和波谱:新方法开发及新应用研究"项目获得国家自然科学基金NSFC-ISF(中以)合作基金资助,直接经费200万元。 (王凤松)

【获教育部产学合作协同育人项目立项】 8月,教育部公布2021年第一批产学合作协同育人项目立项名单,学院共有4个项目入选,负责人分别为吴挺竹、郭伟杰、沈桂平、郭子超。12月,教育部公布2021年第二批产学合作协同育人项目立项名单,学院共有2个项目入选,负责人分别为陈华宾、郭伟杰。 (郑毓玲)

【学院主体搬迁翔安校区】 9月,按照学校搬迁工作部署,学院基本完成第一批次搬迁工作:院部,微电子与集成电路系全体师生和实验室(重大型仪器除外),电子工程系和电子科学系全体本科生、2020级和2021级硕士生、部分教师和实验室,电磁声学研究院全体本科生、2021级硕士生、部分教师和实验室搬迁至翔安校区。 (陈精锋)

【举办第二十二届电子封装技术国际会议】 9月,第二十二届电子封装技术国际会议在厦门大学召开。会议由中国科学院微电子所和厦门大学共同主办,厦门大学电子科学与技术学院、厦门半导体投资集团有限公司和北京菲尔斯信息咨询有限公司承办。会议邀请电子封装技术领域10余名IEEE Fellow,在线人数超过3000人次。 (肖舒文)

【获批集成电路科学与工程一级学科博士学位授权点】 10月,国务院学位委员会公布全国首批集成电路科学与工程一级学科博士学位授权点名单,学校作为18所建设高校之一,将承担集成电路领域高端人才培养和科学研究的重大使命,为破解"卡脖子"难题做贡献。 (王清爽)

【举办2021防伪、安全与识别国际会议】 10月,学院在线上成功举办第十五届IEEE防伪、安全与识别国际会议暨首届人工系统与智能设计国际会议。大会邀请国内人工智能、大数据和信息安全等方向的高水平专家做主题报告,共收录43篇论文,线上和线下参会人数近400人次。 (肖舒文)

【获批福建省高校思想政治工作精品项目立项】 10月,学院"八闽之芯"暑期科技夏令营获批2021年度福建省高校思想政治工作精品项目立项。 (许　通)

【围绕产业需求开展工程高端人才培养】 10月,学院参与申报的电子信息专业学位博士授权点获批,学院牵头负责集成电路工程领域非全日制博士生招生和培养。学院将首次进行大陆地区非全日制博士生招生,开展工程高端人才培养。 (王清爽)

【获福建省本科高校教育教学改革研究项目立项】 11月,李琳副教授负责的"双一流背景下的一流专业创新提升与实践"获福建省本科高校教育教学改革研究项目教学成果立项。该项目以电子信息工程专业升级建设为出发点,针对一流专业中课程体系、人才素养、创新能力等环节展开探索与实践。 (郑毓玲)

【学生运动会再创新高】 11月,学院在厦门大学第56届学生田径运动会上获研究生组团体总分第一名,本科生组团体总分第二名,学生运动会团体总分第三名。 (严　威)

【学生荣获福建省大学生"创业之星"】 11月,在2021年福建省大学生"创业之星"评选中,博士研究生李法君团队荣获"创业之星标兵"称号,博士研究生陈佳团队荣获"创业之星"称号。 (韩海雄)

【获福建省自然科学奖一等奖】 12月,2020年度福建省科学技术奖正式公布,屈小波教授领衔完成的项目"快速磁共振波谱成像方法及应用"获自然科学奖一等奖。本项目从磁共振的指数信号、图像自适应稀疏表示和人工智能出发,建立具有原创性和先进性的快速磁共振波谱成像方法,所提工作被本领域众多国际知名学者广泛肯定,在相关重要企业产业化与应用。 (王凤松)

【获福建省科技进步奖二等奖】 12月,2020年度福建省科学技术奖公布,郭东辉教授领衔完成的项目"视觉神经网络光电集成系统及其条码识别技术产业化应用"获科技进步奖二等奖。本项目开发出具有完全自主知识产权的二维码识读芯片及设备与应用IP等系列产品,已为福建新大陆公司等企业产生直接经济效益数十亿元。 (王凤松)

【获学校学生工作先进单位】 12月,学院在2021年度学生工作考评中荣获:厦门大学2021年学生工作先进单位、厦门大学2021年学生工作特色单位(日常思想政治教育工作)。 (许　通)

【学生荣获省级以上荣誉】 12月,博士研究生陈佳获得2020年度"中国大学生自强之星"称号。本科生姜远远获得第四届"福建励志先锋"提名奖。 (徐爱平)

【学生创新创业成果丰富】 学生在各类创新创业赛事中共获奖项108项,其中国家级奖项37项、省部级奖项71项。为学校摘得第十六届中国研究生电子设计竞赛"全国优秀组织奖"。1支队伍获第十六届中国研究生电子设计竞赛商业计划书专项赛全国总决赛一等奖,1支队伍获第五届全国大学生集成电路创新创业大赛一等奖,1支队伍获大学生电子设计竞赛嵌入式系统专题邀请赛全国一等奖,1支队伍获第十五届"挑战杯"福建省大学生课外学术科技作品竞赛特等奖。 (韩海雄)

【教职工文体活动获得突破】 6月,学院参加"永远跟党走　奋进新征程"厦门大学教职工庆祝中国共产党成立100周年合唱比赛获得三等奖。4月,在第20届教职工篮球比赛中获得第七名。11月,在第20届教职工运动会上获得教工团体总分第八名,在第4届羽毛球双打团体赛中获得第

七名。学院花灯设计荣获学校“我们的节日——元宵”花灯设计大赛二等奖。（沈桂平）

【修订本科培养方案】 瞄准国家战略需求，主动适应建设中国特色世界一流大学的要求，构建“交叉融通”的电子信息类大类培养模式，进一步深化本科教育教学改革。深入开展国（境）内外高校比较研究，广泛征求广大师生、用人单位、校友、专家等意见，修订2021级本科人才培养方案。（郑毓玲）

萨本栋微米纳米科学技术研究院

【概况】 萨本栋微米纳米科学技术研究院系厦门大学直属研究院，拥有微纳米系统福建省高校重点实验室、厦门市MEMS工程技术研究中心等微纳加工测试公共服务平台，洁净室面积660平方米，拥有各种微米纳米加工和测试设备50套，设备总值4600万元。研究院在整合学校微纳交叉学科相关资源的基础上，追踪国际科技发展前沿，围绕国家战略需求，立足国家和地方经济发展，培育应用型、创新型人才，以微纳传感、微纳能源、微纳系统与集成为主要研究方向，以建成有鲜明特色的、国际高水平的交叉学科人才培养和学术研究的重要基地为目标。

研究院在职教职工33人，其中专任教师14人、工程技术人员13人；在读硕士研究生50人、博士研究生24人，毕业生21人、就业率100%；发表论文30篇，申请发明专利16项，年度授权发明专利3个；申报纵向项目34个，获批15项，立项总金额940余万元，相比去年同期立项金额增长120%，其中国家级项目8个，承担重大科研项目能力逐步增强。

充分发挥厦门大学学科综合、人才聚集、资源集中等特点，发展交叉学科，集聚电子科学与技术、仪器科学与技术、能源化工等多学科交叉发展的资源与优势，建立高度集成、开放共享、交叉应用的研究中心和平台，为多学科交叉融合搭建基础条件支撑。

为克服疫情影响，研究院多举措充分挖掘微纳加工测试仪器共享平台服务潜能：本年度为校内150个课题组的500余名师生提供器件研制、工艺开发、样品测试等服务，全年共完成上万次实验和340次委托实验，开展一对一培训399次，校内累计到位测试费200万元；以平台技术团队牵头的科研项目数量和到账经费数均再创历史新高，且科研项目呈现多样化特点，包含技术质询、器件研制、表征、工艺开发和服务等，突破过往项目种类只局限加工与表征相对单一的缺点；工程技术团队积极参与由嘉庚创新实验室联合EWG1990学习网共同举办的嘉析检测讲坛，每周六上午线上授课，广受学员好评，为区域经济实施创新驱动发展战略提供有效支撑；为推进高校“双一流”建设的学科交叉融合，该平台已成为学校微纳能源、石墨烯工业技术、微电子等科研成果对外展示的重要窗口。（林常胜）

【以建党100周年为契机引领　深化党建思政工作】 认真贯彻落实学校“永远跟党走”群众性主题宣传教育活动实施方案，组织全院师生深入学习党的十九届五中、六中全会精神，习近平总书记在庆祝中国共产党成立100周年大会上的重要讲话精神，习近平总书记致厦门大学建校100周年贺信精神，《关于共同学习贯彻落实习近平总书记重要贺信精神的倡议书》的重要讲话精神等。组织每周一下午党史学习教育，推动党史学习走深走实。微纳行政与工程支部代表队获物理科学与技术学院庆祝中国共产党成立100周年党史知识竞赛冠军。积极参加“永远跟党走，奋进新征程”厦门大学教职工庆祝建党100周年合唱比赛，获团体二等奖。（邱　媛）

【全面加强师德师风建设】 组织师德师风警示大会、师德师风讲坛等多场活动，编印《厦门大学萨本栋微米纳米科学技术研究院师德教育学习资料》。以教师职业行为十项准则的落实为重点，塑造示范形象，学习案例警示教育，引以为鉴，举一反三，严格要求自己注意一言一行，加强道德规范。继续做好在专业授课中推展思政内容，并以身作则，尊重学生，公平对待每一名学生，把握相处尺度，慎用惩戒、拒绝体罚。转变教师角色，从学习的管教者到人生引路人和心理健康维护人。对教师提出更高要求，要求教师学习更多相关知识。邀请心理专家开展专题讲座培训，帮助教职工更好地了解师生心理状态，通过学习心理学基本知识更好地迎接挑战。（邱　媛）

【积极参与百年校庆及研究院二十周年庆】 百年校庆期间，研究院举办科研微纳二十年成果展、葛文勋先生事迹展，同时圆满完成校庆期间院友返校接待工作。通过回顾历史，陈嘉庚先生毁家兴学、萨本栋校长临危受命、老校友心系母校、师生员工拼搏奋斗等令人震撼的一幕幕浮现在面前，加深对新时代师德师风和大学生价值与追求的认识，指明寻梦方向，坚定大家的理想信念。一系列科研学术活动、健康向上的文体娱乐活动，极大丰富学院师生的校园文化生活，促进研究院文化建设，优化育人环境。此次活动锻炼了干部队伍，提升了管理水平，师生员工发挥团结协作精神，在这次校庆中交出一份合格答卷。（林常胜）

【发挥平台优势　提升共享协同发展能力】 整合现有资源，发挥平台集聚优势，构建起多层次、广领域、网络化的对外共享服务体系，为校内外科技创新活动提供强有力的“硬”支撑。加速院企合作建设，进一步拓宽校企、校地和校校之间的合作，充分调动平台科研人员工作积极性，在服务地方工作中充分发挥平台在微纳加工领域的作用，争取打造具有自身特色的服务地方发展之路。微纳加工测试仪器共享服务平台洁净室在2021年度“安全卫生先进实验室”评选中获评校级优秀实验室，依托该平台的微纳米系统福建省高校重点实验室，在2021年度福建省高校重点实验室评估工作中获评“优秀”，这也是该平台连续两届评估获优。

（胡菲娜）

2021年度萨本栋微米纳米科学技术研究院基本情况

统计项目	数量	统计项目	数量
本科生数(人)		福建省"2011协同创新中心"(个)	
硕士研究生数(人)	50	福建省重点实验室(个)	
其中:专业学位硕士研究生数(人)		福建省工程技术研究中心(个)	
博士研究生数(人)	24	福建省工程实验室(个)	
其中:专业学位博士研究生数(人)		福建省工程研究中心(个)	
其中:学历留学生数(人)		福建省高校重点实验室(个)	1
本科毕业生毕业去向落实率(%)		其他部省级平台(请注明)(个)	
硕士毕业生毕业去向落实率(%)	100	国家自然科学基金委基础科学中心(个)	
博士毕业生毕业去向落实率(%)	100	国家自然科学基金委创新研究群体(个)	
本科毕业生升学、出国(境)率(%)		高等学校学科创新引智基地("111计划")(个)	
专任教师数(人)	14	国家自然科学基金项目(个)	5
博士后数(人)		国家重点研发计划(项目牵头)(个)	
教授数/正高级数(人)	7	其他部省级重大专项(个)	
副教授数/副高级数(人)	7	企业和社会各界委托项目(理工医科100万元以上)(个)	
具有博士学位专任教师数(人)	14	纵向科研经费(到位)(万元)	1477.67
具有海外学习交流一年(或10个月)以上经历教师数(人)	9	横向科研经费(到位)(万元)	331.62
45岁以下(含)专任教师数(人)	10	国家自然科学奖(项)	
全职两院院士(人)		国家技术发明奖(项)	
发展中国家科学院院士(人)		国家科技进步奖(项)	
教育部"长江学者奖励计划"特聘教授(人)		高校科学研究优秀成果奖(科学技术)(项)	
教育部"长江学者奖励计划"特岗学者(人)		福建省科学技术奖(项)	
教育部"长江学者奖励计划"青年学者(人)		其他重要科技奖励(请注明)(项)	
国家杰出青年科学基金获得者(人)		发表文章总数(篇)	30
"国家特支计划"领军人才(人)		其中:*Science*、*Nature*、*Cell*(含子刊)(篇)	2
"国家特支计划"青年拔尖人才(人)		其他(请注明)(篇)	
国家百千万人才工程入选者(人)		国内授权专利情况(项)	3
国家级教学名师(人)		国外授权专利情况(项)	
国家优秀青年科学基金获得者(人)		科技成果转化(项目数)(项)	
教育部新(跨)世纪优秀人才(人)	1	科技成果转化(转让金额)(万元)	
福建省"闽江学者"特聘教授(人)		学生出国(境)交流(人次)	1
福建省特级后备人才(人)		教师出国(境)交流(人次)	1
国家教学成果奖(项)		主办国际学术会议(次数)	
国家级一流本科专业(含建设点)(个)		主办两岸学术会议(次数)	
中国"互联网+"大学生创新创业大赛获奖数(项)		境外合作高校或机构(所)	
国家(地方联合)工程研究中心(个)		签订境外合作协议(份)	
国家"2011协同创新中心"(个)		邀请国外学者数(人)	
教育部重点实验室(个)		邀请台港澳地区学者数(人)	
教育部工程研究中心(个)		国(境)外学生来校数(人)	

【确保疫情防控期间教学招生工作稳步推进】 各学期根据疫情发展情况提前谋划，积极开展线上教学筹备：开展师生线上教学困难调查；制定教学工作预案和方案，认真落实，提前演练；逐一跟进选课学生，确保学生课前入群率 100%，研究院正常开课率 100%。院领导走进线上课堂，第一时间解决师生问题。课后开展问卷调查，征求意见建议，为研究院提升线上教学质量提供支撑。快速应变，逐门落实，稳步做好学生分批返校期间各门课的教学安排。坚持以学生为本，认真做好视频答辩。线上招生科学、安全、有序。制定线上复试工作方案，做好线上复试工作培训，逐一落实考生复试环境，确保场场复试有演练，严守招生规范、安全、公平底线。（颜彦洋）

【继续加强毕业生就业指导】 举行第二届"职"在必得就业分享会，院领导和优秀毕业生代表为全院学生分析就业形势，开展经验分享，提供就业指导，促进更多毕业生到基层、西部和祖国最需要的地方建功立业。研究院 2021 届毕业生就业率 100%。（邱　媛）

【教学培养工作获佳绩】 在 2020 年福建省研究生优秀学位论文评选中，获评优秀博士论文 1 篇；开授 1 门本科生校选课程入选 2021 年度厦门大学美育与通识教育一流课程建设计划，开授 1 门课程获 2021 年度校研究生"课程思政"示范课程建设计划预立项 1 个；由学院教师指导研究生团队参加第三届集成电路 EDA 设计精英挑战赛总决赛，获全国二等奖 1 项，由学院教师指导马来西亚分校本科生参加第七届"互联网＋"大学生创新创业大赛获银奖 1 项，铜奖 1 项。

【持续推动节能增效】 研究院深入贯彻落实习近平总书记关于厉行勤俭节约、反对铺张浪费重要批示指示精神，传承校主陈嘉庚先生"无为之费，一文宜吝；正当之用，千金慷慨"的理念，行简约、倡简朴，勤俭并举，筑牢"过紧日子"意识。本年度修复 2002 年 SUSS MA6/BA6 光刻机贵重设备 1 台，从发现设备故障，到维修方案的不断讨论与调整，再到维修完成、设备恢复正常使用，历时仅 6 天；暑假期间工程技术人员加班完成对洁净室恒温恒湿系统升级改造项目，不但提升洁净室各项运行指标，洁净室千级风柜和清洗间风柜与 2020 年同期相比能耗下降约 70%，排风系统与 2020 年同期相比能耗下降约 40%，而且为学院大型共享仪器平台的高效运行提供有力保障。

生命科学学院

【概况】 生命科学学院设生物学系、细胞生物学系、生物化学系、免疫与微生物学系、遗传与发育生物学系 5 个系，拥有细胞应激生物学国家重点实验室、天然产物源靶向药物国家地方联合工程实验室、国家级生命科学实验教学示范中心、寄生动物学研究室、分子诊断教育部工程研究中心等 7 个国家级教学与科研平台。

学院现设生物科学和生物技术 2 个本科专业，拥有国家理科生物学基础科学研究与教学人才培养基地、国家生命科学与技术人才培养基地。2010 年入选"国家基础学科拔尖学生培养试验计划"。2019 年生物科学专业入选首批国家级一流本科专业建设点，入选教育部首批基础学科拔尖学生培养计划 2.0 基地。2020 年生物技术专业入选国家级一流本科专业建设点。

学院拥有动物学、细胞生物学、水生生物学 3 个国家重点学科，动物学、水生生物学、细胞生物学、生物化学与分子生物学、微生物学 5 个福建省重点学科，获批生物学一级学科硕士学位和博士学位授权点，建有 1 个生物学博士后流动站。

学院现有在职教职工 198 人，其中正高级职称人员 63 人，副高级职称人员 49 人。博士研究生指导教师 59 人，硕士研究生指导教师 92 人。1 人当选中国科学院院士，1 人入选全国杰出专业技术人才，1 人获国家优秀青年科学基金项目资助，1 人入选教育部"长江学者奖励计划"青年学者项目，1 人入选福建省特级后备人才，1 人入选福建省"雏鹰计划"青年拔尖人才，3 人入选"闽江学者"特聘教授。

学院现有在校学生 1701 人，其中博士研究生 358 人，硕士研究生 523 人，本科生 820 人。2021 年学院参与医学与生命科学学部内"理科试验班（生命科学与医学类）"大类招生试点，招生 126 人（含基础医学专业 7 人、预防医学与医学检验技术专业 8 人），另招收生物科学类学生 109 人，共计 235 人。2021 年，学院招收博士研究生 87 人，硕士研究生 188 人，本科生 219 人；毕业博士研究生 56 人，硕士研究生 116 人，本科生 203 人。2021 届毕业博士研究生就业率 95.7%，硕士研究生就业率 100%，本科生就业率 91.7%。

2021 年，学院以厦门大学为第一署名单位和通讯作者单位发表论文 192 篇，其中 *Cell* 正刊 1 篇，*Nature* 正刊 1 篇，CNS 子刊 12 篇，影响因子 10.0 以上 24 篇，影响因子 5.0 以上 68 篇。2021 年，学院到位科研经费 12664.59 万元，其中纵向科研经费 7362.36 万元，横向科研经费 5302.23 万元。新增立项国家级、省市级、横向课题等各类科研项目/课题 69 个，其中纵向项目/课题 47 个，横向项目 22 个。

2021 年，生物与医药硕士专业学位点正式获批，新立项教育部科技委战略研究项目 1 项、产学合作协同育人项目 1 个，获福建省教学成果奖特等奖 1 个，入选省级"课程思政"示范课 1 门、教学改革研究项目 1 个。完成校级"课程思政"示范课程结题验收 3 门，新增教材研究项目 3 个。

2021 年，学院与香港浸会大学理学院签订学术交流合作协议，与英国邓迪大学协商续签 3＋1＋1 联合培养协议，与日本长崎大学共同开展中日青少年科技交流计划。举办第四届博士生论坛、第十五届科研工作会议。成立生命科学学院粤港澳院友会、京津冀院友会，积极筹备成立长三角院友会，深入走访各地校友，实地考察校友企业，以百年校庆、学科百年庆典为契机，打造品牌校友活动，构建生科校友联系网络。

（陈昌徐　方晗瑜　范琳琳　龚树丰　梁怡婷　彭永莹　吴昆融　郑毅芳）

2021 年度生命科学学院基本情况

统计项目	数量
本科生数(人)	820
硕士研究生数(人)	523
其中:专业学位硕士研究生数(人)	
博士研究生数(人)	358
其中:专业学位博士研究生数(人)	
其中:学历留学生数(人)	8
本科毕业生毕业去向落实率(%)	91.7
硕士毕业生毕业去向落实率(%)	100
博士毕业生毕业去向落实率(%)	95.7
本科毕业生升学、出国(境)率(%)	56.4
专任教师数(人)	110
博士后数(人)	38
教授数/正高级数(人)	60
副教授数/副高级数(人)	30
具有博士学位专任教师数(人)	109
具有海外学习交流一年(或 10 个月)以上经历教师数(人)	70
45 岁以下(含)专任教师数(人)	62
全职两院院士(人)	3
发展中国家科学院院士(人)	
教育部"长江学者奖励计划"特聘教授(人)	3
教育部"长江学者奖励计划"特岗学者(人)	1
教育部"长江学者奖励计划"青年学者(人)	1
国家杰出青年科学基金获得者(人)	7
"国家特支计划"领军人才(人)	3
"国家特支计划"青年拔尖人才(人)	
国家百千万人才工程入选者(人)	3
国家级教学名师(人)	1
国家优秀青年科学基金获得者(人)	10
教育部新(跨)世纪优秀人才(人)	10
福建省"闽江学者"特聘教授(人)	19
福建省特级后备人才(人)	2
国家教学成果奖(项)	
国家级一流本科专业(含建设点)(个)	2
中国"互联网+"大学生创新创业大赛获奖数(项)	
国家重点实验室(个)	1
国家(地方联合)工程实验室(个)	1
国家"2011 协同创新中心"(个)	
教育部重点实验室(个)	
教育部工程研究中心(个)	1

统计项目	数量
福建省"2011 协同创新中心"(个)	
福建省重点实验室(个)	
福建省工程技术研究中心(个)	
福建省工程实验室(个)	
福建省工程研究中心(个)	
福建省高校重点实验室(个)	1
其他部省级平台(福建省转基因与基因剔除小鼠培育与研究公用技术服务平台)(个)	1
国家自然科学基金委基础科学中心(个)	
国家自然科学基金委创新研究群体(个)	
高等学校学科创新引智基地("111 计划")(个)	3
国家自然科学基金项目(个)	18
国家重点研发计划(项目牵头)(个)	
其他部省级重大专项(个)	1
企业和社会各界委托项目(理工医科 100 万元以上)(个)	13
纵向科研经费(到位)(万元)	7362.36
横向科研经费(到位)(万元)	5302.23
国家自然科学奖(项)	
国家技术发明奖(项)	
国家科技进步奖(项)	
高校科学研究优秀成果奖(科学技术)(项)	
福建省科学技术奖(项)	1
其他重要科技奖励(请注明)(项)	
发表文章总数(篇)	192
其中:*Science*、*Nature*、*Cell*(含子刊)(篇)	14
其他(请注明)(篇)	
国内授权专利情况(项)	12
国外授权专利情况(项)	5
科技成果转化(项目数)(项)	3
科技成果转化(转让金额)(万元)	85
学生出国(境)交流(人次)	7
教师出国(境)交流(人次)	4
主办国际学术会议(次数)	
主办两岸学术会议(次数)	
境外合作高校或机构(所)	2
签订境外合作协议(份)	2
邀请国外学者数(人)	3
邀请台港澳地区学者数(人)	6
国(境)外学生来校数(人)	

【通过首批“全国党建工作标杆院系”培育创建单位验收】 1月，教育部办公厅公布首批全国党建工作示范高校、标杆院系、样板支部培育创建单位验收通过名单，学院党委通过教育部首批“全国党建工作标杆院系”培育创建单位验收。 （吴昆融）

【召开两次全院教职工大会】 1月11日，学院于黄朝阳楼五楼学术报告厅举行全院教职工大会。会议解读专任教师和专技岗位绩效考核评价实施细则的主要修订内容，2021年国家自然科学基金的改革要点，强调寒假期间实验室安全注意事项。6月16日，学院召开全体教职工大会暨任期届满行政领导班子述职测评会，对新一届领导班子成员进行民主推荐。述职结束后，全体与会教职工对本届任期届满的领导班子及班子成员个人分别进行民主测评。 （方晗瑜）

【李少伟教授获求是杰出青年成果转化奖】 1月18日，中国科学技术协会召开2020“科创中国”年度工作会议，李少伟教授获得第二十三届中国科学技术协会求是杰出青年成果转化奖。 （彭永莹）

【召开2021年度务虚会】 1月20日，学院在黄朝阳楼B403会议室召开2021年务虚会，就研究生教育培养的新要求和培养质量提升举措，如何提高研究生生源，如何严把研究生培养质量关、过程关等方面提出针对性举措。 （方晗瑜）

【生物技术专业入选国家级一流本科专业建设点】 2月，教育部办公厅公布2020年度国家级和省级一流本科专业建设点名单，学院生物技术专业入选2020年度国家级一流本科专业建设点。学院现有的2个本科专业，生物科学、生物技术都已入选国家级一流本科专业建设点。 （郑毅芳）

【召开党委副书记任免大会】 3月11日，学院党委副书记任免大会在黄朝阳楼B403会议室举行，校党委常委、组织部部长、统战部部长孙理代表学校党委宣读生命科学学院党委副书记的任免决定：张宇斌同志任中共厦门大学生命科学学院委员会委员、副书记，葛郝锐同志不再担任中共厦门大学生命科学学院委员会副书记职务。 （吴昆融）

【福建省省长王宁考察学院新农科实践基地】 4月5日，福建省省长王宁、副省长李德金，厦门大学党委书记张彦等为八闽园开园并实地考察。学院新农科实践基地是集党建、文化、科研和教育为一体的多功能空间。 （刘 涛）

【教育部直属高校党建工作联络员陈子辰调研学院“一站式”学生社区党建工作】 4月7日，教育部直属高校党建工作联络员、浙江大学原党委常务副书记陈子辰深入学院“一站式”学生社区，指导学生社区党建工作。 （江子扬）

【承办2018—2022届教育部高等学校生物科学类专业教学指导委员会第五次工作会议】 4月9—11日，2018—2022届教育部高等学校生物科学类专业教学指导委员会第五次工作会议在厦门大学翔安校区跃进楼召开。会议围绕高校人才培养的内涵及特色，以经验交流报告会的形式展开。 （何燕青）

【在2020年“读懂中国”活动总结中获多项表彰】 4月19日，学校召开2020年“读懂中国”活动总结表彰暨2021年“读懂中国”活动工作推进会。学院《漫漫小康路　奋斗长青树——专访厦门大学曾定教授》征文和微视频作品在此次表彰中获得一等奖和三等奖，学院连续3年获优秀组织奖。 （江子扬）

【四名学者入选2020年中国高被引学者榜单】 4月22日，全球性信息分析公司爱思唯尔（Elsevier）正式发布2020年中国高被引学者（Highly Cited Chinese Researchers）榜单。学院共有4名学者入选，分别是韩家淮、林圣彩、夏宁邵和欧阳高亮。 （彭永莹）

【新增三个校外实践教育基地】 4月20日，“厦门大学生命科学学院校外实践教育基地”签约和挂牌仪式在厦门万基生物科技有限公司举行。5月26日，学院与福建雨林大峡谷生态旅游开发有限公司、南靖六福旅游开发有限公司的实践教育基地签约授牌仪式在南靖县和溪镇举行。 （何燕青）

【校友工作组走访全国各地校友企业】 本年度，学院校友工作组先后走访厦门、北京、上海、苏州、成都等地校友企业，实地了解校友们自主创业的发展现状，向支持学院事业发展的校友表示感谢，并详细介绍学院近年来取得的成就以及生物学科百年庆典筹备工作，诚挚邀请校友们返校参加庆典活动。 （方晗瑜）

【举办两场校友返校座谈会】 4月12—13日，1970级系友座谈会在黄朝阳楼B403会议室举行。5月8日，生物系1973届系友纪念入学50周年座谈会于成义楼114教室举行。会议介绍学院近年的发展情况，汇报学科百年庆典筹备工作。 （方晗瑜）

【成立两个地区院友会】 3月20日，厦门大学生命科学学院粤港澳院友会暨深圳校友会生命科学分会成立大会在深圳召开，其间举办第五届厦门大学生物学科杰出校友论坛。6月20日，厦门大学生命科学学院京津冀院友会暨北京校友会生命科学分会成立大会在北京举行，其间举办第六届厦门大学生物学科杰出校友论坛。 （方晗瑜）

【在福建省、厦门大学“互联网＋”大学生创新创业大赛中获金奖】 6月26日，学校举行“宝太杯”第七届厦门大学“互联网＋”大学生创新创业大赛暨省赛动员会。李博安教授指导、博士生孙珍担任负责人的项目“快检先锋——引领基因检测新未来”和李庆阁教授指导、博士生郭柳担任负责人的项目“侦转神探——打造中国转基因检测核心力量”获得高教主赛道研究生创意组金奖。学院获得参赛先进集体。8月26日，第七届福建省“互联网＋”大学生创新创业大赛决赛落幕，学院“侦转神探——打造中国转基因检测核心力量”项目获得高教主赛道研究生创意组金奖。 （江子扬）

【开展庆祝中国共产党成立100周年系列活动】 7月1日，副校长周大旺，学院全体党政领导、党委委员与师生集体收看庆祝中国共产党成立100周年大会。会后学院举行学习习近平总书记“七一”重要讲话精神动员暨“两优一先”表彰大会。 （江子扬）

【召开第十五届科研工作会议】 7月19—20日,学院召开第十五届科研工作会议。本届大会共开设23场学术报告,全体教职工及境内外专家学者通过线上线下的方式分享科研经验。（方晗瑜）

【全国首批黄大年式教师团队厦门大学细胞生物学教师团队学习贯彻习近平总书记回信精神】 9月8日,中共中央总书记、国家主席、中央军委主席习近平给全国高校黄大年式教师团队代表回信,对他们寄予殷切期望,并向全国广大教师致以节日的祝贺和诚挚的祝福。9月10日,厦门大学细胞生物学教师团队召开专题学习会,学习习近平总书记给全国高校黄大年式教师团队代表的回信精神。（范琳琳）

【学院召开干部任免宣布大会】 10月12日,学院在五楼学术报告厅召开干部任免宣布大会,宣布校党委关于学院新一届行政领导班子的任命决定。会上,校党委副书记、纪委书记全海代表学校宣布任命决定。经校党委、校行政研究决定,任命邓贤明、李勤喜、黄烯同志为副院长,聘任郑世进为副院长,院长空缺期间由副院长邓贤明牵头主持行政工作。（范琳琳）

【举办厦门大学生物学科百年庆典倒计时活动】 10月23日,厦门大学生物学科百年庆典倒计时活动在翔安校区跃进楼一楼报告厅举行,活动采取线上线下相结合的方式。会上正式发布《厦门大学生物学科百年庆典公告(第一号)》及《厦门大学生命科学学院"百年荣光　扬帆起航"行动计划》,并举行捐赠签约仪式。（方晗瑜）

【夏宁邵教授获第六届"全国杰出专业技术人才"荣誉称号】 10月28日,第六届全国杰出专业技术人才表彰会在北京召开。夏宁邵教授获"全国杰出专业技术人才"称号,是学校首名获得该项荣誉称号的教师。（彭永莹）

【夏宁邵教授入选《自然·生物技术》"2020年度全球前20位转化研究者"】 11月9日,世界权威期刊《自然·生物技术》(*Nature Biotechnology*)公布"2020年度全球前20位转化研究者"(Top 20 translational researchers of 2020),夏宁邵教授入选榜单,是该年度唯一入选的中国内地学者,这也是夏宁邵教授第二次获此殊荣。（彭永莹）

【获厦门大学翔安校区第56届学生田径运动会冠军】 11月12—13日,学校第56届学生田径运动会在翔安校区一期田径场举行。学院获厦门大学翔安赛区学生组团体总分第一名、健身气功八段锦集体展示第一名、本科生组第五名、研究生组第三名。（刘　涛）

【在全国大学生生命科学竞赛中获多项表彰】 11月14日,全国大学生生命科学竞赛(2021,创新创业类)和全国大学生生命科学竞赛(2021,科学探究类)结束,学院共获得一等奖2项、二等奖1项和三等奖2项。（江子扬）

【林圣彩教授当选中国科学院院士】 11月18日,中国科学院发布《关于公布2021年中国科学院院士增选当选院士名单的公告》,林圣彩教授当选中国科学院院士。（彭永莹）

【在第十四届福建省大学生职业规划大赛中获多项表彰】 11月19日,由福建省教育厅主办的第十四届福建省大学生职业规划大赛在福清落下帷幕,学院2018级本科生孙令南同学获一等奖,辅导员吴佳蓓获优秀指导老师,厦门大学获优秀组织奖。（吴佳蓓）

【学院妇委会获多项校级荣誉】 11月19日,厦门大学第三次妇女代表大会在化学报告厅召开,学院妇女委员会获"厦门大学先进基层妇女委员会"称号,王立红获评"厦门大学妇女工作奉献奖",黄青松获评"厦门大学优秀妇女工作者"。（黄慧英）

【举办第四届博士生学术论坛】 11月30日,学院在黄朝阳楼五楼学术报告厅举行"阿诺医药杯"第四届博士生学术论坛。本次论坛邀请新加坡科技研究局基因研究院,台湾长庚大学生物医学研究所,厦门大学医学院、公共卫生学院、药学院、化学化工学院及生命科学学院的11名博士生及博士后,围绕医学与生命科学研究前沿做学术报告。（张　瑜）

【举办2022年度"中学生英才计划"生物学科面试暨导师见面会】 12月11日,2022年度"中学生英才计划"生物学科面试暨导师见面会在黄朝阳楼B403会议室举办,来自福州、厦门、漳州、泉州、晋江、龙岩的34名优秀中学生参加面试。（郑毅芳）

【连续四年获厦门大学"学生工作先进单位"】 12月29日,学校发布《关于厦门大学2021年学院学生工作考评公告》,学院获"学生工作先进单位"及"学生工作特色单位"。（龚树丰）

医学院

【概况】 1996年10月11日,经国家教委批准,在厦门市委市政府、厦门大学的共同努力和海外华人华侨的支持下,医学院宣告成立并成立董事会(2015年调整为共建领导小组),走出一条市校共建的特色办学之路。医学院结束闽西南没有高等医学教育的历史,使厦门大学拥有更完整的学科体系。25年来,医学院秉承"自强不息,止于至善"的校训,坚持"立德树人、厚德尚能"的教育理念,以"育医学之英才,除人类之病痛,助健康之完美"为办学宗旨,通过整合办学资源,促进学科交叉,培养一批批医学基础厚、临床技能实、人文素养深、创新能力强的高水平医学人才。医学院设有基础医学部、临床医学系、中医学系、护理学系、眼视光学系、口腔医学系和一批临床专业科系,拥有国家级临床教学培训示范中心、国家级医学虚拟仿真实验教学中心、国家级临床技能综合培训中心、厦门大学健康医疗大数据国家研究院等国家级教学与科研平台。

学院坚持以培养医学精英人才为目标,大力推行教学改革,创新人才培养模式,全面推行素质教育,学生综合素质和创新能力不断提升。学院现有临床医学、中医学、护理学、口腔医学、基础医学、MBBS(临床医学)6个本科专业,临床医学、基础医学、中医学3个

2021 年度医学院基本情况

统计项目	数量
本科生数(人)	1393
硕士研究生数(人)	924
其中:专业学位硕士研究生数(人)	360
博士研究生数(人)	322
其中:专业学位博士研究生数(人)	
其中:学历留学生数(人)	367
本科毕业生毕业去向落实率(%)	82.7
硕士毕业生毕业去向落实率(%)	96.5
博士毕业生毕业去向落实率(%)	95.7
本科毕业生升学、出国(境)率(%)	48.2
专任教师数(人)	119
博士后数(人)	28
教授数/正高级数(人)	47
副教授数/副高级数(人)	42
具有博士学位专任教师数(人)	111
具有海外学习交流一年(或 10 个月)以上经历教师数(人)	75
45 岁以下(含)专任教师数(人)	67
全职两院院士(人)	
发展中国家科学院院士(人)	
教育部"长江学者奖励计划"特聘教授(人)	2
教育部"长江学者奖励计划"特岗学者(人)	
教育部"长江学者奖励计划"青年学者(人)	
国家杰出青年科学基金获得者(人)	4
"国家特支计划"领军人才(人)	2
"国家特支计划"青年拔尖人才(人)	
国家百千万人才工程入选者(人)	2
国家级教学名师(人)	
国家优秀青年科学基金获得者(人)	4
教育部新(跨)世纪优秀人才(人)	4
福建省"闽江学者"特聘教授(人)	9
福建省特级后备人才(人)	
国家教学成果奖(项)	
国家级一流本科专业(含建设点)(个)	
中国"互联网+"大学生创新创业大赛获奖数(项)	1
国家(地方联合)工程研究中心(个)	
国家"2011 协同创新中心"(个)	
教育部重点实验室(个)	
教育部工程研究中心(个)	

统计项目	数量
福建省"2011 协同创新中心"(个)	
福建省重点实验室(个)	5
福建省工程技术研究中心(个)	
福建省工程实验室(个)	
福建省工程研究中心(个)	1
其他部省级平台(请注明)(个)	1
国家自然科学基金委基础科学中心(个)	
国家自然科学基金委创新研究群体(个)	
高等学校学科创新引智基地("111 计划")(个)	
国家自然科学基金项目(个)	55
国家重点研发计划(项目牵头)(个)	
其他部省级重大专项(个)	
企业和社会各界委托项目(理工医科 100 万元以上)(个)	7
纵向科研经费(到位)(万元)	4919.54
横向科研经费(到位)(万元)	1556.88
国家自然科学奖(项)	
国家技术发明奖(项)	
国家科技进步奖(项)	
高校科学研究优秀成果奖(科学技术)(项)	
福建省科学技术奖(项)	
其他重要科技奖励(请注明)(项)	
发表文章总数(篇)	108
其中:*Science*、*Nature*、*Cell*(含子刊)(篇)	4
其他(请注明)(篇)	
国内授权专利情况(项)	13
国外授权专利情况(项)	
科技成果转化(项目数)(项)	1
科技成果转化(转让金额)(万元)	5
学生出国(境)交流(人次)	3
教师出国(境)交流(人次)	4
主办国际学术会议(次数)	
主办两岸学术会议(次数)	
境外合作高校或机构(所)	
签订境外合作协议(份)	
邀请国外学者数(人)	
邀请台港澳地区学者数(人)	
国(境)外学生来校数(人)	

一级学科硕士点,临床医学、生理学2个博士点,健康大数据与智能医学交叉学科,以及6个国家人事部博士后科研工作站。2012年,“拔尖创新医学人才培养模式改革试点”和“五年制临床医学人才培养模式改革试点”项目获批全国首批“卓越医生教育培养计划”试点立项。2019年,获批临床医学一级学科博士学位授权点和临床医学博士后科研流动站,临床医学专业通过教育部临床医学专业认证委员会认证。

截至2021年12月31日,全日制在校生2674人,其中本科生1393人(含MBBS留学生294人),硕士生924人,博士生322人。在籍中医专业海外函授生约50人。2021级新生共635人,其中本科生217人(含MBBS留学生18名),硕士生323人,博士生95人。2021届毕业生共484人,其中本科生211人(含MBBS留学生9名),硕士生242人,博士生31人。51名本科准毕业生获得“推免”资格。毕业生总体就业率87.8%,其中本科生就业率82.7%,硕士生就业率96.5%,博士生就业率95.7%。

学院着力提升学科的核心竞争力,优化学科平台和科研创新团队,科研能力和水平显著提高,取得日益丰硕的科研成果。2021年,共获得各类科研项目立项资助146个,合同经费9339万元。其中,国家自然科学基金立项55个,立项数位列全校第一,连续10年位列学校前列,资助经费(不含间接经费)4163万元,张云武教授、曹彬教授获批重点项目,许华曦教授获批重大研究计划项目,张云武教授和王鑫教授获批联合基金重点支持项目,邓文波、洪雪辉获批国家优青项目。此外,科技部重点研发计划方面,王海滨教授作为课题负责人获批资助经费890万元,王鑫教授作为课题负责人获批资助经费650万元。2021年,学院到账科研经费6531.42万元,其中纵向经费到账4919.54万元,横向经费到账1556.88万元。2021年,厦门大学医学院(含附属医院)发表SCI论文520余篇,包括*Nature Communications*、*Science Advances*、*Cancer Research*、*Clinical & Translational Immunology*、*Cell Death and Differentiation*、*National Science Review*、*Journal of The American Chemical Society*等国际知名杂志在内的影响因子10分以上论文13篇。临床医学ESI排名自2017年起保持在全球前0.5%。

学院坚持人才强院战略,引培并重,打造一支专业一流、特色突出的师资队伍。2021年新入职教职工11人,其中教师5人(副教授1人,助理教授4人),行政管理人员1人,科研助理2人,辅导员2人。截至2021年12月31日,学院有教职工268人,其中专任教师119人。专任教师队伍中,教授47人,副教授42人,助理教授30人,具有博士学位111人,具有海外一年(或10个月)以上留学经历75人。全年两批次共31名教师入选福建省高层次人才A、B、C项目,其中现有人才A类4人、引进人才A类1人;现有人才B类8人,引进人才B类1人;现有人才C类17人。9人入选厦门市高层次及骨干人才。此外,学院还聘有附属医院临床教师619人。医学院现有在站博士后28名(含联合招收17名),2021年共招收14名博士后进站(含联合招收8名),共有3名博士后申获国家自然科学基金青年科学基金项目,1名博士后申获博士后科学基金特别资助(站前),3名博士后申获博士后科学基金面上资助(二等)。

学院坚持国际化办学理念,积极推进与境内外知名大学开展实质性、深层次的紧密合作,拓展对外交流和国际化人才培养的渠道。学院已与美国、英国、瑞典、新加坡等国家,以及香港、台湾地区的知名高校和科研院所签署系列人才培养与科研合作交流协议。越来越多的医学院学生前往境外高水平大学和科研院所攻读博士学位或者交流访学。同时,越来越多的外国留学生走进厦门大学医学院的课堂。2021年共录取MBBS项目留学生18人。截至2021年12月31日,医学院MBBS共有在籍留学生311名,约占全校全日制学历留学生的1/4。中医系是中国开展海外中医教育的先行者,在海外有深远的影响。从1956年开始,累计已为东南亚、台港澳、欧美等国家和地区培养2.2万名中医人才。2021年,马来西亚分校中医学专业招收63名本科生,现共有学生351名,中医系选派15名教师给马来西亚分校线上授课。

附属医院的建设是办好高等医学教育的关键和保证。25年来,医学院敢为人先,先行先试,开拓附属医院建设的新路径,以厦门为中心,辐射福州、漳州,拥有附属中山医院、附属厦门眼科中心、附属东南医院、附属东方医院、附属第一医院、附属成功医院、附属福州第二医院、附属心血管病医院、附属妇女儿童医院、附属翔安医院10家附属医院。

(尹青萍　王　晨　李　晴　田慧敏　徐雅洁　毛雅婷　苏　颖)

【MBBS项目通过泰国、巴基斯坦的专业认证】 1月,学院MBBS进入巴基斯坦教育部的医学专业绿色名单;12月,MBBS招收第一个巴基斯坦学生。9月,学院MBBS通过泰国医药委员会专业认证,可从2022年起在泰国地区招生。(苏　颖)

【新增基础医学本科专业】 2月10日,根据教育部教高函〔2021〕1号《教育部关于公布2020年度普通高等学校本科专业备案和审批结果的通知》,学院获批5年制本科基础医学专业,并于当年度开始招生。这是学院适应“新医科”建设、响应国家“强基计划”、完善学科专业布局、加快培养基础医学高端人才的重要举措。该专业计划每年招生16名,首次招生16名,其中医学类9名,理科试验班7名。(李　丹)

【成立神经科学系、血液病学系、妇产科学系和儿科学系】 2月26日,厦门大学医学院神经科学系、血液病学系在厦门大学附属第一医院揭牌成立。9月10日,厦门大学医学院妇产科学系、儿科学系在厦门大学附属妇女儿童医院揭牌成立。(王　晨)

【举办义诊活动】 3月20日,医学院与各附属医院50余名专家在思明校区三家村广场举办“迎校庆,送健康”大型专家义诊,累计服务1000余名师生群众。(巫慧娟)

【成立医学院厦门校友会】 4月5日上午，厦门大学厦门校友会医学分会暨厦门大学医学院厦门校友会成立大会在思明校区科艺中心成功召开。中国科学院院士、厦门大学原副校长、医学院院长韩家淮教授等校院领导，曾在医学院工作和任教的领导、教师代表，厦门大学校友总会、厦门校友会和兄弟分会代表，以及在厦工作的校友代表约150人参加成立大会。1996级校友熊宇被推选为会长，2015级博士校友姜杰被聘为名誉会长。（易佩荣）

【钟南山应邀在建南大会堂举行南强学术讲座】 4月6日下午，中国工程院院士、"共和国勋章"获得者钟南山教授受聘厦门大学杰出访问教授，并应邀在建南大会堂举行南强学术讲座。钟南山以《新冠防控策略与疫苗研发》为题，深入浅出、全面系统地介绍新冠肺炎疫情发生后中国采取的防控措施，以及形成的经验，生动形象地讲授疫情传播方式和预防阻断手段，也深入普及当前疫苗的关键作用、研发进展以及当前面临的挑战，真切分享他宝贵的抗疫经验和感悟。（徐雅洁　陈彬彬　邓雅斌）

【林东昕院士做《肿瘤研究概论》南强学术讲座】 4月9日上午，厦门大学第1086期南强学术讲座在跃进楼一楼学术报告厅举行。中国医学科学院肿瘤医院林东昕院士应邀做题为《肿瘤研究概论》的学术讲座，将深奥的科学研究用通俗易懂的语言与画面生动呈现，为学校师生带来肿瘤研究与防治的新思路、新思考。（徐雅洁　陈彬彬　邓雅斌）

【召开第六届中国(国际)腹膜后肿瘤论坛】 4月9—11日，第六届中国(国际)腹膜后肿瘤论坛在厦门召开，本届论坛作为厦门大学百年校庆系列活动之一，由厦门大学医学院和附属翔安医院承办。会议以"疫情常态化下腹膜后肿瘤研究进展"为主题，设置综合诊疗论坛、疑难病例展示论坛、腹膜后肿瘤基础与临床研究论坛、黑色素瘤诊疗论坛、腹膜后肿瘤围手术期护理论坛等，为全球腹膜后肿瘤领域的专家学者们搭建一个良好的学术交流与合作平台。（徐雅洁　陈彬彬　邓雅斌）

【党史学习教育动员会召开】 4月16日，医学院召开党史学习教育动员会，深入学习贯彻习近平总书记在党史学习教育动员大会上的重要讲话精神，要求全体党员做到学史明理、学史增信、学史崇德、学史力行，学党史、悟思想、办实事、开新局，以昂扬姿态在新百年征程中努力建设世界知名高水平研究型医学院。（巫慧娟）

【党建引领育人成效显著】 发挥典型引路、抓点带面作用，创新载体，打造育人工作品牌。中山医院研究生第一支部、中低年级本科生支部作为福建省"十百千万"工程样板支部开展培育建设，于4月通过福建省首批党建工作样板支部中期考核。6月，白衣天使先锋党支部开展的"'天路行'医疗援藏项目"被学校推荐至省教育工委参评"福建省2021年文化科技卫生'三下乡'活动示范项目"。7月，2018级博士生陈琼昀、2017级本科生张奥获评校优秀共产党员。在"身边的好同学"翔安校区第八届优秀大学生评选活动、第三届"知心·用心·护心"心理知识竞赛、"青春有梦　无毒前行"禁毒知识竞赛、"学宪法　讲宪法"演讲比赛等主题教育活动中，学院也获得多项集体与个人奖励。（乐无恙）

【成立新冠病毒疫苗接种临时院地联合党支部】 5月27日，为助力厦门市打好打赢新冠疫苗大规模接种攻坚战，医学院党委与附属翔安医院、厦门市翔安区新店街道成立新冠病毒疫苗接种临时院地联合党支部，三方协同作战，形成合力，保证疫苗接种工作高效有序开展。（巫慧娟）

【举办国际学生心理健康系列讲座】 5月，海外疫情形势严峻，为解决国际学生心理问题，医学院MBBS管理中心邀请厦门大学合作心理咨询师开展心理健康线上系列讲座，累计参加百余人次。同时制作英文版"一对一心理预约咨询教程"，让国际学生身居海外也能随时获得专业的校园心理咨询。（苏　颖）

【举行"七一"表彰大会】 7月5日，医学院党委举行学习习近平总书记"七一"重要讲话精神动员暨"两优一先"表彰大会。李晴获评"全省高校优秀党务工作者"；在校级表彰中，张杰、乐无恙、陈琼昀、张奥获评"优秀共产党员"，巫慧娟获评"优秀党务工作者"，基础一教工党支部获评"先进基层党组织"；在院级表彰中，22人获评"优秀共产党员"，11人获评"优秀党务工作者"，6个支部获评"先进基层党组织"。截至12月31日，学院共621名党员、28个支部，其中教工党支部9个、学生党支部19个。（巫慧娟）

【三个实验室获学校"2021年度安全卫生先进实验室"称号】 7月，学院福建省慢性肝病肝癌重点实验室、系统骨骼生物学实验室、临床技能培训中心获学校"2021年度安全卫生先进实验室"称号。（沈　容）

【工青妇工作再上新台阶】 7月，文磊、尹青萍、石松林、李炜、李鸿珠、李善花、邱彦、何丽苹、沈曲、张洪峰、陈小芬11名同志当选厦门大学第八届教职工代表大会代表，王铮、叶本兰、陈小芬、李文君、李甲楠、吴嘉莉、黄冉、黄萍、赖鹏华9名同志当选厦门大学第三次妇女代表大会代表。11月，医学院妇女委员会荣获"2015—2021年度厦门大学基层妇女委员会先进集体"荣誉称号，医学院教职工在厦门大学第20届教工运动会上连续第五次摘得桂冠，在第15届啦啦操锦标赛(翔安校区)中蝉联冠军。（巫慧娟　谢彦贞）

【青年教师孟凡琦在全国性英文授课比赛中获奖】 7月，孟凡琦参加第三届来华留学生临床医学专业(英语授课)项目青年教师英语授课展示活动，获得三等奖。（苏　颖）

【三名教师入选教育部MBBS本科教育技术专家】 8月，李炜、巩燕、邓小玲三名教师参与来华留学生临床医学专业MBBS本科教育(英语授课)质量认证项目技术专家遴选并入选。（苏　颖）

【张云武教授获批国家自然科学基金重点项目和联合项目】 8月，张云武教授获批国家自然科学基金重点项目，资助经费290万元；12月，张云武

教授再获一个国家自然科学基金联合基金重点支持项目,资助经费260万元。（徐雅洁　陈彬彬　邓雅斌）

【曹彬教授获批国家自然科学基金重点项目】 8月,曹彬教授获得国家自然科学基金重点项目,资助经费291万元。（徐雅洁　陈彬彬　邓雅斌）

【邓文波副教授、洪雪辉副研究员获批国家优青项目】 8月,邓文波副教授和厦门大学附属中山医院洪雪辉副研究员分别获得国家自然科学基金优秀青年科学基金项目,资助经费均为200万元。

（徐雅洁　陈彬彬　邓雅斌）

【李奇渊教授与企业联合共建厦门大学医学院-攸基院企联合智慧健康研发中心】 8月,李奇渊教授联合厦门攸基数据科技有限公司共建院企联合智慧健康研发中心,合同经费500万元。

（徐雅洁　陈彬彬　邓雅斌）

【启动2020—2025年学位点周期性合格评估工作】 8月,2020—2025年学位授权点周期性合格评估工作正式启动,基础医学、中医学、临床医学(专业学位)3个学科参评。本次评估为诊断式自我评估,以人才培养为核心,对学位授权点建设水平与人才培养质量全面检查,保证学院学位与研究生教育质量。（田慧敏）

【党建引领凝聚抗疫合力】 9月,学院党委发动党员、积极分子、入党申请人等党团青年担任厦门市核酸检测采样志愿者,累计组织14场次核酸检测培训,培训1055人次;共派出师生志愿者6批共907人次支援核酸检测,其中党员284人次。中医系党支部积极发挥学科优势,熬制预防保健中药汤剂免费向学校师生员工发放。

（巫慧娟　乐无恙）

【庆祝建院25周年】 10月11日,学院在成义楼举行简单而庄重的庆祝建院25周年仪式。经过25年的发展,学院已建立完整的医学教育体系及相应临床和科研设施,成为学校建设的重要支撑点和增长点,走一条交叉融合、协同创新的综合性大学医学院的特色发展之路。（巫慧娟）

【干部任免】 10月19日,学校召开医学院干部任免大会,会上宣布,陈怀锋同志任中共厦门大学医学院委员会委员、书记,张建安同志不再担任中共厦门大学医学院委员会委员、书记职务。（巫慧娟）

【洪晓婷助理教授获评“我最喜爱的十位老师”】 11月,学院助理教授洪晓婷荣获“厦门大学2021年‘我最喜爱的十位老师’”称号。（谢婷玉）

【承办翔安校区生物安全宣传教育活动】 11月,学院承办翔安校区生物安全宣传教育活动,结合时下热点,创新活动形式,吸引校区多个学院师生参与,收到良好教育效果。

（沈　容）

【环境综合提升显实效】 11月,作为学院“为师生办实事”的项目之一,学院南广场入口改扩建竣工、无语良师雕塑落成、学院停车场整治完成,极大地提升学院的整体综合环境,献礼25周年院庆。（吴友昌　尹青萍）

【扎实推进“我为师生办实事”活动】 截至12月31日,医学院党委完成办实事14件,党支部组织党员办实事33件,出台办实事制度3个。各级媒体报道医学院为群众办实事情况中,中央主要新闻媒体1次,地方媒体5次,互联网播发、转载22次(点击数17万余),解决师生“急难愁盼”问题21个,累计受益44.6万余人次。

（巫慧娟）

【王海滨教授获批科技部国家重点研发计划课题】 12月,王海滨教授参与申获科技部国家重点研发计划“生育健康及妇女儿童健康保障”重点专项,作为课题负责人获得资助经费890万元。

（徐雅洁　陈彬彬　邓雅斌）

【王鑫教授获批科技部国家重点研发计划课题】 12月,王鑫教授参与申获科技部国家重点研发计划“干细胞研究与器官修复”重点专项,作为课题负责人获得资助经费650万元。

（徐雅洁　陈彬彬　邓雅斌）

【王鑫教授获批国家自然科学基金联合基金项目】 12月,王鑫教授获得国家自然科学基金联合基金重点支持项目,资助经费260万元。

（徐雅洁　陈彬彬　邓雅斌）

【许华曦教授获批国家自然科学基金重大研究计划重点支持项目】 12月,许华曦教授获得国家自然科学基金重大研究计划重点支持项目,资助经费250万元。

（徐雅洁　陈彬彬　邓雅斌）

【李文岗教授与企业联合共建厦门大学抗癌研究中心-厦门康博瑞生物科技有限公司合作抗体平台】 12月,李文岗教授联合厦门康博瑞生物科技有限公司共建抗体平台,合同经费1250万元。

（徐雅洁　陈彬彬　邓雅斌）

【王海滨教授团队获得全国妇幼健康科学技术奖自然科学奖一等奖】 王海滨教授团队“胚胎植入的分子调控路径”获得全国妇幼健康科学技术奖自然科学奖一等奖。

（徐雅洁　陈彬彬　邓雅斌）

【市重点实验室通过评估】 2021年厦门市科技局组织全市重点实验室评估工作,学院4个市重点实验室均通过评估。其中,厦门市肿瘤侵袭转移转化医学重点实验室获评优秀,厦门市再生医学重点实验室以及厦门市中医湿病神经免疫重点实验室获评良好。

（徐雅洁　陈彬彬　邓雅斌）

【志愿服务获全国表彰】 12月,“夕拾朝华——老年慢性病精准化三级预防志愿服务项目”获得第十三届中国青年志愿者优秀项目奖,2019级硕士研究生陈漳鑫获得优秀个人奖。

（鲍小佳）

【学生在各类科创竞赛、学业竞赛中获奖】 立项大学生创新创业训练计划项目141个,是上一年度的142%。获科创竞赛奖国家级二等奖4项、三等奖10项,省部级一等奖2项、二等奖4项、三等奖4项。5月,第十届中国大学生医学技术技能大赛中,获五年制临床医学专业赛道华东赛区团队三等奖、中医专业赛道全国铜奖、华东赛区二等奖、护理赛道华东赛区团队二等奖;8月,获第七届福建省“互联网+”大学生创新创业大赛金奖1项;10月,获国际生理学知识竞赛第六届中国地区赛团队三等奖以及个人二等奖1项、三等奖8项;获第七届中国国际“互联网+”大学生创新创业大赛银奖1项;12月,获第七届全国大学生基础医学创新研究暨

实验设计论坛全国银奖 2 项以及中南赛区二等奖 2 项、三等奖 3 项、优秀奖 1 项。 （李 丹 许 洋 郑俊艺）

【暑期社会实践获评省级荣誉表彰】 在厦门大学学生“永远跟党走 奋进新时代”为主题的暑期社会实践活动中，辅导员许温洁获评 2021 年大中专学生志愿者暑期“三下乡”社会实践活动福建省先进工作者。8 支队伍、48 名学生、7 名教师获校级表彰。 （许温洁）

【中医学类专业（本科）水平测试通过率位居全国前列】 2021 年，医学院首次参加医学院校中医学类专业（本科）水平测试。在全国 42 所参加院校中，学院理论成绩通过率排名全国第 6、技能成绩通过率排名全国第 1。10 名考生（16.1%）理论成绩进入全国前 10%，其中 9 名考生（14.8%）理论成绩进入全国前 3%。 （余 丹）

【临床医学专业（本科）水平测试通过率居全国前列】 医学院以落实教育部临床医学专业认证整改意见为契机，全力推进国家临床医学专业（本科）水平测试工作，取得理论成绩通过率 96.58%、技能成绩通过率 100% 的佳绩。其中，理论成绩通过率位列全国 99 个参考高校第二名，48 名（37.2%）考生理论成绩进入全国前 10%，学生翟晓君以理论成绩 285 分获得全国第二名。 （陈伟岗）

【研究生教学成果】 研究生教学获批校级教改项目两个；校级专业学位研究生优秀案例 1 项；校级专业学位研究生示范基地两项，其中一项获推荐参评省级示范基地。 （李 娟）

【探索交叉型人才培养模式】 2021 年，“健康大数据与智能医学”交叉学科首次招收学术型硕士研究生 16 名和博士研究生 15 名。学院成立“健康大数据与智能医学”培养委员会，制定“健康大数据与智能医学”专业培养方案。新开设一门复合型基础课程“健康大数据与智能医学概论”，由医疗大数据、生物大数据、AI 关键大数据、社会科学大数据 4 个方向的 14 名导师共同授课。 （叶 青）

【临床医学 MBBS 留学生顺利通过生源国医师资格考试】 2021 年，学院共 41 名 MBBS 留学生通过生源国医师资格考试。 （苏 颖）

公共卫生学院

【概况】 公共卫生学院坚持现场学科与实验学科相结合、相促进的特色办学思路，现有预防医学系、实验医学系、实验教学中心、MPH 教育中心等教学管理单位，以及公共卫生与预防医学实验教学示范中心、虚拟仿真实验教学中心、研究生教育创新基地等省级教学平台。

学院拥有公共卫生与预防医学一级学科硕、博士学位授权点，公共卫生硕士（MPH）专业学位授权点，转化医学交叉学科硕士学位授权点，生物制品学目录外二级学科硕、博士授权点等。医学检验技术专业和预防医学专业双双入选国家级一流本科专业建设点。

学院坚持课题组的运行模式，并且依托课题组形成若干个学科发展方向和科技平台，现有分子疫苗学和分子诊断学国家重点实验室、国家传染病诊断试剂与疫苗工程技术研究中心、国家国际科技合作基地、疫苗与分子诊断教育部集成攻关大平台、医用生物制品省部共建协同创新中心、国家药监局传染性疾病检测技术研究与评价重点实验室、卫生技术评估福建省高校重点实验室、福建省分子影像诊疗工程技术研究中心等科技平台。

学院现有专任教师 44 人，其中教授 16 人、副教授 17 人，90% 以上教师具有博士学位。拥有中国医学科学院学部委员 1 人、国家高层次（含青年）人才 2 人、“长江学者奖励计划”入选者 2 人、“国家特支计划”入选者 3 人、国家杰出青年科学基金获得者 1 人、国家优秀青年科学基金获得者 1 人、科技部中青年科技创新领军人才 2 人、宝钢优秀教师 1 人、教育部新（跨）世纪优秀人才培养计划入选者 2 人等，科技部创新人才推进计划重点领域创新团队（疫苗与体外诊断创新团队）、教育部创新团队（传染病诊断与疫苗研究）各 1 个。现有讲座/兼职/客座教授 22 人，博士后 34 人。

2021 年，学院招收博士研究生 38 人，硕士研究生 151 人，本科生 87 人；毕业博士研究生 19 人，硕士研究生 50 人，本科生 83 人。荣获福建省优秀学术硕士学位论文 2 篇，福建省优秀专业硕士学位论文 1 篇。2021 届博士生就业率 100%，硕士生就业率 96%，本科生就业率 85.5%，本科生升学、出国（境）率 48.2%。12 名学生获得国家奖学金，20 名学生获国家励志奖学金，28 名学生获校级奖学金。

2021 年，学院到位科研经费 11867.36 万元，获批立项科研项目 70 个，其中国家自然科学基金 17 个。与世界卫生组织总部，美国、英国、新加坡、日本、香港、台湾等境外知名高校和科研院所以及默沙东、赛诺菲巴斯德、葛兰素史克等著名医药公司，在人才培养、科学研究等方面建立良好合作关系。 （林庆山）

【学校宣布任命学院新一届行政领导班子】 10 月，校党委副书记、纪委书记全海代表学校党委来院宣布干部任免，张军同志任中共厦门大学公共卫生学院委员会副书记、厦门大学公共卫生学院院长；林忠宁同志、葛胜祥同志任厦门大学公共卫生学院副院长；免去夏宁邵同志厦门大学公共卫生学院院长职务。 （郑晗盈）

【张军教授荣获全省优秀共产党员】 6 月，根据福建省委《关于表彰全省优秀共产党员、全省优秀党务工作者和全省先进基层党组织的决定》，学院张军教授获评“全省优秀共产党员”荣誉称号。 （郑晗盈）

【分别获“厦门大学优秀共产党员、优秀党务工作者、先进基层党组织”称号】 6 月，根据中共厦门大学委员会《关于表彰厦门大学优秀共产党员、优秀党务工作者和先进基层党组织的决定》，学院红丝带先锋党支部荣获“厦门大学先进基层党组织”称号，陈毅韵副教授、硕士生黄绍磊荣获“厦门大学优秀共产党员”称号，刘晓峰荣获“厦门大学优秀党务工作者”称号。 （郑晗盈）

2021 年度公共卫生学院基本情况

统计项目	数量
本科生数(人)	409
硕士研究生数(人)	358
其中:专业学位硕士研究生数(人)	225
博士研究生数(人)	117
其中:专业学位博士研究生数(人)	
其中:学历留学生数(人)	
本科毕业生毕业去向落实率(%)	85.5
硕士毕业生毕业去向落实率(%)	96
博士毕业生毕业去向落实率(%)	100
本科毕业生升学、出国(境)率(%)	48.2
专任教师数(人)	44
博士后数(人)	34
教授数/正高级数(人)	16
副教授数/副高级数(人)	17
具有博士学位专任教师数(人)	43
具有海外学习交流一年(或 10 个月)以上经历教师数(人)	18
45 岁以下(含)专任教师数(人)	28
全职两院院士(人)	
发展中国家科学院院士(人)	
教育部"长江学者奖励计划"特聘教授(人)	
教育部"长江学者奖励计划"特岗学者(人)	1
教育部"长江学者奖励计划"青年学者(人)	1
国家杰出青年科学基金获得者(人)	1
"国家特支计划"领军人才(人)	2
"国家特支计划"青年拔尖人才(人)	1
国家百千万人才工程入选者(人)	
国家级教学名师(人)	
国家优秀青年科学基金获得者(人)	1
教育部新(跨)世纪优秀人才(人)	2
福建省"闽江学者"特聘教授(人)	1
福建省特级后备人才(人)	
国家教学成果奖(项)	
国家级一流本科专业(含建设点)(个)	2
中国"互联网+"大学生创新创业大赛获奖数(项)	
国家重点实验室(个)	1
国家(地方联合)工程研究中心(个)	1
国家"2011 协同创新中心"(个)	
教育部重点实验室(个)	

统计项目	数量
教育部工程研究中心(个)	
福建省"2011 协同创新中心"(个)	1
福建省重点实验室(个)	
福建省工程技术研究中心(个)	1
福建省工程实验室(个)	
福建省工程研究中心(个)	
其他部省级平台(国家药监局传染性疾病检测技术研究与评价重点实验室、医用生物制品省部共建协同创新中心、福建省转基因与基因剔除小鼠培育与研究公用技术服务平台、卫生技术评估福建省高校重点实验室)(个)	4
国家自然科学基金委基础科学中心(个)	
国家自然科学基金委创新研究群体(个)	
高等学校学科创新引智基地("111 计划")(个)	
国家自然科学基金项目(个)	17
国家重点研发计划(项目牵头)(个)	
其他部省级重大专项(个)	
企业和社会各界委托项目(理工医科 100 万元以上)(个)	10
纵向科研经费(到位)(万元)	6319.73
横向科研经费(到位)(万元)	5547.63
国家自然科学奖(项)	
国家技术发明奖(项)	
国家科技进步奖(项)	
高校科学研究优秀成果奖(科学技术)(项)	
福建省科学技术奖(项)	
其他重要科技奖励(请注明)(项)	
发表文章总数(篇)	99
其中:*Science*、*Nature*、*Cell*(含子刊)(篇)	6
其他(请注明)(篇)	
国内授权专利情况(项)	43
国外授权专利情况(项)	27
科技成果转化(项目数)(项)	2
科技成果转化(转让金额)(万元)	2288.03
学生出国(境)交流(人次)	2
教师出国(境)交流(人次)	
主办国际学术会议(次数)	
主办两岸学术会议(次数)	
境外合作高校或机构(所)	4
签订境外合作协议(份)	4
邀请国外学者数(人)	1
邀请台港澳地区学者数(人)	
国(境)外学生来校数(人)	

【预防医学专业成功入选国家级一流本科专业建设点】 2月，教育部办公厅公布2020年度国家级和省级一流本科专业建设点名单，学院预防医学专业榜上有名，成功入选国家级一流本科专业建设点。至此，学院现有的两个本科专业——医学检验技术、预防医学双双入选国家级一流本科专业建设点。（安　然）

【成功举行福建省生物制品科学与技术创新实验室奠基仪式】 12月25日，福建省生物制品科学与技术创新实验室（简称“翔安创新实验室”）奠基仪式在厦门举行，校长张荣出席并致辞。该创新实验室是福建省第二批建设的两家省创新实验室之一，由福建省人民政府、厦门市人民政府和厦门大学三方共建共管。（邓先宇）

【获教育部产学合作协同育人项目立项两个】 根据教育部高等教育司公布的2021年第一、二批产学合作协同育人项目立项名单，学院“分子影像学虚拟仿真实验课程体系改革项目”获2021年第一批产学合作协同育人项目立项。“‘理论流行病学’课程实战平台的构建”获2021年第二批产学合作协同育人项目立项。

（安　然）

【获省级一流本科课程立项1门】 12月，学院江宜珍副教授任课程负责人的“未成年人欺凌防治及心理重建虚拟仿真项目”获福建省省级虚拟仿真实验教学课程立项。（安　然）

【总主编或主编出版四部教材】 学院教师担任总主编的教材《区域临床检验与病理：软组织与骨疾病》《区域临床检验与病理：内分泌与代谢系统疾病》《区域临床检验与病理：造血与血液系统疾病》由人民卫生出版社出版，担任主编的《公共卫生史》由厦门大学出版社出版，并入选学校百年校庆“南强丛书”。（安　然）

【学院临床教师在第二届“人卫杯”全国高等院校医学检验技术专业校际协作理事会青年教师讲课大赛上获多项荣誉】 7月，学院组织临床教师参加由全国高等院校医学检验技术专业校际协作理事会和人民卫生出版社共同主办的第二届“人卫杯”全国高等院校医学检验技术专业校际协作理事会青年教师讲课大赛，马晓波（厦门大学附属第一医院）获一等奖，叶辉铭（厦门大学附属妇女儿童医院）获二等奖，张晶（厦门大学附属妇女儿童医院）、马芳芳（厦门大学附属心血管病医院）获三等奖，高菲（厦门大学附属成功医院）、屈琳琳（厦门大学附属翔安医院）获优胜奖。

（安　然）

【荣获第六届全国高等学校教师自制实验教学仪器设备创新大赛获自由设计类二等奖】 5月，在由中国高等教育学会主办的第六届全国高等学校教师自制实验教学仪器设备创新大赛上，学院教师赵庆亮及其团队的参赛作品《光学相干显微镜》经过初审、现场演示、答辩和专家评审后，获得大赛自由设计类二等奖。（安　然）

【博士后陈荣河入选2021年度“博士后创新人才支持计划”】 5月，全国博士后管委会办公室和中国博士后科学基金会公布2021年度“博士后创新人才支持计划”拟资助人员名单，学院陈荣河博士位列其中。学院连续两年有博士后入选该计划。

（章韵洁）

【学院团委副书记沈鑫获福建省首届“最美高校辅导员提名人物”称号】 10月，中共福建省委宣传部、中共福建省委教育工委公布首届福建省“最美高校辅导员”和“最美高校辅导员提名人物”名单，沈鑫荣获“最美高校辅导员提名人物”称号。

（章韵洁）

【张军教授入选“厦门大学最喜爱的十位老师”】 11月，经学院推荐及各院学生代表投票评选，学院张军教授荣膺厦门大学2021年“我最喜爱的十位老师”，成为学院第三位获得该荣誉的老师。（章韵洁）

【学生工作获得多项荣誉】 1月，学院辅导员赵煜荣获“厦门大学优秀辅导员”称号。4月，2017级博士生张阳、2018级硕士生芮佳分别荣获厦门大学“三大奖”——本栋奖学金、亚南奖学金。5月，学院团委荣获2020年度福建省“五四红旗团委”称号，2019级硕士生王瑶荣获“十佳共青团员”称号。7月，学院2020级硕士生刘博闻、颜阳和2019级本科生陈智超荣获第十届“锐智杯”福建省大学生智能设计大赛一等奖。8月，学院2020级硕士生庞世尧、刘婷、胡静，2019级博士生孙祥和2019级硕士生李梓乔荣获“光谷杯”第三届中国研究生机器人创新设计大赛一等奖。12月，学院2017级本科生张诗荣获“中国大学生自强之星”称号。（沈　鑫）

药学院

【概况】 药学院拥有药学本科专业、药学一级学科硕士点（涵盖药学二级学科药理学、药物化学、药剂学、药物分析学）、药学硕士专业学位授权点，并招收化学生物学专业的硕士和博士研究生，2020年起招收药学第二学士学位学生。药学学科位列泰晤士2021年高等教育中国学科评级A等级。药学专业在2021年获批福建省一流本科专业建设点。

学院建有教育部“核受体肿瘤分子靶点与药物开发”创新团队，海洋活性物质功能、质量和安全性评价技术平台（国家海洋局-厦门市），南方海洋创新药物研发平台（国家海洋局），国家重大新药创制科技重大专项示范性药物临床评价技术平台“抗肿瘤新药临床评价技术示范性平台”，福建省药物新靶点研究重点实验室，福建省靶点新药行业技术开发基地，福建省核受体药物工程研究中心，福建省药学人才培养创新实验区，福建省药学实验教学示范中心，福建省药学虚拟仿真实验教学中心，厦门市代谢性疾病重点实验室，厦门市肿瘤细胞与分子诊疗重点实验室，厦门市靶点新药工程技术研究中心，厦门市林下中药资源工程技术研究中心，厦门市药用植物开发中试公共服务重大平台，厦门生物医药协同创新中心（技术支撑单位），厦门化学创新药研发重大平台（技术支撑单位），参与建设两岸关系和平发展协同创新中心（国家级）、细胞信号网络协同创新中心（国家级）、细胞应激生物学国家重点实验室。

学院共有在职教职工70人，其中

专任教师44人，包括教授15人、副教授17人、助理教授12人；教师以外其他专业技术人员16人，包括教授级高级工程师1人、高级工程师/高级实验师2人、工程师/实验师12人、助理工程师1人；行政管理人员10人。在院博士后工作人员14人（新增6人）。新聘厦门大学讲座教授1人。此外确认博士研究生指导教师21人（新增2人），学术硕士研究生指导教师48人（新增3人）、专业硕士研究生指导教师48人（新增15人）。新引进南强青年拔尖人才支持计划B类2人。新获评国家自然科学基金杰出青年科学基金项目获得者1人，福建省引进高层次人才（境外B类）1人，福建省引进高层次人才（境外C类）1人，“闽江学者”特聘教授1人，厦门市高层次留学人员2人。

学院现有在校本科生312人，硕士研究生191人，博士研究生64人。新招收本科生86人，第二学士学位生10人，硕士研究生70人（其中专硕35人），博士研究生18人。2021届本科生毕业生76人（含2021届应届毕业生71人，2020届5人），3名学生因学业问题延期毕业，1名学生因参军入伍延期毕业。2021届硕士毕业生45人，博士毕业生12人，获硕士学位45人，获博士学位19人。2021届毕业本科生、硕士研究生和博士研究生一次就业率分别为93.4%、95.7%和100%。本科生升学、出国（境）率54%。

学院实施药学拔尖学生培养计划，从2021级本科新生中选拔15名学生进入拔尖班培养。预立项校级一流本科课程5门（“药剂学实验”“药学综合科研训练”“药物合成反应”“药物分析”“药用植物学”）。研究生优秀示范建设课程“药学研究”完成验收和示范展示。研究生课程思政示范建设课程“实验安全”完成结题验收。立项福建省教学改革研究项目1个（“基于Uclass智慧教学平台，校际精准扶教模式构建与实践——厦门大学药学院与内蒙古民族大学医学院为例”）。立项校级教学改革研究项目1个（“‘药剂学实验’创新型混合式教学模式的建立与实践”），教育教学改革项目“多学科交融下的药学研究生教育”验收优秀。副主编教材1部（《药物分析学》，吴彩胜，高等教育出版社）。新增校级校外实习基地1个（萱和谷本草科技有限公司）、院级校外实习基地1个（永春五道醋业有限公司），续签校级校外实习基地1个（厦门植物园）。新获批校级专业学位研究生示范性实践基地2个（“抗肿瘤新药临床评价技术服务实践基地”“药用植物与天然药物校外实践基地”）。

学院获评福建省优秀学术硕士学位论文1篇（朱春艳）。在第七届“互联网+”大学生创新创业大赛中获国家级银奖2项（薯来宝：低升糖食品引领乡村振兴和细谷：全球首创免疫性皮肤病精准干细胞疗法），省级金奖2项（细谷：全球首创免疫性皮肤病精准干细胞疗法和薯来宝：低升糖食品引领乡村振兴）、银奖1项（手性猎手：中国首创药物手性杂质鉴定磷试剂盒）、优秀奖1项（红瘦——“源”创健康减肥药物）、十佳人气奖3项，省级优秀创新创业导师2人（曾子晏、吴彩胜）。在第四届创响福建中小企业创新创业大赛暨第六届“创客中国”中小企业创新创业大赛福建省区赛中获泉州赛区一等奖、福建省优秀奖（红瘦——全球健康减肥靶向药物“源”创者）。在第十五届“挑战杯”福建省大学生课外学术科技作品竞赛中获红色专项活动一等奖1项（习近平新时代生态文明思想足迹调研——走进厦门同安军营村）。

学院教师以第一作者或通讯作者发表论文共计65篇，其中JCR二区以上的论文占总量的72%；发表*Nature*子刊论文4篇、*Science*子刊论文1篇，*Materials Today*综述论文1篇。申请国家发明专利20项，获国家发明专利授权13项。到账科研经费2678.41万。获资助科研项目44个，其中国家级项目10个，省市项目11个，横向课题23个，获资助总项目经费超过2000万元。获国家自然科学杰出青年基金1个，海外优秀青年基金1个，中医药防治病毒性肺炎基础研究专项项目1个。承担学校唯一一个福建省科技计划对口帮扶科技合作项目。

学院主办“纳米药物前沿研讨会”、庆祝厦大百年校庆之“庄瑾讲坛”学术活动。受邀支持协办第八届海峡两岸医药品论坛，教师应邀做大会主题演讲。　（洪　昀）

【深入开展党史学习教育】　学院创新形式开展学习，联合举办“厦门大学翔安校区‘中国共产党人的精神谱系’植物贴画设计大赛”，组织学生创作植物贴画作品40余幅，致敬“中国共产党人的精神谱系”，作品于7月在翔安校区德旺图书馆三楼展厅集中展出。纪念“一二·九”运动86周年，承办翔安校区“清澈的爱，只为中国”主题演讲比赛。活动在学习强国平台、高校思政网、东南网等媒体广泛报道。结合“与党员谈心，为群众办事”活动深入调研，找准为师生办实事的方向，扎实开展“我为师生办实事”实践活动。　（冯　民）

【校党委任命黄旻敏为药学院党委副书记】　10月5日，学院召开干部任命宣布大会，校党委副书记徐进功代表校党委宣布任命决定：黄旻敏任中共厦门大学药学院委员会委员、副书记。　（洪　昀）

【召开第二届教职工代表大会第四次会议】　7月26日，学院召开第二届教职工代表大会第四次会议。会议选举产生厦门大学第八届教职工代表大会药学院代表候选人，听取并审议《药学院2020年度财务工作报告》，并就师德师风建设、安全管理等工作做部署。　（洪　昀）

【药学专业获批福建省一流本科专业建设点】　2021年，药学专业获批福建省一流本科专业建设点，将在此基础上力争建设国家级一流本科专业。　（洪　昀）

【药学学科位列泰晤士2021年高等教育中国学科评级A等级】　5月11日，泰晤士高等教育发布2021年度中国学科评级结果，厦门大学药学学科获评A等级。　（洪　昀）

【实施药学拔尖学生培养计划】　2021年，学院开始实施药学拔尖学生培养计划，从2021级本科新生中选拔15名学生进入拔尖班培养，打通理科领域，实行全过程模块式课程体系。　（洪　昀）

2021 年度药学院基本情况

统计项目	数量
本科生数(人)	312
硕士研究生数(人)	191
其中:专业学位硕士研究生数(人)	90
博士研究生数(人)	64
其中:专业学位博士研究生数(人)	
其中:学历留学生数(人)	1
本科毕业生毕业去向落实率(%)	93.4
硕士毕业生毕业去向落实率(%)	95.7
博士毕业生毕业去向落实率(%)	100
本科毕业生升学、出国(境)率(%)	54
专任教师数(人)	44
博士后数(人)	14
教授数/正高级数(人)	15
副教授数/副高级数(人)	17
具有博士学位专任教师数(人)	44
具有海外学习交流一年(或 10 个月)以上经历教师数(人)	30
45 岁以下(含)专任教师数(人)	32
全职两院院士(人)	
发展中国家科学院院士(人)	
教育部“长江学者奖励计划”特聘教授(人)	
教育部“长江学者奖励计划”特岗学者(人)	
教育部“长江学者奖励计划”青年学者(人)	
国家杰出青年科学基金获得者(人)	1
“国家特支计划”领军人才(人)	
“国家特支计划”青年拔尖人才(人)	
国家百千万人才工程入选者(人)	
国家级教学名师(人)	
国家优秀青年科学基金获得者(人)	1
教育部新(跨)世纪优秀人才(人)	1
福建省“闽江学者”特聘教授(人)	4
福建省特级后备人才(人)	
国家教学成果奖(项)	
国家级一流本科专业(含建设点)(个)	
中国“互联网+”大学生创新创业大赛获奖数(项)	2
国家(地方联合)工程研究中心(个)	
国家“2011 协同创新中心”(个)	
教育部重点实验室(个)	
教育部工程研究中心(个)	

统计项目	数量
福建省“2011 协同创新中心”(个)	
福建省重点实验室(个)	1
福建省工程技术研究中心(个)	
福建省工程实验室(个)	
福建省工程研究中心(个)	1
其他部省级平台(福建省靶点新药行业技术开发基地)(个)	1
国家自然科学基金委基础科学中心(个)	
国家自然科学基金委创新研究群体(个)	
高等学校学科创新引智基地(“111 计划”)(个)	
国家自然科学基金项目(个)	8
国家重点研发计划(项目牵头)(个)	
其他部省级重大专项(个)	
企业和社会各界委托项目(理工医科 100 万元以上)(个)	5
纵向科研经费(到位)(万元)	2032.33
横向科研经费(到位)(万元)	646.08
国家自然科学奖(项)	
国家技术发明奖(项)	
国家科技进步奖(项)	
高校科学研究优秀成果奖(科学技术)(项)	
福建省科学技术奖(项)	
其他重要科技奖励(请注明)(项)	
发表文章总数(篇)	65
其中:*Science*、*Nature*、*Cell*(含子刊)(篇)	6
其他(请注明)(篇)	60
国内授权专利情况(项)	13
国外授权专利情况(项)	
科技成果转化(项目数)(项)	2
科技成果转化(转让金额)(万元)	16
学生出国(境)交流(人次)	2
教师出国(境)交流(人次)	3
主办国际学术会议(次数)	
主办两岸学术会议(次数)	
境外合作高校或机构(所)	3
签订境外合作协议(份)	4
邀请国外学者数(人)	
邀请台港澳地区学者数(人)	1
国(境)外学生来校数(人)	

【启动“药学先锋成长计划”骨干培训班】 学院以“学党史、强信念、当先锋”为主题，启动“药学先锋成长计划”骨干培训班，开展理论教学、技能培训、交流研讨、志愿服务、创新创业、宣传引导等系列活动。（冯 民）

【立项福建省教学改革研究项目一个】 “基于Uclass智慧教学平台，校际精准扶教模式构建与实践——厦门大学药学院与内蒙古民族大学医学院为例”获福建省教学改革研究项目立项，项目负责人李福男。

（洪 昀）

【获第七届中国国际“互联网+”大学生创新创业大赛银奖2项】 10月12—15日，在第七届中国国际“互联网+”大学生创新创业大赛总决赛中，学院2个参赛项目获国家级银奖。其中“细谷：全球首创免疫性皮肤病精准干细胞疗法”在高教主赛道师生共创组参赛，“薯来宝：低升糖食品引领乡村振兴”在青年红色筑梦之旅赛道创意组参赛。（洪 昀）

【获国家自然科学杰出青年基金一个】 刘文教授获国家自然科学杰出青年基金项目资助，研究领域为基因表达的表观遗传调控，这是学院成立后新获此项目资助的首名教师。

（洪 昀）

【张凌娟课题组发文 *Science* 子刊】 1月20日，张凌娟教授课题组在 *Science Translational Medicine* 发表学术论文，研究发现肥胖后过度堆积的成熟脂肪细胞降低了脂肪干细胞及抗菌肽的表达，很可能是致使皮肤免疫力低下的罪魁祸首。论文题为“Diet-induced Obesity Promotes Infection by Impairment of the innate Antimicrobial Defense Function of Dermal Adipocyte Progenitors”。该成果以《皮肤免疫低下？元凶竟是“长膘”堆积的成熟脂肪》为题受到《科技日报》报道。（洪 昀）

【霍帅东课题组发文 *Nature* 子刊】 1月29日，霍帅东教授课题组在 *Nature Chemistry* 发表研究论文，在利用机械力精准调控药物活性领域取得新突破。论文题为“Mechanochemical Bond Scission for The Activation of Drugs”。（洪 昀）

【刘文课题组发文 *Nature* 子刊】 3月29日，刘文教授课题组在 *Nature Communications* 发表研究论文，揭示了精氨酸甲基转移酶家族蛋白介导的精氨酸甲基化修饰网络及其协同调控基因剪接和促癌机制。论文题为“Profiling PRMT Methylome Reveals Roles of hnRNPA1 Arginine Methylation in RNA Splicing and Cell Growth”。（洪 昀）

【周虎课题组发文 *Nature* 子刊】 5月14日，周虎教授课题组在 *Nature Communications* 发表研究论文，揭示Nur77和TGFβ信号之间存在的双重交互作用能够调节结肠癌的发生发展。论文题为“Interplay between transforming growth factor-β and Nur77 in dual regulations of inhibitor of differentiation 1 for colonic tumorigenesis”。

（洪 昀）

【刘文课题组发文 *Nature* 子刊】 8月16日，刘文教授课题组在 *Nature Communications* 发表研究论文，揭示基于蛋白质组学的食管癌分子分型和靶向干预研究成果。论文题为“Large-scale and high-resolution mass spectrometry-based proteomics profiling defines molecular subtypes of esophageal cancer for therapeutic targeting”。

（洪 昀）

【张晓坤课题组发文 *Nature* 子刊】 10月13日，张晓坤教授课题组在 *Nature Communications* 发表研究论文，首次揭示了孤儿核受体Nur77的相分离机制及其在衰老过程和疾病发生发展中的生理功能。论文题为“Phase separation of Nur77 mediates celastrol induced mitophagy by promoting the liquidity of p62/SQSTM1 condensates”。（洪 昀）

【霍帅东课题组发文 *Materials Today* 内封面】 10月，霍帅东教授课题组受邀在材料领域顶级期刊 *Materials Today* 发表基于DNA的动态生物材料研究进展的综述，并被选为内封面(Inner cover)。论文题为“Dynamic DNA-based Biomaterials Interacting with External, Macroscopic, and Molecular Stimuli”。（洪 昀）

两岸关系和平发展协同创新中心

【概况】 2021年，两岸关系和平发展协同创新中心并入“双一流”建设项目，在两岸关系和平发展学科群建设中继续推进。中心新增科研项目72个，包括国家社科重大项目2个，国家社科基金项目5个，其他各级委托项目65个，新增科研经费634.43万元。中心研究人员发表学术论文130余篇，出版著作10余部。中心师生共获得各类奖项27项，其中包括全国台湾研究会优秀成果特别奖1项、三等奖3项，福建省社会科学优秀成果奖2项。

2021年，中心充分发挥国家级“2011协同创新计划”平台优势，通过重大科研项目带动、重大理论问题研究、重要涉台决策参与、重点涉台活动开展等，提升整体科研创新能力、决策参与能力和涉台人才社会实践指导能力。向有关部门常态化报送内参76期，获得高度肯定。

中心结合“双一流”建设需要，按照“国家急需、世界一流、制度先进、贡献重大”的目标，以协同创新任务为牵引，构建人才队伍。截至2021年底，中心研究人员127人，其中“长江学者”3人，厦门大学南强重点岗位教授2人，福建省高层次人才A类4人、C类1人。

2021年，中心全年共开设研究生课程47门，本科生课程75门；在读博士生110人，在读硕士生72人，毕业博士生16人，毕业硕士生25人，毕业本科生135人。通过夏令营活动录取推免硕士生16人，直博生3人。1名博士生获得国家留学基金委联合培养博士研究生项目资助赴德国访学交流。（林悦贤）

【台湾研究学科建设专题研讨会举办】 4月7日，由厦门大学与两岸关系和平发展协同创新中心主办、厦门大学台湾研究院承办的台湾研究学科建设专题研讨会在厦门召开。大会特邀中心首席专家、厦门大学台湾研究院资深教授陈孔立，中国人民大学国际关系学院教授王英津，国台办海峡两岸关系研究中心特约研究员、两岸关系和平发展协同创新中心专家委员郑剑，华中师范大学台湾与东亚研究中心学术委员会主任周志怀，上海国际问题研究院副院长严安林，上海交通大学台湾研究中心主任林冈，复旦大学台湾研究中心主任信强，南京大学台湾研究所所长刘相平等专家学者参会。与会学者就如何提升台湾研究水平、如何建设台湾研究学科进行讨论。（林悦贤）

【中心举办陈孔立教授新著《两岸的文化认同》座谈会】 5 月 28 日，中心首席专家陈孔立教授新著《两岸的文化认同》座谈会在台湾研究院召开。本次座谈会由中心秘书长李鹏教授主持，全国台湾研究会会长汪毅夫，华中师范大学台湾与东亚研究中心学术委员会主任周志怀研究员，中国闽台缘博物馆研究员杨彦杰，厦门大学出版社副编审高健，以及台湾研究院部分师生代表出席座谈会。陈孔立就“我为什么要研究文化认同”做主题演讲。与会专家学者一致认为，《两岸的文化认同》一书立基于历史、政治与文化等多学科视角，精准把握两岸文化之间的关键点，分析两岸文化异同和文化认同的曲折道路和未来趋势，是陈孔立教授近年来学术研究的集大成之作。（林悦贤）

【主办第七届“两岸学子论坛”】 11 月 19—21 日，由中华全国台湾同胞联谊会指导，两岸关系和平发展协同创新中心、海峡交流文化中心主办，厦门大学研究生院、共青团厦门大学委员会、厦门大学台湾研究院承办的第七届“两岸学子论坛”在福建厦门举办。本次论坛聚焦“传承与希望”，下设政治分论坛、经济分论坛、历史分论坛、文学分论坛、教育学与社会学分论坛、法律分论坛以及微视频分论坛。会议采取线下会议与线上连线同步进行的方式，吸引来自北京大学、清华大学、台湾大学、台湾政治大学、台湾师范大学、香港中文大学、澳门科技大学等海峡两岸和港澳地区 60 余所知名高校的 290 余名青年学子和台湾研究学者与会。（林悦贤）

【新时代两岸关系发展论坛暨第七届文厦论坛举办】 6 月 18 日，新时代两岸关系发展论坛暨第七届文厦论坛学术研讨会在厦门大学台湾研究院和两岸分会场开幕。本次研讨会由两岸关系和平发展协同创新中心和厦门大学台湾研究院、中国文化大学社会科学院共同举办。受疫情影响，论坛采取海峡两岸线上连线形式进行。来自海峡两岸的专家学者结合自身研究领域就“疫情背景下两岸关系发展现状与发展趋势”“当前两岸关系的机遇与挑战”“两岸文教交流”“两岸经济关系发展新趋势”等议题展开讨论与交流。（林悦贤）

【主办“台湾文学研究的两岸拓展”学术研讨会】 12 月 3—5 日，由两岸关系和平发展协同创新中心主办，厦门大学台湾研究院承办的“台湾文学研究的两岸拓展”学术研讨会在厦门举办。此次研讨会是大陆学界首次举办的以在大陆工作的台籍专家学者为主体的台湾文学研讨会。来自中国社科院、清华大学、四川大学、厦门大学、福建省社科院、福建师范大学、集美大学、闽南师范大学等机构的专家学者参加会议。（林悦贤）

【台湾义勇队纪念馆发展规划座谈会举办】 5 月 7 日，台湾义勇队纪念馆发展规划座谈会在厦门召开。全国台湾研究会会长、厦门大学台湾研究院讲座教授汪毅夫，浙江省台联专职副会长兼秘书长陶骏，福建省档案馆前副馆长、福建省档案馆巡视员林真，金华市台办主任方雨辉，浙江省台联宣传部副部长孙大昌，台湾义勇队纪念馆馆长郑小琳等出席座谈会。两岸关系和平发展协同创新中心资深教授陈在正和陈孔立先生，两岸关系和平发展协同创新中心秘书长、台湾研究院院长李鹏教授以及邓孔昭教授、朱双一教授等参与座谈。

（林悦贤）

能源材料化学协同创新中心

【概况】 能源材料化学协同创新中心（Collaborative Innovation Center of Chemistry for Energy Materials，简称“中心”或 iChEM）是厦门大学牵头联合复旦大学、中国科学技术大学和中国科学院大连化学物理研究所等单位发起并在 2012 年 4 月成立。中心以“在能源领域满足国家重大战略需求”和“在化学基础学科领域冲击世界一流”为导向，在 2014 年 10 月获教育部和财政部联合认定，入选国家“2011 计划”。目前已聘任各类研究人员 172 名，包括 4 个核心单位成员 148 名（全职）和诺贝尔奖得主等在内的外围科学家 24 名（“iChEM 学者”制度）。2021 年，谢素原教授当选中国科学院院士、杨勇教授担任国际电池材料学会第一副主席，“纳米限域催化”成果和“有序介孔高分子和碳材料的创制和应用”荣获 2020 年度国家自然科学奖一等奖、“碳链与金属的螯合化学”荣获国家自然科学奖二等奖，李灿院士荣获“中法化学讲座奖”、孙世刚院士荣获首届全国教材建设先进个人等国际国内重要奖项。（吴智华）

【多项成果获国家自然科学奖】 10 月 19 日，国务院发布《关于 2020 年度国家科学技术奖励的决定》（国发〔2021〕22 号），中心赵东元院士、李伟教授等完成的“有序介孔高分子和碳材料的创制和应用”成果，获国家自然科学奖一等奖；包信和院士、潘秀莲研究员、傅强研究员、邓德会研究员的“纳米限域催化”成果，获国家自然科学奖一等奖。夏海平教授、张弘教授、朱军教授等完成的《碳链与金属的螯合化学》成果，获国家自然科学奖二等奖。（吴智华）

【康斯坦丁·诺沃肖洛夫院士做客百年校庆学术讲座】 11 月 26 日，iChEM 荣誉杰出教授、2010 年诺贝尔物理学奖得主康斯坦丁·诺沃肖洛夫院士做客厦门大学百年校庆系列学术讲座，通过线上形式为师生观众带来题为“Beyond van der Waals Heterostructures”的学术报告。厦门大学思明校区、翔安校区、漳州校区以及马来西亚分校等多个分会场的学界专家、在校师生近500人聆听本场诺奖报告。（吴智华）

【FELiChEM项目取得重大进展】 2021年由中心三校一所相关研究人员共同承担的国家重大科研仪器设备研制专项“基于可调谐红外激光的能源化学研究大型实验装置”(FELiChEM)项目经过8年的不懈努力，取得重大进展。装置的IRFEL光源与光检测、光解离、光激发实验站(共5条实验线站)研制的仪器通过第三方(项目组邀请的专家)测试，其性能达到或优于项目计划书考核指标。项目组已经分别向教育部和国家自然科学基金委员会提交项目验收申请材料。（连　伟）

固体表面物理化学国家重点实验室

【概况】 固体表面物理化学国家重点实验室1987年开始建设，1990年建成开放。在建室老一辈科学家“不懈追求、不断创新、相互尊重、奖掖后学、虚怀若谷”的优良传统引领下，实验室形成“敢为先、重细节、合为贵”的科研文化，在迄今为止的5次国家重点实验室评估(1994年、1999年、2004年、2009年免评、2014年)中均获评优秀，在迄今为止的2次总结表彰会(国家重点实验室建设10周年、20周年)上均被授予先进集体称号，荣膺“金牛奖”。

实验室现有固定人员103人(新增9人)，其中研究人员89人(新增9人)、技术与管理人员14人，包括6个国家自然科学基金委创新研究群体(新增1个)，6名中科院院士(新增1名)、22名国家杰出青年科学基金获得者(新增3名)、13名其他国家高层次人才计划获得者(新增1名)，31名“四青”人才获得者(新增2名)。

2021年，实验室科研取得新突破，《揭示界面水分子结构》刊发于*Nature*；《剖析面向未来人工智能、脑机接口的新兴交叉前沿学科：仿生纳流离子学》刊发于*Science*；科研成果“碳链与金属的螯合化学”获国家自然科学奖二等奖。

去年共承担各类科研项目231个(其中新立65个)，到位经费8430.5万元；共发表SCI收录论文726篇，其中本学科JCR一区论文441篇(占60.7%)、影响因子大于10的论文270篇(占37.2%)、*Nature Index*论文196篇(占27.0%)，国际合作论文204篇(占28.1%)；获中国发明专利授权110项，中国实用新型专利授权15项。

由实验室研究人员领衔编纂的英文专著*NMR and MRI of Electrochemical Energy Storage Materials and Devices*(《电化学储能材料与器件的核磁共振及磁共振成像技术》)一书由英国皇家化学会出版社正式出版(Royal Society of Chemistry，DOI：10.1039/9781839160097)，担任客座编辑的*Advanced Materials*厦门大学百年校庆专刊上线。实验室研究人员先后获“福建省最美科技工作者”、首届“全国教材建设先进个人”、“药明康德生命化学研究奖学者奖”等国内奖项或荣誉称号。此外，杨勇教授成为首位担任国际电池材料学会第一副主席的中国学者，毛秉伟教授和任斌教授入选国际电化学会会士，徐海超教授入选*Angew. Chem.*国际顾问委员会。

在新冠疫情人员流动受阻情况下，实验室结合现代信息技术手段开展线上线下结合的学术交流活动。先后主办或承办各类学术会议7场，分别为百年校庆系列能源化学高端论坛、无机化学前沿论坛、2021英国皇家化学会-厦门大学青年学者论坛、“电化学研究范式”暑期学校2021 4场线下活动，ICCF-23国际会议、国际电池材料协会2021年会、量子化学机器学习国际研讨会3场线上线下相结合活动。

科普活动开拓新模式，联合学院组建“科普之窗”创新工作平台，与科技馆、博物馆、医院等机构合作，拓展科普工作空间，利用互联网＋开展科普云课堂。本年度开展院士与青少年面对面活动，录制3个“科普中国”科普视频，参加国际频道CGTN科普对话节目等工作。（叶　婧　罗世翊）

【“物理化学国家级国际联合研究中心”评估获评优秀】 4月26日，科技部国际合作司发布国际科技合作基地评估结果，依托实验室建立的“物理化学国家级国际联合研究中心”在评估中获评优秀。中心自2007年获批建设以来2次评估(分别考察2008—2013年、2014—2019年间的运行成效)均获优秀。（叶　婧　罗世翊）

【承办第23届国际凝聚态核科学会议(ICCF-23)】 6月9—11日，实验室联合嘉庚创新实验承办第23届国际凝聚态核科学会议(ICCF-23)。ICCF是低能核反应(LENR，也称为凝聚态核科学或化学辅助核反应)领域最重要的系列性国际会议。因疫情持续影响，ICCF-23以线上会议方式进行，共有33个国家的433名代表参加本次会议，这是历届ICCF中参会人数最多的一次，其中国内与会代表193人，美国代表111人，其他分别为日本20人，印度16人，意大利14人，俄罗斯11人，加拿大和法国各9人，瑞士7人，英国6人，其余23个国家和地区分别有1～3人。会议共收录摘要86篇，安排46个口头报告和40篇墙报。（叶　婧　罗世翊）

细胞应激生物学国家重点实验室

【概况】 细胞应激生物学国家重点实验室(以下简称“国重室”)以细胞应激反应为主线，重点围绕细胞应对外界刺激、自身癌变以及代谢状况变化的应激反应生物学开展研究。国重室根据学科前沿发展和国家战略需求建设3个创新引智基地——细胞应激生物学学科创新引智基地(2012)、生物医学科学学科创新引智基地(2018年进入首批“111计划2.0”)、组织器官再生修复与大小调控学科创新引智基地(2021)；1个培育阶段的协同创新中心——细胞信号网络协同创新中心。

国重室现有中科院院士 2 人，国家高层次人才特殊支持计划入选者 2 人，国家百千万人才工程入选者 1 人，教育部“长江学者”特聘教授 3 人，国家杰出青年基金获得者 8 人、国家优秀青年科学基金获得者 11 人，中青年科技创新领军人才 1 名，基金委创新群体 1 个(2021—2025)以及科技部重点领域创新团队 1 个，参与基金委基础科学中心项目 2 个。

2021 年，国重室在研项目国家级科研项目 135 个，当年到位经费 6144.09 万元，省级科研项目 22 个，到位经费 409.5 万元，横向项目到位经费 2000 万元，其中 100 万元以上重大横向项目 19 个，到位经费 1371.4 万元。本年度设置自主课题重点项目 8 个，一般项目 40 个。依托上述基金项目发表 SCI 文章 190 篇，其中以第一单位或通讯作者单位发表 112 篇，其中国际权威期刊(A 类期刊)5 篇、B 类期刊 30 篇、C 类期刊 36 篇，包括 *Nature*(1 篇)，*Cell*(1 篇)，*Nature Cell Biology*(1 篇)，*Science Translational Medicine*(1 篇)，*Science Advances*(5 篇)，*Advanced Science*(3 篇)，*Nature Communications*(5 篇)，*Cell Reports*(4 篇)，*PNAS*(1 篇)等国际权威或重要期刊发表论文，同时在《细胞研究》(CN：31-1568/Q)(1 篇)、《国家科学评论：英文版》(CN：10-1088/N)(1 篇)、《蛋白质与细胞》(1 篇)等中国最具国际影响力学术期刊发表论文。获授权发明专利 6 项。获批医疗器械许可证 8 项。开发熔解阵列技术 1 项。获 2020 年度福建省技术发明奖二等奖 1 项。

2021 年度，国重室固定成员中 1 人入选院士，1 人入选国家杰青，1 人入选国家优青。1 人获第十七届中国青年女科学家奖。

本年度新设置开放课题 1 个，依托开放课题发表文章 8 篇，包括 *Cell Reports* 2 篇、*Oncogene* 1 篇、*Environmental Pollution* 1 篇。为增强学术交流，国重室按照不同层次设立 3 个类型的讲座，针对国际顶级科学家开设博伊特勒系列学术讲座、针对国内外顶级科学家开设南强生命科学系列学术讲座、针对领域内知名科学家开设跃进系列学术讲座。2021 年邀请专家做讲座 63 人，参与座谈室内人员超过 50 人次。开设科普公众号生物学实践，推送实验室研究相关科普文章 34 篇。　　(汪雪坤)

【王鑫教授课题组发文揭示阿尔茨海默病和唐氏综合征治疗新靶点】 1 月 1 日，王鑫教授团队在 *Science Advances* 上发表题为“Trisomy 21-induced Dysregulation of Microglial Homeostasis in Alzheimer's Brains is Mediated by USP25”的研究成果。该研究揭示了治疗阿尔茨海默病和唐氏综合征新的治疗靶点，并且在小鼠模型上利用 USP25 小分子抑制剂成功地改善了阿尔茨海默病小鼠的认知功能，缓解了神经退行性病变的病理进程。《科技日报》以《有望填补空白！抗癫痫“老药”立“新功”》为题对本项工作进行报道。　　(王　鑫)

【张凌娟教授课题组发文发现肥胖后脂肪细胞过度堆积导致皮肤抗菌免疫力低下】 1 月 20 日，张凌娟教授课题组在 *Science Translational Medicine* 上发表题为“Diet-induced Obesity Promotes Infection by Impairment of The Innate Antimicrobial Defense Function of Dermal Adipocyte Progenitors”的研究论文，为肥胖是如何导致皮肤抵御微生物能力受损提供一个新的机制，不但让我们了解到肥胖如何改变皮肤免疫系统，也为今后研究肥胖及肥胖导致的糖尿病和自身免疫性疾病等其他疾病的病理、药理研究，及药物研发提供新思路。《科技日报》以《皮肤免疫低下？元凶竟是“长膘”堆积的成熟脂肪》为题对本项工作进行报道。　　(张凌娟)

【林圣彩教授和林舒勇教授团队发文揭示交感神经系统介导适应性产热的新机制】 3 月，林圣彩教授和林舒勇教授研究团队在 *Nature Cell Biology* 杂志上发表题为“AIDA Directly Connects Sympathetic Innervation to Adaptive Thermogenesis by UCP1”的研究论文。该工作阐述了一种未曾发现的在急性寒冷刺激下的体温调节机制。《科技日报》以《唤醒身体里的“暖宝宝”有望抵御肥胖》为题对此项工作进行报道。　　(林舒勇)

【刘文教授团队发文揭示精氨酸甲基化修饰网络及有关促癌机制】 3 月，刘文教授团队在 *Nature Communications* 杂志上发表论文，揭示了精氨酸甲基转移酶家族蛋白介导的精氨酸甲基化修饰网络及其协同调控基因剪接和促癌机制。　　(刘　文)

【周大旺教授和陈兰芬教授团队发文揭示机械力感应受体 Piezo1 在宿主抗感染中的重要作用】 5 月 10 日，周大旺教授和陈兰芬教授研究团队在 *Nature Communications* 杂志上发表题为“TLR4 Signalling via Piezo1 Engages and Enhances the Macrophage Mediated Host Response during Bacterial Infection”的研究论文，发现 Piezo1 所介导的机械力传导信号对于 TLR4 调控的宿主抗病原体的天然免疫应答具有重要作用。　　(陈青花)

【袁晶教授课题组发文揭示疟原虫按蚊传播的关键分子】 7 月，袁晶教授课题组在 *Science Advances* 杂志上发表题为“A Malaria Parasite Phospholipid Flippase Safeguards Midgut Traversal of Ookinetes for Mosquito Transmission”的研究论文。该研究发现疟原虫磷脂翻转酶复合物 ATPase7/CDC50C 在疟原虫按蚊感染和传播过程中的功能和分子机制，揭示了疟原虫躲避按蚊宿主免疫识别和清除的潜在新机制。　　(崔慧婷)

【刘文贤教授和付国教授课题组发文揭示调控胸腺成熟 T 细胞迁出到外周的新机制】 10 月 8 日，刘文贤教授和付国教授课题组在 *Science Advances* 杂志上发表题为“Glycogen Synthase Kinase 3 Drives Thymocyte Egress by Suppressing β-catenin Activation of Akt”的研究论文，揭示了 GSK3/β-catenin 信号通路在调控胸腺成熟 T 细胞从胸腺迁出的重要功能和调控机制，为 T 细胞发育和迁移的信号调控提供新的分子机制解析。　　(洪雅贞)

【周大旺教授和陈兰芬教授团队发文揭示糖原累积与相分离驱动肝癌起始的重要机制】 10 月 21 日，周大旺和陈兰芬课题组合作在*Cell*杂志上发表题为"Glycogen Accumulation and Phase Separation Drives Liver Tumor Initiation"的研究论文，揭示了临床中糖原累积导致肝大与肝癌的致病机理，为多类肿瘤细胞在应激条件下出现糖原累积的现象提供肿瘤细胞潜在应激生存的耐药机制，为肿瘤治疗提供新思路。本项工作被新华社、《光明日报》、《中国青年报》等多家媒体报道。（陈青花）

【人才队伍建设进展】 9—11月，国家自然科学基金委员会陆续公布2021年度国家自然科学基金申请项目评审结果，刘文教授入选国家杰青，黄烯教授入选国家优青。11月8日，中国科学院发布《关于公布2021年中国科学院院士增选当选院士名单的公告》，国重室林圣彩教授当选中国科学院院士。（彭永莹）

【韩家淮课题组发文揭示NLRC4炎症小体过度激活可通过三种细胞死亡通路导致小鼠死亡】 10月22日，*Science Advances*杂志在线发表韩家淮课题组题为"NLRC4 Inflammasome-dependent Cell Death Occurs by A Complementary Series of Three Death Pathways and Determines Lethality in Mice"的研究成果，揭示了在NLRC4炎症小体过度激活的状态下可有顺序地分别激活3条死亡路线（即1，NLRC4-caspase-1-GSDMD焦亡通路；2，NLRC4-ASC-caspase-8凋亡通路；3，NLRC4-caspase-1-caspase-3凋亡通路）导致细胞死亡和小鼠死亡的分子机制。（林志忠）

【肖能明课题组发文揭示线粒体代谢促进效应CD8+T细胞分化的新机制】 12月3日，肖能明教授课题组在*Science Advances*杂志上发表题为"Mitochondrial C1qbp Promotes Differentiation of Effector CD8+T Cells via Metabolic-epigenetic Reprogramming"的研究论文，揭示了线粒体C1qbp在效应CD8+T细胞分化中的重要调控作用及其分子机制，为线粒体代谢和效应CD8+T细胞分化提供机制上的联系。（肖能明）

分子疫苗学和分子诊断学国家重点实验室

【概况】 分子疫苗学和分子诊断学国家重点实验室围绕基础和应用免疫学、先进技术、转化医学领域布局，瞄准国家重大需求和生物医药产业发展，坚持基础理论研究和应用基础研究并重，开展持续性创新研究和成果转化，为国家人口与健康领域的重大需求作出贡献，引领区域自主创新体系发展，推动台海两岸民生科技深度合作。实验室的主要研究方向包括免疫靶点及其作用机制、疫苗的结构基础与分子设计、生物标志物及其体外检测方法、分子影像探针设计与成像。

实验室现有固定人员61人，其中包括中国医学科学院学部委员1人，国家杰出青年科学基金获得者2人，国家高层次人才特殊支持计划3人，国家级百千万人才工程入选者2人，国家"四青"人才4人，教育部跨（新）世纪优秀人才培养计划4人，福建省特级后备人才1人，福建省"百千万人才"2人，福建省特支人才"双百计划"科技创新领军人才4人，福建省"闽江学者"特聘教授2人，福建省杰出青年科学基金获得者5人。实验室有1个科技部重点领域创新团队和1个教育部创新团队。目前，实验室主任为夏宁邵教授，学术委员会主任为曹雪涛院士。

实验室建设运行以来，承担国家自然科学基金重大、重点、杰青、国家重点研发计划项目、"973"计划课题、"863"计划课题、国家重大专项课题等国家级科技项目120余个，在*NEJM*、*Nature*子刊、*Science*子刊、*Cell*子刊、*Lancet*子刊、*PNAS*等国际权威学术刊物上发表论文750余篇。实验室实行"开放、流动、联合、竞争"的运行机制，依托在分子疫苗学和分子诊断学研究领域的优势，不断加强与国内外有关科研机构之间的交流合作。（姚友良）

【研究成果在国际高水平的杂志刊发】 本年度实验室在影响因子大于10的期刊上发表论文30篇，其中以第一署名单位或通讯作者单位在*Nature*子刊、*Science*子刊、*Cell*子刊和*Lancet*子刊发表论文8篇。（姚友良）

【国家自然科学基金继续维持高资助率】 本年度实验室申报国家自然科学基金项目总数50个，共有17个项目获资助，立项直接经费688万元，平均资助率34%。其中，面上项目8个、青年基金9个。（姚友良）

【获国务院应对新型冠状病毒肺炎疫情联防联控机制综合组的感谢信】 9月13日，国务院应对新型冠状病毒肺炎疫情联防联控机制综合组向厦门大学发来感谢信，表扬实验室积极投入疫情防控工作，为国务院联防联控机制综合组派出的新冠肺炎疫情处置和防控工作组顺利开展工作提供有力支撑。很好地展现了新时代卫生工作者对初心的坚守、对使命的担当、对家国的情怀。（姚友良）

【夏宁邵教授获第四届转化医学杰出贡献奖】 9月5日，第四届转化医学奖颁奖典礼在北京协和医院举行，夏宁邵教授荣获第四届转化医学杰出贡献奖。（姚友良）

【葛胜祥教授入选2020年福建省百千万人才工程】 7月，福建省人力资源和社会保障厅公布2020年百千万人才工程省级人选，葛胜祥教授成功入选。（姚友良）

【夏宁邵教授连续七年入选中国高被引学者榜单】 4月22日，爱思唯尔（Elsevier）正式发布2020年中国高被引学者（Most Cited Chinese Researchers）榜单。夏宁邵教授在生物学领域入选，这也是夏宁邵教授自该榜单正式发布以来连续7年入选。（姚友良）

【刘刚教授连续三年入选高被引科学家】 11月17日，科睿唯安（Clarivate Analytics）发布2020年"高被引科学家"名单，刘刚教授再次入榜（Cross-Field），为学校今年入围该名单的8名教授之一，这也是刘刚教授继2019年之后第三次入榜。（姚友良）

近海海洋环境科学国家重点实验室

【概况】 近海海洋环境科学国家重点实验室于2005年3月获科技部批准建设，2007年通过验收，2010年、2015年连续获评为优秀国家重点实验室。实验室现有固定研究人员97人，其中中国科学院院士2人、"长江学者"特聘教授3人、"闽江学者"特聘教授7人，国家杰出青年基金获得者10人，国家"高层次人才特殊支持计划"领军人才8人，国家优秀青年科学基金获得者10人。实验室还拥有2个国家自然科学基金创新研究群体、1个科技部重点领域创新团队和1个教育部创新团队。

实验室瞄准全球变化这一国际前沿，面向碳中和、海洋强国、生态文明等国家战略需求，立足基础研究和应用基础研究，以多学科交叉和技术创新为动力，主攻海洋生物地球化学与生态系统动力学。实验室下设6个研究方向：方向一为海洋地球化学过程与通量；方向二为海洋生态过程与机制；方向三为海洋环境变化过程与效应；方向四为海洋动力过程与海-陆-气相互作用；方向五为海洋生态系统整合研究与可持续发展；方向六为微型生物碳泵与海洋碳中和机理。

在科学研究方面，实验室成员2021年共发表SCI期刊收录论文376篇，出版专著2部；新争取到纵向科研项目36个，合同经费10481.35万元，包括国家重点研发计划项目1个、国家自然科学基金基础科学中心项目1个、国家杰出青年科学基金项目1个、国家优秀青年科学基金项目1个、重点项目1个、重点专项项目3个、共享航次计划项目1个、面上项目5个、青年科学基金项目2个。实验室牵头的"融通科学、管理和社会参与：助力海岸带可持续发展"计划获批联合国海洋科学促进可持续发展十年（简称"海洋十年"）项目。

在队伍建设方面，2021年1人被授予国家生态环境保护专业技术领军人才，1人被联合国秘书长任命为"联合国技术促进机制10人组"成员，1人获国家杰出青年科学基金项目资助，1人获国家自然科学基金优秀青年科学基金项目资助，1人入选2021年度"长江学者奖励计划"青年学者。

在平台建设方面，厦门大学"海丝二号"卫星成功发射；福建台湾海峡海洋生态系统野外科学观测研究站正式获批科技部国家野外科学观测研究站；"嘉庚"号科学考察船完成3个航次的科学考察任务，累计航次作业112天；大型仪器与技术服务中心完成试剂智能化管理体系建设。资助3个技术开放基金。

在合作交流方面，"表层海洋-低层大气研究计划"国际项目办公室在实验室落户并运行，戴民汉院士担任国际科学指导委员会联合主席；经联合国秘书长任命，吕永龙教授成为"联合国技术促进机制10人组"成员；推动地球科学与技术学部和香港大学理学院签署博士后、博士生联合培养协议；主办第五届厦门海洋环境开放科学大会并设立联合国"海洋十年"专题论坛、第八届生物-有机地球化学研讨会，承办第279期双清论坛"面向国家碳中和的重大基础科学问题与对策"、第32次福建省鼓岭科学会议"科技支撑碳达峰碳中和战略研究和路径选择"，协办金砖国家"海洋与极地科学"专题领域工作组第四届会议、2021海上丝绸之路国际产学研用合作会议之海洋科技与工程分论坛；19名学者获批实验室的"访问学者及开放课题基金"；举办南强学术讲座1场，"周一午餐交流会"23讲，凌峰论坛4讲。

在人才培养方面，6人入选"海洋环境创新型人才国际合作培养项目"，将赴美国特拉华大学及德国亥姆霍兹基尔海洋研究中心学习交流；4人入选"MEL杰出博士后基金"，9人获批"MEL优秀博士生奖学金"；30名优秀本科生入选"MEL本科生暑期科研奖学金项目"。实验室继续开展多样化人才培养计划，鼓励学生自主策划举办第六届"MEL研究生学术论坛"和第十四届水环境科学高校联盟研讨会。

（林孟妹　刘玫冉　施　薇　黄　迎　陈君子）

【启动国家重点实验室优化重组】 根据科技部、教育部相关要求，实验室于2021年3月启动优化重组工作，拓展主攻方向为"海洋生物地球化学与生态系统动力学"，进一步吸纳、融合厦门大学在海陆交互带生态系统、信息技术、材料、工程、政策理论等领域的优秀人才，完成校内交叉学科人才团队的优化整合。

（林孟妹　施　薇）

【获批海洋领域首个国家基金委基础科学研究中心】 12月，由焦念志院士牵头，戴民汉院士与张锐教授、同济大学翦知湣教授和中国科学院南海海洋研究所王晓雪研究员等骨干成员共同申报的海洋碳汇与生物地球化学过程研究中心获批国家自然科学基金委员会首个基础科学研究中心。中心以"应对气候变化、支撑碳中和需求"为出发点，瞄准海洋碳汇形成过程与调控机制基础科学国际前沿，以原创的"微型生物碳泵"理论为交叉核心，通过生物、化学、地质等学科的深度融合，深入系统地研究海洋碳汇的形成过程、调控机理与环境效应及其对气候变化的响应与反馈。中心将汇聚国内外智力，打造海洋科学人才高地，建设海洋碳汇研究国际平台，推动协同创新和学科发展。

（骆庭伟）

【牵头"海岸带计划"获批联合国"海洋十年"项目】 10月，由戴民汉院士牵头，携手国内外多家科研单位、龙头企业、非营利性基金会、国际组织共同策划的"融通科学、管理和社会参与：助力海岸带可持续发展研究计划（简称'海岸带计划'）"，经政府间海洋学委员会签署，正式获批联合国"海洋十年"项目。该计划聚焦东亚海域，选择长江口、珠江口、闽江口、厦门海域、泰国湾、柔佛海峡6个经济社会发展核心区为研究示范区，拟通过学科交叉手段，采用对比研究思路，对海岸带区域的物理、生物地球化学和污染过程及其与社会经济发展的耦合关系进行系统研究，深入剖析在过去50年导致典型海岸带环境恶化的主要控制因子，进而建立适用于“人-海复合系统”的耦合动力模式，开展社会经济路径和气候变化胁迫下的情景分析，预测未来30年海岸带环境与生态系统变化趋势。最终目标是构建数字孪生海洋系统，为基础研究和政府决策提供试验工具与平台。 （孟菲菲）

【一人入选联合国技术促进机制10人组】 5月，吕永龙教授被联合国秘书长任命为“联合国技术促进机制10人组”成员，以支持推动联合国可持续发展目标的实现。吕永龙长期从事环境地理学、环境生态学和可持续发展研究工作，曾参与国际科联等组织的对联合国可持续发展目标的科学评估工作，并受邀参加联合国可持续发展高层政治论坛；经遴选担任全球环境可持续发展“未来地球”重大科学计划国际评估专家组成员和可持续发展议程创新示范区建设的国家专家组成员，推动中国及国际可持续发展目标落实工作。 （施 薇）

【一人获国家杰出青年科学基金项目资助】 9月，张瑶教授获批国家杰出青年科学基金项目。张瑶于2006年厦门大学博士毕业后加盟实验室，2007—2008年为荷兰皇家海洋研究所博士后，研究方向为微生物海洋学，在微生物驱动的海洋碳氮循环这一基础前沿领域开展系列工作，成果在 *PNAS*、*ISME Journal*、*Geophysical Research Letters*、*Limnology and Oceanography* 等国际顶级期刊发表。

（施 薇）

【一人获国家自然科学基金优秀青年科学基金项目资助】 8月，柳欣教授获批国家自然科学基金优秀青年科学基金项目。柳欣于2012年获厦门大学博士学位，2013—2017年为厦门大学博士后，2017年加入厦门大学，主要研究海洋生态学与群落生态学，专注气候变化和人类活动影响下边缘海的浮游植物群落结构和功能变动，研究成果在 *Ecosystems*、*Progress in Oceanography*、*Journal of Geophysical Research: Biogeosciences* 等国际期刊发表。 （施 薇）

【《科学·进展》刊登焦念志团队研究成果】 7月，焦念志团队及国内外合作者的成果发表于《科学·进展》(*Science Advances*)。研究团队在全球范围内的森林、湖泊、河流、海洋等自然水环境开展系统性调查，揭示化学需氧量(COD)指标错误囊括碳汇(RDOC)并提出评价自然水环境有机污染物的有效方法，为准确评判水质情况、维持和增加碳汇提供理论基础和技术支撑。 （刘琰冉）

【吕永龙应邀在《科学·进展》组织专辑并发表社论文章】 8月，在联合国《生物多样性公约》第十五次缔约方大会(CBD COP15)即将召开的背景下，吕永龙教授和英国生态与水文中心詹姆斯布洛克(James Bullock)教授应邀在《科学·进展》上合作发表社论文章《2020后变化环境中的生物多样性保护》，指出全球变化环境下生物多样性保护存在重大挑战，自然资源保护和开发之间存在不断的冲突和权衡关系，亟须在全球、区域或国家尺度下制定和实施生物多样性资源可持续利用和管理战略。

（刘琰冉）

【《自然·生态与进化》报道张瑶团队科研成果】 12月，张瑶团队在《自然·生态与进化》(*Nature Ecology & Evolution*)发表文章，揭示了原绿球藻突变速率低、有效种群规模小的特征，提出原绿球藻遗传漂变加强的机制——周期性选择，证明了遗传漂变在原绿球藻的进化和生态适应中的重要作用。该研究给寡营养环境中优势类群常见的基因缩减现象，在传统的“寡营养环境适应”观点之外，提供一种创新的观点和理论。

（刘琰冉）

【《自然·通讯》报道李非栗科研成果】 5月，李非栗在《自然·通讯》(*Nature Communications*)发表论文，基于北大西洋副极地翻转环流观测项目最新数据，揭示高纬度海域西边界密度变化与翻转环流的变化特征及其关系，发现大西洋经向翻转环流主要发生在格陵兰岛以东的东副极地海域，进一步指出拉布拉多海西边界深层密度变化的来源。 （刘琰冉）

【宋希坤成果被英国《自然》杂志增刊遴选为研究亮点】 博士后宋希坤在南海西沙海槽大型塑料堆、南海陆坡零星塑料上发现附生于塑料表面的生物群落，成果于1月以封面论文发表于《环境科学与技术快报》(*Environmental Science & Technology Letters*)，并被英国《自然》杂志增刊遴选为研究亮点。5月，宋希坤被《2021中国自然指数》增刊以“科学之星”报道。 （刘琰冉）

【主办第五届厦门海洋环境开放科学大会】 1月11—14日，实验室主办第五届厦门海洋环境开放科学大会，戴民汉院士担任学术顾问委员会主席，罗亚威副教授担任大会组织委员会主席。会议以“多学科服务于海洋的可持续和健康发展”为主题，邀请中国科学院生态环境研究中心江桂斌院士、美国南卡罗来纳大学纳尔逊教授(Claudia Benitez-Nelson)、美国雪城大学陆尊礼副教授、法国国家科学研究中心 Pierre-Simon Laplace 研究所波普(Laurent Bopp)高级研究员、英国利物浦大学塔利亚布教授(Alessandro Tagliabue)及澳大利亚联邦科学与工业研究组织埃文斯研究员(Karen Evans)做大会主旨报告。会议共吸引来自美国、加拿大、德国、法国、英国、澳大利亚、日本等40个国家和地区约7200人次线上参加。为响应联合国“海洋十年”计划，会议特设“海洋十年”专题论坛，分享未来支持“海洋十年”计划实施的相关科学项目，讨论各利益相关者如何切实参与及应对所面临的挑战。学术期刊《国家科学评论》(*National Science Review*)以论坛文章形式对专题论坛进行报道。 （黄 迎）

【承办第279期双清论坛“面向国家碳中和的重大基础科学问题与对策”】 3月31日—4月1日，国家自然科学基金委员会第279期双清论坛在北京举办。论坛以“面向国家碳中和的重大基础科学问题与对策”为主题，由戴民汉院士、中国科学院地理科学与资源研究所于贵瑞院士和清华大学张希良教授共同担任论坛主席，40余家单位的专家学者参加论坛。论坛围绕“海洋生态系统碳收支清单、不确定性、演化趋势与增汇潜力”“陆地生态系统碳库容量和稳定性及增汇潜力”“人为、自然碳封存与去除”“气候系统与海陆气耦合、碳去除的互馈”“碳中和管理理论与政策”5个议题进行研讨，深入剖析碳中和领域研究的现状、热点、难点及发展趋势，凝练碳中和研究的关键基础科学问题，研讨重点资助方向，对未来5～10年科学基金如何支持碳中和研究提出具体建议。（王　哲）

【协办金砖国家“海洋与极地科学”专题领域工作组第四届会议】 7月27—28日，金砖国家“海洋与极地科学”专题领域工作组第四届会议以线上线下结合的方式于厦门召开。会议由中国担任主席国，中国21世纪议程管理中心主办，厦门大学承办，近海海洋环境科学国家重点实验室协办。来自巴西、俄罗斯、印度、中国、南非等金砖国家的近100名政府官员和科学家代表参会，就金砖五国优先合作领域、能力建设、联合航次、“海洋十年”框架合作等方面达成决议声明。（黄迎施薇）

【厦门大学“海丝二号”卫星成功发射】 6月11日，由厦门大学与航天东方红卫星有限公司共同研制的“海丝二号”光学遥感卫星搭载长征2号丁运载火箭发射入轨。“海丝二号”以近海洋/流域的生态环境和浅海岛礁为观测目标，是国际首颗同时满足大幅宽、高分辨率、高信噪比的多谱段小卫星。其在可见光到近红外波谱中设置8个独特设计的波段，实现近200千米幅宽、20米分辨率和近300信噪比的多光谱水色测量，突破现有水色遥感卫星不能有效观测近海及流域生态环境的现状。（武秀玲）

【台海站正式获批国家野外科学观测研究站】 10月，厦门大学福建台湾海峡海洋生态系统野外科学观测研究站（简称台海站）正式获批科技部国家野外科学观测研究站。台海站位于台湾海峡西岸，已建成东山观测实验场和漳江口观测实验场等主要观测与实验基地，主要针对台湾海峡上升流、河口海湾与滨海湿地等亚热带典型生态系统进行长期观测与研究。主要科学目标是阐明台湾海峡生态系统的长期演变及其驱动机制，揭示典型生态系统的连通性。通过长期系统开展台湾海峡生态系统的研究、监测和示范服务，为保障海洋生态环境健康和促进经济可持续发展提供重要科技支撑。（许心雅）

【大型仪器与技术服务中心建成试剂智能管理系统】 11月，大型仪器与技术服务中心完成部分实验室试剂智能化管理体系的建设，构建完整的试剂基础信息库，通过人脸识别系统严格监管化学试剂的流向，高效利用射频识别（RFID）条码快速检索试剂信息，建立一整套“入库-使用和存量跟踪-报废”系统操作流程及预警监管体系，从而优化资源配置、减少重复采购、提升安全管理性能和提高数据统计效能等，更好地规范科研实验室的日常管理。（杨听林）

【厦门大学与香港大学签署博士生/博士后联合培养协议】 9月，厦门大学地球科学与技术学部戴民汉主任与香港大学理学院任咏华署理院长签订《厦门大学地球科学与技术学部与香港大学理学院博士后/博士生联合培养计划协议》，在厦门大学与香港大学合作备忘录框架下，支持近海海洋环境科学国家重点实验室和太古海洋科学研究所联合实施博士后及博士生联合培养项目。双方将在已有的合作基础上，进一步推动人才培养与科研合作，共同致力于推动海洋科教事业的发展。（黄迎施薇）

【举办第六届MEL研究生学术论坛】 7月26—28日，第六届MEL研究生学术论坛于东山太古海洋观测与实验站召开。论坛以“潜入科海，点亮慧心”为主题，涵盖物理海洋学、海洋生物地球化学、海洋生物学、海洋生态学、海洋地质与古气候及环境科学等专业，吸引校内30余名研究生参与。论坛特设“苏峰专题”，为东山站相关的科研成果提供分享平台。论坛形式包括口头报告、海报展示、学术沙龙、团队科普汇报等。参会研究生组成5个团队为东山二中的36名初中生做关于“海洋污染”“赤潮”“海洋碳中和”“海洋科学考察与观测”“全球气候变化和海洋酸化”等方面的科普讲座。（刘琰冉）

【开展MEL本科生暑期科研奖学金项目】 7—9月，开展MEL海洋环境科学本科生暑期科研奖学金项目，共录取来自厦门大学马来西亚分校、中国海洋大学、南京大学等13所国内外高校的30名本科学生，以科研课题为导向，本科生在导师的指导下进行学习，开展实验研究，并在结题时向课题组汇报项目成果、提交课题海报。组委会还组织系列学术讲座、安全讲座和野外调查等活动，以期全方位培养本科生的学术能力、科学表达与交流能力，助其拓展国际化视野。项目旨在鼓励本科生尽早开展科研训练，激发和培养本科生的科学兴趣和学术精神，并为其提供继续深造的平台和机会。（刘琰冉）

【疫情之下的海洋科普探索与实践】 依托中国海洋科学卓越教育伙伴计划和70.8海洋媒体实验室，利用网络技术与新媒体传播形式，线上开展公众教育活动。第十届厦门大学海洋科学开放日推出海洋科学“空中课堂”，围绕“Ocean Story（海洋故事）”主题发布系列科普视频；以“厦大百年海洋走进中学”为主题，在厦门多所中学开展16场科普讲座、小剧场；推出“70.8海洋媒体训练营”，为35名营员开设科学传播思维、理论与技能等课程，强化科普理念与科普技能的培育，培养学员成为未来海洋科学传播领域的中坚力量。持续更新科普专栏，原创内容超150篇，讲述厦大海洋故事，宣传推广厦大海洋科研成果；与海洋慢直播平台“OC实验室”联合打造《红树林的智慧生活》海洋生物多样性系列科普纪录片，获“守护多样世界　共建地球家园”COP15全球短视频征集活动优秀作品奖。（甘少敏　刘琰冉）

国家传染病诊断试剂与疫苗工程技术研究中心

【概况】 国家传染病诊断试剂与疫苗工程技术研究中心目前拥有1.06

万平方米的专用实验室、超1亿元的专用仪器设备及300余名师生员工。

中心围绕疾病防控的现实需求开展应用、转化和基础研究，形成疫苗、检测试剂和仪器、生物治疗药物领域的全链条技术创新平台，取得一系列重大原创成果。

历时14年研制的全球首个戊肝疫苗2012年上市，2019年成为首个在美国开展临床试验的中国疫苗，2020年在巴基斯坦获批上市。历时18年研制的首个国产宫颈癌疫苗2020年上市，使我国实现宫颈癌疫苗的自主供应，2021年10月通过WHO PQ认证。研制首个国产第三代和第四代艾滋检测试剂以及全球首个艾滋尿液自检试剂，构建国际先进水平的国产艾滋检测试剂体系。戊肝抗体检测试剂被誉为新一代国际"金标准"。指导慢乙肝用药的全球首个乙肝核心抗体定量检测试剂被纳入亚太、加拿大、中国乙肝临床管理指南。研制的首个国产第二代宫颈癌疫苗(九价)已进入Ⅲ期临床试验。研制的全球首个新冠总抗体检测试剂被比利时媒体誉为新冠抗体试剂中的"劳斯莱斯"，获WHO优先推荐用于新冠血清学流调。联合万泰生物向全球疫苗巨头葛兰素史克授权新一代HPV疫苗专利技术。

中心累计获国家一类新药文号2项、诊断试剂注册证80余项、欧盟CE认证32项、世界卫生组织PQ和EUL认证4项、美国FDA EUA授权3项；累计在*NEJM*、*Lancet*、*Nature Microbiotogy*、*Science Translational Medicine*、*Cell Host & Microbe*等期刊发表SCI论文530余篇，获国家技术发明奖二等奖、国家科技进步奖二等奖、中国专利金奖、全国创新争先奖、全国抗击新冠肺炎疫情先进集体、求是杰出科技成就集体奖、转化医学杰出贡献奖等奖励；获104件发明专利的256项授权(含美、欧、日等境外授权150项)。夏宁邵教授、李少伟教授入选世界顶尖期刊*Nature Biotechnology*评选的2016年度全球前20位转化研究者，2021年夏宁邵教授再次入选，中心是截至目前唯一有学者入选该榜单的中国内地机构。

(阙玉琼)

【孙春兰同志莅临视察】 中共中央政治局委员、国务院副总理孙春兰在福建调研医改工作期间，于2021年7月7日来到厦门大学视察指导工作，莅临中心，深入了解新冠病毒疫苗和诊断试剂研发等情况。中心主任夏宁邵教授汇报最新科研成果与工作进展。孙春兰走进实验室，与厦门大学"全国抗击新冠肺炎疫情先进集体"学生代表亲切交流，勉励他们把握时代脉搏、珍惜青春时光，加强学习、潜心科研，在新的百年奋发有为，发挥青年力量。孙春兰强调，要深入学习贯彻习近平总书记视察福建时的重要指示精神和致厦门大学建校100周年贺信精神，落实党中央、国务院决策部署，进一步提升科技创新能力和人才培养水平，不断破解关键核心技术"卡脖子"难题，加快推进新冠病毒疫苗研发等攻关，提升服务区域发展和国家战略能力，为全面建设社会主义现代化国家作出新的更大贡献。　(阙玉琼　欧明展)

【研制的首个国产宫颈癌疫苗获世界卫生组织PQ认证】 10月14日，世界卫生组织(WHO)官网公布，由厦门大学和养生堂万泰生物旗下厦门万泰沧海生物技术有限公司联合研制的首个国产宫颈癌疫苗(馨可宁®，Cecolin®)正式通过世界卫生组织PQ认证。这是中国第一支通过世界卫生组织PQ认证的宫颈癌疫苗，也是第一支由发展中国家拥有完全自主知识产权而获得国际认可的宫颈癌疫苗。　(阙玉琼　欧明展)

【传染性疾病检测技术研究与评价重点实验室获国家药品监督管理局认定】 2月初，《国家药监局关于认定第二批重点实验室的通知》发布，公布第二批共72个重点实验室名单。由中心与国家药品监督管理局医疗器械技术审评中心联合申报的"传染性疾病检测技术研究与评价重点实验室"入选本批重点实验室名单，目前是福建省唯一获批的国家药品监督管理局重点实验室。传染性疾病检测技术研究与评价重点实验室以传染性疾病的检测技术研究与评价为重点研发方向。夏宁邵教授担任实验室主任，国家卫健委临床检验中心副主任李金明研究员担任学术委员会主任。　(阙玉琼　欧明展)

【夏宁邵教授获评第六届全国杰出专业技术人才】 10月28日，第六届全国杰出专业技术人才表彰会在北京召开。会上，中共中央组织部、中共中央宣传部、人力资源社会保障部、科技部联合表彰93名全国杰出专业技术人才和97个全国专业技术人才先进集体。夏宁邵教授荣获"全国杰出专业技术人才"称号，成为学校首位获得该项殊荣的教师。

(阙玉琼　欧明展)

【夏宁邵教授入选《自然·生物技术》"2020年度全球前20位转化研究者"】 11月9日，世界权威期刊《自然·生物技术》(*Nature Biotechnology*)公布"2020年度全球前20位转化研究者"(Top 20 translational researchers of 2020)，夏宁邵教授入选榜单，是该年度唯一入选的中国内地学者。这是夏宁邵教授第二次获此殊荣。在《自然·生物技术》"2016年度全球前20位转化研究者"中，夏宁邵教授是我国内地首次入选的学者。该榜单至今已公布9届。截至目前，厦门大学是唯一有学者入选该榜单的中国内地机构，体现学校在国际生物技术领域的广泛影响力。　(阙玉琼　欧明展)

【夏宁邵教授荣获厦门经济特区建设40周年创新创业人物】 2021年是厦门经济特区建设40周年。厦门市委、市政府对60名为厦门经济特区建设作出突出贡献的先进模范人物和创新创业人物进行表彰。夏宁邵教授荣获"厦门经济特区建设40周年创新创业人物"称号。　(阙玉琼　欧明展)

【李少伟教授荣获第二十三届求是杰出青年成果转化奖】 1月18日，中国科协召开2020"科创中国"年度工作会议，会上举行第二十三届中国科协求是杰出青年成果转化奖颁奖仪式。全国政协副主席、中国科协主席万钢出席会议并讲话，中国科协党组书记、常务副主席、书记处第一书记怀进鹏为在京代表颁奖。李少伟教授获此殊荣，并通过线上形式接受颁奖。　(阙玉琼　欧明展)

【七名教授入围全国感染性疾病领域专家国际论文学术影响力百强榜】 3月22日,“全球学者库”发布全国感染性疾病领域专家国际论文学术影响力百强排名名单,中心夏宁邵教授、张军教授、李少伟教授、赵勤俭教授、程通教授、袁权教授、葛胜祥教授7名教师入选。据悉,该排名是基于全球学者库的海量论文数据,针对感染性疾病领域,广泛采集中国学者在海外发表的相关论文,建立基于论文的学者学术影响力评价方法、指标体系和数学模型,然后计算每名学者每篇论文的得分,将其全部论文累加获得每名学者的总积分,按总积分由高到低排序得到百强排名。

(阙玉琼　欧明展)

醇醚酯化工清洁生产国家工程实验室

【概况】 醇醚酯化工清洁生产国家工程实验室(厦门大学)(以下简称“工程室”)是在中国催化化学的重要开拓者和奠基人、已故中科院院士蔡启瑞教授的大力倡导下成立的国家级科研平台,于2008年经国家发改委批准启动建设,2012年通过验收,也是福建省首个国家工程实验室。工程室以“油煤气并举、燃化塑结合”为指导方针,以国家能源化工的战略需求为导向,立足我国的资源禀赋条件和产业特点,致力于煤基醇醚酯能源化工领域高效催化剂和清洁、绿色工艺等关键共性技术的自主创新。实验室下设9个专业实验室、1个仪器与分析测试平台和1个过程与工艺放大平台。

工程室现有专职固定人员和兼职研发人员108人(94名具有博士学位),包括4名中科院院士(新增1名)、10名国家杰出青年基金获得者等,组成应用研究与工程开发领域知识和年龄结构合理的研发队伍。

2021年,工程室新增国家自然科学基金委等各类纵向研发项目37个,立项经费合计4649万元,其中包括国家自然科学基金委创新群体项目1个、国家自然科学基金重大研究计划重点支持项目1个、国家自然科学基金重点项目2个、国家自然科学基金重大研究计划培育项目1个、国家自然科学基金杰出青年科学基金项目2个、国家自然科学基金优秀青年科学基金项目1个、科技部国家重点研发计划子课题1个等。新增企业横向研发项目43个,立项经费合计6412.98万元。申报发明专利35项,获授权专利36项。固定研发人员在国内外核心学术刊物发表研究论文83篇。

在产业化开发方面,工程室在2021年已完成一系列中试、模试等工作,并有部分成果成功应用于合作企业。其中,工程室与中石化大连石油化工研究院合作开发适用于高流速的上流式-固定床组合渣油加氢催化剂及级配技术,以解决固定床渣油加氢工业装置床层压降过快上升、运转周期缩短这一挑战性难题。采用该技术,天津石化新建一套超大规模的单系列260万吨/年渣油加氢装置,顺利实现一次开车成功。工程室开发一种高选择性防焦油催化剂,实现对硝基苯胺高效加氢制对苯二胺。基于20 kg批量生产的纳米催化剂,本技术已经在合作企业实现100吨/年连续化中试,催化剂连续套用50批次以上未见失活,产品性能满足高性能芳纶生产要求。工程室开发一种高选择性脱氯催化剂,通过加氢脱氯技术处理后,可以将所有的含氯固废资源化转化为对苯二甲醚原料,每吨固废收率大于50%,直接增加收益超过30000元/吨。目前在合作企业进行500吨/年试生产运行一年,性能稳定。

【召开重组建设方案专家论证会】 11月10日,由厦门市发改委和厦门大学共同举办的高端电子化学品国家工程研究中心重组建设方案专家论证会在厦门召开。来自高校、中科院和企业行业的14名专家组成专家组对中心重组建设方案进行论证。中国科学院院士、中国化学会理事长姚建年教授任专家组组长,中国科学院院士、南开大学副校长陈军教授任副组长。厦门市副市长、市发改委主任张志红,发改委副主任李晓燕,厦门大学校长张荣,中国科学院院士、厦门大学田中群教授,中国科学院院士、中心重组建设筹备工作组组长、厦门大学孙世刚教授,中心共建单位与合作单位负责人以及厦门大学相关职能部门与院系负责人参加论证会。此次论证会是工程室迎接国家发改委的首次评估而启动的重组建设工作。经过多轮调研和专家论证,工程室拟请孙世刚院士领衔组建研发团队,在原有醇醚酯合成与产业化技术基础上,聚焦高端电子化学品这一关键技术领域,研发高端电子化学品和电子电镀相关技术,并通过与行业龙头企业共建,争取通过重组进入国家工程研究中心新序列。

天然产物源靶向药物国家地方联合工程实验室

【概况】 天然产物源靶向药物国家地方联合工程实验室(以下简称“药物工程实验室”)是专门从事小分子药物研发的创新型国家级科研平台,在福建省发改委的直接领导下,充分发挥区域创新平台优势,在2021年取得突出成绩。

2021年,药物工程实验室共发表高水平论文55篇,其中10篇论文影响因子大于10。共获得10项发明专利授权,其中3项为中国专利,2项为美国专利,3项为澳大利亚专利,日本、印度各1项;提出10项共11件新专利申请,其中5项为中国专利申请,5项6件为国外专利申请。

2021年,药物工程实验室获得7个国家基金资助。在与企业合作的横向项目取得进展,获得19个横向项目共计2691万元经费的资助,与13家企业建立合作关系,包括漳州片仔癀药业股份有限公司、北京热景生物技术股份有限公司、南京红云生物科技有限公司、厦门宝太生物科技股份有限公司等。

2021年,药物工程实验室邓贤明教授团队的一项科研成果“髓系造血小分子调节剂潜在先导化合物及其备选化合物相关技术数据和资料”以技术秘密转让的形式实现成果转化。受让方为先声药业有限公司，受让金额为人民币11500万元整(里程碑付款)。

1月，药物工程实验室陈兰芬教授获得第十七届中国青年女科学家奖。中国青年女科学家奖设立于2004年，评选表彰在基础科学、生命科学、计算机与信息领域取得重要科研成果和突出科研成就的45岁以下女科学家，以激励广大青年女科学家的创新创造热情。

1月18日，林圣彩教授课题组在*Cell Research*上发表论文“Aldolase is A Sensor for Both Low and High Glucose, linking to AMPK and mTORC1”，发现感知葡萄糖调控mTORC1的感受器和机制。

3月5日，林圣彩教授和林舒勇教授研究团队在*Nature Cell Biology*杂志上发表题为“AIDA Directly Connects Sympathetic Innervation to Adaptive Thermogenesis by UCP1”的研究论文。该工作阐述一种未曾发现的在急性寒冷刺激下的体温调节机制。

5月20日，吴乔教授课题组在*Cell Research*发表文章“The Metabolite α-KG Induces GSDMC-dependent Pyroptosis Through Death Receptor 6-activated Caspase-8”，从机制上阐释一条由代谢物α-KG(α-ketoglutarate)诱导肿瘤细胞焦亡的新通路，并且在小鼠模型中验证α-KG诱导的细胞焦亡可以抑制肿瘤生长和转移，为临床通过细胞焦亡进行肿瘤治疗提供重要的理论依据和研究方向。

6月10日，周大旺教授和陈兰芬教授研究团队在*Nature Communications*杂志上发表题为“TLR4 Signalling via Piezo1 Engages and Enhances The Macrophage Mediated Host Response During Bacterial Infection”的研究论文，该工作揭示了机械力感应受体Piezo1在宿主抗感染中的重要调控作用。

8月25日，由林圣彩教授牵头承担的国家重点研发计划“代谢感应蛋白质机器与相关重大疾病”项目的课题绩效评价会议召开。因受疫情影响，会议采取线上线下相结合的方式进行，近30名专家学者、同行参与此次会议。会议由专家组组长、科技部项目责任专家浙江大学王建安教授主持。本项目承担单位有清华大学、上海交通大学、北京大学，在项目执行期间，研究团队在营养代谢感知方面取得了一系列重大突出成果，5年来共发表56篇第一致谢的论文，其中有2篇发表在*Nature*杂志，1篇发表在*Cell*杂志，1项研究成果入选“2017年度中国生命科学领域十大进展”。此外，有3项专利权成功转让，转让费2080万元(里程碑付款)。

10月21日，周大旺教授和陈兰芬教授课题组合作在*Cell*杂志上发表题为“Glycogen Accumulation and Phase Separation Drives Liver Tumor Initiation”的研究论文。该工作发现早期肝脏肿瘤细胞将汲取的葡萄糖合成糖原作为能量存储，并通过液-液相分离抑制Hippo信号通路的活性，从而驱动肿瘤的发生发展。本项工作揭示了临床中糖原累积导致肝大与肝癌的致病机理，为多类肿瘤细胞在应激条件下出现糖原累积的现象提供肿瘤细胞潜在应激生存的耐药机制，为肿瘤治疗提供新思路。

11月18日，中国科学院发布《关于公布2021年中国科学院院士增选当选院士名单的公告》，厦门大学生命科学学院教授、药物工程实验室主任林圣彩教授当选中国科学院院士。林圣彩长期从事代谢稳态调控的分子机制、原理、生物学功能的研究。他和团队揭示阐明细胞葡萄糖感知器并偶联调节代谢稳态关键激酶AMPK和mTORC1的原理，提出葡萄糖本身能作为信号，“物理性”地调控代谢平衡的新概念；发现脂肪吸收和利用的新途径；揭示生长因子通过调节细胞自噬和糖脂代谢途径调控代谢稳态的机制；发现交感神经调控机体应激产热的新机制，取得系统性的研究成果，为了解糖脂代谢相关疾病的成因及其药物研发提供新理论和新策略。作为葡萄糖感知领域的主要引领者之一，他两度受邀撰写长文综述，系统总结AMPK和葡萄糖感知的研究进展，成果入选2012年度“中国科学十大进展”、2017年度“中国生命科学领域十大进展”。迄今为止发表论文110余篇，他引次数10000余次，以通讯作者在*Nature*、*Science*、*Cell Metab*、*Nat Cell Biol*、*Cell Res*和*Mol Cell*等发表论文57篇。

11月30日，药物工程实验室执行主任邓贤明教授课题组在*EMBO Molecular Medicine*上合作发表题为“A New ALK Inhibitor Overcomes Resistance to First-and Second-generation Inhibitors in NSCLC”的研究论文，首次报道新一代ALK抑制剂XMU-MP-5，它能有效克服第一代、第二代ALK抑制剂所产生的非小细胞肺癌临床耐药突变。这项研究为新一代ALK靶向药物研发提供全新的先导化合物，有望为ALK抑制剂临床耐药的患者带来新希望。

(胡志钰)

新能源汽车动力电源技术国家地方联合工程实验室

【概况】 新能源汽车动力电源技术国家地方联合工程实验室(以下简称“实验室”)于2015年3月获国家发改委批准建设，2017年4月顺利通过验收。实验室以产业化技术革新、国内外先进技术跟踪分析、电池技术问题诊断及电池从业人员教育培训为基础任务，依托厦门大学及固体表面物理化学国家重点实验室，打造一个集动力电池(包括锂离子电池、快速电化学储能器件等)及关键材料制造、分析、评价，新产品、新技术辐射等为一身的综合体，有计划地弥补和完善福建省动力电池产业链中的不足，推动福建省节能环保、新能源及新能源汽车产业的发展。

实验室具备优良的科研环境和资源条件，现拥有科研建筑面积超过5000平方米，科研仪器设备原值超过2000万元。2021年，实验室在*Science*, *J. Am. Chem. Soc*, *Advanced Materials*

等国际期刊共发表 SCI 论文 100 多篇，申请发明专利 55 项，获授权发明专利 33 项(包括国际授权发明专利 1 项)。新增立项科研项目 22 个，其中国家重点研发计划课题 1 个、国家自然科学基金项目 11 个，其他纵向项目 1 个，企业委托横向项目 9 个，合计经费 3300 多万元。　(赖少波)

【"我国电子电镀基础与工业的现状和发展"研讨会顺利召开】 4 月 16—17 日，由实验室孙世刚院士主持的中国科学院学部咨询评议项目"我国电子电镀基础与工业的现状和发展"第二次研讨会在成都召开。中国科学院学部工作局副局长石兵，国务院研究室信息司原司长刘应杰，项目顾问郁祖湛、何为等，以及来自厦门大学、北京大学等 27 所高校，上海先进半导体制造有限公司等 20 个企业单位的近 100 名代表参加会议。

(甄春花)

海洋生物制备技术国家地方联合工程实验室

【概述】 海洋生物制备技术国家地方联合工程实验室是 2015 年 12 月国家发改委批准建设的工程实验室。工程实验室重点围绕福建省海洋生物科技发展战略目标，以高效开发与利用福建省丰富的海洋生物资源为导向，主要开展海洋生物功能活性物质开发利用、海洋药物的研发和海洋健康产品的研发等方向的研发工作。2021 年，工程实验室在福建省发改委两轮评估中均为优秀。

工程实验室的建设地点在厦门大学翔安校区，按照工程实验室的设计规模和形式已完成海洋生物功能活性物质开发利用平台、海洋药物研发平台和海洋健康产品研发平台的主体建设，约 4500 平方米。实验室购置包括从 5 L 至 300 L 的中试发酵系统、蛋白纯化系统、蛋白互作系统、倍性分析仪等仪器共计 141 台/套，仪器设备新投资约 4100 万元。2021 年，平台新增 4 台仪器设备：数字源表、手持式静电纺丝仪(聚纳达 HHE-1)、高压无气喷涂机、冷冻离心机。平台仪器设备一律实行统一管理，公共使用的制度，面向福建省相关科研院所和企事业单位实行全面开放，由平台专业技术人员培训后，开放使用。

工程实验室依托厦门大学海洋科学学科，并与厦门大学药学和生命学等优势学科相融合，精心组建一支中青年学术骨干为核心从事海洋生物技术研发的较高水平人才队伍，目前工程实验室已有固定人员 41 人，其中研发人员 39 人，行政助理 2 人，包括国家高层次人才、"闽江学者"特聘教授、国家优秀青年科学基金、"万人计划"、教育部新世纪优秀人才支持计划、福建省首批"海西产业人才高地领军人才"、福建省"双百人才"等计划的入选者。2021 年，柯才焕教授荣获中国海洋湖沼学会 2021 年度张福绥贝类学奖·杰出贡献奖，同时荣获 2020 年度福建省科技进步奖一等奖(第一完成人)，游伟伟教授荣获 2020 年度福建省科技进步奖一等奖(第二完成人)，王克坚教授、徐鹏教授、游伟伟教授、冯丹青教授、陈铭副教授分别荣获福建省高层次人才称号；冯丹青教授荣获厦门大学 2021 年度"鹭燕奖教金"。

自获批以来，工程实验室已形成一批拥有自主知识产权、达到国内外先进水平的海洋生物关键共性技术。目前，已累积承担课题 100 余个，累计经费 1.5 亿元；发表 SCI 文章 200 多篇，获得专利授权 70 余项，已转让 7 项；获得转基因生产应用安全证书 2 个，省部级以上的奖项 8 项。2021 年，新增课题 15 个，包括纵向课题 11 个、横向课题 4 个，合同经费总计 1201 万元。在 *Journal of Hazardous Materials*、*Metabolites*、*Marine Drugs* 等刊物发表文章 52 篇，其中一区 33 篇，二区 14 篇，三区 3 篇，中文核心 2 篇。新增国家专利授权 22 项，包括国际专利 3 项。

工程实验室积极加强和推动产学研合作，与福建省华龙饲料有限公司、厦门双瑞船舶涂料有限公司、福建大昌生物科技实业有限公司、泉州新协志精细化工有限公司、福建闽锐宝海洋生物科技有限公司、北京迪梦凯化妆品有限公司、厦门诚享东方股份有限公司、厦门海嘉成生物科技有限公司等 20 家企业进行多方面的深度合作，促进成果转化，为福建省海洋产业的发展作出重要贡献。

海洋动物抗菌肽研发团队针对抗生素污染问题，在我国率先开展海洋鱼类和蟹类新型抗菌肽的系列研究，取得一系列创新性成果。在国际主流学术刊物发表 SCI 论文 100 多篇，获抗菌肽相关的国家发明专利授权 22 项，国际发明专利 1 项，转化 1 项。已筛选获得多种新型海洋生物源抗菌肽基因，研制出多个高效抗细菌、真菌的抗菌肽基因工程产品，海洋动物新型抗菌肽产品对多种人类病原菌、耐药菌、真菌等都具有显著抗性。

海洋防污研发团队以天然防污活性物质为防污剂，研制出 1 种针对网绳的环保型防污涂料，防污期效大于 12 个月，解决防污涂料在网绳上附着力差易脱落，且防污期效短的难题。团队与福建台华化学工业有限公司合作实现涂料的批量化生产，并与中核集团福清核电有限公司和如东华通水产品有限公司合作，在核电拦污网以及紫菜养殖缆绳上开展示范应用，防污效果显著。

针对鲍鱼夏季高死亡率、国内缺乏大规格鲍鱼等产业"卡脖子"问题，项目组建立鲍远缘杂交育种技术体系，创制出性状优异的 2 个国审新品种——绿盘鲍、西盘鲍，新品种已在生产上规模化推广应用，因养殖效益高，深受养殖户欢迎，新品种及其派生种正在迅速取代原有养殖的皱纹盘鲍并成为养殖主导品种。2021 年，与福建和广东的核心育苗企业合作生产绿盘鲍和西盘鲍新品种苗 6000 多万粒。"鲍远缘杂交育种技术与产业化应用"获 2020 年度福建省科技进步奖一等奖。

基于蜂海绵骨针的新型海洋化妆品系列产品，已获得厦门市海洋发展局海洋科技成果转化和产业化示范项目的支持(902 万)，可转化至少 10 个新型海洋护肤品，预计 3 年累计产值 9000 万元，利税 1500 万元；医疗器械在杭州落地,天使轮融资 500 万元,预计 2 年后拿到二类医疗器械产品批文。

工程实验室高度重视对区域海洋经济发展的服务。2021 年,王克坚教授带领团队通过合作企业走访、座谈、技术指导,帮助企业解决关键技术难题,助力厦门海嘉成生物科技有限公司形成一条海洋动物抗菌肽复合制品的中试生产线,并进行批量生产。协助该企业获批国家级高新技术企业以及厦门市双百人才。与福建大昌生物科技实业有限公司建设 1 条可年产用于千吨级饲料的青蟹抗菌肽制品的生产线,制备的抗菌肽产品已在宁德富发水产有限公司百万尾的大黄鱼上进行示范应用。

柯才焕教授、游伟伟教授带领团队成员与晋江福大鲍鱼厂、福建闽锐宝海洋生物科技有限公司、漳州市益泰水产养殖有限公司等多家水产养殖企业进行常态化合作,建立鲍鱼遗传育种研发平台,为企业提供技术支持和服务。协助海峡银行开展"政银企+农户"产业合作惠农项目,为鲍鱼养殖户量身定做实用又便民的金融服务产品,打通金融助力乡村振兴的"绿色通道"。

由徐鹏教授发起的"海洋生物遗传育种技术培训班"于 9 月 23 日开班,11 月 2 日结束,培训班跨度 6 周,每周包含 3 个课时的集中学习,涵盖 Linux 及 R 语言基础、Python 基础、GWAS 分析、转录组分析和全基因组选择育种等诸多内容的介绍和培训,900 余名教师和学生云端参与,对遗传育种的前沿知识和技巧进行讲授交流。

6 月和 7 月,商务部援外培训中心分别举办"发展中国家绿色渔业产业政策及发展规划部级研讨班"和"发展中国家海洋渔业经济发展研修班",共有来自马来西亚、柬埔寨、乌兹别克斯坦、南非、缅甸、埃及、肯尼亚等国的 90 多名学员参加,游伟伟教授应邀授课,介绍中国海水养殖业的相关情况。

2021 年,实验室共培养高素质博士 11 名、硕士 17 名,累计获得国家级奖学金 3 人、校级奖学金 7 人、院级奖学金 4 人、校级荣誉称号 22 人;学生周志雄同学获中国动物学会、中国海洋湖沼学会鱼类学分会 2021 年学术研讨会研究生论坛一等奖;学生周宓获第十五届海洋药物学术年会暨 2021 国际海洋药物研讨会优秀墙报三等奖;学生徐博林获厦门大学第三届海洋文化科技创新创意大赛一等奖;学生黄品获中国动物协会、中国海洋湖沼学会鱼类学分会 2021 年学术研讨会口头报告二等奖;学生黄晶获厦门大学生物医学仪器共享平台举办的第三届显微摄影大赛光镜组一等奖、福建省实验动物第三届显微摄影比赛二等奖以及厦门大学化院研究生会"南强科学之美"微摄影大赛"表征之美"三等奖;学生甘碧芙获批厦门市海湾生态保护与修复重点实验室项目。

(海洋生物制备技术国家地方联合工程实验室)

纳米材料制备技术国家地方联合工程研究中心

【概况】 纳米材料制备技术国家地方联合工程研究中心(以下简称"中心")于 2017 年 12 月获国家发改委批复建设。中心的任务和目标是架设起连接纳米科技基础研究和纳米材料产业应用的桥梁,加快纳米原创研究的产业化步伐,成为国内外纳米材料制备及应用技术的重要研发基地。中心现有固定研发人员 47 人,其中中国科学院院士 1 人,"长江学者"特聘教授 4 人,国家杰出青年科学基金获得者 9 人,国家青年高层次人才 3 人,国家优秀青年基金获得者 3 人,国家基金委创新研究群体 1 个。中心已建成微纳米粉体技术、纳米催化技术和纳米生物技术三大技术研发平台,以及相应的中试生产线。在节能环保、精细化工绿色过程以及石墨烯等新型二维纳米材料领域已储备一批极具产业化价值的科技成果,部分成果已实现转化或进入中试阶段。中心建立以来,为相关行业和企业解决诸多实际问题,取得良好的经济效益和社会影响力。中心已成为具有国内影响力的纳米制备技术成果转化和人才培养基地。

2021 年,中心新增国家重点研发计划项目、国家杰出青年基金项目、国家自然科学基金重大研究计划培育项目等各类纵向研发项目 13 个,立项经费合计 1503 万元。新增横向研发项目 9 个,立项经费合计 1185 万元。

2021 年 8 月,中心位于翔安校区能源材料大楼的 500 平方米实验室完成建设和装修,并正式投入使用,进一步提升平台技术开发的硬件实力。

(陈 洁)

【谢兆雄教授牵头的国家重点研发计划项目启动会顺利召开】 3 月 22 日,中心谢兆雄教授牵头承担的国家重点研发计划"高性能/抗中毒车用燃料电池催化剂的合成技术与批量制备"项目启动会暨项目实施方案论证会在厦门大学顺利召开。项目指导委员会中科院化学所万立骏院士、复旦大学赵东元院士、南开大学陈军院士、香港科大赵天寿院士、南方科大王海江院士、厦门大学孙世刚院士等 10 名专家,项目责任专家武汉理工潘牧教授、上海交大朱新坚教授、有研工程技术研究院蒋利军教授,厦门大学科技处谭忠处长、化学化工学院宋毅书记等相关负责人,以及厦门大学、中科院化学所、复旦大学、鸿基创能、广州香港科大霍英东研究院、中科院山西煤化所、上海大学、宁德时代新能源和中自环保等项目承担和参与单位的课题负责人及主要学术骨干等 50 余人参加本次会议。

(陈 洁)

【获 2021 年度何梁何利基金科学与技术创新奖】 9 月 1 日,中心主任郑南峰教授获 2021 年度何梁何利基金科学与技术创新奖。该奖项授予具有高水平科技成就,并通过技术创新和管理创新,创建自主知识产权产业和著名品牌,创造重大经济效益和社会效益的杰出贡献者。 (陈 洁)

【谢素原教授当选中科院院士】 11 月 18 日,中国科学院发布《关于公布 2021 年中国科学院院士增选当选

院士名单的公告》，中心谢素原教授当选中国科学院院士。（陈　洁）

【**叶龙武教授荣获“药明康德生命化学研究奖学者奖”**】　12月18日，第十五届“药明康德生命化学研究奖”颁奖典礼成功在“云端”举办。中心叶龙武教授凭借“炔烃转化选择性控制及其在功能杂环合成中的应用”项目荣获“药明康德生命化学研究奖学者奖”。（陈　洁）

【**郑南峰教授入选厦门经济特区建设40周年创新创业人物**】　12月21日，厦门经济特区建设40周年庆祝大会在厦门国际会议中心海峡厅隆重举行，中共厦门市委、厦门市政府在大会上对为厦门经济特区建设作出突出贡献的60名先进模范人物和创新创业人物进行表扬。经层层推荐、征求意见、综合评审、统筹考虑，确定60名先进模范人物和创新创业人物人选。中心主任郑南峰教授入选厦门经济特区建设40周年创新创业人物。（陈　洁）

嘉庚创新实验室

【**概况**】　嘉庚创新实验室（Tan Kah Kee Innovation Laboratory，全称：中国福建能源材料科学与技术创新实验室）于2019年9月10日获福建省委、省政府授牌成立，是福建首批4家省创新实验室之一。嘉庚创新实验室作为由福建省政府批准设立、厦门市政府与厦门大学共同举办的二类事业单位，是第一个冠有厦门大学校祖陈嘉庚先生名字的法人实体实验室。嘉庚创新实验室以国家顶级实验室为目标开展建设，聚焦国家战略需求和地方产业发展，围绕“卡脖子”技术、“产业化”成果两大贡献目标，布局高效能源存储、低碳能源系统、未来显示技术、石墨烯等先进材料、仪器装备网络、能源政策智库等研发方向。通过创新体制机制，汇聚全球创新资源，打造能源材料领域的“科技加速器”和“产业发动机”，力争建成具备世界影响力的战略科技创新平台，为支撑中国建设世界科技强国作出贡献。

2021年，嘉庚创新实验室世界第四、亚洲首座无噪声实验室等先进研发设施不断完善；取得中国计量认证（CMA）检验检测资质；注册成立嘉析检测公司，为清华大学、宁德时代、华为等30余家知名校企提供技术服务；汇聚人才团队348人，重点引进一批境内外高端产业人才和拔尖青年人才，其中来自美国密歇根大学、上海交大等知名高校的到位全职人员166人；自主布局重大项目30个，攻克铜抗氧化防腐等10项关键技术；与宁德时代、华商国际、三安光电、金龙集团等龙头企业在内的70余家单位开展产学研合作；注册成立产业化运营公司，自主孵化创办奇楷锂材料、瀚昊芯智能科技等10余家高技术企业，积极推动国产锂电池用硅碳负极材料、抗氧化导电铜浆、光刻胶抗反射涂层等产品的产业化落地，各项建设步入快速轨道。（吴阳群）

【**正式启用微纳制造中心**】　1月1日，嘉庚创新实验室正式启用微纳制造中心，设有超1000平方米的百级、千级和万级超净实验区，根据工艺需求和特点，划分为7间实验室，满足新材料微纳器件从器件设计、材料制备、图形加工到封装集成的整套研发需求，为开展材料与器件的工艺加工提供先进的、功能完备的服务平台。（吴阳群）

【**无噪声超精密加工与表征实验室通过验收**】　1月27日，嘉庚创新实验室的无噪声超精密加工与表征实验室通过验收，这是全球第四座，也是亚洲首座无噪声实验室。该实验室是厦门大学和嘉庚创新实验室面向光电、半导体、新材料、仪器装备等战略性新兴产业，为未来纳米尺度下顶尖基础科学研究和工程技术创新提供接近理想条件的科研平台。实验室配备聚焦离子束（focused ion beam，FIB）等多台高精尖设备，可提供全球极限精度的表征与加工条件。（吴阳群）

【**推动筹建“厦门市未来显示技术研究院”**】　2月7日，《厦门市未来显示技术研究院建设方案》专家论证会在厦门大学召开。厦门市发改委副主任李晓燕，财政局副局长陈向光，工信局党组成员、一级调研员许文恭，厦门大学校长张荣，中科院院士、嘉庚创新实验室主任田中群等相关负责人参加会议。中科院院士郑有炓、褚君浩、刘明、杨德仁，第三代半导体产业技术创新战略联盟理事长吴玲等国内新型显示领域知名专家及三安光电、天马微电子、乾照光电等厦门显示行业龙头创新企业代表共22名专家应邀出席会议进行指导和论证。（吴阳群）

【**与宁德时代签署合作备忘录**】　4月15日，嘉庚创新实验室与宁德时代签署合作备忘录，厦门大学校长张荣、副校长江云宝，宁德时代董事长曾毓群，中科院院士、嘉庚创新实验室主任田中群等参加会议。嘉庚创新实验室将在人才、科研、产业等成果基础上与宁德时代进行全方位的深入合作，为双方的发展注入新鲜血液和动力源泉，充分整合能源材料科学技术创新的优势资源，促进产学研用各环节联结互动，实现国家科技战略需求与服务地方经济目标的协调统一，进而抢占国际科技的制高点，促使我国成为世界能源材料科技领域的领跑者。（吴阳群）

【**正式投用硅基负极产业化项目中试产线**】　8月26日，嘉庚创新实验室举行硅碳负极材料中试产线剪彩仪式。硅碳负极材料中试产线占地450平方米，完成30台大型生产设备的组装和研发，通过调试及带料运行，实际产能可达日产30千克。中试产线的搭建是团队科研成果走向产业化和市场的关键一步，有望打破硅基负极材料的国际技术壁垒，推动国产硅基负极材料的高质、高效生产和工业应用，可有效助力新能源汽车行业发展。（吴阳群）

【**取得检验检测机构资质认定证书（CMA）**】　11月4日，嘉庚创新实验室获得由福建省市场监督管理局颁发的《检验检测机构资质认定证书（CMA）》，涉及燃料电池、光伏器件及电子电气产品三大领域，成为首家具备CMA资质的福建省创新实验室。（吴阳群）

【与宁德时代共建厦门时代新能源研究院】 11月19日，由宁德时代与厦门大学携手共建的厦门时代新能源研究院(CATL Xiamen Institute of New Energy)成立仪式在厦门大学科学艺术中心举行。厦门大学校长张荣，厦门市委常委、副市长黄晓舟，宁德时代董事长曾毓群，中科院院士、嘉庚创新实验室主任田中群，中科院院士孙世刚等共同为研究院揭牌。厦门时代新能源研究院将依托宁德时代21C创新实验室与嘉庚创新实验室开展建设，在智慧能源、储能技术、高功率器件、下一代动力电池等重点领域联合策划组织科技产业项目，打造先进技术服务平台，启动校企联合人才培养计划，提升福建、厦门新能源千亿产业集群核心竞争力，助力国家实现“碳中和”目标。

(吴阳群)

【与烟台杰瑞石油服务集团股份有限公司签署战略合作协议】 11月30日，嘉庚创新实验室与烟台杰瑞石油服务集团股份有限公司(杰瑞股份)举行战略合作协议签约仪式，厦门大学副校长江云宝，中科院院士、嘉庚创新实验室主任田中群，杰瑞股份董事长王坤晓等参加此次签约仪式。双方合作将围绕锂离子电池能量密度不够高、续航里程不够长等问题，充分利用杰瑞股份在资本、企业运营、装备制造、企业文化建设、国内外市场推广的优势，结合嘉庚创新实验室专家团队的技术研发优势，共同为硅碳纯品、氧化亚硅纯品及硅基复合负极在中国乃至全球范围内的市场推广和应用创造更大价值，助力国家“双碳”目标的实现。

(吴阳群)

【与华商国际签约成立合资公司】 12月18日，嘉庚创新实验室与华商国际在厦门大学举行签约仪式，共同成立氢能技术公司。嘉庚创新实验室副主任、嘉庚实验室科技产业发展(厦门)有限公司总经理张爱强主持签约仪式，招商局工业集团财务总监兼华商国际董事长娄东阳，华商国际联席董事长蒋秉华，厦门大学副校长江云宝，中科院院士、嘉庚创新实验室主任田中群，嘉庚创新实验室常务副主任郑南峰、周涵韬等参加签约仪式。本次合作双方旨在通过产学研深度融合，共同推进氢能技术产业化成果落地，为厦门市及福建省能源结构转型升级、绿色高质量发展提供创新技术和产业化路径，实现氢能产业海内外市场布局，为国家实现“双碳”目标贡献力量。

(吴阳群)

·党建与思想政治工作·

组织工作

【概况】 年内，在校党委的领导下，组织部/党建办以习近平新时代中国特色社会主义思想为指导，贯彻落实党中央和教育部党组、福建省委决策部署，贯彻校党委“以一流党建引领一流大学建设”战略部署，以党的政治建设为统领，贯彻落实新时代党的组织路线，推动基层党组织落实全面从严治党主体责任，扎实推进学校党的建设和组织工作各项重点任务落实落细，党建工作短板不断补齐、弱项逐渐向好转化、党建品牌影响力不断扩大，干部队伍素质和专业化水平不断提升，为建设中国特色世界一流大学提供坚强组织保证。

截至 12 月 31 日，全校共有中共党员 16443 人，其中，在职教职工党员 4686 人，离退休党员 937 人，学生党员 10404 人（本科生党员 2724 人，硕士生党员 5234 人，博士生党员 2446 人），其他党员 416 人。全校共有二级党组织 43 个，其中基层党委 38 个，基层党总支 5 个；党支部 789 个，其中在职教职工党支部 282 个，离退休教职工党支部 39 个，师生联合党支部 14 个，学生党支部 454 个（研究生党支部 373 个，本科生党支部 81 个）。

中央巡视准备、组织和整改工作有序开展。提前筹划、系统推进，全力组织做好迎接中央巡视及选人用人专项检查准备工作。对党建工作、组织工作、干部工作等进行了全面梳理，列出自查问题清单，组织抽调 7 名政治素质好、业务能力强的干部，比照自查问题清单，科学分工、有序推进问题整改和材料准备工作。完成《选人用人工作文件汇编》，整理十届、十一届常委会干部议题会议记录 87 篇，完成干部选任工作档案“一人一档”共 163 册，完善干部人事档案材料 1285 份。中央巡视组、选人用人专项检查组进驻后，积极做好谈话人员组织、材料报送等各项工作，共组织 150 人参加中央巡视组个别谈话、37 人参加选人用人专项组个别谈话。做好与选人用人专项检查组的专项对接工作，第一时间响应材料调取需求，材料准备的质量得到专项检查组的好评。坚持“严”字当头、“实”字托底、“恒”字贯通的工作思路，扎实做好中央巡视整改工作。按照校党委统一部署，建立整改台账，精准推进基层党建和干部队伍建设方面 14 项问题、25 条措施整改落实，突出问题导向，定期盘点整改进度，统筹推进整改工作和部门业务工作开展。已经完成整改的有 8 项问题、18 条措施，正在推进的有 6 项问题、7 条措施。加强与中纪委二室、中组部干部三局、教育部高教司的沟通联系，认真做好厦门大学校级领导班子巡视整改专题民主生活会方案制定、会务组织、材料报送等工作。坚持即知即改，立行立改，切实做好选人用人专项检查整改工作。针对中央组织部选人用人工作检查组专项检查反馈意见制定整改措施 29 条，已完成 26 条，有 3 条正在推进，完成率89.7%。集中整改期间，撤销中层领导人员年度考核“优秀”等次 2 人次，给予 1 名中层领导人员党内警告处分、2 名中层领导人员诫勉谈话处理，新制定规章制度 3 项、修订 1 项。

党史学习教育走深走实。组织党员师生广泛开展“学党史、践承诺、见行动”活动，每名党员立足岗位实际，从教学科研管理、学习生活服务等方面，做好本职工作，为师生办实事、为社会办好事。成立校党委党史学习教育指导组，指导组成员采取巡回指导、随机抽查、调研访谈等方式，对基层单位开展工作情况进行督导，深化党史学习教育成效。组织全校各基层党组织围绕学习贯彻习近平总书记“七一”重要讲话精神，开好党史学习教育专题组织生活会，深入查摆和剖析存在的问题，提出整改措施，为学校奋进一流征程提供坚强的政治、思想和组织保证。印发《关于充分发挥基层党组织战斗堡垒作用和党员先锋模范作用进一步深化党史学习教育“我为师生办实事”实践活动的通知》，深入开展“我为师生办实事”实践活动，完成加强研究院党组织管理、关怀帮扶学校生活特别困难党员、编写基层党组织书记工作指导手册、推行党员因私出国（境）线上审批程序等 4 项实事，在工作实践中践行初心使命。

庆祝建党百年系列活动精彩纷呈。印发《厦门大学“永远跟党走”群众性主题宣传教育活动实施方案》《厦门大学庆祝中国共产党成立 100 周年活动方案》，组织各有关单位、各基层党委（党总支）开展好庆祝中国共产党成立 100 周年相关工作。通过广泛开展“与党员谈心，为群众办事”活动，为开展好党史学习教育专题组织生活会和“我为师生办实事”实践活动奠定基础。组织召开庆祝中国共产党成立 100 周年暨纪念福建省第一个党组织中共厦大支部建立 95 周年座谈会，追寻百年党史，缅怀革命先辈。组织策划“百年赤诚——校史中的共产党员和党组织剪影”主题展览，生动展现学校百年校史中优秀共产党员群体和党组织的奋斗故事。修缮厦门大学革命史展览馆并印制展馆宣传册，为校内外开展党史校史教育培训提供阵地保障。组织召开厦门大学学习习近平总书记“七一”

重要讲话精神动员暨“两优一先”表彰大会。做好全国、全省和全省高校“两优一先”表彰对象的推荐工作，获评1名全省优秀共产党员、1个全省先进基层党组织和5名全省高校优秀共产党员、7名全省高校优秀党务工作者、6个全省高校先进基层党组织。在全校表彰100名优秀共产党员、28名优秀党务工作者和29个先进基层党组织，树立先进典型，激励全校广大基层党组织和党员在新时代奋发进取、砥砺前行。在厦门大学强国号上设置“红色领航”和“南强先锋”两个专栏，推送学校优秀个人和先进集体的事迹。为全校292名符合条件的老党员颁发中共中央“光荣在党50年”纪念章。在“七一”前后集中开展生活困难党员、老党员走访慰问工作，针对生活特别困难党员建立帮扶工作计划，传达学校党组织的关怀，广泛凝聚力量。

基层党建工作责任层层压实。深入学习宣传贯彻《中国共产党组织工作条例》《中国共产党普通高等学校基层组织工作条例》《中国共产党党徽党旗条例》等中央文件精神，在全校范围内做好文件的解读和培训工作，出台《中共厦门大学委员会贯彻落实〈中国共产党普通高等学校基层组织工作条例〉责任清单》，以工作清单的形式向基层党委（党总支）提要求并将其纳入年底党建督查的重要内容。制定《中共厦门大学委员会关于深入学习贯彻第二十七次全国高校党的建设工作会议精神的工作方案》，利用召开学校党建工作暨全面从严治党警示教育大会、发展党员工作专项调研、基层党委（党总支）党务秘书（组织员）培训等契机，对方案内容要求进一步解读、阐述，推动全校各单位贯彻落实好第二十七次全国高校党的建设工作会议精神。结合学校党建工作实际，出台《中共厦门大学委员会加强所属企业党的建设工作的若干措施》《中共厦门大学委员会关于加强直属医院党的建设工作实施办法》《关于研究院党的建设和思想政治工作若干问题的答复意见》等文件，从制度层面加强学校基层党建规范管理，推进党的工作从“有形全覆盖”到“有效全覆盖”。编印《党建工作文件选编（2021）》《厦门大学基层党委（党总支）书记工作指导手册》《厦门大学党支部工作指导手册》《厦门大学党员教育典型案例选编》《厦门大学特色党支部建设情况选编》，为基层党组织书记切实履行党建工作主体责任提供遵循，提升学校基层党建工作标准化、规范化、制度化水平。抓好基层党组织书记抓基层党建工作述职评议考核，实现基层党委（党总支）书记现场述职新一轮全覆盖。强化考核结果运用，举办党委党校（第176期）党建工作能力强化班，调训2020年度述职评议考核排名靠后以及新履职的基层党委（党总支）书记、副书记和党务秘书，进一步强化党建工作能力，持续提升基层党组织建设质量。与教育部直属高校党建工作联络员陈子辰同志建立常态化联系机制，陈子辰同志受邀以入校调研和线上参会等形式多次指导学校基层党建工作。健全校内基层党建工作联络机制，增聘2名学校基层党建工作联络员，共17名联络员指导覆盖40个基层单位党建和思想政治工作。

基层党组织组织力切实提升。深入学习贯彻党的十九届六中全会精神，召开厦门大学党建工作暨全面从严治党警示教育大会，明确当前和今后一段时期学校党的建设标准要求，分析学校党的建设和全面从严治党存在的问题和不足，提出新时期加强学校党的建设和全面从严治党新思路新举措。开展到期应换届基层党组织排查并建立信息台账，编写换届选举工作指导材料，印发《关于做好党支部委员会换届选举工作的通知》，指导基层党组织有序规范地开展换届选举工作。组织并推进覆盖全校的基层党组织“学习·诊断·建设”行动，通过扎实开展学习行动提高思想认识、有序推进诊断行动建立工作台账、深入落实建设行动逐项抓好解决，进一步提升学校基层党组织组织力。围绕学校中心工作和党建工作任务，开展2021年党支部工作“立项活动”，评选校级立项145个、院级立项290个。按照培养计划深化落实“扬才计划”学生党支部书记培训班的各项任务，持续打造“扬才先锋”党建品牌，“扬才班”学员在建党、建校百年系列活动中发挥出先锋模范作用，扬才先锋党支部的活动获新闻联播、央视新闻直播间等节目以及中国教育电视台、中国教育报等社会媒体的关注报道。在疫情防控和乡村振兴等中心任务中充分发挥全校基层党组织和党员先锋模范作用，“党建+扶贫”方式为学校对口扶贫的隆德县和光泽县提供了切实帮助；9月福建省爆发本土疫情时，坚决贯彻落实学校党委的安排部署，印发《关于在疫情防控工作中充分发挥全校各级党组织战斗堡垒作用和广大党员先锋模范作用的通知》，号召并组织全校各级党组织和全体党员上下同心、和衷共济，抗击疫情。

党员发展教育管理工作扎实开展。根据发展党员工作新形势新要求，通过开展全校基层党委（党总支）全覆盖式实地调研访谈、召开发展党员工作推进会等方式，加强工作指导和跟踪调度，督促基层单位按时完成发展党员计划。修订并印发《厦门大学发展党员工作实施细则（2021年修订）》，继续落实发展党员“二级预审”制度，进一步规范全校发展党员工作。本年度共发展党员3419人，其中专任教师党员16人、学生3344人，其中新发展专任教师党员中包括1名学校引进的海外留学归国高层次青年人才（教授）。以“三会一课”制度和“固定党日+”活动为载体，组织广大党员深入学习习近平总书记在庆祝中国共产党成立100周年大会上的重要讲话精神和习近平总书记致厦门大学建校100周年重要贺信精神，教育引导广大党员学深悟透、真懂真信，激发开启新百年、奋进新征程的干劲激情。扎实开展2020年度校级领导班子民主生活会、中层以上党员领导干部民主生活会、组织生活会和民主评议党员等工作，进一步严肃党内政治生活，提振全校党员师生特别是党员领导干部的精气神。组织全校广大党员学习观看专题节目《榜样5》《榜样6》《绝密使命》，开展向孙丽美、陈炜同志学习活动，汲取榜样精神力量,学习革命精神。探索党员学习教育培训新模式,举办“扬才开讲了”第三季——“回望百年路,赶考新征程”主题微党课报告会,以“中国共产党人的精神谱系”为主线,为全校师生党员带来一场题材多样、内容丰富、形式灵活、融理于情、情理交融的党史学习教育微党课盛宴;“扬才计划”学员、经济学院学生张萌通过前期的全国选拔,参与了由教育部高教司等单位联合举办的视频微党课“红色文物青年说”的节目录制,以《古田会议纪念馆中的三个“第一”》为题进行演讲,微党课在央视网上播出。组织全校35名党务秘书、专职组织员参加全国高校组织员网络培训示范班,组织399名学生党支部书记参加全国高校基层党组织书记党史学习教育专题网络培训,举办3期基层党务工作者培训班,进一步提升基层党务工作者的政治素质和业务能力。切实规范学校党员组织关系管理,修订《关于进一步加强党员组织关系管理的规定》,认真做好新进党员资格审查和毕业生党员组织关系转出工作,严肃处置不合格党员,保证党员队伍的纯洁性和先进性。扎实推进学校出席省委教育工委党代表会议14名代表和省第十一次党代会2名代表的基层民主推荐、酝酿协商、党委全委会选举、考察公示、材料报送以及会务保障等工作。

党内工作经费用出实效。坚持统筹安排、量入为出、收支平衡、略有结余的原则,严格按照中央、省委有关规定做好党费收缴、使用和管理工作。及时制定全校党员党费交纳标准,按时做好党费收缴、上缴、回拨等工作。坚持把党费主要作为党员教育经费的补充,遵循党费使用五项基本用途,按照《厦门大学党费使用和管理办法》明确的范围使用学校党费,做好征订党内学习材料、划拨厦门大学党史学习教育专项经费、拨付党员教育培训补助专项经费、划拨支持隆德县组织工作专项资金等工作。严格规范党费支出和报销的审批程序,严把全校基层党组织和党员外出活动规定标准和认定条件,确保遵循组织和财务管理相关规定。及时研究使用、下拨省委教育工委拨付的征订学习材料、慰问生活困难党员、支持疫情防控等专项党费,严格专项专款专用,合理配套资金,做到精细精准、规范有效。对精准配套到党支部使用的党支部工作和活动专项经费,坚持专项使用,提高经费使用效率,充分发挥经费对基层党建工作的支撑作用,进一步增强基层党组织的活力和创新力。

学校党建示范创建工作持续深化。建立学校党委领导、党委部门协调、学院党委指导、基层党支部落实的工作机制,扎实推进新时代高校党建“双创”工作,总结全省高校教师党建工作示范点和全省党建工作6个“标杆院系”、77个“样板支部”、2个“双带头人”教师党支部书记工作室培育创建单位的建设情况,完成10个厦门大学党建工作示范点验收和10个厦门大学“双带头人”教师党支部书记工作室建设年度考核工作。学校党委入选全省党建工作示范高校,新增第二批全国高校“双带头人”教师党支部书记工作室1个、全省第三批高校“双带头人”教师党支部书记工作室3个、全国高校“百个研究生样板党支部”1个,学校党建示范创建工作获人民网、学习强国平台等媒体报道,切实发挥党建工作成果示范引领作用。学校课题组撰写的论文《“近邻党建”模式下高校党建深度融合社区治理的实践探索——以厦门大学开展社区防疫党员志愿服务为例》获2020年度福建省党建课题调研优秀成果一等奖,为高校党建和社区党建提供可参考可借鉴的党建融合新范式。设立并评选“厦门大学党建提升和管理创新奖”,授予4个工作团队该奖项并组织交流发言,激励广大党员干部投身学校事业干事创业的积极性,进一步提升学校党建工作和行政管理水平。

领导班子整体功能持续增强。按照“一院一册”原则开展学院(研究院)、部分直属单位领导班子和干部队伍建设情况调研,全面客观地分析、掌握班子现状和运行状态,形成32册二级单位领导班子和干部队伍建设情况报告,对领导班子进行综合研判、提前谋划。突出政治强、业务好、品行优、在师生中有威望的要求,选优配强各级领导班子特别是党政正职,组织开展二级学院行政领导班子配备和换届选任工作,完成了外文学院、艺术学院、经济学院、管理学院、王亚南经济研究院、台湾研究院、体育教学部、数学科学学院、航空航天学院、化学化工学院、材料学院、海洋与地球学院、环境与生态学院、建筑与土木工程学院、生命科学学院、公共卫生学院等16个学院(研究院)行政班子换届工作,启动了国际关系学院/南洋研究院、药学院2个学院(研究院)行政班子副职换届工作,开展法学院、国际中文教育学院/海外教育学院行政班子谈话调研工作。强化基层党委(党总支)领导班子建设,完成4个基层党委换届工作。

选人用人工作制度不断完善。根据中央及教育部、福建省委关于选人用人工作有关制度的新要求新精神,进一步修订完善补充一批与上位法匹配、符合学校实际的制度,制定出台《厦门大学中层领导人员政治把关和政治素质考察实施细则(试行)》,细化负面清单,强化政治把关;修订《厦门大学关于严格规范中层领导人员兼职及参加各类研讨会和论坛的管理办法》;研究制定《厦门大学中层领导人员考核工作办法(试行)》《厦门大学年轻干部培养工作实施细则》《关于在研究确定评奖评优评先对象前征求相关职能部门意见的规定》《厦门大学教师干部挂职借调管理办法(试行)》《厦门大学挂职借调教师干部工作生活保障办法(试行)》以及《厦门大学二级单位党政领导班子成员分工调整报备工作规程》《厦门大学二级学院内设系级教学单位负责人选拔任用工作规程》等制度规定;研究制订《厦门大学地方研究院人员管理办法(试行)》,进一步健全完善有利于党管干部、选贤任能的干部选拔任用制度保障。

干部选拔任用工作扎实推进。严格干部考察选任程序,落实“凡提四必”要求,采取组织选拔方式共提任66名中层领导人员,其中正处级12人、副处级54人,共聘任中层正职

1人。做好试用期满考核工作，完成33名2020年新提任中层领导人员的试用期满考核工作，考核结果均为胜任现职。完成1批科级干部选任工作，共提拔、调整科级干部30人，其中提拔正科级干部8人、副科级干部21人、平级轮岗1人，新启动1批科级干部选任工作。按照人岗相适、人事相宜的原则，统筹推进干部交流轮岗，本年度共对44名中层领导人员进行交流轮岗，其中正处级17人、副处级27人；对19名科级干部进行交流轮岗，其中正科级12人、副科级7人。完成3个学院系级教学单位行政班子换届及系级负责人调整工作，共批复任命15名系级单位负责人。

干部挂职、外派及交流工作深入开展。积极选派干部教师参加定点帮扶乡村振兴、援藏等国家和地方重点任务，选派1名干部作为挂职轮换人选赴定点扶贫县隆德县挂职担任县委常委、副县长；选派1名干部作为中组部第九批援藏干部人才赴西藏民族大学援教；选派2名干部担任福建省第六批驻村第一书记。积极为干部教师拓展锻炼平台，共推荐选派20名干部教师赴教育部、福建团省委机关等单位挂职锻炼或借调工作；选派22名干部教师参加厦门市挂职项目；选派3名教师到附属中小学挂职锻炼；选拔40名中青年教师到机关职能部门挂职锻炼。会同孔子学院办公室办理6名孔子学院中方院长留任事宜、新选派2名教授担任孔子学院中方院长。会同相关单位做好接收南京市江宁区、贵州师范大学、闽南师范大学、南阳师范学院等派出的8名干部来校挂职有关工作。积极推进地方和高校之间的干部交流，推荐2名干部交流提任至省属高校担任领导职务。

干部教育培训工作提质增效。选派干部、教师29人次参加各级各类学习培训。其中，9人次参加中管金融企业、中管企业、中管高校领导人员提高政治能力专题培训班，1人次参加省部级干部构建新发展格局专题研讨班，1人次参加中组部省部级干部“弘扬井冈山精神，提高调查研究能力”专题培训班，1人次参加中组部举办的中青年干部培训班，2人次参加2021年高校高层次人才研修班；选派1人次参加教育部举办的2021年高校党委组织部长线上培训班，1人次参加全国高校组织员示范培训班，1人次参加教育部第六十一期高校中青年干部培训班，1人次参加全国高校教师党支部书记“双带头人”线上高级研修班，1人次参加全国干教系统“学习贯彻党的十九届五中全会精神，抓好干部教育培训《规划》贯彻落实”专题研讨班，1人次参加全国高校院系党组织书记示范培训班；选派1人次参加全省高校领导干部高级研修班，1人次参加全省高校领导干部办学治校能力专题研讨班，5人次参加第七期全省高校教师党支部书记培训示范班，1人次参加福建省高校思想政治工作骨干党史学习教育专题网络培训班；选派1人次参加厦门市科级女干部培训班。

干部监督管理落实落细。做好中层领导人员社会兼职审批管理，严格执行中组部、教育部和学校关于中层领导人员社会兼职的有关规定，共对59名中层领导人员所报63项兼职进行审批。做好校领导、机关职能部门、直属机构、附属翔安医院、嘉庚学院领导班子成员共148人集中填报领导干部个人报告的有关工作。完善《领导干部个人有关事项报告审核要点》等辅助材料，实行填报前集中培训说明全覆盖、报告表依据材料提交全覆盖、录入签报表深度审核全覆盖的“三个全覆盖”，加强领导干部个人有关事项报告表审核力度。做好年度随机抽查和重点抽查工作，共随机抽查核实15人、重点抽查核实30人，已收到查核结果并完成比对处理共42人，基本一致41人，一致率97.6%，较上一年度提升11.5%。

（叶秀蓉　陈霄巍　林志伟　赵智超）

【党建“双创”工作获佳绩】　8月，管理学院企业管理系2019级硕士党支部入选第二批全国高校“百个研究生样板党支部”，经济学院财政系教工党支部书记工作室、微电子与集成电路系师生联合党支部书记工作室、海洋与地球学院海洋生物技术教工党支部书记工作室入选全省第三批高校“双带头人”教师党支部书记工作室建设名单，厦门大学党委通过全省教师党建工作示范点验收并入选全省党建工作示范高校。（林志伟）

【获全省党建重点课题调研成果一等奖】　3月，由组织部/党建办撰写的《“近邻党建”模式下高校党建深度融合社区治理的实践探索》一文，荣获2020年度福建省党建重点课题调研成果一等奖。（林志伟）

【首次评选党建提升和管理创新奖】　8—11月，校党委首次评选“厦门大学党建提升和管理创新奖”，授予4个工作团队2021年度奖项并组织交流发言，激励广大党员干部投身学校事业干事创业的积极性，进一步提升学校党建工作和行政管理水平。

（林志伟）

【召开学习习近平总书记“七一”重要讲话精神动员暨“两优一先”表彰大会】　7月1日，校党委召开厦门大学学习习近平总书记“七一”重要讲话精神动员暨“两优一先”表彰大会，在全校表彰100名优秀共产党员、28名优秀党务工作者和29个先进基层党组织，树立先进典型，激励全校广大基层党组织和党员在新时代奋发进取、砥砺前行。（林志伟）

【召开党建工作暨全面从严治党警示教育大会】　11月17日，校党委召开厦门大学党建工作暨全面从严治党警示教育大会，明确当前和今后一段时期学校党的建设标准要求，分析学校党的建设和全面从严治党存在的问题和不足，提出新时期加强学校党的建设和全面从严治党新思路、新举措。（林志伟）

附 录

厦门大学党委下属二级党组织

基层党委(共 38 个)		
人文学院党委	新闻传播学院党委	外文学院党委
艺术学院党委	电影学院党委	国际中文教育学院/海外教育学院党委
国际学院党委	经济学院党委	管理学院党委
法学院党委	公共事务学院党委	社会与人类学院党委
马克思主义学院党委	国际关系学院/南洋研究院党委	台湾研究院党委
教育研究院党委	体育教学部党委	数学科学学院党委
物理科学与技术学院党委	航空航天学院党委	化学化工学院党委
材料学院党委	海洋与地球学院党委	环境与生态学院党委
信息学院党委	建筑与土木工程学院党委	能源学院党委
电子科学与技术学院党委	生命科学学院党委	医学院党委
公共卫生学院党委	药学院党委	机关党委
图书馆党委	资产经营有限公司党委	后勤集团党委
嘉庚学院党委	附属翔安医院党委	
基层党总支(共 5 个)		
创意与创新学院党总支	继续教育学院党总支	离休干部党总支
国际学术交流中心党总支	出版社党总支	

宣传工作

【概况】 年内,党委宣传部坚持以习近平新时代中国特色社会主义思想为指导,深入贯彻党的十九大和十九届历次全会精神,以习近平总书记致厦门大学建校100周年重要贺信精神为引领,紧密结合建党百年和建校百年,牢牢把握"两个确立"的决定性意义,进一步增强"四个意识"、坚定"四个自信"、做到"两个维护",立足新百年起点切实做好做强新形势下宣传思想工作。

强化政治引领,坚持用习近平新时代中国特色社会主义思想固本培元。把学习贯彻习近平新时代中国特色社会主义思想作为首要政治任务抓实抓好,结合全国两会、建党百年、十九届六中全会等重要时间节点,依托校院两级理论学习中心组,党支部"三会一课"、"固定党日+"活动、师生"双周政治理论学习"等载体平台,构建理论学习体系。认真学习深刻领会习近平同志在厦门大学建校80周年、90周年、100周年的重要讲话和贺信精神。发布《关于深入学习宣传贯彻党的十九届六中全会精神的通知》,组建党的十九届六中全会精神宣讲团,策划推出《南强微讲堂》专栏,多角度多方位阐释全会精神。制定发布《中共厦门大学委员会关于进一步加强和改进理论学习中心组学习的实施意见》,修订《中共厦门大学委员会理论学习中心组学习规则》,进一步规范校院两级理论学习中心组学习。累计举办16次校党委理论学习中心组学习,编印10期《理论宣传月报》,制作12期《南强微讲堂》全会精神宣讲视频。

坚持正本清源,压紧压实意识形态工作主体责任。以中央巡视意识形态专项整改为契机,补齐意识形态工作短板,完善意识形态工作长效机制。建立健全意识形态工作领导小组议事机制、意识形态工作联席会议制度。全年校党委常委会7次研究意识形态工作。召开意识形态工作领导小组会2次,召开意识形态工作联席会议3次。7月28—30日举办"提高政治能力 守好意识形态阵地"专题研修班。11月2日,召开意识形态工作专题会。制定出台《厦门大学党委网络意识形态工作责任制实施细则》《厦门大学网络舆情分级预警及联动处置工作机制》《厦门大学内部资料性出版物管理办法(试行)》等,进一步加强内部资料出版物、境外来源科研项目、会议管理、出版工作等各类意识形态阵地管理。持续推进日报、周报、专报舆情报送制度建设,累计报送日报 62 期、周报 24 期。同时,作为中宣部、教育部的舆情机制单位,累计报送专报 27 篇。

着力提质增效,高质量高标准开展党史学习教育。坚持以习近平新时代中国特色社会主义思想为指导,认真贯彻落实党中央决策部署,按照学史明理、学史增信、学史崇德、学史力行的要求,制定实施《厦门大学党史学习教育实施方案》,坚持以习近平总书记致厦门大学建校 100 周年重要贺信精神领航,在教育部党史学习教育高校第九指导组指导下,按阶段分层次扎实稳步推进党史学习教育。组建“厦门大学党史学习教育宣讲团”。举办“囊萤星火 扬才先锋”党史学习教育联学党课。深入开展“党史中的厦大”主题宣传。推出《党史中的厦大》报道专栏,精心打造校史情景舞台剧《南强红笺》、《毛泽东诗词》交响组歌、“厦大校园里的红色记忆 精神谱系中的党史力量”系列绘画与设计作品展系列绘画等艺术党课。在指导组开展的测评中,师生代表对厦门大学党史学习教育评价“好”的比率为 95.81%,“好”和“较好”累计比率为 99.55%。

坚持守正创新,做大做强正面宣传。年内,我校日常在各大主流媒体发稿四千多篇(次),在央视、新华社、《人民日报》《光明日报》等国家主流媒体进行重点报道和深度报道 80 余次(篇)。厦门大学主页/新闻网全年累计发布稿件 2600 余篇,精心打造“厦门大学百年校庆网站”,累计发布 500 余篇文章,上线“厦门大学党史学习教育专题网站”,发稿 600 余篇。《厦门大学报》编辑部全年编辑报纸 43 期,开设“南强快评”专栏发文 12 篇,开办“学者风采”专栏发稿 13 篇。新闻中心全年直播 36 场,视频融媒平台在线观看总人次 1586 万;拍摄新闻 283 场次,制作各类短视频和专题节目 129 部,视频融媒平台矩阵共推送 769 条,视频累计点击播放量达 3.47 亿。厦大电台全年共制作新闻节目 145 期、资讯节目 146 期、专题节目 120 期,网易云音乐平台厦大电台号已发展至 1.8 万多的订阅量。官方微信入选首批高校思政类公众号重点建设名单,并在中国青年报社发布的榜单中,获评“2020—2021 年度中国大学官微十强”。官方微博在微博“V 影响力峰会”上,被评为“2021 最具影响力校园官微”。官方视频号获 2021 年度卓越影响力高校视频号称号。

坚持以文化人,浓厚校园文化氛围。精心筹备“南方之强”庆祝建校 100 周年文艺晚会,深层次展示百年办学深厚历史积淀和建设发展成果。坚持组织“我们的节日”系列活动,挖掘中华优秀传统文化中蕴含的丰富思想政治教育资源和当代价值。创排校史情景舞台剧《南强红笺》,排演原创话剧《遥望海天月》《长汀往事》,拍摄科协项目话剧《哥德巴赫猜想》短片。完善展馆设施建设,持续推进王亚南纪念馆筹建工作。 (赖炜芳)

【推进中央巡视意识形态专项整改】 年内,以《关于专项检查厦门大学党委落实意识形态工作责任制情况的反馈意见》指出的 13 大类问题为依据,制定意识形态专项整改工作方案,形成 78 项整改措施。建立健全意识形态工作领导小组议事机制、意识形态工作联席会议制度,加强党委统筹领导和各部门的协调配合。建立意识形态工作重点联系机制,有针对性地指导基层意识形态工作。

(赖炜芳)

【高位推进百年校庆主题宣传】 年内,紧扣“弘扬嘉庚精神 奋进一流征程”主题,深入挖掘“百年厦大”优良传统的精神内核和时代内涵,全面总结百年厦大的发展历程和办学成就。据不完全统计,中央省市等主流媒体共刊播百年校庆相关报道 3000 余篇(条)。《光明日报》《中国教育报》《福建日报》均在头版刊发深度通讯,聚焦厦门大学百年建设。《人民日报》整版介绍学校百年办学发展。《中国新闻周刊》《瞭望》发表书记、校长署名文章,系统梳理厦门大学建校百年来的发展脉络、办学理念。 (欧阳桂莲)

【党史学习教育受主流媒体关注】 年内,学校党史学习教育在全国主流媒体报道共计 100 多篇次(原始发稿量)。其中,在央视“新闻联播”“新闻直播间”“文化十分”等栏目亮相 5 次。6 月 20 日,央视“新闻联播”报道厦门大学把为党育人、为国育才的使命担当贯彻到教育教学管理服务的每一个环节。3 月 16 日,《福建日报》头版刊发《囊萤之光引领一流大学建设》深度通讯。6 月 9 日,中央党史学习教育官网刊发《厦门大学:创新形式扎实开展党史学习教育》深度通讯。8 月 4 日,《光明日报》整版刊发专稿,以《怀抱赤子之心 投身壮阔时代洪流——厦门大学深入学习贯彻习近平总书记贺信精神纪实》为主体文章,深度报道学校党史学习教育开展情况。12 月 17 日,《人民日报》刊发《不断把为人民造福事业推向前进(奋斗百年路 启航新征程 学党史 悟思想 办实事 开新局)》。 (欧阳桂莲)

【学校官方微信公众号入选全国“首批高校思政类公众号重点建设名单”】 5 月 27 日,中央宣传部、中央网信办、教育部、共青团中央四部委联合发文,公布了首批高校思政类公众号重点建设名单,学校官方微信公众号入选。 (张 夏)

【校园媒体新闻作品获佳绩】 年内,在 2021 年度高校影视作品交流展映活动中,厦门大学党委宣传部报送的 12 部短视频作品获奖,其中一等奖 5 项、二等奖 5 项、三等奖 2 项。其中,《习近平总书记致信祝贺厦门大学建校 100 周年 庆祝厦门大学建校 100 周年大会隆重举行》获新闻类一等奖,《点亮〈厦门大学 2021 招生宣传片〉》获学校形象宣传片类一等奖,《南强回响|嘉庚建筑一百秒:群贤楼群》获专题类一等奖,《归雁》获纪录片类一等奖,《厦门大学思明校区航拍(百年校庆)》获短视频类一等奖。

(杜 筠)

统战工作

【概况】 年内,统战部在校党委的领导下,以习近平新时代中国特色社会主义思想为指导,认真学习贯彻十九届六中全会精神,深入学习习近平总书记关于加强和改进统一战线工作的重要思想,学习贯彻习近平总书记“七一”重要讲话精神和习近平总书记致厦门大学建校100周年贺信精神,学习宣传贯彻《中国共产党统一战线工作条例》(以下简称《条例》),按照党中央决策部署和教育部党组、福建省委工作要求,巩固和发展学校最广泛的爱国统一战线,坚定统一战线成员“永远跟党走”的理想信念,不断增强“四个意识”、坚定“四个自信”、做到“两个维护”。积极构建大统战工作格局,团结带领广大统一战线成员,在建党100周年,学校“百年校庆”、推进“双一流”建设以及服务国家和地方发展中发挥积极作用,为新时代新征程实现党的既定目标凝聚更加广泛、更加持久、更加强劲的磅礴力量。

截至12月31日,学校有各级人大代表16人,各级政协委员39人,其中,全国人大代表2人,全国政协常委1人,省人大代表1人,省政协委员7人。学校8个民主党派齐全,共有成员563人;有无党派人士49人;有4个统战团体,共有成员895人。

深入学习宣传贯彻《条例》。根据中央统战部《关于深入学习贯彻〈中国共产党统一战线工作条例〉的通知》(统发〔2021〕5号)和全国、省统战部长会议精神,校党委召开党委常委会、校统一战线工作领导小组会议,深入学习习近平总书记关于加强和改进统一战线工作的重要思想,贯彻落实《条例》精神,研究部署今年重点工作,并根据《条例》要求对学校统一战线工作领导小组成员作出调整。举办党委党校第178期暨社会主义学院第7期学习《中国共产党统一战线工作条例》培训班,印发《关于深入学习贯彻〈中国共产党统一战线工作条例〉的通知》《在全校统一战线中开展学习贯彻〈中国共产党统一战线工作条例〉的通知》,组织各基层党委(党总支)、各党派团体深刻领会贯彻《条例》,不断推动《条例》精神落地生根见效。

聚焦庆祝建党100周年。组织我校各民主党派、统战团体负责人集中收看庆祝中国共产党成立100周年大会盛况,召开统一战线成员学习习近平总书记“七一”重要讲话精神座谈会,认真学习习近平总书记的重要讲话,共同回顾中国共产党百年奋斗的光辉历程,共同庆祝中国共产党百年华诞。在全校统一战线中开展庆祝建党100周年“同心跟党走 共筑中国梦”系列活动。支持厦门大学党派团体联合举办学习习近平总书记“七一”重要讲话精神专题学习会;支持民革厦大总支赴江苏省开展“跟党走 践初心”实践教育活动;支持民进厦门大学总支开展“学百年党史 忆百年校史”主题学习教育活动;支持致公党厦大总支举办中国共产党百年庆典观礼感受分享座谈会;支持九三学社厦大基层委员会赴华侨博物院参观庆祝建党百年主题展览;支持台盟厦大支部举行学习习近平总书记在庆祝中国共产党成立100周年大会上的重要讲话精神交流会;支持厦大侨联参观“陈嘉庚与中国共产党”主题展。

加强党派团体自身建设。在思想建设方面,召开学校民主党派、统战团体负责人座谈会,引导学校民主党派、统战团体负责人准确把握《条例》新提法、新要求,牢记多党合作初心,继续弘扬多党合作的优良传统,按照“四新”“三好”要求,不断加强自身建设,努力成为新时代高素质中国特色社会主义参政党。在组织建设方面,做好民进厦大总支、台盟厦大支部、农工党厦大总支和厦大侨联的换届工作。在人才队伍建设方面,进一步加强与党派省委、市委的沟通联系,做好新一届党派省委、市委候选人的推荐工作,向市委统战部推荐民主党派市委会换届候选人8人。

积极做好政协委员小组工作。一是做好市、区政协的换届工作。从教育界别,推荐学校3人作为第十四届厦门市政协委员候选人,2人推荐为第九届思明区政协委员候选人,并协助做好学校教师从其他界别推荐为新一届市、区人大、政协候选人的材料报送工作。二是努力为政协委员参政议政提供支持。组织政协委员参加各级政协全委会、常委会。印发《关于协助征集各级政协提案素材的通知》,协助政协委员做好提案工作,两会期间,学校共提交市级以上政协委员提案和大会发言材料30件,并会同宣传部在校报推出两会专栏“厦大代表、委员履职尽责,参政议政”和“代表、委员议国是”,选登一批有代表性的全国、省、市人大、政协提(议)案摘要及精彩发言。三是以政协委员小组形式开展考察调研。组织省政协委员、民主党派负责人、党外知识分子代表赴泉州开展主题为“疫情背景下福建民营企业面对的机遇和挑战”的考察调研,并形成调研报告《泉州市制造业转型升级面临的风险挑战与政策建议》上报福建省政协。

认真做好民族宗教工作。校党委召开常委会,深入学习中央民族工作会议精神和全国宗教会议精神,并根据相关要求,对宗教工作领导小组成员进行调整。根据教育部《深化新时代学校民族团结进步教育指导纲要》,牵头做好学校相关评估工作,并提出改进措施,切实做好民族团结进步教育工作。坚决贯彻落实中央、教育部、省委关于宗教工作的决策部署,根据中央第七轮巡视反馈意见和工作要求,落实整改责任,完成整改任务。积极做好“导”的工作,对师生加大宗教相关法律法规和校纪校规教育,加强校内外联防联控联动,做好抵御和防范校园宗教渗透常态化工作。

认真做好港澳台海外统战和侨务工作。积极引导,加强联谊,广泛团结港澳台侨同胞。承办2021年厦门高校港澳学生“同心·逐梦”国情考察实践活动,组织厦门大学、华侨大学和集美大学三所高校的港澳优秀青年学生赴漳州、东山参观研学,增强港澳青年对中国国情、党史知识、中华优秀传统文化的了解，提升港澳籍学生的国家观念和民族自豪感。举办厦门大学侨联第十次会员大会暨侨联成立四十周年纪念大会，讲述厦门大学与华人华侨的深厚情缘，回顾厦大侨联走过的40年历程，进一步凝聚侨心、汇聚侨力。支持厦大侨联与厦门侨商会共建“产学研合作基地”，搭建校企合作平台，推动产学研合作新模式。协助中国侨联在学校举办“2021年海外华商‘一带一路’暨中国国情研修班”“侨连五洲·海外联谊研修班（13期）暨嘉庚精神研修班（3期）”。

积极做好统战理论研究和信息工作。发挥党外知识分子学科专业优势，引导他们紧紧围绕“十四五”规划目标任务、福建全方位高质量发展超越等重大问题，深入开展调研，积极撰写统战课题报告和提供统战信息。组织申报2021年度“我为建设新福建献良策”课题，完成重点立项3个，一般立项5个；组织申报省委统战部B类人文社科课题项目和厦门市委统战部重点课题及理论研究项目，完成9个课题申报。向省政协、省委统战部报送统战信息共33件。推荐1名教师作为福建省政协2021—2022年度社情民意特邀信息员。

组织动员统一战线成员同心抗疫。9月，厦门市抗击新冠肺炎疫情阻击战打响后，统战部认真落实党中央、省委、市委和校党委的决策部署，组织全校统一战线成员积极响应、闻令而动，以勇于担当的使命感和时不我待的紧迫感，投入抗击疫情的最前线，各尽其责、各展所能、汇聚力量。学校统战干部牢记政治责任，争做先锋模范，积极开展统一战线疫情防控工作的协调部署，带头深入基层一线承担学校疫情防控工作。全校统一战线成员努力通过支援一线、志愿服务、建言献策、捐款赠物、科学防控、线上授课等多种方式，支持学校抗疫政策，为打赢这场疫情防控战贡献厦大统战力量。

统一战线集体和个人荣获多项表彰。年内，厦门大学统一战线成员荣获多项表彰荣誉。统战部、闽侨智库厦门大学研究中心荣获2020年度全省侨联系统信息传播先进集体特等奖；焦念志院士（民盟盟员）荣获“各民主党派、工商联、无党派人士为全面建成小康社会作贡献先进个人”；林圣彩教授（无党派人士）、谢素原教授（民盟盟员）当选中国科学院院士；郑振满教授（无党派人士）获评福建省第六届杰出人民教师；夏宁邵教授（无党派人士）获评第六届“全国杰出专业技术人才”；王野教授（无党派人士）获评2021年福建省“最美科技工作者”；夏超教授（无党派人士）荣获第十六届福建省青年科技奖；周忠华教授（九三学社社员）获评第七届福建省优秀科技工作者；姚俊峰教授荣获2021年“中国侨联特聘专家委员会建言献策奖”一等奖。

（黄　乐　杨　康）

【举办“侨与厦大百年”系列活动】 4月6—7日，在厦门大学百年华诞之际，举办“侨与厦大百年”系列活动。此次活动作为厦大百年校庆主要活动之一，主要包括“侨与厦大百年”高峰论坛、“厦大百年　共谋发展”圆桌会议、厦门大学“华侨之家”改造落成揭牌仪式等。中国侨联党组成员、副主席隋军出席“侨与厦大百年”高峰论坛并讲话，她充分肯定了厦门大学在侨务工作方面作出的积极贡献，并希望学校在新百年征程中继续弘扬嘉庚精神，广泛凝聚侨界智慧和力量，推动侨务理论和实践创新发展，推动构建人类命运共同体。论坛期间，厦大侨联还与厦门市侨商会共建“产学研合作基地”，打造“高校侨联＋高校＋侨商会”新模式。（黄　乐）

【召开统一战线工作领导小组会议】 4月27日，召开统一战线工作领导小组会议，深入学习贯彻习近平总书记关于加强和改进统一战线工作的重要思想，贯彻落实《中国共产党统一战线工作条例》，研究部署2021年重点工作，并根据要求对学校统一战线工作领导小组成员作出调整。会议指出，厦门大学作为一所高水平重点大学，各类统战群体较多，做好统战工作意义重大、责任重大。学校统一战线工作领导小组各成员单位和单位负责人要进一步强化统战意识，在认真学习领会党中央最新精神的基础上，结合各单位工作特点，创新开展新时期的统战工作，进一步凝聚起推动学校在新百年实现高质量发展的强大合力。（黄　乐）

【举办学习《中国共产党统一战线工作条例》培训班】 5—7月，举办党委党校第178期暨社会主义学院第7期学习《中国共产党统一战线工作条例》培训班，组织学校统一战线工作领导小组成员、各基层党委（党总支）统战委员、各民主党派、统战团体负责人共75人参加学习，校党委常务副书记李建发出席并做开班动员讲话。李建发表示，要认真抓好《条例》的学习教育、宣传阐释、贯彻落实工作，在加强思想引领中广泛凝聚共识，在应对风险挑战中增强斗争本领，不断提升政治判断力、政治领悟力、政治执行力，切实把统战法宝继承好、掌握好、运用好，努力开创全校统战工作新局面。培训班共举办专题讲座4场，赴东山实践教学1次，既深入进行党史学习教育，又深入掌握《条例》精神实质。学员们纷纷表示此次培训班收获颇多，通过专题讲座和实践教学等环节，全面系统地学习统战理论方针政策，更加深刻理解了做好新时代统一战线工作的重要性，在以后的工作中，将以习近平总书记致厦门大学建校100周年重要贺信精神为指导，紧密结合基层实际情况，提高统战意识，把贯彻落实《条例》与“十四五”规划目标任务和学校“双一流”建设任务相结合，努力把学习成效转化为工作实效，进一步统筹统战领域各方优势，最大限度发挥统一战线法宝作用。（黄　乐）

【召开学习习近平总书记“七一”重要讲话精神座谈会】 7月8日，召开统一战线成员学习习近平总书记“七一”重要讲话精神座谈会，共同回顾中国共产党百年伟大奋斗历程，畅谈统一战线与党携手同心、砥砺前行的光辉历程，进一步凝聚共识、汇聚力量。校党委副书记、纪委书记全海强调，全校统一战线要迅速行动起来，认真学习贯彻习近平总书记“七一”重要讲话精神，发扬优良传统，坚守合作初心，凝聚合作共识，把学校中心工作所需与统一战线所长结合起来，为新百年作出新的更大贡献。会上，致公党厦门市委原副主委，公共事务学院教授李明欢，分享了在天安门现场聆听庆祝大会的感受与体会。随后，民革厦大总支副主委傅馨、民进厦大总支副主委张正泓、九三学社厦大委员会主委任斌、台盟厦门大学支部主委刘臻、学校侨联主席程璇、无党派人士周颖刚纷纷发言。大家表示，要始终不渝坚持中国共产党的领导，始终坚持在思想上政治上行动上同以习近平同志为核心的中共中央保持高度一致，不忘合作初心、继续携手前行，以史为鉴、开创未来，努力寻求最大公约数、画出最大同心圆，为谱写新时代高等教育奋进之笔的厦大新篇章贡献智慧和力量。

（陈　浪）

【中国侨联主席万立骏一行来访】 7 月 15 日，中国侨联党组书记、主席万立骏率队来校访问。校党委书记张彦参与会见并介绍了学校发展概况和百年校庆期间相关侨务活动情况。张彦表示，厦门大学一直以来与海外华侨有着密切联系，为中华文化海外传播作出了积极贡献。厦门大学将继续发挥与华侨联系紧密的优势，与时俱进建设世界一流大学，不断增强中华民族凝聚力和向心力，为实现中华民族伟大复兴的中国梦作出新的更大贡献。万立骏对厦门大学建校 100 周年表示祝贺，希望学校充分发挥“侨、台、特、海”优势，继往开来、越办越好。他表示，中国侨联是党和政府联系广大归侨侨眷和海外侨胞的桥梁和纽带，致力于凝聚侨心侨力侨智，做好海外统一战线和侨务工作，希望能与厦门大学加强合作，共同推动侨务工作实现新发展，在新时代党和国家事业中发挥更大作用。（杨　康）

【组织政协委员开展考察调研】 7 月 20—21 日，组织学校部分省、市政协委员赴泉州市、晋江市和南安市围绕“疫情背景下福建民营企业面对的机遇和挑战，如何推动民营经济新一轮创新创业研究”主题开展考察调研。政协委员一行实地考察安踏体育用品有限公司、利郎（中国）有限公司、九牧厨卫有限公司、英良印象五号文化创意园和泉州芯谷（南安）等企业，深入了解泉州民营企业在“心无旁骛做实业”、加大研发投入、实施品牌战略、人才培养管理等方面的成功经验，认真听取在疫情全球化背景下民营企业面临的主要挑战和困难，并就如何推动民营经济新一轮转型升级、如何发挥高校人才优势、如何加强校企间产学研合作等问题进行了深入交流和探讨。调研期间，政协委员一行专程赴泉州（南安）党员教育基地，开展党史学习教育。委员们纷纷表示，牢记初心使命，坚定理想信念，不断提高履职尽责本领，助力福建民营经济发展，为全面建成社会主义现代化强国、实现中华民族伟大复兴贡献智慧和力量。（黄　乐）

【举办第二期欧美同学会“四史”学习教育专题培训班】 11 月 25—28 日，举办厦门大学第二期欧美同学会（留学人员联谊会）“四史”学习教育专题培训班，组织校欧美同学会部分理事、留学归国青年教师代表 25 人参加培训。本次培训班以“学好‘四史’作表率　立足岗位做贡献”为主题，听取《中国共产党的百年奋斗历程与启示》《百年风华铸辉煌同心奋进新征程——中国共产党百年征程中的留学归国人员》两场主题报告，深入革命老区、原中国工农红军总部所在地、中央 21 个苏区县之一的泰宁县进行现场教学。通过听取专题辅导报告、走访生态建设基地、参观工农红军陈列馆、举办校地联动乡村振兴工作座谈会等，传承红色基因，服务区域发展，进一步坚定理想信念、践行初心使命。（林余颖　杨　康）

【承办厦门市高校港澳学生“同心·逐梦”国情考察社会实践活动】 11 月 26—28 日，组织厦门大学、华侨大学和集美大学三所高校的港澳优秀青年学子一行赴漳州、东山，开展厦门市高校港澳学生“同心·逐梦”国情考察实践活动。此次活动由厦门市海外联谊会主办，厦门大学承办。学员们通过实地参观和专题讲座，深入了解漳州革命历史，接受中华优秀传统文化教育，感受女排精神力量，聆听《中国梦与青年担当》报告，深入了解中国梦的来源、内涵以及如何实现中华民族伟大复兴的中国梦，提升港澳青年的国家观念和民族自豪感。学员们纷纷表示，要继续弘扬光荣传统，坚定理想信念，不忘初心、牢记使命，在新时代新长征路上，书写更新更美的时代篇章。

（秦红梅）

【举行侨联换届暨成立四十周年大会】 12 月 1 日，厦门大学侨联第十次会员大会暨侨联成立四十周年纪念大会在科学艺术中心举行。校长张荣，福建省侨联主席陈式海，厦门市侨联主席陈俊泳，校党委常委、组织部部长、统战部部长孙理出席并致辞。大会听取并审议通过了第九届校侨联委员会工作报告，选举产生了第十届校侨联委员会。陈式海、陈俊泳代表省、市侨联充分肯定校侨联的工作，向新当选的新一届校侨联委员会委员表示祝贺，并对厦大侨联下一步的工作提出希望。张荣指出，建校 100 年来，学校始终与海外华侨有着紧密联系，一直把服务华侨当作重要职责。自 1981 年创立以来，厦大侨联广大会员在各自专业领域不断展现新作为新风采。希望厦大侨联在新一届委员会的带领下，发扬优良传统，聚焦职责使命，继往开来、乘势而上，创造更加优异的工作业绩。

（杨　康）

【举办无党派人士党外知识分子培训班】 12 月 14—15 日，社会主义学院第 8 期无党派人士党外知识分子培训班举行，校民主党派负责人、新加入民主党派的成员、新认定的无党派人士共 40 多人参加学习，校党委常委、组织部部长、统战部部长孙理出席开班式并做动员讲话。本次培训班以“学党史　跟党走”为主题，聆听了《不忘初心　牢记使命——学习贯彻党的十九届六中全会和决议精神》《学习〈中国共产党统一战线工作条例〉提高履职能力》两场主题报告，赴陈嘉庚纪念馆参观“同向　同心　同行——陈嘉庚与中国共产党”展览，通过将学习中共党史和多党合作史紧密结合，加深学校党外知识分子、无党派人士对十九届六中全会精神以及《中国共产党统一战线工作条例》的理解和把握，坚定党外知识分子、无党派人士“永远跟党走”的理想信念，增强听党话、跟党走的自觉，把爱党爱国爱社会主义热情转化为立足本职岗位作贡献的实际行动。

（杨　康）

【传达学习宗教工作会议精神】 12月28日下午，校党委理论学习中心组第16次专题（扩大）学习暨“南强同心讲坛”第二讲在科艺中心举行，专题学习全国宗教工作会议精神。校党委理论学习中心组成员，校宗教工作领导小组成员，基层党委（党总支）书记、副书记，相关工作负责人参加学习。中国社会科学院世界宗教研究所研究员陈进国校友应邀做《深入推进我国宗教中国化与宗教工作法治化建设》辅导报告。校党委副书记徐进功为陈进国颁发“南强同心讲坛”纪念牌。校党委常委、组织部部长、统战部部长孙理主持报告会。

（陈　浪）

【精心谋划开展“百年校庆”系列活动】 在百年校庆期间，以“弘扬嘉庚精神　奋进一流征程”为主题，在全校统一战线中开展迎百年校庆“同心同行”系列活动。支持民盟厦门大学基层委员会开展“不忘合作初心　继续携手前进”主题教育活动；支持民进厦门大学总支赴陈嘉庚纪念馆开展主题活动；支持农工党厦大总支开展“聆听音乐　感受和声”庆祝厦门大学建校百年主题活动；支持台盟厦大支部开展“迎校庆　学党史　阅思源”主题活动。在校庆期间成功举办“侨与厦大百年”系列活动，邀请中国侨联领导、专家学者和侨界人士，共同探寻百年厦大与华侨的独特渊源，回顾华侨与厦大共同走过的奋斗历程，总结华侨与厦大长期形成的光荣传统，勉励厦大海外校友和归侨侨眷为国家、地方和学校的建设与发展作出新的更大贡献。

（黄　乐）

附　录

厦门大学当选各级人大代表名录

一、全国人大代表（十三届）

代　　表：张　荣　潘　越

二、福建省人大代表（十三届）

代　　表：程　璇

三、厦门市人大代表（十五届）

代　　表：叶世满　宋方青　郑海雷　叶少琴　彭　莉

四、思明区人大代表（十八届）

代　　表：傅　钢　王艺明　傅　馨　林昶旭　金　亮

五、翔安区人大代表（五届）

代　　表：张　瑶　方　亚　张姜知

厦门大学担任各级政协委员名录

一、全国政协委员（十三届）

常　　委：郑兰荪

二、福建省政协委员（十二届）

常　　委：焦念志　黄培强　薛雄志　王瑞芳　吴崇伯

委　　员：廖明宏　谭绍滨

三、厦门市政协委员（十三届）

副 主 席：黄培强

常　　委：吕　鑫　程　璇　洪永森

委　　员：孙　理　缪朝炜　何燕珍　胡　荣　陈善昂
李　非　吴崇伯　施雪琴　张　黎　刘国深
蔡庆丰　刘祖国　童锦治　谢素原　张晓坤
夏宁邵　陈武元

四、思明区政协委员（九届）

委　　员：任　斌　谭　凯　郑　宏　蔡启智　张宝蓉
秦红梅

五、翔安区政协委员（五届）

常　　委：张连茹　张　雪

委　　员：张云武　危国军

厦门大学当选各民主党派中央、省委和市委领导成员名录

一、中国国民党革命委员会

（暂缺）

二、中国民主同盟

福建省委副主委：焦念志

厦门市委副主委：胡　荣

三、中国民主建国会

厦门市委副主委：薛雄志

四、中国民主促进会

（暂缺）

五、中国农工民主党

厦门市委副主委：吴崇伯

六、中国致公党

厦门市委副主委：施雪琴

七、九三学社

厦门市委主委：黄培强

厦门市委副主委：吕　鑫

八、台湾民主自治同盟

福建省委副主委：廖明宏

厦门市委副主委：廖明宏

厦门大学各民主党派委员会成员、统战团体负责人名录

一、中国国民党革命委员会厦门大学总支部委员会

主任委员：缪朝炜

副主任委员：傅　馨　郑　宏
委　　　员：易　英　李　超　程曙艳

二、中国民主同盟厦门大学基层委员会
主 任 委 员：吴光辉
副主任委员：宋佳样　张先清　刘永光　郝文杰
委　　　员：覃红霞　朱梓忠　姜艳霞　聂爱霞　张国强　韩大雄　王明非

三、中国民主建国会厦门大学总支部委员会
主 任 委 员：陈善昂
副主任委员：童锦治　王劲波
委　　　员：林东富

四、中国民主促进会厦门大学总支部委员会
主 任 委 员：陈能汪
副主任委员：叶少琴　张正泓　章　军
委　　　员：周宝建　沙　勇　李　劲　陈　瑞

五、中国农工民主党厦门大学总支部委员会
主 任 委 员：曹泽星
副主任委员：王晓雪　谭　凯　苏培峰
委　　　员：周　红　曾立毅　俞春东　吕忠显

六、中国致公党厦门大学总支部委员会
主 任 委 员：李美华
副主任委员：许　莉　朱建共　张子莲　史大林
委　　　员：陈　强　曲天夫

七、九三学社厦门大学委员会
主 任 委 员：任　斌
副主任委员：邱仲潘（常务）　韩水华　张云武　张亚群　郑盛龙　戚晓军
委　　　员：马永慧　王秀敏　冯少芬　李庆霞　杨　琛　周　波　罗世翊　谢淑明

八、台湾民主自治同盟厦门大学支部委员会
主 任 委 员：刘　臻
副主任委员：张　黎

九、厦门大学归国华侨联合会
主　　　席：程　璇
副　主　席：黄冠华　洪海征　朱　宇
秘　书　长：余安旖

十、厦门大学台湾同胞联谊会
会　　　长：蔡师仁
副　会　长：朱子申

十一、厦门大学台属联谊会
会　　　长：王光国
副　会　长：朱立文　俞兆平

十二、厦门大学欧美同学会
会　　　长：李晓红
副　会　长：徐　琪　朱晓勤　陈舒华　洪文晶　邓贤明　蔡　舜　张德富　李　炜
秘　书　长：王晓红

纪检监察工作

【概况】 年内，厦门大学纪委办、监察处坚持以习近平新时代中国特色社会主义思想为指导，认真贯彻落实党的十九大和十九届历次全会精神，十九届中央纪委五次全会精神，围绕贯彻党的教育方针，坚持社会主义办学方向，落实立德树人根本任务，强化政治监督，答好中央巡视整改“考卷”，提升精准科学监督执纪问责能力，为实现“十四五”良好开局，推动厦门大学“双一流”建设提速增效，开启新百年新征程提供坚强保障。

坚定政治方向，协助校党委推动全面从严治党向纵深发展。一是加强部署，推动“两个责任”贯通协同。通过党委常委会、党委专题会、中心组学习会议等载体，及时向校党委报告、传达上级纪委的工作部署和要求11次，推动研究贯彻落实意见。学校党委共专题研究全面从严治党、党风廉政建设和反腐败工作23次。通过在学校党的建设和全面从严治党工作领导小组会上专题研究部署，协助校党委召开党建工作暨全面从严治党警示教育大会，推进巡视整改落实、深化全面从严治党工作。开展党史学习教育督导工作，选派8名纪检监察干部进入综合组、指导组开展工作，督促基层党组织高标准严要求开展形式多样的学习教育。项目式推进“我为师生办实事”活动，督促党员干部“学党史、践承诺、见行动”，为师生和群众办实事、办好事。推动开展四个领域腐败风险问题自查自纠工作，通过专项清理整顿工作发现问题105条，通过调整账目清退、追缴资金、重签或补签协议、停办项目、建立健全制度等举措督促落实整改。二是推动落实，层层压实主体责任链条。认真贯彻落实《中共中央关于加强对“一把手”和领导班子监督的意见》，建立校纪委书记与校党委书记重大事项及时会商和日常谈话机制，推动校党委书记履行管党治党第一责任人职责，督促领导班子其他成员履行“一岗双责”，纪委书记与校领导班子成员开展谈话46次，与基层党组织和单位负责人开展一般性工作约谈34次。通过监督检查压实全面从严治党主体责任链条，协助和督促校党委对照《厦门大学基层党委（党总支）落实全面从严治党主体责任清单（示范文本）》，面向全校41个基层党委（党总支）开展2021年全面从严治党主体责任落实情况检查，9名纪检监察干部进组参加，通过深入一线的检查发现问题，提出要求，着力打通全面从严治党的“最后一公里”。三是完善格局，不断深化校内巡察工作。强化政治巡察，制定《厦门大学校内巡察观测要点（暂行）》，着力加强对落实习近平总书记重要讲话重要指示批示精神和党中央重大决策部署等内容的监督检查；出台《中共厦门大学委员会巡察成果运用实施办法》，推动巡察成果运用制度化。强化闭环管理，进一步巩固常规巡察、单位集中整改、整改“回头看”的闭环巡察与整改模式；压实整改责任，持续推进向被巡察单位和分管校领导"双反馈"机制，强化巡察整改责任压力；对6家单位开展常规或专项巡察，对14家单位进行集中整改，对8家单位开展"回头看"，共形成3份专题报告和4份工作建议，推动解决了文化创意产业研究中心长期脱离所属学院监管等问题，有效发挥了巡察标本兼治战略作用；召开巡察工作经验交流会，全面总结交流十一届党委巡察工作经验；基本完成对41个二级党组织的巡察工作。

坚持问题导向，以巡视整改实际行动践行"两个维护"。一是督促未巡先改，全面开展自查自纠。督促校党委对上一轮中央巡视整改工作再梳理、再审视、再对账，扛牢巡视整改主体责任，织密补牢薄弱环节，把上一轮巡视整改和主题教育整改工作结合起来，统筹抓好选人用人、基层党建等问题的深化整改落实。从加强党对学校的全面领导、贯彻党的教育方针、落实意识形态工作责任制等七个方面排查出存在的18个主要问题，全面精准分析研判学校政治生态；会同12个单位针对"学习贯彻落实习近平总书记关于教育工作的重要批示指示精神和党中央重大决策部署情况"，从思想政治工作、教师队伍建设、科技创新、防范治理腐败问题等六个方面全面开展自查和数据分析，形成调研报告。二是推动边巡边改，做好巡视期间各项工作。十九届中央第五巡视组对学校党委开展常规巡视期间，认真落实党中央工作部署和中央巡视组工作要求，全面总结学校纪委上一轮巡视以来履职情况和存在的问题形成纪委工作报告，协助校党委做好党委工作报告、巡视整改情况报告、巡察工作报告等材料的准备工作；积极协助中央巡视组找准问题、找全问题，向各单位发送资料需求清单275份，督促各单位在时限要求内向巡视组移交材料506项；及时稳妥处理巡视组移交的信访举报件和问题线索，对巡视组移交的487件群众来信和12件问题线索，坚持集体研判、分类处置，纪委书记共主持8次处置会，指导对中央巡视组移交群众来信及问题线索进行分析研判；对巡视期间移送的图书馆落实意识形态工作责任制失职失责问题和个别领导干部未经审批因私出境问题，立即选派业务骨干组成调查小组启动调查程序。三是抓实以巡促改，确保巡视整改工作落细落实。发挥监督基本职责、第一职责，督促校党委切实履行巡视整改主体责任。抓学习，推动校党委及时传达学习近平总书记听取中央第七轮巡视综合情况汇报时的重要讲话精神和党中央工作部署，已召开校级巡视整改专题会议14次、专题学习12次；立机制，督促校党委完善工作机制，成立由党委书记、校长担任组长的巡视整改工作领导小组，设立7个专项工作组；制清单，督促巡视整改工作领导小组办公室细化"一方案三清单"，形成6大类问题、57条问题清单、143条整改措施，明确分管校领导、牵头单位、整改时限等，建立26个主责部门"每周一报"制度；抓成效，通过约谈主要领导、开展实地调研、调取整改台账等方式督促提升巡视整改工作质效，巡视整改措施整体完成率为75.4%，其中需要在集中整改期内完成的整改措施完成率为100%；建制度，推动制定完善一批务实管用的制度，共新制定校级和部门规章制度80项，修订原有制度25项。在履行巡视整改监督职责的同时抓好自身整改工作，针对巡视反馈的监督责任落实有差距等问题，立行立改、即知即改，自身问题整改措施完成率为92.6%，巡视组移交的信访举报和问题线索办结率为99.2%。

坚守职责定位，强化精准监督，提升监督治理效能。一是聚焦重点，全力筑牢政治监督防线。扎实推动"第一议题"制度落实，聚焦深入学习贯彻习近平总书记重要讲话指示批示精神，严格督促各级党组织推动理论学习走深走实。加强对意识形态工作的监督，建立与宣传部的日常沟通和工作联动机制，常态化列席学校意识形态工作联席会议；督促完善校院二级图书资料管理制度，推动出台《厦门大学关于加强图书资料意识形态阵地管理的实施意见》等7个制度，开展马工程和外文教材使用情况监督检查，强化意识形态阵地管理工作，确保责任到位，工作措施到位。从严开展疫情防控监督，围绕保障师生日常学习生活为重点，针对校门管理、学生宿舍和食堂安全、教学秩序等关键环节开展随机检查，集中开展监督检查16次，发现整改问题25个，推动解决师生群众诉求3项，为实现在校师生员工零确诊、零疑似、零感染筑牢监督防线。二是严管厚爱，确保干部队伍肌体健康。与组织部密切协作，建立资源共享、信息联查、线索移交、问责沟通、成果共享的工作机制，实现对干部管理监督全覆盖。严把党风廉政意见回复关，助推营造选人用人正确导向，坚持干部选任"凡提必查"，在干部选任期间收到并向组织部移送信访举报5件，经过调查核实，组织部对3人终止选任，1人暂停选任。严肃换届纪律，加强与组织部门协作配合，全程跟踪监督换届选举，确保公平、公正。针对"熟人社会""裙带关系"监督难题，对全校中层领导人员亲属关系及亲属在校任职情况开展全面梳理，为进一步严格执行干部任职回避制度和监督管理提供依据。校纪委书记对9个单位领导班子分别进行集体约谈，将廉政责任压紧压实；对12名新提任正处级干部开展任前廉政提醒谈话。出台《厦门大学领导干部廉政档案管理办法(试行)》，建立健全干部廉政档案动态管理机制，严格干部廉政档案入档及信息调取程序。三是敢于斗争，着力提升日常监督质效。在规范日常监督工作上下功夫，完善日常监督登记制度并形成工作台账，围绕发现问题、现场纠治、提出整改意见等重要工作环节，及时发现问题和纠正偏差，做到日常监督"一事一册，闭环管理"，增强监督实效。学校纪检监察部门围绕关键领域重点工作，开展百年校庆，科研经费管理，招投标项目审批，招生考试，招聘选拔面试、落实八项规定精神等方面共开展30余项专项监督工作。在加强监督合力上下功夫，充分发挥"1+X"监督机制，与学校各职能部门协同监督、形成合力，推动纪律监督与审计监督协同贯通，对落实中央审计委员会办公室、审计署对学校经济责任审计提出问题的整改工作加强监督；督促宣传部、资产处、机关党委等职能部门发挥职能监督作用，开展落实意识形态工作责任制、“文山会海”问题、行政办公用房配置等专项监督检查。

深化标本兼治，一体推进不敢腐、不能腐、不想腐。一是提升执纪问责能力，扎牢不能腐的笼子。以落实巡视整改为契机，严格规范信访件和问题线索处置工作流程，共收到并登记群众来信共 213 件，收到移交问题线索 15 件。对问题线索逐件集体排查、明确处置方式和责任分工，确保反映问题查清到位、处理到位。根据调查核实情况，立案 4 件、给予党政纪处分 7 人次、给予提醒谈话 7 人次、诫勉谈话 4 人次。用好用足“第一种形态”，对轻微问题和苗头性、倾向性问题紧抓不放，对线索核查中发现存在轻微违纪行为及存在工作作风问题的，给予诫勉谈话、提醒谈话处理；对个别党员、教师存在的廉洁风险意识不足、交友不慎等问题，委托学院党委开展提醒谈话、批评教育。深化案后整改，做实查办案件“后半篇文章”，针对核查中发现的体制机制和管理问题，制发纪律检查建议书 5 份、工作建议书 6 份，推动多部门、多领域健全制度机制、堵塞漏洞。突出思想政治工作，统筹运用党性教育、政策感召、纪法威慑，对重要案件和处级领导干部的问题处理，纪委书记开展谈话前的思想教育和政策解释以及谈话后的释压工作，扎实开展被处分人员回访工作，做到纪法情理贯通融合。坚持失责必问，实施精准问责，依据《中国共产党问责条例》完善问责机制和规范问责程序，就中央巡视发现图书馆存在的落实意识形态工作责任制失职失责问题推动立行立改并启动问责调查，处分 3 人，诫勉谈话 2 人，谈话提醒 1 人。二是分层分类开展警示教育，强化不敢腐的震慑。以“三个一”为重要内容，全方位、立体式开展警示教育：印一本警示教材。编印《普通高等学校违纪违法案例典型案例汇编》，结合高校领域特点选取 48 个违纪违法典型案例进行深入分析，向全校中层领导干部、教工党支部书记和新入职教职工发放案例汇编 1000 余册。开展一次现场警示教学。组织 40 个基层学院和部分重点职能部门党员干部参观厦门市党风廉政教育基地，现场接受生动、直观的廉政教育和警示教育。送一堂警示教育课。通过校纪委书记在全校专题会议上通报典型案例并开展警示教育；省纪委监委联系室领导在学校党建工作暨全面从严治党警示教育大会上专题解析高校廉政风险防控问题；学校纪检监察干部深入学校机关重点部门、基层单位和学院讲授警示教育课，推动以案明纪、以案释法、以案为鉴。三是加强廉洁文化宣传和党纪法规教育，增强不想腐的自觉。立足“国之大者”，主动在纪检监察主流媒体发出厦大声音，围绕“十四五”规划实施、服务国家战略等主题邀请校内专家学者接受纪检监察主流媒体采访，在中央纪委国家监委网站、中国纪检监察杂志、中国纪检监察报等媒体平台，共协助组稿 28 篇，其中包括学校 7 名不同领域专家的个人专访。树牢“红线底线”意识，在领导干部和师生中开展党纪法规教育，邀请厦门市纪委监委政策法规室专家在校党委理论学习中心组专题学习会上做《〈中华人民共和国监察法实施条例〉解读》专题报告，推动和参与开展厦门大学 2021 年“国家宪法日”主题宣传活动。在广大学生“拔节孕穗”期广泛开展廉洁教育，召开 2021 届毕业生代表廉洁教育座谈会，教育毕业生“扣好人生的第一个扣子”；进一步推动清廉金融文化教育基地建设，探索在院系原有相关课程的基础上嵌入清廉金融文化教育课程、开展课题研究、组织廉洁文化宣传，培养德才兼备的金融后备力量。

抓好自身建设，努力提升纪检监察工作规范化、法治化、正规化水平。一是持续加强理论武装，做到讲政治与抓业务有机统一。抓好政治理论学习，坚持把学懂弄通做实习近平新时代中国特色社会主义思想作为首要任务，在纪委全委会和纪检监察部门学习会上第一时间传达学习党中央重大决策部署和重要会议精神，学习习近平总书记重要讲话和重要指示批示精神，做到学有所思、学有所悟、学有所得，不断提高政治判断力、政治领悟力、政治执行力。发挥支部战斗堡垒作用，党员领导干部带头讲党课，用党的光荣传统和优良作风增强理想信念；与共建支部前往校史馆、革命史展览馆参观学习，共学党史校史，共同聆听《陈嘉庚与中国共产党》专题讲座。抓好业务基础学习，深化全员培训，组织纪检监察干部 34 人次参加中央纪委国家监委举办的专题培训班和福建省纪委监委举办的综合业务培训班；强化部门研学，参训学员在部门学习会上交流培训学习心得，工作小组成员结合办案工作体会深学细研党纪法规和业务知识。二是强化内部制度建设，将法治思维和法治方式运用到实际工作中。2021 年是纪检监察部门的“制度建设年”，在深研业务实际、结合上级文件、广泛征求意见的基础上，通过新制定和修订《厦门大学纪委关于落实政治监督具体化常态化的实施办法（试行）》《中共厦门大学纪律检查委员会全体会议议事规则》等 3 个校级制度和《厦门大学领导干部廉政档案管理办法（试行）》等 4 个部门制度，强化监督职能、完善决策机制、规范工作程序。根据中央纪委国家监委和福建省纪委监委下发的监督执纪执法文书格式，进一步完善和规范各类案件报告格式和报审报批程序，规范立案、处分、函询、诫勉、提醒等文书格式。通过完善制度建设，固化工作程序，不断提高学校纪检监察工作规范化和法治化水平。三是完善二级纪检组织建设，发挥基层纪委监督探头作用。会同学校党建办梳理各基层党委（党总支）委员的职责分工情况，督促各基层党委（党总支）明确分管纪检工作的党委（党总支）委员，在已有的 6 个二级纪委的基础上在经济学院、法学院等 8 个单位设立二级纪委。结合十九届中央纪委五次全会精神、党史学习教育、纪检监察综合业务等内容，通过邀请校内外专家授课，或网络授课，或实地现场教学，开展内容丰富的专题培训，提高基层纪检监察干部的政治素质、专业素养，提高履职能力。充分发挥学校纪委委员联系基层单位和纪委处级领导联系二级纪委的工作机制，通过规范信访件处理程序、督促规范文书格式、指导运用“第一种形态”开展提醒谈话、诫勉谈话等方式，加强对基层单位纪检监察工作的指导。四是从严从实加强队伍建设，提升纪检监察工作专业化水平。加强监督执纪队伍建设，强化实战练兵，以中央巡视整改为契机，做好中央巡视移交的信访和问题线索处置，纪检监察干部下沉线索处置、执纪办案一线，在实战中加强斗争精神，淬炼能力素质。加强信息化管理队伍建设，根据上级纪委监委工作部署积极配合做好纪检监察内网平台部署应用工作，制定《厦门大学纪检监察内网终端使用管理规定（试行）》，派员参加福建省纪委监委举办的涉密网络“三员”培训班，加强对内网操作人员的培训。加强安全保密工作队伍建设，及时传达学习上级纪委下发的关于审查调查安全工作的通知和通报文件精神；规范和完善“走读式”谈话报审报批报备制度，制定《厦门大学纪委谈话室管理办法（试行）》，规定谈话室使用申请的报批程序和工作指引；制定《厦门大学纪检监察部门保密工作责任制暂行办法》，压实保密工作责任，加强涉密人员培训和管理。

强化沟通联动，持续深化纪检监察体制改革。主动接受上级纪委监委对学校纪检监察工作的领导和指导，中央纪委国家监委案件审理室领导一行和中央纪委国家监委办公厅领导分别到学校开展调研指导，福建省纪委监委领导共5次赴厦门大学纪委“面对面”指导业务工作，学校纪委主动报告工作情况，接受上级纪委监委的业务指导；贯彻落实中央纪委国家监委关于加强所在地方纪委监委对学校纪检监察工作日常领导的工作部署，根据福建省纪委监委印发的《关于服务保障厦门大学纪检监察工作高质量发展的若干措施》，全力配合完善厦门大学纪委、福建省纪委三室、厦门市纪委监委三方会商协作机制。完善重大事项报告制度和重要案件向上级纪委的报审报批制度，通过电话沟通和赴省纪委等方式向福建省纪委监委联系室沟通汇报问题线索或案件情况30余次，报省纪委监委审批案件审理意见2次；就重要问题线索处置工作等重大事项向中央纪委监委第二监督检查室、驻教育部监察组和福建省纪委监委进行正式报告7次。组织全体纪检监察干部参加中央纪委国家监委举办的监察法实施条例专题培训班，加强对条例的学习和运用，探索一体推动加强纪律监督和监察监督，着力解决不敢、不愿、不会监督难题，为持续深化学校纪检监察体制改革做好准备。

（谢千千）

【召开2021年厦门大学“1＋X”监督机制专项工作推进会】 4月16日下午，2021年厦门大学“1＋X”监督机制专项工作推进会在颂恩楼215会议室召开。校党委副书记、纪委书记全海，校党委常委、组织部部长孙理，校长助理、基建处处长张建霖出席。校纪委副书记、监察处处长陈雪玲主持。学校办公室、人事处、财务处、资产处、实验处、机关党委、翔安校区管委会、校工会、校团委、后勤集团等10个单位负责人结合部门实际，就勤俭办学、反对浪费专项工作开展情况做重点汇报发言。与会的其他职能部门负责人简要汇报落实情况及建议。全海对推进厉行勤俭办学、反对浪费专项工作再调研再推进再落实再提升提出三点意见，就廉政风险专项排查工作进行通报并提出工作要求。

（林济源）

【举办深入贯彻落实十九届中央纪委五次全会精神专题讲座】 6月10日上午，厦门大学纪委在颂恩楼220报告厅举办了深入贯彻落实十九届中央纪委五次全会精神专题讲座。本次讲座邀请了厦门大学马克思主义学院副院长张艳涛教授做“全面从严治党——坚持党对一切工作的领导”专题辅导。校纪委副书记、纪委办主任、党委巡察办主任林金枝主持本次讲座。（龚欣宁）

【组织全校基层纪检干部参观厦门市党风廉政教育基地】 6月23日、24日，校纪委分两批组织全校基层纪检干部和部分重点职能部门的科级干部参观厦门市党风廉政教育基地，开展了一次生动、直观的廉政教育。此次参观通过正反两方面典型事例形成强烈对比，让全体参观人员受到了深刻的教育，大家纷纷表示在今后的工作中要不断增强廉洁自律和自警自省意识，加强党性锻炼，提高政治判断力、政治领悟力、政治执行力，筑牢拒腐防变的思想道德底线。

（龚欣宁）

【召开党建工作暨全面从严治党警示教育大会】 11月17日，校党委召开党建工作暨全面从严治党警示教育大会。会议系统总结近年来学校党建工作成效，按照第二十七次全国高校党的建设工作会议部署，明确当前和今后一段时期学校党的建设目标要求，提出新时期加强学校党的建设、推进全面从严治党的重点任务和具体举措。会上，校党委副书记、校长张荣代表校党委以“强化思想引领　健全工作体系　推动深度融合　努力开拓新时代学校党建工作新格局”为主题做了讲话。校党委副书记、纪委书记全海介绍学校落实巡视整改工作进展，通报重点领域典型案例，并就深化巡视整改落实，推进全面从严治党提具体要求。大会向有关单位赠阅了《普通高等学校违纪违法典型案例汇编》一书，并邀请福建省纪委监委三室主任黄清波做题为《高校廉政风险防控问题探讨》专题讲座。（陈　浪）

【开展巡视整改招标采购专项监督检查】 12月1日上午，校纪委在颂恩楼615室召开巡视整改招标采购专项监督检查现场工作会，强化对巡视整改的政治监督，扎实做好巡视“后半篇文章”，督促重点部门关键岗位做好巡视整改工作。资产与后勤事务管理处、基建处、招投标中心干部职工参加了会议。结合中央第五巡视组反馈学校基建、采购等领域存在廉洁风险情况，校纪委副书记、监察处处长陈雪玲开展了《高校招标采购领域的廉洁风险及其防控》警示教育专题讲座。会上，资产与后勤事务管理处处长苏清伟、招投标中心主任王沈扬就巡视整改工作落实情况以及部门风险防控、警示教育等工作开展情况进行了汇报，与会人员围绕有关主题进行了工作交流。会后，校纪委对资产处、基建处和招投标中心巡视整改工作落实情况及招标采购内控体系建设情况开展了监督检查。

（黄立恺）

巡察工作

【概况】 年内，校党委巡察办坚持以习近平新时代中国特色社会主义思想为指导，认真贯彻中央巡视工作方针，坚守政治巡视巡察职能定位，在党中央和学校党委坚强领导下，统筹抓好迎接中央巡视、推动中央巡视整改、做实巡察监督等工作，持续开展学校第六轮巡察、第四轮和第五轮巡察“回头看”，积极服务学校100周年校庆、党史学习教育等中心工作。完成对全校41个二级党组织的巡察，基本实现了一届党委任期内巡察监督全覆盖，不断为学校与时俱进建设世界一流大学提供坚强政治保障。

提高政治站位，持续深化习近平新时代中国特色社会主义思想引领。认真学习贯彻党的十九大精神和党的十九届历次全会精神，深入学习党的创新理论，深刻理解党的百年奋斗重大成就和历史经验，始终牢记“两个确立”，不断增强“四个意识”、坚定“四个自信”、做到“两个维护”。深刻领会习近平总书记关于巡视工作的重要论述和指示批示精神，学习贯彻习近平总书记在庆祝中国共产党成立100周年大会上的重要讲话和致厦门大学校建校100周年的重要贺信精神，落实《关于中央部委、中央国家机关部门党组（党委）开展巡视工作的指导意见（试行）》《关于加强巡视巡察上下联动的意见》，深入学习贯彻全国巡视工作会议精神、十九届中央第七轮巡视集中反馈会议精神、中央单位巡视工作调研座谈会精神和教育部党组中管高校巡视整改交流会精神，不断增强做好巡察工作的政治自觉思想自觉行动自觉。积极开展巡察理论业务培训会，编印《巡察工作动态》并向巡察组发放，及时传达中央、教育部党组、福建省委与学校党委关于巡视巡察工作的最新精神和重大决策部署，增强巡察干部的政策理论水平，提升巡察干部对巡视巡察工作新形势新任务的理解掌握，不断强化巡察干部政治意识，增强从政治上看问题、分析问题、解决问题的能力，切实提高政治监督水平和斗争本领。

履行政治责任，协助党委做好迎接中央巡视工作。5月7日—7月5日，十九届中央第七轮巡视第五巡视组对厦门大学党委开展了常规巡视。巡察办坚决落实党中央巡视工作统一部署和学校党委工作安排，自觉把接受巡视监督与履行职能职责结合起来，积极协助学校党委做好迎接中央巡视工作。一是做好相关工作总结。根据学校迎接中央巡视总体工作安排，负责起草《中共厦门大学委员会落实上一轮中央巡视整改情况的报告》《中共厦门大学委员会巡察工作专题报告》，协助学校党委和学校纪委起草、修改《厦门大学党委工作汇报》《厦门大学纪委专题报告》等。二是做好资料报送工作。根据中央第五巡视组的要求，先后向巡视组提交《中共厦门大学委员会落实上一轮中央巡视反馈意见整改台账》《关于巡察工作专题报告、巡察工作领导小组会议记录、校党委书记听取巡察情况汇报、新闻稿等相关资料的汇编》《厦门大学党委第一轮至第五轮巡察情况反馈意见汇编》等20多份材料，按时保质做好资料报送，为顺利开展巡视工作提供支持。三是做好巡视财务保障工作。根据学校党委工作部署，与相关职能部门协同配合，本着负责尽责态度，细致、周到做好中央第五巡视组在厦期间出行、物资、会议等各类财务保障工作。四是协助做好中央巡视后评估工作。根据中央巡视工作安排，10月14日，中央巡视办领导赴厦门大学开展中央巡视组作风纪律情况后评估工作，巡察办形成《厦门大学配合中央巡视组工作直接支出费用清单》移交中央巡视办，并组织协调做好后评估个别谈话，切实把支持配合巡视作为重要任务，以良好的精神状态和扎实的工作作风，迎接中央巡视组指导检查。

坚持对标对表，协助党委做好中央巡视整改工作。9月2日，中央巡视工作领导小组召开巡视意见集中反馈会议，9月4日，中央第五巡视组向厦门大学党委反馈了巡视意见。巡察办积极作为，协助校党委落实落细巡视整改工作。一是协助建立巡视整改组织机构。中央巡视意见反馈后，第一时间拟定成立整改工作领导小组方案、整改落实工作方案和整改任务分解表，领导小组由党委书记和校长担任组长，下设领导小组办公室和7个工作组，强化巡视整改工作责任体系。二是协助绘制整改路线图和时间表。巡察办形成《厦门大学党委落实中央巡视反馈意见任务分解表》，经学校领导班子深入研讨，最终确定为6大类问题、57条问题清单、143条整改措施，明确分管校领导、整改时限等，并进一步对整改任务分解表分类整理，细分为党委工作台账、纪委监督台账、校领导个人台账和责任单位台账，形成“四方联动”的台账式整改落实机制。三是协助做好日常督促。学校党委对巡视整改进展情况实行“台账式”管理，设立周报制度，巡察办负责每周收集梳理26个主责单位进展情况，共进行了9次周报。另外，集中整改期内，巡察办共组织召开巡视整改办会议15次，及时协调推动巡视重点难点问题解决。四是起草巡视整改进展情况报告。集中整改期内，共向教育部指导督导组或福建省委上报巡视整改进展情况6次，多次向有关部门上报各类巡视整改信息。根据上级部门有关要求，在校党委主要负责人的直接领导下，负责起草《关于十九届中央第七轮巡视第五巡视组对厦门大学党委巡视反馈意见整改落实进展情况的报告》，并于12月3日报送中央纪委国家监委、中央组织部、中央巡视办。

强化政治担当，基本完成一届党委任期内巡察全覆盖。在学校党委的正确领导下，学校巡察机构立足主责主业，基本完成对学校党委管辖41个二级党组织的巡察全覆盖工作。一是坚守政治定位。更新完善《厦门大学校内巡察观测要点(暂行)》(共含127条监督要点),严格落实《中共厦门大学委员会巡察工作规范流程(暂行)》,确保巡察工作有章可循、有规可依。二是强化闭环管理。形成常规巡察、单位集中整改、整改"回头看"的闭环巡察与整改工作模式。共有6家单位接受常规或专项巡察,14家单位进行集中整改,8家单位接受"回头看"。三是压实整改责任。持续推进巡察向被巡察单位和分管校领导"双反馈"机制,强化巡察整改责任压力。学校党委进一步落实将巡察发现问题、整改落实情况作为干部考核评价、选拔任用、单位评奖评优等的重要依据,将落实巡视巡察反馈意见整改有关情况纳入书记抓基层党建述职评议考核工作的内容。四是加强巡察成果运用。出台《中共厦门大学委员会巡察成果运用实施办法》,11月5日组织召开巡察工作经验交流会,全面总结交流十一届党委巡察工作经验。共形成3份专题报告和4份工作建议,推动解决了文化创意产业研究中心长期脱离所属学院监管等问题,有效发挥了巡察标本兼治战略作用。五是强化队伍建设。学校党委选任9名处级干部作为党建巡察员,借调3名优秀年轻干部担任巡察组干部,设立固定办公场所,保障专职巡察干部必要的办公条件。

积极主动作为,服务学校中心工作和发展大局。巡察办立足本职工作,积极主动作为,服务学校中心工作和发展上大局。一是参与百年校庆有关工作。参加秘书组工作,有关同志担任百年校庆秘书组副组长,负责13个人文社科论坛和部分项目开工仪式的讲话稿起草与审核工作。全体同志还参加重要嘉宾接待组工作或百年校庆文艺晚会演出。二是参与党史学习教育指导组工作。巡察办全体同志担任学校党史学习教育领导小组办公室副主任、指导组副组长或联络员等工作,坚持严的标准,按要求传达学校党委工作要求,做好对各基层单位党史学习教育开展情况的指导和督导,及时掌握工作动态,凝练亮点、指出不足,切实推动学习教育在基层走深走实。三是参加2021年全面从严治党主体责任落实情况检查。有关同志担任学校检查组副组长或成员,对全校二级基层党组织落实全面从严治党主体责任情况进行监督检查,助力推动全面从严治党向基层延伸、向纵向发展。

(袁愉年　张婷敏)

【基本实现巡察监督全覆盖】 4—7月,校党委第六轮巡察对6个单位开展巡察工作,完成对全校41个基层党委(党总支)的巡察,基本实现一届党委任期内巡察监督全覆盖。强化顶层设计,通过制定《中共厦门大学委员会巡察工作办法》《中共厦门大学委员会巡察成果运用实施办法》等,提升巡察工作规范化、制度化建设水平。十一次党代会以来,学校创新巡察工作方式方法,统筹开展常规巡察、专项巡察与延伸巡察,建立常规巡察、单位集中整改、整改"回头看"闭环巡察与整改落实工作模式,层层压实整改责任。近年来,学校巡察工作通过举一反三、延伸拓展、堵塞漏洞,陆续解决了一些制约深层次改革发展的突出问题,以巡促改、以巡促建、以巡促治,不断推动被巡察单位规范管理、科学发展,着力发挥巡察标本兼治战略作用。

(袁愉年　张婷敏)

【扎实推进中央巡视反馈问题整改】 9月4日,中央第七轮巡视第五巡视组对学校党委进行了巡视意见反馈。学校党委成立巡视整改工作领导小组及其办公室。党委巡察办认真履行统筹协调、指导督导、服务保障职能职责,协助推动巡视整改工作走深走实、见行见效。集中整改期间,学校共组织召开6次党委常委会(巡视整改领导小组会)、3次党委专题会、15次整改办公室会议,研究推进巡视整改工作事宜。反馈会后,第一时间制定整改方案,明确整改举措,形成含6大类问题、16个问题小项、57条问题清单、143条整改措施的任务分解表,并细分为党委台账、监督台账、责任校领导台账和责任部门台账,形成"四方联动"的台账式整改落实机制。建立26个主责部门"每周一报"制度,通过听取汇报、现场督查、查阅资料等方式,推动整改对账销号。经过集中整改,全校新制定校级和单位规章制度80项、修订原有制度25项,解决涉及师生切身利益问题42个,在加强政治建设、落实立德树人根本任务、执行党委领导下的校长负责制、做好新时代意识形态工作、深化从严管党治校、加强班子队伍和基层党组织建设等方面形成了一批整改成果,有力提升了学校管党治党、办学治校水平。(袁愉年　张婷敏)

【召开巡察工作经验交流会】 11月5日,学校在思明校区化学报告厅召开党委巡察工作经验交流会,全面总结第十一届校党委巡察工作,持续提升巡察工作水平,推动新时代巡察工作高质量发展。校党委副书记、纪委书记、校巡察工作领导小组副组长全海出席会议并做总结讲话。会议由校党委常委、组织部部长、校巡察工作领导小组成员孙理主持。校纪委副书记、巡察办主任林金枝首先向全体参会人员传达中央巡视工作有关精神。之后,巡察组组长代表谢银辉、廖志丹,被巡察单位党组织书记代表左正宏、高忠华,巡察组联络员代表沈辛毅以及被巡察单位党务秘书代表郑建斌依次上台做巡察工作经验交流。全海全面总结了第十一届校党委巡察工作基本情况、主要经验和发现的共性问题,并对下一步工作提出要求。学校6轮巡察,共发放民主测评问卷4200多份,开展个别谈话3336人次,形成42份巡察工作报告和14份巡察专题报告或工作建议;今后要提高思想认识,聚焦职能定位,狠抓整改落实,不断加强巡察成果运用,切实推动事业发展。孙理最后对全校各单位党组织和各级领导干部认真领悟会议精神提出要求。校党委部门主要负责人,各基层党委(党总支)书记,校党委党建巡察员,巡察组干部代表,基层党委(党总支)党务秘书、组织员代表,巡察办负责人等参加了会议。(袁愉年　张婷敏)

教师工作

【概况】 年内，在校党委的领导下，党委教师工作部深入学习贯彻党的十九大和十九届历次全会精神，认真贯彻落实习近平总书记关于教育的重要论述和全国教育大会精神，深刻领悟践行习近平总书记在庆祝中国共产党成立100周年大会上的重要讲话精神和致厦门大学建校100周年重要贺信精神，紧紧围绕立德树人根本任务，以突出政治建设为引领、以加强理想信念教育为主线、以强化师德学习教育为基础、以健全体制机制为重点，统筹做好教师思想政治教育和师德师风建设工作，努力构建新时代教师队伍建设新格局。

开展师德专题教育。根据《教育部关于在教育系统开展师德专题教育的通知》要求，结合学校实际，制定《厦门大学师德专题教育实施方案》，面向全校教师组织开展师德专题教育。参加教育部教师思想政治和师德师风建设经验交流暨师德专题教育启动部署会、师德专题教育总结交流暨师德师风建设重点工作落实推进会，组织召开厦门大学教师思想政治和师德师风建设专题研讨会、厦门大学师德专题教育交流推进会。紧抓"党史学习教育"主线，注重融入日常，系统组织、分类指导，重点落实"全员大学习"铸理想信念、"党史促奋进"赋育人动力、"教授讲师德"立学习标杆、"院长谈准则"明师德规范、"书记亮警示"促警钟长鸣等五项举措，激励广大教师努力成为"四有"好老师，着力培养德智体美劳全面发展的社会主义建设者和接班人。

提升教师理论素养。坚持教育者先受教育，深入落实"双周政治理论学习"制度，带领全体教师深入系统学习践行习近平总书记对广大教师提出的"三个牢固树立""'四有'好老师""四个引路人""四个相统一""六要"等新时代师德要求，将习近平总书记关于师德师风的重要论述内化于心、外化于行，增强"四个意识"、坚定"四个自信"、做到"两个维护"。强化以党史学习教育为重点的"四史"学习教育，通过组织主题党日、"三会一课"、组织生活会、搭建文化艺术实践平台、打造系列主题"文艺课堂"等，促进广大教师学史明理、学史增信、学史崇德、学史力行，立足党的百年历史新起点，积极探索新时代教育教学方法，不断提升教书育人本领。

分类开展思政培训。聚焦青年教师、海外留学归国教师和高层次人才三类重点人群，构建分层分类的教师常态化培训体系。举办第二期厦门大学欧美同学会(留学人员联谊会)"四史"学习专题教育培训班，组织近30名"75后"海外留学归国青年教师前往泰宁开展学习实践，引导教师坚定理想信念，厚植爱国情怀，积极主动践行为党育人、为国育才的职责使命。举办南强青年拔尖人才暨哲学社会科学、教学科研骨干教师国情研修班，来自全校各学院50余名青年骨干教师参加。积极推荐留学归国青年教师参加教育部举办的三期"高校青年教师国情教育研修班"，强化教育强国、教育为民的责任担当。

全过程涵养师德师风。举办新教工立德树人专题报告会，会同相关单位向新入职教工260余人开展思想政治、师德师风、意识形态、课程思政、学术诚信、法治教育、政策知识、安全保密、行为规范、纪律要求等教育培训，提升新教工综合素养。在新教师"第一堂课"上举行书记、院长引荐勉励仪式，提升教师教书育人的使命感、神圣感。注重以教师职业成长路径为主线，在教师节、新生入学教育、毕业生离校教育等节点，开展教师座谈会、优秀教师表彰、老教师荣休仪式、研究生导师经验分享会等活动，传好师德"接力棒"。持续办好师德师风讲堂，邀请林亚南、钟威等受表彰的教师典型做专题报告，讲好师德故事，彰显师德力量，强化师德感召。

积极选树先进典型。在学院(研究院)持续推进每学期"议一次专题、办一场讲堂、树一个典型"的师德师风"三个一"提升计划。组建"师德师风宣讲团"送学上门，并辐射带动学院领导、专任教师开展师德宣讲，共做49场报告，传递教书育人正能量，激发教师的责任感和使命感。办好"师者""身边好老师"等主页师德专栏，强化榜样引领，弘扬师德正气。积极推荐教师参评全国教书育人楷模、第二批全国高校黄大年式教师团队、首批教育世家、福建省第六届杰出人民教师等荣誉奖项。其中，郑兰荪院士团簇化学创新群体入选第二批全国高校黄大年式教师团队，台湾研究院陈孔立教授入选全国首批教育世家，人文学院郑振满教授获评福建省第六届杰出人民教师。

强化师德规范教育。制定《厦门大学关于加强教师思想政治和师德师风建设工作的实施意见》，并结合师德专题教育深入贯彻落实。以《新时代高校教师职业行为十项准则》为内容，设计制作5500余份师德专题学习书签，并向各学院(研究院)教职工发放，帮助广大教师全面把握教师职业准则。编印《身边好老师(2017—2021(选编)》《〈新时代高校教师职业行为十项准则〉及负面案例汇编》等学习材料，引导教师树立道德高线，严守纪律底线。开展学院(研究院)"院长谈准则"活动，各学院(研究院)院长累计开展为教师解读准则活动42场，参加教师近4000人次。在外籍教职工工作交流会上解读师德师风相关制度，教育引导外籍教师遵守职业道德规范，维护良好教师形象。做好教学事故复核工作，组织教师代表复核教务处、研究生院初核的18起教学事故，确保课堂讲授有纪律，公开言论守规矩。

严格师德考核把关。进一步落实《厦门大学教师思想政治与师德师风考评实施细则(暂行)》，坚持师德第一标准，在教师招聘、人才引进、职称评审、岗位聘用、导师遴选、评优奖励、人才计划、项目申报等方面，严格进行师德考核把关，截至年底已累计审核教师引进、评奖评优、聘期考核、推荐申报等考察意见12000余人次。不断强化师德监督，在校内巡察工作中将教师思想政治和师德师风建设情况作为重点监督检查内容，督促学院(研究院)院长书记落实责任。逐步建立违规违纪典型案例分级通报机制,形成“校党委—机关部门—各学院(研究院)”自上而下逐级通报体系。开展学院(研究院)“书记亮警示”活动,引导教师以案为鉴,以案明纪,自律自警,守牢师德红线,各学院(研究院)院长累计开展活动65场,参加教师4000余人次。

加强思想动态调研。在《厦大党政工作研究》开设“师德专题教育”专栏,组织撰写理论文章、学习体会、工作案例,及时掌握基层师德师风建设动态、教师发展状况。按照教育部思政司工作部署,开展教师思想政治状况滚动调查,了解教师对时事政治、理论学习、师生素养、疫情防控等方面的情况,增强教师思政工作和师德师风建设的针对性、实效性。做好年度教师思想动态问卷调研工作,面向全校各单位专任教师、党政管理人员、辅导员、专业技术人员等进行问卷调查,并进行数据统计和报告分析,为进一步提升教师思政和师德师风建设水平提供思想保障。

(巩　林)

学生工作

【概况】 年内,学生工作部(处)/人民武装部以习近平新时代中国特色社会主义思想为指导,贯彻落实党的十九大和十九届历次全会精神,贯彻落实习近平总书记关于教育的重要论述和全国教育大会精神,贯彻落实习近平总书记在庆祝中国共产党成立100周年大会上的重要讲话精神和习近平总书记致厦门大学建校100周年的贺信精神,在校党委的领导下,立足新发展阶段,贯彻新发展理念,构建新发展格局,落实立德树人根本任务,融入“三全育人”大格局,完善“五育并举”新举措,推动学生工作新阶段高质量发展超越。

用习近平新时代中国特色社会主义思想铸魂育人。组织辅导员和学生深入学习两会精神、“七一”重要讲话精神和十九届六中全会精神,并分享学习心得体会。组织全校学生线上线下同步观看建校100周年庆祝大会,召开专题座谈会深入学习习近平总书记致厦门大学建校100周年的贺信精神,马研班学员的学习心得体会在《厦门大学报》中专版刊出。利用重大纪念日、传统节日等契机,开展烈士纪念日祭扫、国庆升旗、“我们的节日”等系列主题活动,协同宣传部、美育与通识教育中心打造《南强红笺》《遥望海天月》《长汀往事》等校史情景舞台剧,传承学校“爱国、革命、自强、科学”的优良校风,弘扬中华民族优秀文化,激发学生民族自豪感,培育学生爱党爱国情怀。

扎实开展党史学习教育和四史学习教育。组织拍摄《囊萤之光——百年前的“00后”何以成为今日大学生的榜样》,讲述罗扬才烈士事迹,传播红色文化,视频累计浏览量超50万。组织学工队伍围绕伟大建党精神,在中共中央党校出版社出版《看万山红遍　中国共产党人的精神谱系》宣讲读本,并录制成党史学习教育微课堂在学习强国、易班、B站等平台展播,引导青年学子走进中国共产党的精神世界,传承党的革命精神和优良传统。组织开展党史校史知识竞赛、党史故事汇等系列特色鲜明、形式多样的党史主题竞赛活动。

精心组织新生入学教育。就做好新生入学教育发布专门通知。书记校长在开学典礼上通过线上方式为新生讲授“开学第一课”。学校依托易班优课平台更新和丰富新生入学教育内容,开设涵盖党史学习教育、校史校情教育、国家安全教育、宗教政策法规等39门课程,学习范围覆盖全体新生。学校在2021年易班优课“新生入学教育活动”中获得优秀组织奖。组织新生参加2021年易班优课大学生党史知识竞赛,获优秀组织奖。学校选送课程“厦大青年学子的双百情缘”获评十佳课程。

提升资助育人工作水平,以评奖评优促优良学风。不断完善资助体系,修订《厦门大学本科生国家助学金管理暂行办法》,调整本科生国家助学金资助标准,规范评审流程。全校共11349人(次)获各项奖学金,10958人(次)获各项助学金,3079人办理生源地国家助学贷款,发放研究生奖助学金38439.4万元,设立校级勤工助学岗位1018个,发放劳酬548.55万元。通过表彰学生先进典型带动学风建设,1人获嘉庚奖章,2个团队获学校通令嘉奖,14个团队(或个人)获学校通报表扬。评出“优秀毕业生”851名,“优秀三好学生”686名、“三好学生”2602名、“优秀学生干部”693名。组织开展资助诚信主题教育活动、南强青春讲坛——优秀校友事迹分享会、“知无央·回望百年　砥砺奋进”和“知无央·百年起航　逐梦南强”资助育人主题活动等。

坚持防控结合工作思路,维护校园安全稳定。修订《厦门大学学生安全教育手册》,在全校范围内集中开展安全教育,联合相关银行开展金融知识进校园活动,联合厦门市反诈骗中心、安保部门举办2场全校性防校园网贷、防诈骗专题教育宣传活动,做好每周警情通报。开展防治结核病、艾滋病主题宣传活动,持续做好安全卫生教育,开展宿舍卫生检查和消防安全检查。组建学生安全委员队伍,切实发挥学生在维护学校安全稳定中的作用。积极做好重点关注学生、敏感地区学生群体的教育管理工作,全力做好百年校庆等重要时间节点的各项安全保障工作。

做好疫情防控工作,助力教育教学秩序。组织新生、老生分批错峰安全有序到校;持续完善学生工作系统各项疫情防控预案;做好全年学生健康监测,统计学生每日健康打卡情况;严防严控,狠抓学生管理,全年不间断做好疫情防控日报告、零报告工作,撰写防控工作日报365份;准确掌握学生动态,强化疫情中高风险地区、本土确诊病例出现地区、港澳台学生、国际学生动态信息管理;做好495名学生集中健康观察工作,组织9次全员核酸检测,累计检测近30万人次;积极推进学生疫苗接种工作,第一针疫苗接种数37963人(占总人数的97.7%),第二针疫苗接种数37485人(占总人数的96.4%),已接种第三针的有4547人。做好厦门市两次本土突发疫情期间的学生教育管理工作，及时开展应急处置。升级“厦门大学通行码”，从严管控学生离返校、出入校，及时落实对重点地区旅居史学生的管控措施，守护校园安全底线。依法依规做好违反疫情防控管理要求学生的违纪处分与教育管理工作，共有4名学生因违反防疫管理规定受到处分。

推进学工系统优化升级，提高学生网上事务大厅服务质量。重建迎新网站，优化各类迎新应用，升级对接数字校园卡，实现“云上迎新”。开发“学生日常外出报备系统”“重点地区旅居史(含身居)学生信息填报”等防疫管理应用，助力疫情防控信息精准摸排。“国际生奖学金申请”等5项业务上线，实现学生业务办理从“线下跑”向“网上办”转变，提升学生获得感、满足感。推动学工系统与厦门大学企业微信号对接，实现消息互通，实现每日健康打卡信息提醒功能。推动16项“微”服务入驻“i厦大网上服务平台”，提高网上事务大厅服务质量。《教育信息化2.0背景下第二课堂教育改革的研究与实践》入选福建省本科高校教育教学改革研究典型案例库。

不断完善“五维一体”网络文化建设格局。持续推动学生网络素养教育培育工作，推进“网络素养认知提升”“网络素养内化融合”“网络素养行为养成”三大行动，举办厦门大学第五期“学生网络素养训练营”学生骨干培训班，开展校园网络文化节、校史校情作品征集大赛、“读懂中国”、“十佳网络文明班级”评选等活动，2021年新增培育73个网络文化工作室，产出一批优秀网络文化作品。在第五届“一节一推选”活动中获奖数量位居同类高校前列。在2021年“读懂中国”活动中，学校有两份微视频作品分别获评最佳微视频和优秀微视频。

大力推进辅导队伍建设。完成辅导员招聘、聘任和考核工作，全年新聘专职辅导员15人，新聘兼职辅导员162人，安排46名党政管理类录用人员至一线辅导员岗位交流锻炼。评选优秀专职辅导员20名，优秀党政辅导员4名，优秀兼职辅导员48名。面向全校辅导员开展提升“七种能力”，培育时代新人专题培训班，面向校内外辅导员举办2021年全国高校思想政治工作骨干培训(素质能力提升专项)、举办辅导员素质能力提升营，组织新辅导员开展入职培训，提升辅导员教育教学与科学研究能力。管理学院辅导员揭上锋、公共卫生学院沈鑫分别荣获首届福建省“最美高校辅导员”称号和“最美高校辅导员提名人物”称号。经济学院辅导员赵小姝获福建省第八届辅导员素质能力大赛三等奖。

全力做好学生就业创业工作。强化就业教育引导，精心开展“励志凌云，青春建功——2021年赴西部、基层、国家重要行业就业毕业生出征仪式”“基层就业事迹报告会”“凌云计划——选调生备考策略分享会”等主题教育特色活动30余场，覆盖学生近6000人次；通过中青报、教育部新职业网站，微信、宣传栏、报纸等校园主流媒体，推送选调生典型人物事迹20余篇。引入中国航飞、中国商飞、中国中车等300余家重点单位进校揽才。全年为2021届学生举办宣讲会，综合性、行业性、地区性和学科类专场招聘会等各类线上线下招聘活动582场，来校招聘单位共计4213家，发布各类需求岗位约30万个。全校共开设各类就业指导课程10门次，覆盖思明校区、翔安校区、漳州校区；举办“生涯体验周”“职业生涯规划大赛”“职为你来”等线上线下活动300余场，覆盖学生2万多人次，为近1200名学生提供“一对一”个性化咨询辅导；学校获第十四届福建省大学生职业规划大赛决赛优秀组织奖，两名学生分获一等奖和三等奖。进一步夯实创业指导活动平台，发挥创业基地孵化作用，提升创客空间与“一站式”学生社区综合管理改革的融入，加强基地资金、活动、导师、场地、服务等配套资源建设，打通“育人最后一公里”，截至2021年底创客空间已入驻项目21个，孵化出3个毕业生创业项目，发挥了创业带动就业的示范作用。撰写《厦门大学2021届毕业生就业质量年度报告》。2021届毕业生年度就业率93.2%(本科生90.1%、硕士生96.9%、博士生93.0%)，毕业生到国家重要行业和领域就业比例再创新高，达48.0%(较去年提升1.3%)，参加国家、地方基层项目就业人数达285人，7名毕业生应征入伍，2021届毕业生共34人选择自主创业并注册公司。

完善心理健康教育四级工作网络，全方位推进心理健康教育发展超越。响应学校防疫抗疫部署，开通24小时心理援助热线，为全校师生提供一对一咨询服务，全年共接受各类学生求助7931人次，完成个体咨询5902人次，比去年同期增长74.0%。多渠道开展心理危机排查及干预工作，协助学院处置各类突发心理危机事件，共排查高关怀学生249人次。开展新生心理健康普查，对2021级本硕博新生11016人进行心理测评，覆盖率超过99.7%，针对性回访学生676人次，筛查出存在较严重心理隐患学生102人。全面开展“5·25”大学生心理健康月活动、春季素拓季活动、迎新心理月等系列活动，圆满举办第三届心理知识竞赛、第十四届校园心理剧大赛。全年共组织心理讲座62场，心理素拓140场，开展绘画比赛、摄影赏析、茶话会、主题班会等心理活动160余项。

进一步推进国际学生、港澳台学生趋同化管理，加强港澳台学生爱国主义教育。出台《厦门大学招收和培养国际学生管理办法(试行)》《厦门大学招收和培养港澳台学生管理办法(试行)》，推进国际学生、港澳台学生趋同化管理，进一步明确学院作为学生教育教学和管理服务主体；举办国际学生突发事件处理专题讲座，提升学工队伍处理涉外突发事件能力；开设面向港澳台新生网络培训课程《港澳台学生国情教育》，组织“回首百年奋斗路　迈向复兴新征程”主题征文比赛、“走进厦门”国情教育活动、观看红色电影、支持鼓励基层学院举办各类社会实践活动等，加大港澳台学生爱国主义教育力度，帮助港澳台学生融入祖国内地的学习生活，激发学生爱国情怀。据统计，2020—2021学年学校来华留学生共计1989

人次：长期生（180天以上）1231人次，其中本科生670人次，硕士生274人次，博士生199人次，非学历生88人次；短期生（180天以下）758人次。截至12月31日，学校在籍港澳台学历生929人，其中台湾地区421人，香港地区328人，澳门地区180人；本科生639人，硕士生132人，博士生158人。

深入推进"一站式"学生社区建设工作。加强党建引领，结合疫情防控成立社区兼合式党支部共37个，撰写文章《如何发挥一站式学生社区育人功能》，编入基层党支部书记工作手册。协调多元力量进驻，进一步完善学生社区兼职辅导员选聘及考核制度，完成2021年"一站式"学生社区兼职辅导员考评工作，表彰18名优秀社区兼职辅导员，新聘151名学院专业教师、工程技术人员、机关干部担任2022年社区兼职辅导员。完善设施设备建设，接受智慧党建学习一体机、水基型灭火器、行李车、爬楼车等一批捐赠物资，设立"小舍大爱"宿舍文化发展基金，并用部分捐款购买书柜用于海韵14学习共享空间。一年来，在教育部官网、全国高校思政网、学习强国平台发布《夯实学生社区党建　激发一线育人活力》《打造"一站式"学生社区成为党史学习教育百变平台》专题新闻稿。7月29日，校党委副书记徐进功代表学校在教育部"一站式"学生社区综合管理模式建设试点工作推进会上做题为《践行"一线规则"凝聚育人力量》的交流发言。

认真做好人民武装工作。核验在籍适龄男性大学生兵役登记信息11714条，实现军训补训、减、缓、免训网上申请及审核。完成2021年征兵工作，共计9名大学生应征入伍（不含嘉庚学院），其中毕业生4人、在校生5人，男兵6人、女兵3人。接收退伍返校复学学生7人，其中男生6人、女生1人。发放大学生士兵各类优抚金共计107.46万元。邀请省内军界代表共计9个单位、13名领导参加百年校庆庆祝大会活动。走访慰问4个部队单位，配合做好各级军事力量赴学校进行军训调研、国防动员潜力摸排等工作。（谢丹琳）

【开展"读懂中国"系列活动】 年内，学生部积极挖掘"五老"的宝贵精神财富和优质教育资源，引导学生在记述和传播老同志的故事中受到启发，把学习成长同党和国家的事业、人民的需求紧密联系起来，微视频《坚守祖国统一，深研台海今昔》入围2021年"读懂中国"优秀作品展播。（谢婷婷）

【举办学生"马克思主义理论研修班"】 年内，学校第十一期学生马克思主义理论研修班共培养69名学员，创新马克思主义自主学习形式，做好理论授课，组织开展读书沙龙、世界读书日等主题活动。（谢婷婷）

【马克思主义自主学习行动计划成效显著】 年内，在福建省委教育工委举办的第六季福建省大学生马克思主义"一马当先"知识竞赛中，学校经济学院钱俊安、黄少茹分别以第一名和第三名的好成绩获得研究生组一等奖和二等奖。在福建省委教育工委举办的"马克思主义能够给予我们什么"第四届福建省高校大学生主题征文和微演讲活动中，学校五份作品分别获研究生组二等奖、三等奖、优秀奖和本科生组二等奖、优秀奖。（谢婷婷）

【"一节一推选"获佳绩】 年内，在教育部思想政治工作司、中央网信办网络社会工作局主办的第五届"高校网络宣传思想教育优秀作品推选展示"和"全国大学生网络文化节"作品征集活动中，厦门大学15件作品从全国54822件作品中脱颖而出，获得一等奖2项、二等奖2项、三等奖2项、优秀原创作品奖2项、优秀奖8项，获奖数量连续五年位居全国高校前列。（谢婷婷）

【持续推动高校思想政治工作队伍培训研修中心（厦门大学）建设】 年内，学校加强全国高校思想政治工作队伍培训研究中心（厦门大学）研修工作，公开出版《高校思想政治工作体系理论与实践》《看万山红遍——中国共产党人的精神谱系》《党建铸魂　立德树人——厦门大学"一站式"学生社区综合管理模式建设》3本书，承办教育部思政司第315期全国高校思想政治工作骨干培训班，主题为"践行辅导员一线规则"。（郑　音）

【辅导员代表获省级荣誉称号】 年内，管理学院辅导员揭上锋、公共卫生学院辅导员沈鑫分别荣获福建省"最美高校辅导员"称号和"最美高校辅导员提名人物"称号。首届福建省"最美高校辅导员"推选展示活动由省委宣传部、省委教育工委联合组织开展。共评选出"最美高校辅导员"10名、"最美高校辅导员提名人物"10名。（谢丹琳）

【辅导员代表参加省级比赛获奖】 12月24日，由中共福建省委教育工委主办、教育部高校思想政治工作队伍培训研修中心（福建师范大学）承办的第八届全省高校辅导员素质能力大赛举行决赛。学校经济学院辅导员赵小姝参加参加决赛并获三等奖。（谢丹琳）

【2173人（次）参加无偿献血】 5月和12月，学校在思明校区和翔安校区各组织两次无偿献血活动，累计无偿献血2173人次。（朱天然）

【深入推进资助育人系列活动】 年内，学校继续打造"知无央提升工程"和"爱无疆暖心工程"两大育人品牌。继续实施"悦读·力量"购书补贴计划，鼓励困难学生多读书、读好书。组织开展资助诚信主题教育活动、南强青春讲坛——优秀校友事迹分享会、国家奖学金获奖学生成长感悟分享会，举办奖助学金颁发仪式等活动，提升学生感恩意识、诚信意识和自立自强精神。开展"知无央·回望百年　砥砺奋进""知无央·百年起航　逐梦南强"资助育人主题活动，通过组织困难学生团队参访实践，深入学习党史校史。继续加强学生公益会建设，成立临时团支部，开展"知识共享·一元换购"、发放冬衣、"凝心聚魂　团结奋进"公益助人素质拓展等主题活动，提升受助学生综合能力，引导学生用实际行动回馈社会。为44740名在校学生赠送百年校庆纪念品，增强学生爱校荣校意识。（蒋　丽）

【持续推动基层就业工作】 年内，学校持续深化定向选调生项目合作，继续深化和26个省市的定向选调生关系，与黑龙江省、山西省签订战略合作协议；切实做好各类基层就业项目的宣传发动、遴选推荐、后续服务等工作，为学生提供专人指导、精细服务、路费资助等全方位保障；推动定向选调生项目持续发展，以寒、暑假为契机，校领导、职能部门负责人带队深入西藏等地方组织部门了解毕业生发展现状，为毕业生送岗，看望选调生校友，建立健全选调生跟踪培养机制，多次邀请校友回校举办事迹报告会、政策宣讲会和分享会。2021届参加基层项目人数实现突破，共285名毕业生选择参加国家、地方基层项目，投身基层一线干事锻炼。（占群丽）

【开展2021年职业技能培训工作】 3—6月学校为2021届全日制未就业毕业生开展职业技能培训。培训采取线上、线下相结合的方式开展，要求每人培训学时不少于40学时，其中线上培训不多于60%。培训内容包括就业技能培训、就业实训活动、就业引导服务等。年内，有1680人完成培训并取得合格证书。（任艳青）

【开展"宏志助航计划"全国高校毕业生就业能力培训】 年内，学校作为教育部"宏志助航计划"全国高校毕业生就业能力提升培训基地，承担2021年在厦高校毕业生培训工作，共培训厦门大学、集美大学、厦门大学嘉庚学院建档立卡贫困家庭毕业生150人。培训共分10个主题，每个主题由2～3名教师参与授课和实践讨论环节，授课内容包括求职分析与优势识别、探索求职方向与决策、就业信息收集与管理培训、求职简历撰写、自荐信撰写与书面沟通能力提升、个体面试与表达能力提升、群体面试与领导力提升、求职计划、求职心态调节与行动促进等。培训采取一对一专门辅导模式，确保有就业意向的学生全部就业。（任艳青）

【举办第十五届"5·25"大学生心理健康教育月活动】 4月25日—5月25日，我校多校区同步，举办第十五届"5·25"大学生心理健康教育月活动。活动期间，全校学院/研究院陆续开展各类心理健康活动160余项，包括心理讲座、沙龙、茶话会、绘画比赛、影视赏析活动等，并受教育部邀请为"中国大学生在线"录制心理健康教育微课"毕业论文的'减压宝典'"。（赖丹凤）

【举办第三届心理知识竞赛】 7月17日，学校举办第三届"知心·用心·护心"心理知识竞赛。知识竞赛自6月28日启动以来，共有31个学院/研究院的2054人参与网上答题，来自医学院、经济学院、化学化工学院、法学院、公共卫生学院的代表队分别获得一、二、三等奖，航空航天学院、电子科学与技术学院、信息科学与技术学院和建筑与土木工程学院获优秀组织奖。（赖丹凤）

【举办第十四届校园心理剧大赛】 11月28日晚，学校举办翔安校区心理剧大赛总决赛，评比出一等奖1个、二等奖2个、三等奖5个，国际中文教育/海外教育学院获最佳组织奖。12月11日，学校举办思明校区与漳州校区心理剧大赛总决赛，评比出一等奖1个、二等奖3个、三等奖5个，新闻传播学院获最佳组织奖。（赖丹凤）

【举办2021年全省优秀大学生士兵先进事迹巡回宣讲会】 5月23日，2021年全省优秀大学生士兵先进事迹巡回宣讲会在学校科学艺术中心音乐厅举行，学校退役士兵马棋栋作为宣讲团成员参加宣讲。（郑梅玲）

离退休工作

【概况】 截至12月31日，学校共有离退休教职工2514人（全年新退休人员88人，去世72人）。其中，离休干部38人，平均年龄92.26岁；退休教职工2476人。80岁以上863人，70岁至79岁670人，70岁以下981人，最大年龄102岁。男性1352人，女性1162人。全校共设有离休干部党总支1个，离退休党支部38个，离退休教职工党员909人。

坚持政治引领，加强思想建设和理论武装。3月5日，离退休工作处（下称工作处）组织校关工委集中学习习近平总书记在党史学习教育动员大会上的重要讲话精神，探讨关工委如何充分利用"五老"自身经验优势，更好地为青年学生开展党史教育服务。7月1日，工作处组织离休干部代表、离退休教工党支部书记代表、老教授协会兼合式党支部党员代表集中收看庆祝中国共产党成立100周年大会盛况并开展座谈交流。7月15日，工作处组织校关工委集中学习习近平总书记在庆祝中国共产党成立100周年大会上的重要讲话精神，畅谈交流学习体会。10月20日，组织部门支部全体党员集中学习习近平总书记关于老龄工作重要指示精神。11月18日，工作处组织校关工委集中学习党的十九届六中全会公报和决议精神，结合做好新时代我校关心下一代工作开展讨论。11月30日，工作处组织支部全体党员集中学习党的十九届六中全会精神和《中共中央　国务院关于加强新时代老龄工作的意见》。

多种形式组织离退休教职工学习教育。4月16日，工作处组织老同志参观大嶝战地观光园和厦大翔安校区。4月23日，工作处组织退休党支部书记前往漳浦县中共靖和浦中心县委旧址、厦大漳州校区开展"我看建党百年新成就　永远跟党走"参观学习活动。11月，工作处联合党委党校举办党校（第187期）退休党支部书记"党史学习教育"专题学习班，邀请颜章炮教授讲授厦门大学革命史、邀请苏劲教授解读党的十九届六中全会精神；组织参观翔安区彭德清革命纪念馆和大宅村"美丽乡村"；组织各学院在职联络员和退休支部书记共同参观泰康之家鹭园体验馆和象屿慈爱老年养护中心，体验智慧养老新模式；组织集中观影《长津湖》，接受爱国主义教育。

组织老同志喜迎百年校庆。一是组织学习贺信精神。先后组织关工委、老教授协会和退休支部书记集中学习贺信精神，领悟贺信所蕴含的殷切期望和深刻内涵，交流心得感想。二是参与编撰百年校史。组织部分老教授参与厦门大学百年校史展筹建工作。三是组织了解校庆进展，感受学校发展变化。校庆前夕，举办两场报告会，分别邀请百年校庆办专职副主任洪海松和人事处处长李军教授介绍百年校庆活动筹备进展情况和学校人才引进情况。四是弘扬志愿精神，传递向善力量。百年校庆前夕，厦大书画研究会十余位老同志自发组成志愿队伍，为全校3759名校庆青年志愿者"小木棉"手写《厦门大学100周年校庆志愿者录取通知书》。五是创作艺术作品，表达美好祝愿。4月4—10日，举办"离退休教职工庆祝厦门大学百年华诞艺术作品展"，正式展出学校离退休教职工精心创作的近百件作品。

大力弘扬孝亲敬老中华传统美德。深入学习贯彻落实习近平总书记关于老龄工作的重要指示精神，举办第十一个"敬老月"系列活动：10月15日，举办重阳节登山活动，近400名老同志欢声笑语漫步山间。10月18日，举办离退休教职工重阳艺术作品展，80多件作品展示了老同志们对退休生活的热爱。10月20日，为40名年满80或90周岁的老同志代表举办集体祝寿会，送上诚挚的生日祝福。11月3—5日，举办第30届老年人体育健身展示大会，来自全校30个单位的近300名退休教职工积极参加，一展身手。此外，根据校园疫情防控工作要求，部分活动由线下转至线上，开展的4期网上游园活动吸引了930人次老同志参与，举办的3期《金秋大讲堂》健康讲座帮助老同志了解更多医疗知识。

推动党史学习教育"我为师生办实事"项目落地落实。结合工作实际、广泛征求意见，设立4个"我为师生办实事"项目：一是将思明校区东区综合楼二层空间改造成为老同志学习活动专用场地，新增多功能厅、党建阅览室等活动空间。11月8日，教育部党史学习指导组领导现场指导工作，对项目规划和施工进展给予了肯定。12月22日，活动中心举办启用仪式，正式投入使用。二是推行"情暖桑榆　守护健康"医疗服务。深入14个基层单位调研，要求全校各单位开展摸排，掌握了学校现有272位高龄、"空巢"和病困老人的基本情况，联合附属翔安医院，逐位电话征求意见，为有意愿参与项目的30多名老同志提供"一对一"电话问诊和特殊项目预约等医疗服务。三是开展"青银携手　爱心相伴"志愿服务活动。由年轻党员担任联络员，定期联系关心慰问38名离休干部。发动公共事务学院社会工作专业研究生为"空巢"离休干部萧丽娟提供陪伴志愿服务。四是开展"传承红色基因　银龄先锋引航"老教授宣讲党史活动。依托老教授协会和关工委成立"银龄引航"老教授党史宣讲团，年内为校内师生和老同志开展48场党史教育报告。4月9日至11日，组织黄福才教授带领的专家团队赴大田县，就如何利用大田"第二集美学村"等丰富红色文化资源推进红色旅游、开展红色教育、振兴乡村经济开展调研，形成《济阳乡济中村"灵动济阳"旅游休闲业发展建议》《厦门大学旅游与产业发展研究团队在大田县调研考察旅游发展的思考和建议》两份调研报告，以实际行动传承红色文化、助力乡村振兴。　（沈辛毅）

【制定加强关工委工作意见】　12月14日，校党委依据《中共教育部党组关于加强新时代全国教育系统关心下一代工作委员会工作的意见》精神，结合学校工作实际，制定印发《中共厦门大学委员会关于加强新时代关心下一代工作委员会工作的意见》。　（沈辛毅）

【校关工委受到教育部关工委表扬】　12月22日，教育部关工委成立30周年之际，校关工委被评为全国教育系统关心下一代工作"先进集体"，卞守耆被授予"突出贡献者"，陈力文被评为"先进工作者"。　（沈辛毅）

【选派"银龄教师"援教喀什大学】　年内，按照教育部高校银龄教师支援西部计划通知要求，学校对口帮扶喀什大学。离退休工作部在校党委的部署下，协调相关部门组成工作领导小组，制定工作方案。动员17个相关专业学院老同志报名，最终确定选派三名退休教授。11月中旬，苏新春、刘润忠教授先后启程赴喀什进行为期一年的支教工作，在喀什大学学科建设、青年教师传帮带等方面贡献厦大智慧和经验。　（沈辛毅）

【设立离退休教职工"关爱基金"】　7月30日，在厦大1987级热心校友的倡议下，学校设立离退休教职工"关爱基金"，面向海内外校友、学校师生和社会各界接受捐赠。基金将在老同志遭遇重大伤病和意外灾害有特殊困难时给予一定的经济资助。　（沈辛毅）

保卫与综治工作

【概况】　年内，保卫部（处）在校党委和校行政的领导下，以服务师生为宗旨，将防范化解重大风险、维护校园稳定作为重要的政治任务和政治责任抓紧抓实，不断完善校园安全保卫治理体系和治理能力建设，全力做好庆祝建党100周年活动期间安全管控、厦大百年校庆期间安全保障、疫情防控期间安全管理。学校全年政治稳定；治安态势良好，未发生重特大刑事案件；交通情况总体安全有序；未发生造成人员伤亡的消防安全事故；校园秩序进一步得到规范。

维护学校政治安全稳定。2021年保卫部（处）坚持"一事一研一案一标准"原则，牵头拟定7项维稳工作方案，在重要节点，坚持"日报告"和"零报告"制度，加强校门防控、校园巡查、监控监管、警校联动，预防和处置突发性事件；制定国家安全相关管理制度，牵头做好国家安全日常业务工作，牵头组织开展师生国家安全教育，加强校园意识形态阵地管理，定期开展会商研判，防范校园宗教渗透，做好涉校涉生矛盾化解，切实维护校园安全稳定。

做好校园治安管理。严格做好校内监控的日常检查、巡查和维护，不断完善校园监控系统建设，完善公共区域监控覆盖，全年监控调阅数为196件；推进"厦门大学人脸识别速通门二期采购项目"招投标工作，其中包含校门人员进出管理系统、校门人脸速通门二期工程、学生公寓人脸速通门二期工程，实现构建"校门、学生公寓大门、院楼大门"一体化智能人脸识别体系首期建设；推进思明校区重点场所监控及指挥系统、思明校区车辆管理系统（一期）招投标工作，落实项目金额 926442 元，推进构建校门监控车辆识别、校园路口监控叠加、主干道路监控轨迹追踪、出校监控智能管理一体化系统；推进思明校区监控系统 2021 年度维保服务，落实项目金额 200 万元，包含学生公寓二期监控系统工程、学生公寓三期视频监控系统、厦大监控指挥中心升级及公共区域系统扩容、校园监控系统（围墙防攀越部分）扩容等。

开展校园交通日常管理。年内，思明校区进出车辆 1022751 车次，实施各种活动交通保障 208 次。加强校园交通指挥与引导，维护校园交通安全秩序，思明校区开展摩托车、电动车整治行动 35 次，劝导处理违章电动车 732 辆次，对违停车辆发移车短信共计 6700 余条，发现车窗未关及时通知车主 37 次，锁车劝导 81 次，拾金不昧等好人好事 158 件。

不断完善校内交通标志标线和设施设备。年内，新增和修复交通标线 2568 平方米，增设交通标志牌 6 套，增加和维修减速带 85 米，更换 21 根防撞警示柱，更换防撞墩交通反光膜 1132 张、塑料防撞桶 50 个、橡胶路锥 350 个，不锈钢“请勿泊车”三角牌 12 个。

做好消防安全管理。年内，完成 2020 年度各单位消防工作考核，审批动火作业 15 次，开展装修、改造、消防维保等工程消防设计审核和验收项目 8 次，思明校区更新灭火器 2000 余个，补充或更新其他消防设施设备 1500 个，开展各单位消防安全责任人和管理人消防培训讲座 3 次，思明校区各学院直属单位办公室主任消防专题会议 1 次，消防演练活动 16 场次，参加人数近 1 万人。为落实《厦门大学关于开展 2020 年“安全生产月”“安全生产万里行”和“安全专项整治三年行动”实施方案》要求，围绕建党百年、百年校庆、冬春火灾等关键节点，制定 4 个实施方案，开展消防隐患排查整治，消防安全检查 65 次，消控室消防自动系统维保情况和管理情况检查 21 次，学生公寓消防抽查 3 次，实验室安全检查 8 次，推动化学化工学院卢嘉锡楼地下室改变功能重大消防隐患整改。

开展校园环境秩序整治。年内，通过日常巡逻巡查，对校内工地及电梯加装工程等教工住宅区装修、改建工程文明规范施工加强巡查监督，及时制止纠正不文明施工行为；联合资产与后勤事务管理处、后勤集团，约谈快递点负责人，召开专项工作会议，紧盯快递高峰时段，落实快递点管理。思明校区内共纠正违章占道经营、乱摆摊设点 13 起，清理乱张贴小广告 47 起、乱悬挂横幅 14 起，处理噪声扰民投诉 6 次；处置违章建设 6 起、房屋装修垃圾土头乱丢弃 5 起，粉尘污染 2 起；抓捕流浪狗 59 只、流浪猫 5 只，处理蟒蛇、眼镜蛇等 5 条；做好 2021 届毕业生行李托运工作。

发挥新媒体宣传阵地作用。年内，坚持以“贴近实际、贴近生活、贴近师生”原则，做好主页网站和微信公众号运营维护，积极发挥新媒体作为展示“厦大保卫”形象和“发声”的重要宣传阵地作用。保卫处官网主页累计发布新闻资讯 59 篇，微信公众号累计发布转载文章 91 篇，平台“粉丝”数量 11506 人。微信公众号平台建立了安全知识、生活服务、校门进出三大模块，紧紧围绕“晒”工作、“便”师生、“普”安全、“听”意见四个维度，提供最新校园安全管理咨询动态和丰富新颖的安全科普文。累计发布推文安全教育类 44 篇、活动宣传类 9 篇、通知通告类 17 篇、业务及党建工作类 10 篇、指南讯息类 11 篇，其中，“4·15”国家安全教育日活动推文获得了 2.6 万阅读量。

强化疫情防控期间校园管理。年内，贯彻教育部“五个一律”要求，强化疫情防控与安全管理“两手抓”，做好疫情防控期间校园安全管理工作。2021 年 9 月厦门突发疫情期间，学校全面升级管控力度，对外发布 5 则通告，对入校人员车辆实施精准管控；通过强化力量驻校门、入校排队一米线、校门扫码可溯源、健康筛查“五件套”、人脸识别严管理、车辆入校“白名单”等 6 个方面的举措，构筑疫情防控安全屏障；强化校园安全管理巡查管控，封堵薄弱区域，实施疫情防控网格化管理。多批次、多区域、多层次覆盖重点部位、重点场所、重点人员严密布控排查，明确“责任田”，实行定点到人、巡逻到岗制度，推进各项工作抓实抓细抓到位。与学校办公室、学生工作部（处）、人事处、后勤集团等单位通过落实每日工作例会机制、每日工作通报机制、全域巡逻防控机制、快速应急处理突发情况机制，每日“汇总—解决—指导”的工作推进模式，不断优化校门管理；与后勤集团安防部、大学路派出所、社区居委会通过落实每日工作沟通机制、重大事项推进机制、校地联防联控机制、安全生产联查机制，联合维护校园安全稳定。突发疫情期间未发生一起外来人员车辆漏管事件，未发生一起校园安全事故。

（詹伟峰　施文勇　张　劲　陈荣瑞　李定华　孙俊逸　吴晓丽　陈雪洁　李林蔚　钟玉芳　吴雪卿）

【做好安全保卫工作】 年内，积极做好国家副主席王岐山、最高人民法院院长周强等重要领导人来校安全保卫工作，做好重要嘉宾来校安全保障工作 121 次；做好中央巡视组来校巡视驻地执勤保障工作；做好思明区人大换届选举厦门大学选区安全保障工作；顺利完成 2021 年迎新、开学典礼安全保障任务；顺利做好 30 万余人次核酸检测及疫苗接种保障工作；顺利做好建党百年合唱比赛等系列庆祝活动保障工作。

（詹伟峰　彭成钢）

【优化校门进出系统管理】 年内，优化人脸识别系统，新建思明校区、翔安校区人脸识别速通门 18 条通道。和信息与网络中心、开发单位协调对接人脸识别特征码研发转换，做好继续教育管理、百年校庆会务、学生宿舍管理、酒店管理与校门人员进出管理的对接，推动做好跨校区管理系统相关数据对接和问题研判。全年完成入校申请 38824 次，申请人数 193072 人次。（施文勇）

【做好疫情防控期间人脸识别管理】 9 月，应厦门市突发疫情防控要求，校园管控升级，实施精准管控，共计关闭教职工及家属 27235 人次非必要进出校门权限，并关闭全体学生出入校门权限。根据学校疫情防控安排布置，10月开通教职工23052人次进出校门权限。管控期间，因工作需要入校的新增工作人员由用人单位通过报学校防控办、人事处和保卫处审批共770人。　（施文勇）

【做好校地联防联控工作】　年内，会同学生工作部（处）、大学路派出所，牵头与属地及周边派出所签订“四方协议”——《联动共建厦门大学校园安全稳定协议书》，建立完善“警情会商、维稳秩序、顽疾整治、反诈宣传”等机制，强化校园及周边综合治理，提升应急反应能力。与街道、交警、行政执法部门、厦门市交通运输局建立工作联动机制，集“黄牛”“黑车”打击、周边环境整治、应急联动处置为一体，通过消息互通的方式实现“发现—联动—处置”联动功能。加强与厦门市行政执法部门沟通联系，巩固已有会商机制，以红色资源保护为重点开展共建，签订共建协议，配合完成行政执法部门“红色利剑”行动中学校红色资源的调研、保护以及图斑变动处理等工作。

（吴晓丽　陈雪洁　钟玉芳）

【深入推进禁毒宣传教育工作】　年内，会同宣传部、学生工作部（处）、校团委和校工会等有关部门认真落实禁毒工作。6月16日，在三家村广场举办厦门大学“安全生产月”暨“禁毒宣传月”活动启动仪式；6月26日，校领导带队参加“6·26”国际禁毒日主题活动暨争创全国禁毒示范城市启动仪式；结合禁毒“五个一”活动，分别组织观看一场电影（“梦回远山”禁毒专题电影）、组织一场禁毒展览、组织一次禁毒班会、参加一次禁毒知识竞赛、举办一次禁毒作品征集赛，把毒品预防教育融入德育、法治、安全教育课程，全年参与禁毒知识竞赛4866人次，禁毒作品征集赛评选出208幅优秀作品，5万余人次线上参与受教活动；围绕“6·1”《禁毒法》实施纪念日、“6·3”虎门销烟纪念日、“6·26”国际禁毒日、新生开学等重要时间节点，通过发放宣传材料、摆放仿真毒品展示台、利用校园LED电子屏、校园网、校园广播等现场宣传和新媒体平台开展覆盖式宣传，依托林则徐移动禁毒宣教室，在思明校区和翔安校区分时段设展，受教人数近万人；在新生开学期间联合厦门市禁毒办有针对性地做好迎新禁毒宣讲，思明、翔安校区开展宣讲2场，共计5000余名新生参与。　（陈雪洁）

【深入开展反恐防暴工作】　年内，为每个安保岗位配齐、更新防暴器材；定期对校内重点单位、部门进行检查指导，推进监控辐射各个重点区域，组织校区安防队伍防暴恐培训，配合公安机关不定期对各校门反恐、治安等设施设备进行安全检查，并督促整改。组织各校门安保人员进行反恐技能及体能业务训练，共培训3000人次，培训覆盖率93%。联合公安机关在各校门开展反恐演练17次，约270人参与。　（施文勇　王　龙）

【建立“扫黑除恶”专项斗争长效防控机制】　年内，会同学生工作部（处）、资产与后勤事务管理处、实验室与设备管理处、现代教育技术与实践训练中心、校工会、后勤集团、大学路派出所等单位联合召开“扫黑除恶”专项工作推进会，明确分工，逐步把“扫黑除恶”工作常态化、规范化。利用线上线下宣传相结合方式，分别发动辅导员和安全宣传员带头做好“扫黑除恶”知识点普及，把“扫黑除恶”摸排宣传工作落到实处，深化“护校安园”专项行动。综合运用传统媒体和新媒体相结合方式，向师生和家属群众宣传“扫黑除恶”专项斗争的重要性和参与方式，公开举报方式和奖励规定，加大力度整治校园周边治安问题。通过围栏修补、后山布岗值守等方式，联合公安等政府部门加大治理打击力度，依托相关单位值班人员、社区居民等，形成校园异动信息发现、踪迹查询和管理合力，把好校门第一关，根除“黄牛”“黑车”等乱象，净化校园周边环境。

（施文勇　陈雪洁）

【全力保障百年校庆工作】　年内，按照职责分工，校庆安保组进一步细化成大会晚会安保、交通组织、校园安全检查整治等10个工作任务小组，并建立“统一领导、落实责任、统筹安排、确保安全”工作模式，设立联络员制度，划分职责协作分工，实行“方案模板＋承办单位草拟＋保卫小组审定＋实地查看确定＋工作执行方案＋配套安保方案”工作模式，制定安保工作方案，科学高效地保障各项工作有序推进。主动对接校内十几个职能部门以及三十多个政府部门，全力做好校庆安全保障工作。对内与接待组、车辆组、演出组对接，明确用车数量、类型，乘车人数、人员类别、时间地点，对外与交警部门、承运公司密切联系，科学合理规划行车路线、停放地点，保障校庆系列重大活动交通安全。4月6日，保障约6000车次、1万多名来宾、师生员工安全有序通行。联合应急办开展全校矛盾纠纷排查化解工作、消防安全隐患排查化解工作，对可能影响百年校庆期间安全稳定的矛盾纠纷和风险隐患，做好自查整改，为百年校庆期间创造良好稳定的环境。与消防部门通力协作，在消防隐患排查整治、消防宣传培训、重大活动消防安保等环节群策群力，做好百年校庆期间消防保障工作。新增8条专用人脸识别通道，对接校庆会务系统接受校友预约入校，校庆周进校校友共计85347人次。

（李林蔚）

【加强非机动车停车秩序管理】　年内，整合保卫干部、校卫队员、葆力物业等安保力量，建立区域网格化管理机制，维护区域停放秩序；联合学生工作部（处）就思明校区公共区域非机动车停放点划分责任单位，建立工作督促和联络机制，各责任单位对各自责任区域内非机动车停放秩序进行维护；联合资产与后勤事务管理处实地查看校内多处非机动车停车堵点，因地制宜改建、扩建、新建非机动车停车场，不断提升停车硬件设施，共计新、改、括10片停车场，建设面积约4300平方米，增加约2000辆非机动车位；不断优化秩序管理，针对鲁迅像前、嘉庚一号楼、芙蓉餐厅、芙蓉隧道口周边区域非机动车停放混乱情况，采取限定区域、调整车架布局、车辆分流、加强周边配套措施，优化停车提示牌、自行车架、圆锥等设施，最大限度提高现有停车场地使用效能；10月，联合学生工作部（处）、资产与后勤事务管理处清理思明校区、海韵园区、海韵学生公寓废弃无主非机动车，共清理2700多辆非机动车，释放停车空间，缓解停车拥堵问题。依托安保人员路面执勤，加强师生文明停车引导，对师生员工进行文明停放宣传及劝导。

（陈荣瑞　吴晓丽）

【做好校园内流浪犬的整治工作】 年内，诱捕流浪犬59只，通过摸排掌握犬只生活规律，设置围栏、定人定点投食，开展诱捕和驱赶工作；引入政府资源，通过为教职工犬只办理证件、接种疫苗等渠道，进一步加强文明养犬宣传教育。在校庆前、10月至12月等重点时期，通过摸排流浪犬窝点，防止流浪犬在校园内繁殖。加强与市局三大队联系，交流经验做法，及时移交收容捕获的流浪犬46只。

（陈荣瑞　吴晓丽）

【做好思明区人大换届选举厦门大学选区保障工作】 12月10日，积极、稳妥、审慎、周密做好校内四个选区换届选举投票大会和候选人与选民见面会安全保障工作。（詹伟峰）

【开展“安全生产月”暨禁毒宣传月系列活动】 6月16日，厦门大学“安全生产月”暨禁毒宣传月活动启动仪式在三家村举行，校党委副书记徐进功出席活动仪式，保卫部（处）部（处）长徐跃进主持，仪式特邀厦门市禁毒办、厦门市思明区巡特警、大学路派出所、厦港消防救援站等单位领导出席。在仪式现场，除了安全知识宣展、急救技能培训、防身术教授、仿真毒品展示、灭火器材体验、用电安全演示、答题互动抽奖和消防车体验等互动活动外，为积极践行党史学习教育“我为师生办实事”，学校相关机关综治部门在各自展区专门设置了咨询台，听取师生员工的意见建议并进行答疑解惑，积极引导师生参与宣传活动，营造安全生产的浓厚氛围，切实增强师生安全意识。（吴雪卿）

【开展“119”消防安全暨实验室安全宣传月系列活动】 11月9日上午，厦门大学“119”消防安全暨实验室安全宣传月启动仪式在思明校区三家村广场举行。校党委副书记、纪委书记全海，厦门市消防救援支队副支队长吴晓龙出席并致辞。现场宣传教育形式多样，包括“逃生屋模拟逃生演练”“电动自行车燃爆事故案例视频和残骸展示”“实验室安全知识有奖答题互动”“心肺复苏、AED使用等急救技能现场宣传及培训”“云梯车体验”等现场活动，以及由厦港消防救援站指战员、厦门大学海韵学生公寓微型消防站队员带来的“消防专业技能演示”，化学化工学院研究生带来的原创实验室安全情景剧《实验安全记心间》等，宣传内容涵盖校园安全、学生宿舍安全、用电安全以及危险化学品分类、储存、常见事故处置等各方面安全知识，有效增强全校师生安全意识和自防自救能力。

（詹伟峰　孙俊逸　李林蔚）

【做好安全宣传教育】 年内，充分利用“4·15”全民国家安全教育日、“11·1”反间谍法颁布实施周年日、反邪教宣传月、“双十一”电商活动等重大安全教育节点，牵头制定工作方案，组织全校各单位开展专项教育活动；依托安全委员队伍、辅导员队伍和兼职辅导员队伍，组建学生安全委员工作群、安全教育指导工作群，做好日常安全宣传教育；开展新进教职员工安全教育培训，抓好新进教职员工国家安全、宗教法律法规、消防安全知识培训工作；联合学生工作部（处）、属地派出所成立反诈专项宣传工作组，在迎新和“双十一”“双十二”等时间节点前置防诈骗工作，每月定期召开警情通报会，深入学院召开防诈骗讲座20场次，组织反诈骗知识竞答，累计参与学生11313人，并通过食堂放置防诈骗宣传桌签、核酸检测队列途中和快递点放置防诈宣传海报等举措织密防诈网，提升师生防诈意识。（张　劲　钟玉芳　吴雪卿）

党委党校工作

【概况】 年内，党委党校按照学校党委统一部署，以学习宣传贯彻习近平新时代中国特色社会主义思想和党的十九大和十九届历次全会精神为主线，深入推进党史学习教育，扎实开展党员、干部和入党积极分子教育培训。

开展全校党员和干部教育培训。举办14期党员和干部学习班，累计培训1732人次；举办6期党的基本知识学习班，累计培训3781人次；举办10场党校名家讲坛，邀请10名中央和地方、高校和科研院所的知名专家莅校做报告，累计培训3820人次；开展3期网络培训，累计培训1043人次。

编印4期《厦大党政工作研究》。完成《厦大党政工作研究》2021年第1～4期编印，共开设栏目26个，刊发论文102篇，作者有150名。开设了“建党百年”“百年厦大”“校党委中心组学习园地”“立德树人”“党建工作”“综合改革”“思想政治教育”等专栏。

召开2021年度党校校务委员会会议。会议于2021年1月13日召开，听取了党校2020年度工作情况汇报，讨论了党校2022年度工作计划和预算，审议了《厦门大学党委党校学习班管理办法（试行）》，讨论了《关于举办党委党校（第175期）中层领导干部学习贯彻党的十九届五中全会精神集中培训班暨2021年寒假研讨会的方案》《教师政治学习和教育培训调研情况汇报》，张彦、李建发就开展党员和干部教育培训作出指示。

加强对二级党校的业务指导。召开2021年发展党员工作推进暨二级党校校长会议，总结上半年发展党员工作，统筹规划做好下半年工作，着力提升学校党员队伍质量。赴艺术学院开展调研，主动征求各基层党务秘书对党员教育培训工作的意见，积极协调解决基层需求和难题。

【学习习近平总书记贺信精神】 年内，为党委党校整理完善《习近平同志关心厦门大学发展纪事汇编》，校党委中心组多次组织学习，党史学习教育教育部第九指导组对该材料给予充分肯定；在《厦大党政工作研究》开辟“学习贺信精神”“学习贯彻习近平总书记重要讲话重要贺信精神”专栏，印制“百年校庆特刊”，发表文章8篇；在《厦门大学报》发表文章《牢记总书记嘱托，奋力建设世界一

流大学》。（胡　雯）

【坚守思想阵地，强化理论建设】　年内，《厦大党政工作研究》编辑部成员参加中国新闻出版研究院在兰州举办的“内部资料性出版物审读与编辑业务研修班”，并以《搭建党政工作交流平台　助力世界一流大学建设》为题，向来自全国的与会人员详细介绍办刊历史、编印工作成效经验等，得到与会人员的高度肯定和赞扬。承办“高品质学术期刊建设中的坚守与创新”期刊论坛，邀请《新华文摘》《中国社会科学文摘》等40多家期刊主要负责人以及多名专家学者莅会指导，结合办刊工作实践研讨交流，不断提升办刊质量。围绕立德树人根本任务，全面总结学校在“三全育人”方面的有益探索，与学生处合著《高校思想政治工作体系理论与实践》，为高校思政工作者进行理论与实践研究提供借鉴。（胡　雯）

【重走红色足迹，砥砺奋进前行】　年内，学校举办党员处级领导干部党史学习教育专题学习班，组织三批次共295人次前往莆田、南平、龙岩开展实践教学。学员们走进莆田哲理钟楼、陈国柱和陈国桢兄弟革命事迹陈列馆、大洋乡闽中革命司令部纪念园，走进南平闽北革命历史纪念馆、新四军赤石暴动纪念馆，走进龙岩文昌阁、古田会议会址、中央红色交通纪念馆等地，重走闽中、闽北、闽西革命足迹，回顾革命历程，追忆峥嵘岁月，从百年党史中汲取精神滋养和前进力量。（胡　雯）

【全面贯彻党的路线方针政策】　年内，学校举办两次全会精神集中培训班，组织中层领导干部学习贯彻两次全会精神专题网络培训，开展校级领导班子“学习党的十九届六中全会精神”读书班并赴宁德实践教学。在《厦大党政工作研究》开辟两次全会精神学习专栏和“七一”重要讲话精神学习专栏，发表理论文章15篇。围绕扎根中国大地办教育，开展《大学的国家属性》《习近平总书记关于教育的重要论述研究》等专题报告4场，围绕师德师风建设，开展《潜心教书育人　打造一流课程》专题报告1场。（胡　雯）

【扎实开展党史学习教育】　年内，党委党校作为党史学习教育领导小组办公室资料组牵头单位，购买并发放指定教材共1860本，邀请党史学习教育中央宣讲团成员韩震、颜晓峰等举办专题讲座4场，在《厦大党政工作研究》开设“党史学习教育”专栏并发表理论文章13篇，组织党员处级领导干部在中国干部网络学院平台开展“党史百年”专题网络培训，组织观看电影《1921》，在党的基本知识学习班增设百年党史课程，设计党史学习教育题库供全校师生竞赛，收集整理党史学习教育第一期师资库供二级党校选学，汇总31个部门材料编写《厦门大学处级干部教育培训教材（行政篇）》。同时，积极完成校党委交办的各项任务，如做好校级领导班子党史学习教育专题民主生活会会议记录等。（胡　雯）

【分层分类开展模块化培训】　年内，举办党建工作能力强化班，强化思想认识，强化党建工作能力；举办“提高政治能力　守好意识形态阵地”专题培训班，巩固意识形态培训；举办学习《中国共产党统一战线工作条例》培训班，加强统一战线工作；举办学工干部“提升‘七种能力’，培育时代新人”专题培训班、学工干部素质能力提升专题培训班，提升学工干部素质。同时，针对资产与采购管理干部、基层团委书记、学生党支部书记、南强青年拔尖人才、离退休教职工党支部书记等开展专题培训，积极运用党的创新理论成果武装头脑、指导实践、推动工作。（胡　雯）

【上报党员教育培训经验】　年内，总结2019年以来党员教育培训工作经验，上报《厦门大学〈2019—2023年全国党员教育培训工作规划〉实施情况中期评估报告》和《厦门大学党员教育培训创新做法和典型案例》，获得教育部和中央党校来电肯定。

（胡　雯）

【完善教育培训线上平台】　年内，完善“厦门大学党员和干部教育培训管理系统”，覆盖全校42个基层党委（党总支）、814个党支部、12120名师生党员和5145名干部，实现教育培训精准管理；完善“厦门大学党员和干部培训线上平台”，新增“像陈嘉庚一样创业”“信息安全”“谈判学”“哲学思维与实践哲学”“生态之美”“建筑·文化·生活”等11门课程，丰富线上培训优质课程资源。（胡　雯）

【加强编辑队伍建设】　年内，党委党校承办“高品质学术期刊建设中的坚守与创新”期刊论坛；参加“出版物质量问题与申辩注意事项”座谈会，线上参与“现代化国家建设新征程中的高效能治理、高质量发展和高品质生活学术研讨会”之期刊编辑论坛和“人文学术期刊发展趋势论坛”；召开2次学生编辑队伍会议，不断提升编辑工作水平。（胡　雯）

机关党委工作

【概况】　至12月底，机关党委所属部门41个，共有事业单位在编干部职工1196人，其中在职干部职工672人（含“双肩挑”干部29人），退休干部职工524人。所属党支部41个，共有中共党员703人，其中在职干部职工党员549人，退休干部职工党员154人。

年内，机关党委以习近平新时代中国特色社会主义思想为指导，深入学习贯彻党的十九大和十九届历次全会精神，精心组织机关庆祝中国共产党成立100周年活动，主动服务跟进学校庆祝建校100周年和应对本土新冠疫情有关工作，以开展党史学习教育为主线，全面推进机关党的建设，以“模范机关”的政治担当为学校第二个百年开好局起好步提供坚强保障。

精心组织庆祝中国共产党成立100周年活动、积极组织力量服务保障学校庆祝建校100周年有关活动。印发《机关党委庆祝中国共产党成立100周年活动方案》，召开机关党委庆祝中国共产党成立100周年暨“七一”“两优一先”表彰会，评选表彰机关50名优秀个人和10个先进集体。制作庆祝建党100周年主题展板，开设网站专栏，设立建党100周年专题图书柜，营造庆祝建党100周年良好氛围。组织机关合唱队参加学校庆祝建党

100 周年合唱比赛，获组织奖及一等奖。围绕 100 周年校庆，推动机关党员干部主动参与接待保障、环境提升、安全保卫等各项工作，机关近半数党员干部直接或间接参与到校庆各工作组中，积极为校庆活动的顺利开展贡献力量。开发“集志愿之力 赴百年之约”志愿服务小程序，依托微信生态，通过工具化、扁平化、标准化方式撬动机关党员志愿服务行动力，共招募 3 批次 100 余名志愿者参与百年校庆志愿服务工作。组织机关志愿者参加 AHA 心脏急救培训活动，为百年校庆的顺利举办提供安全保障。在 100 周年校庆工作表彰中，机关共有 78 名党员干部获评“厦门大学 100 周年校庆筹备工作先进个人”。

扎实开展党史学习教育和党的十九届六中全会精神宣传贯彻工作，加强政治和思想建设。加强统筹指导，制定机关党史学习教育实施方案及具体实施计划，精准指导各类学习主体扎实做好“规定动作”。丰富学习资源，编发党史学习教育专题《机关党支部理论学习参考》和应知应会测试题库，配发指定教材 2000 余册。抓实理论宣讲，邀请人文学院张侃教授做题为《〈历史决议〉与中国共产党总结历史经验的政治自觉》的十九届六中全会精神宣讲报告，举办党史学习教育理论辅导报告 4 场，开展“我是党史讲述人”专题党课活动，机关党委书记讲党课 3 场，机关党支部书记、处级党员干部讲专题党课 100 余场。创新学习方式，举办机关党务工作者党性教育专题学习班，以“传承红色基因，强化使命担当”为主题，前往三明宁化、泰宁、建宁、沙县等地开展学习，机关 41 个党支部前往南平、漳州、武平等红色教育基地开展现场研学 30 批次，依托微信公众号推出“机关部门办实事”系列文章，以点带面推动机关 87 个“我为师生办实事”项目落地见效。

加强组织建设。严格落实机关党委会议和机关党支部书记例会制度，全年共召开机关党委会 9 次、党支部书记例会 2 次，定期研究机关党建工作阶段性目标任务及落实情况。修订《机关党委委员党建工作联系点制度》，每名党委委员联系 3～5 个党支部，推动党委委员将经常性联络指导工作落到实处。印发《机关党委关于进一步选优配强党支部书记的通知》，组织未由党员部处长兼任党支部书记的 9 个支部开展支部委员增补工作。严格执行基层党组织换届选举和届中调整规范，加强党支部班子建设，完成 16 个党支部班子的换届选举、11 个党支部班子的调整，新成立 5 个党支部。组织开展 2020 年度机关党支部“标准化”建设情况检查，授予 9 个标准化建设考评结果为“优秀”的党支部“机关党建工作示范点”称号，向考评结果为“合格”及“不合格”的 28 个党支部反馈整改意见 45 条。落实党组织书记抓党建述职评议考核制度，组织对机关 19 个党支部书记开展现场述职评议。坚持标准、严格程序，把好发展党员质量关，全年共发展党员 10 名，转正党员 9 名，发展党员数占全校发展教职工党员数的 12.5％。落实党建工作经费保障，印发《关于进一步规范机关党支部党建经费使用管理的通知》，全年共审批下拨或支出各类党建活动经费 83.94 万元。

加强作风和纪律建设。抓好校党委巡察反馈意见整改落实。运用好监督执纪“四种形态”，根据党章和有关文件规定对 1 名党员做自行脱党处理，给予 2 名党员党纪处分，配合学校纪检监察部门做好审查调查对象、被函询对象思想政治工作。开展机关办文办会办事专题培训，推动文风会风改进和工作效能提升。修订《机关部门负责人联席会议制度》，加强机关各部门之间的政策协调、工作协同和业务合作。召开 2 次机关部门负责人联席会议，围绕师生事务服务大厅入驻窗口、事项、人员摸底调研、机关部门落实校党委巡察反馈意见、机关青年干部培养等议题进行研究讨论。以选聘机关干部担任学生社区兼职辅导员工作为契机，推动机关干部践行“一线规则”，深入学生社区开展调查研究，为学生办实事、解难题，提高管理服务水平。组织做好机关奖教金的评选推荐工作，共 42 名干部获评校庆奖教金。坚持新时期好干部标准，选好用准干部，开展 1 批次科级干部选任考察，做好 84 名科级岗位报名人员初审、民主推荐、初步提名等环节的工作。按照厦门大学考核工作领导小组的工作安排，组织对机关 32 个党政部门和群众团体自身建设情况开展考核测评。

加强文化建设和群团工作。坚持党建带群建，结合重要节日开展主题活动，举办机关团员青年纪念五四运动 102 周年主题团日活动、纪念“三八”国际妇女节座谈会、“美丽机关·巾帼添彩”妇女节系列活动等。组织机关干部职工参加思明区人大代表换届选举工作。组织机关教职工参加第 20 届教职工运动会，获体育道德风尚奖和团体总分第四名；机关部门工会获“知史爱党　知史爱国”四史竞赛集体三等奖、“健康厦大　跑进百年”环校跑“云”接力第一名。组织机关各部门、机关干部职工申报学校群团组织的评先评优表彰，认真做好推荐工作，经评审，机关妇委会获评“2015—2021 厦门大学先进基层妇女委员会”，4 名女教职工获评“妇女工作奉献奖”、2 名女教职工获评“优秀妇女工作者”；机关 6 名青年获校团委优秀共青团员表彰。升级改造机关妈妈小屋，维护机关女干部职工的特殊权益。（蔡佳佳）

【把应对厦门本土疫情作为一项重大政治任务抓实抓细】 年内，推动机关党支部和广大党员、干部下沉一线开展志愿服务，共招募 6 批次 1200 余人次志愿者参与学校 2 轮全员核酸检测，引导校门和主楼进出人员测温亮码等各项校园疫情防控志愿服务；选拔 50 名优秀党员、干部加入厦门大学应对突发疫情应急队伍，24 小时在校内待命，负责处置疫情防控各类急难险重任务；推动 100 余名机关兼职辅导员深入学生社区开展疫情防控工作，竭尽全力守护“无疫学生社区”；牵头组建校园管控组，将思明校区 38 个机关部门划分为 10 个工作专班，对校园实行网格化精准管理。

（蔡佳佳）

【举办第 3 期机关青年骨干研修班暨第 2 期机关群团组织干部培训班】 年内，以“务实创新　担当作为　不断提升机关服务保障学校事业发展能力水平”为主题组织机关69名青年干部和群团组织干部赴晋江、宁德开展实践调研和课程学习，前往晋江经验馆、中国科学院海西研究院泉州装备制造研究所、福安青拓集团、上汽集团福建分公司等单位考察交流，培养机关青年干部的专业能力和专业精神。　（蔡佳佳）

【举办机关干部论坛】 年内，围绕“从历史看干部素质的培养与提高”“学习百年党史　汲取奋进力量”“台海局势与国家统一前景”等主题举办5期机关干部论坛，推动机关处级领导干部提升政治理论素养，及时了解大局、胸怀大局、服务大局，促进形成发展共识。　（蔡佳佳）

【深化机关部门“最多跑一次”改革，打造网上“服务超市”】 年内，推动组织部党员因私出国（境）审批，宣传部校园文化活动场所、宣传载体审批等线下业务流程线上化。3月，在机关部门开展“三张清单”编制和“最多跑一次”事项梳理工作的基础上，学校网上办事大厅升级改版为“i厦大网上服务平台”，通过提供流程引擎快速将线下流程合理线上化，方便用户在线发起，从纵横两个方向上实现审批部门业务网上无缝衔接，面向教职工、学生、访客3类服务对象提供健康统计、科研服务、IT服务等来自22个业务部门的188项服务。

（蔡佳佳）

工会工作

【概况】 年内，校工会在校党委的坚强领导下，在校行政的关心和大力支持下，以习近平新时代中国特色社会主义思想为指导，以习近平总书记致厦门大学建校100周年重要贺信精神为引领，不断加强政治理论学习，认真开展党史学习教育，提高政治站位，不断增强政治领悟力、政治判断力、政治执行力。2021年1月第二十三届工会会员代表大会胜利召开，选举产生了新一届工会委员会领导班子。领导班子把加强工会的政治建设摆在首位，强调并明确保持和增强工会的政治性是工会一切工作的根和魂。建立工会理论学习中心组学习制度，完成5次集体学习，切实加强工会干部政治理论武装，深刻认识“两个确立”的重大意义，增强“四个意识”，坚定“四个自信”，做到“两个维护”，牢记“国之大者”，坚定正确的政治方向。

在上级工会的指导下，校工会履行参与、维护、建设、教育各项职能，围绕中心、坚决贯彻。在学校不断推进依法治校，加强治理体系建设，完善现代大学制度的进程中积极作为，在学校师德师风建设“三全育人”综合改革中主动担责，在团结引领、凝心聚力、构建和谐校园中创新发展，在工会自身建设上开拓进取，在推进学校高质量内涵式发展上发挥工会的组织优势和独特作用，不辱使命、贡献力量。

根据新时代、新标准、新期盼，与时俱进转变观念，开拓进取，不断提高服务本领和水平。截至年底，全校共有39个部门工会。12月，校工会制定《厦门大学基层部门工会组织选举工作规程（暂行）》，更好地指导、规范基层单位工会组织建设，共指导2个新学院建立工会，5个学院换届和补选工作。加强内控建设，按照省总工会审计提出的整改意见认真进行整改，进一步规范财务报销程序，严肃财经纪律。开展部门工会立项工作，充分调动基层部门工会的积极性，形成上下联动的生动局面。

（叶鹏飞）

【加强教职工思想引领，开展“四史”、校史的学习、宣传和教育】 年内，在工会网页、微信公众号设立习近平总书记重要讲话、重要文章、重要贺信学习专栏与“四史”学习教育专栏。3月，支持各部门工会（基层妇委会）组织开展“事业百年·巾帼担当”主题的“三八妇女节”系列活动；4月，举办“当好主人翁、奋进新百年”庆祝厦门大学建校100周年体育活动和书画摄影展，组织教职工参加校庆文艺演出和志愿服务；7月，举办厦门大学教职工庆祝建党100周年合唱比赛和书画展，举办“知史爱党、知史爱国”知识竞赛、“学‘四史’跟党走·牢记嘱托担使命”教职工演讲比赛；选拔选手参加省工会举办的“恰是百年风华·我身边的党员故事”征文比赛获一等奖；举行“共读红色经典、共建书香校园”活动、“百年·性别·育人·创新”芙蓉湖畔对话活动；开展我们的节日·春节游园、元宵灯会、端午诗会、冬至诗文沙龙等弘扬中华优秀文化活动；在全校征集厦大人抗疫故事，弘扬抗疫精神。　（茹晓燕）

【开展劳动模范、工人先锋号的评选推荐工作】 年内，大力弘扬劳模精神、工匠精神，宋方青获福建省“五一劳动奖章”；翔安医院门诊部、厦门大学幼儿园获市级“工人先锋号”称号。

（柯志坚）

【改革教代会制度，推进学校治理体系建设】 年内，改革教代会制度，设立执行委员会制度。2021年3月召开第七届教职工代表大会第八次会议，修订《厦门大学教职工代表大会实施细则》（厦大委综〔2017〕32号），印发《厦门大学教职工代表大会工作规程》（厦大委综〔2021〕37号）。2021年12月完成教代会换届工作，召开第八届教职工代表大会第一次会议，首次成立教职工代表大会执行委员会，选举产生43名执行委员会委员。修订《关于在学院建立二级教职工代表大会的意见》（厦大委综〔2005〕12号），通过《厦门大学基层单位二级教职工代表大会实施细则（修订）》，使二级教代会制度更完善更有可操作性。　（董佳闻）

【推进“三全育人”综合改革】 年内，贯彻落实校党委巡视整改工作任务要求，在调研、征求意见的基础上，学校成立厦门大学“三全育人”综合改革领导小组和工作小组，将秘书处设在校工会，并于12月印发《关于成立厦门大学“三全育人”综合改革领导小组及其工作小组的通知》（厦大委组〔2021〕295号）。6月，牵头召开与学生公寓工作办公室、后勤集团三方参加的“三全育人”工作推进会，发起“三个一”毕业送别活动，推进管理育人、服务育人工作具体化和长效化。积极探索具有厦大特色的劳动教育模式，落实学校新时代劳动教育行动计划。10—11 月，举办厦门大学第十六届教学技能比赛，开展岗位技能培训和竞赛，努力提高本科教师队伍教学水平，促进青年教职工成长成材。

（董佳闻　梁艳芝）

【圆满完成思明区人大换届选举工作】 11 月，按照校党委工作安排，校工会担负思明区人大换届选举工作厦大选区秘书处工作职责。厦门大学作为思明区人大换届选举的独立选区，选举工作环节多、程序严谨、工作体量大、工作时长长，校工会成立工作专班，按照严格、标准、规范的工作要求，充分民主、严肃纪律的目标要求，认真筹划，精心组织，广泛宣传动员，在全校师生中普遍进行了一次全过程民主的生动实践，12 月 10 日，五大选区选举出化学化工学院傅钢、经济学院王艺明、管理学院傅馨、物理科学与技术学院林昶旭、嘉庚学院金亮 5 名区人大代表，圆满完成厦门大学选区选举工作。（陈伟龙）

【完成省工会第十四次代表大会和市工会第十六次代表大会代表推荐工作】 12 月，根据省、市总工会代表大会的通知精神，推荐叶鹏飞为福建省工会第十四次代表大会代表、委员；推荐朱铉为厦门市工会第十六次代表大会代表、委员。（刘黛茜）

【开展节日教职工会员慰问品选购和发放工作】 年内，精心准备并认真做好全校 7000 多名教职工会员元旦、春节、端午、中秋、国庆节日慰问品选购和发放工作。根据校庆办工作安排，为在职教职工发放校庆纪念品 5000 多份。首次为在职教职工会员发放生日蛋糕，通过收集教职工意见建议，11 月对 2022 年生日蛋糕的选购方案作出改变，采用竞争性磋商方式确定校内外共 4 家蛋糕服务商供教职工自行选择。

（刘黛茜　顾誉文）

【开展多项情系教工"暖心"工作】 年内，慰问夏季坚守在室外一线工作的后勤员工。疫情紧张期间，开设线上体育课堂，让教职工通过健身活动疏解情绪，放松心情。关心附属翔安医院抗疫一线的医护人员，为他们送去所需的慰问物资，体现学校的关怀。为响应学校"共同抗疫、留校过年"号召的教职工安排年夜饭。关爱特殊时期女教职工，"三八"节期间慰问各单位病困女教职工 10 人，支持翔安校区药学院、新迁漳州校区的国际学院建设哺乳室（女职工休息室）。关心单身教职工，与厦门航空公司、集美大学等单位联合举办联谊活动。持续做好春节、教师节困难教职工集中慰问工作，及时为需要帮助的教职工进行帮扶。热情、耐心、细致地做好教职工的来访、来信工作，及时了解情况，协调相关部门、单位解决问题，全年合计接待 7 名来访教职工。支持 37 个单位组织开展教职工春秋游活动、组织优秀教职工疗养。关心下属单位自聘员工，积极指导相关单位做好该部分教职工加入工会、成为会员的工作。

（柯志坚　吴春涛　王　媞）

【谋划并推动党史学习教育"我为师生办实事"之"教职工健康"项目落地见效】 年内，拓展心理咨询服务项目内容和渠道，增加频次，并将服务延伸到翔安校区，全年共接待心理咨询 60 人次。疫情防控期间开设心理驿站，组织线上心理教育 16 场，约 919 人次参与此项活动。举办教职工医疗急救技能培训，制定出台教职工医疗援助方案。开展"健身大课堂"等健康文体活动，9 月疫情防控期间为全体教职工举办"健身大课堂"云课堂，在线上举办健身操、形体舞、keep 形塑等 3 门课程，每周 3 次。线上课程得到广大教职工的喜爱，参与的有 1100 多人次。10 月，"健身大课堂"恢复线下教学，开设线下课程 10 门，同时保留线上云课程。

【举办校园文体活动】 3 月，举办第九届女教职工气排球比赛。5 月，举办第八届"嘉庚杯"围棋赛。6 月和 11 月，分别举办第十二届教职工羽毛球混合团体赛、第四届"嘉盟杯"教职工羽毛球双打团体比赛。7 月，举办全校工间操、八段锦培训，促进教职工身心健康发展，共 50 多名教职工报名参加培训班。10 月，举办教职工健身气功八段锦课程班、教职工围棋入门培训班。朗诵协会、合唱艺术团、舞蹈艺术团、围棋协会、书画研究会等协会团体开展日常的培训和交流活动。11 月，落实《"健康中国 2030"规划纲要》，倡导全民健身，举办第 20 届教职工运动会。12 月，开展第九届厦门大学男子教职工气排球比赛。

（柯志坚　刘黛茜）

【开展校园家庭文明建设工作】 年内，传承红色家风，弘扬家国情怀，促进家庭和睦，5 月开展寻找厦门大学"最美家庭"活动，信息科学与技术学院纪荣嵘家庭、人文学院林宝卿家庭被评选为厦门市"最美家庭"。落实"我为师生办实事"活动项目，为各基层单位发放学习民法典的有关书籍，普及和宣传《中华人民共和国民法典》知识。借助网站转载《中华人民共和国家庭教育法（草案）》，疫情防控期间推送亲子教育知识，提醒教职员工做到亲子和睦相处，避免家庭冲突，帮助孩子一起做好防疫，安排好学习生活。7—8 月举办教职工子女"嘉禾"夏令营和暑托班，项目数和人数创新高，在思明校区、翔安校区跨校区举办，合计开办 13 个类别、27 个班级课程，学员达 840 人次。

（吴春涛　刘黛茜）

【完成中国妇女研究会第五届会员登记工作】 年内，继续发挥学校妇女研究优势，为中国妇女理论研究提供支持。1 月，完成校工会妇女理论研究会在中国妇女研究会第五届会员大会的团体会员登记和理事候选人推荐工作。5 月，邓朝晖、蒋月、石红梅、宋建丽、王宇当选中国妇女研究会第五届理事。（吴春涛）

【参加省市工会活动并获多个奖项，展现厦大教职工风采】 5 月，积极组织参与福建省教科文卫体工会工委举办的"恰是百年风华·我身边党员的故事"——庆祝中国共产党成立 100 周年暨 2021 年高校教职工读书节征文比赛，选送的两个作品分别获一等奖和三等奖。11 月，校职工舞蹈队《锦绣家园》节目参加"2022 厦门职工春晚"节目海选机关事业工联会专场荣获二等奖。12 月，应邀参加健康中国文化周活动，参加市工会举办的"听党话跟党走·有作为敢担当"演讲比赛获二等奖。（茹晓燕）

【完成定点帮扶与促进乡村振兴消费扶贫任务】 年内，根据上级文件精神和学校定点帮扶工作部署，全年共向宁夏隆德县、甘肃康县、湖北团风县、宁夏海原县等4地购买包括粉丝、蜂蜜、黑木耳、莲子、亚麻籽油、红枣、鹿茸菇在内的7种农产品，共计361.48万元，按期超额完成2021年度定点帮扶与促进乡村振兴工作任务。

（吴春涛　刘黛茜）

【推进“智慧工会”建设提质升级】 年内，进行工会网页和工会会员信息化平台建设和改版升级，以崭新的形象和“互联网＋工会”力量为现代化校园提供服务。依托新的服务平台，为工会管理工作和教职工参与活动提供便利，从2021年起教职工慰问品提货券全部采用电子提货券，方便教职工的同时也节约了印制和发放纸质券各项开支。（刘黛茜）

共青团工作

【概况】 至12月31日，团委有正式编制人员11名（其中思明校区8名、翔安校区3名）。现有基层单位团委37个，基层团工委1个，团总支71个，团支部1404个，团员45972名，专职团干部84名，兼职团干8名（机关团委1名、后勤集团1名、国际学术交流中心1名、附属翔安医院1名、体育教学部1名，校团委兼职副书记3名），挂职团干部1名。有校级学生组织2个：学生会、研究生会。学生会、研究生会委员由学生代表大会、研究生代表大会选举产生。团委下属学生组织7个：学生社团指导中心、青年媒体中心、学生科技创业与就业服务中心、青年志愿者行动指导中心、学生艺术团、社会实践指导中心、基层组织建设中心。

2021年厦门大学共青团坚持以习近平新时代中国特色社会主义思想为指引，深入学习贯彻习近平总书记致厦门大学100周年重要贺信精神和习近平总书记“七一”重要讲话精神，在学校党委和上级团组织的领导下，紧紧围绕学校育人中心工作，聚焦思想引领主责主业，树立大抓基层鲜明导向，团结带领广大团员青年听党话、跟党走，在加快实现“中国梦”、建设一流大学的征程中贡献青春力量。

深入开展“四史”宣传教育，夯实团员青年思想根基。理论武装卓有成效。重点打造“四史”宣传教育“轻骑兵队伍”，成立由学生骨干组成的“囊萤星火青年讲师团”，将青年喜闻乐见的形式巧妙运用在宣讲中，通过进支部、进公寓、进社区、进网络，以“青言青语”开展小规模、互动式宣讲交流。价值引领入脑入心。坚持以社会主义核心价值观为引领，传承和弘扬中华民族优秀传统文化，持续开展“我们的节日”系列活动，充分发挥传统节日在弘扬中华优秀传统文化中的重要作用。参与拍摄《我和我的祖国》MV，积极参加线下沙龙分享会。不断加强国旗班建设，加强日常训练，提高自身要求，发挥先锋作用，组建寒暑假临时国旗护卫队，厚植大学生爱国情怀。榜样引领激发力量。举办2021年“我最喜爱的十位老师”评选活动和第八届“身边的好同学”优秀大学生评选活动，以典型示范引领教风学风校风，用榜样力量引导学生践行社会主义核心价值观。一批团组织和团员青年获得省级表彰，厦门大学研究生支教团获评“福建青年五四奖章集体标兵”，社会与人类学院教授王传超获“福建青年五四奖章”。新媒体建设提质增效。加强校内团组织新媒体资源整合，重点扩大以“青春厦大”为核心，以“厦门大学青春飞翔”“团聚嘉园”为两翼的团属新媒体影响力。“青春厦大”微信公众号年度累计发文344篇，新增关注人数9893人，粉丝数量呈稳定上升趋势。学校团委入选全国高校共青团新媒体重点工作室。共青团网络资源供给能力进一步提升，重点打造品牌特色，开设校内、校院联动的“团团”系列专栏，如《团团听你说》《团团新闻联播》等，贴近青年、服务青年、引领青年，多篇原创文章阅读点击量过万，并获学校共青团、福建省学联等平台转载，原创内容入选全国基层团组织微信公众号热文当周榜单。

围绕学校中心大局，发挥青年生力军和突击队作用。高标准高质量高水平完成百年校庆服务工作。百年校庆期间，共计招募3759名青年志愿者投身各项服务保障中，累计提供志愿服务84941.88小时。强化志愿者志愿服务理论教育，编写《厦门大学百年校庆志愿者通用知识培训教材》；开设《大学生志愿服务概论》，录制20学时网络培训课程，加强志愿者服务的规范性和有效性。组织参与筹备“南方之强”厦门大学庆祝建校100周年文艺晚会，排演音乐舞蹈史诗《南强颂》，开展建校100周年学生艺术团展演活动，联合艺术学院出品原创歌曲《百年荣光》。围绕庆祝中国共产党成立100周年开展文艺活动。参加中央广播电视总台庆祝中国共产党成立100周年暨五四青年节特别策划《青春之歌》视频拍摄，参加央视新闻频道庆祝中国共产党成立100周年大型直播特别节目《今日中国》，参加《奋斗正青春——2021年五四青年节特别节目》，联合新闻传播学院共同拍摄录制《没有共产党就没有新中国》MV等。举办“青春心向党·逐梦新百年”厦门大学第八届校园合唱节。携手宁德团市委举办“百年峥嵘　青春向党”庆祝中国共产党成立100周年专场演出。

推进育人平台建设，提升共青团的服务力和凝聚力。推进社会实践工作。紧扣“实践质量提升”，对全年的实践活动做好系统规划，在实践顶层设计上紧扣改革发展重点和时事热点，引导学生在实践中加深对国家发展的认识，培养学生的爱国主义情怀。认真做好寒假社会实践组织工作，以“百年奋进路，青春砥砺行”为主题，采用线上线下结合的形式，选拔857支团队，4245名学生，分赴全国34个省、自治区或直辖市开展返校招生宣传、“四史”学习教育专项行动、“爱劳动”教育专项行动等各类社会实践活动，并表彰了一批先进的集体和个人。认真组织实施暑期社会实践工作，以“永远跟党走　奋进新时代”为主题，组织设计11个专项，全校集中组队752支，近8000名同学参与，有近500名专业教师和政工干部带队指导实践活动。连续开展实践活动三年以上的品牌队伍达49个。

举办多场校院实践分享沙龙和主题报告会，形成调研报告（论文）428 篇。学校获评 2021 年全国大中专学生志愿者暑期“三下乡”实践活动优秀单位，“囊萤星火青年讲师团”暑期社会实践队获评优秀团队，团队和个人获省级表彰 14 项。推进志愿服务工作。完善制度基础，整合志愿者信息，积极推动团员在“志愿汇”信息系统完成注册。制定出台《厦门大学学生志愿服务工作管理办法》，推进志愿服务工作制度化、规范化、品牌化。举办“3·5”学雷锋纪念日、“12·5”国际志愿者日等主题系列活动，开展学校年度优秀志愿者、优秀志愿服务项目、志愿服务先进工作者等评选工作，塑造学校传播志愿精神、塑造志愿服务形象先进典型。2021 年全校各青年志愿者组织累计开展 1338 次志愿服务活动，25030 名志愿者参与其中，累计服务 786054.39 小时。加大优秀项目培育力度，深入推进“一院一品”志愿服务项目体系建设，培育优秀项目参加 2022 年福建省及中国青年志愿服务项目大赛、第五届中国青年志愿服务公益创业赛。做好专项志愿服务活动组织，顺利完成厦门大学第 24 届研究生支教团及第 2 届德旺中学支教团组建、西部计划项目遴选等相关工作。选拔 19 名优秀本科毕业生、在读研究生参加 2021 年西部计划，赴宁夏、西藏和新疆地区开展工作，2021 年参加人数创历年新高。推进创新创业工作。认真抓好“挑战杯”等各类赛事的组织工作，组织学生团队参加第十五届“挑战杯”福建省大学生课外学术科技作品竞赛终审决赛，共获特等奖 3 项、一等奖 7 项，位居全省第一，同时获本届挑战杯“优秀组织奖”；6 件作品入围第十七届“挑战杯”全国大学生课外学术科技作品竞赛。在第十七届“挑战杯”全国大学生课外学术科技作品竞赛红色专项活动线下终审中，1 作品荣获全国一等奖；在黑科技专项赛中，2 作品荣获星系级奖项，福建省仅此两作品获奖。在第十届福建省大学生“创业之星”评选决赛中，学校荣获 2021 年第十届福建省大学生“‘创业之星’评选优秀组织奖”。组织开展 2021 年青少年高校科学营厦门大学分营活动，整合学校优势资源，推进学校科普工作建设。推进校园文化建设。开展各类校园品牌活动，组织“学宪法、讲宪法”系列活动、防灾减灾知识宣传教育系列活动、实验室风采大赛、实验室安全与卫生知识竞赛等，传播法治与安全理念，共筑平安厦大。组织学生参与各类文化赛事，在 2021 年的大学生艺术节比赛中，7 件作品进入省赛决赛，1 件作品获评高校美育改革创新优秀案例，专业组选送作品和高校美育改革创新优秀案例入围第六届全国大学生艺术节展演并获全国一等奖。体育舞蹈队在福建省体育舞蹈精英对抗赛中获得“最具潜力奖”。《天使日记——厦门大学附属医院援鄂白衣天使》在全国大学生网络文化节和全国高校网络教育优秀作品推选展示活动中荣获一等奖。组织各类大型演出，参与排演原创话剧《哥德巴赫猜想》、《遥望海天月》、《长汀往事》、原创校史情景舞台剧《南强红笺》。加强校区间文化交流和联动，跨校区组织新年演出季器乐和舞蹈专场、迎新演出等，进一步加强校区共建。推进劳动教育工作。因地制宜整合育人资源，探索构建符合高等教育阶段特征、具有地域特点和厦大特色的劳动教育体系。组织校内专家学者开展新时代劳动教育思想大讨论，进一步提高认识、凝聚共识。传承厦大百年育人历史中的劳动教育元素，参与制定出台《中共厦门大学委员会　厦门大学新时代劳动教育行动计划（2021—2022）》，构建“课程—实践—文化”互动融合的劳动教育体系。落实条件保障，推动劳动教育纳入学生工作绩效考核评价体系。将劳动教育融入第二课堂，建设校内“劳动体验站”，打造“后勤大课堂”，选派后勤人员担任劳动教育导师，推出生活技能、餐饮文化、农作物种植等系列体验课程。

巩固深化改革成果，推动学生会组织和学生社团依法依章运转。一是巩固学生会组织改革成果。指导召开厦门大学第五十二次学生代表大会、第三十一次研究生代表大会，修订并通过《厦门大学学生会章程》《厦门大学研究生会章程》。首设常任代表制度，通过大会选举产生 45 名本科生常任代表及 40 名研究生常任代表，常任代表在大会闭会期间代表全体同学帮助和监督学生会组织的工作。重启提案制度，共收到并立案 179 件提案，新一届学生会组织对立案提案进行整理分类，以工作建议和意见的形式陆续呈送学校有关职能部处，并跟进办复进度。开展校院两级学生会组织改革情况分类评估调研工作，落实改革成效，接受广大师生监督。强化学生骨干培养和评价考核工作，常态化开展政治理论学习，强化校院联动，工作下沉基层；深化学生骨干培训班建设，举办两期学生骨干培训班，开展“我为同学做件事”主题实践。修订《厦门大学学生会组织述职评议工作方案》，对学生会组织工作人员进行全面客观的综合评价，建立以服务和贡献为导向的激励机制。加强学生骨干对外联络交流学习，推荐一批优秀学生骨干赴北京参加“扬帆计划·中央和国家机关大学生实习”，赴福州参加福建省青年马克思主义者培训班暨大学生创业训练营，赴澳门参加澳门大学 40 周年校庆暨纪念“五四”运动 102 周年青年领袖峰会等。强化学生会组织权益工作，推进学生提案落实，开通日常权益反馈链接，实时接收、跟进和反馈学生的意见建议，积极搭建“校—院—班”三级联动权益工作体系，组织学生代表与相关职能部门座谈，针对线上教学、校园安全、垃圾分类、隧道通行等学生关心的问题讨论发声。策划开展“诚信共享伞”项目，在三个校区首批 16 个点位投放“诚信共享伞”，开展学生诚信教育，鼓励资源流动共享。二是深化学生社团建设管理改革。改进体制机制，稳步推进改革，成立厦门大学学生社团建设管理评议委员会，构建学校党委统一领导，相关职能部门共同参与的学生社团工作机制。成功召开两次委员会会议，审议全校学生社团重要工作事项，有序推进学生社团成立、换届、注册、纳新及年审等工作。启动全校学生社团改革推进情况自查与评估工作，重点了解改革推进情况及主要问题，推动学生社团改革工作取得实效。进一步加强学生社团党团组织建设，指导学生社团开展党史学习教育，全校135个社团均已成立临时团支部，10个符合条件的社团成立临时党支部。组织学生社团开展“学党史、强信念、跟党走”主题团日活动，引导学生社团积极参与“踏寻红色足迹　传承红色文化”红色文化义务讲解，参与演武小学素养课堂项目，为群众办实事。常态化召开全校社长大会，组织学习习近平总书记“七一”重要讲话精神、党的十九届六中全会精神等，为全校学生社团骨干发放学习读本。树立品牌典型，打造青春舞台，开展学生社团品牌活动立项，培育打造20个社团品牌活动，扶持引导学生社团找准方向、树立品牌、作出成绩。党规党纪学生研习社获评“2020全国高校百强社团”。发动学生社团共同修复芙蓉隧道涂鸦作品，号召学生社团在疫情防控期间联合举办线上就业培训讲座、阳光心理打卡、居家健身等活动，举办学生社团文化节、草地音乐节等，发挥社团引领青年、凝聚青年、培育青年的作用。

继续以大抓基层为导向，大力巩固基层团组织建设。全面夯实基层组织建设，加强基层团组织规范化建设。规范团员发展、关系转接等基础团务，提升基层团支部的组织功能。推进“星级团支部”创建工作常态化，通过走访、调研、评优工作，表彰奖励先进支部，巩固提升一般支部，持续整顿落后支部，全面提升基层团组织的组织力，全校达标星级及以上团支部1193个，占比88.11%，三星级及以上团支部1033个，占比76.29%。探索创新基层组织建设路径，成立校团委基层组织建设中心，发挥优秀团员青年的引领作用，遴选校学生骨干42名，搭建院校团组织沟通桥梁，推动共青团改革举措落到基层。大力推动“互联网＋团的组织建设”。全面推进学校“智慧团建”基础数据库建设，加强基层共青团的组织工作与信息技术深度融合。依托“智慧团建”系统开展团员档案管理、身份认证、组织关系转接、团内信息统计和政治理论学习，不断提高团员教育与管理现代化水平。年内，全校共青团员通过智慧团建系统，组织关系转接率达到95%以上。97.12%的团支部依托智慧团建开展组织生活会；99.63%的团支部依托“团的会议”模块常态化开展团员学习教育，线上开展党史学习教育、“七一”讲话主题学习会，99.70%的团支部开展了“请党放心，强国有我”主题学习会，96.38%的团支部开展了十九届六中全会主题学习会。着力提升团员先进性。加强对发展团员的工作指导，严格团员发展标准，规范入团程序，提升团员的身份认同感，学校新发展团员260人，严把团员入口端。常态化开展团员教育管理，在重要时间节点开展主题团课，定期发布团日活动指导意见，加强团员的政治教育和政治训练，截至12月15日，全校智慧团建系统团员数48950人，其中一星级及以上团员数46640人，占比95.28%。从严开展团员管理，按时完成毕业生团组织关系转接和新生团员信息审核工作，处分2名不合格团员。持续加强团干部队伍建设。继续坚持团干部“1＋2＋100”制度，校团委机关干部全部下沉社区担任“一站式”兼职辅导员，推动团干部密切联系群众。拓宽学校团干部成才渠道，选派3名团干部分别到团省委、福建省教育团工委、厦门团市委挂职锻炼。加大培训力度，整合校内外、团内外相关资源，构建团干部教育培训的组织体系和工作机制，组织厦门大学“先锋团校”——基层团委书记一流标准能力提升班，全校各基层单位团委书记、校团委机关干部共39人参加培训，通过校内专题培训与校外实践教学相结合，在培训中查找自身工作水平与岗位职责要求和学校事业发展需要之间的差距，增强履职能力。（王岩芳）

【开展厦门大学“踏寻红色足迹　传承红色文化”红色文化义务讲解系列活动】 2月，厦门市“踏寻红色足迹　传承红色文化”系列活动正式启动。厦门大学第十八期大学生骨干培训班、第十七期研究生骨干培训班主动承接本次项目，并策划组织“踏寻红色足迹　传承红色文化”厦门大学红色文化义务讲解员系列活动，包括厦门红色文化讲解微视频制作、歌曲快闪、“云游学史”厦门红色教育基地手机地图小程序开发等。同厦门海堤纪念馆、厦门破狱斗争旧址、厦门公交集团红色专线等多个红色遗址或场馆共建“厦门大学大学生社会实践基地”，传承弘扬红色文化。该活动得到新华社、学习强国平台、中国青年网、厦门日报等主流媒体报道，累计阅读量达100万人次。培训班学员刘雯雯、陈小芳获得厦门市十佳红色文化义务讲解员荣誉称号。

（林文勤　周林琪）

【3759名“小木棉”志愿者参与百年校庆志愿服务】 年内，在学校“百年校庆周”活动期间，3759名青年志愿者投身百年校庆各项服务保障中，圆满完成校庆志愿服务工作。志愿者们像他们的名字“小木棉”一样盛放如火、朝气蓬勃，向师生校友、四海宾朋展示了厦大学生追求卓越、奋进一流的青春风采，将志愿与微笑定格在百年校庆的珍藏回忆中。为发挥实践育人和劳动教育功能，校团委以百年校庆为契机，在学校教务部门的指导下，开设了“大学生志愿服务概论”通识教育选修课，将志愿服务正式纳入“第一课堂”。用心讲好百年厦大故事，引导广大青年学生传承红色基因、厚植家国情怀，在志愿服务中担当新使命、展现新作为。

（林颖菁　王心君　梁振伟）

【多个集体和个人获共青团中央、福建团省委表彰】 年内，校团委持续加强培养和选树先进典型，充分发挥朋辈引领作用，一批团组织和团员青年获团中央、团省委表彰。公共事务学院学生石浩获评2020年度全国优秀共青团员，厦门大学研究生支教团获评“福建青年五四奖章集体标兵”，社会与人类学院王传超教授获评“福建青年五四奖章”，建筑与土木工程学院2017级本科生张崟获评“福建省优秀共青团员”。

（林颖菁　王心君　梁振伟）

【组建“囊萤星火青年讲师团”】 5月，校团委成立“囊萤星火青年讲师团”，先后有两批68名学生骨干加入讲师团队伍。讲师团通过聘请指导教师、开设专题培训等厚实理论基础。紧跟时代脉搏，深挖校本资源，立足青年视角，进支部、进公寓、进社区、进网络，以“青言青语”开展特色青年宣讲。暑假期间，讲师团深入贵州黔东南州苗族村寨报效村和长滩村，搭建“板凳课堂”“田间歌会”“红色喇叭”等宣讲平台，面向村民开展党史、法律知识普及、苗寨建筑文化等宣讲17场次。截至年底，讲师团共发布专题“宣讲菜单”45个，在校内外开展各类宣讲共计187场次，录制示范性线上宣讲课程18讲，覆盖听众1.5万余人次。“囊萤星火青年讲师团”暑期社会实践队荣获2021年全国大中专学生志愿者暑期“三下乡”社会实践活动优秀团队。《中国青年报》、《贵州日报》、《中国共青团》杂志、学习强国平台、福建共青团网、中国青年网等主流媒体对讲师团进行专题报道30余次。

（刘　莹　梁振伟）

【第十五届“挑战杯”省赛获奖作品入围第十七届“挑战杯”国赛】 5月7—10日，第十五届“挑战杯”福建省大学生课外学术科技作品竞赛终审决赛（简称第十五届“挑战杯”省赛）于厦门大学漳州校区举行，学校成绩再次位居全省第一，共获得特等奖3项，一等奖7项，二等奖5项，并荣获“优秀组织奖”。在第十五届“挑战杯”省赛红色专项活动中，学校还获得2个特等奖和3个一等奖，这些获奖作品入围第十七届“挑战杯”全国大学生课外学术科技作品竞赛（简称第十七届“挑战杯”国赛）红色专项活动。5月14—16日，第十七届“挑战杯”国赛红色专项活动线下终审在四川大学举行，全国有106件作品参赛，厦门大学人文学院项目“英雄学府——记海防前线上的厦门大学民兵师”荣获全国一等奖，“厦门大学研究生支教团：西部教育扶贫守望者”荣获全国二等奖，在全国参加决赛的高校中名列前茅。学校在第十五届“挑战杯”省赛的获奖作品中，挑选6件作品参加第十七届“挑战杯”国赛。综合考虑省赛成绩、学院情况和专家意见，正式确定2件作品参加第十七届“挑战杯”全国赛决赛。

（沈伟虹　周逸驰　林威丞　姚祖婵）

【学生社团获评“2020全国高校百强社团”】 年内，在全国学联秘书处指导、中国青年报社主办的2020年“寻找全国高校百强学生社团”活动中，经社团申报、厦门大学党委学生工作部和厦门大学团委遴选推荐、社团风采展示、网络投票、专家评审等环节，厦门大学党规党纪学生研习社获评“2020全国高校百强学生社团”。

（林文勤　周林琪）

【举办“青春心向党·逐梦新百年”厦门大学第八届校园合唱节】 6月5日晚，“青春心向党·逐梦新百年”厦门大学第八届校园合唱节汇演在建南大会堂隆重举行。学校党委副书记、纪委书记全海，学校党委副书记徐进功，学校关工委主任陈力文出席。4月，学校启动第八届校园合唱节活动，活动采用展演与汇演相结合的形式，共有来自三个校区32支合唱队，近1600名学生参加。

（蒋　丽　周林琪）

【2021年青少年高校科学营厦门大学分营顺利举行】 7月，2021年青少年高校科学营厦门大学分营顺利举行。本次全国青少年高校科学营厦门大学分营，以“科技梦·青春梦·中国梦”为主题，围绕庆祝中国共产党建党100周年设计特色活动内容，结合厦门大学建校100周年以及厦门大学的学科优势和办学特色，将爱国、革命、自强和科学精神融入科学营的举办过程，来自福建省内的130名营员和13名带队教师参加。

（杨雪婷　林威丞　姚祖婵）

【组织实施暑期社会实践工作】 年内，按照团中央、团省委的整体要求，以“永远跟党走　奋进新时代”为主题，学校组织设计了“党史学习实践团”“乡村振兴实践团”“民族团结实践团”等五个重点方向和“博士生地方经济发展服务团”“重走嘉庚路”“河小禹”等11个专项。全校集中组队752支，近8000名学生参与，有近500名专业教师和政工干部带队指导实践活动。截至2021年连续开展实践活动三年以上的品牌队伍达49个。举办了多场校院两级实践分享沙龙和主题报告会，形成调研报告（论文）428篇。学校获评暑期社会实践“全国优秀单位”，“囊萤星火青年讲师团”暑期社会实践队获评“全国优秀团队”。“自强”新青年暑期社会实践队、“闽江源河小禹”暑期社会实践队、“浓情彩绘　助力美丽乡村”暑期社会实践队获评“福建省优秀团队”，范荣、蔡宇、水永生、许温洁、郑翊君获评“福建省先进工作者”，邓逸杰、商兆岩、姜立恒、徐垠、郑靖蕾、李心苗获评“福建省先进个人”。

（姚东明　林　蕊）

【修订《厦门大学学生会章程》《厦门大学研究生会章程》】 年内，根据共青团中央办公厅、全国学联秘书处于5月印发的《普通高等学校学生会（研究生会）章程制定办法》，经广泛征求师生意见、章程修订小组研究讨论、厦门大学党委学生工作部及厦门大学团委审核、全国学联秘书处/福建省学联秘书处核准、厦门大学第五十二次学生代表大会及第三十一次研究生代表大会审议通过，最终颁布《厦门大学学生会章程（修正案）》、《厦门大学研究生会章程（修正案）》。这是厦门大学学生会组织的基本制度，是其履行职责、发挥作用的基本依据。（林文勤　周林琪）

【召开厦门大学第五十二次学生代表大会、第三十一次研究生代表大会】 7月24日，厦门大学第五十二次学生代表大会、第三十一次研究生代表大会在德旺图书馆1、2号报告厅分别召开。大会选举产生厦门大学第五十二届学生会主席团与第三十一届研究生会主席团，及第五十二次学生代表大会45名本科生常任代表、第三十一次研究生代表大会40名研究生常任代表。

（林文勤　周林琪）

【研究生支教团亮相《开学第一课》】 9月1日晚，厦门大学研究生支教团亮相央视《开学第一课》，向全国中小学生讲述了厦大研究生坚持23年的西部支教扶贫故事。厦门大学研究生支教团作为首批参加“中国青年志愿者扶贫接力计划研究生支教团项目”的团队和“闽宁对口扶贫协作援宁群体”的重要成员之一，自1999年至2001年，有二十三届共323名优秀大学生赴宁夏、内蒙古等地开展支教工作。经过23年扎根“西海固”的接力耕耘，厦门大学研究生支教团项目已成为厦门大学青年志愿者活动的品牌项目，得到了社会各界的广泛赞誉，在助力脱贫攻坚、闽宁协作中贡献了厦大学生的力量。

（林颖菁　王心君　梁振伟）

【厦大学生获“创业之星”称号】 11月20—21日，第十届福建省大学生“创业之星”评选决赛于线上顺利举行。本次比赛，两支参赛队伍均来自电子科学与技术学院，学生李法君负责的项目“基于等离激元超表面微流芯片的癌症早筛系统研发及产业化”，学生陈佳负责的项目“水产最强大脑：‘新一代’智慧水声物联网与人工智能管理系统”，分别荣获“‘创业之星’标兵”称号和“创业之星”称号。厦门大学荣获2021第十届福建省大学生“‘创业之星’评选优秀组织奖”。

（常海洋　林威丞　姚祖婵）

【在第八届“创青春”福建省青年创新创业大赛中荣获佳绩】 11月，在第八届“创青春”福建省青年创新创业大赛暨福建省第三届返乡大学生创新创业大赛中，厦门大学参赛项目“基于微纳生物芯片的肿瘤标志物检测系统产业化”和“博复康——肿瘤类器官个性化药敏检测”荣获一等奖，“侦转神探——打造中国转基因检测核心力量”和“基于太阳能和压力发电零排放的可持续新能源BEV汽车快速充电桩的设计和应用”荣获三等奖。

（林威丞　姚祖婵）

【在第五届中国青年志愿服务公益创业赛中再创佳绩】 11月，在第五届中国青年志愿服务公益创业赛中，管理学院“青选至乡村振兴”志愿服务团队的“一村一茶一味道——青选至乡村茶农增收帮扶项目”获国赛银奖。该团队立足学校学科专业优势，探索打造具有典型示范意义的乡村产业公益创业模式。该项目聚焦茶农“投入多、收入少”的现实问题，通过“产品开发—市场拓展—资源导入—资金管理”四轮驱动模式，帮助茶农进行产品升级，助力“小众茶”走向大市场。

（林颖菁　王心君　梁振伟）

【荣获第十三届中国青年志愿者优秀个人奖和项目奖】 12月5日，共青团中央、中国青年志愿者协会公布第十三届中国青年志愿者优秀个人奖、组织奖、项目奖评选结果，厦门大学医学院2019级硕士研究生陈漳鑫荣获中国青年志愿者优秀个人奖，医学院“夕拾朝华”——老年慢性病精准化三级预防志愿服务项目和管理学院“全球联动，战‘疫’有我——厦大学子防疫物资驰援湖北志愿项目”荣获中国青年志愿者优秀项目奖，这是由共青团中央、中国青年志愿者协会授予的我国青年志愿服务领域最高荣誉。

（王心君　梁振伟）

【入选全国高校共青团新媒体重点工作室】 12月，共青团中央公布150个全国高校共青团重点新媒体工作室（2022—2023年度）名单，厦门大学团委入选。该项目是中宣部、教育部、中央网信办、团中央共同实施的“高校思政类公众号重点建设项目”，旨在切实贯彻“全团抓学校”工作理念，进一步提升高校共青团新媒体工作水平。

（刘　莹　梁振伟）

【与厦门市演武小学共建“大手拉小手　社团伴成长”素养课堂项目】 秋季学期，校团委与厦门市演武小学合作共建“大手拉小手　社团伴成长”素养课堂，共择优推荐10个学生社团前往演武小学的两个校区开设12门兴趣课程，涵盖武术、跳绳、毽球、数独、辩论、写作及法制知识等多方面，并指导学生社团认真制定学期讲课方案，与演武小学老师联手集体备课，力求打造特色社团精品课堂。

（林文勤　周林琪）

【举办2021年学生社团文化节】 12月4日，为纪念“一二·九”运动86周年，庆祝中国共产党成立100周年，在党的领导下更好发挥社团凝聚青年、培育青年的作用，学校举办“社彩纷呈庆百年　团聚奋斗踏征途”2021年学生社团文化节。社团文化节是学生社团工作的一次集中展示，本次活动在思明校区、翔安校区同步启动，漳州校区学生共同参与，内容涵盖了社团风采展、社团纳新与草地音乐节等。

（林文勤　周林琪）

【举办2022年“青春之夜”新年舞会】 12月31日晚，由厦门大学学生会、研究生会、学生艺术团、学生社团指导中心承办的2022年“青春之夜”新年舞会在思明校区嘉庚广场、翔安校区芙蓉湖畔学生广场同步举行。活动以“舞动青春跃百年，踔厉奋发启新元”为主题，秉承“自强不息、止于至善”的校训，以“喜迎二十大”“建团100周年”为精神内核，坚持“以高尚的精神塑造人，优秀的作品鼓舞人”的理念，旨在通过文艺活动丰富厦大师生课余生活，展现厦大学生的青春风采。

（林文勤　姚东明　蒋　丽　朱祎濛　周林琪　林　蕊）

附　录

厦门大学第五十二届学生会主席团名单

王泽旭　王　珺　吴雨欣(女)　张　璐(女)
林梦欣(女)

厦门大学第二十三届研究生支教团名单

乌皓祎　方海静(女)　王君梅(女)　邓　翊
刘豫青(女)　向陶钧(女)　吴　丹(女)　吴　静(女)
张凌翔(女)　杨培植　周博语　林瀚文
陈雅玲(女)　柯雪兰(女)　段　颖(女)　涂佳婕(女)
索紫矜(女)　梅龙飞　覃才修　谢宇崧
韩朝婧(女)　董永斌

厦门大学第三十一届研究生会主席团名单

王　璐(女)　李　昕(女)　张吉喆(女)　陆颖恬(女)
谢榕顺

厦门大学2021年"我最喜爱的十位老师"名单

电子科学与技术学院　王亚军
公共卫生学院　张　军
物理科学与技术学院　苏国珍
管理学院　严　晖(女)
新闻传播学院　邹振东
航空航天学院　柳　娟(女)
医学院　洪晓婷(女)
经济学院　黄娟娟(女)
材料学院　彭栋梁
社会与人类学院　童　敏

厦门大学2021年学生社团一览表

(学生社团总数135个)

思想政治类(13)

习近平新时代中国特色社会主义思想青年研习社	《资本论》研习社
党规党纪学生研习社	马列经典著作读书社
"上弦求是"青马知行社	囊萤之光研习社
爱廉社	马克思主义新闻观研习社
农民之子协会	海洋先锋社团
南洋学社	生态文明学生研习社
马克思主义政治经济学学习社	

学术科技类(41)

留学知识交流协会	财务学社	天文同好会	无人机创新社
哲海潮学社	旅游学社	创客协会	虚拟仪器创新俱乐部
史韵学社	模拟联合国	软件学社	机器人爱好者联盟
影视协会	国际组织人才发展协会	区块链协会	航空爱好者协会
粤语社	人类学社	网络空间安全协会	绿野协会
法学社	外文学社	人工智能学生社团	中医协会
辩论学社	广告学社	第九艺术游创社	朝花夕拾药植标本社
市场营销协会	乡村营建社	Utalk 协会	数学建模社
青年会计学社	数字建造社	海洋微藻社团	电子创芯协会
电子商务学社	文化遗产学社	蔚蓝社	南强电子设计协会
管理学社			

文化体育类(61)

美食协会	高尔夫球协会	学院太极武艺	博乐相声社
西藏文化交流协会	健身气功协会	游泳协会	琼华汉服社
AUSM 魔术协会	健身社	瑜伽协会	梧栖诗社
推理协会	棋牌联盟	羽毛球协会	吉他协会
花韵手工社	街舞协会	舟艇协会	陶韵社
茶学社	排球协会	足球协会	古琴社
魔方社	排舞协会	篮球协会	梨白印社
读者协会	攀树协会	毽球协会	摄影协会
桥牌社	乒乓球协会	射艺协会	钢琴协会
3X-GAME 轮滑协会	跆拳道协会	飞盘协会	热门音乐社
FB2 跑酷社	体育舞蹈协会	啦啦操协会	阿卡贝拉
棒垒球协会	跳绳协会	启风话剧朗诵社	静迹动漫社
登山协会	网球协会	南强话剧社	雅风民乐社
定向越野协会	围棋协会	京剧协会	书画协会
帆船协会	武术协会	鼓浪文学社	岛配音社
橄榄球协会			

自律互助类(9)

凤凰花社	爱心社	环保协会
军鹰协会	法律援助中心	格致协会
无偿献血协会	南强乡村学社	天路行

志愿公益类(6)

荣耀基层社团	竹蜻蜓支教协会	西部梦想社团
学生公益会	阳光心理志愿者社团	健康与生活促进会

创新创业类(5)

职业发展协会	素质拓展协会	凤凰花影社
大学生就业与创业协会	创业联盟	

2021 年厦门大学重要奖项获奖名单

国际级奖项

ONE SHOW 中华青年创新竞赛

一等奖

新闻传播学院　EXCHANGE SEPARATION TIME AND DISTANCE

三等奖

新闻传播学院　TOGETHER WE CARE 社交有隔，友爱无间

新闻传播学院　大圣回山定时器

其他

新闻传播学院　京东 x 上美影桌游快递盒

2021 年国际遗传工程机器大赛

一等奖

化学化工学院　核电站冷却循环系统污损生物治理

第六届俄罗斯莫斯科国际音乐比赛

一等奖

艺术学院　声乐独唱　殷琴

RoboMaster 高校人工智能挑战赛

三等奖

信息学院　TUF

第二十届全国大学生机器人大赛 Robomaster 赛事(RoboMaster2021 机甲大师对抗赛)

二等奖

航空航天学院　哨兵(区域赛)

航空航天学院　竞速与智能射击(中部赛)

三等奖

航空航天学院　步兵对抗(联盟赛)

2021 共创未来——中美青年创客大赛(厦门赛区)

特等奖

信息学院　F.D.轻度手部障碍老年人辅助手部锻炼音乐产品

信息学院　冰冻智慧

信息学院　舞影(dancing shadow)

信息学院　MAGI 陪伴相框

第十届 APMCM 亚太地区大学生数学建模竞赛

三等奖

建筑与土木工程学院

2021 第十九届亚洲设计学年奖

建筑与土木工程学院　屋檐之下——乡村客厅设计

2021 国际弦乐公开赛全球选拔赛

艺术学院　帕格尼尼第 22 首 F 大调随想曲

KJC 亚洲国剧声乐大赛

艺术学院　每逢那节日到来

WUPENiCity 城市设计学生作业国际竞赛

二等奖

建筑与土木工程学院　城市梦境—基于城市生命理念的上海马桥未来先行区设计

2020 发展中国家建筑设计大展暨 2020 国际学生设计竞赛

二等奖

建筑与土木工程学院　银发日渐照顾中心暨长青会馆设计

建筑与土木工程学院　银发百家·韧性重生——针对老厦门文化传承与老年人价值挖掘的城市更新设计

建筑与土木工程学院　轻重

国家级奖项

2020 年度全国优秀共青团员

石　浩

2020 全国高校百强学生社团

党规党纪学生研习社

2020 年度中国大学生自强之星

陈　佳　张　诗

全国高校共青团新媒体重点工作室

厦门大学团委

2021 年全国大中专学生志愿者暑期“三下乡”社会实践活动优秀团队

囊萤星火青年讲师团

第五届中国青年志愿服务公益创业赛

银奖

“一村一茶一味道”——青选至乡村茶农增收帮扶项目

第十三届中国青年志愿者优秀个人奖

陈漳鑫

第十三届中国青年志愿者优秀项目奖

医学院　“夕拾朝华”——老年慢性病精准化三级预防志愿服务项目

管理学院　“全球联动，战‘疫’有我”——厦大学子防疫物资驰援湖北志愿项目

2021 年全国大中专学生志愿者暑期“三下乡”社会实践活动

全国优秀单位

共青团厦门大学委员会

全国优秀团队

厦门大学“囊萤星火青年讲师团”暑期社会实践队

第七届“寻找全国大学生百强暑期社会实践团队”活动

百强实践团队

厦门大学“隆情厦益”暑期社会实践队

2021 年全国大中专学生志愿者暑期“三下乡”社会实践“镜头中的三下乡”活动遴选结果

优秀组织单位

厦门大学团委

优秀摄影团队

厦门大学管理学院　青选至乡村振兴团队福州小分队

2021 年第五届立邦“为爱上色”中国大学生农村支教奖

全国铜奖

厦门大学　color 11 实践队

校级优秀奖

厦门大学　重华支教队

中国·大同首届弹拨文化艺术节暨 2021“云冈杯”民族器乐展演

银奖

邹晶宇　马一鸣

第四届“敦煌杯”中国琵琶艺术菁英展演职业青年 C 组

银奖

邹晶宇

2021·第十三届“新加坡国际华人民族器乐大赛”高等普通院校组琵琶独奏

金奖

叶　清

第二届中国·平湖琵琶邀请赛(A 组)

优秀奖

陈佳仪

第五届“全国大学生网络文化节”和“全国高校网络教育优秀作品推选展示活动”

一等奖

《天使日记——厦门大学附属医院援鄂白衣天使》

蒋　丽　马　强

2020—2021 斯克里亚宾国际艺术节声乐组

金奖

田泽涵

2021 第八届香港国际音乐节青年声乐

一等奖

田泽涵

第十七届“挑战杯”全国大学生课外学术科技作品竞赛

红色专项活动一等奖

人文学院　英雄学府——记海防前线上的厦门大学民兵师

黑科技专项赛星系级奖(特等奖)

航空航天学院　城市轨道交通粒子阻尼减振降噪装置

电子科学与技术学院　卓芯科技——基于等离激元超表面微流芯片的癌症早筛系统研发及产业化

中国机器人大赛

三等奖

航空航天学院　篮球机器人

2021 年第十四届全国大学生节能减排社会实践与科技竞赛

三等奖

航空航天学院　循环烟道可变截面降耗导流装置

“飞鲨杯”第七届中国研究生未来飞行器创新大赛

优秀组织奖

厦门大学

常规赛道二等奖

航空航天学院　水生态健康管理无人机

常规赛道三等奖

航空航天学院　基于无人机的水面垃圾智能清理协同平台

挑战赛道三等奖

航空航天学院　实事求是号自主可控降落火箭

航空航天学院　凌云探空可回收火箭

中国大学生机械工程创新创意大赛——2021“明石杯”第二届微纳传感技术与智能应用赛

一等奖

航空航天学院仿生软体机械手

全国大学生冰壶人工智能挑战赛

二等奖

航空航天学院　XMUAI

全国大学生英语竞赛(NECCS)

二等奖

航空航天学院　姚启皓

第七届中国国际“互联网+”大学生创新创业大赛全国总决赛

主赛道金奖

马来西亚分校经济与管理学院　基于摩擦纳米发电技术的新型航标灯

主赛道银奖

航空航天学院　氢未来:中国车载供氢系统开拓者

航空航天学院　无人垂起自转旋翼机:低成本空中交通服务全球领航者

医学院　博复康——肿瘤类器官个性化药敏检测

药学院　细谷——全球首创免疫性皮肤病精准干细胞疗法

建筑与土木工程学院　悟通——未来博物馆集成服务提供商

嘉庚学院　小电快团——以 POI 城市热点技术为接入口

嘉庚学院　润仁生——书写中国艾产业故事新篇章

红旅赛道银奖

药学院　薯来宝——低升糖食品引领乡村振兴

主赛道铜奖

嘉庚学院　林森科技——绿色高效冶金阀门引领者

嘉庚学院　互趣科技:立足"智慧城市"打造数字化法务解决方案

嘉庚学院　纯在科技——数字孪生智慧园区解决方案提供商

红旅赛道铜奖

航空航天学院　鹭水科技:水健康智能监测管家

教育研究院　情系山河:劳动教育振兴"空心村"的探索者

厦门大学第六届社会实践调研报告大赛

三等奖

公共事务学院　张晟炜

2021 年全国大学生心理知识竞赛

一等奖

公共事务学院　热依拉·阿布都热依木

普译奖全国大学生翻译比赛(英译汉组)

二等奖

外文学院　王志洋

三等奖

人文学院　何雅婷

第十六届全国大学生文学作品大赛

一等奖

人文学院　谢粟湘

全国高等院校英语能力大赛

决赛三等奖

外文学院　朱倩慧

第八届大学生公共关系策划创业大赛

二等奖

新闻传播学院　DL 传媒队"美,无所 wei"

2021 年(第 14 届)中国大学生计算机设计大赛 大数据应用

二等奖

信息学院　拼命搬砖组

第十一届全国大学生数学竞赛决赛

非数学类一等奖

数学科学学院

全国大学数学建模竞赛

一等奖

数学科学学院

2021 年"天正设计杯"第十五届全国大学生化工设计竞赛

一等奖

化学化工学院　中国石化长岭炼化分公司年产 12 万吨异丙醇综合项目

"三菱电机杯"全国大学生电气与自动化大赛

一等奖

航空航天学院　基于 CAM 软件的机器人三维雕铣装备研发

"贸仲杯"国际商事仲裁模拟仲裁庭辩论赛

一等奖

法学院

"微瑞杯"第二届全国大学生化学实验创新设计竞赛总决赛

一等奖

化学化工学院　鲁米诺的合成与振荡化学发光

第七届全国大学生物理实验竞赛(含教学赛和创新赛)

一等奖

物理科学与技术学院　单缝衍射实验

物理科学与技术学院　教学赛综合性实验题

物理科学与技术学院　基于安培力与偏振法的横卧式杨氏模量测量

物理科学与技术学院　基于自驱动机器人随机碰撞的微观布朗运动模拟及其特性研究

"东方仿真·欧倍尔"杯第四届全国大学生化工实验大赛

一等奖

化学化工学院

第十二届全国大学生化学实验邀请赛

一等奖

化学化工学院

2021 年第一届全国大学生英语竞赛(NECCS)

一等奖

外文学院

两岸新锐设计竞赛·华灿奖

一等奖

创意与创新学院　改变

第十三届全国大学生广告艺术大赛——国赛

一等奖

新闻传播学院　让肌肤睡个好觉

第八届中国大学生公共关系策划创业大赛

一等奖

新闻传播学院　当东方美学相遇数字化

新闻传播学院　大笑无惧,一 young 美丽——美素初抗老产品营销策划方案

新闻传播学院　大运河文化公关传播策划案

ICPC 国际大学生程序设计竞赛/CCPC 中国大学生程序设计竞赛

一等奖

信息学院　The 2020 ICPC Asia Yinchuan Regional Contest

米兰设计周——中国高校设计学科师生优秀作品展

一等奖

创意与创新学院　众神游

第九届全国高校数字艺术设计大赛(未来设计师 NCDA 大赛)

一等奖

创意与创新学院　水律

第一届全国建设类院校 BIM 数字工程技能创新大赛

一等奖

建筑与土木工程学院　凤凰花 2.0

全国高等院校学生斯维尔杯 BIM-CIM 创新大赛

一等奖

建筑与土木工程学院　BIM 建模、规划设计、节能分析、工程管理专项应用等

第十四届全国大学生创新创业年会

一等奖

青选至乡村振兴——中国茶的卫道者

移动机器人功率保障方案设计

增强现实与空间视觉感知引导下的博物馆智慧未来导览 2.0

基于新型高分辨超快 Swept 激光的 3D 活体胚胎发育成像研究

非线性光学滤波器实现变波长选择性边缘增强

基于石墨烯—间隔层—二氧化钒—间隔层—金属结构的太赫兹双功能吸收器

全国第六届大学生艺术节

一等奖

艺术学院　刘长远第三交响曲生命第二乐章

第七届墨尔本国际青少年钢琴大赛

一等奖

艺术学院　格拉纳多斯《音乐会快板》

全国第六届大学生艺术展演活动

一等奖

艺术学院　刘长远第三交响曲——第二乐章

第七届墨尔本国际青少年钢琴大赛中国赛区预选赛

一等奖

艺术学院　Three Fantastic Dances

2020—2021 斯克里亚宾国际艺术节展演活动

一等奖

艺术学院　《敕勒歌》

2021 斯科里亚宾国际艺术节钢琴大赛中国区总决赛

一等奖

艺术学院　匈牙利狂想曲 11

厦门大学"金陶笛杯"全国陶笛邀请赛

一等奖

艺术学院

省级奖项

第十八届"福建青年五四奖章"

王传超

第十八届"福建青年五四奖章"集体标兵

厦门大学研究生支教团

2020 年度"福建省十佳共青团员"

张　崟

2020 年度"福建省五四红旗团委"

公共卫生学院团委

2021 年福建省"向上向善育人工程基金"奖教金

胡长占　吴珊珊　陈艺新　徐惠聪　高瑜聪　徐　莹
蔡虎堂　魏　艳　石林伟　陈淑铌　邱丹文　晏振宇
孟　旭　王　坤　李竞菲　林明华　侯佳君　王安胜
许　通　沈　鑫　陈国全　邹文菁　刘俊英　王心君
米日姑·亚森　姚祖婵

2021 年福建省"向上向善育人工程基金"奖学金

潘如芳　朱奎龙　董一婷　王　婕　魏　琦　陈雅燕
潘　苑　蔡　珺　顾超男　陈　雪　魏荣臻　王常贺
郭　鑫　张杨浩　何昕怡　姜永超　彭　派　沈伟虹
李济东　徐瑞祥　张梦圆　毛诗颖　朱　晴　施雅琪
赵怡然　叶　好　李文元　张萱妍　刘　畅　郭　静
田　吉　杨　郡　阿热艾依尔·别克努尔　张晟君
王柏晴　方瑞妍　刘国振　于　波　刘祥福　武晓琳
袁　畅　秦宇航　毛润晶　张嘉韵　许继聪　孙宇东
顾肖璇　吴晓文　潘燕婷　林雅婷　刘佳桐　王公睿
黄竞雄　王圣友　裘依梅　姜远远　李智慧　杜　琛
杨子帆　陈漳鑫　吴璟薇　付思佳　王佳怡　黄怡晴
刘丁欣　雷铠璐　练舒榆　卢昱宏　吴佩琪　黄凯琪
李冠甫　陈佳晶　蔡胜泽　王宥心　吴汉娜　杨子贞
蔡其文　方孝轩　许芮绮　赵思辰　黄奕瑜　薛晟韬
贺佳音　李丽欣　黄依帆　施嘉豪　管迎龙　谢奕芳
罗敏怡　邱渊铭

2021 年福建省大中专学生志愿者暑期"三下乡"社会实践

优秀团队

厦门大学"自强"新青年暑期社会实践队
厦门大学"闽江源河小禹"暑期社会实践队
厦门大学嘉庚学院"浓情彩绘　助力美丽乡村"暑期社会实践队

优秀工作者

范　荣　厦门大学药学院团委副书记
蔡　宇　厦门大学外文学院团委副书记
水永生　厦门大学航空航天学院团委副书记
许温洁　厦门大学医学院辅导员
郑翊君　厦门大学嘉庚学院会计与金融学院辅导员

优秀个人

邓逸杰　厦门大学经济学院 2019 级经济学系本科生
商兆岩　厦门大学公共事务学院 2019 级公共管理系本科生
姜立恒　厦门大学国际中文教育学院海外教育学院 2020 级汉语国际教育专业硕士生
徐　垠　厦门大学环境与生态学院 2019 级环境与生态工程系本科生
郑靖蕾　厦门大学法学院 2019 级法学系本科生
李心苗　厦门大学法学院 2019 级法学系本科生

2021 年福建省"校园河长"名单

王安胜　厦门大学环境与生态学院团委书记
钟　杰　厦门大学建筑与土木工程学院建筑学专业 2019 级本科生

福建省第六届大学生艺术节高校美育改革创新优秀案例

《高校优秀传统文化传承创新——非遗古埙的创新传承与高校人才培养》　赵　亮

福建省第七届影像大赛纪录片获奖作品

二等奖

《我和我的国旗》

第四届 SAE 全国青少年钢琴大赛福建赛区青少年组

特等奖

张之晗

福建省原创校园歌曲十佳歌曲

《告白就是要用一点力》　方舒晴
《苔》　袁　枚　周玉莹

2021 年"启梦杯"福建省体育舞蹈精英对抗赛　最具潜力奖

体育舞蹈队

庆祝建党 100 周年纪念活动 2021 年福建省全民健身运动会体育舞蹈比赛暨"启梦杯"福建省体育舞蹈精英对抗赛三明市第八届体育舞蹈锦标赛

16 岁以上单人单项组摩登舞(W)第一名

关茹菲

16 岁以上双人单项组摩登舞(W)第一名

关茹菲

16 岁以上双人单项组摩登舞(W)第一名

许　磊

16 岁以上单人单项组拉丁(S)第二名

谢玉欣

16 岁以上单人单项组拉丁(C)第三名

赵康宁

16 岁以上单人拉丁舞 B 组第三名

谢玉欣

16 岁以上单人单项组拉丁(J)第三名

赵康宁

16 岁以上单人拉丁舞 B 组第五名

楚玙潞

福建省国际标准舞锦标赛中国·石狮拉丁舞摩登舞精英公开赛

成人女单单项华尔兹

第一名

关茹菲

第二名

林钰冰

成人单项组华尔兹

第一名

关茹菲　张兆良

第二名

林钰冰　许　磊

成人女单C组拉丁舞

第一名

江婉佳　李梦凡

成人单项恰恰

第二名

江婉佳

2021年福建省国际标准舞锦标赛个人

成人单项组伦巴

第一名

杨梦瑶　王栩琛

成人女单C组拉丁舞

第一名

杨梦瑶

成人女单A组摩登舞

第二名

赵宇辰

成人女单单项伦巴

第二名

赵宇辰

福建省第六届大学生艺术节器乐甲组

二等奖

艺术团管乐队

福建省第六届大学生艺术节艺术表演类甲组

二等奖

《鹭扬新语》民乐队

福建省第六届大学生艺术节艺术表演类乙组

三等奖

《梦入江南》民乐队

福建省首届"闽乐芳华"校园民族器乐大赛琵琶组

金奖

民乐队　邹晶宇

福建省首届"闽乐芳华"校园民族器乐大赛琵琶组

银奖

民乐队　叶清

2021首届"关东杯"东北三省民族器乐展演决赛成年职业B组

金奖

民乐队　马一鸣

"热LOVE新湖南"2021湖南省线上英语短视频大赛

二等奖

"Hot Hometown, Hot Hunan"　蒋骞

第十五届"挑战杯"福建省大学生课外学术科技作品竞赛终审决赛

优秀组织奖

厦门大学

特等奖

电子科学与技术学院　基于等离激元超构表面微纳生物芯片的高灵敏癌症即时健康检测系统

航空航天学院　城市轨道交通粒子阻尼减振降噪装置

公共事务学院　新时代基层协商民主的治理效能及影响因素——基于晋江六镇十二村的混合研究

红色专项活动特等奖

新闻传播学院　让冀西南之革命历史，为厦大新闻人所传扬

人文学院　英雄学府

一等奖

法学院　国家在国际公共卫生紧急事件中的义务和责任

国际关系学院　"一带一路"从"大写意"到"工笔画"：中国—马来西亚三个合作投资项目的风险分析与对策建议

航空航天学院　基于电液动力耦合喷印的多材料3D打印设备

海洋与地球学院　基于生成对抗网络(GAN)的SAR图像自动彩色化方法

航空航天学院　X射线吸收光谱结合神经网络算法的肝硬化无创检测新方法

环境与生态学院　基于表面增强拉曼技术的植源性毒物高灵敏检测研究

公共事务学院　岚岛经验：从治理有"数"到智理有"术"——基于平潭综合实验区行政审批改革的研究

红色专项活动一等奖

马克思主义理论研修班　习近平新时代生态文明思想足迹调研——走进厦门同安军营村

研究生支教团　厦门大学研究生支教团：西部教育扶贫守望者

新闻传播学院　厦路诏云实践队赴福建省诏安县调研

第十届福建省大学生"创业之星"评选

"创业之星"标兵

电子科学与技术学院　卓芯科技——基于等离激元超表面微流芯片的癌症早筛系统研发及产业化

嘉庚学院曾豪　黑眸子(厦门)影视传媒有限公司

创业之星

电子科学与技术学院　水产最强大脑:"新一代"智慧水声物联网与人工智能管理系统

嘉庚学院陈劲平　漳州轴星文化创意有限公司

嘉庚学院曹怿男　林森科技——绿色高效冶金阀门引领者

优秀组织奖

厦门大学

第七届福建省"互联网+"大学生创新创业大赛

主赛道金奖

航空航天学院　X射线吸收光谱病灶检测系统

建筑与土木工程学院　悟通——未来博物馆集成服务提供商

航空航天学院　细胞检察官:全自动液基细胞智能控片系统

航空航天学院　无人垂起自转旋翼机:低成本空中交通服务全球领航者

航空航天学院　氢未来——车载供氢系统开拓者

海洋与地球学院　海丝云——基于海丝星座的遥感应用服务

化学化工学院　赤金科技——领航铜浆创新,助力能源先行

生命科学学院　侦转神探——打造中国转基因检测核心力量

能源学院　呋喃筑梦——新型聚酯材料引领环保新风尚

电子科学与技术学院　优唯科技——冷链行业智能消杀卫士

医学院　博复康——肿瘤类器官个性化药敏检测

药学院　细谷——全球首创免疫性皮肤病精准干细胞疗法

嘉庚学院　林森科技——绿色高效冶金阀门引领者

嘉庚学院　e人e店——解决餐饮商家全流程运营及配送环节的急先锋

嘉庚学院　纯在科技——Web3D可视化智慧城市建设的引航者

嘉庚学院　互趣科技:智慧城市数字法务区块链的创领者

红旅赛道金奖

教育研究院　情系山河:劳动教育助力乡村振兴开拓者

医学院　"厦医青志"——老年慢性病精准化三级预防公益项目

药学院　薯来宝——低糖食品引领乡村振兴

航空航天学院　鹭水科技:水健康智能监测管家

建筑与土木工程学院　数字乡建·多维数据服务,赋能乡村振兴

主赛道银奖

航空航天学院　风能之盾——风力发电机状态监测系统引领者

物理科学与技术学院　碳化硅基功率半导体器件

航空航天学院　莱印科技:高效抗菌/病毒纤维膜探索

化学化工学院　高通量单病毒分选仪

药学院　手性猎手:中国首创药物手性杂质鉴定磷试剂盒

电子科学与技术学院　伸如科技——智能云医学影像临床科研服务

嘉庚学院　阀门冶金工业集成自动化设计方案提供商

嘉庚学院　胜联科技:国内新型导热吸波材料领跑者

嘉庚学院　施米德智能科技——无线智能窗系统

红旅赛道银奖

人文学院　"漂书看世界"——构建城乡少儿阅读新生态

数学科学学院　1+2景润学堂:乡村中小学数学辅导探索者

管理学院　青选至乡村振兴——中国茶的卫道者

嘉庚学院　"红旗红树,巡滩护林"科技服务生态振兴

嘉庚学院　禽类养殖新"净"界——低耗能高效净化新风系统开拓者

主赛道铜奖

航空航天学院　银烨科技——电液耦合高精度传感器制造开拓者

信息学院　星之守护——孤独症儿童陪护教育机器人

嘉庚学院　Spider——超长续航航拍无人机的引领者

嘉庚学院　JOJOGO九州购——中国小家电创意营销出海战略开拓者

嘉庚学院　零食通——专注于腰尾部主播的一站式零食供应链服务商

嘉庚学院　极早期火灾报警系统:最好的消防是预防

嘉庚学院　蟹呼噜美学——美学教育生态圈的领航者

嘉庚学院　体外诊断的中国"芯"

嘉庚学院　新复合型微流控芯片——茶叶功效评定及其产业升级的"催化剂"

红旅赛道铜奖

嘉庚学院　书愿之音——留守儿童成长路上的同行者

嘉庚学院　嘉艺园景乡村营造社——乡村振兴先行者

嘉庚学院　乡村振兴的希望之光——教育扶贫的赋能者

2021年中国大学生工程实践与创新能力大赛飞行器设计仿真赛项

一等奖

航空航天学院　飞行器设计仿真赛项(体系类)

第十六届全国大学智能车竞赛华南赛区

二等奖

航空航天学院　电磁越野小车

"喜盈门"杯第五届福建省大学生智能汽车竞赛

三等奖

航空航天学院　节能信标车

航空航天学院　基础四轮组

第八届"创青春"福建省青年创新创业大赛暨福建省第三届返乡大学生创新创业大赛

科技创新组一等奖

电子科学与技术学院　卓芯科技——基于等离激元超表面微流芯片的癌症早筛系统研发及产业化

妇委会工作

【概况】 2021年,是中国共产党成立100周年,同时是厦门大学建校100周年,校妇委会高举习近平新时代中国特色社会主义思想伟大旗帜,从党的百年奋斗历程中汲取智慧和力量,深入学习贯彻党的十九大和十九届历次全会精神、习近平总书记关于妇女和妇女工作的重要论述、习近平总书记在庆祝中国共产党成立100周年大会上的重要讲话精神和习近平总书记致厦门大学建校100周年重要贺信精神,增强"四个意识",坚定"四个自信",做到"两个维护",深刻领会"两个确立"决定性意义。在校党委的领导下,在上级妇联的指导下,在基层部门妇委会的大力支持和配合下,围绕学校中心工作,积极开展各项活动,切实履行妇女工作组织、教育、代表、服务等各项职能。继续坚定政治方向,团结带领广大女教职工听党话、跟党走。坚持推进男女平等宣传教育,推进妇女事业在新百年征程中继续向前发展。关爱女教职工,建设广大妇女信赖的"温暖之家"。积极开展交流合作,发挥厦大优势,为学校、为社会发展作出新的贡献。

截至2021年12月,全校有39个基层妇委会,年内基本完成各基层妇委会换届和学院基层妇委会成立工作。11月19日,召开厦门大学第三次妇女代表大会。大会听取、审议了厦门大学第二届妇女委员会工作报告,选举产生了厦门大学第三届妇女委员会,大会选举陈小芬同志为第三届校妇委会主任,王瑛慧、徐琪、吴旭莉、茹晓燕同志为副主任,圆满完成校妇委会换届工作的同时,对2015—2021年先进基层妇女委员会、妇女工作奉献奖、优秀妇女工作者进行表彰。 (吴春涛)

【开展纪念"三八"国际妇女节111周年系列活动】 3月5日,召开纪念"三八"国际妇女节111周年座谈会暨《厦大巾帼好故事》发行仪式。校妇委会主任蒋月从思想引领、文化活动、权益维护和厦大女性风采等方面汇报学校2020年妇女工作和2021年工作思路。来自教学、科研、党政管理、后勤一线的女教职员工和女学生代表围绕"百年伟业,巾帼担当"主题交流座谈工作的收获和感悟,同时为促进学校改革发展以及妇女工作发展建言献策。该书纪录53名厦大优秀女教职工的故事,为女教职工担当奉献、爱岗敬业精神树立典范,引领广大教职工立足岗位,磨炼自我,倾情投入,在新的百年征程中作出更加积极的贡献。举办厦门大学第九届女教职工气排球比赛,全校共15支队伍参赛,图书馆获得冠军,台湾研究院和附属科技中学分别获第二、第三名,活动促进各单位女教职工增强体魄,也增进了单位间的交流沟通。校妇委会倡导各基层妇委会开展以"事业百年·巾帼担当"为主题庆祝"三八"国际妇女节111周年活动,为建党建校100周年献礼。全校共有29个基层妇委会开展了衍纸文化、陶艺、观影、主题沙龙等形式多样的主题活动。 (吴春涛)

【举办第九期芙蓉湖畔对话活动】 6月,校妇委会与厦门大学妇女/性别研究与培训基地、校工会、校学生处、校团委联合举办第九期芙蓉湖畔对话"百年·性别·育人·创新"。对话聚焦百年妇女发展与贡献、性别与育人育才、性别与管理和创新三个议题,带领听众进入性别世界,回顾百年女性发展史,交流不同学科专家对性别的理解,探讨妇女未来发展面临的挑战和解决之策。 (吴春涛)

【开展关爱女教职工活动】 年内,"三八"妇女节期间,共慰问各单位病困女教职工10人。支持国际学院、药学院2个单位为哺乳期女教职工开设"妈妈小屋",为搬迁到漳州校区的国际学院申报女职工休息室专项经费,助力新搬迁院系哺乳室(女职工休息室)设施建设。举办关爱健康,体检护航——健康知识讲座,邀请翔安医院李明振医师、曾伟医师讲解体检知识,为教职工增强健康意识、养成科学合理的生活方式、掌握基本的健康常识提供指导。 (吴春涛)

【推动校园家庭文明建设工作】 年内,为校妇委会新老委员和基层妇委会主任发放《中华人民共和国民法典》,普及和宣传民法典知识。通过网站和微信群新媒体等形式,宣传新颁布的《中华人民共和国家庭教育促进法》。疫情防控形势严峻期间,以灵活多样的方式,提醒教职员工做到亲子和睦相处,避免家庭冲突,帮助孩子一起做好防疫,安排好学习生活。开展寻找厦门大学"最美家庭"活动,推荐的信息学院纪荣嵘家庭、人文学院林宝卿家庭获评厦门市"最美家庭",为教职工家庭树立最美家庭典范。 (吴春涛)

【福建省、厦门市妇代会代表和省市妇联执委候选人推荐工作】 11月,推荐陈小芬、张瑶为福建省妇女第十三次代表大会代表,推荐陈小芬为省妇联第十三届执委会执委候选人。12月,推荐周琛、陈小芬、许彩萍为厦门市妇女十七大代表,推荐周琛为市妇联第十七届执委会执委候选人,周琛当选厦门市妇联副主席(挂职)。

(吴春涛)

【福建省妇联来校开展"提升新媒体传播力和到达率"专题调研】 3月11日,福建省妇联党组成员、副主席陈铁晗带队来到厦门大学新闻传播学院开展"提升新媒体传播力和到达率"的专题调研,厦门大学党委常委、副校长邓朝晖主持此次调研座谈会。校妇委会组织学校新闻传播学院的专家学者参与座谈,就"如何用好新媒体阵地,提高传播力和到达率,更好地宣传社会主义核心价值观"问题积极建言献策。 (吴春涛)

【参加厦门市妇联活动并获佳绩】 年内,积极参加厦门市庆祝建党百年"党的女儿永远跟党走　奋进新时代"妇女摄影作品展,学校多位女摄影师投稿作品入选并参展。参加厦门市女子气排球比赛和女子乒乓球比赛,学校代表队获得市女子气排球比赛冠军和市女乒第五名佳绩。

(吴春涛)

·教育教学与学科建设·

本科生教育

【概况】 年内，教务处以习近平新时代中国特色社会主义思想为指导，深入贯彻落实党的十九大、十九届六中全会精神和习近平总书记致厦门大学建校100周年贺信精神，全面落实立德树人根本任务，坚持"五育并举"，推进"四个回归"，持续深化教育教学改革，扎实开展党史学习教育和"我为师生办实事"活动，积极构建德智体美劳全面培养的教育体系，努力推动形成更高水平的人才培养体系。

年内录取国内本(预)科新生5796人，其中本科生5720人，少数民族预科生76人。本科新生中，内地大陆生5487人(含厦门大学马来西亚分校新生576人，第二学士学位新生28人)，华侨、港澳台本科新生233人。

截至12月31日，在校本科生共计20909人(含第二学士学位生47人，下同)。在校本科新生共计5071人，其中内地大陆生4877人(含第二学士学位学生24人)，台港澳侨学生162人，国际学生32人(含临床医学MBBS专业3人)。2021届共4702名学生毕业，32名学生结业，4701名授予学士学位，1名不授予学士学位，20名学生结业换发毕业证书、授予学士学位。603名学生获得辅修专业证书，410名学生获得辅修学士学位。2021年本科生报名转专业835人，录取384人，志愿满足率为46%；15个辅修专业共录取学生843人。

全校有103个本科专业，涵盖文学、哲学、历史学、法学、经济学、管理学、理学、工学、建筑学、医学、艺术学等11个学科门类，人文社科类、理工医科类专业比例分别为49.5%、50.5%。

深化人才培养模式改革。深化课程思政建设。出台《厦门大学课程思政建设实施方案》，入选教育部首批课程思政教学研究示范中心，2门、4门课程分别入选教育部、省级课程思政示范课程，教育部网站专题刊发学校课程思政建设亮点与成效。全面推进2021级本科培养方案修订工作。按照"立德树人、学生中心、课程共享、协同交叉、知行合一"的原则，要求以学生成长成才为中心，将课程思政理念、通识教育理念贯穿人才培养全过程，以"能力"为导向构建与优化课程体系，凝练专业核心课程、建设学科平台课程、打造通识教育课程，构建"交叉融通"的大类培养模式。出台劳动教育课程方案。制定《厦门大学"新时代中国特色社会主义劳动教育"本科生必修课开课方案》，从2021级起，劳动教育成为学生2学分的必修课。成立美育与通识教育中心，组建美育与通识教育专家指导委员会，制定出台《厦门大学美育与通识教育课程建设实施意见(2021—2023)》《厦门大学新时代美育工作方案(2021—2023)》等一系列文件，组织304门美育与通识教育课程开课，2021年度16门优质课程获校级一流课程立项。"群贤大讲堂""博雅茶座""南强新睿讲坛""人文大讲堂"等讲座品牌深受学生欢迎。此外，美育第二课堂丰富多彩，剧目实践、展览展示、社团活动、社会实践精彩纷呈，校史剧目《遥望海天月》荣获福建省大学生戏剧节优秀剧目一等奖。打造系列人才培养高地。构建"专通结合、交叉融合、本研贯通、国际合育"的基础学科拔尖学生培养基地。新增历史学、中国语言文学、数学、物理学教育部基础学科拔尖学生培养计划2.0基地，累计8个学科入选教育部拔尖计划2.0基地，全国并列第11位。推荐8个项目申报省级2021拔尖2.0基地。推进6个教育部强基计划项目、10个校级拔尖项目建设。实施卓越工程师、卓越医生和卓越法治人才教育计划，深化新工科、新文科、新医科建设，突出协同育人和学科交叉，12个项目入选省部级首批新文科研究与改革实践项目。15个项目入选省级教学改革研究立项。60个项目获教育部产学合作协同育人项目立项。推进国际化专业建设计划2.0的14个项目建设。完善大类招生学生选择专业工作。2021级，除医学院、艺术学院、创意与创新学院及仅有一个专业的学院/类别外，全校22个学院86个专业按26个大类招生。进一步推进主辅修改革，首次开放跨校区报读辅修专业，经济学等15个专业招收学生，共录取843名学生(翔安校区248名)。完善"三个全面放开"制度，除艺术类专业等，全面放开转专业，汉语言文学等88个专业(大类)接收转专业，接收计划988名，771名学生参加报名，录取384名学生。推进境内外交流，开展2期剑桥项目选拔工作，共选拔51名学生以科研助理身份参加项目，共15名学生获得剑桥学术发展奖学金。赴境内高校交流的学生共23名，接收境内高校交流生共153名，其中对口支援高校88名。

推进教育教学质量项目与教学改革项目建设。强化教材管理。出台并落实厦门大学教材管理办法，召开2021年教材委员会第一次会议，调整优化教材委员会成员组成，组建教材编写与选用审核专家库。开展教材建设规划(2021—2023年)编制和教材研究，获批福建省教材建设重点研究基地，"习近平经济思想在福建的孕育与实践进教材研究"项目入选首批研究项目。组织推荐首届国家教材奖,1人获评首届全国教材建设奖先进个人、1本教材获评优秀教材。强化一流专业建设。对标教育部一流专业建设"双万"计划,持续强化专业建设、深化专业改革、凝练专业特色。20个、16个专业分别入选国家级、省级一流本科专业建设点;持续推进44个国家级、28个省级一流专业建设点建设;新推荐25个、6个专业分别申报第三批国家级、省级一流专业建设点。调整优化学科专业结构,新设立4个专业,备案1个中外合作办学项目,推荐申报2022年度新专业1个。强化工科专业建设,城乡规划、计算机科学与技术2个专业完成工程教育认证专家入校考查工作;推荐数字媒体技术、通信工程、自动化3个专业参加2022年工程教育认证;化学化工与工艺等4个专业完成工程教育认证持续改进情况中期报告。推进一流课程建设。对标教育部和省级一流课程"双万计划",打造一流课程体系。34门课程入选省级一流课程,122门一流课程获得校级立项。建设227门次SPOC课程,累计选课人次超3.9万,112门慕课在中国大学MOOC开课,报名人次282万,共计开设870期,另有6门课程上线教育部爱课程国际平台。开展常态化教学改革研究项目立项建设。2021年度获省级立项15个,其中重大项目5个、创新创业创造教育项目2个、教育考试招生制度改革研究专项3个。探索"智能+"时代新型基层教学组织建设。立项14个校级虚拟教研室建设试点,申报7个教育部虚拟教研室建设试点。

完善高质量育人评价体系。优化教师课程教学综合评价体系。增加课程思政指标,要求将学生学习成效作为衡量课程教学质量的核心标准,形成以学为中心、以学院为主导,形成性评价与终结性评价相结合,多主体、多维度、多形式的课程教学评价新机制。建立更加凸显个性化的学生评价体系。制定《厦门大学本科生成绩管理办法》、修订《厦门大学推荐优秀应届本科生免试攻读研究生工作实施办法》,充分发挥成绩在本科教育教学中的正面导向作用及学生全面发展价值导向作用。实施精细化学业质量评价机制。制订学业预警等级标准、工作流程,严格本科生学习过程管理。

深化创新创业教育改革。打造"互联网+"大赛金课。本届大赛学校共报名2600多项,参赛学生人次1.1万多。广泛发动、重点培育、深度走访、积极调研,充分动员师生和校友参赛,共推荐13个项目进入国赛,获6银、2铜、国际项目优秀组织奖。扎实推进"青年红色筑梦之旅"(简称红旅)活动,参加全国、福建省红旅启动仪式,组织红旅项目集中对接等。建设科创竞赛三平台。继续打造校级跨学科学业竞赛平台,立项260个竞赛项目。继续扩大科创训练平台影响力,建设国家级、省级、校级、院级四级大创项目体系,共立项院级项目1633项、校级1258项、省级906项、国家级306项,6项国家级重点支持领域项目,15项校长基金本科生项目。推进本科生创新实践平台建设,新立项3个本科生实践创新平台。举办第五届厦门大学本科生创新创业年会。召开总结表彰大会,设立专项资金,表彰奖励优秀指导教师突出贡献奖、先进集体、先进个人、优秀学业竞赛项目等。举办2020年竞赛、科创项目年会成果展览,集中展示学校学子创新创业风采。编制年度总结材料,汲取经验、理清思路、创新举措,更好推进科创竞赛工作。

加强实践教学建设。改革中央修购(实验)专项申报工作流程与方式,构建"学院—学部—学校"三级审核体系,坚持"以本为本、共建共享、重点突出"评审原则,发挥学部在修购工作中的统筹管理作用,用好中央修购(实验)专项。调整国家级实验教学示范中心建设和运行管理委员会成员,组织9个国家级实验教学示范中心、虚拟仿真实验教学中心开展年度考核。启动新工科大楼本科教学实验室建设规划,计划建设电工电气实训平台、机械实训平台、现代电子技术实验与实训平台、大学物理实验平台、公共服务平台等。接受并顺利通过教育部2021年高校教学实验室安全现场检查。推动虚拟仿真实验教学,立项22个校级虚拟仿真实验教学项目,积极探索线上线下教学相结合的实验教学新模式。推荐6个项目申报国家级虚拟仿真实验教学一流课程项目。增设厦门大学拔尖学生贵重实验仪器设备开放创新基金项目。重点资助强基、拔尖专业本科生进入学校国家重点实验室,推动国家重点实验室科研优势向本科生开放共享,为有志于投身科研的优秀学生提供高水平科研平台和交流机会,提升学生创新科研能力,培养创新拔尖人才。加强实习实践环节管理。疫情防控期间,根据相关疫情防控工作安排,加强实习审批管理,从严落实防控要求,有序组织开展校外实习实践。共有24个学院通过线上、线下等形式安排5782人次实习、3051人次实训。开展2021年校外教育基地建设,立项13个基地。

加强学务管理教学服务工作。做好报到注册、欠费追缴、学信网电子注册、学历学位证明书办理、自助打印及电子证明系统的运维保障,建立防止"冒顶"机制。做好2021届毕业班各项工作。严禁清考、严格本科毕业审核。做好全国大学英语四、六级考试管理。贯彻落实疫情防控常态化组考管理工作,组织4次全国大学英语四、六级考试,共13946人次考生参考。完成2022年推免各项工作。向教育部争取到90名推免名额增量,学校总体推免比例提高近两个百分点。2022年应届本科推免生1187名,其中本校推免477名(占比40%),外校推免710名(占比60%);直博推免生162名,其中本校推免39名,外校推免123名。打造高效的学业服务体系。探索学籍服务工作,形成前台、中台、后台相结合的体系化运行机制,将学业证明自助打印、学业证明电子下载和认证、学业政策咨询等现场学业服务纳入学生事务大厅办理。建设毕业生集中图像采集平台,减少学生聚集,满足学生因实习、出国交流、无法入境等客观原因无法及时返校进行图像采集的需求。推进自助打印系统及设备升级迭代,新增海韵学生公寓及漳州校区两个点，实现多点部署，推进本研服务一体化。编印《厦门大学2021本科生学业指南》，为新生提供学业政策解析、学校支持服务说明等。

完善质量保障体系建设。试行目标责任制，探索建立多劳多得、优劳优得绩效奖励制度，调动学院积极性主动性，推进学院高质量、有特色自主发展。保障本科教学经费投入。统筹各级各类经费，提高本科人才培养经费使用效益，推动学院落实办学主体责任。完善院校两级内部质量保障体系。完善专家治学体系，成立基础学科拔尖学生培养计划2.0专家委员会，夯实教学委员会、教材委员会等教学学术组织的决策、咨询、评议、审议、监督职能。提升党政管理干部、校院两级督导、课程组等日常教学质量监控作用。修订并出台《厦门大学关于教授为本科生上课的规定(2021年修订)》，对教授、副教授为本科生上课作出更明确、更具操作性的规定。试行本科课程教学准入制，严把教师教学水平关。开展第十六届教学比赛，组织教师参加第二届福建省教师教学创新大赛等，提升教师教书育人能力，建设“金师”。做好疫情防控常态化课程安排。春季学期前2周线上教学工作有序开展，学生返校后线下教学平稳过渡；秋季学期，面对突发疫情，迅速调整教学方式，开展公共教室疫情防控巡查。升级教务管理系统，本研一体化教务系统全面上线。做好跨校区授课教师休息等教学服务工作。

（柯雅清　游文晖　钟　杰　杨建波　李艳勤　王雪燕）

【入选教育部首批课程思政教学研究示范中心】 5月，教育部公布课程思政示范项目名单，学校课程思政教学研究中心获批全国“课程思政教学研究示范中心”，全国仅15个(普通高等教育类)。　（李艳勤　卢　婧）

【两门课程入选教育部课程思政示范课程】 5月，经济学院朱孟楠教授及其团队讲授的“国际金融学”和海洋与地球学院蔡明刚教授及其团队讲授的“海洋环境化学”获评教育部课程思政示范课程、课程思政教学名师和教学团队荣誉称号。

（李艳勤　卢　婧）

【教育部网站报道厦门大学打造五个“同心圆”为一体的课程思政体系】 12月，教育部网站《战线联播》栏目刊发题为《厦门大学打造五个“同心圆”为一体的课程思政体系》文章，专题报道学校落实立德树人根本任务，狠抓组织领导、课程育人、示范引领、队伍建设、机制保障等工作重点，持续创新课程思政工作，努力构建思政育人工作新局面的做法和成效。

（卢　婧　杨建波　李艳勤）

【两个项目获首届全国教材建设奖奖励】 10月，教育部公布首届全国教材建设奖奖励名单。环境与生态学院陈小麟教授和方文珍教授合编的《动物生物学》(第5版)获得全国优秀教材(高等教育类)二等奖；化学化工学院孙世刚院士荣获“全国教材建设先进个人”荣誉称号。

（王雪燕　卢　婧）

【20个专业入选第二批国家级一流本科专业建设点】 2月，教育部公布2020年度国家级和省级一流本科专业建设点名单，学校20个专业入选第二批国家级一流本科专业建设点，截至2021年有44个国家级一流本科专业建设点。陆续推出国家级一流本科专业建设点介绍系列推文，引领带动全校专业建设，提升专业建设内涵与人才培养质量。　（王雪燕）

【四个专业获批新设】 2月，教育部公布2020年度普通高等学校本科专业备案和审批结果，学校储能科学与工程、审计学、基础医学、化学测量学与技术4个新专业获批设立；创新与创意学院数字媒体艺术中外合作办学项目进行备案。学校围绕国家重大战略需求，按照“优化结构、强化内涵、扶优促新、鼓励交叉”原则，调整优化专业结构，促进文理工医协调发展，截至2021年有103个本科专业，涵盖11个学科门类，逐步形成基础与应用并重、文理特色鲜明、医工快速发展的多学科专业布局。　（王雪燕）

【教育部基础学科拔尖学生培养计划2.0基地再添四席】 1月和11月，教育部分别发布关于基础学科拔尖学生培养计划2.0基地2020年度名单和2021年度名单，学校景润拔尖班——数学拔尖学生培养基地、萨本栋物理学拔尖学生培养基地、历史学拔尖学生培养基地(傅衣凌班)、“鼓浪文兴”中国语言文学拔尖学生培养基地入选教育部基础学科拔尖学生培养计划2.0基地。入选基地总数居全国并列第11。　（李艳勤）

【五项课题入选教育部基础学科拔尖学生培养计划研究课题】 6月，教育部公布2021年度基础学科拔尖学生培养计划2.0研究课题立项名单，“重塑化学：‘中心科学’教学体系的探索与实践”“厦门大学生物科学拔尖计划2.0基地课程体系建设研究”“海洋科学拔尖学生实践教育模式研究”等3项课题获批重点课题，“拔尖人才培养的新探索——化学实验‘动态’教材库的建设与实践”“生物学实验课程思政在拔尖学生三观塑造和科研能力培养上的融合实践”2项课题获批一般课题。　（李艳勤）

【五项教育部基础学科拔尖学生培养计划研究课题结题验收获评“优秀”】 6月，教育部公布2015—2018年基础学科拔尖学生培养计划2.0研究课题结题验收名单，“书院模式的拔尖人才培养体系的探索”“厦门大学‘化学学科拔尖学生培养试验计划’学生科研能力培养探索”“‘化学学科拔尖学生培养试验计划’‘强化实验’课程平台建设与实施的研究”“数学学科‘拔尖计划’小班教学的内容与方法研究”“非书院制与书院制有机结合的‘拔尖人才’培养模式探索”5项课题结题验收结果被教育部评为“优秀”。

（李艳勤）

【获多项2021年度基础学科拔尖学生培养计划2.0荣誉奖项】 12月，教育部公布2021年度基础学科拔尖学生培养计划2.0荣誉奖项名单，学校“海丝学堂人才培养模式”获创新案例奖，韩家淮院士、陈理想教授获优秀教师奖，吕鑫教授、李勤喜教授获优秀管理人员奖，朱嘉欣、邓展望获优秀学生奖。　（李艳勤）

【获教育部拔尖计划2.0首届“提问与猜想”展示交流活动二等奖】 11月，教育部公布拔尖计划2.0首届“提问与猜想”展示交流活动获奖名单，化

学化工学院李洲洋"如何理性地在常温常压下合成热力学亚稳相"成果获二等奖。（李艳勤）

【在第七届中国国际"互联网+"大学生创新创业大赛全国总决赛获奖】 10月，学校在第七届中国国际"互联网+"大学生创新创业大赛全国总决赛中获6银、2铜，获国际项目优秀组织奖。（钟　杰）

【六个项目入选第十四届全国大学生创新创业年会】 12月，在教育部主办的第十四届全国大学生创新创业年会上，学校6个项目入选并参展，其中学术论文2篇、改革成果项目3个、创业推介项目1个，入选数为学校历届最高，并荣获优秀组织奖。（杨　炎　钟　杰）

【在教育部中美青年创客交流中心年度评估中再获佳绩】 12月，在教育部国际司主办的2021年度中美青年创客交流中心交流研讨会上，学校获评"赛创协同示范校"，信息学院石江宏教授、现代教育技术与实践训练中心教师刘李春获评"优秀导师"。（钟　杰）

【60个项目获教育部2021年产学合作协同育人项目立项】 年内，学校60个项目获教育部2021年产学合作协同育人项目立项，获得华为、谷歌、北京字节跳动、戴尔、阿里云、百度在线、德州仪器、大疆科技、北京字节跳动等51个国内外知名企业支持，项目涉及新工科建设、教学内容和课程体系改革、创新创业教育改革、师资培训、实践条件和实践基地建设等多个领域。（刘　辉）

【六个项目获批教育部新文科研究与改革实践项目立项】 10月，教育部公布首批新文科研究与改革实践项目名单，"'引理入商'——新文科复合型人才培养创新与实践模式探索"等6个项目入选教育部首批新文科研究与改革实践项目。（李艳勤）

【四门课程入选福建省课程思政示范课程】 6月，福建省教育厅公布省级课程思政示范项目名单，学校4门本科课程获批省级课程思政示范课程。（李艳勤　卢　婧）

【16个专业入选第二批省级一流本科专业建设点】 2月，教育部公布2020年度国家级和省级一流本科专业建设点名单，学校16个专业入选省级一流本科专业建设点，截至2021年学校共有28个省级一流本科专业建设点。（王雪燕）

【34门课程入选省级一流本科课程】 12月，福建省教育厅公布2021年省级一流本科课程名单，学校共有34门课程入选，其中线上一流课程2门、线下一流课程19门、线上线下混合式一流课程5门、虚拟仿真实验教学一流课程8门。（卢　婧　李艳勤）

【六个项目获批省级新文科研究与改革实践项目立项】 6月，福建省教育厅公布2021年省级新文科研究与改革实践项目，《新文科背景下中国金融学课程与教材体系建设实践》等6个项目获批省级新文科研究与改革实践项目，4名专家受邀成为福建省新文科专家库专家。（李艳勤）

【15个项目获批省级教育教学改革研究项目立项】 11月，福建省教育科学规划领导小组办公室公布2021年本科高校教育教学改革研究项目立项名单，学校15个项目获批福建省本科高校教育教学改革研究项目立项。其中，"'以学生为中心'的质量文化建设""新商科'宽基'复合型人才培养模式探索""以中心科学视角重构面向非化学专业的大学化学教学体系""历史学强基计划下高中拔尖创新人才选拔模式探索与实践""福建省物理学科新高考研究与实践"5个项目获得省级重大教育教学改革研究立项，7个项目获省级一般教学改革研究项目（本科教育教学）立项，2个项目获省级一般教学改革研究项目（创新创业教育）立项，3个项目获省级教育考试招生制度改革研究专项立项。（李艳勤）

【六个教师团队荣获省级首届教师教学创新大赛奖项】 4月，福建省教育厅公布福建省首届高校教师教学创新大赛获奖名单，杨绮、李芝也两个教师团队荣获二等奖，其中杨绮教师团队并获教学活动创新奖；钟威、祝青园、张连茹、杜妮四个教师团队荣获三等奖。（柯素晓）

【开展虚拟教研室建设试点推荐工作】 7月，开展虚拟教研室建设试点推荐工作，共立项14个校级建设试点，推荐面向化学及相关前沿交叉学科的适配性"中心科学"课程体系虚拟教研室等7个项目申报教育部建设试点。（柯素晓）

【举办厦门大学教师教学创新大赛】 1月，举办厦门大学首届教师教学创新大赛暨福建省首届高校教师教学创新大赛选拔赛，评选一等奖6项、二等奖8项、三等奖10项，教学设计创新奖、教学活动创新奖、教学学术创新奖等专项奖各3项。5月至11月期间，举办第二届厦门大学教师教学创新大赛，共评选一等奖4项，二等奖5项，教学学术创新奖1项，教学设计创新奖1项，教学活动创新奖1项。（柯素晓）

【全面修订2021级人才培养方案】 年内，全面修订2021级本科培养方案，根据学院报送数据显示，新方案进一步夯实基础、拓宽口径、强化交叉、突出多元个性化培养：学科通修课程和专业课程模块学分占比52%，通识教育课程和任选课程模块占比24%，总体符合基本素养：专业素养：多元发展比例为1：2：1的修订原则。进一步凝练专业核心课程，专业核心课程平均13.7门，较2019版减少3.3门。进一步拓宽选择空间，支持学生构建交叉复合知识结构，跨学科课程平均23.3学分，52%的培养方案设置多元课程模块，29%的培养方案纳入研究生课程，较2019版均有所提高。（王雪燕）

【首次试行人才培养目标责任制】 1月，发布《关于试行本科教学目标责任制的通知》，要求各学院根据自身情况和学科发展特色，围绕"优化人才培养方案、淘汰'水课''水师'、课程共建共享、实践教学平台共建共享、承担学校教学管理公共服务、创新人才培养模式"六大教学改革任务，制定"精准"目标规划、落实任务举措，以系统性、整体性、协同性推进教育教学改革。完成了目标责任书编制、分组预审会、专项推进会等工作，确定了各学院目标责任制评审结果并划拨了专项改革经费，探索建立多劳多得、优劳优得绩效奖励制度。（杨建波　王雪燕）

【推动新一轮跨院系大类招生培养改革】 10—12 月，以构建促进学生德智体美劳全面发展，宽口径、厚基础的高水平人才培养体系为目标，推动新一轮跨院系大类招生培养改革：24 个学院成立大类招生培养改革工作组，书记、院长为组长，分管本科教学、招生、学生工作领导为副组长；推进各学院及跨院系大类开展改革讨论会，形成大类招生培养改革初步意见；深入 18 个拟进行跨学院大类培养改革的学院，组织 15 场调研会，紧密围绕改革核心问题交流讨论；调研北大、复旦等 7 所高校大类课程设置模式，为推动跨院系大类全新构建科学支撑后续分类专业课程的大类培养基础课程体系打好基础。

（王雪燕　杨建波）

【编制完成《厦门大学本科人才培养"十四五"规划》】 年内，全面总结"十三五"期间教育教学改革与人才培养经验，在《厦门大学一流本科教育行动计划》基础上，提出"十四五"期间"一、二、三、四"总体思路：坚持立德树人这一根本；坚持人才培养中心地位、坚持本科教育基础地位；推动"以教师为中心向以学生为中心转变，以教为中心向以学为中心转变，统一模式培养向个性需求培养转变"三个转变；培育具备引领性、创新性、时代性、开放性四个特征，引领未来的时代新人。学校精心组织、深入研讨、科学编制，完成《厦门大学本科人才培养"十四五"规划》，该规划分为"十三五"发展回顾、"十四五"发展面临的机遇与挑战、指导思想与总体目标、25 项主要任务和改革举措、2 大实施保障五部分。

（王雪燕　柯雅清　杨建波）

【举办第五届厦门大学本科生创新创业年会】 年内校庆期间，举办第五届厦门大学本科生创新创业年会暨第七届厦门大学"互联网＋"大学生创新创业大赛启动仪式。年会包括 2020 年度本科生创新创业成果展、2020 年度本科生科创竞赛总结表彰和第七届厦门大学"互联网＋"大学生创新创业大赛启动仪式。

（钟　杰　杨　炎）

【新工科研发大楼工程实践创新教学平台启动前期规划】 年内，稳步推进工程实践创新教学平台建设，并以此为契机，组织相关学院开展实践教学综合改革。该平台位于新工科研发大楼 1～3 层，可使用面积约为 10026 平方米。

（刘　辉）

【升级迭代自助打印系统及设备】 12 月，完成自助打印服务系统及设备升级迭代。新系统多点部署，解决漳州校区及海韵学生公寓自助打印未覆盖等问题；推进本研一体，整合资源；提供中英文双语界面，完善用户体验；引入电子政务，推进校园政务一体化建设。

（陈均宇）

【落实教育改革评价方案】 10 月，修订《厦门大学推荐优秀应届本科生免试攻读研究生工作实施办法》，注重学生学业一贯表现，取消专门针对推免遴选的笔试、面试，将学生参军入伍服兵役、参加志愿服务、到国际组织实习、科研成果、竞赛获奖等符合全面发展价值导向等因素纳入推免遴选指标体系，综合评价学生表现。12 月，制定《厦门大学本科生成绩管理办法》，充分发挥成绩在本科教育教学中的正面导向作用及学生全面发展价值导向作用，提供加权平均绩点（GPA）、加权平均分和算术平均分等多种评价体系，满足学生不同需求。

（陈均宇）

【建立学业预警机制】 5 月，发布《关于进一步规范本科生学业预警机制的通知》，制订学业预警等级标准及工作流程，组织各学院制订学业预警实施办法，组建学院学业预警工作小组，严格本科生学习过程管理，促进学业管理由"事后处理型"向"事前事中预防型"转变。（甘雅娟　李晓雅）

【生源质量提升】 年内录取 50％省市文科/历史类位次在 400 名以内，47.8％省市理科/物理类位次在 3000 名以内，63.6％省市文科/历史类、52.2％省市的理科/物理类录取位次较上年前移，生源质量位居同类高校前列。（王雪芝　许瀚翔　吴斯妍）

【落实基础学科招生改革试点工作】 年内，全面贯彻全国教育大会精神，深入落实《国务院关于深化考试招生制度改革的实施意见》（国发〔2014〕35 号），根据《关于在部分高校开展基础学科招生改革试点工作的意见》（教学〔2020〕1 号）等文件精神，服务国家重大战略需求，加强基础学科拔尖创新人才选拔培养，探索多维度考核评价模式。年内继续开展基础学科招生改革试点工作即"强基计划"，在数学类、物理学、化学类、生物科学类、历史学、哲学 6 个专业招生。

（王雪芝　许瀚翔　吴斯妍）

【落实招收农村和贫困地区学生工作】 年内，贯彻落实教育部招收农村和贫困地区学生工作有关文件精神，编制国家专项计划 323 名（含南疆单列计划 3 名），编制高校专项计划（"凤凰计划"）110 名。实际录取国家专项计划 323 人（含南疆单列计划 3 人）、高校专项计划 110 人。

（王雪芝　许瀚翔　吴斯妍）

【新增八个高考综合改革录取省份】 年内，除浙江、上海、北京、天津、山东、海南外，新增河北、辽宁、江苏、福建、湖北、湖南、广东、重庆 8 个高考综合改革录取省份。学校积极应对新高考改革，实施"一省一策"，合理设置招生专业组，优化分省分专业计划投放。相关省份录取情况平稳，分数稳中有升。（王雪芝　许瀚翔　吴斯妍）

【优化招生大类设置】 年内，推进"四新"专业建设，优化招生大类设置。医学与生命科学学部在高考综合改革省份设置理科试验班（生命科学与医学类）招生大类。

（王雪芝　许瀚翔　吴斯妍）

【面向本校毕业生开展第二学士学位招生】 年内，继续开展第二学士学位招生，招生专业为：新能源科学与工程、预防医学、药学、自动化、生物技术、海洋科学。招生对象为本校 2021 届本科应届毕业生、2018—2020 届尚未就业的本科毕业生，招生计划 60 人，录取 28 人。

（王雪芝　许瀚翔　吴斯妍）

【外语类保送新增高起点招生】 年内，根据教育部有关外语类保送向国家"一带一路"建设发展所需非通用语种专业倾斜的要求，在日语、法语、俄语、德语等中学教学基础较好专业招收高起点保送学生，即学生在中学阶段学习的外语语种为对应小语种，

同时调增外语类保送生招生计划至100人。（王雪芝　许瀚翔　吴斯妍）

【“四新”上线献礼百年校庆】 年内，以百年校庆为契机，丰富招生宣传内涵，加强对高中生的思想引领，百年纪念招生宣传片《点亮》、百年校庆版录取通知书、新版招生官网、新版招生宣传PPT上线。

（王雪芝　许瀚翔　吴斯妍）

【做好招生宣传服务】 年内，参与21省、自治区、直辖市线下高招咨询会286场。开展“南强好专业”系列直播（16个学院73个专业参与）、“百年逐梦、映日南强”学科宣传片展播（16个学院参与）。举办2021年本科招生校园开放日活动、32场招生宣传系列直播、10场强基计划专场直播，累计观看人数逾100万人。招募201名“凤凰花”招生志愿者，扩容高招咨询热线至65条。组建33个地区QQ咨询群，24小时回应考生关切。整理发布31篇厦门大学给各地考生的推送，为考生提供一站式咨询服务。

（王雪芝　许瀚翔　吴斯妍）

【全面启动全国优质生源基地授牌工作】 3月12日，授予厦门第一中学优质生源基地，全面启动厦门大学全国优质生源基地授牌工作。遴选150所全国重点高中作为首批挂牌中学，年内已完成75所中学挂牌。

（王雪芝　许瀚翔　吴斯妍）

【开展教授进中学活动】 年内，百年校庆之际，孙世刚院士走进厦门双十中学开启“百名教授进中学”系列活动。共18个学院61名教授走进67所中学开展73场次科普讲座及招生咨询活动。

（王雪芝　许瀚翔　吴斯妍）

附　录

厦门大学2021年专业设置

学　院	系	招生大类名称	分流专业	学　制	授予学位
电影学院		人文科学试验班	戏剧影视文学	四年	艺术学
人文学院	中文系		汉语言文学	四年	文学
			汉语言	四年	文学
	历史学系		历史学	四年	历史学
			考古学	四年	历史学
	哲学系		哲学	四年	哲学
新闻传播学院	新闻学系	新闻传播学类	新闻学	四年	文学
			广播电视学	四年	文学
	广告学系		广告学	四年	文学
	传播学系		传播学	四年	文学
外文学院	英语语言文学系	外国语言文学类	英语、日语、法语、俄语、德语、西班牙语	四年	文学
	日语语言文学系				
	法语语言文学系				
	欧洲语言文学系				
	英语语言文学系 日语语言文学系 法语语言文学系 欧洲语言文学系	外国语言文学＋会计学/财务管理	英语、日语、法语、俄语、德语、西班牙语	四年	文学
法学院		法学类	法学	四年	法学
公共事务学院	政治学系	公共管理类	政治学与行政学	四年	法学
	公共管理系		行政管理	四年	管理学

续表

学院	系	招生大类名称	分流专业	学制	授予学位
社会与人类学院	社会学系	社会学类	社会学	四年	法学
	社会工作系		社会工作	四年	法学
	人类学与民族学系		人类学	四年	法学
国际关系学院	国际关系系	政治学类	国际政治	四年	法学
	侨务与外交系		外交学	四年	法学
经济学院	金融系	经济学类	金融学	四年	经济学
			金融工程	四年	经济学
			保险学	四年	经济学
	财政系		财政学	四年	经济学
			税收学	四年	经济学
	国际经济与贸易系		国际经济与贸易	四年	经济学
			国际商务	四年	管理学
	统计系		经济统计学	四年	经济学
	经济学系		经济学	四年	经济学
王亚南经济研究院			经济学	四年	经济学
经济学院	统计系	统计学类	统计学	四年	理学
	统计系	数据科学与大数据技术	数据科学与大数据技术	四年	理学
管理学院	会计学系	会计学(含会计学、财务管理)	会计学	四年	管理学
			审计学	四年	管理学
	财务学系		财务管理	四年	管理学
	企业管理系	工商管理类	人力资源管理	四年	管理学
			工商管理	四年	管理学
	市场学系		市场营销	四年	管理学
	旅游与酒店管理系		旅游管理	四年	管理学
			酒店管理	四年	管理学
	管理科学系	管理科学与工程类	管理科学	四年	管理学
			电子商务	四年	管理学
数学科学学院	数学与应用数学系	数学类	数学与应用数学	四年	理学
	信息与计算数学系		信息与计算科学	四年	理学
	概率与数理统计系		统计学	四年	理学
物理科学与技术学院	物理学系	物理学类	物理学	四年	理学
	天文学系		天文学	四年	理学

续表

学　院	系	招生大类名称	分流专业	学　制	授予学位
化学化工学院	化学系	化学类	化学	四年	理学
			能源化学	四年	理学
			化学测量学与技术	四年	理学
	化学生物学系		化学生物学	四年	理学
	化学工程与生物工程系	化学工程与工艺（含化学工程与工艺、生物工程）	化学工程与工艺	四年	工学
			生物工程	四年	工学
材料学院	材料科学与工程系	材料类	材料科学与工程	四年	工学
生命科学学院	生物学系	生物科学类	生物科学	四年	理学
	生物化学系		生物技术	四年	理学
	免疫与微生物学系				
	遗传与发育生物学系				
	细胞生物学系				
海洋与地球学院	海洋化学与地球化学系	海洋科学类	海洋科学	四年	理学
	物理海洋学系				
	地质海洋系				
	海洋生物科学与技术系		海洋技术	四年	理学
	应用海洋物理与工程系				
环境与生态学院	环境科学系	环境科学与工程类	环境科学	四年	理学
	生态学系		生态学	四年	理学
	环境与生态工程系		环境生态工程	四年	工学
能源学院		能源动力类	新能源科学与工程	四年	工学
			储能科学与工程	四年	工学
电子科学与技术学院	电子工程系	电子信息类	电子信息工程	四年	工学
	微电子与集成电路系		集成电路设计与集成系统	四年	工学
			微电子科学与工程	四年	工学
	电子科学系		电子信息科学与技术	四年	工学
			电磁场与无线技术	四年	工学

续表

学　院	系	招生大类名称	分流专业	学　制	授予学位
航空航天学院	仪器与电气系	工科试验班	电气工程及其自动化	四年	工学
			测控技术与仪器	四年	工学
	机电工程系		机械设计制造及其自动化	四年	工学
	动力工程系		飞行器动力工程	四年	工学
	飞行器系		飞行器设计与工程	四年	工学
	自动化系		自动化	四年	工学
信息学院	人工智能系	计算机类	人工智能	四年	工学
			智能科学与技术 *	四年	工学
	计算机科学与技术系		计算机科学与技术	四年	工学
	信息与通信工程系		通信工程	四年	工学
	网络空间安全系		网络空间安全	四年	工学
			数据科学与大数据技术 *	四年	工学
	软件工程系	软件工程(含软件工程、数字媒体技术专业)	软件工程	四年	工学
			数字媒体技术	四年	工学
建筑与土木工程学院	建筑系	建筑类	★建筑学	五年	建筑学
	城市规划系		★城乡规划	五年	工学
	土木工程系	土木类	土木工程	四年	工学
			工程管理	四年	工学
医学院	基础医学系	基础医学	★基础医学	五年	医学
	临床医学系	临床医学	★临床医学	五年	医学
	口腔医学系	口腔医学	★口腔医学	五年	医学
	中医学系	中医学	★中医学	五年	医学
	护理学系	护理学	护理学	四年	理学
公共卫生学院	预防医学系	公共卫生与预防医学类	★预防医学	五年	医学
	实验医学系		医学检验技术	四年	理学
药学院	药学系	药学	药学	四年	理学
艺术学院	音乐系	音乐学	音乐学	四年	艺术学
		音乐表演	音乐表演	四年	艺术学
		舞蹈表演	舞蹈表演	四年	艺术学
	美术系	艺术教育(美术教育方向)	艺术教育(美术教育方向)	四年	艺术学
		绘画	绘画	四年	艺术学

续表

学　院	系	招生大类名称	分流专业	学　制	授予学位
创意与创新学院		视觉传达设计（中外合作办学）	视觉传达设计	四年	艺术学
		环境设计（中外合作办学）	环境设计	四年	艺术学
		数字媒体艺术（中外合作办学）	数字媒体艺术	四年	艺术学

注：全校普通全日制本科教育共28个学院，103个专业（四年制96个、五年制7个，带“★”号标志的专业为五年制）；

当年新增：审计学、化学测量学与技术、储能科学与工程、基础医学4个专业；

带＊的智能科学与技术、数据科学与大数据技术（信息学院）2021年暂未招生。

新高考“3＋3”模式省份设置理科试验班（生命科学与医学类）大类，包含生物科学、生物技术、预防医学、医学检验技术4个专业；

新高考“3＋1＋2”模式省份设置理科试验班（生命科学与医学类）大类，包含生物科学、生物技术、基础医学3个专业。

厦门大学2021年辅修专业设置

序号	学　　院	辅修专业
1	经济学院	经济学
2	法学院	法学
3	王亚南经济研究院	金融学（数理）
4		统计学（数理）
5		经济学（数理）
6	管理学院	工商管理
7		财务管理
8	财务管理与会计研究院	会计学
9		财务管理
10	人文学院	汉语言文学
11		汉语言
12		哲学
13		戏剧影视文学
14	社会与人类学院	人类学
15		社会学

国家级、省级一流本科专业建设点名单(第二批)(36 个)

序号	专业名称	学　　院	国家级/省级一流本科专业建设点	入选年度
1	经济统计学	经济学院	国家级一流本科专业建设点	2021
2	金融工程	经济学院	国家级一流本科专业建设点	2021
3	政治学与行政学	公共事务学院	国家级一流本科专业建设点	2021
4	社会学	社会与人类学院	国家级一流本科专业建设点	2021
5	汉语言	人文学院	国家级一流本科专业建设点	2021
6	俄语	外文学院	国家级一流本科专业建设点	2021
7	广告学	新闻传播学院	国家级一流本科专业建设点	2021
8	历史学	人文学院	国家级一流本科专业建设点	2021
9	信息与计算科学	数学科学学院	国家级一流本科专业建设点	2021
10	化学生物学	化学化工学院	国家级一流本科专业建设点	2021
11	生物技术	生命科学学院	国家级一流本科专业建设点	2021
12	生态学	环境与生态学院	国家级一流本科专业建设点	2021
13	机械设计制造及其自动化	航空航天学院	国家级一流本科专业建设点	2021
14	材料科学与工程	材料学院	国家级一流本科专业建设点	2021
15	环境科学	环境与生态学院	国家级一流本科专业建设点	2021
16	建筑学	建筑与土木工程学院	国家级一流本科专业建设点	2021
17	预防医学	公共卫生学院	国家级一流本科专业建设点	2021
18	管理科学	管理学院	国家级一流本科专业建设点	2021
19	人力资源管理	管理学院	国家级一流本科专业建设点	2021
20	旅游管理	管理学院	省级一流本科专业建设点	2021
21	哲学	人文学院	省级一流本科专业建设点	2021
22	外交学	国际关系学院	省级一流本科专业建设点	2021
23	人类学	社会与人类学院	省级一流本科专业建设点	2021
24	汉语言文学	人文学院	省级一流本科专业建设点	2021
25	广播电视学	新闻传播学院	省级一流本科专业建设点	2021
26	考古学	人文学院	省级一流本科专业建设点	2021
27	天文学	物理科学与技术学院	省级一流本科专业建设点	2021
28	电气工程及其自动化	航空航天学院	省级一流本科专业建设点	2021
29	微电子科学与工程	电子科学与技术学院	省级一流本科专业建设点	2021

续表

序号	专业名称	学　院	国家级/省级一流本科专业建设点	入选年度
30	飞行器设计与工程	航空航天学院	省级一流本科专业建设点	2021
31	环境生态工程	环境与生态学院	省级一流本科专业建设点	2021
32	生物工程	化学化工学院	省级一流本科专业建设点	2021
33	中医学	医学院	省级一流本科专业建设点	2021
34	药学	药学院	省级一流本科专业建设点	2021
35	护理学	医学院	省级一流本科专业建设点	2021
36	国际商务	经济学院	国家级一流本科专业建设点	2021

教育部基础学科拔尖学生培养计划 2.0 基地(8 个)

序号	名　称	立项年度
1	化学拔尖学生培养基地	2020
2	生物科学拔尖学生培养基地	2020
3	海洋科学拔尖学生培养基地	2020
4	王亚南经济学拔尖学生培养基地	2020
5	景润拔尖班——数学拔尖学生培养基地	2021
6	萨本栋物理学拔尖学生培养基地	2021
7	历史学拔尖学生培养基地(傅衣凌班)	2021
8	“鼓浪文兴”中国语言文学拔尖学生培养基地	2021

省部级课程思政示范项目(9 个)

序号	项　目	名称/名单
1	教育部课程思政教学研究示范中心	厦门大学课程思政教学研究中心
2	教育部课程思政示范课程	国际金融学
3	教育部课程思政示范课程	海洋环境化学
4	教育部课程思政教学名师和团队	朱孟楠、喻海燕、杨权、刘鼎铭、戴淑庚、苏丽萍、吴丽华
5	教育部课程思政教学名师和团队	蔡明刚、柯宏伟、曾隆隆、陈敏、郑爱榕、王春卉
6	福建省课程思政示范课程	国际金融学
7	福建省课程思政示范课	海洋环境化学
8	福建省课程思政示范课	量子力学
9	福建省课程思政示范课程	华夏传播概论

省部级新文科研究与改革实践项目名单(12个)

序号	项目名称	项目负责人	级　别	立项年度
1	中国“新文科”发展理念研究	别敦荣	教育部	2021
2	作为新文科跨学科领域的公共治理专业方案设计与实践探索	陈振明	教育部	2021
3	王亚南经济学拔尖学生培养基地	牛霖琳	教育部	2021
4	“引理入商”——新文科复合型人才培养创新与实践模式探索	李建发	教育部	2021
5	人工智能＋实践型法治人才培养研究	郭春镇	教育部	2021
6	新文科教师教学发展示范中心建设	邬大光	教育部	2021
7	新文科背景下中国金融学课程与教材体系建设实践	朱孟楠	省级	2021
8	民间历史文献与数字人文学研究	郑振满	省级	2021
9	新文科背景下“外语＋新闻”国际人才培养模式的探索与实践	徐　琪	省级	2021
10	东南地区田野考古与多学科合作研究	张闻捷	省级	2021
11	智能财务管理专业的探索与改革	吴育辉	省级	2021
12	新时期侨务外交复合型人才培养模式探索	施雪琴	省级	2021

省级一流本科课程(34门)

序号	名　　称	负责教师	类　型	年　度
1	嵌入式系统与实验	李晓潮	线上线下混合式一流课程	2021
2	运筹学	邵桂芳	线上线下混合式一流课程	2021
3	电磁场与微波技术实验	游佰强	线上线下混合式一流课程	2021
4	大数据技术原理与应用	林子雨	线上线下混合式一流课程	2021
5	城乡规划新技术 GIS 应用	李　渊	线上线下混合式一流课程	2021
6	电子技术实验(电工学实验下)	李继芳	线上一流课程	2021
7	研究性英语期刊论文写作	江桂英	线上一流课程	2021
8	广播电视概论	邹振东	线下一流课程	2021
9	量子力学	陈理想	线下一流课程	2021
10	植物生态学	陈鹭真	线下一流课程	2021
11	管理学原理	白云涛	线下一流课程	2021
12	海商法	何丽新	线下一流课程	2021
13	俄语口译(上)	李春雨	线下一流课程	2021
14	眼科学	刘祖国	线下一流课程	2021
15	数理统计	钟　威	线下一流课程	2021
16	机电一体化系统	祝青园	线下一流课程	2021
17	会计学基础	刘　峰	线下一流课程	2021

续表

序号	名　　称	负责教师	类　型	年　度
18	近代国际关系史	衣　远	线下一流课程	2021
19	产业组织与管理	祝嘉良	线下一流课程	2021
20	结构力学(上)	张建霖	线下一流课程	2021
21	城市生态规划与管理	李杨帆	线下一流课程	2021
22	软件工程导论	王美红	线下一流课程	2021
23	中国近现代史纲要	周雪香	线下一流课程	2021
24	无线通信原理	肖　亮	线下一流课程	2021
25	基础化学实验(三)(物理化学部分)	夏文生	线下一流课程	2021
26	传递过程与单元操作(二)	孙道华	线下一流课程	2021
27	基于空地一体化测感数据应用的交通建筑方案仿真试验	许旺土	虚拟仿真实验教学一流课程	2021
28	动态分子模拟锂硫电池正极材料中多硫化物形态与特性虚拟仿真实验	袁汝明	虚拟仿真实验教学一流课程	2021
29	海洋沉积物柱状样采集及铅含量年代际变化虚拟仿真实验	陈　敏	虚拟仿真实验教学一流课程	2021
30	PowerEdu 项目管理情境模拟实验	曹慕昆	虚拟仿真实验教学一流课程	2021
31	基于特色舌诊病案数据库的中医诊断训练	陈少东	虚拟仿真实验教学一流课程	2021
32	未成年人欺凌防治及心理重建虚拟仿真项目	江宜珍	虚拟仿真实验教学一流课程	2021
33	多参数优化精酿啤酒酿造虚拟仿真教学实验	邵文尧	虚拟仿真实验教学一流课程	2021
34	“儿童照护”虚拟仿真实验	沈　曲	虚拟仿真实验教学一流课程	2021

教育部基础学科拔尖学生培养计划2015—2018年研究结题验收优秀名单(5个)

序号	学　院	课题类型	课题名称	课题负责人	立项年度	验收结果
1	生命科学学院	重点课题	书院模式的拔尖人才培养体系的探索	周大旺	2016	优秀
2	化学化工学院	一般课题	厦门大学“化学学科拔尖学生培养试验计划”学生科研能力培养探索	朱亚先	2016	优秀
3	化学化工学院	一般课题	“化学学科拔尖学生培养试验计划”“强化实验”课程平台建设与实施的研究	任艳平	2016	优秀
4	数学科学学院	一般课题	数学学科“拔尖计划”小班教学的内容与方法研究	金贤安	2016	优秀
5	生命科学学院	重点课题	非书院制与书院制有机结合的“拔尖人才”培养模式探索	李勤喜	2018	优秀

教育部基础学科拔尖学生培养计划 2.0 研究课题立项名单(5 个)

序号	学　院	课题类型	研究课题名称	课题负责人	立项年度
1	化学化工学院	重点课题	重塑化学:“中心科学”教学体系的探索与实践	曹晓宇	2021
2	生命科学学院	重点课题	厦门大学生物科学拔尖计划 2.0 基地课程体系建设研究	李勤喜	2021
3	海洋与地球学院	重点课题	海洋科学拔尖学生实践教育模式研究	陈　敏	2021
4	化学化工学院	一般课题	拔尖人才培养的新探索——化学实验“动态”教材库的建设与实践	任艳平	2021
5	生命科学学院	一般课题	生物学实验课程思政在拔尖学生三观塑造和科研能力培养上的融合实践	章　军	2021

福建省 2021 年教育教学改革研究项目(本科)(15 个)

项目类型	序号	项目类别	项目名称	项目主持人	项目类型
常规项目	1	本科教育	“以学生为中心”的质量文化建设	周大旺	重大
	2	本科教育	新商科“宽基”复合型人才培养模式探索	李建发	重大
	3	本科教育	以中心科学视角重构面向非化学专业的大学化学教学体系	吕　鑫	重大
	4	本科教育	全面依法治国背景下法学本科教育应用型法治人才培养机制的转型	李国安	一般
	5	本科教育	“实务为本,成长导向”的社会工作本科实践教学模式改革	魏爱棠	一般
	6	本科教育	双一流背景下的一流专业创新提升与实践	李　琳	一般
	7	本科教育	践行新工科内涵的自动化类人才培养系统工程	王　颖	一般
	8	本科教育	以科学普及为抓手的实践教学新模式探索——“生物学实践”课程建设与实践	程　喆	一般
	9	本科教育	理工科数学基础课程改革——“自然科学中的数学”课程建设	宋　翀	一般
	10	本科教育	“互联网+”时代“国际政治学概论”线上线下混合教学模式探索	夏　路	一般
	11	三创教育	“一流本科建设”背景下经济与贸易类本科生科研创新与实践创新探索	彭水军	一般
	12	三创教育	基于 Uclass 智慧教学平台,校际精准扶教模式构建与实践——以厦门大学药学院与内蒙古民族大学医学院为例	李福男	一般
特设专项	13	教育考试招生制度改革研究	福建省物理学科新高考研究与实践	杨志林	重大
	14	教育考试招生制度改革研究	历史学强基计划下高中拔尖创新人才选拔模式探索与实践	水海刚	重大
	15	教育考试招生制度改革研究	新高考环境下世界史命题机制建设	曲天夫	一般

福建省首届高校教师教学创新大赛获奖名单(7个)

二等奖(2项)

序号	参赛主讲教师	课程名称	所属高校	参赛教师团队	参赛组别
1	杨　绮	高级财务会计	厦门大学	曲晓辉,肖华	副高
2	李芝也	综合体城市设计	厦门大学	王绍森,李渊,王波	中级及以下

三等奖(4项)

序号	参赛主讲教师	课程名称	所属高校	参赛教师团队	参赛组别
1	钟　威	数理统计	厦门大学	方颖,刘婧媛,许杏柏	正高
2	祝青园	机电一体化系统设计	厦门大学	王少杰,胡天林,卜祥建	正高
3	张连茹	微生物学与免疫学实验	厦门大学	许晔,郭慧玲,郭峰	正高
4	杜　妮	高等代数	厦门大学	林亚南,林鹭	副高

专项奖(1项)

序号	参赛主讲教师	奖项内容	所在高校	奖项名称	参赛组别
1	杨绮	课堂实录	厦门大学	教学活动创新奖	副高

厦门大学2012—2021年专项计划录取人数统计表

专项计划名称	年份	2012	2013	2014	2015	2016	2017	2018	2019	2020	2021	合计	备注
国家专项计划	招生计划	30	50	280	283	303	323	323	323	323	323	2561	2015—2021年分别有南疆单列计划3人。
	录取人数	30	50	276	281	303	326	330	323	323	323	2565	
高校专项计划	招生计划	—	—	100	100	105	110	110	110	110	110	855	
	录取人数	—	—	62	102	103	110	110	108	109	110	814	

厦门大学2021年各类本(预)科招生类别构成表

类　别		人　数
内地学生(5563人)	普通类	3353
	强基计划	115
	外语类保送生	15
	高水平运动队(含优秀运动员保送)	17
	艺术类	190
	中外合作办学	250
	高校专项计划(凤凰计划)	110
	国家专项计划(含南疆单列计划)	323
	面向厦门	50
	面向漳州	50
	医学类	225
	护理类	30

续表

类　别		人　数
内地学生（5563 人）	定向西藏就业	10
	内地西藏班	35
	内地新疆班	38
	少数民族预科转本科	72
	厦门大学马来西亚分校	576
	少数民族预科班	76
	第二学士学位	28
华侨港澳台学生（233 人）	澳门保送生	35
	澳门四校联考	11
	台湾学测生	47
	香港中学文凭考试生	40
	华侨港澳台联招	100
国际学生	本科生	106
合　计		5902

研究生教育

【概况】 厦门大学在哲学、经济学、法学、教育学、文学、历史学、理学、工学、医学、管理学、艺术学、交叉学科12个学科门类中授予博士或硕士学位。2021年，学校有37个博士学位授权一级学科，46个硕士学位授权一级学科，8个二级交叉学科学位授权点，31个专业学位授权类别（2个博士专业学位授权类别，29个硕士专业学位授权类别）。2018年上半年，学校成为全国首批20所学位授权自主审核单位之一。截至2021年有5个一级学科国家重点学科（理论经济学、应用经济学、化学、海洋科学、工商管理）、9个二级学科国家重点学科（国际法学、高等教育学、专门史、基础数学、凝聚态物理、动物学、水生生物学、细胞生物学、环境科学）。2017年，化学、海洋科学、生物学、生态学、统计学5个学科入选国家公布的世界一流学科建设名单。

截至2021年12月，全校学历教育研究生23274人，其中，硕士研究生18194人（含港澳台生131人，外籍生203人）、博士研究生5080人（含港澳台生154人，外籍生191人）。学历研究生中学术型硕士研究生6739人、专业学位硕士研究生11455人、学术型博士研究生4939人、专业学位博士研究生141人。学位教育研究生104人。学历教育专业学位硕士研究生人数与学术型硕士研究生人数的比例达到1.7∶1。

学校有专任教师2839人，其中，教授、副教授2060人，占专任教师总数72.6%（下同）；拥有博士学历的有2459人，占86.6%。学校有两院院士31人（含双聘17人），文科资深教授1人，发展中国家科学院院士4人，“长江学者奖励计划”特聘教授28人、青年学者17人，国家杰出青年科学基金获得者57人，国家级教学名师6人，国家高层次人才特殊支持计划科技创新领军人才24人、哲学社会科学领军人才7人、教学名师1人、百千万工程领军人才2人、青年拔尖人才14人，国家“百千万人才工程”入选者26人，教育部“新（跨）世纪优秀人才培养计划”入选者135人（含离退），国家优秀青年科学基金获得者58人，国家创新研究群体11个、教育部创新团队9个。学校为研究生培养提供一批高水平研究平台。其中国家级协同创新中心2个（牵头单位），国家重点实验室4个，国家工程技术研究中心1个，国家工程实验室1个，国家地方联合工程研究中心2个，国家地方联合工程实验室3个，国家产教融合创新平台1个，教育部重点实验室5个，教育部工程研究中心3个，教育部野外科学观测研究站1个，教育部人文社科重点研究基地5个。

构建研究生教育大思政格局。年内，学校全面推进课程思政建设，优化思政课课程设置，依托思政课，采用课程专题学习、线上分享、实践教学等多渠道、全方位推动“四史”教育进课堂。启动2021年课程思政示范课程推荐工作，创新课程建设方式，由专业学院教师与马克思主义学院、教育研究院教师以“结对”方式，联合开展课程思政教学规律研究和实践。全面深化研究生思政课改革。邀请校内外名师大家和理论报告员，围绕中国发展重大理论与实践问题领衔授课，年内共举办61场讲座。加强导师思想政治教育引领作用，推进常态化导师教育培训，将培训考核纳入导师评价体系与各学院研究生教育质量目标责任制考核；开展新任导师线下培训。举办 2021 年新任研究生导师集中培训，31 个学院和附属单位的 210 余名新任研究生导师参加培训。举办 2021 年研究生导师经验分享会暨师德师风讲堂，近 400 名研究生导师参会。深入推进教材管理工作。加强教材建设规划和建设研究。启动 2021—2022 年教材立项建设工作，资助教师编写高质量教材，建立教材编写人员与审核人员审查公示制度，严把教材质量关。严格教材选用，上半年全面核查学校法学教材、外国语言类教材与其他学科专业类境外教材 758 本，立即停用小部分问题教材；11—12 月，排查全校 2021—2022 学年秋季学期课程教材 859 本。

积极谋划新一轮“双一流”建设，推动学科建设高质量内涵式发展。推进“双一流”建设工作。在学校“双一流”建设领导小组指导下，组织学校整体建设方案及 6 个拟建设一流学科建设方案编制工作，形成《“双一流”建设高校整体建设方案》《一流学科建设方案》上报教育部。推进“双一流”建设项目组织实施。完成 2022 年引导专项申报和“一上”预算编制，完成新一轮“双一流”建设方案编制工作。优化学科布局结构。开展自主审核新增学位授权点工作。年内，学校申请自主审核新增建筑学一级学科、材料与化工博士专业学位、先进能源一级交叉学科 3 个博士学位授权点；自主审核新增资源与环境硕士专业学位授权点；获批集成电路科学与工程一级交叉学科博士学位授权点，电子信息博士专业学位授权类别，生物与医药硕士专业学位授权类别。

全面从严加强质量管理，深化研究生培养机制改革。实施研究生教育质量目标责任制。召开分组预审会征求意见，组织专家评审，指导学院科学编制研究生教育质量目标，根据学院目标实施情况开展年度考核绩效。出台《厦门大学“南强优秀博士生培育计划”实施办法(试行)》，自 2022 级起施行培育计划。构建培育计划组织机制，成立“南强优秀博士生培育计划”领导小组，指导、协调、监督“南强优秀博士生培育计划”实施工作，领导小组下设办公室，挂靠研究生院。深化专业学位研究生培养机制改革。出台《厦门大学专业学位研究生实践基地管理办法》，与重点行业领域、龙头企业开展联合招生培养试点。强化研究生创新科研教育。举办研究生创新教育大讲堂，邀请江雷院士、郑振满教授等知名学者举办 11 场系列讲座。组织研究生参加中国研究生创新实践系列大赛。组织开展 9 项校内赛，在全国总决赛中获一等奖 4 项、二等奖 11 项、三等奖 21 项，获全国优秀组织奖 4 项。全面总结研究生田野调查项目，出版《厦门大学研究生田野调查成果集萃》。提升研究生课程教学质量。打造研究生港澳台国情与批判性思维精品课程。丰富短学期研究生课程教学。鼓励支持学院在短学期开设类型丰富的德育、美育、体育和劳育课程，共邀请 240 名校外专家学者开设 86 门前沿课程和 123 场专题讲座。充分发挥优秀研究生课程引领示范作用。完成首批研究生优秀示范课程验收工作，共 21 门课程获评“研究生优秀示范课程”。

(聂岑娜　万贤秀)

【创新思政课程体系】 年内，全面深化研究生思政课“三位一体”教学模式改革，出台《厦门大学新时代学校思想政治理论课改革创新实施方案》，坚持全过程育人理念，构建研究生德智体美劳全面培养机制。出台《厦门大学关于加强研究生课程思政教学体系建设的实施意见》《厦门大学课程思政建设实施方案》，持续构建党建引领、课程为基、师德领航、质量保障的“四位一体”课程思政工作体系。年内，厦门大学课程思政教学研究中心获批全国“课程思政教学研究示范中心”，《厦门大学打造五个“同心圆”为一体的课程思政体系》被教育部网站收录报道。

(聂岑娜　万贤秀)

【加强导师队伍建设】 年内，完善制度建设，强化研究生导师岗位管理，出台《厦门大学研究生导师岗位管理办法》《厦门大学研究生导师招生资格年度审核实施办法》。举办 2021 年研究生导师经验分享会暨师德师风讲堂，新增“科学规范导师指导行为建设一流研究生导师队伍”专题网络培训，将研究生教育大讲堂、社科处新文科系列讲座等纳入导师培训体系，提高研究生导师综合素质和指导能力。　(聂岑娜　万贤秀)

【完善研究生教材管理】 年内，出台《厦门大学教材管理办法》，完善“党委统一领导、党政齐抓共管、部门协同推进”的校院两级教材管理机制，组建包括 131 名校内外专家组成的教材选用与编写审核专家组。设立 3 个校级教材研究与建设基地，依托基地择优立项 6 个教材研究项目。年内，学校入选福建省教材建设重点研究基地，经济学院“习近平经济思想在福建的孕育与实践进教材研究”专项课题入选基地首批研究项目。

(聂岑娜　万贤秀)

【实施研究生教育质量目标责任制】 年内，立足学校总体发展目标和建设任务，围绕生源质量、课程质量、分类培养等七大目标任务，探索建立以结果为导向的资源配置机制。根据学院目标实施情况开展年度绩效考核，充分调动学院积极性主动性。

(聂岑娜　万贤秀)

【深化研究生培养机制改革】 年内出台《厦门大学“南强优秀博士生培育计划”实施办法(试行)》，自 2022 年起对博士生施行培育计划。遴选培育优秀研究生教改研究项目，共立项建设 25 个校级研究生教改项目，9 个项目获省级立项，其中 1 项获省级重大项目立项。组织专家评审，共 16 个新文科研究与改革实践项目列入 2021 年厦门大学教学改革研究项目，其中 5 项获批教育部新文科研究与改革实践项目，6 项获批省级新文科研究与改革实践项目。

(聂岑娜　万贤秀)

【打造研究生港澳台国情与批判性思维精品课程】 年内，自 2021—2022 学年秋季学期起，学校开设“认识当代中国”课程，邀请全国范围内相关领域知名专家参与授课，助力港澳台研究生了解当代中国。开设“批判性思维与创新”课程，助力研究生批判性思维能力提升。　(聂岑娜　万贤秀)

【创新研究生体育课程模式】 年内，自 2021 年夏季学期开始，学校试行“走课制＋俱乐部制”相结合的体育教学模式。2020—2021 学年秋季和春季学期增加开设网球、桨板、攀岩、自卫防身等共计 12 种、22 门次体育课程。 （聂岑娜 万贤秀）

【厦大研究生以第一作者在 *Nature* 及其子刊上发表论文 17 篇】 年内，统计学校 2020 年人文社科研究生以第一作者身份或通讯作者身份在一类核心及以上刊物发表论文的贡献率为 35%，理工医科研究生以第一作者或通讯作者在 JCR1 区和 2 区发表论文的科研贡献率为 69%。研究生以第一作者身份在 *Nature* 及其子刊上发表高水平论文达 17 篇。

（严 弋 万贤秀）

【举办特色讲座】 年内，举办研究生创新教育大讲堂，邀请江雷院士、郑振满教授等知名学者举办 11 场系列讲座。开办群贤大讲堂，首期邀请张文宏教授做《传染病与人类：年轻一代的挑战》主题报告。

（聂岑娜 万贤秀）

【面对突发疫情完善研究生复试录取应急预案】 在疫情防控常态化要求下，全校 35 个研究生招生单位中 9 个单位采用线下复试，其余单位均采用网络远程复试。制定《厦门大学 2021 年硕士研究生复试录取工作方案》《厦门大学 2021 年博士研究生申请考核工作指导意见》，严格落实各项制度，加强复试全过程管理，重点关注防疫安全和复试试题安全。针对突发疫情，调整 2022 级推免生复试工作方案，启动评委线上复试应急预案。

（宗续春 林 靓 张若芃）

【推免生录取人数同比增幅 22%】 年内，学校制定《厦门大学招收 2022 年推荐免试研究生（含硕士生、直博生）简章》，优化报考条件，完善网上录取程序；采用线上与线下相结合的方式举办大学生夏令营，夏令营报名人数突破 17000 人；在推免网上录取期间组织“用心把你留厦来”活动，搭建校院两级工作交流平台。录取 2022 级推免生（含直博生）总计 1900 人，同比增幅 22%。推免生（含直博生）中来自双一流建设高校 1482 人，同比增幅16.4%。

（宗续春 林 靓 张若芃）

【硕士统考生网上报名人数同比增长 18%】 年内，学校聚焦考研资讯，制定招生简章，编制宣传材料，畅通招生咨询热线，组织工作人员在中国研究生招生信息网上为考生答疑，提问回复率达 100%。首创“南强研路起航”“南强优博培育计划”线上研究生招生宣传，共 15 个学院（研究院）36 名教师参与，平均每场直播观看量 3800 人次。来自经济学院、生命科学学院、能源学院、管理学院、药学院等 35 名知名教授赴 16 个省份开展线下研究生招生宣传。2022 级硕士统考生报考期间，定期在招生办公室官网发布报考资格审核结果。2022 级硕士统考生网上报名人数为 29072 人，同比增长 18%。

（宗续春 林 靓 张若芃）

【健全博士生申请考核选拔机制】 年内，学校所有学科均实行申请考核招生方式。为健全申请考核选拔机制，学校修订申请考核工作指导意见，完善申请考核选拔程序，建立公平科学的评分机制，进一步发挥和规范导师作用。博士生申请考核招生方式，是学校自 2013 年起在理工医学院的国家一级重点学科和国家二级重点学科所属一级学科中试行的。

（宗续春 林 靓 张若芃）

【新增工程类专业学位博士招生点】 年内，经国务院学位委员会批准，学校新增工程类专业学位博士点，专业学位类别为电子信息。2022 年可招生领域为通信工程（085402）、集成电路工程（085403）、计算机技术（085404）、光电信息工程（085408）、人工智能（085410）。其中，集成电路工程和光电信息工程可招收非全日制博士研究生。

（宗续春 林 靓 张若芃）

附 录

厦门大学国家重点学科一览表

一级学科国家重点学科

学科门类	一级学科代码	一级学科名称
经济学	0201	理论经济学
	0202	应用经济学
理学	0703	化学
	0707	海洋科学
管理学	1202	工商管理

二级学科国家重点学科

学科门类	一级学科代码	一级学科名称	二级学科代码	二级学科名称
法学	0301	法学	030109	国际法学
教育学	0401	教育学	040106	高等教育学
历史学	0601	历史学	060105	专门史
理学	0701	数学	070101	基础数学
	0702	物理学	070205	凝聚态物理
	0710	生物学	071002	动物学
			071004	水生生物学
			071009	细胞生物学
工学	0830	环境科学与工程	083001	环境科学

厦门大学授予博士、硕士学位学科目录

博士学位授权一级学科(37个)

学科门类	一级学科代码	一级学科名称
哲学	0101	哲学
经济学	0201	理论经济学
	0202	应用经济学
法学	0301	法学
	0302	政治学
	0303	社会学
	0305	马克思主义理论
教育学	0401	教育学
文学	0501	中国语言文学
	0502	外国语言文学
	0503	新闻传播学
历史学	0601	考古学
	0602	中国史
	0603	世界史

续表

学科门类	一级学科代码	一级学科名称
理学	0701	数学
	0702	物理学
	0703	化学
	0707	海洋科学
	0710	生物学
	0713	生态学
	0714	统计学
工学	0802	机械工程
	0804	仪器科学与技术
	0805	材料科学与工程
	0809	电子科学与技术
	0810	信息与通信工程
	0811	控制科学与工程
	0812	计算机科学与技术
	0817	化学工程与技术
	0830	环境科学与工程
医学	1002	临床医学
	1004	公共卫生与预防医学
管理学	1201	管理科学与工程
	1202	工商管理
	1204	公共管理
艺术学	1303	戏剧与影视学
交叉学科	1401	集成电路科学与工程

硕士学位授权一级学科(46 个)

学科门类	一级学科代码	一级学科名称
哲学	0101	哲学
经济学	0201	理论经济学
	0202	应用经济学

续表

学科门类	一级学科代码	一级学科名称
法学	0301	法学
	0302	政治学
	0303	社会学
	0304	民族学
	0305	马克思主义理论
教育学	0401	教育学
文学	0501	中国语言文学
	0502	外国语言文学
	0503	新闻传播学
历史学	0601	考古学
	0602	中国史
	0603	世界史
理学	0701	数学
	0702	物理学
	0703	化学
	0704	天文学
	0707	海洋科学
	0710	生物学
	0713	生态学
	0714	统计学
工学	0802	机械工程
	0804	仪器科学与技术
	0805	材料科学与工程
	0809	电子科学与技术
	0810	信息与通信工程
	0811	控制科学与工程
	0812	计算机科学与技术
	0813	建筑学
	0814	土木工程
	0817	化学工程与技术
	0825	航空宇航科学与技术
	0830	环境科学与工程

续表

学科门类	一级学科代码	一级学科名称
医学	1001	基础医学
	1002	临床医学
	1004	公共卫生与预防医学
	1005	中医学
	1007	药学
管理学	1201	管理科学与工程
	1202	工商管理
	1204	公共管理
艺术学	1303	戏剧与影视学
	1304	美术学
交叉学科	1401	集成电路科学与工程

自主设置二级交叉学科(12 个)

序号	学　　科	成　　员
1	理论经济学	龙小宁
2	应用经济学	朱孟楠
3	中国史	王日根
4	数学	谭　忠
5	物理学、天文学	吴晨旭
6	化学	谢素原
7	海洋科学	戴民汉
8	统计学	方　颖
9	电子科学与技术	张　荣
10	工商管理	李建发
11	公共管理	黄新华
12	戏剧与影视学	李晓红

专业学位授权类别(30 个)

专业学位代码	专业学位类别	授权级别
0251	金融	硕士
0252	应用统计	硕士
0253	税务	硕士

续表

专业学位代码	专业学位类别	授权级别
0254	国际商务	硕士
0255	保险	硕士
0256	资产评估	硕士
0257	审计	硕士
0351	法律	硕士
0352	社会工作	硕士
0451	教育	博士
0453	汉语国际教育	硕士
0551	翻译	硕士
0552	新闻与传播	硕士
0651	文物与博物馆	硕士
0851	建筑学	硕士
0854	电子信息	博士、硕士
0855	机械	硕士
0856	材料与化工	硕士
0858	能源动力	硕士
0859	土木水利	硕士
0860	生物与医药	硕士
1051	临床医学	硕士
1053	公共卫生	硕士
1055	药学	硕士
1251	工商管理	硕士
1252	公共管理	硕士
1253	会计	硕士
1254	旅游管理	硕士
1256	工程管理	硕士
1351	艺术	硕士

厦门大学 2021 年研究生录取情况统计表

地　区	录取层次	统计方式	招生类别	录取人数
内地	硕士生	录取类别	非定向	4646
			定向	1284
		入学方式	统考	4427
			推免	1503
		学习方式	全日制	4730
			非全日制	1200
		学位类型	学术学位	2329
			专业学位	3601
		计划性质	普通计划	5807
			支教团推免计划	19
			少数民族高层次骨干人才计划	84
			退役大学生士兵计划	20
	博士生	录取类别	非定向	1091
			定向	71
		入学方式	普通招考	4
			申请考核	874
			硕博连读	220
			本科直博	64
		学习方式	全日制	1132
			非全日制	30
		学位类型	学术学位	1132
			专业学位	30
		计划性质	普通计划	1125
			少数民族高层次骨干人才计划	22
			对口支援西部地区高校计划	7
			援疆师资计划	2
			部省合建高校计划	3
			高校思政工作骨干计划	3
华侨港澳台	硕士生	—	—	53
	博士生	—	—	18

交叉学科学位授权点

专业代码	学科、专业名称	授权级别
99J1	智能仪器与装备	博士
99J2	能源工程与技术	博士
99J3	海洋事务	博士
99J4	健康大数据与智能医学	博士
99J5	知识产权管理	博士
99J6	转化医学	硕士
99J7	台湾研究	博士
99J9	航空航天工程	博士

继续教育

【概况】 2021年，继续教育工作克服新冠疫情影响，不断求真务实、开拓进取、担当作为，围绕继续教育提质增效、规范管理等方面开展了卓有成效的工作。

在学历继续教育教育方面，网络教育稳中有进。2021年共招收学生7333人，毕(结)业学生7323人，授予学位275人。截至2021年12月31日，共有网络教育在籍生27026人。2021年12月，最后12名夜大学学生完成学习过程后，历时40年的夜大学圆满收尾。据统计，夜大学共为社会培养毕业生11276名。学校设有网络教育校外学习中心27个。在非学历继续教育方面，教育培训规范有序。2021年，克服新冠疫情常态化防控和厦门疫情反复的影响，非学历教育共立项培训项目1030多个，举办培训项目724个，培训学员46953人次，培训收入同比有较大的增长。　（盛世维）

【印发《厦门大学继续教育管理处印章管理细则》】 3月13日，为进一步规范继续教育管理处印章的使用和管理，遵照国家法律法规相关规定和《厦门大学印章管理办法》等文件要求，结合部门实际，印发了《厦门大学继续教育管理处印章管理细则》。

（盛世维）

【印发《地方研究院开展非学历继续教育专题会议纪要》】 4月14日，印发《地方研究院开展非学历继续教育专题会议纪要》，对地方研究院办学资格、办学形式、培训费收入分配比例等作出明确规定。　（盛世维）

【增加成人高等教育学士学位英语考试认定种类】 4月18日，学校学位评定委员员审议通过增加成人高等教育学士学位英语认定种类议题，发布《关于增加成人高等教育学士学位英语考试认定种类及成绩认定标准的通知》，自2021年6月1日起正式实行。　（李金水）

【出台《厦门大学继续教育合同管理细则(试行)》】 6月2日，根据《厦门大学合同管理办法(试行)》规定，配套出台《厦门大学继续教育合同管理细则(试行)》，进一步规范继续教育合同管理，维护学校合法权益，保障继续教育工作顺利进行。

（盛世维）

【召开继续教育管理委员会(扩大)会议】 7月23日，召开继续教育管理委员会(扩大)第一次会议。会议主要就审计整改和腐败风险点专项自查中涉及非学历继续教育经费管理相关规定做说明解读。会议要求各办学单位按照非学历继续教育经费管理相关办法和审批流程合理开支，在服务学习型社会建设同时，反哺、促进教学科研。11月24日，召开继续教育管理委员会第二次会议。会议主要围绕学习贯彻教育部《普通高等学校举办非学历教育管理规定(试行)》进行讨论。　（盛世维）

【金砖新工业能力提升培训基地揭牌】 10月20日，学校接受"厦门金砖新工业能力提升培训基地联盟"授牌。11月16日，厦门金砖新工业能力提升培训基地(厦门大学)在科学与艺术中心正式揭牌成立。

（盛世维）

【召开非学历教育从业人员能力提升培训班】 12月17日，召开2021年非学历教育从业人员能力提升培训班。本次培训结合真实办学案例学习解读教育部公布的《普通高等学校举办非学历教育管理规定(试行)》和《厦门大学非学历继续教育管理暂行办法》，对下一步依法依规开展培训业务具有指导意义。各相关办学单位60多名非学历教育从业人员参与本次培训。　（盛世维）

【出台《厦门大学非学历教育督导管理办法(试行)》】 12月20日，根据教育部办公厅印发的《普通高等学校举办非学历教育管理规定(试行)》、《厦门大学非学历继续教育管理暂行办法》等文件精神，出台《厦门大学非学历教育督导管理办法(试行)》，进一步发挥督导在维护办学秩序、规范办学活动、提高办学质量等方面的重要作用。　（盛世维）

【定点帮扶与促进乡村人才振兴工作走深走实】 年内，实施"定点帮扶与促进乡村人才振兴专项小组2021年工作计划"。面向隆德县举办为期

30天～36天的中小学教师、校园长全员线上培训班，设计并录制52门共288学时网络课程，向隆德县2251名教师免费提供学习资源。面向长汀县举办2期乡村振兴相关专题线下短期培训班，为长汀县110名学员提供16个专题共64个学时课程。除定点帮扶地区，年内，学校举办乡村振兴培训项目10个，共272学时，近500人次参加，涉及8个省份，覆盖政府部门、企事业管理人员和技术人才等。

（盛世维）

【推进网络资源建设、整合与共享】 年内，上线网络课程12门，建设2个工种的职业技能培训课程。完成第三批福建省继续教育网络课程建设项目3个。在"9·28终身教育日"活动中向社会免费开放党史教育等8项专题优质网络教学资源。提供资源建设技术服务，保障学校顺利完成国家级一流课程申报、福建省研究生教育精品示范课程申报、2021年福建省军事课教师微课教学视频竞赛参赛、研究生创新教育大讲堂系列讲座直播等工作。

（施当波）

海外教育

【概况】 年内，学校共录取来自全球72个国家的国际学生369人，其中本科生106人，硕士生67人，博士生32人，各类进修生164人，学历生录取人数较上年增加21.3%。生源数位居前十的国家依次为印度尼西亚、马来西亚、泰国、俄罗斯、日本、越南、土耳其、尼日利亚、波兰、乌克兰。亚洲仍是学校国际学历生最主要生源地。2020—2021学年学校来华留学生共计1989人次：长期生（180天以上）1231人次，其中本科生670人次，硕士生274人次，博士生199人次，非学历生88人次；短期生（180天以下）758人次。完成2021年中国政府奖学金、国际中文教师奖学金、福建省政府奖学金、陈嘉庚奖学金、厦门大学新生奖学金等15项奖学金候选人遴选上报工作，共录取各类国际新生奖学金生266人，其中学历奖学金生149人。

（蒋玉塔　张露月）

【修订新生奖学金候选人遴选办法】 12月，修订《厦门大学国际新生各类奖学金候选人遴选办法》，新增"本校毕业生优先"附加说明，进一步优化奖学金生推荐和遴选流程。

（蒋玉塔）

【改版中英文国际招生网】 年内，改版国际学生招生中英文网站，采用全新网站格局，以图片、视频等素材凸显学校优美环境和办学特色，聚焦学生最关注的信息，帮助申请者了解真实、立体、全面的厦大。

（蒋玉塔）

【首次申报"一带一路"本土中文教师提升项目】 年内，向教育部中外语言合作交流中心首次申报国际中文教师奖学金"'一带一路'本土中文教师提升项目"。

（蒋玉塔）

·科学研究与社会服务·

自然科学与技术研究

【概况】 2021年,学校贯彻落实党的十九大和十九届历次全会精神,坚持以习近平总书记致厦门大学建校100周年重要贺信精神领航,坚持“四个面向”,着力培育和建设重大科技创新平台,提高科研组织能力,促进科教融合与学科交叉,提升科技创新能力。年内,学校理工医科到位经费16.4亿元,其中国家自然科学基金项目到位经费3.8亿元,横向项目到位经费4.1亿元。

服务于国家和地方战略需求情况。国家自然科学基金方面,共申报1424项,获国家基金立项329项,平均资助率为23.1%。立项直接经费3.66亿元,同比增长30%,创学校历史新高。其中面上项目170个;青年基金项目94个;创新研究群体项目1个,排名全国并列第5;杰出青年科学基金项目5个,排名全国并列第11;优秀青年科学基金项目10个,排名全国第14;重点项目9个;重大研究计划重点支持项目1个;重大科研仪器研制项目1个;重大项目课题1个;联合基金重点支持项目11个、集成项目1个。立项直接经费超过200万元的项目共计51个。科技部项目方面,全年获立项项目/课题53个(其中牵头项目3个,主持课题19个,参与课题31个),立项经费1.86亿元,立项经费数比2020年增长30.9%,超过200万元的项目/课题有24个。其他项目方面,学校从自然资源部、农业农村部、中国科学院、水利厅、环保厅、建设局、海洋局等共立项45个,立项金额3219万元。其中超过100万元项目共12个,工信部人工智能重点任务揭榜项目2个。省市、地方科技项目方面,学校获福建省科技计划、厦门市科技计划和其他省市科技计划项目立项140个,立项经费2488万元。其中获批福建省科技重大专项立项1个,获批福建省自然科学基金杰出青年项目7个,福建省自然科学基金重点项目5个、新冠应急项目2个、工信厅2021年度省级科技创新重点项目4个。校长基金教师类项目(理工医科)方面,年度内共评审立项校长基金项目(理工医科)144个,立项经费总计2254.92万元;资助新立项目136个,立项经费3373.3万元,一期拨款1236.19万元,其中“青年创新团队项目(大手拉小手项目)”4个、“青年创新重点项目”9个、“青年创新一般项目”26个、“自由探索项目”75个、“医学部集成项目”14个、“重大科研项目预研基金”7个、科技扶贫项目1个。

服务地方、服务社会、服务经济发展情况。横向项目方面,全年共立项1018个(不含军民融合类横向项目),较2020年增长31.18%,合同金额约5.50亿元,较2020年增长57.14%,为历史最高;到位经费4.09亿元(不含暂存),较2020年增长49.27%。单项超过100万元(含100万元)项目142个,单项超过500万元(含500万元)项目15个。新增与企业共建联合研究平台42个。校地校企合作方面,积极维护校地校企对接渠道,完善校地合作机制,推进产学研用深度融合。组织专家参加各类大中型产学研对接活动,推进与厦门、漳州、龙岩、南平、宁德等省内及宁夏、浙江、江苏、四川等省外诸多企业技术需求对接,确立多个项目合作关系。推进和漳州片仔癀、宁夏国有资本、东方电气、理想汽车、江西铜业等知名企业战略合作,共建校级研发平台,助力相关行业企业高质量发展。探索建立与厦门市、龙岩市、福州市等地的政产学研合作机制,推进厦门市市校合作推进成果转化项目落地。深化与漳州市科技合作,组织专家深入实地考察对接,推进4个平台建设。助力龙岩研究院建设,协助遴选并确立2个研发项目。

服务军民融合国家战略工作。国防科研项目方面,全年共立项51个,立项经费8337.57万元。其中100万元以上(含100万元)的项目共18个。在争取国防科研项目的同时,学校高度重视资质建设。2021年,学校通过GJB9001C质量管理体系外部监督换版审核,获得新版证书。

人才团队和科研平台建设情况。年内,学校努力推进院士增选工作,林圣彩(生命科学和医学学部,生物化学与细胞生物学)、谢素原(化学部,无机化学)两教授当选为中国科学院院士。年内,新增国家外国专家项目平台类项目——高等学校学科创新引智计划(111计划)项目1个,新项目名称为“器官生长调控及干预学科创新引智基地”。新增国家外国专家项目人才类项目4个,其中理工医科2个,均为高端外国专家引进计划。新增福建省引才引智计划项目6个,其中理工医科立项4个,3个为“外国青年人才”项目,1个为省“青年外国专家引进计划”项目。福建台湾海峡海洋生态系统野外科学观测研究站获批建设为国家野外科学观测研究站。这是福建省野外科学观测研究站首次进入国家级行列,实现了厦门大学和福建省国家级野外站建设“零”的突破。生物制品科学与技术福建省创新实验室于12月上旬通过了审核,12月31日福建省政府正式发文,批准建设。12月25日上午,生物制品科学与技术福建省创新实验室的奠基仪式举行;12月初,厦门市科技局组织的专家咨询会通过了海洋科学与技术福建省创新实验室建设方案。传染性疾病检测技术研究与评价重点实验室获批，为学校首个国家药监局重点实验室；闽台非遗文化数字化保护与智能处理文化和旅游部重点实验室获批，为学校首个文化和旅游部重点实验室。福建省特种光纤与超快激光重点实验室、福建省乳腺癌精准诊治重点实验室、福建省滨海土木工程数字仿真重点实验室、福建省智能存储系统重点实验室通过了福建省科技厅组织的现场答辩，均居分组前列，待省厅正式发文批复。

科技成果情况。科技奖励方面，2020 年学校以第一完成单位获各类奖励 30 项。政府类奖励 12 项：国家自然科学二等奖 1 项；福建省科学技术奖 11 项，其中一等奖 7 项、二等奖 2 项、三等奖 3 项。人才奖 8 项：何梁何利基金科学与技术奖青年创新奖 1 项、福建省青年科技奖 4 项、福建省优秀科技工作者 2 人、福建省最美科技工作者 1 人。专利奖 1 项：中国专利优秀奖 1 项。其他社会力量奖励 9 项。专利方面，2021 年，学校申请专利 1248 件，授权 907 件，其中国内授权专利总数 857 件，国际授权专利 50 件；申请计算机软件著作权 233 件，获批 174 件。学术论文方面，2021 年，以厦门大学为第一单位或通讯作者单位在 *Nature* 正刊上发表论文 2 篇，在 *Science* 正刊上发表论文 1 篇，在 *Cell* 正刊上发表论文 1 篇；以第一完成单位在 CNS 子刊上发表论文 59 篇，其中 *Nature* 子刊 36 篇，*Science* 子刊 15 篇，Cell 子刊 8 篇。（蔡朱华）

【获何梁何利基金科学与技术奖青年创新奖一人】 年内，厦门大学化学化工学院郑南峰教授荣获 2021 年度何梁何利基金科学与技术奖。

（苏　欣　蔡朱华）

【获国家自然科学二等奖一项】 年内，厦门大学化学化工学院夏海平教授课题组研究成果“碳链与金属的螯合化学”荣获国家自然科学二等奖。（苏　欣　蔡朱华）

【获福建省科学技术奖 11 项】 年内，厦门大学电子科学与技术学院屈小波教授课题组研究成果“快速磁共振波谱成像方法及应用”、材料学院戴李宗教授课题组研究成果“海工装备关键涂层及功能材料研发与技术创新应用”、海洋与地球学院柯才焕教授课题组研究成果“鲍远缘杂交育种技术与产业化应用”、航空航天学院肖望强教授课题组研究成果“面向航天工程基于亚流态力链的粒子阻尼关键技术研发与产业化应用”、航空航天学院周伟教授课题组研究成果“高性能氢燃料电池客车关键技术及产业化”、信息学院肖亮教授课题组研究成果“基于机器学习的物联网攻击轻量级检测技术及应用”、信息学院曹刘娟副教授课题组研究成果“紧致化视觉计算关键技术及其产业化”荣获福建省科学技术奖一等奖。

（苏　欣　蔡朱华）

【获中国专利奖一项】 年内，厦门大学化学化工学院林昌健教授课题组研究成果“电解电容器用低压阳极铝箔阶梯非正弦波变频腐蚀方法”荣获中国专利优秀奖。（苏　欣　蔡朱华）

【获批国家野外科学观测研究站】 10 月 9 日科技部正式批复，厦门大学台湾海峡海洋生态系统野外科学观测研究站入选国家野外科学观测研究站择优建设名单。实现了厦门大学和福建省国家级野外科学观测研究站建设“零”的突破。

（罗　通　蔡朱华）

【获批国家重点研发计划项目立项三个】 年内，厦门大学获国家重点研发计划项目立项 3 个，分别为三安光电林科闯总经理和物理科学与技术学院黄凯教授共同牵头的“Micro-LED 显示外延与芯片关键技术研究”项目、化学化工学院汪骋教授牵头的“sp3 C-H 键的不对称官能团化”项目、海洋与地球学院张锐教授牵头的“北极典型海湾微生物对气候变化的响应与反馈”项目。

（张盛娘　蔡朱华）

【获批国家自然科学基金基础科学中心项目一个】 年内，厦门大学获批我国海洋领域首个国家自然科学基金基础科学中心，为焦念志院士牵头的“海洋碳汇与生物地球化学过程研究中心”。（李荔敏　蔡朱华）

【获批国家自然科学基金创新研究群体项目一个】 年内，厦门大学获批 1 个国家自然科学基金创新研究群体项目，项目为化学化工学院王野教授牵头的“二氧化碳高效资源化”。

（李荔敏　蔡朱华）

【获批国家杰出青年科学基金项目五个】 年内，厦门大学获批 5 个国家杰出青年科学基金项目，排名全国并列第 11 位。分别为化学化工学院的高锦豪教授主持的“影像化学生物学”项目、化学化工学院的汪骋教授主持的“金属有机单层材料”项目、化学化工学院叶龙武教授主持的“有机合成方法学”项目、海洋与地球学院张瑶教授主持的“微生物海洋学”项目、药学院刘文主持的“基因表达的表观遗传调控”项目。（李荔敏　蔡朱华）

【获批国家优秀青年科学基金项目十个】 年内，厦门大学获批 10 个国家优秀青年科学基金项目，排名全国第 14。分别为化学化工学院王斌举教授主持的“金属酶催化机理与理性改造研究”项目、生命科学学院黄烯教授主持的“UV-B 光信号应答与适应”项目、电子科学与技术学院屈小波教授主持的“计算磁共振波谱成像”项目、数学科学学院陈黄鑫教授主持的“有限元方法及其应用”项目、材料学院袁丛辉副教授主持的“固体表面高分子程控粘附”项目、材料学院张华副教授主持的“多相催化原位拉曼光谱研究”项目、材料学院张桥保副教授主持的“高比容量电池材料与先进原位表征”项目、医学院洪雪辉研究员主持的“消化道肿瘤代谢调控与靶向治疗”项目、医学院邓文波副教授主持的“围产医学——分娩启动与早产的分子机制”项目、环境与生态学院柳欣副教授主持的“海洋浮游植物生态学”项目。（李荔敏　蔡朱华）

【获批国家重大科研仪器研制项目一个】年内，厦门大学获批 1 个国家重大科研仪器研制项目，由环境与生态学院白敏冬教授牵头的“冷链物流新冠病毒羟基自由基快速绿色消杀的新技术设备”（资助经费为 939 万元）。

（李荔敏　蔡朱华）

【获批国家自然科学基金重点项目九个】年内，厦门大学获批 9 个国家自然科学基金重点项目，分别为数学科学学院谭绍滨教授牵头的“李理论及其相关问题的研究"、物理科学与技术学院方陶陶教授牵头的"并合星系的星系周介质"、化学化工学院詹东平教授牵头的"高端电子制造中铜互联线电子电镀的表界面过程及其先进研究方法"、傅钢教授牵头的"金属/氧化物表界面调控的科学基础"、环境与生态学院黄邦钦教授牵头的"南海及邻近西太平洋浮游生物异养过程对生物泵的调控机制研究：深化和集成"、管理学院林伯强教授牵头的"碳中和框架下的能源产业升级、环境污染治理与经济高质量发展"、经济学院陈少华教授牵头的"相对贫困的识别、监测与治理"、医学院张云武教授牵头的"RPS23RG1调节抑制性神经突触和参与阿尔茨海默病的功能研究"、曹彬教授牵头的"胎盘维持母胎代谢互作稳态的细胞分子机制"。　　（李荔敏　蔡朱华）

【获批国家其他部委重大项目三个】 年内，海洋与地球学院王海黎教授承担的科考航次任务项目获批南方海洋科学与工程广东省实验室立项（资助经费630万元）；海洋与地球学院柯才焕教授承担的"绿盘鲍新品种产业化示范"获厦门市海洋发展局海洋科技成果转化与产业化示范项目立项（资助经费305.7万元）；生命科学学院王侯聪教授承担的"优质绿色水稻育种攻关与产业开发"获福建省农业农村厅种业创新工程项目立项（资助经费224万元）。

（谢淑明　蔡朱华）

附　录

厦门大学国家级、部级科研平台一览表

国家级科研创新平台列表

序号	科研创新平台名称	批准部门	批准时间	依托学院	平台负责人
1	能源材料化学协同创新中心	教育部	2014	化学化工学院	田中群
2	两岸关系和平发展协同创新中心	教育部	2014	台湾研究院	李建发
3	固体表面物理化学国家重点实验室	科技部	1987-05	化学化工学院	王　野
4	近海海洋环境科学国家重点实验室	科技部	2005-03	海洋与地球学院	戴民汉
5	细胞应激生物学国家重点实验室	科技部	2011-01	生命科学学院	韩家淮
6	分子疫苗学和分子诊断学国家重点实验室	科技部（省部共建）	2013-12	公共卫生学院	夏宁邵
7	国家传染病诊断试剂与疫苗工程技术研究中心	科技部	2005-12	公共卫生学院	夏宁邵
8	醇醚酯化工清洁生产国家工程实验室	国家发展改革委	2008-06	化学化工学院	袁友珠
9	天然产物源靶向药物国家地方联合工程实验室	国家发展改革委（省部共建）	2013-11	生命科学学院	林圣彩
10	新能源汽车动力电源技术国家地方联合工程实验室	国家发展改革委	2015-3	化学化工学院	赵金保
11	海洋生物制备技术国家地方联合工程实验室	国家发展改革委（省部共建）	2015-12	海洋与地球学院	王克坚
12	纳米材料制备技术国家地方联合工程研究中心	国家发展改革委（省部共建）	2017-12	化学化工学院	郑兰荪
13	导航与位置服务技术国家地方联合工程研究中心	国家发展改革委（省部共建）	2019-02	信息学院	石江宏
14	国家集成电路产教融合创新平台	教育部、国家发展改革委、工信部共建	2019-06	电子科学与技术学院	张　荣
15	台湾海峡海洋生态系统国家野外科学观测研究站	科技部	2021-10	海洋与地球学院、环境与生态学院	黄邦钦

部级科研创新平台列表

序号	科研创新平台名称	批准部门	批准时间	依托学院	平台负责人
1	水声通信与海洋信息技术教育部重点实验室	教育部	2005-12	信息学院、海洋与地球学院	商少平
2	电化学技术教育部工程研究中心	教育部	2006-08	化学化工学院	赵金保
3	微纳光电子材料与器件教育部工程研究中心	教育部	2007-10	物理科学与技术学院	康俊勇
4	滨海湿地生态系统教育部重点实验室	教育部	2007-12	环境与生态学院	黄邦钦
5	分子诊断教育部工程研究中心	教育部	2009-11	生命科学学院	李庆阁
6	高性能陶瓷纤维教育部重点实验室	教育部	2009-12	材料学院	彭栋梁
7	计量经济学教育部重点实验室	教育部	2009-12	王亚南经济研究院	洪永淼
8	谱学分析与仪器教育部重点实验室	教育部	2013-09	化学化工学院	江云宝
9	医用生物制品省部共建协同创新中心	教育部（省部共建）	2020-09	公共卫生学院	夏宁邵
10	台湾海峡海洋生态系统教育部野外科学观测研究站	教育部	2020-09	海洋与地球学院、环境与生态学院	黄邦钦
11	传染性疾病检测技术研究与评价重点实验室	国家药监局	2021-02	公共卫生学院	夏宁邵
12	闽台非遗文化数字化保护与智能处理文化和旅游部重点实验室	文化和旅游部	2021-05	信息学院、建筑学院、人文学院、电影学院	史晓东

2021 年厦门大学科技成果一览表

2020 年度国家科学技术奖

奖励名称	等级	项目名称	完成单位	主要完成者
自然科学奖	二等	碳链与金属的螯合化学	厦门大学、南京大学、大连理工大学	夏海平、张　弘、朱　军、朱从青、王铜道

2020 年度福建省科学技术奖

序号	奖励名称	等级	成果名称	完成单位	完成人员
1	自然科学奖	一等	快速磁共振波谱成像方法及应用	厦门大学、厦门理工学院、汕头大学	屈小波、陈　忠、郭　迪、闫敬文、高锦豪
2	科技进步奖	一等	海工装备关键涂层及功能材料研发与技术创新应用	厦门大学、海洋化工研究院有限公司、信和新材料股份有限公司	戴李宗、卢　伟、王书传、许一婷、张学卿、周　媛、袁丛辉、王诗榕、陈国荣
3	科技进步奖	一等	鲍远缘杂交育种技术与产业化应用	厦门大学、晋江福大鲍鱼水产有限公司、福建闽锐宝海洋生物科技有限公司、集美大学	柯才焕、游伟伟、骆　轩、李东昌、陈业鑫、曹敏杰、章　骞、黄妙琴、柯津伟

续表

序号	奖励名称	等级	成果名称	完成单位	完成人员
4	科技进步奖	一等	面向航天工程基于亚流态力链的粒子阻尼关键技术研发与产业化应用	厦门大学、厦门振为科技有限公司、北京金茂绿建科技有限公司、厦门环寂高科有限公司	肖望强、林　麒、吉　利、罗元易、陈沁楠、詹镕勋、马盛林、王晓光
5	科技进步奖	一等	高性能氢燃料电池客车关键技术及产业化	厦门大学、厦门金龙旅行车有限公司、厦门金龙联合汽车工业有限公司、福建亚南电机有限公司、爱德曼氢能源装备有限公司	周　伟、石添华、褚旭阳、宋光吉、张汝辉、林剑健、谢义淳、刘建飞
6	科技进步奖	一等	基于机器学习的物联网攻击轻量级检测技术及应用	厦门大学、集美大学、厦门四信通信科技有限公司、厦门市巨龙信息科技有限公司、厦门星纵信息科技有限公司	肖　亮、赵彩丹、赵毅峰、许伟坚、陈淑武、刘　暘、郑陈挺、唐余亮、黄联芬、唐仕斌
7	科技进步奖	一等	紧致化视觉计算关键技术及其产业化	厦门大学、南强智视(厦门)科技有限公司、腾讯科技(上海)有限公司、厦门狄耐克智能科技股份有限公司、厦门路桥信息股份有限公司	曹刘娟、孙晓帅、王振宁、黄飞跃、陈杞城、于用真、吴永坚、纪荣嵘
8	技术发明奖	二等	均相多靶核酸检测关键技术研究与应用	厦门大学、厦门致善生物科技股份有限公司	李庆阁、黄秋英、许　晔、廖逸群、宋娜杰
9	科技进步奖	二等	视觉神经网络光电集成系统及其条码识别技术产业化应用	厦门大学、福建新大陆自动识别技术有限公司、厦门睿智微电子技术有限公司	郭东辉、郭　栋、罗闳訚、贺　珊、林建华、陈　艳、李　琳
10	自然科学奖	三等	受细胞启发的计算模型及计算复杂性	厦门大学	曾湘祥、刘向荣、江　敏、李子铭、索　娟
11	自然科学奖	三等	领域知识驱动的图像复原及增强机器学习方法研究	厦门大学	丁兴号、傅雪阳、黄　悦、袁　飞、程　恩

人文社会科学研究

【概况】 2021年,厦门大学人文社会科学工作继续稳步推进。全年对外争取的文科到账科研经费18190.09万元,其中纵向经费9983.11万元,横向经费8206.98万元,创历史新高。

科研项目。2021年,学校人文社会科学蓬勃发展,各类科研项目共立708个,其中,纵向项目275个,横向项目433个。国家社科基金年度项目、国家社科基金后期资助暨优秀博士论文出版项目、教育部人文社会科学研究一般项目等3类项目立项数均位居全国高校第一。福建省社会科学基金项目立项数位居全省高校第一。

成果获奖。福建省第十四届社科优秀成果奖评奖中,学校共有124项成果获奖,其中,一等奖17项,二等奖48项,三等奖59项,获奖总数及一二三等奖获奖数均位列全省高校第一。

平台建设。5月,学校召开学习

贯彻习近平总书记重要贺信精神暨国家高端智库建设工作座谈会，聘请全国台联原会长汪毅夫同志担任国家高端智库培育单位台湾研究院理事长。8月，时任校党委书记张彦带队赴北京向中宣部王晓晖常务副部长汇报智库建设情况，形成《厦门大学党委关于进一步加强国家高端智库建设的报告》并上报中宣部。闽台非遗文化数字化保护与智能处理文化和旅游部重点实验室获批第三批国家文化和旅游部重点实验室。中国营商环境研究中心获批福建省重点智库培育单位。中国特色社会主义研究中心、公共服务质量研究中心在福建省社会科学研究基地第二轮考核评估中获评“优秀”。南海研究院、东南亚研究中心申报案例入选2021年“中国智库综合评价研究项目”智库建设特色案例，社科处获组织参与奖。

期刊建设。年内，召开哲学社会科学期刊建设工作专题会。8月成立厦门大学文科期刊中心，先后制定《厦门大学文科期刊中心编辑绩效管理办法（试行）》《厦门大学文科期刊中心财务管理办法（试行）》等，12月举办“高品质学术期刊建设中的坚守与创新”期刊论坛，《中国经济问题》入选国家社科基金资助期刊，成为继《厦门大学学报（哲学社会科学版）》之后厦门大学第二家受到资助的期刊。

学术活动。举办各类学术论坛、报告会、讲座1200余场，10万余人次参与活动。4月4—7日，举办“人类命运共同体中的人文社会科学”国际论坛，来自美国、英国、法国等28个国家和地区的1800余名专家学者通过线上、线下方式参会，超过10万人收看开幕式直播。新华社、光明日报、学习强国平台等相继报道。

新文科建设。推出新文科系列讲座第三辑、第四辑共9讲，邀请专家学者开设讲座，内容涵盖科技考古、人工智能及旅游管理等方面，线上线下观看逾3000人次。超前谋划，公布6家厦门大学首批文科实验室。

科研评价。力破“五唯”，发布《关于进一步支持高端智库建设的若干意见》《关于确认部分科研成果认定标准的通知》《关于承担省外科研项目级别认定的函》《关于人文社科学术论文通讯作者认定的函》等，构建多元多维多主体整合型科研评价机制。实施《厦门大学人文社会科学学术专著出版资助计划》，资助出版28部高水平学术专著。（林　晶）

【获批2020年度国家社科基金中华学术外译项目四个】 1月19日，2020年度国家社科基金中华学术外译项目名单公布，学校获批4个项目。

【社会与人类学院王传超团队在 *Nature* 期刊上发文】 2月22日，社会与人类学院王传超团队在 *Nature* 上发表论文“Genomic Insights into the Formation of Human Populations in East Asia”。

【百年校庆期间易中天讲述先秦及两宋文明】 4月7—8日，易中天做《中华文明的奠基者与青春志》和《两宋文明之谜》讲座。

【百年校庆期间徐显明主讲学习贯彻习近平法治思想】 4月7日，全国人大常委会委员徐显明做《学习贯彻习近平法治思想》讲座。

【获批研究阐释党的十九届五中全会精神国家社科基金重大项目两个】 4月9日，研究阐释党的十九届五中全会精神国家社科基金重大项目两个。

【召开学习贯彻习近平总书记重要贺信精神暨国家高端智库建设工作座谈会】 5月24日，学校召开学习贯彻习近平总书记重要贺信精神暨国家高端智库建设工作座谈会。

【首个文化和旅游部重点实验室获批建设】 5月31日，“闽台非遗文化数字化保护与智能处理文化和旅游部重点实验室”获批第三批国家文化和旅游部重点实验室。

【召开哲学社会科学期刊建设工作专题会】 6月8日，学校召开哲学社会科学期刊建设工作专题会。

【福建社科界庆祝中国共产党成立100周年青年学者论坛在厦门大学召开】 6月19—20日，学校举办福建社科界庆祝中国共产党成立100周年青年学者论坛。

【国家社科基金艺术学重大项目获立一个】 7月5日，人文学院黄鸣奋获立2021年度国家社科基金艺术学重大项目。

【全国教育科学规划课题获立五个】 7月19日，全国教育科学规划2021年度课题获立5个。其中，国家重大项目1个，国家一般项目3个，教育部青年项目1个。

【两个福建省社科研究基地在第二轮建设考核评估中获评“优秀”】 7月27日，中国特色社会主义研究中心、公共服务质量研究中心在第一批福建省社科研究基地第二轮建设考核中获评“优秀”。

【教育部人文社会科学研究一般项目获立35个】 8月19日，2021年度教育部人文社会科学研究一般项目获立35个。其中，规划基金项目14个，青年基金项目21个，立项数位列全国高校第1位。

【国家社科基金艺术学项目获立一个】 8月23日，2021年度国家社科基金艺术学项目获立1个。

【国家社会科学基金年度项目获立68个】 9月24日，2021年国家社科基金年度项目获立68个。其中，重点项目11个，一般项目48个，青年项目9个，立项数排名全国高校第一。

【获第六届全国教育科学研究优秀成果奖六项】 9月24日，6项成果获第六届全国教育科学研究优秀成果奖。其中，二等奖2项，三等奖4项。

【国家社科基金高校思政课研究专项获立一个】 9月26日，2021年度国家社科基金高校思政课研究专项获立1个。

【厦门大学在2021年中国智库综合评价研究项目中获奖】 9月28日，南海研究院、东南亚研究中心申报案例入选2021年“中国智库综合评价研究项目”智库建设特色案例，社科处获组织参与奖。

【福建省社会科学规划年度项目获立57个】 10月26日，2021年度福建省社会科学基金项目获立57个。其中，重点项目5个，一般项目32个，青年项目17个，博士扶持项目2个，台胞专项扶持项目1个，立项总数再列全省高校第一。

【国家社会科学基金后期资助暨优秀博士论文出版项目获立21个】 10月27日，2021年国家社会科学基金后期资助暨优秀博士论文出版项目获立21个。其中，重点项目1个，一般项目20个，立项数位列全国高校第1位。

【国家社科基金冷门绝学研究专项获立学术团队项目】 11月2日，李无未教授团队获立国家社科基金冷门绝学研究专项学术团队项目。

【《光明日报》报道厦门大学高质量发展人文社科】 11月7日，《光明日报》刊文《立足祖国大地　讲好中国故事——厦门大学高质量发展人文社科》。

【召开话语体系建设学术研讨会】 12月5日、28日，学校相继召开主题为"祖国统一的话语建设""舆论阵地与话语体系建设"学术研讨会，探索解决"堵嗓子"问题。

【国家社科基金重大项目获立八个】 12月6日，2021年度国家社科基金重大项目获立8个，并列全国高校第7位。

【获福建省第十四届社会科学优秀成果奖124项】 12月，福建省第十四届社会科学优秀成果奖获立124项。其中，一等奖17项，二等奖48项，三等奖59项。

附　录

厦门大学文科2011协同创新中心(国家级)一览表

协同创新中心名称	主要依托学院	负责人	备　注
两岸关系和平发展协同创新中心	台湾研究院	刘国深	国家级认定

厦门大学文科2011协同创新中心(省级)一览表

协同创新中心名称	主要依托学院	负责人	备　注
能源经济与能源政策协同创新中心	管理学院	林伯强	省级认定
公共政策与地方治理协同创新中心	公共事务学院	陈振明	省级认定

教育部人文社会科学重点研究基地一览表

研究基地名称	负责人
厦门大学高等教育发展研究中心	刘振天
厦门大学东南亚研究中心	范宏伟
厦门大学会计发展研究中心	刘　峰
厦门大学台湾研究中心	孙亚夫
厦门大学宏观经济研究中心	洪永淼

教育部重点实验室(文科)

实验室名称	负责人
"计量经济学"教育部重点实验室(厦门大学)	洪永淼

国别与区域研究中心

序号	类别	机构名称	负责人	学院
1	国别与区域研究中心	新西兰研究中心	王伟光	公共事务学院
2	国别与区域研究中心	东盟研究中心	高艳杰	南洋研究院

续表

序号	类别	机构名称	负责人	学院
3	国别与区域研究中心	新加坡研究中心	许　可	南洋研究院
4	国别与区域研究中心	马来西亚研究所	张　淼	南洋研究院
5	国别与区域研究中心	印度尼西亚研究中心	沈燕清	南洋研究院
6	国别与区域研究中心	美国研究中心	韩　宇	人文学院
7	国别与区域研究中心	港澳台研究中心	李　非	台湾研究院

人文社科国家部委基地一览表

基地名称	批准机构	负责人
国家语言资源监测与研究教育教材中心	教育部语信司	苏新春
厦门大学女性/性别研究与培训基地	全国妇联	邓朝晖
国家统计局统计科学研究所厦门大学研究基地	国家统计局	朱建平
国家旅游局中国旅游研究院台湾旅游研究基地	国家旅游局	黄福才
国家林业局中国农村林业改革发展研究基地	国家林业局	朱冬亮
厦门大学中国残障人事业发展研究中心	中国残联	高和荣
厦门大学现代公共法律服务理论研究与人才培训基地	司法部	杨　斌
厦门大学语言文字研究与推广基地	国家语委	杨　斌
民政部政策理论研究基地	民政部	彭　莉
国家知识产权战略实施(厦门大学)研究基地	国家知识产权局	林秀芹

福建省社会科学研究基地

基地名称	首席专家	基地主任
中国特色社会主义研究中心	冯　霞	徐进功
公共服务质量研究中心	陈振明	陈振明
海洋法与中国东南海疆研究中心	施余兵	施余兵
马克思主义的规范与认知理论研究中心	徐梦秋	曹剑波
国家治理能力建设研究中心	朱仁显	朱仁显

福建省高等学校文科研究基地

基地名称	负责人
厦门大学哲学与当代社会研究中心	曹剑波
厦门大学中国社会经济史研究中心	王日根
厦门大学公共财政研究中心	王艺明

续表

基地名称	负责人
厦门大学世界经济研究中心	黄梅波
厦门大学国际经济法研究中心	曾华群
厦门大学企业发展战略研究中心	周　星
厦门大学公共政策与政府创新研究中心	陈振明
厦门大学金融研究中心	朱孟楠
厦门大学人类学研究中心	董建辉
厦门大学数据挖掘研究中心	朱建平
厦门大学财税金融法治研究中心	廖益新
厦门大学立法研究中心	宋方青
中华文化传播研究中心	谢清果
县域社会治理能力建设研究中心	黄新华
马克思主义基础理论研究中心	张有奎

福建省高校特色新型智库

智库名称	负责人	依托学院
“一带一路”与东南亚研究院	李一平	国际关系学院/南洋研究院
社会经济政策量化评估中心	洪永淼	经济学院
人才战略研究所	陈振明	公共政策研究院
创新与知识产权研究中心	林秀芹	知识产权研究院
国家与社会治理法治化研究中心	宋方青	法学院
中国营商环境研究中心	许志端	管理学院

福建省重点智库建设试点/培育单位

名称	类别	依托学院	负责人	首席专家
厦门大学台湾研究院	试点单位	台湾研究院	李　鹏	李　鹏 刘国深
厦门大学中国(福建)自贸区研究院	试点单位	经济学院	王艺明	洪永淼
厦门大学中国营商环境研究中心	培育单位	管理学院	许志端	许志端

2021 年度厦门大学国家社科基金项目立项一览表

序号	项目名称	负责人	所在单位	项目类别
1	《中国历史海洋地图集》编绘研究	李智君	人文学院	重大项目
2	中国海关通史	戴一峰	人文学院	重大项目
3	明清朱子学通史	谢晓东	人文学院	重大项目
4	能源供给侧与需求侧协同绿色低碳发展机制与实现路径研究	孙传旺	经济学院	重大项目
5	国家治理能力现代化的测度理论、方法与进展评价研究	方匡南	经济学院	重大项目
6	文化和旅游融合发展成效评估与推进机制研究	魏　敏	管理学院	重大项目
7	社会组织推动共同富裕的体制机制与政策体系研究	朱仁显	公共事务学院	重大项目
8	多学科视角下的汉藏语系的起源和演化研究	王传超	社会与人类学院	重大项目
9	到二〇三五年建成社会主义文化强国的总体逻辑与战略路径研究	王　波	人文学院	十九届五中全会重大项目
10	打造两岸共同市场、壮大中华民族经济研究	李　非	台湾研究院	十九届五中全会重大项目
11	高质量教育体系建设：理念、标准、机制与方法	刘振天	教育研究院	十九届五中全会重点项目
12	＊＊＊＊＊＊	韩秀丽	法学院	重大研究专项
13	东亚汉语音韵学史文献发掘与研究	李无未	人文学院	冷门绝学研究专项
14	台湾少数民族习惯法的历史演变与现代转型研究	董建辉	人文学院	重点项目
15	20 世纪美国联邦政府住房政策研究	李　莉	人文学院	重点项目
16	北美珍稀道经搜集整理与近代道教传播影响研究	黄永锋	人文学院	重点项目
17	基于近代东西方拉丁化注音文献的二百年来粤语方音系统及演变研究	李　焱	人文学院	重点项目
18	后疫情时代服务消费嬗变与服务供给机制重塑问题研究	周　星	管理学院	重点项目
19	全球产业链收缩对中国产业链影响机制研究	陈爱贞	经济学院	重点项目
20	中国征收法的体系化研究	刘连泰	法学院	重点项目
21	比例原则在民法上的适用研究	郑晓剑	法学院	重点项目
22	习近平总书记以人民为中心发展思想的政治学研究	朱仁显	公共事务学院	重点项目
23	习近平新时代中国特色社会主义思想话语体系研究	张艳涛	马克思主义学院	重点项目

续表

序号	项目名称	负责人	所在单位	项目类别
24	数字社会建设中志愿服务团体的能力发展研究	陈福平	社会与人类学院	重点项目
25	《宋会要》科技思想的搜集、整理与当代价值研究	陈　玲	人文学院	一般项目
26	朱子《家礼》诠释史研究	和　溪	人文学院	一般项目
27	康德的元伦理学思想研究	张会永	人文学院	一般项目
28	简牍所见秦汉赋税体系研究	朱圣明	人文学院	一般项目
29	唐代前期儒释道三教与史学关系研究	吴海兰	人文学院	一般项目
30	渡日明僧隐元所传黄檗文化与中日交流的研究	林观潮	人文学院	一般项目
31	闽东浙南畲族道教仪式文献研究	黄向春	人文学院	一般项目
32	清代宋诗选本辑评	钱建状	人文学院	一般项目
33	明清曲籍刊刻史	杨惠玲	人文学院	一般项目
34	明本唐人别集汇辑、叙录与研究	洪迎华	人文学院	一般项目
35	明清散佚官话方言韵书4种研究	钱奠香	人文学院	一般项目
36	出土文献用字差异与战国雅言语音及秦楚方音研究	叶玉英	人文学院	一般项目
37	碳中和背景下企业技术创新引领型发展与政策引导研究	武力超	经济学院	一般项目
38	反垄断视角下的数字经济税收研究	张铭洪	经济学院	一般项目
39	中间品贸易自由化对中国制造业企业出口产品质量和出口行为的影响	林季红	经济学院	一般项目
40	复杂网络视角下投入产出数据的应用研究	文　娟	经济学院	一般项目
41	连续处理效应的异质性分析及其在政策评估中应用研究	唐礼智	经济学院	一般项目
42	我国隐含石油外流的规模测度与结构路径追踪研究	张传国	经济学院	一般项目
43	国家善治导向的政府财务报告审计体系构建研究	张国清	管理学院	一般项目
44	拉萨流动人口问题研究	张进福	管理学院	一般项目
45	贸易政策不确定条件下出口企业及其供应商财务柔性的价值研究	肖　珉	管理学院	一般项目
46	以儒家传统文化为内核的组织幸福观实现机制研究	林　澜	管理学院	一般项目
47	城市群区域综合立体交通网与国土空间规划协同理论与策略研究	张　薇	管理学院	一般项目

续表

序号	项目名称	负责人	所在单位	项目类别
48	刑事庭审实质化背景下的积极辩护制度研究	王天民	法学院	一般项目
49	数据要素市场化配置改革的财税法治保障研究	李晓辉	法学院	一般项目
50	大国崛起语境下我国国际法能力建设存在的问题与对策研究	魏磊杰	法学院	一般项目
51	我国参与数字货币背景下的国际货币治理变革研究	陈　欣	法学院	一般项目
52	陆海统筹的生态环境治理制度研究	朱晓勤	法学院	一般项目
53	统一之后国家整合的比较研究	夏　路	公共事务学院	一般项目
54	政务信息公开制度治理效能研究	李　学	公共事务学院	一般项目
55	博弈均衡下集体土地建设租赁住房政策长效机制研究	严金海	公共事务学院	一般项目
56	马克思恩格斯的家庭观及其当代价值研究	石红梅	马克思主义学院	一般项目
57	习近平总书记关于党内监督重要论述研究	徐雅芬	马克思主义学院	一般项目
58	中国与东盟国家的民间组织合作参与共建“一带一路”研究	王　虎	国际关系学院	一般项目
59	新加坡华语文教科书中的中国形象话语建构与演变研究	张灵芝	海外教育学院	一般项目
60	儿童绘本数字媒介改编的多模态叙事研究	张坤坤	外文学院	一般项目
61	新世纪之交美国新种族冒充小说研究	王增红	外文学院	一般项目
62	数字人文视域下中国网络文学英译与接受研究	洪　捷	外文学院	一般项目
63	重大突发事件中“心理台风眼”效应机制及干预措施研究	王　霏	新闻传播学院	一般项目
64	平台社会语境下网络内容安全的结构性风险及其治理研究	殷　琦	新闻传播学院	一般项目
65	21 世纪以来美国对华媒体外交演变与中国的应对策略研究	李德霞	新闻传播学院	一般项目
66	“法理台独”及其应对机制研究	薛永慧	台湾研究院	一般项目
67	“两蒋”时期台湾地区台湾史研究的变迁与考论	陈忠纯	台湾研究院	一般项目
68	20 世纪 30 年代中国左翼文学与国际共产主义运动的关系研究	吴舒洁	台湾研究院	一般项目
69	居家养老服务体系下城市社区邻里关系建设的行动研究	魏爱棠	社会与人类学院	一般项目

续表

序号	项目名称	负责人	所在单位	项目类别
70	川甘青地区传统藏族社会的亲属制度和基层政治结构	张亚辉	社会与人类学院	一般项目
71	闽南祖庙在台湾分支结构的中国结与祖国认同研究	刘家军	社会与人类学院	一般项目
72	高校图书馆引进国外数字资源的合同风险防控体系研究	向佳丽	图书馆	一般项目
73	太仓朱子学研究	申祖胜	人文学院	青年项目
74	近代中国国库制度研究(1905—1949)	张　超	人文学院	青年项目
75	基于计算方法的社交媒体广告社会效果与综合治理研究	宣长春	新闻传播学院	青年项目
76	新中国成立初期华南城市政权建设研究(1949—1952)	连文妹	马克思主义学院	青年项目
77	东南亚海岛国家外交决策对“一带一路”基础设施项目的影响研究	王昭晖	国际关系学院	青年项目
78	中国—东盟产业链合作的政治经济风险与化解路径研究	张　淼	国际关系学院	青年项目
79	未成年人口自杀风险的社会根源和预防策略研究	常青松	社会与人类学院	青年项目
80	川西藏区牧业社会的等级制变迁与现代工商业市场研究	赵珽健	社会与人类学院	青年项目
81	财务报告文本信息对股市波动的影响机制及风险防控研究	李　珊	财会院	青年项目
82	拓展基尼系数理论及其应用研究	戴平生	经济学院	后期资助重点项目
83	中国恩德文化研究	杨春时	人文学院	后期资助一般项目
84	上博简灾异类文献整理与思想研究	孙飞燕	人文学院	后期资助一般项目
85	福建词史	刘荣平	人文学院	后期资助一般项目
86	百年中国留日学生文学叙事研究	林　祁	人文学院	后期资助一般项目
87	汉语中动句形义关系研究	蔡淑美	人文学院	后期资助一般项目
88	海明威作品多角探视	杨仁敬	外文学院	后期资助一般项目
89	政策环境、系统性金融风险和宏观政策调控	赵向琴	经济学院	后期资助一般项目
90	中国 OFDI 逆向技术溢出与技术进步及其异质性研究	蔡伟毅	经济学院	后期资助一般项目
91	案例导向研究的比较技艺:哲学基础与研究设计	游　宇	公共事务学院	后期资助一般项目
92	慈善市场的失灵与矫治	杨方方	公共事务学院	后期资助一般项目
93	公务员变革行为形成机制与推进路径研究	林亚清	公共政策研究院	后期资助一般项目

续表

序号	项目名称	负责人	所在单位	项目类别
94	新发展理念对人类社会发展规律认识的新贡献研究	冯　霞	马克思主义学院	后期资助一般项目
95	马克思与黑格尔论人类自由	李仙飞	马克思主义学院	后期资助一般项目
96	当代越南华人社会地位变迁研究	衣　远	国际关系学院	后期资助一般项目
97	当代东南亚海洋经济研究	王　勤	国际关系学院	后期资助一般项目
98	学术及行业语域语言差异多维度分析	朱　宇	国际关系学院	后期资助一般项目
99	宁夏地区汉墓出土人骨的生物考古学研究	张　群	社会与人类学院	后期资助一般项目
100	中国知识产权保险理论与实务研究	董慧娟	知识产权研究院	后期资助一般项目
101	知识产权司法特别程序制度比较研究	林秀芹	知识产权研究院	后期资助一般项目
102	全球华语视角下的马来西亚华语研究	王晓梅	马来西亚校区	后期资助一般项目
103	闽海民系传统聚落空间形态研究	王量量	建筑学院	后期资助一般项目
104	革命文化与新时代高校现代文学课程思政研究	王　烨	人文学院	思政专项一般项目
105	《著作权法》配套法规修订研究	林秀芹	知识产权研究院	专项委托项目

2021 年度厦门大学全国教育规划项目立项一览表

序号	项目名称	负责人	所在单位	项目类别
1	中国台湾地区教育历史、现状与未来策略研究	张宝蓉	台湾研究院	国家重大项目
2	中国高校在线教育高质量发展模式研究	覃红霞	教育研究院	国家一般项目
3	大学生关于自闭症的知识和态度：基于服务学习模式的干预研究	杨凌燕	社会与人类学院	国家一般项目
4	新文科建设背景下的跨学科研究生培养模式研究	徐　岚	教育研究院	国家一般项目
5	新医科背景下临床医学硕士专业学位研究生培养质量指数研究	胡伟力	教育研究院	教育部青年项目

2021 年度厦门大学国家社科基金艺术学项目立项一览表

序号	项目名称	负责人	所在单位	项目类别
1	比较视野下中国科幻电影工业与美学研究	黄鸣奋	人文学院	重大项目
2	俄罗斯戏剧批评史	陈世雄	人文学院	一般项目

2021年度厦门大学教育部人文社会科学研究一般项目立项一览表

序号	项目名称	负责人	所在单位	项目类别
1	基于移动健康技术的PTSD心理预警模型的构建及应用研究	沈　曲	医学院	规划基金项目
2	视觉修辞视野下绘画原型与广告仿拟的比较研究	周　雨	新闻传播学院	规划基金项目
3	晚清民国京津京剧艺人沪上演剧研究	赵春宁	人文学院	规划基金项目
4	国家资本结构与企业债务结构的相互关系研究	黄娟娟	经济学院	规划基金项目
5	金融不确定性冲击与中国宏观经济下行风险研究：理论、证据和政策调控	赵向琴	经济学院	规划基金项目
6	外部冲击与中国对外贸易多元化研究：全球价值链视角	张明志	经济学院	规划基金项目
7	环境污染治理与企业高质量发展互促共进研究——政府环境补助的视角	林细细	经济学院	规划基金项目
8	香港、澳门高校赴内地合作办学与制度创新研究	林金辉	教育研究院	规划基金项目
9	19世纪英国汉语语言学文献整理与研究	孟繁杰	海外教育学院/国际学院	规划基金项目
10	基于语料库的留学生中文学位论文语言差异研究	朱　宇	海外教育学院/国际学院	规划基金项目
11	分行业信息披露监管、盈余质量与资本市场效应研究	黄炳艺	管理学院	规划基金项目
12	公共突发事件背景下医疗卫生系统可靠性形成机制与对策研究	付　悦	管理学院	规划基金项目
13	智能裁判系统设计中"知识整理"理论与实证研究	吴旭阳	法学院	规划基金项目
14	基于经济政策不确定性视角的公司股利研究	李茂良	财务管理与会计研究院	规划基金项目
15	"二战"后大陆迁台音乐家群体与文化共同体意识建构研究	阮春黎	艺术学院	青年基金项目
16	中国儿童英语语用能力发展研究	杨　何	外文学院	青年基金项目
17	社会话语重构视阈下郑振铎文学翻译研究	黄若泽	外文学院	青年基金项目
18	金课建设目标下高校外语教师信息化教学能力的构建研究	孙　犁	外文学院	青年基金项目
19	格奥尔格·毕希纳文学的身体论研究	谢　敏	外文学院	青年基金项目
20	保罗·利科的文本诠释学理论研究	黄　钊	外文学院	青年基金项目
21	面向低成本专业化的高校图书馆知识产权信息公共服务研究	林　静	图书馆	青年基金项目

续表

序号	项目名称	负责人	所在单位	项目类别
22	“双碳”目标背景下中国能源基础设施投资的经济增长效应和区域布局研究	杨　芳	台湾研究院	青年基金项目
23	模态知识论改进方案研究	赵海丞	人文学院	青年基金项目
24	汉语特指问句“干涉效应”及其补偿机制研究	李　湘	人文学院	青年基金项目
25	出土简帛与《史记·封禅书》新证	孙飞燕	人文学院	青年基金项目
26	基于多国档案文献的中缅经贸关系研究(1950—1967)	陈洪运	南洋研究院	青年基金项目
27	马克思主义政治经济学视角的国家理论演进及其当代意义研究	高　岭	经济学院	青年基金项目
28	动态博弈与契约设计视角下的平台经济研究:理论与应用	许梦涵	经济学院	青年基金项目
29	交易价格限制对股票定价效率的影响研究:注册制试点的视角	顾　明	经济学院	青年基金项目
30	大文学视野下的抗战时期北碚文学研究	肖宁遥	海外教育学院/国际学院	青年基金项目
31	产业集聚与企业能源环境效率——基于微观视角下的机制研究	杜之利	管理学院	青年基金项目
32	上市公司直接媒体披露管理:行为、动机与经济后果研究	江芷倩	管理学院	青年基金项目
33	监管处罚、高管职业“污点”与公司财务行为研究	宁　博	管理学院	青年基金项目
34	制度规则、地方情境与宅基地盘活的组织模式选择研究	王荣宇	公共事务学院	青年基金项目
35	比例原则在经济法中的适用研究	史欣媛	法学院	青年基金项目

2021 年度厦门大学福建省社会科学基金项目立项一览表

序号	项目名称	负责人	所在单位	项目类别
1	关于把碳达峰、碳中和纳入福建生态省建设布局研究	吴崇伯	南洋研究院	重大项目
2	关于发挥海峡两岸融合发展示范区功能研究	唐永红	台湾研究院	重大项目
3	支持福建探索海峡两岸融合发展的新路研究	李　非	台湾研究院	重大项目
4	数字传播时代青年“两岸认同”建构研究	吴琳琳	新闻传播学院	专项重大项目
5	“大一统”国家体制与国家生长理论	徐旖瑶	国家治理能力建设研究中心	基地重大项目

续表

序号	项目名称	负责人	所在单位	项目类别
6	基层社会治理创新的路径研究	卓　越	国家治理能力建设研究中心	基地重大项目
7	生态维度下美好生活与高质量发展研究	徐朝旭	马克思主义规范与认知	基地重大项目
8	马克思主义视野下知识的模态规范性研究	秦　洋	马克思主义规范与认知	基地重大项目
9	当代中国马克思主义知识论的构建研究	温媛媛	马克思主义规范与认知	基地重大项目
10	数字普惠金融与福建县域经济高质量发展	戴淑庚	经济学院	重点项目
11	习近平总书记关于科技创新重要论述中企业社会责任对创新的促进作用研究	吴红军	管理学院	重点项目
12	闽台融合发展的舆论引导研究	吴琳琳	新闻传播学院	重点项目
13	福建省数字经济营商环境建设及优化研究	许志端	管理学院	重点项目
14	数字社交媒体与资本市场效率研究	胡金帅	财会院	重点项目
15	东南社群文化共同体与两岸佛教复兴问题研究	宋　平	人文学院	一般项目
16	文化建设视野下二十世纪前期中国“以农立国”思想研究	梁　心	人文学院	一般项目
17	跨媒介叙事文献整理与研究	杨　玲	人文学院	一般项目
18	闽南方言语法学史研究	许彬彬	人文学院	一般项目
19	后现代视域下琼·狄第恩非小说作品研究	李美华	外文学院	一般项目
20	伊恩·麦克尤恩中前期作品的声音艺术与现实的建构研究	郭亚娟	外文学院	一般项目
21	基于人工智能的中国大学生英语口语产出中母语迁移过程研究	张培欣	外文学院	一般项目
22	16世纪欧洲视域下的《中国札记》与闽台形象研究	梁　琳	外文学院	一般项目
23	资本技术构成对省界及非省界贫困县经济增长的产出效应差异研究	徐春华	经济学院	一般项目
24	福建省企业数字化转型推动高质量发展研究	覃志刚	经济学院	一般项目
25	积极老龄化战略下商业养老保险需求助推的机制与政策研究	许　莉	经济学院	一般项目
26	“双循环”发展格局下的中国货币政策涉及研究	谭旭东	经济学院	一般项目

续表

序号	项目名称	负责人	所在单位	项目类别
27	市民环境公约的生成与执行研究	李天相	法学院	一般项目
28	制度压力、非正式制度因素与政府会计准则变革研究	陈文川	管理学院	一般项目
29	网上双边服务产品平台运营管理研究	高月涛	管理学院	一般项目
30	学者型独立董事、公司创新与“内卷化”抑制	章永奎	管理学院	一般项目
31	大数据背景下直播电商“品效合一”路径研究	袁喜娜	管理学院	一般项目
32	习近平总书记关于强化党内监督重要论述研究	赵　颖	马克思主义学院	一般项目
33	深度融合视域下大学翻转课堂教学环境研究	郭建鹏	教育研究院	一般项目
34	“学科治理”与“新型研究型大学”关系研究	陈兴德	教育研究院	一般项目
35	构建“全球课堂”推动高等教育“在地国际化”的价值与策略研究	蔡秀英	教育研究院	一般项目
36	基于心理健康双因素模型的研究生心理健康促进方式研究	林　敏	教育研究院	一般项目
37	福建省残疾人按比例就业政策执行研究	郝玉玲	台湾研究院	一般项目
38	大学生腰背痛与久坐行为相关性分析和运动治疗处方研究	黄浩洁	体育教学部	一般项目
39	海峡两岸闽南语音乐文化融合发展新路径研究	刘　涛	艺术学院	一般项目
40	数字化干预福建中学生互联网欺凌行为的追踪研究	陈祺祺	社会与人类学院	一般项目
41	生物人类学视野之下的畲族研究	胡　荣	社会与人类学院	一般项目
42	两岸文化融合视野下闽台图书馆出版转型与合作研究	智晓静	图书馆	一般项目
43	面向国家自主创新的数字内容服务区块链解决方案研究	杨　薇	图书馆	一般项目
44	影视动画剧中的中世纪战争比较研究	叶　蓬	创意与创新学院	一般项目
45	文化视角下南洋华文新闻出版对福建软实力的关照	王昌松	马校区	一般项目
46	语法地图比对闽客方言疑问词拓展句式	钟叡逸	海外教育学院	一般项目
47	现代化转型视阈中的当代女作家战争叙述研究	景欣悦	人文学院	青年项目

续表

序号	项目名称	负责人	所在单位	项目类别
48	中国文学对日本平安朝汉诗功用演变的影响研究	廖荣发	外文学院	青年项目
49	石黑一雄影视剧本创作档案研究	沈安妮	外文学院	青年项目
50	1915—1940年间中国和西班牙的文学交流	孙　敏	外文学院	青年项目
51	乡村振兴背景下促进村民环保参与的媒体策略研究	张　楠	新闻传播学院	青年项目
52	制造业企业绿色技术创新提升机制及优化路径研究	张凯泉	经济学院	青年项目
53	区域高铁网络发展对董监高劳动力市场的影响研究	申屠李融	管理学院	青年项目
54	乡村振兴与碳中和背景下福建省“两山”理念转化路径研究	李　峥	管理学院	青年项目
55	企业行为理论视角下结束国际合资关系的动因和效益研究	许雁翔	管理学院	青年项目
56	跨界水资源治理中的国际法话语形成机制及中国对策研究	苏　宇	法学院	青年项目
57	新发展理念下福建省优化营商环境的法治保障研究	王　翔	法学院	青年项目
58	“十四五”时期福建农村义务教育师资保障机制问题诊断及创新研究	李　维	教育研究院	青年项目
59	在闽台胞语言生活现状研究	王天骁	海外教育学院	青年项目
60	基于探究社区理论的国际中文在线学习成效研究	吕伯宁	海外教育学院	青年项目
61	闽籍当代艺术家的创作实践及其地缘文化特性研究	周颖南	艺术学院	青年项目
62	“两次倒转”机制下舞蹈理论教学创新研究	张先婷	艺术学院	青年项目
63	乡村振兴视域下福建省体育赛事旅游产业运营机制研究	谭江明	体育教学部	青年项目
64	健康老龄化新时代下的心理健康促进实证研究	江宜珍	公共卫生学院	台胞专项扶持项目
65	十九路军“福建时期”的抗战文学研究	吴　尧	人文学院	博士扶持项目
66	“人民城市”理念下福建省城市更新对策研究	吴清锋	信息学院	博士扶持项目
67	设区的市立法权及立法事项研究	姜孝贤	法学院	专项一般项目
68	福建省地方性法规司法适用现状及问题研究	郑金雄	法学院	专项一般项目

续表

序号	项目名称	负责人	所在单位	项目类别
69	私人主体参与数据治理的法律障碍及制度供给研究	李国安	法学院	专项一般项目
70	习近平法治思想在福建的孕育研究	池　骋	马克思主义学院	专项一般项目

第十四届福建省社会科学优秀成果奖一览表

序号	成果	姓名	等级	学院
1	福建宗教碑铭汇编·漳州府分册	郑振满	一等奖	人文学院
2	中国现代美学思潮史	杨春时	一等奖	人文学院
3	日本近现代汉语语法学史	李无未	一等奖	人文学院
4	苏颂全集	朱人求 和　溪	一等奖	人文学院
5	科幻电影创意研究系列(三卷本)	黄鸣奋	一等奖	人文学院
6	法国文学批评史	冯寿农	一等奖	外文学院
7	多元归因与信任重建:危机传播情境理论的中国情境——以2018长生疫苗事件为例	宫　贺 韩　冬 张庆园	一等奖	新闻传播学院
8	马克思主义两大部类经济增长模型的理论与实证研究	王艺明 刘一鸣	一等奖	经济学院
9	教育、户籍转换与城乡教育收益率差异	赵西亮	一等奖	经济学院
10	中国间接税税负归宿的测算:模型与实证	苏国灿 童锦治 魏志华 刘诗源	一等奖	经济学院
11	IPO首日限价政策能否抑制投资者“炒新”?	魏志华 曾爱民 吴育辉 李常青	一等奖	经济学院
12	Intellectual Property Rights Protection, Ownership, and Innovation: Evidence from China(知识产权保护,股权性质和企业创新:来自中国的证据)	Josh Lerner Lily Fang 吴超鹏	一等奖	管理学院
13	大数据——统计理论、方法及应用	朱建平　等	一等奖	管理学院
14	中国合宪性审查的宪法文本实现	刘连泰	一等奖	法学院
15	底线公平:基础普惠型事业单位养老保险制度的建设	高和荣	一等奖	公共事务学院
16	高等学校分类体系及其设置标准研究	史秋衡　等	一等奖	教育研究院

续表

序号	成果	姓名	等级	学院
17	The Effect of Fair Value Accounting on the Performance Evaluation Role of Earnings(公允价值会计对盈余信息的业绩评估角色的影响)	Mark DeFond 胡金帅 Mingyi Hung Siqi Li	一等奖	财会院
18	道德理由与正确行动	张　曦	二等奖	人文学院
19	为他心辩护——处理他心问题的一种复合方案	王晓阳	二等奖	人文学院
20	"大元"国号新考——兼论元代蒙汉政治文化交流	李春圆	二等奖	人文学院
21	从西方文论到马列文论:文化身份挪移与中国主体建构	代　迅	二等奖	人文学院
22	功能语言学视野下的现代汉语传信范畴研究	乐　耀	二等奖	人文学院
23	基于古文字材料的上古汉语清鼻流音之历史考察	叶玉英	二等奖	人文学院
24	戏剧大三角:斯坦尼—梅耶荷德—梅兰芳	陈世雄	二等奖	人文学院
25	青春与死亡——本雅明早期十四行哀诗与德国青年运动	王凡柯	二等奖	外文学院
26	广告的演变及其本质——基于1622条教科书广告定义的语义网络分析	黄合水 芳　菲	二等奖	新闻传播学院
27	企业存货调整与中国财政政策的效力发挥	王燕武 吴华坤	二等奖	经济学院
28	对外反倾销与贸易转移:来自中国的证据	陈勇兵 王进宇 潘夏梦	二等奖	经济学院
29	信贷资源可得性与企业创新:激励还是抑制?——基于银行网点数据和金融地理结构的微观证据	蔡庆丰 陈熠辉 林　焜	二等奖	经济学院
30	金融监管与金融创新的共同演化分析——一个基于非线性动力学的金融监管分析框架	许文彬 赵　霖 李志文	二等奖	经济学院
31	医患关系与医学专业报考和录取	岳　阳 祝嘉良	二等奖	经济学院
32	税收分成、财政激励与城市土地配置	谢贞发 朱恺容 李　培	二等奖	经济学院
33	战略投资者选择与银行效率——来自城商行的经验证据	郭　晔 黄　振 姚若琪	二等奖	经济学院

续表

序号	成果	姓名	等级	学院
34	卖空压力、风险防范与产品市场表现：企业利益相关者的视角	倪骁然	二等奖	经济学院
35	从务工到创业——农地流转与农村劳动力转移形式升级	杨子砚 文　峰	二等奖	经济学院
36	并购模式与企业创新	陈爱贞 张鹏飞	二等奖	经济学院
37	Nonparametric Additive Instrumental Variable Estimator：A Group Shrinkage Estimation Perspective(经济变量的内生性问题研究：基于组压缩的非参数可加工具变量估计方法)	范青亮 钟　威	二等奖	经济学院
38	中国经济集聚与绿色经济效率	林伯强 谭睿鹏	二等奖	管理学院
39	银行高管薪酬延付政策能抑制影子银行扩张吗？	王艳艳 王成龙 于李胜 郑天宇	二等奖	管理学院
40	儒家文化与会计审计行为	杜兴强　等	二等奖	管理学院
41	本地独立董事监督了吗？——基于国有企业高管薪酬视角的考察	罗进辉 向元高 林筱勋	二等奖	管理学院
42	《十二表法》研究	徐国栋	二等奖	法学院
43	公法上警察概念的变迁	陈　鹏	二等奖	法学院
44	论佛教对中国传统法律中罪观念的影响	周东平 姚周霞	二等奖	法学院
45	医疗损害赔偿中原因力减责的法理及适用	郑永宽	二等奖	法学院
46	Settlement of disputes in a BBNJ agreement: Options and analysis (BBNJ 国际协定下的争端解决机制：选项与分析)	施余兵	二等奖	法学院
47	制定法解释中的立法意图——以英美国家为中心的考察	王云清	二等奖	法学院
48	马克思"以时间消灭空间"的空间生产思想及其深层逻辑探微	林　密	二等奖	马克思主义学院
49	《共产党宣言》是"四个伟大"的重要思想来源	张艳涛 吴美川	二等奖	马克思主义学院
50	三种类型的历史虚无主义及其批判	张有奎	二等奖	马克思主义学院
51	农民与土地渐行渐远——土地流转与"三权分置"制度实践	朱冬亮	二等奖	马克思主义学院

续表

序号	成果	姓名	等级	学院
52	中国特色公共管理学的建构与发展	陈振明	二等奖	公共事务学院
53	公共管理学科的定量研究被滥用了吗？与刘润泽、巩宜萱一文商榷	于文轩 樊　博	二等奖	公共事务学院
54	复合权力结构与中国统一问题——兼论“两制”台湾方案探索	夏　路	二等奖	公共事务学院
55	中美战略信任的维系：不对称结构与国际体系的互动视角	包广将	二等奖	国际关系学院
56	中国教育改革 40 年：高考改革	郑若玲　等	二等奖	教育研究院
57	共治·分类·增效：新时代高校教学评估变革的三个向度	刘振天	二等奖	教育研究院
58	高考改革新方案的顶层设计与实践推进	刘海峰	二等奖	教育研究院
59	面向 2030 的教育质量：核心理念与保障模式——基于联合国教科文组织等政策报告的文本分析	吴　凡	二等奖	教育研究院
60	我国高校大规模线上教学的阶段性特征——基于对学生、教师、教务人员问卷调查的实证研究	邬大光 李　文	二等奖	教育研究院
61	改革开放以来我国高等教育研究的经验、问题与趋势	陈兴德	二等奖	教育研究院
62	社会工作理论：历史环境下社会服务实践者的声音和智慧	童　敏	二等奖	社会与人类学院
63	认同、认知与实践：当代西方族性研究的三种路径	张先清 段云兰	二等奖	社会与人类学院
64	佛与他者：当代泰国宗教与社会研究	龚浩群	二等奖	社会与人类学院
65	Ancient human genome-wide data from a 3000-year interval in the Caucasus corresponds with eco-geographic regions（高加索地区跨越 3000 年的古人类基因组数据与生态地理区域的一致性）	王传超 Svend Hansen Johannes Krause Wolfgang Haak	二等奖	社会与人类学院
66	人性、优良政府与正义——政治哲学视角下的先秦儒学与古典自由主义研究	谢晓东	三等奖	人文学院
67	蕴涵论题的实验之争	曹剑波	三等奖	人文学院
68	何为生命之单元？——现代生物学思想中的个体性概念研究	杨仕健	三等奖	人文学院
69	旁观者何以转化为行动者	唐　瑭	三等奖	人文学院

续表

序号	成果	姓名	等级	学院
70	从广西左江上游地区民间宗教仪式看中国文化统一性	杜树海	三等奖	人文学院
71	吴越之迹：江南地区早期国家形态变迁	付　琳	三等奖	人文学院
72	资源、产权与秩序：明清鄱阳湖区的渔课制度与水域社会	刘诗古	三等奖	人文学院
73	限隔山海：16—17 世纪南海东北隅海陆秩序	陈博翼	三等奖	人文学院
74	凤凰于飞：家族文书与畲族历史研究	刘婷玉	三等奖	人文学院
75	咸同时期的榷关与财政	任智勇	三等奖	人文学院
76	新加坡华人宗乡文化研究	曾　玲	三等奖	人文学院
77	义务教育常用词表	苏新春	三等奖	人文学院
78	跨文化记忆与身份建构——欧洲华裔新生代的文化认同	刘　悦	三等奖	外文学院
79	跨媒介的审美现代性：石黑一雄三部小说与电影的关联	沈安妮	三等奖	外文学院
80	中世纪宇宙模型中的“道”——C.S.路易斯“中世纪模型”及其现代主观论批判	苏欲晓	三等奖	外文学院
81	缪里尔·斯帕克小说研究	戴鸿斌	三等奖	外文学院
82	社交媒体使用对广告态度影响的倒 U 形模式研究	宣长春 林升栋	三等奖	新闻传播学院
83	论收入倍增与中国经济增长方式转变	龚　敏 李文溥 靳　涛	三等奖	经济学院
84	外包对发展中国家的影响机制：全球价值链视角	张少军	三等奖	经济学院
85	交通基础设施与城市空气污染——来自中国的经验证据	孙传旺 罗　源 姚　昕	三等奖	经济学院
86	劳动力议价能力与劳动收入占比——兼析金融危机后的影响	柏培文 杨志才	三等奖	经济学院
87	高房价挤出了谁？——基于中国流动人口的微观视角	周颖刚 蒙莉娜 卢　琪	三等奖	经济学院

续表

序号	成果	姓名	等级	学院
88	A semiparametric quantile panel data model with an application to estimating the growth effect of FDI (半参数面板数据分位数模型及其对估计 FDI 影响经济增长的应用)	方　颖　等	三等奖	经济学院
89	加息周期、汇率安排与储备需求	朱孟楠 曹春玉	三等奖	经济学院
90	贸易成本、市场整合与生产专业化——基于商品微观价格数据的验证	李嘉楠 孙浦阳 唐爱迪	三等奖	经济学院
91	巴菲特的阿尔法:来自中国股票市场的实证研究	胡　熠 顾　明	三等奖	经济学院
92	The role of transportation speed in facilitating high skilled teamwork across cities(交通基础设施建设对高技能人才跨城市合作的促进作用)	董晓芳 郑思齐 Matthew E.Kahn	三等奖	经济学院
93	民营资本的宗族烙印:来自融资约束视角的证据	潘　越 宁　博 纪翔阁 戴亦一	三等奖	经济学院
94	财政分权对中国雾霾影响的研究	黄寿峰	三等奖	经济学院
95	财政激励与消失的女性	梁若冰	三等奖	经济学院
96	Spatial Modeling Approach for Dynamic Network Formation and Interactions(动态网络形成与互动的空间建模方法)	韩晓祎 谢志升 高日明	三等奖	经济学院
97	Recover Overnight? Work Interruption and Worker Productivity (隔夜就能恢复吗? 工作中断与劳动生产力)	蔡熙乾 贡　洁 陆　毅 钟松发	三等奖	经济学院
98	经济政策不确定性与股票风险特征	陈国进 张润泽 赵向琴	三等奖	经济学院
99	跳跃、共跳和非预期宏观信息	赵　华 麻　露 唐菲婕	三等奖	经济学院
100	企业劳动生产率差异分解:技术选择效应与技术吸收效应	邓　明 王劲波	三等奖	经济学院

续表

序号	成果	姓名	等级	学院
101	Models for closed-loop supply chain with trade-ins（以旧换新政策 下的闭环供应链决策模型）	缪朝炜 傅　科 夏志强 王　玉	三等奖	管理学院
102	Social Influence and Monetization of Freemium Social Games（社会影响与免费增值社交游戏中的变现）	方　斌 郑志强 叶　强 Paulo B. Goes	三等奖	管理学院
103	A Portfolio Strategy Design for Human-Computer Negotiations in e-Retail（电子商务人机谈判组合策略设计研究）	曹慕昆 胡　清 江亦华 洪　红	三等奖	管理学院
104	资本弱化税制与外资企业税收规避行为研究	黄炳艺 林嘉伟 王艳艳	三等奖	管理学院
105	薪酬—职务倒挂是否具有“黑色嫉妒”效应？——基于国有企业薪酬激励对企业行为的影响研究	于李胜 李文涛 王艳艳 王　迪	三等奖	管理学院
106	Is Audit Committee Equity Compensation Related to Audit Fees?（审计委员会股权报酬会影响审计费用吗?）	刘馨茗 Gerald J. Lobo Hung-Chao Yu	三等奖	管理学院
107	“投资人付费”vs.“发行人付费”：谁的信用评级质量更高？	吴育辉 翟玲玲 张润楠 魏志华	三等奖	管理学院
108	信用风险传染与企业盈余管理：基于信用债违约的视角	宁　博 潘　越 陈秋平 肖金利	三等奖	管理学院
109	数字人权时代人脸识别技术应用的治理	郭春镇	三等奖	法学院
110	共同发展：中国与“一带一路”国家间投资条约实践的创新	曾华群	三等奖	法学院
111	转型期土地供给管制政策对房价波动的影响机制与政策效果评估研究	严金海	三等奖	公共事务学院
112	论深化公共服务供给侧结构性改革	黄新华 李松霖	三等奖	公共事务学院
113	“去全球化”：表现、原因与中国应对之策	李　丹	三等奖	公共事务学院

续表

序号	成果	姓名	等级	学院
114	海上丝绸之路与中医药文化的海外传播——以中医药文化在东南亚的传播和影响为中心	冯立军	三等奖	国际关系学院
115	网络问政视阈下的当代中国参与式民主研究	原宗丽	三等奖	马克思主义学院
116	现代金融垄断资本主义的危机及其制度转型	吴　茜	三等奖	马克思主义学院
117	中国共产党早期理论家对马克思主义经济学的认识与运用	贾　凯	三等奖	马克思主义学院
118	教育治理体系与治理能力现代化论略	王洪才	三等奖	教育研究院
119	高考法律问题研究	覃红霞	三等奖	教育研究院
120	棠棣——一项基于汉人村庄的兄弟关系研究	宋雷鸣	三等奖	社会与人类学院
121	世界的中国："东方弱小民族"与左翼视野的重构——以胡风译《山灵》为中心	吴舒洁	三等奖	台湾研究院
122	两岸关系40年历程(1979—2019)	孙亚夫　等	三等奖	台湾研究院
123	专利维持理论及实证研究	乔永忠	三等奖	知识产权研究院
124	网络服务提供者间接侵权责任的移植与变异	朱　冬	三等奖	知识产权研究院

产业化与经营性资产管理

资产经营管理

【概况】　截至2021年12月31日，资产公司投资的全资控股参股企业共26家，其中直接和间接全资企业12家、控股企业1家、参股企业13家。2021年度，纳入资产公司合并报表范围的公司共13家，包括厦门大学资产经营有限公司、厦门大学国家大学科技园有限公司、厦门嘉庚教育发展有限公司、厦门大学建筑设计研究院有限公司、厦门市厦达施工图审查有限公司、厦门大学城乡规划设计研究院有限公司、厦门大学出版社有限责任公司、厦门大学电子出版社有限责任公司、厦门大学国际学术交流中心有限公司、厦门南强后勤服务有限公司、厦门南强物业服务有限公司等。截至12月，资产公司及所属全资控股企业在职职工总数159人，离退休职工总数268人。　(徐新华　李兰秀)

【加强企业党组织建设】　年内，公司党委以习近平新时代中国特色社会主义思想为指导，加强党员日常教育管理与监督，扎实开展党史学习教育，对党支部进行调整设置，选优配强支部书记，重新调整党委委员联系支部分工，加强对党支部工作的督促检查；起草并推动出台《中共厦门大学委员会关于加强所属企业党的建设的若干措施》和《厦门大学企业国有资产管理暂行办法》，对公司章程进行了全面修订，把党的领导和党的建设专章写入公司章程，制定《中共厦门大学资产经营有限公司委员会前置研究讨论重大经营管理事项清单》。　(钟雯娟)

【推进所属企业体制改革工作】　年内，在学校企业改革工作领导小组的领导下，全力推进企业体制改革工作，完成清理关闭企业34家、脱钩剥离企业16家、保留管理企业15家，完成率为95.59%。　(徐新华)

【加强企业国有资产管理】　年内，强化全资和控股企业的财务监督和管控;起草并推动出台《厦门大学企业国有资产管理暂行办法》《厦门大学国有资产管理委员会议事规则》等制度,修订《厦门大学资产经营有限公司章程》,进一步完善学校所属企业国有资产管理议事规则和决策程序,厘清学校党委常委会/校长办公会、校国资委和资产公司董事会对于企业国有资产管理的职责权限,规范和加强学校对所属企业国有资产的管理。 (罗永权 徐新华)

【新设科技成果转化入股企业】 年内,科技成果转化入股新设2家企业:派瑞未来(厦门)科技有限公司、宿州天尚安能碳材料科技有限公司;作价入股专利技术预评估值为2035万元。 (徐新华)

【积极做好科技成果转化工作】 年内,起草并推动出台《厦门大学科技成果转移转化组织实施管理办法(试行)》(厦大资经〔2021〕26号),为学校科技成果转化提供"一张表、一门式"的全程管家式服务,形成科技成果披露到经费认领系统完整的全服务流程。截至2021年12月31日,完成学校科技成果转让、许可项目36项,合同金额折合人民币2970.03万元,到账金额折合人民币2865.03万元;加上往年项目在2021年到账的金额,2021年总体到账金额折合人民币3114.03万元。 (徐新华)

【推动嘉庚高新技术研究院建设】 4月5日,厦门大学与厦门市科学技术局、集美区人民政府在厦门大学与福建省九市一区校地战略合作会议上共同签署共建"嘉庚高新技术研究院"框架协议书;7月,签订《共建"嘉庚高新技术研究院"合作协议》。嘉庚高新技术研究院选址于厦门市集美区软件园三期,与厦大科技园集美园区同步建设,首期面积7040.25平方米已交付。 (蔡海萍)

国家大学科技园

【概况】 厦门大学国家大学科技园(以下简称厦大科技园)始建于1999年,2005年12月经科技部、教育部批准认定为国家级大学科技园。厦门大学国家大学科技园有限公司是厦大科技园的运营管理公司,成立于2006年3月,注册资本5000万元,是厦门大学全资企业厦门大学资产经营有限公司的全资子公司。经过多年发展,厦大科技园已形成思明、翔安、漳州、集美"一园四区"的建设格局。

思明园区。思明园区包括上李园、望海园。上李园建筑面积6351平方米,原为厦门市思明区滨海街道曾厝垵社区朝日厂房,产权属曾厝垵居民委员会;望海园建筑面积10807平方米,位于思明区软件园二期望海路39号楼1—5层,产权属厦门大学。以思明园区为基础,厦大科技园已成为厦门市小微企业创业创新示范基地、厦门市科技企业孵化器。截至2021年12月31日,思明园区入驻企业共计71家,其中,上李园42家,望海园29家;符合国家大学科技园在孵企业标准的企业共计51家,其中,上李园26家,望海园25家。2021年以来,上李园新增入驻企业14家,望海园新增入驻企业2家。

翔安园区。翔安园区位于厦门大学翔安校区正门对面,建筑总面积19.22万平方米,共10幢办公楼,其中科研办公面积11.5万平方米,商业配套面积2万平方米,地下面积5.7万平方米。截至2021年8月31日,已完成全部工程建设并通过各项竣工验收程序,符合投入使用条件。

漳州园区。漳州园区位于漳州市龙海区经济技术开发区,厦门大学漳州校区附近,定位为学校科技成果转化与产业化基地,已投入使用的建筑面积14683平方米,主要入驻企业是福建立亚特陶有限公司。

集美园区。集美园区选址于厦门市集美区软件园三期,与嘉庚高新技术研究院同步建设,首期面积7040.25平方米已交付。

(张金龙 蔡海萍)

【制定出台厦门大学科技园发展规划】 年内,起草并推动出台《厦门大学科技园发展规划(2021—2025年)》(厦大资经〔2021〕25号),总结了厦门大学科技园的发展情况和成效,明晰了发展目标与功能定位,提出了实现科技园高质量发展的重点任务与保障措施。 (张金龙 蔡海萍)

【巩固提升"科创梦工场"产教融合创新平台运营水平】 年内,厦门大学科创梦工场依托中国技术贸易所海丝中心,免费向厦门大学科研团队提供科技成果转化相关服务,包括但不限于技术需求对接、技术合同登记、协助厦门双百人才申报、项目挂牌及公示、项目推广等,致力于打造科技创新及成果转化全链条服务。截至2021年12月31日,举办1场知识产权运营实践专题讲座、1场企业研发费用加计扣除实操专题讲座、2场高层次人才专场对接会、1场生物医药领域专题培训、2场国际生物医药领域项目对接会(欧盟、韩国)、2场厦门市企业技术需求对接会(新材料领域、智能制造领域);受国家技术转移人才培养基地委托,举办2场技术转化经纪人培训班;2021年,实现技术交易合同登记额近3亿元。

(张金龙 蔡海萍)

【共建中俄数字机械工程中心】 4月28日,中国技术贸易所海丝中心联合厦大产业技术研究院、厦门产业技术研究院、嘉庚创新实验室共同发起成立"21世纪海上丝绸之路国际科技创新与成果转化合作联盟",在联盟支持下,嘉庚高新技术研究院与俄罗斯乌拉尔联邦大学建立合作关系,共建中俄数字机械工程中心。

(张金龙 蔡海萍)

【组织参加第十九届6·18创交会】 2021年6月18日,第十九届中国海峡创新项目成果交易会召开,学校组织成果项目于会上展示。福建省委书记尹力、省长王宁参观考察了由厦门大学、福建省招标采购集团、三明市投资发展集团等联合策划并开展应用研究的"海丝星座"项目,对2020年12月22日发射的"海丝一号"和2021年6月11日发射的"海丝二号"卫星模型进行观摩。

(张金龙 蔡海萍)

产业技术研究院

【概况】 2021年,研究院各平台工作持续推进。高端基础传动件产业研发中心研制的直升机轴承完成第三方测试,实测转速、最大承载、相同试验载荷和转速下的最高温度和最大电流,以及干运转时间等参数均优于在用直升机;空气动力车的研发实现了动力和传动系统的自主可控,着力打造清洁能源车辆的"中国芯";完成风力储能与发电系统的设计与专利布局,颠覆立式(三叶片)风电设备的聚风装置,风能利用率高、结构简单、运输和安装难度小、成本大幅下降。

磷科学与工程技术中心团队继续推进水溶性生物基大分子磺酸盐技术转化及系列产品开发生产及应用示范。开展产学研合作,针对磺酸盐的缓释功能,开发药物缓释材料,特别是具有杀虫、杀菌、除草、植物生长调节和活性功效的壳聚糖系列载体的开发。厦门大学百年校庆的献礼作品、尹应武教授的专著《科技创新导论》正式出版。

新材料(富勒烯)研究平台设计了一套工作温度可控的超高温热解装置,该装置工作温度可高达2500℃以上,能够利用非常简单的小分子合成富勒烯。在有机太阳能电池器件方面的研究发现,通过在钙钛矿太阳能电池器件的钙钛矿薄膜层添加氯化富勒烯 $C_{60}Cl_6$ 和 spiro-OMeTAD 薄膜中掺杂金属内嵌富勒烯 Gd@C_{82},能够很好地提高钙钛矿型太阳能电池的效率和稳定性。平台新增设富勒烯催化应用方向,为碳材料富勒烯产业化应用发展奠定基础。平台负责人谢素原教授增选为中国科学院院士。

纳米制备平台新增2种公斤级制备催化剂,单批次公斤级规模化制备的纳米催化剂达到10种,绿色催化小试技术总数达到10种,绿色催化中试或试生产技术总数达到8种。对苯二胺高选择性加氢催化技术完成每年100吨连续化中试生产;对苯二甲醚含氯固废资源化利用催化技术实现每年500吨试生产,应用该技术每吨固废收率大于50%,直接增加收益超过3万元/吨。平台负责人郑南峰教授获何梁何利基金科学与技术创新奖。

多肽药物产业化研发平台继续推进抗新型冠状病毒感染肺炎多肽药物研究,多肽融合抑制剂产品升级,相关药物已进展到动物实验阶段。第二代融合抑制剂药物设计与合成完成,在抑制新冠活体德尔塔(Delta)病毒实验中证明其具有强抗病毒活性。在11月24日南非首次向世卫组织报告发现B.1.1.529变异株奥密克戎(Omicron)后6天,平台完成针对奥密克戎变种病毒的第三代融合抑制剂的药物设计,作为抗击奥密克戎变种病毒的技术储备。

化工安全联合实验室在化工反应风险评估、精细化工研究等方面,与企业新签订了3个横向项目,合同金额210万元;加速绝热量热仪(ARC 254)和差示扫描量热仪(DSC 3)完成安装调试并投入实际运行,反应风险评估能力进一步提升;为校内平台、化工企业和漳州古雷石化园区提供了反应风险评估服务。

超临界流体实验室二氧化硅气凝胶生产工艺实验室测试已完成,使用该方法价格更低,且不会受到美国阿斯彭(Aspen)专利限制。同时,以二氧化硅气凝胶作为保温填料,制备水性隔热中涂涂料已完成小试和中试测试,满足GB/T 25261—2018《建筑用反射隔热涂料》技术要求,性能处于同类型产品前列。　(*李彦玲*)

主要教学科研服务机构

图书馆

【概况】 加强党的建设。深入开展党史学习教育,组织开展"迎百年,读书知史"系列活动,建立"囊萤之光"厦门大学党史学习教育网上专区,打造立体化的党史学习教育平台;针对中央巡视反馈意见,坚持"立行立改",以制度建设为抓手,推动图书资料意识形态阵地管理制度化常态化。调整馆藏布局,制定6项图书管理规章制度,规范台港澳文献及其他境外出版物的集中统一管理和分级借阅模式。

丰富馆藏资源。文献资源购置费全年累计2985万元,其中电子资源占比达77.80%。全年纸本馆藏资源新增9.39万册,其中中外文图书新增8.67万册,中外文期刊新增7182册,纸本馆藏资源总量达460.38万册(不计嘉庚学院和马来西亚分校馆藏);电子馆藏资源新增53.8512万册,总量达938.78万册(含电子期刊);新订购电子资源9种,停订2种,总量达180种;组织试用数据库124个;重要数据库使用量为2076.91万篇(册/次),较2020年度增长6.97%,其中电子期刊(含会议论文)下载1363.81万篇,电子图书(含学位论文)下载321.82万册(次)。

支持学科建设。通过世界知识产权组织(WIPO)和国家知识产权局的评估,正式成为世界知识产权组织在华技术与创新支持中心。围绕学校"双一流"学科建设方向,完成人才评估、学科竞争力、领域态势等各类分析报告6份;完成科技查新339项;完成查收查引服务2000人次,提供学科咨询服务2808次,推送图书馆资源及服务1740条。

助力教学科研。承担人文学院历史系"中西古籍修复"课程理论学习和线下实践指导任务,协助承担学校信息素养通识课教学任务。开设"i学堂"、新生培训、新进教师培训及数据库使用培训等各类讲座73场,参与人数 10013 人次。推进面向全校教学、科研、管理的一站式服务，为相关职能部门开发在线听课系统并提供在线查询课表、实时听课服务，为全校教学、科研、管理人员提供馆际互借服务及文献传递服务 5090 次。

提升服务水平。年内开馆 355 天，接待读者 296.82 万人次，外借图书 29.39 万册。进一步完善图书馆硬件配套设施，更新总馆消防报警系统和书库消防供水管道，提升总馆研习区电源供电服务。在零经费投入的情况下，引入新的自助文印系统服务商，下调彩色打印费 50%。在保障疫情防控的前提下，开展“线上借书、线下送书”服务，方便师生学习与科研。对延期毕业研究生借阅权限延期从现场办理改为线上办理。优化本科生退学审核流程和研究生出国出境审核流程。建设资源推荐服务平台，整合图书馆现有文献资源推荐渠道，实现纸本、数字资源线上推荐和反馈一站式服务，开通“芸台购”图书借购，实现读者选书、借书、快递到家一站式服务；为急需用书的读者，开通加急采购、编目、借阅等绿色通道，服务师生 1000 人次。

建设书香校园。为师生读者开展多样的阅读推广活动，融合线下活动与线上新媒体服务，开展“书香满园庭”读书会、寒暑假“21 天共读之旅”等活动 30 余场，发布每月新书、主题书单、名师荐读、经典导读等 30 余篇。微信公众号用户超过 10 万（订阅号 8 万，服务号 3.6 万），全年订阅号发文 270 篇。哔哩哔哩网站发布视频 60 余条，播放次数超过 11 万，关注人数突破 1 万人。

增强科研实力。加强专业技术队伍高层次人才引进工作，引进华中师范大学毕业博士 1 名、厦门大学毕业博士 1 名、武汉大学毕业硕士 1 名。同时，为提升在职馆员自身的科研能力和水平，全面推进不同层次的课题申报，成功获批国家社科基金一般项目 1 个，教育部青年项目 1 个，福建省社科项目 2 个，福建省中青年教师教育科研项目 1 个、CASHL 前瞻性课题研究项目 2 个。

加强对外交流。与“环太平洋研究型图书馆联盟”继续开展合作，通过资源共享提升国际化水平和服务能力。依托厦门大学知识产权信息服务中心，配合开展福建省专利导航服务基地建设，参与厦门市知识产权公共服务网点建设，签署厦门大学 TISC 与宁夏 TISC 合作协议，开展企业知识产权及科技成果转化等科技创新服务。深化与国家图书馆、CASHL、CALIS 以及 Flink 联盟的交流与合作，拓展文献资源保障范围。荣获中图学会“全民阅读示范基地”“2020—2021 年度 CALIS 联合目录馆藏数据库建设先进单位”“2020—2021 年度 CALIS 联合目录中文数据库建设先进单位”“2020—2021 年度 CALIS 联合目录西文数据库建设先进单位”“福建省高校图工委先进集体”等称号。（陈宇人）

【调整馆藏书库及空间布局】 9 月，图书馆利用暑期对馆藏书库及空间布局进行了调整。调整总馆工具书、期刊至原三楼“艺术与建筑阅览室”；“艺术与建筑阅览室”更名为“期刊/工具书阅览室”；原“艺术与建筑阅览室”图书调整至二楼基本书库新书区，设立艺术与建筑图书专区；原四楼保存本库新设“研究资料阅览室”，该室收藏大套书、境外中文图书等资料。原四楼保存本库图书调整至书库七楼；调整原“区域研究资料中心”图书至保存本库、研究资料阅览室等。原“区域研究资料中心”调整为读者研习区；将海韵校区“信息工程分馆”更名为“海韵学生公寓分馆”。（陈宇人）

【获批成为世界知识产权组织在华技术与创新支持中心（TISC）】 10 月，根据《国家知识产权局关于同意第四批技术与创新支持中心（TISC）正式运行的通知》（国知办函服字〔2021〕167 号），厦门大学等 TISC 筹建机构顺利通过世界知识产权组织（WIPO）和国家知识产权局的评估，作为第四批技术与创新支持中心成功获批、正式运行。（陈宇人）

【荣获全国“全民阅读示范基地”称号】 10 月 29 日，中国图书馆学会发出通知，厦门大学图书馆等 20 家单位荣获 2020 年“全民阅读示范基地”称号。中国图书馆学会此次在全国范围内研议遴选“全民阅读示范基地”，旨在发现和宣传在全民阅读工作中组织得力、成效突出的各级各类图书馆，发挥先进典型的示范带动作用，共同推进学习型社会建设。（陈宇人）

【开辟厦门大学党史学习教育空间】 年内，深入开展党史学习教育，在思明校区总馆和翔安校区德旺图书馆开辟厦门大学党史学习教育空间，并建立“囊萤之光”厦门大学党史学习教育专题网站，打造立体化的党史学习教育平台；利用该平台，发挥图书馆文化育人功能，与学校党委组织部/党建办等联合主办“百年奋进，学史铸魂”庆祝建党 100 周年厦门大学党史故事汇活动，与人文学院联合承办“学‘四史’跟党走　牢记嘱托担使命”厦门大学教职工演讲比赛。

（陈宇人）

档　案　馆

【概况】 年内，档案馆立足档案工作，在党史学习教育中融入厦门大学校史、档案工作史、保密工作史等与业务工作相关的内容，组织开展了党务党建应知应会自测、党员讲党课等形式多样的学习活动。馆长开设《“英雄大学”的由来及启示》、副馆长开设《新民主主义革命时期中国共产党档案工作发展历程》专题党课。谋划党建与业务工作结合点，形成档案馆党支部特色党建模式，撰写发布“厦大革命遗址故事”“厦大红色记忆”文章 16 篇，与企业管理系教工党支部共同举办陈嘉庚经营管理思想研讨沙龙，举办《史学研究经验谈》和《书画修复浅谈》为题的固定党日＋“档案”沙龙活动等。

完成档案馆承担的百年校庆相关工作。参与编撰和出版《为吾国放一异彩——厦门大学与伟大祖国》《厦门大学百年校史》，主编《厦门大学校史资料选编》（1992—2017）《南强之星——厦门大学学生名录》（2010—2019）等丛书。完成百年校庆重大专项档案的收集归档。作为百年校庆校史编撰组副组长单位，做好百年校庆系列出版物6个编写组的工作协调工作。校史编撰组被评为“厦门大学100周年校庆筹备工作特别贡献集体”，档案馆4人被评为“厦门大学100周年校庆筹备工作先进个人”，另有4人获通报表扬。

推进档案资源体系、利用体系建设。实体档案资源建设方面，2021年收集整理研究生学籍学位档案6148卷，本科生、网络教育生学籍档案12515件，收集鉴定整理文书档案6593件，审计、试卷档案等1576件，收集整理科研档案120件，收集整理校史资料11620件，收集鉴定入库书画档案91件，修复重要书画档案7件。电子档案资源建设方面，收集整理声像档案3153件，文书档案6615件，学生档案5193件，加快档案信息化智能升级，完成档案资源管理系统二期项目建设和验收，推进三期项目的立项审批和招标。专项档案资源建设方面，完成百年校庆专项档案归档，共收集到61个校内单位、师生校友和社会各界的纸质档案近万件、电子档案近万件、照片2000余张、音视频400余个和一批珍贵的实物档案。开展新冠肺炎疫情防控专项档案归档工作，面向47个机关部处及直属单位、35个教学科研单位开展专项档案收集归档。做好脱贫攻坚和党史学习教育专项档案的收集归档准备。做好档案查询利用工作，提供学籍学位等档案查询利用2286件，文书档案、人事档案等档案查询利用817件，校史档案查询利用750件，办理出国成绩证明909人次。开展档案馆规章制度的清理，完成《厦门大学档案馆馆藏档案查(借)阅利用暂行规定》《校史资料查阅利用办法》的修订。开展会计档案、科研档案收集归档情况调研。

运用档案资源构筑档案育人环境。举办“陈嘉庚先生致陈永定先生亲笔信函”捐赠仪式和展览，开展“设计人生一五载，启封理想百年庆”校友纪念信启封活动。撰写《岁月印痕的珍贵记忆——潘懋元先生向我校档案馆捐赠大批手稿和书信》《献给母校的青春记忆(二)(三)》《洪惠镇教授偕艺术学院五位老师共创〈六君子图〉》等文章，讲好校史档案背后的故事，丰富校史育人的实践载体。

承担的高等教育学会校史研究分会重点课题《校史视角下的校地关系研究》结题，课题“史料记忆与价值实现:高校红色档案资源主动服务的路径拓展”获校级立项。在《中国教育报》发表文章《激活高校档案记忆　凝聚思政教育认同》，论文《档案赋能“双一流”建设视域下高校图书档案部门协同服务一流学科建设探析》获2021年福建省档案学会学术年会论文三等奖。档案馆被评为“2021年福建省高校档案宣传信息工作先进单位”，1人被评为福建省“档案专家”。　(魏　昊)

【百年校史馆开展】　3月7日、3月31日百年校史馆主展厅和专题展厅分别开展。主展厅集中展示了学校百年发展历程，6个专题展厅，分别展出“作育英才”“对外交流”“感恩·回馈”“科学研究”“校园文化”5个专题，并预留1个临时展厅，主题为“一湾海峡万千情谊——厦门大学与台湾”。全年接待重要参观30场，超400个团体通过预约系统参观，个人预防参观逾万人。　(林秀莲)

【校友查档业务网上申请服务平台上线】　7月，支部党员自主研发搭建的“查档业务网上申请服务平台”上线，简化了查档利用网上申请服务，实现校友学籍学位档案等材料全流程网上申请办理。全年受理1025份档案查询利用申请。　(魏　昊)

【龙岩、三明校友会捐赠藏画柜】　3月，龙岩校友会、三明校友会捐赠藏画柜仪式举行，学校收到两个校友会捐赠的5座定制藏画柜，改善了学校珍品书画档案的收存条件。

(魏　昊)

现代教育技术与实践训练中心

【牵头组织第七届“互联网+”大学生创新创业大赛参赛工作】　年内，中心牵头组织厦门大学学生参加第七届中国国际“互联网+”大学生创新创业大赛。厦门大学学生共报名参赛2654项，其中主赛道2092项，“青年红色筑梦之旅”赛道549项，产业赛道13项“青年红色筑梦之旅”活动758项，参赛学生11770人次。获6项银奖，推荐的厦门大学马来西亚分校“LEADER: The Forerunner of Lighted Buoy Based on The Technology of Triboelectric Nano-generator”项目获高教主赛道金奖。创新“三结合、四统筹”模式开展红旅活动，将“青年红色筑梦之旅”活动与社会实践、实习实训相结合，遴选项目，参加国家级、省级活动，还参加大赛组委会搭建的全国性、省级对接活动平台。　(刘李春)

【做好线上线下技术支持与服务保障】　年内，打通教学网络空间、物理空间和社交空间，构建线上线下教学技术服务新体系，使教学技术支持服务更加多元化和高效，满足师生个性化需求。保障课程中心平台7935门上线课程、57251人上线师生的线上教学技术支持与服务，总访问量超过3120万人次。保障全校300间公共多媒体教室、100间智慧教室、16间计算机实验室、4间语音实验室、2间同声传译实验室等教学设备设施的建设、改造、维护、管理与技术支持工作。做好7×14小时线下技术支持与服务，提供7×24小时线上服务，及时解决师生在教学过程中遇到的相关问题。改造公共教学空间，优化公共教学空间文化，打通网络空间、物理空间和社交空间，使教学技术支持服务更加多元化和高效，满足师生的个性化需求。提升改造教师休息室整体功能与环境，优化公共教学空间文化建设，提升师生用户体验，创建翔安校区学武楼公共修读空间。改造翔安校区4间公共机房，5间多媒体教室，新增328机位、727教室位。更新改造听力系统，新增四六级考位630个，总考位达7740个。改造建南大会堂舞台、灯光、音响及LED设备，为百年校庆主会场提供全程现场技术支持与保障。　(刘李春)

【建设好在线开放课程】　推进线上课程建设，组建一对一下沉式服务课程团队，新上线课程73门，其中

MOOC31 门，SPOC42 门，上线门数同比课程量爆发的疫情学年（2020年）还增加了 68%。共立项建设 222 门校级在线开放课程，获批 22 门国家级、61 门省级线上一流课程。建设 178 门次 SPOC 课程，共开课 287 期，累计选课人次超 5.6 万。112 门慕课在中国大学 MOOC 开课，共计开设了 584 期，报名 310 万人次，另外有 6 门课程上线教育部爱课程国际平台，助力全球疫情防控下教育教学。服务与学期同步开设的 MOOC 共计 204 门次，SPOC 共计 63 门次，疫情防控期间使用 MOOC 进行线上教学的课程 72 门次。另外，共计服务新上线课程 73 门，新上线中国大学 MOOC 课程 31 门，新上线 SPOC42 门。通过微信、QQ、电话等方式与任课教师一对一沟通交流，解答疑问，下沉式技术支持。协调管理 MOOC 平台，做好校外 MOOC 平台、其他宣传平台的沟通、协调，福课联盟相关事务，做好学校线上课程的开放共享，更新福课联盟课程库，新增课程 39 门。

（刘李春）

信息与网络中心

【完善制度】 年内，制订、完善《厦门大学网站管理办法》《厦门大学信息系统建设及信息化服务合同管理细则》《厦门大学信息数据管理办法》《厦门大学个人信息保护管理办法》等网络安全与信息化建设工作规章制度，强化网络安全与信息化建设工作顶层设计和统筹部署，为各单位落实信息应用规范管理，制定统一网络安全标准与数据交换标准，减少数据孤岛现象，补齐了网络安全与信息化建设管理"短板"。初步建立起学校信息化应用"三中心、两平台、一门户"的基础框架，为学校网络安全与信息化建设"十四五"规划的稳步实施奠定了基础。

（许卓斌　郑海山　刘燕文　吴宇力）

【提升网络信息基础保障】 年内，以集约化建设为导向，提升信息基础服务。2021 年，校园行政科研网络出口增长至 15.75G（不含宿舍网），并应用 CDN 与混合云技术进一步拓展教学服务网络，保障了常态化防疫的线上教学科研需求。学校集约化云计算中心支撑的虚拟信息化应用服务器由 1314 台增长到 1461 台，数据总量由 451T 增长到 615T；科学计算集群服务 182 个课题组完成 2326 万 CPU 小时计算任务，产出超过 52 项论文成果。

（陈晓筹　潘艺鹏　何伟平　卢晓莉　杨奕锦　吴添富　方少荣）

【统筹信息化应用管理和建设】 年内，在学校信息化应用"三中心、两平台、一门户"的基础框架下，统筹支撑学校各部门、学院的信息化应用系统建设。主导开发的学校统一身份认证和数字校园卡系统、人脸安全识别平台、新信息门户、远程听课平台、校园电子地图平台等成功上线，平稳运行。中心配合业务部门开发的本研一体化新教务平台、学工系统二期、采资一体化平台、试剂耗材采购平台、财务大数据分析系统等信息应用上线。以"数据多跑路，师生少跑腿"为目标，中心持续推进信息应用数据共享与业务流程再造，本年度 OA 平台新增与改造业务流程 61 项次，完成各类业务 8.7 万次，审批 108 万人次。师生服务大厅集成业务系统服务项目 177 个，自建服务项目 29 个，完成各类业务 165 万次。数据交换平台对接业务系统达 49 个，数据接口达 260 个，日均数据吞吐量达 7537 万条。

（郑海山　何伟平　潘竹虹　刘燕文　江晓莲　屈　斌　余钰炜）

【加强网络信息安全管理】 年内，落实《网络安全法》，根据国家网络安全等级保护制度的测评标准，完成"厦门大学信息化综合应用平台""厦门大学外部门户网站群"两个三级和多个二级等级保护系统的网络安全等级保护测评工作。

开展了《反钓鱼邮件培训及实操演练》《网站群资料维护操作流程》《网站群资料与栏目维护实操培训》等讲座活动，帮助师生增强网络安全意识，丰富了网络安全基础知识，提升应急处置能力。

（郑海山　潘竹虹　童家平　林　霞　张　恺）

【开发厦大数字校园卡】 年内，在中国银联、新开普公司支持下，厦大数字校园卡系统于 2021 年百年校庆前正式推出运营，系统是在学校全新身份认证中心基础之上建立的，为全校师生员工、校友、访客提供身份认证和校内消费的虚拟数字校园卡服务。相比原实体校园卡，厦大数字校园卡的使用极大提升了校园管理服务能力和安全性，实现基于身份认证的数字校园卡全生命周期闭环管理，为广大师生、校友提供优质、高效、便捷的校园生活服务。厦大数字校园卡消费应用终端已在厦门大学思明校区、翔安校区所有餐厅全面部署，可基于用户身份实现全场景的消费应用。

（陈明希　余钰炜　邓文亮　吴宇力　苏阳生）

【保障疫情防控常态化下的网络信息技术】 年内，为学校的疫情精准防控提供数据和网络技术支持，持续保障核酸检测、疫苗接种等紧急突发业务的网络信息保障工作。持续按需升级、完善"教职工每日健康信息登记"等应用系统，联络"八闽健康码"平台部署了 130 个学校关键地点登记码并提供了对应统计数据，协助防控办汇总每日情况报告。

持续按需完善和扩容学校视频会议平台，会议平台并发能力达 10000 方，分级授权全校各单位在校视频会议平台上自行管理和举办会议。2021 年校视频会议平台累计支持线上会议或活动直播 7526 场次，派出人员直接提供现场技术支持 216 场次。

为学校的线上线下一体化教学提供包括出口带宽扩容、CDN 分流、服务器资源配置等在内的全方位技术保障，做好"教学技术服务保障工作组"具体组织协调工作，落实每个校区、每个学院以至每门课程的网络教学技术保障，优化改造学校各直播教室与学生宿舍网络，部署运维基于学校私有云的"研究生教学系统 SPOC 平台"与基于公有云的"厦门大学云考试系统"，为学校大规模线上教学和考试提供了支撑。

为马来西亚分校交流生提供驻地宿舍互联网服务，为马来西亚分校提供专有 Moodle＋Mediasite 教学平台，支撑了马来西亚分校常态疫情防控下的特殊教学科研需求。

（许卓斌　郑海山　江　湍　童家平　陈晓筹　卢晓莉　潘艺鹏　余钰炜　吴宇力）

【加强技术储备】 年内，主持申报"'5G+智慧教育'应用试点""IPv6技术创新和融合应用试点"等研发项目，入选国家互联网协议第六版(IPv6)规模部署和应用优秀案例。还配合申报了"人工智能助推教师队伍建设试点"项目。在福建省公安厅组织的网络安全攻防演练中获二等奖(高校组第一名)，参加2021年中国工业互联网安全大赛(福建省选拔赛)暨首届福建省工业互联网创新大赛(工业互联网安全赛道)获三等奖，参加2021年中国工业互联网安全大赛获院校优胜奖。（谢　怡　陈晓筹　杨奕锦　张　恺　陈灿彬　洪江民）

实验动物中心

【概况】 2021年，实验动物中心两栋大楼建筑面积13900平方米。设有模式动物室、实验动物室、繁殖室、质量监控室、胚胎净化室、精子保种室、细胞培养室、教学科研室、办公室、供应室、后勤保障室以及ABSL-2动物实验室、福建省转基因与基因剔除小鼠培育与研究共用技术服务平台。中心有在编教职工13人，其中教师系列1人，实验技术/工程人员12人。具有副高级职称3人、中级职称8人、初级职称2人。

完成"实验动物学"研究生课程44学时，授课学生数122人。开展10期屏障环境动物实验室安全培训，722人参加。启用二期屏障环境实验室K1、K3、K6、K7、K8区，小鼠饲养量达12000笼。获得2022年度中央教育部改善办学条件的"全新风溶液调湿空调机组老化更换"项目资助1199.7万元。

为全校提供教学使用的小鼠、大鼠、豚鼠、新西兰兔等动物共4094只，为课题组代购实验动物达21632只，为课题组日均代养实验动物达16200笼小鼠共81000只、120笼大鼠共600只、兔250只、猴3只、犬10只以及8只小型猪，为全校199个课题组提供664项动物实验技术服务，为全校相关科研项目办理280份实验动物伦理审查证明并出具伦理号。全校实验动物年使用量达134000只，实验动物质量控制自检采样数达1620只，实验动物存活率达99.1%，新进种源小鼠品系净化完成率达94.5%。利用体外受精技术完成1100批次获得4.6万只小鼠，完成316个品系1264只雄鼠精子冷冻保存工作，完成49株"基因敲除/敲入"小鼠、15株"条件性基因敲除/敲入"小鼠和18株"Rosa26条件性过表达"小鼠的构建工作。完成各学院(所)近21100公斤的实验动物尸体无害化处理工作。完成课题组实验人员31692人次进入动物实验室的服务工作。

组织学习《中华人民共和国生物安全法》2次；开展消防安全检查4次，消防演练2次；物业管理人员24小时值班值守。

党支部与厦门大学附属心血管病医院药检党支部开展共建活动。11月，党支部举行"我为师生办实事"之"大小鼠咬伤应急处置培训"的固定党日活动，解决师生遇到的实际问题。

4月，宋婧和邵志强作品荣获福建省实验动物第三届显微摄影比赛"一等奖"。6月，承办全国性"动物实验科学性与实验动物质量控制技术研讨会"暨"中国实验动物学会检测技术专业委员会成立会议"。10月，被福建省实验动物学会评为"第二届福建省实验动物科技工作先进单位"。

（苏全华）

《厦门大学学报(自然科学版)》编辑部

【概况】 《厦门大学学报(自然科学版)》设编委会和编辑部两个机构：编委会作为学术指导机构，成员由厦门大学各学科有关专家组成，共计30人，其中负责人为主编(1人)、副主编(7人)。编辑部是该刊的编辑出版机构，有专职人员6人：副主任1人，编辑4人，编务1人。编辑部原主任曹雅坤退休，邱仲潘任编辑部副主任，负责全面主持工作以及每期发表论文的终审终校，4名编辑分别负责不同学科的稿件处理，编务负责来稿登记、发行、档案管理、财务等工作。

2021年共出版6期，发表稿件130篇(含厦门大学研究亮点4篇、南强青年学者专栏论文1篇)。

通过双周例会制度促使稿件处理规范化，全体编辑参与，汇报稿件处理情况，集体讨论疑难问题，针对期刊发展形势、学术动态及编辑业务知识进行学习，强化编辑规范。按照国家新闻出版署2020年9月最新发布的《出版专业技术人员继续教育规定》，组织全体人员参加线上、线下期刊业务培训班，4名编辑人员均按照要求完成至少90学时的培训，并取得2021年继续教育培训合格证书。

据2021年版《中国学术期刊影响因子年报》，该刊的复合影响因子为0.770，比2020年版0.712有小幅度提高；综合影响因子为0.571，比2020年版0.455有进一步提高；继续被《中文核心期刊要目总览》《中国科技论文统计源》《中国科学引文数据库》(扩展版)收录。

该刊再次入选"第七届华东地区优秀期刊"。该刊主编谢素原教授当选中国科学院院士；该刊编辑徐婷婷入选2021年度中国高校科技期刊建设示范案例库·编辑案例。

（徐婷婷）

【出版厦门大学百年校庆专辑】 年内，完成42篇"厦门大学百年校庆专辑"论文出版，分别刊载于2021年第2期和第3期，并特邀化学化工学院郑兰荪院士为专辑题词"创刊自强不息九十载，建校止于至善一百年"。截至12月15日的中国知网统计数据显示，第2期专辑论文共计下载7114次(篇均296次)，第3期专辑论文共计下载5731次(篇均318次)，总被引14次。

（徐婷婷）

【出版“自然语言处理专题——CCMT 2020”】 年内，在总结、评估2018—2020年与全国机器翻译大会合作出版的专题论文影响力基础上，2021年继续与该会议合作，于第4期出版“自然语言处理专题——CCMT 2020”研究论文9篇。截至12月15日的中国知网统计数据显示，9篇“自然语言处理专题——CCMT 2020”论文共计下载614次（篇均68次）。

【出版“图像处理专题——Chinagraph 2020”】 年内，编辑部与学院通力合作，经过严格筛选和审稿后于2021年第4期出版“图像处理专题——Chinagraph 2020”研究论文4篇。截至12月15日的中国知网统计数据显示，4篇“图像处理专题——Chinagraph 2020”论文共计下载291次（篇均73次）。 （徐婷婷）

【出版新冠病毒主题论文】 年内，在2020年应急响应出版“冠状病毒专题”论文的基础上，关注社会热点，跟踪报道相关研究进展。2021年第1期发表1篇新冠病毒感染机制的综述论文，截至12月15日的中国知网统计数据显示下载量达605次；2021年第5期发表1篇“新型冠状病毒防治应急科研攻关项目”研究论文，内容涉及病毒溯源和基因突变位点分析，截至12月15日的中国知网统计数据显示下载量达621次。

（徐婷婷）

《厦门大学学报（哲学社会科学版）》编辑部

【概况】 《厦门大学学报（哲学社会科学版）》（简称《学报哲社版》）编辑部2021年出版6期，发表论文95篇。其中，外稿46篇，内稿49篇，知名高校作者论文93篇，顶尖人才论文74篇，省部级及以上基金资助项目论文71篇。据《中国学术期刊影响因子年报（人文社会科学·2021版）》统计，《学报（哲社版）》复合影响因子2.127，居全国人文社会科学综合类期刊（626家）第50位。

推进栏目建设。编辑部围绕年度重点选题开设了34个专题栏目。其中，重点栏目有《马克思主义研究》《习近平新时代中国特色社会主义思想研究》《新时代哲学社会科学体系构建》专栏，特色栏目有《台湾研究》《南洋研究》《中国宏观经济分析与预测》《“一带一路”研究》《能源经济研究》，重点方向有《庆祝中国共产党建党100周年》《政府治理现代化研究》《城市经济高质量发展研究》《民法典研究》《实验哲学研究》《美国后现代主义文学研究》等专栏。第2期开设了《厦门大学百年校庆专栏》，发表了邬大光教授《厦门大学选址和校园的文化解读——纪念厦门大学建校100周年》一文。

加强数字化建设。1月首次实行网络首发出版，借助CAJ-N平台，以数字出版方式优先出版期刊论文，快速传播扩散学术成果。7月加入中国国际图书贸易集团有限公司数字报刊全球发行合作业务，拓宽数字化传播渠道，提高期刊的传播力和影响力。

完善制度建设。为适应编辑工作的变化，制定了《〈厦门大学学报（哲社版）〉“年度优秀论文”“年度优秀栏目”评选暂行办法》《编辑部印章管理办法》，修订了《编辑部新媒体管理办法》。

公布年度重点选题。为提高期刊的学术质量和服务国家能力，编辑部于10月20日组织召开编委扩大会议，研讨2022年度重点选题，并在单位网站、微信公众号和2021年第6期上发布。下年度重点选题包含4个重点栏目、7个特色栏目和7个重点方向。

在2021年华东地区优秀期刊评选中荣获“第七届华东地区优秀期刊奖”，3篇论文获第六届全国教育科学研究优秀成果奖三等奖，1篇论文入选教育部社科司2019年“教育出版优秀图书、优秀文章”，1篇论文获天津市社会科学优秀成果奖二等奖，1篇论文获福建省社会科学优秀成果奖二等奖。 （陈净逾）

【开辟庆祝中国共产党建党100周年专栏】 5月，与厦门大学马克思主义学院共同承办了“庆祝中国共产党百年华诞暨中国共产党与中国社会变迁学术研讨会”和“庆祝中国共产党百年华诞——‘中国特色社会主义制度理论与实践探索’学术研讨会”。在第3期开设《庆祝中国共产党建党100周年》专栏，发表论文2篇，分别是原宗丽的《建党百年来党内政治生态治理的逻辑与启示》和冯莉的《“劳工”“劳农”的出现与中国共产党领导权的建立》。 （陈净逾）

【举办首届“年度优秀论文”和“年度优秀栏目”评选活动】 年内，利用厦门大学“远方”教育发展基金设立《厦门大学学报（哲学社会科学版）》“年度优秀论文”“年度优秀栏目”奖项，在百年校庆期间举办首届评选活动，从2019年刊发的论文中评选出10篇“年度优秀论文”和3个“年度优秀栏目”，并举办颁奖典礼，在《厦门大学学报》上出版专刊报道。 （陈净逾）

厦门大学医院

【概况】 截至2021年12月，医院职工总数157人。全院固定资产总值3855万元，新增固定资产171万元。新增胃肠镜洗消设备、病房信息化医护管理系统、手术室无影灯，更新病床及手术床，改善医疗设备，提升医疗技术水平，更好地为师生员工提供医疗保障服务。医院总创收4121万元，较上年同期增加0.76%，全年总成本支出4322万元，较上年同期减少2.6%，收支结余亏损201万元。

全年接诊门急诊病人169924人次，接诊入院病人752人次。全年健康体检2.82万人次。全年派出参加各项校内外及政府指令性相关活动的医疗保健任务206人次，其中承担了百年校庆文艺演出排练、演出以及全国大学生篮球联赛等重大医疗保健任务。审核学生医保补助材料，完成在校大学生的转诊、报销工作，实现了学校承诺的实报实销的目标。

做好传染病的防控和监测工作，2021年学校没有出现传染病聚集及爆发公共卫生事件。开展重点传染病的管理与主动监测，做好不明原因肺炎、霍乱、结核、麻疹风疹、AFP、流感、出血热、登革热、艾滋病、新生儿破伤风、犬咬伤门诊的主动监测，完成相关报表上报。完成艾滋病病毒抗体筛查419份；完成肠道门诊监测63例。做好突发公共卫生事件应急预案，做到早发现、早报告、早隔离、早治疗等防控要求。

面对新冠疫情，积极做好预检分诊、发热患者的转诊、统计、上报及核酸检测等各项疫情防控工作，同时做好新冠肺炎知识、诊疗方案、防护知识等培训。督促职工接种新冠疫苗，截至12月31日，接种率达100%。参加厦门市及学校全员核酸采样工作。9月至10月厦门市突发新冠肺炎疫情期间，派出112名医务人员参与完成思明区、湖里区及翔安区10万人次核酸采样工作。9月学校开学期间，派出28人次医务人员完成3万人次师生员工的核酸采样；11至12月派出120人次完成2.5万人次师生员工的核酸采样工作。

漳州校区医务室做好疫情防控、预防保健及诊疗工作，为师生员工提供基本医疗保障。参加学校各项疫情防控演练，承担漳州校区健康观察区师生的体温监测工作，切实保障漳州校区师生医疗安全。　（鄢　琳）

厦门大学出版社

【概况】　2021年，厦门大学出版社（简称厦大社）出书919种。其中，新版图书478种，重版重印图书441种，图书销售码洋12777.12万元。厦大社连续十年入选“中国图书世界影响力出版100强”。全年获省部级以上立项79个。《互联网金融欺诈识别与风险防范》《中国会馆史研究丛书（8册）》《肿瘤微创手术学》入选“十四五”国家重点出版物出版规划；《电化学测量原理和方法》《邮票上的杰出共产党人》获国家出版基金资助；《慈善市场的失灵与矫治》《闽海民系传统聚落空间形态研究》《汉语中动句形义关系研究》入选国家社科基金后期资助项目；《折纸创新法》《高尿酸血症与痛风的认识误区》入选2021年农家书屋重点出版物推荐目录；《邮票上的杰出共产党人》入选2020年全国高校出版社主题出版选题名单；《百年大党治理的“免疫系统”研究》《邮票上的杰出共产党人》《宋代闽本图书传播研究》等8种书获2021年度福建省重点出版项目立项，且所列3项获福建省优秀出版项目资助。图书获省部级以上表彰28项，论文获省部级以上表彰10项，集体获省部级以上表彰10项。《我在厦大三十年》《王亚南传》获评2021年度“闽版好书”；《儒家文化与会计审计行为》《话语视角下的批评词典学研究：理论、实践与方法》《以人民为中心的幸福：理论·测量·实践》等14种书获评福建省第十四届社会科学优秀成果奖；《我在厦大三十年》入选“2021中华读书报年度图书之100佳”，《粤港澳大湾区协同创新机制研究——基于自由贸易组合港模式》入选《中国出版传媒商报》2020影响力图书·年度榜单，《王亚南传》入选第八届读友读品节推荐100种好书，《邮览中国：农耕文明与乡村振兴》入选第八届读友读品节主题出版书单。厦大社获厦门市思明区2020年度“纳税大户”称号。

扎实开展党史学习教育。4月15日，举行党史学习教育动员大会。6月，出版社党总支领导分别讲授专题党课，结合出版社实际，谋划出版社在接下来新的百年征程，如何更好地讲好中国的故事、人民的故事、厦大的故事。社领导和各编辑室走访各学院，开设《图书出版流程与文字规范》讲座，与一线教师探讨教材建设，共商教材出版。召开教材建设与发展研讨会，总结教材出版经验，谋划新思路，更好服务高校教学科研。10月14日，厦大社、厦大招生办党支部从百年校庆图书切入，以“赓续百年嘉庚精神，担当选才育人初心”为主题联合开展“固定党日＋”活动。10月18日，厦大社党总支与管理学院党委联合开展“读四史，争做坚守教育情怀的大先生”青年教师学习交流沙龙。12月15日，厦大社第三党支部和厦门理工学院教务处党支部开展了以“教材建设共建共享，教改服务人才培养”为主题的支部共建立项活动。

（王洪春　张　怡　高　健　陈黄亦锌）

【“‘Python程序设计’教学与资源建设研讨会”成功举办】　1月16日，由厦大社联合CMOOC福建工作委员会主办的“‘Python程序设计’教学与资源建设研讨会”召开。来自福州大学、福建师范大学、福建农林大学、华侨大学、集美大学、闽南师范大学、闽江学院等福建省高校几十名教师参加了会议。会议旨在了解福建省高校Python课程的教学情况，收集各使用高校对《Python程序设计与应用教程》的反馈，对教材进行改版，以便更好地服务教学，促进Python课程在福建高校的推广。参会教师，就各自学校计算机教学情况、该教材使用中发现的问题及资源建设、Python配套实验教材出版等进行交流。　（眭　蔚）

【三部图书入选有影响力的图书榜单】　1月，厦大社的《从珠澳合作看城市群金融创新与合作路径》一书入选中国出版传媒商报2020年度影响力图书推展·第四季书目，《粤港澳大湾区协同创新机制研究——基于自由贸易组合港模式》入选中国出版传媒商报2020影响力图书·年度榜单，《吴越之迹：江南地区早期国家形态变迁》入选2020中华读书报年度图书之100佳。　（王洪春）

【《电化学测量原理和方法》获国家出版基金资助】　2月9日，2021年度国家出版基金资助项目评审结果公布，厦大社申报的《电化学测量原理和方法》榜上有名。该书是一部电化学测量方法和技术的工具书，系统阐述各种电化学测量方法的基本原理、实验技术，典型的研究案例和公认的代表性实验数据，为从事电化学和能源、材料、环境、生物医学等领域的科技工作者提供重要参考。该书同时也是2020年度福建省重点出版项目，还入选厦门大学“南强丛书”（第七辑），在厦门大学百年校庆时隆重推出。

国家出版基金是继国家自然科学基金、国家社会科学基金之后的国家设立的第三大基金，旨在体现国家意志，传承优秀文化，推动繁荣发展，

增强文化软实力。（王洪春）

【《厦大巾帼好故事》发行仪式举行】3月5日，厦门大学纪念“三八”国际妇女节111周年座谈会暨《厦大巾帼好故事》发行仪式在厦门大学颂恩楼举行。校党委书记张彦，校党委副书记、宣传部部长、教师工作部部长徐进功，校党委常委、组织部部长、统战部部长孙理，以及学校单位相关负责人，师生代表参加了活动。

《厦大巾帼好故事》从学生视角讲述了厦大女教职工的奋斗故事。全书分为“教书育人”“服务奉献”“援鄂抗疫”三篇，共收录教学科研人员、工程技术人员、辅导员、党政管理干部、医务工作者和后勤服务人员等55人的巾帼好故事。会上厦大社郑文礼社长代表出版社对参与本书编写和审稿工作的学校各单位师生代表表示感谢，重点介绍了本书的出版经过、内容和意义，期望本系列还能再推出其他图书，讲述更多的厦大巾帼好故事。（曾妍妍）

【福建省委宣传部副部长肖贵新到厦大社调研】3月11日，福建省委宣传部副部长、一级巡视员、省新闻出版局（版权局）局长肖贵新一行，在厦门市文化和旅游局党组成员、副局长陈章志等的陪同下，莅临厦门大学出版社开展调研。厦门大学党委副书记徐进功、出版社党政领导班子成员及相关科室主任出席座谈会，座谈会由出版社党总支书记洪秋霞主持。

徐进功指出，厦大社作为意识形态的重要阵地，成立36年来对厦门大学学科建设与文化传播所起的作用值得肯定，社会效益和经济效益有目共睹，希望厦大社能够不断加强自身建设，实现高质量发展。

肖贵新指出，厦大社作为福建省唯一一家“国家一级出版社”，能够坚持服务高校，所出版图书质量高，且能发挥自身优势，在两岸文化交流合作上有一定影响力，希望厦大社紧紧围绕国家战略部署，依托厦门大学优势学科，在申报国家重大选题方面多加努力，争取得到各方面支持，进一步加强两岸文化交流合作，助力探索两岸融合发展新路。（张　怡）

【与三明学院签订战略合作协议】4月20日，厦大社与三明学院战略合作协议签约仪式在三明学院举行。三明学院校长潘玉腾、副校长林建伟、教务处处长赖祥亮、科技处（社科处）副处长刘纪峰、图书馆馆长张梅华、各学院教师代表，厦大社党总支书记洪秋霞等出席仪式。潘玉腾向出版社代表介绍了学校的基本情况、办学定位及双方的合作历史，希望双方协同打造精品教材、专著，共同开展资源建设，实现优势互补、共同发展。（林家坚）

【荣获“2020—2021年度厦门市文化企业30强”称号】4月22日，第八届（2020）厦门文化产业年度风云榜颁奖典礼暨“2020—2021年度厦门市文化企业30强和创新成长型文化企业”颁奖仪式在厦门市湖里区举行。厦门市委常委、宣传部长李辉跃，厦门市委宣传部副部长、市文发办主任戴志望等为获奖单位颁奖。厦门大学出版社成功入选“2020—2021年度厦门市文化企业30强”。自2014年参加该评比以来，厦大出版社连年获此殊荣。（王洪春　张　怡）

【向“嘉庚书房”赠送图书】4月23日世界读书日来临之际，由人民日报出版社、厦门集美区委宣传部主办的“从蔚蓝到深蓝：海洋科技创新的现状与未来”高峰对话暨“嘉庚书房”揭牌仪式在集美学村八音楼群举行。出席仪式的有福建省人大常委会原副主任洪华生、厦门市委宣传部副部长黄碧珊以及人民日报出版社、集美区委区政府等相关单位的领导和学生代表、读者代表。厦门大学出版社社长郑文礼向嘉庚书房赠送厦门大学百年校庆系列出版物《陈嘉庚传》和《为吾国放一异彩——厦门大学与伟大祖国》两种图书。（陈进才）

【完成百年校庆图书出版工作】2018年9月，厦大社牵头启动厦门大学南强丛书（第七辑）的征稿工作。2019年4月，厦门大学百年校庆系列出版物出版工作全面启动。“百年校庆系列出版物”是记录厦大百年办学历史文化的一大出版工程，共七大系列180种，记载了厦大百年征程、凝结了厦大故事、传递着嘉庚精神、展示了教学科研成果。厦大社多次专题探讨百年校庆图书的相关工作部署，成立“图书出版工作小组”和“营销工作小组”，由社长和总编兼任组长；提前安排编、印、发各项工作，每周召开编辑例会，听取各部门百年校庆图书进展情况汇报，积极推进成书进度。自2020年9月至2021年3月，全社开展“大干180天”活动，按时高质完成了图书内容、编校、排版、印刷等各个环节。厦大社荣获“厦门大学百年校庆筹备工作先进集体”称号。（张　怡）

【承办“福建省高校第四届计算机教学论坛”】5月14—15日，由中国高校计算机慕课联盟（CMOOC）福建区工作委员会、福建省高校在线教育联盟（福课联盟）、福建省计算机学会教育工作委员会主办，厦门大学出版社、泉州信息工程学院承办的“福建省高校第四届计算机教学论坛”在泉州信息工程学院成功举办。来自厦门大学、福州大学、福建师范大学、福建农林大学等省内二十几所高校的六十多名教师参加论坛。该论坛旨在促进福建省高校计算机一流课程建设与教材建设，创新高校计算机教学方法，分享线上线下一流课程建设经验，推进福建省高校大学计算机教学改革。（眭　蔚）

【《同一个梦想——厦大扶贫故事》（汉英双语版）首发】5月24日，厦门大学定点帮扶与促进乡村振兴工作领导小组会议在颂恩楼举行，会议同时举办了《同一个梦想——厦大扶贫故事》（汉英双语版）首发仪式。该书由厦门大学出版社出版，记录了厦门大学在脱贫攻坚事业中的成绩、经验，以及一个个感人故事，用汉英双语的形式向外国朋友分享中国人在脱贫攻坚战中取得全面胜利的喜悦，用具体而生动的故事诠释了厦大人跨越山海的校地情缘、心系家国的理想与情怀。（王扬帆）

【再度荣获全国图书出版单位社会效益评价考核优秀称号】6月9日，《教育部社科司关于反馈图书出版单位2020年度社会效益评价考核情况的函》（教社科司函〔2021〕85号）

发布，厦门大学出版社2020年度社会效益评价考核得分99分，等级为优秀。自2019年开展考核以来厦大社连续三年获评优秀。全国图书出版单位社会效益评价考核依据的是中共中央宣传部印发的《图书出版单位社会效益评价考核试行办法》（以下简称《办法》）。《办法》规定，考核满分为100分，图书出版单位社会效益评价考核主要考核出版质量、文化和社会影响、产品结构和专业特色、内部制度和队伍建设等方面；绩效考核为综合性考核，需兼顾社会效益和经济效益，并把社会效益放在首位，社会效益评价考核的占比权重在50%以上。（王洪春）

【承办全省高等职业院校体育教师培训班】 7月2—4日，2021年福建省高等职业院校体育教师培训班在福建信息职业技术学院（平潭校区）举行，来自全省三十余所院校的六十多名体育部主任和骨干教师参加了培训班。本次培训班由福建省大学生体育协会主办，福建信息职业技术学院和厦门大学出版社承办。全体学员来到福建信息职业技术学院智慧体育课程教室，体验了科技与体育运动的交融。本培训班旨在推动和促进高等职业院校体育学科的建设和发展，提高体育教师的管理水平和教学能力，2010—2021年已经举办了十一届。（林家坚）

【承办《大学计算机基础——走进智能时代》教学培训会】 8月25—27日，由“福建省计算机学会教育工作委员会”主办，厦门大学出版社承办的“《大学计算机基础——走进智能时代》教学培训会”在福州举行，来自福建省高校30余名教师参加了培训。会议旨在帮助任课教师更好地应用本教材进行教学。（眭　蔚）

【莆田市政协副主席林玉瑞来交流】 11月25日，莆田市政协副主席林玉瑞、秘书长陈剑华、文化文史和学习委主任黄荔军、陈伟等一行4人来出版社座谈交流。双方就《莆仙方言大词典》的前期编撰、后期发行以及今后在莆田市地方文化、教育方面的出版合作进行了交流和探讨。

（曾妍妍）

【参加第十七届海峡两岸图书交易会】 2021年12月，厦大社参加第十七届海峡两岸图书交易会，集中展示了精选出的百年校史、人物传记、校园精神文化、百年学术论著选刊、南强丛书、《王亚南全集》等厦门大学百年校庆系列图书，改革开放40年法律制度变迁系列图书，以及福建经济、文化和闽南地方文化等图书，共计1000余种，涵盖人文、经管、法律、理工等多个领域。福建省委常委、宣传部部长张彦来到厦大社展区，现场指导、关怀厦大社的参展工作，还询问了《王亚南全集》的出版进度。

（陈黄亦铧）

【校党委常委、副校长杨斌检查指导工作】 12月21日，校党委常委、副校长杨斌带领校党委2021年全面从严治党主体责任落实情况检查第二检查组（下称第二检查组）来出版社检查指导工作。出版社党政班子成员向检查组汇报工作。检查组听取专题汇报后，通过沟通谈话、现场检查、调阅资料等方式，对出版社党总支在落实全面从严治党主体责任中的具体落实情况进行监督检查。杨斌指出，出版社党总支不仅服务高校教材建设，建立“一个责编一本书一堂课”品牌，更是敢于解决历史遗留问题，党建工作有成效。出版社党总支应进一步落实好意识形态把关，将全面从严治党贯穿到出版全过程，加强全体编辑人员的理论武装，加大党员发展力度，筑牢推动出版社改革发展的坚强战斗堡垒。社领导表示，将根据检查组反馈的意见建议，以更高的政治站位、过硬的担当作风，逐条逐项完成整改。（张　怡）

后勤集团

【概况】 推进一流党建工作，集团党委理论学习中心组集中学习16次，从百年党史、百年校史中汲取砥砺奋进的智慧和力量。落实全面从严治党主体责任，严格落实议事决策机制，严把“人、财、事、物”关口。推进人才队伍建设，200名员工取得高级烹饪一级技师、高级食品安全员、高压电工等资格证；南强后勤服务有限公司和饮食服务中心获第三届全国团餐大赛4个“特金奖”等。还组织近1500人次参加“一企一策”专题培训，为集团申领政府专项补贴超180万元。推进安全生产保稳定，完善了突发应急处理预案，共组织各种防灾减灾演练20次，确保校园安全稳定。

做好百年校庆活动的服务保障。营造安全美丽校园环境，完成校园公共环境、重要场所消杀336万平方米，清洗校园主干道路面167万平方米，对建南大会堂等重要会场深度保洁、立面清洗45万平方米，完成绿化提升改造30万平方米。校庆周期间完成5万名校友师生出入体温检测、秩序维护等。保障供水供电，为重要会场供电制定环环相扣的三套保障措施。提供6万份校庆午餐。承接“校庆周”班车、校庆大会、校庆晚会等重要时间节点用车188趟次、运载校友1万人次。出版《厦门大学餐饮百年》。后勤集团被表彰为厦门大学100周年校庆筹备工作先进集体。

2021年新冠疫情反复，特别是9月厦门疫情升级期间，全方位做好宿舍、餐厅、校门、办公场所等重点部位卫生整治、消杀消毒，全力筑牢校园疫情防控的“铜墙铁壁”，守护师生员工安全。推进一流后勤建设。建设智慧后勤。3月6日思明校区后勤服务大厅投入使用，将停车费收缴、房租收缴、水电费收缴等归至一处办公，为师生员工提供“快、准、优”的“一站式”服务，达到“让师生少跑腿，让信息多跑腿”的目的，集团信息化建设以此为抓手全面推开。推动“5D”管理在全集团各单位落地，推动“人人知5D，人人行5D”，打造厦大后勤标准，输出厦大后勤标准。建成八闽园管理用房。推进垃圾分类工作，完成百年校庆、毕业季、疫情高峰期等期间的垃圾分类、转运和消杀工作。水电服务中心维修部荣膺全国青年文明号称号，南强物业服务有限公司翔安校区物业部荣获福建省青年文明号称号，饮食服务中心勤业餐厅荣获福建省“五一先锋号”称号。

完成为师生员工办实事项目38

个。思明校区后勤服务大厅为师生员工办理停车费、水电费收缴等相关服务 1400 多次。投入 1400 万元，改造 2300 间学生宿舍，更新 6703 套家具、1503 台热水器、1224 台保险柜等，推广“一人一桶”共享洗衣机 131 台。为师生提供水电维修服务近 3.6 万次。开展“一日一师一菜”，研发推出系列菜品、小吃、糕点。做好 4260 间毕业生宿舍的卫生清理保洁工作，完成 12526 名本科生和研究生及马来西亚分校 1205 名国内学生入住保障工作。（张世通）

【助力帮扶县】 年内，后勤集团助力厦门大学两个帮扶县——宁夏回族自治区隆德县和福建省光泽县，向隆德县采购牛肉近 20 吨超 200 万元；向光泽县采购富硒大米近 100 吨，价值 130 万元；协助光泽县销售富硒大米 50 万吨，价值 70 万元。（张世通）

【后勤育人】 年内，后勤员工为独居退休教师义务提供水电维修服务 45 人次，派出爱老敬老抬担架志愿服务 92 人次、25 次，拾金不昧超万件 334 万元，关爱师生举措 151 件，收到感谢信 61 封，锦旗 10 余面。配合学校开展学生劳动教育。新时代中国特色社会主义劳动教育课堂开展 4 场次，200 名学生参加；八闽园基地为学生劳动教育实践提供保障 28 场次，有 1000 名学生参加。（张世通）

分析测试中心

【概况】 截至 2021 年 12 月 31 日，分析测试中心拥有大型仪器设备 106 台套。中心有 8 个学院分中心，正式员工 122 人。检验检测类别包括 8 大类 15 小类，检验检测依据的方法标准 81 项。

2021 年面向校内外单位提供检测技术支持与服务。其中，校内服务样品数 147397 个，机时数 72346 小时，培训 1018 人，校内服务收入 400.9 万元；社会服务样品数 743 个，机时数 1186 小时，培训 2 人，报告数 40 份，服务收入 109.0 万元。服务科技研发项目 34 个，其中，国家级项目 22 个，省部级项目 12 个。科研经费总计 1659.7 万元，其中，国家级项目 1375.2 万元，省部级项目 284.5 万元。

按照《国家市场监管总局　自然资源部　生态环境部　水利部　国家药监局关于组织开展 2021 年度检验检测机构监督抽查工作的通知》（国市监检测发〔2021〕33 号）要求，依据《2021 年度国家级资质认定检验检测机构自查表》开展自查，完成 17 项自查内容。组织开展相关学院科研仪器平台（实验室）间互查互审，按有关要求完成相应整改内容。

组织仪器设备检定 31 台，校准（内部校准）50 台，比对 23 台；完成方法标准查新 145 项次；完成标准变更 1 项；新扩项检测标准方法 34 项，新扩项非标自编检测方法 1 项。对海洋监测与调查类别中海洋水质监测的硝酸盐项目、海洋沉积物监测的油类项目、海洋生态调查的石油烃项目，对噪声类别中环境噪声项目，对半导体器件类别中发光二极管光电色热综合检测的热参数、器件/灯具表面热场分布项目、半导体材料的荧光粉测定项目等 3 类检测能力进行结果有效性监控，获得满意结果。

（贲　毅　欧燕飞　赵凯歌）

海洋与地球学院分中心“鲍远缘杂交育种技术与产业化应用”获得福建省科学技术奖一等奖，“基于生态系统演变的北极海洋生物资源潜力评价技术研究与应用”获得福建省科学技术奖二等奖。电子科学与技术学院分中心“快速磁共振波谱成像方法及应用”获得福建省科学技术奖一等奖，“高解析度 Mini-LED 显示屏关键技术的研发及产业化”获得厦门市科技进步三等奖。航空航天学院分中心“面向航天工程基于亚流态力链的粒子阻尼关键技术研发与产业化应用”获得福建省科学技术奖一等奖。中心还获得 2021 年厦门市科学仪器设备资源共享优惠补贴 6.5 万元。

2021 年发明专利申请 40 个，发明专利授权 76 个，发明专利转让、许可、作价投资 15 万元。

（贲　毅　欧燕飞　赵凯歌）

【获得国家级检验检测机构资质】 年内，中心通过了国家市场监督管理总局和教育部科技发展中心联合派出的高校评审组现场审查。评审组认为：厦门大学分析测试中心的管理体系文件整体结构完整、架构清晰，质量方针和质量目标明确，组织机构设置基本合理，人员职责清楚，能够满足检验检测工作的需要。内审和管理评审有效实施，管理层能够建立并持续改进管理体系。在实验室内部建立沟通机制，能将满足客户要求和法定要求的重要性传达给实验室全体员工。仪器设备、环境条件、人员能力、记录报告、量值溯源以及检验检测设施等基本能满足申请检验检测项目的需要，质量管理体系与工作范围、工作量相适应。国家市场监督管理总局批准了分析测试中心 8 大类参数项、产品的检测能力，审核批准 18 位授权签字人，并颁发国家级检验检测机构资质认定证书。

（贲　毅　欧燕飞　赵凯歌）

【高校实验室间比对结果满意】 年内，参加教育部高校评审组开展的 2021 年度高校实验室间比对活动，参加项目：土壤样品中总砷的测定——原子荧光法；未知有机化合物的结构鉴定。参加比对的仪器：PF6-1 原子荧光光谱仪；Cary 5000 紫外可见近红外分光光度计；Nicolet iS50 傅立叶变换红外光谱仪；Vario EL III 元素分析仪；AVII 400MHz 液体核磁共振波谱仪；岛津 LCMS2020 液相质谱连用仪。比对结果：满意。

（贲　毅　欧燕飞　赵凯歌）

附　录

各学院分中心测试服务及服务的科研项目情况表

序号	测试服务及服务的科研项目		化学化工学院分中心	物理科学与技术学院分中心	电子科学与技术学院分中心	材料学院分中心	生命科学学院分中心	海洋与地球学院分中心	环境与生态学院分中心	航空航天学院分中心	合计
1	测试服务校内收入(万元)		122.2	21.1	0	28.6	22.9	187.4	18.7	0	400.9
2	测试服务校外收入(万元)		15.6	0.2	5.0	3.4	0.5	83.9	0	0.4	109.0
3	CMA 报告份数		4	0	0	9	5	10	0	0	28
4	非 CMA 报告份数		0	0	13	14	0	0	0	1	28
5	校内测试服务	样品数(个)	59138	8674	728	7965	11206	19983	39680	23	147397
		机时数(小时)	21705	3614	5257	4049	3593	28458	5500	170	72346
		校内培训人数	706	20	46	139	37	22	36	12	1018
6	校外测试服务	样品数(个)	440	40	72	80	3	90	0	18	743
		机时数(小时)	273	7	336	61	83	240	0	186	1186
		校外培训人数	0	0	0	2	0	0	0	0	2
7	资质认定仪器服务的科研项目	国家级项目数	3	3	6	5	0	2	2	1	22
		国家级经费(万元)	123.3	141.0	397.1	538.0	0	97.8	38.0	40.0	1375.2
		省部级项目数	1	1	2	1	0	2	3	2	12
		省部级经费(万元)	7.5	5.0	63.5	0	0	146.1	27.4	35.0	284.5

国际学术交流中心

【概况】 厦门大学国际学术交流中心有限公司(简称公司)成立于1991年6月,是厦门大学直属会议服务与保障机构,业务范围涵盖会议、住宿、餐饮、商务休闲、出行保障等。公司由思明校区总部、鼓浪屿分部、翔安校区分公司、凌云分公司和梧桐楼分公司组成。公司下设办公室、财务部、人力资源部、工程部、采购部及安保部6个职能部门,设有运营部门、房务部门、餐饮部、留学生公寓服务部、车队等业务部门。公司有职工320人。

截至2021年12月31日,公司拥有多功能厅、报告厅、展览厅、音乐厅等会场44个,其中科学艺术中心共13个,克立楼7个、梧桐楼2个、"华侨之家"1个、翔安校区宾馆14个、翔安校区南存钿楼1个、鼓浪屿人文社科艺术高等研究院4个、鼓浪屿林文庆别墅2个;拥有客房1034间、公寓40套;拥有逸夫楼中餐厅及建文楼西餐厅2个主要餐厅,可同时接待602人就餐。

公司有公务车辆18部,其中中巴车2部、商务车4部、小轿车8部,电瓶车4部。

多措并举提高服务质量。公司优化服务与互动方式,深入学校院系进行走访调研,满足院系相关活动需求,提供"专员对接"等个性化服务。提高信息化服务水平,新增微信小程序服务,开拓第三方合作平台,提供集食宿用一体的线上消费服务;更新升级酒店管理系统,投入自助入住机,提高服务效率。优化推广策略,利用公司微信公众号、微信群推送服务产品及活动,加强线上及社群互动推广。

做好会议服务保障,推进人性化预订结算流程,通过个性化定价、洽谈空间及相应条款,快速响应现场与远程参会的混合会议模式及会场布置等需求。优化住宿服务,灵活调整房价,以较大价格优惠及促销政策回馈广大师生。满足个性化就餐需求。细化会议、培训、散客、宴会、教职工自助餐及宴会厅自助餐相关的六大消费群体,推出宵夜、小火锅及烘焙产品等。丰富校园宣传载体，升级科艺中心、逸夫楼外侧大型 LED 屏幕，保障宣传任务 60 余次。做好重大活动运输保障工作，为校庆等工作配备 24 小时专职车队，新增电瓶车 2 部，为接待工作提供保障。（王家瑜）

【做好疫情防控服务保障】 年内，做好疫情防控观察区保障工作，提供思明校区南光四、五及翔安校区南存钿楼作为“学校健康观察区”，制定观察区专项工作方案，先后接待 3 批次 600 余人留观，完成 118 趟转运护送任务。配合开展核酸检测，完成科艺中心核酸检测点布置及 2021 年秋季学期开学核酸检测、思明校区在校教职工六轮全员核酸检测现场秩序维护等任务。保障抗疫人员住宿需求，为福建医科大学附属第一医院援厦抗疫医疗队、厦门大学医学院核酸采集志愿者、学校应急保障队伍等 700 多名一线抗疫人员提供住宿服务。两名员工获评学校抗击新冠肺炎疫情先进个人。（王家瑜）

【做好百年校庆服务保障】 年内，提升接待环境品质，加速完成逸夫楼、建文楼、克立楼改造，修整美化外观内饰，启用智能化酒店系统，配合学校完成南光四、五基础设施改造工程。推进文创产品高质量供给，由学校授权发售校园文创产品，推出建校 100 周年金银纪念币、纪念邮品等百年校庆产品超百种。开展校庆预热活动，在鼓浪屿成功举行百年校庆快闪活动，受到学习强国平台、厦门日报、厦门晚报、海西晨报等媒体报道。做好百年校庆大会、校主陈嘉庚主题展览、钟南山院士讲座、易中天教授讲座等约 30 场重要会议及交流活动保障工作，接待用餐 3800 余人次、住宿 300 余人次。（王家瑜）

【完成企业体制转化】 年内，根据学校关于企业体制改革领导小组会议精神，严格按照工作时间表的安排，推进已吊销投资关联企业的清理关停工作，梳理企业股权结构，1 月 5 日，公司顺利完成从全民所有制到有限责任制的体制转化。（王家瑜）

定点帮扶与促进乡村振兴工作

【概况】 2021 年，学校继续定点帮扶宁夏回族自治区固原市隆德县。校党委和校行政高度重视定点帮扶工作，认真学习领会习近平总书记关于“三农”工作的重要论述，深入贯彻落实习近平总书记对深化东西部协作和定点帮扶工作作出的重要指示精神，全面贯彻党中央、国务院的决策部署，积极融入闽宁协作大局，倾情相助、尽力而为，按照“隆德所需，厦大所能”原则，帮助隆德县做好巩固拓展脱贫攻坚成果与乡村振兴有效衔接。年内，学校共召开 11 次党委常委会（含扩大会议）、2 次校长办公会、6 次专题会议认真研究，具体推进定点帮扶与促进乡村振兴专项工作。学校围绕党建、教育、智力、科技、产业、文化、生态、健康、消费“九大帮扶”领域积极开展精准对接，全方位推进隆德县实现产业、人才、文化、生态、组织“五大振兴”，人民日报、新华网、中宏网、全国高校思想政治工作网等深入报道学校定点帮扶实效。4 月 26—27 日，校领导应邀出席宁夏中央定点帮扶单位座谈会和脱贫攻坚总结表彰大会，校党委书记张彦做交流发言。校党委常委、副校长邓朝晖出席了座谈会和表彰大会。5 月 18 日，校党委常委、副校长邓朝晖带队出席厦门大学促进隆德县乡村振兴工作站挂牌仪式，并前往张树村和六盘山工业园进行考察调研。5 月 25 日，校党委副书记徐进功带队赴隆德县，看望慰问第 22 届厦门大学研究生支教团。5 月 30 日，受校党委书记张彦委托，校党委常委、副校长邓朝晖出席闽宁协作第 25 次会议，推动闽宁协作事业迈上新台阶。学校接续选派副处级干部刘君彬挂职担任隆德县委常委、副县长，研究生院干部胡雄继续挂职担任沙塘镇张树村党支部第一书记。2021 年，学校严格落实“四个不摘”要求，直接投入帮扶资金 512.64 万元，引进帮扶资金 916.55 万元，直接购买扶贫地区农产品 787 万元，帮助销售贫困地区农产品 1115.98 万元。

2021 年，学校新增挂钩帮扶地福建省南平市光泽县，不再挂钩帮扶漳州市诏安县、龙岩市新罗区。（曾泽鹏）

【创新推动乡村产业振兴】 年内，学校推动科技赋能产业振兴。化学化工学院卢英华教授联合张树村养牛合作社申报的青贮饲料改良课题已获得自治区科技厅立项支持，立项金额 90 万元，2021 年下拨经费 30 万元。生命科学学院田惠桥教授提供价值约 8 万元的新品育种胡萝卜种子在隆德县推广试种，喜获丰收。夯实产业科技基础。6 月，科技处带队赴隆德县、宁夏回族自治区科技厅开展科技帮扶对接工作。校、地、企签署共建高标准食品药品检测检验平台三方协议，召开实验室与设备管理处、分析检测中心、隆德县食品药品检测中心工作对接会，助力隆德高质量发展。凝聚助农扶农合力。投入 17.22 万元资金援建张树村蔬菜大棚 36 栋，用于探索种植经济价值高的冷凉蔬菜。进一步推广种植育种胡萝卜。投入帮扶资金在张树村建设 1000 吨果蔬冷冻库，11 月上旬开工建设，年内完成外部框架搭建。投入帮扶资金并捐赠价值 117.1 万元的生产设备助力张树村青贮饲料菌种和叶面肥生产线建成.投入帮扶资金建设牛肉分包装车间，年内竣工投产。（曾泽鹏）

【扎实推动乡村人才振兴】 年内，认真开展基层干部、乡村振兴带头人及技术人员培训。积极开办基层干部、技术人员线上线下培训班，开展各类讲座，共计培训基层干部 1074 人、乡村振兴带头人 361 人以及技术人员 1854 人。持续开展研究生支教活动。连续第 5 年派出获得研究生入学资格的优秀本科毕业生到隆德支教。支教团发起“这条小鱼在乎”一对一助学活动，筹集爱心助学款 7.81 万元，资助 136 名品学兼优的困难学生。在当地开展 15 场党史学习教育，带领支教地孩子学党史、强信念、跟党走。积极开展“闽宁—兴证”厦门大学隆德县“七彩假期·童心向党”暑期乡村夏令营活动，让留守儿童在活动中受教育、长才能、增见识。创新探索“互联网＋支教”模式，推出“南强名师云讲堂”系列活动，首期为当地9700余名儿童带去别开生面的科普讲座。关心关怀经济困难学生。联系校友企业上海南方寝饰有限公司为厦门大学促进隆德县乡村振兴工作站开展助教帮扶工作捐赠20万元床上用品；化学化工学院连续第三年资助张树村家庭经济困难、品学兼优的学生，鼓励他们勤学奋进。深化与中央广播电视总台福建总站合作交流，举办“山海情深，筑梦有我”——中央广播电视总台福建总站关爱宁夏贫困学生送温暖活动，为宁夏贫困学生捐赠助学金1.9万元。

（曾泽鹏）

【持续推进乡村文化振兴】 年内，厦门大学出版社向隆德县图书馆和闽宁驿站捐赠图书825册。利用帮扶资金建成闽宁驿站厦门大学图书角。利用帮扶资金在隆德县老巷子景区打造厦门大学促进隆德县乡村振兴文化艺术实践基地。 （曾泽鹏）

【切实推动乡村生态振兴】 年内，帮助当地居民改善设施提升生活环境。拨付50万元用于提升隆德县张树村人居生活环境，增强村民生活的幸福感。拨付5万元用于援建厦门大学康业扶贫产业园和隆德县政务中心的太阳能光伏充电车棚，积极服务保障碳达峰、碳中和目标。拨付5.4万元对张树村村部和肉牛加工车间进行取暖设施改造，节省电费30%。张树村驻村书记利用厕所革命改造政策，动员9户农户改水厕。利用科学手段减少养殖污染。化学化工学院研发出一款微生物制剂，能为肉牛养殖用青贮饲料提质增效，有利于提高肉牛生长速度和饲料利用率，减少肉牛排泄物，从而降低对养殖环境的污染。同时，微生物制剂兼具肉牛肠道微生态制剂作用，可完全或部分代替抗生素，解决抗生素毒性、残留、耐药性等问题，从而改善生态环境，提高生态效益。 （曾泽鹏）

【积极推动乡村组织振兴】 年内，推进基层党支部共建。化学化工学院办公室党支部与对口帮扶的张树村党支部开展支部共建活动，走访慰问受资助的困难学生家庭，深入推进乡村振兴产业技术对接工作。马克思主义学院教师党支部赴隆德开展党史教育共建活动，开发、利用、研究隆德县红色资源。继续教育学院教工党支部与张树村党支部共建，为其量身打造线上学习课程。捐赠党费助力组织振兴。拨付70万元党费推进红色旅游项目开发、党建App系统研发以及提升改造村“两委”党建环境。挂职干部参与乡村组织建设。张树村驻村第一书记胡雄积极配合完成基层党组织和村委会换届选举工作，选优配强基层组织负责人。壮大培育村集体经济。拨付定点帮扶专项资金30万元用于培育壮大隆德县张树村集体经济。 （曾泽鹏）

【培育乡村创新试点】 年内，以学校驻村第一书记所在地隆德县张树村为试点，实施“‘南强大树’——厦大知识产权和专利品牌赋能产业链”试验项目，由教育部立项支持，创新打造肉牛养殖＋育种胡萝卜种植的“生态互补”产业链。计划投入100万元进行培育，2021年已投入50万元。

（曾泽鹏）

【稳步开展健康帮扶】 年内，组织医学院专家团队赴隆德为县医院及乡镇卫生院80名医生开展“乡医通”系统应用培训及乡村医师交流会，切实提高基层诊疗水平。邀请隆德医疗系统团队赴附属翔安医院开展医疗帮扶工作对接，进一步畅通健康帮扶渠道。 （曾泽鹏）

【深入开展消费帮扶】 年内，认真开展农特产品采购。学校各部门、单位积极采购隆德县等地区农特产品作为发放给教职工的节日福利，累计采购扶贫农产品747万元，其中隆德产品515.58万元。多措并举帮助销售农特产品。在第8个国家扶贫日开展线上线下相结合的消费帮扶推介活动。与宁夏名特优农产品集散中心合作，在校内开展协作帮扶农产品“地推”，宣传推介宁夏优质产品。发动各方资源，积极帮助宁夏“隆隆薯”助残商贸中心、宁夏黄土地农业食品有限公司、上药（宁夏）中药资源有限公司、宁夏六盘春牛羊肉有限公司、精准帮扶直营中心等隆德企业销售农特产品，累计达1115.98万元。积极宣传消费帮扶做法。9月，学校以《厦门大学“321”体系打造“点线面”结合的消费帮扶新模式》为题在教育部直属高校服务乡村振兴培训班上分享，获评第一届高校消费帮扶优秀典型案例。12月，该案例入选全国消费帮扶促进乡村振兴优秀典型案例，学校受教育部、福建省推荐在全国消费帮扶助力乡村振兴推进会上发言。

（曾泽鹏）

【融入高校“帮扶联盟”】 年内，学校切实履行高校“教育帮扶联盟”副理事长单位、高校“健康帮扶联盟”副会长单位职责，积极参与联盟会议，协助开展“乡村振兴千万带头人”培训，推动搭建“组团式”健康帮扶平台等，与其他高校携手推进定点帮扶工作高质量开展。 （曾泽鹏）

【新增挂钩帮扶地南平光泽县】

7月，根据《中共福建省委办公厅　福建省人民政府办公厅关于印发〈省领导挂钩联系乡村振兴重点县及欠发达老区苏区县方案〉的通知》（闽委办〔2021〕29号）文件精神，学校新增补为协作单位挂钩帮扶福建省南平市光泽区，不再挂钩帮扶福建省漳州市诏安县、龙岩市新罗区。学校积极贯彻省委省政府要求，高位推动、高效帮扶。11月11日，校长助理张建霖一行赴光泽县开展挂钩帮扶工作，实地考察调研，进一步推动帮扶工作落细落实。校地双方围绕消费、科技、健康、智力等帮扶工作开展深入合作，服务光泽县全方位推进绿色高质量发展。 （曾泽鹏）

·管理与后勤保障·

人事管理

【概况】 截至12月31日，学校共有专任教师2849人，工程、实验等系列专业技术人员1124人，专职党政管理人员970人，辅导员149人，工勤等其他人员22人。专任教师中，教授、副教授2066人，占72.5%；具有博士学位的2473人，占86.8%；具有10个月以上国（境）外学习工作经历的1835人，占64.4%。

学校共有中国科学院院士、中国工程院院士32人（含双聘院士18人），厦门大学文科资深教授1人，发展中国家科学院院士4人，中国医学科学院学部委员1人，教育部"长江学者奖励计划"特聘教授29人、特岗学者2人，国家杰出青年科学基金获得者58人，国家级教学名师6人，国家高层次人才特殊支持计划（简称国家特支计划）领军人才37人，国家百千万人才工程入选者26人，教育部"新（跨）世纪优秀人才支持计划"入选者135人；国家高层次青年人才167人次，其中"长江学者奖励计划"青年学者23人、国家特支计划青年拔尖人才17人、国家优秀青年科学基金获得者58人；国家自然科学基金委员会创新研究群体11个、教育部创新团队9个。

着力强化人才队伍思想政治引领。坚持党管人才，深入学习贯彻中央人才工作会议精神，定期召开学校人才工作领导小组会议，全方位培养、引进、用好人才。严格人才引进政审制度，坚持将师德师风放在人才选聘的首要位置，严把人才选聘入口关；强化师德考核结果的运用，将师德考核结果作为教师聘任考核、导师遴选、人才项目推荐、课题申报、评奖评优、出国研修等工作的重要依据，严格实行"一票否决"。加强高层次人才理想信念教育，累计推荐19名高层次人才参加国家、省市研修班，组织50名青年骨干教师参加学校南强青年拔尖人才国情研修班，激发高层次人才学习内生动力，做到不忘历史、不忘初心，知史爱党、知史爱国。积极选树先进典型，发挥引领示范作用，中国科学院院士、化学化工学院教授郑兰荪牵头的团簇化学教师团队入选第二批"全国高校黄大年式教师团队"。

推进新时代卓越人才体系建设。深入实施讲席教授、南强特聘教授、南强重点岗位教授、南强青年拔尖人才等支持计划。让引进人才和现有人才、让有"帽子"人才和无"帽子"人才在同等标准下同台竞技，让作出同等业绩的各类人才得到同等支持、享受同等待遇，推动人才称号回归学术性、荣誉性本质。深入贯彻落实《深化新时代教育评价改革总体方案》《关于正确认识和规范使用高校人才称号的若干意见》等国家有关政策规定，在人才体系岗位聘任过程中，突出业绩和贡献导向，根据聘任岗位提供薪酬待遇，不将"人才称号"与教师职务聘任、薪酬待遇等简单挂钩。2021年，新增93人纳入人才体系岗位支持，其中新引进人才54人。

提升人才引育水平。2021年，新增两院院士2人；新增国家高层次人才15人，其中"长江学者"特聘教授3人、国家杰出青年基金项目入选者6人、国家特支计划领军人才2人；新增国家高层次青年人才29人，其中"长江学者"青年学者11人、国家特支计划青年拔尖人才3人、国家优秀青年科学基金项目入选者10人。1人获评第六届全国杰出专业技术人才；3人入选福建省第二批特级后备人才，570人入选福建省高层次人才，2人为福建省百千万人才工程省级人选；5人入选厦门市杰出青年人才，4人入选厦门市拔尖人才，2人入选厦门市台湾特聘专家（专才）。

优化人才引进制度。在人文社科领域引入南强青年拔尖人才遴选机制，进一步推进人文社科青年人才队伍建设。提前拟定各学院年度引才目标数，做好引才规划，增加评审批次并调整评审方式。集中申报评审工作由每年2批增加至3～4批，缩短了评审周期。优先在国家"双一流"建设学科和教育部学科评估A类学科所在学院试点建立"人才特区"，为相关学院"打包"下拨年度引才专项经费，赋予学院更大的引才自主权，发挥用人主体在人才培养、引进和使用中的积极作用。

持续改进用人评价方式。落实《深化新时代教育评价改革总体方案》的要求，持续完善党政管理人员、辅导员和专业中初级岗位招聘方案。在公开招聘工作中，招聘公告和实际操作不将毕业院校、国（境）外学习经历、学习方式（全日制和非全日制）作为限制性条件，切实扭转"唯名校""唯学历"的用人导向。

深化教师职务聘任制度改革。以强化教师思想政治素质和师德师风建设为首要任务，以提高教师专业素质能力为关键，以聘任制度改革为引导，进一步完善教师评价机制，激励广大教师教书育人，落实立德树人根本任务。2021年，新聘专任教师156人，其中教授27人、副教授44人。进一步落实破除"五唯"工作，有4人通过特别程序新聘为教师。

推进技术支撑队伍聘任制度改革。修订完善工程、实验等系列专业技术人员聘任条例，推进新聘工程、实验等系列专业技术人员预任制改革，着力提升工程、实验等系列专业技术人员的思想政治素质和业务能力，推动建设一支结构合理、素质优良、业务精湛、保障有力的专业技术人才队伍。2021 年新聘工程、实验等系列专业技术人员 37 人，其中高级职务 9 人。

稳步推进绩效考核评价工作。落实教授为本科生上课基本制度，修订完善《厦门大学关于教授为本科生上课的规定》，进一步明确教学任务标准和考核要求。强化各单位的主体责任，实现岗位绩效能上能下，有效激发师资队伍创新活力。批复教育研究院、社会与人类学院、孔子学院专职教师等单位绩效考核评价实施细则，基本实现绩效考核评价“一院一策”全覆盖。

有序开展单位考核工作。根据《深化新时代教育评价改革总体方案》等国家有关政策文件，梳理调整 2020 年度单位考核指标，稳步开展 2020 年度单位绩效考核工作，共有 31 个教学科研单位、48 个机关部处和直属单位参加绩效考核。启动 2021 年度教学科研单位、机关部处和直属单位的考核工作，进一步完善考核指标，创新满意度测评方式，并完善系统数据填报方法。

推进绩效工资分配制度和养老保险改革。研究起草参照厦门市机关事业单位发放文明奖金(一次性绩效工资)的方案。结合工程、实验等系列专业技术人员考核机制改革，制订专业技术人员绩效工资核拨办法。做好违规发放津补贴或福利的自查工作，进一步完善校内各二级单位绩效工资发放管理办法，充分发挥绩效工资的正向激励作用。根据国家和福建省有关规定及学校的养老保险改革实施方案，落实养老保险改革后退休且符合条件的教师发放一次性退休补贴的政策。对接福建省人社厅和厦门市人社局，完成学校企业养老保险退费金额核对工作，积极推进企业养老保险退费和养老保险改革费用清算补缴工作。

完善内部管理服务制度建设。印发《厦门大学人事与劳动事务合同管理细则(试行)》，进一步规范学校人事与劳动事务合同管理工作，防范合同风险，深入推进全面依法治校，保护学校合法权益，促进学校各项事业健康发展。制定《党委人才工作办公室/人事处关于建立联系学院(研究院)的工作制度(试行)》，全面建立对接各学院、研究院的人事人才工作联络机制，探索网格化、精细化的人事人才管理服务新模式，及时了解掌握基层单位需求，强化沟通协调，第一时间解决问题或提供精准指引。

开展档案专项审核和常规管理。制定《厦门大学干部人事档案全面审核工作方案》，通过返聘或抽调党员干部，组建审核工作小组，集中力量推进专项审核工作。2021 年，组织各类培训 23 次，制作更新审核规范、常见问题等参考材料，完成 1483 卷档案的初审和复核工作。严谨细致做好常规档案审核和借阅服务，2021 年，完成新入职教职工/博士后档案审核 333 卷；完成 145 卷次档案转递；提供查阅档案服务 1670 卷次。

加强人才人事重点工作的总结和宣传。2021 年，向教育部报送教师职称评审工作情况报告、深化教师职称制度改革主要举措等报告，向中国高等教育学会报送深化教师职称评审改革典型优秀案例。学校主要领导在接受部分媒体采访时介绍了学校人才队伍建设的经验做法。通过《人事人才信息简报》发布《菁菁校园情　煜煜南强辉——热爱厦大的非全职教师》通讯稿，集中展示非全职教师来校履职、助力学校“双一流”建设的相关进展情况。

认真做好迎接中央巡视、校内巡察，以及审计整改有关工作。加强组织领导，成立工作专班，及时提供中央巡视所要求的各类材料约 250 份，校内巡察所要求的各类材料约 450 份。对照中央巡视、校内巡察和审计反馈意见，坚持问题导向和目标导向相统一，坚持标本兼治，牢牢抓住主要矛盾和矛盾的主要方面，逐项研究制定整改措施，立行立改、限期整改，从严从实从快落实各项整改任务。

扎实开展“我为师生办实事”实践活动。深入推进党史学习教育，用心用情用力为教职工办实事、解难题。支持党政管理人员进行学历提升，扩大可在职攻读博士学位人员范围，同时增加可报考专业数量，增强干部履职尽责、担当作为的本领；以基层单位、广大教师关注的聘任工作为着力点，系统梳理教师职务聘任工作中的重点、难点问题，编印全流程、全要素的《教师职务聘任工作手册》，为各基层单位、教师和相关工作人员做好聘任工作提供指导；通过举办人事秘书、高层次人才科研助理培训等形式，开展政策宣介，及时上传下达、答疑释惑，进一步加强业务培训深度；简化亲属关系证明、遗属生活补助和人事证明办理手续，方便教职工办理相关事项。

助力学校百年校庆。做好各类非全职教师聘任工作和校庆期间有关知名专家学者的邀请工作，充分发挥非全职教师的作用，敦聘钟南山院士、作曲家谷建芬老师等名家大师加入学校非全职教师队伍，力邀 Bruce Alan Beutler 等 35 位名誉教授和张立同等 12 位非全职院士以线上线下相结合的方式参加百年校庆活动。圆满完成校庆奖教金评选，吴水澎、郑兰荪、田中群三位教授荣获 2021 年南强杰出贡献奖，另有 6 个单位(课题组)和 391 名教职工荣获其他 22 项奖教金。

毫不松懈做好教职工常态化疫情防控工作。严格落实教职工疫情防控工作信息日报制度，做到信息统计“不断档”，做到每日统计数据及时准确报送，助力学校全方位掌握重点人员监测名单，多角度把握疫情防控有效信息。严格执行教职工来校管理和离校审批制度，累计审批 1880 余份出行申请，审批 980 余份入校申请，为及时准确掌握教职工行程动态和信息统计提供有力保障。负责全校在职教职工的人员信息整理并登记造册，分校区排出教职工核酸检测计划表，完成教职工七轮全员核酸检测的组织、统计工作。加大疫苗接种的宣传和组织力度，搭建“教职工新冠疫苗接种信息平台”，及时掌握教职工的疫苗接种情况，截至 2021 年 12 月，教职工疫苗第一针接种率为

94%，第二针为 92%，第三针按照既定计划推进。　（李　军　李承华　刘　刚　陈　斌　叶雅璇　柯自聪　蔡莉莉　叶又菁　何小芳　曾天从　叶丛葵　林　强　叶　丹　叶伟玮　蓝亦芃　赖斯炜　黄灵波　胡咏晖　郭异冰　林一奇　林伟庆　胡婧涵　赖静雯　李戌一　陈艺芬　肖悦悦　李　静　邱海英　王燕宁　陈依杭）

【拓宽非全职教师聘用渠道】　1 月 5 日，印发《厦门大学实务型兼聘教师管理办法》；10 月 12 日，修订完善《厦门大学非全职教师管理办法》，进一步明确聘任基本条件。拓宽聘用渠道，创新用人机制，敦聘钟南山、孙勇奎、谷建芬等名家大师担任相应非全职教师职务，充分利用社会各类优秀人才资源作为学校教师队伍的有益补充。　（叶又菁　李戌一）

【完善博士后队伍建设制度】　1 月 24 日，印发《厦门大学博士后管理办法补充规定》，调整"一年一聘"签约模式，优化博士后招收程序，完善流动站评估机制，健全差异化学科支持措施，激发人文社科合作导师招收博士后的积极性。　（何小芳）

【持续推进思政课教师队伍建设改革】　1 月 19 日，印发《厦门大学校内合聘思想政治理论课教师管理办法（试行）》；8 月 7 日，印发《厦门大学延聘思想政治理论课教师实施办法（暂行）》。吸引校内具有良好政治素养、教书育人能力的优秀教师从事思政课教育教学工作，充分发挥校内相关学科高层次人才在马克思主义理论学科建设、教学科研工作中的作用，推动思政课改革创新，夯实学校思想政治理论课教师队伍建设。首批遴选校内合聘思政课教师 31 人。

（叶又菁　柯自聪）

【举办南强青年学者云论坛】　3 月 16 日，学校继续通过"云端"直播的方式举办 2021 年南强青年学者云论坛，受到青年学者的热烈欢迎。副校长江云宝、中国科学院院士田中群出席论坛。　（蓝亦芃　陈艺芬）

【持续办好南强新睿讲坛】　4—12 月，学校创新南强新睿讲坛举办方式，充分发挥高层次人才的示范引领作用，邀请长江学者特聘教授等高层次人才，围绕海洋仿生机器人、人类起源与演化、药物研发、纳米光学成像、数据时代的统计思维等热点话题，面向全校师生开展五场专题报告会。通过登上"嘉庚"号海洋科考船、现场沙龙互动、主题演讲等方式搭建高层次人才与学生、学术同行、学术前辈交流切磋的特色平台。

（陈艺芬　曾天从）

【规范教师校外兼职和离岗创业】　4 月 16 日，印发《厦门大学教师校外兼职和离岗创业管理暂行规定》，支持和鼓励全职专任教师有序开展创新创业活动，保障和规范教师从事校外兼职、离岗创业等活动，维护学校和教师合法权益。　（叶雅璇）

【学校两教师荣获厦门市荣誉称号】

9 月 9 日，厦门市举行庆祝 2021 年教师节表彰大会，数学科学学院教授宋翀和研究生院副院长、生命科学学院教授欧阳高亮分别荣获"厦门市先进教师""厦门市教育工作先进个人"称号。　（叶　丹）

【一教授获评"全国杰出专业技术人才"】　10 月 28 日，厦门大学国家传染病诊断试剂与疫苗工程技术研究中心夏宁邵教授荣获"全国杰出专业技术人才"称号，成为学校首位获得该项殊荣的教师。　（叶丛葵）

【学校举办 2021 年新教工入职培训】

11—12 月，学校组织开展 2021 年新教工入职培训，培训形式包括专题报告、交流沙龙、课程学习等，校长张荣做题为《承继光荣传统　担当育人使命　与时俱进建设世界一流大学》的专题报告，副校长江云宝主持，共 200 名新教职工参加培训。

（叶　丹）

【学校举办首期党政管理干部服务型管理能力提升培训班】　11—12 月，学校举办首期党政管理干部服务型管理能力提升培训班，内容包括服务能力、法律实务、政务礼仪、沟通技巧、团队建设等，共 58 名党政管理人员参加培训。　（叶　丹）

【新增中国科学院院士两人】　11 月 18 日，中国科学院发布《关于公布 2021 年中国科学院院士增选当选院士名单的公告》。学校林圣彩（生命科学和医学学部，生物化学与细胞生物学）、谢素原（化学部，无机化学）两位教授当选为中国科学院院士。

（叶丛葵　蓝亦芃）

【新增长江学者 14 人】　年内，厦门大学新增"长江学者奖励计划"特聘教授 3 人、"长江学者奖励计划"青年学者 11 人。　（叶丛葵　蓝亦芃）

【举办南强青年拔尖人才国情研修班】　11 月 18—19 日，学校举办南强青年拔尖人才暨哲学社会科学、教学科研骨干教师国情研修班。研修活动吸引了来自全校各学院 50 余名青年骨干教师参加。

（陈艺芬　叶丛葵）

【新增国家特支计划入选者六人】

12 月，中组部公布第六批国家特支计划入选人员名单，学校 5 人入选，其中哲学社会科学领军人才 1 人、教学名师 1 人、青年拔尖人才 3 人。此外，学校从中国海洋大学引进 1 位国家特支计划科技创新领军人才。

（叶丛葵　蓝亦芃）

【制定"人才特区"经费打包方案】

12 月，为深入实施卓越人才战略，推进人才发展体制改革和政策创新，经学校人才工作领导小组会议、校党委常委会研究通过，学校优先在国家"双一流"建设学科和教育部学科评估 A 类学科所在学院试点建立"人才特区"。　（叶丛葵　蓝亦芃）

【规范机构编制岗位管理】　12 月 15 日，印发《中共厦门大学委员会机构编制管理办法（暂行）》，进一步加强学校党委对机构编制工作的集中统一领导，规范机构编制管理工作。学校设立厦门大学机构编制委员会，作为学校机构编制决策议事协调机构，在学校党委领导下开展工作，管理学校机构编制工作。编委会下设办公室在人事处，承担日常工作，根据授权和规定程序处理机构编制具体事宜。　（林一奇）

【深化教师职务聘任制度改革】　12 月 28 日，印发《厦门大学深化教师职务聘任制度改革实施方案》和《厦门大学教师职务聘任条例（2021 年修订）》，旨在进一步加强教师队伍思想政治建设和师德师风建设，深化学校教师职务聘任制度改革，规范教师职务聘任工作，着力提升教师思想政治

素质和业务能力，提高学校教学科研工作水平。（叶又菁）

【提升技术支撑队伍专业化水平】 12月28日，学校出台《厦门大学关于优化工程、实验等系列专业技术岗位绩效考核评价办法的方案（试行）》，修订工程、实验等系列专业技术人员聘任条例，推进工程、实验等系列专业技术人员预任制改革，旨在通过岗位绩效工资"打包"制和新进人员预任管理等方式进行优化调整，进一步增强工程、实验等系列专业技术队伍对人才培养、科学研究、社会服务等学校中心工作的支撑保障作用。（曾天从　叶又菁）

政策研究与发展规划

【概况】 2021年，学校坚持以习近平新时代中国特色社会主义思想为指导，深入贯彻党的十九大和十九届历次全会精神，深入学习贯彻习近平总书记关于教育的重要论述，全面贯彻落实习近平总书记致厦门大学建校100周年贺信精神，编制实施学校"十四五"规划，深入推进教育评价改革，推动教育部、福建省、厦门市新一轮重点共建，努力推动实现高质量内涵式发展。

出台落实重要贺信精神的文件。坚持以习近平总书记重要贺信精神指引学校新百年发展，加强顶层设计，围绕习近平总书记对学校的期许和要求，出台实施《中共厦门大学委员会关于深入学习贯彻习近平总书记重要贺信精神，与时俱进建设世界一流大学的决定》，切实将重要贺信精神转化为推动发展的强大力量；制定"厦门大学落实习近平总书记贺信精神行动方案"，并争取外部支持，凝聚强大合力。

完成学校"十四五"规划编制。开展"十四五"规划专题研讨，征求校务委员会意见，听取教职工代表大会意见，进一步修改完善学校"十四五"规划。按程序提交校长办公会、校党委常委会研究审议，并经中共厦门大学第十一届委员会第二十六次全体会议审议通过后，《厦门大学"十四五"规划和2035年远景目标纲要》报教育部备案，并印发实施。完善学校"十四五"规划体系，进一步修改完善专项规划、学部规划、学院（研究院）规划，完成备案工作。编印"厦门大学'十四五'规划和2035年远景目标纲要"宣传册，在《厦门大学报》刊发"厦门大学'十四五'规划和2035年远景目标纲要"全文及解读文章，向全校师生开展规划宣解。

协调推进综合改革。深入推进教育评价改革，以中央精神为指引，全面贯彻落实《深化新时代教育评价改革总体方案》，编制并出台实施《厦门大学落实〈深化新时代教育评价改革总体方案〉的工作方案》，在教师评价、学生评价、科研评价、用人评价等领域力破"五唯"，着力构建符合高质量发展要求的教育评价体系；加强评价改革统筹推进，建立工作清单和工作台账，对具体任务进行跟踪和检查。聚焦学校改革发展有关专题开展专项调研。加强政策研究和信息动态分析，编发《校情专报》《决策参考》《院系发展动态》。编印学校2020年年报（中文版和英文版），展示学校发展信息。完成《厦门大学2020/2021学年统计报表》。

推动教育部、福建省、厦门市新一轮重点共建。推动签署《教育部、福建省人民政府、厦门市人民政府继续重点共建厦门大学协议书》；完成2021年部、省、市重点共建工作总结，并报送教育部。制定并实施《厦门大学服务福建全方位推动高质量发展超越行动计划》，服务福建开启新阶段。推动签署《厦门市人民政府　厦门大学共建"厦门大学电影学院"协议书》，厦门大学电影学院建设获市政府资金支持。（林胜兰）

【印发实施《中共厦门大学委员会关于深入学习贯彻习近平总书记重要贺信精神，与时俱进建设世界一流大学的决定》】 7月6日，中共厦门大学第十一届委员会召开第二十二次全体会议，审议通过《中共厦门大学委员会关于深入学习贯彻习近平总书记重要贺信精神，与时俱进建设世界一流大学的决定》（以下简称《决定》）。《决定》阐述了习近平总书记重要贺信的重大意义和深刻内涵，明确提出贯彻落实的思路举措；从落实立德树人根本任务、与时俱进建设世界一流大学、全面提升服务区域和国家战略能力、不断增强中华民族凝聚力和向心力等方面，阐述学校发展思路，部署落实重点工作；阐述全面加强党的建设、建强干部人才队伍、营造干事创业氛围，以一流党建确保习近平总书记重要贺信精神贯彻落实；号召全校各级党组织和广大共产党员要积极响应伟大号召，用习近平总书记重要贺信精神领航，牢记初心使命，坚定理想信念，践行党的宗旨，与时俱进建设世界一流大学，为增强中华民族凝聚力和向心力，为全面建设社会主义现代化国家、实现中华民族伟大复兴的中国梦作出新的更大贡献。（林胜兰）

【发布实施《厦门大学"十四五"规划和2035年远景目标纲要》】 10月27日，中共厦门大学第十一届委员会召开第二十六次全体会议，审议通过《厦门大学"十四五"规划和2035年远景目标纲要》。11月26日，《厦门大学"十四五"规划和2035年远景目标纲要》在学校信息公开网公布，11月27日，面向全校各单位印发实施。学校"十四五"规划坚持以习近平新时代中国特色社会主义思想为指引，以习近平总书记重要贺信精神领航，全面贯彻党的教育方针，立足新发展阶段，贯彻新发展理念，融入新发展格局，以一流党建为引领，以立德树人为根本，以改革创新为动力，着力推进"三大建设"、"四项战略"和"五个突破"，与时俱进建设中国特色世界一流大学。（林胜兰）

【学校出台落实《深化新时代教育评价改革总体方案》的工作方案】 3月25日中共厦门大学第十一届委员会常务委员会第103次会议审议通过《厦门大学落实〈深化新时代教育评价改革总体方案〉的工作方案》，并印发实施。该工作方案围绕"加强党的全面领导，不折不扣落实教育评价改革任务""贯彻高校评价导向要求，落实立德树人根本任务""改革教师评价，推进践行教书育人使命""改革学生评价，促进德智体美劳全面发展”4 个领域的 20 个重点任务，形成“工作清单”95 条具体举措，并针对排查情况形成“负面清单”，制定具体工作进度时间表。（林胜兰）

【印发实施《厦门大学服务福建全方位推动高质量发展超越行动计划》】1 月 15 日中共厦门大学第十一届委员会常务委员会第 97 次会议审议通过并印发实施《厦门大学服务福建全方位推动高质量发展超越行动计划（2021—2025 年）》。该行动计划围绕“支撑创新驱动发展超越”“引领高等教育发展超越”“赋能产业现代化发展超越”“促进区域协调发展超越”“先行先试推动闽台融合发展”“服务高质量开放超越”6 个领域，提出 23 条具体措施。（林胜兰）

财务工作

【概况】 年内，财务处以习近平新时代中国特色社会主义思想为指导，全面贯彻党的十九大和十九届历次全会精神，深入学习贯彻习近平总书记关于教育的重要论述和习近平总书记致厦门大学建校 100 周年贺信精神，认真贯彻落实学校工作部署，扎实推进财务管理工作，全力保障学校各项事业顺利开展。

学校本级综合财务收入到账 61.43 亿元，首次突破 60 亿元，圆满完成年度预算收入任务，实现学校“十四五”和“新百年”的良好开局。学校综合财务支出 55.83 亿元，其中，中央财政国库资金支出 20.39 亿元，年度预算执行率达到 97%。

积极争取财政支持。教育部于 12 月追加学校公用经费 4000 万元。财政部、教育部在 2022 年的预算控制数中，增加学校调整因素 9000 万元和改善基本办学条件专项 5409 万元。福建省、厦门市按照新一轮重点共建协议书分别足额拨付学校 2021 年重点共建经费 2 亿元、4 亿元。厦门市财政局、教育局于 8 月拨付电影学院建设补助经费 2 亿元。厦门市财政局、科技局在 12 月 31 日前将福建省生物制品科学与技术翔安创新实验室建设补助经费 4160 万元拨付学校。经省财政厅教科文处批准，从 2021 年起，省财政将学校纳入清理收回范围的省财政结转结余资金全额返还，由学校统筹用于相关支出和事业发展。

厉行节约勤俭办学，加强预算绩效管理。5 月，组织召开厦门大学“厉行节约勤俭办学”专题会议，制定出台《厦门大学党委关于厉行节约的指导意见》。科学安排年度预算，加大经费统筹力度，优先保工资、保运转，重点关注民生问题，投入人员经费近 20 亿元，累计发放各类奖、助学金 6.1 亿元。逐步将绩效管理范围覆盖学校所有预算资金，并融入预算编制、执行、监督全过程。科学谋划、提前准备、主动跟进，加快项目实施进度，国库资金执行进度在 6 月末、9 月末、11 月末三个预算执行考核时点均达到序时进度要求。9 月厦门疫情防控期间，各项目准备充分并按计划开展，9 月末总体执行率仍达到 88%。

积极参与百年校庆专项工作。制订出台《厦门大学百年校庆活动财务管理办法》，严格规范校庆活动经费的使用。高效保障“校庆年”各项活动开支，配合百年校庆办完成各项重点专项工作。在 100 周年校庆工作表彰中，财务筹资审计组获评“优秀工作组”。协助教育发展基金会做好校友捐赠相关事宜，负责捐赠资金统计、信息采集、沟通联络、物资准备等工作。

做好疫情防控财务保障工作。9 月疫情防控期间，成立由财务处各科室 13 名骨干人员组成的处内疫情防控应急队，保障财务工作顺利开展。按时发放研究生奖、助学金 16667.53 万元、学生补助（含三助一辅、助研补贴等）1165.51 万元，保障学生基本生活需求。

深化科研放管服改革。认真贯彻落实《国务院办公厅关于改革完善中央财政科研经费管理的若干意见》（国办发〔2021〕32 号）的文件精神，组织 3 场专题培训会，加强政策宣传和解读。草拟修订《厦门大学纵向科研项目资金管理办法》《厦门大学科研项目劳务费管理规定》《厦门大学科研项目结题结账及结余经费管理办法》等相关管理办法。优化科研票据开具流程，搭建线上开具预借横向课题增值税电子普通发票系统，自 11 月 29 日上线以来，累计开具预借横向课题增值税电子普通发票 68 张。

加强财务信息化建设。推进业财融合，优化大型仪器共享平台系统、学生住宿管理系统、试剂耗材询购系统、继续教育管理处系统等业务端的对接。在系统支撑和安全管理方面，将财务业务系统服务器整体迁移至学校虚拟机集群，5 月 7—14 日，配合信息与网络中心完成学校网络安全攻防演习。不断推广和优化财务信息化平台，2021 年完成网上报销业务（含日常报销、人员经费发放、试剂耗材采购、固定资产上账、校内仪器共享平台测试费内转业务）143323 笔，同比增长 53.8%，占全部业务量的 75.8%。

加强微信公众号的更新和维护，做好财务宣传工作。截至 2021 年 12 月 31 日，财务处微信公众号累计关注人数达 56068 人，2021 年新增关注人数 14972 人。2021 全年推送 20 篇文章，当年度推文累计阅读量 95914 人次。其中，《2021 新学年学生缴费指南》推文详细说明了学生缴费流程和注意事项，阅读量达 32434 人次，《@厦大新同事，请收下这份财务攻略大礼包》推文帮助新入职教师快速了解财务系统、熟悉报销流程，推文阅读量达 6314 人次。

做好各类收费管理工作。严格按照教育收费相关政策法规，做好各类收费审核、收费备案、新增项目立项、收费公示等工作。按照教育部要求，完成测算并上报学校研究生教育培养成本、投入情况、收费情况、奖助情况。开展 3 场专题座谈会，了解相关学院的意见建议，形成调研报告，为下一步向省发改委争取提高学费标准、推进研究生分类培养改革做准备。落实第一轮中央巡视整改要求，清理核实历史欠费信息和核销无学籍学生信息，2021 年催缴本科生欠费 8.77 万元，研究生欠费 38.02 万元。

深入学院开展调研。前往翔安校区电子科学与技术学院开展预算管理及内控制度宣讲报告，走访台湾研究院、经济学院、化学化工学院等，与台湾研究院共同探讨智库建设、交流经费使用中的难点问题。了解化学化工学院在“一院一策”制度下，新引进人才专项资金下达前，科研人员如何尽快融入团队，开展科研活动，发挥作用。深入翔安校区嘉庚创新实验室大型科研平台开展调研工作，了解学科建设和科研活动的发展需求，就内部控制建设、体制机制建立、人才队伍建设等展开交流，帮助新科研平台安全高效快速运转。

（黄铭杰）

【搭建“厦门大学差旅服务平台”】 12月，厦门大学差旅服务平台上线，平台对接OA出差审批、内嵌差旅标准、实行预算控制，实现出差审批、订票、报销等环节的线上一体化，为全校师生员工出差出行提供一站式差旅服务。（洪煌辉）

【建立科研结题结账提醒机制】 11月30日，启用科研结题结账提醒功能，累计发送结题结账提醒短信1111条。该功能将科研管理部门提供的在研科研项目计划完工时间及时录入财务系统，以短信通知方式提醒项目负责人办理结题结账。

（王海凤）

【协助师生完成个税汇算清缴】 通过公众号推文（4篇）、微信、邮件、电话通知等多种方式向全校师生宣传汇算清缴政策。学校共3500人填写个人所得税专项附加扣除，享受税收红利超过1138万元；共4000多名教师、3000名学生完成个税汇算清缴。（叶　凌）

【完善内部控制制度建设】 年内，编报《2020年度行政事业单位内部控制报告》，“财政部统一报表系统”审核评价结果为“优”。开展内控体系维护和完善工作，聘请安永公司专业咨询团队协助搭建更具适用性的内控管理体系。完成18个部门57人次线上线下访谈工作，针对16个业务模块，梳理171项业务流程，其中：新增和优化流程142项（占所有流程的83%）。开展风险评估问卷调查，更新内控手册相应流程图，梳理风险数据库。（肖晶晶）

审计工作

【概况】 年内，履行内部审计监督职能，完成审计项目93项，审计金额170.40亿元，提出审计建议299条。

工程管理审计。完成工程项目竣工结算审计63项，审减1418.58万元，提出审计建议32条；完成工程量清单和预算审计6项，审减303.08万元，提出审计建议201条；完成工程竣工财务决算审计8项。

财务收支审计。完成校级层面、二级单位、独立核算单位财务收支审计3项，提出审计建议22条。

经济责任审计。完成学校中层领导干部经济责任审计5项，提出审计建议17条。

内部控制审计。完成翔安医院内部控制审计1项，提出审计建议20条。专项审计和审计调查方面，完成百年校庆部分系列活动经费支出情况审计4项，完成科研经费等专项审计调查3项，提出审计建议7条。

加强工程跟踪审计。对翔安校区新工科研发大楼等13项工程进行过程跟踪审计，审核招标文件、合同等118份；接受工程竣工结算备案401项、送审金额6132.62万元；接受工程进度款等备案18项、送审金额4113.26万元。

完成科研项目结题审签46项，审签金额1386.40万元。

为上级部门、学校内部相关单位制度修订等提供38项咨询服务，提出审计意见建议174条。

加强制度建设。修订《厦门大学领导人员经济责任审计实施办法》和《厦门大学内部审计工作规定》两项制度，制定《厦门大学审计处印章管理办法》和《关于调整工程项目委托审计计费标准的通知》两项制度，进一步提高内部审计工作规范性。

（曾蒙爱）

外事工作

【概况】 2021年，受疫情影响，师生出国（境）人数大幅下降。全年师生出国交流共计160人次，申请参加线上学术讲座和会议262人次；赴台港澳地区38人次（台湾1人次、香港15人次、澳门22人次）。

全年接待境外来访团组11批次，共42人次，含台港澳地区来访团组5批19人次。其中，副校长级以上来访团组3批14人次，大使及总领事级来访团组4批20人次。

全年协助学院申报涉外学术讲座271场，办理国际会议手续30次，办理两岸会议手续7次。

全年聘请长期工作的外国专家共274人，办理外籍教师工作许可证手续97人次，办理高端人才确认函14份，办理福建省外办邀请函15份，办理居留许可手续92人次，办理申请永久居留证手续3人次。

全年来校留学生1989人次，其中长期生1231人次，短期生758人次。在校台港澳籍学生929人，其中台湾地区421人，香港地区328人，澳门地区180人。

积极拓展校际双边交流。全年新签及续签协议32份（新签12份、续签20份），与境外高校签订的校际协议书总数达421份，校际友好学校达259所（美洲55所、亚洲65所、欧洲81所、大洋洲13所、非洲3所、国内台港澳地区42所），其中，世界前200强高校52所。与莫斯科大学、卡迪夫大学、香港浸会大学等高校举行高层视频会议，务实推动金砖创新基地建设。

深化多边平台合作。参加第十二届“中韩大学校长论坛”、东盟及中日韩大学校长论坛、第十二届中日大学校长论坛、东盟+3国际处处长会议工作会等多边合作平台活动；参加“中国-挪威海洋大学联盟”成立大会，正式成为该联盟成员；以线上形式召开第11届全球八校联盟校长联席会议、全球八校联盟校长联席会临时会议。

保障百年校庆活动。百年校庆期间，发放 148 份校庆邀请函，收到反馈回执 146 份、贺信 25 封、视频 66 个、贺礼 7 份。成功举办“中外大学校长论坛”；完成厦门大学百年校史馆对外交流展馆筹建；建成“一湾海峡，万山无阻——厦门大学与台湾”专题展馆；完成校地情缘系列文章之香港篇和台湾篇；配合制作完成“新时代 新使命 新征程——站在新百年起点的厦门大学”展板。

做强海丝大学联盟。成功召开“21 世纪海上丝绸之路”大学联盟理事会会议、“2021 海上丝绸之路国际产学研用合作会议”；持续推动联盟合作，吸纳 20 个国家和地区的 66 所高校加入联盟。

推进台港澳交流合作。获教育部资助港澳台交流专项 8 项；应邀线下出席澳门城市大学四十周年校庆活动；与香港浸会大学举行线上合作协议签约仪式。关心港澳台学生成长成才，开展港澳台生国情教育；组织参加“第十八届台胞青年千人夏令营”。

做好外籍教师人文关怀。及时发布英文版防疫通知、持续更新防疫台账，做到底数清、情况明。第一时间与福建省外办、福建省教育厅、厦门市科技局、厦门市外办等部门协调，通过绿色通道帮助外籍教师获得境外入闽人员健康码，解决外籍教师因闽政通健康码使用受阻影响日常出行和正常生活问题。

鼓励外籍教师讲好中国故事。组织外籍教师赴长汀了解中国革命历史和厦大校情校史；协助外籍教师代表参加福建省外办主办的“我的福建故事”活动；举办外籍教职工工作交流会；宣传外籍教师潘维廉教授的“请别见外，我为福建代言”主题演讲。 （陈　梦）

【新加坡驻华大使来访】 1 月 12 日，新加坡驻华大使吕德耀一行 9 人到访厦门大学，与厦门大学台湾研究院相关学者进行座谈。双方就当前台海形势、两岸关系及经贸往来等议题进行了深入友好的交流。 （陈　靖）

【厦门市领导慰问留厦过年台籍师生代表】 2 月 10 日，厦门市委副书记陈秋雄，市委副秘书长赖祖辉，市台港澳办主任刘金柱，市台联党组书记、会长苏甦，市台协会长吴家莹等一行 11 人到厦门大学慰问留厦过年的台籍师生代表。党委常务副书记李建发、党委常委孙理以及学校办公室、台港澳事务办公室、学生工作处、人事处相关负责人出席慰问活动。 （韩晓燕）

【与莫斯科大学、厦门市金砖办代表视频会谈】 3 月 12 日，厦门大学与莫斯科大学、厦门市金砖办代表举行三方视频会。会上对中俄数字经济研究院具体关键绩效指标（KPI），包含论文发表数量、双方来访学生数、课程设置等交换了意见。厦门大学科学技术处和经济学院代表出席会议。 （陈　靖）

【副校长杨斌率团访问澳门】 3 月 27—30 日，副校长杨斌率团访问澳门，出席澳门城市大学四十周年校庆活动，顺访澳门大学、澳门科技大学，探讨如何进一步加强校际合作，主动融入粤港澳大湾区发展建设。访问团还与厦门大学澳门校友会校友代表座谈交流，共话母校百年辉煌历程、展望美好未来。 （韩晓燕）

【召开中外大学校长论坛】 4 月 5 日，学校召开百年校庆系列活动——中外大学校长论坛，厦门大学副校长杨斌主持论坛。本次论坛汇聚中外大学校长，畅议后疫情时代的大学使命，探求驱动世界一流大学信息化建设的有效解决方案，为世界各国高校加深互容、互鉴、互通搭建良好平台。论坛以线上线下相结合的形式举行，来自全球 21 个国家和地区近 50 所高校的校长及代表参会。福建省人民政府副省长李德金，中国科学院院士、南京大学校长吕建，山东大学校长樊丽明，中国科学院院士、兰州大学校长严纯华，澳门大学校长宋永华，中国科学院院士、上海交通大学常务副校长丁奎岭，中国科学院院士、西北工业大学校务委员会副主任、校学术委员会主任黄维，中国石油大学（北京）校长吴小林，厦门大学校长张荣，中国科学院院士、厦门大学近海海洋环境科学国家重点实验室主任戴民汉教授等莅临主会场。 （郑照阳）

【召开“21 世纪海上丝绸之路”大学联盟理事会会议】 4 月 5 日，学校召开百年校庆系列活动——“21 世纪海上丝绸之路”大学联盟理事会会议，会议以线上线下相结合的方式召开。作为校庆系列活动的重要组成部分，理事会会议对联盟进展进行了回顾，对未来发展进行规划。共有约 60 名联盟高校代表参与了此次理事会交流讨论。代表一致同意联盟要凝练特色，会议就海洋科学、海洋减灾防灾、海洋考古、海丝沿线文化遗产保护、气候变化、碳中和、清洁能源、公共卫生及老龄化等议题进行了探讨。 （李嘉琪）

【韩国驻华大使来访】 4 月 8 日，韩国驻华大使张夏成一行 5 人到访，国际合作与交流处相关人员陪同参观校园，并对厦门大学与韩国的交流情况进行了介绍。 （陈　靖）

【举办外籍教职工校史校情培训】 4 月 27—28 日，国际合作与交流处策划并组织外籍教职工赴长汀开展厦门大学校史校情培训，参观长汀水土保持科教园、厦门大学长汀办学旧址和萨本栋校长故居等。 （蓝泽欣）

【副校长杨斌与卡迪夫大学副校长 Rudolf Allemann 视频会谈】 4 月 29 日，厦门大学副校长杨斌与英国卡迪夫大学副校长 Rudolf Allemann 视频会谈。双方就已有的合作交流进行回顾，并对续签两校战略合作协议达成共识。 （林腾驹）

【召开全球八校联盟校长联席会】 5 月 19 日，百年校庆系列活动——第 11 届全球八校联盟校长联席会议以线上形式召开。英国赫尔大学、法国勒阿弗尔大学、德国马格德堡大学、韩国仁荷大学、马来西亚玻璃市大学和厦门大学的校长及代表参会。校长张荣以视频方式致欢迎辞，副校长杨斌代表学校参会。会议回顾了联盟发展历程，汇报和讨论了联盟网站建设、新成员增选标准、成员退出机制、行政职责分担、联合科研及教育委员会副主席增补和财务状况等，明确下一步工作计划。 （黄真真）

【与哈佛燕京学社有关人员举行视频会议】 5月25日，厦门大学国际交流与合作处参加哈佛燕京学者项目线上宣讲会，与哈佛燕京学社社长Elizabeth Perry、项目官员 Lindsay Strogatz 在线交流。 （林腾驹）

【全国台联联络部任挥一行来访】 5月26日，全国台联联络部部长任挥一行来访，与厦门大学台港澳事务办公室有关人员座谈交流，探讨如何统筹工作资源、建立协作机制、共同推进两岸青年交流。双方约定，未来将首先在台胞青年夏令营、冬令营等方面加强合作。 （韩晓燕）

【资深外交官宋允孚先生做"平安留学"系列讲座】 5月27日，原卫生部外事司司长、世界卫生组织前资深外交官宋允孚先生应邀为厦门大学师生做《投身全球治理，筑梦国际组织》国际组织实习专题讲座，该讲座为2021"平安留学"系列活动之一。 （陈　靖）

【香港工会联合会成员来访】 6月4日，香港工会联合会内地中心总主任兼助理秘书长陈秀钦、福建中心主任李曦来访，了解在读港生情况，探讨日后合作事宜。厦门大学台港澳事务办公室、学生工作处、校团委相关负责人参与座谈。 （韩晓燕）

【校长张荣与香港浸会大学校长卫炳江视频会谈】 6月9日，厦门大学与香港浸会大学召开视频会议，举行两校校级合作协议签约仪式，并就拓展深化两校科研合作进行在线交流座谈。厦门大学校长张荣、副校长杨斌，香港浸会大学校长卫炳江、副校长郭毅可，以及相关职能部门及学院负责人参加会议。 （韩晓燕）

【福建省委政策研究室谢清山一行来校调研】 6月29日，福建省委政策研究室台港澳侨处二级调研员谢清山一行来校调研，了解厦门大学开展闽台高等教育合作有关情况，包括在学术交流、人才培训、引进台湾教师、台湾学生管理等方面的经验做法。厦门大学台港澳事务办公室、学生工作处、人事处、科学技术处、社会科学处、台湾研究院相关负责人参与座谈。 （韩晓燕）

【开展"平安留学"出国行前培训】 7月22—23日，由教育部国际合作与交流司主办、教育部留学服务中心承办、厦门大学协办的2021年教育部"平安留学"出国行前培训（厦门）在厦门大学思明校区及翔安校区举办。 （陈　靖）

【校长张荣线上出席第十二届"中韩大学校长论坛"】 9月8日，厦门大学校长张荣应邀线上出席第十二届"中韩大学校长论坛"，介绍了厦门大学在培养创新人才，推动科教融合、产学研用结合等方面的思考与实践。 （陈　靖）

【参加东盟及中日韩大学校长论坛】 10月14日，厦门大学应邀线上参加东盟及中日韩大学校长论坛，本次论坛由日本金泽大学主办。 （陈　靖）

【加入中国-挪威海洋大学联盟】 10月20日，厦门大学参加中国-挪威海洋大学联盟成立大会，正式成为中国-挪威海洋大学联盟成员。 （李美双）

【第22届中国国际教育年会分论坛"后疫情时代高校人才培养国际研讨会"成功举办】 10月21—24日，第22届中国国际教育年会在北京召开，会议以"育新机，开新局，建设开放的高质量教育体系"为主题。作为年会的分论坛，由厦门大学承办的"后疫情时代高校人才培养国际研讨会"于10月21日上午以线上线下相结合的方式顺利举行，厦门大学校长助理方颖发表开场致辞，海外办学事务办公室执行主任兼国际合作与交流处副处长余宏波做主旨发言。会议吸引了海内外大学超过160名嘉宾参加，共同探讨后疫情时代中国高校如何在客观条件受限的情况下培养国际化人才，国内外嘉宾分享了在疫情下创新推动国际交流合作的典型案例，讨论了贯彻国际化战略方针的具体措施。 （林腾驹）

【新加坡驻厦门总领事来访】 10月25日，新加坡驻厦门总领事吴俊明来访，与厦门大学台湾研究院院长李鹏座谈交流。 （陈　靖）

【泰国驻厦门总领事来访】 10月27日，泰国驻厦门总领事马家汉一行4人来访，与厦门大学副校长杨斌进行会谈，参观了化学化工学院，并与外文学院有关人员进行座谈。 （陈　靖）

【副校长杨斌线上出席第十二届中日大学校长论坛】 10月29日，厦门大学杨斌副校长应邀线上出席第十二届中日大学校长论坛。 （陈　靖）

【参加第二届大学联盟秘书处会商机制会议】 10月29日，作为"21世纪海上丝绸之路"大学联盟秘书处，厦门大学参加第二届大学联盟秘书处会商机制会议。海外办学事务办公室执行主任兼国际合作与交流处副处长余宏波参会并介绍"21世纪海上丝绸之路"大学联盟在提高国际传播能力方面的有关实践。 （郑照阳）

【录制"庆祝福建省—塔斯马尼亚州结好40周年音乐会"】 11月3—4日，"庆祝福建省—塔斯马尼亚州结好40周年音乐会"在学校科学艺术中心音乐厅录制。 （李美双）

【参加第十三届国际研究生奖学金信息说明会】 11月13日，由国家留学基金管理委员会主办的第十三届国际研究生奖学金信息说明会（IGSF）通过线上形式举办。厦门大学与来自13个国家的近30所国外院校或机构参与校际交流环节。 （林腾驹）

【厦门大学马来西亚分校中国学生来校学习】 11月13日，1500余名厦门大学马来西亚分校中国学生来校报到。受全球新冠肺炎疫情影响，厦门大学马来西亚分校实行线上教学，为切实解决分校中国学生对校园生活的需求，学校于2021年11月13日至2022年1月25日开放翔安校区和漳州校区接收分校中国学生到校线上学习。 （郑照阳）

【全球八校联盟校长联席会临时会议召开】 11月18日，全球八校联盟校长联席会临时会议以线上形式召开，英国赫尔大学、法国勒阿弗尔大学、韩国仁荷大学、马来西亚玻璃市大学和厦门大学的校长及代表参会。会议汇报了联盟工作进展，介绍候选新成员院校并进行表决，表决一致同意邀请四所院校成为联盟新成员。会上，勒阿弗尔大学自荐任下一届主席单位。 （黄真真）

【开展"传承红色基因，弘扬报国传统"留学行前培训现场教学】 11月

19 日，学校组织近 100 名师生乘坐"鹭岛之星·学习号"客轮开展主题为"传承红色基因，弘扬报国传统"留学行前培训现场教学，该活动为 2021 教育部"平安留学"行前培训系列之一。　（陈　靖）

【举办 2021—2022 学年外籍教职工工作交流会】 11 月 19 日，厦门大学国际合作与交流处联合教师工作部、人事处共同举办了 2021—2022 学年外籍教职工工作交流会，向外籍教职工介绍学校的相关规章制度和政策规定，并邀请厦门市外国人才服务站介绍办理工作许可和居留许可的相关规定。　（蓝泽欣）

【国际合作与交流处参加东盟＋3 处长工作会议】 11 月 22 日，国际合作与交流处处长蔡舜应邀参加东盟＋3 国际处处长工作会。工作会讨论决定了 2022 年东盟＋3 国际处处长会议的举办时间及开展方式。

（陈　靖）

【福建省人民政府外事办公室党组成员、福建省人民对外友好协会专职副会长罗冠升一行来校调研】 11 月 23 日，福建省人民政府外事办公室党组成员、福建省人民对外友好协会专职副会长罗冠升一行 4 人来访厦门大学，双方就常态化疫情防控下厦门大学海外师生疫情防控、邀请外国人来华相关政策、国际会议审批、涉外活动风险防范等问题进行了座谈交流。厦门市外办出入境管理处处长蔡玉祥、创意与创新学院院长秦俭以及学校相关人员参加座谈。

（蓝泽欣）

【召开 2021 年海上丝绸之路国际产学研用合作会议】 11 月 30 日，2021 年海上丝绸之路国际产学研用合作会议开幕式召开，会议以"产学研用赋新能，助力海丝共发展"为主题，聚焦丝绸之路国际产学研用合作交流。会议采用线上线下相结合的形式举办，来自中国、俄罗斯、乌克兰、加拿大、英国、美国、澳大利亚、日本、马来西亚、菲律宾、泰国、印度尼西亚、柬埔寨等国家（地区）的高校校长、院士和专家学者 2700 多人通过线上或线下的形式参加开幕式和分论坛。中外参会代表畅谈未来技术发展潮流，探索高效安全环保的技术改革与创新道路，为推动全球技术研究与发展指明可行方向。　（李嘉琪）

【香港特区政府驻福建联络处主任林景富来访】 11 月 30 日，香港特区政府驻福建联络处主任林景富一行来访，与厦门大学台港澳事务办公室、学生工作处相关负责人及部分香港学生代表座谈交流。林景富一行向香港学生介绍香港特区政府的最新发展情况及相关人才政策，了解香港学生在校表现及发展需求，探讨如何更好地为香港学生提供支持和帮助，助力香港学生成长成才。　（韩晓燕）

【参加"第四届高校国际及港澳台侨师生文化艺术展演"】 12 月 3 日，福建省教育厅主办的"第四届高校国际及港澳台侨师生文化艺术展演"获奖名单公布，厦门大学参赛的国际及港澳台师生获得汉语语言类作品二等奖 1 个、优秀奖 1 个，平面作品类二等奖 1 个、三等奖 1 个、优秀奖 6 个。

（陈　靖）

【参加"一带一路"教育国际交流分会线上会议】 12 月 4 日，作为"一带一路"教育国际交流分会的理事单位，厦门大学参加分会第一届理事会第三次会议暨第三次分会会员线上大会。会议听取了分会 2021 年工作总结及 2022 年工作计划，举办《"一带一路"教育国际交流优秀案例选集》发布仪式，厦门大学马来西亚分校《海丝之路上的一颗教育明珠——厦门大学马来西亚分校的创建和发展》案例入选。　（郑照阳）

【泰国总领事到校参加泰国电影观影活动】 12 月 19 日，泰国电影观影活动在厦门大学科学艺术中心举行，泰国驻厦门总领事马家汉出席，国际合作与交流处、学生工作处、宣传部有关负责人陪同参加，共 400 余名师生参与观影活动。　（陈　靖）

【参加金砖国家大学联盟 2021 年度会议】 12 月 20 日，作为金砖国家大学联盟成员，厦门大学参加金砖国家大学联盟 2021 年度线上会议。会议听取了秘书处工作汇报，审核了联盟新成员入盟申请，讨论了联盟徽标方案和发展路线图。　（郑照阳）

【高畅（Augustin F.C. Holl）教授荣获第十一届福建省"友谊奖"】 12 月 21 日，第十一届福建省"友谊奖"颁奖仪式在厦门大学颂恩楼举行，厦门大学社会与人类学院教授高畅（Augustin F.C. Holl）荣获第十一届福建省"友谊奖"。福建省科技厅党组书记、厅长陈秋立为高畅颁发友谊奖奖章和证书，厦门大学副校长杨斌，省科技厅有关人员、厦门大学相关部门负责人、师生代表出席仪式。　（蓝泽欣）

【澳门城市大学优秀行政人员团队来校培训交流】 12 月 27—28 日，澳门城市大学协理副校长陈倩雯率领优秀行政团队一行十人来访，开展为期两天的培训交流，这是厦门大学首次承接港澳地区姐妹校行政人员培训活动。本次培训交流由厦门大学台港澳事务办公室主办，教育研究院承办。培训期间，厦门大学台港澳事务办公室主任蔡舜会见交流团成员。

（韩晓燕）

【厦门银行来校洽谈合作】 12 月 28 日，厦门银行总行公司业务管理部高琦一行来校洽谈合作，重点探讨校企双方如何在服务台籍师生方面开展全方位合作。　（韩晓燕）

【与国贸控股集团签署境外战略合作框架协议】 12 月 30 日，厦门大学与国贸控股集团签署境外战略合作框架协议，共同探索校企合作"走出去"办学的新模式。厦门大学校长张荣、国贸控股集团董事长许晓曦出席并致辞，副校长江云宝与国贸控股集团副董事长兼国贸教育董事长陈金铭代表双方签署协议。国贸教育总经理杜举胜，厦门大学校长助理方颖，国贸控股、国贸教育和学校相关单位负责人参加签约仪式。　（韩晓燕）

2021年重要代表团到访情况一览表

驻华使领馆人员来访

1月12日	新加坡驻华大使吕德耀一行
4月8日	韩国驻华大使张夏成一行
10月25日	新加坡驻厦门总领事吴俊明
10月27日	泰国驻厦门总领事马家汉一行

台港澳地区代表团

4月5—7日	澳门大学校长宋永华一行
4月5—7日	澳门城市大学副校长孔繁清一行
6月4日	香港工会联合会内地中心总主任兼助理秘书长陈秀钦一行
6月29日	香港特区政府驻福建联络处主任林景富一行
12月27—28日	澳门城市大学协理副校长陈倩雯一行

其他团组

2月1日	马来西亚IOI产业集团董事长李耀昇、杨美盈伉俪来访
2月10日	厦门市委副书记陈秋雄，市委副秘书长赖祖辉，市台港澳办主任刘金柱，市台联党组书记、会长苏甦，市台协会长吴家莹等一行
5月26日	全国台联联络部部长任挥一行
10月16日	福建省委政策研究室台港澳侨处二级调研员谢清山一行
12月28日	厦门银行总行公司业务管理部高琦一行
12月30日	厦门国贸控股集团有限公司董事长许晓曦一行

2021 年厦门大学新(续)签合作协议一览表

协议名称	签约院校	国家/地区	签署人	签约时间
厦门大学与日本东北大学续签协议	日本东北大学	日本	杨　斌	1 月 20 日(续)
澳门大学与厦门大学学生交换合作协议书	澳门大学	中国澳门	张　荣	4 月 16 日(续)
厦门大学与奥斯特拉瓦技术大学校际学生交流协议	奥斯特拉瓦技术大学	捷克	张　荣	4 月 23 日(续)
厦门大学与日本创价大学学术交流协定	日本创价大学	日本	张　荣	5 月 18 日(续)
厦门大学与铭传大学学术交流协定书	铭传大学	中国台湾	张　荣	5 月 31 日(续)
厦门大学与铭传大学学生交换协定书	铭传大学	中国台湾	张　荣	5 月 31 日(续)
香港浸会大学与厦门大学合作意向书	香港浸会大学	中国香港	张　荣	6 月 9 日
厦门大学与香港浸会大学本科生交换计划协议书	香港浸会大学	中国香港	张　荣	6 月 9 日(续)
爱尔兰国立都柏林大学与厦门大学机构与学术合作谅解备忘录	爱尔兰国立都柏林大学	爱尔兰	张　荣	7 月 7 日(续)
厦门大学与东吴大学学术交流合作约定书	东吴大学	中国台湾	张　荣	8 月 9 日(续)
厦门大学与东吴大学学生交换合作约定书	东吴大学	中国台湾	张　荣	8 月 9 日
厦门大学与澳门城市大学合作备忘录	澳门城市大学	中国澳门	张　荣	8 月 16 日(续)
厦门大学与澳门城市大学学生交换协议	澳门城市大学	中国澳门	张　荣	8 月 16 日
厦门大学与马萨诸塞大学阿默斯特分校“陈至德博士奖学金”协议	美国马萨诸塞大学阿默斯特分校	美国	张　荣	9 月 13 日(续)
厦门大学与逢甲大学学术交流合作协定书	逢甲大学	中国台湾	张　荣	9 月 15 日(续)
厦门大学与逢甲大学学生交换合作约定书	逢甲大学	中国台湾	张　荣	9 月 15 日(续)
厦门大学与香港大学合作备忘录	香港大学	中国香港	杨　斌	9 月 18 日
厦门大学地球科学与技术学部与香港大学理学院博士生联合培养计划补充协议	香港大学理学院	中国香港	戴民汉	9 月 20 日
厦门大学地球科学与技术学部与香港大学理学院博士后联合培养计划补充协议	香港大学理学院	中国香港	戴民汉	9 月 20 日
澳门科技大学与厦门大学交流合作协议书	澳门科技大学	中国澳门	张　荣	10 月 8 日
厦门大学与澳门科技大学本科生交换计划协议书	澳门科技大学	中国澳门	张　荣	10 月 8 日

续表

协议名称	签约院校	国家/地区	签署人	签约时间
厦门大学与英国布里斯托大学合作协议	英国布里斯托大学	英国	杨　斌	10月15日
厦门大学与东华大学学术交流与合作意向书	东华大学	中国台湾	张　荣	10月18日(续)
厦门大学与东华大学学生交流合约书	东华大学	中国台湾	张　荣	10月18日(续)
厦门大学与英国伯明翰大学联合培养合作内容协议	英国伯明翰大学	英国	杨　斌	10月20日(续)
厦门大学与英国伯明翰大学联合培养数据共享协议	英国伯明翰大学	英国	杨　斌	10月20日(续)
厦门大学与义守大学学术合作交流备忘录	义守大学	中国台湾	张　荣	10月26日(续)
厦门大学与义守大学学生交流备忘录	义守大学	中国台湾	张　荣	10月26日(续)
中国-挪威海洋大学联盟谅解备忘录	联盟院校共23所	挪威	张　荣	10月28日
厦门大学与泰国皇太后大学中医教育合作协议书	泰国皇太后大学	泰国	张　荣	11月5日(续)
厦门大学与阳明交通大学学术交流合约书	阳明交通大学	中国台湾	张　荣	11月9日
厦门大学与阳明交通大学交换学生合约书	阳明交通大学	中国台湾	张　荣	11月9日
厦门大学与厦门国贸控股集团有限公司境外战略合作框架协议书	厦门国贸控股集团有限公司	中国	江云宝	12月30日

2021年厦门大学举办国际会议一览表

举办时间	会议全称(中文)	主办/承办/合办单位
1月11—14日	第五届厦门海洋环境开放科学大会	近海海洋环境科学国家重点实验室
4月1—4日	口笔译教育与评价研究论坛	外文学院
4月2—5日	人类命运共同体话语体系建构研究	外文学院
4月4—7日	回望南洋:“百年未有之变局”下的中国与东南亚关系国际学术研讨会	国际关系学院
4月4—6日	全球风险社会下的公共治理:挑战与应对国际学术研讨会	公共事务学院
4月5—7日	大学促进人类命运共同体的发展学术研讨会	教育研究院
4月5日	中外大学校长论坛	国际合作与交流处
4月6日	国际法治的理论与实践研究国际研讨会	法学院
4月6—9日	“美美与共”:比较文学与跨文化研究	外文学院

续表

举办时间	会议全称(中文)	主办/承办/合办单位
4 月 14—16 日	第 15 届国际电气电子工程师学会国际医疗信息通信技术研讨会	信息学院
4 月 16—19 日	海岸带生态系统与全球变化国际研讨会	环境与生态学院
4 月 25—29 日	第 16 届电气电子工程师学会纳米/微米工程与分子系统国际会议	航空航天学院
5 月 10—12 日	能源应用中的电化学:实验与理论	化学化工学院
6 月 9—11 日	第 23 届凝聚态核科学国际会议	化学化工学院
6 月 13—17 日	2021 厦门几何分析国际会议	数学科学学院
7 月 24—25 日	凌峰暑期科研论坛	环境与生态学院
7 月 28—30 日	第十届中国国际通信大会	信息学院
9 月 14—17 日	第二十二届电子封装国际会议	电子科学与技术学院
9 月 24—26 日	第三届厦门大学"一带一路"发展论坛	一带一路研究院
10 月 25—29 日	国际电池协会 2021 年会议	化学化工学院
10 月 29—31 日	第十五届电气电子工程师学会安全、防伪、识别国际会议	电子科学与技术学院
11 月 11—14 日	量子化学中的机器学习国际研讨会	化学化工学院
11 月 24—26 日	第七届生物质能源国际会议	能源学院
12 月 3—6 日	2021 年鲨科学与保护亚太国际研讨会	环境与生态学院
12 月 9—13 日	2021 厦门软物质论坛暨中国复杂自适应物质学会秋季研讨会	物理科学与技术学院
12 月 16—19 日	第二届"宇宙热重子探寻计划"科学会议:宇宙中的高温气体	物理科学与技术学院

2021 年厦门大学举办两岸会议一览表

举办时间	会议全称(中文)	主办/承办/合办单位
5 月 28—30 日	海峡两岸检察职能新发展研讨会	法学院
6 月 17—19 日	新时代两岸关系发展论坛暨第七届文厦论坛	台湾研究院
11 月 11—12 日	闽台知识产权圆桌论坛	知识产权研究院
11 月 19—21 日	第七届两岸学子论坛	台湾研究院
12 月 3—5 日	台湾地区文学研究两岸拓展会议	台湾研究院
12 月 27—29 日	2021 年海峡两岸环境与生态研讨会	环境与生态学院

国内合作

【概况】 年内，国内合作办公室认真贯彻学校党委、行政的部署，协同校内各单位，坚持"顶天立地""共建合作"战略，以"创新服务理念、增强服务意识、提高服务水平、作出一流贡献"为出发点，创新合作模式，深化产教融合，编制并落实厦门大学社会服务"十四五"规划，不断提升服务国家和地方社会经济发展能力，助推学校"双一流"建设。

推动教育部、福建省、厦门市继续重点共建厦门大学。主动加强对接，在巩固以往共建成果的基础上，推动签署《教育部、福建省人民政府、厦门市人民政府继续重点共建厦门大学协议书》，这是在 2001 年、2007 年、2011 年、2018 年后教育部、福建省、厦门市第五次签署共建厦门大学协议。

拓展战略合作的广度和深度。瞄准国家战略和区域发展需求，开辟与国家部委、省、市合作新通道，深化与重点行业、企业合作新模式。积极推进与黑龙江省委省政府、宁德市人民政府、福建省地震局、昆山市人民政府、中国电子信息产业集团、国网福建省电力有限公司、兴业银行、兴业证券、福建省厦门第一中学等建立战略合作关系，推进与自然资源部第三海洋研究所开展科教融合共建。学校百年校庆期间，共邀请 85 个战略合作单位来校参加活动，邀请对象涵盖省市政府、省直机关、行业、企业、兄弟高校和科研院所，来校嘉宾近 200 人。

全面融入和服务新福建建设。强化与福建省九市一区对接机制，召开第六届厦门大学与福建省九市一区校地战略合作工作会议，编制《厦门大学服务福建发展年报 2020》，推进与福建省九市一区在厦门大学翔安校区合作共建厦门大学"八闽园"。完善校地合作工作机制，召开厦门市与厦门大学市校合作联席会议，深化与思明区的合作，联合厦门市工业和信息化局举办"走进厦大实验室"系列活动。

推进地方研究院建设。加快推进厦门大学九江研究院、厦门大学龙岩产教融合研究院、厦门大学古雷石化研究院、厦门大学平潭研究院建设；推动成立昆山厦大创新中心，努力服务地方创新驱动发展和产业转型升级。

加大对口合作院校帮扶力度。按照教育部和福建省部署，做好与贵州师范大学、西藏民族大学、青海民族大学、宁夏大学和福建省内高校的帮扶工作，增列对口支援新疆大学和昌吉学院，与青海民族大学签署新一轮对口支援协议，进一步扩大对口支援的覆盖面和服务面。

完善国内合作相关管理制度。出台《厦门大学地方研究院管理办法（试行）》《厦门大学地方研究院人员管理办法（试行）》《厦门大学国内合作合同管理细则（试行）》，为学校国内合作工作提供坚实的法治保障。

（翁晨希）

【教育部、福建省、厦门市继续重点共建厦门大学】 4 月 6 日，在庆祝厦门大学建校 100 周年大会上，举行了《教育部、福建省人民政府、厦门市人民政府继续重点共建厦门大学协议书》签约仪式，时任教育部部长陈宝生、时任福建省省长王宁、时任厦门市委书记赵龙分别代表教育部、福建省人民政府、厦门市人民政府签署协议。

（翁晨希）

【举行厦门大学与福建省九市一区校地战略合作 2021 年工作会议】 4 月 5 日，厦门大学与福建省九市一区校地战略合作 2021 年工作会议在厦门大学翔安校区举行。会议以"扎根福建·再创辉煌"为主题，围绕新形势下进一步创新校地、校企、校校合作模式和对接机制，深化合作内涵、促进产教融合等，共商校地合作新思路、新经验。时任福建省省长王宁、福建省副省长李德金、厦门大学党委书记张彦参加会议。参会人员包括福建省省直政府部门负责人、九市一区政府代表、企业代表、省内高校代表和专家学者近 300 人。会上，厦门大学副校长江云宝代表学校提出了服务福建全方位推动高质量发展超越行动计划（2021—2025 年），并做厦门大学服务新福建建设工作报告。厦门大学与国网福建省电力有限公司在会上签署了战略合作框架协议；与厦门市科学技术局、集美区人民政府签署共建"嘉庚高新技术研究院"框架协议书；与厦门市人民政府合作共建的厦门大学电影学院揭牌。2016 年，厦门大学与福建省九市一区首次召开校地战略合作工作年会，搭建了校地共商共赢的交流合作新平台。经过不断发展完善，该平台已逐步成为厦门大学服务福建的重要窗口和品牌项目。

（翁晨希）

【召开厦门市与厦门大学市校合作联席会议】 3 月 18 日，厦门市与厦门大学市校合作联席会议在厦门大学科艺中心召开。时任厦门市委书记赵龙，市人大常委会党组副书记、副主任黄强，时任常务副市长黄文辉，市委常委、时任宣传部部长李辉跃，时任副市长孟芊、林建，厦门大学党委书记张彦，原党委常务副书记李建发，党委副书记徐进功，副校长邓朝晖、邱伟杰、江云宝，党委常委孙理，校长助理方颖参加会议。校长张荣主持会议。会上，市校双方围绕深化厦门市与厦门大学合作、筹备百年校庆、加快厦门大学"双一流"建设步伐，更好服务厦门市高质量发展和"两高两化"建设座谈交流。按项目清单，市校双方积极推进百年校庆筹办、部省市共建协议、校友招商、科技成果转化、嘉庚创新实验室建设等合作事项落实。

（翁晨希）

【举办"走进厦大实验室"系列活动】 6—7 月，国内合作办公室协同厦门市工业和信息化局与厦门大学研究生院、翔安校区管委会、WIPO 在华技术与创新支持中心（TISC）等单位主办了"走进厦大实验室"系列活动。该活动包括集成电路专场、智能制造专场、电子信息专场、新材料专场，邀请相关领域重点企业的企业家和研发、人力资源等部门主管走进厦门大学实验室，围绕企业留人用人以及协同高校人才培养、研发创新、知识产权等，共同探讨政产学研用各方资源、政策等协同模式和常态化合作机制。

活动由各学科及研究方向专题报告交流、实验室参观、座谈研讨等环节组成,厦门大学物理科学与技术学院、航空航天学院、化学化工学院、材料学院、信息学院、能源学院、电子科学与技术学院、嘉庚创新实验室、知识产权信息服务中心等院系骨干教师参会,四场活动累计130余家企业、近400人次参加。该活动是学校推动政产学研用深度融合的一次有益探索,已逐步搭建起政府引导、企业需求牵引、高校协同创新的良性交流协作平台。　　(翁晨希)

【出台《厦门大学地方研究院管理办法(试行)》《厦门大学地方研究院人员管理办法(试行)》】 2月6日,《厦门大学地方研究院管理办法(试行)》《厦门大学地方研究院人员管理办法(试行)》正式印发,对地方研究院的建设目标、设立条件、职责范围、管理机制、人员管理、财务管理、资产管理、考核和审计、奖励和问责等方面进一步明确,促进地方研究院规范、高效、有序管理。　　(翁晨希)

【出台《厦门大学国内合作合同管理细则(试行)》】 10月26日,《厦门大学国内合作合同管理细则(试行)》正式印发,加强对合同订立、履行和归口管理的监管,推动学校、二级单位对外签署战略合作协议规范运作。

(翁晨希)

附　录

2021年厦门大学国内合作重大合同签署情况

合同名称	相对方签约主体	签约日期
厦门大学　兴业证券股份有限公司战略合作协议	兴业证券股份有限公司	2021年3月26日
厦门大学　国网福建省电力有限公司战略合作框架协议	国网福建省电力有限公司	2021年4月5日
四川天府新区管理委员会　厦门大学关于共建“厦门大学四川研究院”的合作协议	四川天府新区管理委员会	2021年4月16日
厦门大学　兴业银行股份有限公司战略合作协议	兴业银行股份有限公司	2021年4月23日
厦门大学关于支持厦门火炬高新区管委会建设厦门火炬大学备忘录	厦门火炬高新区管委会	2021年5月10日
厦门大学　福建省厦门第一中学战略合作协议	福建省厦门第一中学	2021年7月13日
黑龙江省委省政府　厦门大学战略合作框架协议	中共黑龙江省委、黑龙江省人民政府	2021年8月6日
昆山市人民政府　厦门大学合作协议	昆山市人民政府	2021年8月30日
昆山厦门大学创新中心合作协议	昆山高新集团有限公司	2021年9月24日
厦门大学　青海民族大学对口支援战略协议	青海民族大学	2021年11月
厦门大学对口支援青海民族大学2021年工作计划书	青海民族大学	2021年11月
宁德市人民政府　厦门大学战略合作协议书	宁德市人民政府	2021年12月19日
厦门大学　自然资源部第三海洋研究所科教融合共建协议	自然资源部第三海洋研究所	2021年12月24日
自主先进计算人才培养基地和创新应用基地共建框架协议	中国电子信息产业集团有限公司	2021年12月25日
福建省地震局——厦门大学合作协议	福建省地震局	2021年12月28日

资产与后勤事务管理

【概况】 年内,资产与后勤事务管理处坚持以习近平新时代中国特色社会主义思想为指导,学习贯彻党的十九大和十九届历次全会精神,认真落实学校各项资产与后勤事务工作部署,凝心聚力、砥砺奋进,圆满完成学校百年校庆各项工作任务,以优良作风、优质服务、优异成绩助力学校“双一流”建设。

截至12月31日,学校资产登记土地面积491.99公顷,其中思明校区(含校外科研基地)178.1公顷,漳州校区(不含嘉庚学院)71.21公顷,翔安校区242.68公顷。学校核算登记的固定资产原值合计125.89亿元,其中房屋建筑面积239万平方米,原值合计73.44亿元;通用设备153027台(件、套),原值合计36.27亿元;专用设备18602台(件、套),原值合计

13.48亿元;文物陈列品7160台(件、套),原值合计189.98万元;家具用具装具75604台(件、套),原值合计1.84亿元;图书档案1228万册(卷),原值合计4.52亿元。全年安全用电1.89亿度,供水441.46万吨,中水回用125.23万吨,水电费总支出11522.15万元,回收5623.62万元,净支出5898.53万元。

规范国有资产管理。收取2021年公房资源使用费1370万元、商业用房租金5000万元、车位租金1100万元。完成向教育部申报国有资产出租出借报备报批手续15批次,国有资产处置事项2批次,处置资产原值14994.19万元(含未达年限和不计提折旧固定资产43.11万元),全年国有资产处置收入151.16万元,上缴国库处置收入1.84万元。深入推进校办企业改革工作,全部65家改革企业已完成清理关闭34家、脱钩剥离16家、保留15家,占总任务量的95.59%。

提升民生服务质效。安排教师入住周转房80人次、博士后公寓96人次、国光专家公寓60人次。组织教职工申报厦门市高层次人才和骨干人才类型认定工作,实际申报167人,认定通过153人。发放148名教职工住房货币化补贴1774.23万元。开展老旧住宅电梯增设工作,截至12月31日,完工23梯,正在施工11梯。

提高采购效能。全年货物、服务、修缮工程采购(不含试剂耗材平台)4.69亿元,节约率7%。试剂耗材询购平台有供货商1431个,产品数据7821.71万条,全年共计127个用户单位通过平台采购,涉及1706个课题组、8029个用户,已成交15.60万个订单,订单总金额17391.18万元。

完善基础设施建设。完成2021年度中央修购项目43个,总金额3212.11万元;开展其他修缮项目278个,总金额8870.07万元。重点工程包括百年校史馆建设、校友馆建设、王亚南纪念馆建设、人类博物馆修缮、长汀旧址——萨本栋故居修缮、大南2号楼修缮、东区综合楼改造、思明校区地下井二次供水泵房控制系统改造、群贤校门喷水池改造、八闽园(生态实践教学基地)建设、电子学院南存钿楼改造、信息学院新址4号楼改造、跃进楼电力改造、翔安校区实验室污水处理站改造、翔安校区一期学生公寓二次供水管网改造、百年校史展(翔安校区)建设、翔安校区学生广场配套景观建设等。做好学校公共教室、运动场馆、学生宿舍、各类公房以及道路等基础设施的日常零星维修工作,共安排零星维修与改造2600余单。

推进平安校园建设。落实水电、商业店面、仓库等日常安全管理。做好防汛抗台工作,开展森林防火物资检查和安全隐患排查,定期清除防火隔离带杂物,清掏校园及临山体侧截水沟、排洪沟泥沙、杂物等。强化校园食品安全管理,定期开展传染病防控和食品安全管理联合巡查。推进学校实验室固废、废液等危险物的监管和无害化处理工作,思明、漳州、翔安三校区共转移废弃包装容器、污染物74.81吨,实验室废液145.95吨,过期化学品6.06吨。12月9日起,危险废物处置相关工作移交实验室与设备管理处。

提升校园环境品质。加强校园环境与基础设施维护日常巡查工作,推进无障碍通道建设,新增环境卫生保洁11000平方米。完成校园核心区域绿化环境提升工程、思明校区凌云4绿化提升工程、翔安校区主楼群夜景工程、翔安校区景观湖改造、漳州校区茶花移植等。

统筹做好疫情防控和资产后勤保障工作。定期开展校园重点区域常态化防疫防控消毒,规范设置口罩收集专用桶,安装大型手部消毒设备17台。开展校园环境卫生整治工作,配合学生返校期间各留观点布置、物资配置、行李消杀等工作,配合核酸检测点、疫苗接种点布置、环境防疫消毒等工作。保障学校防控物资供应,联系并接收校友及爱心企业防疫物资捐赠,完成学校七轮全员核酸检测、疫苗接种及学校各类大型会议活动相关物资保障任务。9月厦门疫情期间,向思明、漳州、翔安三校区学生发放口罩共计56万只。加强冷链食品安全管理、鸟箱快递安全管理、施工工地安全管理工作。开展店面、工地复工复产检查、审批工作,针对疫情防控期间的商业店面实行减租税收减免。

加强后勤服务监督管理。继续做好公共教室、学生宿舍、学生食堂、校园公共环境、商业用房、周转房、水电服务等的监督检查,以及体育场馆、教职工住宅物业管理的监督检查。

推进幼儿园建设。成立幼儿园70周年园庆专项工作组,推进70周年园庆筹备工作。持续优化白城部、大南部、翔安部功能布局,完成幼儿园翔安部三、四楼装修改造工程,努力创造一流的育人环境。

加强内部控制。制定出台《厦门大学采购管理办法》《厦门大学固定资产管理办法》《厦门大学无形资产管理办法(试行)》《厦门大学科研仪器设备采购实施细则(2021年修订)》《厦门大学资产与后勤事务合同管理细则(试行)》等一系列文件。推进制定《厦门大学货物和服务采购工作实施细则》《厦门大学修缮工程采购工作实施细则》《厦门大学供应商管理办法(试行)》《厦门大学采购项目质疑答复和投诉处理实施细则》等。以"抓学习　强能力　助力学校'双一流'建设"为主题,面向全校从事资产管理、采购工作、后勤管理的干部开展培训。(周筱君　揭莉萍　庄淑娟　何晓舟　陈顺源　陈霖锋　陈心怡　袁华玉　江耀明　胡　敏　徐伟斌)

【完成百年校庆建设项目与校园环境提升工作】 1月,完成翔安校区主楼群亮灯工程(翔安校区夜景一期)。2月起,陆续完成思明校区环校路、芙蓉园、建南大会堂、演武运动场和上弦场等核心区域绿化提升改造。4月,完成百年校史馆建设、校友馆建设、长汀旧址——萨本栋故居修缮、人类博物馆修缮、八闽园(生态实践教学基地)建设、百年校史展馆(翔安校区)建设、翔安校区景观湖(一期)改造、翔安校区主楼群周边石板路改造、翔安校区学生广场配套绿化景观工程。12月,完成王亚南纪念馆室外景观改造、室内装修及布展方案。

(胡　敏　袁华玉　杨为国　苏逸君　江耀明)

【做好百年校庆物资采购及保障工作】 年内,共计完成校庆相关货物和服务采购 55 项、物资保障运送任务 60 余次。4 月 3 日晚,出库 12 个种类的礼品 2.3 万件,包装嘉宾礼品 2895 套。严格规范校庆交流用品库房管理,截至 12 月 31 日,共计入库固定资产类捐物赠 45 种,非固定资产类捐赠物 47 种。（谭欣晨）

【推进海韵教学园二期工程项目】

1 月 13 日,《厦门市思明区人民政府关于厦大海韵校区(二期)项目集体土地上房屋征收的通告》发布。1 月 15 日,教育部对学校建设海韵教学园二期有关事项作出批复,2 月 2 日《厦门市思明区人民政府关于厦大海韵校区(二期)项目集体土地上房屋征收的补充通告》发布。3 月 10 日,搬迁期限到期,大规模拆除工作启动。4 月 6 日,海韵教学园二期工程开工仪式举行。4 月 22 日,项目指挥部启动核心区域仅剩下的西边社 40 号行政裁决程序。7 月 9 日,启动已签约村民选房工作。8 月 1 日,完成第一轮选房工作。11 月 26 日,西边社 40 号签约。11 月 29 日,完成本项目建设用地移交确认(容缺交地方式)。12 月 11 日,征收指挥部专题研究,明确被征收村民安置房物业费及公维金政策。12 月 23 日,厦门市重点建设项目办公室对项目现场督察调研。（朱亚鑫）

【推进法学院扩建项目】 2 月 8 日,拆迁安置补偿协议签约率达到 100%。3 月 1 日,启动法学院扩建项目拆除工作。3 月 24 日,法学院扩建项目完成场地交付。3 月 30 日,与厦门市土地发展中心签订使用储备用地协议书。4 月 3 日,举行法学院扩建土地移交及开工仪式。9 月 19 日,完成原博海豪园小区开发商所使用位于本项目的房产拆除清场工作。（朱亚鑫）

【推进大生里教工住宅危房加固改造项目】 3 月,完成加固方案设计;6 月,完成加固设计方案专家咨询论证;8 月,完成招标文件编制并挂网;9 月,确定厦门合泓建设有限公司为项目施工单位;10 月,与思明区政府召开项目施工协调会;11 月 17 日,项目正式开工。（陈顺源　付慧珊）

【东区综合楼完成改造并投入使用】

4 月,启动思明校区东区综合楼改造项目,将原菜市场调整为老年活动中心和生鲜超市。12 月,完成改造并投入使用。老年活动中心配有多功能大厅、党建阅览室、棋牌室、乐器室、开水房和值班人员室等以及空调、投影仪等设备,迅速成为学校离退休老同志和周边居民组织学习交流、开展文体活动的重要场所;生鲜超市解决了原菜市场卫生环境“脏乱差”的问题,提高了周边师生的生活品质。（袁华玉）

【权证办理工作取得新进展】 6 月,完成勤业餐厅建设项目竣工土地复核验收手续;7 月,完成勤业餐厅不动产权证办理、漳江口湿地生态野外科研与教学基地不动产权籍调查手续;8 月,完成漳江口湿地生态野外科研与教学基地土地使用权证办理。6—11 月,陆续完成西村北村 3 名境外引进人才房不动产权证的办理。（陈顺源　陈霖锋）

【深入推进校园垃圾分类工作】

7 月,完成垃圾分类监管平台建设。11 月,组织破损垃圾桶维修培训。11 月 16 日举办《走向文明的路径——生活垃圾分类工作实践与探索》垃圾分类工作讲座。共建设示范生活垃圾分类屋(亭)11 处,新建海韵园大件垃圾投放点,扩建海韵园生活垃圾收集点;全校行政办公楼新增垃圾桶 21 组,购置公共区域用不锈钢果皮箱 20 组,购置四类塑料垃圾桶 208 个,印制生活垃圾宣传标识 20700 余张;翔安校区完成垃圾分类桶标识和垃圾分类宣传栏的更新,新增投入 420 个垃圾桶,其中设置 320 个低值可回收垃圾桶。（苏逸君　江耀明　杨为国）

【启动智慧物联固定资产盘点系统建设】 年内,面向全校固定资产管理员举办资产盘点方案研讨会,资产与后勤事务管理处多次派员到学院实地调研系统建设需求。12 月,智慧物联固定资产盘点系统建成并上线,完成采购可行性论证、采购需求征集意见、招标文件评审等工作。（庄淑娟）

【规范党政办公用房管理】 11 月,资产与后勤事务管理处会同纪律检查委员会/巡察办完成学校双肩挑领导干部的办公用房整改工作,印发《厦门大学党政办公用房管理暂行办法》。（钱　昆）

【至善公寓投入使用】 年内,学校加急开发“翔安至善公寓管理”模块,接受教职工线上申请并进行资格审核。11 月,翔安校区至善 1～4 号楼 240 套公寓作为青年教职工周转住房投入使用。（许书环）

【推行合同电子签章】 12 月 1 日,学校持续优化完善“采购与资产一体化服务平台”功能,试运行电子合同模块,实现电子签章功能。（谭欣晨）

招投标工作

【概况】 2020 年 9 月,招投标中心(以下简称中心)从资产与后勤事务管理处分离后,学校采购与招标工作领导小组以“规范过程管理,防范廉政风险”为原则,厘清各部门职责边界,重点梳理再造了中心、采购用户、采购业务主管部门(资产与后勤事务管理处、基建处、图书馆)、政府采购管理办公室“四位一体”的采购流程,明确采购过程上、中、下游各环节各部门的职责权限,建立起“管采分离、权责清晰、机构分设、相互制约”的工作机制,构建了限额以上采购分段实施的管理模式。在管采分离、机构分设过程中,以保证采购效率,不增加沟通成本为宗旨,确保采购工作顺利平稳过渡。

4 月,中心全面接手学校采购限额标准以上项目采购业务,主要负责采购过程中游环节的采购文件审核、发布采购公告、组织采购工作、出具采购报告、发放成交通知和受理书面质疑,强化了采购规范与专业服务职能。中心共有职工 8 人。

中心在学校党委、行政的正确领导下,深入学习贯彻习近平新时代中国特色社会主义思想,围绕深化政府采购制度改革精神,强化内控制度建设和廉政风险防控,全过程、全要素规范采购行为和采购流程,多措并举提升采购绩效,为学校“双一流”建设提供坚实的采购服务保障。

截至 12 月 31 日，中心共完成 238 个项目的采购，采购总预算 62786.33 万元，中标总金额 56602.86 万元，节约金额 6183.46 万元，节约率 9.85%；店面招（拍）租 17 标次，首年度合同金额 497.83 万元。

（张福中　李　苗　陈伟德）

【招投标中心网站上线】　3 月 17 日招投标中心网站上线试运行，7 月 21 日正式启用。中心网站建设突出学校采购执行部门的专业性与服务性：设置校内采购专栏与政府采购专栏，突出其制度执行的差异性；设置法规制度专栏，便于师生查法用法；设置办事指南专栏，明晰采购流程；设置学习园地专栏，提供常见性问题解答等，构建学校采购常态化学习平台。

（张福中）

【强化内控建设】　年内，制定《厦门大学招投标中心印章管理规定》《厦门大学招投标中心采购档案管理规定》，实现合同管理、用章管理和档案管理的规范化。编制《厦门大学招投标中心廉政风险排查与防范措施一览表》，主要针对采购文件审查、开标环节、评标环节等 11 个风险点，对 28 项风险因素进行具体分析，制定 23 条具体防范措施，强化采购过程全链条、全要素管理，筑牢廉政风险防线。

（李　苗）

【出台《厦门大学委托采购代理合同管理细则（试行）》】　11 月，出台《厦门大学委托采购代理合同管理细则（试行）》（厦大资产〔2021〕38 号），拟定委托采购代理合同模板。　（李　苗）

【出台《厦门大学政府采购负面清单（2021 年版）》】　10 月，出台《厦门大学政府采购负面清单（2021 年版）》。负面清单根据《政府采购法》等相关法规，结合省、市政府采购部门发布的《政府采购负面清单》，建立依法依规、公开透明的审查机制。负面清单包含了采购文件编制禁用类、公告禁用类、评审禁用类、合同禁用类等内容，明确禁止 25 种行为，列举 96 项禁止设置条款，在最大限度满足采购用户需求的基础上，防止潜在排他性条款和限制性条款的出现，可有效避免质疑和投诉行为的发生，控制采购活动中的廉政风险和法律风险。

（李　苗）

【完成翔安校区公寓五期和中部学生食堂招标】　2 月起，先后完成翔安校区公寓五期和中部学生食堂项目场地平整施工、主体施工、监理服务招标工作，中标总金额 21126.83 万元。公寓五期由 4 栋点式高层公寓组成，总建筑面积 45060.71 平方米，地下一层，地上十三层，建筑高 48.75 米；中部学生食堂 1 栋，总建筑面积 12985.88 平方米，地下一层，地上三层，建筑高 18.06 米。

（陈伟德）

【完成思明南路 298 号加固改造工程采购】　9 月 10 日，思明南路 298 号加固工程项目采购工作完成，中标单位厦门合泓建设有限公司，中标金额 3500 万元。8 月 19 日，项目以竞争性磋商方式在中国政府采购网发布采购公告，该房屋建成于 1931 年，建筑面积 9495 平方米，总用地面积约 3600 平主米，建筑高度约 14 米，分为前列和后列，属连体砖木结构建筑。

（张福中）

【完成信息学院相关楼栋装修及家具设备招标】　9 月起，参与信息学院计划从思明校区搬迁至翔安校区相关准备工作，先后完成翔安校区信息学院 4 号楼装修改造工程、弱电系统、空调系统、多媒体系统和家具采购招标，3 号楼装修改造工程和科研机房系统的招标，中标总金额 2075.73 万元。

（秦　岭）

【完成海韵园二期（设计）招标】　10 月 21 日，海韵园二期（设计）项目完成招标工作，该项目由德旺商学院大楼、电影学院大楼、综合文体中心大楼及地下停车场等四部分组成，拟建面积约 13 万平方米，中标单位厦门大学建筑设计研究院有限公司，中标金额 1430.37 万元。9 月 2 日，项目以公开招标方式在厦门市公共资源交易网发布招标公告。

（陈伟德）

实验室与设备管理

【概况】　2021 年，实验室与设备管理工作在学校党委、行政的领导下，创新贵重仪器设备管理，推进学科资源共享共建，促进学科交叉融合。落实仪器设备有偿使用制度，开展贵重仪器设备开放使用收费，充分发挥贵重仪器设备开放使用收费的激励作用和引导作用，实现贵重仪器设备开放使用收入金额 2155.68 万元。推进贵重仪器设备二次资源配置，优化盘活存量仪器资源，调剂调拨贵重仪器设备 25 台（套）。开展实验公房减免房产资源使用费审核，减免使用费的实验公房面积 20101.97 平方米，减免租金 72.37 万元。利用厦门大学仪器设备资源优势为社会提供服务，向国家科技基础条件平台中心报送了 604 台（套）单价 50 万元以上的贵重仪器设备，其中 474 台（套）贵重仪器设备纳入集约化管理。

优化实验室安全管理机制，将实验室辐射安全、实验室环境安全管理职能由资产与后勤事务管理处调整至实验室与设备管理处，进一步加强学校实验室辐射安全、实验室环境安全管理。高度重视实验室安全管理和疫情防控，根据学校部署及时发布实验室安全保障方案和应急处置预案，研究制定百年校庆期间实验室安全保障方案和应急处置预案。开展高密度、多层次、全覆盖的实验室督察和检查，开展实验室辐射专项安全检查，共排查 121 项安全隐患并逐一整改到位；开展实验室生物安全专项检查，共排查 37 项安全隐患并逐一整改到位；实验室安全卫生督导组与实验室与设备管理处共同开展线上及线下常态化实验室安全检查及实验室指导，形成检查报告或检查记录 280 份，排查实验室安全隐患 353 条，全校实验室安全警示通报 2 次。面向全校师生广泛开展实验室安全知识普及工作，组织开展"2021 年厦门大学'119'消防安全暨实验室安全宣传月"系列活动，提升实验室安全意识和防护技能，全年共举办 21 场次的实验室安全培训和应急演练活动。

根据学校实验室与仪器设备管理事业发展的新形势开展制度建设，修订实施《厦门大学贵重实验仪器设备管理办法》《厦门大学实验室生物安全管理规定》，印发《厦门大学拔尖学生贵重实验仪器设备开放创新基金管理办法》，通过建章立制，让实验室管理有章可循，有据可依。

截至2021年12月31日，全校单台(套)10万元以上的教学科研仪器设备6150台(套)，价值33.6亿元，当年新增3.3亿元；单台(套)40万元以上的教学科研仪器设备1616台(套)，价值23.9亿元，当年新增2.5亿元。2021年完成全校各单位247台(套)单价10万元(含)以上贵重仪器设备的购置前可行性论证，其中35台(套)单价40万元(含)～100万元(不含)的贵重仪器设备，28台(套)单价不小于100万元的贵重仪器设备，275台(套)批量贵重仪器设备。共计完成522台(套)贵重仪器设备的购置前可行性论证；完成176台(套)单价不小于10万元的贵重仪器设备的报废前可行性论证。 (罗剑梁)

【调整实验室辐射安全、实验室环境安全管理机构职能】 年内，学校第27次校长办公会议、中共厦门大学第十一届委员会常务委员会第137次会议审议，将实验室辐射安全、实验室环境安全管理职能和相关机构由资产与后勤事务管理处调整至实验室与设备管理处，并将“厦门大学辐射安全管理领导小组”更名为“厦门大学实验室辐射安全管理领导小组”，进一步加强学校实验室辐射安全、实验室环境安全管理，堵住实验室安全管理漏洞。 (罗剑梁)

【重大科研基础设施和大型科研仪器开放共享评价考核获评优秀】 年内，科技部、财政部会同有关部门，委托国家科技基础条件平台中心，组织开展2021年中央级高校和科研院所等单位科研设施与仪器开放共享评价考核工作，通过专家咨询和现场核查，对25个部门346家参评单位进行了考核评价，厦门大学获评“优秀”，在全国参评高校中位居第五。 (张　晶)

【确保百年校庆期间实验室安全稳定】 年内，实施百年校庆期间实验室安全保障方案和应急处置预案；对全校各实验室开展多轮安全专项检查，做到“全覆盖、不留死角”。对各类危险化学品、放射源、生物病原体、高压气瓶、特种设备和射线装置等风险源加强安全管理，对发现的安全隐患整改实行销号式管理，并举一反三，杜绝隐患经整治后复发的情况。重大安全事故隐患一经发现立整立改，降低安全风险。 (吴惠明)

【召开食品药品检测检验对接会】 10月20日，厦门大学分析测试中心和相关技术专家与隆德县食品药品检测中心以视频会议形式召开食品药品检测检验对接会，助力隆德县建设高水平的区域食品药品检测平台，提升检测检验质量控制能力。

(罗剑梁)

【帮扶隆德县张树村青贮饲料加工产业】 年内，学校筹集价值116万元的发酵设备，于9月分两批次运达宁夏隆德县张树村，推动当地微生物制剂和叶面肥生产线的快速建成。

(罗剑梁)

【签署共建检测实验室合作框架协议】 12月3日，厦门大学与隆德县食品药品检测中心、宁夏赓业投资有限公司正式签署共建检测实验室合作框架协议，全力保障隆德食品药品安全。 (罗剑梁)

附　录

2021年厦门大学贵重仪器设备分布情况

单位名称	合　计	
	台件	金额(元)
数学科学学院	4	1 575 208.83
物理科学与技术学院	180	103 867 221.94
化学化工学院	1022	540 583 026.26
信息学院	134	46 259 152.03
材料学院	276	155 414 633.15
建筑与土木工程学院	31	10 618 236.1
能源学院	109	58 142 067.29
萨本栋微米纳米科学技术研究院	52	41 048 196.67
航天航空学院	252	98 603 231.99
石墨烯工程与产业研究院	39	34 297 078.78
电子科学与技术学院	183	95 549 738.84

续表

单位名称	合　计	
	台件	金额(元)
生命科学学院	442	250 000 138.97
公共卫生学院	227	145 170 825.02
药学院	122	69 004 599.82
医学院	300	124 638 031.75
海洋与地球学院	869	752 036 513.42
环境与生态学院	204	68 279 533.17
实验动物中心	193	37 851 601.6
附属翔安医院	560	381 496 442.97

基建工作

【概况】 2021年,学校完成基本建设项目2个,即漳江口红树林湿地生态系统野外科研基地、翔安校区新工科研发大楼。总建筑面积5.75万平方米,总投资34683万元。

在建项目共3个,包括翔安校区汉语国际推广南方基地、翔安校区学生公寓五期和中部学生食堂。总建筑面积14.45万平方米,计划总投资8.69亿元。

前期项目共3个,包括法学院扩建、海韵园二期、翔安校区动物及生物安全三级实验室。

完成翔安校区能源材料大楼、实验动物中心二期、细胞应激生物学国家重点实验室3个项目的竣工结算和财务决算。　(王培杰　汤宝忠)

【召开校园建设规划委员会会议】 2月8日,学校召开校园建设规划委员会2021年第一次会议,讨论蔡启瑞、高捷成雕像选址等建设方案,提出了完善意见和要求,发挥规划引导作用;11月9日,学校召开校园建设规划委员会2021年第二次会议,审议《厦门大学翔安校区建设规划修编》,与会专家积极建言献策,发挥智库作用,推动学校科学规划。　(王培杰)

【漳江口红树林湿地生态系统野外科研基地竣工】 6月,漳江口红树林湿地生态系统野外科研基地竣工验收。该项目位于漳州市云霄县东厦镇竹塔村,用地面积约12000平方米,总建筑面积10039平方米,建设内容为科研用房、住宿用房、报告厅、讨论室以及配套附属用房等,总投资约5383万元。该基地堪称省级、国家级野外科学观测研究站建设的重要基石,为漳江口红树林湿地生态系统科学研究、多学科高层次人才培养、特色国际化合作交流和社会服务提供强大的硬件设施支撑,有效推进生态学、海洋科学和生物学等"双一流"学科建设。该项目由厦门大学建筑设计研究院设计,中锦骏业建设有限公司(原名福建骏业市政工程有限公司)施工,福建众亿工程项目管理有限公司监理。工程于2019年4月开工建设。　(黄　立)

【翔安校区新工科研发大楼竣工】 10月,翔安校区新工科研发大楼竣工,并完成预验收。该项目位于翔安校区校园内,占地面积6987平方米,总建筑面积48245平方米,建筑层数地下1层、地上10层,共1幢,总投资29300万元,主要满足全校新工科电子、现代制造科研实验创新用房的要求,以及航空航天学院、微电子学院的科研需求,共设置航空航天学院科研用房、工科电子科研用房、工科现代制造科研用房和创意创新创业用房。该项目由厦门大学建筑设计研究院设计,福建省永富建设集团有限公司施工,福建闽华洋建设监理有限公司监理,工程于2019年10月开工建设。　(汤宝忠)

【翔安校区学生公寓五期开工】 6月,翔安校区学生公寓五期开工建设。该项目位于翔安校区校园内,占地面积20921平方米,总建筑面积47470平方米,建筑层数地下1层、地上12层,共4幢,总投资23988万元。翔安校区学生公寓五期工程位于翔安校区西北侧,与公寓二期、公寓三期相邻,项目主要建设内容为公寓宿舍、公共活动用房、绿化用地等。该项目由厦门大学建筑设计研究院设计,驿涛项目管理有限公司(一标段)、巨茂建设投资有限公司(二标段)施工,厦门市东区建设有限公司监理。　(汤宝忠)

【翔安校区中部学生食堂开工】 12月,翔安校区中部学生食堂开工建设。该项目位于翔安校区校园内,占地面积约12000平方米,总建筑面积12938平方米,建筑层数地下1层、地上3层,共1幢,总投资约8553万元。翔安校区中部学生食堂工程位于翔安校区内,学生公寓四期和综合体育馆之间,项目主要建设内容为3000座位食堂及配套生活附属用房。该项目由厦门大学建筑设计研究院设计,乐嘉建设工程有限公司施工，筑力(福建)建设发展有限公司监理。

（汤宝忠）

【汉语国际推广南方基地一期工程二标段竣工】 8月，汉语国际推广南方基地持续推进一期工程二标段竣工。该项目位于翔安校区校园西侧，用地面积348168平方米，总建筑面积84084平方米，建筑4层，共18幢，总投资约54400万元。由行政办公楼、教学楼、图书馆、学员公寓、体育馆、餐饮休闲区等组成。该项目由上海华东发展城建设计有限公司设计，一期工程一标段由浙江八达建设集团有限公司施工，福建宇宏工程项目管理有限公司监理，于2015年4月开工，2017年9月竣工。一期二标段由中建四局第四建筑工程有限公司施工，厦门长实建设有限公司监理，于2017年8月开工建设，年内完成学员公寓装修工程。（汤宝忠）

医科管理

【概况】 2021年，厦门两度面临新冠疫情，学校各项工作面临不同程度的挑战。医科建设与管理办公室(简称医管办)作为防控办核心成员单位，积极应对，协调各部门做好疫情防控相关工作，保障师生健康。

积极推进新医科建设和发展，进一步深入推进医教协同。协调推进医学院耳鼻咽喉头颈外科学系、皮肤病与性病学系、妇产科学系、儿科学系等临床科系建设。推动出台《厦门市卫生健康委员会关于推进厦门大学医学院临床医学专业学系建设的补充意见》。推动学校卫生系列专业技术职务评审权重新核准备案工作，获国家人力资源和社会保障部(简称人社部)审核通过，同意学校卫生系列高级职称评审委员会备案(有效期至2024年6月)。

着力为健康校园建设服务。4月，落实自动体外除颤器(AED)入校工作，拟定《AED项目拟定实施计划》，完成AED设备站点在思明、翔安和漳州三个校区布设。5月，牵头制定《“师生健康　中国健康”主题健康教育活动方案》，以“我的健康我做主”为健康月活动主题，相继开展体质提升体验营、八段锦快闪活动、心理健康促进系列活动、营养均衡和膳食平衡宣教活动、无烟校园(含医院)建设等活动。做好艾滋病日宣传教育，医保电子凭证推广工作。完成福建省医疗器械技术评审专家推荐、教育部医学教育质量检测和医学生培养质量调查等工作、省卫生健康委员会医疗机构信息采集等工作。

（申东杰　郑俊艺）

【开展新冠疫情防控工作】 年内，协调常态化疫情防控期间师生核酸检测适时抽检任务，全年协调附属医院开展师生员工集中核酸检测累计超过30余万人，协调组织24场次疫苗接种，为师生及周边社区群众近7万人次接种新冠疫苗。跟踪了解翔安医院、校医院发热门诊情况，报送疫情相关医疗、国内国际疫情信息，完成疫情信息专项报告264期。

（申东杰）

【举办临床教学培训会】 7月17—18日，医管办承办2021年临床教学培训会，邀请国内知名大学北京协和医学院教学名师团队来校围绕医学教育改革、临床教学管理、教学技能提升、教学督导等方面内容开展教学培训。面向医学院、附属医院教学管理人员及临床教师，现场共70人参会，400余人同步参与网络直播会议。

（申东杰）

【规范附属医院管理服务】 10月，医管办开展附属医院等4个领域腐败风险专项清理整顿工作，配合做好教育部工作组实地检查工作。11月，医管办协同实验动物中心，规范附属医院来校申请实验动物的伦理审查流程，保障附属医院动物实验科学研究的合法性。（郑俊艺）

【做好百年校庆期间重大活动医疗保障】 3—4月，针对百年校庆医疗保障制定总方案、专项活动保障手册和应急预案。校庆期间，医疗保障组共调派医务人员150余人次，救护车22车次；为校内外5家酒店、20余场重要活动提供医疗保障。（郑俊艺）

【持续做好医疗扶贫工作】 年内，先后协调附属翔安医院、附属心血管病医院、附属妇女儿童医院等为隆德、长汀、邵武、光泽等地开展胸痛中心建设、科主任交流活动，拟定对口帮扶骨干医务人员2022年培训计划。

（申东杰）

校友会与教育基金会工作

校友工作

【概况】 年内，厦门大学校友总会紧密围绕学校发展大局，全力保障学校百年校庆各项工作开展，加强校友与学校间的紧密联系，促进学校和校友事业的共同发展，加强组织机构和制度建设，有序推进各项工作。

做好“校庆周”返校校友接待工作。面向全球知名校友发放邀请函1163份，最终收到反馈确定来校参会444人。“百年校庆周”期间累计接待校友及家属近9万人次，累计发放校庆文化用品近4万套。设置往返漳州校区、翔安校区的校友接驳班车，运送校友2800多人次。

【组织全球校友“点亮厦大”】 年内，校庆前发起“厦大，我的爱为您点亮”校友庆祝活动，倡议全球校友通过以“厦大元素”点亮当地户外广告屏或特色景观等实物，以及拍摄具有纪念意义的祝福视频等方式，接力为母校百年送上真挚情谊。全球共计73个校友会组织了庆祝活动。校友“点亮”了北京、上海、杭州、广东、深圳、厦门等40余座国内城市，在56个城市发出最诚挚的祝福，同时收到来自纽约、蒙特利尔、巴黎、悉尼等17份海外校友祝福。（李绍玉）

【推进“校友馆”修缮开馆】 3月31日，校友馆装修工程竣工。4月7日校友馆举办揭牌开馆活动，并面向校友开放参观百年校庆专题展。4月8日，学校资产处对校友馆部分工程进行验收。校友馆由福州校友会捐资修缮，建设资金由福州校友会向在榕校友募集，截至开馆前捐款总额达到686万元，其中1978级中文系校友刘平山捐资500万元，并向校友馆捐赠一套红木家具。（李绍玉）

【推动校友会招商引资】 4月7日，厦门大学百年校庆全球校友招商大会成功举行。大会启动了“南强兴鹭”计划，举行了厦大校友投资项目签约仪式。截至2021年12月31日，共入库校友投资项目1044个，总投资额2460.86亿元，其中落地项目632个，落地项目总投资1025.20亿元。（李绍玉）

【出版文化丛书】 年内，《我的厦大老师》（百年华诞纪念专辑）、《天南地北厦大人》（第二辑）、《难忘厦大》等百年校庆校友文化系列出版物出版。《我的厦大老师》（百年华诞纪念专辑）约34.6万字，收录了98位作者的82篇文章，讲述了83位厦大老师的故事。书中的教师年龄层分布广泛，涉及学校30个学院、机关部门或附属单位，基本覆盖相关学科。《天南地北厦大人》（第二辑）全书37.2万字，收录了68篇不同年级、不同行业、不同地区的校友故事。《难忘厦大》收录70篇厦大师生或校友在校时期的难忘经历。（李绍玉）

【征集《校友之歌》】 年内，学校征集到来自海内外校友、热心友好人士提交的28件作品（含歌词、曲谱、小样）投稿。在此基础上，校友企业协助为1首歌词谱曲并录制演唱小样，并另将4首完整曲目录制演唱小样。《校友之歌》评选工作委托艺术学院专家团队，结合微信推送点击等情况作出综合评定。百年校庆期间，推出由1988级校友联谊会承制的《校友之歌》纪念U盘，收录其中18首由校友参与创作的歌曲供返校校友嘉宾珍藏。（李绍玉）

【拓展校友组织】 年内，新成立德国校友会、粤港澳大湾区化学化工校友会，学校全球范围内共有101个一级校友会。推动安徽校友会在安徽省正式注册；推动江苏暨南京校友会成立二级校友组织扬州校友会、盐城校友会，浙江暨杭州校友会成立二级校友组织嘉兴校友会；做好北京、广东、EMBA联合会、漳州、武汉、佛山、潮汕等地校友会换届工作；推动公共事务学院成立福州、北京等地院友会，生命科学学院成立北京院友会，外文学院成立重庆院友会，信息学院成立北京、深圳、杭州院友会，新闻传播学院成立川渝院友会，化学化工学院成立漳州院友会。（李绍玉）

【服务广大校友】 年内，充实“年级联络员”队伍；推进“校友卡”制办工作；做好“厦大人”微信公众号运营推广；《厦大校友通讯》第60、61期出版；向各地校友推广“百年伟业、薪火相传”专项基金；配合做好校友励学金发放等。（李绍玉）

教育基金会工作

【概况】 年内，厦门大学教育发展基金会围绕学校办学发展和百年校庆筹资工作，加强与社会各界、广大校友的联系和交往，做好捐赠和基金会管理的各项工作。

积极推进百年校庆筹资工作，广泛争取社会资源。通过向社会各界宣传和介绍基金会，主动推荐捐赠项目，为厦门大学建设发展争取社会支持。进一步完善校院二级筹资体系，发动全校师生参与百年校庆筹资工作。持续推广“奋进新百年、共筑新伟业”行动计划，联系和发动广大校友及社会各界热心人士，借百年校庆契机争取各界资源。

加强内部建设，召开理事会会议，完成副理事长、秘书长、部分理事调整工作。完善内部治理，基金会获得2020—2022年公益性捐赠税前扣除资格。健全管理制度，完善业务流程，制定《厦门大学教育发展基金会捐赠合同管理细则（试行）》，进一步丰富捐赠项目设计、款项接收、项目落实、捐赠反馈等捐赠全链条的工作流程，扎实有效推进基金会各项工作。

积极拓展捐赠渠道，广泛开展和落实各项公益活动。基金会全年总计捐赠收入66470万元，公益活动支出70546万元，实现投资收益661万元。

【入围“2020双一流高校基金会公众号年度排行榜50强”】 年内，上海蓝矩信息科技有限公司发布的“2020双一流高校基金会公众号年度排行榜50强”榜单公布，厦门大学教育发展基金会微信公众号入围“最佳全能榜”全国第5名，“最具传播力榜”第10名，“最受欢迎榜”第6名，“最勤奋榜”第11名。（王学军　张闻博）

【获评福建省“5A”级基金会】 2月3日，福建省民政厅发布2020年度福建省级社会组织评估等级公告，厦门大学教育发展基金会获评最高等级“5A”级基金会，这是学校教育发展基金会首次获此殊荣。

（王学军　张闻博）

【举办“重走嘉庚路致敬新时代”主题展览】 4月5日，由厦门大学教育发展基金会、厦门大学校友总会、厦门国际银行、集友银行联合主办的“重走嘉庚路致敬新时代”主题展览在科学艺术中心报告厅举办，陈嘉庚先生长孙陈立人，厦门市委统战部常务副部长何秀珍，厦门市集美学校委员会副主任、陈嘉庚纪念馆馆长翁荣标，厦门国际银行行长章德春，厦门国际银行副行长兼集友银行行政总裁郑威，厦门国际银行董事会秘书祝建武，厦门大学党委书记张彦、副校长邱伟杰共同为“重走嘉庚路致敬新时代”主题展览揭幕。仪式上，邱子欣等新一批海内外贤达、老中青校友、爱心企业和公益组织慷慨捐赠，张彦、邱伟杰等代表厦门大学接受捐赠并签约。（王学军　张闻博）

【联合党支部成立】 5月6日，校友

总会秘书处、教育发展基金会秘书处联合党支部经中共厦门大学机关委员会批复成立，曾国斌任党支部书记。（王学军　张闻博）

【基金会获得 2020—2022 年公益性捐赠税前扣除资格】 5 月 8 日，福建省财政厅、国家税务总局福建省税务局、福建省民政厅联合发布《关于公布 2020—2022 年度公益性社会团体捐赠税前扣除资格名单的通知》（闽财税〔2021〕7 号），厦门大学教育发展基金会等 263 家公益性社会组织获得 2020—2022 年公益性捐赠税前扣除资格。（王学军　张闻博）

【召开 2021 年第一次理事会会议】 6 月 7 日，厦门大学教育发展基金会 2021 年第一次理事会会议在颂恩楼 215 会议室召开。会议表决通过杨斌、高忠华、黄鸿德、邱七星、李书平、左正宏为新理事，选举杨斌为副理事长、曾国斌为秘书长，审议通过基金会 2020 年度工作报告、财务报告，并通报基金会百年校庆筹资工作阶段性成果及 2021 年度工作计划。（王学军　张闻博）

【颁布《厦门大学教育发展基金会捐赠合同管理细则（试行）》】 11 月 5 日，厦门大学颁布《关于印发〈厦门大学教育发展基金会捐赠合同管理细则（试行）〉的通知》（厦大综〔2021〕84 号），《厦门大学教育发展基金会捐赠合同管理细则（试行）》经厦门大学 2021 年第 25 次校长办公会议、中共厦门大学第十一届委员会常务委员会第 131 次会议审议通过，并印发执行。（王学军　张闻博）

附　录

2021 年厦门大学教育发展基金会接受大额捐赠一览表

序号	捐赠人	金额（万元）	项目
1	社会爱心人士	15 000.00	厦门大学建设发展
2	邱子欣	12 649.00	邱子欣教育发展基金
3	黄毅	5 000.00	法学院图书馆捐款
4	旭辉集团股份有限公司	5 000.00	旭辉教育发展基金
5	金龙鱼慈善公益基金会	2 500.00	益海嘉里教育基金
6	陈智松	2 000.00	智松教育基金
7	许华芳	2 000.00	许华芳教育发展基金
8	冠亚投资控股有限公司	1 008.65	冠亚厦门大学会计系发展基金
9	阳光控股有限公司	1 000.00	人才培养及学科建设
10	厦门宝太生物科技有限公司	1 000.00	宝太生物基金

校区管理

漳州校区

【概况】 2021 年，漳州校区认真落实学校工作部署，持续优化工作机制，提升服务保障能力，丰富校园文化生活，密切校地合作交流，确保校园安全稳定。

年内，新增创意与创新学院、国际学院 2021 级新生，以及古雷石化研究院研究生入驻漳州校区，校区办学规模不断扩大。截至 12 月 31 日，校区共有在校学生 19588 人，其中创意与创新学院本科生 532 人，嘉庚学院本科生 18150 人、硕士研究生（厦门大学与嘉庚学院联合培养）85 人，国际学院自主招生项目学生 763 人，产业技术研究院硕士研究生 15 人、博士研究生 8 人，古雷石化研究院硕士研究生 34 人、博士研究生 1 人。

扎实开展党史学习教育。校区各单位坚持以习近平新时代中国特色社会主义思想为指导，把学习党史同学习贯彻党的十九大和十九届历次全会精神，学习贯彻习近平总书记在庆祝中国共产党成立 100 周年大会上的重要讲话精神、在党史学习教育动员大会上的重要讲话精神和致厦门大学建校 100 周年重要贺信精神结合起来，通过集中学习研讨、专题讲座、现场研学、电影党课等多种形式扎实开展党史学习教育。开展了“习近平新时代社会主义思想大讲坛”、新思想学习沙龙、"知党章、学党史、强党性——争做合格共产党员"专题辅导讲座、领导干部讲党课等理论宣讲活动;组织了芝山红楼、"学习号"轮船、闽东苏区纪念馆、高山党校初心使命馆、古田会议会址等"行走的思政课"现场研学活动;举办了党史学习教育微党课大赛、廉洁文化作品征集大赛、庆祝建党100周年文艺演出、党史故事英语演讲比赛等主题教育活动;策划了百期"自强"新青年学党史系列微党课录制、"致敬中国共产党人的精神谱系"原创插画设计、"党史故事绘"系列微党课制作等品牌活动。

深入推进"我为师生办实事"实践活动。开展"大走访、大调研",召开师生代表征求意见座谈会,建立工作台账。重点推进项目包括:校区办学空间资源统筹、跨校区通勤交通保障、教职工住宿及子女入学协调、外籍教师管理服务优化等公共服务项目;"一站式"学生社区改造、南部教师公寓二期建设、主楼群4号楼教师工作室改造、主楼群3号楼地下车库安防监控系统建设、风雨球馆修缮、凌云学生园区电梯更新等校园环境提升工程;跨学科基础课程、跨校区辅修课程开设,毕业生线上双选会及线下大规模招聘会等教育教学资源优化举措。

持续优化工作机制。以庆祝春节等重要节日,庆祝建党百年、庆祝建校百年、迎接2021级新生、迎接部分马来西亚分校中国学生、承办高捷成烈士铜像揭幕仪式、组织思明区人大换届选举等重大活动为契机,通过活动共办、资源共享,增进校区内外单位互动交流。召开校区体育教育、学生管理、教务管理、实验室安全、资产管理等业务部门系列沟通交流会,明确责任推进工作。

提升服务保障能力。漳州校区通勤车船按时准点安全运营,全年总共开行校区间往来班船1525趟次、陆路往返班车212趟次,共运送师生56783人次。改造更新校园配套设施,完成校门人车管理系统改造、北区餐厅消控系统更新、高压配电站主要元器件更新、敬贤教师公寓生活水箱更新、学生宿舍水控系统改造,启动主楼群3号楼地下车库安防监控系统建设。在校区关键区域安装8台除颤仪(AED),配置112具水基灭火器、7台消防安全宣传柜、2台应急发电机等消防和防汛物资。获批中央高校改善基本办学条件专项资金,用于凌云学生公寓电梯更新及风雨球场修缮和更新。

丰富校园文化生活。开展"我们的节日"、百年校庆、庆祝建党百年、高捷成铜像揭幕等一系列文化活动,在2021年消防月、"交通安全宣传月"暨宪法宣传周、2021年防灾减灾日开展主题宣传活动。

密切校地合作交流。以百年校庆、党史学习教育、迎新等重要活动为契机,走访漳州招商局经济技术开发区(简称漳州开发区)管理委员会、经济发展局、社会发展局、文化和旅游局、公安分局、应急管理局,加强与开发区相关部门的合作与交流。走访厦门港码头、漳州港码头、漳州开发区第一医院等单位,加强跨校区通勤、师生专场核酸检测及疫苗接种等业务联动。

维护校园安全稳定。推进漳州校区保卫工作机制,构建校区大保卫工作格局。全年开展消防安全、夏季森林防火、用电安全、实验室安全、防洪防汛地质安全等各类安全隐患大排查9次。举办"校园安全教育"系列公开课3场次、禁毒知识展览教育活动3场次、应急逃生演练2场次、消防灭火技能培训9场次、校园防洪防台风应急演练2场次。与漳州开发区有关部门联动,成立"南太武派出所厦门大学漳州校区警务室"、"安嘉出行"交通安全督导志愿服务队、漳州校区消防志愿者服务队。完成校区实验化学品中转库建设并投入使用。落实实验室危废管理制度,全年累计清运实验室危废品7次,共清运13747.93千克,确保实验室废液存量保持在最低量状态。　(刘　芬)

【漳州校区实验化学品中转库建成】 1月28日,漳州校区实验化学品中转库正式投入使用。校区建立中转库安全管理组织架构,制定管理办法,落实泄露、爆炸、火灾等事故应急处置方案,确保中转库设施设备全天候安全运转。校区危险化学品采购、运输、储存和使用均纳入台账管理。

(刘　芬)

【"厦门大学漳州校区"微信公众号上线】 3月18日,"厦门大学漳州校区"微信公众号正式上线,推送党史学习教育、庆祝建党百年、百年校庆、思明区人大换届选举等重要活动相关文章,以及"迎新季""速览|漳校近期动态"等专栏,加大校区宣传力度,提升校区形象。出台《厦门大学漳州校区管委会所属新媒体平台管理办法》,成立漳州校区新媒体运营中心,加强新媒体管理。　(刘　芬)

【举办厦门大学百年校庆系列活动】 年内,校区各单位共同打造典礼仪式、校史文化、学科建设、学术活动、文体活动、校友文化、献礼项目等7大类22项校庆文化活动,包括厦门大学百年校史及嘉庚精神知识竞赛、"我心中的校主陈嘉庚"主题文化创意比赛、陈嘉庚铜像清明祭扫、"华侨旗帜　民族光辉"——陈嘉庚生平事迹展、迎百年校庆青春环校跑、"同亮一盏灯　同唱一首歌"凌云亮灯、百年校庆零点倒计时、百年校庆升国旗仪式、"看漳州校区20年发展新变化"校友返校参观体验、"百年厦大·2020国际艺术教育优秀院校作品展"、"跨学科　创意　未来"学术论坛、"2021年(首届)全国河口流域生态环境大会"等;组织校区师生以及周边附属单位线上线下参与百年校庆系列活动;提升改造校园环境,对校区重要路段、核心区域,以及校区外围、跨校区通勤沿线精心布置,烘托校庆氛围。　(刘　芬)

【"南太武派出所厦门大学漳州校区警务室"成立】 8月24日,"南太武派出所厦门大学漳州校区警务室"揭牌成立。警务室设在漳州校区主楼群三号楼二楼校区保卫办公室、嘉庚学院保卫部接待大厅。漳州开发区公安分局南太武派出所派民警定期驻点工作。　(刘　芬)

【严抓疫情防控工作】 年内,漳州校区完善疫情防控应急预案,动态调整校门管理方案,增设勤业5、6两幢宿舍楼作为校区"临时备用居家健康观察区"。入校开展多轮全员核酸检测及加强针疫苗接种工作，累计完成约5万人次核酸检测，超过3万针剂/人次疫苗接种，师生第一针、第二针接种率达95%以上。（刘　芬）

【马来西亚分校中国学生在漳州校区线上学习】 年内，部分马来西亚分校（以下简称"分校"）中国学生2021—2022学年第一学期暂驻漳州校区开展线上学习。分校学生共667人申请在漳州校区线上学习，因疫情影响，11月13日至12月31日共632人陆续来校区报到。校区组织分校学生的报到工作，协调若谷园区住宿，安排5间自习室，提供学习生活指南，组织学生参加例行"适时抽检"全员核酸检测，开展校史校情教育、消防灭火培训和实操演练、防诈骗和交通安全教育讲座，组织部分学生干部观看校史话剧演出。分校学生享有图书馆、体育运动场馆、餐厅等校区公共设施的使用权限，学习、生活秩序良好。（刘　芬）

【高捷成烈士铜像落成】 11月16日，漳州校区在桂花山平台举行高捷成烈士铜像揭幕仪式，校领导，漳州开发区管委会、厦门大学漳州校友会、高捷成烈士之后、中国人民银行厦门市中心支行、厦门大学附属实验中学、厦门大学附属实验小学的代表，以及学校相关职能部处、相关学院师生代表100余人参加。铜像是厦门大学漳州校友会为母校百年校庆的献礼，由厦门大学艺术学院常务副院长吴荣华教授设计制作。

（刘　芬）

【完成思明区第十八届人大代表换届选举第109选区工作】 年内，厦门市思明区第十八届人大代表第109选区设在厦门大学漳州校区，共设11个投票站，1个流动票箱，登记选民19952人。12月10日选举日，校区19772名选民参加投票，参选率达99.1%。嘉庚学院环境科学与工程学院党总支书记金亮副教授当选。

（刘　芬）

翔安校区

【概况】 2021年，翔安校区新增电子科学与技术学院。11月13日新增马来西亚分校中国学生885人在校区线上学习。截至2021年12月31日，翔安校区共有12个学院、12个国家级科研平台和嘉庚创新实验室入驻，教职员工3325人（含后勤人员896人），在校学生15044人，其中本科生7565人、硕士研究生4441人、博士研究生1656人、少数民族预科班学生76人、其他类型学生1306人。

党建工作取得新成效。深入开展党史学习教育，从深研细学、创新形式、氛围营造、服务需求、推动发展等方面扎实推进。发掘校区周边的"四史"教育资源，编印《这片神奇的沃土——厦门大学翔安校区"身边的'四史'"宣传教育指引手册》，为全校各学院党委开展活动提供参考。

校园安全稳定有序。制定《2021年翔安校区敏感期安全稳定工作方案》，修订《翔安校区防洪防台风应急预案》，制定《翔安校区应对新冠肺炎疫情应急预案》。运行校门人脸速通门系统，启用校区西大门；改造学生宿舍一套作为消防安全教育示范基地。

宣传工作打开新局面。改版校区网站，图书馆中庭LED电子屏投入使用，增设学生广场宣传栏，制作翔安校区宣传片，组织校区师生宣传骨干2批共46人赴福州开展新媒体宣传技能培训。在学习强国平台、中新网、新福建网、东南网等主流平台发布宣传稿件、视频10篇，在央视频、新华网、学习强国平台等14家主流媒体或平台发布翔安校区宣传片。

百年校庆工作圆满完成。完成校区芙蓉湖周边文化景观提升工程（一期）和石板路改造工程建设。圆满完成德旺图书馆壁画揭幕、百年校史展（翔安校区）开展、八闽园开园、中部食堂奠基、新工科大楼落成、翔安校区建设发展十年回顾与展望活动，保障20多场高水平讲座、50多项特色校庆活动及校友返校、校庆大会直播等工作顺利进行，校区管委会百年校庆工作获学校表彰。

人才培养质量再上新台阶。探索"一站式"学生社区党建，试点成立3个学生社区临时党支部，实施学生党员"双报到"制度和社区网格化管理，开展疫情防控、垃圾分类督导活动。推动校区管委会工作人员18人担任"一站式"学生社区兼职辅导员，深入学生社区，服务学生成长成才。探索"一院一品"，结合"十大育人"体系构建，推动经典文献实验讲解大赛、健康科普作品征集大赛、医药卫生博士生学术论坛、海洋文化科技创新创意大赛、环境与生态学院研究生论坛、国际空中机器人大赛及其培训、小型无人机技术创新赛、能源科技创意大赛、能源知识竞赛、中华文化体验系列活动等学院精品活动打造成校区品牌活动。举办"身边的好同学"厦门大学翔安校区第八届优秀大学生评选活动，激励广大青年学生向身边的榜样学习。制定并落实《翔安校区关于贯彻落实学校研究生教育工作会议精神实施方案》，提升研究生培养质量。联合体育教学部，第三学期为校区师生开展球类、长跑类、操舞类、健身类、武术类、休闲体育类等项目的课外体育锻炼指导。开展厦门市重点制造企业"走进厦大实验室"系列活动，助力厦门制造业与厦大学科协同发展。

深化综合改革进入新阶段。制定并印发《厦门大学翔安校区管理委员会印章管理办法》；召开"厉行节约　勤俭办学"专题会议，总结、部署校区厉行节约、勤俭办学工作。探索物业招标新方式，对主楼群物业服务进行统一招标，减少整体物业费用，提升多校区办学治理能力。保障电子科学与技术学院搬迁入驻，推进信息学院新址装修改造项目、新工科大楼装修项目、厦门大学动物及生物安全三级实验室建设、福建省生物制品科学与技术创新实验室建设，提升服务学院"双一流"建设水平。保障孙春兰副总理、尹力书记、王宁省长到国家传染病诊断试剂与疫苗工程技术研究中心调研等重要接待工作。

积极参与校区中部食堂项目规划设计，规划打造集就餐、学习、研讨、社交等功能为一体的现代化育人综合体；完成西部片区学生公寓装修工程。实施翔安校区学生公寓雨棚改造工程（一期），完成幼儿园翔安分园扩建改造工作，翔安校区学习工作生活条件进一步改善。

校地合作进一步深化。完成校区亮化工程，完成翔安区人大换届选举工作，推进专任教师到翔安区教育局、工信局挂职，推进附属翔安实验学校建设，经协调使正本清源改造工程所需资金纳入翔安区财政统筹范围，推动校区西侧门至香山段人行道建设，推动香山街道、派出所等单位在校区学生事务大厅设立服务点。

（何春雨）

【开展“我为师生办实事”实践活动】 年内，制定“我为师生办实事”项目清单，梳理4项12条“办实事”举措，完成率100%。引入1500辆助力型共享单车进驻校园；协调翔安公交集团延长校园公交工作日服务时间，“五一”期间提供翔安校区到思明校区、园博苑等定制化公交线路服务，开通地铁3号线站点与校区的接驳公交线路；推进电动汽车、电动自行车充电桩建设；启用西部片区至善1号楼教师休息用房，推动至善2～4号楼教职工周转房投入使用；引进特级厨师丰富丰庭餐厅菜品种类；协调解决9名职教职工子女就读优质学校。

（何春雨）

【筑牢疫情防控屏障】 年内，共组织校区师生进行9批次全员核酸检测和常态化核酸检测抽检，累计采样92319人次；组织4轮新冠病毒疫苗集中接种，接送师生到医院集中接种疫苗5次，累计接种26876剂次。厦门疫情暴发时，为后勤、安保人员提供240张床位，实现后勤服务一线人员住校闭环管理；组建25名教职工应急队伍，成立学生工作专班入驻学生楼栋；协调中医系、丰庭餐厅制备“新冠肺炎中药保健处方汤药”服务师生。

（何春雨）

【厦门大学生态实践教学基地启用】 4月5日，厦门大学生态实践教学基地“八闽园”开园启用。建立园区分片学院“承包制”，建设启用“八闽园”，切实发挥八闽园在教学、科研、科普、劳育等方面的综合育人功能。厦门大学生态实践教学基地“八闽园”的建设争取到福建省九市一区1100万元、福建省教育厅100万元、兴业银行200万元、厦门路桥集团等单位4700多株各类苗木支持。

（何春雨）

【厦门大学翔安校区生态校园建设研讨会召开】 12月22日，厦门大学翔安校区生态校园建设研讨会在“八闽苑”召开。会议围绕翔安校区生态校园建设、八闽园生态实践教学基地建设、“八闽苑”功能定位及服务延伸等内容共商共建发展新思路。

（何春雨）

【智能配送无人车“小蛮驴”试运行】 11月5日，翔安校区管委会与浙江驿栈网络科技有限公司签署合作协议，引进“菜鸟驿站”包裹收派系统及无人车。11月13日，3辆智能配送无人车“小蛮驴”试运行。

（何春雨）

文博管理

【概况】 10月，学校发布《关于成立厦门大学文博管理中心及公布其岗位设置方案的通知》（厦大人〔2021〕147号），成立文博管理中心，挂靠档案馆。11月，学校任命石慧霞兼任厦门大学文博管理中心主任。12月，人类博物馆4名在职专业技术人员和9名退休教师转入文博管理中心。文博管理中心负责统筹协调学校相关展馆的管理运营，年内，启动推进人事、后勤保障、教学服务和展览策划等相关工作。

（林秀莲）

【推进文博育人】 年内，中心推出《踵事增华　文博育人：百年厦大“掌”中读》5篇系列文章，带领读者重温厦大百年足迹，感悟百年精神与文化积淀；挖掘展馆资源方面，推出《吉光片羽｜素瓷凝青，白地飞花——明清青花瓷器》《不负韶华　不忘相识：徐悲鸿与林惠祥的厦大往事【文博育人·人类博物馆篇】》等文章，讲好厦大文博故事，展现文博育人元素。借助学校丰富的档案文博资源，策划“档案记忆与大学文化”美育课程，激发学生爱校爱国的情怀，提升文博的扩散效应，实现文博育人价值，拟2022年开课。

（魏　昊）

·嘉庚学院·

【概况】 2021 年，厦门大学嘉庚学院（以下简称嘉庚学院）坚持党的教育方针，坚持立德树人，深化教育教学改革，完善办学条件，加强队伍建设，持续提升学科专业内涵和人才培养质量。

2021 年，嘉庚学院共有 53 个本科专业面向全国招生 4690 人，较上年增加了 270 人，新增大数据管理与应用专业。共有 4189 人进入本科毕业资格审查，实际毕业人数 4005 人，毕业率为 95.61%，毕业的学生中学位授予率为 99.90%。

在 BETT 全国商务英语翻译教师金课大赛中，英语语言文化学院教师余胜获本科组特等奖，蔡秀星获得本科组二等奖；第三届全国大学生创新创业实践联盟年会，人文与传播学院教师郭娟撰写的论文《创新创业"云课堂"的实践教学思考》获得优秀论文一等奖，英语语言文化学院教师蔡秀星、郝明星撰写的论文获得三等奖。国际商务学院连智华、环境科学与工程学院周亮获评优秀指导教师。

加强党建和思想政治工作，深入学习贯彻党的十九届五中、六中全会精神。嘉庚学院党委深入各党总支、直属党支部开展"大走访、大调研"活动，扎实推进党史学习教育，突出"五个注重"。嘉庚学院评选出 2021 年优秀共产党员 32 人、优秀党务工作者 16 人、先进基层党组织 11 个。

嘉庚学院全面贯彻《关于全面加强新时代大中小学劳动教育的意见》《大中小学劳动教育指导纲要（试行）》等文件精神，制定了《厦门大学嘉庚学院"劳动教育"课程教学实施方案》，推动劳动教育进入专业人才培养方案，建构以劳动实践教育为主体，将劳动教育有机融入思想政治理论课、创新创业教育、通识素质教育和专业教育的劳动教育课程教学实施体系，保障不少于 32 学时的劳动教育有机融入人才培养全过程；协调各部门共建全校性劳动教育实践活动项目；设立劳动月，集中地组织全校性劳动教育实践活动；组织各教学单位制定专业劳动教育课程实践环节教育计划，推动劳动教育落实。

密切校企校地合作，新增教学实习基地 25 个，新增 2 个校企合作创新平台。截至年底已同 358 家企业开展校企合作，建立教学实习基地。开展就业创业指导服务月系列活动，结合主题讲座、赛事、参访、宣讲、走访、培训等多种形式，提升就业能力，开拓创业技能。举办企业宣讲会 105 场（线上 30 场），举办大型招聘会 10 场（线上 8 场），推介厦门大学招聘会、各类网络招聘会共 19 场，提供职位需求达 11000 个。

提升支撑保障能力，在新冠疫情常态化防控时期，嘉庚学院对疫情防控期间定点开放的自习机房进行了教学软件更新安装，保障了学生的各类软件需求，同步对主楼群、公共教室、经管楼等教学楼 120 多间公共机房和多媒体教室进行了改造，实现了教师声音与电脑画面同步直播功能，深化了线上线下融合授课，进一步提升在线教学质量。（王　萌）

【办学实力受社会瞩目】 年内，学院以总分第一的成绩登上腾讯教育"2021 年度综合实力独立学院"榜。这是嘉庚学院连续第十一年问鼎腾讯网教育产业价值榜（独立学院榜）。在"声彻中国"央广网教育年度峰会上，学院被评为"2021 年度国际化办学独立学院"。在"金平果"2021 年中国独立学院排行榜中位列第 1，获评"五星+"独立学院。在"2021 软科中国大学排名"全国独立学院排行榜中，位居全国第 1。在 2016—2010 年《全国普通高校学科竞赛评估结果（本科）》中，位居全国普通高校第 169 名，民办高校及独立学院第 1 名。

（王　萌）

【新增蓝色海湾整治红树林养护创新合作平台】 1 月 22 日，学院与厦门海沧城建园林景观工程有限公司签约共建"蓝色海湾整治红树林养护创新合作平台"，双方将共同致力于红树林的科学管理和养护，建设红树林科学管理和养护领域研究团队和人才梯队，实现校企合作协同育人，服务经济社会发展。（王　萌）

【成为全国大学生创新创业实践联盟副理事长单位】 3 月 18 日，在全国大学生创新创业实践联盟第三届年会上，嘉庚学院成为副理事长兼秘书长单位，副院长谢火木任副理事长兼秘书长。谢火木主持召开了理事长会议，并在第一届理事会第四次会议上做题为《全国大学生创新创业实践联盟 2020 年工作总结与 2021 年工作计划》的报告。（王　萌）

【陈嘉庚生平事迹展开展】 4 月 4 日，嘉庚学院举办"华侨旗帜　民族光辉——陈嘉庚生平事迹展"。展览设在图书馆三楼，通过 80 块展板、16 件展品、100 件"我心中的校主陈嘉庚"文创作品，展现丰富多元的陈嘉庚先生形象。（王　萌）

【设计与创意学院揭牌成立】 4 月 8 日，嘉庚学院举行设计与创意学院成立大会，原艺术设计系执行主任林波受聘为设计与创意学院执行院长。设计与创意学院的前身艺术设计系，创办于 2003 年，是嘉庚学院建校时设立的七个系之一；截至 2021 年设有四个专业、七个专业方向，在校生近 1200 人，师生累计获得国际、国家、省部级各类赛事奖项 600 余项，其中国际奖项 21 项、国家级奖项 42 项。

（王　萌）

【举办全国河口流域生态环境大会 成立双碳专家工作站】 6月19日，由厦门大学、中国海洋学会和厦门大学嘉庚学院共同主办，河口生态安全与环境健康福建省高校重点实验室承办的“2021全国河口流域生态环境大会”在学院开幕。200多名从事生态环境、河口流域、双碳战略研究的专家、学者以及企业界代表出席开幕式。会上还举办了“3060”双碳战略协同创新专家工作站揭牌仪式，中科院院士陈运泰、戴民汉，厦门大学副校长江云宝、厦门大学嘉庚学院副院长洪永强共同为“3060”双碳战略协同创新专家工作站揭牌。

（王　萌）

【庆祝建党百年　深化党史学习教育】 6月27日嘉庚学院“‘嘉’音嘹亮”聚英合唱团在“永远跟党走　奋进新征程”厦门大学教职工庆祝中国共产党成立100周年合唱比赛中，获得第一名；6月30日，嘉庚学院召开庆祝中国共产党成立100周年暨“两优一先”表彰大会，举行“光荣在党50年”纪念章颁发仪式；7月19日，举行“奋斗百年路　启航新征程”庆祝中国共产党成立100周年文艺演出；2021年嘉庚学院党委紧扣“学史明理、学史增信、学史崇德、学史力行”目标要求，提高政治站位，加强组织领导，强化顶层设计，坚持务实导向，突出“五个注重”，扎实推动党史学习教育走深走实。（王　萌）

【新增省级课程思政示范课程两门】 年内，嘉庚学院管理学院陈梦副教授的“‘一带一路’沿线国家概览”、环境科学与工程学院李莹副教授的“普通生物学”两门课程获得福建省课程思政示范课程立项。（王　萌）

【申报硕士学位授予单位培育项目】 年内，嘉庚学院向省教育厅申请新增硕士学位授予培育建设单位，中国语言文学硕士学位授予一级学科点培育建设单位，资源与环境、电子信息硕士专业学位点培育建设单位，持续提升办学层次和办学水平。

（王　萌）

【专业调整与省级一流专业建设】 年内，嘉庚学院增设大数据管理与应用专业；推荐电子商务、市场营销、电子信息工程、环境科学与工程、汉语言文学5个专业申报国家级一流专业，推荐环境设计、机械设计制造及其自动化、计算机科学与技术、物流管理、汉语言文学、文化产业管理6个专业申报省级一流专业。（王　萌）

【厦门中日交流之窗开展线上交流活动】 7月至10月，嘉庚学院日本语言与文化学院学生和日本共爱学园前桥国际大学学生开展了为期三个月的线上中日学生交流活动。活动期间，两校学生就中日两国的风光景致、风土人情、两国青年学生的大学生活等方面进行了充分的交流，两校的学生相互加深了解，建立了深厚的友谊。（王　萌）

【获批国家自然基金项目、国家社科基金后期资助项目】 年内，环境科学与工程学院教师李恒博士的“光驱动下微生物——半导体耦合体系固碳合成聚羟基丁酸酯的电子传递过程研究”获批国家自然科学基金青年基金项目；人文与传播学院林祁教授的成果《百年中国留日学生文学叙事研究》获批国家社科基金后期资助项目。

（王　萌）

【学子获奖】 年内，在第七届中国国际“互联网＋”大学生创新创业大赛总决赛中，学院获得银奖2项、铜奖3项；在十四届全国大学生节能减排社会实践与科技竞赛中，获全国二等奖1项、三等奖4项，学院获得“优秀组织奖”；在“高教社杯”全国大学生数学建模竞赛中，获福建省赛区（本科组）一等奖7项、二等奖23项；设计与创意学院冯镇浩、邓依婷共同设计的作品“温柔无人机”（Illuminated Drone）获得2021年iF设计新秀奖；在北京第28届大学生电影节中，人文与传播学院龙筱玉导演、李宇制片、薛晶尹摄影的毕业设计作品《回家》获得最佳纪录片大奖。（王　萌）

【与长泰区建立战略合作关系】 11月29日，嘉庚学院参加漳州市长泰区产学研暨政银企担对接大会，副院长洪永强代表嘉庚学院与长泰区人民政府签署了战略合作框架协议。双方将在“产业升级、生态文旅、乡村振兴、人才合作”等四大方面展开务实深入的合作。（王　萌）

· 马来西亚分校 ·

【概况】 2021年，厦门大学马来西亚分校（以下简称分校）是第一所中国名校全资设立的、具有独立校园的海外分校，也是中国大学在马来西亚的第一所分校。校园占地150英亩，规划总建筑面积约47万平方米，规划总投资约13亿马币。第一期工程建筑面积26万平方米，共13栋大楼，投资约8亿马币，于2014年10月17日正式开工建设，2017年5月全部完工。第二期工程建筑面积20万平方米，共11栋，投资约4.58亿马币，分两个阶段进行。第一阶段7栋于2017年9月正式启动建设，2018年9月，凌云四学生公寓正式投入使用；2019年，凌云一、二、三、五，以及分校水上音乐厅建成并正式投入使用；学术交流中心于2020年9月建设完成。第二阶段4栋于2019年6月11日开工建设，2020年11月凌云九完工；2021年11月凌云八完工；因受疫情影响，凌云七将于2022年3月底完成，凌云六及室外道路景观等配套工程预计在2022年底可全部建设完成。

学科结构日益完善。截至2021年，分校有经济与管理学院、中国-东盟海洋学院、能源与化工学院、中医学院、人文与传播学院、计算机与数据科学学院、电子与人工智能工程学院、数理学院、基础教育学院共9个学院和1个英语教育中心。

截至2021年，分校共开设汉语言文学、新闻学、会计学、金融学、国际商务、计算机科学与技术、软件工程、数字媒体技术、化学工程与工艺、海洋技术、新能源科学与工程、电子信息工程、中医学、数学与应用数学、广告学和海洋环境化学、物理、英语、人工智能、电子商务、网络安全、数据科学共22个学士学位课程和2个预科课程。开设中文、工商管理硕士、化学工程、新能源科学与工程、数学与应用数学、海洋生物技术、传播与文化共7个硕士专业；开设数学、化学工程、新能源科学与工程和中文共4个博士专业。

分校广告、数学与应用数学学士，和中文硕士学位共3个学位课程获得马来西亚学术资格鉴定机构（MQA）的全面验收和认证；同时，电子信息工程学士学位课程获得工程认证委员会（EAC）认证，根据“华盛顿协议”，这一学位受到国际认可。

此外，化学工程（研究型）硕士、博士学位课程和电子信息工程硕士学位课程已通过MQA审定，待马来西亚教育部审批后即可开设；戏剧影视学士学位课程已经提交到马来西亚学术鉴定局审批；同时分校也在积极准备物理硕士、博士学位课程申请。

在校生数平稳增长。2021年，分校有在校生近6000人，其中，预科生约600名，本科生5300余名，硕士及博士生近100名。分校的学生来自中国、马来西亚、印度尼西亚、埃及、日本等31个国家和地区，其中，中国籍学生2181人，马来西亚籍学生3366人。分校已形成了多元文化广泛交融、和谐发展的校园氛围。截至2021年，分校已有2133名本科生顺利毕业。同时，分校积极与德勤、中国银行、中国建设银行等多家国内外企业签署合作谅解备忘录，努力为学生实习和就业提供机会和平台。相当一部分毕业生也获得了到国内外知名高校进行读研深造的机会。

队伍建设不断提升。分校充分发挥机制灵活的优势，立足马来西亚当地，争取总校师资支持，面向全球招聘教师，实现专任教师和管理人员数量稳步增长。截至2021年，分校共有学术人员327人，其中专任教师235人，兼职教师55人，中国短期选派教师37人；共有行政管理人员186人，其中自聘员工172人，中国选派管理人员14人。

科学研究持续深化。截至2021年，分校师生已在国际SCI期刊上发表论文836篇，其中，451篇文章发表于国际一区期刊，如《自然》（*Nature*）、《柳叶刀》（*The Lancet*）等。截至2021年，共有八名教师入选2020和2021美国斯坦福大学发布的“全球前2%顶尖科学家榜单”。分校积极拓展与企业产学研合作，截至2021年，分校教师共承担各类课题40余项，科研经费超过600万马币；2019年分校获恒源公司310万人民币（200万马币）科研经费支持；2018—2021年共有22名分校教师获马来西亚教育部科研经费立项（Fundamental Research Grant Scheme）。

平台建设平稳推进。截至2021年，分校共建有各类实验室58个。其中，信息和通信技术实验室10个、电子电气工程实验室3个、化学工程实验室9个、物理实验室6个、新能源科学与工程实验室6个、化学实验室9个、海洋生物科技实验室12个、预科实验室3个。分校另建有演播厅1个、摄影工作室1间、视频编辑室1间、中医实训中心1个。

国际交流得到拓展。截至2021年，分校已与伯明翰大学、伦敦玛丽女王大学、纽卡斯尔大学（英国和新加坡）、辛辛那提大学、南安普顿大学、卡迪夫大学、澳大利亚国立大学、奥克兰大学等17所外国院校签署了校际合作协议。

【学生竞赛获奖】 分校鼓励和组织学生积极参与各类高水平国际比赛。分校学生参加2017—2021年中国“互联网＋”大学生创新创业大赛的国际赛道竞赛，取得了1金、6银、22铜的佳绩；分校参与主办2019年和2021

年两届“中国-马来西亚青年创新创业大赛”,共获得10金、12银、13铜的好成绩;在2017—2021年的Simon Marais国际数学竞赛中多次获得双人和大学类别马来西亚的最高分;在“2020年公民创业国际竞赛”(Citizen Entrepreneurship Competition 2020)中,分校本科生的参赛项目从全球900个多参赛项目中脱颖而出,获得了该竞赛“最佳创意青年”系列唯一的特等奖;分校本科生在全国大学生电子商务“创新、创意及创业”挑战赛(福建省)中获得一等奖;分校本科生在“2021年亚洲发明新加坡挑战赛”中获得金奖。 (邓雯忆)

【教师获奖】 分校能源与化学工程学院的王伟俊副教授连续三年被Web of Science Group授予“高被引科学家奖”。能源化工学院助理教授温国绅(Woon Kok Sin)荣获“2020年日本杰出发展研究奖”一等奖并获“2021年德国跨文化项目奖学金”。能源化工学院讲师蒋吉荣(Chew Kit Wayne)荣获“2020年IChemE青年研究者奖”。能源化工学院讲师吴奇立(Andrew Ng Kay Lup)荣获德国联邦教育与研究部颁发的“绿色精英奖”。

(邓雯忆)

· 附属医院与附属学校 ·

附属医院

厦门大学附属翔安医院

【概况】 厦门大学附属翔安医院（以下简称附属翔安医院）由厦门市政府与厦门大学按照三级甲等医院标准合作共建，是一所集医疗、教学、科研、预防于一体的综合性临床研究型医院。

附属翔安医院总占地面积 24 公顷，规划建设床位 3000 张；其中一期投入 20 亿元人民币，用地 12 公顷，建设床位 1000 张，建筑楼群包括门诊楼、急重症医学楼、医技楼、科教综合楼和两栋住院大楼，建筑总面积 15.2 万平方米。医院配置 3.0T 磁共振成像系统、双源 CT、VitalBeam 系统医用直线加速器等国际先进的医疗诊断和治疗设备，确保医疗硬件基础建设处于国内前列。医院重点规划建设肿瘤诊治中心、脏器移植中心、神经疾病中心、老年疾病中心、医学诊断中心和急重症医学中心，打造以诊治疑、难、重症为特色的临床医疗体系。

截至年底，医院开设临床医技科室 48 个，开放床位 500 张，在岗职工 784 人，其中高级职称 111 人，具有博士学位 86 人。2021 年医院引进器官移植科、妇产科学科带头人各 1 名；4 人入选福建省引进高层次人才，1 人入选厦门市杰出青年人才，1 人入选厦门大学南强拔尖人才。

2021 年，医院获批 3 个国家自然科学基金项目、8 个福建省自然科学基金项目、1 个福建省卫生健康科技计划项目等，获得资助经费 328.8 万元；全年发表文章 161 篇，以第一作者或通讯作者发表文章 131 篇，其中 SCI83 篇、JCR1 区 26 篇；参与 6 项国内外专业指南的拟定及标准制定和 11 部国家规划教材及其他类别教材与著作编写；获软件著作权授权 2 项，授权实用新型专利、发明专利共 38 项；获批建设厦门市恶性肿瘤（乳甲肿瘤）临床医学研究中心。

年内，医院科室布局不断完善，肿瘤放疗科、老年康养中心、新生儿科陆续开放，皮肤科、器官移植科获批市临床重点专科；新技术新业务持续开展，肿瘤放疗科开展的 CT 引导下宫颈癌无痛三维后装放疗、心脏大血管外科开展的主动脉瓣修复重建术均属厦门首例，“乳腺癌精准外科中分子影像技术的创新研究与应用”项目入选厦门市“年度十大医疗创新技术”；器官移植、航空医学救援等重点学科优势凸显，全年完成人体肝脏移植手术 52 例、肾脏移植手术 20 例，承接 3 批次、7 人次航空紧急医学救援任务。

9—11 月，附属翔安医院承担新冠后备定点医院救治和新冠患者康复工作，完成 243 名本土新冠康复病人的入院治疗、171 名境外入境隔离期就医患者的收治任务，实现医务人员“零感染”。医院筑牢疫情防控底线，落实落细各项防控措施，为市民接种新冠疫苗 25 万剂次，派出医护人员 1800 余人次参与厦门市全员核酸检测，采集核酸约 100 万人次。医院抗疫工作获得国家领导人、省和市领导、厦门大学领导的高度赞扬和鼓励。　（陈　甜）

【陈洪铎院长当选“十大医学泰斗”，荣获“全国优秀共产党员”称号】 1 月 10 日，由《医师报》社主办的“第六届医学家峰会”在京召开，附属翔安医院院长陈洪铎院士当选“十大医学泰斗”。6 月 28 日，全国“两优一先”表彰大会在北京人民大会堂举行，陈洪铎院士荣获“全国优秀共产党员”称号。　（陈　甜）

【牵头成立医学院皮肤病与性病学系】 2 月 1 日，成立医学院皮肤病与性病学系，由附属翔安医院皮肤科单士军任系主任。　（陈　甜）

【福建省汀州医院挂牌厦门大学附属翔安医院汀州医院】 在翔安医院与福建省汀州医院建立结对帮扶关系、选派专家常驻帮扶的基础上，2 月 5 日，福建省汀州医院挂牌厦门大学附属翔安医院汀州医院，并举行揭牌仪式。　（陈　甜）

【完成福建省首例主动脉瓣膜修复重建手术和福建省首例快通道麻醉微创小切口冠脉搭桥术】 3 月 16 日，附属翔安医院心脏大血管外科成功为一名肾功能衰竭病人完成福建省首例主动脉瓣膜修复重建手术（又称 AVNeo 手术）；4 月 28 日成功完成福建省首例快通道麻醉微创小切口冠脉搭桥术。　（陈　甜）

【中华医学会肿瘤学分会腹膜后肿瘤专业委员会厦门大学研究中心揭牌】 4 月 3 日，中华医学会肿瘤学分会腹

膜后肿瘤专业委员会厦门大学研究中心落户附属翔安医院，并举行揭牌仪式。（陈　甜）

【举办厦门大学百年校庆系列学术活动之“研究型医院院士论坛暨开业两周年学术大会”】 4月6日，附属翔安医院成功举办“研究型医院院士论坛暨开业两周年学术大会”，陈洪铎、于金明、董家鸿、张学、王俊等5位院士参会，诺贝尔奖获得者阿龙切哈诺沃(Aaron Ciechanover)教授和威廉凯林(William G. Kaelin Jr)教授发来视频祝贺。来自厦门、福州、漳州的近二十家三级医院院长，围绕“医院管理”“医学前沿”等话题分享交流。与会专家还一起见证了厦门大学胸肺疾病研究所和厦门大学医学院皮肤病与性病学系的揭牌成立。（陈　甜）

【举办厦门大学百年校庆系列学术活动之“全国肿瘤新青年论坛暨第四届厦门肿瘤高峰论坛”】 4月9—11日，附属翔安医院成功举办“全国肿瘤新青年论坛暨第四届厦门肿瘤高峰论坛”。论坛以“肿瘤精准治疗”为主题，设置主会场和肿瘤精准治疗、乳腺癌精准医疗、肿瘤影像诊断、泌尿外科论坛、循证护理实践国际交流会、消化道肿瘤防治整合论坛等6个分会场。陈洪铎院士、林东昕院士现场参会，2019年诺贝尔奖得主威廉凯林(William G. Kaelin Jr)教授通过线上形式分享了最新研究成果，各大医院和研究机构的肿瘤领域专家、学者通过线上、线下形式参与会议。

（陈　甜）

【召开党史学习教育动员大会】 4月15日，附属翔安医院党委召开党史学习教育动员大会，正式开展党史学习教育，梳理“我为群众办实事”实践项目40项。（黄　浩）

【张建安同志任中共厦门大学附属翔安医院委员会委员、书记】 4月22日下午，附属翔安医院干部任免宣布大会召开，张建安同志任中共厦门大学附属翔安医院委员会委员、书记，吴立武同志不再担任相关职务。

（黄　浩）

【完成部分中层干部选任】 4月23日，附属翔安医院完成医务部副主任、门诊部副主任、院感部副主任的选任；5月11日，完成18名楼层正、副护士长的选任。（黄　浩）

【落户厦门首家国家标准化代谢性疾病管理中心】 5月18日，厦门首家国家标准化代谢性疾病管理中心(MMC中心)落户附属翔安医院，并举行云授牌仪式。（陈　甜）

【获批建设厦门市乳甲肿瘤临床医学研究中心】 5月21日，附属翔安医院获批建设厦门市恶性肿瘤临床医学研究中心，中心名称为“厦门市乳甲肿瘤临床医学研究中心”。

（陈　甜）

【成立新冠病毒疫苗接种临时院地联合党支部】 5月27日，附属翔安医院、厦门大学医学院、厦门市翔安区新店街道联合成立新冠病毒疫苗接种临时院地联合党支部。院地三方协同作战、形成合力，共同探索有序高效的疫苗接种工作新模式，大力提升疫苗接种率，将党的政治优势、组织优势、密切联系群众优势转化为疫苗接种成效的强大动力，为厦门市打好打赢新冠疫苗大规模接种攻坚战作出贡献。（陈　甜）

【接受中央巡视延伸调研】 6月3日—7月3日，附属翔安医院接受中央巡视延伸调研。（黄　浩）

【获厦门大学合唱比赛三等奖和组织奖】 6月26—27日，附属翔安医院百人合唱队荣获“厦门大学教职工庆祝建党100周年合唱比赛”三等奖和组织奖。（黄　浩）

【召开学习习近平总书记“七一”重要讲话精神动员暨“两优一先”表彰大会】 7月1日，附属翔安医院学习习近平总书记“七一”重要讲话精神动员暨“两优一先”表彰大会隆重召开，5名老同志获得党中央首次颁发的“光荣在党50年”纪念章，2人获评“厦门大学优秀共产党员”，1人获评“厦门大学优秀党务工作者”，1个党支部获评“厦门大学先进基层党组织”。医院党委首次开展院级“两优一先”表彰，表彰优秀共产党员19名，优秀党务工作者1名，先进党支部2个。（黄　浩）

【肝脏移植科、皮肤病与性病科入选厦门市临床重点专科】 8月6日，附属翔安医院肝脏移植科、皮肤病与性病科入选厦门市临床重点专科。

（陈　甜）

【承担厦门市新冠肺炎定点救治医院暨康复医院任务】 9月25日—11月12日，在厦门市疫情告急关头，附属翔安医院承担厦门市新冠肺炎定点救治医院暨康复医院责任，迅速完成定点医院改造，历时49天完成243名本土新冠康复病人的入院治疗、171名境外入境隔离期就医患者的收治任务，实现医务人员“零感染”。医护团队创新康复模式，采用“基础疾病治疗、中医中药调理、康复锻炼和心理疏导”四位一体的健康促进模式帮助新冠患者康复，收到感谢信100余封。医院党委靠前指挥，充分发挥党支部的战斗堡垒作用和党员的先锋模范作用，成立3个临时党支部，47名党员进驻康复病房、境外隔离病房，5名党员支援市新冠肺炎定点救治医院。孙春兰副总理、王宁省长、时任厦门市委书记赵龙到附属翔安医院考察指导抗疫工作时给予高度评价，《人民日报》《人民网》等媒体给予宣传报道。（陈　甜）

【承担新冠疫苗接种和核酸采样任务】 年内，附属翔安医院积极承担疫情防控社会责任，全年为市民接种新冠疫苗25万剂次，派出医护人员1800余人次参与厦门市全员核酸检测，采集核酸约100万人次。

（陈　甜）

【宁夏回族自治区固原市隆德县副县长柳春梅率队来访】 12月6日，隆德县人民政府副县长柳春梅携隆德县卫健局、县人民医院相关领导一行来到附属翔安医院调研，探讨对口帮扶工作。（陈　甜）

【召开党风廉政建设警示教育大会】

12月10日，附属翔安医院召开党风廉政建设警示教育大会。

（黄　浩）

【乳腺癌精准外科技术成果入选厦门市“年度十大医疗创新技术”】 12月25日，张国君教授主持的“乳腺癌精准外科中分子影像技术的创新研究与应用”项目入选厦门市“年度十大医疗创新技术”。（陈　甜）

【接受厦门市公立医院巡查】 12月28—30日，附属翔安医院接受2021

年对厦门市公立医院(第二批)的巡查。 (陈 甜)

【推进翔安医院与厦门大学医院一体化融合】 2021 年 10 月,经厦门大学校长办公会、党委常委会研究决定,附属翔安医院与厦门大学医院进行一体化融合发展,启动两院一体化手续办理,安排翔安医院医师跨院区出诊,参与厦门大学医院门诊、住院、手术等医疗工作,并着手遴选思明院区负责人和管理团队,推进两院管理部门衔接。 (陈 甜)

厦门大学附属中山医院

【概况】 厦门大学附属中山医院(以下简称附属中山医院)始建于 1928 年,由爱国华侨和地方知名人士为弘扬中山先生“天下为公,造福社会”的精神捐资兴建而成,时任厦门大学校长、医学专家林文庆博士出任首任院长,1988 年随着厦门经济特区发展迁址重建并于 7 月 1 日重新开诊,2005 年成为厦门大学首家附属医院,现已发展成为拥有 4 个院区(院本部、金榜分部、厦禾分部、在建的东部分院),5 家社区卫生服务中心,集医疗、教学、科研、预防保健于一体的三级甲等综合性医院和世界知名高水平研究型大学附属医院。医院有编制床位 3500 张(其中 1000 张在建),拥有教职员工 3000 余人,其中副高以上专家 713 名,硕士及博士 791 名,硕士生导师和博士生导师 114 名,承担厦门大学医学院的多项临床专业课程教学工作,也是厦门大学博士、硕士研究生培养单位。拥有 2 个国家临床重点专科、10 个省临床重点专科、4 个市领先学科、6 个市临床重点学科、5 个市医学优势亚专科、5 个名医工作室、5 个国家级和市级医学中心、8 个医学研究所、9 个省市重点实验室(科研平台),10 个国家级和省级培训中心(基地)。此外,还是国家药物临床试验机构、国家医疗器械临床试验机构、人体器官移植医院。

年内,附属中山医院在上级部门和院党委的正确领导下,深入学习贯彻习近平新时代中国特色社会主义思想和习近平总书记关于健康中国建设的重要论述,坚持疫情防控与运营发展两手抓。党史学习教育和庆祝建党百年系列活动隆重开展,成果丰硕。

年内,在全国三级公立医院绩效考核中,附属中山医院在全国 2413 家参加考核的三级公立医院中排名第 64 位,再次荣获 A+评价。持续做好“外防输入、内防反弹”的抗疫工作,在本土疫情防控阻击战中向党和人民交出高分成绩单。坚持技术创新,厦门市首台第四代达芬奇机器人成功落户,开启微创手术新篇章。学科建设快速发展,多项新技术填补福建省乃至国内的空白,医疗技术水平和学术水平登上新台阶。信息化建设取得新进展,成为全国首批、全省首家通过智慧医院服务三级评审的医院。智慧医疗服务的“厦门中山”模式更便捷、高效地满足就医需求。

(王 烨)

【坚持党建引领,深化精神文明创建工作】 年内,附属中山医院顺利开展庆祝建党百年系列活动,举办“百人百年忆峥嵘,博爱中山送健康”建党 100 周年百名党员大型义诊活动,为建党百年华诞献礼。有力推动党史学习教育和“再学习、再调研、再落实”活动有序开展,全院党员干部职工在全面系统“学党史”中增强政治定力,切实提升党组织和党员队伍的创造力、凝聚力、战斗力。持续开展无烟医院建设,提升医院精神文明建设水平,顺利完成迎检工作,为厦门市争创“全国文明典范城市”荣誉称号贡献了应尽之力。 (王 烨)

【坚持人民至上,持续做好疫情防控工作】 年内,全院统一部署,同心抗疫,做好疫情常态化防控。积极参与全市核酸采集任务,9 月抗疫工作中共派出各类支援人员近 12000 人次,圆满完成阶段性疫情防控任务。全年完成疫苗接种 21 万余人次。作为厦门市境外入厦人员检测新冠抗体的唯一机构,全年检测新冠抗体逾 27 万人次,新冠病毒核酸检测逾 146 万人次。 (王 烨)

【坚持创新发展,积极开展新技术和新业务】 年内,在首届厦门市“年度十大医疗创新技术”评选活动中,附属中山医院嗓音科“构建喉部多模态诊断系统用于声带运动障碍性疾病的精细化诊疗”、消化内科“肠道菌群疾病分类模型创建及精准化肠菌移植治疗”、神经内科“多模式影像指导取栓:从时间窗到组织窗”获评创新医疗技术,是全市入选项目最多的医院。在院内举办的首届“十大惠民临床新技术”评选活动中,胃肠外科“左结直肠癌无腹部切口经自然腔道取标本根治术”、神经外科“多模态 3D slicer 神经内镜微创精准神经外科手术技术”、普外科“经口腔镜甲状腺手术”、消化内科“消化道肿瘤早期诊断及内镜治疗术”、嗓音科“构建喉部多模态诊断系统用于声带运动障碍性疾病的精细化诊疗”、神经内科“多模式影像指导取栓:从时间窗到组织窗”、妇产科“腹腔镜下盆底重建系列手术及单孔腹腔镜下妇科肿瘤切除术”、口腔科“口腔美学治疗”、关节外科“肱二头肌长头肌腱转位增强修复巨大肩袖撕裂”、血液科“非冻存同胞脐血造血干细胞移植治疗儿童重型地中海贫血”等 10 个项目获奖。

(王 烨)

【引进先进设备,医疗技术水平再上新台阶】 年内,全市首台第四代达芬奇机器人手术系统正式落户,开启微创手术新篇章。胃肠外科学科带头人蔡建春教授主刀实施“微创中的微创”——无腹部切口经自然腔道取标本(NOSES)的胃结直肠癌手术,是福建省首例机器人无腹部切口的大肠癌 NOSES 手术。该团队也在全省首次运用达芬奇机器人完成经肛门取标本外翻拖出式低位直肠癌根治术。除此之外,达芬奇机器人手术“多点开花”,普通外科、妇产科、泌尿外科、肝胆胰外科、胸外科等科室均运用达芬奇机器人成功完成手术,实现零的突破。 (王 烨)

【赋能中山品牌,提升医疗服务促学科建设】 年内,附属中山医院获得多个“国内首个”“全省首家”等称号,国家耳鼻咽喉疾病临床医学研究中心国内首个临床创新技术研发基地

“福建耳鼻咽喉头颈疾病临床创新技术研发基地”落户，中国医师协会腹腔镜外科医师培训基地挂牌成立，获评“国家标准化房颤中心建设卓越中心”称号，全省首家通过“首批CAAE二级癫痫中心”评审的单位，全省唯一一家入围首批国家神经介入建设中心，成为厦门市首批复旦大学循证护理中心证据应用基地，通过医院智慧服务分级评估(三级)。在2021年度市临床重点专科建设项目名单中，消化内科、耳鼻咽喉头颈外科、肿瘤与血管介入科榜上有名。在2020年度中国医院/中国医学院校科技量值排行榜中，4个学科进入全国百强，分别为皮肤病学(排名40)、传染病学(排名52)、心血管外科学(排名66)、肾脏病学(排名70)。其中皮肤病学、传染病学、肾脏病学位列全省第一，肾内科三次入选全国百强，连续两年全省第一。（王　烨）

【举办多场顶级学术会议，彰显学术影响力】 4月，附属中山医院主办厦门细胞(生物)治疗临床研究研讨会，“共和国勋章”获得者、中山医院“钟南山院士名医工作室”带头人钟南山院士莅临会议现场致辞并做题为“细胞治疗的展望”的学术报告，邀请国内外顶尖的细胞治疗基础研究及临床诊治专家。5月，承办2021年厦门大学新医科、新基建、消化病学高峰论坛、海峡两岸消化系肿瘤早诊早治高峰论坛，2021年海峡消化内镜培训基地高新技术培训班以及海西整合消化病研讨会，来自全国的消化病学、消化内镜专家及500余名业界精英汇聚一堂，围绕消化道肿瘤早诊早治、肠道微生态等领域热点展开热烈讨论和广泛交流。参与主办第七届海峡两岸脑血管病暨神经病学研讨会。此次大会邀请数十名国内神经系统疾病顶尖知名专家参会授课，专家对中山医院脑卒中防治工作给予充分肯定。（王　烨）

【坚持科教兴院，医教研水平全面提升】 年内，附属中山医院员工发表论文104篇，其中SCI收录52篇，最高影响因子25.083。获专利85项。获各级各类科研项目立项138个，立项经费5246.8万元。获批国家自然科学基金项目7个，首次获批国家自然科学基金优秀青年项目，获批省级各类科研项目29个，市级各类科研项目102个。肝胆胰外科《原发性肝癌全流程诊疗及研究模式的构建与应用》、检验科《梅毒的临床与发病机制研究》两项成果分别获得厦门市科技进步奖一、二等奖。重视提升教学质量和实践教学能力，厦门大学医学院临床2017级中山班全体学生通过水平测试考核，其中一名学生的理论成绩排名全国第二。临床2016级中山班部分学生组队参加厦门大学医学院第一届医学生医学技术技能比赛，获一等奖，并代表厦大参加第十届中国大学生医学技术技能大赛临床医学专业五年制赛道华东分区赛，获华东分区赛三等奖。4名教师参加“厦大医学院青年教师教学技能比赛”暨“英语教学比赛”，均获优秀奖。（王　烨）

【多个集体和个人获表彰】 年内，附属中山医院呼吸与危重症医学科获评“抗击新冠疫情全国三八红旗集体”，儿科荣获厦门市“五一先锋号”荣誉称号。院党委书记牛建军获评“福建省优秀党务工作者”，副院长、消化内科学科带头人任建林教授获评第九届“国家卫生健康突出贡献中青年专家”，工会主席洪亚莱获评“全国优秀共青团干部”，妇产科主任黄秀敏被授予福建省“五一劳动奖章”，急诊部副主任刘慧恒家庭获评“第十二届福建省五好家庭”，胃肠外科护士余蓉获评福建省总工会“最美劳动者”。（王　烨）

厦门大学附属东南医院

【概况】 厦门大学附属东南医院(联勤保障部队第909医院)是一所集医疗、教学、科研、预防、保健为一体的全军首批三级甲等医院，是全国重点大学厦门大学附属医院，是空军军医大学、福建医科大学等8所军内外高校的临床教学医院，也是国内8所高等院校教学医院及硕博士研究生联合培养点。医院环境优美，占地面积24.87公顷，位于福建省漳州市，展开床位1400张，年门急诊量130万人次、手术量3万余台次。配有PET/CT、3.0T磁共振、双源CT、ECMO等总价值6亿元的现代化医疗设备。

医院专业齐全，中高级职称技术人员500余名。拥有骨科和烧伤整形科2个全军专科中心，心胸外科、神经外科、普通外科、消化内科、急诊医学科、放射诊断科等6个学科(战区级专科中心或医院重点建设专科)；拥有福建省院士专家工作站和博士后科研工作站等科研平台；12个住院医师规范化培训基地，是国家临床药师培训基地及健康管理示范基地。在创伤外科、脊柱外科和大面积烧伤救治技术等方面处于国内领先水平，介入、内镜等微创诊疗和危重症救治技术处于区域先进水平。

医院先后获批包括国家自然科学基金项目、省部级重点项目等200余个，获福建省科技进步一等奖4项，国家发明专利15项，连续22年获军队或省部级科技进步二等奖。医院先后被上级表彰为“备战打仗先进单位”“践行强军目标先进师旅团级单位”“先进师旅团级党委”“保障打赢先进单位”等，获“全国三八红旗单位”和“军队优质护理服务示范医院”等荣誉称号。

2021年，医院获福建省科技进步一等奖1项，军队科技进步二等奖2项、三等奖2项；获批卫勤保障与创新能力生成、军事训练伤防治等外源性课题9个，国家、省、市课题34项；发表SCI论文7篇，核心期刊论文120篇；荣获国家授权专利22项。郑庆亦被表彰为第五届白求恩式医疗卫生工作者楷模，欧阳林被表彰为2021年度漳州市“双创之星”。福建省住院医师规范化培训结业综合考核通过率91.6%、公共科目考核通过率88%、国家临床专业水平测试通过率93.2%，在三家办班附属医院中位居第2；荣获第一届厦门大学医学生医学技术技能比赛第2名，在厦门大学医学院中青年教师教学技能比赛中获中文组一等奖1个、三等奖2个。（田素科）

【全力做好疫情防控工作】 年内，厦门大学附属东南医院紧盯新冠疫情防控形势，完善了感染管理三级体系，将任务细化，责任层层落实。通过完善发热门诊设施设备及优化患者就诊流程、重点部位督导、组织核酸检测及疫苗接种、疫情中高风险地区人员排查和开展院感知识分层级培训，确保全院全员无一例感染病例。（林素梅）

【多策并举助推医疗体系单位发展】 年内，厦门大学附属东南医院打造“军名片”，积小优为全优，完成龙海区第五医院、诏安县医院和漳州市人民医院等16家地方医疗单位续签帮扶协议和1家西部支援单位圆满收尾的帮扶任务。全年共选派急诊科、消化内科和骨科等13个特色专科与受援单位对口科室结成对子，57名专家完成专家门诊3200余人次、诊疗4945人次、手术560余台次、教学查房331次、骨干带教62人、专题授课67场次、疑难病历会诊388例次。协助受援单位成功开展了如急性硬膜外血肿开颅手术、脑出血开颅血肿清除术等高级别手术，通过理论教学与实践操作相结合的方式使受援单位医务人员熟练掌握气管切开术、硬膜外血肿锥颅穿刺引流术等临床业务技术，在多例重型颅脑损伤、恶性高血压脑出血脑疝的抢救中体现成效。2021年5月，医院和23名帮扶专家分别获评援黔医疗卫生对口帮扶工作“优秀帮扶集体”和“优秀帮扶个人”。切实做到了帮到具体处、帮到关键点、帮到心坎上。（蔡　杰）

【连续22年获军队或省部级二等奖以上奖励】 年内，厦门大学附属东南医院获福建省科技进步一等奖1项、军队科技进步二等奖2项、三等奖2项。截至2021年，医院已4次获福建省科技进步一等奖，不仅实现了漳州医疗卫生系统省部级一等奖零的突破，而且连续22年获得军队或省部级科技成果二等奖以上奖励。

（钟渊福）

【医院全力打造战时“生命救治链”】 年内，厦门大学附属东南医院组织医疗、护理人员开展战救训练及考核，积极探索“救治链＋”新模式，由“白衣天使”和“全科医生”紧密配合，组建多支“前沿复苏手术分队”，配备轻型救护车、帐篷、VR远程医疗眼镜和药品，灵活开展生命复苏、损伤控制手术，第一时间控制伤情、抢救生命，打造高效、快捷的战时“生命救治链”。（郁毅刚）

【密织“业务网”，积跬步至千里】 年内，厦门大学附属东南医院通过制定、实施医院集采药品使用监管、医用耗材使用管理、药材供应价格调整管理和合理用药监控管理等多项规定，持续提升医院合理用药管理，促进供应商行为阳光化，推动国家及福建省药品集采政策末端落实和医用耗材临采工作规范运行。就计价医用耗材目录、物资库和收费名称进行匹配对照、开展毒麻药品管理使用专项自查、推行麻精电子化处方、升级改造医护一体化平台、简化出院带药及结算办理流程、推行检验、治疗、取药诊间医保卡结算和用血直免，进一步优化了流程手续，缩短就诊时间，改善患者就医体验，提升患者就医质量。召开医疗保障工作协调会，细化计划、采购、入库、结算分离“四权分离”原则，明确落实工作统筹“三个一”（一张表、一面屏、一本账），确保各项工作计划有条不紊地推进落实。

（林富旺）

厦门大学附属厦门眼科中心

【概况】 厦门大学附属厦门眼科中心是国家临床重点专科，是一所集医疗、教学、科研、防盲为一体的国家三级甲等专科医院，是新加坡全国眼科中心的姐妹中心，同时也是国家博士后科研工作站、厦门大学附属医院、院士专家工作站、国家药物临床试验机构、全国住院医师规培基地。

医院设有眼底病、白内障、眼表与角膜病、斜视及小儿眼科、眼外伤、屈光、青光眼、眼整形等八大亚专科，以及医学验光配镜部、临床医技检查部等。中心业务水平居国内前列，其中近视手术量和角膜移植手术量为全国第一。

眼科诊疗技术保持国内领先水平，开展最新眼科手术。如新生儿数字化广域眼底成像系统检查及儿童眼底荧光血管造影检查、应用Resight系统及27G超微创玻切技术治疗飞蚊症和黄斑裂孔、斜视显微微创手术联合术中睫状前血管分离保留技术、三焦点人工晶体植入术、微创后巩膜加固术治疗高度近视、无刀全飞秒近视激光、ICL晶体植入术、飞秒角膜移植、眼表重建手术及相关的成分角膜移植手术、麻痹性斜视眼外肌鞘内注药术、国内顶尖的圆锥角膜治疗技术等。

2021年新录用员工138人，其中医护人员41人；引进硕士2人，本科生31人。

厦门大学附属厦门眼科中心在中国医学科学院主办的2021年中国医院科技量值排行中位列全国第二十七、福建省第一。科研项目立项33个，其中厦门眼科5G远程诊疗智慧医疗平台获批国家工业和信息化部及卫生健康委员会5G＋医疗健康应用试点项目；2021年厦门市眼表与角膜疾病重点实验室评估结果良好；新授权专利项目6个；科研项目验收结题6个；共发表论文61篇，其中SCI收录13篇。医院一名医生获批福建省科技厅“创新之星”人才项目。

在第26次全国眼科年会中，厦门大学附属厦门眼科中心投稿被录用521篇，其中论文发言16篇、大会发言1篇、继续教育项目1篇、病例讨论1篇、热点讨论1篇、专题发言3篇、纸质壁报43篇、列题46篇、电子壁报181篇、书面交流228篇。（刘　琳）

【“八闽点睛行动”落地厦门】 1月，“八闽点睛行动”项目在厦门大学附属厦门眼科中心五缘院区正式启动。厦门大学附属厦门眼科中心作为定点医院，计划全年对1000例厦门本地户籍的白内障贫困患者提供救助。

（刘　琳）

【获评全国“敬老文明号”】 1月，国家卫生健康委员会、全国老龄办印发《关于表彰2020年全国“敬老文明号”和全国“敬老爱老助老模范人物”的决定》，授予厦门大学附属厦门眼科

中心全国“敬老文明号”称号。（刘　琳）

【厦门市医学会眼科学分会换届】 年内，经厦门市医学会眼科学分会换届选举会议暨第六届委员会成立会议大会选举，厦门大学附属厦门眼科中心副院长吴护平教授当选主任委员。（刘　琳）

【参与厦门大学“百年校庆”活动】 4月，在厦门大学建校100周年之“重走嘉庚路，致敬新时代”主题展览上，厦门大学附属厦门眼科中心苏庆灿董事长向厦门大学捐赠1亿元。同时，厦门大学附属厦门眼科中心医生积极参与厦门大学“百年校庆”各类公益活动。（刘　琳）

【启动爱眼月系列主题活动】 年内，在全国第26个爱眼日期间，厦门大学附属厦门眼科中心以“我为群众办实事”为轴，聚焦全民眼健康，重点关注“一老一小”开展公益筛查、进校科普讲座、校医培训等全生命周期眼健康公益服务。（刘　琳）

【获“LipiFlow热脉动治疗中心”认证】 7月，眼表及角膜病专科获LipiFlow热脉动治疗中心认证，进一步推动了厦门大学附属厦门眼科中心干眼中心的高质量发展，为患者提供全方位、多样、个性化的诊疗方案。

（刘　琳）

【成立“老花眼门诊”】 7月，厦门大学附属厦门眼科中心老花眼门诊正式揭牌成立，这标志着老花眼门诊先行落户厦门。（刘　琳）

【援藏光明行】 7月，厦门大学附属厦门眼科中心总院长黎晓新教授再次带领医疗团队，奔赴西藏自治区藏医院眼科（自治区眼科中心）开展“援藏光明行”公益活动。（刘　琳）

【防控抗“疫”】 9月中旬，福建遭疫情反扑，厦门形势严峻。厦门大学附属厦门眼科中心分26批次，共安排611人次奔赴18个社区执行核酸采集任务。（刘　琳）

【获“Holmes Lecture Award”奖项】 11月，第36届亚太眼科学会大会（APAO 2021）在线上召开，厦门大学附属厦门眼科中心总院长黎晓新教授荣获“Holmes Lecture Award”奖项，以表彰其为眼科防盲事业作出的杰出贡献。（刘　琳）

【2021年华厦眼科高峰论坛隆重召开】 11月，2021年华厦眼科高峰论坛大会开幕。以本次论坛为契机，厦门大学附属厦门眼科中心福建省院士专家工作站揭牌，并成立厦门眼科中心圆锥角膜工作室。（刘　琳）

【两名专家参评“奋斗百年路，照亮人文光”活动】 年内，在《医师报》社主办的“奋斗百年路，照亮人文光”2021年最美眼科医生评选活动中，厦门大学附属厦门眼科中心总院长黎晓新教授获评“眼科大师”，眼表及角膜病专科吴护平副院长获评“优秀眼科共产党员”。（刘　琳）

厦门大学附属东方医院

【概况】 医院于1949年接管国民党联勤总部第二肺病疗养院整编而成；1954年编为陆军第93医院，1959年扩编为福州军区总医院，1985年改称南京军区福州总医院；2004年转隶接收宁德海军第442医院、福州空军第476医院、莆田陆军第95医院；现为陆海空卫勤力量兼有的区域性综合三甲中心医院。医院有医疗用房面积38.7万平方米。医疗设备总值14.1亿元，包括“达芬奇”手术机器人、肿瘤治疗利器“速光刀”、3.0T磁共振、术中CT、256排CT、PET—CT、ECT、术中DSA、全自动检验系统、全身伽马刀等。年度门急诊量突破177万人次、收容量7.9万人次、手术量2.8万例；2012年医院投入1000余万元建成9420平方米的教学综合楼；新病房大楼建筑面积18.09万平方米，单体面积居全军第二、闽赣两省第一。

先后被表彰为“全军先进医院”“全军后勤训练先进单位”“全军医院信息化建设先进单位”“全军保障社会化工作先进单位”“‘十一五’全军物资采购改革先进单位”，连续四次被表彰为“全军为部队服务先进医院”。

医院有军队三级专家3人，博士生导师17人、硕士生导师145人，省级主委4人，全军级副主委3人，1人被军委政治工作部表彰为先进老干部工作者，2人获“白求恩式好医生”称号。医院设军队博士后科研工作站（在站博士后16人），是厦门大学、陆军军医大学、海军军医大学等8所院校的临床医学院或教学医院，拥有国家住院医师规范化培训专业基地18个、专科医师培训基地3个。十多年来，共培养了医学生4000余人。

医院有国家临床重点专科军队建设项目3个（器官移植、妇科、检验），东部战区医学中心3个（呼吸内科、普通外科、肾脏病科），全军研究所、专科中心、基地10个，原军区研究所、专科中心16个，全军和福建省重点实验室3个，福建省临床重点专科5个，国际科技合作基地2个。

临床教学条件能满足学生的学习需求，除教学综合楼，还有新建的现代化多媒体教室7间，每间教室配备投影仪、音响、电脑等电教设备，共917平方米，524个座位。此外，还有学生标准宿舍212间，848张床位，可满足学生日常生活学习需要。临床技能培训基地占地面积1800多平方米，拥有专科设备总值近2000万元，基础护理设施设备1000余万元。医院投入教学管理及教学设备设施经费年均700多万元，2021年投入145万元引进本科及规培教学管理信息系统及技能多站化考核管理系统，投入近300万元购置了教学模型，投入30余万元更换多媒体教学设施设备，组织开展外科基地手术直播活动，计划2022年投入500多万元统一规划智慧教室及多方位手术直播教学平台。基本诊疗技能培训室、专科技能培训室、临床综合技能培训室（重症监护模块）等培训教室、模拟训练场配备专职人员管理，全面向学生开放，根据技能操作训练计划定期组织临床技能培训考核。

年内，医院积极主动适应新要求、融入新体制，健全新机制、履行新使命，以新担当新作为展现新形象，以赶考的姿态担起首责、跑好首棒、开启新局。坚持科研瞄准卫勤、成果用于战场，编制《军事医学研究指南》，设立军事医学专项基金，每年投入 1000 余万元用于创新研究;以国家首批干细胞临床研究中心为基础,研究野战条件下基于适配子的快速检测,战场检验能力大幅提高,科研成果取得军队科技进步一等奖;快速止血项目获国家科技重大专项资助并顺利结题,科研样品已获军队特需药品临床研究批文,启动临床扩试应用;5 个系列 9 项技术产品列入中试计划,快速止血项目获国家科技重大专项资金支持并顺利结题。

（余　剑）

【扎实开展党史学习教育】 年内,医院把党史学习教育作为年度政治工作"重头戏",依托党委理论中心组学习主渠道、政治教育主阵地、支部活动主课堂,组织党史微课接力、党史知识竞赛、"学史强院"主题打卡、党员过集体"政治生日"、重温入党誓词等活动,走访慰问 519 名受表彰党员、困难党员等;开展党史学习教育实践活动,明确 6 个方面 26 个具体"硬骨头"任务清单,逐项跟进督导落实,已解决完成 16 项,还有 6 项属于需长期坚持的,有 4 项持续推进中,确保党史学习教育在医院建设和各项工作中落地生根,医院科技人员思想政治教育的做法被联勤保障部队推广。

（余　剑）

【开展"献礼建党百年"群众性系列文化活动】 年内,为庆祝中国共产党成立 100 周年,结合党史学习教育和主题教育配合活动,1 月举办"牛转乾坤——我为天使写春联"活动、环院半马接力赛与荧光健走活动,4 月办"我的入党故事"主题征文,6 月举办"百年华章　医心向党"主题文艺汇演,精心创作的抗疫情景剧《出征》、女子舞蹈《永卫之魂》,7 月组织建党百年正能量电影展播,并邀请福建艺术职业学院音乐系师生来院举办红色经典大型交响合唱音乐会《长征组歌》,12 月举办第二届主题文化艺术节开展摄影、书法、绘画、手工作品展等活动。（余　剑）

【组织开展护士节系列活动】 5 月 12 日,召开纪念"国际护士节"大会,通报表彰 20 个"优秀护理单元"、19 名"优秀护士长"、94 名"优秀护士"。拍摄微电影《守护》、MV《不忘初心》。通过评选医院"最美天使",表彰 10 名"最美天使",颁发 12 个"最美天使"提名奖,组织"护心向党"医院"最美天使"故事讲述会,诠释护理风采,着力塑造护理队伍形象,提升爱院爱岗,立足本职的使命感、责任感和价值感。耳鼻喉头颈外科护士长魏红获得福建省"小鹰基金"奖,普通外科护士长林美娇获评福建省"优秀护理工作者"。（余　剑）

【神经外科护理单元获颁全军首批英模班排荣誉柜】 10 月,军委政治工作部为医院神经外科护理单元制作配发"护理工作先进集体"英模班排荣誉柜,成为全军首批配发对象之一。该单位前身为原福州总医院脑外科、耳鼻喉科护理组,于 1982 年 2 月被原福州军区授予"护理工作先进集体"荣誉称号。10 月 22 日,医院在神经外科病区隆重举行荣誉柜颁发仪式,广泛开展向英模班排、先进集体学习活动,营造传承红色基因、奋斗强院实践的浓厚氛围。

（余　剑）

【举办医院首届教学技能竞赛】 10—11 月,医院举办了首届教学技能竞赛,通过 17 个住培基地初赛选拔,32 名教师及 21 名学生进行了院级复赛,10 名优秀教师进入决赛。11 月 8 日下午,举行教学技能竞赛决赛,干部二科余云华荣获医院教学技能竞赛特等奖,麻醉科肖锦容、儿科李政荣获一等奖,干部一科陈姗姗、急诊科刘亚非、检验科闫慧慧荣获二等奖,呼吸内科周晓、内分泌科黄琼珠、神经外科池小斌、普通外科邓琳荣获三等奖。（余　剑）

【开展首届"最美九〇〇人"评选活动】 10—12 月,医院开展首届"最美九〇〇人"评选活动,经基层推荐、民主投票、党委研究,16 名同志分四类当选首届"最美九〇〇人"。其中忠诚向党类为林木南、孔悦、陈宏、黄明焕,胜战强军类为张伟、余云华、李毅、王在霞,精医创业类为李东良、王雯、刘芸、王丽娥,奉献敬业类为陈光明、马宁、房卫红、黄剑峰。（余　剑）

【普通外科王瑜主任被表彰为"白求恩式好医生"】 12 月 22 日,根据白研发字〔2021〕125 号通报,医院普通外科主任王瑜被表彰为"白求恩式好医生"。（余　剑）

厦门大学附属第一医院

【概况】 厦门大学附属第一医院创办于 1937 年 8 月,前身是爱国华侨胡文虎先生捐资成立的"福建省立医院"。从 50 张床位、87 人起步,悬壶济世、救死扶伤至今,医院步履坚实地走过了 80 余年,已发展成为一所集医疗、教学、科研、预防及康复为一体的闽西南规模最大的三级甲等综合性医院。医院坐落在美丽鹭岛的鸿山脚下,地处市中心,有编制床位 2500 张。除院本部外,还拥有 8 家分院(其中马銮湾医院 1000 张床位在建)、1 家互联网医院、2 家护理院、6 家社区卫生服务中心。医院有职工 4469 人,其中正高 509 人、副高 876 人,中高级专业技术人才 2900 余人,博士 304 人,硕士 871 人,博士生导师 19 人、硕士生导师 203 人、享受国务院特殊津贴专家 22 人;签约名医工作室团队 5 个,委聘双主任 10 名,院聘专家 10 名。拥有厦门市高层次卫生人才 4 名、厦门市高层次留学人员 9 名,福建省卫生健康突出贡献中青年专家 3 名,厦门市拔尖人才 16 名。拥有的各类人才数均位居全市医疗机构第一。

近 10 年来医院快速提升发展,跻身福建省高水平三级甲等综合性医院第一梯队,是全国首家"双料"通过 HIMSS EMRAM 住院、门急诊双 7 级和国际 JCI 学术医学中心认证的大型综合性医院。已连续 4 年跻身"中国医院竞争力·顶级医院百强榜",位列第 86,是闽西南唯一上榜的医院,实现了厦门市全国顶级医院百强榜零的突破。同时在中国智慧医院 HIC 100 强榜单中排名全国第 6,是全省首家"双通过"国家信息化建设标准的医院(国家互联互通标准化成熟度"五级乙等"、电子病历系统功能应用水平六级)。医院在 2020 年顺利通过中国医院竞争力五星级医院认证，并成为全国首家智慧医院 HIC 7 级的医院。

医院设有 59 个临床医技科室；拥有 3 个国家重点专科、3 个福建省临床医学研究中心、15 个福建省临床重点专科（全市 22 个）、1 个福建省中医重点专科、2 个厦门大学首批临床学系、3 个厦门市临床医学中心、2 个厦门市拔尖专科、5 个厦门市医学领先学科、4 个厦门市医学中心、8 个厦门市重点专科、3 个厦门市医学优势亚专科、10 个厦门市医学规划专科、17 个市级质控中心、7 个市级专病防治中心。医院的先进设备包括：螺旋断层放射治疗系统（TOMO）1 台，PETCT(GE Discovery MI)1 台、达芬奇手术机器人（IS3000）1 台、CT 11 台、磁共振 6 台、双平板 DSA 3 台、ECT 2 台、瓦里安直线加速器 3 台、生化流水线等。

医院高度重视医疗质量与安全，围绕质量持续改进，规范临床诊疗行为，不断开拓新技术，各项质量效率指标取得明显提升。在国家卫生健康委员会公布的 2019 年度全国三级公立医院绩效考核榜单中，第一医院排名全国第 57（全国前 2%～3%），全市第一。在 2020 年度中国医院/中国医学院校科技量值（STEM）上，共有 8 个学科进入全国百强，学科进榜数位居福建省前三名、厦门市第一。在 2020 年度华东区域医院专科声誉排行榜中，3 个学科获得提名，获提名数居厦门市首位。2019 年厦门市卫生健康委员会委托第三方对全市医院评价，第一医院综合实力排名全市第一，医疗技术、质量安全等 6 个维度排名第一。

医院建成省、市级科研平台 23 个，其中省级平台 5 个，市级平台 18 个。6 个科研所获批厦门大学院级科研平台，获批厦门市唯一的细胞研究治疗应用中心，获批成立厦门市首家临床医学研究院，获批首批省、市级临床医学研究中心且获批数为厦门首位。医院于 2006 年设立福建省地市级医院首家博士后工作站，已培养博士后 51 人，另有在站博士后 23 人，连续两届获评“国家博士后优秀工作站”。已在国家药品监督管理局备案 23 个药物临床试验专业、35 个医疗器械临床试验专业。2010—2021 年，共获各级课题 774 项，其中国家自然科学基金项目 139 个，立项总数位居厦门市医疗系统之首，“抗肿瘤新药临床评价技术示范性平台”获国家科技重大专项课题立项，是省医疗机构首次获批的国家科技重大专项课题。2010—2020 年，获省部级、市级科技进步奖 44 项，其中获市科技进步一等奖 5 项。2014—2021 年 SCI 论文数连续 8 年突破 100 篇，2020 年 SCI 论文数首次突破 200 篇，单篇影响因子最高 23.629。

医院是厦门大学的非直属附属医院，是福建医科大学等 3 所高校的教学医院，同时还承担 6 所医学院校的教学任务，除学校课堂教学外，截至 2021 年底在院本科生 300 余人、研究生 360 余人、规培学员 300 余人、进修生 130 余人。医院设有内、外、妇、儿、急诊、护理等 25 个临床教研室，临床教师 1022 人；有 20 个国家级住院医师规范化培训基地及 1 个普外科专科医师规范化培训基地；设有临床教学技能培训中心，含 15 个功能实训区；医院为福建省专培医师理论结业考试厦门地区唯一考点，曾连续 10 年承担福建省住培外科基地结业综合考核考务工作。

医院秉承“患者为本、质量至上、科教兴院、文化强院”的宗旨，始终践行“仁心仁术，至诚至善”的院训，诠释勤奋、担当、德技双馨的“一院人”的精神。自 2005—2021 年，医院已有 8 人获得全国医师行业最高奖项——中国医师奖（全市共 12 人）。医院先后获“全国卫生系统先进集体”“全国信息化创新医疗服务模式十佳医院”“全国百家改革创新医院”“福建省文明单位”“全国抗击新冠肺炎疫情先进集体”“2018—2020 年全国改善医疗服务先进典型医院”等荣誉称号。医院始终与人民群众的健康福祉紧密联系在一起，紧紧围绕习近平总书记“健康中国”蓝图，为人民群众提供优质的健康服务，矢志不渝地悉心守护一方百姓健康。（苏志洵）

【全面部署新冠肺炎防控工作】 9 月厦门疫情突发，医院立即建立以院长、书记为组长的疫情防控领导组，下设统筹协调、院感防控、医疗管理、核酸检测、物资保障、督导检查等 6 个工作组，及时更新制定《厦门市新型冠状病毒感染预防与控制方案》（第三版）、《医疗机构疫情防控工作手册》等 106 项新冠肺炎疫情防控制度，覆盖疫情防控组织管理、预检分诊、发热门诊等环节，使各项防控工作有据可依。组织召开线上、线下疫情防控工作会议 24 次。累计外派医护人员 12000 人次参与厦门核酸采样工作。杏林定点救治医院累计报告收治境外输入确诊病例 306 例（其中重症 2 例、256 例普通、48 例轻型）、无症状患者 104 例；本土确诊病例 248 例（其中危重症 2 例、重症 10 例、187 例普通、49 例轻型）、无症状患者 1 例。境外输入治愈出院 371 例，本土治愈出院 248 例，无死亡病例。（王　丹）

【公立医院绩效考核排名稳步提升】 年内，在全国公立医院绩效考核中，排名全国第 57，继续保持省内领先；连续四年跻身中国医院竞争力顶级医院百强榜，名列第 86 位（较去年上升 7 位），为闽西南唯一上榜医院。（王　丹）

【学科实力持续提升】 年内，在中国医学科学院发布的中国医院/中国医学院校科技量值（STEM）排行榜中，医院 8 个学科上榜，进榜数位居福建省前三、厦门市第一。其中肿瘤学位居第 53 名，胸外科位居第 47 名，风湿病学与自体免疫病学位居第 55 名，血液病位居第 80 名，心血管外科学位居第 94 名，妇产科学位居第 96 名，消化病学位居第 97 名，耳鼻咽喉科学位居第 65 名。神经科学系、血液病学系顺利成为厦门大学首批临床学系，获得厦门拔尖专科立项资助。（王　丹）

【成立省市临床医学研究中心】 年内，医院获批福建省神经系统疾病临床医学研究中心；头颈和胸部（肺、食管）肿瘤、神经系统疾病、心血管疾病（高血压）三个专业获批厦门市临床医学中心，占全市总数一半；获批厦门市唯一的细胞研究治疗应用中心；与翔安区合作，成立临床医学研究院和医疗大数据中心。（王　丹）

【启用新技术,实施新项目】 年内,医院拥有的厦门市首台甲类大型医疗设备螺旋断层放射治疗系统(TOMO)完成安装调试,2022 年 2 月正式投入使用。积极开展达芬奇机器人手术,2021 年完成 554 台机器人手术,其中泌尿外科 274 台、胸外科 112 台、妇科 95 台。 (王 丹)

【启用日间手术中心病房】 3 月 18 日,医院正式启用日间手术中心病房,开放 7 间日间手术室,配备全新的医疗设备设施,设置 48 张床位,推行"集中式手术、集中式管理"新模式。2021 年共计开展 13865 台日间手术,收治患者 5084 名,其中 24 小时内完成 12754 台,48 小时内完成 664 台,日间手术占择期手术比例为36.02%,极大提高了医疗质量和医疗效率。

(王 丹)

【加强人才队伍建设】 年内,新签订委聘双主任 3 名,分别为胃肠肿瘤外科、胸外科、呼吸与危重症学科;新签订院外聘专家 3 名;成立于金明、洪涛、黄从新、陈世益等名医工作室;组织招聘 17 名博士研究生,为全市医院最多;引进全职学科带头人 1 名;2021 年福建引进博士 6 名;意向签约福建引进生 2020 届博士 3 名,提升学科科研水平,进一步优化人才队伍结构。新增厦门市第六批青年创新人才 2 名,高层次留学人员 6 名;厦门市拔尖人才 5 名;厦门市高层次卫生人才——学科骨干人才 2 名、学科后备人才 2 名;福建省卫生健康突出贡献中青年专家 1 名;福建省高层次 B 类人才 5 名,福建省高层次 C 类人才 22 名。拥有的各类人才数均位居厦门市医疗机构第一。 (王 丹)

【科研成果丰硕】 年内,医院共获批各类科研项目 133 个。其中国家自然科学基金项 18 个,资助经费达 1217 万元,立项数和资助经费额度均为历史新高,立项数第五次居全市卫生系统之冠;获福建省科学技术进步二等奖 1 项、三等奖 2 项;获厦门市科技进步二等奖 1 项、三等奖 2 项;获中华中医药学会科学技术奖二等奖 1 项;获全国妇幼健康科学技术三等奖 1 项。发表 SCI 论文 202 篇,其中 JCR2 区以上论文 95 篇,单篇影响因子最高 23.629,创历史新高;厦大核心论文 38 篇;获得授权专利 136 项,首次年突破百项,其中国际专利 1 项,发明专利 6 项,实用新型专利 129 项。

(王 丹)

【药物临床试验量值排名稳步提升】 在 2021 年全国 GCP 机构药物临床试验量值排行榜中,医院位列全国 GCP 机构药物临床试验量值排行榜总榜第 46 名(较去年上升 8 名),综合医院榜第 35 名,在福建省内排名第一。开展以作为组长单位的全国多中心临床试验 1 项和福建省首个 1.1 类抗肿瘤创新药 I 期临床试验。 (王 丹)

【临床理论考试平均分全国第二】 年内,医院继续接收厦门大学、福建医科大学、福建中医药大学、厦门医学院等 8 所高校在内的 1210 名各类各级医学生在院学习,总共 4928 学时,参与授课的教师 973 人。顺利组织完成厦门大学医学院 2017 级临床专业临床水平测试理论考试,通过率 93.3%,平均分 220.5 分(满分 300 分)位居全国第二名。 (王 丹)

【互联网医院业务量创新高】 年内互联网医院开通网络门诊科室 119 个,累计注册总用户达 114.57 万,新增注册用户 37.26 万;网络门诊 6.48 万单;医技开单 1199 人次;在线处方 2010 人次;远程胎心监护 3910 人次;核酸检测开单 2.11 万人次。积极与互联网龙头企业合作,联合腾讯上线厦大附一小程序,与厦门市公安局联合建立线上就医绿色通道,为民警辅警提供线上就诊优先等快捷服务。

(王 丹)

【获全国优秀奖】 年内,案例《依托临床路径和信息化质控管理提高儿童哮喘控制率》,获得由健康界主办的第五季中国医院管理奖质量管理组全国优秀奖;在人物类案例评选中,医院获得杰出管理奖。

(王 丹)

【获得智慧医院 HIC 案例大赛一等奖】 年内,案例《两地三中心医院数据中心建设》,在艾力彼医院管理研究中心的智慧医院 HIC 案例大赛总决赛中获得一等奖。 (王 丹)

【王占祥院长荣获"2021 年度最具领导力中国医院领导者 · 卓越贡献奖"】 年内,王占祥院长在中国医院院长网主办的第十四届最具领导力中国医院领导者评选中,获"2021 年度最具领导力中国医院领导者 · 卓越贡献奖"。 (王 丹)

厦门大学附属成功医院

【概况】 厦门大学附属成功医院(以下简称成功医院)是一所集医疗、教学、科研、保健、疗养为一体的三级甲等综合性军队医院。是陆军第七十三集团军医院,安徽医科大学、福建医科大学、第四军医大学、南昌大学医学院临床学院。是厦门市首批城镇职工医疗保险定点医院、福建省首批交通事故救治伤员定点医院、厦门市工伤救治定点医院,是厦门市医保定点单位。

医院占地 1.95 公顷,医疗建筑面积超 10 万平方米,展开床位 1200 张。医院展开科室 47 个,其中临床科室 36 个,医技辅助科室 11 个。拥有全军计划生育优生优育技术中心 1 个,为生殖医学中心;南京军区专科中心 5 个,分别为脊柱外科中心、肿瘤治疗中心、癫痫诊疗中心、慢性肾病中西医结合诊疗中心、信息技术支持中心;厦门市重大科技平台项目 1 个,为厦门市生殖医学研究中心;厦门市重点专科 1 个,为厦门市创伤骨科重点专科;厦门市规划重点专科 3 个,分别为癫痫诊疗规划重点专科、消化系肿瘤介入治疗规划重点专科、血液净化规划重点专科,肾病中心被确定为厦门市糖尿病健康教育中心。此外,烧伤整形科、泌尿外科、普通外科、胸心外科和老年保健等学科,在本地区具有较大优势。这些中心、重点学科是医院的特色品牌,同时通过它们的辐射作用,带动和促进了其他科室发展。

截至 2021 年医院开展了包括试管婴儿、术中唤醒及电刺激脑功能区定位癫痫手术、冠脉腔内成形及内支架术、体外循环心脏直视手术、中西医结合肾脏病治疗、联机血液透析滤过、连续性血液净化、癫痫手术治疗、

“分子靶向”及“肿瘤杀伤细胞”治疗技术、X-刀治疗脑部肿瘤、冠脉腔内成形及内支架术、人工肝技术、腹腔镜手术在内的500多项新业务、新技术。

医院医疗设备设施齐全，拥有320排螺旋CT、3.0T核磁共振、高能电子直线加速器、平板DSA、双板DR、全自动生化分析仪、全自动质谱仪、高档超声彩色多普勒诊断仪、各种腔镜、支气管镜、高压氧舱等先进的医疗设备，总价值超4亿元。

医院拥有教授22名、副教授19名，博士生导师2名、硕士生导师37名，设有内、外、妇产、儿科、医技、诊断等6个临床教研室，涵盖所有专业，医院担负安徽医科大学、厦门大学医学院、第四军医大学、南昌大学医学院、福建医科大学等高等医学院校临床教学及军内外进修生的培训带教任务，拥有内科、外科、妇产科、口腔科、病理、麻醉等6个福建省住院医师规范化培训基地。每年到院学习的本科生、研究生、进修生、住院医师规范化培训学员多达200余人次。获批各级课题130余个，资助金额超1800万元。获得军队科技进步奖100多项，发表SCI论文40余篇，发表核心期刊论文3000多篇。

医院重视全面建设，坚持正确的办院方针，树立“以病人为中心”的服务理念，坚持为部队服务，将“以兵利民、仁心精术”作为院训，以质量效率为基础，以科技为先导，大胆改革、开拓创新，严格执行医疗护理等各项规章制度，不断完善质量管理体系，极大地促进了医疗护理服务质量的提高。医院秉承“德为先生命至上、术为本臻于至善”的价值追求，涌现出“送子观音”——沙爱国、“当代保尔”——梁萌、“护理战线的‘特种兵’”——黄燕鹏、“不爱红装爱武装”——康琼丹等先进个人。先后有2人荣立一等功，荣获集体二等功1次、9人荣立二等功，800多人次荣立三等功，600多人次受到军地表彰。医院先后被评为“双拥共建先进单位”“连续50年无案件团单位”“全心全意为军民服务先进单位”“为部队服务先进医院”等荣誉称号。

医院按照科学发展观的要求，加强学科、人才、技术建设，不断提高科学化管理水平，不断提高医疗护理质量，以最精湛的技术、最优质的服务、最大的诚意为广大患者服务，为推动中国医疗卫生水平的提高、促进人类健康、促进社会进步作出更大贡献。

（李金才）

【深入扎实开展党史学习教育和主题教育】 年内，围绕庆祝建党100周年，紧紧扭住强化坚持党对军队的绝对领导这条红线，突出听党指挥、奋斗强军主基调，扎实开展党史学习教育和主题教育。在开展两项重大教育过程中，医院按照“踩实七个步骤，抓好一个闭合回路”的要求，落实“读、讲、看、查、做”规定动作，跟进学习习近平总书记在党史学习教育动员大会、“七一”庆祝大会、十九届六中全会、党史学习教育总结大会上的讲话，抓实党史学习教育指定书目的学习，认真组织政治教员和理论骨干学习培训；分4个专题筹划开展了“10个一”配合活动，邀请厦门市委讲师团来院宣讲授课，党委常委带头授课辅导；举行祭奠革命烈士仪式、医师节宣誓仪式，组织干部骨干和党员到深田社区党建工作室参观学习，参加厦门大学百年校庆活动；联合厦门市新华书店开展“书香军营、好书悦享”读书活动，举办“迎建党百年、守初心使命”主题征文、“强军有我”故事会、庆祝建党100周年手抄报展示、“沙‘话’强军”、“心理沙龙”等系列活动；组织参观井延革命历史展览馆、重温入党誓词和“红歌快闪”活动，举办了党史知识竞赛活动；召开专题组织生活会对照4个方面问题剖析，严密组织学习讨论；按照“三个一”活动要求，每周组织一次观影活动，教唱红色歌曲，广泛开展“我为群众办实事”实践活动，高标准迎接陆军、战区陆军和集团军关于党史学习教育的督导检查。（李金才）

【全力支援厦门抗疫】 年内，厦门疫情暴发后，医院一手抓疫情防控和医疗工作，一手抓院感管理和应急救援，抓实抓细支援地方抗疫工作。制定完善10类突发情况处置预案、3类等级响应抽组方案，建好“三道防线”，储足防疫物资，在确保自身“零感染”的基础上，为驻厦11个单位3万余官兵及家属组织核酸采样，指导疫情防控工作。第一时间依令抽调20人驻点支援同安新民镇高风险地区、6人支援厦门定点医院，承担福建省3000例标本分离检测任务，累计派出2136人次参加厦门6轮全员核酸筛查、采样80余万份，12个部门被评为抗疫先进单位、180人被评为抗疫先进个人。员工发表要讯1篇，被各大新闻媒体用稿86篇，“央视军事”微博刊文阅读量达1700余万次，中国青年报刊发抖音点赞超10.5万次。军地各级领导发来表扬信，肯定了抗疫人员用实际行动遏制疫情扩散蔓延、守护人民生命健康、践行宗旨的铿锵誓言。（李金才）

【开展庆祝进驻厦门七十周年义诊活动】 12月6日，医院以进驻厦门70周年为契机，开展大型义诊活动，践行医院“人民至上、生命至上”的宗旨。义诊活动持续3天，全院医疗专家齐上阵，共接诊群众13000多人次。针对百姓健康需求和临床疾病表现，医院在义诊中除了开展健康检查、疾病咨询、普及医学常识和健康知识外，专门安排护理专家现场指导家庭护理技能、传授临床护理理念、解答慢性疾病护理问题等。（李金才）

【医院团委被共青团中央授予“全国五四红旗团委”称号】 年内，医院团委被共青团中央授予“全国五四红旗团委”称号，这也是2021年陆军唯一一家获得此表彰的单位。

（李金才）

【医院骨科被陆军授予“陆军参与脱贫攻坚先进集体”】 6月，医院骨科被陆军表彰为“陆军参与脱贫攻坚先进集体”。医院自2006年起与新疆阿合奇县人民医院建立帮扶关系，14年来，围绕医院管理、疾病诊疗、学科建设、人才培养、远程服务等方面开展帮带，于2010年被原总部表彰为“军队支援西部地区先进单位”，十几年的帮扶涌现出一批国家级先进个人，培养出一批带不走的人才队伍。骨科主任刘好源率先垂范，11次带队参与西部对口帮扶工作，先后派出骨科专家30人次到贵族德江县人民医院

和新疆阿合奇县人民医院技术帮带。（李金才）

【医院被陆军第 73 集团军表彰为“全面建设先进旅团级单位”】 年内，医院始终坚持用习近平新时代中国特色社会主义思想和习近平强军思想凝心聚力，高举旗帜铸忠魂，站上高位，政治引领更突出，先后有 1 部门、2 人获全国表彰，1 个部门受陆军表彰，2 人火线入党，1 人获评厦门市本土领军人才，116 人受集团军和福建省以上表彰。牢固树立保障员也是战斗员、医院也是战斗队的理念，把练兵备战作为医院的中心工作和主责主业抓紧抓实，以战领建、备战打仗更鲜明，姓军为兵、服务保障更高效。疫情发生以来，医院坚持“人民至上、生命至上”，一手抓疫情防控和医疗保障，一手抓定点收治和应急救援，守牢底线，疫情防控更得力。

（李金才）

【黄建明同志获评厦门经济特区建设突出贡献先进模范人物】 12 月，黄建明被评为“厦门经济特区建设突出贡献先进模范人物”。黄建明从 2016 年开始，连续 5 年对口帮扶新疆阿合奇县人民医院，并开展系列疑难重大手术。帮扶周结束回到厦门后，他经常开展远程病例、学术讨论交流，通过医院远程系统进行医疗会诊和手术指导，使当地的牧民得到了“有病不出县”，甚至是“大病不出县”的医疗保障。2019 年 9 月获国务院颁发“全国民族团结进步模范个人称号”和“庆祝中华人民共和国成立 70 周年纪念章”（李金才）

厦门大学附属福州第二医院

【概况】 2021 年，在福州市委市政府和主管委的正确领导和大力支持下，厦门大学附属福州第二医院全面贯彻落实党的十九大和十九届历次全会精神，全院职工励精图治，团结奋进，以建设三甲综合医院为目标，狠抓医疗内涵建设，深入开展“医院评价”等活动，持续改善医疗服务，较好地完成了全年各项工作。

（朱　玉）

【成立骨内科治疗组】 1 月 1 日医院成为福建省内首家开设骨内科的医院。骨内科治疗组编制床位 10 张，编制医生为 3 名，高级职称医师 1 名，中级职称 2 人，其中博士研究生 1 名、硕士研究生 1 名。学科带头人为肖莉莉。（朱　玉）

【手足显微外科获“五一先锋号”】 1 月 18 日福建省总工会党组书记、副主席丁文清，党组成员、副主席张彩珍等多位领导莅临福州市第二医院，授予医院手足显微外科“五一先锋号”牌匾。（撰稿人）

【1 号楼改造完工】 4 月 1 日，1 号楼改造完毕。医院 1 号楼因使用多年，吊顶发霉易脱落，病区墙面漏水、发霉，卫生间水电管路老化等，存在安全隐患，为改善就医环境，医院采购集成墙板、集成吊顶及集成卫生间进行改造。该项目建筑面积约为 18000 平方米，采购费用约 1447 万元，于 2020 年 10 月 1 日动工。（朱　玉）

【成立王满宜名医“师带徒”工作室】 4 月 14 日王满宜名医“师带徒”工作室在医院 6 号楼学术厅举行签约仪式。（朱　玉）

【林凤飞院长获“2020 年全国医院信息化杰出领导力人物”称号】 4 月 23—25 日由国家卫生健康委医院管理研究所主办的“2021 中华医院信息网络大会”在杭州召开。院长林凤飞荣获“2020 年全国医院信息化杰出领导力人物”称号。（朱　玉）

【获多项五一表彰】 4 月 30 日，《福建省总工会关于表彰 2021 年福建省五一劳动奖和福建省工人（五一）先锋号的决定》发布，院长林凤飞获评福建省五一劳动奖章，呼吸与危重症医学科获评福建省五一先锋号。《福州市总工会关于命名福州市“工人（五一）先锋号”的决定》公布，体检科、神经外科双双获评市五一先锋号。（朱　玉）

【林凤飞院长当选中国医师协会骨科分会小儿骨科学组主任委员】 5 月 20 日，林凤飞院长带队参加第十三届中国医师协会骨科医师年会（CAOS2021），林凤飞院长当选中国医师协会骨科分会小儿骨科学组主任委员，张怡元副院长担任中国医师协会骨科分会科技创新与转化专题组副组长，小儿骨科陈顺有主任担任中国医师协会骨科医师分会小儿脊柱学组副组长，冯尔宥副主任医师担任中国医师协会骨科医师分会青年委员会智能骨科学组副组长。

（朱　玉）

【被认定为国家卫健委加速康复外科骨科试点医院】 5 月，医院被认定为国家卫健委加速康复外科骨科试点医院。（朱　玉）

【游斌同志获评全省卫生健康系统先进工作者】 6 月 1 日，游斌同志获评全省卫生健康系统先进工作者。

（朱　玉）

【召开 2021 年全面从严治党工作推进会】 6 月 8 日，党委书记张帆主持召开 2021 年全面从严治党工作推进会，学习传达上级有关指导意见，部署医院 2021 年全面从严治党工作。

（朱　玉）

【举办党史知识竞赛】 年内，福州市第二医院举办“学习党史、坚定信念”主题党史知识竞赛，决赛于 6 月 25 日举行，内科第三党支部代表队获得第一。（朱　玉）

【医院正式使用安检机】 6 月，医院正式使用安检机开展安检工作，成为福建省首家使用安检机开展安检的医院。（朱　玉）

【召开庆祝中国共产党建党 100 周年大会】 7 月 1 日，医院召开庆祝中国共产党建党 100 周年大会，医院党委委员、各支部书记、支部委员、光荣在党 50 年老党员代表及各支部党员代表参加大会，回顾党的光辉历程，共庆党的百年华诞。（朱　玉）

【举行中国医师节庆祝大会】 8 月 19 日，医院隆重举行中国医师节庆祝大会，院党委书记张帆，院长林凤飞，副处长级院领导朱琪，副院长张怡元、宋霖、贾春锋，总会计师严向平，行政中层干部，全院临床医技科室主任和医师代表到场参加大会。领导上台为从医满 30 年医师颁发纪念奖杯。大会还进行了“健康中国　塔亭行动”第二届健康科普宣讲大赛总决赛。经过 2 个月筹备，历经媒体导师指导、初赛及大众投票等环节后，10名选手进入决赛，最终脊柱外科林毓涵获一等奖，创伤骨科蔡超、风湿血液科郑峰获二等奖，内分泌科陈思劼、胃肠外科陈海峰、手足显微外科王志炜获三等奖。（朱　玉）

【召开2021年第一次职工代表大会】 8月27日，医院2021年第一次职工代表大会暨工会第十二届第八次会员代表大会隆重召开。张帆、林凤飞、宋霖、贾春锋、严向平等院领导、职能部门负责人以及医院100多名职工（工会会员）代表参加会议。此次会议审议并通过了《2020年度医院工作总结及2021年工作计划》《2020年医院财务决算报告》《2021年医院基本支出预算报告》《2021年医院政府采购预算报告》《绩效核算方案》《提高住房公积金缴存基数方案》《住房补贴执行方案》《2019年财务审计报告》《医院十四五发展规划》《2020年度工会工作总结及2021年工作计划》《2020年度工会经审工作总结》《2021年度工会经费预算》《会员生病慰问金、生育慰问金及会员结婚慰问金发放标准》《2021年一线职工疗休养方案》。（朱　玉）

【12名核酸采样及检测人员驰援莆田】 9月11日，游唯伟、刘舒、林丹南、陈绣、高富珍、钱扬、宋雪梅、翁欢、张玉萍、谢维娟、虞宫敏、杨伟姝等12名医护人员驰援莆田，开展核酸采样及检测。（朱　玉）

【改造发热门诊活动房】 年内，医院对原有的发热门诊活动房进行改造，改造面积约为500平方米，工程造价约为60万元，该项目于2021年9月25日开始施工，10月6日改造完成，并投入使用。（朱　玉）

【获批“第三批福建省高层次人才”】 10月，张怡元、李章来获批“第三批福建省高层次人才”。（朱　玉）

【福州市推进医药卫生体制集成改革现场会在医院召开】 11月11日，福州市推进医药卫生体制集成改革现场会在医院召开，副市长孙晓岚、卫健委党组书记郭勇等领导出席。会议组织市医改领导小组成员单位、各县（市）区政府、市属各医院等单位负责同志实地察看了门诊大厅、1号楼19楼骨科病房、心电远程会诊中心、创伤指挥中心。林凤飞院长做推进公立医院高质量发展的经验介绍汇报。（朱　玉）

【“2021塔亭骨科国际论坛”开幕】 12月3—5日，“2021塔亭骨科国际论坛”在福州中庚喜来登酒店隆重开幕，开幕式邀请到中国工程院院士、中华医学会骨科分会主任委员、中国医师协会骨科医师分会会长张英泽院士，福州市人民政府副市长孙晓岚致辞，福州市卫生健康委员会党组书记、主任郭勇与会。福州市第二医院林凤飞院长致辞，张怡元副院长担任主持。（朱　玉）

【康复楼落成】 12月31日，康复楼落成并举办典礼，林凤飞院长、张帆书记先后发表致辞。（朱　玉）

【医院成为福建省创伤救治联盟成员单位】 12月，医院成为福建省创伤救治联盟成员单位。（朱　玉）

厦门大学附属心血管病医院

【概况】 2001年，厦门市委、市政府会同海外华侨及国际知名学者，成立厦门市心脏中心；2011年，作为公立医院改革试点，中心相对独立；2014年，市委、市政府正式决定中心全面独立，选址五缘湾畔，并于2015年1月更名为厦门市心血管病医院；2016年9月，医院正式获批成为厦门大学附属心血管病医院（以下简称厦心医院），厦门市心脏中心为第二名称。医院是福建省内唯一的三级心血管病专科医院，业已发展为海峡西岸最具影响力的复杂、危重心血管疾病诊治机构。

2019年6月，厦心医院整体搬迁至五缘湾新址，设有床位600张，湖滨南路旧址停用。医院设有心内科、胸痛中心、导管室、CCU、心外科、手术室、ICU、检验部、超声医学部、影像科、健康管理中心、核医学科等科室，是委省共建国家心血管病区域医疗中心和国家心血管疾病临床医学研究中心分中心，是国家胸痛中心四家区域认证中心之一，心内科为国家临床重点专科，心外科为省级临床重点专科。医院为卫生部首批心血管病介入诊疗培训基地、国家首批心血管病专科医师规范化培训基地、美国心脏学会专业示范中心、中国房颤中心、中国心衰中心、中国心脏康复中心、中国高血压达标中心；拥有国家博士后科研工作站、省市院士专家工作站、厦门大学医学院心血管病研究所（简称心研所）、厦门市心血管病重点实验室等高层次科研平台；获中国医师奖、福建省科技进步一等奖、福建省卫生计生系统先进集体、厦门市科技重大贡献奖、最有人情味的医院等荣誉。2021年医院门急诊量为184539人次，手术总台数为14604台。

医院有员工821人，副高以上专家119人，硕士、博士227人，硕士生导师和博士生导师11人，教授、副教授8人，承担厦门大学医学院多项临床专业课程，也是厦门大学博士、硕士研究生培养单位。

2021年，厦心医院立足现有优势科研阵地，引领区域心血管专业技术创新，科教工作取得突破性进展，科研立项数创历史新高。各级各类科研立项总计28个，获下拨资助经费568万元，其中共获批国家自然科学基金项目6个（包括面上项目2个，青年基金4个），资助经费211万元，立项数为历年之最。年度获批资助率为24%（全国平均获批资助率仅为16.6%），位列厦门市医疗机构第一。同时持续加大心研所的建设力度，大力引进高层次科研人才。截至2021年底心研所研究人员共27人，其中全职科研人员19人，兼职特聘教授8人，并进一步加强科研硬件建设，与厦门大学公共卫生学院共建检验中心，与厦门大学分子影像暨转化医学研究中心共建DSA实验室等。

医院承办“中华医学会第二十三次全国心血管年会暨第十二届海峡心血管病高峰论坛”这一全国最高级别的心血管学术盛会，共吸引了多达166万余名医者线上观看，3300余名医者线下参会。其间30余例高难手术直播一展国际最前沿的心血管介入技术，进一步扩大了医院的学术影响力。（许良友）

【获批委省共建国家心血管病区域医疗中心】 4月,厦心医院获批国家卫健委、福建省政府共建的国家心血管病区域医疗中心,为厦门市唯一入选的医院,也是唯一的非省属医院。

（刘云芳）

【获批国家心血管疾病临床医学研究中心分中心】 10月,厦心医院获批国家心血管疾病临床医学研究中心分中心,为福建省心血管疾病领域唯一的国家分中心,也是厦门市首个获批的国家分中心。（刘云芳）

【做好疫情防控各项工作】 年内,疫情防控长期处于"外防输入、内防反弹"的严峻态势,厦心医院坚持贯彻落实国家、省、市疫情防控政策,落实感控工作一把手负责制和每月研究机制,做好疫情防控常态化工作。其间厦门市遭遇了两次本土疫情,全院上下紧急动员,主动投身疫情防控一线。2021年调派人员参与厦门市及外市核酸采集、流调、定点医院救治、中高风险地区120支援等工作,累计派出2000余人次。抗疫过程中,创新推出了行政协调机制和标准化物资保障模式,全面保障各项任务圆满完成。（刘云芳）

【国家公立医院绩效考核CMI值连续两年位列全国第二】 2021年初国家公立医院绩效考核结果公布,厦心医院2019年CMI值(病例组合指数,国际上评判医疗服务技术难度的重要指标)为2.12,连续两年位列全国第二。（刘云芳）

【结构性心脏病领域取得多项全国首例突破】 年内,医院在代表心血管病前沿的结构性心脏病领域快速发展,几乎涉足所有结构性心脏病的介入治疗,并在国产化自主研发领域取得突破,5月完成国产自主研发的经导管二尖瓣钳夹系统全国首例植入术,12月完成全国首个自主研发的国产心房分流器系统全部可行性(FIM)临床试验入组,为国产化的创新医疗器械惠及更多患者迈出坚实一步。全年共完成122台结构性心脏病介入手术,数量处于全国领先,技术已达到国内领先,国际一流水平。结构心脏病亚专科获批成为国家卫健委结构性心脏病介入诊疗技术培训基地。

（刘云芳）

【急性A型主动脉夹层手术量全省第一】 年内,医院急性A型主动脉夹层手术量全省第一,心外科手术量连续三年突破1000台且稳定增长,6月医院再次获批心脏移植执业资格,已开展多例高难高危心脏移植手术,完成了省内首例、国内领先的微创(多支)冠脉搭桥手术,心脏微创腔镜手术实现病种全覆盖,A型主动脉夹层手术量最多、成功率最高,抢救成功率达国际领先水平。（刘云芳）

【两项技术获评市2020—2021年度十大医疗创新技术项目】 12月,厦心医院开展的"经导管主动脉瓣置换术"和"保留主动脉瓣的主动脉根部替换术",获评厦门市2020—2021年度十大医疗创新技术项目。

（刘云芳）

【增设心衰病区】 5月,医院增设心衰病区(心内五科);冠脉亚专科继续保持在手术量和复杂程度处于全省首位;电生理亚专科电生理手术及心律失常介入诊疗(起搏+射频)例数首次跃居全省第一;胸痛中心获评全国2021年度"胸痛中心优秀办公室";心脏康复亚专科牵头成立福建省心脏康复中心联盟;血管外科发展迅猛,完成省内唯一成体系的主动脉分支动脉重建,急、慢性肺动脉栓塞治疗及抢救成功率省内领先。（刘云芳）

【引培并举构筑心血管人才高地】 年内,医院持续抓好人才梯队建设和人才引进工作,为二次创业进一步充实人才队伍,引进多名北京大学医学院、北京协和医学院等一流医学院校毕业生,其中引进生7名,博士生7名,博士后1名。在人才评审认定上,新增国家卫生健康突出贡献中青年专家1人,新增福建省高层次人才A类1人、C类9人,新增厦门市高层次人才C类1人、骨干人才5人,新增厦门市高层次留学人员3人,新增厦门市第六批青年创新人才1人,新增湖里区第五批拔尖人才1人。

（刘云芳）

【国家自然科学基金项目立项数创历年之最】 年内,医院各级各类科研立项总计29个,创历史新高,获下拨资助经费228万元。其中获国家自然科学基金项目6个(包括面上项目2个,青年基金4个),资助经费211万元,立项数为历年之最。年度获批资助率为24%(全国平均获批资助率仅为16.6%),位列厦门市医疗机构第一;获批专利18项,员工发表SCI论文32篇(二区以上11篇),参编著作3部。承担来自厦大医学院、药学院、公共卫生学院和厦门医学院的各项教学任务,其中本科生课程26门,研究生课程7门;招收硕博士研究生14名,其中心外科首次招收临床医学专业硕士研究生;获批成为校级虚拟教研室建设试点单位。（刘云芳）

【患者满意度位列全省二级以上公立医院第一】 年内,厦心医院在全省二级以上公立医院满意度调查中,省、市患者满意度均名列第一。厦心医院于2019年10月,在省内率先开展全院无陪护管理,运行至今实践成效显著,全院平均陪护率逐月下降,全年下降至14.84%,住院患者对无陪护管理满意度月均98.6%,切实减轻了患者家属陪护负担,改善了患者就医体验。（刘云芳）

【承办中华医学会第二十三次全国心血管年会】 年内,在疫情常态化防控背景下,厦心医院以线上线下结合的形式,筹办大小型学术会议20余场,其中包括2个省级医学继续教育项目和4个国家级医学继续教育项目。11月,承办"中华医学会第二十三次全国心血管年会暨第十二届海峡心血管病高峰论坛"这一全国最高级别的心血管学术盛会。大会共设22个直播频道、合计221场次的学术报告,开展实时连线手术演示38台,参与医院遍及全国。有3300余人参加线下会议、166万余人次线上观看;其间完成了海峡两岸医药卫生交流协会心血管专委会换届,王焱院长当选主任委员。（刘云芳）

【医学影像诊断软件项目获国家"临床应用创新奖"】 年内,通过电子病历五级评审和互联互通四甲评审,获批国家5G项目建设试点和第一届厦门5G大赛最佳社会效益奖,信息化建设水平跻身厦门乃至全国前列;在福建省内率先启用"冠脉医学影像智能后处理软件",该软件在2021年中华医院信息网络大会上，获评为国家卫生健康委医院管理研究所指导的2020全国医疗人工智能创新奖——临床应用创新奖。（刘云芳）

【获中国建筑行业工程质量最高奖“鲁班奖”】 在医院建设上精益求精，获2020—2021年度中国建设工程鲁班奖（国家优质工程），是中国建筑行业工程质量的最高荣誉奖，也是厦门市卫生系统获得的第一个鲁班奖。在智慧后勤管理上不断丰富内涵，推行基于5G和大数据挖掘的医院中央空调多变量APC云智慧系统，获评“第二届中国医院建设十大科技创新奖；保障保卫部牵头申报的“基于后勤保障全面升级的无陪护医院管理模式”项目荣获“2021年度现代医院后勤研创项目”单位奖。（刘云芳）

厦门大学附属妇女儿童医院

【概况】 厦门市妇幼保健院（厦门大学附属妇女儿童医院）创建于1959年，建筑面积6.3万平方米，是集保健、医疗、教学、科研为一体的大型三级甲等妇幼保健院，承担着为全市妇女儿童提供保健及医疗服务、指导培训基层妇幼保健工作、统计全市妇幼卫生信息、健康教育、教学、科研等任务。努力降低孕产妇死亡率、婴儿死亡率，促进优生优育，提高出生人口素质，提高妇女儿童健康水平。

医院有编制床位数700张，职工1200余名。年门诊量150万余人次，年分娩量1.6万人次，出院4万余人次，手术量3万余人次，服务范围已辐射至厦门周边多个地区。

医院坚持妇幼卫生工作方针，围绕“一法两纲”的核心任务，开展妇女儿童各期保健，妇女病以及儿科疾病的筛查、诊断、治疗一条龙服务。积极引进各学科高端人才，努力加强学科建设，打造核心竞争力，形成一批在海峡西岸具有影响力的学科。在2019年中国医院科技量值妇产科学榜单中排名全国第69，位居福建省第一；在艾力彼中国医院竞争力排行中入选“2019届全国妇产医院50强”榜单。

医院拥有7个国家及省级基地：国家住院医师规范化培训妇产科和儿科基地、国家卫生计生委员会妇科内镜培训基地、国家级儿童早期发展示范基地、国家级儿童健康管理示范基地、福建省产前诊断培训基地、国家卫生计生委员会助听器验配师（四级）培训基地、美国儿科学会中国教育基地；拥有8个中心：福建省新生儿救护网络分中心、福建省厦门新生儿疾病筛查分中心、福建省厦门听力筛查诊断中心、厦门市产科诊疗质控中心、厦门市产科危重症转诊救治中心、厦门市慢性妇科炎症专病防治中心、厦门市儿童自闭症早期评估干预中心、中国妇女盆底功能障碍防治项目技术培训中心；拥有2个福建省临床重点专科：妇科、产科；拥有1个市级领先学科：产前诊断科；拥有3个市级重点实验室：生殖与遗传重点实验室、产科重大临床疾病基础与临床研究重点实验室、围产儿—新生儿感染重点实验室；拥有2个厦门市医学优势亚专科：新生儿科、儿童神经康复科；拥有3个市级重点专科：产前诊断科、新生儿科、儿童神经康复科；拥有4个市级规划重点专科：产科、小儿外科微创、儿童保健科、妇女保健科。

聘请中国工程院郎景和院士为名誉院长，提升妇产科相关学科建设、人才培养、专科整体建设规划等方面水平。医院设立2个名医工作室，即厦门市首个产科名医工作室刘兴会名医工作室和新生儿科陈超名医工作室。医院聘请6个特聘主任，儿童神经康复科聘请北京大学人民医院儿科主任秦炯教授，儿童发育行为科聘请广州中山大学附属第三医院儿童发育行为中心主任邹小兵教授，麻醉科聘请广州市妇女儿童医疗中心麻醉科主任宋兴荣教授，小儿外科聘请首都医科大学附属北京儿童医院新生儿外科主任黄金狮教授，超声医学科聘请南方医科大学附属深圳市妇幼保健院超声医学科主任李胜利教授，生殖医学科聘请山东大学附属生殖医院生殖内分泌科主任石玉华教授。与美国约翰斯·霍普金斯医院、波士顿儿童医院等多家国际著名医疗科研机构建立了长期友好合作关系，管理理念、专业技术、服务模式逐步与国际接轨进而推进医院全面发展，与国内一流医院接轨。近年来，获批中国与世界卫生组织合作项目、国家自然科学基金项目、“863计划”合作课题、省科技重点课题等国际和国内各级科研项目60余个，获多项省市科技进步奖。举办国家级和省级继续教育项目40余个。

自主研发了全国领先的妇幼保健信息系统，为厦门妇女、儿童建立了覆盖整个生命周期的健康档案。医院先后获得国家卫生计生委员会（现国家卫生健康委员会）进一步改善医疗服务——优质服务示范医院、全国妇幼卫生工作先进单位、全国“三八红旗”集体、福建省卫生计生系统先进集体、福建省省级文明单位、党风廉政建设工作先进单位、福建省“三八红旗”集体等数十项荣誉称号。

2018年，厦门市妇幼保健院集美院区项目获批，拟建800张床位，新院区将于2024年初交付使用。厦门市妇幼保健院在“健康中国”战略的引领下，以“立德立行　至精至诚”为宗旨，努力提高广大妇女儿童健康水平，致力于建设国内顶级、与国际接轨的妇幼保健院、妇儿专科医院。

（温雅倩）

【举办“无红包医院”揭牌仪式】 1月4日上午，厦门市卫生健康委员会“无红包医院”挂牌活动启动暨市妇幼保健院“无红包医院”揭牌仪式在市妇幼保健院林巧稚广场举行。市卫生健康委员会（简称市卫健委）党组副书记、市计生协会常务专职副会长魏晓萌，市卫健委党组成员、驻市卫健委纪检监察组组长王章荣，市卫健委党组成员、副主任林进春和市卫健委相关处室负责人参加仪式。

（温雅倩）

【获批国家更年期特色专科】 1月，医院凭借在学科建设、专业技术水平、专科服务能力、科研教学水平、特色诊疗模式等方面的优势，经过3轮国家级严格评审，成功获批“第二批国家更年期保健特色专科建设单位”。（温雅倩）

【院党委开展“献礼建党百年，改善就医体验”活动】 3月“学雷锋月”，医院党员志愿者为响应院党委“献礼建党百年，改善就医体验”号召，深入门诊区域开展志愿服务活动，参与患者就医的各个环节。全院20个在职党支部均参与其中，旨在进一步增强党员及职工的服务意识和工作热情，进一步提升医院的服务品质，为建党百年献礼。（温雅倩）

【再次获评全国监测评价工作优秀机构】 3月，国家药品不良反应监测中心对全国监测评价工作优秀机构进行表彰，附属妇女儿童医院为福建省3家被表彰单位之一。（温雅倩）

【获批加挂“厦门大学附属妇女儿童医院”名称】 3月10日，厦门市妇幼保健院获得市委编办批复加挂“厦门大学附属妇女儿童医院”牌子，其他机构编制事项维持不变。（温雅倩）

【全国三级医院“国考”成绩发榜，荣列妇产类医院第15名】 4月，2019年度全国三级公立医院绩效考核成绩发榜，医院位列全国妇产类医院第15名，被评定为“A级”。（温雅倩）

【获批筹建胚胎植入前遗传学诊断技术项目(PGD/PGC)】 4月初，医院生殖医学科顺利通过专家评估，获批筹建胚胎植入前遗传学诊断技术项目(PGD/PGC)。（温雅倩）

【获批牵头组建厦门大学医学院妇产科学系】 4月，医院牵头组建的厦门大学医学院妇产科学系正式获批。医学院妇产科学系的建立，将推动整合学科队伍，促进基础学院和附属医院优势资源渗透融合，强化医教研与新医科协同发展。（温雅倩）

【三个集体被授予市级“五一先锋号”荣誉称号】 年内，医院超声医学科、产科、妇科三个集体被厦门市总工会授予2020年市级“五一先锋号”荣誉称号。（温雅倩）

【获批中国妇幼保健协会专科助产士临床培训基地】 4月28日，在中国妇幼保健协会第七次全国助产士大会暨助产临床实践专业建设及发展新进展培训班上，医院获批成为“中国妇幼保健协会专科助产士临床培训基地”。此前医院已获批成为中华护理学会助产专科护士临床培训(京外)教学基地。（温雅倩）

【举办“牢记稚爱初心”红色经典诵读会】 6月24日晚，厦门市妇幼保健院党委举办了“庆祝建党百年　牢记稚爱初心”红色经典诵读会。市卫健委党组副书记、市计生协会常务专职副会长、一级巡视员魏晓萌，市卫健委机关党委专职副书记、直属党委副书记、市卫健系统工会副主席王萍，医院党委领导班子全体成员、党支部书记、科室主任等参加活动。（温雅倩）

【举行庆祝中国共产党成立100周年暨“七一”表彰大会】 7月1日下午，医院召开庆祝中国共产党成立100周年暨“七一”表彰大会，院党委班子全体成员、获“光荣在党50周年”勋章老党员、获“两优一先”表彰对象、各党支部书记、党员代表参加会议。（温雅倩）

【全省首家“特殊健康状态儿童预防接种评估门诊”在医院挂牌】 7月8日上午，福建省首家“特殊健康状态儿童预防接种评估门诊”在医院挂牌成立，专职解答并评估特殊健康状态儿童的预防接种问题。（温雅倩）

【获批福建省首家“中国康复医学会儿童康复专科培训基地”】 7月，医院顺利入选“中国康复医学会儿童康复专科培训基地”，为福建省唯一一家获批医院。（温雅倩）

【获批增加核定床位数800张】 7月18日，福建省卫生健康委员会批复同意医院在原有基础上增加设置床位800张(集美院区)，并按医院核定总床位数1500张进行建设。（温雅倩）

【成为国家儿童健康与疾病临床医学研究中心协同创新网络核心单位】 7月19日，浙江大学儿童医院党委书记舒强一行莅临医院调研指导儿科学体系建设情况，并与医院签订《国家儿童健康与疾病临床医学研究中心协同创新核心单位协议》。浙江大学儿童医院国家儿童健康与疾病临床医学研究中心副主任朱善宽教授、研究中心办公室项目主管李嘉斌，附属妇女儿童医院党委书记倪宏英、副院长吴谨准、副院长周裕林及相关科室人员参加会议。（温雅倩）

【妇幼火速助力同心战“疫”】 7月30日晚，厦门市启动疫情防控三级响应，医院立即响应号召，紧急调派143人次参加全市核酸检测工作。（温雅倩）

【市卫健委文明创建现场观摩培训会在医院召开】 8月18日，厦门市卫生健康委员会文明创建现场观摩培训会在医院召开。市卫健委党组副书记、市计生协会常务专职副会长、直属党委书记、一级巡视员魏晓萌，市文明办副主任纪菁，直属党委副书记王萍及直属各单位领导和文明创建工作负责人等参会。（温雅倩）

【厦门大学医学院妇产科学系、儿科学系揭牌成立】 9月10日，厦门大学医学院妇产科学系、儿科学系在医院揭牌成立。中国科学院院士、厦门大学医学与生命科学部主任、医学院院长韩家淮教授，厦门大学副校长周大旺教授，厦门市卫生健康委员会党组成员、副主任、二级巡视员苏妙玲，以及厦门大学相关领导和教授、医院领导班子全体成员、相关领域专家出席大会。（温雅倩）

【举办第四届中国医师节庆祝大会】 8月19日，医院在国际会议厅举办“百年华诞同筑梦，医者担当践初心”第四届中国医师节庆祝大会。医院领导班子全体成员，“优秀医师”代表参加会议。（温雅倩）

【获批六个2021年度国家自然科学基金项目】 9月，2021年度国家自然科学基金项目评审结果揭晓，医院共有6个项目获批，其中重点项目1个，青年基金项目5个，项目获得资助资金411万元，项目数量和资助资金均创历史新高，尤其重点项目的获批，实现了医院该类科研项目的新突破。（温雅倩）

【获批增加第二名称“厦门市林巧稚妇女儿童医院”】 9月7日，医院获市卫生健康委员会批复，增加第二名称“厦门市林巧稚妇女儿童医院”。（温雅倩）

【支援莆田市、厦门市疫情防控工作】 9月12日，10名医护人员参加厦门市核酸检测应急工作队，支援莆田核酸采集工作；9月14日，医院派出80名含护、医、技、药等各系列医护人员前往中华街道仁安社区、镇海社区、思南社区、霞溪社区、文安社区核酸采集点开展工作；9月15日，派出246名含护、医、技、药等各系列医护人员前往鹭江街道、鼓浪屿街道、开元街道核酸采集点开展工作；9月15日，派出10名医务人员进驻检验机构开展数据督促、检测、上传等工作；9月16日晚，紧急调派20名医护人员奔赴同安开展核酸采集工作；9月22日，3批次共81名医护人员驰援同安；9月25日，193名医护人员驰援同安；10月2日，158名医护人员驰援同安；10月3日，382名医护人员驰援同安；10月6日，156名医护人员驰援同安。（温雅倩）

【厦门市应对疫情防控指挥部医疗救治组副组长许龙一行来院督查指导】 10月15日，市应对疫情防控指挥部医疗救治组副组长许龙莅临医院，对院感防控工作进行督查指导。市政法委驻医院院感督导组蔡凤南、林美英，医院党委书记倪宏英、副院长周裕林、吴谨准，相关职能部门及疫情防控重点科室负责人陪同检查。

（温雅倩）

【支援莆田及同安医疗队的30名队员结束休整期，平安返厦】 10月15日，医院支援莆田及同安医疗队的30名队员圆满完成任务，结束休整期，平安返厦，院纪委书记谷巍、副院长张雪芹，分别带队前往队员们所在的隔离休整酒店慰问。（温雅倩）

【举办党史学习教育暨干部培训专题讲座】 10月28日，医院党委举办党史学习教育暨干部培训专题讲座，邀请同安区委宣传部副部长、区委网信办主任、二级调研员叶文彬处长，做题为《强化党管意识形态　提升公共危机的舆情管控能力》专题讲座。

（温雅倩）

【多项科研成果获厦门市科学技术进步奖、全国妇幼健康科学技术奖】 年内，沙艳伟团队的“少、弱、畸形精子症患者临床与遗传学研究”获2020年度厦门市科学技术进步三等奖；林新祝副院长团队的“围产期B族链球菌感染流行病学特征及临床应用研究”、张雪芹副院长团队的“基于循证医学原则与基因分析调控技术精准防止妊娠期糖尿病”、沙艳伟团队的“少、弱、畸形精子症患者临床与遗传学研究”、陈晶团队的“厦门市儿童生长发育的流行趋势及发育异常研究”获全国妇幼健康科学技术奖技术成果三等奖；李萍主任与山东大学附属生殖医院等合作进行的“辅助生殖技术钟胚胎移植策略及安全性临床研究”获全国妇幼健康科学技术奖科技成果一等奖。（温雅倩）

【“稚爱廉心”党建品牌入围厦门市直机关“十佳党建品牌”】 年内，在全市党建品牌评选大赛中，医院“稚爱廉心”党建品牌从50个参赛作品中成功突围，以第二名的成绩入围厦门市直机关“十佳党建品牌”。

（温雅倩）

【“纪念林巧稚诞辰120周年”系列健康讲堂开讲】 12月20—27日，医院携手厦门广电集团《名医大讲堂》栏目，开展一系列“纪念林巧稚诞辰120周年”特别节目，邀请妇、产、儿科专家分享健康科普知识，缅怀现代妇产科泰斗。（温雅倩）

【被确定为第二批国家新生儿保健特色专科建设单位】 12月27日，厦门市妇幼保健院被国家卫生健康委妇幼司确认为第二批国家新生儿保健特色专科建设单位。（温雅倩）

【获批加挂名称和党政后勤管理机构调整】 12月30日，厦门市妇幼保健院获得市委编办批复加挂“厦门市林巧稚妇女儿童医院”牌子。原加挂的“厦门市计划生育服务中心”牌子更名为“厦门市优生优育服务中心”。党政后勤管理机构限额外增设的“计划生育服务部”更名为“优生优育与保健服务部”。（温雅倩）

【集美院区封顶】 12月31日，医院举行“纪念林巧稚大夫诞辰120周年暨集美院区项目封顶仪式”。厦门大学、集美区委区政府、市卫生健康委等单位领导、林巧稚大夫亲属、医院领导班子、历任老领导、中层干部等出席活动。（温雅倩）

附属学校

厦门大学附属实验中学

【概况】 厦门大学附属实验中学(简称“厦大附中”)由漳州招商局经济技术开发区和厦门大学联合创建于2007年12月,是一所公办完全中学,教学业务由漳州市教育局直管。2008年初中部招生,2009年高中部招生。厦大附中是福建省教育改革试点项目学校、省普通高中多样化办学试点学校、省首批课程改革基地学校。2018年6月15日,学校被福建省教育厅正式批准为省一级达标高中;2018年12月29日,学校被福建省教育厅确认为福建省首批示范性普通高中建设学校。学校有73个班级,在校学生3418人,教职工258人。教师中应届大学毕业生主要来自教育部直属6所师范大学、“211工程”师范院校和“985工程”综合性大学,研究生学历教师占教师总数50%。有特级教师1人,正高级教师2人,省级学科带头人及培养对象6人,市级研究型名师4人,市级学科带头人、骨干教师23人。厦大附中与厦门大学漳州校区融为一体,文化和学术氛围浓厚。占地18.56公顷,规划建筑面积11.6万平方米。国内部校舍全部按规划已建成,建筑面积约10万平方米。(附属实验中学)

【办学质量不断提升】 年内,参加高考446人,本科达线446人,本科达线率100%,本一达线率83.52%。文理科600分以上130人,历史类组合全省前500名7人,前1000名11人。物理类组合全省前1000名13人,前2000名27人。陈炫齐以历史类组合最高分663分位居漳州市第一,被北京大学录取。陈昱新以物理类组合最高分670分、高水平艺术团加20分,被清华大学录取。陈宇浩获全国数学奥赛金牌被清华大学丘成桐英才班录取。16名学生被国内十大名校录取(北京大学1人、清华大学2人、复旦大学2人、上海交通大学1人、浙江大学1人、南京大学2人、西安交通大学3人、哈尔滨工业大学2人、中国人民大学2人)。13名学生被国内顶极专业名校录取(北京航空航天大学2人、同济大学5人、中国政法大学1人、中央财经大学2人、上海财经大学2人、对外经济贸易大学1人)。4名学生被国内顶极艺术体育名校录取(中国美术学院1人、中央美术学院1人、中央音乐学院1人、北京体育大学1人)。1名学生被海外名校录取。76名学生被“985高校”录取,172名学生被“211高校”录取,185名学生被“双一流高校”录取。初三学生参加中考381人,700分以上52人。(附属实验中学)

【学科竞赛稳步前进】 年内,学生在各级各类学科竞赛中获奖278人次。其中,省奖60人次,国家级奖5人次。数、理、化、生、信息五大奥赛,获省一等奖6项,省二、省三等奖33项,高二陈宇浩荣获2020年全国数学奥赛金牌,保送清华大学丘成桐数学英才班。(附属实验中学)

【校园写作　润泽生命】 年内,学生在《中国校园文学》《中学生阅读》《作文通讯》《全国优秀作文选》《少年博览》《闽南日报》等各级各类报刊上公开发表作品240篇,其中高中部学生发表作品77篇。2021届高三学生陈炫齐的作品《跳房子》、张铃的作品《数绵羊》由海峡文艺出版社出版,6月23日在学校文学馆举行了新书发布会。在各级各类写作大赛中,学校共有150人次获奖,其中高中部学生55人次。在第23届全国中学生“新概念”写作大赛中,学校4名高中生入围复赛,高静宜获一等奖,陈妍言、陈琦妍、罗昊扬获二等奖。在第14届全国中学生创新作文大赛总决赛中,邱芃苡获二等奖,陈语萱、张伊琳获三等奖。(附属实验中学)

【校园文化特征彰显】 年内,学校与厦门大学开展多渠道多层面的交流互动,学校图书馆与厦大图书馆数据库联网。学校成立文学社、诵读社、外文社、舞蹈队、音乐社等20多个学生社团,举行迎中秋灯谜展、第七届汉字听写大赛、第二届桐花诗赛、重阳节登高和猜灯谜活动、重阳节志愿者进社区慰问孤寡老人、社团迎新联欢文艺汇演、第五届篝火晚会、第十一届十佳歌手大赛、文化月灯谜擂台赛、第九届“亦乐杯”围棋比赛、“百年厦大　青春附中”迎新年广场钢琴演奏会、第十届戏剧节、外文社迎新汇演、第八届饺子宴、志愿者“体验生活”、天文社“土木大合”天文观测活动、首届创意编程大赛、第三届装机大赛、喜迎元旦书法社赠写对联活动、第一届乒乓球比赛、心理社蜗牛慢递、“学习雷锋精神　关爱老年人”志愿服务活动、第五届象棋比赛、清明祭英烈活动、庆祝厦大建校100周年活动、第九届初高中时政·党史知识竞赛、第十二届辩论赛、入团积极分子团课培训、五四青年节表彰大会暨新团员入团宣誓仪式、第三届传统文化知识竞赛、庆祝建党100周年暨厦大附中第十一届校园合唱节、“三珍一节”主题活动、少先队退队暨优秀少先队员表彰大会、第九届跳蚤市场活动、广播站“百年党史,声生不息”特别栏目、为中高考加油、“童心向党·党的故事我来讲”演讲比赛等活动。学校常年开设校本课程50多门,学生的自主选择权、校园生活自治权保障充分,课余生活丰富多彩。(附属实验中学)

厦门大学附属科技中学

【概况】 2021年,厦门大学附属科技中学深入贯彻党的十九大精神和全国教育大会精神，全面落实党的教育方针，把立德树人作为教育的根本任务，坚持“内强素质增自信，外树形象促发展”的发展思路，以“团结协作、反思进取、求真务实、精细高效”为工作要求，严格落实党中央、国务院“五项管理”和“双减”工作要求，完善教育教学规范和管理机制。随着詹功祚校长到校履职后一系列新举措的推进施行，学校在学校管理、教育教学、校园文化建设、后勤安全等各方面都呈现出全新面貌，取得良好工作成效。

学校党委以习近平新时代中国特色社会主义思想为根本遵循，统一党员、干部思想，切实开展党员“双报到”、爱心捐助、党员名师先锋岗等活动，提高了党员干部的责任感、积极性和主动性，起到了良好的表率作用。校党委领导班子以身作则，认真学习贯彻十九届六中全会精神，团结一心、充分发挥各自优势，引领学校全体教职员工顺利克服了疫情带来的种种困难，并通过组织示范高中申报、校园文化建设、高中特色校申报等一系列工作，为学校进一步发展打下了良好的基础。党员教师在校党委的引领下充分发挥主观能动性，特别是在面对突如其来的疫情时能牢记职责使命，在停课不停教的同时，积极到社区“双报到”参加防疫工作、留校对146名新疆班学生进行全方位和全天候的关心与陪护，确保全校师生安然度过本轮疫情。

学校继续大力推进周工作安排和周反馈制度，打通了各部门之间、行政人员与教师之间的沟通渠道，进一步激发了全体教职员工关心学校发展、努力建言献策的积极性，提高了反馈落实效率，使“马上办”真正成为学校工作的良好习惯。入选福建省第二批示范性普通高中建设学校名单、厦门市特色发展学校名单。翔安校区校园文化第一期建设工作已如期完成。

面对突发新冠肺炎疫情，校领导班子组织编订各种方案细则，并通过学生及共同居住人健康监测和行踪报告、防疫知识普及宣传等做好疫情防控工作，通过组织线上线下德育研讨会、线上家访、心理教育和文娱活动等方式对学生进行心理疏导、心理建设。詹功祚校长到校履职后，对学校原有的德育工作经验和措施进行了全面梳理，结合学校现有发展基础和未来发展的需求，提出了以部落共同体建设为核心，以海洋生态文明教育、劳动科技文明教育为两翼，全面推进立德树人、五育融合，培养优秀社会主义建设者和接班人的德育工作目标。学校组织了新生入学训练、学生成人仪式等主题教育活动，获批成为“第一批厦门市中小学劳动教育示范学校”，获“厦门市第三批生活垃圾分类示范校园”称号，获“首届厦门市青少年网络文明素养大赛优秀组织奖”。持续推进、优化部落共同体建设，构建以学生为主体、教师为主导，家长积极参与的三位一体的教育新生态；以部落组织的形式建构学生自主管理的组织架构，以文化建设的理念塑造不同层级的团队，培养学生自主发展、协作互助的能力，让学生在自我认同、团队认同中实现德育工作从虚到实的目标，形成有利于社会主义核心价值观和中小学生核心素养培育的教育新载体。

疫情防控期间，为新疆班学生组织了丰富多彩的文体活动，学生平安度过了这一段特殊时期。新疆班工作获得了省教育厅统战处领导和厦门市领导的高度肯定。持续推进校本作业改革，各年段备课组稳步推进思明校区初中部科技班、翔安校区初中重点班与普通班的分层教学与作业设计，高中部创新班特快班、创新班平行班、实验班与普通班等各类班级的分层教学与作业设计。

教学质量提升明显。在学校部落文化及年段精细化管理的驱动下，学生极大改善了原有的学习方式及状态，更有自信、目标更清晰。高中各年段成绩较中招录取时均有显著提升，反超了部分中招录取排名在前的兄弟学校；两校区初中部的成绩也大幅提升，翔安校区，2021年初三中考成绩名列全市前列；初二、初一年在翔安片区以较大优势领先；思明校区多个学科成绩也取得突破，势头良好。学生在科技创新大赛、创客大赛等比赛上全面开花，2021年在五大学科奥赛中，获得了4个省二等奖、5个省三等奖和200多个市一、二、三等奖，充分展现了学生内驱力激发之后迸发出的优异潜能。

根据厦门市第五届教师技能大赛文件精神，学校年初就制定2020年教师岗位计划，扎实开展各项教师岗位练兵活动。30名教师在厦门市第五届教师技能大赛中获奖，获奖人数位居全市第二；在厦门市第八届基础教育课堂教学改革创新大赛上，42名教师获奖，其中11人一等奖、7人二等奖、24人三等奖，学校也因组织周密、成绩出色获得本次大赛“先进集体”荣誉称号。

11月1—5日，思明、翔安两校区联合翔安分校（厦门市大嶝中学）、厦门市彭厝学校、厦门市志翔中学举办了主题为“舞动课堂，让学习‘主动发生’”的市级教育教学公开周活动，为教师们搭建交流学习的良好平台，也成为全方位展现学校教师专业能力和教研团队综合能力的窗口。

强化后勤保障，有效满足疫情防控需求。在本轮疫情防控期间，学校各部门按要求制定了严格的防控措施，特别在物资保障、校园管控方面投入了大量的人力物力，圆满完成防控任务。总务处根据“两案八制”制定了相应的流程、规定，按要求配齐了留观点、隔离室。克服了重重困难，保障全校防疫物资能满足学校疫情防控所需。

在校园安全方面，学校强调综合治理思路，软件、硬件两手抓，确保了校园安全稳定有序。在硬件方面，学校安装了校园身份识别系统和“110”自动报警装置、微型消防站等。在软件方面，建立隐患排查和整改机制，形成《厦门大学附属科技中学实施抑制重特大事故工作指南构建双重预防机制实施方案》，通过全方位检查形成安全风险清单表，并持续跟踪整改；强化法制教育、安全意识教育和安全技能培训，制定《厦门大学附属科技中学防欺凌应急预案》，通过多种方式对学生进行法律知识、安全防范意识和自护自救能力的教育；整治校园周边环境，加强联防联动，被评为厦门市2020年度5A级平安校园、省级平安校园。

年内，学校投入2300余万资金，大幅改善两校区办学条件，包括思明校区的塑胶跑道及足球场人工草坪更换，宿舍楼、梯形教室、部分实验室、体育馆、录播教室的改造和设备更新；翔安校区的实验楼设备更新、增设信息技术教室和录播教室等，并完成了校园文化一期建设项目，并被评为厦门市第二批绿色学校。

（附属科技中学）

厦门大学附属演武小学

【概况】 2021年，厦门市演武小学有43个教学班，学生2121人，教职工121人（含非编），其中专任教师中级以上职称45人，高级3人，大专、本科、研究生学历有113人，占93%，省级名校长1人，省级骨干教师2人，县级及以上骨干教师52人。

年内，厦门市演武小学，积极践行“养正开新”的办学理念，有计划有步骤地组织人力、物力和财力认真实施，外树形象，内抓管理，优化学校品牌，促进学校内涵发展，营造和谐安全有序的教育环境。学校全面发展，特色鲜明，参加体美劳等比赛在全国、省、市摘金夺银。此外，学校还力行社团课程化，利用校内外资源成立了68个社团，涵盖了多个领域和学科。年内师生分别有427人次和1004人次获各级奖励，学校获集体荣誉8项。学校的“四格”培养机制，促进教师专业成长。培养省、市、区各级学科带头人6人，各级骨干教师32人。有9名骨干教师担任片区正副教研组组长职务。有4名教师有立项课题，其中区级3个、省级2个。

在建党百年之际，通过“七个一”活动，让党史学习教育“融进”课堂教学、“浸润”教师队伍、“滋养”学生心田，营造师生共学的氛围。结合厦大百年校庆，讲述百年厦大的红色故事，弘扬厦大“四种”精神，激励演武教师在奋力开拓新征程中实现新作为。5月13日，思明区文联主席李春华等思明区宣传部领导，思明区教育局许华娟副书记、施俊生科长等莅临学校开展党史学习教育实地调研工作，学校党支部获思明区教育系统先进基层党组织光荣称号。

在双减政策背景下，规范考试管理，缩减考试次数，探索多元评价，建立作业管理和公示制度，控制作业量，探索单元整体教学，提升作业设计实效，借力市区视导诊断，促进课堂实效提升，推进线上线下教学，探索“互联网＋”教育路径。推进课后服务，打造特色课程，为提升课后服务质量，本着“慧心、正思、善言、立行”的育人目标，教务处积极构建以核心素养为基础的学生素养2.0课程体系。多方联动，调配资源，创建课程特色，厦大资源进课程，联盟创特色，宫校合作进课程，携手创品牌。

全力保障支持骨干教师参加第八届课堂教学改革创新大赛，黄祎、戴瑶瑶分获示范课和新秀课实际竞赛一等奖。积极组织各学科教师参加市区级命题竞赛和单元作业设计竞赛。同时，学校依托名师工作室，带动教师专业发展，在多维联动中增强辐射面，促使校内校外一批优秀年轻教师迅速成长。

年内，福建省体育学科课程教育基地校第二次工作研讨会在学校举行，体育组省基地校课题“基于学科核心素养的小学体育课堂学习评价的实践研究——以篮球和体操为例”做了课题进展汇报，并做了篮球操展示。厦门市王志勤名校长工作室课题“借助‘线上’‘线下’教学融合，探索课堂教学的深度学习”以及省级课题“互联网＋教育背景下教师信息素养提升的实践研究”完成了中期汇报活动。教师信息素养2.0工程有序地开展，全校参训教师圆满完成前期线上研修和校本研修任务，全部达标。

德育处结合学校大学路校区新校舍投入使用等校情，围绕“美丽演武　逐梦未来”为主题开展丰富多彩的主题活动，进一步建设以“养正开新”为核心的校园文化，持续加强教师队伍建设，提高学校德育工作成效。学校360°评价制度有效激励学生全面发展，利用各个节点开展主题教育活动。据统计，2021年共开展约41个少先队主题活动。在中华经典诵读活动中，学生作品《致敬钟南山爷爷》、教师作品《因为有你》双双获得福建省一等奖。重视三结合教育工作，学校重视家庭、学校、社会“三结合”教育工作，积极利用优质资源，形成教育合力。积极携手关工委，对学生征文、朗诵等比赛项目进行有效指导，推荐学生参与上级比赛。同时，继续开展区级关工委课题“家长讲坛”研究工作；与厦港社区开展垃圾分类志愿者活动，与碧山派出所开展“小手拉大手　共创文明城”活动。

年内，学校获厦门市第二届文明校园、厦门市依法治校示范校、厦门市绿色校园、厦门市垃圾分类示范校园、厦门市知识产权示范校园、厦门市智慧校园三星级达标学校、思明区教育系统先进基层党组织、区教育工作先进集体等荣誉称号。

（庄少芸　卢　馨　陈　旭　黄　祎）

厦门大学附属音乐学校

【概况】 2021年，在厦门市委教育工委、市教育局的领导和关怀下，厦门大学附属音乐学校坚持以习近平新时代中国特色社会主义思想为指导，弘扬百年建党精神，面贯彻党的教育方针，以社会主义核心价值观为引领，五育并举，多方融合，落实立德树人根本任务，秉持“和美教育”的办学理念，发展素质教育，努力办好人民满意的教育，书写奋进华章。

学习贯彻习近平总书记在党史学习教育动员大会上的重要讲话精神，牢牢把握“学党史、悟思想、办实事、开新局”的要求，扎实开展党史学习教育。以庆祝建党百年主题，开展了丰富多彩的音乐文化活动，学校承办“红色人才先锋季”厦门人才献礼建党百年系列活动启动仪式，厦门市庆祝中国共产党成立100周年青少年儿童歌手赛，厦门市第三十六届中学生政治夏令营。通过"音乐＋党课"的形式，探索中小学生思政教育有效载体，音乐党课等特色党建活动16次登上学习强国平台，音乐党课"穿越百年的歌声——《南湖的船，党的摇篮》"作为优秀党课在"厦门党建e家"展播。谭筱英校长撰写的《音乐党史课：思政教育的新探索》一文在《福建基础教育研究》2021年第5期发表。

加强师德师风建设。开展"清风沐校园"活动，强化教师"四史"学习教育，开展"身边好老师"先进事迹宣传学习，表彰师德先进个人，引导教师学习践行新时代师德规范。做好中小学教师有偿补课和教师违规收受礼品礼金问题专项整治工作。组织新教师入职师德培训、教师师德宣誓、签订师德承诺书，开设专业教师专场师德主题教育讲座。

促进教师专业发展。举办教师发展论坛、教学开放活动，落实青年教师的培养制度，完善教师"研训一体"的培养机制，成立厦门市音乐学校青年教师成长工作坊，开展信息技术应用能力提升工程2.0培训。9名教师参加市直属中小学骨干教师培训，建立多个名师工作室，发挥校内骨干教师的引领带头作用。吴蕾在"福建省中小学教师教学大赛"中获特等奖；王君玉在全国中等职业学校班主任能力比赛中获评三等奖；在厦门市第五届中小学幼儿园教师教学技能大赛、第八届基础教育课堂教学改革创新大赛中取得优异成绩。在"一师一优课、一课一名师"比赛中获评省级"优课"6节、市级"优课"19节。教师熊超、宋耀宗在第十届中国鼓浪屿钢琴节暨鼓浪屿双钢琴比赛中获第三名。举行了音乐学校2021年专业教师技能大赛，共42人获奖。学校荣获评"厦门市中小学发展示范学校"、"厦门市中小学教师教学技能岗位练兵先进单位"、厦门市第八届基础教育课堂教学改革创新大赛"先进集体"。

贯彻新发展理念，推进"五育并举"，融合发展，切实抓好"五项管理"和"双减"工作。小学部开设课后延时服务；初中部增设晚自习，加强对学生的课后辅导；加强校本作业研究、开设主题为"双减背景下的作业设计思与行"教师发展论坛，提高"双减"之下课堂效率。

充分利用学校建党100周年的音乐作品以及鼓浪屿红色旅游路线等资源，引导学生发扬革命精神，培育时代精神。开展暖心交流，组织"校长，听你说""校长带你逛校园"等校长有约系列活动。开展劳动教育，实现劳动教育课程化。小学部综合实践课程融合多学科开发学科融合教育。中学部以校本课程为抓手，建设改造缝纫教室，开展缝纫特色课程。小学综合实践课程入选福建省第三批中小学特色劳动教育实践特色项目第二名，学生在第37届厦门市科技创新大赛中获市一、三等奖、在第十九届全国中小学信息技术创新与实践大赛中获省一、二、三等奖。足球队、啦啦操队、跆拳道队在国家级、市级各类比赛中获奖。

年内，学校中考高中考取率67.33%；音乐专业班厦门一中、厦门双十中学、厦门外国语学校（简称"一双外"）考取率和普通高中考取率仍名列全市第一。高考本科上线率97.5%，艺考生文化成绩100%达本科线。

开设大师班和专家课，推进了音乐专业课程与教学改革，提升专业教学质量。规范了专业教师培养培训，以专业教师市级公开课、专业教师市级课题申报为抓手，提高教学教研能力。推进鼓浪屿校区复办小学，招收小学一年级1个音乐专业班，让琴童回归鼓浪屿。推动上海音乐学院鼓浪屿音乐研究中心建设，12月承办上海音乐学院鼓浪屿音乐周，廖昌永等著名音乐家来校开办音乐会和大师班。加强学生管弦乐团、民乐团、合唱团等社团的建设。在厦门市中小学生艺术展演中，获一等奖7项，在省第七届中小学生艺术展演中，小学生合唱团、弦乐团、中学生管弦乐团获得一等奖。年内，共举办89场音乐会，参加各级各类重大活动的演出10多场次，举办大师班23场。学生林嘉馨获省职业技能大赛艺术专业技能一等奖。

学校紧扣立德树人根本任务，通过多样的音乐活动唱响主旋律。响应"爱心厦门"建设号召举办慈善音乐会，为家庭困难学生捐款。落实疫情防控"双报到"，学校派出党员教师300多人次到社区参加核酸检测相关录入工作，金海社区党委送来"联防联控显担当，同心同德抗疫情"锦旗。倾力打造"鼓浪琴韵"志愿服务品牌，组织师生常年开展志愿服务，走进社区、医院、福利中心等参加各类公益演出。弘爱医院送来"和美教育创未来，全人素养育英才，鼓浪琴韵志愿行，曲乐善美暖弘爱"锦旗。学校与鼓浪屿管委会签订《关于鼓浪屿音乐文化提升的合作协议》，以班级为单位每天组织学生在各个场馆义务进行钢琴演奏，每周组织班级开展音乐快闪志愿活动，促进鼓浪屿音乐文化发展。

学校始终把安全工作摆在首位，牢固树立安全防范责任意识，扎实推进"平安校园"创建活动，不断完善学校安全目标管理责任，全面落实校园及周边综合治理的各项措施，做到安全组织机构完整、制度健全、责任到人、措施到位。

严格按照教育部提出的"五个一律"要求，严格执行校园封闭管理人员进出审批制度，严格管控校门，落实疫情防控措施。充分利用网上安全平台、禁毒平台、宪法学习平台，共同做好法制、"防溺水""防交通事故""防诈骗""防毒品侵害""防校园欺凌""校园消防安全"等安全宣传教育工作。邀请厦门市消防特勤二中队的消防队员到校开展消防知识讲座，开展安全疏散演练活动。获省首批"平安校园"荣誉称号。

改造两校区办学硬件。完成小学部教学楼卫生间和鼓浪屿校区门厅改造、11幢教学楼门更换，中学部操场维护和风雨跑道建设，新音乐厅灯光音响、座椅等设备的安装落成试用；五通校区新建楼的各系统扩容建设，提升学校办学育人条件及环境。对师生进行爱护公物、光盘行动、垃圾分类等的教育，完成创建市级绿色学校的申报工作，推进文明校园和平安校园的创建。完成校园日常消毒通风、卫生清洁保洁及垃圾分类清运工作。加强对食堂工作人员健康信息查验、食品进货渠道、服务质量监管及食堂用餐质量监督；增设硬件、完善制度，建立食堂信箱，征集师生对食堂管理的意见。疫情防控工作方面，资金投入按采购制度保障物资及时足量采购入库；做好日常防疫物资入库及发放登记造册工作，确保教学工作正常开展。

充分发挥工会、团队、民主党派、退休教师协会、关工委等群团组织的职能作用，调动广大教职工参与到"和美音校"的建设中来。召开了学校五届四次教代会，全票通过了《厦门市音乐学校"十四五"教育发展规划》。工会组织教职工开展"洁净家园"志愿活动，为全国文明典范城市创建助力。举办家长学校、社区座谈会，密切家校社联系，形成家校社的教育合力。充分发挥家委作用，成立了音乐学校义务交警队，并在校园内设立了"义务交警护学岗"，这是市直属校第一个护学队。

（附属音乐学校）

厦门大学附属实验小学

【概况】 厦门大学附属实验小学是国家级漳州招商局经济技术开发区与厦门大学联合创办的一所公立学校，位于美丽的厦门湾南岸，与著名的南太武山隔海相望。学校总占地面积 28396 平方米，建筑面积 14633 平方米，于 2011 年 9 月正式开学。学校有教师 107 名，学生 2160 名，44 个教学班。学校有福建省义务教育课程教学指导委员会成员、福建省学科带头人 1 名，厦门市学科带头人 9 名，市级骨干教师 4 名。

学校秉承厦门大学"自强不息，止于至善"的校训精神，以"为学生的终身发展打好基础"为办学理念，发展学生，成就教师，踏实进取，开拓创新，不断为师生搭建成长的舞台。

（附属实验小学）

【五育融合】 年内，学校实施素质教育，以建党百年、厦大百年校庆、附小十周年校庆为契机，以"五节"（读书节、艺术节、英语节、体育节、科技节）活动为载体，以红领巾广播站、国旗下讲话、班队活动为阵地，"五育"并举，不断丰富校园文化内涵，先后举办了"致敬百年厦大，礼赞南方之强"民乐专场演出、"红领巾心向党，争做新时代好少年"庆"六一"文艺汇演、"五育融合，自强至善"十周年校庆文艺汇演。（附属实验小学）

【科研兴校】 年内，学校以课题为抓手促进教师专业成长，形成了"阅读·思考·表达"为主线的课题链，包括省级、市级、区级三级九个课题，涵盖语文、数学、英语、科学、音乐等学科，发表 CN 级论文 11 篇。11 月举办以"课题引领促发展，社团展示促成长"为主题的区级教学开放周，展示学校科研成果。学校教师在开发区举行的学科教学竞赛、技能大赛中获奖。（附属实验小学）

【全员社团】 年内，学校坚持"一校一特色，一生一特长，一个不能少"的教育观，保证每周一下午、课后服务时段为全校性社团课时段，开设了器乐、绘画、运动、手工、编程、益智、文学等七大类近 60 个社团，一年级普及陶笛与篮球操，二年级普及葫芦丝，三年级普及顺笛，社团课程丰富，"双减"落到实处。（附属实验小学）

【成果】 年内，学校获评漳州开发区文明校园、语言文字规范示范校、省平安校园，学校民乐团、诗朗诵、艺术案例在漳州市"九龙江杯"艺术节比赛中均获一等奖。

（附属实验小学）

厦门大学附属第二中学

【概况】 厦门大学附属第二中学（福建省厦门第二中学）是全国和谐校园创建先进学校、国家级体育传统项目学校、福建省一级达标学校、福建省文明校园、福建省教育科研基地校、福建省首批普通高中课程改革基地学校、福建省首批示范性高中建设学校、福建省首批"义务教育教改示范性建设学校"和福建省中小学校园文化美育环境示范校。作为厦门市办学历史最悠久的学校，学校由毓德女学（1870 年）、怀仁女校（1877 年）、英华书院（1898 年）、厦大校友中学（1949 年）、鼓浪屿侨办中学（1959 年）等先后合并而成。学校历史悠久，底蕴深厚，英才辈出，数以万计毕业生遍布海内外，涌现了众多各界翘楚，走出了卢嘉锡、张乾二、王应睐、顾懋祥、卓仁禧、洪伯潜等院士及殷承宗、陈佐湟等著名音乐家；孵化出了厦门外国语学校和厦门市音乐学校，形成了足球、英语、音乐三大办学特色，是厦门市备受瞩目和最具海外影响力的学校之一。

学校设有初高中两校区，高中部位于五缘湾畔五缘学村，初中部坐落于鼓浪屿，是一所寄宿制公办完全中学。2020 年 12 月 28 日，厦门二中集美新校区项目开工典礼隆重举行，将于 2023 年 9 月投入使用。学校有 60 个教学班（其中初中 18 个班），在校学生 2814 人，在职教职工 234 人，其中专任教师 228 人，专任教师均具有本科及以上学历，其中硕士研究生 58 人，正高级教师 2 人，特级教师 1 人，省市级学科带头人 10 人、市专家型教师 1 人、市专家型教师培养对象 1 人、市学科带头人培养对象 6 人。

（附属第二中学）

【深化党史学习教育，厚植爱国情怀】 年内，学校立足特色，扎实开展党史学习教育，让党史学习教育入脑入心。成立了以学生为主的鼓浪屿红色文化宣讲队；组建理论宣讲轻骑兵队伍，为全校师生上党史宣讲课；组织学科文化节、研学活动、党史知识竞赛、朗诵比赛、演讲比赛、校友爱国史话、家校共育主题班会等活动，引导学生"学党史、感党恩、跟党走"；举行庆祝中国共产党成立 100 周年暨"七一"表彰大会。学校被确认为"厦门城市党建学院 2021—2022 年实训基地"；"厦门青年战时服务团旧址"入选厦门市第二批党史学习教育参观学习点。（附属第二中学）

【坚持五育并举，培育时代新人】 年内，学校以党建为引领，大胆创新，探索五育并举融合育人模式，取得了良好的成效。组织召开"五育并举"主题研讨会暨二中联盟第二次会议，打造新时代学校品牌。获评福建省文明校园、2021年厦门市学校综治安全目标管理责任考评优秀单位和"5A级平安校园""厦门市绿色学校"、厦门市三星级智慧校园达标校、"国家课程校本化实施示范高中"、"2021年高考学科优质试题命制岗位练兵优秀组织奖"、厦门市教育工作先进集体、厦门市"老年人健身康乐家园"等称号。德育工作案例《从"学规范"到"做模范"，构建学校德育课程体系》被评为第二批福建省"一校一案"落实《中小学德育工作指南》典型案例；《"无物业周"校园职业体验劳动教育》被评为"福建省第三批中小学劳动教育实践特色项目"。

（附属第二中学）

【加强校际合作，共谋教育新篇章】 年内，厦门大学选派信息学院信息与通信工程系高级工程师陈柯宇挂职担任学校副校长。3月，厦门二中与厦大马克思主义学院合作，"福建省高校思政课石红梅名师工作室"与"厦门市高中政治王守琼名师工作室"签订协议，双方结对，共建"思政发展共同体"。5月中旬，学校南强讲堂启动，洪华生、洪海征、李炎、林昕、张宇、杨位迪等厦大名师开讲。5月，厦门市大中小（幼）思政一体化教学研讨活动在学校举行。8月，厦门外国语学校副校长黄锦亮挂职厦门二中副校长。9月，学校充分依托厦门大学优质教育资源，结合学校特色，创办高中"南强班"，发挥省示范高中建设学校引领和示范作用。

（附属第二中学）

【科技引领未来，创新成就梦想】 年内，学校致力于培养学生的创新实践能力，提升科学文化素养。在第36届福建省青少年科技创新大赛、全国中小学信息技术创新与实践大赛（简称NOC大赛）、2021年福建省青少年创意编程与智能设计比赛、第37届厦门市青少年科技创新大赛中获奖。

（附属第二中学）

【强化艺体特色，促进学校多元发展】 5月，学校足球队夺得2021年中国中学生足球协会杯（高中男子甲组）亚军。7月，由学校三名教练执教、以学校15名足球员为主的福建省中学生代表队获得第十四届全国学生运动会足球项目第六名，取得了福建省中学生足球队在该项赛事中的最好成绩。12月，夺得2021年福建省青年足球锦标赛暨中学生校园足球联赛高中组冠军。学校合唱团的作品《年轻的朋友来相会》《克卜勤》《少年》《歌唱祖国》《启程》在人民日报客户端微信、微博刊播。在2021年第七届福建省中小学生艺术节中包揽了声乐项目合唱、小合唱、班级合唱的所有一等奖。　　（附属第二中学）

【百年名校搭台，助力教育发展】 年内，学校先后与全国各地多所学校开展结对帮扶活动，通过实地支教、跟岗学习、线上教学和联合教研等方式开展了形式多样、内容丰富的帮扶活动，共享教育资源，加强校际交流，加深民族情谊。来自新疆昌吉州中学思政骨干教师、西藏昌都教育系统党务干部、珠海市第二中学领导、教师莅校交流学习。与永宁县闽宁中学线上签订共建协议、为长汀县新桥中学开设2021年新高考冲刺阶段备考专题讲座等。承办2021年福建省高中体育与健康学科优质课评审活动、2021年厦门市足球特色幼儿园教师培训、厦门市青少年校园足球特色校教师培训活动、第十一届海峡两岸中学生闽南文化夏令营及福建省校园足球联赛。　　（附属第二中学）

·人物名录·

中国科学院院士

田昭武　唐崇惕　黄本立　万惠霖　赵玉芬　郑兰荪
田中群　焦念志　韩家淮　孙世刚　戴民汉　林圣彩
谢素原

中国科学院外籍院士

萨支唐

厦门大学文科资深教授

潘懋元

发展中国家科学院院士

田昭武　田中群　焦念志　吕永龙

中国医学科学院学术咨询委员会学部委员

夏宁邵

“长江学者奖励计划”特聘教授

焦念志　张　荣　郑兰荪　田中群　林圣彩　韩家淮
刘祖国　吴　玮　陈振明　戴民汉　林伯强　谢素原
白敏冬　朱　菁　郑南峰　刘海峰　周　宁　张国君
谢兆雄　龙小宁　胡　荣　方　颖　任　斌　周大旺
傅　钢　张　宇　方　宁　吴超鹏　尤延铖

“长江学者奖励计划”青年学者

周颖刚　孔祥建　郑挺国　吴超鹏　叶龙武　郭春镇
彭水军　王焰金　朱　志　陈焕阳　肖　亮　陈理想
宋　翀　陈海强　孙传旺　袁　权　牛霖琳　李　光
郭　晔　曾宪海　刘婧媛　李卫彬　王传超

国家杰出青年科学基金获得者

郑兰荪　林昌健　孙世刚　田中群　黄培强　焦念志
高坤山　戴民汉　杨　勇　张　荣　林圣彩　吴　玮
吴晨旭　刘祖国　吴　乔　江云宝　吕　鑫　高　煜
谢素原　王　野　谢兆雄　任　斌　龙腊生　彭栋梁
王海滨　黄邦钦　夏宁邵　赵　鸿　郑南峰　白敏冬
陈　敏　帅建伟　颜晓梅　张云武　陈张海　杨朝勇
王大志　方陶陶　方　颖　周大旺　尤　涵　段安民
顾为民　张　杰　史大林　陈兰芬　刘　刚　李剑锋
张宜辉　邓贤明　纪荣嵘　侯　旭　黄小青　张　瑶
高锦豪　叶龙武　刘　文　汪　骋

国家“特支计划”领军人才

谢兆雄　夏宁邵　张　军　张　荣　陈　敏　任　斌
王大志　林圣彩　颜晓梅　戴民汉　张　瑶　方陶陶
白敏冬　刘　涛　顾为民　郑南峰　刘海鹏　张　锐
蔡伟伟　周大旺　史大林　李剑锋　徐　鹏　王海滨
张现忠　陈振明　刘国深　周　宁　李建发　郑振龙
徐崇利　邹振东　杜兴强　谢素原　张国君　林亚南
朱孟楠

国家“特支计划”青年拔尖人才

刘志云　郑南峰　蔡伟伟　潘　越　王艳艳　朱　军
郑挺国　曹晓宇　纪荣嵘　游家兴　方匡南　刘　刚
刘志宇　龚　磊　苏劲松　纪　洋　张　力

国家“百千万人才工程”入选者

曾华群　郑兰荪　张　荣　田中群　方维平　焦念志
吴　玮　杨　勇　夏宁邵　彭志海　黄培强　戴民汉
刘祖国　谢素原　郑振龙　董　俊　白敏冬　张国君
林圣彩　刘国深　于　鑫　吕永龙　郑南峰　龙小宁
杜兴强　李少伟

国家级教学名师

郭祥群　孙世刚　沈明山　张　馨　林亚南　陈小麟

教育部“新(跨)世纪优秀人才支持计划”入选者

郑兰荪　田中群　商少平　陈金灿　陈支平　廖益新
杨　勇　杨　斌　曲晓辉　王　旭　邬大光　夏宁邵

陈清西 曹泽星 程立新 黄邦钦 郑振龙 徐崇利
谢兆雄 周宁 李庆阁 陈忠 陈敏 胡荣
徐国栋 陈嫱如 杜兴强 王野 王琳 朱建平
梁万珍 刘震宇 史秋衡 陈国进 许传炬 蔡淑惠
张军 任斌 陈曦 刘庆林 刘泽亮 王日根
林金辉 周星 李常青 郭东辉 林金忠 叶勇
纪志梁 雷鹰 钞晓鸿 曹文志 李成 徐延辉
顾为民 颜晓梅 屈文洲 郭航 傅十和 朱仁显
朱孟楠 刘志云 孙志军 温庭斌 李磊 陶懿
黄新华 王大志 李勤喜 张先清 王洪才 靳涛
王东东 兰维瑶 张云武 吴晓晖 胡天惠 董俊
张锐 王惠琼 曾志伟 郭奇勋 周涵韬 郑若玲
李兰英 潘越 白正简 俞春东 张瑶 缪朝炜
彭水军 尤涵 田娜 刘海鹏 高锦豪 郑志锋
陈菁 欧阳高亮 李少伟 翁建 周志有 曹剑波
韩秀丽 匡勤 王艳艳 赵英汝 韩宇 丁少雄
张传国 石巍 胡旭 韩水华 方颖 王远鹏
詹东平 吴超鹏 周虎 朱玉峻 何宁 钟春平
陈远志 郭春镇 蔡庆丰 高和荣 陈能汪 刘志宇
郑挺国 蔡舜 陈理想 朱军 吴育辉 吴伟泰
张杰 文磊 刘刚

国家优秀青年科学基金获得者

顾为民 王东东 田娜 刘海鹏 高锦豪 周大旺
史大林 林晓凤 陈焕阳 张瑶 王艳艳 孔祥建
朱志 邓贤明 陈兰芬 刘刚 纪荣嵘 刘文
徐鹏 张锐 张杰 袁晶 王俊峰 李剑锋
王清 刘志宇 叶龙武 吴超鹏 曹晓宇 洪文晶
林舒勇 陈航姿 刘彤 吴川六 王鑫 陈小芬
钟威 周伟 王帅 张宸崧 罗正钱 吴雅苹
曹知勉 蔡熙乾 谢顺吉 宋彦龄 丁松园 刘亮
陈黄鑫 屈小波 袁丛辉 黄烯 张桥保 柳欣
张华 王斌举 邓文波 洪雪辉

厦门大学南强青年拔尖人才支持计划A类人才

郑挺国 潘越 王艳艳 刘志云 王清 刘文飞
熊涛 夏超 顾为民 陈焕阳 田娜 叶龙武
孔祥建 王东东 肖能明 黄烯 刘刚 刘文
张杰 李奇渊 王鑫 张瑶 张锐 刘海鹏
刘志宇 汪冰冰 沈英嘉 朱志 徐鹏 武剑锋
王传超 曹阳 杨晔 吴超鹏 曹晓宇 朱军
林侹 张亚辉 钱建状 乐耀 方匡南 彭水军
傅十和 游家兴 陈亚盛 Barak Simcha Aharonson 朱冬亮
张凌娟 付立群 胡晟 曹彬 王斌举 王杉霖
钟威 郭春镇 张亚霖 刘波 刘彤 陈航姿
林舒勇 于文轩 宗利利 张宸崧 卓春祥 陈洪敏

张曦 余世霖 姜涛 熊海峰 霍浩华 毛开睿
王耿 郑世进 许韧 张金宝 黄小青 林晓凤
刘亮 梁勇 霍帅东 王焰金 王帅 周伟
陈小芬 任长亮 孙传旺 陈海强 谢晓东 龚浩群
任智勇 林育川 蔡熙乾 吴雅苹 丁松园 宋彦龄
谢顺吉 罗正钱 曹知勉 王波 陈理想 肖亮
龚磊 黄文 毛志平 陈嘉嘉 崔勇 瞿清明
杜丹 林娟 赵颖俊 徐勇 揭祖亮 刘欢
李非粟 王为磊 林海昕 乔羽 苏纪豪 宋翀
袁权 郭晔 林明 黄添枝 曹名锋 靳宇

在岗教授名录

田中群 孙世刚 陈支平 郑兰荪 吴世农 杨斌
陈振明 黄培强 江云宝 吴玮 廖益新 毛秉伟
邬大光 刘峰 杨勇 林群 袁友珠 徐崇利
程立新 林亚南 郑振龙 蔡志平 戴民汉 王日根
朱梓忠 李非 李耀群 沈艺峰 张勇 陈小麟
周朝晖 胡建宇 高亚辉 康俊勇 谭绍滨 李无未
徐国栋 胡荣 商少平 严重玲 朱孟楠 许传炬
李国安 杨灿 陈忠 郑海雷 黄邦钦 董小鹏
蒋月 林圣彩 吴晨旭 王克坚 焦念志 刘泽亮
王野 彭丽芳 李春园 毛付根 孙道恒 李建发
吴乔 沈维涛 宋方青 赵一兵 袁新文 曹泽星
童锦治 雷根强 谭忠 戴李宗 罗学涛 胡兆云
曾文华 夏宁邵 史晓东 郭东辉 石建光 计国君
韩家淮 王琳 彭侠夫 史秋衡 吕鑫 刘升发
李琦 李庆阁 吴崇伯 张铭洪 陈敏 陈立富
陈国进 林璧属 柯才焕 黄文达 程恩 谢兆雄
赵鸿 王绍森 李庶林 朱建平 陶涛 欧阳通
朱仁显 刘庆林 刘国深 刘宝林 许志端 苏国珍
李绍滋 李美华 邱春晖 陈曦 陈晓明 陈嫱如
林季红 林金辉 郑文礼 宓锦校 蔡淑惠 徐延辉
王洪才 丁振华 于飞 弓振斌 王玉琼 王秋泉
王翠萍 叶本兰 任斌 杜兴强 李文绚 张建霖
陈松岩 林秀芹 罗大民 郭其友 黄合水 曾建平
谢素原 戴亦一 金鑫 雷鹰 丁丽瑛 王大志
王志强 王重刚 叶勇 李东辉 李常青 杨晨晖
张榕 陈亮 林金忠 周星 钱建国 徐迪
徐雅芬 曹志平 商少凌 彭莉 程璇 薛雄志
杭纬 颜晓梅 彭栋梁 张保平 李博安 刘祖国
俞春东 林伯强 张四清 夏雅丽 王周成 龙腊生
朱炎生 伍火熊 许惠英 严荣沐 李一平 李振基
李晓红 肖伟 吴振 吴德印 张军 周东平
郑婕 胡红梅 钞晓鸿 郭朝阳 黄凌风 龚敏
董全峰 詹庄平 潘丰泉 黄涛 邹振东 温庭斌
韩守法 靳全文 王瑞芳 张云武 高坤山 曾锦章
吕忠显 帅建伟 李磊 王团老 方亚 卢英华
叶少琴 朱亚先 任磊 李成[1] 李军 李兰英
宋培林 陈启安 陈辉萍 林致远 林德荣 郑若玲

屈文洲 侯　亮 姜艳霞 姚　斌 耿　虎 夏文生
唐炎钊 黄新华 曹文志 程金发 童　峰 童　敏
蔡平河 薛祖云 尤　涵 陈明树 陶　懿 朱红平
周忠华 赵　仪 杨朝勇 韩爱东 丁昌明 廖明宏
胡天惠 王　宇 王东东 王备战 白正简 兰维瑶
朱冬亮 朱晓勤 刘志云 刘连泰 刘继春 孙志军
孙洪飞 纪志梁 苏新龙 李　丹 肖　华 肖　虹
何丽新 余章宝 张　兵 张　侃 张中新 张存禄
张传国 张明志 张建寰 陈　菁 陈武元 陈瑞川
林　枫 欧阳锋 岳　淼 顾为民 徐进功 高丰光
郭　航 郭卫东 郭晓梅 彭水军 董建辉 韩水华
靳　涛 戴淑庚 郑金成 方柏山 董　俊 王洪睿
王瑞方 李　勇 王　娇 曾志伟 朱玉峻 戚　智
邢惠琴 王艺明 王德文 刘文松 李明哲 李勤喜
吴晓晖 何旭敏 张永兴 陈　雯 陈　蓉 林　涛
周化民 周郁蓓 胡　华 施芝元 翁梓华 高和荣
郭占荣 席文明 唐礼智 黄春庆 阎立峰 张　宇
方环海 吕　苗 张晓坤 王朝晖 吴文华 陈永雄
林东海 丁少雄 王　烨 王海斌 王新红 文玉华
许文彬 李书平 余　臻 张先清 张庆红 张志强
欧阳高亮 罗林开 胡朝霞 施雪琴 贾立山 徐东升
翁　建 郭　霖 唐余亮 黄　令 黄健雄 彭兴跃
雷蕴奇 缪朝炜 颜江华 刘运权 徐秀琴 王菡子
蔡伟伟 邱建贤 赵金保 柳清伙 周大旺 吴伟泰
别敦荣 李　炜 高树基 William Neil Brown 辛志英
赵勤俭 王　程 丁兴号 卜云燕 于李胜 元惠萍
石　巍 朱平辉 任　力 任艳平 刘暾东 江桂英
李　力 李　鹏 李卫东 李少伟 杨士焯 杨志林
时　康 吴光辉 何　宁 何　坚 张有奎 张德富
陈　焰 陈小冲 陈金华 陈舒华 林致诚 易　林
罗思东 金光辉 郑泽芝 郑静雅 赵　华 赵叶珠
胡　旭 钟春平 姚俊峰 钱小燕 徐　琪 郭　晔
黄文财 黄晓佳 黄朝阳 曹剑波 常大群 梁若冰
葛东涛 董继扬 韩　宇 蔡春露 潘　越 魏　敏
张　杰 高锦豪 文超祥 邓贤明 龙小宁 刘轼波
方陶陶 梁万珍 尤延铖 白敏冬 朱人求 刘向阳
叶龙武 曾一锋 王文卿 石江宏 田　蕴 冯江华
朱　铉 庄平辉 刘海鹏 李权龙 张　羽 张文化
张连茹 张剑文 金贤安 周涵韬 钱林超 黄永锋
黄联芬 蔡庆丰 张现忠 李庆顺 袁　晶 文　磊
周　虎 王鸣生 郑南峰 尹应武 林忠宁 陈　颖
党宏月 陈　虎 叶　军 林　鹿 伞海生 刘　晔
刘晓杰 江智渊 江毓武 苏欲晓 李蔚青 肖　珉
肖　亮 吴川六 吴超鹏 何元春 宋　刚 张文生
张家兴 陈兰芬 陈爱贞 陈海峰 范宏伟 林　斌
周志有 柏培文 顾鸿飞 钱建状 黄金良 韩秀丽
詹东平 蔡　舜 蔡明刚 熊晓鹏 黎四芳 史大林
王俊峰 刘　文 刘　刚 程　俊 李秋红 冯　霞
纪荣嵘 李剑锋 程　鹏 吴隆增 徐海超 王艳艳
王培勇 王惠琼 方　颖 巴亚斯古楞 古　泉

吕毅军 刘　敏 许二斌 李　静 杨　权 杨士烑
杨方方 杨伟锋 肖晓燕 吴荣华 余煜玺 张　锐
张　瑶 陈　宏 陈立杰 陈远志 陈能汪 陈理想
周　赟 郑若娟 郑挺国 段永纯 侯振清 郭春镇
唐永红 彭云峰 彭本荣 曾立毅 谢清果 戴平生
解荣军 莫　玮 付　国 宋光铃 谭元植 肖能明
陈亚盛 林坤德 代　迅 刘文贤 王　鑫 夏　超
廖洪钢 罗雄彪 汪　骋 王　华 王远鹏 王焰金
方文珍 方匡南 左正宏 卢盛荣 朱　志 朱红梅
刘向荣 刘志宇 刘雪锋 汤立国 孙　云 李艳霞
李智君 吴　婷 吴志明 吴清锋 沈英嘉 张国清
张艳涛 陈　军 陈　玲 陈少东 卓　勇 黄　烯
彭荔红 谢晓东 蔡　宁 蔡端俊 薛茂强 周颖刚
吴亚林 赵燕菁 卿新林 洪文晶 古晓梅 唐紫超
Stephan Steinke 攀　登 王兆林 徐　鹏 王　清
王德利 方　正 方秦华 孔祥建 吐　松 刘　彤
刘文飞 李　成[2] 杨小怡 杨律青 吴　翀 吴顺情
邱　彦 邱红峰 张　文 张少军 陈先才 陈贵富
陈胜凯 陈海强 林　明 周　伟 周　红 周　波
侯　旭 洪世键 洪学敏 黄　凯 傅　钢 焦建华
游家兴 戴鸿斌 王海滨 汤志义 陈焕阳 李文岗
张永有 张亚辉 陈勇兵 朱　菁 付立群 张洪良
俞容山 张国君 张　荣 王　颖 牛霖琳 石红梅
叶社房 冉　广 白云涛 匡　勤 成　瑾 曲延云
吕志奎 朱　军 伍晓奕 刘中华 汤　凯 许一婷
孙丽岩 苏　琼 李　昂 李　娜 李君涛 吴育辉
吴清强 吴德会 吴德志 余长林 汪冰冰 张延东
张仲楠 陈明茹 陈鹭剑 陈鹭真 林俊聪 罗正钱
周颖慧 郑盛龙 赵向琴 胡锦山 钟　威 洪海征
姚　昕 夏　路 黄寿峰 曹晓宇 葛胜祥 覃红霞
程　明 曾秀芹 谢贞发 蔡聪波 蔡毅华 颜佳伟
武剑锋 傅十和 许　零 田　娜 杜　魁 杜拴平
李奇渊 张宝蓉 陈　闯 曹　阳 程庆进 熊　涛
杨　晔 Lin Jiao 满新颖 Barak S. Aharonson 张凌娟
程继东 王　帅 王传超 乐　耀 王晓阳 胡　晟
曹　彬 郑志锋 王斌举 马　剑 王杉霖 王桂芝
邓　明 卢正敏 庄伟芬 刘昆宏 刘学敏 江　敏
孙莉萍 李　安 李　渊 李杨帆 杨惠玲 吴　薇
何晓萍 汪晓云 沈　哲 沈　雁 张　弘 张宜辉
陈仕玺 陈吕萍 陈素白 陈航姿 范贤光 林舒勇
罗进辉 周志东 周雪香 屈小波 赵西亮 赵英汝
赵春宁 翁文桂 韩　乾 魏志华 袁吉锋 黄信良
张亚霖 刘　波 杜　丹 林树海 方晓亮 冯立军
刘　勇 牟敦果 李晓林 杨东勇 杨寒松 吴琳琳
余兆菊 张会永 陈小芬 周剑扬 施余兵 殷　琦
郭建鹏 曾宪海 潘颖秋 于文轩 赵颖俊 宗利利
张　峰 张宸崧 吴吉林 申河清 陈洪敏 卓春祥
罗华耿 于　鑫 张　曦 余世霖 陈张海 薛涧坡
姜　涛 熊海峰 霍浩华 毛开睿 刁培俊 于大全
王　耿 王明华 水海刚 付宏燕 白　华 冯丹青

邢　菲　朱　宇　伊晓东　许永洪　孙传旺　孙海信
杜树海　李　莉　李骁麟　李晓潮　杨　松　连明生
吴云龙　吴水平　吴建洋　何良宗　张文舟　张兴祥
陈　坚　陈忠纯　陈晓彦　陈健敏　陈福平　林雁勤
罗德林　周湘鲁　郑　啸　郑永宽　祝青园　袁　权
袁喜娜　郭惠芬　黄　娆　龚　磊　龚正良　梁君荣
傅　馨　焦芳钱　游伟伟　赖永炫　蔡伟贤　潘超青
魏爱棠　郑世进　许　韧　刘振天　张金宝　郑金雄
黄小青　李继秋　林晓凤　刘　亮　梁　勇　瞿清明
刘　悦　高　煜　霍帅东　王　波[3]　许华曦　吕永龙
任长亮　徐　勇　龚浩群　王　瑁　王荔红　王奕首
王凌云　木志荣　邓顺柳　石　峰　卢仙聪　叶玉英
乔永忠　朱杰敏　朱锦锋　任智勇　刘国坤　刘婧媛
许旺土　孙　勇　苏劲松　苏培峰　李　焱　李木易
李立新　李城希　杨光勇　杨宗保　肖望强　沈燕清
宋　翀　张文静　张秋根　张闻捷　张燕来　陈中贵
陈志为　陈黄鑫　林　密　林　琛　林友辉　林育川
罗文新　岳光辉　郑伟平　郑红花　郑明森　郑晓剑
姚荣迁　贺达海　徐　岚　徐　俊　翁冰莹　郭勇健
黄向春　黄金兰　曹知勉　曹慕昆　程　通　崔　勇
韩　潮　吕晓雯　舒继武　丁松园　吴雅苹　宋彦龄
谢顺吉　蔡熙乾　刘　赦　王　波[4]　Yang Weifeng
毛志平　陈嘉嘉　黄　文　李鸿珠　林　娟　揭祖亮
刘　欢　向　乔　李非栗　王为磊　乔　羽　林海昕
苏纪豪　方　宁　吴伟胜　邹斯嘉　李姜辉　唐卫华
黄添枝　王　夺　王　磊　王燕武　王　霏　方广智
卢豪良　叶美丹　刘胜兴　江　玮　阳建勋　严　严
严金海　苏　伟　李卫彬　李　程　杨防祖　沈小波
张达志　张　建　张　润　张惟捷　张　淼　张慧君
陈竑焘　陈　铭　陈　鹏　林育纯　季　烨　周　华
郑国庆　赵　晶　洪文兴　袁　飞　原宗丽　徐大鹏
徐　虹　高艳杰　黄加乐　黄　玥　黄胜利　梁建国
蒋冠宏　雷艳红　谭巧国　曹名锋　Steven Alan Kuehl
徐　斌　赵婷婷　段安民　曹青云　靳　宇　薛惠洁
刘　泉　张慧骝　赵西林　邓文波　张　华　张桥保
柳　欣　袁丛辉　刘　涛　戴桓青　张　力

注：

(1)以评聘为厦门大学教授的时间先后为序(含 2022 年第 1 次学校专业技术职务聘任委员会通过的教授名单)。时间相同者，以姓氏笔画为序。

(2)小标 1 为物理科学与技术学院李成，小标 2 为管理学院李成，小标 3 为生命科学学院王波，小标 4 为人文学院王波。

逝世人物名单

钟家骥　洪再生　沈亚豪　陈美美　张国才　李祖基
叶秀珍　杨　钤　黄亚枝　陈金泉　张艺程　陈禾芬
侯建中　许亚美　郑瑞龙　吴顺祥　张水良　邱素华
周仲周　邱觉民　姚天贵　黄纲彬　陈永良　陈金富
江炳熙　林祖谋　骆玉赞　陈奕练　苏阿乖　卢济正
蔡月娥　范　春　何耿丰　范宝英　杨金德　桑士俊
蔡淑贞　苏宗成　张　婉　张鸿图　董惠玲　郑来富
何爱贞　蔡淑珠　戴如修　陈金莲　陈亚保　余乃梅
秦建明　李光成　肖学信　吴亚珍　吴　广　施彼得
黄宝奎　丁文铿　石文英　施章伟　王佳敦　刘春娇
黄嵩坡　赖垣忠　许宗钳　郭启盛　白炳华　庄文礼
魏耀明　孙福生　唐杏煌　黄团良　尤宣来　叶家治
张保生　陈安健　陈永山　林媛斌　吴昭富　方金钊
苗乃全

注：以逝世的时间先后为序。时间相同者，以姓氏笔画为序。

· 学校文件 ·

党委工作文件选目

文　　号	文件名称
厦大委综〔2021〕1 号	中共厦门大学委员会关于报送中共教育部党组征求意见和建议情况的报告
厦大委综〔2021〕2 号	关于徐进功等同志职务任免的通知
厦大委综〔2021〕3 号	厦门大学关于商请支持厦门大学 100 周年校庆筹备工作的函
厦大委综〔2021〕4 号	关于修订《中共厦门大学委员会贯彻落实〈中共中央关于加强党的政治建设的意见〉的实施方案》的通知
厦大委综〔2021〕5 号	中共厦门大学委员会关于调整校级领导班子成员分工的请示
厦大委综〔2021〕6 号	中共厦门大学委员会关于报备校级领导班子成员分工的报告
厦大委综〔2021〕7 号	中共厦门大学委员会关于贯彻落实习近平总书记给外籍教授潘维廉重要回信精神“回头看”专题的报告
厦大委综〔2021〕8 号	中共厦门大学委员会关于调整校级领导班子成员分工的请示
厦大委综〔2021〕9 号	中共厦门大学委员会关于报备校级领导班子成员分工的报告
厦大委综〔2021〕10 号	关于叶世满同志免职的通知
厦大委综〔2021〕11 号	关于印发《厦门大学 2020 年工作总结》的通知
厦大委综〔2021〕12 号	关于印发《厦门大学 2021 年工作计划要点》的通知
厦大委综〔2021〕14 号	关于印发《厦门大学国家安全教育工作方案》的通知
厦大委综〔2021〕15 号	中共厦门大学委员会关于邀请教育部领导出席厦门大学 100 周年校庆活动的请示
厦大委综〔2021〕16 号	关于印发《中共厦门大学委员会关于巩固深化“不忘初心、牢记使命”主题教育成果的实施方案》的通知
厦大委综〔2021〕17 号	关于印发《中共厦门大学委员会贯彻落实〈教育部等六部门关于加强新时代高校教师队伍建设改革的指导意见〉实施方案》的通知

续表

文　　号	文件名称
厦大委综〔2021〕18号	关于印发《厦门大学党史学习教育实施方案》的通知
厦大委综〔2021〕19号	关于印发《厦门大学落实〈深化新时代教育评价改革总体方案〉的工作方案》的通知
厦大委综〔2021〕20号	关于印发《厦门大学2021年全民国家安全教育日宣传教育活动实施方案》的通知
厦大委综〔2021〕21号	中共厦门大学委员会关于认真学习贯彻落实习近平总书记致厦门大学建校100周年贺信精神的通知
厦大委综〔2021〕22号	关于印发《中共厦门大学委员会贯彻落实习近平总书记致厦门大学建校100周年贺信精神工作方案》的通知
厦大委综〔2021〕23号	关于开展第四轮巡察“回头看”工作的通知
厦大委综〔2021〕24号	中共厦门大学第十一届委员会关于开展第六轮巡察工作的通知
厦大委综〔2021〕25号	关于转发《中共教育部党组关于教育系统深入学习贯彻习近平总书记在清华大学考察时重要讲话精神的通知》的通知
厦大委综〔2021〕26号	中共厦门大学委员会关于党委领导下的校长负责制贯彻落实情况的报告(2019—2020年度)
厦大委综〔2021〕27号	关于表彰厦门大学100周年校庆筹备工作先进集体和个人的决定
厦大委综〔2021〕28号	关于印发《厦门大学“我为师生办实事”实践活动实施方案》的通知
厦大委综〔2021〕29号	关于商请联合选送纪录片《陈嘉庚与百年厦大》申报“五个一工程”奖的函
厦大委综〔2021〕31号	关于评选表彰厦门大学优秀共产党员、优秀党务工作者和先进基层党组织的通知
厦大委综〔2021〕35号	关于印发《厦门大学服务福建全方位推动高质量发展超越行动计划(2021——2025年)》的通知
厦大委综〔2021〕36号	关于印发《厦门大学新时代学校思想政治理论课改革创新实施方案》的通知
厦大委综〔2021〕37号	关于印发《厦门大学教职工代表大会工作规程》的通知
厦大委综〔2021〕39号	关于举办“永远跟党走　奋进新征程”厦门大学教职工庆祝建党100周年合唱比赛的通知
厦大委综〔2021〕40号	关于印发《厦门大学“永远跟党走”群众性主题宣传教育活动实施方案》的通知
厦大委综〔2021〕41号	关于深入学习贯彻《中国共产党统一战线工作条例》的通知
厦大委综〔2021〕42号	关于印发《厦门大学庆祝中国共产党成立100周年活动方案》的通知
厦大委综〔2021〕43号	关于举办厦门大学庆祝中国共产党成立100周年暨福建省第一个党组织中共厦大支部成立95周年党史学习教育主题系列文化活动的通知
厦大委综〔2021〕44号	厦门大学关于申报创建全国文明校园先进学校的请示

续表

文　　号	文件名称
厦大委综〔2021〕45 号	中共厦门大学委员会关于开展庆祝中国共产党成立 100 周年“与党员谈心，为群众办事”活动的通知
厦大委综〔2021〕46 号	关于印发《中共厦门大学委员会关于厉行节约的指导意见》的通知
厦大委综〔2021〕47 号	关于印发《厦门大学师德专题教育实施方案》的通知
厦大委综〔2021〕49 号	关于商请福建省委宣传部共同主办校地联动党史学习教育活动的函
厦大委综〔2021〕54 号	关于印发《厦门大学教师党史学习教育实施方案》的通知
厦大委综〔2021〕55 号	关于厦门大学第八届教职工代表大会代表选举工作的通知
厦大委综〔2021〕56 号	中共厦门大学委员会　厦门大学关于进一步明确“三重一大”决策事项范围标准的通知
厦大委综〔2021〕57 号	关于表彰厦门大学优秀共产党员、优秀党务工作者和先进基层党组织的决定
厦大委综〔2021〕58 号	关于印发《厦门大学关于加强教师思想政治和师德师风建设工作的实施意见》的通知
厦大委综〔2021〕59 号	关于认真学习贯彻习近平总书记在庆祝中国共产党成立 100 周年大会上的重要讲话精神的通知
厦大委综〔2021〕60 号	厦门大学关于报送全国教材工作会议暨首届全国教材建设奖表彰会交流材料的函
厦大委综〔2021〕61 号	关于印发《厦门大学关于在师生中广泛开展党史、新中国史、改革开放史、社会主义发展史宣传教育的实施方案》的通知
厦大委综〔2021〕62 号	中共厦门大学委员会关于呈报学习宣传贯彻党的教育方针简报的函
厦大委综〔2021〕64 号	关于印发《厦门大学学生党史学习教育实施方案》的通知
厦大委综〔2021〕65 号	关于 2021 年厦门大学党建提升和管理创新奖评选工作的通知
厦大委综〔2021〕66 号	关于印发《中共厦门大学委员会　厦门大学新时代劳动教育行动计划(2021—2022)》的通知
厦大委综〔2021〕70 号	关于印发《厦门大学 2021 年下半年工作计划要点》的通知
厦大委综〔2021〕73 号	关于印发《中共厦门大学委员会关于进一步加强和改进理论学习中心组学习的实施意见》的通知
厦大委综〔2021〕74 号	厦门大学党委关于进一步加强国家高端智库建设的报告
厦大委综〔2021〕76 号	中共厦门大学委员会关于推荐中共福建省第十一届委员会委员的请示
厦大委综〔2021〕77 号	关于审阅厦门大学“我为师生办实事”实践活动重点项目清单的请示
厦大委综〔2021〕82 号	厦门大学关于抗击新冠肺炎疫情工作情况的报告

续表

文　号	文件名称
厦大委综〔2021〕83号	关于报送《厦门大学“我为师生办实事”实践活动重点项目清单》的函
厦大委综〔2021〕84号	中共厦门大学委员会关于“再学习、再调研、再落实”活动阶段性总结的报告
厦大委综〔2021〕85号	中共厦门大学委员会关于开展2021年全面从严治党主体责任落实情况检查的通知
厦大委综〔2021〕87号	中共厦门大学委员会关于部属高校和在榕省属高校等单位出席省第十一次党代会代表候选人初步人选建议名单意见情况的报告
厦大委综〔2021〕88号	中共厦门大学委员会关于出席省委教育工委党代表会议代表选举结果的报告
厦大委综〔2021〕89号	中共厦门大学委员会关于酝酿协商部属高校和在榕省属高校等单位出席省第十一次党代会代表候选人预备人选建议名单情况的报告
厦大委综〔2021〕90号	关于印发《中共厦门大学委员会关于深入学习贯彻第二十七次全国高校党的建设工作会议精神的工作方案》的通知
厦大委综〔2021〕91号	中共厦门大学委员会关于报送厦门大学校级领导班子巡视整改专题民主生活会方案的报告
厦大委综〔2021〕92号	中共厦门大学委员会关于报送厦门大学校级领导班子巡视整改专题民主生活会方案的报告
厦大委综〔2021〕93号	中共厦门大学委员会关于报送厦门大学校级领导班子巡视整改专题民主生活会方案的报告
厦大委综〔2021〕94号	中共厦门大学委员会关于报送厦门大学校级领导班子巡视整改专题民主生活会方案的报告
厦大委综〔2021〕95号	关于开展第五轮巡察“回头看”工作的通知
厦大委综〔2021〕96号	中共厦门大学委员会关于报送厦门大学校级领导班子巡视整改专题民主生活会方案的报告
厦大委综〔2021〕97号	关于印发《中共厦门大学委员会关于加强所属企业党的建设工作的若干措施》的通知
厦大委综〔2021〕98号	关于印发《中共厦门大学委员会贯彻落实〈中国共产党普通高等学校基层组织工作条例〉责任清单》的通知
厦大委综〔2021〕99号	关于印发《中共厦门大学委员会关于加强直属医院党的建设工作的实施办法》的通知
厦大委综〔2021〕100号	关于充分发挥基层党组织战斗堡垒作用和党员先锋模范作用　进一步深化党史学习教育“我为师生办实事”实践活动的通知
厦大委综〔2021〕101号	关于印发《中共厦门大学委员会巡察成果运用实施办法》的通知
厦大委综〔2021〕102号	关于印发《中共厦门大学委员会理论学习中心组学习规则》的通知
厦大委综〔2021〕104号	关于表彰2021年厦门大学党建提升和管理创新奖的决定
厦大委综〔2021〕105号	中共厦门大学委员会关于报送巡视整改有关材料的函
厦大委综〔2021〕106号	中共厦门大学委员会关于厦门大学校级领导班子巡视整改专题民主生活会情况的报告

续表

文　　号	文件名称
厦大委综〔2021〕107 号	中共厦门大学委员会关于厦门大学校级领导班子巡视整改专题民主生活会情况的报告
厦大委综〔2021〕108 号	中共厦门大学委员会关于厦门大学校级领导班子巡视整改专题民主生活会情况的报告
厦大委综〔2021〕109 号	中共厦门大学委员会关于厦门大学校级领导班子巡视整改专题民主生活会情况的报告
厦大委综〔2021〕110 号	中共厦门大学委员会关于厦门大学校级领导班子巡视整改专题民主生活会情况的报告
厦大委综〔2021〕114 号	厦门大学关于报送开展“网络科普生态专项治理活动”的工作报告
厦大委综〔2021〕115 号	关于深入学习宣传贯彻党的十九届六中全会精神的通知
厦大委综〔2021〕116 号	关于印发《中共厦门大学委员会关于贯彻党委领导下的校长负责制的实施办法》的通知
厦大委综〔2021〕117 号	关于印发《厦门大学内部资料性出版物管理办法(试行)》的通知
厦大委综〔2021〕121 号	关于十九届中央第七轮巡视第五巡视组对厦门大学党委巡视反馈意见整改落实进展情况的报告
厦大委综〔2021〕122 号	关于十九届中央第七轮巡视第五巡视组对厦门大学党委巡视反馈意见整改落实进展情况的报告
厦大委综〔2021〕123 号	关于十九届中央第七轮巡视第五巡视组对厦门大学党委巡视反馈意见整改落实进展情况的报告
厦大委综〔2021〕124 号	关于印发《中共厦门大学委员会机构编制管理办法(暂行)》的通知
厦大委综〔2021〕125 号	关于印发《中共厦门大学委员会关于加强新时代关心下一代工作委员会工作的意见》的通知
厦大委综〔2021〕127 号	关于开展 2021 年度基层党组织书记抓基层党建工作述职评议考核的通知
厦大委综〔2021〕128 号	中共厦门大学委员会关于党史学习教育的总结报告
厦大委组〔2021〕1 号	关于同意中共厦门大学航空航天学院委员会选举结果的批复
厦大委组〔2021〕2 号	关于中共厦门大学图书馆委员会委员、书记、副书记候选人预备人选的批复
厦大委组〔2021〕3 号	厦门大学关于报送 2020 年度校级领导班子民主生活会会议方案的报告
厦大委组〔2021〕4 号	厦门大学关于报送 2020 年度校级领导班子民主生活会会议方案的报告
厦大委组〔2021〕5 号	厦门大学关于报送 2020 年度校级领导班子民主生活会会议方案的报告
厦大委组〔2021〕6 号	厦门大学关于报送 2020 年度校级领导班子民主生活会会议方案的报告
厦大委组〔2021〕7 号	关于同意中共厦门大学医学院委员会选举结果的批复

续表

文　　号	文件名称
厦大委组〔2021〕8 号	厦门大学关于三、四级职员聘任人选备案工作补充说明的函
厦大委组〔2021〕9 号	中共厦门大学委员会关于部分基层党总支发展党员等相关工作安排的意见
厦大委组〔2021〕12 号	关于李军等试用期满正式任职的通知
厦大委组〔2021〕13 号	关于林蕊同志试用期满正式任职的通知
厦大委组〔2021〕15 号	中共厦门大学委员会关于调整嘉庚学院党委书记的请示
厦大委组〔2021〕17 号	关于同意厦门大学工会委员会换届选举结果的批复
厦大委组〔2021〕19 号	关于刘君彬免职的通知
厦大委组〔2021〕20 号	关于于李胜等任职的通知
厦大委组〔2021〕21 号	关于杨旸任职的通知
厦大委组〔2021〕22 号	关于林瑞馨等任职的通知
厦大委组〔2021〕23 号	关于同意中共厦门大学图书馆委员会选举结果的批复
厦大委组〔2021〕24 号	关于林庆斌同志任职的通知
厦大委组〔2021〕25 号	关于刘刚同志任职的通知
厦大委组〔2021〕26 号	关于丁彧同志任职的通知
厦大委组〔2021〕27 号	关于张随刚任职的通知
厦大委组〔2021〕28 号	关于郭志福任职的通知
厦大委组〔2021〕29 号	关于薛志平任职的通知
厦大委组〔2021〕30 号	关于郑辉任职的通知
厦大委组〔2021〕31 号	关于魏丽艳同志任职的通知
厦大委组〔2021〕32 号	关于唐腾凤同志任职的通知
厦大委组〔2021〕33 号	关于张宇斌同志任职的通知
厦大委组〔2021〕34 号	关于方颖任职的通知

续表

文　号	文件名称
厦大委组〔2021〕35 号	关于夏侯建兵同志免职的通知
厦大委组〔2021〕36 号	关于夏侯建兵免职的通知
厦大委组〔2021〕37 号	关于李启忠任职的通知
厦大委组〔2021〕38 号	关于李启忠同志免职的通知
厦大委组〔2021〕39 号	关于葛郝锐同志任职的通知
厦大委组〔2021〕40 号	关于葛郝锐同志免职的通知
厦大委组〔2021〕41 号	关于刘钟南等同志职务任免的通知
厦大委组〔2021〕42 号	关于刘钟南同志免职的通知
厦大委组〔2021〕43 号	关于陈国强同志免职的通知
厦大委组〔2021〕44 号	关于郑碧娇同志任职的通知
厦大委组〔2021〕45 号	关于郑碧娇同志免职的通知
厦大委组〔2021〕46 号	关于马龙同志任职的通知
厦大委组〔2021〕47 号	厦门大学关于四级职员聘任人选备案事宜的请示
厦大委组〔2021〕50 号	厦门大学关于推荐选派到定点扶贫县挂职轮换人选的函
厦大委组〔2021〕51 号	关于邱伟杰等同志职务任免的通知
厦大委组〔2021〕53 号	关于杨旸免职的通知
厦大委组〔2021〕54 号	关于调整中共厦门大学委员会统一战线工作领导小组的通知
厦大委组〔2021〕55 号	关于成立厦门大学学生社团建设管理评议委员会的通知
厦大委组〔2021〕59 号	关于郑庆喜任职的通知
厦大委组〔2021〕60 号	关于纪荣嵘等职务任免的通知
厦大委组〔2021〕61 号	关于印发《厦门大学中层领导人员政治把关和政治素质考察实施细则（试行）》的通知
厦大委组〔2021〕62 号	关于成立厦门大学党史学习教育领导小组的通知

续表

文　　号	文件名称
厦大委组〔2021〕63 号	关于成立厦门大学党史学习教育领导小组办公室的通知
厦大委组〔2021〕64 号	关于刘姝宇免职的批复
厦大委组〔2021〕65 号	关于王远鹏等职务任免的批复
厦大委组〔2021〕66 号	关于公布首批厦门大学党建工作示范点验收通过名单的通知
厦大委组〔2021〕70 号	关于印发《厦门大学 2020 年度党费缴纳与使用情况说明》的通知
厦大委组〔2021〕71 号	关于孙梓光同志免职的通知
厦大委组〔2021〕72 号	关于张军奎同志任职的通知
厦大委组〔2021〕73 号	关于陈东军等同志职务任免的通知
厦大委组〔2021〕74 号	关于张军奎免职的通知
厦大委组〔2021〕75 号	关于吴立武等同志职务任免的通知
厦大委组〔2021〕76 号	关于张建安等同志职务任免的通知
厦大委组〔2021〕77 号	关于张建霖等职务任免的通知
厦大委组〔2021〕78 号	关于张建霖同志任职的通知
厦大委组〔2021〕79 号	关于曾坤瑜等职务任免的通知
厦大委组〔2021〕80 号	关于曾坤瑜等同志职务任免的通知
厦大委组〔2021〕81 号	关于曾云声等同志职务任免的通知
厦大委组〔2021〕82 号	关于曾国斌等职务任免的通知
厦大委组〔2021〕83 号	关于周大旺免职的通知
厦大委组〔2021〕84 号	关于周大旺同志免职的通知
厦大委组〔2021〕85 号	关于肖德洪免职的通知
厦大委组〔2021〕86 号	关于袁国柱等职务任免的通知
厦大委组〔2021〕87 号	关于王晟等同志职务任免的通知

续表

文　　号	文件名称
厦大委组〔2021〕89 号	关于杨机像等同志职务任免的通知
厦大委组〔2021〕90 号	关于李晓红免职的通知
厦大委组〔2021〕91 号	关于李晓红免职的通知
厦大委组〔2021〕92 号	关于陈雪芬免职的通知
厦大委组〔2021〕93 号	关于林金宝等职务任免的通知
厦大委组〔2021〕94 号	关于洪少丹等职务任免的通知
厦大委组〔2021〕95 号	关于洪少丹等同志职务任免的通知
厦大委组〔2021〕96 号	关于陈晓兰等职务任免的通知
厦大委组〔2021〕97 号	关于张昌胜同志免职的通知
厦大委组〔2021〕98 号	关于张昌胜等职务任免的通知
厦大委组〔2021〕99 号	关于杨斌等职务任免的通知
厦大委组〔2021〕100 号	关于郑建华同志免职的通知
厦大委组〔2021〕102 号	关于骆宏等职务任免的通知
厦大委组〔2021〕103 号	关于沈维良等职务任免的通知
厦大委组〔2021〕104 号	关于曾瑞兰免职的通知
厦大委组〔2021〕105 号	关于郑建华等同志任职的通知
厦大委组〔2021〕106 号	关于傅伯奇同志免职的通知
厦大委组〔2021〕107 号	关于唐礼智等任职的通知
厦大委组〔2021〕108 号	关于印发《厦门大学基层党组织“学习・诊断・建设”行动方案》的通知
厦大委组〔2021〕118 号	关于全省党建工作标杆院系、样板支部培育创建单位变更情况的函
厦大委组〔2021〕121 号	厦门大学关于报送 2021 年文化名家暨“四个一批”出版界人才推荐人选的报告
厦大委组〔2021〕122 号	关于苏俊斌等试用期满正式任职的通知

续表

文　　号	文件名称
厦大委组〔2021〕123 号	关于中共厦门大学国际关系学院/南洋研究院委员会委员、书记、副书记候选人预备人选的批复
厦大委组〔2021〕124 号	关于推荐吕鑫同志兼任福建省化学会会长的函
厦大委组〔2021〕125 号	关于推荐杨朝勇同志兼任福建省化学会副会长的函
厦大委组〔2021〕126 号	关于推荐赵金保同志兼任福建省化学会副会长的函
厦大委组〔2021〕127 号	中共厦门大学委员会关于报备定点扶贫县挂职轮换人选的报告
厦大委组〔2021〕128 号	关于调整厦门大学精神文明建设领导小组成员的通知
厦大委组〔2021〕129 号	厦门大学关于 2021 年文化名家暨“四个一批”人才推荐人选的报告
厦大委组〔2021〕130 号	厦门大学贯彻落实《中共中央 国务院关于全面深化新时代教师队伍建设改革的意见》情况总结报告
厦大委组〔2021〕131 号	关于调整厦门大学师德师风建设委员会成员的通知
厦大委组〔2021〕132 号	关于黄明伟同志任职的通知
厦大委组〔2021〕133 号	关于黄明伟免职的通知
厦大委组〔2021〕134 号	关于梁卫中等同志免职的通知
厦大委组〔2021〕135 号	关于赵艳芳免职的通知
厦大委组〔2021〕136 号	关于刘琪芳同志免职的通知
厦大委组〔2021〕137 号	关于黄宇霞同志任职的通知
厦大委组〔2021〕144 号	关于刘向荣等职务任免的批复
厦大委组〔2021〕145 号	关于姚俊峰职务任免的通知
厦大委组〔2021〕147 号	关于左正宏等同志试用期满正式任职的通知
厦大委组〔2021〕148 号	关于王晓萌等试用期满正式任职的通知
厦大委组〔2021〕149 号	关于同意中共厦门大学国际关系学院/南洋研究院委员会选举结果的批复
厦大委组〔2021〕151 号	关于谭忠免职的通知
厦大委组〔2021〕152 号	关于吴超鹏等试用期满正式任职的通知

续表

文　　号	文件名称
厦大委组〔2021〕155 号	关于中共厦门大学信息学院委员会委员、书记、副书记候选人预备人选的批复
厦大委组〔2021〕156 号	关于曲延云等挂任职务的通知
厦大委组〔2021〕157 号	关于成立厦门大学干部人事档案专项审核工作领导小组的通知
厦大委组〔2021〕158 号	关于李卫东等职务任免的批复
厦大委组〔2021〕159 号	中共厦门大学委员会关于酝酿推荐出席福建省第十一次党代会代表候选人推荐名单情况的报告
厦大委组〔2021〕160 号	中共厦门大学委员会关于酝酿推荐党代表会议代表候选人预备人选建议名单情况的报告
厦大委组〔2021〕161 号	关于成立中共厦门大学电影学院委员会的通知
厦大委组〔2021〕163 号	关于成立厦门大学党委落实中央巡视反馈意见整改工作领导小组及其办公室的通知
厦大委组〔2021〕164 号	关于在疫情防控工作中充分发挥全校各级党组织战斗堡垒作用和广大党员先锋模范作用的通知
厦大委组〔2021〕165 号	关于孙道恒免职的通知
厦大委组〔2021〕166 号	关于许卓斌任职的通知
厦大委组〔2021〕169 号	关于王晓丽同志任职的通知
厦大委组〔2021〕170 号	关于王晓丽免职的通知
厦大委组〔2021〕171 号	关于王晓丽同志免职的通知
厦大委组〔2021〕172 号	关于陈智博同志任职的通知
厦大委组〔2021〕173 号	关于陈立军任职的通知
厦大委组〔2021〕174 号	关于石济宇任职的通知
厦大委组〔2021〕175 号	关于刘晓峰同志任职的通知
厦大委组〔2021〕176 号	关于蔡虎堂同志任职的通知
厦大委组〔2021〕177 号	关于黄旻敏同志任职的通知
厦大委组〔2021〕178 号	关于陈菁任职的通知
厦大委组〔2021〕179 号	关于辛志英等职务任免的通知

续表

文　　号	文件名称
厦大委组〔2021〕180 号	关于谢兆雄任职的通知
厦大委组〔2021〕181 号	关于吕鑫等任职的通知
厦大委组〔2021〕182 号	关于解荣军任职的通知
厦大委组〔2021〕183 号	关于石巍等职务任免的通知
厦大委组〔2021〕184 号	关于史大林任职的通知
厦大委组〔2021〕185 号	关于刘志宇等职务任免的通知
厦大委组〔2021〕186 号	关于王东东等职务任免的通知
厦大委组〔2021〕187 号	关于邓贤明等职务任免的通知
厦大委组〔2021〕188 号	关于张军任职的通知
厦大委组〔2021〕189 号	关于林忠宁等职务任免的通知
厦大委组〔2021〕190 号	关于周大旺等任职的通知
厦大委组〔2021〕191 号	关于高和荣任职的通知
厦大委组〔2021〕194 号	关于楼红英同志免职的通知
厦大委组〔2021〕195 号	关于毛通双同志任职的通知
厦大委组〔2021〕196 号	关于毛通双同志免职的通知
厦大委组〔2021〕197 号	关于谢银辉同志职务任免的通知
厦大委组〔2021〕198 号	关于周一钦等同志任职的通知
厦大委组〔2021〕201 号	关于林木顺等任职的通知
厦大委组〔2021〕205 号	关于刘俊英任职的通知
厦大委组〔2021〕206 号	关于何海涛任职的通知
厦大委组〔2021〕207 号	关于刘婉玉任职的通知
厦大委组〔2021〕210 号	中共厦门大学委员会关于选任校长助理的请示

续表

文　　号	文件名称
厦大委组〔2021〕211 号	中共厦门大学委员会关于选任校长助理的请示
厦大委组〔2021〕212 号	中共厦门大学委员会关于增补常务委员会委员的请示
厦大委组〔2021〕213 号	中共厦门大学委员会关于增补常务委员会委员的请示
厦大委组〔2021〕214 号	关于陈志伟任职的通知
厦大委组〔2021〕215 号	关于陈志伟同志免职的通知
厦大委组〔2021〕216 号	关于侯利标等同志职务任免的通知
厦大委组〔2021〕217 号	关于侯利标同志免职的通知
厦大委组〔2021〕218 号	关于陈怀锋等同志职务任免的通知
厦大委组〔2021〕219 号	关于聂鑫等同志职务任免的通知
厦大委组〔2021〕220 号	关于李芬芬等同志职务任免的通知
厦大委组〔2021〕221 号	关于张晴同志任职的通知
厦大委组〔2021〕223 号	关于李静同志任职的通知
厦大委组〔2021〕224 号	关于李静同志免职的通知
厦大委组〔2021〕225 号	关于张军同志任职的通知
厦大委组〔2021〕226 号	关于彭栋梁同志免职的通知
厦大委组〔2021〕227 号	关于马龙任职的通知
厦大委组〔2021〕228 号	关于马龙同志免职的通知
厦大委组〔2021〕229 号	关于张伟任职的通知
厦大委组〔2021〕230 号	关于张伟同志免职的通知
厦大委组〔2021〕236 号	关于郑庆喜免职的通知
厦大委组〔2021〕238 号	关于黄宇霞免职的通知
厦大委组〔2021〕239 号	关于曾国斌免职的通知

续表

文　　号	文件名称
厦大委组〔2021〕240 号	关于石慧霞任职的通知
厦大委组〔2021〕241 号	关于吴喜平职务任免的通知
厦大委组〔2021〕242 号	关于施高翔任职的通知
厦大委组〔2021〕243 号	关于邱仲潘任职的通知
厦大委组〔2021〕244 号	关于潘超青任职的通知
厦大委组〔2021〕245 号	关于尤延铖等职务任免的通知
厦大委组〔2021〕246 号	关于吕永龙等职务任免的通知
厦大委组〔2021〕247 号	中共厦门大学委员会关于选任调整部分重要中层领导岗位人选的请示
厦大委组〔2021〕250 号	关于同意中共厦门大学信息学院委员会选举结果的批复
厦大委组〔2021〕251 号	中共厦门大学委员会关于在部分学院(直属单位)党委设立纪委的通知
厦大委组〔2021〕252 号	关于厦门大学团委书记人选有关情况的函
厦大委组〔2021〕253 号	关于厦门大学团委书记人选有关情况的函
厦大委组〔2021〕255 号	关于刘振天等同志试用期满正式任职的通知
厦大委组〔2021〕256 号	关于蔡舜等试用期满正式任职的通知
厦大委组〔2021〕257 号	关于徐进功任职的通知
厦大委组〔2021〕258 号	关于邱伟杰任职的通知
厦大委组〔2021〕259 号	关于高和荣等同志职务任免的通知
厦大委组〔2021〕261 号	关于朱菁等任职的通知
厦大委组〔2021〕262 号	关于耿虎免职的通知
厦大委组〔2021〕263 号	关于周颖刚等职务任免的通知
厦大委组〔2021〕264 号	关于周颖刚等任职的通知
厦大委组〔2021〕266 号	关于同意召开中国共产党厦门大学社会与人类学院党员大会的批复

续表

文　　号	文件名称
厦大委组〔2021〕269 号	厦门大学关于推荐近海海洋环境科学国家重点实验室主任人选的函
厦大委组〔2021〕270 号	关于佳宏伟等挂任职务的通知
厦大委组〔2021〕274 号	关于同意厦门大学第三次妇女代表大会换届选举结果的批复
厦大委组〔2021〕275 号	关于黄烯等免职的批复
厦大委组〔2021〕277 号	中共厦门大学委员会关于开展十四届市政协委员拟推荐人选差额考察工作的复函
厦大委组〔2021〕278 号	关于计国君免职的通知
厦大委组〔2021〕279 号	关于王程任职的通知
厦大委组〔2021〕280 号	关于王程免职的通知
厦大委组〔2021〕281 号	关于徐琪同志任职的通知
厦大委组〔2021〕282 号	关于朱孟楠任职的通知
厦大委组〔2021〕283 号	关于朱孟楠同志任职的通知
厦大委组〔2021〕284 号	关于吴荣华等职务任免的通知
厦大委组〔2021〕285 号	关于林致诚任职的通知
厦大委组〔2021〕286 号	关于林致诚同志任职的通知
厦大委组〔2021〕287 号	关于吴飞腾等职务任免的通知
厦大委组〔2021〕288 号	关于李鹏任职的通知
厦大委组〔2021〕289 号	关于张羽等职务任免的通知
厦大委组〔2021〕290 号	关于谭绍滨任职的通知
厦大委组〔2021〕291 号	关于张剑文等职务任免的通知
厦大委组〔2021〕292 号	关于王克坚同志免职的通知
厦大委组〔2021〕293 号	关于黄镭任职的通知
厦大委组〔2021〕294 号	中共厦门大学委员会关于调整部分基层党总支发展党员等相关工作审批安排的意见

续表

文　　号	文件名称
厦大委组〔2021〕295 号	关于成立厦门大学“三全育人”综合改革领导小组及其工作小组的通知
厦大委组〔2021〕296 号	中共厦门大学委员会关于报备备案职务人员情况的函
厦大委组〔2021〕297 号	关于调整厦门大学党的建设和全面从严治党工作领导小组成员的通知
厦大委组〔2021〕299 号	厦门大学关于干部人事档案专项审核工作进展的报告
厦大委组〔2021〕300 号	中共厦门大学委员会关于选人用人工作专项检查整改落实情况的报告
厦大委组〔2021〕301 号	关于张建霖免职的通知
厦大委组〔2021〕302 号	关于开展 2021 年度基层党组织书记抓基层党建工作述职评议考核的通知
厦大委组〔2021〕303 号	关于同意召开中国共产党厦门大学离休干部总支部委员会党员大会的批复
厦大委组〔2021〕304 号	关于中共厦门大学社会与人类学院委员会委员、书记、副书记候选人预备人选的批复

行政工作文件选目

文　　号	文件名称
厦大办〔2021〕4 号	厦门大学关于邀请厦门市领导出席厦门大学百年校庆活动的函
厦大办〔2021〕5 号	厦门大学关于邀请福建省领导出席 100 周年校庆活动的请示
厦大办〔2021〕6 号	厦门大学关于邀请省委省政府领导出席 100 周年校庆活动的请示
厦大办〔2021〕7 号	厦门大学关于邀请省政府领导出席 100 周年校庆活动的请示
厦大办〔2021〕9 号	厦门大学关于商请翔安区政府支持我校事业发展的函
厦大办〔2021〕10 号	厦门大学关于商请同安区政府支持我校事业发展的函
厦大办〔2021〕11 号	厦门大学关于报送《厦门大学建校 100 周年庆祝大会防疫工作手册》《“南方之强”厦门大学百年校庆文艺晚会防疫工作手册》的函
厦大办〔2021〕13 号	关于调整 2021 年中秋节、国庆节假期安排的通知
厦大办〔2021〕14 号	关于印发《厦门大学附属学校管理办法》的通知
厦大综〔2021〕2 号	厦门大学关于报送可纳入《国家教育事业发展“十四五”规划》有关条目的报告

续表

文　号	文件名称
厦大综〔2021〕5 号	关于印发《厦门大学地方研究院管理办法(试行)》的通知
厦大综〔2021〕6 号	关于印发《厦门大学地方研究院人员管理办法(试行)》的通知
厦大综〔2021〕7 号	关于报送《厦门大学 2021 年挂钩帮扶诏安县工作方案》的函
厦大综〔2021〕8 号	厦门大学关于建设王亚南纪念馆的请示
厦大综〔2021〕9 号	关于进一步加强重大事项档案管理工作的通知
厦大综〔2021〕12 号	厦门大学工作汇报
厦大综〔2021〕13 号	厦门大学关于 2021 年春季学期常态化疫情防控下开学工作总结的报告
厦大综〔2021〕17 号	厦门大学关于提请福建省委、省政府支持《厦门大学落实习近平总书记贺信精神行动方案》有关事项的请示
厦大综〔2021〕18 号	厦门大学关于提请工业和信息化部支持《厦门大学落实习近平总书记贺信精神行动方案》有关事项的请示
厦大综〔2021〕19 号	厦门大学关于提请国务院台湾事务办公室支持《厦门大学落实习近平总书记贺信精神行动方案》有关事项的请示
厦大综〔2021〕20 号	厦门大学关于提请教育部支持《厦门大学落实习近平总书记贺信精神行动方案》有关事项的请示
厦大综〔2021〕21 号	厦门大学关于提请科学技术部支持《厦门大学落实习近平总书记贺信精神行动方案》有关事项的请示
厦大综〔2021〕22 号	厦门大学关于提请外交部支持《厦门大学落实习近平总书记贺信精神行动方案》有关事项的请示
厦大综〔2021〕23 号	厦门大学关于提请中共中央宣传部支持《厦门大学落实习近平总书记贺信精神行动方案》推进期刊建设的请示
厦大综〔2021〕24 号	厦门大学关于提请自然资源部支持《厦门大学落实习近平总书记贺信精神行动方案》有关事项的请示
厦大综〔2021〕25 号	厦门大学关于报送教育部直属高校服务乡村振兴创新试验工作方案意见的报告
厦大综〔2021〕26 号	厦门大学 2021 年防洪防台风工作要点
厦大综〔2021〕27 号	厦门大学关于报送《厦门大学 2021 年防灾减灾宣传教育活动实施方案》的函
厦大综〔2021〕28 号	厦门大学关于报送“十四五”审核备案的函
厦大综〔2021〕29 号	厦门大学关于提请中共中央宣传部支持《厦门大学落实习近平总书记贺信精神行动方案》推进智库建设的请示
厦大综〔2021〕30 号	厦门大学关于报送《厦门大学关于 2021 年防灾减灾救灾工作安排及风险隐患检查整改情况的报告》的函
厦大综〔2021〕31 号	关于开展“控事故、保安全、迎建党百年”安全集中攻坚专项行动的通知
厦大综〔2021〕32 号	关于印发《厦门大学“师生健康　中国健康”主题健康教育活动方案》的通知

续表

文　　号	文件名称
厦大综〔2021〕34 号	关于印发《厦门大学 2021 年定点帮扶工作计划要点》的通知
厦大综〔2021〕35 号	厦门大学关于报送教育部直属高校承担定点帮扶任务工作材料的报告
厦大综〔2021〕36 号	厦门大学关于报送教育部直属高校承担定点帮扶任务工作材料的报告
厦大综〔2021〕38 号	厦门大学关于报送学校百年校庆相关材料的报告
厦大综〔2021〕39 号	厦门大学关于报送《厦门大学 2021 年全国防灾减灾日开展情况总结》的函
厦大综〔2021〕40 号	关于印发《推动落实提请教育部等部委和福建省委省政府支持事项工作方案》的通知
厦大综〔2021〕41 号	厦门大学关于报送防汛防台工作中动员组织党员干部深入一线开展为群众办实事实施方案的函
厦大综〔2021〕42 号	厦门大学关于报送厦门大学 2021 年全国防灾减灾日工作开展情况总结的函
厦大综〔2021〕44 号	厦门大学四个领域腐败风险专项清理整顿工作自查报告
厦大综〔2021〕45 号	厦门大学关于报送 2021 年“安全生产月”活动开展情况总结的函
厦大综〔2021〕47 号	厦门大学关于报送 2021 年“安全生产月”活动开展情况总结的函
厦大综〔2021〕49 号	厦门大学关于报送 2021 年暑期校园疫情防控工作报告的函
厦大综〔2021〕50 号	厦门大学关于报送防汛防台工作中动员组织党员干部深入一线开展为群众办实事工作进展情况报告的函
厦大综〔2021〕51 号	厦门大学关于报送 2021 年上半年对口帮扶工作进展情况的函
厦大综〔2021〕52 号	厦门大学关于 2021 年上半年师德违规情况的报告
厦大综〔2021〕58 号	厦门大学师德专题教育中期报告
厦大综〔2021〕59 号	厦门大学关于做好暑期疫情防控工作的通知
厦大综〔2021〕60 号	厦门大学关于报送 2021 年秋季学期开学工作方案的函
厦大综〔2021〕61 号	厦门大学关于报送教育部直属高校服务乡村振兴创新试验工作材料的函
厦大综〔2021〕62 号	厦门大学关于附属翔安医院申请福建省紧急医学救援基地的请示
厦大综〔2021〕63 号	厦门大学关于事业发展情况的报告
厦大综〔2021〕64 号	关于认真做好秋季学期开学新冠肺炎疫情防控工作的通知
厦大综〔2021〕65 号	厦门大学四个领域发现问题整改报告

续表

文　　号	文件名称
厦大综〔2021〕67 号	厦门大学关于报送内部审计统计表的函
厦大综〔2021〕68 号	关于做好庆祝 2021 年教师节有关工作的通知
厦大综〔2021〕69 号	厦门大学关于党的教育方针贯彻落实专项行动开展情况的报告
厦大综〔2021〕70 号	厦门大学关于进一步做好近期疫情防控工作的通知
厦大综〔2021〕71 号	厦门大学关于报送对口支援工作总结和典型案例的报告
厦大综〔2021〕73 号	厦门大学关于进一步加强校园疫情防控工作的通知
厦大综〔2021〕75 号	厦门大学关于调整校园疫情防控措施的通知
厦大综〔2021〕77 号	关于印发《厦门大学图书资料合同管理细则(试行)》的通知
厦大综〔2021〕78 号	关于印发《厦门大学关于开展宣传贯彻新〈安全生产法〉及学校安全“严执法、强攻坚、促提升”专项行动实施方案》的通知
厦大综〔2021〕79 号	厦门大学关于进一步调整校园疫情防控措施的通知
厦大综〔2021〕80 号	关于激活医保电子凭证加强推广应用的通知
厦大综〔2021〕81 号	关于印发《厦门大学国内合作合同管理细则(试行)》的通知
厦大综〔2021〕83 号	厦门大学关于报送“十四五”规划的函
厦大综〔2021〕84 号	关于印发《厦门大学教育发展基金会捐赠合同管理细则(试行)》的通知
厦大综〔2021〕85 号	关于印发《厦门大学信息系统建设及信息化服务合同管理细则(试行)》的通知
厦大综〔2021〕87 号	关于开展《厦门大学章程(2020 年修订版)》修订工作的通知
厦大综〔2021〕91 号	关于印发《厦门大学“十四五”规划和 2035 年远景目标纲要》的通知
厦大综〔2021〕92 号	关于印发《厦门大学会议管理办法》的通知
厦大综〔2021〕94 号	厦门大学关于报送 2021 年防灾减灾工作情况总结的函
厦大综〔2021〕100 号	关于印发《厦门大学内部审计工作规定》的通知
厦大综〔2021〕101 号	关于报送《厦门大学 2021 年度网络安全工作进展总结报告》的报告
厦大综〔2021〕102 号	厦门大学关于报送一些领域发现问题整改情况的函
厦大综〔2021〕103 号	关于印发《厦门大学冬春火灾防控工作实施方案》的通知

续表

文　　号	文件名称
厦大综〔2021〕104 号	厦门大学关于报送《厦门大学监测预警通报工作制度》的报告
厦大综〔2021〕105 号	关于做好 2022 年元旦寒假春节期间新冠肺炎疫情防控工作的通知
厦大综〔2021〕106 号	厦门大学关于报送共建工作总结报告的函
厦大重办〔2021〕1 号	厦门大学关于报送 2016—2020 年“双一流”建设周期总结材料的函
厦大重办〔2021〕2 号	厦门大学关于报送《教育部福建省人民政府厦门市人民政府继续重点共建厦门大学协议书》(建议稿)的请示
厦大重办〔2021〕3 号	厦门大学关于请求支持中国(福建)自贸试验区学院建设的请示
厦大重办〔2021〕4 号	厦门大学关于征求《海洋科学与技术福建省创新实验室(海峡实验室)建设方案(征求意见稿)》意见的函
厦大重办〔2021〕5 号	厦门大学关于征求《海洋科学与技术福建省创新实验室(海峡实验室)建设方案(征求意见稿)》意见的函
厦大重办〔2021〕6 号	厦门大学关于征求《海洋科学与技术福建省创新实验室(海峡实验室)建设方案(征求意见稿)》意见的函
厦大重办〔2021〕7 号	厦门大学关于征求《海洋科学与技术福建省创新实验室(海峡实验室)建设方案(征求意见稿)》意见的函
厦大重办〔2021〕8 号	关于编制厦门大学“双一流”重点建设项目 2021 年度任务书的通知
厦大重办〔2021〕11 号	厦门大学关于 2021 年度“双一流”重点建设项目年度任务书的批复
厦大重办〔2021〕12 号	厦门大学关于 2021 年度“双一流”重点建设项目年度任务书的批复
厦大重办〔2021〕13 号	厦门大学关于 2021 年度“双一流”重点建设项目年度任务书的批复
厦大重办〔2021〕14 号	厦门大学关于 2021 年度“双一流”重点建设项目年度任务书的批复
厦大重办〔2021〕15 号	厦门大学关于 2021 年度“双一流”重点建设项目年度任务书的批复
厦大重办〔2021〕16 号	厦门大学关于 2021 年度“双一流”重点建设项目年度任务书的批复
厦大重办〔2021〕17 号	厦门大学关于 2021 年度“双一流”重点建设项目年度任务书的批复
厦大重办〔2021〕18 号	厦门大学关于 2021 年度“双一流”重点建设项目年度任务书的批复
厦大重办〔2021〕19 号	厦门大学关于 2021 年度“双一流”重点建设项目年度任务书的批复
厦大重办〔2021〕20 号	厦门大学关于 2021 年度“双一流”重点建设项目年度任务书的批复
厦大重办〔2021〕21 号	厦门大学关于 2021 年度“双一流”重点建设项目年度任务书的批复
厦大重办〔2021〕22 号	厦门大学关于 2021 年度“双一流”重点建设项目年度任务书的批复

续表

文　号	文件名称
厦大重办〔2021〕23 号	厦门大学关于 2021 年度“双一流”重点建设项目年度任务书的批复
厦大重办〔2021〕24 号	厦门大学关于 2021 年度“双一流”重点建设项目年度任务书的批复
厦大重办〔2021〕25 号	厦门大学关于 2021 年度“双一流”重点建设项目年度任务书的批复
厦大重办〔2021〕26 号	厦门大学关于 2021 年度“双一流”重点建设项目年度任务书的批复
厦大重办〔2021〕27 号	厦门大学关于 2021 年度“双一流”重点建设项目年度任务书的批复
厦大重办〔2021〕28 号	厦门大学关于 2021 年度“双一流”重点建设项目年度任务书的批复
厦大重办〔2021〕29 号	厦门大学关于 2021 年度“双一流”重点建设项目年度任务书的批复
厦大重办〔2021〕30 号	厦门大学关于 2021 年度“双一流”重点建设项目年度任务书的批复
厦大重办〔2021〕31 号	厦门大学关于 2021 年度“双一流”重点建设项目年度任务书的批复
厦大重办〔2021〕32 号	厦门大学关于 2021 年度“双一流”重点建设项目年度任务书的批复
厦大重办〔2021〕33 号	关于编制 2021 年度厦门大学“双一流”校级重点建设项目年度任务书的通知
厦大重办〔2021〕34 号	厦门大学关于报送《“双一流”建设高校整体建设方案》和《一流学科建设方案》的函
厦大重办〔2021〕36 号	厦门大学关于 2021 年度“双一流”校级重点建设项目年度任务书的批复
厦大重办〔2021〕37 号	厦门大学关于 2021 年度“双一流”校级重点建设项目年度任务书的批复
厦大重办〔2021〕38 号	厦门大学关于 2021 年度“双一流”校级重点建设项目年度任务书的批复
厦大重办〔2021〕39 号	厦门大学关于 2021 年度“双一流”校级重点建设项目年度任务书的批复
厦大重办〔2021〕40 号	厦门大学关于 2021 年度“双一流”校级重点建设项目年度任务书的批复
厦大重办〔2021〕41 号	厦门大学关于 2021 年度“双一流”校级重点建设项目年度任务书的批复
厦大重办〔2021〕42 号	厦门大学关于 2021 年度“双一流”校级重点建设项目年度任务书的批复
厦大重办〔2021〕43 号	厦门大学关于 2021 年度“双一流”校级重点建设项目年度任务书的批复
厦大重办〔2021〕44 号	厦门大学关于 2021 年度“双一流”校级重点建设项目年度任务书的批复
厦大重办〔2021〕45 号	厦门大学关于 2021 年度“双一流”校级重点建设项目年度任务书的批复
厦大重办〔2021〕46 号	厦门大学关于 2021 年度“双一流”校级重点建设项目年度任务书的批复

续表

文　　号	文件名称
厦大重办〔2021〕47 号	厦门大学关于 2021 年度“双一流”校级重点建设项目年度任务书的批复
厦大重办〔2021〕48 号	厦门大学关于 2021 年度“双一流”校级重点建设项目年度任务书的批复
厦大重办〔2021〕49 号	厦门大学关于 2021 年度“双一流”校级重点建设项目年度任务书的批复
厦大重办〔2021〕50 号	厦门大学关于 2021 年度“双一流”校级重点建设项目年度任务书的批复
厦大重办〔2021〕51 号	厦门大学关于 2021 年度“双一流”校级重点建设项目年度任务书的批复
厦大重办〔2021〕52 号	厦门大学关于 2021 年度“双一流”校级重点建设项目年度任务书的批复
厦大重办〔2021〕53 号	厦门大学关于 2021 年度“双一流”校级重点建设项目年度任务书的批复
厦大重办〔2021〕54 号	厦门大学关于 2021 年度“双一流”校级重点建设项目年度任务书的批复
厦大重办〔2021〕55 号	厦门大学关于 2021 年度“双一流”校级重点建设项目年度任务书的批复
厦大重办〔2021〕56 号	厦门大学关于 2021 年度“双一流”校级重点建设项目年度任务书的批复
厦大函〔2021〕1 号	厦门大学关于附属翔安医院申请国家紧急医学救援基地的函
厦大函〔2021〕2 号	厦门大学关于附属翔安医院申请国家紧急医学救援基地的函
厦大函〔2021〕3 号	厦门大学关于附属翔安医院申请国家紧急医学救援基地的函
厦大函〔2021〕4 号	厦门大学关于商请为百年校庆重点人群开展新冠疫苗接种工作的函
厦大函〔2021〕5 号	厦门大学关于申请增加附属翔安医院养老服务相关职能的函
厦大函〔2021〕9 号	厦门大学致福建中澳金控投资有限公司的函
厦大函〔2021〕10 号	厦门大学关于同意与厦门大学附属科技中学共同设置初中创新实验班的复函
厦大函〔2021〕11 号	厦门大学关于商请设立厦门大学附属科技中学初中创新实验班的函
厦大函〔2021〕13 号	厦门大学关于赴建阳区合作洽谈的函
厦大函〔2021〕14 号	厦门大学关于商请支持做好 2021 年 6 月大学英语四六级考试工作的函
厦大函〔2021〕19 号	厦门大学关于商请福建省教育厅参与主办“2021 中美青年创客大赛厦门分赛区选拔赛”的函
厦大函〔2021〕20 号	厦门大学关于商请支持“2021 中美青年创客大赛厦门分赛区选拔赛”的函
厦大函〔2021〕21 号	厦门大学关于领取国家药监局“传染性疾病检测技术研究与评价重点实验室”牌匾的函

续表

文　号	文件名称
厦大函〔2021〕22 号	关于厦门大学赴隆德考察调研的函
厦大函〔2021〕24 号	厦门大学关于“乡村振兴特色产业价值链发展”调研团队赴福建省龙岩市访谈调研的函
厦大函〔2021〕25 号	关于商请协助支持厦门大学与福建省党史学习教育联学活动的函
厦大函〔2021〕27 号	厦门大学关于邀请出席“群贤大讲堂”第一讲的函
厦大函〔2021〕28 号	厦门大学关于邀请出席“群贤大讲堂”第一讲的函
厦大函〔2021〕29 号	厦门大学关于邀请出席“群贤大讲堂”第一讲的函
厦大函〔2021〕30 号	厦门大学关于申报中国大学生体育协会海上运动分会挂靠单位的函
厦大函〔2021〕31 号	中共厦门大学委员会关于赴贵州走访交流的函
厦大函〔2021〕34 号	关于邀请福建省人民政府领导出席基础科学中心项目现场考察会的函
厦大函〔2021〕35 号	关于邀请福建省科学技术厅领导出席基础科学中心项目现场考察会的函
厦大函〔2021〕36 号	关于邀请厦门市科学技术局领导出席基础科学中心项目现场考察会的函
厦大函〔2021〕37 号	厦门大学关于邀请厦门市领导出席“群贤大讲堂”的函
厦大函〔2021〕38 号	厦门大学关于邀请厦门市领导出席“群贤大讲堂”的函
厦大函〔2021〕39 号	关于商请展播纪录片《陈嘉庚与百年厦大》的函
厦大函〔2021〕44 号	厦门大学关于同意福建省《资本论》研究会挂靠厦门大学经济学院的函
厦大函〔2021〕45 号	厦门大学关于报送《厦门大学 2019—2023 年全国党员教育培训工作规划实施情况中期评估报告》和《厦门大学党员教育培训创新做法和典型案例》的函
厦大函〔2021〕46 号	厦门大学关于报送《厦门大学 2019—2023 年全国党员教育培训工作规划实施情况中期评估报告》和《厦门大学党员教育培训创新做法和典型案例》的函
厦大函〔2021〕47 号	厦门大学关于请求给予附属翔安医院与厦门大学医院一体化发展专项支持的函
厦大函〔2021〕50 号	厦门大学关于山西省工业和信息化厅考察邀请的复函
厦大函〔2021〕51 号	厦门大学关于申请管理单位适用简易程序的函
厦大函〔2021〕52 号	厦门大学关于赴福建省人民政府拜访的函
厦大函〔2021〕53 号	厦门大学关于商请支持做好秋冬季全国计算机等级考试和大学英语四六级考试工作的函
厦大函〔2021〕55 号	厦门大学关于商请支持做好 2022 年全国硕士研究生招生考试保障工作的函

续表

文　号	文件名称
厦大函〔2021〕56 号	厦门大学关于申请成立山东省厦门大学校友会的函
厦大函〔2021〕58 号	厦门大学关于报送《厦门大学 2021 年定点帮扶工作自评报告》的函
厦大函〔2021〕59 号	厦门大学关于报送《厦门大学 2022 年定点帮扶工作自评报告》的函
厦大函〔2021〕60 号	厦门大学关于教育部 2022 年工作要点征求意见的复函
厦大专纪要〔2021〕1 号	厦门大学 100 周年校庆筹备工作领导小组第五次会议纪要
厦大专纪要〔2021〕2 号	厦门市鼓浪屿管委会与厦门大学座谈会会议纪要
厦大专纪要〔2021〕3 号	厦门大学 2021 年第 1 次招生工作领导小组会议纪要
厦大专纪要〔2021〕4 号	厦门大学校园建设规划委员会 2021 年第一次专题会议纪要
厦大专纪要〔2021〕6 号	厦门大学 100 周年校庆筹备工作领导小组第六次会议纪要
厦大专纪要〔2021〕7 号	厦门大学 100 周年校庆筹备工作领导小组第七次会议纪要
厦大专纪要〔2021〕8 号	厦门大学 2021 年第 2 次招生工作领导小组会议纪要
厦大专纪要〔2021〕9 号	人文社会科学国际论坛筹备工作会会议纪要
厦大专纪要〔2021〕10 号	2021 年奖教金评奖委员会第一次会议纪要
厦大专纪要〔2021〕11 号	2021 年奖教金评奖委员会第二次会议纪要
厦大专纪要〔2021〕12 号	厦门大学专业技术职务聘任委员会 2021 年第 1 次会议纪要
厦大专纪要〔2021〕13 号	2021 年厦门大学“双一流”建设领导小组第一次会议纪要
厦大专纪要〔2021〕15 号	厦门大学防洪防台风领导小组 2021 年第 1 次会议纪要
厦大专纪要〔2021〕17 号	厦门大学 100 周年校庆筹备工作领导小组第八次会议纪要
厦大专纪要〔2021〕18 号	厦门大学 100 周年校庆筹备工作领导小组第九次会议纪要
厦大专纪要〔2021〕19 号	厦门大学 100 周年校庆筹备工作领导小组第十次会议纪要
厦大专纪要〔2021〕21 号	厦门大学与英国卡迪夫大学交流视频会议纪要
厦大专纪要〔2021〕22 号	厦门大学第十届学位评定委员会第十一次全体委员会会议纪要
厦大专纪要〔2021〕23 号	2021 年厦门大学“双一流”建设领导小组第二次会议纪要

续表

文　　号	文件名称
厦大专纪要〔2021〕24 号	厦门大学 2021 年第 4 次招生工作领导小组会议纪要
厦大专纪要〔2021〕25 号	厦门大学学生资助工作领导小组 2021 年第一次会议纪要
厦大专纪要〔2021〕26 号	厦门大学 2021 年第 3 次招生工作领导小组会议纪要
厦大专纪要〔2021〕27 号	厦门大学教师资格认定工作领导小组 2021 年第 1 次会议(通讯审议)纪要
厦大专纪要〔2021〕28 号	厦门大学教材委员会 2021 年第一次会议纪要
厦大专纪要〔2021〕29 号	厦门大学第十届学位评定委员会第十二次全体委员会会议纪要
厦大专纪要〔2021〕30 号	厦门大学学生发展指导委员会 2021 年第一次会议纪要
厦大专纪要〔2021〕32 号	研究福建省委省政府复函专题会会议纪要
厦大专纪要〔2021〕33 号	厦门大学专业技术职务聘任委员会 2021 年第 2 次会议纪要
厦大专纪要〔2021〕34 号	厦门大学企业改革工作领导小组 2021 年第 1 次会议纪要
厦大专纪要〔2021〕35 号	厦门大学人文与艺术高等研究院建设专题会议纪要
厦大专纪要〔2021〕36 号	厦门大学哲学社会科学期刊建设工作专题会议纪要
厦大专纪要〔2021〕38 号	厦门大学第十届学位评定委员会第十三次全体委员会会议纪要
厦大专纪要〔2021〕39 号	厦门大学美育与通识教育专题研讨会会议纪要
厦大专纪要〔2021〕40 号	厦门大学审计委员会第二次会议纪要
厦大专纪要〔2021〕42 号	厦门大学人才引进配套政策专题会议纪要
厦大专纪要〔2021〕43 号	厦门大学招生委员会 2021 年第一次会议纪要
厦大专纪要〔2021〕44 号	厦门大学新型冠状病毒肺炎疫情防控工作领导小组 2021 年第 3 次会议纪要
厦大专纪要〔2021〕45 号	厦门大学第十届学位评定委员会第十四次全体委员会会议纪要
厦大专纪要〔2021〕46 号	研究落实教育部等部委复函专题会会议纪要
厦大专纪要〔2021〕48 号	厦门大学网络安全工作专题会议纪要
厦大专纪要〔2021〕49 号	厦门大学网络安全与信息化建设领导小组 2021 年第 2 次会议纪要
厦大专纪要〔2021〕51 号	厦门大学防洪防台风领导小组 2021 年第 2 次会议纪要

续表

文　　号	文件名称
厦大专纪要〔2021〕54 号	厦门大学专业技术职务聘任委员会 2021 年第 3 次会议纪要
厦大专纪要〔2021〕55 号	厦门大学新型冠状病毒肺炎疫情防控工作领导小组 2021 年第 4 次会议纪要
厦大专纪要〔2021〕56 号	厦门大学新型冠状病毒肺炎疫情防控工作领导小组 2021 年第 5 次会议纪要
厦大专纪要〔2021〕57 号	厦门大学美育与校园文化建设专题研讨会纪要
厦大专纪要〔2021〕58 号	厦门大学新型冠状病毒肺炎疫情防控工作领导小组 2021 年第 6 次会议纪要
厦大专纪要〔2021〕59 号	厦门大学第十届学位评定委员会第十五次全体委员会会议纪要(通讯评议)
厦大专纪要〔2021〕61 号	厦门大学翔安校区中部学生食堂二次装修专题会议纪要
厦大专纪要〔2021〕62 号	厦门大学 2021 年第 6 次招生工作领导小组会议纪要
厦大专纪要〔2021〕64 号	厦门大学网络安全与信息化建设领导小组 2021 年第 3 次会议纪要
厦大专纪要〔2021〕66 号	校务委员会 2021 年第 1 次全体会议纪要
厦大专纪要〔2021〕67 号	厦门大学第十届学位评定委员会第十六次全体委员会会议纪要
厦大专纪要〔2021〕68 号	厦门大学新型冠状病毒肺炎疫情防控工作领导小组 2021 年第 7 次会议纪要
厦大专纪要〔2021〕69 号	厦门大学新型冠状病毒肺炎疫情防控工作领导小组 2021 年第 8 次会议纪要
厦大专纪要〔2021〕70 号	关于管理学院教学科研实验基地装修设计有关事项协调会议纪要
厦大专纪要〔2021〕71 号	厦门大学人才工作领导小组 2021 年第 4 次会议纪要
厦大专纪要〔2021〕72 号	研究厦门大学创意城市研究机构事宜专题会议纪要
厦大专纪要〔2021〕74 号	厦门大学学生心理健康教育工作领导小组 2021 年第一次会议纪要
厦大专纪要〔2021〕75 号	厦门大学专业技术职务聘任委员会 2021 年第 4 次会议纪要
厦大专纪要〔2021〕76 号	厦门大学教师资格认定工作领导小组 2021 年第 2 次会议(通讯审议)纪要
厦大专纪要〔2021〕77 号	厦门大学新型冠状病毒肺炎疫情防控工作领导小组 2021 年第 9 次会议纪要
厦大专纪要〔2021〕78 号	厦门大学国有资产管理委员会 2021 年第 1 次会议纪要
厦大专纪要〔2021〕79 号	厦门大学 2021 年第 7 次招生工作领导小组会议纪要
厦大专纪要〔2021〕80 号	厦门大学人才工作领导小组 2021 年第 5 次会议纪要

续表

文　号	文件名称
厦大专纪要〔2021〕81 号	厦门大学网络安全与信息化建设领导小组 2021 年第 4 次会议纪要
厦大专纪要〔2021〕82 号	厦门大学审计委员会第三次会议纪要
厦大专纪要〔2021〕83 号	厦门大学职员聘任委员会 2021 年第 1 次会议纪要
厦大专纪要〔2021〕84 号	2021 年创意与创新学院联合管理委员会第 1 次会议纪要
厦大人〔2021〕1 号	关于印发《厦门大学实务型兼聘教师管理办法(试行)》的通知
厦大人〔2021〕2 号	关于做好职员和工勤人员 2020 年聘期考核(定期评价)工作的通知
厦大人〔2021〕4 号	厦门大学关于贯彻落实教育部《关于正确认识和规范使用高校人才称号的若干意见》整改方案的报告
厦大人〔2021〕5 号	厦门大学关于报送教育部人事司征求意见和建议情况的报告
厦大人〔2021〕6 号	关于调整厦门大学招生工作领导小组成员的通知
厦大人〔2021〕7 号	关于聘任连奕新等 28 人担任相应工程、实验等系列专业技术职务的通知
厦大人〔2021〕8 号	关于聘任赵一麟等 34 人担任相应临床教师职务的通知
厦大人〔2021〕9 号	关于聘任郭勇健等 125 人担任相应教师职务的通知
厦大人〔2021〕11 号	关于印发《厦门大学博士后管理工作补充规定》的通知
厦大人〔2021〕12 号	关于印发《厦门大学校内合聘思想政治理论课教师管理办法(试行)》的通知
厦大人〔2021〕13 号	关于厦门大学经济学院统计系更名的通知
厦大人〔2021〕14 号	关于物理科学与技术学院等 4 个单位调整聘任委员会的通知
厦大人〔2021〕15 号	关于开展校内合聘思政课教师的通知
厦大人〔2021〕16 号	关于调整厦门大学奖教金评奖委员会成员的通知
厦大人〔2021〕17 号	关于公布共青团厦门大学委员会下设机构及其岗位设置方案的通知
厦大人〔2021〕18 号	关于公布人工智能研究院岗位设置方案的通知
厦大人〔2021〕19 号	关于开展 2021 年奖教金评选工作的通知
厦大人〔2021〕20 号	厦门大学关于第二批福建省特级后备人才推荐情况的函
厦大人〔2021〕21 号	厦门大学关于第二批福建省“雏鹰计划”青年拔尖人才推荐情况的函

续表

文　　号	文件名称
厦大人〔2021〕22 号	厦门大学关于申请卫生系列专业技术职务评审权重新核准备案的请示
厦大人〔2021〕23 号	关于开展 2021 葛文勋奖教金评选工作通知
厦大人〔2021〕25 号	关于成立厦门大学碳中和创新研究中心及岗位设置的通知
厦大人〔2021〕27 号	关于调整厦门大学学生表彰奖励评审委员会成员的通知
厦大人〔2021〕28 号	关于调整厦门大学学生资助工作领导小组成员的通知
厦大人〔2021〕30 号	关于调整厦门大学奖学金评奖委员会成员的通知
厦大人〔2021〕31 号	关于调整厦门大学专业技术职务聘任委员会成员的通知
厦大人〔2021〕32 号	厦门大学关于推荐 2021 年国家留学基金委与日本早稻田大学合作奖学金项目候选人的函
厦大人〔2021〕33 号	关于成立厦门大学课程思政建设领导小组的通知
厦大人〔2021〕34 号	关于聘任王波等 59 人担任相应教师职务的通知
厦大人〔2021〕35 号	关于调整厦门大学预算工作委员会成员的通知
厦大人〔2021〕36 号	关于调整厦门大学内部控制建设领导小组成员的通知
厦大人〔2021〕37 号	关于调整厦门大学预算绩效管理工作领导小组成员的通知
厦大人〔2021〕38 号	关于调整厦门大学科研经费管理领导小组成员的通知
厦大人〔2021〕39 号	关于厦门大学信息学院计算机科学系更名的通知
厦大人〔2021〕40 号	关于成立厦门大学电影学院及其党政管理岗位设置方案的通知
厦大人〔2021〕41 号	关于公布厦门大学 2021 年奖教金获奖名单的通知
厦大人〔2021〕43 号	厦门大学关于推荐 2021 年国家公派高级研究学者、访问学者、博士后项目候选人的函
厦大人〔2021〕44 号	关于成立厦门大学基础学科拔尖学生培养计划 2.0 专家委员会的通知
厦大人〔2021〕45 号	关于成立厦门大学基础学科拔尖学生培养计划 2.0 领导小组的通知
厦大人〔2021〕46 号	厦门大学关于报送省政协调研座谈会有关材料的函
厦大人〔2021〕47 号	关于印发《厦门大学教师校外兼职和离岗创业管理暂行规定》的通知
厦大人〔2021〕48 号	关于调整厦门大学考核工作领导小组成员的通知

续表

文　　号	文件名称
厦大人〔2021〕49 号	厦门大学关于报送《2020 年教师职称评审工作情况的报告》和《贯彻落实〈关于深化高等学校教师职称制度改革的指导意见〉工作清单表》的报告
厦大人〔2021〕50 号	关于批准确认杨军相应卫生系列专业技术职务任职资格的通知
厦大人〔2021〕51 号	关于聘任都继微等 7 人担任卫生系列专业技术职务的通知
厦大人〔2021〕52 号	关于调整厦门大学征兵工作领导小组成员的通知
厦大人〔2021〕55 号	关于 2020 年教师及工程、实验等系列专业技术人员聘期考核结果的批复
厦大人〔2021〕56 号	关于成立厦门大学思明校区重点基建项目建设指挥部的通知
厦大人〔2021〕57 号	关于聘任刘晓飞等 4 人担任相应教师职务的通知
厦大人〔2021〕58 号	关于公布 2020 年度退休人员名单的通知
厦大人〔2021〕59 号	厦门大学关于机构编制管理情况的报告
厦大人〔2021〕60 号	关于调整厦门大学教师资格认定工作领导小组成员及其办公室组成人员的通知
厦大人〔2021〕61 号	关于调整厦门大学国际学生工作领导小组成员的通知
厦大人〔2021〕62 号	关于刘胜楠等 25 人试用期满考核合格的通知
厦大人〔2021〕63 号	关于吴思思等 28 人试用期满考核合格的通知
厦大人〔2021〕64 号	关于成立厦门大学定点帮扶与促进乡村振兴工作领导小组的通知
厦大人〔2021〕65 号	关于 2020—2021 学年教师及工程、实验等系列专业技术人员年度考核工作的通知
厦大人〔2021〕66 号	关于聘任严威等 7 位辅导员担任相应教师职务的通知
厦大人〔2021〕67 号	厦门大学关于《关于深化实验技术人才职称制度改革的指导意见(征求意见稿)》修改建议的函
厦大人〔2021〕68 号	关于调整厦门大学学生发展指导委员会成员的通知
厦大人〔2021〕69 号	关于成立厦门大学美育工作领导小组的通知
厦大人〔2021〕70 号	关于成立厦门大学体育工作领导小组的通知
厦大人〔2021〕71 号	厦门大学关于 2021 年专任教师聘期考核工作的通知
厦大人〔2021〕72 号	厦门大学关于推荐刘翀等 86 人申报 2021 年春季高校教师资格认定的报告
厦大人〔2021〕73 号	厦门大学关于推荐 2021 年度福建省引才引智计划候选人的函

续表

文　　号	文件名称
厦大人〔2021〕74 号	厦门大学关于厦门市第十一批拔尖人才人选推荐工作的函
厦大人〔2021〕75 号	厦门大学关于聘任叶进裕等 14 人担任相应工程、实验等系列专业技术职务的通知
厦大人〔2021〕78 号	厦门大学关于教育研究院专任教师及工程、实验等系列专业技术岗位绩效考核评价实施细则(试行)的批复
厦大人〔2021〕79 号	厦门大学关于社会与人类学院专任教师岗位绩效考核评价实施细则(试行)的批复
厦大人〔2021〕80 号	厦门大学关于续聘刘凤等 121 人担任相应临床教师职务的通知
厦大人〔2021〕81 号	关于调整厦门大学招生委员会委员的通知
厦大人〔2021〕82 号	关于核拨厦门大学国家集成电路产教融合创新平台党政管理编制的通知
厦大人〔2021〕83 号	厦门大学关于 2021 年卫生系列专业技术职务聘任工作的通知
厦大人〔2021〕86 号	厦门大学关于 2021 年工程、实验等系列专业技术职务聘任工作的通知
厦大人〔2021〕87 号	关于调整厦门大学武器装备科研生产业务领导小组的通知
厦大人〔2021〕88 号	厦门大学关于 2021 年教师职务聘任工作的通知
厦大人〔2021〕89 号	厦门大学关于推荐 2021 年联合国教科文组织青年专业人员计划候选人的报告
厦大人〔2021〕90 号	关于开展 2021 年度“卢嘉锡化学奖”“卢嘉锡优秀导师奖”推荐工作的通知
厦大人〔2021〕91 号	关于开展 2021 年度“宝钢优秀教师奖”“宝钢优秀教师特等奖”推荐工作的通知
厦大人〔2021〕93 号	关于创意与创新学院等单位教授委员会名单的批复
厦大人〔2021〕96 号	关于调整厦门大学卫生系列高级专业技术职务任职资格评审委员会成员的通知
厦大人〔2021〕97 号	厦门大学关于贯彻落实教育部《关于正确认识和规范使用高校人才称号的若干意见》整改工作情况的报告
厦大人〔2021〕98 号	关于 2021 年辅导员聘期考核工作的通知
厦大人〔2021〕99 号	关于 2021 年辅导员教师职务高聘工作的通知
厦大人〔2021〕100 号	关于成立厦门大学生物医药转化研究院的通知
厦大人〔2021〕101 号	关于厦门大学科学技术处增设党政管理岗位的通知
厦大人〔2021〕102 号	厦门大学关于推荐申报福建省高层次人才资格确认人选的函
厦大人〔2021〕103 号	厦门大学关于聘任刘璇等 15 位辅导员担任相应职务的通知

续表

文　　号	文件名称
厦大人〔2021〕105 号	厦门大学关于推荐 2020 年度厦门市先进教师和教育工作先进集体先进个人的工作报告
厦大人〔2021〕106 号	关于撤销厦门大学通识教育中心的通知
厦大人〔2021〕107 号	关于成立厦门大学美育与通识教育中心及公布其岗位设置方案的通知
厦大人〔2021〕108 号	厦门大学关于聘任毛志平等 44 人担任相应教师职务的通知
厦大人〔2021〕109 号	关于开展 2021 年度职员聘任工作的通知
厦大人〔2021〕110 号	关于成立厦门大学机构编制委员会及其办公室的通知
厦大人〔2021〕111 号	关于人文学院等 20 个单位调整(成立)聘任委员会(聘任小组)的通知
厦大人〔2021〕112 号	关于成立厦门大学柔性电子(未来技术)研究院及公布其岗位设置方案的通知
厦大人〔2021〕113 号	关于厦门大学药学院增设副院长岗位的通知
厦大人〔2021〕115 号	关于印发《厦门大学延聘思想政治理论课教师实施办法(暂行)》的通知
厦大人〔2021〕117 号	关于公布新一届厦门大学研究生教育指导小组成员名单的通知
厦大人〔2021〕118 号	关于公布厦门大学第二批“黄大年式教师团队”入选名单的通知
厦大人〔2021〕119 号	关于调整机关部处和直属单位职员聘任领导小组成员名单的通知
厦大人〔2021〕120 号	关于成立厦门大学美育与通识教育专家指导委员会的通知
厦大人〔2021〕121 号	关于调整厦门大学国家级实验教学示范中心建设和运行管理委员会成员的通知
厦大人〔2021〕122 号	关于 2021—2022 学年班主任选聘工作的通知
厦大人〔2021〕123 号	厦门大学关于推荐福建省化工建设工程技术专家人选的函
厦大人〔2021〕124 号	厦门大学关于第六届全国杰出专业技术人才推荐人选审核情况的报告
厦大人〔2021〕126 号	关于成立厦门大学文科期刊中心及公布其岗位设置方案的通知
厦大人〔2021〕127 号	厦门大学关于推荐中国国际经济贸易仲裁委员会仲裁员候选人的函
厦大人〔2021〕128 号	厦门大学关于推荐 2021—2022 年度福建省高层次人才和青年优秀人才赴国(境)内外访学研修项目候选人的函
厦大人〔2021〕130 号	关于调整厦门大学职员聘任委员会成员的通知
厦大人〔2021〕131 号	关于管理学院和财务管理与会计研究院等单位教授委员会名单的批复

续表

文　　号	文件名称
厦大人〔2021〕132号	关于调整厦门大学实验室安全管理领导小组成员的通知
厦大人〔2021〕133号	关于调整厦门大学生活垃圾分类工作领导小组成员的通知
厦大人〔2021〕134号	厦门大学关于推荐申报福建省高层次人才资格确认人选的函
厦大人〔2021〕135号	厦门大学关于推荐2021年青年骨干教师出国研修项目候选人的函
厦大人〔2021〕136号	关于调整厦门大学校务委员会成员的通知
厦大人〔2021〕137号	厦门大学关于推荐申报2021年百千万人才工程省级人选的函
厦大人〔2021〕139号	关于成立厦门大学教育类研究生教育教学能力考核领导小组的通知
厦大人〔2021〕140号	关于印发《厦门大学非全职教师管理办法(2021年修订)》的通知
厦大人〔2021〕142号	厦门大学关于推荐2021年联合国教科文组织初级专业人员(JPO)项目候选人的函
厦大人〔2021〕143号	厦门大学关于机构和人员编制自查情况的报告(省编部分)
厦大人〔2021〕145号	关于增补代迅等同志为厦门大学美育与通识教育专家指导委员会成员的通知
厦大人〔2021〕146号	厦门大学关于管理岗位职员制度实施情况的报告
厦大人〔2021〕147号	关于成立厦门大学文博管理中心及公布其岗位设置方案的通知
厦大人〔2021〕148号	关于成立厦门大学"南强优秀博士生培育计划"领导小组及其办公室的通知
厦大人〔2021〕152号	厦门大学关于公布思明区、翔安区人大换届选举厦门大学办事处组成人员的通知
厦大人〔2021〕153号	厦门大学关于成立思明区、翔安区人大换届选举厦门大学办事处办公室的通知
厦大人〔2021〕154号	关于成立厦门大学海洋遥感应用技术创新研究院的通知
厦大人〔2021〕156号	厦门大学关于支持工程、实验系列专业技术人员申请认定高等学校教师资格的函
厦大人〔2021〕157号	关于印发《厦门大学人事与劳动事务合同管理细则(试行)》的通知
厦大人〔2021〕158号	厦门大学关于商请复制部分专业技术职务任职资格批复文件的函
厦大人〔2021〕159号	关于教育研究院等单位调整(成立)聘任委员会(聘任小组)的通知
厦大人〔2021〕160号	关于加强新型冠状病毒肺炎疫情防控日常工作力量的通知
厦大人〔2021〕161号	厦门大学关于聘任张力等20人担任相应工程、实验等系列专业技术职务的通知

续表

文　　号	文件名称
厦大人〔2021〕162 号	厦门大学关于推荐俞梦烨等 83 人申报 2021 年秋季高校教师资格认定的报告
厦大人〔2021〕163 号	关于调整厦门大学美育工作领导小组成员的通知
厦大人〔2021〕165 号	厦门大学关于接收国家农业(藻类)产业技术体系岗位科学家依托单位的函
厦大人〔2021〕166 号	关于调整厦门大学继续教育管理委员会成员的通知
厦大人〔2021〕167 号	关于成立厦门大学智慧与绿色发展研究中心的通知
厦大人〔2021〕170 号	厦门大学关于贯彻落实教育部《关于正确认识和规范使用高校人才称号的若干意见》整改工作情况的报告
厦大人〔2021〕171 号	关于调整厦门大学毕业生就业创业工作领导小组成员的通知
厦大人〔2021〕172 号	关于厦门大学习近平新时代中国特色社会主义思想研究院更名的通知
厦大人〔2021〕173 号	厦门大学关于推荐 2021 年专家学者赴俄乌白短期交流计划候选人的函
厦大人〔2021〕174 号	关于社会与人类学院等 8 个单位调整(成立)聘任委员会的通知
厦大人〔2021〕175 号	关于生命科学学院等单位教授委员会名单的批复
厦大人〔2021〕176 号	厦门大学关于 2021 年第一批专任教师聘期考核结果的批复
厦大人〔2021〕177 号	关于调整厦门大学国有资产管理委员会组成人员的通知
厦大人〔2021〕178 号	厦门大学关于推荐 2021 年青年骨干教师出国研修项目高等教育教学法出国研修项目(LH)国际学生管理人员候选人的函
厦大人〔2021〕179 号	厦门大学关于聘任张达志等 41 人担任相应教师职务的通知
厦大人〔2021〕181 号	关于公布马来西亚分校管理岗位设置方案的通知
厦大人〔2021〕183 号	厦门大学关于附属翔安医院总体情况的报告
厦大人〔2021〕184 号	厦门大学关于报送机构编制核查数据的函
厦大人〔2021〕185 号	关于厦门大学辐射安全管理领导小组更名及成员调整的通知
厦大人〔2021〕187 号	关于开展 2021 年度机关部处和直属单位绩效考核工作的通知
厦大人〔2021〕188 号	关于开展 2021 年度教学科研单位绩效考核工作的通知
厦大人〔2021〕189 号	关于中国语言文学系机构及编制岗位调整的通知
厦大人〔2021〕190 号	关于哲学系机构及编制岗位调整的通知

续表

文　　号	文件名称
厦大人〔2021〕191号	关于成立历史与文化遗产学院及公布其岗位设置方案的通知
厦大人〔2021〕192号	关于撤销厦门大学人文学院的通知
厦大人〔2021〕193号	关于党政管理及工勤岗位人员2021年度考核工作通知
厦大人〔2021〕194号	关于印发《厦门大学关于优化工程、实验等系列专业技术岗位绩效考核评价办法的方案(试行)》的通知
厦大人〔2021〕195号	关于印发《厦门大学深化教师职务聘任制度改革实施方案》的通知
厦大人〔2021〕196号	厦门大学关于聘任卜梁等9人担任相应工程、实验等系列专业技术职务的通知
厦大人〔2021〕197号	关于印发《厦门大学教师职务聘任条例(2021年修订)》的通知
厦大人〔2021〕198号	关于公布厦门大学第八届教职工代表大会住房与物业管理民主监督委员会委员名单的通知
厦大人〔2021〕199号	关于调整厦门大学生物研究工作安全指导委员会成员的通知
厦大人〔2021〕200号	关于调整厦门大学实验动物管理与伦理委员会成员的通知
厦大人〔2021〕201号	关于公布厦门大学第八届教职工代表大会提案工作委员会委员名单的通知
厦大人〔2021〕202号	关于公布职员职级高聘(套聘)名单的通知
厦大学〔2021〕1号	关于做好我校2021年春季征兵工作的通知
厦大学〔2021〕2号	厦门大学关于做好2021届毕业生就业创业工作的通知
厦大学〔2021〕6号	关于开展厦门大学2021年“读懂中国”活动的通知
厦大学〔2021〕10号	关于报送厦门大学2021年春季开学方案的函
厦大学〔2021〕12号	关于给予陈碧丽通令嘉奖的决定
厦大学〔2021〕13号	关于给予西人马团队通令嘉奖的决定
厦大学〔2021〕14号	关于给予XMU-China团队通令嘉奖的决定
厦大学〔2021〕15号	关于颁发2021年度厦门大学校庆期间校级奖学金的决定
厦大学〔2021〕16号	关于给予卓芯科技等12个团队、赵亮等2人通报表扬的决定
厦大学〔2021〕17号	关于印发《厦门大学招收和培养港澳台学生管理办法(试行)》的通知
厦大学〔2021〕18号	关于印发《厦门大学招收和培养国际学生管理办法(试行)》的通知

续表

文　　号	文件名称
厦大学〔2021〕19 号	关于颁发 2020 年度“吴宣恭科研奖学金”的决定
厦大学〔2021〕26 号	关于印发《厦门大学青春健康工作实施方案》的通知
厦大学〔2021〕27 号	关于做好 2021 年我校夏秋季征兵工作的通知
厦大学〔2021〕28 号	厦门大学关于 2021/2022 学年中国—东盟菁英奖学金年度评审工作的函
厦大学〔2021〕29 号	厦门大学关于推荐学生参加 2021 年国际组织实习合作项目及申报国际组织实习资助的函
厦大学〔2021〕36 号	关于印发《厦门大学本科生国家助学金管理暂行办法(2021 年修订)》的通知
厦大学〔2021〕38 号	关于表彰厦门大学 2020—2021 学年毕业班本科生优秀学生奖学金获奖学生的决定
厦大学〔2021〕39 号	关于 2021 届毕业生办理离校手续的通知
厦大学〔2021〕40 号	关于表彰厦门大学 2021 届“优秀毕业生”的决定
厦大学〔2021〕41 号	关于表彰厦门大学 2020—2021 学年毕业班“优秀三好学生”、“三好学生”和“优秀学生干部”的决定
厦大学〔2021〕42 号	关于印发《2021 年毕业生工作日程安排表》的通知
厦大学〔2021〕43 号	关于印发《厦门大学社会实践合同管理细则(试行)》的通知
厦大学〔2021〕47 号	厦门大学关于 2021 年国际中文教师奖学金年度评审工作的报告
厦大学〔2021〕48 号	厦门大学关于 2021/2022 学年中国政府奖学金年度评审工作情况的报告
厦大学〔2021〕62 号	关于做好 2021 级新生入学教育工作的通知
厦大学〔2021〕63 号	关于组织开展 2021—2022 学年各项奖学金评奖工作的通知
厦大学〔2021〕64 号	厦门大学关于申请 2021—2022 学年陈嘉庚奖学金拨款的函
厦大学〔2021〕65 号	厦门大学关于 2021—2022 学年秋季学期国际中文教师奖学金生注册报到情况的函
厦大学〔2021〕66 号	关于开展教育部 2021 年度台湾学生、港澳及华侨学生奖学金评审工作的通知
厦大学〔2021〕71 号	厦门大学关于推荐学生参加 2021 年联合国教科文组织实习项目遴选的函
厦大学〔2021〕72 号	厦门大学关于 2020—2021 学年本科生国家奖学金、国家励志奖学金评审情况的报告
厦大学〔2021〕73 号	关于印发《厦门大学大学生就业实习基地共建合同管理细则(试行)》的通知
厦大学〔2021〕74 号	厦门大学关于 2021 年度研究生国家奖学金评审情况的报告

续表

文　　号	文件名称
厦大学〔2021〕77 号	关于表彰厦门大学 2021 年下半年“优秀三好学生”“三好学生”和“优秀学生干部”的决定
厦大学〔2021〕78 号	厦门大学关于商请协调 2021 级本科生军训相关事项的函
厦大学〔2021〕79 号	关于颁发 2021 年下半年校级奖学金的决定
厦大学〔2021〕81 号	关于表彰厦门大学 2021—2022 学年本科生优秀学生奖学金获奖学生的决定
厦大学〔2021〕84 号	关于做好 2022 年征兵工作的通知
厦大学〔2021〕86 号	关于评选 2021 年毕业生就业创业工作先进单位和先进个人的通知
厦大外〔2021〕2 号	厦门大学关于以线上线下形式举办回望南洋:“百年未有之变局”下的中国与东南亚关系国际学术研讨会的请示
厦大外〔2021〕9 号	厦门大学关于以线上线下形式举办“国际法治的理论与实践研究国际研讨会”国际会议的请示
厦大外〔2021〕11 号	厦门大学关于以线上线下形式举办“大学促进人类命运共同体的发展学术研讨会”国际会议的请示
厦大外〔2021〕12 号	厦门大学关于以线上线下形式举办“第 16 届电气电子工程师学会纳米/微米工程与分子系统国际会议”的请示
厦大外〔2021〕13 号	厦门大学关于以线上线下形式举办两岸命运共同体:认知与建设国际会议的请示
厦大外〔2021〕15 号	厦门大学关于以线上线下形式举办“传播视野中的百年厦大与人类命运共同体构建”国际会议的请示
厦大外〔2021〕17 号	厦门大学关于以线上线下形式举办全球风险社会下的公共治理:挑战与应对国际学术研讨会的请示
厦大外〔2021〕18 号	厦门大学关于以线上形式举办第 15 届国际电气电子工程师学会国际医疗信息通信技术研讨会的请示
厦大外〔2021〕19 号	厦门大学关于以线上线下形式举办人类命运共同体话语体系建构研究国际会议的请示
厦大外〔2021〕20 号	厦门大学关于以线上线下形式举办口笔译教育与评价研究论坛的请示
厦大外〔2021〕21 号	厦门大学关于以线上线下形式举办百年校庆世界大学校长论坛的请示
厦大外〔2021〕22 号	厦门大学关于以线上线下形式举办“美美与共”:比较文学与跨文化研究论坛的请示
厦大外〔2021〕29 号	厦门大学关于以线上线下形式举办海岸带生态系统与全球变化国际研讨会的请示
厦大外〔2021〕30 号	厦门大学关于以线上线下形式举办“中外大学校长论坛”国际会议的请示
厦大外〔2021〕32 号	厦门大学关于以线上线下形式举办能源应用中的电化学:实验与理论国际会议的请示
厦大外〔2021〕37 号	厦门大学关于以线上线下形式举办第 23 届凝聚态核科学国际会议的请示
厦大外〔2021〕38 号	厦门大学关于以线上线下形式举办 2021 厦门几何分析国际会议的请示

续表

文　　号	文件名称
厦大外〔2021〕40 号	厦门大学关于确认参与新加坡硕博连续奖学金项目相关工作的复函
厦大外〔2021〕46 号	厦门大学关于申报 2022 年亚洲合作教育领域资金项目的函
厦大外〔2021〕47 号	厦门大学关于第 15 届国际电气电子工程师学会国际医疗信息通信技术研讨会逾期备案的函
厦大外〔2021〕51 号	厦门大学关于以线上线下形式举办第三届厦门大学“一带一路”发展论坛的请示
厦大外〔2021〕53 号	厦门大学关于以线上线下形式举办第十届中国国际通信大会的请示
厦大外〔2021〕54 号	厦门大学关于以线上线下形式举办凌峰暑期科研论坛的请示
厦大外〔2021〕55 号	厦门大学关于以线上线下形式举办超越与融合:戏剧新趋势国际学术研讨会的请示
厦大外〔2021〕59 号	厦门大学关于以线上线下形式举办第二十二届电子封装国际会议的请示
厦大外〔2021〕60 号	厦门大学关于以线上线下形式举办分子影像学厦门论坛的请示
厦大外〔2021〕68 号	厦门大学关于以线上线下形式举办“2021 年闽台知识产权圆桌会议”的请示
厦大外〔2021〕69 号	厦门大学关于以线上线下形式举办量子化学中的机器学习国际研讨会的请示
厦大外〔2021〕70 号	厦门大学关于以线上线下形式举办 2021 年鲨科学与保护亚太国际研讨会的请示
厦大外〔2021〕71 号	厦门大学关于以线上线下形式举办第十五届电气电子工程师学会安全、防伪、识别国际会议的请示
厦大外〔2021〕76 号	厦门大学关于变更第二十二届电子封装国际会议举办时间的请示
厦大外〔2021〕79 号	厦门大学关于以线上线下形式举办第二届“宇宙热重子探寻计划”科学会议的请示
厦大外〔2021〕80 号	厦门大学关于以线上线下形式举办第七届生物质能源国际会议的请示
厦大外〔2021〕81 号	关于为 2021 年国家公派出国教师申请资助的函
厦大外〔2021〕84 号	厦门大学关于以线上线下形式举办国际电池协会 2021 年会议的请示
厦大外〔2021〕86 号	厦门大学关于以线上线下形式举办 2021 厦门软物质论坛暨中国复杂自适应物质学会秋季研讨会的请示
厦大外〔2021〕88 号	厦门大学关于变更第二届“宇宙热重子探寻计划”科学会议:宇宙中的高温气体日期的请示
厦大外〔2021〕89 号	厦门大学关于商请支持举办 2021 海上丝绸之路国际产学研用合作会议的请示
厦大外〔2021〕90 号	关于申报 2021 年“汉语桥”线上团组交流项目的请示
厦大外〔2021〕93 号	厦门大学关于变更分子影像学会议会期的请示

续表

文　　号	文件名称
厦大外〔2021〕95 号	厦门大学关于变更 2021 年鲎科学与保护亚太国际研讨会日期的请示
厦大外〔2021〕96 号	厦门大学关于申请国际中文教育实践与研究基地项目的函
厦大外〔2021〕97 号	关于邀请省领导出席 2021 海上丝绸之路国际产学研用合作会议并致辞的请示
厦大外〔2021〕102 号	关于印发《厦门大学国家公派出国教师管理条例(试行)》的通知
厦大外〔2021〕103 号	关于印发《厦门大学“国际中文教师志愿者”项目管理条例(试行)》的通知
厦大外〔2021〕104 号	厦门大学关于邀请省教育厅领导出席 2021 海上丝绸之路国际产学研用合作会议的函
厦大外〔2021〕105 号	厦门大学关于邀请省领导出席 2021 海上丝绸之路国际产学研用合作会议并致辞的请示
厦大外〔2021〕106 号	厦门大学关于邀请厦门市科技局领导出席 2021 海上丝绸之路国际产学研用合作会议的函
厦大外〔2021〕107 号	关于印发《厦门大学境外合作与交流事务合同管理细则(试行)》的通知
厦大外〔2021〕108 号	厦门大学关于以线上线下形式举办人工智能:眼疾病筛查的未来国际会议的请示
厦大外〔2021〕112 号	厦门大学关于递交 2021 年国家公派出国教师退出人员名单的函
厦大外〔2021〕113 号	厦门大学关于补充录取 2021 年国家公派出国教师的函
厦大外〔2021〕114 号	厦门大学关于报送 2021 年度国际传播优秀案例的函
厦大外港〔2021〕1 号	厦门大学关于以线上线下形式举办“新时代两岸关系发展论坛暨第七届文厦论坛”两岸会议的请示
厦大外港〔2021〕2 号	厦门大学关于举办“海峡两岸检察职能新发展研讨会”的请示
厦大外港〔2021〕4 号	厦门大学关于举办“台湾地区文学研究的两岸拓展”两岸会议的请示
厦大外港〔2021〕5 号	厦门大学关于延期举办“新时代两岸关系发展论坛暨第七届文厦论坛”的报告
厦大外港〔2021〕6 号	厦门大学关于以线上线下形式举办第七届两岸学子论坛的请示
厦大外港〔2021〕8 号	厦门大学关于以线上线下形式举办 2021 年海峡两岸环境与生态研讨会的请示
厦大外港〔2021〕11 号	厦门大学关于变更台湾地区文学研究的两岸拓展会议日期的请示
厦大外港〔2021〕12 号	厦门大学关于以线上线下形式举办“第六届两岸社会保障论坛暨厦门大学台湾研究院社会研究所成立大会”两岸会议的请示
厦大外港〔2021〕13 号	厦门大学关于以线上线下形式举办第七届两岸学子论坛的请示
厦大研〔2021〕2 号	厦门大学关于深入学习贯彻落实《研究生导师指导行为准则》的报告

续表

文　　号	文件名称
厦大研〔2021〕5 号	厦门大学关于申请增加省级教学改革研究项目(研究生项目)申报限额的报告
厦大研〔2021〕7 号	厦门大学关于 2021 年创新型人才国际合作培养项目(第一批次)推荐人选的函
厦大研〔2021〕8 号	厦门大学 2021 年研究生招生计划分配情况报告
厦大研〔2021〕9 号	关于报送厦门大学 2020—2025 年学位授点周期性合格评估参评点情况的函
厦大研〔2021〕10 号	厦门大学关于 2021 年中俄政府奖学金推荐人选的函
厦大研〔2021〕11 号	厦门大学关于 2021 年国家建设高水平大学公派研究生项目(第一批次)推荐人选的函
厦大研〔2021〕12 号	厦门大学关于 2021 年国外合作项目推荐人选的函
厦大研〔2021〕13 号	厦门大学关于 2022 年度日本政府(文部科学省)博士生奖学金推荐人选的函
厦大研〔2021〕14 号	厦门大学关于 2021 年国别区域研究人才支持计划推荐人选的函
厦大研〔2021〕15 号	厦门大学关于 2021—2022 年度与爱尔兰互换奖学金推荐人选的函
厦大研〔2021〕16 号	厦门大学关于推荐福建省中职、普高境外教材选用审核专家库人选的函
厦大研〔2021〕17 号	厦门大学关于创新型人才国际合作培养项目申请增加留学单位的函
厦大研〔2021〕19 号	关于印发《厦门大学研究生导师岗位管理办法》的通知
厦大研〔2021〕20 号	关于印发《厦门大学研究生导师招生资格年度审核实施办法》的通知
厦大研〔2021〕21 号	厦门大学关于贯彻落实习近平总书记对研究生教育工作重要指示精神情况的报告
厦大研〔2021〕23 号	厦门大学关于报送“集成电路科学与工程”一级学科博士学位授权点申报材料的函
厦大研〔2021〕24 号	厦门大学关于 2021 年博士生导师短期出国交流项目推荐人选的函
厦大研〔2021〕25 号	厦门大学关于 2021 年国家建设高水平大学公派研究生项目(第二批次)推荐人选的函
厦大研〔2021〕27 号	厦门大学关于商请电子印章认证的函
厦大研〔2021〕28 号	关于印发《厦门大学研究生事务合同管理细则(试行)》的通知
厦大研〔2021〕29 号	关于授予华苗等同学博士学位、施香婷等同学硕士学位的决定
厦大研〔2021〕30 号	厦门大学关于报送 2021 年 6 月份学位授予信息的函
厦大研〔2021〕31 号	关于授予林旺等同学博士学位、孙梦黎等同学硕士学位的决定

续表

文　　号	文件名称
厦大研〔2021〕32号	厦门大学关于报送2021年7月份学位授予信息的函
厦大研〔2021〕33号	关于启动厦门大学2020—2025年学位授权点周期性合格评估工作的通知
厦大研〔2021〕34号	关于授予李静等同学博士学位、刘佳慧等同学硕士学位的决定
厦大研〔2021〕35号	厦门大学关于报送2021年8月份学位授予信息的函
厦大研〔2021〕36号	厦门大学关于报送相关专业学位研究生教育指导委员会新一届委员推荐名单的函
厦大研〔2021〕37号	厦门大学关于2021年创新型人才国际合作培养项目(第二批次)推荐人选的函
厦大研〔2021〕38号	关于印发《厦门大学"南强优秀博士生培育计划"实施办法(试行)》的通知
厦大研〔2021〕39号	关于授予史铁等同学博士学位、刘甫钧等同学硕士学位的决定
厦大研〔2021〕40号	关于授予马来西亚分校CHIN JING YI等同学硕士学位的决定
厦大研〔2021〕41号	厦门大学关于报送2022年研究生招生计划及相关论证报告的函
厦大研〔2021〕42号	关于印发《厦门大学博士研究生申请学位创新成果认定办法》的通知
厦大研〔2021〕43号	厦门大学关于报送2021年9月份学位授予信息的函
厦大研〔2021〕44号	厦门大学关于推荐申报2022年创新型人才国际合作培养项目的函
厦大研〔2021〕45号	厦门大学关于学位授权自主审核工作的自查报告
厦大研〔2021〕47号	关于同意张凯泓等84名2021级研究生新生放弃入学资格的决定
厦大研〔2021〕48号	厦门大学关于报送2021年自主审核新增学位授权点材料的函
厦大研〔2021〕49号	厦门大学关于报送2021年自主审核新增学位授权点申请材料的函
厦大研〔2021〕50号	厦门大学关于2022年俄罗斯互换奖学金推荐人选的函
厦大研〔2021〕51号	厦门大学关于2022年中德(CSC-DAAD)博士后奖学金项目推荐人选的函
厦大研〔2021〕52号	厦门大学关于推荐福建省高等教育学会学位与研究生教育分会第五届理事会候选人的函
厦大研〔2021〕53号	厦门大学关于推荐申报2022年国别和区域研究人才支持计划立项的函
厦大研〔2021〕54号	关于授予彭骏等同学博士学位、赖钟林等同学硕士学位的决定
厦大研〔2021〕55号	厦门大学关于报送福建省研究生教育精品示范课程等项目的函

续表

文　　号	文件名称
厦大教〔2021〕1 号	厦门大学关于报送“高等教育质量监测国家数据平台”2020 年监测数据的函
厦大教〔2021〕2 号	厦门大学关于报送 2019—2020 学年本科教学质量报告的函
厦大教〔2021〕4 号	厦门大学关于报送 2021 年度基础学科拔尖学生培养计划 2.0 研究课题的函
厦大教〔2021〕5 号	厦门大学关于报送《厦门大学 2020 年美育发展年度报告》的函
厦大教〔2021〕6 号	厦门大学关于报送《厦门大学城乡规划专业本科教育评估自评报告》的函
厦大教〔2021〕7 号	厦门大学关于报送福建省服务产业特色专业项目结题验收情况的函
厦大教〔2021〕8 号	厦门大学关于报送“基础学科拔尖学生培养计划”研究课题结题材料的函
厦大教〔2021〕9 号	关于试行本科教学目标责任制的通知
厦大教〔2021〕10 号	厦门大学关于报送福建省首届高校教师教学创新大赛参赛材料的函
厦大教〔2021〕11 号	关于印发《厦门大学本科课程授课准入资格实施办法(试行)》的通知
厦大教〔2021〕12 号	厦门大学关于临床教学基地建设情况的报告
厦大教〔2021〕13 号	关于印发《厦门大学课程思政建设实施方案》的通知
厦大教〔2021〕14 号	厦门大学关于报送首批中国经济学教材推荐名单的函
厦大教〔2021〕16 号	关于公布厦门大学首届教师教学创新大赛暨福建省首届高校教师教学创新大赛选拔赛获奖名单的通知
厦大教〔2021〕17 号	厦门大学关于报送《厦门大学大众创业万众创新示范基地建设方案(2021—2023 年)》的函
厦大教〔2021〕18 号	厦门大学关于补报送首批中国经济学教材推荐名单的函
厦大教〔2021〕19 号	厦门大学关于报送新文科工作联系人相关信息的函
厦大教〔2021〕20 号	厦门大学关于报送课程思政示范项目选树工作联系人相关信息的函
厦大教〔2021〕21 号	厦门大学关于 2019—2020 学年马工程重点教材使用情况的报告
厦大教〔2021〕22 号	关于开展教育部课程思政示范项目推荐工作的通知
厦大教〔2021〕23 号	关于表彰和奖励第五届厦门大学本科生创新创业年会优秀科创竞赛项目等的决定
厦大教〔2021〕24 号	厦门大学关于报送 2021 年中俄政府奖学金项目本科生遴选名单的函
厦大教〔2021〕25 号	厦门大学关于报送 2021 年度高校计算机专业优秀教师奖励计划参评课程及教师的函

续表

文　　号	文件名称
厦大教〔2021〕27号	厦门大学关于推荐教育部课程思政示范课程、教学名师和团队的报告
厦大教〔2021〕28号	关于开展教育部暨省级新文科研究与改革实践项目推荐工作的通知
厦大教〔2021〕29号	厦门大学关于报送第二批国家级一流本科课程认定工作联系人相关信息的函
厦大教〔2021〕30号	厦门大学关于推荐教育部课程思政教学研究示范中心的报告
厦大教〔2021〕31号	关于2021年转专业工作安排的通知
厦大教〔2021〕32号	厦门大学关于申请舞蹈表演专业学士学位授权的函
厦大教〔2021〕33号	厦门大学关于推荐福建省课程思政示范项目的函
厦大教〔2021〕34号	厦门大学关于推荐福建省新文科研究与改革实践项目及专家库专家的函
厦大教〔2021〕35号	关于公布2021年校级大学生校外实践教育基地建设项目名单的通知
厦大教〔2021〕36号	关于公布2021年厦门大学校长基金本科生项目名单的通知
厦大教〔2021〕37号	关于公布2021年校级（含校外）本科生学业竞赛项目立项名单的通知
厦大教〔2021〕38号	关于公布2021年厦门大学本科生创新实践平台的通知
厦大教〔2021〕39号	关于举办第七届厦门大学“互联网＋”大学生创新创业大赛的通知
厦大教〔2021〕40号	关于2021年双学位教育（主辅修制）工作安排的通知
厦大教〔2021〕41号	厦门大学关于推荐教育部新文科研究与改革实践项目的函
厦大教〔2021〕42号	关于举办厦门大学第十六届教学比赛的通知
厦大教〔2021〕43号	关于印发《厦门大学教材管理办法》的通知
厦大教〔2021〕46号	关于表彰厦门大学第八届优秀本科教务工作者的决定
厦大教〔2021〕47号	厦门大学关于申报教育部第二批人工智能助推教师队伍建设试点的函
厦大教〔2021〕48号	厦门大学关于报送2020年第二学士学位录取工作暨录取数据的报告
厦大教〔2021〕50号	厦门大学关于报送第六批“国家特支计划”教学名师候选人的报告
厦大教〔2021〕51号	关于公布2021年第一批大学生创新创业训练计划项目名单的通知
厦大教〔2021〕52号	厦门大学关于报送2021年大学生创新创业训练计划立项推荐项目的函

续表

文　　号	文件名称
厦大教〔2021〕53 号	关于印发《厦门大学 2021—2022 学年校历》的通知
厦大教〔2021〕54 号	关于公布《厦门大学本科生学业竞赛项目库(2021 年修订)》的通知
厦大教〔2021〕55 号	厦门大学关于报送 2021 年度福建省基础学科拔尖学生培养基地申报材料的函
厦大教〔2021〕57 号	厦门大学关于报送新一轮本科教育教学审核评估申请的函
厦大教〔2021〕58 号	关于做好 2021 届本科毕业生学籍学历信息暨身份核验的通知
厦大教〔2021〕59 号	关于授予宋秭蓄等同学学士学位的决定
厦大教〔2021〕60 号	厦门大学关于报送 2021 届本科毕业生身份复核结果备案表的函
厦大教〔2021〕61 号	关于公布“宝太杯”第七届厦门大学“互联网＋”大学生创新创业大赛获奖名单的通知
厦大教〔2021〕63 号	关于开展 2021 年厦门大学教学改革研究项目暨福建省高校教育教学改革研究项目申报工作的通知
厦大教〔2021〕64 号	关于做好 2021 年度本科专业设置工作的通知
厦大教〔2021〕65 号	关于推荐厦门大学美育与通识教育专家委员会委员的通知
厦大教〔2021〕66 号	厦门大学关于报送 2021 年度教育部基础学科拔尖学生培养基地申报材料的函
厦大教〔2021〕67 号	厦门大学关于推荐第二批国家级一流本科课程的函
厦大教〔2021〕70 号	关于公布 2021 年转专业学生名单的通知
厦大教〔2021〕71 号	关于增补教师本科教学业绩项目的通知
厦大教〔2021〕72 号	关于做好 2022 年推荐优秀应届本科毕业生免试攻读硕士研究生工作的通知
厦大教〔2021〕73 号	厦门大学关于报送 2021 年福建省新文科研究与改革实践项目建设任务书的报告
厦大教〔2021〕74 号	厦门大学关于推荐福建省教材建设重点研究基地的函
厦大教〔2021〕75 号	厦门大学关于推荐 2021 年省级一流本科课程的函
厦大教〔2021〕76 号	厦门大学关于推荐 2021 年福建省本科高校教育教学改革研究项目的函
厦大教〔2021〕77 号	厦门大学关于本科专业设置工作的报告
厦大教〔2021〕78 号	关于公布 2021 年第二批大学生创新创业训练计划项目名单的通知
厦大教〔2021〕79 号	关于授予马来西亚分校黄栊永等同学学士学位的决定

续表

文　　号	文件名称
厦大教〔2021〕80 号	关于授予沈国超等同学学士学位的决定
厦大教〔2021〕82 号	厦门大学关于报送《第二批国家一流本科课程申报推荐变更表》的函
厦大教〔2021〕83 号	关于 2022 年推荐免试攻读硕士研究生名额分配方案的通知
厦大教〔2021〕84 号	关于《全面推进高等学校课程思政建设的实施意见(征求意见稿)》反馈意见的函
厦大教〔2021〕85 号	关于印发《厦门大学本科生创新学分认定办法(2021 年修订)》的通知
厦大教〔2021〕87 号	厦门大学关于报送课程思政教学研究示范中心工作总结和工作计划的函
厦大教〔2021〕88 号	厦门大学关于报送推荐免试攻读研究生工作实施办法暨 2022 年推免名单的函
厦大教〔2021〕89 号	厦门大学关于报送教学课程组建设相关材料的报告
厦大教〔2021〕90 号	厦门大学关于推荐福建省中小学地方课程教材审核专家库推荐人选情况的函
厦大教〔2021〕91 号	厦门大学关于推荐福建省教材建设重点研究基地的函
厦大教〔2021〕92 号	关于公布 2021 年厦门大学虚拟教研室建设试点立项名单的通知
厦大教〔2021〕93 号	关于印发《厦门大学强基计划学生管理和研究生衔接培养实施办法》的通知
厦大教〔2021〕94 号	关于印发《厦门大学推荐优秀应届本科毕业生免试攻读研究生工作实施办法》的通知
厦大教〔2021〕95 号	厦门大学关于报送 2021 届第二批本科毕业生身份复核结果备案表的函
厦大教〔2021〕96 号	关于公布 2021 年厦门大学教材研究与建设基地名单的通知
厦大教〔2021〕97 号	关于废止《厦门大学高水平运动员推荐免试攻读硕士研究生工作暂行办法(修订)》的通知
厦大教〔2021〕100 号	关于印发《厦门大学新时代美育工作方案(2021—2023)》的通知
厦大教〔2021〕101 号	关于印发《厦门大学美育与通识教育课程建设实施意见(2021—2023)》的通知
厦大教〔2021〕102 号	关于批准褚婧等应届本科毕业生免试攻读研究生的决定
厦大教〔2021〕103 号	关于组织申报 2021 年度一流本科专业建设点的通知
厦大教〔2021〕105 号	厦门大学关于报送新文科建设进展工作总结的函
厦大教〔2021〕106 号	关于印发《厦门大学本科教学事务合同管理细则(试行)》的通知
厦大教〔2021〕107 号	关于申请变更 2018 年福建省本科高校教育教学改革研究项目《厦门大学通识教育:改革与创新》成员的函

续表

文　号	文件名称
厦大教〔2021〕110 号	厦门大学关于报送 2021 年课程思政资源库建设情况总结和 2022 年课程思政资源库建设工作计划的函
厦大教〔2021〕111 号	厦门大学关于报送 2021 年省级一流本科专业建设点申报材料的函
厦大教〔2021〕112 号	厦门大学关于报送教育部第二批新工科研究与实践项目中期检查材料的函
厦大教〔2021〕113 号	厦门大学关于报送本科专业及一流课程有关情况的函
厦大教〔2021〕114 号	厦门大学关于报送 2019 年福建省高等学校教学改革研究项目结题验收情况的函
厦大教〔2021〕115 号	厦门大学关于报送 2021 年国家级一流本科专业建设点名单的函
厦大教〔2021〕116 号	厦门大学关于报送《厦门大学关于国家教材委员会办公室有关教材建设方面指导意见的整改情况工作报告》的函
厦大教〔2021〕117 号	关于表彰 2021 年厦门大学思想政治理论课实践教学优秀成果、优秀指导教师的决定
厦大教〔2021〕119 号	厦门大学关于报送 2022 年中俄政府奖学金本科插班生名单的函
厦大教〔2021〕120 号	厦门大学关于报送国际组织后备人才培养工作进展情况的函
厦大教〔2021〕121 号	厦门大学关于增补报送 2021 年省级一流本科专业建设点申报材料的函
厦大教〔2021〕123 号	厦门大学关于推荐第二批国家教材建设重点研究基地的函
厦大教〔2021〕124 号	厦门大学关于推荐福建省本科高校教材专家库专家人选的函
厦大教〔2021〕125 号	关于印发《厦门大学关于教授为本科生上课的规定(2021 年修订)》的通知
厦大教〔2021〕126 号	关于公布 2022 年度厦门大学本科教学督导组成员名单的通知
厦大教〔2021〕127 号	关于公布 2021 年厦门大学教学改革研究项目立项名单的通知
厦大教〔2021〕128 号	关于公布 2021 年厦门大学教学改革研究项目(新文科研究与改革实践类专项)立项名单的通知
厦大教〔2021〕129 号	厦门大学关于报送“高等教育质量监测国家数据平台”2021 年监测数据的函
厦大教〔2021〕130 号	关于公布 2021 年厦门大学教学改革研究项目(教材研究专项)立项名单的通知
厦大教〔2021〕131 号	厦门大学关于报送 2020—2021 学年本科教学质量报告的函
厦大教〔2021〕132 号	关于公布厦门大学第十六届教学比赛获奖名单的通知
厦大教〔2021〕133 号	关于公布厦门大学第十六届教学比赛组织奖获奖名单的通知
厦大教〔2021〕135 号	厦门大学关于推荐“十四五”首批职业教育国家规划教材的函

续表

文　　号	文件名称
厦大教〔2021〕136号	关于印发《厦门大学线上课程建设管理办法(试行)》的通知
厦大教〔2021〕137号	关于授予徐阳同学学士学位的决定
厦大教〔2021〕138号	厦门大学关于报送2021年第二学士学位录取工作暨录取数据的函
厦大教〔2021〕139号	关于授予邵来亭等同学学士学位的决定
厦大教〔2021〕140号	厦门大学关于推荐福建省职业院校教材审核专家库人选的函
厦大科〔2021〕3号	关于印发《厦门大学国家知识产权示范高校建设工作方案》的通知
厦大科〔2021〕4号	厦门大学关于报审《传染性疾病检测技术研究与评价重点实验室建设方案》并协助用印的函
厦大科〔2021〕5号	厦门大学关于报送2019—2020年度福建省工程研究中心(工程实验室)评价材料的函
厦大科〔2021〕6号	厦门大学关于申请成立“国际自然与文化遗产空间技术中心厦门分中心”的请示函
厦大科〔2021〕8号	关于商请支持申报联合国教科文组织国际自然与文化遗产空间技术中心厦门分中心的函
厦大科〔2021〕10号	厦门大学关于报送福建省工程研究中心第二批省级预算内资金申请报告的函
厦大科〔2021〕11号	关于厦门大学财务管理与会计研究院申请注册福建省科技计划项目管理信息系统申报单位的函
厦大科〔2021〕12号	厦门大学关于报送所属国家重点实验室重组方案的函
厦大科〔2021〕13号	厦门大学关于批准设立“表层海洋—低层大气”研究计划(SOLAS)国际项目办公室的函
厦大科〔2021〕14号	关于闽台文化数字化传承与智能计算福建省高校工程研究中心申请备案的函
厦大科〔2021〕17号	厦门大学关于商请支持“海丝二号”多光谱水色小卫星发射的函
厦大科〔2021〕18号	关于征求《微型生物碳库贡献调查与评估技术规程　海洋细菌》行业标准意见的函
厦大科〔2021〕19号	关于征求《微型生物碳库贡献调查与评估技术规程　海洋细菌》行业标准意见的函
厦大科〔2021〕20号	关于征求《微型生物碳库贡献调查与评估技术规程　海洋细菌》行业标准意见的函
厦大科〔2021〕21号	关于征求《微型生物碳库贡献调查与评估技术规程　海洋细菌》行业标准意见的函
厦大科〔2021〕22号	关于征求《微型生物碳库贡献调查与评估技术规程　海洋细菌》行业标准意见的函
厦大科〔2021〕23号	关于征求《微型生物碳库贡献调查与评估技术规程　海洋细菌》行业标准意见的函
厦大科〔2021〕24号	关于征求《微型生物碳库贡献调查与评估技术规程　海洋细菌》行业标准意见的函

续表

文　　号	文件名称
厦大科〔2021〕25 号	关于征求《微型生物碳库贡献调查与评估技术规程　海洋细菌》行业标准意见的函
厦大科〔2021〕26 号	关于征求《微型生物碳库贡献调查与评估技术规程　海洋细菌》行业标准意见的函
厦大科〔2021〕27 号	关于征求《微型生物碳库贡献调查与评估技术规程　海洋细菌》行业标准意见的函
厦大科〔2021〕28 号	关于征求《微型生物碳库贡献调查与评估技术规程　海洋细菌》行业标准意见的函
厦大科〔2021〕29 号	关于征求《微型生物碳库贡献调查与评估技术规程　海洋细菌》行业标准意见的函
厦大科〔2021〕30 号	关于征求《微型生物碳库贡献调查与评估技术规程　海洋细菌》行业标准意见的函
厦大科〔2021〕31 号	关于征求《微型生物碳库贡献调查与评估技术规程　海洋细菌》行业标准意见的函
厦大科〔2021〕32 号	关于征求《微型生物碳库贡献调查与评估技术规程　海洋细菌》行业标准意见的函
厦大科〔2021〕33 号	关于征求《微型生物碳库贡献调查与评估技术规程　海洋细菌》行业标准意见的函
厦大科〔2021〕34 号	关于征求《微型生物碳库贡献调查与评估技术规程　海洋细菌》行业标准意见的函
厦大科〔2021〕35 号	关于征求《微型生物碳库贡献调查与评估技术规程　海洋细菌》行业标准意见的函
厦大科〔2021〕36 号	关于征求《微型生物碳库贡献调查与评估技术规程　海洋细菌》行业标准意见的函
厦大科〔2021〕37 号	关于征求《微型生物碳库贡献调查与评估技术规程　海洋细菌》行业标准意见的函
厦大科〔2021〕40 号	厦门大学关于报送福建省经信委企业技术创新专项验收材料的函
厦大科〔2021〕41 号	厦门大学关于报送福建省战略性新兴产业发展专项验收材料的函
厦大科〔2021〕42 号	厦门大学关于申报 2021 年度省级科技创新重点项目的函
厦大科〔2021〕45 号	关于印发《厦门大学理工医科科研绩效奖励暂行办法》的通知
厦大科〔2021〕46 号	厦门大学关于报送福建省工程研究中心创新能力建设资金申请报告的函
厦大科〔2021〕47 号	厦门大学关于报送企业技术创新专项验收材料的函
厦大科〔2021〕48 号	厦门大学关于调整“福建省器官与组织再生重点实验室”主任及实验室研究方向的函
厦大科〔2021〕49 号	厦门大学关于报送航空发动机及燃气轮机基础学科中心项目材料的函
厦大科〔2021〕51 号	厦门大学关于报送航空发动机及燃气轮机基础学科中心项目材料的函
厦大科〔2021〕52 号	厦门大学关于变更“厦门市柔性导电材料与器件工程技术研究中心”负责人的函

续表

文　　号	文件名称
厦大科〔2021〕53 号	厦门大学关于变更“福建省柔性功能材料重点实验室”负责人的函
厦大科〔2021〕54 号	厦门大学关于报送福建省军民融合协同创新中心申报材料的函
厦大科〔2021〕57 号	厦门大学关于福建省数字建模与高性能科学计算重点实验室固定人员调整的函
厦大科〔2021〕58 号	厦门大学关于福建省智慧城市感知与计算重点实验室固定人员调整的函
厦大科〔2021〕59 号	关于报送厦门大学储能攻关技术清单的请示
厦大科〔2021〕61 号	厦门大学关于申请 2021 年度福建省重点实验室增报名额的函
厦大科〔2021〕62 号	厦门大学关于报送 2021 年度福建省重点实验室推荐名单的函
厦大科〔2021〕64 号	厦门大学关于征求《微型生物碳库贡献调查与评估技术规程　海洋细菌》行业标准意见的函
厦大科〔2021〕65 号	厦门大学关于征求《微型生物碳库贡献调查与评估技术规程　海洋细菌》行业标准意见的函
厦大科〔2021〕66 号	厦门大学关于征求《微型生物碳库贡献调查与评估技术规程　海洋细菌》行业标准意见的函
厦大科〔2021〕67 号	厦门大学关于恳请厦门市委、市政府支持动物及生物安全三级实验室（ABSL/BSL-3）建设的请示
厦大科〔2021〕69 号	厦门大学关于科技部“市域社会治理”重点研发项目技术方案汇报交流的函
厦大科〔2021〕70 号	关于印发《厦门大学理工医科科研合同管理细则（试行）》的通知
厦大科〔2021〕72 号	关于调整国家重点研发计划政府间国际科技创新合作专项项目名称的函
厦大科〔2021〕79 号	厦门大学关于福建省器官与组织再生重点实验室研究方向和结构调整的函
厦大科〔2021〕81 号	厦门大学关于推进落实《关于规范高等学校 SCI 论文相关指标使用　树立正确评价导向的若干意见》的整改工作报告
厦大科〔2021〕82 号	关于推荐 2021 年中国产学研合作创新与促进奖候选项目（人）的函
厦大科〔2021〕83 号	厦门大学关于报送海洋科学与技术福建省创新实验室筹建进展情况的函
厦大科〔2021〕84 号	厦门大学关于报送海洋科学与技术福建省创新实验室筹建进展情况的函
厦大科〔2021〕86 号	厦门大学关于台湾海峡海洋生态系统野外科学观测研究站更名建议回复的函
厦大科〔2021〕87 号	关于同意参加福建省科协智能制造学会联合体的函
厦大科〔2021〕90 号	厦门大学关于报送《国家集成电路产教融合创新平台 2021 年第三季度建设进展情况报告》的函
厦大科〔2021〕91 号	厦门大学关于商请立项支持“陆海统筹研发海洋碳汇”研究的函

续表

文　号	文件名称
厦大科〔2021〕92 号	厦门大学关于商请共建“碳中和创新研究中心”的函
厦大科〔2021〕93 号	厦门大学关于福建省材料基因工程重点实验室变更的函
厦大科〔2021〕94 号	关于确认福建海洋可持续发展研究院协调指导委员会副主任人选的函
厦大科〔2021〕95 号	厦门大学关于调整“福建省器官与组织再生重点实验室”主任及实验室研究方向的函
厦大科〔2021〕96 号	厦门大学关于报送国家区块链创新应用试点申报书的函
厦大科〔2021〕97 号	厦门大学关于申请国家重点研发计划“关键水质参数原位在线监测设备和超标报警系统”参与人员变更的函
厦大科〔2021〕98 号	厦门大学关于《福建省高等院校和科研院所科技成果转化综合试点实施方案(征求意见稿)》征求意见的复函
厦大科〔2021〕99 号	厦门大学关于商请支持海洋领域福建省创新实验室前期研究项目的函
厦大科〔2021〕100 号	厦门大学关于推荐 2021 年度“中国高等学校十大科技进展”候选项目的函
厦大科〔2021〕101 号	厦门大学关于报送 2020 年度研究开发机构和高等院校科技成果转化年度报告的函
厦大科〔2021〕102 号	厦门大学关于推荐申报 2022 年度福建省海洋经济发展专项资金项目的函
厦大科〔2021〕103 号	厦门大学关于报送福建省战略性新兴产业技术开放项目专项验收材料的函
厦大科〔2021〕108 号	厦门大学关于恳请支持“海洋气候模拟实验体系”大科学装置前期工作的请示
厦大科〔2021〕111 号	关于商请支持厦门大学组织第三届“源创杯”创新创意大赛(福建赛区)比赛的函
厦大科〔2021〕112 号	关于商请支持厦门大学组织第三届“源创杯”创新创意大赛(福建赛区)比赛的函
厦大科〔2021〕113 号	厦门大学关于恳请支持第三届“源创杯”创新创意大赛(福建赛区)组织宣传工作的函
厦大科〔2021〕114 号	厦门大学关于恳请支持第三届“源创杯”创新创意大赛(福建赛区)组织宣传工作的函
厦大科〔2021〕115 号	厦门大学关于恳请支持第三届“源创杯”创新创意大赛(福建赛区)组织宣传工作的函
厦大科〔2021〕116 号	厦门大学关于推荐自然资源部 2021 年高层次科技创新人才工程的函
厦大科〔2021〕117 号	厦门大学关于申请 2020 年度福建省海洋经济发展补助资金项目延期的函
厦大科〔2021〕118 号	厦门大学关于推荐申报 2021 年省工程研究中心的函
厦大科〔2021〕120 号	厦门大学关于申请 2019 年度福建省海洋经济发展补助资金项目验收的函
厦大科〔2021〕121 号	关于 2020 年度厦门大学理工医科科研绩效奖励的决定

续表

文　号	文件名称
厦大科〔2021〕122 号	厦门大学关于邀请参加福建海洋创新实验室建设方案专家咨询会的函
厦大科〔2021〕123 号	厦门大学关于邀请参加福建海洋创新实验室建设方案专家咨询会的函
厦大科〔2021〕124 号	厦门大学关于邀请参加福建海洋创新实验室建设方案专家咨询会的函
厦大科〔2021〕125 号	厦门大学关于邀请参加福建海洋创新实验室建设方案专家咨询会的函
厦大科〔2021〕126 号	厦门大学关于邀请参加福建海洋创新实验室建设方案专家咨询会的函
厦大科〔2021〕127 号	关于印发《厦门大学理工医科纵向科研项目管理办法》的通知
厦大科〔2021〕128 号	关于印发《厦门大学理工医科横向科研项目管理办法》的通知
厦大科〔2021〕129 号	关于印发《厦门大学科研外协管理暂行办法》的通知
厦大科〔2021〕132 号	厦门大学关于基于可调谐红外激光的能源化学研究大型实验装置项目提交验收申请材料的函
厦大科〔2021〕133 号	厦门大学关于基于可调谐红外激光的能源化学研究大型实验装置项目提交验收申请材料的函
厦大科〔2021〕135 号	厦门大学关于购买红外热像仪说明的函
厦大科〔2021〕136 号	厦门大学关于报送疫苗与分子诊断集成攻关大平台建设方案的函
厦大科〔2021〕138 号	厦门大学关于推荐申报自然资源部工程技术创新中心的函
厦大科〔2021〕141 号	关于商请厦门市政府支持高端电子化学品国家工程研究中心重组筹建工作的函
厦大科〔2021〕142 号	厦门大学关于申请国家重点研发计划项目“东海典型海区生物资源与环境效应评价及生态修复”变更参与单位名称及增加骨干成员的函
厦大科〔2021〕143 号	厦门大学关于报送《国家集成电路产教融合创新平台 2021 年度建设进展情况报告》的函
厦大科〔2021〕144 号	厦门大学关于商请使用海洋环境预报数据的函
厦大科〔2021〕146 号	厦门大学关于推荐申报 2021 年教育部工程研究中心的函
厦大科〔2021〕148 号	厦门大学关于申请验收福建省高校重点实验室的函
厦大社科〔2021〕1 号	厦门大学关于报送庆祝中国共产党成立 100 周年理论研讨会论文的报告
厦大社科〔2021〕3 号	关于报送《厦门大学推动哲学社会科学高质量发展情况报告》的函
厦大社科〔2021〕4 号	关于报送《厦门大学推动哲学社会科学高质量发展情况报告》的函
厦大社科〔2021〕5 号	厦门大学关于创意与创新学院申请注册福建省科技计划项目管理信息系统申报单位的函

续表

文　　号	文件名称
厦大社科〔2021〕8 号	厦门大学关于同意作为 2021 金砖国家智库国际研讨会支持单位的复函
厦大社科〔2021〕9 号	厦门大学关于同意作为中国高等教育学会中外合作办学研究分会第二届理事会秘书处挂靠单位的函
厦大社科〔2021〕11 号	厦门大学关于推荐申报 2021 年度省科技计划创新战略研究定向项目的函
厦大社科〔2021〕13 号	关于 2021 年度福建省高校哲学社会科学研究项目申报情况和评审推荐情况的函
厦大社科〔2021〕14 号	厦门大学关于推荐申报 2021 年度省部共建协同创新中心的函
厦大社科〔2021〕17 号	关于印发《厦门大学人文社科科研合同管理细则(试行)》的通知
厦大社科〔2021〕20 号	关于印发《厦门大学境外来源科研项目管理办法》的通知
厦大招生〔2021〕1 号	关于印发《厦门大学 2021 年硕士研究生复试录取工作方案》的通知
厦大招生〔2021〕2 号	厦门大学关于调减 2021 年本科招生规模的请示
厦大招生〔2021〕3 号	关于做好厦门大学 2021 年大中学生夏令营工作的通知
厦大招生〔2021〕6 号	厦门大学关于上报 2020—2021 学年支持地方政府奖学金项目推荐人选的函
厦大招生〔2021〕7 号	厦门大学关于上报 2021—2022 学年“丝绸之路”中国政府奖学金省部合作项目推荐人选的函
厦大招生〔2021〕8 号	厦门大学关于报送 2021 年博士研究生录取名单的函
厦大招生〔2021〕9 号	厦门大学关于上报 2021 年港澳台研究生拟录取名单的函
厦大招生〔2021〕11 号	厦门大学关于上报 2021 年中国政府海洋奖学金推荐人选的函
厦大招生〔2021〕12 号	厦门大学关于报送 2021 年澳门“四校联考”学生拟录取名单的函
厦大招生〔2021〕13 号	“厦门大学关于报送 2021 年依据台湾地区大学入学考试学科能力测试成绩招收台湾高中毕业生拟录取名单的函”
厦大招生〔2021〕14 号	厦门大学关于申请补报 2021—2022 学年中国政府奖学金高校研究生、丝绸之路、中美学历生专项候选人名单的函
厦大招生〔2021〕15 号	厦门大学关于报送 2021—2022 学年度福建省政府外国留学生奖学金项目推荐人选的函
厦大招生〔2021〕16 号	厦门大学关于 2020 级少数民族预科班学生转升 2021 级本科生的请示
厦大招生〔2021〕18 号	关于做好厦门大学 2021 级各类新生入学资格初查工作的通知
厦大招生〔2021〕19 号	厦门大学关于报送 2021 年博士研究生录取名单的函
厦大招生〔2021〕20 号	厦门大学关于报送大类招生和培养方案的函

续表

文　号	文件名称
厦大招生〔2021〕21 号	关于做好厦门大学 2021 级新生入学资格复查的通知
厦大招生〔2021〕22 号	厦门大学关于报送大类招生及培养情况调研报告的函
厦大招生〔2021〕24 号	关于开展 2021 年厦门大学全国优秀大中学生夏令营活动先进工作单位和优秀工作者评选工作的通知
厦大招生〔2021〕26 号	关于印发《厦门大学国际新生各类奖学金候选人遴选办法(2021 年修订)》的通知
厦大招生〔2021〕27 号	关于表彰 2021 年厦门大学全国优秀大中学生夏令营先进单位和优秀工作者的决定
厦大招生〔2021〕28 号	厦门大学 2021 级新生入学资格复查报告
厦大招生〔2021〕29 号	厦门大学关于推荐中国政府奖学金来华留学评审专家的函

·表彰与奖励·

2021 年各项奖教金获奖名单

一、南强杰出贡献奖
吴水澎(管理学院)
郑兰荪(化学化工学院)
田中群(化学化工学院)
二、自强奖教金
唐　瑭(人文学院)
张剑文(数学科学学院)
三、清源奖
(一)教学类
史　言(人文学院)
徐　扬(经济学院)
薛　力(物理科学与技术学院)
(二)科研类
邱红峰(新闻传播学院)
陈勇兵(经济学院)
钟传奇(生命科学学院)
吴　婷(公共卫生学院)
四、中国建设银行奖教金
(一)教学类
郑　莉(人文学院)
连哲彧(外文学院)
李素英(外文学院)
武力超(经济学院)
陈　力(王亚南经济研究院)
林朝南(管理学院)
程金发(数学科学学院)
吕铁羽(物理科学与技术学院)
苏国珍(物理科学与技术学院)
郑金成(物理科学与技术学院)
李海燕(化学化工学院)
林敬东(化学化工学院)
黄加乐(化学化工学院)
李　烨(材料学院)
许一婷(材料学院)
卢明科(生命科学学院)
陈全成(药学院)
(二)科研类
陈　瑞(管理学院)
黄炳艺(管理学院)
周东平(法学院)
陈帮锋(法学院)
张钧智(公共事务学院)
周　茜(公共政策研究院)
刘计峰(国际关系学院/南洋研究院)
郭文熹(物理科学与技术学院)
徐　俊(物理科学与技术学院)
吴丽娜(化学化工学院)
王　鑫(医学院)
杨宗保(医学院)
李艳芳(医学院)
李良成(药学院)
罗德林(航空航天学院)
曾念寅(航空航天学院)
陈　强[电子科学与技术学院(国家示范性微电子学院)]
吕毅军[电子科学与技术学院(国家示范性微电子学院)]
(三)管理类
欧阳雯思(数学科学学院)
李金水(继续教育学院)
何　静(航空航天学院)
王凤松[电子科学与技术学院(国家示范性微电子学院)]
吴福武(资产经营有限公司)
林艳湘(后勤集团)
蓝亦芃(党委人才工作办公室/人事处)
吴珊珊(研究生院)
黄启明(资产与后勤事务管理处)
钟玉芳[保卫部(处)]
史清清(马来西亚分校)
(四)教科辅类
林爱清(物理科学与技术学院)
郑锦丽(化学化工学院)
张淑红(化学化工学院)
刘庆锋(生命科学学院)
柯莉娜(生命科学学院)

黄昭权(海洋与地球学院)
耿旭朴(海洋与地球学院)
陈竞萌(医学院)
陈彬彬(医学院)
洪　昀(药学院)
吕文龙(萨本栋微米纳米科学技术研究院)
殷春平(航空航天学院)

五、中国工商银行奖教金

(一)教学类
孙慧英(新闻传播学院)
苏　文(新闻传播学院)
黄金兰(法学院)
李　晶(艺术学院)
李国超(艺术学院)
张连茹(生命科学学院)
黄秋英(生命科学学院)
蔡毅华(海洋与地球学院)

(二)科研类
张　侃(人文学院)
李　莉(人文学院)
朱圣明(人文学院)
郭　晔(经济学院)
李思维(材料学院)
黄　烯(生命科学学院)
陈毅歆(生命科学学院)
方晓亮(萨本栋微米纳米科学技术研究院)
周剑扬[电子科学与技术学院(国家示范性微电子学院)]

(三)管理类
吴　艺(人文学院)
张　欣(外文学院)
宋　阳(经济学院)
邓晶晶(王亚南经济研究院)
刘小阳(管理学院)
翁炎英(法学院)

(四)教科辅类
何凯斌(材料学院)
罗　晴(材料学院)
崔玉超(生命科学学院)
董　晶(海洋与地球学院)
章　臻(海洋与地球学院)
曲　宁(医学院)

六、何宜慈讲座教授奖教金

张有奎(马克思主义学院)
赵　仪(化学化工学院)
彭栋梁(材料学院)
袁　晶(生命科学学院)

七、中国银行奖教金

(一)教学类
郭兰芳(外文学院)
高云端(外文学院)
林细细(经济学院)
张国清(管理学院)
伍火熊(数学科学学院)
郭　峰(生命科学学院)
罗亚威(海洋与地球学院)
李芝也(建筑与土木工程学院)
李仁松(体育教学部)
郑高峰(航空航天学院)
林颖婷(国际学院)

(二)科研类
叶玉英(人文学院)
刘诗古(人文学院)
黄玲毅(外文学院)
翁冰莹(外文学院)
李山石(管理学院)
王荔红(财务管理与会计研究院)
吴荣华(艺术学院)
古晓梅(艺术学院)
冉　广(能源学院)
张宝蓉(台湾研究院)
洪志忠(教育研究院)
黄联芬[信息学院(国家示范性软件学院)]

(三)管理类
林　艾(公共事务学院)
陈缪思(艺术学院)
洪　伟(国际中文教育学院/海外教育学院)
林秀娟(化学化工学院)
黄伟珺(化学化工学院)
周　璐(生命科学学院)
陈丽丹(海洋与地球学院)
李　静(环境与生态学院)

(四)教科辅类
洪　辉(图书馆)
吴至艺(图书馆)
张晓静(图书馆)
蔡云涌(图书馆)
孔丽晶(物理科学与技术学院)
童家平(信息与网络中心)
刘李春(现代教育技术与实践训练中心)
蔡桂婷(资产与后勤事务管理处)

八、田昭武学科交叉奖

(一)特等
高等教育数据库建设课题组(教师发展中心)
高分子设计及功能化应用课题组(材料学院)

(二)一等
概率统计在化学、生物领域的应用课题组(数学科学学院)
天然产物全合成和化学生物学课题组(化学化工学院)
膜材料与膜过程课题组(化学化工学院)

九、邓子基奖教金
(一)教学类
方匡南(经济学院)
林璧属(管理学院)
郭春镇(法学院)
林雪霏(公共事务学院)
(二)科研类
梁若冰(经济学院)
陈竑焘(数学科学学院)
陈小芬(医学院)
林忠宁(公共卫生学院)
十、至善奖教金
(一)教学类
王劲波(经济学院)
彭丽芳(管理学院)
肖　珉(管理学院)
(二)科研类
戚树森(管理学院)
罗进辉(管理学院)
白云涛(管理学院)
(三)管理类
范功森(资产与后勤事务管理处)
钟　杰(教务处)
黄旻敏(机关党委)
十一、萨本栋讲座教授奖教金
朱　志(化学化工学院)
吴　乔(生命科学学院)
十二、中国电信天翼奖教金
(一)教学类
王圣宠(马克思主义学院)
吴　茜(马克思主义学院)
傅丽芬(马克思主义学院)
(二)科研类
刘洪刚(马克思主义学院)
林　密(马克思主义学院)
(三)辅导员
刘莉颖(经济学院)
吴荣梅(管理学院)
徐　莹(公共事务学院)
郭晓玲(国际关系学院/南洋研究院)
冯　石(化学化工学院)
龚树丰(生命科学学院)
林　婕(建筑与土木工程学院)
乐无恙(医学院)
王　坤(航空航天学院)
贾　君(航空航天学院)
严　威[电子科学与技术学院(国家示范性微电子学院)]
蔡胜男[信息学院(国家示范性软件学院)]
邹文菁(国际学院)
马向华[学生工作部(处)/人民武装部]
姚莹颖[学生工作部(处)/人民武装部]
十三、厦航奖教金
(一)教学类
王淳林(经济学院)
宋　伟(经济学院)
许雁翔(管理学院)
于小偶(财务管理与会计研究院)
高艳杰(国际关系学院/南洋研究院)
Stephan Steinke(海洋与地球学院)
刘胜兴(海洋与地球学院)
吴清锋[信息学院(国家示范性软件学院)]
史凤霞(国际学院)
(二)科研类
陈　玲(人文学院)
杜树海(人文学院)
王凡柯(外文学院)
戴鸿斌(外文学院)
李嘉楠(经济学院)
王　俊(知识产权研究院)
龚文娟(社会与人类学院)
王连生[信息学院(国家示范性软件学院)]
孙海信[信息学院(国家示范性软件学院)]
刘向荣[信息学院(国家示范性软件学院)]
(三)管理类
蓝小凌(物理科学与技术学院)
王　琳(建筑与土木工程学院)
吴友昌(医学院)
吴晓丽[保卫部(处)]
柯雅清(教务处)
侯　琳(学校办公室)
何文涛(党委人才工作办公室/人事处)
谢丹琳[学生工作部(处)/人民武装部]
卢增夫(政策研究室/发展规划办公室)
巩　林(宣传部/教师工作部)
(四)教科辅类
苏金华(实验动物中心)
余深水(化学化工学院)
周　花(材料学院)
谢昌传(生命科学学院)
骆庭伟(海洋与地球学院)
陈若婷(海洋与地球学院)
孙翠玲(药学院)
胡晓慧(能源学院)
谷丹丹(萨本栋微米纳米科学技术研究院)
许卓斌(信息与网络中心)
十四、张亦春奖教金
(一)教学类
纪　洋(经济学院)
(二)科研类
李木易(王亚南经济研究院)

十五、潘懋元奖教金
(一)教学类
蔡秀英(教育研究院)
(二)科研类
杨扬(萨本栋微米纳米科学技术研究院)
(三)管理类
吕　铖(教育研究院)
十六、葛家澍奖(科研奖)
郑振满(人文学院)
李建发(管理学院)
王传超(社会与人类学院)
朱　二(台湾研究院)
史秋衡(教育研究院)
十七、鹭燕奖教金
(一)教学类
黄向春(人文学院)
钱剑锋(外文学院)
汪文娟(外文学院)
Andrew Adrian Pua(王亚南经济研究院)
于　飞(法学院)
周　肅(公共事务学院)
肖　斌(马克思主义学院)
余　雯(国际中文教育学院/海外教育学院)
程庆进(数学科学学院)
陈　虎(物理科学与技术学院)
林乃波(材料学院)
杨立朝(医学院)
(二)科研类
郑泽芝(人文学院)
杨子砚(经济学院)
张少军(经济学院)
王学新(王亚南经济研究院)
李迎星(王亚南经济研究院)
郑艳梅(化学化工学院)
欧阳高亮(生命科学学院)
冯丹青(海洋与地球学院)
徐大鹏(海洋与地球学院)
邹　红(体育教学部)
朱剑锋(航空航天学院)
宋　睿(航空航天学院)
(三)管理类
刘君彬(后勤集团)
林友军(国际学术交流中心)
余泉友(基建处)
刘浥泓(招生办公室)
熊雨婷(研究生院)
何晓琴(财务处)
杜　篑(宣传部/教师工作部)
吴晓静(国际合作与交流处/台港澳事务办公室/海外办学事务办公室)
(四)教科辅类
林奕纯(图书馆)
张育梅(图书馆)
林月华(图书馆)
邱鲤鲤(建筑与土木工程学院)
林　颖[信息学院(国家示范性软件学院)]
薛小勤(档案馆)
薛伟胜(信息与网络中心)
杨雁英(现代教育技术与实践训练中心)
十八、闽都·国际银行奖教金
(一)教学类
肖宁遥(国际中文教育学院/海外教育学院)
杨利民(化学化工学院)
曹晓宇(化学化工学院)
洪晓婷(医学院)
李红卫(公共卫生学院)
周　尧(能源学院)
王　勇(台湾研究院)
谭江明(体育教学部)
陈志辉(体育教学部)
曾　涛(航空航天学院)
刘暾东(航空航天学院)
赵　扬(航空航天学院)
张　丹[电子科学与技术学院(国家示范性微电子学院)]
黄朝红[电子科学与技术学院(国家示范性微电子学院)]
陈福平(社会与人类学院)
杨双飞(创意与创新学院)
杨　薇(国际学院)
(二)科研类
张淑芬(外文学院)
高清辉(国际中文教育学院/海外教育学院)
钟叡逸(国际中文教育学院/海外教育学院)
陈福林(数学科学学院)
杜拴平(数学科学学院)
孙道华(化学化工学院)
朱红平(化学化工学院)
温庭斌(化学化工学院)
王翠萍(材料学院)
余煜玺(材料学院)
许　晔(生命科学学院)
陈长平(生命科学学院)
郑　强(海洋与地球学院)
柳　欣(环境与生态学院)
叶　勇(环境与生态学院)
张燕来(建筑与土木工程学院)
洪世键(建筑与土木工程学院)
(三)管理类
欧光江(出版社)
吴院琴(马克思主义学院)
朱鸿婕(国际关系学院/南洋研究院)

李慧文（药学院）
张正泓（能源学院）
吴晓君（教育研究院）
任艳青[学生工作部（处）/人民武装部]
申东杰（医科建设与管理办公室）
刘群鑫（法学院）
刘春英（化学化工学院）
张小丽（建筑与土木工程学院）
陈素蜜（公共事务学院）
（四）教科辅类
向琳艳（图书馆）
鲍未平（王亚南经济研究院）
胡方舟（法学院）
郑炳辉（马克思主义学院）
苏森福（数学科学学院）
黄青松（生命科学学院）
雷　照（公共卫生学院）
黄永龙（航空航天学院）
詹德智（资产经营有限公司）
游新利（校医院）
郑彬香（校医院）
刘小村（校医院）

十九、曹德旺奖教金

（一）教学类
伍晓奕（管理学院）
陈　荣（环境与生态学院）
谭巧国（环境与生态学院）
吴新烨（建筑与土木工程学院）
郁珊珊（建筑与土木工程学院）
李　晴（医学院）
张海英[信息学院（国家示范性软件学院）]
施明辉[信息学院（国家示范性软件学院）]
陈中贵[信息学院（国家示范性软件学院）]
（二）科研类
余清楚（新闻传播学院）
陈国进（经济学院）
曹慕昆（管理学院）
刘馨茗（管理学院）
郑　祯（管理学院）
朱冬亮（马克思主义学院）
姜艳霞（化学化工学院）
汤　凯（海洋与地球学院）
李君涛（能源学院）
张　羽（台湾研究院）
彭　莉（台湾研究院）
黄　玥（航空航天学院）
（三）管理类
杨　爽（科学技术处）
吴春涛（校工会）
郭江淮（学校办公室）
朱少龙（纪律检查委员会）
何晓舟（资产与后勤事务管理处）
庄静怡（财务处）
（四）教科辅类
许红兵（出版社）
赵海霞（化学化工学院）
岑丹霞（化学化工学院）
杨晓建（校医院）
曾　彪（校医院）
侯立朝（附属翔安医院）

二十、龙胜达实验室建设管理突出贡献奖

医学与生命科学学部公共仪器平台

二十一、龙胜达奖教金

（一）管理类
叶　婧（化学化工学院）
黄木河（化学化工学院）
郭　艳（材料学院）
郭祥阳（海洋与地球学院）
魏丽华（公共卫生学院）
罗剑梁（实验室与设备管理处）
叶秀蓉（组织部/党的建设工作办公室）
赖珊珊（翔安校区）
周林成（科学技术处）
蒋　丽（校团委）
张　晶（实验室与设备管理处）
曾蒙爱（审计处）
王昊伟（财务处）
黄冬莲（资产与后勤事务管理处）
陈锦华（学校办公室）
（二）教科辅类
王　浩（物理科学与技术学院）
刘　川（化学化工学院）
邵文尧（化学化工学院）
徐　楠（材料学院）
郑　伟（生命科学学院）
肖佳媚（海洋与地球学院）
郑陈娟（环境与生态学院）
沈　容（医学院）
林志彬（能源学院）
周　锐（航空航天学院）
陈华宾[电子科学与技术学院（国家示范性微电子学院）]
贺　珊[电子科学与技术学院（国家示范性微电子学院）]
应磊莹[电子科学与技术学院（国家示范性微电子学院）]
林伟强[信息学院（国家示范性软件学院）]
赵江声[信息学院（国家示范性软件学院）]

二十二、林祖赓青年科技奖

（一）一等奖
谢顺吉（化学化工学院）
（二）二等奖
曹烁晖[电子科学与技术学院（国家示范性微电子学院）]

二十三、葛文勋奖教金

侯　旭(化学化工学院)

周　伟(航空航天学院)

2021年学生表彰与奖励名单

通令嘉奖

陈碧丽(授予嘉庚奖章)

西人马

XMU-China

通报表扬

卓芯科技

水产最强大脑团队

代谢密码——全球首创基于AMPK通路糖脂代谢疾病创新药

ACM

海王队

国家传染病诊断试剂与疫苗工程技术研究中心抗击新冠肺炎疫情科研攻关学生突击队

公共卫生学院抗击新冠肺炎疫情建模攻关团队

智慧工厂:智能车间信息化决策管理引领者

氢未来:车载燃料电池在线供氢系统开拓者

管理学院担当者共克时艰志愿团队

数往知来志愿服务队

夕拾朝华老年慢性病精准化三级预防志愿服务项目团队

赵　亮

施崇广

厦门大学2021年春季学期毕业班“三好学生”“优秀三好学生”“优秀学生干部”“优秀毕业生”名单

人文学院

曹　泽　三好学生
陈雨燕　三好学生
冯海芳　三好学生
赖　昕　三好学生
李　红　三好学生
林晓培　三好学生
刘张贺薇　三好学生
邪舒萌　三好学生
王舒平　三好学生
吴春春　三好学生
吴文婷　三好学生
闫欣彤　三好学生
杨心怡　三好学生
张柏勋　三好学生
张梦璇　三好学生
王凯立　三好学生
吴艳芳　三好学生
赵树元　三好学生
江佳凤　三好学生
刘青霞　三好学生
娄燕静　三好学生
鲁文岩　三好学生
沈　曲　三好学生
巫升丽　三好学生
吴晓惠　三好学生
张　力　三好学生
仲　皓　三好学生
曹　泽　优秀毕业生
陈俊洁　优秀毕业生
陈奕丹　优秀毕业生
韩知霖　优秀毕业生
洪嘉俊　优秀毕业生
李　红　优秀毕业生
林晓培　优秀毕业生
刘润将　优秀毕业生
刘张贺薇　优秀毕业生
卢士卿　优秀毕业生
罗昊天　优秀毕业生
欧阳辉勇　优秀毕业生
綦文多　优秀毕业生
王春龙　优秀毕业生
魏雅勤　优秀毕业生
吴春春　优秀毕业生
闫欣彤　优秀毕业生
张柏勋　优秀毕业生
张梦璇　优秀毕业生
王凯立　优秀毕业生
吴艳芳　优秀毕业生
柴政良　优秀毕业生
江佳凤　优秀毕业生
林婧敏　优秀毕业生
娄燕静　优秀毕业生
马　多　优秀毕业生
任红压　优秀毕业生
沈　曲　优秀毕业生
巫升丽　优秀毕业生
向　涛　优秀毕业生
姚惠青　优秀毕业生
张丹妮　优秀毕业生
张　咪　优秀毕业生
仲　皓　优秀毕业生
陈俊洁　优秀三好学生
李姝凝　优秀三好学生
王春龙　优秀三好学生
易　辉　优秀三好学生
唐凯纯　优秀三好学生
王　东　优秀三好学生
杨俊芳　优秀三好学生
洪嘉俊　优秀学生干部
罗昊天　优秀学生干部
王岳伟　优秀学生干部
詹华清　优秀学生干部
林婧敏　优秀学生干部
马　多　优秀学生干部
张丹妮　优秀学生干部

新闻传播学院

曹　欢　三好学生
陈恩光　三好学生
葛泽宇　三好学生
黄吴葳　三好学生
李自得　三好学生
刘嘉敏　三好学生
刘书颖　三好学生
马　静　三好学生
彭丹妮　三好学生
王小莉　三好学生
王鑫涛　三好学生
吴佩莹　三好学生
喻心玥　三好学生
赵　峥　三好学生
郭　冲　三好学生
高艺倩　三好学生
刘晓盼　三好学生
普非拉　三好学生
宋艺洲　三好学生
孙旭彤　三好学生
王丽萍　三好学生
詹玉娟　三好学生
曹　欢　优秀毕业生
陈恩光　优秀毕业生
陈禹漾　优秀毕业生
单亚楠　优秀毕业生
冯韦隽　优秀毕业生
何　可　优秀毕业生
黄吴葳　优秀毕业生
李沁桦　优秀毕业生
刘森君　优秀毕业生
刘　烁　优秀毕业生
卢涵文　优秀毕业生
王昊宇　优秀毕业生
王小莉　优秀毕业生
王雨晴　优秀毕业生
徐晓妍　优秀毕业生
尤　佳　优秀毕业生
张萌萌　优秀毕业生
段秋婷　优秀毕业生
邓　然　优秀毕业生
郭海旗　优秀毕业生
黄苗红　优秀毕业生
刘方洁　优秀毕业生
刘佳凤　优秀毕业生
刘　霜　优秀毕业生
王　雯　优秀毕业生
肖嘉梁　优秀毕业生
张　旭　优秀毕业生
卢涵文　优秀三好学生
王雨晴　优秀三好学生
杨晨伟　优秀三好学生
刘远航　优秀三好学生
谢梦瑶　优秀三好学生
冯韦隽　优秀学生干部
沈思婕　优秀学生干部
尤　佳　优秀学生干部
甘绪林　优秀学生干部
张晏宁　优秀学生干部

外文学院

戴　彦　三好学生
盖昱霖　三好学生
李恬蕊　三好学生
刘子鉴　三好学生
彭瑞雪　三好学生
阙向梅　三好学生
孙　玥　三好学生
万　博　三好学生
王锦钰　三好学生
王力平　三好学生
魏博阳　三好学生
吴哲炀　三好学生
杨嘉怡　三好学生
袁洪幸子　三好学生
张潇月　三好学生
赵世仟　三好学生
谢新峰　三好学生
陈　倩　三好学生
舒　畅　三好学生
唐　芳　三好学生
汪　怡　三好学生
张佳睿　三好学生
何文清　优秀毕业生
洪安楠　优秀毕业生
李可欣　优秀毕业生
马　培　优秀毕业生
马文菁　优秀毕业生
聂新然　优秀毕业生
平　萱　优秀毕业生
苏滢涵　优秀毕业生
唐恬悦　优秀毕业生
童安堃　优秀毕业生
王晓文　优秀毕业生
王玉琪　优秀毕业生
萧风杰　优秀毕业生
徐隽墨　优秀毕业生
徐一楠　优秀毕业生
徐子涵　优秀毕业生
姚书勤　优秀毕业生
张霖梦　优秀毕业生
张瑞杰　优秀毕业生
张一苇　优秀毕业生
陈　倩　优秀毕业生
傅辰鋆　优秀毕业生
顾蒋忆　优秀毕业生
黄心雨　优秀毕业生
舒　畅　优秀毕业生
唐婷婷　优秀毕业生
汪　怡　优秀毕业生
王丽萍　优秀毕业生
陈艺霆　优秀三好学生
徐舒怡　优秀三好学生
杨婷越　优秀三好学生
郑泽麟　优秀三好学生
黄心雨　优秀三好学生
郑妍颖　优秀三好学生
陈婷婷　优秀学生干部
高杭彬　优秀学生干部
贺　尹　优秀学生干部
刘　霄　优秀学生干部
谢冰璇　优秀学生干部
刘雯佳　优秀学生干部
唐婷婷　优秀学生干部

经济学院

白欣怡　三好学生
曾海洲　三好学生
常缤予　三好学生
陈慧娴　三好学生
陈沛琪　三好学生
陈彦辰　三好学生
陈奕奕　三好学生
楚明霞　三好学生
高俊卓　三好学生
高文博　三好学生
龚燕萍　三好学生
桂婧好　三好学生
何威霖　三好学生
侯晓宇　三好学生
柯海晶　三好学生
柯历超　三好学生
李晨曦　三好学生
李慧娴　三好学生
李欣茹　三好学生
梁　慰　三好学生
林灏晴　三好学生
林诗怡　三好学生
刘琬怡　三好学生

刘颖东　三好学生
吕　贤　三好学生
吕雨涵　三好学生
马晓燕　三好学生
潘钰铮　三好学生
覃海洋　三好学生
唐　蕊　三好学生
王　冠　三好学生
王　卯　三好学生
韦素萍　三好学生
吴兆国　三好学生
谢烨妍　三好学生
信佳琪　三好学生
杨　倩　三好学生
姚昕彤　三好学生
姚煜洋　三好学生
叶森鑫　三好学生
张　萌　三好学生
郑保丰　三好学生
郑　琳　三好学生
杜素珍　三好学生
葛厚逸　三好学生
何苏燕　三好学生
黄汝婷　三好学生
焦音学　三好学生
李凤娇　三好学生
李　娜　三好学生
郑军威　三好学生
朱彩云　三好学生
曾桂创　三好学生
常森峰　三好学生
陈淑萍　三好学生
邓美玲　三好学生
国晓菲　三好学生
何　弦　三好学生
胡　颖　三好学生
贾晓宝　三好学生
江宁莺　三好学生
李　奕　三好学生
廖梦琪　三好学生
林伟杰　三好学生
林　樾　三好学生
刘建军　三好学生
朴基源　三好学生
乔方方　三好学生
王　晨　三好学生
王婷婷　三好学生
吴培莎　三好学生
杨宇润　三好学生
于　欢　三好学生

张珊珊　三好学生
郑慧敏　三好学生
周新媛　三好学生
周志刚　三好学生
朱明蕊　三好学生
包晓妍　优秀毕业生
曾海洲　优秀毕业生
曾　恬　优秀毕业生
陈慧娴　优秀毕业生
陈奕奕　优秀毕业生
程一凡　优秀毕业生
代　岭　优秀毕业生
戴炜烽　优秀毕业生
鄂　乐　优秀毕业生
房禹辰　优秀毕业生
冯筱箬　优秀毕业生
高俊卓　优秀毕业生
高绮缘　优秀毕业生
龚燕萍　优秀毕业生
郭晓莹　优秀毕业生
侯晓宇　优秀毕业生
黄晓萍　优秀毕业生
康炜隆　优秀毕业生
柯海晶　优秀毕业生
黎宇慧　优秀毕业生
李嘉欣　优秀毕业生
李　洁　优秀毕业生
荔云飞　优秀毕业生
梁　慰　优秀毕业生
林诗怡　优秀毕业生
林文洁　优秀毕业生
刘　茜　优秀毕业生
刘颖东　优秀毕业生
刘禹嫣　优秀毕业生
吕　贤　优秀毕业生
吕雨涵　优秀毕业生
丘竞昆　优秀毕业生
覃海洋　优秀毕业生
王东辉　优秀毕业生
王　冠　优秀毕业生
王　俊　优秀毕业生
王　卯　优秀毕业生
王思懿　优秀毕业生
王馨祺　优秀毕业生
吴兆国　优秀毕业生
肖皓天　优秀毕业生
杨　阳　优秀毕业生
姚　杰　优秀毕业生
姚昕彤　优秀毕业生
叶　柳　优秀毕业生

叶森鑫　优秀毕业生
叶舒悦　优秀毕业生
余盈娣　优秀毕业生
张凌翔　优秀毕业生
张　萌　优秀毕业生
郑如瑶　优秀毕业生
诸思齐　优秀毕业生
卓文康　优秀毕业生
黄汝婷　优秀毕业生
冷志鹏　优秀毕业生
孙程九　优秀毕业生
张晓晨　优秀毕业生
白欣欣　优秀毕业生
陈柳杉　优秀毕业生
陈淑萍　优秀毕业生
邓美玲　优秀毕业生
邓肖娟　优秀毕业生
傅李昊　优秀毕业生
高怡曦　优秀毕业生
何林珺　优秀毕业生
何　弦　优秀毕业生
胡　颖　优秀毕业生
纪欣婷　优秀毕业生
李嘉琪　优秀毕业生
李思佳　优秀毕业生
廖梦琪　优秀毕业生
林　澜　优秀毕业生
林　雯　优秀毕业生
刘伟坤　优秀毕业生
刘晓璇　优秀毕业生
刘欣然　优秀毕业生
马金蕾　优秀毕业生
马　欣　优秀毕业生
彭　钦　优秀毕业生
邱虹云　优秀毕业生
邵禹菲　优秀毕业生
苏　彩　优秀毕业生
田　静　优秀毕业生
王　锐　优秀毕业生
吴陈鑫　优秀毕业生
吴　芳　优秀毕业生
吴丝钰　优秀毕业生
萧珍丽　优秀毕业生
杨小霞　优秀毕业生
余婉馨　优秀毕业生
占妍泓　优秀毕业生
郑兰兰　优秀毕业生
周志刚　优秀毕业生
程一凡　优秀三好学生
代　岭　优秀三好学生

冯筱箬　优秀三好学生
黄涵婧　优秀三好学生
康炜隆　优秀三好学生
黎宇慧　优秀三好学生
林文洁　优秀三好学生
覃才修　优秀三好学生
王　俊　优秀三好学生
叶舒悦　优秀三好学生
诸思齐　优秀三好学生
夏太彪　优秀三好学生
白欣欣　优秀三好学生
林　澜　优秀三好学生
彭　钦　优秀三好学生
苏　彩　优秀三好学生
吴　芳　优秀三好学生
杨小霞　优秀三好学生
张晨雨　优秀三好学生
陈方舟　优秀学生干部
董　冰　优秀学生干部
高绮缘　优秀学生干部
柯芷欣　优秀学生干部
李嘉欣　优秀学生干部
荔云飞　优秀学生干部
林逸师　优秀学生干部
盛程奕　优秀学生干部
王东辉　优秀学生干部
余盈娣　优秀学生干部
卓文康　优秀学生干部
冷志鹏　优秀学生干部
陈柳杉　优秀学生干部
丁佳丽　优秀学生干部
高怡曦　优秀学生干部
何林珺　优秀学生干部
尚潇逸　优秀学生干部
邵禹菲　优秀学生干部
杨鹏飞　优秀学生干部

管理学院

陈丛萱　三好学生
陈秋燕　三好学生
陈晓颖　三好学生
陈圳鸿　三好学生
邓凯琳　三好学生
洪　婧　三好学生
江晓慧　三好学生
柯若诗　三好学生
蓝　澜　三好学生
李　敏　三好学生
林欣玫　三好学生
罗丽婷　三好学生
罗　沁　三好学生
王霈萱　三好学生
王子栋　三好学生
温庆铭　三好学生
向陶钧　三好学生
项俊杰　三好学生
熊　鑫　三好学生
薛　贺　三好学生
尤娉婷　三好学生
张俊杰　三好学生
张　强　三好学生
张闻捷　三好学生
周　彪　三好学生
朱涤非　三好学生
朱婷婷　三好学生
陈　星　三好学生
范乐乐　三好学生
邹　冉　三好学生
陈倩莹　三好学生
段思竹　三好学生
高丽艳　三好学生
贺　菲　三好学生
黄瑞芸　三好学生
李佳虹　三好学生
梁富权　三好学生
刘粟一　三好学生
田　甜　三好学生
王维怡　三好学生
王　亚　三好学生
许　唱　三好学生
尹　琦　三好学生
张雯琦　三好学生
张一顺　三好学生
张乙璇　三好学生
张蕴哲　三好学生
章　敏　三好学生
赵晓洁　三好学生
朱　虹　三好学生
朱玲珑　三好学生
岑婉筠　优秀毕业生
曾咏祺　优秀毕业生
陈秋燕　优秀毕业生
邓凯琳　优秀毕业生
董天旻　优秀毕业生
郭靖俞　优秀毕业生
胡　茵　优秀毕业生
江晓慧　优秀毕业生
姜　瑾　优秀毕业生
柯若诗　优秀毕业生
蓝　澜　优秀毕业生
李　敏　优秀毕业生
李倩茹　优秀毕业生
刘　益　优秀毕业生
文　璐　优秀毕业生
项俊杰　优秀毕业生
张傲杰　优秀毕业生
张　强　优秀毕业生
张天逸　优秀毕业生
张闻捷　优秀毕业生
朱涤非　优秀毕业生
朱凯波　优秀毕业生
范乐乐　优秀毕业生
贾智杰　优秀毕业生
李　雪　优秀毕业生
曹程程　优秀毕业生
陈笠颖　优秀毕业生
陈雨萌　优秀毕业生
代明瑞　优秀毕业生
冯　鑫　优秀毕业生
顾　超　优秀毕业生
贺　菲　优秀毕业生
胡田田　优秀毕业生
黄利平　优秀毕业生
黄瑞芸　优秀毕业生
黄钰珊　优秀毕业生
黄泽华　优秀毕业生
李铅铅　优秀毕业生
李晓雅　优秀毕业生
廖　安　优秀毕业生
林　宸　优秀毕业生
林祎彬　优秀毕业生
刘付鹏　优秀毕业生
刘晶莹　优秀毕业生
刘粟一　优秀毕业生
庞煜峰　优秀毕业生
王　亚　优秀毕业生
吴姗姗　优秀毕业生
吴思远　优秀毕业生
许元培　优秀毕业生
杨奕恋　优秀毕业生
张乙璇　优秀毕业生
曾咏祺　优秀三好学生
董天旻　优秀三好学生
郭靖俞　优秀三好学生
胡　茵　优秀三好学生
伍咏昕　优秀三好学生
张傲杰　优秀三好学生
朱凯波　优秀三好学生
陈宇芳　优秀三好学生
蔡珊珊　优秀三好学生

代明瑞　优秀三好学生
顾　超　优秀三好学生
顾云丽　优秀三好学生
林　宸　优秀三好学生
白　璐　优秀学生干部
陈　婷　优秀学生干部
董永斌　优秀学生干部
姜　瑾　优秀学生干部
彭如春　优秀学生干部
汪　瑶　优秀学生干部
张天逸　优秀学生干部
张新月　优秀学生干部
林　森　优秀学生干部
上官莉莉　优秀学生干部
董子勖　优秀学生干部
杨奕恋　优秀学生干部
叶　风　优秀学生干部
周艳芳　优秀学生干部

法学院

曾梦婷　三好学生
杜　馨　三好学生
黄桢舜　三好学生
孟梧茜　三好学生
孙　雯　三好学生
杨　磊　三好学生
张雯悦　三好学生
张馨月　三好学生
张扬涵　三好学生
张泽惠　三好学生
李书静　三好学生
邱子键　三好学生
包柠榛　三好学生
陈梦婷　三好学生
黄子威　三好学生
李玲玉　三好学生
彭　叶　三好学生
邱哲昊　三好学生
王立琪　三好学生
徐　敬　三好学生
杨艺荣　三好学生
佘坤辉　三好学生
郑子豪　三好学生
周佩佩　三好学生
庄佩莹　三好学生
曾宇航　优秀毕业生
陈琳蓉　优秀毕业生
傅　昱　优秀毕业生
辜宝钰　优秀毕业生
黄桢舜　优秀毕业生
赖莅莅　优秀毕业生
廖晨蕾　优秀毕业生
孟梧茜　优秀毕业生
孙　雯　优秀毕业生
王茜鹤　优秀毕业生
吴舒妤　优秀毕业生
谢炜静　优秀毕业生
张雯悦　优秀毕业生
刘　捷　优秀毕业生
周　林　优秀毕业生
陈慈航　优秀毕业生
陈晓虹　优秀毕业生
方俊雅　优秀毕业生
高雅青　优秀毕业生
郭　宝　优秀毕业生
黄欢纯　优秀毕业生
李芳泉　优秀毕业生
李玲玉　优秀毕业生
刘亚楠　优秀毕业生
卢毅婷　优秀毕业生
邱哲昊　优秀毕业生
王贞贞　优秀毕业生
许飘飘　优秀毕业生
杨艺荣　优秀毕业生
张　浩　优秀毕业生
张佳琪　优秀毕业生
张瑞叶　优秀毕业生
周佩佩　优秀毕业生
傅　昱　优秀三好学生
谢炜静　优秀三好学生
赵诗洁　优秀三好学生
杜志勇　优秀三好学生
丁思绮　优秀三好学生
刘亚楠　优秀三好学生
胡小莉　优秀学生干部
惠语涵　优秀学生干部
齐梦雅　优秀学生干部
陈慈航　优秀学生干部
方俊雅　优秀学生干部
黄泽群　优秀学生干部
张瑞叶　优秀学生干部

公共事务学院

杜雪莹　三好学生
江佳颖　三好学生
柳含露　三好学生
吴兵兵　三好学生
吴星玉　三好学生
杨斐词　三好学生
叶文宇　三好学生
詹晓玲　三好学生
戴贝旎　三好学生
林　清　三好学生
许子宜　三好学生
杜雪莹　优秀毕业生
江佳钖　优秀毕业生
赖丽琴　优秀毕业生
梁　娅　优秀毕业生
曲祎诺　优秀毕业生
腾　贺　优秀毕业生
田心怡　优秀毕业生
吴兵兵　优秀毕业生
吴　洁　优秀毕业生
詹晓玲　优秀毕业生
徐昊楠　优秀毕业生
曾华伟　优秀毕业生
林诗恩　优秀毕业生
王钰棋　优秀毕业生
赵晓雯　优秀毕业生
田心怡　优秀三好学生
吴　洁　优秀三好学生
周桢妮　优秀三好学生
寇相钰　优秀学生干部
曲祎诺　优秀学生干部
罗　烨　优秀学生干部

社会与人类学院

李建敏　三好学生
林芙蓉　三好学生
马　倩　三好学生
肖智文　三好学生
杨雪婷　三好学生
张子睿　三好学生
范志泉　三好学生
张雪婷　三好学生
龚叶琳　三好学生
王紫薇　三好学生
陈　燕　优秀毕业生
樊锦豪　优秀毕业生
林芙蓉　优秀毕业生
齐盈瑞　优秀毕业生
肖智文　优秀毕业生
杨雪婷　优秀毕业生
张文馨　优秀毕业生
红星央宗　优秀毕业生
黄燕华　优秀毕业生
顾若兰　优秀毕业生
林凯彬　优秀毕业生
周晓彤　优秀毕业生
陈巧燕　优秀三好学生

孙　芮　优秀三好学生
张　娜　优秀学生干部
林　怡　优秀学生干部

艺术学院

陈懿臻　三好学生
方若薇　三好学生
顾芷琦　三好学生
郭　伟　三好学生
黄甜儿　三好学生
黄奕婷　三好学生
李嘉雯　三好学生
李逸群　三好学生
李　蕴　三好学生
林欣如　三好学生
刘泉妤　三好学生
裴紫怡　三好学生
邱旭玲　三好学生
宋沣洧　三好学生
吴俞萱　三好学生
武　月　三好学生
张雨新　三好学生
胡　到　三好学生
田　野　三好学生
许舒杨　三好学生
张斌颖　三好学生
曾　悦　优秀毕业生
陈怡然　优秀毕业生
陈泽楠　优秀毕业生
董一心　优秀毕业生
傅芊芊　优秀毕业生
傅莺嵘　优秀毕业生
高宇阳　优秀毕业生
顾芷琦　优秀毕业生
黄甜儿　优秀毕业生
赖培俊　优秀毕业生
李逸群　优秀毕业生
李　蕴　优秀毕业生
林铌铌　优秀毕业生
林　熠　优秀毕业生
裴紫怡　优秀毕业生
邱旭玲　优秀毕业生
邵茗宇　优秀毕业生
唐小璐　优秀毕业生
汪詹薇　优秀毕业生
吴苏康怡　优秀毕业生
张　妍　优秀毕业生
方舒晴　优秀毕业生
黄永红　优秀毕业生
史依蒙　优秀毕业生
许舒杨　优秀毕业生
叶宇晴　优秀毕业生
赖培俊　优秀三好学生
唐小璐　优秀三好学生
吴天也　优秀三好学生
张雅琳　优秀三好学生
叶宇晴　优秀三好学生
何经腾　优秀学生干部
洪珮雯　优秀学生干部
彭碧波　优秀学生干部
吴婉莹　优秀学生干部
王　琛　优秀学生干部

马克思主义学院

乔玉强　三好学生
蔡亦恬　三好学生
陈　斯　三好学生
苏心怡　三好学生
陈帅飞　优秀毕业生
张　多　优秀毕业生
孔凡星　优秀毕业生
李旭娇　优秀毕业生
钱晨晨　优秀毕业生
吴丽丽　优秀三好学生
李海艺　优秀学生干部

国际中文教育学院/海外教育学院

蒋文静　三好学生
林丽丽　三好学生
田苗瑞　三好学生
徐婉青　三好学生
余珂欣　三好学生
耿嘉宁　优秀毕业生
韩夏兰　优秀毕业生
胡　莎　优秀毕业生
吴浩楠　优秀毕业生
赵小雪　优秀毕业生
邹维琴　优秀毕业生
林婳婳　优秀三好学生
戴　萌　优秀学生干部

国际学院

韩雨芮　三好学生
胡嘉阳　三好学生
贾伊宁　三好学生
李逸朵　三好学生
刘嘉婧　三好学生
汤子涵　三好学生
唐佳玮　三好学生
田景莹　三好学生
王熙月　三好学生
王旭辉　三好学生
徐子凌　三好学生
余　炜　三好学生
张蓼蓝　三好学生
郑　媛　三好学生
陈维陈　优秀毕业生
陈雨萱　优秀毕业生
董雯君　优秀毕业生
谷怡冉　优秀毕业生
贾伊宁　优秀毕业生
李逸朵　优秀毕业生
卢雨欣　优秀毕业生
唐佳玮　优秀毕业生
田景莹　优秀毕业生
王雨馨　优秀毕业生
席方圆　优秀毕业生
薛丽雅　优秀毕业生
杨丁莘　优秀毕业生
于丽争　优秀毕业生
余　意　优秀毕业生
张晓雯　优秀毕业生
郑　昕　优秀毕业生
郑　媛　优秀毕业生
陈雨萱　优秀三好学生
黄馨莹　优秀三好学生
席方圆　优秀三好学生
谷怡冉　优秀学生干部
杨浩丰　优秀学生干部
张晓雯　优秀学生干部

国际关系学院

高　全　三好学生
苏亚蓉　三好学生
吴佳敏　三好学生
邢　巍　三好学生
康永沁　优秀毕业生
石有为　优秀毕业生
王　迪　优秀毕业生
邢　巍　优秀毕业生
杨健斐　优秀毕业生
杨健斐　优秀三好学生
康永沁　优秀学生干部

南洋研究院

董宇昕　三好学生
王一帆　三好学生
杨　霄　优秀毕业生
张雅冬　优秀毕业生

数学科学学院

高　畅　三好学生
姜　霞　三好学生
连婷晖　三好学生
林瀚文　三好学生
罗昕欣　三好学生
彭强威　三好学生
王笛合　三好学生
王小天　三好学生
张熹明　三好学生
赖素华　三好学生
石翔宇　三好学生
李晓彤　三好学生
潘诗瑶　三好学生
张燕灵　三好学生
刁　鹏　优秀毕业生
高　畅　优秀毕业生
姜　霞　优秀毕业生
姜正昊　优秀毕业生
连婷晖　优秀毕业生
林瀚文　优秀毕业生
彭强威　优秀毕业生
王华汀　优秀毕业生
叶淑敏　优秀毕业生
张熹明　优秀毕业生
赵明琪　优秀毕业生
林艺东　优秀毕业生
赵　状　优秀毕业生
郭尧佳　优秀毕业生
林伟丰　优秀毕业生
杨亚金　优秀毕业生
郑溢颖　优秀毕业生
姜正昊　优秀三好学生
王华汀　优秀三好学生
汪　颖　优秀三好学生
纪淑芬　优秀学生干部
欧阳婷　优秀学生干部
汪　洋　优秀学生干部

物理科学与技术学院

管言泽　三好学生
林旭斌　三好学生
刘逸帆　三好学生
王允婷　三好学生
吴泽鹏　三好学生
谢英豪　三好学生
严松松　三好学生
周博语　三好学生
陈　帆　三好学生
胡汉姿　三好学生
黄　煌　三好学生
夏源政　三好学生
俞巧琳　三好学生
赵　阳　三好学生
赵一默　三好学生
邹　娴　三好学生
白天琦　优秀毕业生
曹振东　优秀毕业生
陈威韬　优秀毕业生
付星宇　优秀毕业生
贡予越　优秀毕业生
何桢暄　优秀毕业生
马文琳　优秀毕业生
彭亮滔　优秀毕业生
尚　醇　优秀毕业生
吴巧雅　优秀毕业生
吴子倩　优秀毕业生
许子颉　优秀毕业生
朱振威　优秀毕业生
何发亮　优秀毕业生
李佳静　优秀毕业生
吕　薇　优秀毕业生
祁美红　优秀毕业生
王　斯　优秀毕业生
辛　悦　优秀毕业生
张　悦　优秀毕业生
郑翔天　优秀毕业生
林智远　优秀三好学生
杨开森　优秀三好学生
柯聪明　优秀三好学生
赵　莉　优秀三好学生
高连昊　优秀学生干部
王梓鉴　优秀学生干部
孙保帆　优秀学生干部
赵梁杰　优秀学生干部

航空航天学院

安政宇　三好学生
曾紫媛　三好学生
陈彩蓉　三好学生
陈艺婷　三好学生
成宇庆　三好学生
程鑫乐　三好学生
顾恩惠　三好学生
郭小暄　三好学生
黄　号　三好学生
蒋诗瑶　三好学生
孔令伟　三好学生
李芳钰　三好学生
李仕江　三好学生
连睿扬　三好学生
林雅萍　三好学生
刘春雨　三好学生
娄玉青　三好学生
卢　俊　三好学生
倪晨晨　三好学生
任海荣　三好学生
温金山　三好学生
相嘉慧　三好学生
张昊东　三好学生
张朦丹　三好学生
张梦迪　三好学生
张淑荣　三好学生
张义亮　三好学生
贺　苗　三好学生
陈文雄　三好学生
符鸿娟　三好学生
顾　健　三好学生
和松瑶　三好学生
胡政文　三好学生
兰梓峰　三好学生
刘　祥　三好学生
魏　鑫　三好学生
吴宗璞　三好学生
杨　帆　三好学生
易　超　三好学生
张　权　三好学生
钟　翔　三好学生
周贞文　三好学生
朱哲浩　三好学生
庄伟煌　三好学生
曾紫媛　优秀毕业生
陈彩蓉　优秀毕业生
陈忠鹏　优秀毕业生
成宇庆　优秀毕业生
程鑫乐　优秀毕业生
顾恩惠　优秀毕业生
黄　号　优秀毕业生
江心宇　优秀毕业生
蒋诗瑶　优秀毕业生
金　航　优秀毕业生
孔令伟　优秀毕业生
李仕江　优秀毕业生
林雅萍　优秀毕业生
刘　灿　优秀毕业生
刘春雨　优秀毕业生
娄玉青　优秀毕业生
卢　俊　优秀毕业生
马若雪　优秀毕业生
马逸群　优秀毕业生

苗　佳　优秀毕业生
倪晨晨　优秀毕业生
任海荣　优秀毕业生
王毅松　优秀毕业生
温金山　优秀毕业生
相嘉慧　优秀毕业生
徐益鑫　优秀毕业生
尹清扬　优秀毕业生
苑敏洁　优秀毕业生
云雨劼　优秀毕业生
张昊东　优秀毕业生
张朦丹　优秀毕业生
张梦迪　优秀毕业生
张淑荣　优秀毕业生
张义亮　优秀毕业生
施崇广　优秀毕业生
曹宇豪　优秀毕业生
车欢欢　优秀毕业生
陈子露　优秀毕业生
董晓威　优秀毕业生
龚赵慧　优秀毕业生
侯　昶　优秀毕业生
蓝　伟　优秀毕业生
李承霖　优秀毕业生
李　阳　优秀毕业生
林逸萍　优秀毕业生
凌彦聪　优秀毕业生
马雨桐　优秀毕业生
满君怡　优秀毕业生
倪志晨　优秀毕业生
皮　光　优秀毕业生
王　班　优秀毕业生
王怡雯　优秀毕业生
徐文静　优秀毕业生
姚守菊　优秀毕业生
张陈应　优秀毕业生
陈忠鹏　优秀三好学生
金　航　优秀三好学生
刘　灿　优秀三好学生
王毅松　优秀三好学生
徐益鑫　优秀三好学生
苑敏洁　优秀三好学生
云雨劼　优秀三好学生
陈　军　优秀三好学生
冯鑫驰　优秀三好学生
王奕惟　优秀三好学生
温冠锋　优秀三好学生
谷　雨　优秀学生干部
韩朝婧　优秀学生干部
江心宇　优秀学生干部
连睿扬　优秀学生干部
苗　佳　优秀学生干部
彭豪鸿　优秀学生干部
詹巧妍　优秀学生干部
白　成　优秀学生干部
陈春阳　优秀学生干部
林　骁　优秀学生干部
柳家齐　优秀学生干部

化学化工学院

陈福德　三好学生
丁诗浩　三好学生
何颖峰　三好学生
黄可诚　三好学生
黄心童　三好学生
蒋冯逸　三好学生
李诗勉　三好学生
李天昊　三好学生
李筱闻　三好学生
彭海燕　三好学生
石昕笛　三好学生
万丹芮　三好学生
续艺漩　三好学生
张浩文　三好学生
赵梓润　三好学生
甄莹莹　三好学生
郑可颖　三好学生
钟秀芳　三好学生
周胜琦　三好学生
黄梦娇　三好学生
赖智伟　三好学生
孟一凡　三好学生
彭龙庆　三好学生
邱振霖　三好学生
许　醒　三好学生
庄小燕　三好学生
曾　溪　三好学生
曾泽鹏　三好学生
陈俊佳　三好学生
陈文娇　三好学生
丛建龙　三好学生
郭小雪　三好学生
黄媛媛　三好学生
李凯佳　三好学生
廖泽凤　三好学生
林旭菁　三好学生
刘昊亮　三好学生
彭诗韵　三好学生
茹绍青　三好学生
王　星　三好学生
许嘉玲　三好学生
许振宁　三好学生
叶艺玲　三好学生
于欢欢　三好学生
袁元敏　三好学生
曾国超　优秀毕业生
陈福德　优秀毕业生
丁诗浩　优秀毕业生
葛文慧　优秀毕业生
黄心童　优秀毕业生
黄　旭　优秀毕业生
蒋冯逸　优秀毕业生
李　晴　优秀毕业生
李筱闻　优秀毕业生
罗梦洁　优秀毕业生
施忠浩　优秀毕业生
石昕笛　优秀毕业生
王润彤　优秀毕业生
王文婷　优秀毕业生
肖　尧　优秀毕业生
谢佶晟　优秀毕业生
邢舒铭　优秀毕业生
余铭鑫　优秀毕业生
张浩文　优秀毕业生
张苗钰　优秀毕业生
张润弘　优秀毕业生
张　尧　优秀毕业生
赵梓润　优秀毕业生
郑可颖　优秀毕业生
周智媚　优秀毕业生
陈文汉　优秀毕业生
黄艺鹏　优秀毕业生
檀同德　优秀毕业生
王泽树　优秀毕业生
温宝英　优秀毕业生
周　伟　优秀毕业生
蔡正苗　优秀毕业生
陈清奇　优秀毕业生
代威明　优秀毕业生
邓　斌　优秀毕业生
黄媛媛　优秀毕业生
李观俊　优秀毕业生
李伟泽　优秀毕业生
廖继章　优秀毕业生
林锦霞　优秀毕业生
林　菊　优秀毕业生
王舒雅　优秀毕业生
徐楚君　优秀毕业生
杨家强　优秀毕业生
张广亚　优秀毕业生

张济广　优秀毕业生
朱祎濛　优秀毕业生
葛文慧　优秀三好学生
黄　旭　优秀三好学生
李　晴　优秀三好学生
谢佶晟　优秀三好学生
邢舒铭　优秀三好学生
胡景庭　优秀三好学生
蔡正苗　优秀三好学生
陈清奇　优秀三好学生
李伟泽　优秀三好学生
林锦霞　优秀三好学生
林　菊　优秀三好学生
王舒雅　优秀三好学生
张济广　优秀三好学生
林森铭　优秀学生干部
伍舒颖　优秀学生干部
肖　尧　优秀学生干部
张润弘　优秀学生干部
张　尧　优秀学生干部
安明伟　优秀学生干部
黄武军　优秀学生干部
万里洋　优秀学生干部
徐楚君　优秀学生干部

材料学院

陈　旸　三好学生
洪恩柳　三好学生
林舒宇　三好学生
罗飞宇　三好学生
宋海涵　三好学生
王旭东　三好学生
邹瑜强　三好学生
曾姗妮　三好学生
陈嘉敏　三好学生
冯纪娜　三好学生
郭楷圣　三好学生
苗　皓　三好学生
叶雄彪　三好学生
赵亚楠　三好学生
朱春峰　三好学生
李晶寒　优秀毕业生
林若与　优秀毕业生
林舒宇　优秀毕业生
罗飞宇　优秀毕业生
申峻飞　优秀毕业生
宋海涵　优秀毕业生
王旭东　优秀毕业生
张佩娟　优秀毕业生
朱烨琦　优秀毕业生

陈秋林　优秀毕业生
黄居峰　优秀毕业生
史晨阳　优秀毕业生
游世海　优秀毕业生
郑　鹏　优秀毕业生
曾姗妮　优秀毕业生
冯　花　优秀毕业生
郭利鹏　优秀毕业生
华官平　优秀毕业生
李凌杰　优秀毕业生
林嘉渭　优秀毕业生
毛敏倩　优秀毕业生
王暮雪　优秀毕业生
张映雪　优秀毕业生
朱春峰　优秀毕业生
申峻飞　优秀三好学生
张佩娟　优秀三好学生
冯　花　优秀三好学生
林嘉渭　优秀三好学生
张映雪　优秀三好学生
任吉林　优秀学生干部
许雨晴　优秀学生干部
华官平　优秀学生干部
李凌杰　优秀学生干部

生命科学学院

程梦雨　三好学生
戴夏香　三好学生
董映君　三好学生
籍顺佳　三好学生
江雪彤　三好学生
李浩然　三好学生
李一琛　三好学生
刘明宇　三好学生
史瑞雪　三好学生
宋谦慧　三好学生
王灵娜　三好学生
肖　敏　三好学生
周　婧　三好学生
周振弘　三好学生
方　路　三好学生
陈　婷　三好学生
戴玉杰　三好学生
郭雅新　三好学生
郭　艳　三好学生
何　晶　三好学生
黄晓羽　三好学生
钱兹英　三好学生
宋　爽　三好学生
王晓菲　三好学生

吴惠娜　三好学生
章　蕴　三好学生
郑思思　三好学生
朱　琳　三好学生
程梦雨　优秀毕业生
高心荷　优秀毕业生
黄　琦　优秀毕业生
江雪彤　优秀毕业生
李　婷　优秀毕业生
李一琛　优秀毕业生
刘明宇　优秀毕业生
刘雨哲　优秀毕业生
吕晓琦　优秀毕业生
马绍骞　优秀毕业生
史瑞雪　优秀毕业生
宋谦慧　优秀毕业生
王超英　优秀毕业生
肖　敏　优秀毕业生
熊诗玥　优秀毕业生
徐家璇　优秀毕业生
周　婧　优秀毕业生
周书棋　优秀毕业生
周思汝　优秀毕业生
陈旗涛　优秀毕业生
陈昕雯　优秀毕业生
樊心蕊　优秀毕业生
沈　超　优秀毕业生
张　磊　优秀毕业生
陈　婷　优秀毕业生
陈玉芬　优秀毕业生
刘加爱　优秀毕业生
刘丽琴　优秀毕业生
刘晓敏　优秀毕业生
钱兹英　优秀毕业生
商少辉　优秀毕业生
孙如月　优秀毕业生
薛　一　优秀毕业生
杨正纲　优秀毕业生
俞燕萍　优秀毕业生
郑思思　优秀毕业生
黄　琦　优秀三好学生
吕晓琦　优秀三好学生
王超英　优秀三好学生
周思汝　优秀三好学生
邱蕾蕾　优秀三好学生
陈　尧　优秀三好学生
林燕玲　优秀三好学生
刘豫青　优秀学生干部
钱心玥　优秀学生干部
孙达超　优秀学生干部

张姝玥　优秀学生干部
陈玉芬　优秀学生干部
林仙妹　优秀学生干部
薛　一　优秀学生干部

海洋与地球学院

戴梦瑶　三好学生
黄坤琦　三好学生
梁　园　三好学生
林华英　三好学生
谭智杰　三好学生
汪　铃　三好学生
王　微　三好学生
伍绍嘉　三好学生
张　颖　三好学生
陈　楠　三好学生
李　薛　三好学生
刘灵珂　三好学生
唐国文　三好学生
张　迪　三好学生
郑树城　三好学生
高瑞琳　三好学生
高　瑛　三好学生
贵　茜　三好学生
黄泽鹏　三好学生
李铭钰　三好学生
梅皓玮　三好学生
时文苑　三好学生
张欣怡　三好学生
周　磊　三好学生
崔　琪　优秀毕业生
戴梦瑶　优秀毕业生
何　骞　优秀毕业生
胡　颖　优秀毕业生
林华英　优秀毕业生
欧文湛　优秀毕业生
潘怡彤　优秀毕业生
汪　铃　优秀毕业生
王　微　优秀毕业生
吴艺语　优秀毕业生
姚程成　优秀毕业生
郑　康　优秀毕业生
陈晓炜　优秀毕业生
李堂成　优秀毕业生
刘萌阳　优秀毕业生
俞丽英　优秀毕业生
曾文萃　优秀毕业生
陈林璐　优秀毕业生
傅雨瑶　优秀毕业生
孔菏君　优秀毕业生
林　玮　优秀毕业生
吕　菲　优秀毕业生
彭鹏飞　优秀毕业生
史天一　优秀毕业生
王　恬　优秀毕业生
魏诗晨　优秀毕业生
魏宇杰　优秀毕业生
伍仟仟　优秀毕业生
朱建英　优秀毕业生
庄自贤　优秀毕业生
邹波波　优秀毕业生
刘盈麟　优秀三好学生
杨逍宇　优秀三好学生
吴昊昊　优秀三好学生
高成成　优秀三好学生
吉皎月　优秀三好学生
邱婉蕾　优秀三好学生
李诗宇　优秀学生干部
熊长静　优秀学生干部
成　杰　优秀学生干部
陈雅琪　优秀学生干部
牛晴晴　优秀学生干部
姚苗莎　优秀学生干部

环境与生态学院

陈志伟　三好学生
石芸玥　三好学生
汤　涵　三好学生
王齐治　三好学生
王宇璇　三好学生
张　函　三好学生
赵　杰　三好学生
郑书露　三好学生
林静婕　三好学生
庞金玲　三好学生
蔡美君　三好学生
李浩然　三好学生
李美娜　三好学生
林　芝　三好学生
徐　超　三好学生
叶芦榕　三好学生
董炽斐　优秀毕业生
方　旗　优秀毕业生
龚杜美瑾　优秀毕业生
刘珺儿　优秀毕业生
罗　晨　优秀毕业生
宋天宇　优秀毕业生
王　祯　优秀毕业生
谢丽芳　优秀毕业生
尤艳萍　优秀毕业生
郑天颖　优秀毕业生
傅素晶　优秀毕业生
李　雯　优秀毕业生
马　维　优秀毕业生
董　事　优秀毕业生
郭亚丽　优秀毕业生
黄家驹　优秀毕业生
汪　路　优秀毕业生
王　亚　优秀毕业生
许家辉　优秀毕业生
周碧如　优秀毕业生
王　颖　优秀三好学生
张宇菁　优秀三好学生
许　金　优秀三好学生
张炎惠　优秀三好学生
付保龙　优秀学生干部
杨艾琳　优秀学生干部
林丽萍　优秀学生干部
林杨阳　优秀学生干部

信息学院

曹志伟　三好学生
陈金灵　三好学生
陈锰钊　三好学生
代明亮　三好学生
费　翔　三好学生
高　雅　三好学生
韩李翔　三好学生
洪浩然　三好学生
华爱萍　三好学生
华少楠　三好学生
黄世雄　三好学生
黄烨钒　三好学生
康立言　三好学生
雷佳宜　三好学生
李根深　三好学生
连陈宇　三好学生
廖予菡　三好学生
林　娜　三好学生
刘仁帅　三好学生
刘炫慧　三好学生
孟凤玲　三好学生
史卓凡　三好学生
王隆钲　三好学生
王雅南　三好学生
吴镕龙　三好学生
夏文雁　三好学生
肖　遥　三好学生
许黄超　三好学生
薛　畅　三好学生

杨程德　三好学生
殷文豪　三好学生
游铭杭　三好学生
赵筱萱　三好学生
钟亦劲　三好学生
朱　浩　三好学生
朱凌芸　三好学生
高　捷　三好学生
李　庆　三好学生
许志平　三好学生
杨　鑫　三好学生
陈锦昌　三好学生
陈　思　三好学生
郭慧敏　三好学生
胡路瑶　三好学生
李　润　三好学生
林丽健　三好学生
欧阳智超　三好学生
沙正川　三好学生
汪梦婷　三好学生
汪苇杭　三好学生
吴国丽　三好学生
吴　旭　三好学生
肖惠楚　三好学生
肖璐菁　三好学生
熊张悦　三好学生
颜晨倩　三好学生
叶聪敏　三好学生
俞　垚　三好学生
朱　庆　三好学生
曹志伟　优秀毕业生
陈海健　优秀毕业生
陈嘉祥　优秀毕业生
陈金灵　优秀毕业生
陈锰钊　优秀毕业生
代明亮　优秀毕业生
董怡帆　优秀毕业生
傅晓菲　优秀毕业生
高　雅　优秀毕业生
韩李翊　优秀毕业生
何少杰　优秀毕业生
黄泸明　优秀毕业生
黄烨钒　优秀毕业生
康立言　优秀毕业生
雷佳宜　优秀毕业生
李根深　优秀毕业生
连陈宇　优秀毕业生
林　娜　优秀毕业生
林玮悦　优秀毕业生
林梓惠　优秀毕业生
刘明辉　优秀毕业生
刘仁帅　优秀毕业生
刘炫慧　优秀毕业生
芦世杰　优秀毕业生
孟凤玲　优秀毕业生
施渝斌　优秀毕业生
史卓凡　优秀毕业生
苏　畅　优秀毕业生
孙鲁喆　优秀毕业生
王　静　优秀毕业生
吴镕龙　优秀毕业生
夏文雁　优秀毕业生
肖品彤　优秀毕业生
徐桂鹏　优秀毕业生
许黄超　优秀毕业生
许惠婷　优秀毕业生
殷文豪　优秀毕业生
游铭杭　优秀毕业生
余瑶珍　优秀毕业生
喻松林　优秀毕业生
赵筱萱　优秀毕业生
钟亦劲　优秀毕业生
周　淇　优秀毕业生
朱　浩　优秀毕业生
江梦茜　优秀毕业生
雷振风　优秀毕业生
苗永春　优秀毕业生
沈云航　优秀毕业生
陈东东　优秀毕业生
陈　燊　优秀毕业生
成思莹　优秀毕业生
丁钰真　优秀毕业生
高桂春　优秀毕业生
郭　燕　优秀毕业生
黄锦灏　优秀毕业生
蒋之晗　优秀毕业生
解宇虹　优秀毕业生
李慧霞　优秀毕业生
李徐竹　优秀毕业生
林洪玥　优秀毕业生
林丽莉　优秀毕业生
齐　琦　优秀毕业生
邱嘉航　优秀毕业生
邱淋灵　优秀毕业生
阮德莲　优秀毕业生
王军政　优秀毕业生
吴　桐　优秀毕业生
徐堂炜　优秀毕业生
叶熠华　优秀毕业生
张海璐　优秀毕业生
张　浩　优秀毕业生
张韦妮　优秀毕业生
郑蒋滨　优秀毕业生
陈海健　优秀三好学生
董怡帆　优秀三好学生
何少杰　优秀三好学生
李林禹　优秀三好学生
刘明辉　优秀三好学生
王　静　优秀三好学生
徐桂鹏　优秀三好学生
许惠婷　优秀三好学生
周　淇　优秀三好学生
刘三亚　优秀三好学生
陈兆彬　优秀三好学生
李国艳　优秀三好学生
廖仕荣　优秀三好学生
邵康豪　优秀三好学生
王燕宁　优秀三好学生
符东升　优秀学生干部
何　伟　优秀学生干部
金秋实　优秀学生干部
李瀚霆　优秀学生干部
廖科桢　优秀学生干部
吴婧姣　优秀学生干部
喻松林　优秀学生干部
詹李双　优秀学生干部
郑仰昆　优秀学生干部
王凤宇　优秀学生干部
叶晓毅　优秀学生干部
游建议　优秀学生干部
余秀梅　优秀学生干部
张　理　优秀学生干部
郑　悫　优秀学生干部

电子科学与技术学院

蔡昂昂　三好学生
陈搏佳　三好学生
陈　锦　三好学生
陈　洵　三好学生
方庭婧　三好学生
胡贝尔　三好学生
李　汀　三好学生
梁茗朝　三好学生
刘　玲　三好学生
刘雅慧　三好学生
罗则渌　三好学生
余靖伊　三好学生
张皓旸　三好学生
郑惠勇　三好学生
朱桉熠　三好学生

安寅铭　三好学生
陈　力　三好学生
陈　玥　三好学生
丁泽南　三好学生
董楚楚　三好学生
董　曦　三好学生
凡　旺　三好学生
黄贤良　三好学生
雷烁迪　三好学生
李秋浩　三好学生
刘东宝　三好学生
罗　尧　三好学生
吴　攀　三好学生
吴亚祥　三好学生
陈搏佳　优秀毕业生
陈玲玲　优秀毕业生
邓宏燕　优秀毕业生
方庭婧　优秀毕业生
黄儒翊　优秀毕业生
李良伟　优秀毕业生
廖鑫辉　优秀毕业生
刘　玲　优秀毕业生
刘玉兰　优秀毕业生
卢江峰　优秀毕业生
罗洪强　优秀毕业生
罗则渌　优秀毕业生
麻钰皓　优秀毕业生
杨仕驭　优秀毕业生
杨钰叶　优秀毕业生
姚伟强　优秀毕业生
张纯洁　优秀毕业生
张仁主　优秀毕业生
宗　正　优秀毕业生
曾　庆　优秀毕业生
许荣彬　优秀毕业生
詹昊霖　优秀毕业生
陈　玥　优秀毕业生
董楚楚　优秀毕业生
丰　豪　优秀毕业生
罗炜程　优秀毕业生
吕莉萍　优秀毕业生
彭慧嫣　优秀毕业生
上官质彬　优秀毕业生
尚宗伟　优秀毕业生
田梦飞　优秀毕业生
吴朝霞　优秀毕业生
吴潇婷　优秀毕业生
张　潇　优秀毕业生
朱　尧　优秀毕业生
邹楠楠　优秀毕业生
陈玲玲　优秀三好学生
廖鑫辉　优秀三好学生
杨钰叶　优秀三好学生
张纯洁　优秀三好学生
姚　金　优秀三好学生
陈华山　优秀三好学生
吴　鹏　优秀三好学生
李　航　优秀学生干部
廖　乘　优秀学生干部
林静雯　优秀学生干部
马立龙　优秀学生干部
王志伟　优秀学生干部
吴朝霞　优秀学生干部
吴潇婷　优秀学生干部

建筑与土木工程学院

白艺可　三好学生
方佳清　三好学生
冯立宇　三好学生
李　娜　三好学生
刘雨晴　三好学生
牟一帆　三好学生
徐鹏海　三好学生
张鑫涛　三好学生
周慧杰　三好学生
邓瑞钧　三好学生
刘奎铭　三好学生
刘胤池　三好学生
秘佳楠　三好学生
王书钰　三好学生
袁　彬　三好学生
张　萌　三好学生
陈子玥　优秀毕业生
方佳清　优秀毕业生
冯立宇　优秀毕业生
黄振锋　优秀毕业生
霍慧秀　优秀毕业生
李　娜　优秀毕业生
尚小钰　优秀毕业生
汪瑜娇　优秀毕业生
魏　蓝　优秀毕业生
徐鹏海　优秀毕业生
易永展　优秀毕业生
张鑫涛　优秀毕业生
黄柔柔　优秀毕业生
焦晓倩　优秀毕业生
梁婷越　优秀毕业生
饶勇平　优秀毕业生
沈小洁　优秀毕业生
孙庄敬　优秀毕业生
唐　超　优秀毕业生
殷　彪　优秀毕业生
张逸骁　优秀毕业生
汪瑜娇　优秀三好学生
易永展　优秀三好学生
唐　超　优秀三好学生
张德宇　优秀三好学生
陈钰杰　优秀学生干部
刘玉槟　优秀学生干部
刘　行　优秀学生干部
孙玲潇　优秀学生干部

医学院

蔡俊民　三好学生
蔡李骏　三好学生
陈闽飞　三好学生
陈秋霞　三好学生
陈甜甜　三好学生
戴玉梅　三好学生
段　颖　三好学生
李佳奕　三好学生
林杨滨　三好学生
罗晓鑫　三好学生
马　卓　三好学生
饶　艳　三好学生
涂梦倩　三好学生
王　安　三好学生
王书宇　三好学生
叶佳希　三好学生
庄净斌　三好学生
曹　煌　三好学生
程燕彬　三好学生
富凯丽　三好学生
高　进　三好学生
高秋妹　三好学生
高艺洋　三好学生
黄泽茂　三好学生
李秋玲　三好学生
李玉魁　三好学生
梁辉声　三好学生
齐清华　三好学生
邱　琳　三好学生
孙晓寒　三好学生
王仕可　三好学生
吴苑卉　三好学生
谢　德　三好学生
许普生　三好学生
姚兰琳　三好学生
禹　斐　三好学生
张　强　三好学生

赵　丽　三好学生
钟佳颖　三好学生
周志佳　三好学生
朱志鹏　三好学生
陈　平　优秀毕业生
陈秋霞　优秀毕业生
陈甜甜　优秀毕业生
陈　颖　优秀毕业生
戴玉梅　优秀毕业生
郭艺嘉　优秀毕业生
洪　政　优秀毕业生
李佳奕　优秀毕业生
李啸哲　优秀毕业生
梁　成　优秀毕业生
林荔燕　优秀毕业生
林杨滨　优秀毕业生
刘健源　优秀毕业生
罗晓鑫　优秀毕业生
邱　祺　优秀毕业生
饶　艳　优秀毕业生
涂梦倩　优秀毕业生
王　安　优秀毕业生
许诗霖　优秀毕业生
叶佳希　优秀毕业生
张林林　优秀毕业生
庄净斌　优秀毕业生
逄一帆　优秀毕业生
唐丽颖　优秀毕业生
徐岚溪　优秀毕业生
蔡　晴　优秀毕业生
曹　煌　优秀毕业生
陈慧玉　优秀毕业生
陈　新　优秀毕业生
程心璇　优秀毕业生
董　晅　优秀毕业生
富凯丽　优秀毕业生
高　进　优秀毕业生
何淑敏　优秀毕业生
何颢豪　优秀毕业生
黄泽茂　优秀毕业生
金梦怡　优秀毕业生
李宜恬　优秀毕业生
梁辉声　优秀毕业生
林淑霞　优秀毕业生
马路路　优秀毕业生
逄一臻　优秀毕业生
齐清华　优秀毕业生
宋　超　优秀毕业生
孙安冉　优秀毕业生
王春萍　优秀毕业生
王　军　优秀毕业生
禹　斐　优秀毕业生
赵　丽　优秀毕业生
周志佳　优秀毕业生
朱志鹏　优秀毕业生
李啸哲　优秀三好学生
梁　成　优秀三好学生
许诗霖　优秀三好学生
张林林　优秀三好学生
陈　超　优秀三好学生
董　晅　优秀三好学生
李宜恬　优秀三好学生
逄一臻　优秀三好学生
石　磊　优秀三好学生
王　军　优秀三好学生
曾　侃　优秀学生干部
迪丽努尔·迪力穆拉提　优秀学生干部
郭艺嘉　优秀学生干部
林曼滢　优秀学生干部
陈　新　优秀学生干部
梁铭辉　优秀学生干部
林淑霞　优秀学生干部
马路路　优秀学生干部
宋　超　优秀学生干部
王春萍　优秀学生干部

药学院

曾馨蕾　三好学生
陈灿彤　三好学生
陈　倩　三好学生
刘　快　三好学生
刘青娜　三好学生
乌皓祎　三好学生
陈露平　三好学生
冯　洁　三好学生
赖家双　三好学生
刘小晴　三好学生
刘新美　三好学生
陈　莹　优秀毕业生
高　玲　优秀毕业生
李　园　优秀毕业生
刘冰洁　优秀毕业生
苗佳颖　优秀毕业生
索紫矜　优秀毕业生
余　果　优秀毕业生
张静妍　优秀毕业生
张　舵　优秀毕业生
郑早早　优秀毕业生
陈宇洁　优秀毕业生
刘　晨　优秀毕业生
吴月煌　优秀毕业生
徐陈芳　优秀毕业生
朱星燊　优秀毕业生
毛金竹　优秀三好学生
杨弘力　优秀三好学生
牛播宁　优秀三好学生
陈　莹　优秀学生干部
索紫矜　优秀学生干部
云　芸　优秀学生干部

公共卫生学院

何春雷　三好学生
雷　兴　三好学生
孙　畅　三好学生
唐嘉营　三好学生
吴家金　三好学生
余珊珊　三好学生
赵珈莹　三好学生
丁丹丹　三好学生
刘　雪　三好学生
林胜男　三好学生
肖　健　三好学生
徐佳素　三好学生
杜雨珊　优秀毕业生
郭慧琳　优秀毕业生
李　佳　优秀毕业生
孙　畅　优秀毕业生
王子晗　优秀毕业生
吴家金　优秀毕业生
肖　瑾　优秀毕业生
颜思平　优秀毕业生
丁丹丹　优秀毕业生
林惠荣　优秀毕业生
刘　雪　优秀毕业生
黄豆豆　优秀毕业生
李登峰　优秀毕业生
罗　贝　优秀毕业生
肖　健　优秀毕业生
杜雨珊　优秀三好学生
颜思平　优秀三好学生
芮　佳　优秀三好学生
陈雅玲　优秀学生干部
李　佳　优秀学生干部
李　贤　优秀学生干部

能源学院

何欣琪　三好学生
李嘉欣　三好学生
李锦翔　三好学生
王　朝　三好学生

刘一铮　三好学生
吴念远　三好学生
徐　宏　三好学生
余　梦　三好学生
曹子奇　优秀毕业生
柴　晶　优秀毕业生
邓　翊　优秀毕业生
刘　毅　优秀毕业生
王旖婷　优秀毕业生
陈　旸　优秀毕业生
韩　晴　优秀毕业生
李嘉臣　优秀毕业生
梁峻华　优秀毕业生
林智威　优秀毕业生
周泓燕　优秀三好学生
凡正清　优秀三好学生
刘　毅　优秀学生干部
汪　涛　优秀学生干部

体育教学部

李含晖　三好学生
张诗雯　优秀毕业生

台湾研究院

吴思捷　三好学生
韦肖佳祺　三好学生
谢银萍　优秀毕业生
施　宇　优秀毕业生
庄慧芳　优秀毕业生
储　斌　优秀三好学生
邹顺强　优秀学生干部

教育研究院

庞　瑶　三好学生
李　钰　三好学生
赵江南　三好学生
庞　颖　优秀毕业生
何　洋　优秀毕业生
姚　蕊　优秀毕业生
郑雅倩　优秀毕业生
孙士茹　优秀三好学生
张盈盈　优秀学生干部

王亚南经济研究院

卜令天　三好学生
李宗霖　三好学生
杨　露　三好学生
刘彦臻　三好学生
陈昆志　三好学生
林加敏　三好学生
卫青霞　三好学生
卜令天　优秀毕业生
陈杰腾　优秀毕业生
李宗霖　优秀毕业生
林志晟　优秀毕业生
刘彦臻　优秀毕业生
陈昆志　优秀毕业生
贾若凡　优秀毕业生
林加敏　优秀毕业生
张寒梅　优秀毕业生
张晴雯　优秀毕业生
张瑞筠　优秀毕业生
张宇婷　优秀毕业生
林志晟　优秀三好学生
张瑞筠　优秀三好学生
冯毓升　优秀学生干部
黄凯璇　优秀学生干部

知识产权研究院

陈俊凯　三好学生
刘　睿　三好学生
王悦玥　优秀毕业生
李徐帆　优秀三好学生

公共政策研究院

赵荷花　三好学生

萨本栋微米纳米科学技术研究院

杨林林　三好学生
吴亚卓　三好学生
陈　新　优秀毕业生
洪书晴　优秀毕业生

厦门大学 2021 年秋季学期
“三好学生”“优秀三好学生”“优秀学生干部”名单

人文学院

蔡　婵　三好学生
蔡晗漪　三好学生
蔡子娴　三好学生
曾子涵　三好学生
陈碧雪　三好学生
陈炳国　三好学生
陈　力　三好学生
高斯琦　三好学生
郭婧仪　三好学生
洪婉秋　三好学生
黄　萌　三好学生
黄舒榆　三好学生
黄炜豪　三好学生
康伊帆　三好学生
赖叔青　三好学生
雷　歌　三好学生
李洁尧　三好学生
李睿铭　三好学生
李一诺　三好学生
刘　璐　三好学生
柳诗雨　三好学生
龙欣雨　三好学生
罗莞萦　三好学生
钱虹伊　三好学生
石宇涵　三好学生
宋雅鑫　三好学生
孙千涵　三好学生
孙雨桐　三好学生
王　淇　三好学生
吴晓婷　三好学生
谢妍冰　三好学生
徐曙端　三好学生
薛诗瑶　三好学生
鄢昕杰　三好学生
杨　青　三好学生
余小倩　三好学生
袁婉彦　三好学生
詹绪婷　三好学生
张力方　三好学生
赵歆仪　三好学生
郑瀚如　三好学生
郑林晨　三好学生
郑雯雨　三好学生
郑颖涵　三好学生
朱思琦　三好学生
方　圆　三好学生
刘舒雯　三好学生
刘晓臣　三好学生
吕珊珊　三好学生
汪湛穹　三好学生
吴晓非　三好学生
游长冬　三好学生
陈冰琳　三好学生
陈立君　三好学生
陈诗韵　三好学生
葛　祎　三好学生

何春雨　三好学生
胡　萍　三好学生
黄格为　三好学生
康艳秋　三好学生
林书羽　三好学生
林　贞　三好学生
刘夏炜　三好学生
吕培榕　三好学生
梅依洁　三好学生
邱荟文　三好学生
王　淼　三好学生
王　嵘　三好学生
徐钦蒙　三好学生
杨媛媛　三好学生
詹晓君　三好学生
张可佳　三好学生
张莹莹　三好学生
张　瑜　三好学生
郑靖怡　三好学生
朱坤伦　三好学生
戴霞蔚　优秀三好学生
韩　旭　优秀三好学生
黄　翎　优秀三好学生
井浩森　优秀三好学生
李　晗　优秀三好学生
罗安琪　优秀三好学生
罗新烨　优秀三好学生
宁一奇　优秀三好学生
王丽雯　优秀三好学生
姚明含　优秀三好学生
于　悦　优秀三好学生
江鎏渤　优秀三好学生
许哲敏　优秀三好学生
华颖锐　优秀三好学生
李梦婷　优秀三好学生
刘太远　优秀三好学生
孙亚男　优秀三好学生
杨锦鸿　优秀三好学生
郑子鑫　优秀三好学生
何缘晓　优秀学生干部
江韵琳　优秀学生干部
兰心蕙　优秀学生干部
李沐霖　优秀学生干部
凌泉灵　优秀学生干部
卢梓宇　优秀学生干部
谈伊辛　优秀学生干部
杨　虹　优秀学生干部
郑培宏　优秀学生干部
周林励　优秀学生干部
朱梦瑶　优秀学生干部
蔡婉霞　优秀学生干部
李忆宁　优秀学生干部
潘如芳　优秀学生干部
蒲亚萍　优秀学生干部
石筛镜　优秀学生干部
王译恒　优秀学生干部
叶　恒　优秀学生干部
朱奎龙　优秀学生干部

新闻传播学院

安越洋　三好学生
蔡佳莹　三好学生
陈淑雲　三好学生
董睿晗　三好学生
付海浒　三好学生
高季晗　三好学生
何若溪　三好学生
胡新月　三好学生
简奕晗　三好学生
江婉佳　三好学生
李怡璇　三好学生
李子薇　三好学生
陆　昀　三好学生
罗玉冰　三好学生
吕　希　三好学生
马雅雯　三好学生
彭程程　三好学生
汪思言　三好学生
王泓鑫　三好学生
王玖玲　三好学生
王梦溪　三好学生
王　悌　三好学生
吴彦瑾　三好学生
吴宜臻　三好学生
徐妍迪　三好学生
许　晶　三好学生
詹远航　三好学生
张蓓玫　三好学生
张婧祺　三好学生
张欣仪　三好学生
张怡文　三好学生
郑漫漫　三好学生
庄银鸿　三好学生
白文睿　三好学生
曹　远　三好学生
代粤冬　三好学生
方晓洁　三好学生
何　晶　三好学生
侯紫彤　三好学生
胡双悦　三好学生
蒋　捷　三好学生
李　彤　三好学生
李彦兮　三好学生
李　瑶　三好学生
廖礼慧　三好学生
林一洲　三好学生
刘中静　三好学生
唐李娜　三好学生
万　晨　三好学生
王　真　三好学生
许　丹　三好学生
郑钰潆　三好学生
朱晔蕾　三好学生
何小豪　优秀三好学生
李天昊　优秀三好学生
李晓倩　优秀三好学生
林心怡　优秀三好学生
凌仔鑫　优秀三好学生
刘　怡　优秀三好学生
杨　昕　优秀三好学生
章立沥　优秀三好学生
祁　琪　优秀三好学生
李　昕　优秀三好学生
刘洁滢　优秀三好学生
徐倩鞠　优秀三好学生
杨逸婷　优秀三好学生
范姗姗　优秀学生干部
桂　州　优秀学生干部
蒋新欣　优秀学生干部
李亚迪　优秀学生干部
林煜俊　优秀学生干部
刘欣然　优秀学生干部
沈丁凡　优秀学生干部
魏　琦　优秀学生干部
李海文　优秀学生干部
陈洁怡　优秀学生干部
董　旭　优秀学生干部
黄明燕　优秀学生干部
张凤羽　优秀学生干部

外文学院

安雪莹　三好学生
曹飞艳　三好学生
曾纤霁　三好学生
常浩萱　三好学生
陈锦旖　三好学生
陈漫榕　三好学生
陈　诺　三好学生
陈钰洁　三好学生
储嘉睿　三好学生

但孝娜　三好学生
丁奕臻　三好学生
董晨敏　三好学生
董　宁　三好学生
董誉丹　三好学生
方　翼　三好学生
古欣然　三好学生
郭欣诚　三好学生
黄　晶　三好学生
黄凯琪　三好学生
李　姝　三好学生
梁雅琪　三好学生
廖若瑶　三好学生
林家惠　三好学生
林　楠　三好学生
林绮欣　三好学生
林一飞　三好学生
林子芊　三好学生
刘卉萱　三好学生
陆梦媛　三好学生
罗　倩　三好学生
马可恬　三好学生
毛嘉昕　三好学生
聂楚洋　三好学生
朴明惠　三好学生
沈　晴　三好学生
施林江　三好学生
陶卓涵　三好学生
王　楠　三好学生
徐欣昱　三好学生
杨淋娜　三好学生
杨祉祺　三好学生
叶宁忻　三好学生
易　扬　三好学生
殷孟晋　三好学生
张晰秋　三好学生
张心怡　三好学生
赵文珍　三好学生
郑琦琦　三好学生
郑玉婷　三好学生
邹芷珊　三好学生
陈小静　三好学生
成嘉麒　三好学生
方思琦　三好学生
高欣鸽　三好学生
郭晓丽　三好学生
黄芹冰　三好学生
邱幸可　三好学生
王锦文　三好学生
吴少君　三好学生
吴幼玲　三好学生
奚嘉忆　三好学生
袁　翔　三好学生
张雨晨　三好学生
张雨晨　三好学生
钟　琳　三好学生
周子淇　三好学生
敖静宜　优秀三好学生
葛　衍　优秀三好学生
顾　淳　优秀三好学生
黄欣璐　优秀三好学生
姜兆坤　优秀三好学生
李　彤　优秀三好学生
李政芸　优秀三好学生
罗涵雨　优秀三好学生
苗海豫　优秀三好学生
王欣雨　优秀三好学生
王梓琦　优秀三好学生
姚韵棋　优秀三好学生
张书萍　优秀三好学生
赵子仪　优秀三好学生
李鑫颖　优秀三好学生
蔡铭锋　优秀三好学生
曹　岳　优秀三好学生
虞一菲　优秀三好学生
陈秋蒙　优秀学生干部
程孟巧　优秀学生干部
戴冰枝　优秀学生干部
龚　晓　优秀学生干部
李康荣　优秀学生干部
林泓罕　优秀学生干部
林心然　优秀学生干部
汤　恒　优秀学生干部
田晓镕　优秀学生干部
王　婷　优秀学生干部
徐　诺　优秀学生干部
尹佳骏　优秀学生干部
张雨菲　优秀学生干部
杨　诚　优秀学生干部
李若楠　优秀学生干部
钟予晴　优秀学生干部
周佳睿　优秀学生干部

经济学院

巴盛蕊　三好学生
班钰涵　三好学生
蔡欣奇　三好学生
曹蒙梦　三好学生
曾鑫恋　三好学生
陈安然　三好学生
陈俊宏　三好学生
陈思羽　三好学生
陈湘芸　三好学生
陈一铭　三好学生
崔　晏　三好学生
段姝慧　三好学生
顾锦楠　三好学生
贵　睿　三好学生
郭媛媛　三好学生
何茜茜　三好学生
何润欣　三好学生
黑敏楠　三好学生
黄晨暄　三好学生
黄立涵　三好学生
黄丽娟　三好学生
黄舒怡　三好学生
黄钰萱　三好学生
黄子豪　三好学生
江熙瑶　三好学生
江雨欣　三好学生
孔子怡　三好学生
赖传衔　三好学生
李　勉　三好学生
李敏楠　三好学生
李　融　三好学生
李劭晗　三好学生
李欣馨　三好学生
李子夏　三好学生
林　倩　三好学生
林思彤　三好学生
林月敏　三好学生
林子谦　三好学生
刘　辰　三好学生
刘婉婷　三好学生
刘心怡　三好学生
刘　盈　三好学生
刘云飞　三好学生
柳英杰　三好学生
娄逸娴　三好学生
罗晓彤　三好学生
吕　佀　三好学生
吕晓萌　三好学生
吕亦斐　三好学生
马雪茗　三好学生
毛嘉怡　三好学生
倪　辰　三好学生
牛鑫鑫　三好学生
潘奕如　三好学生
彭熙文　三好学生
彭子睿　三好学生

商　妍　三好学生
盛焕新　三好学生
施小奇　三好学生
宋依桐　三好学生
苏丹蕾　三好学生
汤潇潇　三好学生
汤昀睿　三好学生
万雨婷　三好学生
汪怿凯　三好学生
王秋凉　三好学生
王希瑜　三好学生
王欣悦　三好学生
夏欣蕾　三好学生
谢永相　三好学生
徐文静　三好学生
许思益　三好学生
羊　洋　三好学生
杨弘宇　三好学生
杨　佳　三好学生
杨璐娜　三好学生
杨　阳　三好学生
于蒙蒙　三好学生
袁晨曦　三好学生
詹梓乐　三好学生
占思诺　三好学生
张　驰　三好学生
张聪迪　三好学生
张可莹　三好学生
张诗雨　三好学生
张淑雯　三好学生
张　涛　三好学生
张意涵　三好学生
张　颖　三好学生
张子辰　三好学生
赵迪雅　三好学生
郑佳铭　三好学生
钟雨轩　三好学生
周俊羽　三好学生
周佩柠　三好学生
陈忘龙　三好学生
程　昱　三好学生
邓宇铭　三好学生
蒋　烁　三好学生
李炳财　三好学生
梁方志　三好学生
林淑苹　三好学生
渠宇轩　三好学生
沈小源　三好学生
田　野　三好学生
脱　虹　三好学生
徐云娇　三好学生
余兴锦　三好学生
宾　川　三好学生
蔡倪暄　三好学生
曹珂迪　三好学生
陈嘉慧　三好学生
陈文静　三好学生
陈彦辰　三好学生
陈怡萍　三好学生
陈颖毅　三好学生
池添俐　三好学生
丁靖雯　三好学生
董　惠　三好学生
杜美娟　三好学生
刚铭君　三好学生
郭　靖　三好学生
洪晓丹　三好学生
洪　叶　三好学生
胡晓雪　三好学生
黄酬子佑　三好学生
黄淑清　三好学生
黄雯榕　三好学生
蒋宛金　三好学生
康陈冉　三好学生
雷欣宇　三好学生
李　楠　三好学生
李旭旻　三好学生
李雅妮　三好学生
李亚楠　三好学生
李云鹏　三好学生
林海涵　三好学生
林　舒　三好学生
林晓莹　三好学生
林　妍　三好学生
林祎楠　三好学生
林　珍　三好学生
刘思璇　三好学生
刘岳欣　三好学生
罗佩晴　三好学生
罗长文　三好学生
宁晚宏　三好学生
彭　靓　三好学生
任　矗　三好学生
苏心怡　三好学生
谭业婷　三好学生
童　旻　三好学生
王斯琪　三好学生
王雪纯　三好学生
王耀州　三好学生
王子贺　三好学生
魏世颖　三好学生
温沁妍　三好学生
吴晓萌　三好学生
吴心晟　三好学生
吴贞静　三好学生
熊　磊　三好学生
徐超逸　三好学生
许　津　三好学生
杨俊婷　三好学生
杨淇岩　三好学生
杨　清　三好学生
叶　程　三好学生
叶　娅　三好学生
张梦莲　三好学生
张伟贤　三好学生
张夏欣　三好学生
赵锦静　三好学生
赵　莹　三好学生
赵永娟　三好学生
郑丁晨　三好学生
郑凤娥　三好学生
郑　韫　三好学生
周琳珊　三好学生
朱琳雪　三好学生
庄艺芬　三好学生
蔡坤凌　优秀三好学生
陈夏妍　优秀三好学生
陈艳鹭　优秀三好学生
丁雪燕　优秀三好学生
付文白　优秀三好学生
韩烨蕾　优秀三好学生
黄佳敏　优秀三好学生
李刚彬　优秀三好学生
李欣元　优秀三好学生
廖埗梅　优秀三好学生
林　昕　优秀三好学生
刘静雯　优秀三好学生
娄凌清　优秀三好学生
卢哲霞　优秀三好学生
马莎莎　优秀三好学生
潘康裕　优秀三好学生
乔　越　优秀三好学生
秦洁瑶　优秀三好学生
邱　亮　优秀三好学生
宋思佳　优秀三好学生
王锦蓉　优秀三好学生
王靖妮　优秀三好学生
王可心　优秀三好学生
王子萌　优秀三好学生
王紫辰　优秀三好学生

韦懿恒　优秀三好学生
吴欣怡　优秀三好学生
叶逸飞　优秀三好学生
叶　芝　优秀三好学生
俞好好　优秀三好学生
张梓洛　优秀三好学生
郑成霖　优秀三好学生
周静宜　优秀三好学生
陈凌凌　优秀三好学生
程源远　优秀三好学生
卢　沛　优秀三好学生
王鹏程　优秀三好学生
赵攀婷　优秀三好学生
陈丹霓　优秀三好学生
杜思雨　优秀三好学生
郭晟宇　优秀三好学生
郭芷茹　优秀三好学生
蒋刘侠　优秀三好学生
蒋梦娜　优秀三好学生
蒋文婕　优秀三好学生
牟欣洁　优秀三好学生
尚宏丽　优秀三好学生
唐艺铭　优秀三好学生
王　菁　优秀三好学生
吴　昊　优秀三好学生
吴欢欢　优秀三好学生
吴　娜　优秀三好学生
张博宇　优秀三好学生
陈佳宁　优秀学生干部
陈梦雅　优秀学生干部
崔　畅　优秀学生干部
邓逸杰　优秀学生干部
韩梦圆　优秀学生干部
洪欣桐　优秀学生干部
洪　韵　优秀学生干部
胡艺文　优秀学生干部
李诗婕　优秀学生干部
李世武　优秀学生干部
林培慧　优秀学生干部
林　缘　优秀学生干部
罗晓媛　优秀学生干部
马依萱　优秀学生干部
戚晓宇　优秀学生干部
石乐萌　优秀学生干部
孙骏田　优秀学生干部
王常贺　优秀学生干部
王溪荣　优秀学生干部
徐嘉欣　优秀学生干部
许　诺　优秀学生干部
许书涵　优秀学生干部
姚珂涵　优秀学生干部
叶宇恒　优秀学生干部
尹鹏飞　优秀学生干部
余铭宇　优秀学生干部
张梦倪　优秀学生干部
张雪莉　优秀学生干部
邹玉洁　优秀学生干部
陈卓恒　优秀学生干部
黄子耀　优秀学生干部
谢骐宇　优秀学生干部
张文悦　优秀学生干部
赵　海　优秀学生干部
曹颖颖　优秀学生干部
耿玉刚　优秀学生干部
何玉珠　优秀学生干部
简　珂　优秀学生干部
宁发俊　优秀学生干部
孙家诚　优秀学生干部
唐　琳　优秀学生干部
王绍政　优秀学生干部
魏书芳　优秀学生干部
许　薇　优秀学生干部
许新阳　优秀学生干部
杨　嫔　优秀学生干部
余一飞　优秀学生干部
张锦韬　优秀学生干部
章依婷　优秀学生干部

管理学院

曾大卫　三好学生
曾玉铃　三好学生
陈虹印　三好学生
陈丽情　三好学生
陈思覃　三好学生
陈希雯　三好学生
迟雨辰　三好学生
戴嘉欣　三好学生
房小迪　三好学生
高星琪　三好学生
高杨驰　三好学生
胡安琪　三好学生
胡雨茜　三好学生
黄佳佳　三好学生
江妍葶　三好学生
解张珺钦　三好学生
赖婧雯　三好学生
李芳玉　三好学生
李　琦　三好学生
李世杰　三好学生
李昕彦　三好学生
李　妍　三好学生
李　艳　三好学生
林　宸　三好学生
林慧敏　三好学生
林晓佳　三好学生
潘梦鸿　三好学生
彭湘溶　三好学生
任　彤　三好学生
尚倪宏　三好学生
邵新哲　三好学生
佘骏一　三好学生
舒　青　三好学生
宋　筠　三好学生
孙舒扬　三好学生
汤颜睿　三好学生
唐　举　三好学生
王健霖　三好学生
王洁娴　三好学生
王　鑫　三好学生
王懿婧　三好学生
王桢艳　三好学生
吴梦玲　三好学生
吴汝婧　三好学生
吴梓锐　三好学生
熊茂竹　三好学生
徐　蕾　三好学生
许芃昱　三好学生
许文馨　三好学生
薛韫林　三好学生
闫梦月　三好学生
杨　楠　三好学生
杨思琪　三好学生
杨依依　三好学生
姚文慧　三好学生
尹靖涵　三好学生
应佳楠　三好学生
游丽华　三好学生
余晓悦　三好学生
张　萌　三好学生
张培力　三好学生
张昕玥　三好学生
赵晨月　三好学生
赵海贝　三好学生
赵悦灵　三好学生
郑丽萍　三好学生
郑　珅　三好学生
周可凡　三好学生
周蕊瑞　三好学生
邹丹丹　三好学生
陈国福　三好学生

葛佳敏　三好学生
蒋志宏　三好学生
秦利宾　三好学生
邵一凡　三好学生
孙　鑫　三好学生
王　攀　三好学生
魏　锴　三好学生
仵荣鑫　三好学生
尹玉佳　三好学生
张　韵　三好学生
庄　婕　三好学生
蔡崧吟　三好学生
曹　昊　三好学生
曹佳颖　三好学生
曹　洁　三好学生
曹　阳　三好学生
陈安祺　三好学生
陈怡婷　三好学生
陈盈颖　三好学生
陈梓奕　三好学生
程光彬　三好学生
傅家浩　三好学生
管柯琴　三好学生
胡明月　三好学生
黄　璐　三好学生
康　璿　三好学生
雷丽娜　三好学生
黎　骞　三好学生
李承昕　三好学生
李淑铮　三好学生
李雪慧　三好学生
李昭希　三好学生
刘方仪　三好学生
刘　柳　三好学生
刘欣宇　三好学生
卢巧玲　三好学生
卢魏安琪　三好学生
乔雪珍　三好学生
阙瑜嬛　三好学生
宋寅寅　三好学生
谭雪花　三好学生
唐浩博　三好学生
滕传浩　三好学生
王珞嘉　三好学生
王　婷　三好学生
王馨瑶　三好学生
王雅珉　三好学生
巫奕龙　三好学生
吴坤宇　三好学生
徐晨露　三好学生
杨斓景　三好学生
姚燕玲　三好学生
叶奕钦　三好学生
张青玉　三好学生
张雨童　三好学生
赵洁莉　三好学生
郑　璇　三好学生
庄歆怡　三好学生
卓榕生　三好学生
陈启元　优秀三好学生
丁　玎　优秀三好学生
丁笑怡　优秀三好学生
侯　佳　优秀三好学生
李居栋　优秀三好学生
李　珂　优秀三好学生
李晓均　优秀三好学生
厉家祺　优秀三好学生
林钰冰　优秀三好学生
陆思橙　优秀三好学生
马　莹　优秀三好学生
彭　派　优秀三好学生
申依凡　优秀三好学生
宋玲丹　优秀三好学生
孙　颖　优秀三好学生
唐　颂　优秀三好学生
涂青青　优秀三好学生
王　皓　优秀三好学生
王莎莎　优秀三好学生
王子旭　优秀三好学生
吴颖婕　优秀三好学生
谢蕉雨　优秀三好学生
许晓琪　优秀三好学生
张哲铭　优秀三好学生
赵　睿　优秀三好学生
朱萌萌　优秀三好学生
鲍珩淼　优秀三好学生
王万方　优秀三好学生
伍翕婷　优秀三好学生
朱朋虎　优秀三好学生
黄宇婷　优秀三好学生
李竹馨　优秀三好学生
刘海潮　优秀三好学生
刘奕康　优秀三好学生
茹靖雪　优秀三好学生
台英旭　优秀三好学生
王少芹　优秀三好学生
王苏瑞　优秀三好学生
武沁雯　优秀三好学生
杨舒晨　优秀三好学生
张　琦　优秀三好学生
陈之源　优秀学生干部
邓文狄　优秀学生干部
邓　悦　优秀学生干部
江菲菲　优秀学生干部
李荣坤　优秀学生干部
林臻杰　优秀学生干部
刘　超　优秀学生干部
刘嘉仪　优秀学生干部
鲁辰扬　优秀学生干部
孙国耀　优秀学生干部
王尚锟　优秀学生干部
徐鹤丹　优秀学生干部
徐　璐　优秀学生干部
徐怡宁　优秀学生干部
杨子欣　优秀学生干部
叶　丰　优秀学生干部
叶珺影　优秀学生干部
叶莉莉　优秀学生干部
叶子莲　优秀学生干部
张钰淇　优秀学生干部
郑嘉琪　优秀学生干部
周　倩　优秀学生干部
祝可欣　优秀学生干部
陈　语　优秀学生干部
闫　寒　优秀学生干部
张　腾　优秀学生干部
周晓宇　优秀学生干部
陈　青　优秀学生干部
方　瑶　优秀学生干部
高　佳　优秀学生干部
高浚霖　优秀学生干部
郭　娇　优秀学生干部
胡莹莹　优秀学生干部
李甜甜　优秀学生干部
刘　娟　优秀学生干部
陆颖恬　优秀学生干部
彭　婉　优秀学生干部
徐冲冲　优秀学生干部

法学院

蔡王珏　三好学生
曹　露　三好学生
曾游思晗　三好学生
陈文威　三好学生
陈文煊　三好学生
陈夏菲　三好学生
程庄语　三好学生
冯泽栅　三好学生
郭子安　三好学生
蓝栋华　三好学生

蓝　天　三好学生
李婧瑜　三好学生
李　烨　三好学生
林胤翔　三好学生
卢周鹏　三好学生
倪　响　三好学生
苏　洋　三好学生
苏　展　三好学生
万嘉希　三好学生
王璟仪　三好学生
王丽雯　三好学生
肖　敏　三好学生
谢婧雯　三好学生
谢　攀　三好学生
邢春钰　三好学生
熊李湘儿　三好学生
徐　睿　三好学生
徐晓丽　三好学生
颜子淇　三好学生
叶馨悦　三好学生
尹元祯　三好学生
张昆莹　三好学生
张　锐　三好学生
张轶男　三好学生
朱雨晴　三好学生
左家旗　三好学生
成立文　三好学生
洪菡珑　三好学生
林慰曾　三好学生
张　可　三好学生
朱欣蕾　三好学生
陈佳敏　三好学生
陈慕杭　三好学生
陈雪旭　三好学生
陈　榆　三好学生
范洪源　三好学生
方　媛　三好学生
何　凤　三好学生
侯雨呈　三好学生
黄慧敏　三好学生
黄伟佳　三好学生
雷　卉　三好学生
李寿文　三好学生
林雅星　三好学生
刘安迪　三好学生
马梵哲　三好学生
马文丽　三好学生
马肖成　三好学生
毛秀芳　三好学生
邱　捷　三好学生
荣　婷　三好学生
盛婷婷　三好学生
时　典　三好学生
宋媛婍　三好学生
孙　文　三好学生
涂　阳　三好学生
许彩艳　三好学生
杨雯雯　三好学生
俞慧琳　三好学生
袁　敏　三好学生
岳　靓　三好学生
郑祝坚　三好学生
朱熠梦　三好学生
廖瑜婧　优秀三好学生
冉婧雯　优秀三好学生
温颖媛　优秀三好学生
吴思宇　优秀三好学生
徐嘉慧　优秀三好学生
詹韫如　优秀三好学生
张　意　优秀三好学生
郑同舟　优秀三好学生
周雨桐　优秀三好学生
曾钰诚　优秀三好学生
傅凰娇　优秀三好学生
兰丹翎　优秀三好学生
刘林艺　优秀三好学生
刘通成　优秀三好学生
杨万凡　优秀三好学生
杨　叶　优秀三好学生
张人天　优秀三好学生
庄　媛　优秀三好学生
郭子茜　优秀学生干部
黄　珺　优秀学生干部
林芊颖　优秀学生干部
刘怡含　优秀学生干部
王　楠　优秀学生干部
肖鹏飞　优秀学生干部
张丽雯　优秀学生干部
张宁欣　优秀学生干部
陈敦坤　优秀学生干部
李炳辰　优秀学生干部
蔡晨昕　优秀学生干部
郭　婧　优秀学生干部
李达强　优秀学生干部
马佳楠　优秀学生干部
许家倩　优秀学生干部
张慧蓉　优秀学生干部
张亦舒　优秀学生干部

公共事务学院

陈诗敏　三好学生
陈鑫莹　三好学生
程安乐　三好学生
董克朋　三好学生
管笃笃　三好学生
黄冰冰　三好学生
乐思敏　三好学生
李　叮　三好学生
李嘉懿　三好学生
林晨彬　三好学生
卢宇恒　三好学生
毛诗颖　三好学生
任莹莹　三好学生
商兆岩　三好学生
沈锦波　三好学生
沈晓菲　三好学生
苏雅朋　三好学生
孙紫盈　三好学生
王　浩　三好学生
王迦艺　三好学生
吴艺敏　三好学生
吴雨欣　三好学生
杨　雪　三好学生
张玉梅　三好学生
周诗睿　三好学生
黄　裕　三好学生
石　术　三好学生
黄晓琴　三好学生
黄银花　三好学生
姬　洁　三好学生
李芳宁　三好学生
李蔚玲　三好学生
林波岑　三好学生
陆锦添　三好学生
潘令麒　三好学生
汪雅晨　三好学生
向成佩　三好学生
杨奕晖　三好学生
张梦圆　三好学生
韩晓轩　优秀三好学生
刘岩松　优秀三好学生
夏　瑜　优秀三好学生
薛淑丹　优秀三好学生
郑　晏　优秀三好学生
林荣全　优秀三好学生
蓝浦城　优秀三好学生
刘育宛　优秀三好学生
吴筱薇　优秀三好学生
陈心悦　优秀学生干部

陈钰含　优秀学生干部
陈昭霖　优秀学生干部
李思妍　优秀学生干部
林衍含　优秀学生干部
吴雅莎　优秀学生干部
熊丽文　优秀学生干部
蒋　洋　优秀学生干部
房庆云　优秀学生干部
黄楚钦　优秀学生干部
张　冯　优秀学生干部
周　琳　优秀学生干部

社会与人类学院

韩雪颖　三好学生
侯好雪　三好学生
黄小黎　三好学生
孔一舟　三好学生
李佳婧　三好学生
林立楣　三好学生
马　艳　三好学生
彭飞燕　三好学生
邱睿婕　三好学生
施亚童　三好学生
唐雨晴　三好学生
王雪霏　三好学生
吴宇杰　三好学生
谢　航　三好学生
于沛廷　三好学生
张诗钰　三好学生
赵　静　三好学生
周中辰　三好学生
李志滨　三好学生
林彬彬　三好学生
林兆琦　三好学生
胡　慰　三好学生
江飘飘　三好学生
李东宸　三好学生
施　宇　三好学生
吴宍珠　三好学生
张雨娜　三好学生
张梦欣　三好学生
李一涵　优秀三好学生
蔺雨欣　优秀三好学生
娜依兰·海米提　优秀三好学生
王佳妮　优秀三好学生
赖东鹏　优秀三好学生
胡珊珊　优秀三好学生
常海洋　优秀学生干部
林若璇　优秀学生干部
唐晓宇　优秀学生干部

王可钧　优秀学生干部
杨　郡　优秀学生干部
刘雨薇　优秀学生干部
周　悦　优秀学生干部

艺术学院

白玥茹　三好学生
陈碧儿　三好学生
陈嘉芝　三好学生
陈旻杰　三好学生
陈倩仪　三好学生
陈诗诗　三好学生
陈妍宇　三好学生
陈晔涵　三好学生
陈朱珠　三好学生
邓佳瑜　三好学生
邓杨琪　三好学生
方　洁　三好学生
方雅妮　三好学生
耿懿雯　三好学生
管梦昀　三好学生
韩　珺　三好学生
郝艺璇　三好学生
何流玮　三好学生
黄若男　三好学生
黄雯仪　三好学生
贾越淳　三好学生
金玥贝　三好学生
蓝乐凌　三好学生
梁亦秦　三好学生
刘昱齐　三好学生
陆俊伊　三好学生
陆诗莹　三好学生
吕金汶　三好学生
师仪荷　三好学生
石欣冉　三好学生
帅云枫　三好学生
孙　启　三好学生
唐丹阳　三好学生
王心悦　三好学生
王梓谕　三好学生
魏婧莹　三好学生
温子娴　三好学生
吴骏飞　三好学生
吴亦帆　三好学生
肖艺倩　三好学生
杨德睿　三好学生
杨宇婷　三好学生
叶　清　三好学生
游　航　三好学生

张仁嘉　三好学生
张　睿　三好学生
张诗玥　三好学生
张雨濛　三好学生
张子娟　三好学生
赵王典　三好学生
郑疏影　三好学生
钟星琳　三好学生
周　婧　三好学生
周鑫柯　三好学生
周子丹　三好学生
邹苇如　三好学生
陈龙慧　三好学生
陈桐欣　三好学生
陈雅萍　三好学生
陈雨微　三好学生
黄芳祺　三好学生
刘晓晶　三好学生
吴雨濛　三好学生
徐　睿　三好学生
周紫芩　三好学生
蔡　珺　优秀三好学生
曾意桐　优秀三好学生
丁林未　优秀三好学生
景馨逸　优秀三好学生
李梦雅　优秀三好学生
李姝颖　优秀三好学生
李卓谕　优秀三好学生
刘为群　优秀三好学生
沈斯涵　优秀三好学生
舒　延　优秀三好学生
吴作霆　优秀三好学生
喻沁雯　优秀三好学生
张思涵　优秀三好学生
郑　怡　优秀三好学生
孙大伟　优秀三好学生
朱铮桢　优秀三好学生
鲍靖霖　优秀学生干部
范紫萱　优秀学生干部
郭泽禹　优秀学生干部
侯铭博　优秀学生干部
江义淳　优秀学生干部
林佳仪　优秀学生干部
陆曼妮　优秀学生干部
陆诗怡　优秀学生干部
吴　珂　优秀学生干部
吴钰琳　优秀学生干部
武小萌　优秀学生干部
杨尚龙　优秀学生干部
张雨今　优秀学生干部

钟艺雯　优秀学生干部
周棣洋　优秀学生干部
顾超男　优秀学生干部
郑华燕　优秀学生干部
郑琪文　优秀学生干部

马克思主义学院

代俊远　三好学生
杨丽京　三好学生
郑智超　三好学生
刘文杰　三好学生
王梦溪　三好学生
王　爽　三好学生
吴　波　三好学生
杨雨岚　三好学生
尤惠阳　三好学生
张淑芬　三好学生
张亚茹　三好学生
吴美川　优秀三好学生
毛清萍　优秀三好学生
吴春金　优秀三好学生
陈书平　优秀学生干部
施雅琪　优秀学生干部
朱　晴　优秀学生干部

国际中文教育学院/海外教育学院

甘娟娟　三好学生
姜立恒　三好学生
马　晨　三好学生
王　璐　三好学生
魏荣臻　三好学生
范梓硕　优秀三好学生
耿旭琛　优秀学生干部

国际学院

代涵琳　三好学生
龚雨柠　三好学生
韩雅乔　三好学生
华　夏　三好学生
黄　睿　三好学生
黄上殷　三好学生
黄思琪　三好学生
李辰熠　三好学生
李妍卓　三好学生
李泽宇　三好学生
林堃钰　三好学生
刘文超　三好学生
吕佳涵　三好学生
邱聪桐　三好学生
宋春雨　三好学生
孙浩洋　三好学生
万　奕　三好学生
王朝晖　三好学生
王思尧　三好学生
王宣宣　三好学生
王禹馨　三好学生
王泽新　三好学生
谢初旖　三好学生
薛好雯　三好学生
杨可盈　三好学生
叶天凤　三好学生
喻逸飞　三好学生
张依涵　三好学生
周宇城　三好学生
陈月婵　优秀三好学生
郝卫东　优秀三好学生
陆际远　优秀三好学生
王译平　优秀三好学生
谢沁言　优秀三好学生
颜沁雯　优秀三好学生
张芸汀　优秀三好学生
陈贝舞　优秀学生干部
干子昂　优秀学生干部
龚　艺　优秀学生干部
柯　东　优秀学生干部
李浩璇　优秀学生干部
练舒榆　优秀学生干部
林　听　优秀学生干部
吴洁仪　优秀学生干部
杨泳坤　优秀学生干部

国际关系学院

梁嘉好　三好学生
毛钰茹　三好学生
王崧屹　三好学生
温雅妮　三好学生
吴卉轩　三好学生
吴雨馨　三好学生
肖　越　三好学生
杨雨婷　三好学生
赵怡然　三好学生
程艾艾　优秀三好学生
张雨微　优秀三好学生
李文元　优秀学生干部
杨涵琪　优秀学生干部

创意与创新学院

蔡宛轩　三好学生
陈权欣　三好学生
陈奕安　三好学生
陈雍宁　三好学生
陈振昊　三好学生
丁雨露　三好学生
龚莉莎　三好学生
李佳蔚　三好学生
李韫涵　三好学生
林佳怡　三好学生
刘彦廷　三好学生
吕昭熹　三好学生
宋雨城　三好学生
孙亦汐　三好学生
汪涵歆　三好学生
王潞璐　三好学生
王书涵　三好学生
王小文　三好学生
许亦舒　三好学生
翟丽媛　三好学生
张珂雨　三好学生
张艺涵　三好学生
朱思怡　三好学生
曹嘉文　优秀三好学生
金沛霖　优秀三好学生
刘舒羽　优秀三好学生
刘晓浦　优秀三好学生
马程程　优秀三好学生
王紫昀　优秀三好学生
陈孔艳　优秀学生干部
陈贤婧桦　优秀学生干部
洪思徐　优秀学生干部
霍彦冰　优秀学生干部
李　翔　优秀学生干部
田雨萌　优秀学生干部

南洋研究院

林晓丰　三好学生
闵谭林　三好学生
叶文铨　三好学生
叶玉惠　三好学生
赵　悦　三好学生
陈祥明　优秀三好学生
廖　颖　优秀学生干部

数学科学学院

蔡伽炫　三好学生
陈融融　三好学生
陈泳西　三好学生
陈宇龙　三好学生
郭李雅　三好学生
黄晨凌　三好学生
林凯文　三好学生

刘思怡　三好学生
刘祉含　三好学生
路子垚　三好学生
吕　涵　三好学生
马恒焰　三好学生
母唯盟　三好学生
那瀚文　三好学生
彭赢荣　三好学生
苏志杰　三好学生
唐嘉红　三好学生
王语涵　三好学生
王越洋　三好学生
杨佳卓　三好学生
杨凌涵　三好学生
易梦洁　三好学生
张江楠　三好学生
张开西　三好学生
张　敏　三好学生
郑祥埠　三好学生
黄雪玲　三好学生
李佳音　三好学生
廖小玲　三好学生
刘荣辉　三好学生
任　欢　三好学生
徐　浩　三好学生
张旭文　三好学生
郑　楠　三好学生
包仪涵　三好学生
段懿红　三好学生
郭媛媛　三好学生
闵吉文　三好学生
肖　宜　三好学生
闫凯昕　三好学生
叶家昌　三好学生
陈滟柠　优秀三好学生
何彬豪　优秀三好学生
李威颖　优秀三好学生
林子凌　优秀三好学生
吕明倩　优秀三好学生
孙　喆　优秀三好学生
王柏晴　优秀三好学生
郭　霞　优秀三好学生
孙晓惠　优秀三好学生
林方婷　优秀三好学生
严丽娥　优秀三好学生
常博昕　优秀学生干部
陈胤翀　优秀学生干部
马嘉禾　优秀学生干部
邱润楠　优秀学生干部
吴和苑　优秀学生干部
张飞扬　优秀学生干部
钟俊城　优秀学生干部
蒋　帅　优秀学生干部
梁曼曼　优秀学生干部
梁敏威　优秀学生干部
吕淑晴　优秀学生干部

物理科学与技术学院

陈彬彬　三好学生
陈瀚炀　三好学生
陈思田　三好学生
陈泽灵　三好学生
方瑞妍　三好学生
冯懿辰　三好学生
高逸超　三好学生
姜　来　三好学生
李宜衡　三好学生
林俊滨　三好学生
刘加美　三好学生
刘　敏　三好学生
柳国庆　三好学生
马　源　三好学生
沈晓钰　三好学生
帅琳玲　三好学生
杨　佩　三好学生
詹永萍　三好学生
张　硕　三好学生
张　馨　三好学生
周新怡　三好学生
庄宁宁　三好学生
潘丽婷　三好学生
齐艳青　三好学生
王　振　三好学生
曾心倩　三好学生
曾鑫龙　三好学生
陈俊鑫　三好学生
费煜晨　三好学生
李婉婧　三好学生
李迎秋　三好学生
刘　潇　三好学生
柳梦宇　三好学生
卢雨儿　三好学生
王伟国　三好学生
肖泽鸿　三好学生
徐聪卉　三好学生
徐艺华　三好学生
许少华　三好学生
杨成彪　三好学生
杨徐军　三好学生
叶晓芳　三好学生
张　赛　三好学生
赵经天　三好学生
曹锡悦　优秀三好学生
陈　洁　优秀三好学生
陈圣媛　优秀三好学生
陈思静　优秀三好学生
瞿惠敏　优秀三好学生
王一帆　优秀三好学生
许安冉　优秀三好学生
朱乐烨　优秀三好学生
杜建迎　优秀三好学生
刘　璐　优秀三好学生
石　澜　优秀三好学生
肖菊英　优秀三好学生
张春意　优秀三好学生
何艺林　优秀学生干部
梁朝越　优秀学生干部
罗志雅　优秀学生干部
孟　恺　优秀学生干部
吴光银　优秀学生干部
吴桂香　优秀学生干部
吴奇龙　优秀学生干部
张子微　优秀学生干部
赵继忠　优秀学生干部
蔡文为　优秀学生干部
胡　聪　优秀学生干部
谢思怡　优秀学生干部
徐　飞　优秀学生干部

航空航天学院

蔡　昊　三好学生
蔡佳蕊　三好学生
蔡文佳　三好学生
曾国龙　三好学生
曾豪杰　三好学生
陈家钧　三好学生
陈嘉慧　三好学生
陈思宇　三好学生
陈孝劲　三好学生
陈馨琦　三好学生
陈银彬　三好学生
陈禹涵　三好学生
陈昱辰　三好学生
崔　灿　三好学生
段晓渝　三好学生
方　方　三好学生
高欣宇　三好学生
辜张绍佳　三好学生
郭潇玥　三好学生
郝　颖　三好学生

何安娜　三好学生
黄诗婷　三好学生
黄宇宸　三好学生
江昊烨　三好学生
金文明　三好学生
李晨曦　三好学生
李存鑫　三好学生
李皓林　三好学生
李　俊　三好学生
李龙凡　三好学生
李婷兰　三好学生
李宛书　三好学生
李雨凡　三好学生
廖　澜　三好学生
林家乐　三好学生
林　康　三好学生
林贤锦　三好学生
林　星　三好学生
林懿凡　三好学生
刘欣媛　三好学生
刘　学　三好学生
龙泳羽　三好学生
马骁腾　三好学生
马源伶　三好学生
穆雨涵　三好学生
蒲霜筠　三好学生
阮　琳　三好学生
沈子乔　三好学生
束云飞　三好学生
覃　凯　三好学生
佟佳芮　三好学生
王皓理　三好学生
王秋宇　三好学生
王　泉　三好学生
王润泽　三好学生
王　璇　三好学生
王周晶　三好学生
吴成龙　三好学生
肖敏珊　三好学生
肖欣彤　三好学生
徐　忆　三好学生
许越超　三好学生
杨辰龙　三好学生
姚启皓　三好学生
叶霈涛　三好学生
叶　媛　三好学生
詹　强　三好学生
张斐怡　三好学生
张菁菁　三好学生
张力中　三好学生
张　欣　三好学生
张燕蒙　三好学生
张　雨　三好学生
张紫晗　三好学生
张紫嫣　三好学生
赵　凯　三好学生
赵小青　三好学生
周恭喜　三好学生
朱菁菁　三好学生
姜佳昕　三好学生
林智乐　三好学生
申力鑫　三好学生
陈红富　三好学生
陈　柯　三好学生
陈明韬　三好学生
陈琦翔　三好学生
崔晓珍　三好学生
冯丽莹　三好学生
苟兴林　三好学生
何嘉玮　三好学生
何增明　三好学生
胡　月　三好学生
黄　鑫　三好学生
蒋晓珊　三好学生
李维周　三好学生
李志敏　三好学生
李子航　三好学生
廖　涛　三好学生
廖梓柔　三好学生
林晓婷　三好学生
刘润富　三好学生
刘　杉　三好学生
卢凤旺　三好学生
钱　远　三好学生
邱佳钰　三好学生
任　和　三好学生
王晨璐　三好学生
王衡阳　三好学生
王嘉麟　三好学生
王梦依　三好学生
王亭峻　三好学生
王永顺　三好学生
吴汶鸿　三好学生
谢嘉欣　三好学生
谢俊杰　三好学生
杨　静　三好学生
杨　磊　三好学生
叶必超　三好学生
岳玲玲　三好学生
张凯瑞　三好学生
张田园　三好学生
张文梁　三好学生
张欣雅　三好学生
张馨月　三好学生
赵超帆　三好学生
周　寒　三好学生
郭新力　优秀三好学生
金世豪　优秀三好学生
李光浩　优秀三好学生
李　路　优秀三好学生
李淑梅　优秀三好学生
李永明　优秀三好学生
林沐晨　优秀三好学生
韦舒颖　优秀三好学生
吴梦绮　优秀三好学生
吴世仪　优秀三好学生
谢　天　优秀三好学生
杨宏芷宁　优秀三好学生
杨凌云　优秀三好学生
杨　睿　优秀三好学生
叶淑琳　优秀三好学生
张沛祺　优秀三好学生
郑柏训　优秀三好学生
钟易晟　优秀三好学生
周函玉　优秀三好学生
陈华坛　优秀三好学生
曾　亮　优秀三好学生
陈俊韩　优秀三好学生
耿　达　优秀三好学生
何　聪　优秀三好学生
刘祥福　优秀三好学生
孙俊柠　优秀三好学生
肖池牵　优秀三好学生
杨子轩　优秀三好学生
张　斌　优秀三好学生
张家熹　优秀三好学生
张文博　优秀三好学生
董清钰　优秀学生干部
郭禹执　优秀学生干部
凌梅婷　优秀学生干部
刘宇航　优秀学生干部
罗希曦　优秀学生干部
舒易天　优秀学生干部
孙福键　优秀学生干部
王靖淇　优秀学生干部
王明达　优秀学生干部
王　潇　优秀学生干部
王泽旭　优秀学生干部
王子赏　优秀学生干部
咸钦元　优秀学生干部

徐雅婷　优秀学生干部
徐于崇　优秀学生干部
薛银玲　优秀学生干部
于　波　优秀学生干部
章利成　优秀学生干部
赵超越　优秀学生干部
朱宇豪　优秀学生干部
邹　浩　优秀学生干部
康国毅　优秀学生干部
林婷婷　优秀学生干部
刘庆卓　优秀学生干部
马林峰　优秀学生干部
马鑫月　优秀学生干部
史天泽　优秀学生干部
苏思行　优秀学生干部
苏振宇　优秀学生干部
武晓琳　优秀学生干部
赵诗恒　优秀学生干部
钟显朴　优秀学生干部
朱　奕　优秀学生干部

化学化工学院

陈思齐　三好学生
陈洲慧　三好学生
董昊岳　三好学生
付　杰　三好学生
黄晓丹　三好学生
纪炜涛　三好学生
姜懿恒　三好学生
李洲洋　三好学生
林　赫　三好学生
林佳睿　三好学生
刘家佳　三好学生
刘　卓　三好学生
马思迪　三好学生
佘柳晴　三好学生
汤　杰　三好学生
王文倩　三好学生
卫一雯　三好学生
吴嘉丹　三好学生
武顺姝　三好学生
肖淑玲　三好学生
徐　洲　三好学生
晏子凌　三好学生
杨　爽　三好学生
袁世晴　三好学生
赵开云　三好学生
郑欣然　三好学生
周　易　三好学生
祖书禹　三好学生
鲍苏苏　三好学生
曾　叶　三好学生
陈超龙　三好学生
邓　兰　三好学生
范云燕　三好学生
冯慧姝　三好学生
黄伯阳　三好学生
兰　凯　三好学生
林芳媛　三好学生
邵先凯　三好学生
孙宗强　三好学生
田东杰　三好学生
余诗洁　三好学生
张溢格　三好学生
朱嘉欣　三好学生
左佳昌　三好学生
常　露　三好学生
陈俊洁　三好学生
陈宁宇　三好学生
陈琦佳　三好学生
陈倩倩　三好学生
陈思远　三好学生
方佳仪　三好学生
高乐涵　三好学生
郭胜男　三好学生
何家荣　三好学生
胡艳茹　三好学生
黄凯智　三好学生
黄子豪　三好学生
江　亮　三好学生
江小燕　三好学生
金靖雯　三好学生
赖志蓉　三好学生
李靖宇　三好学生
李泽辉　三好学生
林冰勇　三好学生
林雅滢　三好学生
林芷萱　三好学生
刘晨希　三好学生
陆　涛　三好学生
罗葛莹　三好学生
吕建航　三好学生
吕林喆　三好学生
乔聪聪　三好学生
邱明烨　三好学生
任昆龙　三好学生
史　杭　三好学生
宋伟申　三好学生
苏佳莹　三好学生
孙文钰　三好学生
孙怡鸥　三好学生
汤兴蕾　三好学生
唐　慧　三好学生
田子玉　三好学生
王娅琴　三好学生
吴丹枫　三好学生
吴有会　三好学生
肖程月　三好学生
徐亚南　三好学生
许冬冬　三好学生
许　慧　三好学生
杨粲豪　三好学生
杨梦寒　三好学生
杨淑雯　三好学生
杨童童　三好学生
叶　敏　三好学生
殷晓婷　三好学生
袁梓锋　三好学生
张浩文　三好学生
张慧峰　三好学生
张　凯　三好学生
张珊榕　三好学生
张娅存　三好学生
张彦杰　三好学生
张要威　三好学生
郑加贤　三好学生
钟艺琼　三好学生
邹泽萍　三好学生
邓洪欣　优秀三好学生
丁　莹　优秀三好学生
林　婷　优秀三好学生
刘琬玲　优秀三好学生
刘伟杰　优秀三好学生
沈紫菲　优秀三好学生
孙雨涵　优秀三好学生
王琪琪　优秀三好学生
王沈宇　优秀三好学生
王雅慧　优秀三好学生
吴越新　优秀三好学生
杨璐明　优秀三好学生
余珂淼　优秀三好学生
章惠朱　优秀三好学生
崔学阳　优秀三好学生
樊孝祥　优秀三好学生
孔祥邦　优秀三好学生
王　浩　优秀三好学生
王小飞　优秀三好学生
王雅静　优秀三好学生
温志鹏　优秀三好学生
徐　攀　优秀三好学生

张　俭　优秀三好学生
陈嘉雯　优秀三好学生
黄怡心　优秀三好学生
季哲惠　优秀三好学生
李　涵　优秀三好学生
刘　星　优秀三好学生
庞奇圣　优秀三好学生
彭吉生　优秀三好学生
邱静茹　优秀三好学生
石　杰　优秀三好学生
王根源　优秀三好学生
王　梅　优秀三好学生
翁婷炜　优秀三好学生
熊　雨　优秀三好学生
薛琳莉　优秀三好学生
颜美燕　优秀三好学生
周诗远　优秀三好学生
曹沛源　优秀学生干部
陈超凡　优秀学生干部
陈　欣　优秀学生干部
高怡枫　优秀学生干部
江萱瑶　优秀学生干部
那　行　优秀学生干部
司艺龙　优秀学生干部
王皓天　优秀学生干部
王　蕊　优秀学生干部
王禹喆　优秀学生干部
吴秋锦　优秀学生干部
谢昀昊　优秀学生干部
张舒琪　优秀学生干部
张雨豪　优秀学生干部
曾晨雨　优秀学生干部
范诗卉　优秀学生干部
费家维　优秀学生干部
韩沛杰　优秀学生干部
林隆辉　优秀学生干部
马思媛　优秀学生干部
任明星　优秀学生干部
赵丹卉　优秀学生干部
陈婷婷　优秀学生干部
迟杨洋　优秀学生干部
龚巧彬　优秀学生干部
康伟伟　优秀学生干部
李文婷　优秀学生干部
李征宇　优秀学生干部
逯新宇　优秀学生干部
南文静　优秀学生干部
邱祖凤　优秀学生干部
孙一丹　优秀学生干部
田应宇　优秀学生干部
王明敏　优秀学生干部
王正坤　优秀学生干部
叶成康　优秀学生干部
叶家婧　优秀学生干部
袁　畅　优秀学生干部
左丹阳　优秀学生干部

材料学院

褚　婧　三好学生
崔宇航　三好学生
邸羽虬　三好学生
杜琨鹏　三好学生
高　霞　三好学生
景长威　三好学生
李萌晴　三好学生
李琰琼　三好学生
林　璐　三好学生
刘子曦　三好学生
裴　鹏　三好学生
任婷婷　三好学生
沈镇强　三好学生
施蓉蓉　三好学生
舒　扬　三好学生
孙晨曦　三好学生
许鹏飞　三好学生
张　彬　三好学生
董雨侨　三好学生
韩　啸　三好学生
牛宇彤　三好学生
吴华龙　三好学生
徐万杰　三好学生
张晏清　三好学生
蔡艺馨　三好学生
曾海艺　三好学生
陈绍鸿　三好学生
陈　婷　三好学生
范乃元　三好学生
何健敏　三好学生
黄良丰　三好学生
柯承志　三好学生
李旺琴　三好学生
李小宝　三好学生
刘爱琳　三好学生
缪仲熙　三好学生
孙哲飞　三好学生
夏云霞　三好学生
肖本胜　三好学生
肖　诚　三好学生
杨园园　三好学生
易新丹　三好学生
游　莉　三好学生
赵海燕　三好学生
赵梧汐　三好学生
关雅雯　优秀三好学生
任庶尧　优秀三好学生
尹　燕　优秀三好学生
张嘉韵　优秀三好学生
张露瑶　优秀三好学生
陈广玉　优秀三好学生
范仲雄　优秀三好学生
李　苗　优秀三好学生
林　珠　优秀三好学生
刘　芳　优秀三好学生
石　道　优秀三好学生
谢祎馨　优秀三好学生
池奇洲　优秀学生干部
李梦晨　优秀学生干部
吴嘉坤　优秀学生干部
羊周玥　优秀学生干部
庄欣欣　优秀学生干部
高贵阳　优秀学生干部
潘少彬　优秀学生干部
叶伟彬　优秀学生干部
郭怡君　优秀学生干部
何思源　优秀学生干部
化　宇　优秀学生干部
刘原尚　优秀学生干部

生命科学学院

戴　婷　三好学生
杜双伶　三好学生
韩一诺　三好学生
何彩玲　三好学生
黄　膑　三好学生
黄苏蕾　三好学生
李柯为　三好学生
李宛蓉　三好学生
练梦寒　三好学生
廖　菱　三好学生
刘玉帆　三好学生
刘紫琪　三好学生
彭天云　三好学生
彭知闲　三好学生
任姿睿　三好学生
施佳依　三好学生
汪晨曦　三好学生
王富燕　三好学生
王海燕　三好学生
王予忻　三好学生
伍桐瑶　三好学生

叶可莹　三好学生
詹怡然　三好学生
张墨飞　三好学生
郑　毅　三好学生
周远媛　三好学生
陈婷婷　三好学生
杜　琛　三好学生
韩久盼　三好学生
黄　凯　三好学生
黄　洋　三好学生
李瑗存　三好学生
李　浩　三好学生
刘　冰　三好学生
刘宏汉　三好学生
刘艺菲　三好学生
马凤格　三好学生
阮锋凯　三好学生
苏静宜　三好学生
王笑颖　三好学生
吴　倩　三好学生
吴思琦　三好学生
吴维维　三好学生
岳启轩　三好学生
赵家依　三好学生
陈双双　三好学生
陈锶雨　三好学生
池晓枫　三好学生
高　飞　三好学生
洪敏清　三好学生
侯新月　三好学生
胡洁璐　三好学生
黄　婕　三好学生
贾田惠　三好学生
雷婉莹　三好学生
李佳佳　三好学生
李佳丽　三好学生
李　路　三好学生
梁文琪　三好学生
刘　娇　三好学生
潘慧敏　三好学生
万　琳　三好学生
吴佩佳　三好学生
杨剑蒙　三好学生
杨明刚　三好学生
杨　宇　三好学生
尹涵颖　三好学生
张金蕾　三好学生
张瑞娟　三好学生
章婷婷　三好学生
朱裕玲　三好学生

陈子琳　优秀三好学生
何君茹　优秀三好学生
林诺琪　优秀三好学生
莫瑞洁　优秀三好学生
孙令南　优秀三好学生
孙　萱　优秀三好学生
万芷辰　优秀三好学生
王婧昕　优秀三好学生
王　一　优秀三好学生
章雅雯　优秀三好学生
艾元立　优秀三好学生
洪俊平　优秀三好学生
梁嘉庆　优秀三好学生
阮金鹏　优秀三好学生
张凤琼　优秀三好学生
鲍园园　优秀三好学生
陈　凯　优秀三好学生
陈新兰　优秀三好学生
卢　洲　优秀三好学生
尤伟鑫　优秀三好学生
张思博　优秀三好学生
陈思琪　优秀学生干部
刘思远　优秀学生干部
覃思悠　优秀学生干部
翁　兮　优秀学生干部
吴凯鸿　优秀学生干部
许佳滢　优秀学生干部
杨子帆　优秀学生干部
叶心筠　优秀学生干部
张姝茜　优秀学生干部
朱　玥　优秀学生干部
邹朋来　优秀学生干部
仇宝钗　优秀学生干部
储倩倩　优秀学生干部
何婷婷　优秀学生干部
李　箫　优秀学生干部
罗印林　优秀学生干部
马　昊　优秀学生干部
潘月涵　优秀学生干部
翁士荷　优秀学生干部
吴艺婷　优秀学生干部
夏思宇　优秀学生干部
谢王楠　优秀学生干部

海洋与地球学院

陈雨佳　三好学生
戴　乐　三好学生
何　伟　三好学生
贾小雨　三好学生
姜晨锐　三好学生

匡家旗　三好学生
李诗清　三好学生
李文晴　三好学生
李　想　三好学生
李雪琪　三好学生
李一凡　三好学生
李一娴　三好学生
厉　馨　三好学生
廖卓阳　三好学生
林温敏　三好学生
刘彦伯　三好学生
龙　凤　三好学生
聂林蔚　三好学生
欧彦宁　三好学生
彭乐瑾　三好学生
唐松盈　三好学生
王　容　三好学生
翁振武　三好学生
向馨羽　三好学生
谢敏捷　三好学生
杨晨昱　三好学生
叶莹丹　三好学生
原子豪　三好学生
张昊玥　三好学生
崔耀宗　三好学生
宫　杰　三好学生
黄汝辉　三好学生
康佩虹　三好学生
马明蕾　三好学生
梅　康　三好学生
瞿理印　三好学生
郑豪文　三好学生
陈粮峰　三好学生
陈微佳　三好学生
陈曦贝　三好学生
陈　雪　三好学生
贺博闻　三好学生
黄　琳　三好学生
黄一鸣　三好学生
黄玉霖　三好学生
纪鸿景　三好学生
江曼玉　三好学生
李承宇　三好学生
刘宇斯　三好学生
刘雨佶　三好学生
吕素娜　三好学生
王怡人　三好学生
魏祎铭　三好学生
邢介婷　三好学生
熊　梅　三好学生

杨诗惠　三好学生
杨雅慧　三好学生
张慧琳　三好学生
章馨元　三好学生
郑裕彤　三好学生
邹小晴　三好学生
陈蓓涵　优秀三好学生
戴锦卉　优秀三好学生
胡水木　优秀三好学生
牛　越　优秀三好学生
于晨凯　优秀三好学生
张梦柯　优秀三好学生
张思鹏　优秀三好学生
陈小凤　优秀三好学生
韩　昱　优秀三好学生
施伟安　优秀三好学生
黄熠锋　优秀三好学生
戚柳倩　优秀三好学生
张静雯　优秀三好学生
张效琬　优秀三好学生
邹世娴　优秀三好学生
陈思婧　优秀学生干部
戴茵如　优秀学生干部
黄　源　优秀学生干部
惠原婧希　优秀学生干部
简尤雯　优秀学生干部
李温情　优秀学生干部
刘舒薇　优秀学生干部
叶思圆　优秀学生干部
姜卫振　优秀学生干部
林思彤　优秀学生干部
冯燕娇　优秀学生干部
吕文菁　优秀学生干部
任明星　优秀学生干部
许继聪　优秀学生干部
姚鑫文　优秀学生干部
张　涛　优秀学生干部

环境与生态学院

安丽丽　三好学生
包睿涵　三好学生
胡潇婷　三好学生
黄暄皓　三好学生
江婉霖　三好学生
李嘉杰　三好学生
李田雨　三好学生
马力楠　三好学生
任树顺　三好学生
苏曼琳　三好学生
唐　敏　三好学生
温　畅　三好学生
张治宇　三好学生
白卓安　三好学生
顾兆阳　三好学生
姜成朴　三好学生
李　鹏　三好学生
刘晓彬　三好学生
裴俊贤　三好学生
王宇正　三好学生
艾　瑶　三好学生
薄光永　三好学生
陈雅文　三好学生
陈梓隆　三好学生
冯淑芳　三好学生
高　阳　三好学生
贾方铭　三好学生
金璐倩　三好学生
李汉一　三好学生
李　香　三好学生
林恋童　三好学生
王婷婷　三好学生
徐　婧　三好学生
张坤语　三好学生
张萍萍　三好学生
张圣琪　三好学生
张雪婷　三好学生
肖思晗　优秀三好学生
熊佳怡　优秀三好学生
许天云　优秀三好学生
张浩坤　优秀三好学生
张自洁　优秀三好学生
陈国贵　优秀三好学生
方腾越　优秀三好学生
谢哲宇　优秀三好学生
陈语齐　优秀三好学生
宋逍冲　优秀三好学生
谢宇婷　优秀三好学生
陈晨岚　优秀学生干部
陈弘昊　优秀学生干部
洪恺声　优秀学生干部
黄海婷　优秀学生干部
路宇辰　优秀学生干部
吴辉煌　优秀学生干部
徐亦琪　优秀学生干部
叶成松　优秀学生干部
张　宇　优秀学生干部
郭宁戈　优秀学生干部
郭桢丽　优秀学生干部
刘潇雅　优秀学生干部
张馨予　优秀学生干部

信息学院

把徐进　三好学生
白松原　三好学生
毕　然　三好学生
蔡东宁　三好学生
曾　湛　三好学生
陈江旺　三好学生
陈凌辉　三好学生
陈伟鸿　三好学生
陈炫均　三好学生
陈雅喆　三好学生
陈至周　三好学生
崔贞鸣　三好学生
方家卫　三好学生
冯明宽　三好学生
高逸飞　三好学生
戈沁沁　三好学生
顾子潇　三好学生
郭立敏　三好学生
韩　虁　三好学生
韩梓达　三好学生
何翔宇　三好学生
何　妍　三好学生
何雨晴　三好学生
洪晓杰　三好学生
黄健亨　三好学生
黄锴涛　三好学生
黄焜泽　三好学生
黄添悦　三好学生
黄炫豪　三好学生
黄蕴怡　三好学生
姬颖超　三好学生
纪俊祥　三好学生
蒋纯宇　三好学生
赖章宇　三好学生
雷靖薏　三好学生
雷　勇　三好学生
雷　昱　三好学生
黎昊阳　三好学生
李佳临　三好学生
李彦浩　三好学生
李逸凡　三好学生
李逸萱　三好学生
李　煜　三好学生
李子晗　三好学生
梁　楠　三好学生
廖奕洋　三好学生
林鲁翼　三好学生
林秋涵　三好学生
林宇鑫　三好学生

林雨欣　三好学生
林子斌　三好学生
刘菲艳　三好学生
刘恒霖　三好学生
刘洁琳　三好学生
刘景旭　三好学生
刘美晨　三好学生
刘文婧　三好学生
刘晓宇　三好学生
罗　妍　三好学生
罗　懿　三好学生
吕铭峰　三好学生
马　蕾　三好学生
梅世豪　三好学生
宓　禹　三好学生
闵子君　三好学生
那玮睿　三好学生
潘　涵　三好学生
钱秋妍　三好学生
秦楚彦　三好学生
邵良颖　三好学生
申　昱　三好学生
沈黄隽　三好学生
孙馨雨　三好学生
孙泽港　三好学生
唐路垚　三好学生
佟　涔　三好学生
王超冉　三好学生
王凤仪　三好学生
王昊淼　三好学生
王　蓉　三好学生
王舒洋　三好学生
王纬策　三好学生
王筱彤　三好学生
王欣雨　三好学生
王　垚　三好学生
王耀祥　三好学生
王钰菲　三好学生
王子怡　三好学生
文昕成　三好学生
翁燕冰　三好学生
吴昌鲫　三好学生
谢静思　三好学生
熊一峰　三好学生
宿正昊　三好学生
严泽钰　三好学生
叶嘉鑫　三好学生
叶　子　三好学生
余佳兴　三好学生
余嘉炜　三好学生

余　杰　三好学生
余子祥　三好学生
张倍源　三好学生
张睿昊　三好学生
张睿宁　三好学生
张湘君　三好学生
张秀燕　三好学生
张逸辰　三好学生
张永存　三好学生
张玉洁　三好学生
张　悦　三好学生
赵露丹　三好学生
郑益源　三好学生
郑志超　三好学生
郑子墨　三好学生
周佳贝　三好学生
周子涵　三好学生
朱嘉煜　三好学生
朱业帆　三好学生
蔡春亭　三好学生
蔡相明　三好学生
陈志威　三好学生
林雅婷　三好学生
刘楚环　三好学生
吕泽芳　三好学生
王子徽　三好学生
许雪婷　三好学生
张亚超　三好学生
鲍贵栋　三好学生
蔡珊珊　三好学生
蔡晓海　三好学生
曾婉钰　三好学生
曾翊昕　三好学生
柴　舒　三好学生
陈柏宏　三好学生
陈伟杰　三好学生
陈羡珍　三好学生
陈臻臻　三好学生
冯世博　三好学生
何心宇　三好学生
洪浩恺　三好学生
洪思愿　三好学生
侯天翔　三好学生
赖柏锜　三好学生
蓝宇翔　三好学生
李宸鑫　三好学生
李连芸　三好学生
李晓希　三好学生
梁怡婷　三好学生
廖瑞恒　三好学生

林伟平　三好学生
林雅婷　三好学生
刘　畅　三好学生
刘国星　三好学生
刘文锋　三好学生
马祎炜　三好学生
钱韵含　三好学生
尚心怡　三好学生
沈东方　三好学生
宋佳欣　三好学生
苏济忠　三好学生
汤静静　三好学生
卫天阔　三好学生
肖　航　三好学生
谢泽茹　三好学生
徐学欣　三好学生
许　霏　三好学生
许文婕　三好学生
阳名钢　三好学生
杨汶锦　三好学生
游锦鹏　三好学生
余　诗　三好学生
余　源　三好学生
张江涛　三好学生
张亦希　三好学生
张　悦　三好学生
赵文浩　三好学生
邹旭鹏　三好学生
曾雯婷　优秀三好学生
董星辰　优秀三好学生
房丰仪　优秀三好学生
高庭暄　优秀三好学生
高艺桐　优秀三好学生
龚子玉　优秀三好学生
韩碧薇　优秀三好学生
何依娜　优秀三好学生
黄彬茹　优秀三好学生
黄楚翘　优秀三好学生
黄斐桢　优秀三好学生
蒋欣雨　优秀三好学生
蓝志彬　优秀三好学生
林雅岚　优秀三好学生
潘嘉烨　优秀三好学生
苏荣朋　优秀三好学生
王晓雯　优秀三好学生
王心怡　优秀三好学生
王欣怡　优秀三好学生
王壮达　优秀三好学生
吴佳熙　优秀三好学生
杨佳晖　优秀三好学生

杨　潇　优秀三好学生
袁沈阳　优秀三好学生
詹翁怡　优秀三好学生
张金璐　优秀三好学生
赵育茹　优秀三好学生
林明宝　优秀三好学生
卢晓珍　优秀三好学生
郑传潘　优秀三好学生
曹兴梅　优秀三好学生
陈　荣　优秀三好学生
邓文晋　优秀三好学生
李陈鑫　优秀三好学生
李　松　优秀三好学生
梁　浩　优秀三好学生
林雅南　优秀三好学生
陆晨晖　优秀三好学生
罗瑞祥　优秀三好学生
赵云飞　优秀三好学生
郑　可　优秀三好学生
周正林　优秀三好学生
蔡心露　优秀学生干部
曹木谙　优秀学生干部
陈一鸣　优秀学生干部
杜宇聆　优秀学生干部
胡羽珊　优秀学生干部
黄鹏飞　优秀学生干部
黄钰雁　优秀学生干部
李世豪　优秀学生干部
李惟聪　优秀学生干部
梁佳婧　优秀学生干部
林渝杰　优秀学生干部
刘　畅　优秀学生干部
卢逸飞　优秀学生干部
陆泽晟　优秀学生干部
马瞻希　优秀学生干部
毛延廷　优秀学生干部
潘燕婷　优秀学生干部
邱伟斌　优秀学生干部
童何苗　优秀学生干部
王金泰　优秀学生干部
王丽瑾　优秀学生干部
王　晴　优秀学生干部
吴雨娟　优秀学生干部
徐　迟　优秀学生干部
杨哲远　优秀学生干部
张　璐　优秀学生干部
赵　峻　优秀学生干部
郑若楠　优秀学生干部
郑兆杰　优秀学生干部
曹伟楠　优秀学生干部
陈　宁　优秀学生干部
陈小薇　优秀学生干部
陈姚伶　优秀学生干部
付　裕　优秀学生干部
郭志华　优秀学生干部
胡　冰　优秀学生干部
黄仁伟　优秀学生干部
金榕榕　优秀学生干部
刘佳桐　优秀学生干部
石　尚　优秀学生干部
吴　占　优秀学生干部
叶　晗　优秀学生干部
赵信博　优秀学生干部
周　鹏　优秀学生干部
朱　航　优秀学生干部

电子科学与技术学院

陈　畅　三好学生
陈宏扬　三好学生
陈　洁　三好学生
陈仕楷　三好学生
陈　新　三好学生
陈奕达　三好学生
陈宇霖　三好学生
董晓雅　三好学生
杜祎寒　三好学生
黄建兵　三好学生
黄键昕　三好学生
黄　萍　三好学生
黄雅晴　三好学生
江茹俊　三好学生
廖王韬　三好学生
林益涵　三好学生
林右侪　三好学生
林展辉　三好学生
林子祺　三好学生
刘星辰　三好学生
潘　威　三好学生
沈悦鑫　三好学生
石　欢　三好学生
宋　玥　三好学生
苏鸿丽　三好学生
苏泽西　三好学生
孙超彦　三好学生
唐湘江　三好学生
汪玉萍　三好学生
王晨琳　三好学生
王汉捷　三好学生
王嘉璐　三好学生
王清柳　三好学生
王伊婧　三好学生
王宇程　三好学生
王钰涵　三好学生
王子昂　三好学生
吴　恒　三好学生
吴俊霖　三好学生
吴艺婕　三好学生
徐隽姝　三好学生
叶　晨　三好学生
叶淑阳　三好学生
叶欣滢　三好学生
袁雨雨　三好学生
张　曼　三好学生
朱峻岩　三好学生
庄佳佳　三好学生
范小通　三好学生
任伯聪　三好学生
王浩然　三好学生
王　孜　三好学生
谢奕浓　三好学生
曹剑鹏　三好学生
常珊珊　三好学生
陈　丽　三好学生
陈斯杰　三好学生
陈先锋　三好学生
仇　佳　三好学生
窦妍博　三好学生
侯　韬　三好学生
胡芝慧　三好学生
黄淑华　三好学生
江思洁　三好学生
姜卓颖　三好学生
赖林权　三好学生
李　珏　三好学生
李明杭　三好学生
李明昊　三好学生
林泓悦　三好学生
林燕红　三好学生
林云秀　三好学生
刘钊源　三好学生
吕团聚　三好学生
吕子月　三好学生
缪春颖　三好学生
潘　攀　三好学生
童福川　三好学生
王曦苑　三好学生
王中玉　三好学生
吴沪宏　三好学生
许雅雯　三好学生
杨芮牧　三好学生

袁锦涛　三好学生
章洁桓　三好学生
钟　苗　三好学生
朱方圆　三好学生
陈增宇　优秀三好学生
高泽斌　优秀三好学生
龚雨佳　优秀三好学生
黄强开来　优秀三好学生
蒋忠杰　优秀三好学生
林朴坚　优秀三好学生
刘建法　优秀三好学生
刘雯雯　优秀三好学生
卢杰鑫　优秀三好学生
师　远　优秀三好学生
唐子旋　优秀三好学生
张瑜阳　优秀三好学生
李法君　优秀三好学生
林恩平　优秀三好学生
喻　甜　优秀三好学生
邹金海　优秀三好学生
方浩铭　优秀三好学生
何官佑　优秀三好学生
洪锦芬　优秀三好学生
李智慧　优秀三好学生
徐佳帅　优秀三好学生
周译锴　优秀三好学生
蔡文轩　优秀学生干部
陈　苗　优秀学生干部
范帮旭　优秀学生干部
焦超皖　优秀学生干部
李濮洋　优秀学生干部
李书琦　优秀学生干部
陆琴欢　优秀学生干部
王薛瑜　优秀学生干部
王　臻　优秀学生干部
杨雨琛　优秀学生干部
张　鼎　优秀学生干部
张钊恺　优秀学生干部
赵　烽　优秀学生干部
李　韧　优秀学生干部
吴金霞　优秀学生干部
耿文华　优秀学生干部
胡　威　优秀学生干部
黄　岳　优秀学生干部
吕　圣　优秀学生干部
沈云飞　优秀学生干部
王振标　优秀学生干部
尹　彪　优秀学生干部
张泽亮　优秀学生干部

建筑与土木工程学院

陈鹏林　三好学生
陈斯斯　三好学生
董　昕　三好学生
范宇婕　三好学生
方义铭　三好学生
方溢凯　三好学生
高　源　三好学生
桂妩双　三好学生
何凯锋　三好学生
江中宇　三好学生
赖哲航　三好学生
李佳育　三好学生
李鑫茹　三好学生
李泽清　三好学生
李政珂　三好学生
廖方淳　三好学生
林雨漩　三好学生
刘峻松　三好学生
刘胜威　三好学生
刘雨晴　三好学生
罗心芮　三好学生
苏鑫雨　三好学生
王　菲　三好学生
王佳媛　三好学生
王思涵　三好学生
王一苇　三好学生
王奕祺　三好学生
王昱文　三好学生
肖佩如　三好学生
肖筱依　三好学生
杨晓雨　三好学生
张承博　三好学生
张　鋆　三好学生
赵文慧　三好学生
邓立克　三好学生
黄才贵　三好学生
许晓岚　三好学生
杨华刚　三好学生
张可寒　三好学生
车　冉　三好学生
陈文源　三好学生
陈　瑶　三好学生
邓　欢　三好学生
侯松阳　三好学生
林智炜　三好学生
戚铖恺　三好学生
王　珺　三好学生
吴　磊　三好学生
吴永钟　三好学生
熊慎兵　三好学生
杨　倩　三好学生
陈可嘉　优秀三好学生
龚　清　优秀三好学生
李玉珊　优秀三好学生
林丹丹　优秀三好学生
施东波　优秀三好学生
田思嘉　优秀三好学生
王祎铭　优秀三好学生
王雨晴　优秀三好学生
阙权鸿　优秀三好学生
黄竞雄　优秀三好学生
王公睿　优秀三好学生
吴　轩　优秀三好学生
胡冠宇　优秀学生干部
黄青阳　优秀学生干部
赖子韩　优秀学生干部
孙泽文　优秀学生干部
陶公伍　优秀学生干部
王子焓　优秀学生干部
杨思瀚　优秀学生干部
张倩雯　优秀学生干部
蔡坤阳　优秀学生干部
胡　静　优秀学生干部
刘雯雯　优秀学生干部
刘颖喆　优秀学生干部
张　欣　优秀学生干部

医学院

安熙怡　三好学生
蔡　涵　三好学生
陈柏玲　三好学生
陈寒涵　三好学生
陈　杰　三好学生
陈丽君　三好学生
陈茹晴　三好学生
陈姝含　三好学生
陈子真　三好学生
杜　佳　三好学生
段抒伶　三好学生
段迎旭　三好学生
冯明川　三好学生
付宇佳　三好学生
高露媛　三好学生
关璐瑶　三好学生
郭鋆鋆　三好学生
韩金昕　三好学生
韩照普　三好学生
黄津津　三好学生
黄　珊　三好学生

黄智泷　三好学生
贾家彦　三好学生
蒋惠萱　三好学生
蒋子康　三好学生
赖晓静　三好学生
兰芳芳　三好学生
李怀邦　三好学生
李明潞　三好学生
李书凝　三好学生
李莹莹　三好学生
梁宁罡　三好学生
廖星兰　三好学生
林　雪　三好学生
林颖莹　三好学生
刘芊芊　三好学生
刘奕艳　三好学生
孟敬轲　三好学生
倪家煜　三好学生
彭超然　三好学生
邱冬梅　三好学生
史力文　三好学生
苏伟祺　三好学生
苏煊怡　三好学生
万澄雨　三好学生
王君捷　三好学生
王天一　三好学生
王文泱　三好学生
魏欣欣　三好学生
魏卓华　三好学生
翁彩虹　三好学生
杨　蕤　三好学生
杨雅岚　三好学生
叶　楠　三好学生
叶信淮　三好学生
余高毅　三好学生
袁　咪　三好学生
袁溪纹　三好学生
詹　颖　三好学生
张　奥　三好学生
张明璇　三好学生
张珷绮　三好学生
张毓芹　三好学生
赵　霖　三好学生
赵芸皎　三好学生
钟晓盈　三好学生
周海峰　三好学生
周俊雄　三好学生
朱　颖　三好学生
宗明溪　三好学生
李清坚　三好学生
刘弘毅　三好学生
刘艳秋　三好学生
石志源　三好学生
王梦丹　三好学生
王　鹏　三好学生
吴洁丽　三好学生
徐佳佳　三好学生
徐　璐　三好学生
徐迎春　三好学生
于闻哲　三好学生
张永渠　三好学生
钟梦雅　三好学生
蔡　腾　三好学生
陈　锐　三好学生
陈文婕　三好学生
陈漳鑫　三好学生
杜　玥　三好学生
冯佳兴　三好学生
高茹心　三好学生
郭靖静　三好学生
韩　玉　三好学生
何洪彰　三好学生
焦　珍　三好学生
雷　剑　三好学生
李金坤　三好学生
李金鑫　三好学生
李可越　三好学生
李　宇　三好学生
李云洪　三好学生
连一凯　三好学生
林巧茹　三好学生
刘秋宏　三好学生
刘诗晓　三好学生
刘　莹　三好学生
刘雨雯　三好学生
龙秋月　三好学生
楼康良　三好学生
罗　忠　三好学生
米雨辰　三好学生
明梓何　三好学生
彭慧敏　三好学生
覃冬梅　三好学生
田迪雅　三好学生
汪　鑫　三好学生
王　丹　三好学生
王　勇　三好学生
王子杰　三好学生
韦铭彦　三好学生
吴　亮　三好学生
吴益明　三好学生
谢　菲　三好学生
徐　辉　三好学生
徐　洁　三好学生
颜　珂　三好学生
杨　霞　三好学生
张吉喆　三好学生
张峻羚　三好学生
张林君　三好学生
张　琪　三好学生
郑　岚　三好学生
周昉雯　三好学生
朱　琳　三好学生
曹雪娇　优秀三好学生
何意灵　优秀三好学生
江　菁　优秀三好学生
李　鱼　优秀三好学生
林冰洁　优秀三好学生
林　媛　优秀三好学生
乔　瑜　优秀三好学生
佘淑婷　优秀三好学生
沈褚涵　优秀三好学生
司睿婵　优秀三好学生
覃秋福　优秀三好学生
徐洁芳　优秀三好学生
徐祺敏　优秀三好学生
严晶雯　优秀三好学生
叶丁玮　优秀三好学生
赵可欣　优秀三好学生
赵志强　优秀三好学生
洪育娟　优秀三好学生
李桂林　优秀三好学生
王婷婷　优秀三好学生
赵　亮　优秀三好学生
蒋峥烨　优秀三好学生
李　思　优秀三好学生
梁晶晶　优秀三好学生
林需枰　优秀三好学生
檀金水　优秀三好学生
王梦缘　优秀三好学生
王　铮　优秀三好学生
肖志梅　优秀三好学生
许艺松　优秀三好学生
余荣国　优秀三好学生
周　萍　优秀三好学生
邹川洋　优秀三好学生
陈雨昌　优秀学生干部
高　捷　优秀学生干部
郭林枫　优秀学生干部
贾甜甜　优秀学生干部
江钰荧　优秀学生干部

李　黎　优秀学生干部
李丽萍　优秀学生干部
李鑫钰　优秀学生干部
李元婕　优秀学生干部
林嘉玟　优秀学生干部
庞梦莎　优秀学生干部
任　婧　优秀学生干部
王杜妍喆　优秀学生干部
王静怡　优秀学生干部
闫博然　优秀学生干部
张梦涵　优秀学生干部
赵宇辰　优秀学生干部
陈琼昀　优秀学生干部
李卫斌　优秀学生干部
杨　博　优秀学生干部
于子洋　优秀学生干部
陈若兰　优秀学生干部
柯达伟　优秀学生干部
李甲楠　优秀学生干部
李　姝　优秀学生干部
刘　凯　优秀学生干部
石　诚　优秀学生干部
徐新眉　优秀学生干部
许琴红　优秀学生干部
杨艳苗　优秀学生干部
游旭婷　优秀学生干部
游一鸣　优秀学生干部
赵　伟　优秀学生干部

药学院

蔡诗颖　三好学生
陈晓雅　三好学生
成　然　三好学生
顾沐歌　三好学生
何　静　三好学生
胡君怡　三好学生
黄　驰　三好学生
李思慧　三好学生
李昱洁　三好学生
李月莹　三好学生
廖丽娟　三好学生
林鸿鹏　三好学生
林秀柯　三好学生
刘滢佳　三好学生
彭小雨　三好学生
苏晨曦　三好学生
尹钰淇　三好学生
赵书悦　三好学生
何凤明　三好学生
王国良　三好学生
陈佳云　三好学生
杜　俊　三好学生
胡贤雯　三好学生
金泉一　三好学生
柯玲洁　三好学生
李志果　三好学生
廖志环　三好学生
马安启　三好学生
周　敏　三好学生
周晓萍　三好学生
朱海梦　三好学生
刘楚熠　优秀三好学生
卢　珊　优秀三好学生
宋恬恬　优秀三好学生
张丹丹　优秀三好学生
赵　研　优秀三好学生
左文宝　优秀三好学生
刘金雪　优秀三好学生
刘敏婷　优秀三好学生
杜依然　优秀学生干部
高　珺　优秀学生干部
郭妙婷　优秀学生干部
李雪黎　优秀学生干部
宋金秋　优秀学生干部
李　懋　优秀学生干部
尹洁丽　优秀学生干部
张新敏　优秀学生干部

公共卫生学院

陈奕屹　三好学生
程坦坦　三好学生
胡潇文　三好学生
李钧儒　三好学生
李明豫　三好学生
刘芯蕊　三好学生
柳　颖　三好学生
沙婉秋　三好学生
孙艺文　三好学生
万菲菲　三好学生
王艾欣　三好学生
王佳怡　三好学生
魏翘楚　三好学生
吴晓雅　三好学生
徐润莹　三好学生
余千千　三好学生
张浩然　三好学生
张冶培　三好学生
张艺昕　三好学生
郑　薇　三好学生
周雨婷　三好学生
方建阳　三好学生
李靖超　三好学生
任　恩　三好学生
文雪君　三好学生
尹志超　三好学生
陈洁瑶　三好学生
杜　超　三好学生
付思佳　三好学生
贾毛妮　三好学生
林建林　三好学生
刘炜康　三好学生
罗　丽　三好学生
阙　霜　三好学生
沈淑媛　三好学生
万媛媛　三好学生
王家伟　三好学生
徐静文　三好学生
杨天龙　三好学生
张倩玉　三好学生
郑凯丽　三好学生
钟国华　三好学生
褚晓冰　优秀三好学生
李佩瑶　优秀三好学生
李远超　优秀三好学生
刘晨璐　优秀三好学生
王　洁　优秀三好学生
郑怡萱　优秀三好学生
黄绍磊　优秀三好学生
赵泽宇　优秀三好学生
褚美洁　优秀三好学生
王　瑶　优秀三好学生
张一可　优秀三好学生
蔡　颖　优秀学生干部
陈睿彤　优秀学生干部
陈智超　优秀学生干部
梁沐枫　优秀学生干部
杨　颖　优秀学生干部
张　诗　优秀学生干部
曾繁天　优秀学生干部
陈　蕾　优秀学生干部
向超益　优秀学生干部
姚天虹　优秀学生干部
张文倩　优秀学生干部

能源学院

蔡若冲　三好学生
黄　睿　三好学生
林晨锐　三好学生
孙稀玙　三好学生
王佳玲　三好学生

王圣友　三好学生
张燕青　三好学生
张怡卓　三好学生
黄敬智　三好学生
马思汉　三好学生
王晖强　三好学生
陈金磊　三好学生
陈秋月　三好学生
刘少峰　三好学生
谭义勇　三好学生
王　倩　三好学生
王中华　三好学生
谢榕顺　三好学生
杨馨语　三好学生
郑陈熙　三好学生
李倩倩　优秀三好学生
刘晓芸　优秀三好学生
肖可馨　优秀三好学生
姚静怡　优秀三好学生
李奕鹏　优秀三好学生
曾安琪　优秀三好学生
梁　倩　优秀三好学生
李佳姝　优秀学生干部
吴林琪　优秀学生干部
吴梦洁　优秀学生干部
赵梓彤　优秀学生干部
陈雨晗　优秀学生干部
马鹏飞　优秀学生干部
裘依梅　优秀学生干部
张　杰　优秀学生干部

体育教学部

张梦驰　三好学生

台湾研究院

胡雪儿　三好学生
李　婷　三好学生
王思颖　三好学生
夏　昂　三好学生
蔡婉婷　三好学生
陈燕玲　三好学生
苏盈莹　三好学生
肖子乐　三好学生
徐梦琪　三好学生
刘　畅　优秀三好学生
茹珂楠　优秀三好学生
王梦诗　优秀学生干部
蔡　晶　优秀学生干部

教育研究院

陈昌芸　三好学生
季玟希　三好学生
陈凤菊　三好学生
郭玉婷　三好学生
蒋晓蝶　三好学生
揭雨晨　三好学生
唐　祯　三好学生
王洪国　三好学生
王润青　三好学生
赵祥辉　优秀三好学生
杨琦蕙　优秀三好学生
方　芳　优秀学生干部
吴荧秋　优秀学生干部

王亚南经济研究院

陈泳璇　三好学生
李卉婷　三好学生
楼帅舟　三好学生
史文希　三好学生
谭　滢　三好学生
唐　铱　三好学生
唐诚蔚　三好学生
顾瑜枫　三好学生
胡建泓　三好学生
黄林月　三好学生
李雪娇　三好学生
任蓝翔　三好学生
吴雪儿　三好学生
叶蔚然　三好学生
尤舒宁　三好学生
余清纯　三好学生
于　艺　优秀三好学生
张菁菁　优秀三好学生
龚金金　优秀三好学生
王君伟　优秀三好学生
朱梦晨　优秀三好学生
陈诗燕　优秀学生干部
薛滢滢　优秀学生干部
燕　子　优秀学生干部
郑晓蓉　优秀学生干部

知识产权研究院

王　轩　三好学生
崔利楠　三好学生
黄灵滟　三好学生
薛田天　三好学生
张佳鑫　三好学生
代晓焜　优秀三好学生
赖慕越　优秀学生干部

公共政策研究院

汤茹恒　三好学生

萨本栋微米纳米科学技术研究院

张志刚　三好学生
郑人榕　三好学生
平　坦　三好学生
邹玉玲　三好学生
杨隆凯　优秀三好学生
吴天成　优秀学生干部

2021 年本科生国家奖学金获奖学生名单

人文学院

鄢昕杰　薛龙楷　庄　园　陈文晴　黄　翎　赵希萌
宁一奇　李睿铭　龚涵月　王丽雯

新闻传播学院

林　毅　刘　怡　陈思泱　林心怡　赵梓涵　何小豪
李晓倩

外文学院

赵润洲　徐　诺　葛　衍　杨淳婷　王梓琦　丘韫娴
黄欣璐　李政芸　叶雨晗　史涵君　顾　淳

艺术学院

丁林未　张诗玥　陈旻杰　吴　珂　刘为群　周棣洋
景馨逸　郑　怡　舒　延　吴作霆　曾意桐　李卓谕

国际学院

颜沁雯 谢初旖 凌忍言 王尔凡 李辰熠 王译平

经济学院

陈伊琳 李雅荧 韦懿恒 秦洁瑶 杨璐娜 杨兆东
张雪莉 俞好好 王心宇 吴泽松 吴泽齐 郑毅帆
王 珺 许必荣 叶 芝 马莎莎 蔡坤凌 黄佳敏
陈艺婷 李刚彬 王婧妮 黄溶淏 陈艳鹭 卢哲霞
邢紫娱 王子萌 邱 亮 朱书慧

管理学院

孙 颖 林励书 杨 楠 孙国耀 吴颖婕 张 璇
丁 玎 许晓琪 王 皓 徐鹤丹 徐 璐 陈启元
彭 派 宋玲丹 丁笑怡 唐 颂 王懿婧 尚倪宏
谢蕉雨 纪佳妮 陆思橙

法学院

范 潇 李济东 吴彭雯 宗诗坤 詹韫如 吴思宇
李性源

公共事务学院

郑 晏 薛淑丹 夏 瑜 刘岩松 温颖媛

社会与人类学院

王佳妮 娜依兰·海米提 李一涵 蔺雨欣

创意与创新学院

曹嘉文 王紫昀 金沛霖 马程程 蒋雨桐

数学科学学院

扈驭枭 王柏晴 杨陈曦 何彬豪 孙 喆 钟俊城

物理科学与技术学院

曹锡悦 瞿惠敏 梁朝越 王纪雨 许安冉 余星城

航空航天学院

郝 颖 李雨凡 周函玉 李 路 郑柏训 吴梦绮
杨宏芷宁 王泽旭 李宛书 韩兆翔 谢 天 吴世仪
张沛祺 杨 睿 胡良锦 钟易晟 李永明 李淑梅

化学化工学院

张一平 戴以恒 刘琬玲 谢榕杰 陈雨晴 陈苏洋
吴越新 张逸晨 曹沛源 杨璐明 司艺龙 武顺妹

材料学院

张嘉韵 任庶尧 左致平 郑以诺 关雅雯

海洋与地球学院

戴锦卉 翟瑞翔 聂林蔚 原子豪 张启元 张思鹏

环境与生态学院

郑舒萍 许天云 高悦皓 吴相民 张浩坤

信息学院

龚子玉 林雅岚 潘 涵 潘燕婷 陈德钊 袁沈阳
李子晗 黄炫豪 杨佳晖 吴雨娟 潘东屿 王欣怡
郑兆杰 蒋欣雨 高艺桐 朱嘉煜 许以晴 周 和
陈一鸣 厉家祺 周 正 王心怡 王昊淼 苏荣朋

建筑与土木工程学院

郑欣悦 李玉珊 贾坳锜 林涵杰 庄艺云 王佳媛
钟 杰

能源学院

李倩倩 吴梦洁 肖可馨

电子科学与技术学院

刘雯雯 刘建法 王薛瑜 林朴坚 龚雨佳 卢杰鑫
苏泽西 郑智伟 张瑜阳 李书琦

能源学院

王 一 杨子帆 孙令南 李子煜 万芷辰 王婧昕
林诺琪 何君茹 武哲宇 庄 昊

医学院

翟晓君 司睿婵 黄志文 苏伟祺 赵可欣 冯明川
罗奥翔 严晶雯 杨 蕤 蒋子康 龙娜沙 陆 畅
郭 浩 曹晴晴 徐洁芳

公共卫生学院

李远超 李佩瑶 郑怡萱 王 洁 原 朴

药学院

卢 珊 赵 研 刘楚熠 刘晓晓

国际关系学院

赵怡然 毛钰茹

王亚南经济研究院

张菁菁 林继超

2021年本科生国家励志奖学金获奖学生名单

人文学院

曹 爽 詹绪婷 李国婷 杨 虹 游善伟 田洋戈 戴莹潮 马建朝 康海宁 石宇涵 袁婉彦 孙雅萱 赵知雨 李 睿 白欣瑶 张 鼎 雷芯乔 黄雅函 黄佳华 冯晓琴 贾梦帆 张巧娅 安雨童 敦小青 李 晗 杜安喆

新闻传播学院

李天昊 乔 梁 蔡佳莹 白崇政 李亚迪 黄小丽 徐云泽 陈 佳 李佳雯 奉琛宇 黄 雪 徐惠婷 陈佳瑜 吴玲玲 魏艳鸽 陈春艳 王增妍 肖 泞

外文学院

杨祉祺 龙凤呈祥 何秀雯 陈亚萍 冉 娜 朴明惠 潘 钰 闫国倩 王志洋 王 婷 师晟志 黄宇鑫 张丹洋 陆梦媛

艺术学院

邹 妍 易晓云 朱佳萍 曾燕燕 熊晟辉 韩 珺 张皓然 郝艺璇 陈禹婧 钱延超 李秋凝 罗 烨 周 婧 卢思涵 梁恬怡 梁亦秦 柯力嘉 柯力源 段欣欣 杜欣悦 唐丹阳 王奥运 马文慧 刘昱齐 李思颖

外文学院

李玉滢

经济学院

郭梅芳 唐古丽·努尔太 黎 敏 卢羽辰 乔 越 商 妍 尹鹏飞 陈浩然 石 岱 杨 佳 林 缘 黄文静 李 颖 王 彬 杨舒婷 王紫薇 马冰倩 谭 婷 陈 辰 王可心 黄伦杰 方怡晴 曹琪燕 张先艳 王锦蓉 牛 阳 葛泊延 张海莹 杨欣怡 陈梦雅 王益泰 牛鑫鑫 王 越 刘梦华 李 鹏 曾鑫恋 柳欣博 徐文静 田 奥 徐凤盛 丁雪燕 谭渝燕 班钰涵 胡 蓉 林月敏 郑悦婷 王家乐 张 颖 邓汶龙 廖 卢 于蒙蒙 詹雪芬 张双双 李 芊 李 焰 旦增米久 刘思雨

管理学院

朱萌萌 田贝尔 刘一麟 王 婧 王琪燕 邹丹丹 彭深缘 黄佳佳 叶莉莉 尹 珍 张 涛 司豪杰 李 欣 侯 婕 赵 冰 林 婧 王 迪 梁习媛 李 艳 林潇骁 马志国 杨洪轩 艾尔帕特江·阿不力孜 郭盈盈 马启越 林诗婷 唐 兴 黎 婷 周蕊瑞 尹靖涵 彭湘溶 吴梦玲 郑丽萍 陈虹印 李 琦 陈丽情 江妍葶 王雨彤 钱敏钱 吕佳玉 熊茂竹 胡安琪 帕丽扎·库来江 曾诗芸 杨青青 孙 蕾 付智伟

法学院

陈诗敏 江家杰 蓝栋华 依尔帕·艾合旦木 张 锐 张轶男 陈依兰 迪丽达·巴合提 董 玮 连云菲 帕丽扎·买合木提 赛音吉娅 谢 攀 杨银钧 易陈钢 曹 露 李雯怡 黄菊兰 闫 清 钟 晶 蓝玲艳 李玉栋 王丽雯 马 颖

公共事务学院

陈贺馨怡 吴艺敏 马 燕 巴特敏德 杨美琪 商兆岩 赵梓书 吴琴芳 董克朋 马贵英 任莹莹 李赛豪 景 慧 陈 睿

社会与人类学院

秦 耀 赵 静 马 艳 吴宇杰 常海洋 薛钧嫚 王晨晓 彭飞燕 吴冰冰 黄尹盈 庞少满 杜海娜 黄小黎 林 现 汤红玲

数学科学学院

黄龙汉 易梦洁 郭李雅 蔡露瑶 魏先琪 李子辉 李 萍 王怡凡 郑祥埠 林静乾 吴文琦 苏艺雄

物理科学与技术学院

刘 敏 刘荣旭 黄晓艳 孙伯林 张 馨 张 俊 帅琳玲 陈佳怡 沈晓钰 凡志强 魏良睿 陈思田 张 云 付 聪 吴 邈

航空航天学院

李光浩 李 俊 杨辰龙 张燕蒙 肖敏珊 束云飞 冯 海 金文明 李庚龙 董清钰 周恭喜 李存鑫 徐雅婷 吴成龙 李 珂 张智博 龙泳羽 谢 涛 杨增智 徐于崇 王靖淇 段晓渝 闫皓然 阮 琳 张 雨 胡骐麟 陈剑杰 曾豪杰 王宇鹏 吴 谦 章利成 宋金航 王 辉 叶淑琳 侯 佳 孙福键 隋卓辰 叶韦宏 田 宇 胡雅琦 李泽辉 王 璇 李 浩 王明达 王 超 赖家磊 王子赏 陈智杰

化学化工学院

方佳华 裴昕迪 王文倩 曾一帆 郑 暖 胡 腾 卢 瑶 陈永钰 马心茹 张 贝 许舒棚 张姗姗 章惠朱 廖 芯 李佳昊 陈 欣 江家田 薛太玲 刘思宇 王婷婷 江萱瑶 李周玥 佘柳晴 冉自豪 李翔圳 武浩冉 蒋佳宏 陈宇徽 罗亦成

材料学院

邱巧玲 孙浩炜 赵江南 周 宇 李模团 黄 梦 巫冬梅 张露瑶 张 彬 景长威 阙 浩 吴嘉坤

张　萌　冯良玉　李佳栋　彭　波　杨瑞芬　王　晓
梁晓春

海洋与地球学院

陈玮立　李乐瑶　龙　凤　彭旭名　汪佳卉　王　容
杨　平　叶莹丹　张梦柯　陈　光　黄　源　罗　典
吴柳苗　向穗惠　周娜娜　曾　琦　肖天雨

环境与生态学院

白莉君　张子锟　安丽丽　黄海婷　陈锦宏　李　婷
刘　敏　杜靖宇　曾华华　连　杰　朱子雯　曾玉凤
徐　晴　李　威　何厚鑫　韩奇言　王梦折

信息学院

王思伟　王文才　王丽瑾　向文芳　钟康贞　李怀伟
张倍源　崔贞鸣　张旭瑞　梁佳婧　蒙婉宁　李　科
苏　红　张雯婷　刘菲艳　黄健亨　洪晓杰　周玮丽
叶　刚　张永红　何　强　张泽荣　张嘉庆　苏强生
廖　洁　王　郑　佟　涬　李惟聪　吴聪霞　董　璐
黄焜泽　董学玉　张　璐　姬颖超　张晖婧　梁雪慧
赵育茹　张家铭　刘念友　石子莹　蒋纯宇　范留奎
刘思盈　范阳烂　卢泽英　雷　勇　张世辉

建筑与土木工程学院

陈鹏林　陈斯斯　韩泽鸿　黄民焕　江丽兰　赖艺芳
李晓茼　李鑫茹　林丽君　刘继豪　刘雨薇　潘艳阳
潘　悦　田思嘉　王　菲　肖　灿　杨得坡　杨秀佳
张承博　张伟钧　朱星宇

能源学院

王圣友　刘晓芸　林诗妮　陈晓倩　肖　扬　徐优翔
姚静怡

电子科学与技术学院

陈　洁　姜远远　杨雨琛　唐湘江　牛荣荣　熊毅峰
杨　涛　蓝景滨　杨冰艳　陆琴欢　汪玉萍　杜玉前
王　越　黄雅晴　张珊珊　罗云姝　薛晓婷　庄佳佳
柯珊荣　郑　潇　唐子旋　叶　晨　吴　恒　江茹俊
朱　珠　郭　靖　陈龙坤　李　慧　陈　干

生命科学学院

邹敏文　巴音克西克·布丽根　蓝习瑜　何彩玲
慕　娜　柳彦晖　蓝妙琳　李紫怡　魏佳乐　罗晶晶
汪晨曦　黄　膑　王江红　陈燕雯　汪　跃　游思婕
覃思悠　冉严会　陈长春　李　璠　罗宏伟　刘弟露
周晓婷　刘　健　崔方博　刘　凤　王林茂　段荣荣
梁慈欣　田雨丘　黄淇鑫　吴官耀

医学院

林　媛　冯　旭　赵芸皎　冯　兰　黄津津　吕　凌
徐　帆　虎　璇　陈晓彤　姚培杰　徐祺敏　刘芊芊
蔡　涵　杨　烨　陈宇琼　沈诗涵　刘奕梅　王厚云
陈欢迪　黄曼伦　兰芳芳　连家琳　华开放　俞　玲
撒　芬　田芮嘉　毋思思　陈丽君　王若卿　江　菁
赵　瑾　李鑫钰　袁　咪　李媛银　陈　明　马凤宝
黄　丽　李天丽　覃家超　佘淑婷　杨　洋　刘奕艳
蔡桂桂　高志君　苏碧华　田　晴　吴璟薇　贾洁勇
杜慧丽　张梦涵　陈柏玲　乔　瑜　冯　可　黄晨睿
马玉鑫　美合日班·图尔迪麦麦提

公共卫生学院

黄兴成　黄泽波　裴　伟　龚向莲　李光辉　曾　晶
伍秋淇　褚晓冰　陈奕屹　和　越　杨菀臻　喻晓芳
陈　悦　木克代斯·吐尔逊　程坦坦　杨欣怡　李　璨
韩　钰　李云翔　任慧琴

药学院

石贤敏　张丹丹　林秀柯　胡君怡　常子瑶　张成秀
李思慧　程　琦　张洋洋　李雪黎　赵京豫　陈晓雅
胡　倩　李月莹　王胜荣　吕家忆　粟正婵　王　晨
覃　锐　段秋香

国际关系学院

李莹莹　岳　静　魏燕丽

王亚南经济研究院

蔡佳宁

2021 年研究生国家奖学金获奖学生名单

人文学院

王　嵘　葛　祎　曾　玥　华颖锐　李　赫　梅依洁
廖紫俨　许哲敏　徐婧宜　金凤琴

新闻传播学院

李　昕　何　静　陈洁怡　朱冉冉　李子甜

外文学院

钟　琳　郭晓丽　单　良　周子淇　张雨晨　吴文梅

经济学院

郭芷茹　张博宇　吴欢欢　陈嘉慧　林　舒　杜美娟
孟文涵　黄张妍　尚宏丽　苏心怡　郭晟宇　曹珂迪
蒋刘侠　许海萍　曾祈华　郭　靖　贾梦珍　陈怡萍

王子贺　沈丽萍　王雪纯　陈彦辰　万　闯　张　云
蒋　烁　陈凤兰　林淑萍　王群群　刘倖奇　李晶茂
张文悦

管理学院

李梦玲　湛珏颖　庄歆怡　管柯琴　徐　君　王　优
巫奕龙　姜永超　陆颖恬　李梦杰　董宇晨　曹太云
方　瑶　许　蔚　李书昊　黄利瑶　苏　彤　黄泽悦
葛佳敏　白　锐

法学院

刘安迪　黄靓锋　杨万凡　周巧沁　刘林艺　马棋栋
岳　靓　马梵哲　张人天　刘博涵　曾钰诚　张　可

公共事务学院

刘育宛　甘巧婷　林荣全

社会与人类学院

胡珊珊　江飘飘　林兆琦

艺术学院

潘　苑　吕泉辉

马克思主义学院

施雅琪　朱　晴　吴美川

南洋研究院

叶　好　杜声浩

数学科学学院

刘楚蕾　王　敏　郭媛媛　国金宇　孙　颖　吴忠二

物理科学与技术学院

胡　聪　黎　婷　谢思怡　文　豪　赵经天　邱　野
刘海洋　李　磊　唐唯卿

航空航天学院

吴　彤　宋丹丹　张田园　王梦依　刘少龙　丁梓楠
曾　金　黄江明　李卓耘　庄启彬　李　想　庄明溪
郭　栋　姜佳昕　刘　晓

化学化工学院

张谦信　郑志鹏　张桂兰　张林纯　王根源　何　文
孙韵超　万　霜　黄龙凤　邹　跃　徐亚南　罗学儒
苟维维　陈　宇　董焕能　郑颜欣　周诗远　李威青
许元风　胡慧慧　沈　慧　张应奇　束晓敏　泽花姐
陆　桥　陈艺林　刘湘思　徐　攀　温志鹏　魏笛野
王小飞　刘　琪　彭　炜　刘艺龙　曾　叶　王梦君

材料学院

陈雨心　夏云霞　游　莉　柯承志　黄良丰　黄琪琪
郑鸿飞　何　伟

生命科学学院

周　明　邓大杰　邹家淇　张申利　陈双双　朱裕玲
甘国红　黄海涛　洪安锦　黄　凯　吴芹芹　唐文帅
梁嘉庆　艾元立　李瑷存　石　阳　阮锋凯　李佳薪

海洋与地球学院

傅寒晶　申啸天　吕明昕　赵　欣　常文蕾　肖芳责
刘雨佶　瞿理印　梅　康　陈　琳　韩　昱　陈　奇
董尔谦　高　阳

环境与生态学院

宋逍冲　吴秋玲　钟光斌　赵丹慧　吴江毅　刘　超
裴俊贤　田　园　陈欣淙

信息学院

王　铮　史良超　蒋　辉　吴　穹　洪　丹　林诗尧
陆晨晖　杨汶锦　何心宇　黄晶晶　李陈鑫　冯世博
刘佳桐　陈伟杰　张旭迎　许添硕　陈俊德　卢晓珍
林元国　林明宝

电子科学与技术学院

周伦滨　杨　宸　徐佳帅　冯　坤　阳　光　李智慧
高存渊　何官佑　钟　苗　周泽锴　邹金海　林恩平
李家文　赵晨晖

建筑与土木工程学院

黄竞雄　李嘉越　苏永辉　吴嘉敏　黄　颖

医学院

牛　博　雷　剑　骆　娴　肖志梅　杨　焱　肖丽梅
楼康良　龙秋月　蒋峥烨　练晨露　商齐航　周　萍
余荣国　孟庭华　王　杰　韩　忆　赵　亮　钟梦雅
李桂林　姚　祥

药学院

刘敏婷　胡贤雯　刘金雪　左文宝

公共卫生学院

杜　超　林建林　褚美洁　王　瑶　徐静文　任　恩
赵泽宇

能源学院

梁　倩　蔡　鑫　马豪申　冯云超

台湾研究院

苏　悦　彭兴智　赖清波

教育研究院
张靖佶　徐东波

王亚南经济研究院
叶蔚然　李明夷　任蓝翔

知识产权研究院
江　珊

萨本栋微米纳米科学技术研究院
聂思晴　薛芳芳

国际中文教育学院/海外教育学院
马　晨　陈　雪

厦门大学2020—2021学年毕业班本科生优秀奖学金及获奖情况

序　号	奖学金名称	奖励人数
1	学业优秀奖学金一等	452
2	学业优秀奖学金二等	703
3	社会工作奖学金	212
4	社会实践奖学金	66
5	文体优秀奖学金	101
6	学术创新奖学金	288
7	学业进步奖学金	15
8	志愿服务奖学金	106

厦门大学2021年秋季学期本科生优秀奖学金及获奖情况

序　号	奖学金名称	奖励人数
1	学业优秀奖学金一等奖	1456
2	学业优秀奖学金二等奖	2595
3	社会工作奖学金	660
4	社会实践奖学金	356
5	文体优秀奖学金	515
6	学术创新奖学金	752
7	学业进步奖学金	28
8	志愿服务奖学金	501

厦门大学2021年校级奖学金及获奖情况

序　号	奖学金名称	奖励人数
1	文庆奖学金	10
2	亚南奖学金	10
3	本栋奖学金	10

续表

序　号	奖学金名称	奖励人数
4	宝钢优秀学生奖学金	7
5	宝钢优秀港澳台学生奖学金	6
6	蔡启瑞奖学金	10
7	曹德旺奖学金	94
8	陈唱国际奖学金	15
9	陈掌谔奖学金	30
10	出版奖学金	7
11	邓子基奖学金	12
12	福建农信“福万通”奖学金	50
13	傅鹰奖学金	10
14	葛家澍奖学金	10
15	葛文勋奖学金	3
16	国际学生奖学金	24
17	宏信奖学金	16
18	华为奖学金	12
19	黄希烈奖学金	30
20	黄仲咸奖学金	100
21	金兆芬曹潜龙奖学金	20
22	立方奖学金	9
23	林祖赓青年科技奖学金	6
24	卢嘉锡奖学金	10
25	鹭燕奖学金	100
26	茅台奖学金	74
27	闽都·国际银行奖学金	100
28	潘懋元奖学金	14
29	钱伯海奖学金	8
30	清寒奖学金	20
31	邱华炳奖学金	20
32	萨本栋博士研究助研金	1
33	萨黄淑慎奖学金	5
34	厦航奖学金	60

续表

序　号	奖学金名称	奖励人数
35	王老吉奖学金	50
36	吴宣恭奖学金	20
37	吴宣恭科研奖学金	19(人/小组)
38	谢正赞体育奖学金	15
39	鑫展旺奖学金	9
40	宜信奖学金	20
41	余绪缨奖学金	20
42	张亦春奖学金	23
43	至善奖学金	16
44	中国工商银行奖学金	100
45	中国航天科技集团公司 CASC 公益奖学金	18
46	中国建设银行奖学金	100
47	中国银行奖学金	66
48	庄绍华奖学金	40
49	自强奖学金	2

2020 年度厦门大学共青团工作先进集体、先进个人名单

厦门大学五四红旗团委

新闻传播学院团委
外文学院团委
经济学院团委
数学科学学院团委
航空航天学院团委
海洋与地球学院团委

厦门大学五四红旗团支部标兵

国际中文教育学院/海外教育学院 2019 级研究生团支部
国际学院 2019 级会计一班团支部
法学院 2019 级法学系本科 1 班团支部
公共事务学院 2019 级公共管理系硕士生第一团支部
教育研究院 2019 级硕士生团支部
物理科学与技术学院 2018 级物理一班本科团支部
建筑与土木工程学院 2019 级建筑城规研究生团支部
生命科学学院 2017 级四班团支部
药学院 2019 级本科 1 班团支部
环境与生态学院 2019 级本科生第一团支部

厦门大学五四红旗团支部

人文学院

本科生

人文学院 2018 级本科中文系文学 1 班团支部

人文学院 2019 级本科中文系文学 1 班团支部

人文学院 2019 级本科中文系文学 2 班团支部

研究生

人文学院博士生团支部

人文学院 2019 级中文系语言学类硕士团支部

新闻传播学院

本科生

新闻传播学院 2018 级传播班团支部

新闻传播学院 2018 级新闻班团支部

研究生

新闻传播学院 2019 级新闻学硕团支部

新闻传播学院 2019 级传播学硕团支部

外文学院

本科生

外文学院 2020 级欧洲语言文学系西班牙语班团支部

外文学院 2019 级英语语言文学系英语 3 班团支部

外文学院 2019 级欧洲语言文学系西班牙语班团支部

外文学院 2018 级英语语言文学系英语 1 班团支部

外文学院 2018 级法语语言文学系法语 2 班团支部

研究生

外文学院 2019 级学术型研究生团支部

艺术学院

本科生

艺术学院 2017 级美术系本科漆画团支部

艺术学院 2018 级美术系本科国画团支部

艺术学院 2018 级设计系本科数媒团支部

艺术学院 2019 级美术系本科油画团支部

艺术学院 2019 级音乐系本科音教团支部

艺术学院 2019 级设计系本科环艺团支部

国际中文教育学院/海外教育学院

研究生

国际中文教育学院/海外教育学院 2020 级硕士生团支部

国际学院

本科生

国际学院都柏林项目 2019 级会计二班团支部

国际学院都柏林项目 2017 级会计一班团支部

创意与创新学院

本科生

创意与创新学院 2020 级视觉传达设计三班团支部

经济学院

本科生

经济学院 2017 级国际商务本科生国际化试点班团支部

经济学院 2018 级税收学团支部

经济学院 2019 级经济学本科生国际化试点班团支部

经济学院 2019 级金融学本科生国际化试点班团支部

经济学院 2020 级金融学本科生国际化试点班团支部

研究生

经济学院 2019 级金融系专硕团支部

王亚南经济研究院 2019 级硕士生团支部

经济学院 2020 级经济学系硕士生团支部

经济学院 2020 级一所两中心硕士生团支部

管理学院

本科生

管理学院 2020 级财会三班团支部

管理学院 2020 级财会六班团支部

管理学院 2017 级人力资源班团支部

管理学院 2019 级会计一班团支部

管理学院 2018 级会计一班团支部

研究生

管理学院 2019 级企业管理系硕士团支部

管理学院 2020 级审计硕士生团支部

管理学院 2020 级能源政策研究院硕士团支部

管理学院 2019 级财务学系硕士团支部

管理学院 2019 级会计学系硕士团支部

法学院

本科生

法学院 2018 级法学系本科 2 班团支部

法学院 2019 级法学系本科 3 班团支部

研究生

法学院 2020 级国际法硕士班团支部

法学院 2020 级诉刑宪行硕士班团支部

法学院 2019 级经财环硕士班团支部

法学院 2019 级诉刑硕士班团支部

公共事务学院

本科生

公共事务学院 2018 级体育特长班本科生团支部

公共事务学院 2019 级行政管理专业本科生团支部

研究生

公共事务学院 2019 级公共管理系硕士生第二团支部

马克思主义学院

研究生

马克思主义学院 2019 级团支部

国际关系学院/南洋研究院

本科生

国际关系学院/南洋研究院 2019 级本科生团支部

研究生

国际关系学院/南洋研究院 2019 级硕士生团支部

台湾研究院

研究生

台湾研究院 2020 级硕士生团支部

社会与人类学院

本科生

社会与人类学院 2020 级 1 班本科生团支部

社会与人类学院 2019 级社会学系本科生团支部

研究生

社会与人类学院 2019 级社会学系硕士生团支部

数学科学学院

太科生

数学科学学院 2019 级数学类本科团支部

研究生

数学科学学院 2019 级硕士生团支部

物理科学与技术学院

本科生

物理科学与技术学院 2018 级天文系本科班团支部

研究生

物理科学与技术学院 2019 级物理系硕士二班团支部

物理科学与技术学院 2020 级物理系硕士二班团支部

化学化工学院

本科生

化学化工学院 2017 级能源班团支部

研究生

化学化工学院 2019 级硕士 7 班团支部

信息学院

本科生

信息学院 2018 级软件工程系本科 3 班团支部

信息学院 2019 级人工智能系本科 2 班团支部

信息学院 2019 级计算机科学系本科 1 班团支部

信息学院 2019 级信息与通信工程系本科 2 班团支部

信息学院 2019 级软件工程类本科 3 班团支部

信息学院 2020 级计算机类本科 6 班团支部

研究生

信息学院 2020 级计算机科学系 1 班硕士研究生团支部

信息学院 2020 级信息与通信工程系硕士研究生团支部

材料学院

本科生

厦门大学材料学院 2018 级本科生第二团支部

厦门大学材料学院 2019 级本科生第一团支部

研究生

厦门大学材料学院 2019 级硕士生第二团支部

厦门大学材料学院 2020 级硕士生第二团支部

建筑与土木工程学院

本科生

建筑与土木工程学院 2018 级土木系本科团支部

建筑与土木工程学院 2019 级城乡规划本科团支部

能源学院

本科生

能源学院 2018 级本科 1 班团支部

能源学院 2018 级本科 2 班团支部

研究生

能源学院 2019 级硕士生团支部

航空航天学院

本科生

航空航天学院 2019 级动力工程系本科 1 班团支部

航空航天学院 2019 级自动化系本科 1 班团支部

航空航天学院 2018 级仪器与电气系本科电气 2 班团支部

航空航天学院 2019 级机电工程系本科机械 1 班团支部

研究生

航空航天学院 2019 级自动化系硕士班团支部

航空航天学院 2019 级航空系硕士班团支部

电子科学与技术学院

本科生

电子科学与技术学院 2018 级电子科学系本科电磁场与无线技术团支部

电子科学与技术学院 2018 级电子科学系本科电子信息科学与技术团支部

电子科学与技术学院 2019 级微电子与集成电路系本科集成电路设计与集成系统团支部

研究生

电子科学与技术学院 2019 级电磁硕士生团支部

电子科学与技术学院 2019 级电科硕士生团支部

生命科学学院

本科生

生命科学学院 2018 级 3 班本科团支部

生命科学学院 2020 级 1 班本科团支部

研究生

生命科学学院生物系工程中心 1 班硕士班团支部

生命科学学院生物系生物医学 10 班硕士班团支部

公共卫生学院

本科生

公共卫生学院 2018 级检验班团支部

研究生
公共卫生学院研究生第五团支部
公共卫生学院研究生第六团支部

药学院
研究生
药学院 2019 级研究生团支部

医学院
本科生
医学院 2018 级临床医学系临床二班团支部
医学院 2019 级中医系中医班团支部
医学院 2020 级口腔系口腔班团支部
医学院 2020 级护理系护理班团支部
研究生
医学院 2019 级学术硕士基础班团支部
医学院 2019 级学术硕士内科班团支部
医学院 2020 级学术硕士基础班团支部
医学院 2020 级专业硕士附属中山医院团支部

海洋与地球学院
本科生
海洋与地球学院 2018 级物理海洋学系本科生团支部
海洋与地球学院 2019 级本科生 2 班团支部
研究生
海洋与地球学院物理海洋研究生团支部
海洋与地球学院鱼类生理研究生团支部

环境与生态学院
本科生
环境与生态学院 2019 级本科生第一团支部
环境与生态学院 2019 级本科生第三团支部
研究生
环境与生态学院 2019 级硕士 2 班团支部

少数民族预科班
少数民族预科班团支部

国际学术交流中心
国际学术交流中心客房团支部

后勤集团
后勤集团综合团总支
厦门大学附属翔安医院
附属翔安医院急诊团支部

厦门大学优秀共青团干部

于正伟	数学科学学院团委书记
刘恩恩	化学化工学院团委书记(外派厦门团市委学少部挂职)
邱超超	医学院团委副书记
陈启妍	海洋与地球学院团委书记
张秀丽	艺术学院辅导员
张露月	招生办公室科员(外派福建省教育团工委挂职)
周　颖	管理学院团委副书记
周钧庭	人文学院辅导员
高世杰	化学化工学院团委副书记
黄　涛	台湾研究院团委书记
韩海雄	电子科学与技术学院团委书记
戴晓燕	外文学院团委副书记
戴海波	信息学院辅导员(外派福建团省委学校部挂职)

厦门大学优秀团支部(团总支)书记

人文学院
本科生
陈屿璠(团总支书记)　乔　玥　张雪妍　袁婉彦
研究生
朱奎龙(团总支书记)　陈怡娴　黄丹枫

新闻传播学院
本科生
付海浒　蔡佳莹
研究生
胡慧娴　温　璐

外文学院

本科生

尹佳俊　吕忆遥　周欣仪　程孟巧　徐　诺

研究生

曹　岳(团总支书记)　李若楠

艺术学院

本科生

朱　珠(团总支书记)　黄甜儿　张　彧　侯铭博　何佳润　陈德馨　魏婧莹

国际中文教育学院/海外教育学院

研究生

陈　雪(团总支书记)

国际学院

本科生

陈贝舞(团总支书记)　雷铠璐

创意创新学院

本科生

田雨萌

经济学院

本科生

崔　晏(团总支书记)　巴盛蕊　史檄波　王　俊

研究生

罗长文(团总支书记)　刘思璇　张高辉　秦　叶　翁李娜

管理学院

本科生

陆春霖(团总支书记)　赵夏旭　叶珺影　张　凯　丁　玎　余丝益

研究生

朱淼淼(团总支书记)　张　捷　陈苏炀　刘智威　李巧宾　康　璿

法学院

本科生

张宁欣(团总支书记)　毛宇欣　林冬旭　郑佳铭

研究生

尉　来(团总支书记)　管丛薇　张文博　黄启慧　何凌洋

公共事务学院

本科生

薛淑丹(团总支书记)　李欣烨　董克鹏

研究生

贾赞鸿(团总支书记)　李芳宁　沈庆铭

马克思主义学院

研究生

施雅淇(团总支书记)　贾　晨

国际关系学院/南洋研究院

本科生

肖　越

研究生

刘文豪(团总支书记)　叶　好

教育研究院

研究生

郭　静(团总支书记)　汪笑笑

台湾研究院

研究生

黄　昕

社会与人类学院

本科生

妥雅轩(团总支书记)　唐晓宇　谢　东

研究生

郑琳杰(团总支书记)　胡珊珊

数学科学学院

本科生

张晟君(团总支书记)

物理科学与技术学院

本科生

周新怡(团总支书记)　方瑞妍　衣行健

研究生

马雪宁(团总支书记)　赵经天　江　莹

化学化工学院

本科生

刘俊杰

研究生

龚巧彬(团总支书记)　叶家婧　邱祖凤　许　慧

信息学院

本科生

李宜蔓(团总支书记)　王钰菲　罗　懿　吴雨娟　郑兆杰　申奥怡　吴宜骏

研究生

林雅婷(团总支书记)　黄　静　朱正杰

材料学院

本科生

池奇洲(团总支书记)　冯铵淇

研究生

石　道(团总支书记)　张伟豪　黄凯伦

建筑与土木工程学院

本科生

林雨漩(团总支书记)　王浩宇　李晓萌

研究生

张　欣(团总支书记)　王公睿

能源学院

本科生

刘晓芸(团总支书记)　王圣友　李业琳

研究生

许　松(团总支书记)　李　莉

航空航天学院

本科生

于　波(团总支书记)　张思韫　林宇茜　曾国龙

研究生

王晨璐(团总支书记)　林婷婷　林宇兴

电子科学与技术学院

本科生

龚雨佳(团总支书记)　范帮旭　王　媛

研究生

刘思琪　胡振兴

生命科学学院

本科生

纪晓琳(团总支书记)　肖金龙　邹朋来　裴俊辉

研究生

许舒文(团总支书记)　高　飞　路天奇

公共卫生学院

本科生

龚向莲(团总支书记)　陈睿彤

研究生

阙　霜(团总支书记)　向超益　刘炜康

药学院

本科生

刘丁欣(团总支书记)　王信岳

研究生

张新敏(团总支书记)　胡贤雯

医学院

本科生

李锦鑫(团总支书记)　李元婕　林诚泷　杨丰泽　陈茹晴

研究生

杨　博(团总支书记)　连一凯　曾丹艺　徐新眉　李　思

海洋与地球学院

本科生

孙宇东(团总支书记)　戴锦卉　林嘉琪

研究生

程文宇(团总支书记)　兰　芳　颜丽婷

环境与生态学院

本科生

刀皓莎　成竞扬　李嘉杰

研究生

林恋童(团总支书记)　柳　雨

少数民族预科班

预科生

回晓风

国际学术交流中心

张雅梅(综合团总支书记)

后勤集团

张群裕(团总支书记)　洪永健

厦门大学十佳共青团员

王　瑶	公共卫生学院 2019 级硕士研究生	梁倩玉	国际关系学院 2018 级本科生
许越超	航空航天学院 2019 级本科生	彭　派	管理学院 2019 级本科生
闫博然	医学院 2018 级本科生	董一婷	新闻传播学院 2018 级本科生
张嘉韵	材料学院 2018 级本科生	裘依梅	能源学院 2019 级硕士研究生
杨　郡	社会与人类学院 2018 级本科生	潘燕婷	信息学院 2018 级本科生

厦门大学优秀共青团员

人文学院

本科生

魏明烜　韩知霖　綦文多　陈　婧　陈文晴　戴莹潮　黄　翎　李怡婷　赵璐铭　史瑞先　郑培宏　赖叔青　钱虹伊　石宇涵　宁一奇　周林励　戴霞蔚　凌泉灵　康伊帆　曹　爽

研究生

宋瑶瑶　郭　颖　仲　皓　吴帅平　赵　丹　夏开柳　葛　祎　潘如芳　黄格为　詹晓君　高英丹　孙亚男　郑靖怡　石筛镜

新闻传播学院

本科生

李亚迪　吴灵鑫　章立汸　李天昊　温　欣　王家威　战中鸿烁范姗姗　陈　佳　邱文彬　王梦溪　江心茹　凌仔鑫　沈丁凡　李家权　刘若琪　孔翘楚　曾苏扬　汤又谓　魏　琦　梁　烨　易雪妍　简奕晗　史鹭佳　谢丰泽　陈　熙　黄堃榆　詹莎莎

研究生

黄明燕　陈洁怡　杨文锋　曹　远　邓以归　李嘉骏　郭海旗　张　爽　白文睿　蒋　骞

外文学院

本科生

田晓镕　刘泽昕　葛筱雨　常　好　钱思程　游芷琪　于晓凡　郭星彤　施林江　万嘉奕　李婉清　陈　琳　慕　铭

常浩萱 杨 菲 戴冰枝 葛 衍 雷 蕾 徐一楠 刘 霄 马 培 王玉琪 彭瑞雪 刘凤祺 于安琪 林泓罕 林瑜婧 周语嫣

研究生

顾蒋忆 陈小静 吴少君 袁晓丹 黄芹冰 肖 肖 虞一菲 王 萍

艺术学院

本科生

林 熠 赖培俊 喻沁雯 丁林未 叶 清 何流玮 陈旻杰 刘为群 方雅妮 董佳乐 陆曼妮 游艺缤 蔡 珺 周棣洋 陈倩仪 钟艺雯 郑疏影 罗可心 叶雨心 郑 怡 尹 力 景馨逸 陆诗莹 蔡尔瞻 沈斯涵 李 响 罗 烨 林雨熔 谢若涵 段欣欣 高 歌 石欣冉 田泽涵 帅云枫 吴 珂 张 彧 陈彦丰

研究生

潘 苑 蓝 艳 郑华燕 黄芳祺 顾超男

国际中文教育学院/海外教育学院

研究生

王赛兰 王 予 马 晨 王 璐 段雨楠

国际学院

本科生

孙浩洋 华 夏 李思祺 王梓瑜 谢志君 曹贯宇 邱聪桐 谢初旖 王宣宣 宋睿涵 李辰熠 官瑞衡 吴洁仪 杨冰晨 陈雨萱 李潇潇 黄上殷 李妍卓 杨泳坤 柯 东 费梓凡 潘 燕

创意与创新学院

本科生

曹嘉文 蒋雨桐 刘晓浦 马程程 张新笛 吴 晨

经济学院

本科生

何柏毅 陈夏妍 吴 丹 余彩娟 洪 韵 冯晓龙 崔尽展 柳英杰 刘杭岭 徐嘉欣 李朝政 王紫辰 孙紫雁 刘耕源 余 宁 于佳莉 柯海晶 何威霖 伍彦颖 孙菡治 牛 阳 李芳怡 何居远 陈佳宁 王 珺 黄晨暄 陈淑沄 芮慧玲 邹旭涛 陈 欣 罗昊宁 孔子怡 施小奇 陈俊宏 谢惠芬 潘康裕 陈杜炜 陈思羽 林思彤 罗文烨 刘航岐 徐光宇 陈梦雅 朝木日力格 刁雯浩 郝凤娇 张艺芳 张杨浩 何昕怡 邓逸杰 徐玉芸 杨舒婷 陈诗燕 韩梦圆

研究生

周雅娜 宾 川 杜思雨 孔杏华 王绍政 黄怡婷 陆烁玉 张霜凝 张 琳 赵锦静 李苗苗 吴 娜 冯 瑞 沈忠华

管理学院

本科生

雷 幸 余晓悦 邓文狄 吴颖捷 石昆达 谢 懿 赵海贝 高若嘉 刘智键 詹昀菲 刘雨禾 邹丹丹 于乘浩 马 莹 林子媛 董永斌 朱志豪 胡安琪 江菲菲 黄钰雯 李荣坤 杜笑笑 周 倩 张傲杰 陈 菲 吴梦玲 闫梦月 宋 筠 鲁辰扬 林鹏南 唐 举 吴 婕 张悦然 赵晨月 郑嘉慧 任 彤 张 璇 黄 芮 尹靖涵 汪 遥 陈丽倩 谢焦雨 林钰冰 孙 颖 全泳铮 张舒怡 褚夏迪 叶怡嫣 张超颖 杨子欣 向陶钧 陈佳豪 沈伟红 沈 杨 郑少卿

研究生

周文婷 蓝湘如 刘晶莹 陈 青 樊 雨 林哲皓 张添晟 尚子龙 胡晟毓 李淑铮 汪莉晔 闫 寒 张佳敏 杨舒晨 董宇晨 刘 婧 李梦玲 徐冲冲 李雪慧 管柯琴 曹太云 孙 轶 茹靖雪 石钰蕾

法学院

本科生

方海静　王星宇　谢炜静　李济东　赵映旭　高琳越　陈徐安黎周雨桐　黄桢舜　宗诗坤　陈文威　陈梓涵　刘毅楠
张丽雯　陈思宇　陈书凡　黄诗洋　蓝栋华　郝培璇　黄雪娥　谢思媛　刘怡含　杨银钧　黄　珺　刘雅茹贵

研究生

陈钊滢　何静瑶　张　涛　黄靓锋　刘善樊　江　珊　翁文捷　张亦舒　钱　瑶　兰丹翎　方　媛　刘林艺　李达强
李炳辰　曹慧洁　马肖成　梁少娴　李翰钊　钟　仟　赖慕越　郭　婧

公共事务学院

本科生

周诗睿　杨斐诃　吴星玉　李泽妮　吴雅莎　毛诗颖　任莹莹　林晨彬　蔡晨雯　张玉梅　商兆岩　吴琴芳　王　浩
方　宁　黄万良　吴雨欣　张玲玲　詹晓玲　柳含露　林衍含

研究生

常海霞　张怡雯　张梦圆

马克思主义学院

研究生

陈　斯　张　涛　李路静　朱　晴　严春飞

国际关系学院/南洋研究院

本科生

何　葭　程艾艾　温雅妮　魏浩鹏　梁嘉好　罗州阳　赵怡然

研究生

叶文铨　邓智鹏

教育研究院

研究生

施　艺　林丽丽　刘周灵润

台湾研究院

研究生

阮倩晴　刘　畅　袁　乐

社会与人类学院

本科生

杨雪婷　张金波　李佳婧　林　琼　李一涵　王可钧　刘景悦　刘雨桐　娜依兰·海米提

研究生

林凯彬　杨　康　胡　慰　陈诗颖

数学科学学院

本科生

罗昕欣　叶淑敏　林瀚文　王柏晴　吕明倩　郭李雅　程琦秦　雷经宬　李保呈　陈滟柠　王越洋　杨凌涵　钟俊城
陈宇龙　李　萍

研究生

潘诗瑶　张　娣　吕淑晴　余星宇　包仪涵　叶家昌

物理科学与技术学院

本科生

林智远　吴奇龙　杨　佩　李旻晟　瞿慧敏　朱乐烨　李明航　梁朝越　刘加美　帅琳玲　陈佳怡　李泽晨　余星城

陈瀚炀　吴光银　陈子煜
研究生
张宏烨　石　澜　杨徐军　詹振力　蔡文为　徐　飞　刘天一　王紫云　徐祥瑞　肖菊英

化学化工学院
本科生
许翰杰　黄可诚　甄莹莹　王润彤　陈福德　陈超凡　康　玮　周铭宇　张一平　邓昆月　张　静　卢舒琪　吴越新
杨　爽　张雨豪　吴嘉丹　余珂森　李轶凡　卫海天　李荣豪　齐彤旭　高怡枫　谢佶晟　雷航彬　江萱瑶　陈春君
杨文楷　杨璐明　郑子言
研究生
袁　畅　毕梦香　常　露　陈俊洁　段凌暄　郭莉莉　杨剑豪　钟艺琼　左丹阳　胡泳钢　梁　轩　颜美燕　陈忠岩
代威明　黄萍萍　吴辉庭　南文静　谭　卓　何念秋　王显宽　李梦佳　朱维杰　陈小芬　丁冠天　彭吉生　石崛立
孙韵超　王根源　翁婷炜　夏　芬　杨庆莉　张浩文　张美茜　张伟佳　赵怡玲　钟家和　邹泽萍　魏晓宇

信息学院
本科生
龚子玉　代明亮　郑益源　孙馨雨　李超然　林雅岚　把徐进　许惠婷　赵筱萱　庄震丰　黄钰雁　李　昊　王子琪
郭佳睿　詹翁怡　潘　涵　宋海山　王舒洋　刘　畅　傅晓菲　薛　畅　荣　雪　唐路垚　林鲁翼　董星辰　邓孟怡
洪晓杰　毛延廷　蓝志彬　王晓雯　杨传峰　高艺桐　蒋欣雨　童何苗　向文汉　刘洁琳　许以晴　张　璐　袁沈阳
闵子君　朱嘉煜　王　晴　梁雪慧　戈沁沁　胡羽珊　苏荣朋　徐泽森　石悦逸　陈嘉如　董益帆
研究生
胡路瑶　朱　庆　郑　可　叶　芬　余　源　汤慧新　曹伟楠　蔡相明　曹涵林　郑超茹　陈　燊　高桂春　林丽莉
阳名钡　陈　荣　夏　枫　李晓希　周正林　邵康豪　刘佳桐　柯　鹏　石　尚　邓文晋　马　莹

材料学院
本科生
邓博阳　任庶尧　施蓉蓉　张亚婕　张佩娟　焦雨欣　郭　琳　杨瑞芬　胡浩渊　吴嘉坤
研究生
范乃元　华官平　化　宇　黄雯燕　李凌杰　林　珠　刘　芳　王云华　谢祎馨　杨园园　徐　宛　叶伟彬

建筑与土木工程学院
本科生
李玉珊　龚匡锋　黄心思　林涵杰　李晓萌　李鑫茹　李　野　林丹丹　刘继豪　孙泽文　杨得坡　王佳媛　郑旅帆
杨思瀚　杨晓雨　张　航　张雪芹
研究生
黄竟雄　张逸骁　蔡坤阳　黄宇轩　张　欣　王公睿　朱柯桢　刘颖喆　骆国琛

能源学院
本科生
刘晓芸　曹子奇　邓　翊　付林涛　吴子欣　周泓燕
研究生
李　莉　张　杰　陈雨晗　王　源　梁峻华　王中华　谢榕顺

航空航天学院
本科生
涂佳婕　江心宇　倪晨晨　程家琪　周子琦　苑敏洁　李　珂　徐雅婷　何成晔　洪秀敏　李庚龙　史曙光　陈孝劲
郭潇玥　曾宏涛　张　雨　谢　天　潘沿宏　王若山　叶韦宏　张　欣　真毅君　许志伟　陈国涛　朱宇豪　王润泽
郑柏训　肖歆彤　凌梅婷　李雨凡　韦舒颖　李　路　章利成　王津聿　陈禹涵　阮　琳　王靖淇　舒易天　李建鹏
卓光晨　吴世仪

研究生

柳家齐 朱哲浩 何志杰 熊紫伊 申冰怡 彭 昊 王嘉麟 刘庆卓 王为平 张赛涛 廖 涛 钟显朴 刘 杉
朱 奕 陈锦锋 金桂林 崔晓珍 张 斌 刘祥福 刘凯伟 肖池牵

电子科学与技术学院

本科生

刘雯雯 张 曼 葛子迅 师 远 林雅茜 吴艺婕 丁佳欣 陈奕达 董晓雅 殷鹏飞 张钊恺 薛 璟 张 航
邹良华 刘建法 王 臻 林朴坚 陆琴欢 王薛瑜 林右侪 蒋忠杰 许 鹏 夏菁懋 黄添豪 陈 鑫
黄强开来

研究生

吴朝霞 俞旭东 童福川 尹 彪 仇 佳 李智慧 侯欣怡 程 舜 杜武军 李法君 刘祥睿 罗 威 冯琦琛
柯凌志 胡天宇 吴昕玥 董俊涛

生命科学学院

本科生

吕晓琦 孔 毅 朱 玥 叶珍珍 王 一 孙令南 杨 楠 严锦涛 彭天云 李 丹 叶可莹 刘 健 吴一锴
王江红 汪晨曦 王婧昕 林慧永 伍桐瑶 刘豫青 鲁 奇 孙达超 周振弘 何 蕾 王子傲 洪诗琪 李子煜

研究生

郭剑光 詹思佳 章 蕴 尤伟鑫 鲍园园 林康凤 陈新兰 李卓芳 林 鋆 张 莉 李 箫 陈嘉荔 王金家
赖慧娴 钱兹英 李晨鸿 刘宏汉 苏晓晴 章婷婷 李晓烨 鲁 丰

公共卫生学院

本科生

魏翘楚 吴晞敏 袁 娜 李远超 卢姣汐 王 洁 夏伊澜 林英睿 陈睿彤 陈智超 余 炫 彭映雪 赵雪柔
杨 颖 郑怡萱 龚向莲 高题瑾

研究生

雷思雨 黄绍磊 夏雨天 刘 佳 付思佳 阙 霜 孙美君 兰 尤

药学院

本科生

索紫矜 陈钦达 李红升 林秀柯 张柯萱 高 珺 宋金秋 胡 倩 吴欣怡 赵京豫

研究生

杨 云 安小娅 李 懋 刘金雪 尹洁丽 尹思航

医学院

本科生

韩照普 任 婧 郭志祥 冯 兰 李鑫钰 袁 咪 钟佳君 杜 佳 秦凯启 李 黎 黄志文 司睿婵 苏伟祺
徐祺敏 王晨曦 刘子畅 赵志强 黄小育 曹雪娇 郭林枫 余晶蓉 刘晨宇 叶 楠 龙娜沙 张梦涵 詹 颖
严晶雯 陈婷谊 黄嘉骥 李书凝 邱颖欣 李明潞 江钰荧 陈柏玲 陈茹晴 祝欣园 王赵吉喆

研究生

王梦丹 邹川洋 徐 辉 李可越 孔祥琪 孙晶晶 阎虹妤 陈贞磊 朱媛媛 吴益明 马劲松 李 宇 谷梦青
任胜男 郑 岚 王梦缘 李甲楠 齐瑞强 罗常鸿 胡 敏 游旭婷 周文婷 林巧茹 章宁晴 洪语薇 王 铮

海洋与地球学院

本科生

杨逍宇 聂林蔚 伍绍嘉 戴茵如 姚程成 戴梦瑶 林喆滢 熊长静 周娜娜 李少坤 孙一心 龙 凤 卫卓然
赵矣昊 方辰予 吴思扬 杨晨昱

研究生

靳宇波 张晓婷 吕文菁 赵福秸 柯舒婷 王 瀚 邹小晴 郑裕彤 陈 雪 饶宇洺 姚鑫文 侯思远

环境与生态学院

本科生

郑天颖　董炽斐　尤艳萍　苏曼琳　包睿涵　黄秋婷　武文慧　王思溱　安铁阳　黄海婷　程宇琪　李田雨　张子锟　吴辉煌

研究生

高　阳　王　楠　吴佳佳　李汉一　林晓晴　陈语齐　张馨予　方腾越　王博雨　毛冰晶　郭亚丽　王小俊

厦门大学研究生支教团

韩　喜　赖烨臻　施永辉

机关团委

庄诗潮　吴雪卿　宋美霖　陈　泓　高　捷　赖静雯

国际学术交流中心

何丹凤　冯章德　颜志春　姚忠岳　李小燕　李佳欣

后勤集团

蔡　延　罗晨昀　郑娇杨　郭晓红　林子煜　郑　帆　张良琪　何佳玲

附属翔安医院

石雁鸣　付歆欣　延力伟　刘鑫业　孙杨杨　张　迷　陈雪琴　施　杨　覃秋萍

·毕业生名单·

毕业本科生名单

人文学院

阿丽亚·阿布力海提 敖小杰 白玉寒 边晓芳 蔡 颖 曹 译 岑了了 陈 辰 陈 婧 陈俊洁 陈洛葳
陈圣涵 陈文琪 陈晓露 陈 扬 陈奕丹 陈莹燕 陈雨燕 陈张岚 陈梓滢 谌晓琮 程浩炜 程一林 仇艺翔
次旦坚赞 戴自真 旦增旺姆 邓茹心 丁萍萍 董 钰 杜雪玲 范诗云 冯海芳 冯巧梅 高鹏星 高世艳 郭梦清
韩知霖 何书远 何潇洋 洪嘉俊 洪里仁 洪真真 胡 晨 胡蓝心 胡韬展 胡天麒 黄碧珠 黄冰玉 黄琳清
黄千恂 黄巧镕 黄婷浴 黄雅贞 黄艳颖 黄玉婷 蒋逢倩 焦 薇 居昊祺 阚梓睿 赖 昕 李彩霞 李 晨
李翠琪 李 铎 李昊翔 李 红 李吉翼 李佳莉 李康伟 李立晖 李陆明 李晴怡 李姝凝 李姝言 李思琦
李天阳 李武政 李小艳 李鑫明 李逸婷 李永珍 李 源 李岳柽 李郑泽锋 李芷菱 李沚萱 李子琦 梁晨莹
廖焌秀 林 杰 林颂烑 林晓培 林雅岚 林杨浚锋 林亦芃 刘北辰 刘静萱 刘 森 刘铭川 刘润将 刘 维
刘 洋 刘张贺薇 刘振业 卢秉瑞 卢秋缘 卢士卿 罗昊天 罗秋亭 罗思琦 马恩铭 马宏宇 马倩钰 马桢祺
马紫涵 马紫艺 美依尔·热合木江 缪 陈 牛博文 欧阳辉勇 欧阳鹭婷 潘思雯 彭美琳 綦文多 邱惠冰 邱雅菲
邵舒萌 时 瑶 史湘怡 宋 尧 苏峻宇 苏马泽彤 孙雨昕 谭启婕 唐 钰 田 欢 万哲华 王 安 王传辉
王春龙 王红霞 王乐施 王 琳 王 睿 王舒平 王苇药 王艺璇 王永明 王岳伟 王 拙 隗胜楠 魏雅勤
温泽霖 吴春春 吴 坤 吴胜男 吴文婷 吴艺晨 吴悦维 伍杨旸 席子涵 徐舒颀 徐婉朝 徐雅蒸 许嘉璐
许 鹏 薛朝云 闫欣彤 杨 璟 杨 婧 杨梦雅 杨启明 杨舒云 杨心怡 杨妍妮 杨源昊 易 辉 尤 佳
游钰泓 詹华清 张柏勋 张梦璇 张霄钰 张新瑞 张裕雨 张云霄 赵 辉 赵 琳 郑可悦 郑 蔚 庄 妍
庄伊凡 庄雨丹 卓嘎次措 宗 杰 Chong Rui Zhen VIVIAN HII JIN KE

新闻传播学院

柏 文 曹 欢 曹 扬 曾佳怡 曾雨涵 陈恩光 陈皇屹 陈静文 陈 珂 陈晓芳 陈滢山 陈禹漾 崔秀芳
崔韵沁 措 姆 代唯一 单亚楠 旦增曲措 旦增群宗 德吉央宗 邓飞霞 董碧渊 段昶君 段佳筝 樊俊伶 冯韦隽
冯莹莹 高墨涵 高 扬 葛泽宇 顾 睿 关嘉琪 关芷薇 郭林捷 郭宁萱 何 可 贺玉婷 侯雨飞 侯 越
胡一铭 黄佳琪 黄刘强 黄铭昕 黄巧倩 黄诗尧 黄诗莹 黄吴葳 黄钰澜 柯 浩 赖以晨 黎伊扬 李爱鑫
李丹妮 李东妍 李沁桦 李思雨 李欣欣 李志超 李自得 梁洁琳 梁荣基 梁森宇 廖珮辰 林佳莉 林凌霜
林小贝 林忆凡 林玉云 林芷萱 刘冠兰 刘桂超 刘汉砚 刘家妮 刘嘉敏 刘静涵 刘森君 刘书颖 刘 烁
刘婉宁 刘文朝 刘曦琳 隆晓杰 卢涵文 卢钰峤 罗睿健 罗 杨 吕 晴 马 静 马莉蓉 马梦梦 马晓萍
马雪晨 麦芷盈 满 源 娜瓦提·阿扎提 潘德明 潘家欣 潘麒颖 彭丹妮 彭智奇 齐浩彤 权若昕 任佳杰
沈思婕 石慧宇 石静仪 苏惠蓉 孙培雯 孙 庆 孙文月 孙于晴 覃湘苗 覃晓依 唐 浩 唐蔚嫱 田 蜜
田艺凡 汪苏扬 王翠怡 王昊宇 王 露 王 敏 王 晴 王田昀 王小莉 王欣怡 王鑫涛 王一婷 王雨晴
王媛青 魏 萌 翁桧林 吴 丹 吴 静 吴培源 吴佩莹 吴湘炜 向巴美朗 肖冰滢 徐晓妍 许凯辉 许力文
许 诺 许雯莹 闫 珂 杨晨伟 杨晓雪 姚丽钦 姚孟君 叶凌超 尤 佳 余淑媛 喻心玥 袁天翼 张 博
张萌萌 张欣叶 张艳萍 张媛媛 张紫萱 赵 熳 赵 茹 赵 森 赵 峥 郑菁莹 郑 奇 郑伊珊 钟巧莹
朱俊洁 庄懿琛 庄 战 左汝娇 Amy Huang GAN KOK BIN

外文学院

蔡一泽 蔡怡静 蔡永林 常茹馨 陈冲杰 陈家弘 陈坚伟 陈君好 陈凯凌 陈 靓 陈清扬 陈柔言 陈婷婷
陈熙逸 陈心荧 陈心钰 陈星霞 陈雅诗 陈艺霆 陈贞贞 崔峻赫 戴书琪 戴 彦 旦增央珍 德吉央宗 方雪贞

费雪迎 封艳玲 冯碧琳 冯梦洁 符钰 付佳 傅晓灵 盖昱霖 高杭彬 高凌雪 龚松原 郭鑫宇 韩沐言
韩宇宸 郝雨菲 何佳凝 何梦情 何文清 贺晨蕾 贺尹 洪安楠 洪玮泽 胡书齐 胡甜莉 黄泺瑶 黄星宇
黄雪 黄宇轩 纪博文 纪雅方 江希 姜晨曦 姜如 姜诗奕 蒋诺雯 景琛倩 蓝惠欣 蓝品函 李聪昱
李浩月 李惠婷 李洁楚 李可欣 李琪暄 李莎莎 李恬蕊 李欣蕊 李扬 李奕聪 李玉颖 林佳璐 林靖
林沛萱 林淑女 林雅静 林杨真 刘陈楚燕 刘凤祺 刘海影 刘珂屹 刘若珊 刘霄 刘重佑 刘子鉴 鲁亦敏
路昀睿 罗淋贞 吕雪枚 马嘉仪 马培 马文菁 马瑀聪 梅莹莹 聂新然 聂艳铃 牛姝吉 欧阳成 潘奕昕
庞翰林 彭瑞雪 彭文莉 平萱 邱品瑄 瞿志伟 阙向梅 饶晓薇 任慧欣 任巧红 师羽 石古誉 史伊岚
斯凡 宋雯霄 苏滢涵 孙雨哲 孙玥 孙悦 孙韵涵 唐芙蓉 唐恬悦 唐晓逸 陶雪韵 童安堃 万博
汪旸 王博 王浩羽 王纪新 王锦钰 王可翾 王力平 王萌 王若瑶 王思静 王晓文 王玉琪 魏博阳
翁煜婷 吴健铭 吴静宜 吴若岚 吴宇珂 吴哲炀 吴智玲 萧凤杰 谢冰璇 谢孟均 徐隽墨 徐舒怡 徐熙雅
徐一楠 徐子涵 许童 杨嘉怡 杨婷越 姚琪钰 姚书勤 叶冠辰 叶芦亭 叶茜雯 叶昱瑄 易好 尹景玉
余靖 袁洪幸子 张曾依 张恩睿 张欢 张佳辰 张嘉芙 张霖梦 张瑞杰 张彤 张潇元 张潇月 张心蕾
张馨方 张艳芳 张一 张一帆 张一苇 张子鹏 赵晗宇 赵世仟 赵兴然 赵予菲 郑朝羿 郑淳予 郑立煌
郑小丹 郑奕 郑羽昕 郑泽麟 周惠锦 周若茜 周铣瑶 周语嫣 朱艺欣 朱奕 朱子璇 祝雪梅 庄昕晨
邹洁 邹朋峻 法学院 阿依古再丽·艾合麦提 艾地亚·阿布都卡得尔 艾依波帕·艾得尔哈孜 安威健
安彦乐 边巴仓决 蔡乃欣 蔡婉婷 曾梦婷 曾宇航 陈可崴 陈琳蓉 陈玲玲 陈西希 陈欣然 陈缘生 程成
次珍 董跃洲 杜馨 樊宸 方海静 方镇 傅昱 葛梓雯 耿照巍 供玄冲 辜宝钰 郭恺伦 郭梅娟
郝雪娇 何青 侯思琦 胡小莉 黄桢舜 惠语涵 江逸凌 康俊澳 柯雪兰 赖莅莅 蓝晨航 李海华 李佳怡
李昕 李欣然 李星雨 廖晨蕾 廖国皓 林炳杰 林常菁 林琳煜 林子豪 刘聪 刘若琳 刘思伽 刘扬文
刘越 刘云冉 刘紫怡 骆天祺 马宏亚 孟诗景 孟梧茜 米热阿依·买买提 努尔夏西·阿依山 欧语彤 潘姝岐
彭熠 齐梦雅 邱意涵 融雪 史蕴瑶 宋雨晨 苏米亚·巴依斯卡 苏童尧 孙家正 孙倩 孙雯 覃丽梅
谭斯予 陶冶 王飞宇 王卉 王静 王梦祺 王鹏鑫 王茜鹤 王秋琪 王申忆 王星宇 王妍 王炎非
王一航 文鑫 吴昊洲 吴明惠 吴舒妤 吴思娴 吴雅卿 吴智霖 谢炜静 谢正炉 徐金婷 薛丽丹 杨景逸
杨静 杨磊 杨少卿 姚雅靖 殷雨苔 喻朝磊 袁畅 袁静宜 翟心悦 张浩东 张佳俐 张雷诺 张雯悦
张馨月 张扬涵 张翼 张雨婷 张昀宇 张泽惠 赵平平 赵诗洁 郑梦妮 周健 周敏 周舒瀚 朱成宇
朱哲钰 左建辉 左鑫怡

公共事务学院

巴音乌丽吉 陈昊天 陈婕 陈欣荣 陈馨诺 崔诗若 崔钰凡 戴佳旖 德庆拉姆 杜雪莹 冯紫薇 付俊昊
龚睿 管宸昊 郭祥军 韩桂芳 何涛 何朕芳 黄晶晶 黄丽玉 黄婉怡 黄昕仪 简智荣 江佳钖 江佳颖
寇栢钰 赖丽琴 蓝舒泓 雷岭松 李灵 李晟涛 梁杰 梁娅 林熙 林毅君 林玉婷 林钰茹 刘海涛
刘宁霞 刘荣健 刘小茜 柳含露 马斌斌 莫洪钰 莫亚婷 邱伟明 曲祎诺 沈小喆 施乐 苏亚楠 苏钰蓉
孙雅琪 唐靓 腾贺 田心怡 王东英 王佳伟 王石清 王心瑶 王泽茵 王子 温睿婷 吴兵兵 吴洁
吴凯茜 吴星玉 吴依纯 吴煜双 吴蕴萱 吴真臻 肖思妍 肖云龙 徐有权 许冰艺 杨斐词 杨雯婷 杨宇辉
杨宇轩 叶文宇 叶小杰 余芯瑶 俞佳莉 俞心悦 詹晓玲 张丽钦 张淼萱 张敏 张文力 张新昀 张姿怡
张梓清 赵泽波 郑轶馨 郑智炜 朱锐蓉 朱伟明 朱心怡 庄逸燕

社会与人类学院

安东 巴特巴依尔·乌仁其米格 鲍琬琪 蔡嫒 曹腾 陈巧燕 陈燕 陈忆琳 陈羽婷 赤来罗宗 窦一丹
樊锦豪 嘎松措姆 何荣峰 黄淑萍 黄雨晴 江侠林 蒋瑞 金敏 李欢骏 李建敏 李苗苗 李荣蓉 林芙蓉
林俊杰 林蕾欣 林申华 林又靖 刘利 刘馨 刘娅萍 刘知乐 马红梅 马倩 努尔帕夏·扎帕尔 齐盈瑞
祁亚茹 热米拉·买买提 苏品瑄 王筠雅 吴天一 吴天竺 吴欣格 向飞 肖智文 徐鸿浩 许莞萱 许可
闫梦稚 杨雪婷 姚雪纯 衣力扎提·纳毕江 张澳然 张铎耀 张菁 张娜 张文馨 张鑫垚 张之扬 张子睿
张紫倩 郑翰阳 郑语秋 周婧 朱欣祺 KIM MIN SEONG

国际关系学院

白悦凝 陈广铭 陈弘毅 陈林栋 陈鹏宇 陈文倩 次仁曲吉 冯泽昆 高会朵 高全 高天阔 葛昌兴 缑雨妍
何志国 康永沁 李琳琳 连佳琳 刘迪 刘静 刘晓 刘昕 逯勇 栾小宇 骆嘉 吕佳慧 吕溪勇
缪琢言 钱彦蓉 任卫平 荣琨 尚祖宇 石有为 苏亚蓉 孙凯 索朗卓嘎 唐宇 王楚涵 王迪 王中华
王紫珞 温艳平 吴佳敏 邢巍 徐阳 杨健斐 易铖 喻常耕 张杰儒 赵琦瑾 郑雨欣

经济学院

艾铂勋　安宏亮　安林政　白欣怡　包晓妍　蔡靖萍　蔡世达　蔡昕汶　蔡延生　蔡余婷　曹柳昕　曹永欣　曹月笛
曾海洲　曾　恬　曾学端　曾予澄　曾梓睿　柴嘉慧　常缤予　常怀月　陈爱茵　陈　冰　陈达庆　陈方舟　陈焓婧
陈慧娴　陈佳伟　陈嘉钏　陈婧怡　陈　凯　陈可盈　陈　琳　陈默涵　陈沛琪　陈　奇　陈诗茹　陈思捷　陈苏盟
陈婷真　陈韦廷　陈　唯　陈文卿　陈秀明　陈雅红　陈彦辰　陈　燕　陈　阳　陈奕奕　陈　颖　陈宥洁　陈宇翔
陈玉飞　陈昱昊　陈钰涵　陈渊彬　陈昭祥　陈兆权　陈冠轩　陈昕佑　陈宣屹　程一凡　程志滨　迟　璐　楚明霞
崔　颖　代　岭　戴炜烽　邓　儒　丁可心　董　冰　董纪阳　董子逸　杜　衡　杜新培　杜雅超　杜宇卓　段彩娜
端木和劭　鄂　乐　樊世颖　樊张轩　范昱希　方　静　方律涵　房禹辰　冯德好　冯嘉豪　冯俊杰　冯筱箬　奉书原
符　韵　甘剑煌　高俊卓　高可昕　高　立　高绮缘　高文博　高　兴　格桑德吉　龚钜葳　龚小佳　龚燕萍　顾文雅
桂婧好　桂塬茸　郭惠敏　郭婧萱　郭思宇　郭廷彦　郭晓莹　郭心怡　郭怡芃　何　创　何光宇　何鸿光　何家键
何威霖　何欣芮　何迎春　何玉颖　何宗勋　洪思维　洪欣欣　洪扬鹏晨　洪英明　洪泳煌　侯统莹　侯晓宇　胡远迪
虎薇薇　黄涵婧　黄慧宇　黄佳钧　黄佳铭　黄江鑫　黄锦扬　黄昆仑　黄岚泠　黄梦晨　黄澍彬　黄思捷　黄　霄
黄晓林　黄晓萍　黄艺菲　黄　滢　黄泽霖　黄展杰　黄振业　黄　震　黄詠仪　黄玉婷　纪斯怀　江财湘　姜林巧
姜沁雨　姜雪怡　蒋晓洁　焦　点　焦红平　金沁苗　金文斌　靳瑞达　康炜隆　康雪倩　柯海晶　柯历超　柯芷欣
赖欣晴　赖旭佳　兰晨菲　兰兴娅　乐浩鹏　黎宇慧　李晨曦　李　栋　李肱屹　李焕姿　李慧娴　李佳勋　李嘉欣
李　洁　李津津　李君玉　李俊达　李坤翱　李　梅　李美霖　李美霖　李芃浩　李睿祺　李盛桂　李舒馨　李思琪
李松筠　李欣茹　李　鑫　李杏驰　李祎涔　李宜兴　李永生　李咏杭　李志平　李梓贤　李宗羲　荔云飞　梁楚祺
梁　慰　梁　宵　廖瑞鹏　林灏晴　林　欢　林佳伟　林家豪　林俊伟　林乐扬　林凌乾　林钦旭　林诗怡　林维立
林文洁　林旭恺　林业翔　林逸师　刘丁铭　刘嘉伟　刘江雨　刘劲泓　刘乐然　刘明浩　刘　茜　刘巧玲　刘思成
刘思楠　刘廷轩　刘琬怡　刘星雨　刘雅琪　刘一泽　刘怡莹　刘颖东　刘禹嫣　刘禹瑶　刘　悦　刘兆荣　刘忠南
刘周珣　刘梓勇　柳耀旭　卢思洁　鲁子愉　陆隽玥　路晶晶　罗慧怡　罗嘉祺　罗玉曼　罗靖韦　吕恒翔　吕慧媛
吕　贤　吕雨涵　马璐尧　马显琦　马晓燕　马雪婷　马嫌淇　马泽宇　马子越　茅浩然　蒙秋霖　孟秋贤　孟亚东
孟之雁　秘锦程　倪卓林　聂　昊　宁文杰　宁　星　欧荔桑　潘国庆　潘璐涵　潘星杰　潘乙彤　潘宇潇　潘钰铮
潘子晴　裴　明　彭俐茹　彭晓茜　彭燕玲　强巴曲珍　乔思敏　秦玉婷　丘竞昆　邱　誉　邱　月　瞿丹寒　曲凯旋
权蓓蕾　冉　斓　冉森文　任雨佳　邵婉悦　申宜轩　沈格非　沈舒哲　沈颖欣　沈宇辉　沈芷枫　盛程奕　施澳华
施　颖　石祥寒　史灿斌　史佳瓒　帅　瑾　宋涵妍　宋昕燃　宋依阳　苏　畅　苏　涛　孙泠秋　孙梦楚　孙　鹏
孙思怡　孙　彤　孙晓慧　覃才修　覃海洋　覃文龙　覃炫媛　覃煜媛　汤诚宇　唐晶晶　唐鹏智　唐　蕊　唐睿思
唐诗艳　唐琬莹　唐　颖　陶尚闻　特楞杰　田阜澎　田涵文　田　宇　田　锃　涂江莱　汪　瑞　王炳森　王　博
王宸茹　王东辉　王福骏　王　冠　王　静　王　俊　王　磊　王苓力　王卢兰　王　卯　王思懿　王偲宇　王粟原
王　藤　王馨祺　王雅琪　王雨晨　王跃达　王　震　韦素萍　韦箫荃　韦云馨　魏　锋　魏湘东　魏新毅　温正源
文蓝蓝　翁　立　吴博锐　吴海瑶　吴靖权　吴雯雯　吴鑫月　吴烨妍　吴钰清　吴　越　吴兆国　吴政贤　吴嘉惠
吴育瀚　吴泽楠　伍子健　伍子欣　夏福乐　夏婧凡　夏卓群　向　晓　向遥瑶　项宇星　肖皓天　肖其贞　肖　威
谢冬发　谢皓政　谢佳伽　谢佳霖　谢康玉　谢烨妍　谢一晖　谢以轩　信佳琪　邢泽垚　熊思喆　徐坤林　徐木萍
徐学锬　徐　杨　徐宇琦　许博洋　许力予　许益楠　薛理军　闫　珅　闫　文　严玄烨　严珮绮　杨光明　杨晶晶
杨萌迪　杨　倩　杨　烁　杨斯淇　杨　松　杨娴雅　杨　阳　杨家俊　姚　杰　姚昕彤　姚煜洋　姚　卓　叶　琳
叶尔那尔·巴哈提革命　叶　柳　叶森鑫　叶舒悦　叶　添　易子星　尹　曦　应宏波　游宇嵘　于存洋　余　璠
余杰宝　余　郄　余盈娣　余颖琪　余子杰　俞俊榕　俞逸珺　俞　颖　袁凯威　袁欣莹　袁　煜　袁自阳　苑慧敏
张　傲　张迪威　张浩嘉　张恒瑞　张佳鹏　张坤柔　张镧天　张　蕾　张凌翔　张璐璐　张美谦　张　萌　张　弥
张　琦　张　瑞　张祥虎　张晓妍　张　荀　张怡铭　张寅肖　张　钰　张志铭　张智超　章　阳　章　耀　张诗宜
赵　博　赵　坤　赵婷静　赵　彤　赵　越　赵云流　赵子琦　赵梓彤　赵紫薇　郑保丰　郑　杰　郑　琳　郑清予
郑如瑶　郑少林　郑姚涵　郑钰瑶　郑珍荣　钟天霞　钟秀婷　周　慧　周璐瑶　周容先　周淑婷　周暄晋　周　璇
周雅怡　周　炀　朱浩天　朱为振　朱怡凝　朱逸航　诸思齐　庄　露　卓文康　卓昕辰　左健尤　左玉聪
GACHO YUSUKE　Henrique Shuang Giang Ni　TAMURA AKITERU　THOO XUAN YING　ZIYE CHEN

王亚南经济研究院

卜令天　陈杰腾　陈雯彦　陈至炀　方亦非　冯毓升　高明宇　龚俊语　郭彦杰　黄芃欢　李郑威　李宗霖　林俊睿
林志晟　刘　畅　刘天啸　罗哲丞　马沁悦　潘沛辰　申学银　宋嘉宝　王若雅　王思远　王婉莹　王寓捷　魏保昊
吴哲骏　相静蕾　杨　露　张芥若　张静渝　赵得涛　钟卓凡　周鼎铭

管理学院

白璐 蔡昊旻 蔡璟珊 蔡清逸 操剑峰 曹佳佳 岑婉筠 曾晓雨 曾咏祺 曾郅涵 常海暇 陈安妮 陈春妙
陈丛萱 陈发鑫 陈涵凌 陈慧玲 陈慧云 陈恺悦 陈可 陈明慧 陈佩洁 陈佩滢 陈清华 陈秋燕 陈铨
陈申酉 陈盛莉 陈诗佳 陈婷 陈文炎 陈晓颖 陈雅婷 陈泇瑾 陈莹 陈泽 陈圳鸿 陈卓琴 陈子健
成海燕 褚宸昕 戴鹏程 邓凯琳 丁紫玉 董天旻 董童心 董永斌 杜佩剑 樊姝翌 费凯 冯陆聪 傅诗远
高晨睿 龚思文 古丽米热·司地克 桂帆 桂若菲 郭骞 郭靖俞 郭诗雨 郭堂丹 郭颖初 韩冰洁 韩苏彧
何金鑫 何为 和傲男 洪婧 洪振聪 侯翔宇 胡灿 胡克勤 胡茵 胡裕钧 黄涵 黄家乐 黄杰
黄丽娟 黄琳媛 黄璞 黄舒婷 黄婷 黄晓虹 黄姚佳虹 黄颖津 黄雨嫣 黄智敏 黄家豪 贾雨涵 江晓慧
江自牧 姜瑾 姜一帆 姜一飞 蒋雨津 接如意 金戈 金绍博 柯若诗 邝家培 赖纪颖 蓝澜 黎畅
李柏峰 李丙南 李栋梁 李恩东 李飞娥 李海瑞 李函昊 李辉 李慧敏 李佳欣 李静怡 李静玉 李莲情
李曼玲 李敏 李明浩 李齐月 李倩茹 李睿银 李莎 李芯蕊 李欣 李雪绫 李娅楠 李艳霞 李亦璇
李胤颉 李雨虹 李雨萱 李禛 李志锦 李志洋 李卓卡 梁师赫 梁怡清 林炳江 林萃燕 林慧雯 林梦圆
林腾翔 林欣玫 林艺婧 林哲伟 林政 林子璇 刘吉祥 刘蕊 刘宛静 刘文君 刘洵 刘益 刘玉萍
刘玉婷 刘哲睿 刘芷妘 刘倬语 陆瑶 陆怡宸 罗丽婷 罗沁 雒冰利 吕航文 马超 马静 马熙雅
马骁 马英兰 马宇轩 马紫薇 马宗霖 闵越能 牟野 牟颖 潘佳 潘静雅 潘丽贞 裴晶晶 彭如春
秦瑞霖 邱东 邱云霞 邱梓聿 冉晓容 申宁静 沈思含 施诗 史湘敏 宋海云 宋思瑾 苏怡静 苏泽杰
苏招培 隋文钰 隋晓璇 孙宇航 索郎旦增 谭萍华 唐熙通 涂志鸿 托斯塔克·也尔肯 万桃源 汪靖晴 汪瑶
王昊阳 王浩源 王泓 王佳璐 王佳婷 王绿绮 王霈萱 王诗语 王薇 王巍霖 王文筠 王晓涵 王雅琪
王雅文 王瑶 王钰滢 王玥 王泽钦 王子栋 魏亚倩 温庆铭 温悦 文杰 文璐 文美欣 文杨璐
翁沛然 吴集全 吴婕 吴丽俐 吴鹏 吴茜琳 吴茹雯 吴桐 吴彦萱 吴宇 吴华瑜 吴可盈 伍咏昕
夏晨阳 夏吴彬 夏宇 夏梓豪 向陶钧 项俊杰 肖浩南 肖美灵 肖敏 肖晓彤 萧翊如 谢腾飞 谢韦杰
熊夏娃 熊鑫 徐梦颖 徐若雪 许慧雯 许琦冰 许依婷 薛灿宏 薛贺 闫松林 颜粲雨 颜宸冉 燕春荷
杨冬梅 杨翰松 杨嘉锋 杨镕昊 杨烯 杨心梦 杨雅奇 杨彦博 杨钰 杨卓潭 姚瑶 叶怡嫣 尤娉婷
于澳琦 于岱远 于清川 余佳熹 余清 俞仲洁 喻丹琳 张傲杰 张帆 张佳程 张家瑄 张洁颖 张俊杰
张凯 张康达 张龙鑫 张梦君 张明阳 张强 张仕威 张顺启 张天逸 张文杰 张闻捷 张小炜 张晓莹
张新月 张雅萱 张娅 张杨 张洋煜 张烨榕 张一民 张怡静 张益晗 张颖诗 张越 张志伟 赵丹杨
赵慧莹 赵加康 赵可夫 赵威 赵新竹 赵娅妮 郑海莲 郑慧 郑家宁 郑少卿 郑纾颜 郑宇珊 周彪
周楚涵 周俊龙 周丽 朱灿 朱涤非 朱俊安 朱凯波 朱铭洁 朱琪 朱若芸 朱婷婷 朱熹 朱轩邑
庄海龙 庄庆洲 庄瑜萱 邹春鑫 邹颢然 邹懋铭 邹青涛 邹志聪 LIU NHU OANHPARK JUNGHUN
STEFFANI

数学科学学院

卞雨航 蔡亦丞 蔡羿 蔡育茹 曹渲翊 曾宇鑫 陈达 陈昊海 陈捷 陈晓娜 陈泽宸 戴豪宏 邓毓苗
刁鹏 丁雅雯 冯凯布 傅睿 高畅 郭晓豪 何笑恬 胡航源 胡建东 胡晓山 黄见元 黄书彦 纪淑芬
姜霞 姜正昊 雷心雨 李怡 连婷晖 梁慧敏 林瀚文 林润蓁 林也铎 林禛珺 林志炜 刘珂欣 刘启焜
刘徐锐 柳亚泽 罗涛 罗昕欣 吕嘉豪 吕逸帆 马思宇 马旭凯 毛银艳 孟柯凡 孟章颖 苗泽青 缪巧枫
聂维健 欧阳婷 潘汉斌 潘宏宇 彭强威 祁宇 乔叶 秦俊哲 秦钰翔 沈慧捷 石惠琳 苏焕发 孙诣雯
王笛合 王华汀 王默涵 王泰格 王小天 王业森 王宇菲 王源清 韦烁 卫明奇 吴晗宇 吴红坤 吴凯
谈梦智 徐蕾 薛志鹏 杨奉武 姚烁辰 叶淑敏 尹冠千 尤齐藩 俞文华 郁文 袁颢宸 张涵知 张鸿远
张嘉豪 张若煜 张文滨 张熹明 张永昕 章蕴祺 赵明琪 赵祎 周冰洁 周家兴 周然 周志博 邹国通

物理科学与技术学院

白天琦 蔡欣慰 曹宇靖 曹玉鑫 曹振东 曾叶鸿 曾怡然 陈天宇 陈万能 陈威韬 陈宇鹏 陈雨箭 陈子龙
程晓天 丛志军 杜光正 付星瑞 付星宇 高连昊 高扬钧 贡予越 管言泽 何桢暄 黄桂林 黄思远 金毓灵
鞠恒傲 黎玉林 李弟鹏 李鸿儒 李建华 李晋 李荣欣 李诗睿 李晓鹏 李永康 李勇 李宗林 梁馨月
林秋雅 林炜 林旭斌 林宇翔 林智远 林中根 刘浩彬 刘宏旭 刘家赫 刘金辉 刘逸帆 陆一铭 罗勤智
马文琳 麦硕 苗朕海 穆星 彭诚 彭亮滔 邱华斌 尚醇 施有天 孙锐雯 唐偈 唐炼 唐铭远
田宇畅 王超 王晨宇 王丹 王林志宇 王伟涵 王怡飞 王允婷 王子建 王梓鉴 翁昕扬 吴浩锟 吴梦瑶
吴巧雅 吴泽鹏 吴子倩 谢骐骏 谢英豪 徐澳祯 许蝶飞 严松松 杨洪刚 杨开森 姚楠 叶镇崴 余涵

余学谦 岳博 张博涛 张嘉林 张腾 张之禾 赵鑫 郑文昊 周博语 周灵 朱宇翔 庄新宇 邹子祺

化学化工学院

薄仕鑫 毕睿豪 蔡博涵 蔡婉君 曹汉宸 曹阳 曹寅伟 曾国超 曾慧民 陈福德 陈国玺 陈建文 陈劲帆
陈齐文 陈睿智 陈诗怡 陈舒 陈旭炜 陈一宏 陈予全 陈宇森 陈昱坤 陈云鸿 戴锋 丁诗浩 董晓放
杜键德 杜爽 杜鑫滢 范伟民 冯雅楠 葛文慧 龚茹娜 郭宁 郭心怡 郭子俊 韩馥卉 韩霖初 何绮晴
何颖峰 侯伯尚 侯若楠 胡泽旭 胡正利 黄斌广 黄俊铭 黄俊威 黄可诚 黄心童 黄新安 黄旭 黄珣
黄子诺 惠雯佳 纪泽文 贾玉琳 江宇航 蒋冯逸 康锦杰 孔学敏 雷钰莹 李斌 李成林 李峰 李乐健
李晴 李诗勉 李天昊 李小媛 李筱闻 李欣哲 李彦庆 李胤 李钰成 李圳海 李梓卫 林俊炜 林森铭
林彤 林欣 林歆玥 凌一心 刘国峰 刘佳铃 刘俊杰 刘璐 刘荣 刘宇航 刘雨林 刘玉研 刘正晗
刘梓桐 龙稳桢 龙紫晨 罗晨 罗晨 罗建宁 罗梦洁 罗仁杰 马凤江 马林濠 马瑞洋 马兴 马玉昊
毛信仿 孟子涵 牟炳旭 宁若昕 宁一诺 潘雨轩 庞瑞枫 彭海燕 普杨洋 秦晨 秦松 邱芷滢 饶尉
任芳芳 任康俊 任宇翔 容妍 邵楚佚 师勇 施忠浩 石昕笛 宋治霖 苏昊泽 苏勇杰 孙家祺 孙艳星
唐砚青 万丹芮 万云虹 王海涛 王家岱 王君梅 王琨 王乾晓 王润彤 王唯霄 王文婷 王希昊 王馨乐
王意浓 王雨田 王昱钧 王子昂 王宗函 韦献杰 魏昊翔 魏灏湃 吴港飞 吴凯嵘 吴明凯 吴倩倩 吴思翰
吴子瀚 伍舒颖 武涵 夏一凡 夏钟升 先禾 向伊铭 肖伟鑫 肖尧 谢佶晟 谢宇飞 邢舒铭 邢鑫
徐枭 徐昕涛 徐之喜 徐志衡 许和昕 许宏铭 许依玲 续艺漩 闫晋铭 严升恒 严文弋 严旭辉 杨炳文
杨陈渝虎 杨浩宇 杨佳浩 杨嘉婕 杨晋威 杨迈克 杨冉 杨恬 杨悦彤 叶思寒 伊博韬 易静 尹思梦
余铭鑫 余炫霖 袁文理 翟海林 翟彤仪 张浩文 张黎鹏 张凌锋 张苗钰 张润弘 张小蕊 张雄强 张雪晴
张妍 张尧 张宇航 赵圣陶 赵涛 赵煜 赵梓润 甄莹莹 郑丰瑜 郑可颖 钟畅远 钟秀芳 周胜琦
周智媚 朱浩萱 邹家胜 邹沛航 LIN JIAHUA 材料学院蔡钦淇 蔡润琛 蔡周启硕 曹洪宾 曾俊菱 陈国威
陈旸 陈宇晴 段铁丹 范英豪 郭鹏焕 赫子君 洪恩柳 黄传鸿 黄晋朗 季晓敏 蒋智强 金梦雪 赖嘉豪
李朝颖 李晶寒 李琳 李然 李颖 李咏怡 林清英 林若与 林舒宇 林婷婷 凌炳岳 刘李生 刘明娜
罗飞宇 罗涛 马成名 马雨婷 牛泽臣 潘燊 潘哲 彭昊 瞿心卓 任吉林 商继涛 申峻飞 申鑫
沈国超 宋海涵 宋恒尧 宋秭蓄 孙华清 孙志锴 索佳苗 唐海铭 王浩 王俊宇 王骏伟 王天轶 王旭东
王学成 王智巍 温雪琴 吴佳珍 吴天齐 吴岳 夏琳博 谢宜波 谢昭天 徐西庆 杨昊 杨娜 杨奕鑫
叶国祥 叶欣德 叶子玥 余健烨 袁丰婧 詹基来 张波 张昌楠 张朝信 张靖 张佩娟 张帅帅 张正义
赵文瑄 郑渡波 周海媚 周建华 周建荣 周思明 周雄 朱烨琦 邹瑜强

生命科学学院

巴合古丽·赛力克 巴旦伍萨 白雪 蔡小丽 曹鹤霄 曹喜森 陈辉帝 陈家晟 陈开允 陈世龙 陈威森 陈小凡
陈晓岚 陈宜津 陈韵怡 陈子游 程梦雨 崔玲艳 戴伟霖 戴夏香 董得沁 董沛铧 董映君 范士林 方宇
高心荷 高洋 高屹远 龚亚妮 谷俊晖 郭胜禹 郭至钊 韩枫 韩英丽 何欢 何婧嘉 贺鹏霞 侯在纪
胡景云 胡凯宇 胡逸 胡昱 黄碧蓉 黄玲珑 黄琦 黄森宇 黄诗玲 黄越 姬承帆 籍顺佳 贾国庆
江宸澳 江雪彤 金燕佳 井河泽 孔高会 雷轶 李纯 李广明 李浩然 李洁 李瑾 李蔺 李婷
李婷茹 李鑫 李旭 李一琛 李胤直 李宗澍 梁诗婷 廖婧媛 林俊毅 林渝涛 刘锦堂 刘明宇 刘思齐
刘威 刘晓雨 刘啸天 刘怡兰 刘译元 刘雨哲 刘禹忻 刘豫青 刘粤 刘智严 鲁奇 罗逸舟 吕鹏
吕晓琦 马绍骞 马雪松 马勋 米合日巴呢·热西提 聂芳 潘豪杰 钱秋盈 钱心玥 桑浩承 尚晓旭
沈嘉祺 沈岩 施可俊 史瑞雪 宋佳琳 宋蕾 宋谦慧 宋文婕 宋晓辉 苏奇 孙倍倍 孙达超 孙敏
谭耀 唐亚丽 唐镇 滕腾 涂燕芳 王冰燕 王超英 王晨睿 王嘉明 王珏 王霖霖 王灵娜 王鹏
王仕超 王一帆 王雨薇 吴姹 吴崇鑫 吴珺宁 吴若男 吴诗茵 吴艳清 肖格致 肖金龙 肖敏 谢哲焜
熊诗玥 徐家璇 徐楠 徐千然 许恒 许恒源 薛宇 颜思瀚 杨浩 杨皓琛 杨伟荣 杨雪瑞 杨耀东
姚艳玲 姚正浩 叶鑫 于祺 张冬晴 张竣杰 张丽荣 张露 张凝 张睿文 张姝玥 张毓鹏 张月娥
张哲玮 赵贺珍 赵悦 郑晶燕 郑越 钟星杰 周婧 周倩 周书棋 周思汝 周小倩 周易行 周振弘
周至煜 朱峻毅 朱兴杰 CEVALLOS ALAVA ANTONY JOSEPH DURDIEV MIRAT

海洋与地球学院

白献伟 宾李 曾莉雯 陈煌鑫 陈慧洁 陈婷 陈相如 陈鑫 陈璇 陈妍 陈雨 陈致好 崔琪
戴梦瑶 邓月萍 邓自宇 刁顺 丁博 杜世和 付瑞颖 甘伟 高瞻远 宫浩 龚兆基 郭可嘉 韩静雯
何骞 洪艺婷 胡颖 黄虹嘉 黄佳慧 黄坤琦 黄溢镓 贾宸政 简平文 金浩泉 孔岳 李聪 李恒宇

李佳宸 李佳颖 李瑞丰 李森 李诗宇 李子旋 梁东平 梁洺源 梁启慧 梁园 林蕃 林华英 林雯纾 林晓煊 林泽航 刘碧琳 刘明卓 刘睿 刘涛 刘盈麟 刘姿杨 柳卫星 吕巧伶 马越 欧文湛 潘怡彤 彭栋泓 邵帅 沈璐 施意 石吉儿 宋迟 宋泽暄 孙沛哲 孙雅晨 谭智杰 汤锦铭 唐昕颜 田丰源 田世恒 汪铃 王景鹏 王微 王微 王艺珊 王宇 韦柳利 韦一剑 温淑婷 闻丹 翁晨圣 吴清清 吴若一 吴艺语 伍绍嘉 熊长静 颜廷辉 杨逍宇 姚程成 姚俊辉 叶美燕 詹肖茜 张淙 张家扬 张美琪 张诗雨 张殊菱 张舒 张颖 章祥文 赵芮 郑康 郑涛 郑文彬 郑炎 钟文 周厚思 邹昊天

环境与生态学院

包宇路 陈光耀 陈浩宇 陈佳琪 陈家宝 陈丽信 陈玲玉 陈凌昕 陈清琤 陈姝聪 陈漪桥 陈奕纯 陈志伟 程栋栋 旦增 党浩文 董炽斐 段娥 方旗 付保龙 甘少文 龚杜美瑾 顾先碧 侯威 黄罽子 黄勇 黄玉鸿 冀昂 李锦涛 李秋晨 李诗婷 李玮铖 李晓杰 廖远鸿 林景新 林晟 林伟健 林艺鹏 林宇轩 刘畅 刘珺儿 刘显雄 刘震 刘子豪 罗晨 毛培润 孟越 乔雪燕 邱添 阮立洋 石芸玥 史文杰 宋沁茹 宋天宇 苏其晶 汤涵 田磊 王浩宇 王齐治 王亚鑫 王颖 王有敏 王宇璇 王祯 王振宇 韦良君 吴朝阳 吴文华 武琳朋 向锦旭 谢丽芳 谢柔 熊江治乾 徐梦歌 许云薇 薛昊南 严欣恬 杨艾琳 杨嘉懿 杨翎 杨子健 姚祎文 姚昭盈 殷文凤 尤艳萍 于炳楠 于宏 于瑾 余康宸 扎西央拉 张函 张力丹 张文孝 张宇菁 赵杰 郑书露 郑天颖 周欣雅 朱丹阳 朱珠 祝向金 左一丹

能源学院

曹可新 曹子奇 柴晶 陈俭远 陈琳谦 邓翊 杜明辉 段金妍 高小曼 郭典典 郝路宽 何欣琪 黄雅欣 江昊 来钊廷 李嘉欣 李锦翔 梁钰莉 廖光清 林毅 刘健 刘俊 刘毅 陆凯 潘通成 裴洁茹 裴克非 任可 司鸿 宋怡然 田剑凌 田雪 王超 王朝 王豪捷 王仕栋 王文浩 王旖婷 王颖 翁挺伟 吴炎坤 许依凝 叶天弘 游克松 张菁菁 张俊博 郑任翔 周方贤 周泓燕 朱健明

电子科学与技术学院

包世骄 蔡昂昂 蔡江涛 蔡源海 曹立杰 曹儒剑 曾尔恺 曾俊锋 陈搏佳 陈佳豪 陈佳鸿 陈佳佳 陈锦 陈静妍 陈良 陈玲玲 陈瑞杰 陈晓越 陈鑫 陈旭东 陈洵 陈彦霞 陈祖岗 程晓龙 邓宏燕 邓权 丁怡文 丁宇霖 方嘉豪 方庭婧 傅振伟 高涵 高宇帆 高振江 郭庞 郭晓森 郭艳霞 郭志成 韩昊宇 韩旭威 何奥华 何岩 侯劲松 胡贝尔 胡凌岳 黄阿智 黄儒翊 黄晓煜 黄在晨 姜丰 焦孟琛 柯辉煌 柯琳川 李航 李浩峰 李良伟 李汀 李新宇 李源 李震文 李宗良 梁俊玲 梁茗朝 梁伟 廖乘 廖鑫辉 林静雯 林凯 林凯星 林蓝威 林青 林晓莹 林奕侠 林铸良 刘浩湘 刘近秋 刘玲 刘梅晟 刘鹏 刘雅慧 刘玉兰 刘峥岩 柳童 龙琼 卢江峰 罗洪强 罗秋茗 罗则渌 麻钰皓 马博洋 马惠成 马家昕 马立龙 马万森 苗瑞 欧阳俊宇 彭鑫 秦庆党 饶光煊 邵炜霖 盛一鸣 施雅文 时天宇 宋名超 苏茂茹 汤小龙 唐峤 唐庆津 陶泽明 田兴泽 田媛媛 佟嘉 涂文轩 万子昂 王龚晨 王会慧 王江 王静怡 王帅烽 王威 王文亮 王逸轩 王与 王卓尔 王梓鉴 魏文杰 文自强 吴津铭 吴雨伦 伍岳海 武梦远 肖博翰 谢雄峰 熊子昂 徐文搏 薛志鸿 颜全枢 杨宏毅 杨杞宁 杨仕驭 杨曦 杨溢珩 杨钰叶 姚俊斌 姚伟强 叶钊松 殷铭远 殷永成 于宸 余建新 余靖伊 余振威 詹逸凡 张伯苧 张朝阳 张传溢 张纯洁 张凡 张皓旸 张萌新 张仁主 张诗翼 张舒蓉 张汪硕 张炜铭 张尧 张雨杭 张志斌 章焱祥 赵英訸 郑惠勇 郑世录 郑志威 钟池 仲雪宁 周国淦 周伟 朱桉熠 朱晓勤 宗正 邹奇强

航空航天学院

安泓屹 安政宇 闭鑫涛 卞嘉鹏 蔡鹤 蔡奇昂 蔡怡睿 曾紫媛 陈彩蓉 陈凤鸣 陈国涛 陈海辉 陈李萱 陈林泽 陈明坤 陈奇童 陈舒涵 陈天昊 陈曦 陈彦佳 陈艺婷 陈永波 陈雨涵 陈聿文 陈远贵 陈忠鹏 成伦 成宇庆 程家琪 程鑫乐 楚桐 邓志涛 丁晓睿 杜怡霄 段羽飞 樊志伟 范雨森 冯豪 冯琳峻 冯怡 付政伟 傅帆 甘娅銮 高俊超 高思佳 高鑫桐 葛宏进 葛天铄 谷雨 顾恩惠 顾剑豪 郭庆 郭小暄 郭以承 韩朝婧 韩思捷 郝梦伟 何泓霖 何沛霖 何晴 何旭博 洪宇寅 胡竞文 胡鹏辉 胡权文 胡世嘉 胡天晨 胡新怡 黄号 黄金锋 黄津栩 黄若愚 黄夏羿 黄祥懿 黄鑫宸 黄彦涛 黄洋鑫 黄煜坤 黄志鑫 黄智展 姬朋坤 纪伟凡 贾嬴政 江心宇 蒋诗瑶 蒋玉亭 金航 居天逸 康恩豪 孔令伟 兰天 雷天文 李晨晨 李丹 李芳钰 李广宇 李浩 李浩男 李弘熠 李京徽 李可非 李明鑫 李品劭 李上杰 李仕江 李堂明 李潇雨 李晓宇 李宇航 连睿扬 廉洁 梁冰玉 梁奇威 梁睿 梁婷婷 梁育铭 廖文斌 林珮汝 林伟焜 林炜伦 林雪莲 林雅萍 林耀钦 林宇航 林玉琴 林泽伦 刘灿 刘春雨 刘金涛 刘瑞康

刘士同　刘天文　刘　璇　刘钰杰　刘泽涵　娄玉青　卢　俊　卢秋呈　卢钰文　陆　瑶　罗慕昀　吕高阳　马骏驰
马凌炜　马若雪　马　腾　马逸群　毛梁宇　孟云鑫　苗　佳　苗雨旺　倪晨晨　聂天慧　牛永皓　欧阳晟　潘程建
庞　博　彭豪鸿　皮青阳　蒲　文　秦浩轩　秦腊　秦雅雯　任昌旻　任海荣　桑师洪　佘振南　沈　阅　施成寅
石清标　石庆林　石玉晗　苏哲哲　孙傲宸　孙　浩　谭睿哲　汤　喆　唐加权　唐芃帆　陶　磊　陶逸萌　童俊淇
涂佳婕　汪宇轩　王榜涛　王　博　王博宇　王朝阳　王辰祺　王冬莹　王宏钊　王嘉琛　王　昆　王孟恬　王　琦
王青宇　王森京　王天彤　王黠溢　王新景　王兴烨　王　严　王彦盈　王　怡　王　轶　王益杰　王毅松　王　玙
王　雨　王煜坤　韦　莉　魏骏豪　温金山　翁聿欣　吴丹妮　吴　迪　吴龙鑫　吴敏锽　吴　烁　吴昕哲　吴永建
吴志宇　吴紫藤　伍臣劲　夏　婧　夏立南　相嘉慧　向　洁　肖湘志　谢开宁　谢伟军　徐　畅　徐文俊　徐小轩
徐益鑫　许　昊　许家齐　许嘉莹　许文钦　许哲涵　许志伟　薛生辉　鄢昕烨　严德道　颜艺杰　颜　育　杨昌霖
杨超凡　杨成军　杨进滨　杨　锴　杨培杰　杨清华　杨世琚　杨　洋　杨振海　杨紫月　杨宗霖　冶伟彭　冶玉花
尹清扬　尹若雪　应恩泽　由　腾　于梦婷　余晨阳　余承璇　余佳颖　余子实　俞锦祺　禹曦平　袁令晖　苑敏洁
云雨劼　詹巧妍　詹　芷　张大柠　张董悠悠　张官胜　张国强　张昊东　张浩东　张　江　张铿锵　张朦丹　张梦迪
张铭波　张楠楠　张瑞霆　张睿娜　张事成　张淑荣　张伟霖　张雅茹　张　妍　张义亮　张永健　张雨霆　张玉舒
张钰鑫　张志强　张子明　张紫婷　赵皓宇　赵　康　赵可瑞　赵亚男　郑俊伟　郑雨韵　钟　洋　周建云　周茂东
周新苑　周子琦　朱小朱　朱振昊

信息学院

白飞羽　白熠阳　蔡郭平　蔡鹏华　蔡　依　蔡子乐　曹路鑫　曹璐璐　曹志伟　曾辰彬　曾嘉宝　曾凌枫　曾梅芳
曾文婷　曾艺鑫　曾玥滢　车恩宇　陈丰铧　陈格格　陈国益　陈海健　陈基宁　陈家明　陈嘉祥　陈建强　陈　杰
陈金灵　陈可夫　陈炼石　陈　梁　陈锰钊　陈　铭　陈楠林　陈仁辉　陈荣森　陈帅辰　陈元庆　陈贇佳　成永祥
迟宇希　次仁央金　代明亮　代沐芸　戴方怡　戴建伟　单志强　邓丰伟　丁海馨　丁洁琼　丁俊翔　丁　威　丁子力
董文铖　董怡帆　杜嘉敏　杜旭焘　杜知城　樊雪莹　樊　越　范　杰　范明华　费　翔　符东升　付轶楠　傅晓菲
高敏楠　高思远　高晓凡　高　雅　戈雪婵　耿佳南　耿礼庆　耿梦娇　龚盛豪　勾清淦　顾翔文　关世艳　桂　豪
过博文　韩岚蝶　韩李翔　郝翊非　何辰纲　何明智　何　幕　何少杰　何　伟　何兴国　贺铃芸　洪浩然　洪　虹
洪　湘　洪　洋　洪永团　胡　聪　胡仕晨　胡　适　胡蔚恒　胡晓雅　胡粤洋　华爱萍　华浩宇　华少楠　华　雄
黄灿鑫　黄达熙　黄东杰　黄家铭　黄　剑　黄　杰　黄锦颖　黄泸明　黄祺尧　黄睿怡　黄世雄　黄书斌　黄天豪
黄　薇　黄惟琛　黄晓峰　黄烨钒　江靖辉　江　炜　蒋金韬　蒋利铭　焦荣毅　金秋实　金雨薇　康立言　柯键基
克力比努尔·克由木　孔祥威　匡镓玮　蓝　涛　雷佳宜　雷婧雯　黎　茂　李段章　李根深　李瀚霆　李洪波
李吉花　李锦汐　李炬锋　李　黎　李林禹　李　诺　李鹏程　李　钦　李玮健　李笑寒　李　鑫　李　旭　李迅潮
李　杨　李宇石　李远航　李展昆　李郑伟　连陈宇　梁润先　梁　升　梁永红　廖科桢　廖业鑫　廖予菡　林伯权
林　浩　林联辉　林　娜　林培煊　林千恩　林尚政　林玮悦　林喜鹏　林艺彬　林益达　林逸泰　林宇晨　林雨欣
林梓惠　刘昶逸　刘航芳　刘红豆　刘华安　刘佳硕　刘梦秋　刘明辉　刘鹏飞　刘仁帅　刘守宇　刘　松　刘文翰
刘鑫晨　刘　旭　刘炫慧　刘奕君　刘亿多　刘玉麟　刘源驰　刘昭源　刘　政　刘子炜　刘宗勋　卢青秀　芦世杰
陆婧昭　陆俊伟　吕嘉晨　吕思清　马　烁　马天浩　马菀然　麦多健　茅元昊　梅龙飞　孟凤玲　孟佳琪　苗柏林
苗伊博　莫静岚　南宫瑞　倪虹艳　欧嘉明　潘朝旺　潘　婧　庞　浩　彭丽敏　溥丹婷　齐香洋　羌久曲培　秦一帆
邱杞鸿　邱玥晖　曲政豪　饶九寅　任天和　茹得兼　阮大为　申雅茹　沈丽姗　沈湘越　施丽丽　施渝斌　施玉欣
石成龙　石天琪　史卓凡　宋澳龙　宋姜豪　宋柳锐　宋梦禹　宋文浩　宋　叶　宋亦婷　宋宇伟　苏　畅　苏慧锦
苏艺超　粟宇航　孙鲁喆　孙铭远　孙诗雨　孙苏宁　覃龙虎　谭　山　唐嘉辉　唐砺恒　唐玉萧　田丰钦　田佳铭
田　扬　汪　洋　汪逸夫　王　澳　王　博　王昊为　王　健　王　静　王隆钲　王　庆　王　顺　王文杰　王小玲
王晓琦　王　鑫　王兴铃　王雅静　王雅南　王一迪　王一凡　王毅俊　王宇昕　王裕佳　王志源　王中豪　王　梓
文日娣　翁　婧　邬莎莎　吴婧姣　吴　名　吴镕龙　吴伟凡　吴文静　吴啸明　吴越伟　武平冉　武玉婷　席奇璇
夏文雁　夏心蕾　肖品彤　肖舒鉴　肖　遥　肖煜天　萧文贤　谢彬彬　谢昌锟　谢　林　谢锶琦　谢　鑫　谢逸翔
辛弋然　邢程程　熊黔超　熊天旸　修建群　徐桂鹏　徐嘉晨　徐茜莹　徐文霞　许黄超　许惠婷　许如清　许新雨
许　岩　薛　畅　颜秉霖　颜　倩　颜思琦　颜子瑶　阳心怡　杨程德　杨　鸿　杨　鸿　杨丽芬　杨凌俊　杨铭贤
杨茹岚　杨圣琴　杨思源　杨文静　杨延鑫　杨芷钰　杨子琦　叶方晨　叶建鸿　叶凯煜　叶可剑　叶颖津　叶禹诚
殷文豪　尹志宇　游铭杭　游能智　余佳伟　余可熠　余思茜　余婷洁　余兴洋　余瑶珍　俞鸿清　俞剑桥　喻松林
袁方旭　袁逸俊　臧布江　翟介宾　翟甜媛　詹李双　张冰源　张多乐　张海诗　张　涵　张浩宇　张鹤川　张　珩
张家亮　张嘉乐　张梦龙　张铭翔　张奇彬　张琪晗　张　硕　张伟松　张翛然　张　旭　张雅晴　张一翀　张有坤
张　越　赵常安　赵慧超　赵镜宇　赵俊雅　赵筱萱　赵　轩　赵怡君　赵子霖　郑冠仪　郑家松　郑钦文　郑舒蔚
郑　扬　郑仰昆　钟亦劲　仲天云　周朝雯　周俊昇　周林辉　周　淇　周　威　周熙凯　周　兴　朱晨亮　朱行星

朱　浩　朱凌芸　朱沛文　朱　祥　朱元基　朱子奇　朱梓杰　庄　武　邹嘉禹　左翰为

建筑与土木工程学院

阿吾扎尔·阿布都斯力木　阿衣努尔·阿合买提江　白艺可　蔡婉芳　曾靖斐　曾　铭　曾文琴　陈来福　陈伟康
陈潆馨　陈雨恬　陈钰杰　陈子玥　旦增念扎　邓红辉　迪丽胡玛尔·卡哈尔　丁　林　方佳清　方金鹏　冯立宇
高　为　高玉月　格顿益西　耿　奇　顾溧非　顾植浩　郭　疑　韩任渝　何呈欣　何燕萍　洪洋亦　侯玉兵　胡斯琦
黄咏梅　黄振锋　霍慧秀　嘉禹豪　江　飞　江洪月　李昂然　李佳瑞　李进元　李静娴　李　娜　李思敏　李雯颖
李　鑫　李秀茹　李　野　连海茵　梁　平　梁　禹　梁周杭　廖林琳　林芳萍　林　锋　林少墩　蔺习升　刘承鑫
刘晖琨　刘健阳　刘镘营　刘盈娴　刘雨晴　刘玉槟　吕宛育　马艺轩　马玉海　梅　婕　梅书文　牟一帆　宁嘉莉
潘雅冰　祁美旺姆　饶加伟　尚小钰　宋世尧　陶少威　陶王凯　瓦热斯·木塔力普　汪瑜娇　王　崇　王静仪　王可毅
王淑娴　王　玺　王亚婕　魏　蓝　吴明阳　熊　怡　徐鹏海　徐钲砚　薛　蕊　杨玲硕　杨宇欣　叶彩云　叶　烨
易永展　尤天宇　余冠达　袁佳欣　臧思佳　张小林　张鑫涛　张越潮　赵文莉　赵雨葳　周才仁　周慧杰　周立佳
周扬帆　周　怡　周　颖　周雨佳　朱光杰　祖路南卡尔·吐尔逊

医学院

阿卜拉喀日·麦合苏木　白　瑜　蔡怀德　蔡俊民　蔡李骏　蔡　鑫　曹功皓　曾　侃　曾　晴　曾偲庆　柴旭辉
常　乐　陈嘉文　陈建虎　陈闽飞　陈　平　陈秋霞　陈诗涛　陈舒婷　陈甜甜　陈　曦　陈　曦　陈　颖　陈志楠
程　慧　程礼升　代　垚　戴玉梅　邓连邦　迪丽努尔·迪力穆拉提　地力夏提·艾力　丁紫帆　杜来源　段　颖
范俊平　冯仕杰　符佩莹　高建国　古　浩　郭光伟　郭珊妮　郭艺嘉　韩佩颐　韩瑞琦　洪千紫凌　洪　政　胡小梅
黄彩莲　黄培铮　黄思嘉　黄仲谋　江锟元　蒋白珏　蒋翠婷　拉茂才旦　拉　珍　李佳奕　李　蓝　李绿洲　李　青
李宛烨　李　伟　李伟召　李晓卿　李啸哲　李新月　李永兴　梁　成　梁　健　林　昊　林灏文　林锦聪　林荔燕
林曼滢　林牧之　林　桑　林　晟　林杨滨　刘　畅　刘家鼎　刘健源　刘明睿　刘鑫雨　刘奕麟　罗晓鑫　吕　虎
吕晓敏　马春瑞　马豪靖　马朦惠　马昕鹏　马　卓　马子扬　马子阳　梅　宇　莫　涛　穆再排尔·亚森　欧昱珊
潘　磊　潘毅林　潘梓航　朴美延　秦敏兴　丘翰文　邱　祺　饶　艳　任沁怡　任长蓉　沙玛丽·哈力木别克
尚元君　邵高眩　申思嘉　施从彬　石荟芬　史鹏辉　宋燕森　苏　航　苏铭昕　苏世强　苏治邦　孙璐琦　覃钰涵
谭超仁　唐林鑫　唐乾杰　唐小泽　陶玉蓉　田思源　涂梦倩　王　安　王淦淦　王　航　王恒阳　王丽俊　王书宇
王思宇　王　婷　王文伟　王新伟　王　鑫　王一婷　王佑文　王雨燕　维沙力·居来提　魏　凡　魏　玥　文家兴
吴　彬　吴君华　吴文书　吴鑫元　吴一平　吴逸飞　吴友强　吴跃洲　吴祖昉　伍丽娜　郗玥美　肖瑞琦　谢宇洋
徐　超　徐如雨　徐宛钰　许静莹　许诗霖　杨　干　杨佳雨　杨　洁　杨青青　杨树帅　杨永明　杨钰龙　叶佳希
叶斯哈提·木拉提别克　伊绍雄　岳阳阳　张　驰　张　烽　张嘉芸　张进芬　张林林　张美芝　张梦雨　张胜南
张玮鹏　张雨婕　赵欣雯　赵梓钦　钟高尧　钟坤倚昊　周　鑫　朱人和　朱旭贵　朱艺钒　庄净斌　邹婷婷
ANSHU　ARMAN THAKUR　GOURI　GURSHARAN SINGH　MIKAH NGWANGUONG HANNAH
MOHAMMED ABDULKAREM MOHAMMED MOHSEN AL-QAISI　PANKAJ SHARMA　SANCHIT NARANG
SONIA MUHAWENIMANA　UDAY RANA　WANYING SOH(ZENG)

公共卫生学院

白丽君　白明书　陈　锋　陈积璟　陈维琳　陈雅玲　陈燕玲　邓子枫　丁翊捷　杜雨珊　甘聪玲　关　晴　管　恬
郭慧淋　韩璧桦　何春雷　何泽灵　胡轩胜　黄安慧　黄　鑫　黄　宇　江泽敏　雷　兴　黎思鹏　李晨辉　李红叶
李　佳　李甜甜　李志红　李　智　林海滨　林鸿雁　林丽颖　林世一　刘基嫣　刘军贤　刘　南　刘　琪　刘若云
鲁　迈　罗舒华　木热迪力·阿布都外力　琴格丽　饶婉玉　任峥芸　石昕宇　侍倩倩　苏　融　孙　畅　孙梦云
覃小芮　唐嘉营　王绘敏　王鹭翔　王露煜　王睿新　王逸凡　王子晗　魏钰琪　吴家金　肖　瑾　肖文蔚　辛嘉宝
许　涛　颜思平　杨　丽　杨　曼　杨水平　杨梓梅　叶欣雅　益西卓玛　余博涵　余珊珊　喻文鳌　岳紫钰　张利耀
张伊瑾　赵成君　赵甫尉　赵华文　赵珈莹　朱　靓　邹艾伶　药学院　艾孜来提艾力·沙力瓦提　安元奎　白　森
曾馨蕾　陈灿彤　陈慧娴　陈鹏颋　陈　倩　陈钦达　陈　莹　陈自强　邓　婷　董正楠　杜雨婷　范川宁　范志昌
高　玲　葛璐煊　宫宇铭　苟　童　韩雨彤　胡妮夏木·奥布力哈斯木　黄澄伟　黄玉洁　赖锡玉　郎需利　李　芳
李京典　李雪颖　李　园　廖晨扬　林艾桦　林　炯　林泽升　刘冰洁　刘晨语　刘　快　刘青娜　刘庆洋　马彩倩
马思凡　毛金竹　苗佳颖　潘井峰　彭　慧　彭可欣　任　钰　桑煜昊　苏春方　索紫矜　谭翠翠　谭　鸣　唐　佳
铁丽谨　万正豪　王方玥　王璐璐　王睿楠　王裕森　乌皓祎　伍　艳　杨　晨　杨弘力　易美娟　余　果　袁彩霞
张静妍　张　森　张　伟　张雪梅　张志芳　张智妍　郑梓婷　周慧颖　邹培勋　邹伊洁

国际学院

蔡晨希 蔡振宇 曾柔 陈含露 陈翰 陈嘉璇 陈琳 陈沛豪 陈三庆 陈唯豆 陈维陈 陈宇涵 陈雨萱
陈泽平 陈哲延 单李慧 董雯君 杜叶丹 范文欣 方峻洋 方琳 付丹蕾 龚钰清 谷怡冉 顾程铭 郭语桐
韩若霖 韩业欣 韩雨芮 韩玉惠 何焕晴 何雨彪 洪德鑫 胡虹诗 胡嘉阳 胡曦月 胡湘芸 黄鸿威 黄佳璐
黄婧 黄凯旋 黄璐敏 黄心圆 黄馨莹 黄子睿 贾伊宁 姜凡 蒋弘琥 蒋燎原 解雪 金佳琪 兰天旭
李晨东 李泓君 李嘉璇 李思潭 李心悦 李嫣然 李逸 李逸朵 李泽铧 李志滨 梁晋琳 梁丽仪 林梅芳
林美莲 林楠 林仁恺 林思佳 林恬君 林郁东 林志强 凌晨 刘嘉婧 刘婕 刘美 刘其妮 刘琪瑶
刘维贵 刘一诺 刘宇昂 卢钧濠 卢宜 卢雨欣 吕鑫洋 吕雪萌 马超越 苗雨暄 慕雨涵 潘孝男 乔连昊
邱家豪 冉雅婷 任箫晗 阮兴羿 邵铭嘉 佘科宇 宋含 苏逸航 孙小轩 谭天 谭小婕 谭雨萱 汤清源
汤子涵 唐佳玮 滕琬月 田景莹 涂晨昕 王佰成 王郸平 王梅莉 王琪 王天亿 王蔚辰 王熙月 王燮达
王旭辉 王彦淇 王熠 王英基 王宇童 王雨馨 王卓凡 魏莎 吴霜 吴维君 吴彦仪 吴一虬 席方圆
夏梦岩 夏敏仪 肖欣如 肖逸楠 谢乐为 谢宇崧 徐驰 徐文轩 徐子凌 许婉琳 薛丽雅 杨丁莘 杨浩丰
杨开奇 杨凌峰 杨柳青 杨思睿 杨竹娟 姚佳彤 于丽争 于泽琨 余骆麟 余梦麟 余炜 余意 袁炜哲
袁子云 张佳妮 张峻涵 张开颜 张蓼蓝 张婷婷 张晓雯 张栩 张旭 张赢政 张雨溪 张煜 张援宇
张镇泽 章佳煜 赵恬静 郑凌旭 郑威 郑昕 郑媛 周倍贤 周泓 周颖 朱佳佳 邹翘楚

艺术学院

白亚灵 柏裕如 宾昱涵 蔡嘉辉 蔡婕 蔡宛若 曹瀚文 曹琳 曹予多 曾伟权 曾雯月 曾悦 常程
陈慧军 陈佳雯 陈金铭 陈珏如 陈明薇 陈铭 陈默涵 陈品润 陈琦玲 陈锐瑶 陈诗 陈忞怡 陈晓玉
陈鑫娱 陈雅瑄 陈彦羲 陈瑶 陈一熙 陈怡然 陈逸昕 陈懿臻 陈瑛琪 陈盈莹 陈泽楠 陈智恒 陈子威
程斌 程青怡 崔博楠 戴云慧 单苗蕾 邓方元 邓刚 丁玥 丁悦芗 董一心 杜易玲 范安琪 方若薇
方向 冯麒竹 伏晨曦 付睿 傅芊芊 傅茝婷 高依婷 高宇阳 顾芷琦 郭萌 郭伟 郭玮婷 何经腾
何青青 贺奕航 洪珮雯 洪旺 洪耀達 侯舒婷 胡安潼 胡诗艺 黄锦洪 黄澜 黄甜儿 黄昕怡 黄奕婷
黄泽群 黄芷涵 贾逸萱 简远盈 姜承志 姜欣雨 蒋依娜 金可南 靳雅婷 来烨炜 赖培俊 赖秋宇 雷斯瑶
李岱松 李鼎轩 李芙熙 李嘉雯 李婧 李梦娇 李沐宇 李舒阳 李朔琪 李阗田 李晓阳 李雅欣 李彦洁
李艺源 李逸群 李玉豪 李蕴 李征昱 历兵旎 梁惠婷 梁忆源 廖艺扬 林安妮 林立婷 林铌铌 林倩雯
林瑞昀 林欣如 林歆恬 林熠 林泽莹 林芷安 刘安提 刘东妮 刘嘉璐 刘品芳 刘千华 刘泉妤 刘思雨
刘伟琪 刘叶 刘予涵 刘煜枫 刘展希 刘政 鹿耀丹 墨若行 倪丹阳 牛灏宇 潘纪雪 裴紫怡 彭碧波
彭小真 彭长鑫 齐佳颖 秦志延 邱旭玲 邱雪仪 邵茗宇 邵岳扬 沈明荃 沈逸萱 盛朝洛蒙 石雨昕 宋沣洧
宋泓莹 宋薇 宋子怡 苏彦灵 孙煜泓 唐榕 唐小璐 唐宇辉 田昊宏泽 田思源 涂商羽 汪宇航 汪詹薇
王凤祥 王慧 王立邦 王琳 王璐 王沁多 王晟轶 王婷婷 王文婕 王旭航 王颖 王宇派 王芷薇
王仲硕 魏欣悦 魏子翔 温叶子 翁远祺 吴佳丽 吴楠 吴诗莹 吴苏康怡 吴天也 吴婉莹 吴心悦 吴馨云
吴俞萱 武锦懋 武月 夏凡姝 夏泽怡 肖馨宇 肖艺晖 谢巧怡 谢欣怡 邢妤涵 修梓钧 徐洪 徐佳韵
徐久歌 许方锦 许慧彦 许佳 许莹淇 宣焱 杨丹婷 杨峻杰 杨培植 杨琴 杨琰琪 杨一苗 杨译果
姚岢辛 姚岚 姚梦超 姚箫 叶亦凡 易雪菲 应璐瑶 游棋伟 游雪斌 于博雅 于石金 袁心怡 袁钰汀
翟星月 张倍龄 张晨茜 张帆 张惠衔 张剑琴 张静文 张可心 张丽淳 张霈言 张诗雨 张闻晋 张雅琳
张妍 张彦青 张一帆 张雨萌 张雨新 张耘 赵恒维 赵柯翔 郑金昊 郑灵星 郑聂煌鑫 周珂吉 周雷玥
周贤 周煜瑶 朱莺 庄钰滢 俎佳庆

继续教育学院

汪小菲 金仪 颜嘉蔓 黄美玲 沈亚芬 张玛丽 朱清晨 王小艳 韩丽 魏云峰 云彩霞 马全玉 林君
李菲 林婷婷 卢意 龚雪 曹硕 薛飞 王萌萌 欧西妮 吴桂媚 周加利 王丽珺 王雪 杨柳
谢美玲 卞长玉 王菲菲 郝儒慧 苏梅花 于文超 陈洁 方伟 杨文雪 钟妙频 高萌萌 曹媚 陈慧君
梁珍珠 谢娜娜 储冬洁 史凯琳 丁姗姗 封敏 蔡惠华 姜欣 庄冬 邢茂泽 张灯 韩姁 李德玺
杨清 章虹媛 黄丹 束晓群 刘慧敏 熊录燕 刘振 陈燕妮 吴小平 李志红 翟羽佳 沈贤春 侯燕
许晓阳 屈少芬 孙伟 李建党 许经强 曾建忠 洪奕元 林烨琪 何子平 张立 黄芳鹏 赖凯君 江淋
彭甜甜 蒋圆鑫 陈伟 汤美佳 陈圆圆 高晴雯 蔡鹰姿 丁云 林晓汾 马丽萍 吴丽真 霍清娜 唐茜
房燕婷 吴英君 项丽萍 张国文 赵芳芳 邓妹咕 文亚杰 赵爽爽 龚菲菲 唐逸舟 吴珍 孙金莲 黄以帖
敖金娜 徐秋辰 唐志风 赵佳佳 王专丽 陈林聪 胡紫缘 黄玉萍 岳玉笛 杨鹏 黄及峰 林艺君 丁琪

顾鹏娇 何凯 师师 巢艳 王云云 沈芳 孙浩明 刘志娟 王云云 范波涛 杨振栋 俞道蔚 程爱娣
谢潇慷 陈浩 张超 姜钊 姜舒 余书东 朱燕娟 万芬 张晓宁 孙会理 吴益明 姜小芳 徐彬
李青梅 钱美兰 吴玲英 王聪娥 王秋烨 徐萍 沈磊 章雷 包浩平 梁晨霞 张晓岚 沈凤娥 闫敏
董琴瑶 唐腾飞 柏静 徐斌 于海波 王萍 黄琳曼 陈思琦 何淑霞 王浩 刘李叶 汤晓婷 蔡晓云
顾林燕 李晨静 赵洪辉 张嫚 张露 赵霜 胡震 徐峰 高莎莎 罗海燕 钱程程 许玥 颜芳
周娜 周佩佩 王华美 粟江云 夏玉洁 张林涛 张羽 刘颖 陆悦铭 李镇雄 汪美燕 庄沂丰 李连龙
付鑫鑫 石凯 吴杰 周琛祎 闫洪峰 张学冉 余大冬 周朝阳 焦中元 傅琦 郭海燕 沈丽娅 潘矣菲
吴梦菲 孙艳芬 陈威 秦碧芸 吴露露 孙成欢 黄君怡 刘金晶 李燕杰 李娜 杨雅婷 周京京 纵娟
付文娜 肖敏 高萍 李荣珍 王安琪 杭子飞 袁泽蕾 徐春冬 陈祎 胡萱 冯忆帆 顾金华 潘予初
吴淑花 曾少梅 范萍秀 王敏 康婷婷 张婷婷 朱秀萍 邓丽丽 江柯燃 王慧晶 熊彩霞 吴彬趧 徐晶晶
张雨 马长江 陈文春 葛杉杉 连萌 金梦婷 顾迤茜 夏文丽 杨娟 马洁 吴琳 何银花 王梅
马成 彭子倩 张建芳 刘丹丹 王小利 王晓程 刘丽娟 王乐乐 蔡丽娟 汤小丽 陈振春 赵佳欣 邹丹
余银芬 郑浩然 陈鉴武 刘麟 吴瑞美 林惠端 陈云挺 林琳 张培治 马丹丹 苏月 林煌 杨秀玲
白惠琼 何幼玲 江建兵 林武林 王隆凤 题冰 徐燕 杨帅 刘子军 徐文慧 李韬 周广莉 胡洋
聂宇峰 胡钰兰 屠银梅 王卓勋 叶晓华 马传明 郑桔 陈璐 王杰 郑涛 钟余平 李高蓉 叶宇星
周琴 汪友龙 周雅媛 杨艳 钟译锋 朱琴 潘品泽 张剑 崔雪 陈金楼 刘水森 孙忠诚 唐萍
顾利强 王春 朱旭军 刘欢欢 经淑毓 李艳 佘殷明 贡辉 黄于宸 黄建国 陈乐 田媛 徐雪
高姗 王雪 林建杰 宋倩月 苏月凤 王隆春 周蓦 王晓晓 王燕燕 吴玲玲 许晓煜 杨洁 杨坤惠
叶晓芬 郑美珍 周志鸿 陈建华 陈斯毅 林智中 王成进 蔡清钦 陈招福 洪海滨 李佳豪 苏敏 孙德发
王玉 吴云燕 武沛杰 喻长辉 张鹏辉 张圣东 杨志超 陈科平 孙艳秋 温怡科 王金龙 陆敏维 徐艳婷
苏甸京 朱强 范晓洁 陆庆华 莫兰 沈艳 司建新 朱静怡 赵鲁 李莎莎 周士付 陈欣 胡海燕
吴明远 吴南昌 吴晓东 袁潇 曾万 詹志泓 章蕊蕊 陈恋 黄舒怡 包添新 江烽 江红梅 陈玲芳
卢蕃隆 詹家煌 张秀娟 廖文滨 杜洋 俞峰 陈永康 程明 戴琦 冯元 傅宇 高富 高晔
何晓东 黄传凤 黄金生 姜冰清 靳怀宇 瞿雨珺 李继明 李磊 李兴 刘健 马益春 梅金志 潘国民
潘学龙 彭超 朱龙 朱云云 左欢 高鹏 蒋具具 陆伟巍 白传顺 陈聪睿 陈浩 陈化玲 陈锦文
陈倩文 陈晓玉 程成 戴晨 单习习 董素宏 翁涵 吴炜頔 姚江琦 李治斌 李涛 郑超 景颢
鲁天云 吕益涛 侍孝权 王康 徐一 杨佳文 张霞 张波 张涛 刘凯 郑训义 董正连 段琪琪
方旭东 唐鹏程 王炜东 张波 张辉 庄增 陈超 陈国文 陈伟 陈燕 赵顺翠 张勇 邹德玲
赖一松 程刚 姜淑娟 梁金坤 王金会 冯钜盛 杨晨悦 徐清纯 徐顺琳 岳磊 刘晓容 张杰 欧云湘
周湘程 戴露峰 洪赐桂 方懋瀚 甘沧山 温艳艳 谢艳艳 沈永杰 佘丽群 杨丽萍 郑雪晴 谈静 石大秋
周慧华 赵士雨 王铖铖 朱晓双 曹丹丹 丁海燕 傅蓉 朱立龙 陈超 陈海波 仇长春 戴义国 季婷
金立辉 刘枭 侍克耀 王成军 王亚丽 吴巧财 徐昊哲 严冬 张荣 周旻 朱佳琳 窦瑾 应震峰
管丽琴 周子君 秦行华 姜寿根 蒋玉涛 李佳 林钲淇 梅馨予 杨柳 柴丹平 张乐慢 张梦 张琪
丁怡 何依霖 邱琳 奚霖 严夏平 陈珲 方思雷 姚永 叶松敬 常少英 何晓雷 王微林 刘敏
王康 金晶 朱雪华 钱润智 张平 洪晶晶 许婧 俞倩文 蒋申 李泽强 冷志强 徐贤敏 徐颖杰
陆文权 段波 许旭彬 许燕红 杨飞 杨玉燕 杨子昱 张月玲 赵丽燕 周平 周婷 庄永东 卓惠治
李金灶 林志勇 游小珍 黄剑坪 林晨 郭峰 孔磊联 王晓东 王志霞 杨凯 张晓宁 薄海强 蔡佳纹
曹静 陈琳 耿振栋 郭俊俊 江宁 刘丽若 吕晨露 漆兰 任哲微 邵丹吉 沈明珠 王佳强 徐志枫
于镜 赵杨洋 周婷婷 余皓 张丽真 赵玲 朱麦华 赖贺年 张楠忠 仲华 陈菲菲 刘梦如 黄璐瑶
邓梦媛 陈琦 赖晓梅 吴国群 严晶晶 张琦 张烨 朱一波 顾晶 黄海光 王晓晓 张营雪 叶世峰
李超群 邱伟 何慧 李飞 倪煜 徐勇 钟文娟 李森圣 陈金蕾 段竟 黄良 徐浩 陈颖
董振昆 黄海彬 黄云锋 李新龙 施加佳 史凯琳 田赛红 吴华超 徐海军 张睿 周松松 释大舟 林一雄
周昊越 李盼 陈雪清 林晖顺 蔡镇疆 甘慧霞 黄浩 许丽莉 庄诗恬 郭小英 林巧玲 黄舒婷 翁婷婷
三国辉 陈庆丰 杨东新 陈煜 印雪瑞 程闯 储欣 范入予 朱勇 刘国韬 董慧 李文通 刘莉
王震 吴刘阳 朱乾坤 王德玉 沈浩 俞冬丹 黄薇 孙朦跃 汤瑛莹 严幸慕 杨展 洪莉 金爱军
张毅 王美丽 夏毓麟 葛泽军 陈朦琪 梁妙永 廖思群 林金东 马淑珍 姚佳惠 姚原 赵庆丰 周国强
朱兆华 李连杰 祝玉叶 吴金 蒋菊仙 蒋丽萍 刘芳 宋梦丹 王小林 袁钰雯 张春燕 邹枫 汤爽爽
王晨 王琪 张广玲 鹿康静 杨双维 周鸯 陈盈 蒋雪梅 潘玥君 秦怡雯 韦婧婧 魏玲 杨明强
周晨 邹春雷 李广宇 马驰 倪佼佼 苏星星 彭莹莹 李蒙蒙 王楠 肖丽君 蒯家悦 徐小林 陈岩
韩莹 赵文坤 张颖 李婕 陈秀梅 辛丽娜 阮学思 徐露露 张勋 赵芳芳 岑晨 花颖婕 陈广兴

王建刚 陈龙铁 王飞 刘丹敏 宋华鑫 王昫 单竹青 丁奕 胡伟 黄浩宸 金益萍 靳继龙 刘晨

卢泽平 潘燕霞 金富城 金丽云 邵宇璐 倪春 沈益鹏 王嘉伟 方方 钱炳飞 江华 吴艳 周亚飞

康呈祥 陈建强 蒋广进 曹康轩 杨蓉 黄飞燕 蒋玉萍 谭志寿 王玲 朱冰 严佳鹏 刁玮玮 贾芃

孙文心 王蓉 周敏 管义强 方莉琳 陈威 陈逸文 丁智华 高燕红 郭其盛 黄小蓉 康天富 吴玉娟

徐长生 张钦雄 郑碧芳 郑强 郑希 张凡 何娇娇 张小勤 林蓉 郑翠蓉 徐扬 苏昕 郭智巍

张福泽 杨舒 陈嘉颖 陈子萱 林辉斌 刘爱平 曾卓宏 张敏 庄慧娟 江莉 李建华 谢辉 陈小琳

陈淑绯 赵祝康 查洋 刘晓宇 沈婷婷 王章宁 张成臣 李妍婷 夏公航 李慧 高立燕 耿志群 顾兆伦

瞿林丽 卢玲 潘凡 邱添 李文心 孙娟 卫佳丽 徐洁瑕 于佳 张莲漪 方军啸 崔武 吴佳

吴长敏 吴小双 曹婷 陈赛男 张泽凤 郑少燕 周美榕 杨珊娜 林琼 江清华 江志锋 王宗越 吴惟

许丹 张志娘 劳璘 李京京 郑牡兰 陈家敏 张宇飞 张芸 赵虎 赵文 郑雪 董新欣 耿静

李姿漩 满甜甜 王海薇 杨冬梅 吴健 陈民 梁朋飞 于爱霞 富鹏 何先英 李颉 刘娜 苏党红

孙娜 王艺潼 米华梅 赵飞 谢佳欢 曹红雷 单文婷 蒋洁 刘春强 郑宏飞 包晗 胡晨雄 刘智扬

宋贤鹰 徐晶 叶强 潘健 潘勇 季炳阳 江晓梅 李亚楠 朱丽微 梁亮 郑晓晓 胡国庆 廖洁

陆纬义 廖军权 程志龙 王飞雁 孙旭飞 林传良 郑恩赐 黄小燕 严慧 阙汉荣 黄雪玲 李炜长 谢怡倩

陈瑶 欧丽晶 涂美英 陈如 陈术萍 郭丽萍 黄楷锐 卢奕春 苏丹丹 林铭瑶 吕现勇 黎榕明 江晓兰

蔡珊珊 涂荣彬 谢松柏 张卉 陈彦伦 包斌 李燕 杨成才 张玲菡 赵咏 蔡金镖 陈龙 陈庆顺

付燕花 林立峰 王乐梅 吴丽霞 傅达华 李春花 杨玉 鲍士刚 洪锦瑜 卢恩勇 沈茜茜 石育龙 金丽萍

关鹏 丁莉洁 李亮 张书琴 胡英杰 章管华 郭麟 徐吴贵 王芳 黄剑锋 童秀侠 卫莉莉 吴蓝

陈少君 葛嫣含 李梦羽 蒋鑫磊 李雅 陈沈培 段岳 李靖 徐栋亮 何舒婷 沈洲 宇艳红 邢伟积

张宾 陈思梦 陈圆芳 管静怡 刘彦才 齐迎亚 苏胜超 王益峰 伍爽琪 钟宗宇 周小平 严永保 李媛媛

钱霞 刘璐 何芬 李锦艳 裴瑶瑶 吕勤勤 黄萍 孙华连 蔡爱珍 陈丽芳 陈淑萍 陈雅庭 陈育婷

冯艳 郭铭铭 洪雅莺 黄华家 李晓芹 李晓燕 李艳 李争 李志虔 林红梅 林佳昕 林晶晶 林美霞

林小红 林小月 钟铭 周沁雅 周银 朱天德 邹静 陈瀚彬 江静 姜海霞 陆晓杰 周艳 王芳芳

姚静静 黄彩芸 聂桂娥 邵莉莉 徐如意 杨旭 袁林 庄文 汤梦雨 朱鹏鹏 刘丽斯 徐斌 窦阳

关美景 黄可珍 姬雪华 李争辉 鲁琳康 聂丽君 潘羽 王乾 余洋 张孟轲 周泽 胡群芬 简金锐

李丁 王宇佳 吴国壮 薛渊 刘庆强 汤琼 蔡玉来 陈莉 陈佩珺 康伊岚 邱丽珊 王宗城 张伟全

包陈杰 黄文强 黄耀辉 曹煜元 赵廷先 郭沙沙 付慧慧 黄晖 查鹏 覃怡 张蕾 周泳彪 肖先伟

杨丽琼 李伟龙 马雪梅 朱文千惠 贾潇 吴小凤 金婷 侯宗佑 钱晨媛 胡小容 王雅萍 罗晓薇 孙伟

姜志娟 刘玲玲 王亚楠 吴小庆 张婷婷 郑影 顾娇 孙梦杰 俞雯婷 章夏莲 楼旖旎 陈嘉乐 王晶姝

王如意 夏艳君 应黛黛 马壮 闫明昌 杨应富 陈阳 倪如意 金丽丽 叶剑波 陈建军 郭妍 李瑞倩

汤美佳 陈虹呈 陈紫英 单娇娇 王秋里 林凤娟 楼丽娜 李浩然 钱长兴 何经来 何成锋 洪丹娜 王晓峰

徐颖 严炜 杨继爱 余丹 朱莉 张巧园 刘真 严建平 董银聪 方炜杰 黄凯 何凯凯 段伟伟

高棵棵 罗小红 王万里 徐鹏 叶梅燕 陈荣腾 华梅春 卢春萍 谢秋蓉 白秋芬 钱晓琴 吴晓东 熊文韬

魏邹华 陈榕 林荣海 许时彬 吴凌云 刘林睿 黄伟伟 林炜翰 张伟超 刘义林 陈芳 陈伶宁 陆海艳

吕苗苗 朱文玉 晁政 王梦婷 章翊 缪祥梅 王奇 胡清 沈雪臣 苑香琳 赵婧 赵雯 王洁

曹云云 陈婷婷 顾道奎 金瑞 李倩 郁佩 张皓然 陈浩 李斯建 杨亚飞 张荣华 庄楚君 甄振

汤宇婷 张萃 管华洁 李兴会 任玲慧 徐丽云 黄晓燕 金洁 吕敏 盛钱宇 赵亚军 张梦艺 张茹珺

吴燕金 朱凤建 周立群 凌诗琼 尤飞野 平敏容 周江丽 周曰行 谷彭洋 杨魁跃 舒新涛 詹国锋 宫丽

李斌 童敏彦 黄阳明 陈享乐 冯其彬 唐陈烽 姚佳 张雪妮 陈燕华 金蕾蕾 刘朋泽 刘金国 林艺铭

刘明莉 刘庆芳 刘雯宇 刘小燕 刘雨晨 鲁淑娟 丘丽明 沙俊凯 王丽蔓 翁陈玲 翁素腾 吴爱洽 吴碧燕

夏中英 谢春秀 熊成萍 徐珍珍 杨丽娟 姜道宽 李静 李雪莹 王碧霞 王磊 王啸 王杨丹妮 许旭东

杨国胜 朱楠 顾耀 朱娟 诸葛勇 王燊范 曹亚娟 顾维程 侯剑 蒋颖 李洋 邱玲 袁磊

季杏云 陆婷 袁小光 潘仰丽 王黎明 李景 何慧 宋金龙 黄亚林 袁楠 刘程金 陈文 龚春华

张红丽 白菲菲 邓明文 姜翠 李荣华 梅正军 钱萍 邱霞 汤明艳 徐成志 钟丹敏 林诗练 章言群

蔡义金 陈舒弘 陈文琪 郭燕云 黄秋云 纪晓君 佘齐媛 蒋怡昕 王晓畅 蔡喜珊 黄容梓 林伟兴 许列伟

芮秀敏 沈凯 沈瑞 盛晓玉 时光辉 宋程 宋瑞 朱翠婷 陈妍 纪燕萍 陆玲玉 强嘉诚 吴晶晶

严晓伶 张文涛 苏娟 杜秀林 龚卫国 顾京胜 郭安发 郭彬 郭斌 郭记霞 郭强 韩淑敏 何冰

黄培 黄亚迪 江培俊 金勋 金燕琴 王俊豪 王良春 俞乐兴 胡兴子 胡雪昳 李玮 罗广红 章波

陈智猛 胡丹丹 毛筱蕤 徐懿琪 郑笔志 陈国栋 蓝林峰 邵依蕾 徐倩男 郑华军 朱叶杰 彭琼 张琳

胡莉芳 黄月婷 周梦蕾 张明杰 鲍达 曹昌晶 冯琰 葛玲泳 王彩虹 王乐英 吴一炜 赵晓阳 周向琴

任慧靖 王得一 陈青 杨元庆 麻玉娇 王小欢 许必教 姜勇 翟晓轶 蔡小君 李少孩 邵思梦 谢蓓蕾
陈梅香 刘达 俞松松 罗玉娇 圣光 黄亚军 黄婷婷 周晨 黄林 黄彬才 熊彩汉 卢锦炫 谢斯凯
林李山 林连英 许小君 叶华 叶文丽 史鑫 谢伟希 吴婉钰 谢丽敏 杨惠忠 余美姬 郑伟 周夏英
郭燕梅 王婉婉 卓巧玲 何芳 陆青 陈小青 陈一婷 方敏华 刘远翔 赵筱倩 王洋 杨利 张梅
李建飞 陶德辉 陆洁 唐艳 陶嘉乐 徐忠 罗日梅 王姣 方艳 陈宗惠 周晓霖 秦硕 熊浪
欧阳丽华 程飞 饶宇凡 熊萌 罗玉玲 吴钿 唐琴 王琦坤 艾国英 朱定生 金国飞 陈雪 吴晨煜
徐社军 刘金凤 邵祥森 董世超 葛凯强 李煜璐 莫茜 项杰 杨锡林 黄泽 高禹新 姜颖 童林峰
陈琳琳 孔艺蓓 吴智慧 钟子钢 朱诗佳 胡秋丽 王炜炜 詹景云 陈鹏 陈奕松 陈幼鸿 胡灵巧 陈理娜
付化兴 傅秋雪 郭叮叮 何逸群 何祖发 黄浩霖 江丽丽 林彩红 林路芳 林清倩 吴静 余春华 张海波
朱晓旭 林英俊 黄美珍 甘旭 骆帅帅 汪芸 徐嘉慧 姜渊 单志军 韩红玉 李玲 钱志宏 张军
张选文 冯汇慧 徐建明 朱腾腾 杨亚雄 王福明 彭磊 曹凯宁 曹远同 徐莉 于广祥 郑海燕 黄鑫
翁霓 程萍 雷蕾 邱为海 刘兴美 刘娟 毛艾筝 童兰珠 郑朝晖 张亚丽 付美伶 郤然 王璐
王秋 吴京齐 张海宽 张依 孙华军 万超 王佳彬 夏榛玉 夏正振 徐善超 许曙 杨春雷 姚国华
尤衍航 余常川 俞世杰 张如松 张武权 张新霞 张旭 赵金川 赵秋香 郑国奇 周浩 周天威 黄燕萍
朱洁亚卉 李金亮 寇化吉 李大成 李环 李良生 林丹 刘庆敏 陆庆华 陆赟 穆如强 倪金玉 潘程洁
高毅鸿 刘霞 林梅凤 章华娇 刘长安 蔡丝丝 黄伟梅 林仕杰 刘新颜 祁佳文 吴镔铌 周戈 庄惠敏
郑积俊 孙维维 潘建伟 徐斌 陈锋 陈毓 何胜红 梁国财 汪艳珍 王雪森 周小明 金涛 陈童雨
陈祉余 戴琼瑶 管和根 蒋燕 金星星 李亚 刘鑫 罗春 施加伟 施艺韵 童陈佳 黄培培 夏倩茹
王明建 林细芬 朱爱春 陈修庆 蔡为阳 张正华 韩玉 林海燕 陈梁 叶巧 赵明祥 徐敏 薛山
范磊 刘建辉 张程立 张丽 郑铭杰 黄雪倩 庄秀花 邓舒丹 蔡颖 何夏阳 胡善斌 张华 潘舒蓉
陈晓明 邹虹 傅珊珊 刘银萍 刘承智 颜颖俊 黄铭权 李洪毅 张桂 周伟叶 蒋新 徐莹 章仙琴
王文渊 李敏晖 王腊梅 徐兆峰 万璐 张永 宋俊 黄丽娜 王梦竹 车迎道 戴运菊 尤玲玲 储秀娟
高倩倩 刘文静 王雅璐 唐婷婷 秦兰兰 陈鹤翔 孔金刚 薛晓东 李毅强 周杰 严华 祁明杰 戴贺楠
董志成 余珂 刘亿 王松波 陈刚 干增荣 巴云飞 孟欣 宗小梅 胡永泼 陈登科 陈央央 康丽娟
李徐燕 刘小庆 高福临 陈勇强 蔡森锋 陈卓 唐诚 王晨 王丽娜 王侃 杜亨 鲍娟娟 蒋丁晖
李娟 任苏 汤俊波 潘沐瑶 滕云飞 王颖 车孝友 陈中海 董聪聪 胡剑 胡鹏飞 吉庆锋 金柳
孔丹 李臣臣 梁强 梁薇 刘依 陆佳豪 高雅惠 刘琳娣 陈健 陈丽芳 陈思 戴红艳 胡金凤
赖春香 赖雪琳 李妍 林金秀 岳朕 张靓 朱民 李兀珊 秦继伟 黄兆含 张港 张茜 孙美荣
王宝婕 王洁 王菁 吴乐康 夏崔莹 夏颖 肖维燕 徐燕 许璐 薛钰林 杨海芳 姚勃兴 于海林
袁圆 刘庆 陆迪 陆菁菁 罗静静 冒香香 徐嘉 薛斌 郁新蕾 张鹏 杨博文 黄佩斐 谢毅强
刘利锋 吴健 常青 施玉森 吴玉娟 董佳频 黄亚飞 孙耀刚 许梦园 许伊成 陈力晖 吴碧莲 张伟平
陈秋汝 施心心 蔡珊珊 黄晓君 刘凤娇 柳幼红 邱朝旭 唐秋能 郭小斌 章鸿涛 那迪拉·奴尔江 陶雨桐
汤霞 高辉 王俊洁 王蔓 叶理辉 张会莲 曾超 马丽 王慧娟 王军 王倩倩 徐斌 周栩羽
秦梦霞 陈卢 陈敏亚 陈明华 方忆 甘素星 金微 林韩伟 任展弘 孙晓露 涂娟娟 王丹红 王锦
王欣露 王炫颖 王依佳 王逸苗 徐巧 郑婷婷 毕秀莲 韩明明 李江 崔晓钢 唐佳 胡兴辉 范佳彦
富怡筱 俞飞 钟伟 周丽 郑燕萍 童钰茹 陆啸 俞佳欣 王威 应水笙 纪文豪 李江南 沈海琴
尤良模 朱明川 张祥翔 黄聪霞 林育贤 胡春花 黄双坡 庄大燕 林双发 阙新登 祁永生 李小龙 郑燕琴
柯彬凤 林丽娇 余顺进 柯燕梅 徐志崴 许建煌 黄宝玲 黄尤春 李净 林牡丹 王雯雯 黄兰春 卢彬
康晗 梁天 周龙 陈贻训 李娜 张琴 任泽磊 陈璐 张强 张茜 范小银 金小红 吕兰平
潘静 孙岩钰 魏帅 杨艳 陈大勇 陈梦雨 陈艳华 杜筱璐 黄文婷 王藤 张忆 王亮亮 邱香
沈俊贤 杨晟航 张银 朱焦凯 冯朝阳 刘芹 穆鹏程 冉春来 许雯君 蔡云龙 苏小慧 毛金金 顾成磊
陶雪纯 刘冬梅 胡亚云 陆永斌 李腾 朱骏涛 王建钦 徐天星 陶敬 杨浩娜 曹玉文 胡美玲 陈鲁翔
张雨娟 方亚梅 张诗媛 毛洁 刘蒙 花蕾 华海涛 王遂峰 赵凯 谢顺 陈晨 李林涛 张海平
金超群 钱磊 蔡晓东 邓士成 丁冬梅 丁婷 冯宗娟 申智萍 王杰 宣谢冰 郑柳 宋蕻 茅丹丹
吴丽云 季向玲 杨美芬 曹钰凯 陈郦利 丁文娟 范有萍 方丽 高焱 顾梦柳 黄宇娜 李金明 李露菲
林溢芬 刘巧晶 卢菊娜 倪阿红 滕雅春 王莉萍 王美华 詹思洁 张剑剑 张雪燕 郑丽洁 易智 张少飞
钟玲燕 李建诚 李森铃 上官晓松 曹小华 陈昊翔 陈丽莉 陈婷 陈霞 方镛 龚宇 张霞 张阳
张嫣苑 赵殿明 周雅丽 朱萍 朱思飞 刘军 陈洁 张媛媛 鲍俊璟 管骏 胡旺 蔡潇莹 曹焕钰
单凤娟 黄学文 江甜甜 李萌 牟琴 徐玉红 周冬燕 杨怡静 周金英 钟一鸣 李虎 成倩兰 石健鑫
林家演 丁长芳 黄浩峰 戴金芳 丛谦 刘春兰 闫晓通 赵海洋 张鹏 郝婷婷 张舒君 郭燕 刘芳

武嘉瑜　郭鑫森　黄艳萍　王　芸　王　燕　陈思源　乔　劲　任　锜　柴文燕　李　敏　刘思慧　刘　婷　王纯澄
夏永琴　杨　兰　江丰辉　冯春燕　陈　兰　陶雷雷　杨　微　曾小琴　鲍亮企　徐国兴　张娅妮　陈鑫志　韩滢滢
施小芳　虞会耀　梁晨霞　宋小杰　杨子颖　陈笑缘　孙竞宁　周　浩　杨　娟　陈美玲　陈卫民　李　凤　梁俊英
张成伟　王　希　周芸芸　钱　枫　叶晨希　张豪斌　唐　寅　邵诗文　洪麦林　郑　冲　曹姣姣　刘振宇　彭建成
邵　华　曹柏荣　李永宽　史运程　汪赵梁　王　平　卜钰湄　刘玉群　罗丽莉　郑少强　苏　洁　李　冰　李　雅
吴继阳　杨火奴　吴羽琴　刘翊男　张　芳　李阳阳　孟　达　赵　鑫　杨　思　晋思玉　龚文旭　武江涛　惠皖苏
焦文静　李　冠　刘籍蔚　蔡世琴　方楚梅　赖颖倩　童淑贞　许丽芳　颜晓晴　陈惠玲　袁小玲　钟彩华　黄亚香
林艳芳　翁　珏　陈丽华　陈瑞珠　高华燕　梁东阳　林　娜　刘连招　许雅凤　叶丽清　陈　洁　梅　琳　王香英
余旭东　芦宝宏　郑巧珍　吕　阳　林　栋　王　玉　韦雅静　陈云云　陈磊迪　吴　健　胡　月　朱　娟　敖春燕
曹　明　陈　艳　费顺勇　李　菲　沈水龙　孙雨建　王燕君　徐玲慧　张　杰　郭　腾　卢宇诚　胡　月　李　炳
刘汉平　付　利　许晓勤　姜杨铭　张雪萍　蔡恬恬　林志滨　吴晓莉　伊国威　尤静雅　黄　敏　王国秀　王宗扬
蔡开金　林　琴　刘桂香　刘　霞　钱辰情　邵雅静　沈丽莉　沈雨嫣　宋家玲　王会娟　王静静　王思怡　刘少煌
李黄绿琛　郭艺美　黄艺娟　王晓军　刘茂鸿　赖俊伟　李瑞阳　林丽锋　林　钰　何文婷　刘春武　刘宏军　刘玉娇
刘之昱　毛经花　茆乐婷　潘苏云　王春桂　王梦婷　王梦瑶　王　益　王祖蓉　吴爱琳　吴文君　伍　冰　谢晶敏
徐奇芝　杨　柳　杨　洋　杨玉玲　姚敏艳　殷婷婷　赵　波　郦臻臻　刘丽辉　陈吉荣　刘　婉　钟羽婷　黄　诚
崔文彬　敖　敏　曹双结　陈长景　陈嘉俊　陈铭稼　冯林进　蒋菊菊　李振华　衡　耀　于　琴　蔡黎丽　徐巧兰
乐建工　刘　玲　傅雄寿　吴生旺　倚颗颗　章彩玲　陈益鹏　马琳琳　沈丽莉　谢潮海　杨雁楠　郑腾达　黄坤隆
黄锦洲　钟雯丽　连洁仪　范　钰　李思统　黄丽丽　杨　欢　余庆喜　朱　丽　朱　颖　张　卫　沈　磊　邬剑云
吴剑峰　周锦虎　王任伟　黄轶翔　钱秋峰　史俊辉　邹　能　王　松　孙　亚　徐淑珍　桑友宝　王　静　徐　菊
袁嘉慧　戴　晶　潘易鹏　钱立敏　钱文超　李加容　李　容　梁巧丽　卢　毅　马　强　潘宏亮　杨　昕　杨云章
郑玲玲　倪馨雨　苏璐依　徐文静　梁　丰　孙茂祥　汤仙木　程　慧　黄佑乐　吴　婷　杨　杰　陈　平　罗骁悦
张永辉　陈怡梅　胡　靖　史金瑞　王玉婷　许宝龙　虞丽敏　竺焙佩　高倩玲　赵　哲　姚可煜　崔　杨　陶天宇
王　雯　徐晓霞　郑平芳　过镥清　陈盼望　包达君　梁英英　陆琳玮　倪　琳　张维维　陈家苇　洪　晓　叶月婷
洪晓瑜　刘小红　吕秀琴　冯美琼　黄　珊　梁艳红　庄伟渊　黄靖彬　柯清梅　陈发展　罗志荣　郑瑞华　刘晓泽
欧阳资能　黄丽玲　蔡晓君　李广铭　杨志贤　陈文英　周彬斌　林丽香　白有盛　林来春　唐启峰　张　威　郑辉源
李玉金　林凯归　王冰寒　魏　霞　张婷婷　周　静　周莲莲　厉　磊　张日飞　郑　星　池　晶　郝沙沙　孙婷婷
李　春　刘灵香　张　进　许　娟　王意滨　王之星　吴可凡　吴　琪　薛旭飞　张　宁　朱文骏　唐杭云　夏旭晖
梅艳红　於冬梅　唐国琴　卞　月　陈方燕　陈晓婷　何宇婷　孔燕静　陆云霞　马德香　张栋梅　张　凯　章镜心
魏亚楠　邹　娟　惠　潘　秦　莹　温晓婷　吴亚希　薛雅菱　曹　雨　陈楚洁　陈从从　陈达平　陈高松　陈加兴
陈小纯　陈雪如　陈雅芬　杜少龙　冯学良　关絮文　郭丽繁　郭巧艺　何淑影　洪海军　黄芳伟　康描允　林超沿
徐兆南　许丽娇　朱清雄　郑丽香　刘　帆　何艺平　陈燕苹　杨坤龙　余国清　曾彩虹　张绿煊　沈晓婷　李春霞
陈炜嵛　范永峰　付　杰　郭　燕　胡晶晶　黄雯君　贾鹏鹏　蒋凯玲　夏世全　赵彩霞　徐　龙　杨　阳　仇　涛
李　诺　曹佳洋　陈佳佳　陈金航　陈俊宇　储晶华　戴忻靓　董毕梅　费　薇　郭陈轶　何自成　黄星宇　来立佳
卢星宇　陆　洋　平　涛　钱　伟　章宁玲　朱慧羚　孙萌萌　王雅宁　谢　鲜　许荣荣　赵　润　仲亚莉　宗　盼
陈　梦　胡艳萍　季　慧　徐　单　刘　颙　王忠翠　殷志红　仲启文　蒋淑琳　朱荣召　曹　毅　潘裕馨　张澄涛
陈燕芳　陈映哲　安浩然　冯　生　马晓宇　艾克力牙尔·艾合麦提　杜雨庭　范家伟　刘雨菲　王建飞　王庆轩
朱卓远　沈晶璜　江龙田　韦加芹　陈　洁　蔡　燕　王　栋　黄新佳　钱阳扬　沈岑岑　沈　虹　沈剑峰　史文仙
宋　勤　苏海波　眭亚琴　孙军涛　孙婉婷　汤嘉宁　田　叶　涂　银　王　辉　翁建明　吴静伊　吴　俊　吴欣俞
武志超　肖佳佳　星莹莹　修　振　徐倩倩　杨琴燕　郑志敏　黄红玲　孟　燕　高　妍　高亚敏　储雅雯　查　荣
胡　静　唐　琴　吴　丹　姚利华　姚芯静　张春艳　张小玲　吴玉春　江　伟　倪鹤翔　史金鑫　王　松　张　敏
周林润　朱贺伟　蒋光萍　蒋烨超　茅丹丹　许婧凡　王永琪　谢　毅　黄　飞　吕　雯　章　亮　林作进　汪　磊
朱蓓楠　杨康琪　丁天宇　董朝琴　劳桑桑　林宣杰　鲁芬娜　钮建华　潘海华　林黄鑫　黄晓琪　曹馨月　吴泽琪
曾宁瑶　徐凌云　曾雅梅　温玉珍　张爱华　刘　烨　林长庆　李剑辉　李艳娜　冷明香　李嘉敏　洪玲妹　柯泽纯
刘学刚　刘奕廷　郑雪芬　郑娟如　刘玉坤　卢　显　张盛旺　沈红丽　杨林云　徐　亮　朱　吉　王永义　郑　斯
顾　鑫　刘雪梅　刘泽军　许文杰　朱　勇　陈天益　李　畅　刘泳伶　郭亚红　黄小龙　余　安　林丽君　刘盛华
王志鑫　唐成驱　李　扬　杨　凯　钟文韬　秦　雷　朱晋东　杨飞龙　季鸿星　孙志国　苗　桦　徐　科　王剑锋
邵　璐　田　丰　张　新　朱丽君　黄荣荣　郑中琴　杨春霞　张　明　林　丹　林鸿亿　林黎洪　林鹏笠　林琪鸿
林熔熔　林伟强　林志敏　刘煌文　罗慧娟　罗嘉敏　邱孔顺　沈展林　苏　畅　孙　炜　田碧鑫　魏剑泉　吴小娟
徐靖棋　颜少伟　杨洛菲　杨志伟　袁　丫　曾水望　金安妮　李泓萱　李洁琼　李　玲　李　朋　李小玉　李　赟
李　壮　刘　程　刘　捷　刘　奇　毛春文　祁渤昌　乔　源　任海生　阮佳俊　史为雯　万秀娟　汪　群　王　雷

王　璐　杨红林　张晓静　赵亮亮　邵　霞　王　歌　吴艳华　陆云磊　梅武剑　钱爱冬　任海棠　生　景　苏夏辉
王　波　王　珏　王　珂　王栓子　王向伟　王小庆　相恒博　许永辉　杨亚生　姚佳松　叶小龙　周子辉　朱祥涛
卓陈来　梁庆明　吴传奇　王　坚　肖　振　杨小燕　李蕴祺　莫凤丽　黄杨达　练育峰　黄丽芳　李彩芸　李巧仪
马　丽　王　雄　王永富　段　东　李海程　刘艺萍　吴杼蓉　朱海澧　谭程程　蔡煜权　陈小丽　钱金芬　杨　剑
蒋　益　张　建　欧明慧　王旺旺　马方方　储荣斌　高　佳　胡云超　雷炳旺　徐溢彬　王倩芸　徐明慧　李　锐
孙　伟　胡建林　许毅杰　杨威葳　陈东亮　刘芸菁　张灿龙　李柏煜　李景润　黄小燕　杨亚养　蔡苁蓉　戴雯莉
周辉琼　罗雅玲　廖　鑫　蔡锦超　蔡青青　陈婷婷　程铃芳　康贵强　李冰晶　林琼燕　林文松　林云云　苏荣科
吴为楚　关　岳　林小建　陈弘敏　郭许婷　黄　婷　吴轶炯　陈士瑞　徐骏超　严　玲　姚　忠　陈　卓　傅佳帅
高　静　葛烨驰　何　丹　胡　娜　蒋海临　凌一凡　楼志伟　秦华年　沈仁明　宋青君　屠致远　徐明军　阮超琦
邵雨鑫　施崎烟　寿红峰　汤良煜　王　玮　程雅莉　倪清清　牛小凤　王甚烨　徐　峰　杨　艺　袁　冲　张　琪
朱　静　梁培坤　范元达　赵寒威　骆　鑫　黄毅明　吴寿山　郑延斌　郑基龙　吴仔黑　朱鸿杰　纪传忠　陈贤楷
蔡衍谋　郑泽鹏　李露露　刘劲松　戴垚鹏　孙月莹　谢妍妮　陈梓帆　王向谱　黄惠蓉　赖伟洪　张佳文　许小平
吴成都　陈明珠　李惠玲　王　勤　夏翠萍　李湘智　刘爱花　徐雪玲　郑玉珠　黄小红　纪怀义　纪燕珍　胡　瑾
叶子兰　庄志娇　王　皓　苏朝骥　郑秋琳　张　雨　梅家耀　孙小文　王国旺　谢春秋　徐云飞　翟　栋　沈亚彬
汪云红　吴甲甲　乔　宇　孙博群　文楚佳　戴建泉　邵　灿　宋高磊　王　雪　张　烨　李　权　杨红梅　郭慧博
李　瑶　陈　娜　何莲花　吴　佳　陈露露　高守兴　罗　艳　赵文化　眭晓平　张金福　张　丽　张联欣　张　萍
张玉玲　赵向东　郑雪红　钟静灵　周　跃　吴惠燕　颜惠芳　向　琴　肖丽娟　王荣芳　蔡明凤　曹彩华　陈春伟
陈巧芬　范良旭　方晓燕　洪艺燕　周　康　周伟娟　壮　甄　江　露　马　艳　倪美华　周　甜　单伊均　刘　琰
沈　慧　杨弘豪　易　茜　周文斐　钱泽奇　龚　锞　杨凯安　朱振亚　陈　婷　孙　岳　姜启敏　耿　妍　朱静怡
吴军香　施威名　钱梦霞　沈　超　时海娟　吴　杨　岳亚妮　高丽芳　郭　苗　黄　艳　翁婉婷　谢贤斌　邹　奕
林威华　陈汝忠　余林升　张志美　章　嵚　刘小红　何　利　彭月堂　邹　虹　黄　亮　刘　艳　马月琴　祁　婷
王舒娜　严海霞　杨海旭　姚　峰　殷永琴　朱艳玲　郝龙生　朱从勇　唐远康　周珍杭　肖隆林　王先虎　陈奕世
董炬华　郭凯峰　张俞莹　胡　鹏　王　冬　相　莉　袁　杰　张启蒙　朱朋朋　顾晓彬　孟庆虎　钱　刚　仲亚男
顾文婷　何迎春　华庞彪　张　鸽　府晓燕　李　馨　刘继鹏　邱珍珍　曾　滢　陈　立　冯汝琼　苏菊梅　林馨韵
杨碧蓉　杨于勤　张澄澄　张雯岚　郑艺冬　朱雷明　郭　锴　裴新宇　王国骅　谢　阳　周　伟　祁钦军　傅　强
嵇跃飞　黎　劲　孙昕国　陶　伟　王　坤　谢　冬　许　阳　杨光莹　张丽丽　杨　峰　余海水　张千红　张彤彤
赵　莲　赵　婷　郑连杰　周文婕　张　慧　刘秀娟　孙菲菲　王俊杰　柳　倩　陈彩霞　窦志诚　李海燕　王金栋
王康成　王　青　王永康　严争艳　杨　杰　银志影　于加明　卢宏伟　黄双全　张　强　高志翔　洪毅志　王康华
徐　荣　余金国　侯锦荣　黄毅胡　丘文信　肖彬文　罗振郁　马慧玲　廖杏文　廖　勇　刘付凡　邓燕萍　谭　康
谢海燕　陈永达　陈　玲　陈幼敏　迟昊翔　方振鑫　曹晓明　林燕萍　黄永金　刘淑华　叶冰山　纪良友　陈柏林
刘顺兵　涂少炜　林燕娟　艾孜买提·艾赛提　陈　斌　孟　琰　谢星月　俞　飞　付真玮　史春萍　兰兴才　赵　峰
孙黎明　刘洪运　赵泽宁　韩　波　赵飞跃　崔恒坚　李为艳　王　强　岳晓明　陈方洲　高　明　高　媛　管　威
胡　浩　蒲啸天　孙维莉　吴晓晨　胥明利　陆建明　孙德剑　王一栋　徐鸿萍　张玲丽　闫巨峰　宋孝虎　王　浩
周　飞　沈贤宝　王金楼　谢丹丹　周冰璇　杨惠城　姚　君　樊文燕　张　冀　毛　璐　李　伟　张剑宇　宗　浩
窦天杰　张昀路　陈　超　赖烨芳　林　莉　吕禹重　沈晓芬　王伟钦　张巍宝　郑梅静　郑雅婷　庄丽娟　李伟智
卢灵薏　郑雯增　杨桂婷　陈琼芬　王阿芬　高忠联　陈晓慧　吴燕华　符梦玲　高亚南　温婷婷　吴春夏　徐　婕
薛允苏　严纯瑜　严凌琳　杨慧慧　于娜娜　余慧敏　余玉林　张芳芳　赵　雯　朱　丹　朱　飞　祝　畅　马龙舟
张仕杰　王　森　杨修波　陆　鹏　陈小成　陈丽云　张晓烨　陈祥春　贺　君　洪昀天　胡全军　黄传材　赖榕兰
蓝　强　廖思伟　林金明　罗　林　马美霞　孙秀琴　尤迎迎　袁可利　张　娣　张　静　赵芬红　赵　阳　李红香
陈　旭　钱清清　曹　康　王晨峰　薛　松　袁　炜　朱鑫漯　金　凡　贺　静　向培源　李新生　陈保新　王梅琴
吕燕芳　马　挺　毛俊伟　孙　彬　许卫华　杨丽仙　杨　飚　仰学红　俞明江　张明根　张铭东　张庆金　郑凤燕
郑露云　陈　艳　张雨欣　高　翔　林文芳　林　燕　卢盛香　王　玲　张明京　周　景　周小兰　邹秀锦　沈俊滨
王　力　郑海滨　唐小梅　王　娟　郑信常　付洋洋　高智鸿　林　娜　王小飞　张海春　吴　金　韩桂桂　李　鑫
夏真真　陈金艳　常永攀　伏晓舟　黄　燕　刘　洋　倪燕雯　钱　赟　沙世伟　徐雯娟　赵　芳　赵国芳　朱　军
王顺利　张子健　薄　胜　陈园园　崔润堂　曾坤友　张小伟　李　享　金凯丰　巴小彬　方慧娴　宋海军　田沈旭
王　溢　许　越　张鸿铠　张　宇　仲　浩　王亚宁　刘艳青　于爱莲　于智尧　姜梦颖　施伊君　纪莫莫　童小林
王　洋　虞晨鋆　郑琼诗　叶娜云　詹国振　高书颖　林温欣　艾　欣　李腾蛟　连必聪　吴延平　徐　凯　徐　坤
张　静　张潇予　祝　军　戚久红　靳　超　徐　燕　唐　箐　常　雨　田　娜　高　轩　费艳慧　唐　娜　樊宏伟
李红艳　王佳飞　游冬梅　张　静　卢佳怡　李海霞　李彩虹　褚美玲　丛邢宇　齐嘉俊　苟小平　韩媛媛　兰　婷
李美洁　朱　丹　赵　玉　曹　健　陈际光　劳炎晴　杨栋杰　杨普茗　杨葳钧　翁志纯　戎　剑　方　斌　金思旦

余文杰 侯笑宇 沈瑜 曹灵健 李凯英 苏进军 屠迪波 谢瑜琪 周浩栋 朱永联 劳水凤 何清涛 何琦
程霖 陈瑞广 章悦 朱一丑 单名 康飞若 徐志星 钱鹏 宋军 孙宏源 杨成魁 张辉 姚东磊
丁崔卉 叶彦辰 韩路雪 柳婷 薛双婷 陶大威 时晓泽 赵晓芳 王文君 何明端 李丽贞 李艺 林叶婷
刘恬 吴颖 段绍红 宋春花 陈翠云 陈家玉 陈建舟 陈理好 陈立勋 陈良娥 陈妙云 陈培芝 陈巧霞
陈雅缘 陈云帆 池幼珍 杜丽娟 杜寨 程旭博 程旭东 戴华 丁智鹏 高显 侯芮 胡定中 杨凤娇
游耀 李慧君 张珊红 陈蔓 陈烨莉 曾燕惠 邓小榕 苏维娇 蔡伟雄 江燕艺 石巧玲 王伟程 曾晶晶
钟玉梅 陈晶 崔金明 丁卫 皇甫璐娜 黄静 黄美淋 吉祥 吉亚萍 贾介豹 江章谱 李彪 李照阳
陆阳 陆瑜 路天 唐琳慧 王辉 吴正祥 於冬冬 张书豪 周春燕 周晓楠 朱龙华 周丽虹 齐浩
蔡建梁 陈伟丽 穆星耀 孙婷 王煜东 金琦 刘晓天 余凯 原杰 廖钊生 林俊强 林雯 涂燕妹
王邦畿 吴哲涛 肖晓兰 陈海滨 苏耀钦 王梓鉴 徐刚刚 曾鼎文 朱楠 于铠源 石振勃 余飞虎 张剑波
卜佳欣 贾建雷 赵殿峰 蔡锐 崔朝晖 崔倩 海菊 李佳鑫 林峰 凌金炜 刘吉勤 马飞 马咏梅
秦明阳 王阔 曹向楠 李存存 康珂珂 钱惠娟 乔鹏 朱思法 胡培培 陈姚 董平 刘雨 陆巧巧
杨晓红 叶剑会 印伟 岳梦晴 岳宇星 张沁 张研 章丽 章秦 赵月青 郑振超 郭颂玉 陈苗英
陈晓杰 方苏 孙鹏飞 喻晓飞 杨婷 易秋月 黄涛 朱智勇 潘金龙 徐越 方书琦 徐全丰 李伟金
殳宇星 梅洁 张邦洁 余婷 王丽姣 李家锐 王超 王健 王前程 叶梅香 常江华 贾欢欢 梅超时
陈诺 吴秀敏 顾协科 陈明捷 梁兆文 詹菊香 贾园园 沈家强 曹瑞 刘天星 肖美英 杨轶清 杨浩哲
崔磊 蔺舒 安琪 崔鹏 王新凤 焦明 杨一邦 王雷 王燕 孙林义 柏俊 王钏 巢城
洪俊 王建军 王连青 王明 冯华江 李芳 何峰 奕敏 刘振锋 吴特信 黄锡钧 蒋国民 王丽娟
徐锋 陈佳 陈娟娟 吕丹 柴素俊 姜生里 王挺 何敏涛 洪伟 刘楚楚 张家栋 苏星华 左静
王天知 胡媛媛 马瑜 任立琴 孙志男 陈晨 严强 唐玲玲 范展榕 陈娟 张海娣 姜林铜 张永梁
郑双燕 萧思思 潘玲玲 戴凌霜 范启红 方鸿峻 方雄亮 黄磁丽 江雅玲 康淑蓉 孔令勋 赖月兰 蓝瑞湘
李梅兰 李秋红 李宝 刘宝裕 魏斌 温莹 肖文辉 修培椿 叶茂阳 曾晓红 张滨 张更生 张功举
张龙宝 林彩霞 游剑枫 林佳佳 陈水清 林婧泓 陈敏玲 陈秋娥 林超群 林美燕 林艺惠 苏煜 杨惠玉
叶清云 王鑫昊 王议曼 吴红 吴洪禹 吴艳 项月姣 徐雷英 徐丽丽 杨昊 杨柳婷子 杨梅 张涛
宓妍 邵一栋 张辉 钟园 李超平 倪娴婷 宋锦华 王蒸蒸 尧焕 卢亚飞 张大铭 张沥心 郑海涛
纪美玲 杨茜 陈尧兰 董燕婷 黄慧萍 陈目标 宋利芳 魏国鑫 蔡祥 陈仍烽 陈子幸 王朝阳 陈精巧
陈远达 郭鹭华 王梅金 吴嘉盛 吴宇仁 许丽琼 杨毅珊 叶晗 余有彬 胡谋福 段雅婷 冯晓 田婕
邬辉玲 陈晓宁 李秋思 蒲凤萍 齐思雨 孙新霞 王竞煊 杨晶 杨其兵 梅丽姣 缪雯静 莫亦峰 聂瑞
任凌云 王茜 王涛 夏文彬 肖荣华 徐家娟 徐佩 姚丹花 张静 张云霞 张正 郑燕 周云峰
王振 周季玲 周佳纪 周怡 朱惠芳 孙磊 沙依琼 黄亚秋 陈慧 郭文雅 钱峰 翁家燕 薛陈
张明 张秀娟 冯铁琳 周银荣 胡泽明 林琼花 顾继晨 江威 孟云潇 钟磊 谢丽娟 钱雪琪 程晨
巫立 张驰 潘明安 夏杰 冯益坤 殷仁杰 王峥 夏芳 姚辉 邹水龙 丁亚丹 傅凯明 王安娜
冯浩清 冯星 高建鲁 何佳玮 何林华 郑鑫 陈小云 程玉民 李海福 谭铎楚 王燕清 詹勇 陈晶
陈尊界 刘继兵 许聪海 陈红梅 林亚萍 徐亮 康彬欣 魏明倩 徐莎莎 周琦 黄亚玲 许宽翠 梅玫
程逸 钱旷怡 徐早欢 金晓玮 董昭曦 李兆林 周聪 姜银凤 陈沛敏 丁承成 傅春梅 刘东磊 邵帅
严帅 杨梅 姚旻逸 俞坤瀚 季鸣雨 蔡琳 王涛 林成 汪婷 金晨娴 张云菊 张苹 蔡颖
陈霞 邱丹婷 张帮超 袁新宸 汪立江 尹欢欢 厉姣姣 许荣凯 杜会选 张恒 王嫘 王茹 周江
黄海鹏 蔡葵 应若跃 吴思思 张玲玲 王沫 李伶平 施真真 苏滨滨 王敏 金俊杰 赵雪红 陈荧南
林知勇 黄帮存 徐晶晶 季蕾蕾 田晓云 章惠娜 赵志雄 郑巧晟 周颖 蔡振砻 陈国海 陈维阳 郭奕巍
叶舒昀 简赤梅 李建雄 龚炎秀 胡雪瑶 梅鹏 赖慧慧 李梅 李奇锦 潘贺光 彭怡欣 邱梓怀 杨玉梅
叶成 尹春雪 虞建芳 郁圆圣 袁佳玲 袁伟 扎西旺堆 翟荣荣 张宝湘 张浩楠 张文健 赵春伟 赵飞
赵堂翠 赵余 姜宝美 解龙祥 李泽勇 刘思龙 莫万彬 秦淑琴 施俊好 陈龙 樊红伟 霍宝林 徐源
翟珍妮 周婷婷 李康 曹健 冯二将 李妍 张伟 李翊 王远 贾德强 万格鳗 陈晨 胡威
李方慧 李腾飞 王亮 王松勇 魏星 徐玲玲 周雪梅 梁文洁 林婷 刘慧 卢丹丹 蒙凤莲 彭凯
盛学涛 唐苏华 魏小妍 吴燕玲 吴杼芳 谢文瑾 姚景娟 叶仕芳 张娟璇 邹梦玲 汪东主 王冠鸿 郑俊标
李杜若 赵起 崔文杰 王聪理 杜兵瑞 于慧 谢萍香 陈晶 陈旭 冯钰昊 高良政 胡雅琴 卢洪虎
盛毅 王丽娟 夏晓清 许可可 张琪 周檬丹 韩青江 盛磊 姚之翔 欧阳小飞 李兴衡 林小欢 林艺勇
施华凤 陈子威 秦金亮 汪金梅 张敏强 蔡春财 施政 蔡丽英 胡良燕 黄海燕 凌燕英 王桂妹 范露蒨
黄朝旭 胡帅 黄玲萍 金宵明 李昶玮 梁王方圆 柳尚伟 齐丽君 王金贝 肖樟红 杨成 杨扬 叶俏晨
赵拴锋 钟荧娜 周丹梅 周赞龙 夏小龙 陈旭 韩晓艳 徐文志 陶海梅 谢晓兵 许为红 朱文娟 危桂香

范迦棋 李娜 庞滢郦 谢文海 何芳丽 连崴 王桐 尹乾 杜小雨 卜璐 余婷 陆玉燕 温鹏进
谢环 张晓晓 李惠茹 杨红 薛碧婉 庄宛婷 许静宜 郭敬平 吴连英 邱晓倩 王小花 施政子 赵莉
葛荣荣 邹利萍 谭珍珍 吴细贞 王衡 吕媛君 杨常青 龙方利 孟岩岩 蒋彬芬 张蕾 张炜 张心诚
叶磊 袁邦振 李文静 张思佳 尤谢蓥 丁洁 孙小萍 王露华 陈薛明 范丽 郭文娟 江皓 徐雪梅
朱凯 朱荣荣 严鑫 于周 王旭 豆恒 陈珂 李鹏 陈乐铭 蔡恺 陈正楷 黄晓丹 黄卫东
黄振辉 蔡学龙 许奕杭 陈梓煊 林来发 卢海虾 罗春燕 潘清香 唐娟 汪心怡 魏登燕 吴梦丹 谢丽玲
徐珊 许秋良 杨海英 杨丽艳 杨真真 胡怀鑫 黄晓维 黄源辉 林锋 林志文 许容容 徐坤 虞璐
曾培 张会会 赵辉辉 沈静 蒋馨悦 秦丹丹 周琰 仇雪 邓成艳 李子翔 王凯伦 王子璇 曹雯昕
常勤丽 樊陈华 史猛 高金文 高文强 匡义 刘杉杉 沈东 晁尊正 董菲菲 段和壮 李国祥 李洪杰
萱伟 万佳踪 岳铭 朱明生 祝琳 黄婷婷 李斌 潘隆飞 万伟 王超 王亚楠 张欣忱 瞿存芝
陈淑娟 张翔 张琦 王凯 谢东琛 曾彩丽 周鹏 丘启腾 林小莺 林应惠 周新蓉 范晓波 蒋丽艳
万利平 杨腊梅 胡娟 蔡梦岚 陈林寅 符梦婷 何天齐 胡琦晶 蒋逸 经静 邹振斌 陈有云 姚南山
鲍雯琼 林巧珍 马燕波 汪樑珍 杨利华 曾琴 张红霞 张文荣 周美美 肖涛 俞斌杰 胡敏 许桂华
林娜 查得明 姜红美 王斯雨 鲍志强 沃军杰 郭晨耀 周海平 黄磊 江琪 徐亚 叶富青 张鹏
张子恩 周蔚蓉 朱婷 江佳佳 吴丽丽 章威阳 王玉华 王豪 史峰 程玄德 梁贺 吴敏 朱路
金沈情 刘晓颖 严婷婷 郭伟昕 黄雪 王乔 许滢 张群 郑嘉耀 王成 卜慧 马娇 朱晓婷
彭雨毓 姜鸭林 滕松松 许阳 周峰 芦晓晨 倪训祥 林健 吴亚会 郑沁萍 陈玲芳 张孝权 黄林顺
姚田 陈辉燕 陈婷 葛梦旋 阙国亮 王越洋 王宁一 赵业 白舰 姚旭 池振猛 余俊强 朱圳鑫
陈维烜 廖忠航 韦一丰 曹庆晖 陈佳期 陈沈明 戴章华 高培 黄德坤 梁宾宾 林鹏 刘敏 田锐锋
姚福源 夏莉 徐楠 许倩 许卫华 闫昱澎 杨贝贝 杨娟 金小婷 孔凤 刘明丽 缪新 田圆
王瑶 吴月香 夏露 许玥 尤月 钟沁夏 张玉 刘菊红 朱炜立 臧敏 李晨珠 骆嘉琳 陈红梅
高灵贤 顾妙 胡萍 王慧琴 吴静 杨彩萍 陈寒 陈杰 陈巧 陈文 陈志凌 戴维伟 丁洁
樊婷 高竹青 李秀琴 张静虹 洪丽铃 骆晓智 宋萌萌 郑洋洋 蔡文榜 徐青松 蒋少强 张伟玲 林天钦
黄君蓉 卓映红 郭彩霞 刘燕 王红梅 吴建龙 徐绘 徐珊珊 杨晓琼 叶梁道 叶炎 赵英悟 周玲莹
周芸茵 杨凯利 张琛 白梦迪 傅敏生 郭丽红 赖金珠 张洋 黄福平 黄璟 吴杰龙 傅丹丹 陈飞兵
陈巍华 熊天学 徐尤清 王杰 蔡长喜 陈守伟 崔晓华 高方彩 黄积元 吴婕 陆斌彬 蒋晓元 陆丽娟
李长凌 王熇 王慧斌 许敏洁 张晖 沈林权 冯思敏 李超 王彩君 陈妙峰 单宇豪 范懿宇 高洋
张珠 丁雅平 姚庆 郭凯 金晶 许黎华 许文静 夏嘉琦 许闰哲 刘文祥 叶轶群 许颖 赵晨韵
陈叶 薛银菊 李晓清 陈赵峰 张驰 葛梦涛 陈磊 王水东 徐乐 张甜甜 戴雨泽 樊池瑞 蓝威威
麻铁霸 彭阿珠 戚湖铭 徐蕊 杨峰 蓝婧 王文军 赖程超 姚钟倩 张瑜 丁美良 方皓伦 冯华丹
冯嘉浩 黄昱明 林春梅 刘铁映 陆秋雁 陆伟强 陈俊 商晨光 徐健麒 丁宁 邵来亭 翟芳 严华
王宇 郑斐 邱汉芳 石效施 杨婕 曾旭阳 张霞霖 张跃凯 郑雅晴 周梦婷 王慧 田伟玲 胡开旺
黄欣蓉 吕园 沈兆富 杨巧巧 余丹 张冬宁 张晶 张亚杰 张燕 赵静 郑敏 周旋旋 钟兰
陈德伟 陈小龙 康贵阳 孔繁尧 陈龙威 程世平 范稳稳 方鑫 龚锡海 顾晓琳 郝修峰 黄凯 任明娟
张雅媛 周宇航 姜永强 崔威 范文君 费佳诚 冯文杰 沈聪 唐陈轲 王建华 向天成 梁文昌 余丹阳
李波 林雅慧 黄燕娜 李秋萍 林双红 许玉纯 王晓黎 吴华凤 吴巧玲 蔡军 廖静 蔡燕灵 王小英
肖玉琴 孙雪 王海岗 王露露 王秋秋 王玥 徐子明 许周宇 杨慧慧 雍建瑜 袁飞 黄伟雄 江惠蓉
林海燕 刘丹 施国模 温腾辉 张志强 钟炳生 易桂英 钟涛 曹杜潘 曹青青 陈超侃 陈亮龙 陈小文
陈艳华 陈真彬 郭楚奇 郭梦庭 周丽 康宗寅 陈鹏宇 陈雅丹 洪宝羡 金佳囡 刘月月 陆斌 孟杰锋
田琳琳 王坚 王学兴 魏蓉悦 吴凯佳 谢玲燕 徐文泽 孙佳伟 王维莹 翁黎鸣 吴杰 项宇 徐伟杰
于涛 余曼青 俞有娣 张东升 张天龙 黄青云 陈文娟 赵欢欢 徐瑶 陈杰 张静 吴贤丁 陈建
杜福芳 唐红艳 王跃 蒋佩芳 顾伟华 荣溢 钱蓓菁 朱晖 胡水生 杨卢宁 牛松涛 郭启南 葛晨波
龚艳辉 何昊哲 何钦 黄克威 莫献斌 沈烽 孙黎刚 王猛 伍什雄 肖云鹏 熊强 许春平 许丹刚
姚伟军 章璐 章文娟 周聪琴 郑莹崟 汪琼 陈彬伟 陈欣宇 何祺洋 张濛濛 卓虹 黄益育 李莹
麻凯 诸聪聪 宋培森 许绿勤 杨柯滢 姚佳欣 郑婉玲 陈昭昭 林彬梅 王燕萍 李建双 朱明霞 蔡延
蔡洋 蔡春红 陈彩玲 赵莉 赵曼 郑星星 周珊 朱宏 朱凯华 朱礼丹 朱银杰 李炯辰 翟雪俊
周宇佳 冯秋 沈义顺 郑宇彤 钟海南 李振涛 薛娇 曹庆华 黄明涛 蒋莹 廖大成 刘袁辉 马蕾
史敏环 孙成利 王子朕 吴梦菲 伍光松 武琳 徐迪 翟晓阳 张亮 朱群 赵彪 韩哲 王凯
陈楷鹏 达建新 王斌 袁伟 任静 陈超 郑武 朱寿禧 卓筠昕 陈国洪 杨东升 庄峥坤 钱慧莲
袁源 袁忠洪 张海龙 张乾珺 张小猛 郑加奋 仲志祥 庄洪丹 韩光清 王海锋 王伟 叶晓龙 马俊恒

蒋泽苗　朱昌德　刘晓宇　王薇　吴茜　方婷　蒋莹莹　冷沁雪　李彩明　李怀友　廖丽丽　吴晓航　方佳佳
王丽君　方燕春　房柔灵　金琳　蓝家旭　齐小波　吴泽臻　叶丽英　袁璐萍　张祖培　林慧群　蔡慧敏　许睿彬
蔡加森　陈青　陈世好　褚彦奇　洪天祥　江小小　林鑫琼　贡丽霞　凌云鹤　吴天扬　周旭鹏　瞿云逸　顾吉
宋健　冯婷　徐燕子　韩旭　孙春明　纪树靖　徐森　何盼盼　季晶晶　潘佳炜　尚鹏翔　沈豪屹　应丰陈
韩宇蓉　邱战　吴双双　杨益苹　李俊序　王琦　杨帆　杨海华　张蓓蓓　张媛媛　刘建新　张豪捷　陈明明
王征　卢俊　李政融　梁伟　王沁晖　吴松　罗晓蕾　徐勋淦　张雪晴　任小玉　熊涛　邹敏　常娥
方树林　袁青松　豆飞龙　闻华娟　赵鲁豫　朱瑞雪　胡云云　叶森磊　何王瑶　缪施施　金玲玲　李倩　吴建梅
徐华琼　陈琳杭　李学瑰　杨香君　李冰冰　廖淑珍　余永炳　方桂英　方任飞　冯泽慧　高馨　管钰萍　夏玮
谢逸飞　张启兵　朱雅妮　姜红凤　谢芳敏　姚婷婷　单伶俐　胡思兰　孟慧敏　王念念　薛凡敏　李永芳　倪琴
黄倩倩　陈美兄　董清　茆美婷　王琪　张怀柳　王坤　胡洁　袁梦　陈洋洋　宋玉　李香珍　唐燕
蒋苏云　刘欣　蔡雪佳　吴雪影　姚瑞莹　张培鑫　黄婉珊　章秋璇　刘超　艾合坦木·艾合曼提江　陈茂东
李笑笑　李玉佳　刘斌　刘旭辉　唐波　张宏繁　张新　姜永旺　俞山鹏　陈强　陈义　陈秋辉　宁春梅
汤增玉　倪娜　黄永万　龚莉　郭婧婧　陈琼富　吴时乐　张全增　潘桂秋　王秀灼　卓林　何明洪　江陈燕
林婷怡　周璇　秦旭伟　刘山　刘燕瑞　刘哲峰　卢璐　陆晨勇　马林峰　马婷婷　倪士伟　钱蕾　钱萍萍
钱勇进　沈丹凤　石栋梁　史翠婷　宋晨　孙涛　陶建良　陶月兰　童水香　汪智　王华　王嘉　王帅
王绪果　刘剑辉　李顺平　王茹端　郑月娇　陈健宏　宋艺华　吴伟斌　吴文华　杨锡鑫　叶烨　黄艺玲　刘秀宽
陈丽婷　甘春梅　蔡佩蕾　邱桂群　黄议娴　林微巍　安丽慧　胡聪聪　肖丹凤　马华　黄雨　张博　张茂瑶
张元君　周佳培　童榆凯　缪波　沈佳瑶　张迎　商杰　冯琴梅　潘亚华　张丽超　李剑锋　肖捷　潘佳炎
陈高伟　马大安　归心仪　诸绍楠　李怀香　任宇杰　郑玮巍　薛紫薇　孟丹丹　邱盛兰　杨维凤　陈旭晨　张专
袁佳杰　许峰　程伟康　干鑫　王思浩　周颖　邓明子　李明莉　田聪聪　黄泽中　罗燕　谌莹睿　雷江平
熊鹏杰　张思思　张晓　沈宇斐　徐友文　张宇　周楠　朱礼眉　彭新宇　陈晓楚　曹世民　晏山　余凡
代晓雪　谭舸　王芳　李潇　蒋红杨　楼丹丽　叶玲丽　叶琴　叶燕红　陈雨琦　徐婷婷　叶婷　朱梦丹
曹旭明　郝静　刘婷婷　王苏云　张甜甜　张婉　郭慧科　侯璇　刘洋　陈静　李艳　陈莉　杜孟秋
李许　邢程　殷现刚　谢新元　黄忠化　李睿　耿义　裴亚　石岭　杨存军　张航　郭程　王伟
祖力菲卡尔·吐尔逊　刘梦君　魏丹丹　吴小艳　岑小龙　董楠　张芯艳　赵瑞云　张伟明　张喜仲　张雅茹
张远钦　郑建忠　郑炜城　庄松达　陈晓燕　陈汉生　陆梦欣　杨帆　何梦婷　江艺君　叶晓伟　王磊　官福海
胡苏苏　潘艳婷　孔涵玉　刘丹妹　柏露露　计龙宇　汤海涛　唐辕　杨中成　渠慧鹏　陈静静　廖梓杨　王秋
李佳　陈小香　祁跃　沈家桢　王所平　叶丽波　朱靓　郭其杏　韩思远　韩雪　洪雨　胡远波　江珊
江文　蒋冬　金九红　居雅蓓　康仕芝　李盼　李瑞雪　李婷　李想　李延招　李阳　李玥　李子文
刘健　刘洁　柳旭帆　鲁雪梅　马丹梦媛　饶秀清　任安忠　巫苑莹　王亚杰　熊江昆　喻栋峰　赵聪聪　周学才
符碧玉　马菊英　李巧云　卞青霞　张岭　陈莉　戴荣兴　李小进　孙娟　王巧　颜浩　杨信慧　曾晓云
朱虹梅　王晓玲　潘家桢　陈晨　傅红蕾　葛劲夫　何熵峰　金冬英　裘巧萍　张雯霏　董玉波　王星　余佳慧
王璐佳　曹亭亭　陈玲　陈锋　李信　高巍　龚征亚　金锦　金菊萍　隆涌波　马成　马远宏　熊英
李志远　李娇　刘庆翠　余鹏　韩露　朱爱婷　孟秋妍　周弘烨　傅佳佳　韩玉龙　陈佳琪　张欢　陈宇
周红英　李明清　吴悦　张恒　黄湖贴　戴成伟　曹嫣　成秋芳　顾濮怡　何静学　胡安琪　胡继敏　胡信坤
李迪　李科　陆春红　陆键　陆晔　陆毓敏　罗静怡　毛善省　缪玺颢　潘雯　钱萍　石梅　唐敏
唐倩　王梦娜　王敏　谢玖龙　钱鑫彤　陈可欣　王焱　赵蕊　康策　李斌　吴奇峰　张奇　陈康瑞
邓小葵　李国辉　管瑞华　陈林华　高贝贝　冯翠婷　盘彩婷　吴燕芳　张雪婷　张越崎　左晓芳　庞怡莹　何敬雅
李仁艳　林建顺　邱良发　严晨旭　钟黄圆　黄培森　唐广辉　危晨璐　陈明海　蒋清梅　梁慧婷　陈翠婷　刘丹红
肖迪　林家丰　黄义　李根　李磊　李永进　廖志鹏　刘晗　刘金保　刘凯达　操梦娇　曹家璧　陈坚
陈金龙　陈锦华　陈利明　陈逸轩　成丽　戴磊　邓虎斌　邓旭东　董青文　杜圆圆　冯文清　高佳骏　高选龙
顾毅斌　郭翠　郭恒保　胡堰超　华建锋　黄栋　黄强岭　韩欣欣　马钧宇　毛爱博　宁美玲　任姗　郑凯
杜孙明　关京鹍　李球水　李志燊　唐梦奇　王社刚　吴博文　熊熠凡　杨晓品　周勇　顾松林　杨运领　张熙
朱文祥　王良梁　董琪　林清珂　史伟　黄治霖　席成文　肖波　高梦鸽　潘菲　翟江红　樊菊香　何乔丽
王钿鼎　李静　翟艳艳　周航令　仲崇鹏　葛雨　武岳　陶亚楠　霍贞　汪飞　董淑梦　陈宽明　程康
吴艳菊　夏淑娴　于爱发　于大发　汪晓玉　王维娜　隽雅生　丁亚博　周婕　许锋　海洁　盛晓玉　殷勤儿
虞华军　陈倩　侯乐乐　胡思雨　王洋　魏小飞　霍競瑶　任丛丛　萧少聪　常红银　陈莉萍　丁鹏　胡超
汪美宏　王雨　许代军　袁璇　秦敬猛　邢贝贝　黄涛　缪扬　俞伦泉　吴阳　冉凡静　吴晓莉　徐海燕
张园　杜雪松　汪怡然　贾宝静　阮润　谢仁伟　杨政　余一凡　曾思雨　冯亚淼　盛寒昕　李楠　沈青青
何海军　胡喆寅　金莹玲　徐东鑫　赵姚成　杨婉红　魏娴琳　刘晨　舒艳　魏新勉　叶昱彤　张廷鸽　陈彩燕

陈玉虹 董晓平 李丁田 李婉娟 李伟红 叶翠冰 袁恒林 郑小琴 周实鹏 杨　岚 林　芳 陈欣怡 庄胜权
孙小清 沈惠荣 王露凡 王莉武 马　凯 孟　霞 穆守凯 阮文杰 疏海亮 眭　轩 孙　静 孙业龙 滕思哲
王　冬 王　展 魏　然 吴　宣 徐　俊 薛　丽 颜仕清 姚远翔 尹东东 余杰先 唐　咏 沈道真 武凌倩
狄丽霞 钱国庆 徐　翔 刘　铮 陈　辰 何潇雨 焦亚骏 刘　斌 吕　梦 王云云 吴伟春 熊　鑫 张瑞兰
周　莉 何　敏 金　剑 王　心 刘　佳 乐朝辉 单　栋 周琳琳 夏葛松 代晓茜 王若楠 黄邦奇 沈　远
蔡雅婷 李　佳 唐乃斌 奚　兰 吴晓璐 周冉冉 陈銮琳 钱晓霞 孙　旺 王海萍 杨　梦 左会燕 丁红梅
林雯清 潘俊杰 王　秀 余杨玲 黄志俊 吴　昊 李和忠 张菲菲 毛黄梅 丁　潜 冯　杰 林冬生 林奕纯
戚聿康 王彬斌 黄丽珍 俞建祥 熊　用 陈细青 李燎炜 潘伟静 任定武 王海婷 王　影 陈琴华 刘月开
付佳佳 徐彩虹 程　璐 董　俊 施　磊 毛　青 许　娜 陈素君 孙　杰 胡　娟 俞　扬 朱海波 孙俊诚
王诗梦 罗　燕 丁圣杰 干楚楚 何潇宜 何煜丹 张　钶 水　强 陈　伟 方　顺 金佳亮 卢晓尉 陆忆雨
费敏娟 姚惠芳 过家磊 林江辉 芮佳伟 康亚强 汪　臻 杨　设 应　葵 张俊卿 张志华 屠燕君 戚晨晨
胡艳萍 邱美鑫 许　薇 姚佳辉 刘淑芳 陈淑珠 周莎莎 蔡惜惜 柯秋琴 刘晓榕 罗东娇 许清招 杨朝熙
于　雷 陈　希 蒋雪艳 李彩云 梅晓辉 王瑞静 吴丽霞 竹定迪 庄敏洁 利倩倩 王　琴 张文文 陈伟娥
黄亚楠 耿雅萍 孙梦娜 孙　莹 杨万烽 张可心 张　丽 周世强 蔡舒婷 杜　钰 付学廷 黄　玲 徐银银
薛　瑾 杨　英 左　林 周　霖 孟佳佳 王　莉 毛薇涛 王晓磊 张　明 周梦娇 龚宇锋 马巧真 吴鸿镇
杨　洋 周日强 邹雄兵 廖　洁 陈丽玉 李跃平 孙君乐 黄　劭 陈忠生 黄移华 吴　健 刘仕毅 谢家利
郑秀欢 孙智超 郑秋硕 曹显川 郭逸雯 吴英丽 邱明玲 许　胜 翟公礼 刘　钰 谢　磊 赵　帅 周荣华
潘　敏 李　华 陈阿保 徐曼莎 龚晓蓉 熊　英 陈玉玲 顾晨洁 黄　丽 黎安顺 谢娟娟 张凤新 赵玉蓉
虒　丽 吴永飞 祝振松 孙钧春 汪燕梅 吴丽婷 俞晓萍 朱世杰 谢之珏 汪小雄 葛高宇 王胜杰 王舒杉
杨利锋 黄俊华 桂保船 熊洪斌 华胜权 石雪松 陈　政 程　畅 胡　倩 季艳艳 蓝明飞 钱　锴 陆　婷
刘杨奇琪 马雪娟 任芳芳 宋雪芹 孙雪萍 汤　云 王超诚 王丽翔 叶晓珺 袁　吉 张　弘 张建成 张　欣
张　艳 朱哲烽 刘　智 林佳乐 王志达 方　瑾 王坤文 陈　州 胡春娥 虞小燕 郑　敬 朱卓耀 谢敏正
张　林 周艳萍 朱静凤 邹　祥 钱　亮 石玉娟 杨迪迪 张思琼 张云亮 张　鹏 上官建 孙宏军 徐仕先
沈后东 张　刚 赵碧晖 潘乾飞 王金莲 胡　健 王训卿 董娇芳 顾　静 关　培 胡晓霞 贾碧瑶 李　莉
刘　佳 陆　璐 沈辑敏 王　杰 王静怡 夏　梅 时　娜 梁国侠 胡方方 韩海艳 孙苏云 郁　珂 张育余
陈俊桥 黄夕宸 卡米力江·阿不都克力木 刘　蓓 朱旭旺 阿依达尔·卡德尔 韩丽娟 崔沥丹 宋勃然 杨　阳
姚　芳 张晓蕾 连世伟 韩新莉 和鑫钟 陈志新 杨　娟 李昊燚 黄　思 陈鹏云 龚盖年 张彩斐 赵雅蓉
张金秋 吴诗琳 吴春花 王燕瑜 黄雅娟 刘鑫华 叶子清 潘金诚 王　勇 王子文 李玲莉 邓大龙 丁　浩
方　明 管泽波 黄　权 李　群 刘加帮 彭浩淼 阮华良 孙明明 陶昌荣 王国任 朱夏莹 赵彬彬 巢琴芬
刘玉川 沈红梅 沈艳霞 许曹颖 许新妹 俞　静 曹冉冉 顾红燕 顾静珍 江蓓蕾 刘小娟 阮　洁 沙里金
施启星 石　磊 宋丽丽 孙　洁 唐　敏 童玲玲 万建华 王博琛 徐佳雯 杨卫康 陆湖莲 蔡　宇 袁　林
郑云辉 朱雪妮 徐伟雄 林　炜 李　彦 郑锦红 周陶妹 王学好 马爱娟 朱　珠 陈　文 高　鼎 李春苗
刘　云 路　艳 佘月娇 施晓峰 王翠梅 王美琪 胡盼盼 樊　虎 陈　飞 张　睿 刘一锋 夏滕滕 许胜磊
陈搏凯 张　斌 姚文军 夏安法 何　军 艾　勤 胡　慧 夏秋月 刘　超 孟庆路 程　蕴 李玉洁 朱　云
彭　阳 黄张林 董勋梦 董永祥 顾克俊 姜志刚 李芸芸 年四中 沈国华 朱　芳 江玉玲 王小桑 罗建国
叶维成 黄介兵 毛燕娜 陈剑钢 陈文谦 陈泽臻曦 程昌盛 董午霞 方梦杰 黄浩钊 李丽霞 李帅帅 范新颖
闫兴静 杨宝艳 傅信芝 段蓉蓉 何　燕 兰　锐 梁敬喜 莫振芬 谢红梅 周　丹 卓　琳 林淑慧 李　娟
钟得源 任佳卉 温舒玉 沈细玲 张　恒 温青青 陈　丹 路丽芳 阙彩荣 吴景惠 肖　敏 赖思宇 林晗静
阳盛彪 陈小霞 何海柳 何书琴 林丽芳 骆静婷 阮永秀 王敏敏 王淑珍 王念峰 王天然 王志杰 吴　杨
徐大勇 张香龙 舒智斌 鲁鹏飞 陆雪怡 倪黎霞 彭筱瑛 孙海燕 孙王玮 孙玉秀 孙志平 汤　捷 万丽娜
王　昕 王　意 王正刚 严心意 郁　迤 张爱伟 张亚玲 王　衡 王鹏伟 王学芳 王　逸 韦　铭 吴兵兵
夏　静 夏业亮 谢玉婷 徐　婷 薛志豪 闫星宇 姚光中 姚丽敏 于广松 袁　媛 张　鹏 张雅琼 张正中
张　艺 张俊生 江瑜茹 张健明 王月芬 王婷婷 夏海月 谢　静 徐　理 许范凯 余江花 袁梦婷 张　璐
张巧玲 汤雪苑 郑　琦 金建成 刘东东 虞传娣 徐　巍 朱永金 杨　霄 林梦思 肖云兴 袁冠平 王檀桂
楼晨琳 翁晓青 奚莺超 袁德洋 杨明博 吴艳平 张　卓 林伟芬 袁　鸣 朱红娜 斯文婕 王　洁 华佳丹
舒恩有 戴红琴 沈丹萍 蔡爱琴 吴丽勇 魏　莹 程　雅 胡宇凡 江佩芳 林　艳 楼春莉 潘佳丽 潘天磊
李晓岚 厉卫东 孙梦洁 谢威威 张鑫鹏 张亚涛 周义峰 李海英 马玉琴 戚成长 夏梦瑶 张小松 华志斌
李一鸣 林悦梅 陈　丹 李　红 廖宇婷 刘　静 张永平 范琼玉 黄阿纹 沈水华 刘　凡 李惠琴 李连娇
缪沙沙 许玉婵 易　玲 雷　燕 李海燕 徐梦晓 范其梅 朱青涛 卢国海 庄锡庭 王　颜 张朝隆 童秋燕
吴玉琴 张丽敏 张水燕 陈科宏 游永腾 曾唯骄 翁志芳 吴燕玲 杨　玫 曾春娥 庄婉琪 季文婷 陈　丰

邱丽娇　姜丽艳　钟贤灵　张世勤　张巍　张伟　张兴嘉　张艳　张杨　赵东东　郑国威　仲基东　朱辉
朱倩倩　姜小利　李建　赵路影　赵银梅　陈睿　费振剑　金玮　刘英名　罗小冬　祁玉镠　沙金凤　宋元鹏
孙代顺　陶冶　王庆国　陈俊森　成伟男　崔宇航　代东　高丽倩　顾利超　郭亮　黄强　江海涛　李敏翡
曾小云　王寿锋　阮小红　杨明慧　黄巧玲　江玉蓉　蓝聪敏　林雪莲　谢宝嬉　吴淑明　肖雅超　林星星　林宝真
郑月芬　陈炜　柯志斌　郑雅华　陈津津　曹琳莉　朱殿鹏　钱雯　朱振涛　黄加德　任军　楼根炉　薛瑾
郑单升　潘丽红　李秉鸿　厉天贵　吴艳　叶珊珊　赵俊青　徐大鹏　朱逢庆　陈子军　祝柳燕　崔娟娟　郑毫亮
宋慧丽　汪南臻　罗俊涛　郑湘懿　袁欣辉　沈仲夏　石淅芬　王颖　徐彬　徐晶晶　徐苗　徐思佳　姚其良
张安玲　张情波　戴飞红　方雯雯　史益民　朱长余　卫富强　夏惠惠　周子纯　刘林　史嘉龙　薛罡　张翼鹏
朱波　张永林　郑孝婷　黄笑容　蒋小娜　赖晨　罗春燕　吕加震　马华洁　翁文玉　余桥金　曾琳　郭剑彬
黄哲　苏寒宝　卜凡辉　卜亚萍　彭晶　张珂　李娟　梁慧芳　石海燕　陈功　吴璇　殷雪娟　周颖华
金城斌　陈燕　卓燕青　管建露　胡双双　黄大兰　李涵　林明清　赵春吉　邓贵珍　李雪洁　蔡玉琴　陈彬
范淑珍　方立杰　何雁泽　洪碧莲　黄毅锋　康宝琴　廖小凤　林淑娇　林宇菲　刘小芳　刘晓静　张晶晶　陈刚
郑小永　李刚　张新　张元凯　洪韬　陈雪芬　刘芸芸　汪雨牧　蔡冬玲　彭杰　胡薛君　吴晨　施辉
王益平　王远超　魏阔　温天伦　吴明明　吴士远　吴晓慧　吴亦纯　吴中一　武鼎　李婷　刘娜　陆烨
梅仲夏　潘跃山　邵斌　宋阿玲　吴娜　徐嘉伟　许锡涛　薛文静　叶菁　智强　朱凯　朱晓懿　潘超
吴沭蓉　李摩西　李德花　林春秀　徐碧艺　蔡萍萍　傅中华　王贵龙　赵嘉伟　李甜甜　李兰　李郑民　周静雯
黄剑　程亦男　孙维　周春梦　姜帆　陈晨　张樱磊　卢琳　杨玉美　黄露露　夏燕　孙燕　肖倩
吴小丽　张晓莉　刘涛　朱韶华　徐开君　杨寅　王源　燕妮　陈雪　施冬玲　陈军　王晓伟　袁海红
吴婵婵　黄霞　杨敏　杨阳　韩桂香　薛蓉蓉　仲庆梅　程静　金海燕　王书萍　谢月琴　王馨　王金龙
洪立忠　潘有兵　孙秋蓉　李敏　羿守聪　陈家佳　强晓洁　徐喜乐　孙延超　周勉　罗权　孙秀玲　钟瑜萍
庄敏　徐凯　王根平　王春杰　陈鉴杰　冯永鑫　顾国峰　钱懂伟　李安新　张静　肖玲　朱羚　李玲
周婷　于春光　陈荧　冯安丽　王莺　吴慧芬　朱香丹　黄志杰　赖静　赖兰兰　李德福　廖露娜　林阿尾
刘修丁　卢文娟　卢志权　罗小妹　张颖　孙妮妮　尹姣　王心怡　顾吉萍　倪楹　徐雅菲　曹云云　程功
戴佳佳　冯海琴　耿豪　郭玉琴　李芳　李飞　李久仙　李小燕　李云燕　李舟舟　林黎蓉　刘玲　任雯倩
邵惠　沈滔　夏洋洋　徐兵　徐芳芳　徐涛　许娴　薛鹏　尤琦亮　尤强　张骅　张健　张诗萍
张勇　章远　赵志芳　周利平　朱晓英　朱银波　朱云朵　包天奇　付亚玲　贾美玲　贾秋玲　同星屹　王雪溶
罗汉锋　李锦程　林惠凤　吴福忠　李国民　吕安铃　赵幸炎　李丰茂　陈婷婷　林育财　谢菁菁　杨秋萍　钟全华
张飚　王巧丽　沈毅敏　陈荣平　周雪玲　陈丽红　吴楠　段云　时玲玲　唐华　厉基坤　朱云霞　陈丽丽
曾慧婧　彭明凤　李小飞　倪萍　覃春兰　张永春　董月萍　方晓蕊　胡贝　纪彬　刘艳　吕媛媛　潘宏伟
潘涛　杨玲　尤文婷　周小花　张扬　姚杰　朱炜　曹平晖　潘苏丹　王明亮　王元雷　吴国成　方剑
徐磊　张晓华　黄小宜　林超群　谢素莹　徐舒怿　郑洁　周伟　丁潇　葛勇剑　卢剑　邱诗雅　项嘉伟
王崔燕　张威豪　单娟　韩宇霄　李凯　连滨　林辉　倪利英　唐健　陶正源　王秋兰　王稳稳　温国良
张楠　郑凡君　朱智博　史云霄　潘淑惠　陶也　柴晓红　陈琳　丁蓓　丁张丽　吕俊丽　阙小连　沈小华
苏秀梅　许瑞金　钟齐英　张洪杰　林鑫杰　邱祺瑞　李莹莹　吴日民　周如森　张泽莆　高枫　刘扬　杨娣娣
王连环　续雄杰　杨佳佳　周焕芹　朱梅梅　庄森生　陈群芳　施丹丹　王梦君　王晓玲　王歆　周杰　周薇
汤子豪　朱宪妹　程丹　孙莹　康珍　潘鹏　彭印　吴铁军　郁忠林　张维迪　丁缘　姜桂云　金科
温新　张雪冰　张永波　周涛　吴霞雯　张兰雨薇　李海伦　谢蓉　姬文静　张兰洁　王志永　孙雪梅　潘书慧
顾娟　别勒克波力·革明　杨露露　黄智刚　刘敏　秦亚江　佘清龙　孙文豪　于永峰　王翔　赵云　梁卫红
王烁　苏婷　张媛媛　王吕筠　杨城　张建　付照　马駿　王海龙　陈君　仇昌灿　董国刚　高一鸣
黄飞　蒋苏南　金飞　孔靖靖　廉兆成　刘坤　刘子发　裴学康　彭剑　钱伟　秦京　佘潇楠　沈雅婷
施光彬　于磊　金冯依　邢竹华　杨月玲　焦小真　吴燕辉　肖子发　郭明忠　郭晓虹　蔡美票　陈少峰　刘思彤
周龙　杜诗磊　胡子源　何惠煌　高建桥　陈诗怡　傅婷　黄华　李小飞　翁洒洒　陈邦晓　顾丹敏　胡娇利
金艳艳　王杨　吴东冬　徐萌苡　张钦　朱志清　葛庆秋　孙润英　李艳心　陈蕴苗　狄姣　徐啸臣　丁慧
贾仁杰　刘得仲　陈坫钦　陈亚星　马守省　胡波　包永淇　张袁　向伟　何响芒　芦燕娜　连强　伍丽莹
朱星宇　杨浠悦　王星　周立群　张军　黄建华　赖海芳　连玉秀　刘强　刘春梅　黄顺龙　钭绎　蔡黎翡
陈火明　陈炯声　陈敏　陈澍　池明治　黄勇辉　李玲　李水珍　李素霞　林惠宗　林青青　刘欢荣　马卫星
江胜和　林晓玉　魏满菊　徐衍　赵加宝　王金平　王灵　金明　赵歆　蔡丹阳　陈磊　李育芝　刘秀丹
肖婉宜　郑汉卿　陈晓芸　陈小丽　方健娜　李静媛　李娜丽　卢乐思　张培云　刘锐伟　张瑗纯　林少锋　林思昀
梁明明　郭珊珊　林细华　王雅玲　许丽娜　陈新武　邵徽隆　邹盼盼　邹华平　刘艳虹　陈婷真　林钰琼　黄颖
陈慧芳　汤迎豪　蒋家靖　林惠红　杨晓霖　冯佳梦　郭昂铖　李丹　林晓英　苏晓桄　陈贞希　黄志勤　洪宿斌

尚菊菊 高梦琳 查竹婷 刘娟 宦旦男 李梦柯 陆旻 徐青 张贤 张鑫琳 谈磊 庄雅如 张鸿瑜
谢胜霞 李萍 刘路萍 丁玉兰 龙辉 张丽燕 季刚 刘伟强 韦福争 王宇腾 连强 黄鹭辉 乔玉树
马昱 郭艺龙 陈玉君 胡洲亮 张雅慧 黄春玉 张志雄 施栋梁 范苏珍 黄秋燕 李倩 张汉宗 余平钟
李小玉 蒋丽燕 李泽宏 尤雅雪 朱长增 叶鑫 刘世娟 王敏 周宇飞 殷婷 顾星怡 尚雨婷 陈蕾
贺荣 李芳 缪琴 朱青青 杜晶晶 陈贤杰 陈晓婉 许弋洋 郑海豹 潘雅琦 叶晶珍 谢婉微 戴嘉
张芷阁 王永婷 李心雨 贺春红 雷竺灵 卢哲 梅单单 钱卫琴 赵艳婷 朱则荣 罗静波 方琴 朱丽娟
冯莹 付玉伟 高婕 胡梦媚 李丹 邵瑶 孙煌杰 万国艳 张海洋 周夏枫 贾洋 杨红英 罗金凤
陈菁菁 邓云凤 连玉萍 梁秋琴 林爱莲 卢馨媛 王浩诚 王玉婷 吴妃 游雪梅 张媛 张林生 石耿泓
郑文辉 陈竞桢 曾晓辉 邓惠芹 邓家庆 陈凤燕 黄期龙 王辉

毕业硕士研究生名单

人文学院

柴政良 郭一波 阮晓根 辛忠文 苏方芳 苏方永 孙瑞男 张咪 陈慧萍 郭鲸州 江美琪 李景娜 林玉婷
刘伟华 刘玮玮 沈曲 王畋 叶子婧 张庐春 朱克宇 邹滢 阮淑燕 买梦潇 何子沐 洪佳敏 贾毅
李迎杰 林鸿宇 刘星辰 娄燕静 马多 任红压 王丹丹 吴泽艺 杨林涧 姚惠青 曾基展 周伟明 程宇阳
鲁文岩 施浩 巫升丽 刘赛纳 余杭洁 孔肖寒 张丹妮 施香婷 郑清清 方玄子 林叶青 赵志伟 江佳凤
鲁静 姚一依 韩诗淇 卓惠玲 吴尚 杨文妍 张燕玉 朱浩然 方楚君 李丽萍 罗萍萍 史雨婷 肖汶臻
郑樑 朱冬纯 范青珍 高久喻 贾伯辰 李丹 李丽萍 李松 张宁星 林婧敏 刘金威 马海波 宋瑶瑶
杨特 李玉婷 韩倩雯 苏成琳 向涛 陆筠怡 彭怡玲 谢思雨 张远洋 赵雪 周淑梅 朱丹丹 陈奕寒
龚婵祎 李夏南 林诗玲 魏阿碧 肖薇 仲皓 冯安兴 洪鑫 胡霞 王良博 温家豪 吴佳彦 袁朝凤
朱蜀瑶 余辰晨 任波 徐天园 高晨焜 梁洁静 吴晓惠 唐凯纯 海涛

新闻传播学院

成炘儒 邓然 郭蒙 郭彰李 李海燕 宋艺洲 叶精宝 常秋玉 邓雪梅 刘远航 罗锦霖 罗晓婷 潘姗姗
普非拉 王丽萍 王雯 王宇辰 徐莹 张明远 常洪梦 陈婉杰 冯建悦 冯倩 高天 高艺倩 郭翔宇
何雨婷 黄苗红 黄婷玉 霍雅倩 江秋珩 刘方洁 刘慧 刘佳凤 刘秋妤 刘霜 刘晓盼 罗雅蕊 孟健
明超琼 欧阳霞 潘纯熙 屈亚楠 苏洁 孙薇 王诠铨 魏辉辉 吴美琦 吴伟 杨新月 杨鑫 叶磊
衣哲 张丹 张璐 张清媛 张诗晗 张爽 张旭 张晏宁 钟玉鑫 朱嘉伟 邹晴鑫 胡蝶 李蒙
王嘉珺 谢梦瑶 汪俊 乔巾哲 黄雅梵 汪思雨 甘绪林 何雨蕾 张微 李俊君 李颖 刘梦平 吴捷
郭颖欣 陈萃雅 陈秋宇 戴佩玲 方文浩 郭海旗 黄嘉 刘鸿儒 孙旭彤 许莹 詹玉娟 洪玉莲 黄钰婷
肖嘉梁 叶旭

外文学院

崔欢欢 何微 钱雅蓉 沈洁欣 陶晓敏 武瑶 杜涵 储云云 陆佳媛 苏济 原丹丹 张越 杜小针
杨译 张慧娟 陈柏旭 吕卓静 舒畅 唐芳 王丽萍 黄哲妮 徐缘 奉理理 杨文雅 陈伟铃 方梦汝
黄心雨 廖欣 林萧 刘雯佳 毛静 苗晋宁 邵韩滢 孙猛 唐婷婷 万俞玲 汪怡 王琪琪 王雨茹
肖伊依 姚姗 喻媛 张思怡 张译亓 朱伊琳 陈倩 丁钰倩 高越 何璐 李叶子 刘晓晓 鹿婷婷
潘昱君 王怡琦 吴慧灵 胥杨丹 徐静雅 易新语 周诗倩 庄爱玲 傅辰鋆 顾蒋忆 洪恬恬 胡真 黎芷若
廖静怡 刘丹 刘璐 刘仕名 王佳婧 于茜 张哲涵 郑妍颖 郑研潞 周可心 徐静雯 张佳睿 龚虹玲
杨曦

艺术学院

郭伟波 张芷馨 胡到 黄荷艳 黄立毅 黄瑞 黄永红 林嫚儿 刘琳冉 刘亚平 许舒杨 郑昊 郑梦雪
邱煜钐 陈晶晶 陈奕心 韩雪 黄奕彬 李璐 林佳 林衍丰 吕许洁 史依蒙 谭冰洋 叶宇晴 张紫微
陈洁 丁心田 黄艳珊 孙晶晶 黄婷娟 李雅婷 苏丽雯 夏若琳 付境 柳雅杰 朱国庆 蔡莎蕾 杜正宜
方舒晴 黄曼玲 李彤 冒欣悦 孙艺文 田野 王琛 许丹丹 鄢雨晴 杨冰晶 杨怡婷 叶海涛 易星君
张斌颖 张铎 张津睿 张希敏 阮艺红 丁佳雯

国际中文教育学院/海外教育学院

贾安琪 胡莎 韩夏兰 李梦彤 颜梦微 郑娟 安璞璇 杜霞阳 方文蓉 郭媛媛 何雍慧 林婳婳 商丹辰

王忠秋 徐婉青 余珂欣 钟烨 邹维琴 付芊芊 付志晨 高文桢 耿嘉宁 纪书敏 蒋文静 黎晨 李曼玉

练茜 刘建苗 刘倩 刘逸珊 潘慧娴 钱艳姣 谭雅雯 王思美 魏然 吴浩楠 曾媛媛 赵萱萱 郑佶佳

仲若冰 陈佳 陈庆真 陈文亭 郭彬虹 侯孟劼 姜星驰 赖怡铖 李敏昭 李晓霞 李梓晖 刘梦磊 陆晓燕

罗月缘 施安安 唐诗 田苗瑞 童倩 王佳伊 王予 肖清文 谢绚 叶翎娜 叶新容 余庆海 曾婧雯

曾凯琦 张星慧 张宇垚 赵小雪 黄友弟 林丽丽 徐秀秀 林静 邱笑琴 沈菲菲 谢文华 曾玉蕾 周宜姗

毕淑霞 刘思宇 张琪 杨觉

王亚南经济研究院

郝倩 丁心琦 冯晨晨 姬笛航 林嘉喜 罗婷 罗泽人 王浩 王慧冰 王梦雅 王思胤 吴嘉华 徐路路

薛鼎革 杨潘烨 杨茸 张迪 张寒梅 张瑞筠 张睿婕 郑阳 钟燕 朱万苏 卓佳优 陈倩 程丽丽

刘欣 黄凯璇 周祎玮 李昂达 牛云杰 肖扬 贾若凡 谢海花 张超凡 陈青春 裴凯强 王雅琳 徐玉

蔡旭明 陈昆志 邓晓辰 贺健 黄晶晶 林加敏 刘丽蓉 刘文欣 孟丹凤 邵珠苗 汤炀钢 卫青霞 杨温奇

张晴雯 张宇婷 郑宇琪 李雾 蔡友斌 崔炳钰 代红波 于晓雅 陈业举 余可人 刘翌 郑少杰

管理学院

寿天方 陈韵如 何宏卫 洪永海 黄斌珑 刘忠良 苏之皞 王艺红 吴滢 余文湘 郑荞 蔡林青 陈凡

陈芊羽 丁叶含 蒋启林 李明鹤 林彩云 林建荣 林宇 刘明根 罗登清 马汉玉 宋威 苏志展 汤毅星

唐灿 杨渝东 余慧聪 钟鼎 朱育斌 庄韵 邹小丽 边琳尧 卞语轩 蔡致果 曹维琦 陈丽娜 陈芦庆

陈敏婧 陈双珊 陈雅妮 官兆旸 何谊燕 黄益云 黄莹 康敏 李闽 李珊珊 林志彬 刘传敏 刘欣怡

彭涛 上官娟 孙弘鹏 王俐昕 王培豪 王文芳 王正超 翁祖星 香卉辉 熊伟 杨俊勇 杨鹏 杨文琦

杨晓妍 应雨菲 张欣妮 张妍 赵炼圳 赵爽 周逵 朱和平 陈倩莹 王艺艳 许元培 叶奎志 陈建

黄利平 黄泽华 林闽杰 刘丽萍 罗名鑫 邱喆婕 苏笛 王婧云 王浪 王洋洋 杨荔海 叶风 尹琦

尤博 曾雅 张坚强 张鑫 张蕴哲 张志宇 李蓉 林晶盈 苏超 谢威 朱玲珑 龚静 陈帆

陈婧芳 陈立筠 陈笠颖 陈薇 刁慧敏 董子勖 傅格忻 龚燕艳 郭佳铭 韩嘉予 贺美容 黄瑞芸 蒋承晨

孔繁航 李明月 林宸 林娟 刘洋 马倩茹 宋佳 王迪 王维怡 王亚 王伊 邬亮宇 夏丹

杨帆 杨月 张露 张玫 张文靓 张珍 周林 周文 朱郁樟 陈子瑶 董彬彬 蓝湘如 罗琪

庞煜峰 徐佳 张雯琦 王静 蔡珊珊 邓程月 段思竹 范钰镕 冯鑫 黄秋梅 乐毅 李春晖 李明慧

李琪 刘付鹏 马泽蓉 戚芳媛 汤志远 项佳佳 张冰倩 周鑫 何嵩 郝晨娟 刘树风 刘羽琪 王馨

魏睦家 徐泽君 曾恬 朱玥 陈丽锖 代安然 刘晶莹 刘荔荔 刘昀 王喜枝 张一顺 张乙璇 郑泳薇

吴亚敏 潘帆 蔡晓红 罗淼 滕筱 王雅芬 谢杏香 陈艺桢 方钰 王丽珠 周晨娟 曹程程 岑荪

陈诚 陈婳 陈平 陈一瑜 陈雨萌 程媛 储刘婷 代明瑞 杜媛媛 方渺 冯思颖 冯依樊 高丽艳

郭悦 何春婵 何晴晴 胡敬唯 胡田田 黄倩怡 黄沁雯 黄钰珊 蒋佳宁 金星如 李函哲 李佳虹 李可意

李凌吉 李鹏涛 李婉静 李衍琪 廖安 林祎彬 林婷 林晓荣 林悦 刘槿如 刘艺姗 陆源远 罗杰

罗筱 潘颖玲 任艳 佘鑫 申玥 宋姗珊 孙铁研 陶黎 王瑞 王少燕 王语童 魏嘉琪 吴姗姗

吴思远 吴卓君 谢嘉文 徐超 徐一烨 许唱 杨畅畅 杨晓燕 杨奕恋 姚楠 叶语 易姣 余妮娜

张蕾 张雯琪 张欣宁 张莹 赵爽 赵思佳 赵晓洁 郑邦威 郑珺 郑少丽 周帆 周文婷 周羲桐

周霞 朱虹 邹竺君 马豫慧 王心怡 蔡茜冲 康桂如 柯颖翔 蓝雄伟 吴晓敏 洪拓亚 林明娟 谢瑜静

陈以宁 俞佳颖 柯文 蔡东莹 蔡秋霞 陈俊俊 达若涵 董茹阳 范南青 高婧 顾超 贺菲 胡二毛

黄毓颖 赖潇杰 李阿竣 李必成 李铅铅 李晓雅 李悦 林扬 卢亚丹 潘旭霏 滕建霄 田甜 汪星星

王恩东 向梦涵 徐苏雅 薛昕彤 杨荇贻 章敏 郑少炯 周艳芳 周颖蕾 邹豪慧 刘锋 钱振金 陈天鹏

张其弛 龚以芳 林宜领 严文生 王叶青 李劲 毛传助 蔡燕玲 陈巍巍 杜巧婷 洪一升 兰琳 肖捷

许光宇 叶玲 陈玲玲 陈志杰 沈绍婷 罗智兴 方洲 刘航 卢隆昀 邱逸云 唐小晓 王振美 游宇婧

陈姝旻 傅稚珺 胡军伟 雷翠婷 李萍 李晓贝 李怡园 林斓 刘玲玲 刘毓斌 卢嘉斯 牛洋洋 欧建炜

万湘君 温梓涵 吴洲熙 肖莉莉 杨千慧 张勇 郑宝芳 朱婧茹 刘宏伟 何先芝 曾繁样 郭毅 林艳

刘莎 田静 吴辉 谢耀锋 张远琴 吴雅淋 陈力刚 吴涵 许琪 于晗 陈育香 胡丹 张桢

郑彦君 郑中杰 曹海林 陈诚 陈楚娴 陈友森 黄芸 刘军 苏明星 魏唯嘉 熊佩君 张小钡 张艳

赵辉 雷骋 余若伟 黄超 姚鸣华 庄志超 柏梦迪 曹佳玮 李来凤 庄俊娟 刘小靖 陈臣 高晨芳

何霄一　黄宇飞　赖泉清　黎佳瑰　李敏　吕晨　倪菁　王荔嘉　颜洁　李杜峰　宋晨　黄雯君　张晶
刘佳　张汉哲　沈振澍　宰盛东　陈亚　程慧琳　吴守亮　郭玥　李熔剑　李甜甜　刘彦　邱华颖　苏艺红
王雯倩　肖帆　陈珲　林超　曾毓前　黄河　李登彦　梁秀　苏诚　顾云丽　姜歆婉　林怡　林子楠
吕宁　邱家扬　陈丽艳　龚姝萱　曾宇轩　袁义敏　陈惠琴　陈勤舟　郭伟宁　梁富权　刘玉婷　吴诗洁　钟雅娜
周柏利　方雨婷　聂立猛　樊荣　洪恒祺　李佳　沈碧瑶　吴彩虹　陈帆　陈珊珊　何元发　刘韵竹　马兰
屈娟　谭东玲　吴任撷　谢靖凡　臧芹　郑飞凤　郑谢君　李海迪　林毅　王菁　曾美娇　张晗晋　陈林晞
陈婷　陈瑶　窦灵钧　龚芳娇　郭天圆　江逸晴　聂静茹　王简苧　郑冰冰　卓慧琳　郑晨煜　郭莉燕　黎法兵
陈翔鸿　彭丹　单良平　吴谨伊　周静　莫培正　蔡学良　陈萍　龚嘉彬　官慧萍　梁婧　林建明　刘鸣
谢文正　徐展　杨小琳　杨阳　张鸿海　郑成鹏　蔡创彬　陈珂　陈先铭　崔超　崔时玺　付佳　葛铮
官雨馨　郭惠英　韩舒羽　黄文君　黄小凡　姜敏　柯猛　李季　李秋实　李曦　李颖　梁化成　林睿媛
刘道凤　刘慧宁　刘佳佳　刘若松　龙琼　卢福星　罗柳婷　马骋遥　潘金才　邱金电　邱羽　邵晗　师薇
史慧娜　苏燕清　王伟　王晓纬　许思思　杨昕　岳春林　曾燕　曾志辉　赵莹莹　郑泽梦　钟雅灵　周琳莎
朱小艳　林晓彬　陈启臻　陈通　李鑫　王丽兰　郭鸿　李雍　廖灿茹　林云　杨韦佳　汤婧　洪鹭梅
吴显河　陈鉴嘉　高惠敏　黄依柔　黄智轩　蒋苇欣　梁岱琪　林春燕　邵文俐　吴季静　谢钒毅　曾智莹　张承盛
张任鉴　郑杰鹏　李若瑜　戴丽丽　杨洁　余航　赵书宇　陈斌雅　罗旭霞　郑权　王虹　王文博　路紫缨
李贞贞　林振东　陈胄　林琦毅　傅海燕　林依忠　刘媚　吕永锋　曾丹丹　张礼涛　朱一鸣　陈日晶　陈欣
邓鑫　沈旭寅　徐景行　张伟杰　郑昉　陈信标　何明枝　林素烟　吕晶　张敬烽　庄辰宇　林涵　刘胜杰
宋子凡　徐钦城　许凌霄　杨未来　汤文炜　李芸　宋莉

财务管理与会计研究院

蔡蕊婷　陈梦妮　陈雪华　崔黎　封军丽　郝雨晴　李婧　刘粟一　王智莹　杨小姗　叶蓁　许文娟

法学院

陈炳杰　陈建乔　陈露　陈梦婷　陈晓虹　陈钊滢　范婧娴　方研婧　高诗琪　郭纯玥　何维　贺玲　黄毕武
纪骥欣　江紫沫　匡紫欣　林伟培　林文敏　罗婉莹　毛誉蓉　石玥琦　王百济　王佳敏　王诗颖　王延昊　王蕴卓
王梓　肖斌　徐亦灵　许奕聪　杨惠涵　杨洁　杨艺荣　叶培欣　叶山　张浩　张龙翔　张瑞叶　张若楣
周雨萌　朱弘毅　庄佩莹　戴璇璇　林晨曦　肖一　刘焕寿　沈于蕙　王巧　殷琦　阿依达娜·吾尼尔别克
包明亮　蔡慧敏　陈冬萍　陈丽文　陈牧君　陈易　陈勇强　陈钺　崔子怡　邓兆鉴　范祯炳　方俊雅　高想
耿华潇　郭珊珊　何锐　贺春玉　侯妍烁　候天赐　胡衡东　胡浪　黄雅妮　黄泽群　黄子威　江晨欣　江晓乐
姜怡　蒋小雨　李博　李驰　李芳泉　李剑斌　李瑞　李宇莹　连阿端　林荔伟　刘崇庆　刘富华　刘江
刘金凤　刘英　刘志峰　卢毅婷　陆权　罗欢　马慧　彭新宇　邱文杰　邱哲昊　孙睿　唐红　田圣民
田圆圆　汪德远　王立琪　王丽明　王盛　王晓颖　王志浩　翁玲玲　吴凡　吴婷婷　吴英　吴宗辉　谢姗姗
谢晓丹　熊婉平　徐敬　许飘飘　许怡岚　杨凡凡　杨奇霖　杨文婕　于洋　余坤辉　余凌冰　袁珊　张豪
赵铢瑾　郑萍杰　郑琼　支思迪　周嘉振　周佩佩　庄逸宁　卓亮超　邹来旭　常菁　陈晓忆　芦泉宏　苏阳
汪亚星　张佳琪　郭宝　毛允佳　吴菲　张琼文　陈慈航　丁思绮　黄耀鹏　李诗苑　杨青　韦凯龙　包柠榛
陈佳茵　高雅青　黄欢纯　金挺峰　赖奕曲　刘晨昕　刘淑婧　刘业　彭琬婷　孙悦　孙鋆奥　王锦波　陈奥鑫
陈帅　吕鑫楠　滕艳宇　朱珍梅　邹晨阳　邢凡凡　郭江　黄佳琳　李洁　赵世豪　陈萌艳　陈旭菲　邹佩绒
方林颖彦　韩宜静　何涵婧　李玲玉　彭叶　苏晓欣　王贞贞　翁鑫宁　邢方圆　许金金　郑乃容　胡方圆　黄振贤
莫玲玉　潘旭　郝挺森　姜云舒　毛亚云　许欣怡　杨安怡　张明　钟丽霞　钟梦桢　刘亚楠　汪宪　许诺
叶长春　郑子豪　李佳晟　王玥明　许瀚林　陈少钰　郭赛民　曾灿强

知识产权研究院

黄琳　罗忆梅　王晓辉　袁剑　范冲　黄梦蝶　李楠　刘睿　罗春阳　马东水　温展辉　巫丽青　向浩民
徐怡琳　赵志浩　祝超　陈俊凯　贺朗　李徐帆　王悦玥　庄璐　李忠轩　罗志铭

公共事务学院

薛芳平　郭妍　何哲春　李强　吴楚莹　张文斌　陈财林　陈静　陈巍　陈小建　林丽红　卢小花　王丽凤
吴舒婷　谢金川　张海强　张锦城　陈海波　陈琳妮　洪楚君　洪苑　胡欣莉　黄嘉珺　黄霖弘　黄毅　蓝宏婧
林锦勇　林丽玲　林丽萍　刘梓鸿　吕沛忻　王颖　王昭玮　吴李荣　肖凌云　肖莹　许贞尚　姚妙钰　叶露露
叶倩雯　曾婧琦　张祁颖　张逍宇　赵婧　郑辉　郑晶晶　高磊　黄汝锋　刘玮　袁建壮　张多耀　张坤

郑可轩　陈勇　周桢妮　何冰清　何欣谊　胡雪洳　胡子琪　李佩姿　李一萱　林诗恩　罗烨　潘玲珑　石鑫
唐谢丽　滕巧　汪梦玲　贤晓楠　许子宜　姚东君　易雅婷　赵晓雯　卓靖婧　黄颂格　曾华伟　宗刚　陈骊
戴贝旎　龙倩　王钰棋　曾培臻　林清　彭世钦　王鹏　徐伟斌　卓婷　范以琳　贾保召　邱小丽　余琳琳
官阳　余波　陈晓琪　傅燕萍　黄玲玲　黄文君　黄晓畅　林欢　林舒晖　马芳　饶靖　宋大江　吴凌昱
吴颖　徐家国　尹南婷　张媛　郑适远　陈洁　方杰　林珊　林雅彬　刘菊梅　刘晓泊　苏梅菁　温尔雅
徐梦丹　曾雯　张淑媛　陈公照　陈领先　陈万煌　陈珠红　邓隽　方力红　高小博　郭恩深　洪璨　胡涂
李雪梅　林甲乙　林立超　林芊　卢晓彤　罗浩　潘柏臻　苏桦逸　王雅莉　巫俊雯　吴冬琳　吴宇柠　占丽丰
张龙飞　朱东练　何沁丽　林旭东　赵昊　陈庆功　庄碧媛　吴宇昌　徐晓娟　黄津　连晓颖　林明术　叶少航
傅子瑜　康东亮　林舒雯　王斐

公共政策研究院

秦丹妮　邱榕　胥金容　张怡雯　包金晶　洪彩云　吴陈林　郑筱丽　刘琴　游迪菲　郑炳烽

马克思主义学院

蔡亦恬　陈斯　程正光　程紫琪　崔津旗　傅佳薇　郭玉涵　何欢　候文雅　黄丹丹　蒋娇娇　孔凡星　李海艺
李倩　李晓阳　李旭娇　梁漫漫　刘小兰　刘旸　钱晨晨　阙桃娣　沈思路　舒丹翎　苏心怡　汪沙　王思婷
吴丽丽　杨林　余超　袁亚慧　郑畅畅　周翔宇　朱虹

教育研究院

耿素　丁学莲　李钰　姚蕊　林孟圆　魏锶梅　董芬　冯园　郭娇娇　郭平　刘美丹　覃晓艳　万真
王鹏娟　赵江南　郑雅倩　郭乐纯　陈惠莹　楚湘江　李语桐　张薇妹　邓媛　何洋　孙希幔　王婧　张谞
孙士茹　吴以欣　张盈盈

台湾研究院

刘瑞国　陈荣　郭联邦　施宇　徐金坤　周昱　蔡其文　卢辽原　吕漫楣　王佳雯　韦文军　陈颖莹　郭蒙蒙
李文韬　刘南彦　刘雅雯　司菁菁　韦肖佳祺　庄慧芳　邹顺强

南洋研究院

陈瑞　金梦婷　沈度　孙浩　王一帆　杨霄　董宇昕　胡依林　刘涵　张雅冬　周恺悦　周漱瑜　高楚东
郭文静　黄益婷　杨雯屹　张冰　周尘晰

体育教学部

黄诗怡　李含晖　潘书澄　严行　虞美龄　曾洪斌　张诗雯

社会与人类学院

贾晴　杨康　陈曦　卢凌　傅育繁　李思涛　林凯彬　孙文军　徐安然　陈菲菲　单朵兰　王心童　赖芸
辛峻青　黄美迎　汪鸣敏　徐钊悦　陈璟瑢　陈圆圆　陈子清　李丽莲　庞笑　王紫薇　徐金娟　杨青青　郑静雯
周晓彤　龚叶琳　顾若兰　毛伊芳　宋阿沛　孙芮　严丹　曾如意

数学科学学院

毕艺龙　黄子航　汪佳敏　王爱连　王玉曼　吴智杰　张娣　张梦娟　张燕灵　郑溢颖　朱海清　陈惠　陈嘉懿
郭尧佳　洪永坤　刘畅　罗蕾　唐项　汪颖　翁伟康　杨亚金　张锦锋　钟玉梅　苏斌　卢齐洁　张立媛
张晓怡　陈雪梅　蒋晓芬　李然　李晓彤　卢若心　潘诗瑶　钟明辉　林伟丰　彭安镇　马霏霏

物理科学与技术学院

陈帆　陈凯　陈星　邓文燕　董悦　费子琪　何发亮　胡凯　黄煌　黄文军　李宗沛　刘长胜　钱镶钰
王斯　徐程杰　朱经辉　毕鉴翔　付彤　管宇俊　黄长峰　李洁璐　平雅君　苏环环　谢亚行　辛悦　李金鸿
朱锦远　陈劼　黄夏敏　黄雅婧　惠文杰　李佳静　祁美红　申威　沈家财　王朝鸿　俞巧琳　张悦　赵莉
赵阳　赵一默　陈曦　吕薇　申泰龙　王攀　李呈盛　徐鹏鹏　徐全明　朱啟芬　郑皖闽　程实　梁信
时艺芳　胡汉姿　刘凯航　卢豪　沈子傲　宋安柯　孙保帆　夏源政　姚家浩　赵梁杰　邹娴　鲍迪　关思萍

黄少军　刘小奇　杨剑娟　郑翔天　刘聪聪　刘　辉　黄培源　陈　开　焦方菲　刘高红　张文立　郑宇辰　曾　越

化学化工学院

翟冠中　胡文琴　肖　楠　蔡中杰　曹文强　陈俊鸿　陈清奇　陈　帅　陈　威　陈小芬　陈垚荣　陈圳杰　陈　铮
程挥戈　代威明　戴加骏　邓　斌　董学承　高靖雄　高　翔　顾国顶　郭葆福　郭小雪　韩　瑜　郝馨宁　贺宇巍
洪伟图　胡晓康　胡亚飞　黄　聪　黄翰林　黄佳明　江虹蓓　金少强　柯文昌　赖英萍　蓝加洪　雷健毅　李阿康
李　根　李　想　李志恺　李卓昱　廖继章　廖泽凤　林　菊　林信良　林　垚　林雨美　刘国庆　刘　欢　刘姣慧
刘　宁　刘　涛　刘天硕　刘义云　刘　毅　刘渊琼　陆进麟　罗思恒　潘　琴　庞　鑫　彭辉远　屈　媚　茹绍青
尚　斌　师静雯　苏晓发　孙立轩　覃思纳　唐　文　唐永翔　陶诗婷　王海川　王　琪　王　顺　王昕荣　王秀秀
吴晨溥　吴洪键　吴惠清　吴艺茹　向成成　肖卓杨　熊　伟　徐博斯　徐楚君　徐宁波　徐汝超　徐星海　徐　艳
许嘉玲　许振宁　严升祥　杨　健　杨曼青　杨庆华　姚　旭　叶艺玲　于恒哲　余广德　岳亮旭　曾　溪　曾泽鹏
曾子力　张承扬　张春苗　张典政　张鹤儒　张巧东　张天恩　张泽灵　赵宝行　赵佳佳　郑震玮　周达海　朱　印
朱兆宇　池明珠　杭　伟　王海燕　任　娟　陈银珠　李委琼　林　铮　唐百灵　王舒雅　王奕迪　魏锦泓　张苗苗
朱　珏　朱祎濛　潘亦菲　陈　思　刘昊亮　刘慧娇　卓友臻　邓敏芳　黄山青　李彦彤　林伟亮　墨　砚　张倩倩
赵凡毓　向思瑾　魏诗瑶　陈文娇　邓泽颖　龚彧亨　李观俊　李凯佳　林玮瑾　王冬慧　王　星　徐　露　于孜文
叶谢维伊　曾　静　张　棱　蔡正苗　陈茹婷　陈玮鑫　陈玉婉　丛建龙　冯康康　关　健　郭　赛　郭郁婷　郝　聪
黄星晨　焦　洋　况先银　赖恩义　雷先驰　雷　盈　李双园　李伟泽　林锦霞　林　生　林思榕　林　霞　林旭菁
林泽南　刘晓宇　吴历洁　肖竹梅　邢　黎　熊学韦　严　柳　杨家强　杨新玉　尤裕哲　于欢欢　詹　悦　张广亚
张济广　张洁羚　郑宇珂　肖远辉　陈俊佳　户珊珊　皇甫鑫磊　黄媛媛　喻思佳　赵　钰　祝呈捷　徐飘雪　黄珅华
李炳坤　连登科　徐业鹏　颜江涛　葛赋春　余文静　曾娟梅　林毓炆　刘亚南　卢慧荣　余　莹　曹一洲　王　凯
吴　湘　徐玲惠　张学良　李洪梅　黄陈旸　李思佩　陈俊敏　陈鹏飞　陈　曦　池上荷　邓秀丽　段蓬勃　黄丽静
冷倩怡　李　朗　林小靖　刘凯泷　钱巧赟　沈路钫　王世燕　王杨志　熊文婷　袁元敏　翟一凡　赵　宇　李睿洋
阮卫东　李　聪　王　瑾　吴雅琪　欧阳普凡　陈　璐　黄　蓥　谢晓明　叶　志　张梦如　黄大江　李红阳　李　伟
孙润卿　张奇辉　卓灵淑　彭诗韵　黄雅晴　李其欢　邱东升　马靖凯

信息学院

陈柏林　陈必成　陈冠坤　陈嘉俊　陈杰祥　陈珮娴　陈　燊　陈小强　陈　旭　陈兆彬　成思莹　高桂春　郭剑华
郭瑞英　韩文凯　何映梅　洪云森　黄安欣　黄炳森　贾贻然　焦裕迪　解宇虹　赖　俊　兰思杰　兰颖豪　雷珍珍
李慧霞　李梦亭　李宗豪　梁长辉　林丽健　刘　潘　刘　睿　欧阳智超　秦品发　沈　琳　苏泽海　涂博文　万雯赟
王　晨　王　毅　吴隆鑫　吴　萍　吴　桐　肖璐菁　熊张悦　许友泽　闫肖冬　叶聪敏　尹　恒　游建议　曾万康
曾　真　张　理　张韦妮　赵连敏　郑宛玉　郑卓辉　钟　川　钟　玥　林盈来　陈润青　陈淑鑫　陈　思　邓兆利
范诗清　范文康　冯苗胜　洪　彬　蒋长志　蒋之晗　李国艳　李　航　林丽莉　林融杰　裴玉龙　阮德莲　檀锦彬
王福秦　吴子涵　肖惠楚　谢　苁　颜颖靖　张小康　张芝豪　周世豪　陈东东　陈　帆　陈锦昌　陈骏轩　葛琪超
李鼎昭　李立成　李昱鹏　梁睿阳　林金鹏　刘　璐　陆紫耀　罗　峰　孟　戈　邱淋灵　邵康豪　吴国丽　吴　旭
肖子扬　杨诗鹏　叶熠华　余　宁　郑　懿　周进东　邹嘉龙　雷　钧　刘华辉　沈　尊　徐筱猛　陈世友　陈　曦
陈　昕　陈秀芳　陈宣至　丁钰真　范存骁　郭慧敏　郭均昱　郭洋洋　韩琳丽　何泽平　黄锦灏　黄南宇　黄　潇
赖舒悦　李双双　李徐竹　李彦龙　林洪玥　林羽静　刘　榜　刘佳嘉　刘文斌　刘一萱　刘志伟　卢健祥　聂辉勇
齐　琦　乔龙付　乔　影　邱嘉航　邱　瑾　邱殷雯　全　旭　谭立轩　汤　幸　唐鑫威　陶金成　汪苇杭　王　斌
王晨杰　王凤宇　王　朋　王庆智　王燕宁　文　艺　谢家有　许钰昕　杨代鑫　叶　佳　叶晓毅　余秀梅　詹丽慧
张海璐　张映民　章云龙　郑韵思　朱　庆　陈琳琳　黄愉芳　裴月华　俞逐月　张　浩　郑榕萍　庄丽林　陈旭恒
邓均杰　胡路瑶　黄鸿宇　李　卓　潘　婕　沙正川　汪梦婷　吴　迪　肖剑宇　徐堂炜　曾庆伟　曾伟宏　蔡益鸿
陈少熠　陈众坤　代诚朋　李　臣　李权峰　廖仕荣　刘名桂　刘　雪　罗茶连　潘荣峰　唐　浪　田群辉　童逸琦
王军政　王　强　吴煌彬　颜晨倩　杨邵华　杨祖义　张超立　张琛玮　张峻铖　赵镇耀　周　雨　池国锟　郭　燕
胡　健　李　润　王贞众　俞　垚　何　壮　丰一帆　刘　畅　郑蒋滨　刘传子　林志超　唐一峰　王加伟　周　攀
李　松　周志洋　陈　亮　师翔宇　王天龙　曾晓雯　詹旺平　张　伟　郭明增　黄伟龙　张太明　戴华强　夏仕鹏
江　涛　陆　昊　廖丹阳　张俊婕　肖　梦　李兆宇

材料学院

刘佳琪　陈敦榕　陈嘉敏　陈腾波　陈宇航　陈振旭　陈忠奉　邓志榕　杜　涛　冯纪娜　冯宇轩　郭利鹏　洪　申
黄晨皓　黄楚红　黄宜静　纪荣彬　季明伟　贾嫣婷　乐　险　李凌杰　李明培　李　帅　李思宏　李伟航　林　建

林焜锋 林栩生 刘 群 刘小婷 罗 冲 马方兴 毛敏倩 孟祥源 苗 芮 宁中豪 潘 登 邱常睿 邱艺伟
沈 洪 沈晓芳 史本洋 王 倩 王一匡 王邹璐琪 韦存伟 吴泳峰 夏永辉 肖礼成 肖因祥 谢伟伟 徐文龙
许文萃 严建龙 杨 林 杨 鹏 叶雄彪 伊光辉 余忠圆 曾姗妮 曾祥哲 张丹丹 张 丽 张伟彬 张文海
张文汐 张映雪 张重阳 赵广星 郑凯强 郑章灿 周瑞瑞 朱春峰 朱铁辰 庄江源 庄 堃 宋蔡雄 陈家泽
丁国真 黑玲丽 李鑫龙 谢 特 姚炉锡 黄新林 林嘉渭 林永金 庆鑫宇 田 晴 肖 波 张晨莺 赵亚楠
池 航 狄 托 郭楷圣 黄秋华 毛康伟 王 萍 杨羽歆 张加甜 戴子洋 冯 花 华官平 金 慧 李 波
刘骊珠 苗 皓 沈润清 王暮雪 温月娥 薛凯杭 杨一帆 于泓之 张 弛 戴昭霞 任 卉 张倩倩 王 群
王勇洁 郭润泽 陈熙佳 雷 祥 李怀福 高 尚 邢利生

建筑与土木工程学院

郭晏豪 黄凯迪 黄柔柔 沈 洁 王 勤 王 璇 杨 骏 张书悦 赵苏磊 刘 江 朱雨洁 张 萌 曹 巍
陈梦烂 焦晓倩 雷 雯 梁婷越 徐一晴 陈怡冉 陈志聪 邓瑞钧 方曼雪 葛婉蓉 蒋珏瑾 金 子 刘小溪
卢佳奇 罗 婧 沈小洁 石珍珍 时润泽 孙玲潇 辛方正 许家杰 殷 彪 袁伟伟 曾 晴 张 格 秘佳楠
樊礼恒 徐亚琳 袁 彬 陈 龙 邓方迪 范凌云 管泽庆 郭良镕 胡林烽 黄明镇 李司冉 凌 霄 刘 涛
刘伟峰 刘胤池 刘宇翔 刘 越 孟栩毅 秦 建 饶勇平 汤远诚 王文泽 王轶泽 温祖坚 吴嘉伟 吴奇伦
尤韩炜 张德宇 张逸骁 赵朋飞 钟 原 周义贵 陈剑敏 刘 行 孙庄敬 张会然 刘奎铭 王书钰 唐 超
张力敏 张 曼 白 静 陈锦湖 高 犇 洪晓倩 吴旭增 朱俊柳

能源学院

陈 旸 凡正清 胡永杰 金海伦 李伟乐 梁峻华 林 华 林玲鑫 林智威 邵 坦 汤士军 王 明 王智超
徐 宏 轩迪攀 姚育栋 张琳琳 周 喆 黄锐明 余 梦 崔景博 丁 昊 高 远 韩 晴 何环环 马 乐
王鹏飞 吴 铃 吴崇君 吴念远 杨 琪 蔡万里 胡铁旸 李嘉臣 李郁昱 刘一铮 鲁 哲 汪 涛 王 帅
尹俊钧 朱泳峰 唐 浩 许梦伊 胡特雄 陈 铭 史傲迪

萨本栋微米纳米科学技术研究院

陈 新 何瑞钦 李秀秀 李洋洋 李伊文 刘 犇 刘 晨 裴亚茜 乔 昕 吴亚卓 徐 昂 曾标峰 赵振宇
洪书晴 刘伟彬 王 震

航空航天学院

冯鑫驰 侯 昶 蓝 伟 罗维一 阙养华 闫伟国 尹国辉 张克瑶 沈 力 吴松霖 吴宗璞 易理哲 胡政文
李承霖 林李广 柳家齐 曲文慧 卜凡楠 车欢欢 程佳铭 何伯勇 李韧卓 林瑞鑫 罗晨辉 梅笑隐 王 博
魏坤腾 吴 军 吴巧明 郑浩铭 张晗祺 施嘉佳 王 班 王顺桀 李扬斌 刘 珺 孟清辉 苏史博 王梦诚
周俊强 陈文雄 陈志斌 高 凯 胡学满 黄雪鹏 李雅莉 李 阳 林仪斌 林志鸿 刘 权 罗丽兰 皮 光
孙志高 温冠锋 谢培钦 徐 晨 许晨昱 闫 浩 杨 帆 杨嘉欣 杨 峥 姚恺涵 姚守菊 曾鑫龙 张陈应
张 俊 郑守红 郑宇洁 庄伟煌 赖伟群 白 成 马金磊 王广顺 许展豪 庄鹏程 马雨桐 聂 挺 伊君艳
朱相宇 郭鸿旭 兰梓峰 倪志晨 李 骏 曹宇豪 陈春阳 陈淮南 高 爽 谷泽军 晋文涛 李 星 林炳宏
林毅鑫 林再法 刘 艳 邵方琴 王 庚 王奕惟 吴迪恒 徐 顺 殷 皓 张 权 钟 硕 钟 翔 周一涵
朱晓晴 陈子露 龙子旋 林 骁 白佳兴 常芳芳 陈吉泰 丁林林 董晓威 冯毅敏 和松瑶 李士振 李 鑫
李政锋 林楷鸿 林逸萍 刘 浩 刘 祥 马建奇 满君怡 庞 鸿 彭 坚 秦世好 饶超超 唐明榕 王冬杰
王 兰 王怡雯 王奕鸣 魏 鑫 吴昊钿 吴琪波 吴中昊 伍 浩 伍 鑫 熊文瑞 熊子昂 许晓雄 轩武警
易 超 周贞文 朱 宁 朱哲浩 陈晟桓 龚赵慧 凌彦聪 唐逸凡 陈雁南 李 捷 冉 强 徐文静 余忠平
周哲豪 柴 袭 曹 楷 陈 军 符鸿娟 刘 涛 许日东 张逸松 赵晨曦 吴文涛 徐佩琛 孙九钊 黄笠舟
谢超平 郑际豪 吴皓垒 李文金 尹家铭 庾 强 朱子毅 顾 健 王仕超 唐泽宇 赖俊金 易伟劲 刘成忠
徐建双 周志军 潘祺航 郑华青 卢 豪 徐志凯

电子科学与技术学院

陈 希 陈延锦 丰 豪 卢 森 卢 山 秦 瑶 邱锦林 吴 攀 尹 彦 鲍志明 薄成斌 程 舜 邓静静
邓忆德 丁 山 黄婷婷 蒋明玮 李 宾 林建斌 刘学翰 彭慧嫣 田佳沁 吴潇婷 吴亚祥 俞仁泽 黄贤良
刘 畅 欧永春 田宇恒 陈 力 韩百川 林钊圳 刘浩杰 师兆伟 王志伟 杨振杰 安寅铭 陈柏屹 陈 昊
陈 奇 陈 玥 傅松祥 高亚立 胡 璐 江鹏炜 赖德越 蓝艺梅 李恒菲 李 健 李秋浩 李 然 李尚号

李仕彦　李　铮　刘炳良　刘　松　刘洲宏　柳玲玲　吕莉萍　罗格格　聂文清　尚宗伟　田梦飞　汪　琪　王家奋
王明康　温从光　吴　鹏　吴启增　项卓威　徐耀东　薛家璧　杨天瑞　游露倩　游　洋　张　潇　赵国霖　朱　尧
左霆华　董楚楚　罗炜程　蔡亚琪　陈铭坡　王雨思　张顺钦　张苏豪　张小金　张云杉　凡　旺　刘伟东　彭　祥
苏旭良　汪紫薇　吴　克　陈华山　何雨泽　胡榆涵　雷烁迪　林海锋　刘东宝　刘　梦　龙怡驰　罗　杰　钱义洋
王　蔚　王远山　王泽平　吴朝霞　肖广恒　严　明　张人予　赵金奎　赵秋阳　郑秋玮　侯欣怡　陈　涛　丁泽南
董　曦　杜武军　郝孟有　聂　斌　上官质彬　詹枫琪　郑佳新　邹楠楠　李运虹　陈　颖　吴方圆　邹雯琼　操　涛
吴诗遥　彭仁苗　黄敏君　吴政锋　黄庆典　张良财　李冠锜　向鹏程　杨郑鹏　张晓娟　胡琬祺　王超鹏

生命科学学院

陈锦渝　陈莹婕　刘馥源　刘　绢　邵雪萍　查正恢　陈荟羽　陈丽影　陈　婷　陈艳青　陈　尧　陈玉芬　戴玉杰
邓绮虹　樊曼雪　方逸楠　傅　蓉　顾张杰　关彬彬　郭雅新　郭　艳　何佳玲　何　晶　黄晓羽　姜苗苗　柯　朗
李　凡　李飞洁　李冠楠　李华敏　李晶晶　李珊珊　李　思　李潇潇　李晓晴　李卓芳　林淳杰　林凡佳　林仙妹
林晓纯　林燕玲　刘加爱　刘丽君　刘丽琴　刘美芳　刘晓敏　刘琰冉　刘泳凯　鲁　丰　路天奇　吕善鑫　罗家威
马吉楠　毛志伟　孟　喆　齐　晨　钱兹英　商少辉　盛　伸　宋　爽　孙如月　孙文佩　孙义祥　谭兰玉　王超梦
王　丹　王理烁　王诗惠　王童欣　王晓菲　王　越　魏志楠　温林冉　吴惠娜　吴裕玲　许婷婷　薛　一　严意华
杨川铼　杨　静　杨　颖　杨正纲　姚　悦　叶　毅　叶颖婷　余雅心　俞燕萍　原　茵　臧绍琨　翟兵可　张　书
张　通　张文静　章　蕴　赵银月　郑佳豪　郑思思　朱　俊　朱　琳　朱雯雯　朱子昀　祝雅雯　张祎然　桂嘉丽
刘　亮　曲　静　马　蓉　胡玥琛　金佳钰　林　莉　潘友攀　苏柳如　王鸿姣　王　慧　王　亚　周　宇

公共卫生学院

陈子豪　黄豆豆　林　雨　林镇国　秦瑞雪　孙美君　汤　芮　王　潮　许　林　展元元　张海霞　郑晗盈　李佳瑶
韦青春　徐佳素　张馨元　张雪洁　郑伟斌　胡　克　覃凤芝　林晨曦　罗　贝　肖　健　代奇轩　戴皓正　李登峰
李宏伟　林晓茹　牟钊彪　吴佳耕　李　贤　林胜男　罗　珍　吴　疆　薛雯文　郑彩云　胡芳芳　郭沁园　柯超民
张　哲　吴丽雯　吴自力　许连升　王伟华　刘　聪　卢文奎　潘　虹

药学院

蔡　琪　陈　坤　陈露露　陈宇洁　段林杉　冯　洁　赖家双　李　新　刘宏艳　邱　席　田娟娟　吴　帅　张　婕
张　阳　赵可蒙　朱星燊　廖铭凯　刘　苒　唐　涓　吴伊璠　周德昆　陈露平　陈宇蓉　崔珍珍　刘　晨　吴月煌
安小娅　陈泗杰　邓昌勇　林　肯　刘小晴　刘晓光　孙学頔　温芳芳　云　芸　刘新美　王苏萍　徐陈芳　包国梁
郑建新　杨润林　杨妍兰　俞虹羽　俞良发　张见雨　吴春晓　肖华林

医学院

罗宫薇　余淑琦　张媛媛　何明嫄　黄婉婷　兰远梅　宋亚萍　张　虹　张远真　王惠香　王　汐　丁　宁　郭孝君
花　丽　梁辉声　倪清丽　陶沐珩　韦康那　邬晓琳　谢淑娟　杨焕焕　杨　琳　曾澧欣　张咪咪　张　茜　曾荣娟
郑泽源　姜幸智　王　舒　李　倩　何颖豪　李秋玲　李卫健　谭茂青　张　怡　赵婷婷　郝　珂　李春晖　王　璐
王绮琪　吴静思　周会影　邓姣娇　刘　青　于永芹　赵　丽　张秋亮　常　玲　陈黄河　陈丽华　陈　琪　陈晓萍
陈亚琼　崔忠源　丁　冰　董　晅　高舒玉　高　媛　姜梦雪　金　昭　孔令祺　廖艳萍　林　莹　刘　勤　刘文倩
陆　珍　吕家铭　梅万春　民　明　彭丽楠　祁寒青　饶佩诗　施珊珍　施雅莹　石冰冰　宋冰洁　苏晓璇　苏耀文
王立坤　王仕可　王　雪　魏华华　吴富忠　吴璞琦　吴晚虹　吴苑卉　谢　德　谢　冬　谢　韵　余慧莲　张　强
张巧英　赵逸群　郑　锦　周田利　周　轩　朱江雯　朱　静　朱钰文　万文阳　戴　凯　宋宁宁　吴汉明　于子雯
俞　露　李改珍　童安祺　王春萍　王新洁　王永锋　曹　煌　陈　晨　陈泠西　陈伟强　陈　新　陈重发　程必盛
邓城庆　邓立豪　范少鹏　傅艺龙　高　进　高明明　黄泽茂　李　恒　李玉魁　林明辉　林　娜　林万昌　林伟煌
刘东旭　刘　伟　陆忠晓　马　克　马路路　毛舒婷　齐清华　师忠杰　宋　超　苏永程　孙安冉　孙奕欣　孙志煌
王世杰　王树斌　王佑君　肖一鸣　杨　光　叶　磊　张　婷　张运宽　朱越文　朱志鹏　庄昆彬　卓有光　董紫南
方　诗　方　庭　何淑敏　李　双　陆雪梅　沈金影　苏悦敏　孙晓寒　郑炜琛　蔡　晴　程心璇　金梦怡　梁铭辉
王少攀　王雪梅　许普生　禹　斐　曾丹绮　陈婉琪　程嘉欣　季春燕　李　欣　李宜恬　马文慧　邱　琳　邱　棋
王睿敏　熊　静　员晓倩　张一娇　赵艳秋　郑　爽　钟佳颖　朱逸飞　邹泽明　曹　源　封　莉　高秋妹　高蓉荔
李佳林　逄一臻　姚兰琳　喻　黎　张浩然　张连花　钟丽萍　陈宝华　李　鹏　林淑霞　程燕彬　郭雪卉　李　江
唐帮益　周志佳　向鲸舟　刘　鑫　周　琎　陈慧玉　董媛媛　富凯丽　高艺洋　胡小金　贾如雪　李邦凯　李梦君
李诗琴　刘佳雨　刘晶晶　刘　涛　吕　芸　潘梦婷　石　磊　王　军　王蓝蓝　谢　均　谢　燕　郑鲁丹　游至宇

蔡学敏　邵道广　陶伟伟　张　恒　廖晓艳　吴　燕　李霖睿　张小红　董佳慧　杨仁智　曾雨菲　李根红　程卫鹏
朱伟鹞

海洋与地球学院

傅雨瑶　高成成　黄月丽　黄泽鹏　梅皓玮　潘富龙　占鹏飞　周　磊　庄自贤　曹凯迪　代贵媛　邓永彬　冯　娜
高　瑛　金　昊　郎目晨　林　燊　林　玮　林　文　刘千龙　骆柏均　韦淑珍　伍仟仟　徐光坤　杨　露　郑远鑫
邹波波　马军凯　洪　筱　林　芳　林焕苓　刘昭远　邱婉蕾　王　恬　陈锦灿　陈雅琪　高瑞琳　贵　茜　李铭钰
刘怡君　吕　菲　马一帆　牛晴晴　逄格文　裴盛祥　彭鹏飞　时文苑　舒昊明　宋　毓　王　婳　魏宇杰　吴文威
曾文萃　翟浩洁　张欣怡　郭秋涵　朱建英　李建强　岑锦凯　陈林璐　吉皎月　刘琦梦　苏家华　王　清　魏诗晨
燕晓磊　杨　毅　卓旭东　张　慕　宁江豪　叶迦宁　尼紫泰　潘媛媛　童　锋　陈婷婷　熊家恒　徐　超　王旭阳
邓子超　葛晓玉　史天一　王龙升　王瑜娟　魏嫣然　杨　涵　周　聪　丁剑勇　李　爽　杨怀玮　姚苗莎　刘　勇
张　楠　左祖慧　林　琰

环境与生态学院

柴思婕　景芳雨　李　浈　孟祥亮　叶浩东　岳　亮　蔡一凡　黄丹丹　严永桂　叶芦榕　周碧如　方　燕　龚红静
金奇豪　林丽萍　林杨阳　潘丹琳　孙康茜　汪　路　王　琪　张炎惠　陈　灿　蔡美君　程路漫　黄　欣　李　斌
李朝奔　李嘉鑫　林　芝　刘文静　吕吉鑫　徐　超　许家辉　杨忆菁　章诗越　赵蕴琛　郑入文　周俊杰　陈立宇
邓　婷　董　事　范新宇　洪　伟　黄家驹　李浩然　李凯晴　李　琳　李美娜　刘菁菁　刘晓曦　龙　敏　钱　璐
孙辰阳　王崖芝　王　亚　王雨晞　夏丹霞　薛利阳　姚　静　曾　晨　曾士宸　赵开远　郑茹萍　郑扬航　郑志翰
陆晓娟　王春晖　赵至竹　彭文晴　文　辰　郭亚丽　张文林　陈晶晶　徐　茹　周志明　冯欣波　王　军

毕业博士研究生名单

人文学院

黄尚文　苏　颂　廖景漩　盛　夏　王凯立　张行津　刘　名　王寅生　吴晓玲　吴艳芳　毕　玉　龚　敏　李冬松
杨慧英　林　旺　王　东　杨俊芳　庄琳璘　李　静　全林强　严　丹　周　飞

新闻传播学院

林　凯　赵　辉　郑美娟　张燕萍　王　强　段秋婷　郭　冲　田素美

外文学院

胡　哲　单　健　袁永丹　戴玲真　颜蓓蕾　孙　赟　陈建君　吴　寒　张英雪　谢新峰　陈明辉　李得卉　邱文颖
杨华波　李锡纯

经济学院

董一军　杜素珍　冷志鹏　李凤娇　夏太彪　张东荣　吴思婷　丁晓强　陈泓文　乔　磊　张晓倩　朱敏龄　张勤勤
张　晨　张　彦　陈熠辉　房　芳　苏彩珍　吴增明　朱彩云　林锦鸿　刘　玲　何苏燕　李　娜　郑军威　张　明
焦音学　孙程九　李雨佳　王　冲　黄祖南　张晓晨　陈澜韵　黄汝婷　张欣然　闫中晓　葛海燕　葛厚逸　高　扬
梁振杰　张艳芬　张　晟

王亚南经济研究院

刘彦臻　张　靖　詹铭峰　陈涵一　史　铁　李明阳　夏红玉　徐俊兵　王临风

管理学院

汶　海　何如桢　林　森　檀　哲　郑陈璐　娄钰莹　范樟妹　李文涛　史　文　陈晓艳　李　雪　郑晓宇　邹　冉
郭璇瑄　邓昕才　王　昭　范乐乐　伍家军　周　昆　陈　星　陈宇芳　贾智杰　王　瑶　徐萌萌　朱俊鹏　叶秀品
欧阳筠　陈　茹　薛南枝　上官莉莉　陶　然

财务管理与会计研究院

康少青　曾　敏　王　为

法学院

马　磊　石梦婷　周　林　刘　捷　杨弼君　赵业新　景孝杰　王　潺　郭艳芳　栗胜男　杨皖宁　周平奇　杜志勇
王沛锐　朱珊珊　傅　以　冯小川　王劲杨　陈　诺　李皓兰　李书静　赵文萍　陈静颖　王　言　朱昕昱

知识产权研究院

胡玮玮　贾引狮　张绍斌　游凯杰　李超光　周克放

公共事务学院

徐昊楠　张晨舟　曹瑞阳　丁怡舟　黄　妮

马克思主义学院

陈帅飞　胡荣涛　乔玉强　张　多　华　苗　黄秋萍　林雅玲　赵　威　黄晓妹

教育研究院

闵琴琴　刘　强　庞　颖　杨　滢　毛芳才　瞿　凡　宣葵葵　刘亮军　庞　瑶　孟中媛　宫毅敏　李　文　汤　建
陈杰斌　张纯坤　张钦铭　施卫华　魏银霞　周举坤　叶美金　蔡正道

台湾研究院

张　亮　赵胜男　储　斌　唐　扬　翁明源　谢银萍　朱希敏　郭　满　吴思捷　杨广霞　张振楠　周　佳　余　凡
詹绍菓　夏　颖

南洋研究院

罗晶晶　温师燕　郑青青　何静波　罗燕霞　史　勤　王　晗　陈世凤

社会与人类学院

彭思涛　布比巴提马·哈力力　何庆华　蒋楠楠　范志泉　红星央宗　张雪婷　赵海呬　花苗苗　邵　琴　谭　卉
刘　芳　黄燕华　罗　婷　周　毛　赖景执　舒璋文　史海涛　肖和真

数学科学学院

曹月波　何莲花　王见见　王钰聪　许康康　郑哲明　艾成飞　陈俊兮　陈晓玲　赖素华　林艺东　孙玉奇　汪　坤
宋长振　范　斌　石翔宇　汪　洋　赵　状　李小旺　吴文佩　任玉鹏

物理科学与技术学院

仪慧丽　张冬凯　吴宇宁　程梅娟　彭万里　曾　辉　张小锋　朱振威　肖　克　许子颉　沈杰男　张子启　朱镇宇
柯聪明　余小弟　毛亦琛　何勇林　杨晶亮　程　浩　刘　威　孙存志

化学化工学院

柯蓝婷　童超丽　王　璐　蔡元元　陈　杭　陈文汉　周道伟　赵世强　黄世阳　庄小燕　彭龙庆　董苏利　赖智伟
徐　艳　赵智星　查　俊　董会雷　黄艺鹏　林荣坤　刘威东　孟一凡　温宝英　阮庆宇　陈洪明　黄梦娇　唐小雪
王军霞　李　奥　林冰倩　刘海生　牛　倩　陈仕焰　陈雅鸿　马文超　王泽树　许　醒　吴正舰　陈慧君　程喜庆
邱振霖　王海瑛　何权烽　方辉煌　张　洋　樊晶晶　黄武军　贾　玫　金婉婷　汪宇晨　肖良平　张　斌　张　晴
张艳梅　张于微　周　伟　陈丹丹　黄凡平　卢国章　戚林军　史重阳　檀同德　朱伯汉　黄　衔　沈泽超　杨　康
张　默　付高亮　胡景庭　李智森　吴思思　李　哲　安明伟　邓果诚　邓永恺　史文颉　张竞争　樊　漪　王　康
耿莉莉　苏铁柱　李建军　马杜媚　刘姝睿　王　欣　李　剑　张昊然　周　林　蒋巧荣　汤　啸　张瑞华　瞿　航
郑海红　陈佐长　施再发　林双双　王明智　李慧齐　刘　婷　张恩康　任　禾　王苏恒　裴　非　万里洋　肖　翅

闫龙飞　张海坤　王洪健　史艳艳　王柳英　金海族　朱建平　韩　笑　邓凯超　何华锦　李际洋　汪永科　向宇轩
瞿希铭　裴　政　唐　振　曾兰平　张将乐　曹　石　张　丽　金　曦

信息学院

黄添林　江梦茜　雷振风　李　庆　陈志勇　高　捷　刘三亚　苗永春　杨　鑫　沈云航　高新根　梁艳杰　孙立言
吴继鹏　苏毓涵　洪　欣　陈昊升　卢晓珍　王　武　许志平　蔡相明　连　盛　郑侠武　曾　饶

材料学院

郑　鹏　陈秋林　黄居峰　李中元　乔振松　姚奋发　游世海　闫　雷　刘笑天　林再富　程科满　史晨阳　王先武
陈晓惠　李菀丽　魏海婷　于金鑫　王　秀　吴章锋　李星云　周亚鸣　王瑞攀　左达先　孟照辉　李玲玲　洪　静

能源学院

赵尚泉　刘　淮　司志浩　林　健　李　凯　王红春

萨本栋微米纳米科学技术研究院

胡宝法　赵龙泽　赵东世

萨本栋微纳米研究院

杨林林　李星锐　陈睿豪

航空航天学院

崔　璨　姜　晶　郑晓刚　施崇广　王李璨　张　炜　刘阳旭　杨　宁　金哈申　许马会　朱平芳　车高峰　胡晓强
刘瑞亮　刘　龙　郭　峰　吴惠松　施晨淳　程丁丁　陈　炜　蔡思捷　刘琦华　高田芳　叶文斌　孙鹏飞　何　浩
张昆鹏　李峰平　虞凌科

电子科学与技术学院

刘佛祥　姚　金　唐嘉铭　洪荣汉　江水森　雷雪琴　戎小凤　郑重明　许荣彬　陈　琳　曾　庆　詹昊霖　谢君尧
朱　杉　谭春华

生命科学学院

史　猛　杨　康　张　伟　陈昕雯　孔令园　李　鹏　王国松　赵　昊　周懿翕　庄松宽　丁若凡　樊心蕊　方　路
黄志雄　冒小妹　沈　超　史一然　杨玲桃　姚本强　张保锭　张　磊　张家卫　陈绍轩　邢　瑞　何　婷　彭力超
杨　超　陈旗涛　陈　强　李　高　刘慧青　袁　亮　贾天琦　龚志成　刘志雄　邢超凡　白　双　张坤坤　马　腾
陈　伟　巫洋涛　熊华龙　李玉倩　谢富全　文成文　乔慕臻　林文洋　刘　恺　邱蕾蕾　翟星源　唐文帅　林惠娜
张丹阳　岑　翔　林福荣　莫春丽

公共卫生学院

李进典　黄路梅　林惠荣　刘　雪　余　钱　张　阳　黄小芬　丁丹丹　王炜捷　朱伟伟　张锦德　付文锟　王思令
周立志　杨　晗　于思远　陈梦媛　车　琳　蒋海龙

药学院

许　琳　蔡黎俊　丁建成　何耀辉　李文娟　刘辉英　牛播宁　涂许煌　叶贤胜　张　舵　张帅帅　郑早早

医学院

罗　茜　谭震球　吴敬勋　胡华莹　梁　玲　张慕娴　陈　超　高　月　何　燕　李小妹　连一帆　林　祥　唐丽颖
万　郑　王冬梅　徐岚溪　张敏杰　张同恩　赵　斌　赵钟阳　郑辉利　郑　擎　王金领　苏　蕊　郑龙庆　张　维
张民伟　张民伟　陈国兵　陈　雄　林佳乐　毛　亮　钱本江　尤　俊　赵玉洁

海洋与地球学院

孔　媛　杨　威　刘萌阳　刘　杰　黄建芳　李美佳　赵　吉　关燕云　戴晓凤　李红飞　张开典　李堂成　俞丽英

邱国强　张　峰　王丽娜　阮甄欣　黄　晶　李晓旭　屈利铭　张　迪　李慧芳　姜朝华　陈晓炜　刘　昉　陈阳军　刘　建　王炜珉　魏　琳　朱德鹏　彭文竹　黄泽坤　付敬强　於　锋　张连宝　程文志　李　冉　吕宗青　吴昊昊　陈　楠　拓鹏飞　李　薛

环境与生态学院

李生辉　李　雯　许　金　林静婕　马玲琪　潘黄蕾　傅素晶　刘真真　庞金玲　王思权　高长颢　黄智君　蒋永参　梁娉屏　马　维　方　磊　李浩宇　陈毅萍　孔　洁　林静玉　刘亚雯　谢　斌　李东旭　薛　铖　陈　诗

外籍毕业本科生名单

国籍	姓名	性别	学院	专业
尼泊尔	RABIN POUDEL	男	国际中文教育学/海外教育学院	汉语言(教育方向)
蒙古	TUGS-OCHIR NOMIN	女	国际中文教育学院/海外教育学院	汉语言(教育方向)
孟加拉国	ALAM FM SHAHIN	男	国际中文教育学院/海外教育学院	汉语言(教育方向)
泰国	KHAMDEE PHAITHUN	男	国际中文教育学院/海外教育学院	汉语言(教育方向)
泰国	PONYIAM PIYADA	女	国际中文教育学院/海外教育学院	汉语言(教育方向)
印度尼西亚	IREN LIN	女	国际中文教育学院/海外教育学院	汉语言(教育方向)
泰国	PANIDA SAE CHOEN	女	国际中文教育学院/海外教育学院	汉语言(教育方向)
韩国	CHOI HEEWON	女	国际中文教育学院/海外教育学院	汉语言(教育方向)
泰国	NETDAO PHIOLUEANG	女	国际中文教育学院/海外教育学院	汉语言(教育方向)
越南	TRAN VAN BINH	男	国际中文教育学院/海外教育学院	汉语言(经贸方向)
柬埔寨	CHHAY CHILINH	女	国际中文教育学院/海外教育学院	汉语言(经贸方向)
印度尼西亚	DANIEL KOJAYA	男	国际中文教育学院/海外教育学院	汉语言(经贸方向)
印度尼西亚	BOB RICHARD SALIM	男	国际中文教育学院/海外教育学院	汉语言(经贸方向)
越南	HA THI HONG NHUNG	女	国际中文教育学院/海外教育学院	汉语言(经贸方向)
加拿大	SPENCER MYLES BELSEY	男	国际中文教育学院/海外教育学院	汉语言(经贸方向)
美国	STEPHAN BROVKO	男	国际中文教育学院/海外教育学院	汉语言(经贸方向)
泰国	PENGKAJORN THANYAPORN	女	国际中文教育学院/海外教育学院	汉语言(经贸方向)
泰国	PENGKAJORN THANKAMON	女	国际中文教育学院/海外教育学院	汉语言(经贸方向)
印度尼西亚	ELVENEA ESENDI	女	国际中文教育学院/海外教育学院	汉语言(经贸方向)
越南	TRAN BOI NHON	女	国际中文教育学院/海外教育学院	汉语言(经贸方向)
韩国	PARK KEUNHYEONG	男	国际中文教育学院/海外教育学院	汉语言(经贸方向)
美国	JASON LIN	男	国际中文教育学院/海外教育学院	汉语言(经贸方向)
泰国	HUANG THIRAWAT	男	国际中文教育学院/海外教育学院	汉语言(经贸方向)
泰国	KHAMPHINIT CHATCHAI	男	国际中文教育学院/海外教育学院	汉语言(经贸方向)
印度尼西亚	CHINTYA WINARGOH	女	国际中文教育学院/海外教育学院	汉语言(经贸方向)
印度尼西亚	ELIZABETH	女	国际中文教育学院/海外教育学院	汉语言(经贸方向)
印度尼西亚	MARISKA NIRMALA	女	国际中文教育学院/海外教育学院	汉语言(经贸方向)

续表

国籍	姓名	性别	学院	专业
巴西	ERIKA ZHUANG	女	国际中文教育学院/海外教育学院	汉语言(经贸方向)
韩国	KO BINSEOL	女	国际中文教育学院/海外教育学院	汉语言(经贸方向)
日本	KUROMIYA AIRI	女	国际中文教育学院/海外教育学院	汉语言(经贸方向)
日本	WAKATSUKI TATSUO	男	国际中文教育学院/海外教育学院	汉语言(经贸方向)
日本	TSUJITA MIHO	女	国际中文教育学院/海外教育学院	汉语言(经贸方向)
越南	TRINH GIA LINH	女	国际中文教育学院/海外教育学院	汉语言(经贸方向)
韩国	CHO SECHAN	男	国际中文教育学院/海外教育学院	汉语言(经贸方向)
沙特阿拉伯	ABDULLAH ALI A ALBASHRAWI	男	国际中文教育学院/海外教育学院	汉语言(经贸方向)
喀麦隆	TCHANO TAMBO LOIC DYLAN	男	国际中文教育学院/海外教育学院	汉语言(教育方向)
泰国	SANGPET PHATTHARAPORN	女	国际中文教育学院/海外教育学院	汉语言(教育方向)
塔吉克斯坦	KHAYDAROV MUKHAMMAD	男	国际中文教育学院/海外教育学院	汉语言(教育方向)
泰国	SUWE SURIYA	男	国际中文教育学院/海外教育学院	汉语言(文化方向)
越南	LE THI NGOC HA	女	国际中文教育学院/海外教育学院	汉语言(文化方向)
墨西哥	FIERRO RUVALCABA HOMERO AUGUSTO	男	国际中文教育学院/海外教育学院	汉语言(文化方向)
泰国	TEERAMET SANTIWORAPONG	男	国际中文教育学院/海外教育学院	汉语言(经贸方向)
韩国	KIM TESONG	男	国际中文教育学院/海外教育学院	汉语言(经贸方向)
韩国	PARK SEJIN	男	国际中文教育学院/海外教育学院	汉语言(经贸方向)
日本	KUMADA NATSUKI	女	国际中文教育学院/海外教育学院	汉语言(经贸方向)
韩国	LEE SEUNGMIN	男	国际中文教育学院/海外教育学院	汉语言(经贸方向)
马来西亚	MOK CHWEN SHEAN	男	国际中文教育学院/海外教育学院	汉语言(经贸方向)
美国	CATHERINE GRACE BURGESS	女	国际中文教育学院/海外教育学院	汉语言(经贸方向)
日本	NOGUCHI KIKI	女	国际中文教育学院/海外教育学院	汉语言(经贸方向)
印度尼西亚	RYOKI ARIMURA	男	国际中文教育学院/海外教育学院	汉语言(经贸方向)

外籍毕业研究生名单

国籍	姓名	性别	学院	类别	专业
印度尼西亚	ALMAS SIDDA BAHIYA	女	法学院	硕士	财税法学
美国	JOSEPH LEONARD SMITH	男	法学院	硕士	国际法学
泰国	ATIPAT CHAISORN	男	法学院	硕士	国际法学
尼日利亚	CHIMNOMSO ELSIE IHEDIOHA	女	法学院	硕士	国际法学
巴基斯坦	FARID ULLAH KHAN	男	法学院	硕士	国际法学
厄立特里亚	ISAIAS TEKLIA BERHE	男	法学院	硕士	国际法学

续表

国籍	姓名	性别	学院	类别	专业
菲律宾	MANILYN DE VERA PUA	女	法学院	硕士	国际法学
匈牙利	PATRIK MARUZS	男	法学院	硕士	国际法学
印度尼西亚	STANLEY ROGER SALIM	男	法学院	硕士	法律硕士(非法学)
印度尼西亚	ALMAS SIDDA BAHIYA	女	法学院	硕士	财税法学
美国	JOSEPH LEONARD SMITH	男	法学院	硕士	国际法学
泰国	ATIPAT CHAISORN	男	法学院	硕士	国际法学
尼日利亚	CHIMNOMSO ELSIE IHEDIOHA	女	法学院	硕士	国际法学
巴基斯坦	FARID ULLAH KHAN	男	法学院	硕士	国际法学
厄立特里亚	ISAIAS TEKLIA BERHE	男	法学院	硕士	国际法学
菲律宾	MANILYN DE VERA PUA	女	法学院	硕士	国际法学
匈牙利	PATRIK MARUZS	男	法学院	硕士	国际法学
加纳	VICTORIA ACKON	女	法学院	硕士	国际法学
菲律宾	NATHALIE KATE GALINDO BALGOA	女	法学院	硕士	国际法学
美国	RACHEL MARIE ROMMESWINKEL	女	法学院	硕士	国际法学
孟加拉国	CHOWDHURY KEYA	女	法学院	硕士	国际法学
菲律宾	MARIA ELISA CELIS DELA CHICA	女	法学院	硕士	国际法学
孟加拉国	SHAMIMA ISLAM	女	法学院	硕士	国际法学
俄罗斯联邦	ADA BANNOVA	女	海外教育学院	硕士	汉语国际教育
印度尼西亚	DEVINA ANDREAS	女	海外教育学院	硕士	汉语国际教育
韩国	JUN HYEJIN	女	海外教育学院	硕士	汉语国际教育
泰国	PHASINEE PHANAKITKUL	女	海外教育学院	硕士	汉语国际教育
俄罗斯联邦	GRITSENKO DAVID	男	海外教育学院	硕士	汉语国际教育
尼日利亚	MIRACLE NGOBILI	男	海外教育学院	硕士	汉语国际教育
俄罗斯联邦	ADA BANNOVA	女	海外教育学院	硕士	汉语国际教育
印度尼西亚	DEVINA ANDREAS	女	海外教育学院	硕士	汉语国际教育
韩国	JUN HYEJIN	女	海外教育学院	硕士	汉语国际教育
印度尼西亚	FRANKY SALIM	男	海外教育学院	硕士	汉语国际教育
尼日利亚	EKECHUKWU STEPHEN PAULINUS	男	海外教育学院	硕士	汉语国际教育
韩国	PARK HEE EUN	女	海外教育学院	硕士	汉语国际教育
美国	REGINE ERIKA LIM CALAQUIAN	女	海外教育学院	硕士	汉语国际教育

续表

国籍	姓名	性别	学院	类别	专业
印度尼西亚	FELIX	男	海外教育学院	硕士	汉语国际教育
阿塞拜疆	ELKHAN MAHMUD	男	财务管理与会计研究院	硕士	财务学
蒙古	TSOGTBAYAR URANTUGS	女	财务管理与会计研究院	硕士	财务学
印度尼西亚	WILLIAM CHANDRA WIBISONO	男	财务管理与会计研究院	硕士	财务学
尼日利亚	ALIYU IDRIS SAID	男	财务管理与会计研究院	硕士	会计学
加纳	CHRISTABEL NANA SERWAA BIMPONG	女	财务管理与会计研究院	硕士	会计学
埃及	EMAD MOHAMED ABDELAZIZ AHMED NOURELDEEN	男	财务管理与会计研究院	硕士	会计学
加纳	ERIC NYARKO	男	财务管理与会计研究院	硕士	会计学
埃及	MOHAMMED ESMAIL ABDELRAHIM OQILY	男	财务管理与会计研究院	硕士	会计学
加纳	RICHARD YEBOAH	男	财务管理与会计研究院	硕士	会计学
孟加拉国	TUSHER GHOSH	男	财务管理与会计研究院	硕士	会计学
摩洛哥	IMANE EL ARGOUBI	女	财务管理与会计研究院	硕士	财务学
菲律宾	WINDEE BOLO MORTA	女	财务管理与会计研究院	硕士	财务学
索马里	AMAR ABDULLAHI IBRAHIM	男	化学化工学院	硕士	化学工程
巴基斯坦	MUHAMMAD JUNAID ASLAM	男	化学化工学院	硕士	化学工程
卢旺达	VEDASTE UWIHOREYE	男	化学化工学院	硕士	化学工程
肯尼亚	WARSAME IBRAHIM MOHAMED	男	化学化工学院	硕士	化学工程
马来西亚	TAN LI HONG	女	人文学院	硕士	考古学
印度尼西亚	RUDY	男	人文学院	硕士	语言学及应用语言学
印度尼西亚	WILLIAM	男	人文学院	硕士	语言学及应用语言学
塞尔维亚	JOVANOVIC NEMANJA	男	人文学院	硕士	中国古代文学
巴巴多斯	JEVON CHRISTOPHER HERCULES	男	王亚南经济研究院	硕士	金融工程
印度尼西亚	JILLIAN AGUSTIN	女	王亚南经济研究院	硕士	管理经济学
马来西亚	LOW CHENG HUI	男	王亚南经济研究院	硕士	数量经济学
马来西亚	KOH XIN QIAN	女	王亚南经济研究院	硕士	管理经济学
阿塞拜疆	ROZA SAFIKHANLI	女	南洋研究院	硕士	国际关系
泰国	SARUDA JITPUKDEERAT	女	南洋研究院	硕士	国际关系

续表

国籍	姓名	性别	学院	类别	专业
新西兰	ALEXANDER IAN FRANCIS-DITTMER	男	南洋研究院	硕士	国际关系
巴基斯坦	ALI WAHAJ	男	信息学院	硕士	计算机技术
巴基斯坦	ABID HUSSAIN	男	信息学院	硕士	计算机技术
印度尼西亚	VINCENT CHANDRA	男	信息学院	硕士	计算机技术
韩国	SEO SEONHEE	女	公共事务学院	硕士	国际政治
马来西亚	YEU CHOI KENG	女	公共事务学院	硕士	中外政治制度
越南	NGO THUY HAO	女	环境与生态学院	硕士	海洋事务
尼日利亚	NWABUISI SIMON ONYEKACHI	男	海洋与海岸带发展研究院	硕士	海洋事务
白俄罗斯	MIKALAI FASEVICH	男	建筑与土木工程学院	硕士	城市与区域规划
加拿大	WILSON WEIXIN LIN	男	管理学院	硕士	工商管理
英国	MARY OMOKOWA AKOWE	女	经济学院	硕士	统计学
斯洛文尼亚	SEBASTJAN JEMEC	男	社会与人类学院	硕士	人类学
澳大利亚	EVELYN ERIN BARCLAY	女	外文学院	硕士	英语笔译
美国	SHIH SHING CHIEN	女	人文学院	博士	中国哲学
越南	PHAM THI DIEU HA	女	人文学院	博士	宗教学
新加坡	WONG SOW KUEN	女	人文学院	博士	汉语言文字学
埃及	NADA KAMAL HAMED AHMED MOGHITH	女	人文学院	博士	汉语言文字学
哈萨克斯坦	MUKHAMEDSADYKOVA ASSEL	女	人文学院	博士	语言学及应用语言学
意大利	ELISA MARINELLI	女	人文学院	博士	中国古代文学
卢旺达	BUGINGO EMMANUEL	男	信息学院	博士	计算机科学与技术
巴基斯坦	SHERAZ ANWAR	男	信息学院	博士	通信与信息系统
也门	ZEYAD ABDULAZIZ HAZAEA QASEM	男	信息学院	博士	通信与信息系统
伊朗	YASER AHANGARI NANEHKARAN	男	信息学院	博士	计算机科学与技术
巴基斯坦	ANWAR UL HAQ	男	信息学院	博士	计算机科学与技术
巴基斯坦	KAMBAR FAROOQ	男	财务管理与会计研究院	博士	财务学
巴基斯坦	WASEEM AHMAD KHAN	男	财务管理与会计研究院	博士	会计学
澳大利亚	KEFU CHEN	男	管理学院	博士	技术经济及管理
巴基斯坦	MUHAMMAD YOUSAF RAZA	男	管理学院	博士	技术经济及管理

续表

国籍	姓名	性别	学院	类别	专业
苏丹	OSAMA SHARHUBIL SAAD SHIBETA	男	海洋与地球学院	博士	海洋生物学
印度尼西亚	SALVIENTY MAKARIM	女	海洋与地球学院	博士	物理海洋学
印度尼西亚	FAISAL HAMZAH	男	海洋与地球学院	博士	海洋化学
印度尼西亚	LUSITA MEILANA	女	海洋与海岸带发展研究院	博士	海洋事务
马来西亚	LAM CHOONG WAH	男	南洋研究院	博士	国际关系
孟加拉国	MOHAMMAD MARUF HASAN	男	南洋研究院	博士	世界经济
尼日利亚	DAVID IHEKE OKORIE	男	王亚南经济研究院	博士	金融学
巴基斯坦	SHAHZAD MUNIR	男	王亚南经济研究院	博士	数量经济学
马来西亚	JULIA TAN YIN YIN	女	新闻传播学院	博士	广告学
尼日利亚	ANUNNE UCHENNA KINGSLEY	男	新闻传播学院	博士	新闻学
韩国	SONG EUNYEONG	女	化学化工学院	博士	化学生物学
埃及	AHMED MOHAMED AHMED ANWER MOHAMED ELSHEHAWEY	男	经济学院	博士	统计学
伊拉克	IBRAHEEM AJEEL DAKHIL DAKHIL	男	外文学院	博士	英语语言文学
加纳	PERRY ACKON	男	法学院	博士	国际法学
巴基斯坦	FARHANA ALTAF QURESHI	女	教育研究院	博士	高等教育学

双学位毕业生名单

姓　名	主修专业	辅修专业
白　雪	生物技术	经济学
包世骄	电子信息工程	经济学
蔡　颖	汉语言文学	经济学
曾紫媛	飞行器设计与工程	经济学
柴　晶	新能源科学与工程	经济学
陈彩蓉	机械设计制造及其自动化	经济学
陈嘉祥	计算机科学与技术	经济学
陈坚伟	英语	经济学
陈明慧	管理科学	经济学

续表

姓　名	主修专业	辅修专业
陈诗涛	护理学	经济学
陈　舒	化学生物学	经济学
陈　曦	护理学	经济学
陈馨诺	行政管理	经济学
陈　旸	材料科学与工程	经济学
陈志伟	环境生态工程	经济学
崔诗若	行政管理	经济学
戴佳旖	政治学与行政学	经济学
戴夏香	生物技术	经济学

续表

姓　名	主修专业	辅修专业
樊志伟	自动化	经济学
甘娅銮	电气工程及其自动化	经济学
高小曼	新能源科学与工程	经济学
管　恬	医学检验技术	经济学
洪玮泽	法语	经济学
胡轩胜	预防医学	经济学
黄鸿威	会计学	经济学
黄坤琦	海洋技术	经济学
黄丽玉	行政管理	经济学
黄祥懿	电气工程及其自动化	经济学
黄鑫宸	电气工程及其自动化	经济学
黄　旭	化学工程与工艺	经济学
冀　昂	生态学	经济学
江佳钖	行政管理	经济学
赖丽琴	行政管理	经济学
李彩霞	汉语言文学	经济学
李琪暄	英语	经济学
李秋晨	环境生态工程	经济学
李天阳	哲学	经济学
李　婷	生物技术	经济学
李玮健	计算机科学与技术	经济学
李晓杰	环境科学	经济学
李奕聪	法语	经济学
李　勇	物理学	经济学
梁慧敏	统计学	经济学
梁洺源	海洋科学	经济学
梁　升	计算机科学与技术	经济学
廖光清	新能源科学与工程	经济学
廖婧媛	生物技术	经济学
林佳莉	新闻学	经济学
林清英	材料科学与工程	经济学
林若与	材料科学与工程	经济学
林森铭	化学工程与工艺	经济学

续表

姓　名	主修专业	辅修专业
林伟焜	电气工程及其自动化	经济学
刘家赫	物理学	经济学
刘宁霞	行政管理	经济学
刘娅萍	社会学	经济学
刘豫青	生物技术	经济学
刘泽涵	电气工程及其自动化	经济学
马文菁	西班牙语	经济学
马雪晨	广告学	经济学
彭强威	信息与计算科学	经济学
普杨洋	化学工程与工艺	经济学
钱彦蓉	外交学	经济学
邱华斌	物理学	经济学
沈嘉祺	生物技术	经济学
石有为	国际政治	经济学
孙华清	材料科学与工程	经济学
孙　凯	外交学	经济学
孙沛哲	海洋科学	经济学
孙雅晨	海洋科学	经济学
汤　涵	环境生态工程	经济学
汪　旸	法语	经济学
王恒阳	护理学	经济学
王　泓	工商管理	经济学
王仕栋	新能源科学与工程	经济学
王天轶	材料科学与工程	经济学
王文浩	新能源科学与工程	经济学
王希昊	化学工程与工艺	经济学
吴煜双	行政管理	经济学
伍绍嘉	海洋科学	经济学
伍舒颖	化学工程与工艺	经济学
徐　驰	会计学	经济学
许嘉莹	测控技术与仪器	经济学
许新雨	数字媒体技术	经济学
许云薇	环境科学	经济学

续表

姓　名	主修专业	辅修专业
杨超凡	电气工程及其自动化	经济学
杨佳浩	化学	经济学
杨健斐	外交学	经济学
杨　静	法学	经济学
杨伟荣	生物科学	经济学
姚昭盈	环境科学	经济学
叶小杰	行政管理	经济学
叶镇崴	物理学	经济学
游克松	新能源科学与工程	经济学
余　意	会计学	经济学
俞锦祺	自动化	经济学
禹曦平	自动化	经济学
喻丹琳	人力资源管理	经济学
袁彩霞	药学	经济学
张昌楠	材料科学与工程	经济学
张　森	药学	经济学
张　娜	社会学	经济学
张雄强	化学工程与工艺	经济学
张　越	工商管理	经济学
张泽惠	法学	经济学
周　兴	软件工程	经济学
周至煜	生物科学	经济学
邹昊天	海洋科学	经济学
邹伊洁	药学	经济学
巴音乌丽吉	行政管理	法学
蔡晨希	金融学	法学
曾文婷	数字媒体技术	法学
陈　婕	行政管理	法学
陈　婷	海洋科学	法学
陈文琪	哲学	法学
陈彦辰	税收学	法学
陈宇森	生物工程	法学
陈雨燕	汉语言文学	法学

续表

姓　名	主修专业	辅修专业
程青怡	音乐表演	法学
代　岭	经济学	法学
单李慧	金融学	法学
高　玲	药学	法学
郭典典	新能源科学与工程	法学
何朕芳	行政管理	法学
洪里仁	汉语言文学	法学
洪洋亦	工程管理	法学
黄凯旋	金融学	法学
黄　澜	舞蹈表演	法学
黄　勇	环境生态工程	法学
纪博文	英语	法学
焦红平	经济统计学	法学
金浩泉	海洋科学	法学
金燕佳	生物技术	法学
居昊祺	哲学	法学
李翠琪	汉语言文学	法学
李飞娥	管理科学	法学
李锦翔	新能源科学与工程	法学
李康伟	汉语言文学	法学
李思琦	历史学	法学
李宛烨	护理学	法学
李秀茹	建筑学	法学
李　园	药学	法学
李　蕴	音乐学	法学
林美莲	会计学	法学
林中根	物理学	法学
刘海涛	行政管理	法学
刘　美	会计学	法学
刘其妮	会计学	法学
刘小茜	行政管理	法学
刘宇昂	金融学	法学
刘玉婷	会计学	法学

续表

姓　名	主修专业	辅修专业
卢钰峤	新闻学	法学
陆怡宸	会计学	法学
罗慧怡	税收学	法学
马艺轩	建筑学	法学
秦玉婷	国际经济与贸易	法学
冉晓容	财务管理	法学
任慧欣	法语	法学
任箫晗	金融学	法学
尚晓旭	生物科学	法学
石古誉	德语	法学
苏逸航	金融学	法学
苏滢涵	西班牙语	法学
涂晨昕	金融学	法学
汪詹薇	舞蹈表演	法学
王　琳	历史学	法学
王泽茵	行政管理	法学
王卓凡	金融学	法学
吴春春	历史学	法学
吴集全	人力资源管理	法学
旲　鹏	人力资源管理	法学
夏梦岩	会计学	法学
徐文轩	会计学	法学
许　佳	绘画	法学
闫欣彤	哲学	法学
杨思源	网络空间安全	法学
张柏勋	历史学	法学
张　帆	视觉传达设计	法学
张佳妮	会计学	法学
张一帆	西班牙语	法学
赵珈莹	预防医学	法学
赵恬静	金融学	法学
郑轶馨	行政管理	法学
周雷玥	舞蹈表演	法学

续表

姓　名	主修专业	辅修专业
周若茜	德语	法学
庄伊凡	汉语言文学	法学
庄雨丹	汉语言文学	法学
曾莉雯	海洋科学	金融学(数理)
陈圣涵	汉语言文学	金融学(数理)
陈晓岚	生物技术	金融学(数理)
陈雨涵	自动化	金融学(数理)
杜雨婷	药学	金融学(数理)
段　颖	护理学	金融学(数理)
封艳玲	西班牙语	金融学(数理)
盖昱霖	英语	金融学(数理)
高　兴	国际商务	金融学(数理)
葛璐煊	药学	金融学(数理)
郭光伟	护理学	金融学(数理)
郭艺嘉	护理学	金融学(数理)
韩宇宸	英语	金融学(数理)
何沛霖	自动化	金融学(数理)
何文清	英语	金融学(数理)
黄达熙	网络空间安全	金融学(数理)
黄昕仪	行政管理	金融学(数理)
黄仲谋	护理学	金融学(数理)
景琛倩	西班牙语	金融学(数理)
郎需利	药学	金融学(数理)
李浩然	生物技术	金融学(数理)
李嘉欣	新能源科学与工程	金融学(数理)
李京徽	电气工程及其自动化	金融学(数理)
李可非	机械设计制造及其自动化	金融学(数理)
李　晴	生物工程	金融学(数理)
李雯颖	工程管理	金融学(数理)
李啸哲	护理学	金融学(数理)
梁育铭	自动化	金融学(数理)
廖远鸿	环境科学	金融学(数理)
林俊毅	生物技术	金融学(数理)

续表

姓　名	主修专业	辅修专业
林　晟	环境科学	金融学(数理)
林宇航	机械设计制造及其自动化	金融学(数理)
刘锦堂	生物科学	金融学(数理)
刘　快	药学	金融学(数理)
刘青娜	药学	金融学(数理)
吕巧伶	海洋技术	金融学(数理)
马菀然	计算机科学与技术	金融学(数理)
马　卓	护理学	金融学(数理)
毛金竹	药学	金融学(数理)
聂天慧	飞行器设计与工程	金融学(数理)
牛泽臣	材料科学与工程	金融学(数理)
潘德明	传播学	金融学(数理)
潘　燊	材料科学与工程	金融学(数理)
钱心玥	生物技术	金融学(数理)
容　妍	化学	金融学(数理)
桑浩承	生物技术	金融学(数理)
尚小钰	城乡规划	金融学(数理)
苏惠蓉	广告学	金融学(数理)
苏慧锦	网络空间安全	金融学(数理)
孙　雯	法学	金融学(数理)
索紫矜	药学	金融学(数理)
田　雪	新能源科学与工程	金融学(数理)
王豪捷	新能源科学与工程	金融学(数理)
王　微	海洋科学	金融学(数理)
王艺珊	海洋科学	金融学(数理)
王裕森	药学	金融学(数理)
魏博阳	英语	金融学(数理)
文家兴	中医学	金融学(数理)
吴朝阳	环境科学	金融学(数理)
吴　烁	自动化	金融学(数理)
吴天齐	材料科学与工程	金融学(数理)
吴子倩	物理学	金融学(数理)
相嘉慧	自动化	金融学(数理)

续表

姓　名	主修专业	辅修专业
肖　尧	化学工程与工艺	金融学(数理)
徐梦歌	环境科学	金融学(数理)
许文钦	机械设计制造及其自动化	金融学(数理)
严欣恬	环境科学	金融学(数理)
颜　育	电气工程及其自动化	金融学(数理)
杨弘力	药学	金融学(数理)
杨永明	临床医学	金融学(数理)
叶冠辰	英语	金融学(数理)
易美娟	药学	金融学(数理)
余铭鑫	化学工程与工艺	金融学(数理)
余珊珊	预防医学	金融学(数理)
翟海林	化学工程与工艺	金融学(数理)
詹巧妍	测控技术与仪器	金融学(数理)
张董悠悠	自动化	金融学(数理)
张静妍	药学	金融学(数理)
张丽钦	行政管理	金融学(数理)
张美琪	海洋技术	金融学(数理)
张殊菱	海洋技术	金融学(数理)
张婷婷	会计学	金融学(数理)
张熹明	统计学	金融学(数理)
张　妍	化学工程与工艺	金融学(数理)
张永昕	统计学	金融学(数理)
张宇菁	生态学	金融学(数理)
张毓鹏	生物技术	金融学(数理)
张子睿	社会学	金融学(数理)
章蕴祺	数学与应用数学	金融学(数理)
郑家松	计算机科学与技术	金融学(数理)
钟　文	海洋科学	金融学(数理)
周振弘	生物科学	金融学(数理)
朱子璇	英语	金融学(数理)
庄逸燕	行政管理	金融学(数理)
曾　柔	金融学	统计学(数理)
韩业欣	会计学	统计学(数理)

续表

姓　名	主修专业	辅修专业
胡世嘉	自动化	统计学(数理)
黄馨莹	金融学	统计学(数理)
黄子睿	金融学	统计学(数理)
李焕姿	金融学	统计学(数理)
李俊达	金融工程	统计学(数理)
林俊睿	经济学	统计学(数理)
林思佳	会计学	统计学(数理)
刘玉研	化学工程与工艺	统计学(数理)
罗哲丞	经济学	统计学(数理)
吕雪萌	金融学	统计学(数理)
马沁悦	经济学	统计学(数理)
唐海铭	材料科学与工程	统计学(数理)
唐佳玮	金融学	统计学(数理)
田心怡	政治学与行政学	统计学(数理)
汪靖晴	会计学	统计学(数理)
王天亿	金融学	统计学(数理)
温庆铭	会计学	统计学(数理)
吴彦萱	会计学	统计学(数理)
于炳楠	环境生态工程	统计学(数理)
张晓雯	金融学	统计学(数理)
张雪晴	化学工程与工艺	统计学(数理)
张昀宇	法学	统计学(数理)
刘子鉴	日语	经济学(数理)
路昀睿	德语	经济学(数理)
罗梦洁	化学工程与工艺	经济学(数理)
潘雨轩	化学生物学	经济学(数理)
王浩羽	英语	经济学(数理)
王舒平	历史学	经济学(数理)
曹璐璐	智能科学与技术	会计学
曾佳怡	广告学	会计学
陈贞贞	法语	会计学
陈梓滢	汉语言文学	会计学
方金鹏	建筑学	会计学

续表

姓　名	主修专业	辅修专业
傅晓灵	法语	会计学
何颖峰	化学工程与工艺	会计学
胡　晨	汉语言文学	会计学
胡斯琦	建筑学	会计学
胡小莉	法学	会计学
姜诗奕	西班牙语	会计学
李鸿儒	物理学	会计学
林禛珺	统计学	会计学
刘嘉敏	广告学	会计学
马雨婷	材料科学与工程	会计学
欧阳辉勇	考古学	会计学
王馨祺	金融学	会计学
吴佳珍	材料科学与工程	会计学
余靖伊	电子信息科学与技术	会计学
张浩东	法学	会计学
张苗钰	生物工程	会计学
仲雪宁	电子信息工程	会计学
周胜琦	能源化学	会计学
朱逸航	金融工程	会计学
曾宇航	法学	财务管理
陈佳佳	电子信息工程	财务管理
陈凯凌	日语	财务管理
陈柔言	日语	财务管理
戴　彦	英语	财务管理
费雪迎	德语	财务管理
勾清淦	软件工程	财务管理
姜晨曦	英语	财务管理
李佳莉	汉语言文学	财务管理
李可欣	英语	财务管理
李欣茹	金融工程	财务管理
荔云飞	国际经济与贸易	财务管理
林晓培	汉语言文学	财务管理
鲁亦敏	英语	财务管理

续表

姓　名	主修专业	辅修专业
马桢祺	汉语言文学	财务管理
茅浩然	金融学	财务管理
谭斯予	法学	财务管理
唐恬悦	英语	财务管理
王锦钰	英语	财务管理
王思静	英语	财务管理
王玉琪	法语	财务管理
吴佳敏	外交学	财务管理
杨启明	汉语言	财务管理
杨少卿	法学	财务管理
姚雅靖	法学	财务管理
张艳芳	英语	财务管理
张一苇	英语	财务管理
郑羽昕	日语	财务管理
朱光杰	建筑学	财务管理
黄慧宇	国际经济与贸易	汉语言文学
李钰成	化学生物学	汉语言文学
连佳琳	国际政治	汉语言文学
俞心悦	政治学与行政学	汉语言文学
林俊杰	人类学	汉语言
黄岚泠	金融学	历史学
袁　畅	法学	历史学
陈泽楠	绘画	哲学
程　成	法学	哲学
李昊翔	汉语言文学	哲学
王紫珞	外交学	哲学
朱哲钰	法学	哲学
樊　宸	法学	戏剧影视文学
刘书颖	传播学	戏剧影视文学
梁　健	中医学	人类学
郭　骞	会计学	法学(知识产权法)
杨心怡	汉语言文学	法学(知识产权法)
张正义	材料科学与工程	法学(知识产权法)

续表

姓　名	主修专业	辅修专业
陈慧洁	海洋科学	广告学
陈　妍	海洋科学	广告学
陈　扬	戏剧影视文学	广告学
陈怡然	视觉传达设计	广告学
陈宇涵	会计学	广告学
洪德鑫	会计学	广告学
黄澄伟	药学	广告学
黄子诺	化学工程与工艺	广告学
惠雯佳	化学工程与工艺	广告学
李志滨	会计学	广告学
林欣如	数字媒体艺术	广告学
刘正晗	化学工程与工艺	广告学
宁一诺	化学	广告学
申思嘉	中医学	广告学
孙　畅	预防医学	广告学
孙煜泓	音乐学	广告学
唐　佳	药学	广告学
唐小璐	音乐学	广告学
王亚婕	建筑学	广告学
王　拙	哲学	广告学
翁远祺	环境设计	广告学
徐佳韵	音乐表演	广告学
杨梓梅	预防医学	广告学
叶子玥	材料科学与工程	广告学
余　果	药学	广告学
臧思佳	建筑学	广告学
张　煜	金融学	广告学
张援宇	金融学	广告学
邹翘楚	金融学	广告学

·2021 年大事记·

1 月

1 月 7 日　厦门大学党委第十一届委员会第 20 次全体（扩大）会议在颂恩楼 215 会议室召开，大会听取学校党委常委会工作报告，讨论学校 2020 年工作总结。学校党委书记张彦主持会议。

1 月 7 日　厦门大学 2021 年毕业生就业创业工作会议在科学艺术中心召开。会议总结交流学校 2020 年就业创业工作经验方法，研究部署 2021 年重点难点工作。校长张荣出席并做总结讲话。

1 月 8 日　厦门大学第二十三次工会会员代表大会在科学艺术中心召开。大会听取、审议学校第二十二届工会委员会工作报告和经费审查委员会报告，表彰工会先进集体和个人，选举产生新一届校工会委员会和经费审查委员会。学校党委书记张彦、校长张荣参加会议。

1 月 12 日　厦门大学党委在颂恩楼 1603 会议室召开 2020 年度校级领导班子民主生活会。中央组织部督导组、福建省委组织部和省委教育工委有关同志到会指导。学校党委书记张彦主持会议，校长张荣参加会议。

1 月 14 日　厦门大学 2020 年度基层党委（党总支）书记抓基层党建工作述职评议会在科学艺术中心举行。基层党委（党总支）书记现场述职汇报，校领导点评，与会人员评议。学校党委书记张彦讲话，校长张荣出席。

1 月 18 日　中国科学技术协会（简称中国科协）在北京召开 2020“科创中国”年度工作会议，会上举行第二十三届中国科协求是杰出青年成果转化奖颁奖仪式。厦门大学生命科学学院、公共卫生学院李少伟教授获奖。

1 月 25—27 日　厦门大学在人文社科艺术高等研究院集中召开系列研讨会，就学校“十四五”规划、新一轮“双一流”建设方案、百年校庆筹备工作等展开研讨。会议期间，与会人员参观日本帝国主义厦门领事馆警察署地下监狱，开展“四史”学习教育。相关领导与鼓浪屿党工委、管委会召开座谈会。学校党委书记张彦、校长张荣出席并讲话。

2 月

2 月 5 日　厦门大学 2021 年新春茶话会以线上线下相结合的方式在科学艺术中心举行，师生、校友通过网络辞旧迎新、共叙情谊、畅谈发展。“春暖百年，传承民俗”民俗体验游园活动与茶话会在嘉庚广场同期举行。学校党委书记张彦主持会议，校长张荣致辞。

2 月 19 日　福建省委常委、厦门市委书记赵龙来校调研。赵龙参观了校史馆、革命史展览馆、科技成果展览馆以及“百年校地情缘展览”，深入了解学校办学历史与文化传统，认真听取学校相关学科和项目、平台负责人介绍，深入考察学校科技进步以及服务国家和地方经济社会发展情况，并参加调研座谈。学校党委书记张彦、校长张荣介绍学校发展情况。

2 月 26 日　厦门大学党委在颂恩楼 215 会议室召开第十一届委员会第 21 次全体会议，讨论审议学校 2021 年工作计划要点。学校党委书记张彦主持会议。

3 月

3 月 2 日　厦门大学在科学艺术中心召开百年校庆筹备工作动员大会，对各项筹备工作进行再部署、再动员。学校党委书记张彦讲话，校长张荣主持大会。

3 月 2 日　厦门大学在科学艺术中心召开 2021 年工作布置会。学校党委书记张彦、校长张荣分别就党建和思政、行政工作进行总体部署。

3 月 5 日　厦门大学纪念“三八”国际妇女节 111 周年座谈会暨《厦大巾帼好故事》发行仪式在颂恩楼 215 会议室举行。学校党委书记张彦参加座谈会。

3 月 6 日　福建省委常委周联清代表省委省政府来校，看望“全国三八红旗手”法学院蒋月教授，“福建省三八红旗集体”化学国家级实验教学示范中心（厦门大学）和“全国巾帼文明岗”图书馆的女教职工代表，参观“为吾国放一异彩”——厦门大学与伟大祖国主题展览。学校党委书记张彦出席。

3 月 7 日　厦门大学百年校庆新闻发布会在科学艺术中心举行。会议发布了厦门大学 100 周年校庆公告（第三号），首发厦门大学 100 周年校庆倒计时 30 天纪念封，发布《厦门大学建校一百周年》纪念邮票图稿及主题邮品。

3 月 7 日　厦门大学百年校史展开展仪式在群贤楼前举行。学校党委书记张彦宣布开展。老领导王豪杰、朱崇实，厦门大唐房地产副董事长、陈章辉福信慈善基金会理事长唐国钟出席。

3 月 7 日　厦门大学翔安校区建设发展十年回顾与展望活动在翔安校区国际学术交流中心举行。学校党委书记张彦，厦门市副市长张志红出席。

3 月 10 日　中共厦门大学委员会 2021 年第二次中心组学习会在颂恩楼 215 会议室召开，围绕“弘扬嘉庚精神，奋进一流征程”主题集中学习。学校党委书记张彦主持会议。

3 月 15 日　厦门大学党委中心组（扩大）学习会在科学

艺术中心召开。会议传达学习习近平总书记重要讲话精神和全国“两会”精神。全国人大代表、校长张荣，全国人大代表、经济学院教授潘越，全国政协常委、中国科学院院士、化学化工学院教授郑兰荪应邀做专题报告。

3月15日　厦门大学党史学习教育动员大会在科学艺术中心召开，深入学习贯彻习近平总书记重要讲话精神，按照中央要求，紧密结合学校改革发展实际，对学校开展党史学习教育进行动员部署。学校党委书记张彦做动员讲话，校长张荣主持大会。

3月18日　厦门市与厦门大学市校合作联席会议在科学艺术中心召开。会议围绕深化厦门市与厦门大学合作，筹备百年校庆，加快厦门大学“双一流”建设步伐，更好地服务厦门市高质量发展和“两高两化”建设座谈交流。福建省委常委、厦门市委书记赵龙，学校党委书记张彦出席，校长张荣主持会议。

3月18日　“生物制品科学与技术福建省创新实验室”建设建议书可行性论证会在厦门国际会议中心酒店召开。中国科学院院士、清华大学饶子和教授，中国工程院院士、南京医科大学校长沈洪兵教授，重庆医科大学校长黄爱龙教授，中山大学医学院院长郭德银教授，复旦大学附属华山医院张文宏教授，鹏城实验室周辉研究员，北京中昌工程咨询有限公司杨家桂一级造价工程师，中国科学院城市环境研究所王玉环高级会计师等8位论证专家应邀出席。校长张荣，中国科学院院士田中群、韩家淮，福建省科学技术厅二级巡视员张秀谋，厦门市政府副秘书长周桂良参加会议。

3月19—20日　厦门大学第七届教职工代表大会第八次会议在科学艺术中心召开。会议听取讨论学校2020年工作总结和2021年工作计划要点，2020年预算执行、财务决算和2021年预算情况，厦门大学“十四五”规划和2035年远景目标纲要说明，审议通过《厦门大学教职工代表大会实施细则》。学校党委书记张彦讲话，校长张荣做2020年工作总结报告和2021年工作计划要点说明。

3月21日　福建省委书记尹力、省长王宁来校调研。尹力、王宁调研了生物医学仪器共享平台、厦门大学国家传染病诊断试剂与疫苗工程技术研究中心、厦门大学近海海洋环境科学国家重点实验室、台湾研究院，并与焦念志、夏宁邵、周大旺、史大林、刘国深、李鹏等专家学者座谈交流。福建省委常委、厦门市委书记赵龙，省委常委、秘书长郑新聪，学校党委书记张彦、校长张荣出席。

3月22日　厦门大学文科资深教授葛家澍百年诞辰系列纪念活动暨《葛家澍文集》《葛家澍教授学术思想研究》《澍雨杏风》等系列图书首发式在科学艺术中心举行。

3月23日　厦门大学党史学习教育工作推进会在科学艺术中心召开。教育部党史学习教育高校第九指导组组长路钢讲话，学校党史学习教育领导小组组长、党委书记张彦做表态发言。校长张荣主持会议。

3月26日　厦门大学与兴业证券公司在颂恩楼215会议室签署战略合作协议。校长张荣，兴业证券党委书记、董事长杨华辉出席并致辞。

3月27日　厦门大学建校100周年金银纪念币发行仪式在科学艺术中心举行。中国人民银行厦门市中心支行行长王彦青，中国金币总公司党委书记、董事长牟善刚，中国金币总公司党委委员、董事姚元军，校长张荣出席。

3月28日　厦门大学党委在颂恩楼215会议室召开常委（扩大）会议，传达学习习近平总书记在福建考察调研时的重要讲话精神，贯彻落实福建省委常委（扩大）会议和全省领导干部大会有关工作部署。学校党委书记张彦主持并讲话。

4月

4月2日　厦门大学在颂恩楼1603会议室召开学校党委常委（扩大）会暨“双一流”建设领导小组会，传达学习《“双一流”建设成效评价办法（试行）》精神，研究部署深入推进“双一流”建设。学校党委书记张彦主持会议，校长张荣讲话。

4月3日　厦门大学法学院扩建工程（法学图书馆）土地移交及开工活动举行。学校党委书记张彦，老领导王豪杰、朱崇实，厦门市副市长孟芊，思明区委书记廖华生出席。

4月4日　厦门大学组织师生前往集美鳌园向陈嘉庚墓敬献花篮，深切缅怀陈嘉庚先生。学校党委书记张彦致辞，校长张荣主持仪式。仪式结束后，校领导班子成员前往厦门大学开办故地集美大学即温楼参观学习。

4月4—7日　厦门大学举行人文社会科学国际论坛。论坛以“人类命运共同体中的人文社会科学”为主题，下设12个分论坛。4月6日，论坛开幕式在科学艺术中心举行。校长张荣致辞，全国人大常委会委员、社会建设委员会副主任委员，中国社会科学院学部委员、社会政法学部主任李培林，中山大学党委书记、校友陈春声，北京大学讲席教授、北京大学中国政治学研究中心主任、城市治理研究院院长、校友俞可平，诺贝尔文学奖获得者法国作家勒·克莱齐奥以线上、线下方式出席。李培林、俞可平、勒·克莱齐奥分别做题为《中国走向现代化的世界影响》《全球文明与全球治理》《人文主义与大学》的主旨演讲。

4月5日　厦门大学与福建省九市一区校地战略合作2021年工作会议在翔安校区举行，会议以“扎根福建·再创辉煌”为主题，围绕新形势下进一步创新校地、校企、校校合作模式和对接机制，深化合作内涵、促进产教融合等共商校地合作新思路、新经验。福建省省长王宁、副省长李德金，学校党委书记张彦以及各地市领导出席。

4月5日　“重走嘉庚路　致敬新时代”主题展览在科学艺术中心揭幕，铭记陈嘉庚先生倾资办学、报效国家的伟大精神，感谢广大校友和各界朋友热心公益、慷慨捐资的无私善举。陈嘉庚先生长孙陈立人，学校党委书记张彦等共同揭幕。

4月5日　“中外大学校长论坛”以线上线下相结合的方式在科学艺术中心举行。来自全球21个国家及地区近50所高校校长或校长代表参会，共话友情，共谋发展。校长张荣致辞，福建省副省长李德金，中国科学院院士、南京大学校长吕建，山东大学校长樊丽明，中国科学院院士、兰州大学校长严纯华，澳门大学校长宋永华，中国科学院院士、上海交通大学常务副校长丁奎岭，中国科学院院士、西北工业大学校务委员会副主任、校学术委员会主任黄维，中国石油大学校长吴小林，中国科学院院士、厦门大学近海海洋环境科学国家重点实验室主任戴民汉在主会场参加论坛。

4月6日 中共中央总书记、国家主席、中央军委主席习近平致信祝贺厦门大学建校100周年，向全体师生员工和海内外校友致以热烈的祝贺和诚挚的问候。

4月6日 庆祝厦门大学建校100周年大会在建南大会堂隆重举行。中共中央政治局委员、国务院副总理孙春兰向厦门大学建校100周年表示祝贺，就学习贯彻习近平总书记贺信精神作出批示。教育部党组书记、部长陈宝生宣读了习近平总书记致厦门大学建校100周年的贺信并致辞。校长张荣做题为《建世界之大学　为吾国放异彩》的致辞。北京大学校长郝平、纽约大学校长安德鲁·汉密尔顿、香港大学校长张翔视频致辞。陈嘉庚后裔代表陈立人致辞。原国务委员、第十一届全国人大常委会副委员长陈至立为厦门大学南强杰出贡献奖章获得者颁奖。校友代表、清华大学文科资深教授谢维和发言，教师代表、中国科学院院士、厦门大学化学化工学院孙世刚发言，诺贝尔生理学或医学奖获得者、厦门大学名誉教授、博伊特勒书院院长布鲁斯·博伊特勒视频发言，学生代表、厦门大学管理学院2019级本科生彭派发言。福建省委书记、省人大常委会主任尹力，福建省委副书记、省长王宁，福建省政协主席崔玉英，第十三届全国人大外事委员会副主任委员刘赐贵，中国社会科学院原常务副院长、厦门大学原党委书记王洛林，台盟中央常务副主席、第十三届全国人大常务委员会委员李钺锋，福建省委常委周联清，福建省委常委、厦门市委书记赵龙，福建省委常委、福州市委书记林宝金出席。会上举行《教育部、福建省人民政府、厦门市人民政府继续重点共建厦门大学协议书》签约仪式。学校党委书记张彦主持大会。

4月6日 厦门大学党委理论学习中心组在颂恩楼215会议室召开会议，深入学习习近平总书记致厦门大学建校100周年贺信精神。学校党委书记张彦主持会议。

4月6日 厦门大学海韵教学园区二期工程(德旺商学院、电影学院、综合文体中心)开工活动举行。校长张荣，厦门市人大常委会原主任洪永世，厦门市委常委、宣传部部长李辉跃，厦门市人民政府副市长孟芊，福耀玻璃工业集团股份有限公司副董事长、第十三届全国政协委员、中国民主建国会中央委员曹晖及其夫人河仁慈善基金会副理事长武双，福耀玻璃工业集团股份有限公司宣传部部长刘堃，河仁慈善基金会监事长陈石，马来西亚IOI产业集团中国区总裁、厦门公司总经理郑文良，马来西亚IOI产业集团中国区副总裁陈庆宏出席。

4月6日 中国工程院院士、“共和国勋章”获得者钟南山教授受聘厦门大学杰出访问教授，并应邀在建南大会堂举行南强学术讲座。学校党委书记张彦为钟南山颁发聘书及南强学术讲座纪念牌。

4月7日 厦门大学百年校庆全球校友招商大会在厦门国际会展中心举行。福建省委常委、厦门市委书记赵龙，学校党委书记张彦致辞。大会还举行了厦大校友投资招商项目签约仪式。

4月7日 厦门大学党委在颂恩楼1916会议室召开常委会会议，深入学习和集中研讨习近平总书记致厦门大学建校100周年贺信精神，研究厦门大学学习宣传贯彻落实习近平总书记贺信精神方案和有关工作。学校党委书记张彦主持会议。

4月7日 厦门大学在科学艺术中心举办第二次嘉庚论坛，论坛以“科技、教育、经济的融合创新”为主题。校长张荣，中国银行副行长、陈嘉庚科学奖基金会副理事长林景臻，中国科学院副院长、陈嘉庚科学奖基金会副理事长、论坛主席高鸿钧院士致辞。

4月11日 厦门大学在科学艺术中心召开学习贯彻习近平总书记致厦门大学建校100周年贺信精神大会，对全面深入学习宣传贯彻贺信精神，推进学校建设发展进行动员部署。学校党委书记张彦出席并讲话，校长张荣主持大会。

4月21日 厦门大学党委在颂恩楼215会议室召开常委会会议，传达学习习近平总书记在清华大学考察时的重要讲话精神。学校党委书记张彦主持会议。

4月27日 厦门大学100周年校庆总结大会在科学艺术中心召开。大会回顾百年校庆筹备历程，总结经验，表彰先进，激励全校师生员工为加快中国特色世界一流大学建设，实现新百年发展目标不懈奋斗。学校党委书记张彦讲话，校长张荣做总结报告。

4月29日 厦门大学党委中心组学习会在颂恩楼215会议室召开，传达学习习近平总书记在清华大学考察时重要讲话精神。

4月29日 厦门大学校级领导班子党史学习教育第一次专题学习研讨会在颂恩楼215会议室召开，围绕“新民主主义革命时期历史”主题进行学习交流。学校党委书记张彦主持会议。

5月

5月8日 中央第五巡视组巡视厦门大学党委工作动员会在科学艺术中心召开。会前，中央第五巡视组组长杨正超主持召开与学校主要领导见面沟通会，传达了习近平总书记关于巡视工作的重要指示精神，通报了有关工作安排。会上，杨正超做动员讲话，对做好巡视工作提出要求。学校党委书记张彦主持会议并讲话。

5月14日 厦门大学校级领导班子党史学习教育第二次专题学习研讨会在颂恩楼1603会议室召开，围绕“社会主义革命和建设时期历史”主题进行学习交流。

5月17日 教育部在北京举行全国高校毕业生就业创业指导委员会(简称就指委)成立大会暨2021届高校毕业生就业促进周启动仪式。学校党委书记张彦应邀出席并受聘为就指委副主任委员、商贸服务与生活消费行业就指委主任委员。

5月18日 厦门大学在科学艺术中心召开“厉行节约勤俭办学”专题会议。学校党委书记张彦讲话，校长张荣做工作部署。

5月20日 全国政协副主席汪永清率调研组赴福建调

研，加强快递员外卖配送员权益保障，促进行业健康发展，在厦期间来校参访座谈。学校党委书记张彦、校长张荣出席。

5 月 20 日　校长张荣在漳州校区开展党史学习教育联学导学，与嘉庚学院党委理论学习中心组（扩大）成员共同学习社会主义革命和建设时期历史。

5 月 21 日　厦门大学校级领导班子党史学习教育第三次专题学习研讨会在颂恩楼 1603 会议室召开，围绕"改革开放新时期历史"主题进行学习交流。

5 月 24 日　学习贯彻习近平总书记重要贺信精神暨国家高端智库建设工作座谈会在颂恩楼 215 会议室召开。学校党委书记张彦出席并讲话。会上举行厦门大学台湾研究院国家高端智库（培育）理事长聘任仪式，全国台湾研究会会长、全国台联原会长汪毅夫受聘为智库理事长。

5 月 31 日　厦门大学在颂恩楼 220 会议室召开学科建设工作推进会。校长张荣出席。

5 月 31 日　厦门大学在颂恩楼 220 会议室召开新冠疫苗接种工作推进会。校长张荣出席。

6 月

6 月 7 日　厦门大学党委在颂恩楼 215 会议室举行中心组学习会，传达学习习近平总书记在中国科学院第二十次院士大会、中国工程院第十五次院士大会、中国科协第十次全国代表大会上的重要讲话精神。学校党委书记张彦出席并讲话，校长张荣主持会议。

6 月 10 日　厦门大学计国君教授及其团队组建的课程思政教学研究中心获批全国"课程思政教学研究示范中心"，经济学院朱孟楠教授及其团队组织的"国际金融学"和海洋与地球学院蔡明刚教授及其团队组织的"海洋环境化学"获得课程思政示范课程、课程思政教学名师和教学团队荣誉称号。

6 月 11 日　厦门大学与航天东方红有限公司共同研制的海丝二号卫星，搭载长征 2 号丁运载火箭在太原卫星发射中心发射升空。这是国内高校首颗高分辨多光谱水色小卫星。

6 月 17 日　厦门大学在囊萤楼召开庆祝中国共产党成立 100 周年暨纪念福建省第一个党组织中共厦门大学支部建立 95 周年座谈会，追寻百年党史，缅怀革命先辈，深入推进党史学习教育，激励全校各级党组织和广大师生党员牢记初心使命，奋进一流征程。学校党委书记张彦出席并讲话。

6 月 18 日　厦门大学校级领导班子党史学习教育第四次专题学习研讨会在颂恩楼 1603 会议室召开，围绕"党的十八大以来的历史"主题进行学习交流。学校党委书记张彦做重点发言，校长张荣主持会议。

6 月 18—20 日　第 23 届中国大学生篮球联赛（CUBA）巅峰四强赛在苏州湾体育中心举行。厦门大学荣获第 23 届 CUBA 男子一级联赛全国季军，这是学校第二次荣获 CUBA 全国季军。

6 月 19 日　厦门大学 2021 年赴西部、基层、国家重要行业就业毕业生出征仪式在科学艺术中心举行。活动以"青春心向党　逐梦新征程"为主题，打造别样的党史学习教育大课。学校党委书记张彦出席。

6 月 26 日　厦门大学 2021 届毕业典礼暨学位授予仪式以线上线下相结合的方式举行。师生代表在建南大会堂现场观礼。学位授予仪式在思明校区和翔安校区分别举行。学校党委书记张彦、校长张荣出席。校长张荣以"致知无央　充爱无疆"为主题致辞。

6 月 27 日　学校党委书记张彦结合学习宣传贯彻党的教育方针，以《贯彻习近平总书记重要贺信精神，开创世界一流大学建设新局面》为题在科学艺术中心讲授专题党课。教育部党史学习教育高校第九指导组组长路钢一行到会指导。

6 月 28 日　"囊萤星火　扬才先锋"厦门大学与福建省校地联动党史学习教育主题活动以视频连线方式举办。福建省委常委、宣传部部长，省委党史学习教育领导小组副组长、办公室主任邢善萍，教育部党史学习教育高校第九指导组组长路钢出席并讲话。学校党委书记、党史学习教育领导小组组长张彦主持活动。

7 月

7 月 1 日　厦门大学党委在建南大会堂举行学习习近平总书记"七一"重要讲话精神动员暨"两优一先"表彰大会，重温光辉历史、砥砺初心使命，对党史学习教育进行再动员再部署，激励全校各级党组织和广大共产党员牢记嘱托、奋进一流，凝心聚力开启新百年新征程。2021 年，厦门大学共有 292 名老同志获得党中央首次颁发的"光荣在党 50 年"纪念章。学校党委书记张彦出席并讲话，校长张荣主持大会。

7 月 2 日　厦门大学党委在颂恩楼 1603 会议室召开常委会会议，认真学习和集中研讨习近平总书记在庆祝中国共产党成立 100 周年大会上的重要讲话精神，研究学校贯彻落实意见。学校党委书记张彦主持会议。

7 月 6 日　中共厦门大学第十一届委员会第二十二次全体会议在颂恩楼 215 会议室召开。会议听取和讨论常委会 2021 年上半年工作报告，审议通过《中共厦门大学委员会关于学习贯彻习近平总书记重要贺信精神，与时俱进建设世界一流大学的决定》。学校党委书记张彦主持会议并讲话。

7 月 7 日　中共中央政治局委员、国务院副总理孙春兰在福建调研医改工作期间，来校视察指导工作，前往厦门大学国家传染病诊断试剂与疫苗工程技术研究中心，深入了解新冠病毒疫苗和诊断试剂研发等情况。学校党委书记张彦、校长张荣出席。

7 月 7 日　厦门大学群贤大讲堂首场讲座在建南大会堂开讲。国家传染病医学中心主任、复旦大学附属华山医院感染科主任张文宏教授做题为《传染病与人类：年轻一代的挑战》的报告。学校党委书记张彦为张文宏颁发群贤大讲堂讲座纪念牌。

7 月 31 日　厦门大学党委在翔安校区召开中心组学习

会,专题学习习近平总书记"七一"重要讲话精神。学校党委书记张彦主持会议并讲话。

7月31日—8月1日　厦门大学2021年暑期研讨会在翔安校区召开。此次研讨会的主题是:深入学习贯彻习近平新时代中国特色社会主义思想,认真贯彻落实习近平总书记在庆祝中国共产党成立100周年大会上的重要讲话精神,以习近平总书记致厦门大学建校100周年贺信精神领航,立足新发展阶段,贯彻新发展理念,服务构建新发展格局,乘势而上,与时俱进建设世界一流大学,奋力开创厦门大学新百年新局面。学校党委书记张彦就学校党委《关于深入学习贯彻习近平总书记重要贺信精神,与时俱进建设世界一流大学的决定》进行说明,校长张荣做题为《立足新发展阶段　贯彻新发展理念　在服务新发展格局中谱写厦门大学高质量发展新篇章》的主题报告。

8月

8月3日　教育部社科司公示2021年度教育部人文社会科学研究一般项目评审结果,厦门大学获立35项,位列全国高校第一。其中,规划基金项目14个,青年基金项目21个,创历史最好成绩。

8月6日　厦门大学化学化工学院和物理科学与技术学院的双聘教授侯旭带领的团队受美国《科学》期刊邀请,以"Bioinspired Nanofluidic Iontronics"为题发表了Perspective文章,剖析新兴的仿生纳流离子学在未来人工智能、脑机接口技术中的巨大潜能。

8月6日　黑龙江省校合作推进会暨集中签约仪式以视频连线方式举行。厦门大学与黑龙江省委省政府签署战略合作框架协议。黑龙江省委副书记、省长胡昌升做主旨讲话。教育部发展规划司二级巡视员晁桂明致辞。学校党委书记张彦出席并讲话。

8月20日　厦门大学党委在颂恩楼1603会议室召开常委(扩大)会,传达学习第二十七次全国高校党的建设工作会议精神。学校党委书记张彦主持会议并传达讲话精神。

9月

9月2日　厦门大学党委在颂恩楼1916会议室召开常委会会议,传达学习习近平总书记在听取巡视综合情况汇报时的重要讲话精神和集中反馈会议精神,研究学校贯彻落实工作及成立巡视整改机构事宜。

9月3日　全国哲学社会科学工作办公室公布2021年国家社科基金年度项目立项名单,厦门大学获立68项,位列全国高校第一。

9月4日　中央第五巡视组在科学艺术中心召开巡视厦门大学党委情况反馈会议。组长杨正超分别向学校党委书记张彦和厦门大学党委领导班子反馈巡视情况。张彦主持会议并讲话。

9月6日　学校党委书记张彦在颂恩楼1916会议室主持召开党委常委会会议,按照中央第五巡视组关于厦门大学党委的反馈意见和工作要求,研究部署巡视整改工作。

9月7日　厦门大学在科学艺术中心召开2021年人才培养工作会议,交流研讨全面落实中央巡视整改要求,深入推进学校教育教学改革和人才培养工作。学校党委书记张彦、校长张荣出席并讲话。

9月10日　厦门大学在颂恩楼215会议室召开2021年教师节座谈会,座谈会以"赓续百年初心　担当育人使命"为主题。学校党委书记张彦、校长张荣出席并讲话。

9月13日　厦门大学2021级新生开学典礼在线上举行。学校党委书记张彦带领全体新生集体学习习近平总书记致厦门大学建校100周年贺信精神,校长张荣以《筑梦新百年　奋进新征程》为题发表讲话。教师代表、化学化工学院教授侯旭,校友代表、2001级企业管理系校友叶楠,在校生代表、信息学院2019级硕士研究生刘佳桐,新生代表、经济学院2021级本科生申博远发言。典礼结束后,学校党委书记张彦在科学艺术中心通过视频连线,做题为《奋进新时代　逐梦新百年　做担当民族复兴大任的时代新人》的专题报告,为研究生新生上思政课。

9月15日　厦门大学以线上线下相结合的方式在颂恩楼1603会议室召开全校疫情防控工作布置会,研判疫情防控工作面临的形势和挑战,部署阶段性防控工作。学校党委书记张彦出席并讲话,校长张荣主持会议。

9月15日　厦门大学党委以线上线下相结合的方式在颂恩楼1603会议室召开落实中央巡视反馈意见整改工作动员部署会,深入学习习近平总书记在听取中央第七轮巡视汇报时的重要讲话精神,认真传达中央巡视工作领导小组集中反馈会议工作要求,根据中央第五巡视组反馈意见部署学校巡视整改落实工作。学校党委书记张彦代表党委做动员讲话,校长张荣主持会议。

9月20日　厦门大学以线上线下相结合的方式在颂恩楼1603会议室召开新学期工作布置会。学校党委书记张彦、校长张荣分别总结上半年学校党建与思想政治工作和行政工作,并就下半年工作进行总体部署。

9月24日　厦门大学以线上线下相结合的方式召开校务委员会2021年第一次全体会议。校长张荣通报学校事业发展情况,介绍学校新一轮"双一流"建设基本思路。与会委员围绕会议内容,就学习贯彻重要贺信精神、科学编制学校"十四五"规划、稳步推进新一轮"双一流"建设、奋力夺取疫情防控与学校事业发展双胜利提出意见和建议。学校党委书记、校务委员会主任张彦主持会议。

9月25日　第三届厦门大学"一带一路"发展论坛在"云端"举办,论坛以"'一带一路'与东南亚"为主题。学校党委书记、一带一路研究院理事长张彦,国家发展和改革委员会国际合作中心主任黄勇,推进"一带一路"建设工作领导小组办公室四组组长应雄出席开幕式并致辞,一带一路研究院院长朱崇实主持开幕式。

9月30日　厦门大学组织开展"烈士纪念日"系列纪念活动。学校党委书记张彦出席。

10月

10月1日　厦门大学在嘉庚广场举行升国旗仪式,热烈庆祝中华人民共和国成立 72 周年。学校党委书记张彦讲话。

10 月 11 日 科技部公布国家野外科学观测研究站批准建设名单，厦门大学“福建台湾海峡海洋生态系统野外科学观测研究站”正式入选。

10 月 14 日 厦门大学和养生堂万泰生物旗下厦门万泰沧海生物技术有限公司联合研制的首个国产宫颈癌疫苗（馨可宁©，Cecolin ©）正式通过世界卫生组织 PQ 认证。这是中国第一支通过世界卫生组织 PQ 认证的宫颈癌疫苗，也是第一支发展中国家拥有完全自主知识产权并获得国际认可的宫颈癌疫苗。

10 月 21 日 细胞应激生物学国家重点实验室、细胞信号网络协同创新中心、厦门大学生命科学学院的周大旺和陈兰芬课题组合作在 *Cell* 杂志上发表了题为“Glycogen Accumulation and Phase Separation Drives Liver Tumor Initiation”的研究论文。

10 月 23—24 日 厦门大学以线上线下相结合的方式举行“陈嘉庚与厦大百年”学术论坛。

10 月 27 日 中共厦门大学第十一届委员会在颂恩楼 215 会议室召开第二十六次全体会议，审定并通过《厦门大学“十四五”规划和 2035 年远景目标纲要》。学校党委书记张彦主持会议。

10 月 28 日 最高人民法院党组书记、院长周强来校调研，围绕学习贯彻习近平法治思想、加强法治人才培养，与教师代表交流研讨。最高人民法院党组成员、副院长杨万明，福建省委常委、政法委书记罗东川，省高级人民法院党组书记、院长吴偕林，厦门市委常委、政法委书记李伟华，市中级人民法院党组书记、院长谢开红参加调研，校长张荣陪同调研。

10 月 28 日 第六届全国杰出专业技术人才表彰会在北京召开。会上，中央组织部、中央宣传部、人力资源社会保障部、科技部联合表彰了 93 名全国杰出专业技术人才和 97 个全国专业技术人才先进集体。厦门大学国家传染病诊断试剂与疫苗工程技术研究中心夏宁邵教授荣获“全国杰出专业技术人才”称号，这是学校首位获此殊荣的教师。

10 月 29 日 厦门大学美育与通识教育中心揭牌仪式暨“博雅茶座”首场在翔安校区德旺图书馆举行。校长张荣出席并揭牌。

11 月

11 月 3 日 2020 年度国家科学技术奖励大会在人民大会堂召开。厦门大学夏海平课题组科研成果“碳链与金属的螯合化学”荣获国家自然科学奖二等奖。夏海平等成果主要完成人参加大会。

11 月 6 日 教育部高校法学类专业教学指导委员会、中国法学会法学教育研究会会员大会暨 2021 年年会“中国共产党百年与中国法学教育”论坛以线上线下相结合的方式召开，主会场设在厦门大学。校长张荣，福建省委副书记、政法委书记、省法学会会长罗东川，教育部高等教育司副司长武世兴，教育部高校法学类专业教学指导委员会副主任委员、中国政法大学校长马怀德，中国法学会党组成员、副会长王其江出席开幕式并致辞。

11 月 8 日 教育部党史学习教育高校第九指导组组长路钢、副组长刘永章带队来校，深入了解厦门大学推进党史学习教育，特别是“我为师生办实事”实践活动情况。校长张荣出席有关活动。

11 月 8 日 厦门大学党委理论学习中心组在颂恩楼 215 会议室召开专题学习会，系统深入学习习近平总书记在厦门大学 80 周年、90 周年、100 周年校庆时发表的重要讲话重要贺信精神。教育部党史学习教育高校第九指导组莅临会议指导。校长张荣主持会议并做重点发言。

11 月 9 日 世界权威期刊《自然 · 生物科技》（*Nature Biotechnology*）公布“2020 年度全球前 20 位转化研究者”（Top 20 translational researchers of 2020），厦门大学夏宁邵教授入选。这是该年度唯一入选的中国内地学者。

11 月 12 日 厦门大学党委在颂恩楼 1603 会议室召开常委会会议，传达学习党的十九届六中全会精神。校长张荣主持会议。

11 月 12 日 厦门大学党委在颂恩楼 1603 会议室召开校级领导班子巡视整改专题民主生活会。会议的主题是：强化政治引领，坚持立德树人，不折不扣落实中央巡视整改任务。中央组织部干部三局、教育部人事司，福建省纪委监委领导到会指导。校长张荣主持会议。

11 月 15 日 厦门大学党委理论学习中心组在颂恩楼 215 会议室召开专题学习会，深入学习党的十九届六中全会精神。校长张荣主持会议。

11 月 16 日 厦门金砖新工业能力提升培训基地（厦门大学）揭牌仪式暨厦门金砖创新基地建设第二期高级研修班开班仪式在科学艺术中心举行。校长张荣，厦门市委常委、副市长、市金砖办主任黄晓舟出席并揭牌。

11 月 17 日 厦门大学党委以线上线下相结合的方式在科学艺术中心召开党建工作暨全面从严治党警示教育大会。大会总结近年来学校党建工作成效，按照第二十七次全国高校党的建设工作会议部署，明确当前和今后一段时期学校党的建设目标要求，提出新时期加强学校党的建设、推进全面从严治党的重点任务和具体举措。校长张荣代表校党委以“强化思想引领　健全工作体系　推动深度融合　努力开拓新时代学校党建工作新格局”为主题做讲话。

11 月 18 日 中国科学院发布《关于公布 2021 年中国科学院院士增选当选院士名单的公告》，厦门大学林圣彩、谢素原教授当选为中国科学院院士。

11 月 18 日 厦门大学在科学艺术中心召开学习贯彻党的十九届六中全会精神动员部署会。会议根据中央部署安排，结合学校实际，就深入学习党的十九届六中全会精神，奋力开创中国特色世界一流大学建设新局面进行动员部署。校长张荣做动员讲话。

11 月 19 日 厦门大学与宁德时代公司携手共建的厦门时代新能源研究院成立仪式在科学艺术中心举行。校长张荣，厦门市委常委、副市长黄晓舟，宁德时代公司董事长曾毓群，中国科学院院士、嘉庚创新实验室主任田中群，中国科学院院士孙世刚等出席并揭牌。

11月19日　厦门大学2021年“我最喜爱的十位老师”评选活动颁奖典礼在科学艺术中心举行。

11月22日　厦门大学落实中央巡视整改任务调研座谈会在颂恩楼215会议室召开。福建省委常委周联清调研学校巡视整改工作，并出席座谈会，校长张荣出席。

11月29日　大北农集团董事局主席邵根伙博士向厦门大学捐赠签约仪式在颂恩楼215会议室举行。校长张荣参加仪式。

11月30日　“2021海上丝绸之路国际产学研用合作会议”在科学艺术中心开幕。本次会议以“产学研用赋新能，助力海丝共发展”为主题。开幕式上，举行了厦门市未来显示技术研究院、福建海洋可持续发展研究院（厦门大学）和海洋遥感应用技术创新研究院的揭牌仪式。教育部副部长孙尧、福建省副省长李德金、厦门市市长黄文辉出席开幕式并致辞，校长张荣主持开幕式。

12月

12月2日　《自然》（*Nature*）刊发厦门大学化学化工学院李剑锋教授课题组与北京大学深圳研究生院潘锋教授课题组合作的研究论文《原位拉曼光谱揭示界面水分子结构和其解离过程》（“In Situ Raman Spectroscopy Reveals The Structure and Dissociation of Interfacial Water”）。该研究揭示了钯单晶电极界面水分子构型及其在析氢反应中的核心机制，为提升电催化反应速率提供了一种新的策略，解开了界面水分子结构如何调控电催化反应的科研难题。

12月2日　福建省委常委、厦门市委书记崔永辉来校调研。崔永辉参观了校史馆、革命史展览馆、囊萤楼、科技成果展以及固体表面物理化学国家重点实验室，深入了解学校办学历史与文化传统，考察学校改革创新、科技进步情况，并出席市校座谈交流会。会上，崔永辉与师生代表共同深入学习贯彻党的十九届六中全会精神，探讨在新起点上进一步深化市校融合、创新发展。厦门大学田中群、孙世刚、谢素原、刘国深、史大林等专家学者围绕科技创新、产学研融合、高层次人才引进与培养、探索两岸融合发展新路等主题，就深化市校合作提出意见建议。校长张荣主持会议并介绍有关情况。

12月6日　全国哲学社会科学工作办公室公布2021年度国家社科基金重大项目立项名单，厦门大学获立8项，并列全国高校第七位。

12月9日　厦门大学疫苗与分子诊断集成攻关大平台教育部论证会在颂恩楼220会议室举行。校长张荣参加会议。

12月17日　各民主党派、工商联、无党派人士为全面建成小康社会作贡献评选表彰大会在北京召开。厦门大学焦念志院士获评“先进个人”。

12月18—19日　厦门大学领导班子“学习党的十九届六中全会精神”读书班赴莆田、宁德开展实践教学。教育部党史学习教育高校第九指导组组长路钢参加学习。

12月21日　中华人民共和国副主席王岐山来校调研，参观厦门大学百年校史展，了解学校百年发展历程，同学校专家学者座谈交流。校长张荣陪同调研。

12月21日　厦门大学科技创新大会在科学艺术中心召开，会议以“增强创新动力，打造国家战略科技力量，助力实现高水平科技自立自强”为主题。校长张荣出席并讲话。

12月24日　厦门大学第八届教职工代表大会第一次会议在科学艺术中心召开。大会听取讨论学校第七届教职工代表大会工作报告和提案工作报告，审议通过《厦门大学二级教职工代表大会实施细则（修订）》、学校第八届教职工代表大会提案工作委员会和教职工住房与物业管理民主监督委员会委员名单，选举产生学校第八届教职工代表大会执行委员会委员。校长张荣出席并讲话。

12月29—30日　福建省重要舆论阵地领导干部培训班在厦门大学举办。举办培训班的目的是深入学习贯彻习近平新时代中国特色社会主义思想，学习贯彻党的十九届六中全会和福建省第十一次党代会精神，深化马克思主义新闻观教育，推动全省新闻战线砥砺初心使命、强化责任担当，提高做好新时代党的新闻舆论工作的能力水平。福建省委常委、宣传部部长张彦做开班动员讲话，校长张荣致辞。

·附　　录·

校　　历

厦门大学 2020-2021 学年校历
Xiamen University Calendar 2020-2021

教务处编制

2020年

周 WK	月 Mth	日 Sun	一 Mon	二 Tue	三 Wed	四 Thu	五 Fri	六 Sat
	一月 JAN				1	2	3	4
		5	6	7	8	9	10	11
		12	13	14	15	16	17	18
		19	20	21	22	23	24	25
		26	27	28	29	30	31	
	二月 FEB							1
		2	3	4	5	6	7	8
		9	10	11	12	13	14	15
		16	17	18	19	20	21	22
		23	24	25	26	27	28	29
	三月 MAR	1	2	3	4	5	6	7
		8	9	10	11	12	13	14
		15	16	17	18	19	20	21
		22	23	24	25	26	27	28
		29	30	31				
	四月 APR				1	2	3	4
		5	6	7	8	9	10	11
		12	13	14	15	16	17	18
		19	20	21	22	23	24	25
		26	27	28	29	30		
	五月 MAY						1	2
		3	4	5	6	7	8	9
		10	11	12	13	14	15	16
		17	18	19	20	21	22	23
		24	25	26	27	28	29	30
		31						
	六月 JUN		1	2	3	4	5	6
		7	8	9	10	11	12	13
		14	15	16	17	18	19	20
		21	22	23	24	25	26	27
		28	29	30				

周 WK	月 Mth	日 Sun	一 Mon	二 Tue	三 Wed	四 Thu	五 Fri	六 Sat
	七月 JUL				1	2	3	4
		5	6	7	8	9	10	11
		12	13	14	15	16	17	18
		19	20	21	22	23	24	25
		26	27	28	29	30	31	
	八月 AUG							1
		2	3	4	5	6	7	8
		9	10	11	12	13	14	15
		16	17	18	19	20	21	22
		23	24	25	26	27	28	29
		30	31					
	九月 SEP			1	2	3	4	5
		6	7	8	9	10	11	12
1		13	14	15	16	17	18	19
2		20	21	22	23	24	25	26
3		27	28	29	30			
	十月 OCT					1	2	3
4		4	5	6	7	8	9	10
5		11	12	13	14	15	16	17
6		18	19	20	21	22	23	24
7		25	26	27	28	29	30	31
8	十一月 NOV	1	2	3	4	5	6	7
9		8	9	10	11	12	13	14
10		15	16	17	18	19	20	21
11		22	23	24	25	26	27	28
12		29	30					
	十二月 DEC			1	2	3	4	5
13		6	7	8	9	10	11	12
14		13	14	15	16	17	18	19
15		20	21	22	23	24	25	26
16		27	28	29	30	31		

2021年

周 WK	月 Mth	日 Sun	一 Mon	二 Tue	三 Wed	四 Thu	五 Fri	六 Sat
	一月 JAN						1	2
17		3	4	5	6	7	8	9
18		10	11	12	13	14	15	16
寒假		17	18	19	20	21	22	23
		24	25	26	27	28	29	30
		31						
	二月 FEB		1	2	3	4	5	6
		7	8	9	10	11	12	13
		14	15	16	17	18	19	20
		21	22	23	24	25	26	27
1		28						
	三月 MAR		1	2	3	4	5	6
2		7	8	9	10	11	12	13
3		14	15	16	17	18	19	20
4		21	22	23	24	25	26	27
5		28	29	30	31			
	四月 APR					1	2	3
6		4	5	6	7	8	9	10
7		11	12	13	14	15	16	17
8		18	19	20	21	22	23	24
9		25	26	27	28	29	30	
	五月 MAY							1
10		2	3	4	5	6	7	8
11		9	10	11	12	13	14	15
12		16	17	18	19	20	21	22
13		23	24	25	26	27	28	29
14		30	31					
	六月 JUN			1	2	3	4	5
15		6	7	8	9	10	11	12
16		13	14	15	16	17	18	19
17		20	21	22	23	24	25	26
1		27	28	29	30			

周 WK	月 Mth	日 Sun	一 Mon	二 Tue	三 Wed	四 Thu	五 Fri	六 Sat
	七月 JUL					1	2	3
2		4	5	6	7	8	9	10
3		11	12	13	14	15	16	17
4		18	19	20	21	22	23	24
5		25	26	27	28	29	30	31
暑假	八月 AUG	1	2	3	4	5	6	7
		8	9	10	11	12	13	14
		15	16	17	18	19	20	21
		22	23	24	25	26	27	28
		29	30	31				
	九月 SEP				1	2	3	4
		5	6	7	8	9	10	11
		12	13	14	15	16	17	18
		19	20	21	22	23	24	25
		26	27	28	29	30		
	十月 OCT						1	2
		3	4	5	6	7	8	9
		10	11	12	13	14	15	16
		17	18	19	20	21	22	23
		24	25	26	27	28	29	30
		31						
	十一月 NOV		1	2	3	4	5	6
		7	8	9	10	11	12	13
		14	15	16	17	18	19	20
		21	22	23	24	25	26	27
		28	29	30				
	十二月 DEC				1	2	3	4
		5	6	7	8	9	10	11
		12	13	14	15	16	17	18
		19	20	21	22	23	24	25
		26	27	28	29	30	31	

★1. 第一学期（共18周）：2020年9月13日-2021年1月16日　　注册日期：2020年9月13日（二至五年级本科生和研究生）上课日期：2020年9月14日

2. 第二学期（共17周）：2021年2月28日-2021年6月26日　　注册日期：2021年2月28日（本科生和研究生）　　上课日期：2021年3月1日（农历正月十八）

3. 第三学期（共5周 ）：2021年6月27日-2021年7月31日　　寒假（共6周）：2021年1月17日-2021年2月27日　　暑假(共6周)：2021年8月1日-9月11日

4. 重要节日：中秋（2020年10月1日）、国庆（2020年10月1日）、春节（2021年2月12日）、清明（2021年4月4日）、劳动节（2021年5月1日）、端午节（2021年6月14日）

5. 校运动会（2020年11月）、校庆（2021年4月6日）、毕业典礼（2021年6月）

6. 2020级新生以录取通知书为准；法定节假日按国家规定放假

★1. First Semester (18 weeks): Sept.13,2020—Jan.16,2021　　Registration: Sept.13,2020　　Course Date: Sept.14,2020

2. Second Semester (17 weeks):Feb.28,2021—Jun.26,2021　　Registration: Feb.28,2021　　Course Date: Mar.1,2021

3. Short Semester (5 weeks): Jun.27,2021—Jul.31,2021
Winter Vacation (6 weeks): Jan.17,2021—Feb.27,2021　　Summer Vacation (6 weeks): Aug.1,2021—Sept.11,2021

4. Important festivals: Mid-Autumn Festival: Oct.1,2020　　National Day: Oct.1,2020　　Spring Festival: Feb.12,2021
Qingming Festival: Apr 4,2021　　Labor Day: May 1,2021　　Dragon Boat Festival: Jun.14.2021

5. Sports Day: November 2020　　University Anniversary: Apr 6,2021
Graduation Ceremony: June 2021

6. Registration for freshmen: in accordance with the admission letter　　Public Holidays: in accordance with the government announcements.

厦　门　大　学　2021-2022　学　年　校　历
Xiamen University Calendar 2021-2022

教务处编制

2021年

周 WK	月 Mth	日 Sun	一 Mon	二 Tue	三 Wed	四 Thu	五 Fri	六 Sat
	一月 JAN						1	2
		3	4	5	6	7	8	9
		10	11	12	13	14	15	16
		17	18	19	20	21	22	23
		24	25	26	27	28	29	30
		31						
	二月 FEB		1	2	3	4	5	6
		7	8	9	10	11	12	13
		14	15	16	17	18	19	20
		21	22	23	24	25	26	27
		28						
	三月 MAR		1	2	3	4	5	6
		7	8	9	10	11	12	13
		14	15	16	17	18	19	20
		21	22	23	24	25	26	27
		28	29	30	31			
	四月 APR					1	2	3
		4	5	6	7	8	9	10
		11	12	13	14	15	16	17
		18	19	20	21	22	23	24
		25	26	27	28	29	30	
	五月 MAY							1
		2	3	4	5	6	7	8
		9	10	11	12	13	14	15
		16	17	18	19	20	21	22
		23	24	25	26	27	28	29
		30	31					
	六月 JUN			1	2	3	4	5
		6	7	8	9	10	11	12
		13	14	15	16	17	18	19
		20	21	22	23	24	25	26
		27	28	29	30			

周 WK	月 Mth	日 Sun	一 Mon	二 Tue	三 Wed	四 Thu	五 Fri	六 Sat
	七月 JUL					1	2	3
		4	5	6	7	8	9	10
		11	12	13	14	15	16	17
		18	19	20	21	22	23	24
		25	26	27	28	29	30	31
	八月 AUG	1	2	3	4	5	6	7
		8	9	10	11	12	13	14
		15	16	17	18	19	20	21
		22	23	24	25	26	27	28
		29	30	31				
	九月 SEP				1	2	3	4
		5	6	7	8	9	10	11
1		12	13	14	15	16	17	18
2		19	20	21	22	23	24	25
3		26	27	28	29	30		
	十月 OCT						1	2
4		3	4	5	6	7	8	9
5		10	11	12	13	14	15	16
6		17	18	19	20	21	22	23
7		24	25	26	27	28	29	30
8		31						
	十一月 NOV		1	2	3	4	5	6
9		7	8	9	10	11	12	13
10		14	15	16	17	18	19	20
11		21	22	23	24	25	26	27
12		28	29	30				
	十二月 DEC				1	2	3	4
13		5	6	7	8	9	10	11
14		12	13	14	15	16	17	18
15		19	20	21	22	23	24	25
16		26	27	28	29	30	31	

2022年

周 WK	月 Mth	日 Sun	一 Mon	二 Tue	三 Wed	四 Thu	五 Fri	六 Sat
	一月 JAN							1
17		2	3	4	5	6	7	8
18		9	10	11	12	13	14	15
寒假		16	17	18	19	20	21	22
		23	24	25	26	27	28	29
		30	31					
	二月 FEB			1	2	3	4	5
		6	7	8	9	10	11	12
		13	14	15	16	17	18	19
1		20	21	22	23	24	25	26
2		27	28					
	三月 MAR			1	2	3	4	5
3		6	7	8	9	10	11	12
4		13	14	15	16	17	18	19
5		20	21	22	23	24	25	26
6		27	28	29	30	31		
	四月 APR						1	2
7		3	4	5	6	7	8	9
8		10	11	12	13	14	15	16
9		17	18	19	20	21	22	23
10		24	25	26	27	28	29	30
11	五月 MAY	1	2	3	4	5	6	7
12		8	9	10	11	12	13	14
13		15	16	17	18	19	20	21
14		22	23	24	25	26	27	28
15		29	30	31				
	六月 JUN				1	2	3	4
16		5	6	7	8	9	10	11
17		12	13	14	15	16	17	18
1		19	20	21	22	23	24	25
2		26	27	28	29	30		

周 WK	月 Mth	日 Sun	一 Mon	二 Tue	三 Wed	四 Thu	五 Fri	六 Sat
	七月 JUL						1	2
3		3	4	5	6	7	8	9
4		10	11	12	13	14	15	16
5		17	18	19	20	21	22	23
		24	25	26	27	28	29	30
		31						
暑假	八月 AUG		1	2	3	4	5	6
		7	8	9	10	11	12	13
		14	15	16	17	18	19	20
		21	22	23	24	25	26	27
		28	29	30	31			
	九月 SEP					1	2	3
		4	5	6	7	8	9	10
		11	12	13	14	15	16	17
		18	19	20	21	22	23	24
		25	26	27	28	29	30	
	十月 OCT							1
		2	3	4	5	6	7	8
		9	10	11	12	13	14	15
		16	17	18	19	20	21	22
		23	24	25	26	27	28	29
		30	31					
	十一月 NOV			1	2	3	4	5
		6	7	8	9	10	11	12
		13	14	15	16	17	18	19
		20	21	22	23	24	25	26
		27	28	29	30			
	十二月 DEC					1	2	3
		4	5	6	7	8	9	10
		11	12	13	14	15	16	17
		18	19	20	21	22	23	24
		25	26	27	28	29	30	31

★1. 第一学期（共18周）：2021年9月12日-2022年1月15日　注册日期：2021年9月12日（二至五年级本科生和研究生）上课日期：2021年9月13日

2. 第二学期（共17周）：2022年2月20日-2022年6月18日　注册日期：2022年2月20日（本科生和研究生）　上课日期：2022年2月21日（农历正月廿一）

3. 第三学期（共5周 ）：2022年6月19日-2022年7月23日　寒假（共5周）：2022年1月16日-2022年2月19日　暑假(共7周）：2022年7月24日-2022年9月10日

4. 重要节日：中秋（2021年9月21日）、国庆（2021年10月1日）、春节（2022年2月1日）、清明（2022年4月5日）、劳动节（2022年5月1日）、端午（2022年6月3日）

5. 校运动会（2021年11月）、校庆（2022年4月6日)、毕业典礼（2022年6月）

6. 2021级新生以录取通知书为准；法定节假日按国家规定放假

★1. First Semester (18 weeks): Sept.12,2021—Jan.15,2022　Registration: Sept.12,2021　Course Date: Sept.13,2021

2. Second Semester (17 weeks): Feb.20,2022—Jun.18,2022　Registration: Feb.20,2022　Course Date: Feb.21,2022

3. Short Semester (5 weeks): Jun.19,2022—Jul.23,2022
Winter Vacation (5 weeks): Jan.16,2022—Feb.19,2022　Summer Vacation (7 weeks): Jul.24,2022—Sept.10,2022

4. Important festivals: Mid-Autumn Festival: Sept.21,2021　National Day: Oct.1,2021　Spring Festival: Feb.1,2022
Qingming Festival: Apr. 5,2022　Labor Day: May 1,2022　Dragon Boat Festival: Jun.3,2022

5. Sports Day: November 2021　University Anniversary: Apr. 6,2022
Graduation Ceremony: June 2022

6. Registration for freshmen: in accordance with the admission letter;　Public Holidays: in accordance with the government announcements.

媒体消息索引

1 月

光明日报	《伴随一生的约定》
光明日报	《“在古田接过红旗，我感受到了思想的力量”》
中国教育报	《头雁领航促融合》
中国教育报	《把真实的中国告诉世界——记厦门大学外籍教授潘维廉》
中新社	《“不见外”的“老外”潘维廉：望更好理解中国精准扶贫背后的奇迹故事》
中国科学报	《扎根寄生虫研究的父女双院士》
中新网客户端	《两岸联合调查显示：2020 年第四季度海西地区信心总指数有所回升》
中新网客户端	《民建厦门市委副主委薛雄志建议以厦门湾为试点　探索两岸基层融合海洋模式》
科技日报公众号	《皮肤免疫低下？元凶竟是“长膘”堆积的成熟脂肪》
中国青年报公众号	《这些大学生，是“山海情”支教原型！他们为当地学生募集 1070 余万元……》
央广网	《海西地区金融、旅游、健康、消费信心总指数有所回升》
央广网	《厦大研究生支教团案例入选国务院扶贫办“志愿者扶贫案例 50 佳”》
中国教育新闻网	《“老内”潘维廉：把真实的中国告诉世界》

2 月

央视“晚间新闻”	《山海之间，闽宁之情》
新华每日电讯	《“那未来真的来咧！”脱贫路上，他们演绎现实版“山海情”》
新华社	《古 DNA 研究证实台湾古代人群与大陆壮侗语人群有紧密遗传关系》
光明日报	《学史明理　学史增信　学史崇德　学史力行》
中新社	《厦门成立台湾教师之家　促经验交流增添归属感》
央广网	《古人类 DNA 研究：台湾古人与大陆壮侗语人群有紧密的遗传关系》
国际在线	《留“厦”备赛　厦门大学机器人队以昂扬斗志创造优异成绩》
中新网	《2020 年“基于大数据的租赁房屋资源禀赋指数”发布》

3 月

央视“新闻直播间”	《高校入学第一课　让革命薪火代代相传》
新华每日电讯	《有人称他“大师泰斗”，他说“我是老师老兵”》
新华社	《如何为实体经济插上科技创新的“翅膀”？》
光明日报	《我要把特区精神“打包”带走》
经济日报	《厦门大学将迎来百年校庆》
经济日报	《厦门大学建校一百周年菱形纪念邮票即将发行》
经济日报	《厦门大学建校 100 周年金银纪念币 27 日发行》
经济日报	《厦门大学建校 100 周年金银纪念币发行》
中新社	《全国人大代表谈“碳中和”：抢占海洋碳汇国际制高点》
中新社	《“海丝”沿线各国高校将共探交流合作》
中新社	《回眸厦大百年：秉承嘉庚理想　开放办学不止步》
中新社	《回眸厦大百年：打好“侨”牌　写信都能把学生教出来》
中新社	《回眸厦大百年：“嘉庚建筑”不只是那一座座楼》
中新社	《回眸厦大百年：对台交流研究创诸多“第一”》
中新社	《回眸厦大百年：创新教学　“网红体育课”频现》
中新社	《回眸厦大百年：跨越 40 年　校庆保留节目〈伞舞〉激情依旧》
中新社	《厦门大学百年校庆将举办十一个重点项目活动》
中新社	《“海丝”沿线各国高校将共探交流合作》

香港经济导报	《与党同龄　与厦共荣　为高质量发展提供人才支撑——专访全国人大代表、厦门大学校长张荣》
人民日报客户端	《人民日报看两会　厦门大学校长张荣代表：深化新时代教育评价改革，建立健全教育评价制度和机制》
经济日报客户端	《健全防范化解风险机制》
人民网	《全国人大代表、厦门大学校长张荣：想国家之所想、急国家之所急　吹响百年“南方之强”再出发新号角》
人民网	《张荣：提升智能化办学水平　建设世界一流大学》
人民网	《中国邮政将发行〈厦门大学建校一百周年〉纪念邮票》
人民网	《厦门大学建校100周年金银纪念币来了！27日首发》
新华网	《(两会数说中国)增减之间有深意：透视“十四五”时期20项主要指标》
新华网	《张荣：以学为中心个性化培养学生　为教师创新提供极大空间》
新华网	《〈厦门大学建校一百周年〉纪念邮票即将发行》
新华网	《厦门大学建校100周年金银纪念币发行》
新华网	《厦门大学百年华诞山西校友庆祝活动举行》
央广网	《唱支山歌给党听——福建一场快闪唱响美好春天》
央广网	《厦门大学百年校庆11个重点项目公布》
央广网	《迎接百年校庆　厦门大学百年校史展开展》
央广网	《由福信集团捐资修缮的厦门大学百年校史展开展》
中新网	《厦大敬立雕像　纪念学术泰斗对中国会计学发展的突出贡献》
中新网	《厦门大学开设极限飞盘体育课》
中新网	《厦门大学开设极限飞盘体育课》
中新网	《厦大敬立雕像　纪念学术泰斗对中国会计学发展的突出贡献》
中新网	《央行将发行厦大建校100周年金银纪念币一套2枚》
中新网	《厦门大学发布建校一百周年纪念邮票图稿》
华广网	《厦门大学校长张荣：破解“去中国化”教育　需要加强两岸青年学生交流》

4月

人民日报	《习近平致信祝贺厦门大学建校100周年》
人民日报	《涵养家国情怀　创建世界一流》
新华每日电讯	《与党同龄，同心同行：一所名校的红色印记》
新华社	《中国故事|厦大百年：我的大学，是海》
新华社	《习近平信贺厦门大学建校一百周年》
新华社	《瞰中国丨厦门大学喜迎百岁生日！》
新华社	GLOBALink | I'd like to change misconceptions about China via translation: U.S. expat
新华社	GLOBALink | British student enjoys studying in China
新华社	GLOBALink | Xiamen-based Saudi startup owner hopes to serve as bond between China, Middle East
央视“新闻联播”	《习近平致信祝贺厦门大学建校100周年》
央视“主播说联播”	《厦大百年校庆，郑丽：惊艳的不仅是颜值，还有这句话值得共勉》
央视“新闻联播”	《心怀“国之大者”　追求一流永无止境！》
央视“中国电影报道”	《厦门大学电影学院动工建设　将培养电影艺术和电影技术人才》
央视新闻新媒体直播	《寻迹百年厦大　面朝大海　春暖花开》
光明日报	《厦门大学：高举百年爱国报国旗帜再出发》
光明日报	《习近平致信祝贺厦门大学建校100周年》
光明日报	《百年再出发，爱国号角更响亮》
光明日报	《祖父说，“宁可变卖大厦，也要支持厦大”》
光明日报	《潜心教书育新人，助力科技强国梦》
光明日报	《实证中华源流史，增强民族凝聚力》
光明日报	《拿钢枪、握笔杆，都是为报效祖国》

光明日报	《育新人、开新局，建设世界一流大学》
经济日报	《习近平致信祝贺厦门大学建校 100 周年》
经济日报	《百年厦大　永恒嘉庚——厦门大学喜迎百年校庆》
经济日报	《厦门厦大联手启动“南强兴鹭”计划》
中国日报	Xi greets Xiamen University as it turns 100
中国日报	City students bring hope to rural kids
科技日报	《习近平致信祝贺厦门大学建校 100 周年》
科技日报	《百年厦大，奏响科技自立自强最强音》
中国教育报	《“知无央，爱无疆”——回望厦大百年历程　不忘初心砥砺前行》
中国教育报	《厦门大学写好“嘉庚精神”传承与创新大文章——涵养家国情怀　逐梦强国复兴》
瞭望	《厦门大学党委书记张彦：爱国基因铸校魂　百年扬帆再起航》
中国新闻周刊	《厦大百年：一座海岛，为何能诞生“南方之强”？》
中国新闻周刊	《厦大校长张荣：厚植中国特色　锚定世界一流锻造厦大风格》
中新社	《回眸厦大百年：让海外华文教育薪火相传》
中新社	《回眸厦大百年：“百年中文”期许再成人才荟萃之地》
中新社	《全球厦大校友线上对弈庆百年华诞　马晓春助阵》
中新社	《张荣解码百年厦大文化特质：锚定世界一流大学》
中新社	《100 年前，陈嘉庚在厦大奠基石下埋下了什么？》
中新社	《陈立人忆祖父陈嘉庚：建设厦门大学是他毕生的事业》
中新社	《“21 世纪海上丝绸之路”大学联盟添新成员》
中新社	《钟南山院士受聘厦门大学杰出访问教授》
中新社	《专家：百年厦大是华侨华人对中国教育事业贡献的写照》
中新社	《钟南山的厦门情结》
中新社	《侨界人士厦大聚焦“侨与厦大百年”》
中新社	《“南强兴鹭”计划启动　吸引全球厦大校友返厦投资》
中国青年报	《习近平致信祝贺厦门大学建校 100 周年》
中国青年报	《厦门大学百年校庆隆重举行》
中国青年报	《有理想还要有梦想　有志气还要争气》
中国青年报	《书写高等教育“奋进之笔”的新篇章——习近平总书记的贺信在厦大师生中引起强烈反响》
中国教育电视台	《习近平致信祝贺厦门大学建校 100 周年》
中国教育电视台	《自强不息　止于至善　为把厦门大学建设成为中国特色世界一流大学而努力奋斗》
中国科学报	《习近平致信祝贺厦门大学建校 100 周年》
中国科学报	《厦门大学迎来百年校庆》
香港经济导报	《习近平冀厦门大学与时俱进建设世界一流大学》
香港大公报	《习近平函贺厦大建校百年　勉为国育才》
香港大公报	《延续爱国血脉　厦大争创世界一流》
香港大公报	《习近平与厦大　结下深厚情缘》
香港大公报	《厦大与香港》
香港大公报	《携手香港大学　研鼻喷新冠疫苗》
香港大公报	《港生：学校给学生自由翱翔蓝天》
香港商报	《习近平致信祝贺厦门大学建校百年》
中国经济时报	《厦大百年：与大海一起见证中国教育走向开放》
光明日报客户端	《百年传播视野中的厦大与人类命运共同体建构”论坛隆重举行》
中国青年报客户端	《厦门大学举行大学生基层就业事迹报告会，勉励师生赴基层干事创业》
央视频	《大手拉小手　共筑航天梦！厦门大学航空航天学院与福建长汀城关中心校开展线上活动》
人民网	《酷炫 3D 光影秀！带你穿越厦门大学百年历史》
人民网	《“重走嘉庚路·致敬新时代”主题展览在厦门大学揭幕》
人民网	《中骏集团黄朝阳捐赠 5000 万元　致敬厦门大学百年华诞》

人民网　《厦门大学"南强兴鹭"计划启动　首批17个厦大校友创新创业园发布》
人民网　《习近平总书记致厦门大学建校100周年贺信在厦门大学师生中引起强烈反响》
人民网　《习近平致厦门大学贺信在福建高校引起热烈反响》
新华网　《百岁厦大　"浙"里共庆——厦门大学浙江校友庆祝母校百年华诞》
新华网　《组图|厦大百年校庆周　歌剧〈陈嘉庚〉上演》
新华网　《【"飞阅"中国】酷炫！厦门大学3D光影秀献礼百年校庆》
新华网　《厦门大学，为什么这么牛?!》
新华网　《来，打开这张网红明信片背后的秘密》
新华网　《习近平致厦门大学建校100周年的贺信》
新华网　《庆祝厦门大学建校100周年大会》
新华网　《【"飞阅"中国】枕海听涛"瞰"厦大》
新华网　《厦大百年校庆文艺晚会精彩瞬间》
新华网　《厦门大学迎来建校百年校庆日》
新华网　《中国邮政发行〈厦门大学建校一百周年〉纪念邮票》
新华网　《【"飞阅"中国】百年厦大正青春》
新华网　《厦门大学庆祝建校百年　听听校长怎么说》
新华网　《中国银行支持举办"嘉庚论坛"　助力科技金融双向融合》
央广网　《习近平致信祝贺厦门大学建校100周年》
央广网　《【疫后重振看湖北】一年了，武汉很好，你们好吗？中国之声回访〈天使日记〉讲述者》
国际在线　《厦门大学马来西亚分校校歌石揭幕》
国际在线　《厦门大学建校100周年庆祝大会隆重举行》
国际在线　《厦门大学：深化"双创"教育改革　争创"双一流"学校建设》
国际在线　《厦门大学马来西亚分校校歌石揭幕》
中新网　《走进百年厦大："嘉庚建筑"成靓丽风景》
中新网　《走进百年厦大：校史展讲述百年风云》
中新网　《厦大学生手指印画百年校庆LOGO》
中新网　《专访厦大校长张荣　回眸百年历史锚定世界一流》
中新网　《厦门大学3D灯光秀展现百年历史》
中新网　《百年厦大再出发　开启奋进新征程》
中新网　《百年厦大钟声回荡　嘉庚精神世代传芳》
中新网　《厦门大学发布空气能发动机科研成果》
中新网　《钟南山勉励年轻学子：要有志气更要争气》
中新网　《"洋"教授潘维廉33年"东游记"　自驾环游中国20万公里》
中新网　《厦门大学"互联网+"大学生创新创业大赛启动》
中国教育在线　《与党同龄的百年大学，除了厦大还有它》
中国社会科学网　《厦门大学百年校庆人文社会科学国际论坛暨"全球风险社会下的公共治理：挑战与应对"国际学术研讨会举办》
中国社会科学网　《"经济科学前沿与教育高端论坛"在厦门大学举行》
中国青年网　《厦大研究生支教团烹制"五味大餐"让党史学习教育"嚼劲十足"》
澎湃新闻　《大学何为|厦门大学校长张荣：开放办学是建一流大学必由之路》

5月

星洲日报　《纳米能源驱动者　王伟俊奋力为儿时的疑问找答案》
新华社　《百年前的"00后"何以成为今日大学生的榜样》
央视"文化十分"　《新时代　新青年　厦门大学百年：为党育人　为国育才》
央视"今日中国"　《风展红旗如画　再谱福建篇章》
央视"朝闻天下"　《十九届中央第七轮巡视进驻·中央第五巡视组进驻中山大学和厦门大学》
CGTN法语频道　《建党百年——"不见外"的潘维廉和他的中国故事》Un Américain en Chine le professeur William N. Brown, témoin de la réforme et de l'ouverture de la Chine depuis 1988
光明日报　《厦大外籍教师潘维廉："爱上这片土地是我幸福的遇见"》

解放军报	《浇灌青春之花　勇担时代重任》
中国青年报	《青春心向党　奋斗新征程》
人民日报客户端	《厦大攀树课走进厦门一中　借自然之力感悟科学之灵》
中国青年报客户端	《福建:厦大研究生支教团开展党史学习教育》
人民网	《厦门大学:赓续红色血脉　传承厦大精神　凝聚奋进力量》
央广网	《福建和宁夏继续探索闽宁协作帮扶方式　合力推进乡村振兴》
国际在线	《厦门大学党委书记张彦:科学化精细化做好就业服务　促就业率和就业质量双提升》
中国教育新闻网	《厦门大学:邀抗战老兵为大学生讲“四史”》
中国青年网	《厦门大学校领导赴宁夏慰问研究生支教团》

6 月

新华每日电讯	《百年党史的“福建地标”》
新华社	《“囊萤之光”:掀起东南革命风暴》
央视“新闻联播”	《学史增信　培养堪当大任的时代新人》
经济日报	《让大学生留“厦”来》
每日经济新闻	《中国科学院院士、著名物理化学家孙世刚:碳达峰碳中和背景下,中国发展氢能迎来重大机遇》
每日经济新闻	《厦门大学管理学院教授朱建平:数据安全牵涉国家命脉　培养大数据人才能力和良知皆重要》
中国青年报	《“五聚力五抓实”让青年大有可为》
新华社客户端	《福建举办校地联动党史学习教育活动》
中国青年报客户端	《情系八闽　重温党史　厦门大学三明园校地共建活动举行》
新华社公众号	《包含鲁迅、陈景润“手稿”！这所高校录取通知书火了!》
光明日报公众号	《鲁迅、陈景润“手稿”！这所高校录取通知书里全是大佬》
中国青年报公众号	《鲁迅、陈景润“手稿”！这所高校录取通知书里全是大佬》
人民网	《厦门大学:创新形式扎实开展党史学习教育》
央广网	《厦大百名师生开展主题快闪活动　庆祝建党百年》
国际在线	《厦门大学航空航天学院:抢抓毕业生离校关键期　精准推动毕业生高质量就业创业》
中新网	《厦大“两代”支教学生的“山海情”故事》
中新网	《洋教授写书拍视频讲中国故事曾自驾走遍中国》

7 月

新华社	《张文宏:通过打疫苗,我们可以比病毒跑得快》
光明日报	《榜样催人奋进　使命呼唤担当》
光明日报	《传承信仰力量,不负时代使命》
光明日报	《把中国发展进步的命运牢牢掌握在自己手中》
中新社	《厦大“群贤大讲堂”开讲　张文宏领衔》
中国科学报	《四十余年,以红树林为“笔”》
人民网	《厦门鼓浪屿世遗图片展开展　庆祝申遗成功四周年》
央广网	《全国大学生外交风采大赛在厦门大学举行》
央广网	《厦门大学打造“行走”的思政课:让党史学习教育“活”起来》
中新网	《厦门大学与福建省厦门第一中学签约携手展开战略合作》
中新网	《12 高校青年学子角逐“我是外交官”全国大学生外交风采大赛》
国际在线	《厦门大学“群贤大讲堂”开讲》
中国青年网	《厦门大学暑期实践队在“逐梦远航”中赓续航天精神》

8 月

光明日报	《怀抱赤子之心　投身壮阔时代洪流——厦门大学深入学习贯彻习近平总书记贺信精神纪实》
光明日报	《厦门大学龙舟队　与奥运共驰“时代飞舟”》

经济日报	《强化债市服务实体经济能力》
中国青年报客户端	《厦门大学"囊萤星火青年讲师团"走进贵州苗族村寨》
国际在线	《弘扬建党精神·奋进一流航程　厦门大学航空航天学院开展党史学习读书会》
国际在线	《重温百年风华·赓续航天精神　厦门大学航空航天学院"逐梦远航"暑期实践队赴北京调研》
中教全媒体	《全媒体教务处处长专访　厦门大学教务处处长计国君:创"双一流"高校　开新百年征程》

9 月

新华社	《疫情里,这些厦大学子把课堂搬到战疫一线》
央视"新闻联播"	《各地高校陆续开学　严格疫情防控　"数字"迎新亮点多》
央视"共同关注"	《零疑似零感染零确诊　总台记者跟随卫健委工作组赴厦门大学探访》
光明日报	《厦门:全方位推动高质量发展》
中国纪检监察报	《把科幻变成现实》
中国青年报	《厦门大学"囊萤星火青年讲师团"走进贵州苗族村寨　党史故事如何"飞入寻常百姓家"》
人民日报客户端	《厦大开学典礼改为线上举行,矿泉水瓶代替新生参加典礼》
新华社客户端	《厦门大学 68 项项目获 2021 年国家社科基金年度项目立项公示》
新华社客户端	《叶拓承心意　敬茶谢师恩》
光明日报客户端	《厦大学生自制叶拓贺卡送老师》
人民网	《教师节厦大学生自制叶拓贺卡赠老师》
人民网	《厦门大学:党建引领　战"疫"党旗分外红》
央广网	《教师节　厦大学生自制叶拓贺卡送老师》
央广网	《厦门大学师生与 101 岁潘懋元先生共庆教师节》
中新网	《别样的新生线上开学典礼:矿泉水瓶来了,等于我也来了》
中新网	《海外华文教师(马来西亚)线上研习班落幕　169 位华文教师参加》
中新网	《厦大学生自制叶拓贺卡赠送老师》
中新网	《疫情下的厦门:厦大海外留学生别样的中秋节》
澎湃新闻	《厦大医学部上千名师生火速组建志愿队,随时准备支援厦门抗疫》

10 月

新华社	《厦门大学实施"1234"举措　扎实做好疫情期间就业服务工作》
新华社	《厦大团队在肝癌致病机理研究上取得突破》
新华社	《中国产宫颈癌疫苗获世界卫生组织 PQ 认证》
科技日报	《唤醒"沉睡的生产力"　浙江率先试点"专利免费用"》
中国教育报	《立足中国　在交叉研究中不断创新——访厦门大学教育研究院名誉院长潘懋元》
每日经济新闻	《厦门大学三季度海西指数发布　总指数及四大指数均小幅下降》
国际在线	《厦门大学航空航天学院:体悟中国飞天精神　为学生成长注入"飞天力量"》
中新网	《厦门大学医学院学生投身抗疫志愿者活动》
中国教育新闻网	《厦大研制的首个国产宫颈癌疫苗获世卫组织认证》

11 月

人民日报	《全国高校师生热议党的十九届六中全会精神——以实际行动跑好属于我们这代人的这一棒》
光明日报	《突破那"百分之九十九的瓶颈"——国产宫颈癌疫苗获国际"通行证"》
光明日报	《立足祖国大地　讲好中国故事——厦门大学高质量发展人文社科》
光明日报	《修复版〈东方红〉在长影首映》
中国日报	US professor gives special political lecture to college students
光明日报客户端	《"现代化国家建设新征程中的高效能治理、高质量发展和高品质生活"学术研讨会在厦门大学举办》

光明日报客户端	《厦大推出“思政对话　百年史光”系列课程》
光明日报客户端	《厦大夏宁邵教授入选全球前 20 位转化研究者》
人民网	《2021 年东南科技论坛——数字丝路语境下的企业数字化转型论坛在厦门举办》
人民网	《厦门大学党委：以高质量党建引领一流大学建设》
新华网	《厦门大学研究生支教团在宁夏支教地打造“南强名师云讲堂”》
央广网	《厦大两位教授当选中国科学院院士》
中国教育新闻网	《听“老外”讲思政课　厦门大学外籍教授用经历讲中国发展，上特殊的思政课》
中新网	《千余名厦大学生听“不见外的老潘”讲思政课》
中新网	《厦大马来西亚分校颁“中国大使奖学金”》
中新网	《厦大学者入选〈自然·生物技术〉“2020 年度全球前 20 位转化研究者”》
中新网	《厦门首台物流无人车投入运营　打通快递服务最后一公里》

12 月

人民日报	《不断把为人民造福事业推向前进（奋斗百年路　启航新征程·学党史　悟思想　办实事　开新局）》
新华每日电讯	《鹭江潮奔涌　沧海放长歌——厦门经济特区建设四十周年发展纪实》
新华社	《当“山海情”走进思政课》
新华社	《为时代立传　为人民放歌——写在中国电影金鸡奖创立 40 年之际》
新华社	《2021 金鸡节上电影人如是说》
光明日报	《立德树人有道　春风化雨无声——来自高校思想政治工作一线的调研》
经济日报	《讲好中国故事　展现大国担当——习近平主席二〇二一年“读懂中国”国际会议（广州）开幕式致辞引发热烈反响》
科技日报	《科学家获得界面水分子结构　为绿色制氢提供新途径》
中国教育报	《厦门大学细胞生物学教师团队：为人类健康事业奋斗不息》
中国教育报	《坚守初心　三尺讲台育桃李　接续奋斗　百年征程铸伟业》
中新社	《厦大侨联打造智库工作新模式引关注》
中国科学报	《研究发现电催化反应中界面水分子特殊结构》
中国科学报	《他让拉曼光谱变得更强》
香港经济导报	《共同探索社会治理为构建命运共同体贡献智慧和力量》
央视新闻客户端	《庆祝厦门经济特区建设四十周年：新征程上作出新贡献》
中国青年报客户端	《厦门大学：青年微宣讲让六中全会精神“声”入人心》
人民网	《厦门大学电影学院 4K 修复版彩色歌舞影片〈东方红〉首映》
央广网	《厦门大学获批“海洋领域”首个国家基金委基础科学中心》
科学网	《揭秘界面水分子结构调控电催化反应》
科学网	《李剑锋：让拉曼光谱变得更强》
国际在线	《红色诗意图卷艺术党课在厦门大学开讲》
中新网	《厦大国际关系学院：培育更多具有中国情怀的国际人才》
中新网	《厦大学者：台湾青年要把握态势、趋势、大势》

·索　　引·

(1)本索引采用主题词索引法,按主题词首字汉语拼音顺序排列(首字为阿拉伯数字的,集中置于索引最前面;首字为英文字母的,按其读音置于相关字母最前面)。

(2)索引后面用数字标明内容所在的页码,并用 a、b、c 分别表示在该页的左、中、右位置。

(3)表格除了标明页码外,还括注"表"。

(4)为简便起见,主题词中涉及学校的组织机构、会议、活动等,一般均省略"厦门大学"4 个字。

(5)特载、专文、厦门大学概况、机构与干部、人物名录、学校文件、表彰与奖励、毕业生名单、大事记、附录不做索引。

NUM

A

B

C

D

E

F

G

H

I

J

N

R

S

T

W

X

Y